사무엘상·하 주해

철학박사 김수홍 지음

도서
출판 언약

Exposition

of

I Samuel, II Samuel

by

Rev. Soo Heung Kim, S.T.M., Ph.D.

Published by
Eonyak Publishing Company
Suwon, Korea
2017

"성경의 원어를 읽든지 혹은 우리 번역문을 읽든지,
성경을 읽는 것은 성부 하나님, 성자 예수님, 성령 하나님을 읽는 것이고,
본문을 아는 것이 하나님을 아는 것이며,
성경 본문을 붙잡는 것이 하나님을 붙잡는 것이고,
성경본문을 연구하는 것이 하나님을 연구하는 것(신학)이다".

사무엘상,하 주해서를 집필한다는 것은 필자에게는 적지 않은 흥분이었다. 이유는 신앙의 위인(爲人) 다윗을 좀 더 깊이 알게 될 기회를 갖게 된다는 것이고 또 사울은 어떻게 해서 실패했는지를 깊이 알 기회였기 때문이다. 다윗의 신앙은 어느 정도의 수준에 이르렀다가 무슨 이유로 그렇게 급격히 타락했는지를 알 기회가 되었으니 본 주해서를 집필한다는 것은 말 그대로 흥분이었다. 또 한편 사울을 생각할 때 그 개인에게는 참으로 불행한 일이었지만 오늘날 우리에게는 그 실패가 어떤 의미를 던져 주느냐 하는 것을 연구할 것을 생각할 때 참으로 큰 흥분이 아닐 수 없었다. 어떻게 사울이 초창기에는 그렇게 놀랍게 승리하다가 갑자기 실패의 웅덩이 속으로 빠져들어 간 이유를 더욱 깊이 연구한다는 것은 참으로 큰 흥밋거리였다.

또 하나 부수적으로 본 주해서를 쓰면서 필히 만날 두 가지 사실에 큰 기대를 걸지 않을 수 없었다. 하나는 사무엘을 깊이 연구한다는 것은 놀라운 청량제가 아닐 수 없었다. 그가 어떻게 그 어두운 시대(엘리 시대)를 열어갔는지, 그가 어떻게 그 어두운 시대를 밝혀 갔는지를 알아서 필자도 이 어두운 시대를 어떻게 밝혀 갈까를 고민하는 일은 적지 않은 흥분이었다. 사무엘은 기도의 사람이었다. 필자는 지금 기도에 있어서의 역치(閾値)의 법칙을 실천하느라 안 간 힘을 쓰고 있다. 밥상 앞에서 잠시 기도하는 감사기도를 가지고는 한 시대를 밝힐 수 없고, 또 성경공부와 설교를 앞에 놓고 한두 시간의 기도 가지고는 복음을 받는 사람의 마음을 흔들어 놓을 수 없는 시대를 만났다. 한번의 성경공부와 설교에 최소한 3시간 이상의 기도를 드려야 성도들에게서 약간의 반응이 있는 것을 깨닫게 되었다. 오늘 청년들의 "헬 조선"(Chosun in hell)을 타파하고, 노인들의 망상을 타파하기 위해서는 깊은 말씀 연구와 기도가 아니면 도저히 감당하기 어려운 시대를 만났다. 우리 복음 전도자는 지금 큰 도전 앞에서 엄청 고민해야 할 것이다.

두 가지 중 또 한 가지는 본 주해를 연구한다는 것은 다윗의 시편을 더 이해하게 만든다는 것이었다. 시편에는 다윗이 쓴 많은 시편이 있다. 그 많은 시편을 연구하기 전에 먼저 사무엘상,하 주해를 연구하는 것은 큰 소득이 아닐 수 없었다. 필자가 시편 주해를 쓰기 전에 사무엘서를 더 연구하여 앞으로 시편 주해를 잘 쓰는 날을 가지기를 간절히 바라고 있다.

필자가 사무엘상 주해와 사무엘하 주해를 따로 낼 것이냐 아니면 합본으로 낼 것이냐를 두고 여러 날 생각이 많았었다. 결국은 독자들의 편의를 위하여 한권으로 내기로 했다. 이 주해서가 세상에 나가서 어두움의 세상을 조금이라도 밝혔으면 하는 마음 간절하다.

2017년 2월
수원 원천동 우거에서
저자 김수홍

▌ 본 주해를 쓰면서 주력한 것

1. 성경을 성경으로 해석해야 한다는 원리를 따랐다. 따라서 외경이나 위경에서 는 인용하지 않았다.

2. 본 주해를 집필함에 있어 문법적 해석, 역사적 해석, 정경적 해석의 원리를 따랐다. 성경을 많이 읽는 중에 문단의 양식과 구조와 배경을 파악해냈다.

3. 문맥을 살펴 주해하는 일에 심혈을 기울였다.

4. 매절마다 빼놓지 않고 주해하였다. 난해구절도 모두 해결하느라 노력했다(고전 15:29절을 제외하고).

5. 절이 바뀔 때마다 독서의 편의를 위하여 한 줄씩 떼어 눈의 피로를 덜도록 노력했다.

6. 본 주해를 집필하는 데 취한 순서는 먼저 개요를 쓰고, 다음 한절 한절을 주해했다. 그리고 실생활을 위하여 적용을 시도했다.

7. 매절(every verse)을 주해할 때 히브리어 원어의 어순을 따르지 않고 한글 개역개정판 성경의 어순(語順)을 따랐다. 이유는 우리의 독자들을 위해서였다.

8. 구약 원어 히브리어는 주해에 필요한 때에만 인용했다.

9. 소위 자유주의자의 주석이나 주해 또는 강해는 개혁주의 입장에 맞는 것만 참고했다.

10. 주해의 흐름을 거스르는 말은 각주(footnote)로 처리했다.

11. 본 주해는 성경학자들과 목회자를 위하여 집필했지만 일반 성도들도 얼마든지 이해할 수 있도록 평이하게 집필했다. 특히 남북통일이 되는 날 북한 주민들도 읽고 이해할 수 있도록 가능한 쉽게 집필했다.

12. 영어 번역이 필요한 경우는 King James Version을 인용했다. 그러나 때로는 R.S.V.(1946-52년의 개정표준역)나 N.I.V(new international version)나 다른 번역판들을 인용하기도 했다. 이들 번역은 흠정역보다 더 정확한 헬라원문을 보여주기 때문이다.

13. 틀린 듯이 보이는 다른 학자의 주석을 반박할 때는 "혹자는"이라고 말하고 그 학자의 이름은 기재하지 않았다. 그러나 단지 필자와 다른 견해를 제시하는 학자의 이름은 기재했다.

14. 성경 본문에서 벗어난 해석들이나 주장들에 대해서 반박할 때는 간단히 했다. 너무 많은 지면을 쓰는 것은 바람직하지 않고 독자들을 피곤하게 하기 때문이다.

15. 성경 장절(Bible references)을 빨리 알아볼 수 있도록 매절마다 장절을 표기했다(예: 창 1:1; 출 1:1; 레 1:1; 민 1:1 등).

16. 가능한 한 성경장절을 많이 넣어 주해 사용자들의 편의를 도모했다.

17. 해당 성경 책명 약자는 기재하지 않았다(예: 1:1; 출 1:1; 막 1:1; 눅 1:1; 요 1:1; 롬 1:1 등). 제일 앞의 1:1은 신명기 1장 1절이란 뜻이다.

18. 신구약 성경을 지칭할 때는 '성서'라는 낱말을 사용하지 않고 줄곧 '성경'이라는 용어를 사용했다. '성서'라는 용어는 다른 경건서적에도 붙일 수 있는 용어이므로 반드시 '성경'이라는 용어를 사용했다.

19. 목회자들의 성경공부 준비와 설교 작성을 염두에 두고 집필했다.

20. QT에도 적절하게 사용할 수 있도록 주해했다.

21. 가정예배의 교재로 사용할 수 있도록 쉽게 집필했다.

사무엘상, 하 주해

Exposition of Judges

▪ 총 론

사무엘상,하는 히브리어 원전에서 두 권으로 되어 있지 아니하고 한 권으로
되어 있다. 본서 초반의 주인공으로 등장하는 사무엘은 사사시대와 군왕시대
사이의 과도기적 인물이었다. 따라서 본서는 사사시대와 군왕시대의 과도기적
시대 상황을 보여주고 있다.

사무엘상,하의 책 제목은 어떻게 해서 생겼는가

사무엘상,하는 히브리 원전에서 상하(上下) 구분 없이 한권의 책이었다. 상,하
의 구분 없이 "쉐무엘"(שמואל)이라고 한 이유는 상하(上下)가 이스라엘의 왕정
체제의 형성과 발전을 다루고 있는 책이기 때문이었다. 그러다가 헬라어 구약
역본인 70인 역(LXX)에서 상하 두 권으로 나누기 시작한 것이 전통이 되었다.
한글 성경은 70인 역의 분류 방법과 제목을 따라서 사무엘서를 사무엘서의 상권
및 하권이란 뜻의 사무엘상,하로 각각 이름 붙였다.

사무엘상,하의 저자는 누구인가

본서의 저자가 누구인가를 규명하려고 할 때 모든 주석가들은 유대인의 탈무드
경(Talmud) 바바 바트라(Baba Bathra 14b)가 말한 말을 인용하고 있다. 탈무드
바바 바트라에 의하면 "사무엘은 자신의 이름을 가진 책을 썼다"는 말이 있는데
그 이유는 그것이 유일하고도 분명한 쏘스(source)이기 때문이고 다른 것이 없기
때문이다. 심지어 사무엘서 자체에서도 10:25을 제외하면 사무엘의 저자가
누구인지 정확히 밝혀낼 수가 없다.

그러나 우리는 사무엘서 전체가 사무엘의 저작이라고 볼 수 없는 면이 있음을
부인할 수가 없다. 이유는 1) 본서 25:1; 28:3에는 분명히 사무엘의 죽음에 관한

기사가 나타나 있으나 사무엘서에는 사무엘의 죽음 이후의 사건까지도 길게 기술되어 있음을 알 수가 있다. 2) 삼상 27:6; 30:25 등에 진술된 "오늘까지"란 말은 분명 다윗 시대 이후 사무엘서 저작 당시까지를 가리키는 말이니 그 부분의 저자는 최소한 다윗 시대 이후의 인물임을 시사하고 있다.

위와 같은 진술을 감안할 때 우리는 사무엘서의 저자에 대하여 두 가지 결론을 내려야 할 것이다. 첫째, 사무엘이 활동하던 시기의 역사는 사무엘이 직접 기록하였으나, 2) 그 이후의 기록은 분명 영감 받은 선지자 급의 인물에 의해 기록되었을 것이라고 결론을 내야 할 것이다(Matthew Henry). 그리고 우리는 본서의 저자가 다윗 시대의 인물인 '나단' 혹은 '갓'일 수도 있다는 것(대상 29:29)을 결론에 덧붙일 수 있을 것이다(M.F. Unger). 이로 볼 때 본서는 남북 분열 왕국 시대 초기인 B.C. 930-900년경에 선지학교에 소속된 한 익명의 편집자가 하나님의 영감으로 기록하였음이 분명하다.

고등 비평가들의 주장은 성경적인가

고등 비평가들은 사무엘서의 저자가 한 사람이 아니고 여러 사람일 것이라고 추론한다. 그 이유는 사무엘서에 같은 사건에 대한 기록이 두 번 혹은 그 이상 나오기 때문이라고 한다. 그러나 고등비평가의 주장과 같이 한 사건에 대한 기록이 사무엘서에 중복적으로 나오고 있는지 검토해 보면 그들의 주장이 잘 못된 것임을 알 수가 있다.

1) 엘리 가문의 멸망에 대한 삼상 2:30-36과 3:11-14의 기록이 각각 다른 두 저자의 말이라고 하나 그 말은 옳지 않은 주장이다. 2:30-36은 어떤 선지자가 엘리에게 직접 경고한 것이고, 3:11-14은 하나님께서 사무엘에게 주신 경고이다(박윤선).

2) 사울의 기름부음 받은 동일한 사건이 고등 비평가들은 세 번(9:26-10:1; 10:17-24; 11:15) 나온다고 주장한다. 그러나 그 가운데 9:26-10:1은 사울이 기름 부음 받은 기사이고, 10:17-24은 사울이 기름 부음을 받고 대중에게 소개된 기사이며, 11:15은 사울을 이스라엘의 왕으로 추대한 기사이다(박윤선). 고등

비평가들은 기사의 내용을 깊이 살피지 않고 똑같은 사건을 세 사람의 다른 기록으로 보았다.

3) 고등 비평가들은 다윗이 사울에게 소개된 사건이 두 번 나왔다고 한다. 한 번은 16:14-23에서 소개되고 또 한 번은 17:55-58에서 소개되고 있다고 주장한다. 그러나 16:14-23은 사울이 악신이 들어왔을 때 다윗이 수금을 타서 사울을 도와준 기사이고, 17:55-58은 다윗이 블레셋을 쳐서 사람들을 놀라게 했을 때에 새삼 사울 왕에게 다시 인식된 기사이다(박윤선). 고등 비평가들은 문맥을 깊이 살피지 않고 그저 글의 흐름이 비슷하면 동일한 사건을 두 사람이 쓴 것으로 말한다.

위에 제시된 것과 같은 근거에서 고등 비평가들은 사무엘서의 저자가 여럿이라고 주장한다. 그들은 사무엘서를 두 시대 혹은 세 시대의 재료들로 분류하여 주로 여호와 문서(주전 10세기 것)와 엘로힘 문서(주전 8세기 것)로 성립되었다고 하며 7세기에 들어 어느 저자가 합본했다고 주장한다. 그리고 주전 6세기에 신명기 편집자가 재료를 더한 것도 있다고 한다. 아이스펠트(Eissfeldt)는 사무엘서에 엘(L) 재료도 있음을 분석해 냈는데 그것이 주전 964-722년까지 기록되었다고 주장한다. 그러나 그들은 문장의 문맥을 깊이 살피지 못하여 여러 가지로 오해를 했다. 문맥을 깊이 살폈다면 사무엘서에 대하여 여러 저자를 지어내지 않았을 것이다. 오늘날도 문맥을 깊이 살피지 않고 글을 대하는 사람들은 여러 헛소리를 하게 된다.

사무엘상,하는 언제 기록되었는가

27:6에 보면 "아기스가 그날에 시글락을 그에게 주었으므로 시글락이 오늘까지 유다 왕에게 속하니라"는 말이 나온다. 그런데 여기 "오늘까지"란 말은 '다윗이 블레셋의 왕 아기스로부터 시글락 성을 받은 이후 사무엘서가 기록될 당시의 유다 왕까지'를 뜻하는 말이다. 이는 곧 본서가 솔로몬 사후(死後) 이스라엘 왕국이 남북으로 갈라진 때(B.C. 930년) 이후에 기록되었다는 사실을 강하게 시사한다. 따라서 여러 보수주의 학자들은 본서의 저작 시기를 분열

왕국 직후(B.C. 930년)부터 사마리아 함락(B.C. 722년) 사이의 어간으로 본다
(Moeller, Young, Fay).

보수주의 학자들의 또 하나의 학설은 27:6에 기록된 "오늘까지"란 말을 반드시
다윗 통치 이후로 보지 않으며, 아울러 '유다 왕'이란 표현도 꼭 왕국 분열 이후를
가리킨다고 볼 수 없다. 그들은 삼하 2:10-11; 24:1등에 근거하여 다윗 시대에도
유다와 이스라엘을 구분하는 용어가 있었다고 보는 것이다. 또한 그 학자들은
사무엘서에는 다윗의 죽음에 대한 기사가 없다는 데에도 주목한다. 그런고로
그들은 사무엘서가 이스라엘 왕정 이후 다윗의 통치 기간(B.C. 1010-970년) 중에
기록되었을 것으로 보는 것이다(Unger, Matthew Henry).

사무엘상,하의 기록 목적은 무엇인가

첫째, 이스라엘 왕국이 어떻게 설립되었는가. 그 배경은 무엇이고 어떻게
발전되었는가를 보여주기 위하여 기록되었다. 이런 목적을 밝히기 위해 사무엘서
는 이스라엘의 왕정(王政) 제도의 창설자로서 두 왕을 세운 최후의 사사이며
최초의 선지자 사무엘의 탁월한 생애, 그리고 이스라엘의 초대 왕으로 기름 부음을
받았으나 언약을 잊고 하나님을 불순종함으로써 버림 받은 폭군 사울의 생애,
또 하나님의 언약 하에서 의로운 왕조를 세운 신정 국가 이스라엘의 성군 다윗(장차
임할 메시아 왕국의 그림자)의 생애를 포함하고 있다.

둘째, 이스라엘 왕국은 장차 임할 메시아 왕국의 그림자로서, 오직 하나님의
구속사적인 섭리 아래에서 그 역사가 진행되고 있다는 사실을 보여주기 위해서
기록했다. 좀 더 구체적으로 말해서 대제사장 엘리의 비극적인 종말, 그리고 자기
아들들로 사사의 직을 감당시키려 했으나 그 뜻을 이루지 못한 사무엘의 실패,
그러한 인간의 실패를 통해서도 하나님의 뜻을 펼쳐나가시는 하나님 중심의 구속
역사라는 사실을 분명하게 보여준다. 비록 이스라엘 왕국 중 다윗 왕국이 하나님의
뜻에 어느 정도 부합되기는 하지만, 그 역시 인간의 실패가 곳곳에 점철된 불완전
왕국이었다. 따라서 결국 이 모든 사실은 장차 오실 의와 평강과 진리로서 완벽하게
다스리실 메시아를 우리에게 예시하고 있으며, 또한 우리로 하여금 소망하게

하려는데 그 목적이 있다고 할 수 있다.

이스라엘과 블레셋의 충돌은 무엇을 의미하는가

　본서에는 특별히 이스라엘이 블레셋과 충돌하는 장면이 많이 등장하고 있다. 일일이 예를 들지 않아도 본서를 열자마자 충돌 장면이 나타나고 있음을 볼 수가 있다. 이렇게 이스라엘과 블레셋이 충돌하는 것은 무엇을 보여주는 것인가. 이는 여호와께서 이스라엘이 얼마나 여호와를 의지하고 있는가를 자가(自家) 진단하도록 주신 환경이었다. 다시 말해 이스라엘이 여호와를 신뢰하고 있는 동안에는 여호와께서 이스라엘을 지켜주시기 때문에 블레셋 군대가 침공하지 못한 반면 만일 이스라엘이 여호와를 신뢰하지 않으면 여호와께서 블레셋을 일으켜 이스라엘을 괴롭히셨다. 그러니까 블레셋이 이스라엘을 침공하면 이는 이스라엘이 여호와를 신뢰하지 않는 것이라고 보아야 했고 괴롭히지 않으면 이스라엘이 여호와를 신뢰하며 살고 있다는 것을 인정하시는 것이었다. 그런고로 이스라엘은 언제든지 여호와를 신뢰해야 했다.

　이런 진리는 오늘도 그대로 우리나라에도 응용되고 있다. 우리 주위에는 강대국들이 있다. 대체적으로 불신 국가들이다. 우리가 이웃나라에 그리스도를 전했다 해도 이웃나라의 기독교 비율은 너무 낮아서 그 수효가 미미하다고 볼 수 있다. 10%도 채 되지 않는다. 거의 불신의 나라라고 해도 지나친 말은 아니다. 그런고로 그런 이웃이 우리의 위협이 되고 있는 것은 사실이다. 만일 우리가 여호와를 의지하는 힘이 약화될 때는 그 이웃나라가 우리의 큰 위협이 되고 우리가 여호와를 굳세게 의지하는 경우 그 이웃나라들이 별 큰 위협이 되지 않았다.

　우리가 여호와를 굳세게 의지하고 있는지 아닌지를 아는 방법은 우리 교회 안에 큰 회개운동, 기도 운동, 말씀 운동, 성령운동이 일어나고 있는지를 살피면 된다. 이런 운동들이 일어나고 있으면 교회는 건강해지고 흔들림 없이 튼튼하여진다. 그러면 우리나라는 이웃으로부터 괴롭힘을 당하지 않고 오히려 외국을 능가하는 여러 가지 상황이 벌어진다. 그러나 회개운동, 기도운동, 말씀운동, 성령운동이 일어나지 않으면 우리 교회는 약해지고 흔들려 주위 나라들로부터 큰 괴롭힘을 받게 된다.

사무엘상,하의 특징은 무엇인가

첫째, 본서는 이스라엘의 사사시대와 통일 왕정시대 사이의 과도기적 기록이다. 둘째, 본서는 산문체로 된, 가장 오래된 역사로 높은 평가를 받는다. 셋째, 본서는 다윗을 이상적 왕자로 드러내고, 나아가 메시아의 그림자로 자리 잡고 있다.

본서에 나타난 사무엘과 다윗은 그리스도를 예표하고 있는가

본서에 기록되어 있는 사무엘과 다윗은 그리스도의 예표로 손색이 없는 인물들인가. 먼저 사무엘이 그리스도를 예표하는 일에 손색이 없는 인물인가. 사무엘은 다스리는 직분(왕), 제사장, 선지자 등 3직을 겸했던 인물로서 장차 그리스도께서 수행하실 메시아의 작능의 3대 작능을 본다. 사무엘은 그리스도를 예표하는 인물로서 하나님의 대리자로서 3직을 충실하게 수행했다.

다음으로 다윗은 비천한 목동으로 등장하여 왕으로 기름 부음을 받은 후 가나긴 역경의 세월을 헤쳐 나가는 모습에서 장차 이 땅에 오셔서 수난하실 그리스도의 모습을 보여주고 있다. 다윗은 이스라엘을 구원한 일과 이스라엘의 다음 왕이라는 사실로 인하여 애매한 고난을 받았으나 그런 고난 중에서도 원수 사울의 생명을 살려주는 등 하나님의 사랑을 몸소 실천했다. 이는 병든 자를 고쳐주시고 버림 받은 자를 구원하시며 온갖 선을 행하셨음에도 불구하고 하나님의 아들이라는 한 가지 사실로 인하여 십자가의 수난을 당하셨으나 그 십자가에 달린 후에도 죄인들을 위해 기도하셨던 그리스도의 모습을 보여주고 있다. 그리고 다윗의 유랑생활(21-31장)은 그리스도의 지상의 고난의 고백에 대한 예증으로 들기에 충분하다.

■ 사무엘상 내용분해

■ 참고도서

강병도편. *사무엘상, 사무엘하*, 호크마종합주석 7, 서울: 기독지혜사 1990.

고든 케디. *사무엘하*, 목회자료사, 고든 케디 번역실, 도서출판목회자료사, 1993.

김수홍. *마태복음주해*, 경기도용인시: 도서출판 목양, 2010.

_____. *창세기주해*, 경기도수원시: 도서출판 언약, 2014.

_____. *출애굽기주해*, 경기도수원시: 도서출판 언약, 2014.

_____. *레위기주해*, 경기도수원시: 도서출판 언약, 2014.

_____. *민수기주해*, 경기도수원시: 도서출판 언약, 2014.

_____. *신명기주해*, 경기도수원시: 도서출판 언약, 2015

_____. *여호수아주해*, 경기도수원시: 도서출판 언약, 2016.

_____. *사사기, 룻기 주해*, 경기도 수원시: 도서출판 언약, 2016.

_____. *그리스도의 말씀이 연합에 미친 영향*, 용인시: 도서출판 목양. 2011.

레드, 요한 W. *룻기, 사무엘상하*, 두란노 강해주석 시리즈 5, 서울: 도서 출판 두란노, 1987.

박윤선. *사기서*, 구약주석, 제 2권 사무엘서, 역대기, 서울: 도서 출판 영음사. 1985.

앤더슨, A.A. *II 사무엘하*, WBC 성경주석, 권대영 옮김, 서울: 도서출판 솔로몬 2001.

앤드루스, 스티븐 & 버건, 로버트. *Main Idea로 푸는 사무엘 상하*, Holman Old Testament Commentary, Nashville: B&H Publishing Co., 2009.

월터, 브루거만. *사무엘상.하*, 현대성서주석, 한국장로교 출판사, 2000.

카일, 델리취. *사무엘 (상)*, 카일, 델리취 구약주석(8), 서울: 도서출판 기독교문화사, 1983.

_____. *사무엘 (하)*, 카일, 델리취 구약주석(9), 최성도역, 서울: 기독교문화사, 1986.

클레인, 랄프 W. *사무엘상 10*, WBC 성경주석, 김경열역, 서울: 도서출판 솔로몬, 2004.

한성천 외 4인. *옥스퍼드 원어 성경대전 사무엘 상 제 1-10장*, 서울: 제자원, 2002.

_____. *옥스퍼드 원어 성경대전 사무엘 상 제 11-19a*, 서울: 제자원, 2003.

_____. *옥스퍼드 원어 성경대전 사무엘 상 제 19b-31장*, 서울: 제자원, 2003.

_____. *옥스퍼드 원어 성경대전 사무엘 하 제 1-10장*, 서울: 제자원, 2003.

_____. *옥스퍼드 원어 성경대전 사무엘 하 제 11-18장*, 서울: 제자원, 2003.

_____. *옥스퍼드 원어 성경대전 사무엘 하 제 19-24장*, 서울: 제자원, 2005.

헨리, 매튜. *사무엘상*, 서기산역, 서울: 기독교문사, 1982.

_____. *사무엘하*, 박종선역, 서울: 기독교문사, 1982.

黑岐幸吉 譯 舊約聖書註釋, 성서교재간행사, 1978.

Baldwin, J.G. *1 & 2 Samuel,* Tyndale Old Testament Commentaries, InterVarsity Press, 1988.

Baxter, J. Sidlow. *Explore the Book.* Grand Rapids: Zondervan Publishing House, 1966.

Black, Matthew & Rowley, H.H. *Peake's Commentary on the Bible*, Nashville: Thomas Nelson, 1962.

Calvin John. *Calvin's Commentaris,* Edinburgh, 1847.

Chapman, Benjamin G. "I-II Samuel," in *King James Bible Commentary,* Nashville: Thomas Nelson Publishers, 1999.

Clarke, Adam. *Clarke's Commentary*, Nashville: Abingdon.

Dale Ralph Davis. *2 Samuel*, Christian Focus Publications, 1999.

Davis, Dale Ralph. *Exposition of the Book of 2 Samuel,* Christian Focus Publications, 1999.

Guthrie D. & Motyer, J.A. *The New Bible Commentary*, Grand Rapids: Eerdmans, 1970.

Hans Wilhelm Herzberg. *I & II Samuel :A Commentary*(OTL), Westminster John Knox, 1964.

Henry P. Smith. *A Critical and Exegetical Commentary on the Books of Samuel* (ICC), T & T Clark, 1987.

Jamieson, R. Fausset, A.R. & Brown D. *Commentary on the Whole Bible,* Grand Rapids: Zondervan, 1976.

Kirkpatrick, A.F. *I, II Samuel*, Cambridge: The University Press, 1930.

Lange, John Peter. *Commentary on the Whole Scripture*, Grand Rapids: Zondervan, 1876.

Leupold, H.C. *Barnes on the Old Testament*, Grand Rapids: Baker Book House, 1942.

Little, Ganse. "the Second Books of Samuel" in *the Interpreter's Bible*, New York: Abingdon Press, 1953.

Maclaren, Alexander. *Expositions of Holy Scripture*, Grand Rapids: Baker Book House, 1984.

Mauchline, John. "I and II Samuel", *New Century Bible*, London: Marshall, Morgan & Scott Pub. LTD., 1971.

Morgan, G. Campbell. *An Exposition of the Whole Bible*, Old Tapen: Fleming H. Revell, 1959.

Myer, F.B. *Bible Commentary*, Wheaton: Tyndale, 1984.

Nicoll W. Robertson ed. *The Expositor's Bible*, Chicago: W.P. Blessing Co.

Payne, DF. *1 and 2 Samuel,* InterVarsity Press, 1970.

Robert P. Gordon. *1 and II Samuel: An Exegetical Commentary,* Zondervan, 1988.

Robert D. Bergen. *1 & 2 Samuel,* New American Commentary 7, Broadman & Holman, 1996.

Schroeder, John C. "the First Books of Samuel" in *the Interpreter's Bible,* New York: Abingdon Press, 1953.

Smith, H.P. *Samuel,* ICC, Critical and Exegetical Commentary on the Books of Samuel, Edinburgh: T. & T. Clark, 1899.

Smith, RP. *사무엘상,* 풀핏주석번역위원회, 송종섭역, 대구시: 보문출판사, 1984.

_____. *사무엘하,* 풀핏주석번역위원회, 송종섭역, 대구시: 보문출판사, 1984.

Unger, M. F. *Unger's Commentary on the Old Testament,* vol.1 Genesis-Song of Solomon, Chicago: Moody Press, 1981.

Walter Brueggemann. *First and Second Samuel* (Interpretation), Westminster John Knox, 1990.

Walvoord, John F. & Zuck Roy B. ed. *The Bible Knowledge Commentary,* Wheaton: Victor, 1985.

Wolf, Herbert M. "1-2 Samuel" in *Baker Commentary on the Bible,* ed. by Walter A. Elwell, Grand Rapids: Baker Books, 1989.

Young, Fred E. "I and II Samuel" in *the Wycliffe Bible Commentary,* Chicago: Moody Press, 1981.

【사전류】

디럭스 바이블 *성경사전* 2007.

데릭 윌리엄스, *IVP 성경사전* 이정석 외 한국기독학생회 출판부 역, 한국기독학생

회 출판부(IVP), 1992,

Achtemeier, Paul J. *Harper's Bible Dictionary*, New York: A Division of Harper Collins Publishers, 1985.

Baker, David W. *Dictionary of the Old Testament: Pentatuch,* Leichester: InterVarsity Press, 2003.

Douglas, J. D. *New Bible Dictionary*, (2nd edition), Wheaton: Tyndale House Publishers, 1982.

Tenney, Merrill C. *The Zondervan Pictorial Bible Dictionary,* Grand Rapids: Regency, 1967.

Tregelles, Samuel Prideaux. *Gesenius' Hebrew and Chaldee Lexicon,* Grand Rapids: Eerdmans, 1969.

Unger, M. F. *Unger's Bible Dictionary.* Chicago: Moody, 1957.

【지도】

Personal Map Insert. Ft. Smith: Son Light Publishers, Inc, 1997.

사무엘상 주해

제 1 장

사무엘상(上)은 사무엘 사사가 엘리 제사장과 그 아들들의 제사장직을 대신하는 역할을 한 일과 또 이스라엘이 왕을 구하는 일을 받아 사울을 왕으로 세운 일, 그리고 다윗을 2대 왕으로 세운 후 다윗이 10여 년간 사울에게 쫓겨 신앙의 박해를 받아가며 훈련을 받은 일을 기록한 책이다.

I. 사무엘의 역사(歷史)가 펼쳐지다 1-8장

본서 저자는 엘리와 그의 아들들이 부패했기 때문에 하나님께서는 그들 가지고는 이스라엘을 더 이상 유지하실 수 없으셨기에 새로운 사사 사무엘을 세우셔서 이스라엘을 다스려 가시는 것을 보여준다. 저자는 먼저 사무엘의 탄생과 유년시기(1-2장)를 보여주고, 이스라엘을 다스리는 사사 사무엘(3-7장)을 묘사하며, 사무엘의 만년(8장)을 보여준다.

A. 사무엘이 탄생(誕生)하다 1:1-2:11

본서 저자는 사무엘의 탄생부터 기록한다. 그의 탄생은 남달랐기 때문이다. 사무엘의 어머니는 엘가나의 두 아내 중 하나로 다른 부인으로부터 설움을 당하면서(1:1-8), 하나님께 그의 슬픔을 아뢰기에 이르렀고(1:9-18), 결국은 그 기도가 응답되어 사무엘을 얻는다(1:19-20). 어머니는 다음 순서로 하나님께 감사의 제사를 드렸고(1:21-28), 또 찬미를 드리기에 이른다(2:1-11).

1. 한나가 아이가 없어서 슬퍼하다   1:1-8

한나는 엘가나의 아내로서 아이가 없어서 슬퍼한다. 아무리 남편이 사랑해도 아이가 없으니 슬플 수밖에 없었다. 게다가 다른 여인 브닌나가 자기를 격동시키니 더욱 슬프게 세월을 보낼 수밖에 없었다.

삼상 1:1. 에브라임 산지 라마다임소빔에 에브라임 사람 엘가나라 하는 사람이 있었으니 그는 여로함의 아들이요 엘리후의 손자요 도후의 증손이요 숩의 현손이더라.

사무엘의 아버지 "엘가나"('하나님의 소유'란 뜻) 한 사람을 묘사하는 일에 지명도 자세히(에브라임 산지 중의 라마다임소빔) 기록했고, 조상도 여럿(여로함, 엘리후, 도후, 숩) 기록했다. 사무엘이 유명한 자였기 때문이다.

"에브라임 산지"(the hill country of Ephraim)는 팔레스틴 중앙부의 산지를 지칭한다. 이 산지는 에브라임 지파에 할당된 영토였으나(수 17:15), 훗날 그 일부는 베냐민 지파에 분할되었다(수 18:11).

"라마다임소빔"(Ramathaim-zophim)은 '숩 사람의 두 높은 곳'이라는 뜻이다. 이곳은 사무엘의 고향(삼상 1:1)이다. 라마(삼상 1:19; 21:11)와 똑 같은 곳을 뜻한다. 라마다임소빔 곧 라마는 사무엘의 출생지였고 동시에 거주지였으며 거기서 죽었다(1:19-20; 7:17; 15:34-35; 16:13; 19:18-19; 25:1; 28:3). 이곳은 '숩 땅에 있는 라마'로 해석하는 설이 유력하다. '라마'는 '높은 곳'을 뜻하고, "라마다임"이란 '2중의 고지'라는 뜻이다. 라마는 실로의 서쪽 약 26km, 벧엘의 서북 26km로서, 신약시대의 아리마대와 같다(디럭스바이블 성경사전).

엘가나의 조상 "여로함"(Jeroham)은 '그가 긍휼이 여기시기를'이라는 뜻을 가지고 있다. 여로함은 에브라임 산지 라마다임소빔에 살았던 레위 사람으로서 사사 사무엘의 조부이다(삼상 1:1; 대상 6:27,34). 엘리후(Elihu)는 '그는 나의 하나님'이라는 뜻이다. 엘리후는 에브라임 사람인데 사무엘의 증조부이다(삼상 1:1). 역대상 6:27에는 '엘리압'으로 기록되어 있고, 역대상 6:34에는 '엘리엘'로 기록되어 있다. "도후"(Tohu)는 '쇠약한'이란 뜻을 가지고 있다. 사무엘의 조상이다(1:1). "숩"(Zuph)은 '보는 자'라는 뜻이다. 사무엘의 조상(1:1)이다.

사무엘은 기도하는 여인을 통해서 이 땅에 태어났다. 우리 땅에도 기도하는 여인이 많다면 좋은 아이들이 태어날 것이다.

삼상 1:2. 그에게 두 아내가 있었으니 한 사람의 이름은 한나요 한 사람의 이름은 브닌나라 브닌나에게는 자식이 있고 한나에게는 자식이 없었더라.

본서 저자는 엘가나에게 "두 아내가 있었다"고 말한다. 한 남자에게 한 아내(1부 1처)가 있어야 했지만(창 2:24) 두 아내가 있었다는 것은 가정에 불화를 의미하는 일이었다. 아브라함, 야곱, 다윗, 솔로몬도 여러 아내를 취하여 가정불화가 있었다. 엘가나의 경우 한나의 이름이 먼저 나타나 조강지처였던 것으로 보이는데 그녀가 생산을 못하므로 둘째 부인 브닌나를 취한 것 같다. "한나"(חַנָּה)는 '은총'이란 뜻을 가지고 있으며 에브라임 사람 엘가나의 두 아내 중 하나이며 선지자인 사무엘의 모친이다. "브닌나"(פְּנִנָּה)는 '산호'라는 뜻을 가지고 있다. 본서 저자는 "브닌나에게는 자식이 있고 한나에게는 자식이 없었다"고 진술한다. 히브리 여인에게 자식이 없었던 것은 고통으로 여겼다(창 16:1-3). 한나는 고통을 안고 오랫동안 지내는 중에 기도의 사람으로서 변모되어 사무엘을 얻게 되었다. 고통이 기도로 승화되면 큰 복이 임한다.

삼상 1:3. 이 사람이 매년 자기 성읍에서 나와서 실로에 올라가서 만군의 여호와께 예배하며 제사를 드렸는데 엘리의 두 아들 홉니와 비느하스가 여호와의 제사장으로 거기에 있었더라.

본 절은 두 가지를 말한다. 하나는 "엘가나가 매년 자기 성읍에서 나와서 실로에 올라가서 만군의 여호와께 예배하며 제사를 드렸다"는 것을 말한다. 이스라엘의 모든 남자는 매년 3차씩(유월절, 오순절, 초막절) 여호와 앞에 보여야 했다(출 34:23). 엘가나가 매년 3차씩 실로에 올라갔는지 혹은 한 차례만 올라갔는지 분명히 밝혀지지는 않았으나 아마도 유월절에 한번 올라간 것으로 보인다.

"실로"(Shillo)는 에브라임의 성읍이다. 실로는 벧엘 북쪽에 위치해 있으며, 세겜에서 예루살렘에 이르는 주요 도로의 동쪽에 있다(삿 21:19). 실로는 또한 이스라엘의 중심적인 성읍이며, 여호수아 시대로부터 사무엘 시대까지 이 땅에는 언약궤와 회막이 있었다(삿 18:31; 렘 7:12). 엘가나는 해마다 온 가족을 거느리고 실로에 가서 하나님께 경배하며 제사를 드렸다.

"만군의 여호와"(יְהוָה צְבָאוֹת)는 '별들의 주님'이란 뜻이다. 곧 하나님께서 천지의 대 주재 하나님이심을 강조하는 칭호이다. "만군의 여호와"는 우주만물을 창조하시고, 이것을 지배하시는 하나님으로서의 여호와를 가리키는 명칭이다. 구약에 모두 255회 인용되고, 특히 선지서에 자주 나타나고 있다(삼상 1:3,11; 4:4; 15:2; 17:45; 삼하 6:2,18; 7:8,26,27; 왕상 18:15; 왕하 3:14; 대상 11:9; 17:7,24; 사 24:10; 46:7,11등 55회, 렘 6:9 기타 70회, 미 4:4, 나 2:13; 3:5; 합 2:13; 습 2:9,10; 학 1:2 기타 14회, 슥 1:3 기타 53회, 말 1:4 기타 24회)(디럭스 바이블 성경사전).

또 하나는 "엘리의 두 아들 홉니와 비느하스가 여호와의 제사장으로 거기에 있었다"는 것을 말한다. 다시 말해 거기에서 제사장으로 사역했다는 뜻이다. "엘리"(Eli)는 '고상함, 높음'이라는 뜻이다. 사무엘 선지자의 스승이다(삼상 1:25-2:11). 그는 실로의 대제사장(삼상 1:9)이었는데, 40년간 이스라엘을 치리 한 사사였다(삼상 4:18). 아론의 아들 이다말의 후손에서 최대의 대제사장이었을 것이다(삼상 1:9; 왕상 2:27; 대상 24:3,6). 직분에 대하여 경건하고 유능한 그에게 치명적인 결점은 자녀에 대한 가정교육이 소홀했다. 홉니와 비느하스는 불량자여서 여호와를 알지 못하고 아버지 엘리의 제사장직을 더럽히고 제사와 제물을 경시했다(삼상 2:12-15). 아들에 대한 맹목적인 사랑은 하나님께 대한 죄(삼상 2:29; 3:13)가 되어 하나님의 형벌이 선고되었다(삼상 2:31-36). 엘리는 공생활에서는 승리자라고 할 수 있으나, 사생활에서는 실패자였다. 본서의 저자 가 이곳에 엘리의 두 아들 제사장의 이름을 기록한 이유는 그들은 실패자로서 역사의 무대에서 사라질 사람들이고 대신 사무엘이 나타난다는 것을 보여주기 위함이었을 것이다.

삼상 1:4. 엘가나가 제사를 드리는 날에는 제물의 분깃을 그의 아내 브닌나와 그의 모든 자녀에게 주고.

엘가나가 가족 전체를 데리고 실로에 올라가 제사를 드릴 때에 제물의 분깃을 그의 아내 브닌나와 그의 모든 자녀에게 한몫씩 주곤 했다. 이 제사는 바친 자가 함께 먹을 수 있었던 화목제였다(Lange). 화목제물 중 기름과 콩팥 등은 여호와의 분깃으로 불사르고(레 3:3-5), 가슴과 우편 뒷다리 등은 제사장에게 돌리며(레 7:34), 그 외 부분은 바친 자가 먹었다. 바친 자가 먹을 것을 가족들에게 나누어주었다.

화목제는 특히 번제와 함께 기록되어 있는 동물희생(제사)으로서, 자원하는 제사(제물)로 드려졌다(레 7:16). 그러나 이것은 단독의 제사(제물)로서가 아니라, 다른 제물과 함께 드려졌는데, 나실인의 제사(제물)의 경우가 그것이다(민 6:14). 이것은 번제가 전부를 제단불로 사른 것과 비교하면, 제물(동물)의 일부만 제단불로 태우고, 일부는 제사장의 몫으로 돌리고, 일부는 봉헌자에게 주어져서 하나님 앞에서 먹는 것이 허용된 점이 특징이었다. 즉 이것은 하나님 앞에서 먹음으로써 하나님과의 친교에 들어가는 것을 나타내는 것이었다(신 12:12,18).

삼상 1:5. 한나에게는 갑절을 주니 이는 그를 사랑함이라 그러나 여호와께서 그에게 임신하지 못하게 하시니.

엘가나는 화목제를 드리고 나서 각자에게 돌아가는 분깃을 나눌 때 한나에게는 갑절을 주었다. "갑절"이란 '두 몫'을 지칭하는 말이다. 이 분량은 '둘이 먹을 수 있는 한 부분'을 뜻한다(RP Smith). 엘가나가 한나에게 갑절이나 되는 양을 준 이유는 그녀를 사랑했기 때문이었다. "그러나 여호와께서 그에게 임신하지 못하게 하시니" 한나의 고통과 슬픔을 달래지는 못했다. 아이를 낳지 못하는 고통과 슬픔은 그 어떤 인간적인 위로도 감당하지 못한다. 기도하여 아이를 가지는 것만으로 그 공허를 메꿀 수가 있었다. 오늘도 인간적인 위로와 사랑은 한계가 있음을 알고 기도하여 하나님으로부터 위로를 얻어야 할 것이다.

삼상 1:6. 여호와께서 그에게 임신하지 못하게 하시므로 그의 적수인 브닌나가

그를 심히 격분하게 하여 괴롭게 하더라.

브난나는 한나가 자식을 낳지 못한다는 약점을 파고들어 그녀를 몹시 괴롭히고 업신여겼다. 한나가 자식을 못 낳기 때문에 고통을 당하고 업신여김을 당해도 하나님은 얼른 아이를 주시지는 않았다. 많은 기도를 드리라는 뜻으로 하나님께서는 시간을 지연시키셨다. 본서의 저자는 엘가나의 둘째 부인 브난나를 한나의 적수(adversary)라고 묘사한다. 브난나는 한나의 원수 노릇을 했다. 신자의 원수는 멀리 있는 것이 아니라 한 집안에 있을 수 있다는 것을 보여준다. 바로 옆에 있으면서 우리를 괴롭히는 사람이 바로 우리의 적수인 수가 아주 많다. 일이 이렇게 되는 이유는 우리가 그 적수와 싸우라는 뜻이 아니라 더욱 하나님께 나아가라는 신호로 받아 드려야 한다. 그러면 좋은 날이 우리에게 다가온다.

삼상 1:7. 매년 한나가 여호와의 집에 올라갈 때마다 남편이 그같이 하매 브난나가 그를 격분시키므로 그가 울고 먹지 아니하니.

한나가 고통과 업신여김을 당한 기한은 길었다. 그것은 하루 이틀이 아니라 오랜 기간이었다. 몇 년의 세월에 걸쳐 된 일이었다. 매년 한나가 실로의 여호와의 집에 올라갈 때마다 남편이 한나를 사랑하여 제물의 분깃을 갑절이나 주고 사랑하였는데도 고통과 슬픔은 사라지지 않았다. 이유는 "브난나가 그를 격분시켰기" 때문이었다. 브난나는 한나의 건강에 이상이 생겨 임신하지 못하는 것이 아니냐는 식으로 그를 괴롭혔음으로 하나는 즐거워야 할 여호와의 집에서 울었으며 또 분배받은 제물의 분깃을 먹지도 않았다. 한나의 괴로움은 두 방면에서 찾아왔다. 하나는 자식이 없다는데서 왔고 또 하나는 브난나의 괴롭힘에서 왔다. 2중의 괴롭힘을 오래 동안 받은 한나의 기도는 깊어질 수밖에 없었다.

삼상 1:8. 그의 남편 엘가나가 그에게 이르되 한나여 어찌하여 울며 어찌하여 먹지 아니하며 어찌하여 그대의 마음이 슬프냐 내가 그대에게 열 아들보다 낫지 아니하냐 하니라.

본 절은 엘가나의 위로의 말이다. 한나의 남편 엘가나는 한나에게 이르기를

"한나여 어찌하여 울며 어찌하여 먹지 아니하며 어찌하여 그대의 마음이 슬프냐" 고 위로한다. '왜 그렇게 울며 왜 그렇게 음식을 먹지 않는 것이며 왜 항상 슬퍼하는 것이요'라고 달래고 위로 했다. 엘가나는 최선을 다해 위로했으나 한나는 자식이 없다는 것과 브닌나가 고통을 주는 것을 감당할 수 없었다. 남편들이 아무리 위로를 해도 슬픔은 그치지를 않는 수가 있다. 이는 하나님만이 채워주셔야만 가능하다는 것을 보여준다.

2. 한나가 아이를 위해 기도하다　1:9-18

남편 엘가나의 위로(8절)도 외면한 채 계속해서 울고 있던 한나는 주님께 아이를 임신하기 위해 기도를 드린다. 본문(9-18절)은 한나의 기도 내용(9-11절)과 엘리와의 대화내용(12-18절)이 기록되어 있다.

삼상 1:9. 그들이 실로에서 먹고 마신 후에 한나가 일어나니 그 때에 제사장 엘리는 여호와의 전 문설주 곁 의자에 앉아 있었더라.

엘가나의 가족들이 실로(Shiloh) 여호와의 집(회막)에서 먹고 마신(한나는 이 때 함께 있었지만 먹지도 않았고 마시지도 않았다) 후에 일어나서 한나는 기도하기 위해 회막 앞으로 갔다. 그녀는 그 때 기도할 마음으로 가득 차 있었다. 마침 그 때에 제사장 엘리가 여호와의 전 문설주 곁 의자에 앉아 있었다. 엘리는 몸이 비대하여 통상 의자에 앉아 있었으며 그는 죽을 때에도 의자에 앉아 있다가 죽었다(4:18). 그가 여호와의 전 문설주 곁에 앉아 있었기 때문에 한나가 기도하는 모습도 관찰할 수 가 있었고(12절) 또 대화를 할 수도 있었다(14-18절). 한나는 엘리 곁에 서서 기도했다(26절).

삼상 1:10. 한나가 마음이 괴로워서 여호와께 기도하고 통곡하며.

한나의 마음(영혼)은 괴로움으로 가득 차 있었다. 자식이 없다는 슬픔과 게다가 브닌나의 괴롭힘은 도를 지나 한나의 마음을 찔러 쪼개고 있었다. 한나의 괴로움은 남편의 위로 가지고는 채워지지를 않았다. 그녀는 여호와께 울면서 기도하기 시작했다.

삼상 1:11. 서원하여 이르되 만군의 여호와여 만일 주의 여종의 고통을 돌보시고 나를 기억하사 주의 여종을 잊지 아니하시고 주의 여종에게 아들을 주시면 내가 그의 평생에 그를 여호와께 드리고 삭도를 그의 머리에 대지 아니하겠나이다.

한나의 기도는 서원 기도였다. 서원이란 무엇을 실행하거나(창 28:20f), 하나님의 은혜(민 21:1f)에 보답하여 무엇인가를 금할 때(시 132:2f), 또는 하나님께 대한 헌신의 표현(시 22:25) 등 항상 하나님과 관련하여 사용되었다. 한번 서원하면 그것은 구속력이 있는 것으로 간주되었다(민 30:1-2; 신 23:21f).

한나의 서원은 하나님께서 아들을 주시면 그 아들을 하나님께 나실인으로 바치겠다는 것이었다. 한나는 "아들을 주시면"이라는 내용을 강조하기 위해 여러 가지로 표현했다. 즉 "만일 주의 여종의 고통을 돌보시고" "나를 기억하사" "주의 여종을 잊지 아니하시고 주의 여종에게 아들을 주시면"이라고 애절하게 기도했다. 일반 사람들도 무슨 말을 강조하기 위해서 비슷한 언어로 연거푸 말을 하는 것을 볼 수 있다.

한나는 여호와께서 아들을 주시면 "내가 그의 평생에 그를 여호와께 드리고 삭도를 그의 머리에 대지 아니하겠나이다"라고 아뢴다. "평생을 드린다"는 말은 '평생을 주님의 종으로 살게 하겠다'는 뜻이고, "삭도를 그의 머리에 대지 아니하겠다"는 말은 '나실인으로 바치겠다'는 뜻이다(민 6장; 30:6-16). 구약 법에는 여자가 서원을 하면 남편이 막을 수도 있었는데 남편 엘가나는 한나가 기도하는 가운데 말한 서원이니 막지 않았을 것이고 또 엘가나는 한나를 뜨겁게 사랑했기 때문에 막지 않았을 것으로 보인다.

한나가 이렇게 뜨겁게 아들을 구하여 하나님께 나실인으로 바치겠다고 한 것은 기도 중에 하나님의 감동에 의한 것으로 볼 수 있다. 많은 사람들은 복을 구할 때 자신의 것으로 삼으려는 열망에서 구하나, 한나는 하나님의 영광을 위하여 아들을 구했다. 이렇게 하나님의 영광을 위하여 구하면 하나님께서 다른 것들도 많이 주신다. 한나는 그 후 하나님으로부터 아들 3명, 딸 2명을 받았다(2:21).

삼상 1:12. 그가 여호와 앞에 오래 기도하는 동안에 엘리가 그의 입을 주목한즉.

한나가 여호와께 오래 기도했다. 그의 가슴에 맺힌 한(아들이 없다는 것 때문에 맺힌 한, 브닌나로부터 당한 굴욕감으로 인한 한)이 커서 그것을 다 풀기 위해서는 오랜 시간이 필요했다. 한나가 오래 기도하는 동안에 엘리는 옆에서(2:26) 그가 기도하는 모습을 주목했다. 특히 한나의 입을 주목했다.

삼상 1:13. 한나가 속으로 말하매 입술만 움직이고 음성은 들리지 아니 하므로 엘리는 그가 취한 줄로 생각한지라.

한나는 너무 깊은 한(恨)을 여호와 앞에 다 아뢰기 위해 간절히 기도했다. 속에 박힌 한을 다 뿜어내기 위해서는 소리를 내지 않고도 기도할 수 있었다. 다시 말해 음성은 내지 않고 입술만 움직이며 기도할 수 있었다. 한나의 이런 기도의 모습을 보면서 엘리는 한나가 술에 취한 줄로 알았다. 입술만 달싹달싹 움직이면서 기도하는 모습은 마치 술 취한 사람의 모습으로 보였다(사 28:7). 엘리는 당시 영적으로 많이 어두웠기에 한나의 이 모습을 보고 술 취한 것으로 착각했다.

삼상 1:14. 엘리가 그에게 이르되 네가 언제까지 취하여 있겠느냐 포도주를 끊으라 하니.

엘리는 한나의 기도하는 모습을 보면서 포도주나 독주에 취한 줄로 착각하여 "네가 언제까지 취하여 있겠느냐 포도주를 끊으라"고 책망했다. 엘리는 대제사장의 입장에서 한나의 술 취한 모습을 그냥 방치할 수 없다고 하여 포도주를 끊으라고 명령한 것이다. 영적 지도자는 사람들을 잘 판별할 수 있어야 한다.

삼상 1:15. 한나가 대답하여 이르되 내 주여 그렇지 아니하니이다 나는 마음이 슬픈 여자라 포도주나 독주를 마신 것이 아니요 여호와 앞에 내 심정을 통한 것뿐이오니.

한나는 포도주를 끊으라고 책망한(앞 절) 엘리에게 "내 주여 그렇지 아니하니

이다'라고 말한다. 즉, 포도주를 마셨기에 이렇게 오랜 시간 입술을 움직이고
있는 것이 아니었다고 답한다. 한나는 자기는 "마음이 슬픈 여자로서 포도주나
독주를 마신 것이 아니고 여호와 앞에 내 심정을 통한 것뿐이라"고 대답한다.
"심정을 통했다"는 말은 '깊이 박힌 한을 표출했다'는 표현이다. 엘리는 자기의
아들들의 타락을 막지 못한 어두운 대제사장이었다(2:22-35).

**삼상 1:16. 당신의 여종을 악한 여자로 여기지 마옵소서 내가 지금까지 말한
것은 나의 원통함과 격분됨이 많기 때문이니이다 하는지라.**

한나는 엘리를 향하여 '나를 그렇게 악한 여자로 여기지 마옵소서. 그저
술이나 마시고 술주정이나 하는 악한 여자(בַּת־בְּלִיָּעַל 즉 "벨리알의 딸", 다시
말해 '사탄의 딸')로 여기지 마옵소서. 내가 지금까지 기도한 것은 내가 너무
원통하고 분해서 그것을 여호와 앞에 드러낸 것뿐이었습니다' 라고 말한다. 기도
에 전념한 사람을 술이나 마시고 술주정이나 하는 악한 여자로 취급해서는 안
된다는 말이었다.

**삼상 1:17. 엘리가 대답하여 이르되 평안히 가라 이스라엘의 하나님이 네가 기도하
여 구한 것을 허락하시기를 원하노라 하니.**

엘리는 한나의 변명을 듣고 자신이 한나를 오해했음을 즉시 깨닫고 말하기를
"이스라엘의 하나님이 네가 기도하여 구한 것을 허락하시기를 원하노라"고 축원한
다. 한나가 기도하여 구한 아들이 태어나기를 바란다는 이 축원은 하나의 예언이
되었다.

**삼상 1:18. 이르되 당신의 여종이 당신께 은혜 입기를 원하나이다 하고 가서
먹고 얼굴에 다시는 근심 빛이 없더라.**

한나는 "당신의 여종이 당신께 은혜 입기를 원하나이다"라고 말한다. 즉,
"당신의 여종" 곧 '한나 자신'이 엘리의 앞 절의 축원("이스라엘의 하나님이
네가 기도하여 구한 것을 허락하시기를 원하노라")이 이루어지기를 소원하여

아들을 얻을 줄로 믿었다. 한나는 제사장 엘리의 축원을 하나의 은혜로 여겼고 그 은혜를 입기를 소원했다. 한나는 엘리가 축원한 사실을 크게 은혜 입은 것으로 알아서 그녀는 자기 가족 곁으로 가서 함께 먹고 마시면서 그 얼굴에 다시는 근심 빛을 나타내지를 않았다. 한나는 자신이 여호와께 기도하여 구한 것을 얻을 줄로 믿었을 뿐 아니라 대제사장이 축원한 것이 그대로 이루어질 줄 알고 마음에 평안을 가지고 행동했다. 참으로 신실한 여인이었다.

3. 한나가 사무엘을 낳다 1:19-20

삼상 1:19. 그들이 아침에 일찍이 일어나 여호와 앞에 경배하고 돌아가 라마의 자기 집에 이르니라 엘가나가 그의 아내 한나와 동침하매 여호와께서 그를 생각하신지라.

엘가나의 가족은 다음 날 아침 일찍이 일어나 여호와 앞에 경배하고 라마에 있는 자기들의 집으로 돌아와서 엘가나가 그의 아내 한나와 동침하는 중 여호와께서 한나를 기억해 주셔서 드디어 기도의 응답을 주셨다는 뜻이다. 본 절의 "동침했다"(יֵדַע)는 말은 엘가나가 한나를 '사랑했다'는 뜻으로 부부간에 한 자리에서 잠을 잤다는 뜻이다. 그리고 "생각하신지라"(יִזְכְּרֶהָ)라는 말은 '기억하셨다' 혹은 '돌보셨다'는 뜻이다. 쉽게 말해 기도에 응답하셨다는 뜻이다.

삼상 1:20. 한나가 임신하고 때가 이르매 아들을 낳아 사무엘이라 이름하였으니 이는 내가 여호와께 그를 구하였다 함이더라.

한나가 임신한 다음 아이를 낳을 달이 되어 아들을 낳아 사무엘이라고 이름을 지었다. 한나가 아들 이름을 사무엘이라고 지은 이유는 "한나가 여호와께 그를 구하였다"는 뜻에서 지었다. "사무엘"(שְׁמוּאֵל)이란 말은 '하나님의 들으심'이라는 뜻이다. 여호와께서 한나가 기도한 바를 들으셨기에 한나는 그가 낳은 아들 이름을 사무엘이라고 지었다. 하나님은 우리의 기도를 항상 들으신다. 응답을 하시지 않는 것도 응답이다. 바울 사도가 자신의 병을 고쳐주시기를 기도했을 때 하나님께서 병을 고쳐주시지는 않고 병을 고쳐주시지 않는 이유를 말씀해주셨다. 그 병이 있어야 더욱 겸손해져서 큰 능력이 바울 사도를 통하여 나타나니 병을 고쳐주시지 않은 것이 더욱 유익했다(고후 12:7-10).

4. 한나가 사무엘을 양육하다   1:21-23

삼상 1:21-22. 그 사람 엘가나와 그의 온 집이 여호와께 매년제와 서원제를 드리러 올라갈 때에 오직 한나는 올라가지 아니하고 그의 남편에게 이르되 아이를 젖 떼거든 내가 그를 데리고 가서 여호와 앞에 뵙게 하고 거기에 영원히 있게 하리이다 하니.

엘가나가 그의 모든 가족을 이끌고 여호와께 매년제와 서원제를 드리러 올라갈 때 한나는 함께 올라가지 않고 그의 남편 엘가나에게 자기가 올라가지 않는 이유를 말한다. 즉, "아이를 젖 떼거든 내가 그를 데리고 가서 여호와 앞에 뵙게 하고 또 거기 성소에서 영원히 봉사하게 하기" 위해서라고 말한다. "매년제"(每年祭) 란 해마다 한 가족 전체가 드리는 제사를 지칭한다. 그 때 동물 희생 제사를 드렸다. 가족 전원이 참가 하는 것이 관례였다(2:19; 20:6). 엘가나의 가정은 지난번에 다녀온 후 1년이 되었을 때 성소에 올라가 동물 희생 제사를 드려야 했다.

"서원제"(Votive offering)란 서원이 이루어진 경우에 드리는 예물(레 7:16; 22:18,23; 23:38; 민 15:3; 신 12:6,17)을 지칭한다. 엘가나는 서원한 일이 없는데 한나가 서원한 일(11절)을 자신이 서원한 일로 간주한다. 엘가나는 아내를 지극히 사랑하는 남편이었다.

한나는 "아이를 젖 떼거든 자기가 그 아이를 데리고 가서 여호와 앞에 뵙게 하고 또 거기 성소에서 영원히 봉사하는 봉사자가 되게 하겠다"고 말했는 데 이는 한나가 서원한 대로 한다는 것이었다(11절). 아이를 젖 떼는 나이는 아이마다 다른데 대략 세살 정도로 잡는다(K.&.D.). 3년 된 아이를 성소에 갖다가 맡기면 성소에서 수종드는 여인들이 돌보았고 영적으로는 엘리 제사장 이 돌보았다(Gerlach). 한나는 사무엘을 영원히 성소에서 봉사하는 종이 되게 하겠다고 했는데, 이는 보통을 넘는 정도였다. 보통은 레위인이 30세에서 50세까지 봉사하게 했는데(민 4:30), 한나는 영원히 성소에서 봉사하는 사람이 되게 하겠다고 말한다.

삼상 1:23. 그의 남편 엘가나가 그에게 이르되 그대의 소견에 좋은 대로하여 그를 젖떼기까지 기다리라 오직 여호와께서 그의 말씀대로 이루시기를 원하노라 하니라 이에 그 여자가 그의 아들을 양육하며 그가 젖떼기까지 기다리다가.

한나가 매년제와 서원제를 드리러 올라가지 않는 이유를 엘가나에게 말했을 때 엘가나는 한나에게 대답한다. "그대의 소견에 좋은 대로하여 그를 젖떼기까지 기다리라 오직 여호와께서 그의 말씀대로 이루시기를 원하노라"고 말한다. 첫째, "그대의 소견에 좋은 대로하여 그를 젖떼기까지 기다리라"고 말한다. 즉, '한나의 소견에 좋은 대로 아이를 젖떼기까지 성소에 올라가지 말고 집에서 양육하라'고 말해준다. 엘가나는 한나의 소견을 아주 존중했다. 한나가 허튼 일을 하지 않았기 때문이었다. 둘째, "오직 여호와께서 그의 말씀대로 이루시기를 원하노라"고 말해준다. 혹자는 엘가나가 사무엘의 출생과 사명에 관하여 여호와로부터 어떤 계시를 받아서 이 말을 하는 것으로 보기도 하나(Rabbins) 문맥으로 보아 그럴 가능성은 거의 없다. 다만 17절에서 엘리가 축원한 바와 같이 한나가 서원한 것이 그대로 이루어지기를 동의하며 축원하는 말로 해석함이 타당할 것으로 보인다(K.&D.).

한나는 엘가나가 말한 바와 같이 "그의 아들을 양육하며 그가 젖떼기까지 기다리다가" 젖을 뗀 후에 다음 절(24절)과 같이 성소에 올라가서 일을 보았다.

5. 한나가 여호와의 집에서 제사하다 1:24-28

삼상 1:24-25. 젖을 뗀 후에 그를 데리고 올라갈 새 수소 세 마리와 밀가루 한 에바와 포도주 한 가죽부대를 가지고 실로 여호와의 집에 나아갔는데 아이가 어리더라 그들이 수소를 잡고 아이를 데리고 엘리에게 가서.

한나가 사무엘에게 먹이던 젖을 뗀 후에 그를 데리고 성소에 올라갈 때 수소 세 마리와 밀가루 한 에바와 포도주 한 가죽부대를 가지고 실로에 있는 여호와의 집에 나아갔다. 그런데 아이는 매우 어렸다. 그들은 수소 한 마리를 잡고 아이를 엘리에게로 데리고 갔다.

한나가 사무엘이 젖을 먹던 것을 뗀 후 성소로 올라갈 때 제물도 준비해가지고 올라갔다. 제물의 양을 볼 때 엘가나의 가정은 비교적 부유한 가정으로 보인다. 한나는 세 종류(수소 세 마리, 밀가루 한 에바, 포도주 한 가죽부대)의 제물을 가지고 실로에 있는 여호와의 집으로 올라간 것이다.

그런데 혹자들은 본 절의 "수소(בְּפָרִים) 세 마리"를 "3년 된 수소 한 마리"고 번역했다(LXX, Syriac, RSV, NIV, NASB, 표준 새 번역, 공동번역, 현대인의 성경). 그들이 내세운 이유는 25절의 수소가 단수로 되어 있다는 이유 때문이다. 25절에서 수소란 말이 단수(הַפָּר)로 묘사되어 있기 때문에 수소 한 마리라고 번역한 것으로 보인다. 이유는 아이를 위하여 사용된 제물이 수소 한 마리뿐이었기 때문이다. 다른 두 마리 중 한 마리는 엘가나의 가족이 매년 드리던 매년제로 사용되었고, 또 한 마리의 제물은 서원을 이행할 수 있도록 인도해 주신 하나님의 은혜를 감사하기 위한 감사의 제물이었다. 그런고로 우리 번역대로 "수소 세 마리"로 번역하는 것이 바를 것으로 보인다(ASV, K&D, Thenius).

"밀가루 한 에바"는 약 23리터이며 소제 물로 드린 것이다. 한 마리의 수소를 번제로 바칠 경우 밀가루 한 에바의 10분의 3이 필요함으로(민 15:8-10), 여기 "밀가루 한 에바"는 수소 3마리를 제물로 바칠 때 필요한 밀가루의 분량임이 확실하다(Keil).

"아이가 어리다"는 말을 쓴 이유는 아마도 이제는 한나가 그 어린 아이를 여호와께 맡기고(이 성소에 맡기고) 집으로 돌아갔다는 것을 드러내기 위함인 것으로 보인다.

한나는 "아이를 데리고 엘리에게로 가서" 다음 절들(26-28절)과 같은 말을 하여 엘리에게 4년(임신하고 아이를 낳아 젖떼기까지에 걸린 기간) 전의 이야기를 회상시켰다.

삼상 1:26. 한나가 이르되 내 주여 당신의 사심으로 맹세하나이다 나는 여기서 내 주 당신 곁에 서서 여호와께 기도하던 여자라.

한나는 엘리에게 "내 주여"(אֲדֹנִי)라는 존경사를 사용하여 존경을 표하면서(창 24:18; 왕상 18:7) 당신이 살아계신 것이 확실한 것같이 분명히 맹세하며 말한다고 한다. 한나는 지나간 4년의 기간이 길었던 고로 엘리가 상기할 수 있도록 자신의 정체를 밝힌다. 즉, "나는 여기서 내 주 당신 곁에 서서 여호와께 기도하던 여자라"고 자신을 밝힌다. 한나는 노인을 존경하는 심정으로 "내 주여"라는 존경사도 사용했으며 또 자신이 누구인지를 확실히 밝히고 있다. 우리는 센 머리 앞에 일어서야 한다.

삼상 1:27. 이 아이를 위하여 내가 기도하였더니 내가 구하여 기도한 바를 여호와께서 내게 허락하신지라.

한나는 엘리에게 이 아이 사무엘을 위하여 기도했더니 자신이 기도한 바를 여호와께서 자기에게 허락하셨다는 것을 말씀한다. 한나는 이 아이를 주신 하나님께 감사했고 또 축원해 준 엘리에게 감사했다.

삼상 1:28. 그러므로 나도 그를 여호와께 드리되 그의 평생을 여호와께 드리나이다 하고 그가 거기서 여호와께 경배하니라.

하나님께서 한나에게 사무엘을 주셨으므로 한나 자신도 그를 여호와께 드리되 그의 평생을 여호와께 드린다고 말한다. 그런 다음 엘가나의 전 가족은 거기서 여호와께 엎드렸다. 인생의 모습에서 경배라는 것보다 더 아름다운 것은 없다.

6. 한나가 여호와 앞에 찬미하다 2:1-11

한나는 아들을 갖기 위해 기도한(1:10-11) 다음 이제 아들을 낳아 하나님께 바친 후 다시 기도한다. 그녀의 기도는 찬미로 가득 차 있고(1-2절), 하나님께서 심판자이심을 말하고 있다(3-10절).

제 2 장

삼상 2:1. 한나가 기도하여 이르되 내 마음이 여호와로 말미암아 즐거워하며 내 뿔이 여호와로 말미암아 높아졌으며 내 입이 내 원수들을 향하여 크게 열렸으니 이는 내가 주의 구원으로 말미암아 기뻐함이니이다.

한나는 기도의 여인이었다. 사무엘을 잉태하기 전에도 기도했고(1:9-11), 이제 사무엘의 젖을 떼고 성전에 데려와서 바치고 집으로 돌아가기 전에(11절) 여호와께 기도한다.

그녀는 "내 마음이 여호와로 말미암아 즐거워한다"고 말한다. 즉, '자기의 마음이 여호와로 말미암아, 즉 여호와께서 아들을 주시므로 말미암아 즐거움이 넘친다'고 말한다(창 21:6). 바라고 바라던 아들을 낳아 이제 기쁨이 넘친다는 것이다. 그리고 그녀는 "내 뿔이 여호와로 말미암아 높아졌다"고 말한다. 즉, '자신의 힘이 여호와로 말미암아 다시 말해 아들을 주시므로 말미암아 힘을 얻게 되었다'고 말한다. "뿔"은 힘의 상징으로 한나의 마음의 힘이 든든해졌다는 뜻이다. 여호와께서 한나의 기도를 들으셔서 아들을 주셨으니 큰 힘이 되었다. 우리도 많은 기도 응답을 받을 때 힘 있게 살 수 있다. 그리고 그녀는 "내 입이 내 원수들을 향하여 크게 열렸다"고 말한다. 즉, 자신의 입이 브닌나를 향해 넓게 열렸다고 말한다. 브닌나의 무슨 모욕이라도 다 감당할 수 있게 되었다는 뜻이고 무슨 말이라도 다 할 수 있게 입이 열렸다는 뜻이다. 한나는 이제부터는 브닌나 때문에 당하는 모든 어려움을 하나님을 앞세워 반박할 수 있게 되었다.

한나가 위와 같이 세 가지(마음이 즐거워진 것, 마음에 힘을 얻은 것, 입이 열린 것)를 말할 수 있는 이유는 "주의 구원으로 말미암기" 때문이라고 한다. 다시 말해 주님께서 주신 구원, 즉 아들 주신 일 때문에 기쁨이 생겼기 때문이라고 한다. 기도 응답은 우리를 크게 다른 사람이 되게 한다.

삼상 2:2. 여호와와 같이 거룩하신 이가 없으시니 이는 주 밖에 다른 이가 없고 우리 하나님 같은 반석도 없으심이니이다.

한나는 앞 절에서 말한 여호와가 어떤 분인지 본 절에서 진술한다. 즉 "여호와와 같이 거룩하신 이가 없으시다"고 말한다. 여호와께서 "거룩하시다"(קָדוֹשׁ)는 말은 여호와는 그가 만드신 모든 피조물 및 인간과 완전히 구별되신 분이라는 뜻이다. 여호와께서는 모든 피조물과 구별되셔서 절대 완전하시고 또 절대적으로 구별되신 분이시라는 뜻이다(레 11:29-47). 한나는 사무엘을 낳게 하신 여호와는 만물과 완전히 구별되신 거룩하신 분임을 실감했다. 여호와는 참으로 특별하신 분이시다.

한나가 여호와께서 거룩하신 분이라고 말한 이유는 "주 밖에 다른 이가 없기" 때문이고 또 "하나님 같은 반석도 없기" 때문이다. 주님이야 말로 참으로 유일하신 분이시고, "반석"[1], 즉 '신실하신 분'이시다(신 32:4; 시 19:14).

삼상 2:3. 심히 교만한 말을 다시 하지 말 것이며 오만한 말을 너희의 입에서 내지 말지어다 여호와는 지식의 하나님이시라 행동을 달아 보시느니라.

한나는 기도 중에 브닌나를 향하여 "심히 교만한 말", 다시 말해 '자기는 자식들이 있다고 하여 큰 소리 치는 말'을 다시 해서는 안 된다는 것이며, "오만한 말을 너희의 입에서 내지 말지어다'라는 구절은 바로 앞에 진술한 말과 동의절이다. 그런 못된 말을 다시 하지 않아야 하는 이유는 "여호와는 지식의 하나님이시라 행동을 달아 보시기" 때문이라고 한다. 즉, 여호와는 전지하신 하나님으로 모든 사람들의 말, 모든 사람들이 행하는 행동을 정확하게 관찰하셔서 심판하시기

---

1) "반석": Rock. 바위는 부피 큰 돌, 반석은 넓고 편편하게 된 아주 든든한 굳은 돌을 말하는데, 구신약의 역어에 있어서 히브리어의 경우 '셀라'가 60회, '추르'가 75회, 헬라어에 있어서는 '페트라'(petra)가 기록되어 있다. 팔레스틴에는 산지가 많아, 성경 중 바위나 반석에 관련된 기사가 많이 보인다. 이스라엘 백성이 평원의 애굽에서 산악 많은 팔레스틴으로 옮겨진 때, 하나님은 '반석에서 꿀을, 굳은 반석에서 기름을 빨게'하실 것이라고 하셨다(신 32:13). 이것은 팔레스틴의 포도, 올리브, 벌꿀 등의 비옥함을 가리키고 있는 것이다. 반석은 자연의 의미로도 형용적인 의미로도 씌어져 있다. 보통 의미로는 암괴(巖塊)는 호렙산 반석(출 17:6), 림몬 바위(삿 20:47)에 대해 씌어져 있다. 바위나 반석은 힘, 확고부동, 안전의 의미를 포함하고 있다. 바위는 원시적 주거이고(욥 24:8), 은신처였다(삼상 13:6; 욥 30:6; 사 2:19,21; 렘 4:29).

때문이라고 한다(잠 16:2; 24:12).

삼상 2:4. 용사의 활은 꺾이고 넘어진 자는 힘으로 띠를 띠도다.

용사의 활이 꺾였다는 말은 브닌나가 한나를 격분하게 했던 그 맹렬함은 이제는 꺾였다는 뜻이다. 그리고 "넘어진 자는 힘으로 띠를 띠게 되었다"는 말은 한나 자신이 넘어진 자처럼 맥이 없었는데 이제는 아들을 낳게 되어 힘이 생기게 되었다는 뜻이다.

무기를 가진 용사라도 끝까지 교만하면 하나님께서 그를 꺼꾸러뜨리시는 한날이 오고, 실패한 자라도 겸손히 회개하며 주님을 의지하면 하나님께 그에게 힘을 주셔서 일어나게 하신다(박윤선). 한나가 아들을 낳으므로 용사처럼 강하던 브닌나는 그 기세가 꺾여버렸고 넘어졌던 것처럼 보였던 한나는 아이를 낳으므로 힘을 얻게 되었다. 누구든지 교만하면 꺾이고 낮은 자세로 살면 하나님의 일으키심을 받는다.

삼상 2:5. 풍족하던 자들은 양식을 위하여 품을 팔고 주리던 자들은 다시 주리지 아니하도다 전에 임신하지 못하던 자는 일곱을 낳았고 많은 자녀를 둔 자는 쇠약하도다.

"풍족하던 자들은 양식을 위하여 품을 파는 자"는 브닌나를 두고 하는 말이다. 브닌나는 마음으로 아주 풍족했던 입장이어서 큰 소리를 치고 살았다. 그러나 이제는 양식이 없어 품값을 받고 일을 해서 양식을 사먹는 입장이 되었다고 한다. "품을 팔다"는 말은 '품삯을 받고 일을 해 준다'는 뜻이다.

그리고 "주리던 자들은 다시 주리지 아니하도다"란 말은 한나에게 해당하는 말이다. 한나는 마음으로 너무 비참해서 마치 주리던 사람처럼 비참했었다는 뜻이다. 그런데 이제 한나는 아들을 낳아 마음이 즐거워졌고 기뻐졌다는 뜻이다. 그래서 다시는 마음이 주리지 않는 입장이 되었다고 한다.

그리고 "전에 임신하지 못하던 자는 일곱을 낳았고 많은 자녀를 둔 자는 쇠약하도다"는 표현은 한나와 브닌나를 두고 묘사한 표현이다. 전에 임신하지 못하던 한나는 일곱을 낳았다는 말은 일곱이나 되는 많은 아들을 한꺼번에 낳았다는 뜻이 아니라 온전한 아들(7자는 완전수이다. 룻 4:15 참조)을 낳아 만족스럽다는 뜻이다. 그리고 많은 자녀를 둔 자, 브닌나는 한나에 비하면 쇠약해진 입장이 되었다는 뜻이다. 한나는 아들을 낳되 하나님의 은혜로 얻었기에 마음으로 풍족하게 되었고, 브닌나는 하나님의 은혜가 아니라 인간의 성적 관계에서 자녀를 얻었으니 한나가 보기에 쇠약한 입장이 된 것으로 보았다.

삼상 2:6. 여호와는 죽이기도 하시고 살리기도 하시며 스올에 내리게도 하시고 거기에서 올리기도 하시는도다.

한나는 본 절부터 10절까지 성령의 감동으로 여호와의 주권에 대해 진술한다. 한 마디로 여호와는 생사화복을 주장하시는 분이시다. 여호와는 사람의 육신을 죽이기도 하시고 살리기도 하신다. 그리고 한나는 똑같은 말을 반복한다. 즉, 여호와는 "스올에 내리게도 하시고 거기에서 올리기도" 하신다. "스올"은 '죽음' 혹은 '무덤'을 의미한다. 한나는 성령의 감동으로 여호와께서 사람을 죽이기도 하시고 죽음에서 올리기도 하시는 분이시라고 말한다.

삼상 2:7. 여호와는 가난하게도 하시고 부하게도 하시며 낮추기도 하시고 높이기도 하시는도다.

"여호와는 가난하게도 하시고 부하게도 하신다"는 말은 5절의 반복이다. 그리고 "낮추기도 하시고 높이기도 하신다"는 말은 세상 권세도 여호와의 장중에 있음을 말한다(단 4:17 참조). 약 4:6에 "하나님이 교만한 자를 물리치시고 겸손한 자에게 은혜를 주신다"고 했다. 우리 성도들은 세상에서 겸손히 살아야 한다.

삼상 2:8. 가난한 자를 진토에서 일으키시며 빈궁한 자를 거름더미에서 올리사 귀족들과 함께 앉게 하시며 영광의 자리를 차지하게 하시는도다 땅의 기둥들은 여호와의 것이라 여호와께서 세계를 그것들 위에 세우셨도다.

상반절은 "가난한 자"와 "빈궁한 자"(두 낱말은 동의어이다)를 "진토"와 "거름더미"(두 낱말도 동의어로 사용되었다)에서 올려서 귀족들과 함께 영광스런 자리에 앉게 하신다고 말한다. "진토"와 "거름더미"는 가난한 자의 극히 비참한 상태를 묘사하는 말이다(시 113:7-9; 사 47:1; 애 4:5 참조). 하나님은 요셉, 모세, 다윗, 다니엘 등 많은 사람들을 이 말씀과 같이 진토에서, 거름더미에서 일으키셨다 (Matthew Henry, 박윤선). 하나님께서 사람들을 이렇게 다루시는 이유는 첫째, 사람들의 교만을 꺾기 위하심이고, 둘째, 그의 능력을 사람들 중에 드러내시기 위함이시다(고후 4:7).

그리고 하반 절, 즉 "땅의 기둥들은 여호와의 것이라. 여호와께서 세계를 그것들 위에 세우셨도다'라는 말은 우주의 구조를 사람들이 지은 가옥의 구조에 비유하여 말한 것으로 하나님께서는 우주를 지배하신다는 것을 드러낸 표현이다. 히브리인들은 우주 가운데 땅을 떠받치는 기둥이 있으며 하나님께서 그 위에 세계를 세우셨다고 이해하였다. 즉, 하나님은 이 세상의 기초를 놓으셨을 뿐 아니라 그 기초 위에 만물을 조성하셨다. 하나님은 그 만물을 유지하시고 운행하시며 섭리하신다. 하나님의 이와 같은 힘에 의하여 하나님께서 "가난한 쟈"와 "빈궁한 쟈"를 "진토"와 "거름더미"에서 올려서 귀족들과 함께 영광스런 자리에 앉게 하신다. 하나님께서 하시는 일을 사람이 막을 자는 없다.

삼상 2:9. 그가 그의 거룩한 자들의 발을 지키실 것이요 악인들을 흑암 중에서 잠잠하게 하시리니 힘으로는 이길 사람이 없음이로다.

하나님께서 "거룩한 자들", 즉 '생각으로나 말로나 행실이 깨끗한 자들'을 지키셔서 실족하지 않게 하신다는 고백이다. 그러나 여호와께서는 "악인들", 즉 '브닌나와 같이 남을 비방하고 모욕을 주며 또 남을 울리는 사람들은 "흑암 중에 서", 즉 '영적으로 어두운 가운데서' 입이 막히게 된다는 말씀이다. 일이 이렇게 되는 이유는 인간적인 힘을 가지고는 세상에서 승리가 없게 마련되었기 때문이다.

삼상 2:10. 여호와를 대적하는 자는 산산이 깨어질 것이라 하늘에서 우레로 그들을 치시리로다 여호와께서 땅 끝까지 심판을 내리시고 자기 왕에게 힘을 주시며

자기의 기름 부음을 받은 자의 뿔을 높이시리로다 하니라.

브난나를 포함하여 "여호와를 대적하는 사람"은 누구든지 "산산이 깨어질 것"이라고 한다. 브난나는 사람을 멸시하고 모욕을 주고 사람을 울렸으니 여호와를 대적하는 자의 대열에 끼어들게 되었다. 그런 사람들이 깨어진다는 것은 사람들이 낮아지고 모욕을 당하는 것을 뜻한다. 그런 사람들이 "깨어지는 이유는 여호와께서 하늘에서 우레로 그들을 치시기" 때문이다. 여호와께서 하늘에서 벌을 주시니 깨어지지 않을 수 없다. 그런 사람들은 한 사람도 빠짐없이 벌을 받게 되는데 그 이유는 "여호와께서 땅 끝까지 심판을 내리시기" 때문이다.

그러나 여호와는 "자기 왕에게 힘을 주시며 자기의 기름 부음을 받은 자의 뿔을 높이신다". 본문의 "자기 왕"이란 말과 "자기의 기름 부음을 받은 자"란 말은 동의어다. 이유는 "왕"이 "기름 부음을 받은 자"이기 때문이다. 구약 시대의 왕들은 모두 기름 부음을 받았다.

그리고 "힘을 주시며"란 말과 "뿔을 높이신다"는 말도 동의어로 사용되었다. 이유는 여기 "뿔"이란 말이 '힘을 상징하는 말'로 "뿔을 높이신다"는 말은 '힘을 높이신다'는 말이기 때문이다. 그러니까 "자기 왕에게 힘을 주시며"라는 구절과 "자기의 기름 부음을 받은 자의 뿔을 높이신다"는 구절은 동의절이다. 그렇다면 여기 "자기 왕"(자기의 기름 부음 받은 자)이 누구인가. 이는 다윗 왕을 지칭하며 나아가서 장차 나타나실 메시야를 가리킨다(K.&D.).

한나는 찬미를 시작할 때는 자기가 받은 구원에 대해 감사하다가(1절), 끝에 와서는 인류의 구원이 있을 것을 예상하며 찬미한다. 한나의 찬미는 성령께서 인도하셨기에 이렇게 인류의 메시야에게까지 언급해 나간다. 성령은 그리스도에 대해 증언하시는 영이기 때문이다(계 19:10). 성령은 그리스도에 대해 증언하고 또 그리스도를 알게 하시는 영이시다.

삼상 2:11. 엘가나는 라마의 자기 집으로 돌아가고 그 아이는 제사장 엘리 앞에서 여호와를 섬기니라.

엘가나와 그의 가족 전체는 한나의 서원 제를 마치고 자기 집으로 돌아갔다.

그런데 아이 사무엘을 제사장 엘리에게 맡겨 감독을 받으면서 여호와를 섬기도록 해 놓고 또 식사문제는 회막 문에서 수종드는 여인들에게 맡기고 떠나갔다. 아이 사무엘은 어릴 적부터 여호와를 섬겼다.

B. 사무엘이 유년기를 맞이하다 2:12-36

본서의 저자는 성소에서 사무엘이 성장하는 모습과 타락 일변도로 나가는 엘리의 아들들의 죄악상을 대조시킨다. 엘리의 아들들은 이제 그 아버지의 후계자가 되지 못하고 사무엘이 엘리의 뒤를 잇게 된 배경을 설명하기 위해서다. 이 부분(12-36절)은 엘리의 아들들의 죄악상(12-17절), 사무엘이 여호와 앞에서 섬기는 모습(18-21절), 엘리가 두 아들에게 경계한 일(22-26절), 엘리 가문의 멸망 예언(27-36절)이 기록되고 있다.

1. 엘리의 아들들의 죄상 2:12-17

삼상 2:12. 엘리의 아들들은 행실이 나빠 여호와를 알지 못하더라(Now the sons of Eli [were] sons of Belial; they knew not the LORD-KJV).

본서의 저자는 "엘리의 아들들은 행실이 나빴는데 그 원인은 여호와를 알지 못했기 때문이라"고 말한다. 여호와를 알지 못한 것이 원인이 되어 행실을 나쁘게 했다는 뜻이다. 누구든지 여호와를 알지 못하면 나쁜 행실을 맺는다. 나무가 나쁘면 열매도 나쁜 열매를 맺는다.

본 절의 "행실이 나빠"란 말은 독자들로 하여금 알기 쉽도록 하기 위해 의역해 놓은 말이다. 원어대로 하자면 '벨리알의 아들들'(בְּנֵי בְלִיַּעַל)이다. "벨리알의 아들들"이란 '비류의 자식들', '배교자들'이라고 번역할 수가 있다. 이 말을 현대인의 성경에서는 '불량배'로 번역했고, 공동번역에서는 '망나니'로 번역했다. 그리고 미국 신국제번역판 성경(NIV)에서는 '사악한 자들'(Wicked men)로 번역했고, 미국 개정역(RSV)에서는 '쓸모없는 자들'이라고 번역했다. 그러니까 엘리의 아들들은 사람들 보기에 사악한 자들이었을 뿐 아니라 하나님 보시기에도 아무 쓸모없는 사람들이었다.

엘리의 아들들이 이처럼 불량배가 된 근원적인 원인은 "그들이 여호와를 알지 못했기" 때문이다. 여호와를 알지 못했다는 말은 여호와를 체험적으로 알지 못했다는 뜻이다. 성령의 감동이 없어 여호와를 체험적으로 알지 못하니 하나님을 두려워하지 않았고 하나님을 업신 여겼으며, 대적하는 일만 한 것이다. 오늘도 수많은 사람들이 체험적으로 여호와를 알지 못하니 자기도 모르게 하나님을 대적하는 삶을 살고 있다.

삼상 2:13-14. 그 제사장들이 백성에게 행하는 관습은 이러하니 곧 어떤 사람이 제사를 드리고 그 고기를 삶을 때에 제사장의 사환이 손에 세 살 갈고리를 가지고 와서 그것으로 냄비에나 솥에나 큰 솥에나 가마에 찔러 넣어 갈고리에 걸려 나오는 것은 제사장이 자기 것으로 가지되 실로에서 그 곳에 온 모든 이스라엘 사람에게 이같이 할 뿐 아니라.

본서의 저자는 엘리의 두 아들 제사장들이 행하던 악습(惡習)에 대해 설명한다. 제사장들이라고 하면 백성들에게 마땅히 지켜야 하는 규정이 있었음에도 불구하고 실로에 제사 드리러 오는 백성들에게 마구 대했다. 두 제사장들은 규정 (레 7:28-36)[2])을 무시하고 마구 고기를 빼앗아 갔다. 즉, 사람들이 제사를 드리러 와서 그 고기를 삶을 때에 제사장들은 사환을 시켜 세 살 갈고리를 가지고 오게 하여 그 삼지창으로 냄비(pan)에나 솥(kettle)에나 큰 솥(caldron)에나 가마(pot)에

---

2) 레 7:30-34에 "여호와의 화제물은 그 사람이 자기 손으로 가져올지니 곧 그 제물의 기름과 가슴을 가져올 것이요 제사장은 그 가슴을 여호와 앞에 흔들어 요제를 삼고 그 기름은 제단 위에서 불사를 것이며 가슴은 아론과 그의 자손에게 돌릴 것이며 또 너희는 그 화목제물의 오른쪽 뒷다리를 제사장에게 주어 거제를 삼을지니 아론의 자손 중에서 화목제물의 피와 기름을 드리는 자는 그 오른쪽 뒷다리를 자기의 소득으로 삼을 것이니라. 내가 이스라엘 자손의 화목제물 중에서 그 흔든 가슴과 든 뒷다리를 가져다가 제사장 아론과 그의 자손에게 주었나니 이는 이스라엘 자손에게서 받을 영원한 소득이니라"고 말한다. 즉, 화목제물 중에서 제사장의 분깃은 가슴과 뒷다리였다. 그런데 먼저 기름을 여호와께 불살라 바쳐야 했고, 가슴은 요제로, 뒷다리는 거제로 여호와께 바친 후 제사장에게 주어야 했다. 그런데 엘리의 아들 제사장들은 제사를 드리는 자가 제물을 준비하는 동안에 사환을 시켜 삼지창으로 제물을 찔러 무엇이든 취했다. 그들은 이런 무법한 일을 저질렀다.

찔러 넣어 그 삼지창에 걸려 나오는 것은 제사장이 자기 것으로 가져갔다. 제사장들은 이런 식으로 한두 사람에게 한 것이 아니라 실로의 성소에 와서 제사 드리려는 모든 이스라엘 사람들에게 똑같이 행했다. 이렇게만 행한 것이 아니라 다음절들 (15-16절)에 기록된 바처럼 무법하게 행했다.

삼상 2:15-16. 기름을 태우기 전에도 제사장의 사환이 와서 제사 드리는 사람에게 이르기를 제사장에게 구워 드릴 고기를 내라 그가 네게 삶은 고기를 원하지 아니하고 날 것을 원하신다 하다가 그 사람이 이르기를 반드시 먼저 기름을 태운 후에 네 마음에 원하는 대로 가지라 하면 그가 말하기를 아니라 지금 내게 내라 그렇지 아니하면 내가 억지로 빼앗으리라 하였으니.

히브리 원문에 보면 15절 초두에 "게다가"(!G")란 말이 나온다. 다시 말해 13-14절의 내용도 심한 무법(無法)인데 15-16절은 더 무법적이라는 것을 드러내고 있다. 즉, '게다가 기름을 태워 하나님께 바치기(레 3:3-5; 7:23-25; 17:6) 전에도 제사장이 보낸 사환이 와서 억지를 부린다'는 것이다. 그 사환이 와서 제사를 드리는 사람에게 억지를 부리는 것을 보면 제사장에게 삶은 고기를 드릴 것이 아니라 구워 드릴 날고기를 드려서 대접해야 한다는 주장이다. 제사 드리는 사람은 먼저 기름을 태워서 하나님께 드린 후에 제사장에게 드려야 기름을 태우기 전에는 안 된다고 하면 지금 당장 날 것을 내라고 억지를 부리면서 지금 태우기 전에 생고기를 내지 않으면 억지로 빼앗아 가겠다고 생떼를 부렸다. 이런 생떼는 제사 드리는 곳에서 통해서는 안 되는 일이었는데 버젓이 행하고 있었다. 과연 제사장들은 불량배였음이 드러난다. 엘리 집안이 이 정도였으니 하나님께서 새로운 사람 사무엘을 세우시는 것은 당연하신 일이었다. 오늘도 예배에는 별로 관심이 없고 물질에만 관심이 있는 교역자들이 있지는 않은지 참으로 두렵기 그지없다.

삼상 2:17. 이 소년들의 죄가 여호와 앞에 심히 큼은 그들이 여호와의 제사를 멸시함이었더라.

문장 초두의 "소년들"이란 말은 엘리의 '두 아들들'을 지칭한다. 그들은 소년들이 아니고 다 성장한 자들이었지만 소년 사무엘과 비교하기 위해 "소년들"로 표현한 것으로 보인다(F.R.Fay).

두 젊은 제사장들의 죄(13-16절)가 여호와 하나님 보시기에 너무 컸다는 것을 드러낸다. 그들의 죄가 크다고 할 수 있는 이유는 "그들이 여호와의 제사를 멸시하였"기 때문이다. 그들은 하나님에게는 관심이 없고 자기들의 식욕만 생각했으니 여호와 하나님을 심히 경멸한 것이었다(민 16:30; 신 31:20; 삼하 12:14; 시 10:3,13; 74:18; 사 1:4; 5:24). 오늘도 여호와께 예배하는 일에는 별 관심이 없고 형식만 취하는 성도들은 큰 죄를 범하고 있음을 알아야 할 것이다.

2. 사무엘이 여호와 앞에서 섬기다　2:18-21

삼상 2:18. 사무엘은 어렸을 때에 세마포 에봇을 입고 여호와 앞에서 섬겼더라.

본 절의 서술은 사무엘이 엘리의 아들들과는 달리 어렸을 때에 단정하고 경건한 모습을 하고 여호와를 섬겼다는 것을 드러낸다. 사무엘은 어렸을 때에 세마포 에봇을 입고 섬겼다. 사무엘은 어렸을 때부터 달랐다. 그는 에봇을 입고 섬겼다. "에봇"(d/pae)[3]이란 대제사장이 착용한 겉옷을 지칭하기도 했지만 아주 간단한 의복으로 소년 사무엘이 실로의 성소에서 이것을 착용했다. 다윗도 하나님의 궤를 운반하는 때, 이것을 착용한 적이 있었다(삼하 6:14; 대상 15:27). 특별히 종교적인 의미를 가진 의복인데, 형태는 극히 간소한 것이었다.

"여호와 앞에서 섬겼다"는 말은 두 가지 뜻을 가진다. 하나는 '예배했다'는 뜻을 가지고 있고 또 하나는 '봉사했다'는 뜻을 가지고 있다.

삼상 2:19. 그의 어머니가 매년 드리는 제사를 드리러 그의 남편과 함께 올라갈 때마다 작은 겉옷을 지어다가 그에게 주었더니.

---

3) "에봇": 간단한 의복으로, 소년 사무엘이 실로의 성소에서 이것을 착용했다(삼상 2:18). 다윗은 하나님의 궤를 운반하는 때, 이것을 착용했다(삼하 6:14; 대상 15:27). 특별히 종교적인 의미를 가진 의복인데, 형태는 극히 간소한 것이었다.

사무엘의 어머니 한나는 사무엘을 성소에 맡기고는 계속해서 관련을 맺고 지냈다. 한나가 매년제(1:3 주해 참조)를 드리러 갈 때마다 그의 남편 엘가나와 함께 올라갔는데 그 때마다 작은 겉옷을 지어다가 사무엘에게 입혀 주었다. 한나는 자식에게 대한 자신의 애틋한 사랑을 표했으며 사무엘은 그의 어머니의 사랑을 받으며 성장했다.

삼상 2:20. 엘리가 엘가나와 그의 아내에게 축복하여 이르되 여호와께서 이 여인으로 말미암아 네게 다른 후사를 주사 이가 여호와께 간구하여 얻어 바친 아들을 대신하게 하시기를 원하노라 하였더니 그들이 자기 집으로 돌아가매.

엘가나와 한나가 함께 매년제에 참여하여 제사를 드리고 또 사무엘에게 겉옷을 입혀주는 모습을 본 엘리는 엘가나 부부에게 사무엘 대신 다른 자손들이 생기기를 기도하곤 했다. 이 축복기도를 받은 엘가나 부부가 집으로 돌아가곤 했는데 다음 절처럼 복이 임했다.

삼상 2:21. 여호와께서 한나를 돌보시사 그로 하여금 임신하여 세 아들과 두 딸을 낳게 하셨고 아이 사무엘은 여호와 앞에서 자라니라.

엘리가 엘가나 부부에게 사무엘을 대신하여 다른 후사들을 주시기를 위해 기도했는데 여호와께서 한나를 돌보아 주셨다는 것이다. 여기 "돌보시다"(פָּקַד)는 말은 '방문하다', '생각해주다', '은혜를 베풀다'는 뜻으로 하나님께서 한나로 하여금 임신하게 해주셨다는 뜻이다. 그래서 하나님께서 은혜로 한나에게 세 아들과 두 딸을 낳게 하셨다. 불임의 사람 한나는 다산(多産)하는 여인이 되었다. 이렇게 엘가나 부부의 가정에서는 다섯 자녀가 태어나는 동안 큰 아들 사무엘은 여호와 앞에서 잘 자라났다. "여호와 앞에서 자랐다"는 말은 육신적으로도 잘 성장했고 또 영적으로도 크게 잘 되어 갔다는 뜻이다.

3. 엘리가 두 아들에게 경계하다 2:22-26

삼상 2:22. 엘리가 매우 늙었더니 그의 아들들이 온 이스라엘에게 행한 모든

일과 회막 문에서 수종드는 여인들과 동침하였음을 듣고.

엘리가 자식들의 악행에 대해 듣고 견책할 때는 매우 늙은 때였다. 이때는 그의 나이 98세였고(4:15), 눈이 잘 보이지 않아(4:18), 거동을 자유롭게 할 수 없는 때였다. 레위는 그의 아들들이 온 이스라엘 사람들에게 행한 악행(2:13-17)을 듣게 되었고 또 회막 문에서 수종드는 젊은 여인들과 동침했다는 소문을 듣게 되었다. 엘리의 아들들은 회막에서 제사 음식을 자기들 마음대로 취해 먹었고 또 여인들과 동침했을 뿐 아니라 회막 밖에서도 이스라엘 사람들에게 악을 행한다는 소문이 파다하게 퍼졌다. 늙은 엘리는 죽기 전에 자기의 아들들을 교정시켜 놓아야 하겠다는 생각으로 책망한 것이다.

삼상 2:23. 그들에게 이르되 너희가 어찌하여 이런 일을 하느냐 내가 너희의 악행을 이 모든 백성에게서 듣노라.

엘리는 아들들에게 "너희가 어찌하여 이런 일을 하느냐 내가 너희의 악행을 이 모든 백성에게서 들었다"고 말한다. 아들들에 대한 원성이 자자하니 아무리 늙은 엘리라도 모를 리 없었다. 여기 "모든 백성에게서 듣는다"는 말은 과장법이긴 하지만 아무튼 전국에 널리 퍼져 있음을 드러내는 말이다.

삼상 2:24. 내 아들들아 그리하지 말라 내게 들리는 소문이 좋지 아니하니라 너희가 여호와의 백성으로 범죄하게 하는도다.

엘리는 자기 아들들을 향하여 "내 아들들아 그리하지 말라 내게 들리는 소문이 좋지 아니하니라"고 말한다. '얘들아, 당장 그쳐라. 내게 들려오는 소문이 영 좋지 않구나'라고 책망한다. "너희가 여호와의 백성으로 범죄하게 하고 있구나'라고 심각하게 책망한다. 두 아들들의 악행을 백성들이 들을 때 그 백성들은 시험을 받아 여호와에 대한 제사를 소홀히 여기게 되고 또 성도덕이 문란하게 되었을 것이다. 제사장이 백성으로 하여금 범죄하게 만든다는 것은 불행한 일이 아닐 수 없다. 오늘도 주의 종들이 많은 사람들의 믿음을 싸늘하게 만들고 있음은 참으로 유감스러운 일이다.

삼상 2:25. 사람이 사람에게 범죄하면 하나님이 심판하시려니와 만일 사람이 여호와께 범죄하면 누가 그를 위하여 간구하겠느냐 하되 그들이 자기 아버지의 말을 듣지 아니하였으니 이는 여호와께서 그들을 죽이기로 뜻하셨음이더라.

엘리는 두 아들들을 향하여 사람이 사람에게 범죄하면 하나님이 중재자가 되시고 심판하신다고 알려준다. 그러나 만일 사람이 여호와께 범죄하고 회개하지 않으면 결국 여호와께서 죽이실 것이라고 알려준다. 그런데도 엘리의 아들들은 자기들의 아버지의 말을 듣지 아니했는데 일이 이렇게 된 이유는 그들이 여호와로 부터 죽임을 당하도록 되어 있었기 때문이었다.

삼상 2:26. 아이 사무엘이 점점 자라매 여호와와 사람들에게 은총을 더욱 받더라.

본서 저자는 엘리의 아들들 이야기를 하다가(22-25절) 이제 본 절에서는 사무엘에 대해서 이야기를 하는 이유는 명확하게 양편을 대조하기 위함이다. 엘리의 아들들은 범죄하여 사람과 하나님께 버림을 당했지만 아이 사무엘은 점점 자라가면서 여호와와 사람들에게 은총을 더욱 받고 있다고 말한다. 회개와 신앙은 양측에 중요한 차이를 만들어내고 있었다.

4. 하나님의 사람이 엘리 가문의 멸망을 예언하다 2:27-36

삼상 2:27. 하나님의 사람이 엘리에게 와서 그에게 이르되 여호와의 말씀에 너희 조상의 집이 애굽에서 바로의 집에 속하였을 때에 내가 그들에게 나타나지 아니하였느냐.

문장 초두의 "하나님의 사람"(אִישׁ־אֱלֹהִים)이란 말은 '어떤 하나님의 사람'이란 뜻으로 '한 예언자'를 뜻하는 말이다(신 33:1; 삼상 9:8; 왕상 13:1; 17:18; 왕하 4:7). 한 예언자가 엘리에게 찾아온 것은 엘리가 그만큼 영적으로 어두워졌다는 것을 뜻한다. 엘리가 한 예언자를 통하여 하나님으로부터 경고를 받아야 하기 때문에 한 예언자가 찾아온 것이다.

그 예언자는 말하기를 "여호와의 말씀에 너희 조상의 집이 애굽에서 바로의 집에 속하였을 때에 내가 그들에게 나타나지 아니하였느냐'고 말한다. 이 말씀이 무슨 뜻인지에 대해서는 두 가지 견해가 있다. 1) '이스라엘이 애굽에서 종살이 하고 있을 때에 여호와께서 바로에게 나타나 바로를 심판하셨다'는 견해(이상근). 2) 이스라엘이 애굽에서 종살이 하고 있을 때 여호와께서 이스라엘의 조상들에게 나타나셔서 이스라엘 민족을 구원하시고 그들 중에서 특별히 아론과 그 자손들을 제사장으로 높이셨다는 견해(Stephen J. Andrews, 박윤선). 두 견해 중에서 둘째 번 견해가 문맥에 의하여 바른 견해이다. 여호와께서 엘리의 조상에게 나타나셔서 제사장 가족으로 만들어 주셨는데 엘리는 자식들을 잘 훈련시키지 못하고 크게 범죄하도록 방치한 것은 큰 죄가 아닐 수 없었다.

삼상 2:28. 이스라엘 모든 지파 중에서 내가 그를 택하여 내 제사장으로 삼아 그가 내 제단에 올라 분향하며 내 앞에서 에봇을 입게 하지 아니하였느냐 이스라엘 자손이 드리는 모든 화제를 내가 네 조상의 집에 주지 아니하였느냐.

본 절은 여호와께서 여러 지파 중에서 아론을 택하여 제사장으로 삼아 각종 혜택을 입혀 주신 것을 말씀한다. 첫째, 여호와의 제단에 올라 분향하게 하셨고, 둘째, 에봇4)을 입게 하셨으며, 셋째, 이스라엘 자손이 드리는 모든 화제를 주셔서 여유 있게 하셨다. 하나님께서 아론과 그의 자손에게 제사장 직분을 주셔서 복되게 하셨는데도 엘리의 아들들은 감사를 모르고 제사 음식을 자기들의 입맛에 맞추어 도둑질 했다는 것이다.

삼상 2:29. 너희는 어찌하여 내가 내 처소에서 명령한 내 제물과 예물을 밟으며 네 아들들을 나보다 더 중히 여겨 내 백성 이스라엘이 드리는 가장 좋은 것으로 너희들을 살지게 하느냐.

여호와께서 아론 계통의 제사장들에게 은혜 베푸실 만큼 충분히 은혜를 베푸셨 는데도(앞 절) 엘리의 아들들은 무엇이 부족한 것처럼 여호와께 드리라고 명령하신

---

4) 이 에봇은 사무엘이 유년시절에 입던 에봇과는 다른 에봇이었다. 이 에봇에는 가슴에 하나님의 뜻을 물을 수 있는 우림과 둠밈이 있었고, 또 각종 화려한 색상의 실로 규례를 따라 엄격히 만들어진 대제사장의 특별한 의복이었다.

제물과 예물(아마도 곡식 제물일 것이다)을 소홀히 여기고, 아들들을 여호와보다
더 중하게 여겨 이스라엘 백성이 드리는 가장 좋은 것을 가져다가 먹으므로 살지게
만드느냐는 것이다(2:12-17). 엘리가 아들들에게 따끔하게 경계하지 않고 말을
듣지 않아도 그냥 내버려 두는 식으로(24절) 한 것은 여호와를 짓밟으며 아들들을
더 귀중히 여긴 행위였다. 엘리는 대제사장으로서 마땅히 성소를 거룩하게 하고
제물을 귀중히 취급해야 했으나 아들들을 더 귀중히 여겼다.

**삼상 2:30. 그러므로 이스라엘의 하나님 나 여호와가 말하노라 내가 전에 네
집과 네 조상의 집이 내 앞에 영원히 행하리라 하였으나 이제 나 여호와가 말하노니
결단코 그렇게 하지 아니하리라 나를 존중히 여기는 자를 내가 존중히 여기고
나를 멸시하는 자를 내가 경멸하리라.**

엘리가 두 아들을 하나님보다 더 귀중히 여기는 참람한 죄를 범했으니 그
결과 이스라엘의 하나님께서 엘리의 집 사람들로 하여금 영원히 제사장 가문으로
쓰려고 하셨으나(출 27:21; 29:9) 이제 계획을 바꾸어 멸하시겠다고 발표하신다.
하나님께서 약속하신 것을 이렇게 바꾸시는 일이 발생할 것이냐를 두고 견해가
갈린다. 하나님께서 우리를 구원하시겠다는 계획은 변경하시지는 않으나 우리에
게 지상의 복을 주시겠다는 약속은 변경하신다는 것이 정설이다.

여호와는 "나를 존중히 여기는 자를 내가 존중히 여기고 나를 멸시하는 자를
내가 경멸하리라"고 하신다. 여호와를 존중히 여겨 존중히 여김을 받은 사람은
사무엘이고, 여호와를 멸시하여 경멸에 처함 받은 사람은 엘리 가정이었다. 여호와
를 경멸하고야 바로 설 가문이 지구상에 어디 있겠는가.

**삼상 2:31. 보라 내가 네 팔과 네 조상의 집 팔을 끊어 네 집에 노인이 하나도
없게 하는 날이 이를지라.**

하나님의 사람은 엘리를 향하여 "보라"라는 말을 사용하여 다음의 진술이
심히 엄격한 것이라는 것을 알려준다. 하나님의 사람은 여호와를 대신하여 말씀을
전한다. "내가 네 팔과 네 조상의 집 팔을 끊겠다"고 한다. 여기 "팔"이라는

말은 '힘'이나 '권세'를 상징하는 말이다(욥 22:9; 시 10:15; 37:17). 그러니까 하나님께서 엘리의 힘과 조상의 집 권세를 끊어 엘리 집에 노인이 하나도 없게 하는 비극을 내시겠다고 하신다. 하나님은 엘리 집의 모든 사람이 조사(早死)하도록 하시겠다고 한다.

삼상 2:32. 이스라엘에게 모든 복을 내리는 중에 너는 내 처소의 환난을 볼 것이요 네 집에 영원토록 노인이 없을 것이며.

하나님의 사람은 하나님을 대리하여 "이스라엘에게 모든 복을 내리는 중에" 엘리의 집은 환난을 당할 것이라고 선언한다. 이스라엘은 사무엘이나 다윗 또는 솔로몬 시대에 잘 나가게 되었는데 엘리 집안에는 환난이 닥쳐 어려움을 당하리라는 뜻이다. 즉, "너는 내 처소의 환난을 볼 것이요 네 집에 영원토록 노인이 없을 것이라"고 하신다. 본 절의 "내 처소"라는 말과 "네 집"이란 말은 동의어로 사용되었다. 그리고 "환난을 볼 것이요"란 구절과 "영원토록 노인이 없을 것이라"는 구절도 동의절이다. 하나님은 이렇게 동의절을 사용하여 엘리 집안에 노인이 없을 것을 예언하셨다. 훗날 실제로 엘리 집에는 노인이 없었다.

삼상 2:33. 내 제단에서 내가 끊어버리지 아니할 네 사람이 네 눈을 쇠잔하게 하고 네 마음을 슬프게 할 것이요 네 집에서 출산되는 모든 자가 젊어서 죽으리라.

본 절도 역시 엘리 집안 중 남는 한 제사장이 비참하게 될 일과 그 집안의 사람들이 일찍 조사한다는 내용이다. "내 제단에서 내가 끊어버리지 아니할 네 사람"(The man of you whom I shall not cut off from my altar)이란 말은 '하나님께서 엘리 집안의 후손들을 아주 끊어버리지 않으시고 남겨두실 사람이 한 사람이 있을 것'이란 뜻이다. 이 말씀은 하나님께서 남겨두실 제사장이 딱한 사람만 남는다는 뜻이 아니라 아주 소수일 것이라는 뜻이다. 엘리와 두 아들의 죄악은 적지 않은 영향을 가문에 미칠 것을 보여준다. 극히 소수가 남아 제사 직분을 수행하는 것을 본 엘리의 눈이 쇠약해질 것이고 또 엘리의 마음을 아프게 할 것이라는 뜻이다. 후손이 비참하게 될 일에 대해서는 36절이 잘 보여주고 있다. 그리고 이 예언은 훗날 역사상에서 그대로 이루어졌다(22:9-19).

그리고 또 본 절의 하나님 사람의 예언, 즉 "네 집에서 출산되는 모든 자가 젊어서 죽으리라"는 예언은 본 절까지 합하여 세 번이나 연거푸 기록되어 있다(31절, 32절, 그리고 본 절). 이런 저주는 실제로 역사상에 그대로 이루어졌다(4:11,20-21; 22:11-19, R.P.Smith). 엘리와 두 아들이 제사를 소홀히 여긴 죄는 참으로 훗날에까지 큰 악영향을 끼쳤음을 볼 수 있다.

삼상 2:34. 네 두 아들 홉니와 비느하스가 한 날에 죽으리니 그 둘이 당할 그 일이 네게 표징이 되리라.

하나님의 사람은 엘리를 향하여 엘리의 두 아들이 한 날에 죽을 것을 볼 터인데 그런 일이 일어나는 것을 보면 그것은 자신이 말한 모든 것이 반드시 이루어진다는 표징(evidence)이 될 것이라고 말한다. 이 예언은 훗날 그대로 성취되었다. 두 아들은 훗날 블레셋과의 전투에서 한 날에 죽었다(4:11). 하나님의 말씀은 반드시 그대로 이루어지고 만다.

삼상 2:35. 내가 나를 위하여 충실한 제사장을 일으키리니 그 사람은 내 마음, 내 뜻대로 행할 것이라 내가 그를 위하여 견고한 집을 세우리니 그가 나의 기름 부음을 받은 자 앞에서 영구히 행하리라.

하나님은 하나님 사람을 통하여 이스라엘에게 위로의 말씀을 주신다. 비록 엘리의 집이 잘 되지 않아 실망스러웠지만 하나님께서는 "내가 나를 위하여 충실한 제사장을 일으키실" 것이라고 하신다. 엘리와 두 아들은 충실하지 못했지만 하나님은 이스라엘 백성을 위해(이 말씀이 바로 "나를 위하여"라는 뜻이다. 이스라엘 백성을 위하시는 것이 바로 하나님 자신을 위하시는 것이다) 충실한 제사장을 일으키실 것이라고 하신다. 그 충실한 제사장은 "내 마음, 내 뜻대로 행할 것이라"고 하신다. 그래서 하나님은 "그를 위하여 견고한 집을 세워주실 것이라"고 하신다. 엘리의 집이 견고하지 않아 파멸에 이르는 것과는 달리 충실한 제사장의 가문은 큰 복을 받게 해주신다고 하신다.

그러면 "충실한 제사장"이 누구인가를 놓고 주석가들의 의견은 대체로 모아지
고 있다. 즉, 1) 충실한 제사장은 사무엘이라는 견해(7:9, Theodoret, the Rabbins,
Lange, 박윤선, 이상근). 어떤 주석가는 사무엘은 제사장이 아니니 이 속에 들어가
지 않는다고 하나 대체적으로 주석가들은 사무엘을 꼽고 있다. 이유는 사무엘은
제사장은 아니었으나 제사장의 직분을 수행하기도 했고(7:9,17), 또 그는 성장하여
제사의 권위를 회복했다는 점을 든다(16:5). 2) 사독이라는 견해(삼하 8:17;
15:24,35; 15:24, Augustine, Matthew Henry, Thenius, Gerlach, R.P. Smith,
박윤선, 이상근). 엘르아살의 후손인 사독이 솔로몬 치세의 초기에 엘리의 후손인
아비아달을 대신하게 되었을 때 사독이 자기 일에 충성을 다했다(왕상 2:27,35).
그리하여 레위 계통의 제사장 제도가 계속되는 동안에는 그의 후손들이 대제사장
직을 계승했다(Matthew Henry). 3) 그리스도라는 견해(히 10:1-14, Matthew
Henry). 그리스도는 영원한 대제사장이 되어 완전한 속죄를 이루셨다. 그는 예표로
서의 희생 제사를 폐기하시고 완전 속죄를 이루셨다는 점에서 충실한 제사장이시
다. 위의 세 견해 중 어느 것이 맞고 어느 것이 틀렸다고 말하기는 어렵다. 그러나
"영구히 제사장 직을 행하리라"는 예언을 상고할 때는 세 번째 견해가 가장 타당하
다고 볼 수 있다.

하나님의 사람은 충성하는 제사장(사무엘, 사독, 그리스도)이 "나의 기름 부음
을 받은 자 앞에서 영구히 행하리라"고 한다. 즉, '기름을 부음 받은 왕들을 주장하
여 이스라엘 나라를 다스릴 것이라'는 예언이다. 충실한 제사장은 이스라엘의
왕들을 도와 제사장의 직분을 충실히 수행했다. 이스라엘의 왕정 체제는 결코
전제주의적 왕정이 아니라 신정주의적 왕정 체제임을 보여준다(13:14; 15:28;
16:1).

**삼상 2:36. 그리고 네 집에 남은 사람이 각기 와서 은 한 조각과 떡 한 덩이를
위하여 그에게 엎드려 이르되 청하노니 내게 제사장의 직분 하나를 맡겨 내게
떡 조각을 먹게 하소서 하리라 하셨다 하니라.**

하나님의 사람은 앞 절에서는 충실한 제사장이 이스라엘에 나타날 것을 예언했

는데 이제 본 절에서는 엘리의 살아남은 후손들이 그 충실한 제사장에게 찾아가 구걸하듯 밥벌이할 제사장직을 얻으려고 굽실거리며, 제발 제사장직에 붙여 주어 빵부스러기라도 얻어먹게 해 달라고 애걸하게 될 것이라고 한다. 엘리와 두 아들들은 백성들이 드리는 제사 음식 중에 맛있는 것들을 탈취하다시피 하여 먹었는데 (13-16절, 29절) 이제 이런 궁핍한 신세가 된 것은 당연한 결과임에 틀림없다(30절). 뺏어먹은 사람들은 훗날 거의 빌어먹는 수준에 이르게 되는 법이다.

제 3 장

C. 사무엘이 사사로 활동하다 3-7장

3-7장에서는 사무엘이 하나님의 부름을 받아 이스라엘의 마지막 사사로 그리고 제사장 역할을 감당하는 사람으로서 역사하는 모습을 진술하고 있다. 이 부분 (3-7장)의 내용은 1) 사무엘이 여호와로부터 부름을 받은 일(3:1-9), 2) 여호와께서 엘리 집을 심판하기로 하신 일(3:10-14), 3) 사무엘이 받은 계시를 엘리에게 알린 일(3:15-18), 4) 여호와께서 사무엘을 널리 드러내신 일(3:19-21), 5) 이스라엘이 전쟁에서 법궤를 빼앗긴 일(4:1-11), 6) 전쟁 중에 엘리 집이 망한 일(4:12-22), 7) 법궤 앞에서 다곤 신이 엎드러진 일(5:1-5), 8) 여호와께서 블레셋을 독종으로 치신 일(5:6-12), 9) 블레셋인들이 법궤를 돌려보내기로 결정한 일(6:1-9), 10) 법궤가 벳세메스로 돌아온 일(6:10-21), 11) 법궤가 기럇여아림에 머문 일(7:1-2), 12) 사무엘이 회개운동을 일으킨 일(7:3-4), 13) 미스바 총회를 개최한 일(7:5-11), 14) 이스라엘이 승리를 거둔 일(7:12-14), 15) 사무엘이 순회하며 통치한 일 (7:15-17) 등이 기록되어 있다.

1. 사무엘이 여호와로부터 부름을 받다 3:1-9

사무엘이 성소에서 자는 중에 하나님의 부름을 받는다. 사무엘은 처음에는 여호와께서 부르시는 줄 몰랐다가 네 번째 부름을 받자 여호와의 부름인줄 알고 응답하고 여호와의 계시를 경청한다.

삼상 3:1. 아이 사무엘이 엘리 앞에서 여호와를 섬길 때에는 여호와의 말씀이 희귀하여 이상이 흔히 보이지 않았더라.

본서의 저자는 "아이 사무엘이 엘리 앞에서 여호와를 섬길 때에" 여호와의 계시가 별로 없었음을 밝힌다. '아이'라고 칭함 받은 사무엘은 이때 12세쯤 되었을 것이다(Josephus). 12세라고 하면 이스라엘에 있어 '율법의 아들'로 불리는 나이였고, 처음으로 성전에 올라가는 나이였다(눅 2:42). 사무엘이 12세 때에 엘리 앞에서 여호와를 섬기고 있었다는 말은 엘리의 지도하에 여호와를 섬기고 있었다는 뜻이다. 사무엘이 엘리의 지도하에 여호와를 섬기고 있을 때에 "여호와의 말씀이 희귀하여 이상이 흔히 보이지 않았다"는 말은 신앙적인 측면에서 암흑시대를 경험하고 있었다는 뜻이다. 다시 말해 여호와의 말씀도 별로 없었고 동시에 이상(환상)도 없었다는 것은 당시 엘리와 두 아들이 여호와를 거역하고 있어서 당시가 하나님의 계시가 별로 없었던 어두운 시기였다는 것을 말한다.

삼상 3:2. 엘리의 눈이 점점 어두워 가서 잘 보지 못하는 그 때에 그가 자기 처소에 누웠고.

엘리의 눈이 점점 어두워 가서 잘 볼 수 없었던 어느 날 엘리는 자기 처소에 누워 있었다. 바로 이 때 하나님의 음성이 사무엘에게 나타났다는 것을 밝힌다. 사실 엘리의 눈이 어두워진 것은 어쩌면 당연한 것이었다(4:15 참조). 이유는 그가 당시 98세였기 때문이다. 그러나 본서의 저자가 엘리의 눈이 어두워 가서 잘 보지 못하는 것을 특히 밝힌 것은 엘리의 나이가 많아 그의 눈이 어두워진 것은 당연한 일이지만 그의 영적 안목도 어두워졌다는 것을 말하기 위하여 이 말을 했을 것으로 보인다. 그가 영적 감각이 어두웠기에 사무엘에게 들려온 주님의 음성을 얼른 알아보지 못하고 사무엘을 그냥 잠자리로 돌려보낸 것으로 보인다(4-9절 참조).

삼상 3:3. 하나님의 등불은 아직 꺼지지 아니하였으며 사무엘은 하나님의 궤 있는 여호와의 전 안에 누웠더니.

여기 "하나님의 등불은 아직 꺼지지 아니하였다"는 말은 아직 때가 밤이라는 것을 드러낸다. "하나님의 등불"은 성소에 있는 등불로서 일곱 가지의 등대에 켜 있는 불을 뜻하는데 감람유불로 초저녁에 켜고 새벽에 껐다(출 25:31-37; 27:20-21; 30:7-8).

밤에 사무엘은 하나님의 궤가 있는 여호와의 전 안에 누워 있었다. 즉, "하나님의 궤가 있는 여호와의 전 안"이란 '하나님의 언약궤가 들어있는 여호와의 전 안'이란 뜻인데 지성소 안에는 대제사장만이 일 년에 한 차례 들어갈 수 있었으므로 (레 16:2) 사무엘이 잠을 잔 곳은 지성소 앞에 있는, 여호와의 전 뜰 주변에 있는, 제사장이나 레위인이 유숙하는 곳에서 잠을 잤을 것으로 보인다.

본서 저자가 사무엘이 "여호와의 전 안에서 잤다"는 표현만으로 묘사하지 않고 "하나님의 궤가 있는 여호와의 전 안에서 잤다"고 표현한 것은 다음 절들(4-14절)에 진술한 바와 같이 하나님의 임재가 있었다는 것을 표현하기 위함이다. 사무엘은 비록 어린 나이였지만 여호와께서는 사무엘에게 하나님의 뜻을 계시하시기 원하셨다.

삼상 3:4-5. 여호와께서 사무엘을 부르시는지라 그가 대답하되 내가 여기 있나이다 하고 엘리에게로 달려가서 이르되 당신이 나를 부르셨기로 내가 여기 있나이다 하니 그가 이르되 나는 부르지 아니하였으니 다시 누우라 하는지라 그가 가서 누웠더니.

여호와께서는 사무엘을 부르셨으나 사무엘은 여호와의 음성인 줄 모르고 엘리의 음성으로 착각하여 엘리에게로 달려가서 혹시 자기를 부르셨는가하고 여쭈어본다. 엘리가 이 때 알아차려서 그것이 주님의 부름인줄 알았어야 했는데 여호와의 말씀이 희귀한 시대였던(1절) 고로 엘리도 알지 못하여 자기가 부르지 않은 것만 강조하고 사무엘을 다시 잠자리에 눕혔다. 하나님의 첫 번째 부름에 대하여 두 사람은 똑같이 알지 못했다.

오늘도 하나님께서 환경을 통하여 우리에게 말씀하시는데도 영적으로 둔하여 태반 알지 못하고 그냥 무시하고 지나가는 사람들이 많다. 이런 일이 반복되지만 계속해서 알아차리지 못하고 그냥 지나가 많은 세월을 지나치고 만다. 우리는 우리의 영적 감각을 예민하게 만들어야 할 것이다.

삼상 3:6. 여호와께서 다시 사무엘을 부르시는지라 사무엘이 일어나 엘리에게로

가서 이르되 당신이 나를 부르셨기로 내가 여기 있나이다 하니 그가 대답하되 내 아들아 내가 부르지 아니하였으니 다시 누우라 하니라.

여호와께서 두 번째 부르시는데도 사무엘은 알지 못하고 다시 엘리에게로 가서 혹시 자기를 부르셨는지를 확인한다. 엘리는 이번에도 역시 주님의 음성인줄 알아차리지 못하고 사무엘을 그냥 잠자리로 돌려보낸다. 영적 감각이 둔한 엘리였다. 당시의 영적인 지도자가 이 정도였으니 이스라엘이 영적으로 어둡지 아니할 수 있었을까. 오늘 세상이 어두운 것은 먼저 교계 지도자들이 영적으로 많이 어두워졌기 때문이다.

삼상 3:7. 사무엘이 아직 여호와를 알지 못하고 여호와의 말씀도 아직 그에게 나타나지 아니한 때라.

본 절은 사무엘이 여호와의 첫 번째 음성과 두 번째 음성을 알아보지 못한 이유를 말한다. 이유는 두 가지였다. 하나는 "사무엘이 아직 여호와를 알지 못했기" 때문이었고, 또 하나는 "여호와의 말씀도 아직 그에게 나타나지 아니하였기" 때문이다. "여호와를 알지 못했다"는 말은 '여호와를 경험하지 못했다'는 뜻이고, "여호와의 말씀도 아직 그에게 나타나지 아니했다"는 말은 이제까지 한 번도 여호와의 말씀을 받아본 적이 없었다는 뜻이다. 사무엘이 이렇게 어렸지만 여호와께서는 사무엘이 경험할 때까지 계속해서 나타나 주셨다.

삼상 3:8a. 여호와께서 세 번째 사무엘을 부르시는지라 그가 일어나 엘리에게로 가서 이르되 당신이 나를 부르셨기로 내가 여기 있나이다 하니.

본 절 상반 절은 5절 및 6절과 마찬가지로 여호와께서 사무엘을 부르신 일과 사무엘이 그 부르심을 엘리의 부르심으로 알고 엘리에게로 가서 "당신이 나를 부르셨기로 내가 여기 있나이다"라고 응답한 내용이다. 5절,6절의 주해를 참조하라.

삼상 3:8b-9. 엘리가 여호와께서 이 아이를 부르신 줄을 깨닫고 엘리가 사무엘에게

이르되 가서 누웠다가 그가 너를 부르시거든 네가 말하기를 여호와여 말씀하옵소
서 주의 종이 듣겠나이다 하라 하니 이에 사무엘이 가서 자기 처소에 누우니라.

　엘리는 사무엘이 세 번째로 하나님의 부르심을 받고야 이제는 그 부름심이
하나님의 부르심인 줄 알고 사무엘에게 새로운 지시를 한다. 즉, "가서 누웠다가
그(여호와)가 너를 부르시거든" 나에게 달려오지 말고 여호와께 응답하라고 말해
준다. 엘리의 이런 새로운 지시를 받은 사무엘은 가서 자기의 처소에 누웠다는
이야기이다. "사무엘이 아직 여호와를 알지 못하고 여호와의 말씀도 아직 그에게
나타나지 아니했기"(7절) 때문에 이렇게 세 번이나 엘리에게 달려가서 엘리가
부른 것으로 착각했으나 엘리는 벌써 사무엘에게 들려온 여호와의 음성을 일찍이
알았어야 했　다. 그러나 그가 마음이 어두워져서 이렇게 사무엘로 하여금 세
번씩이나 자기에게 오게 만든 것이다. 오늘 우리의 영안은 참으로 밝은지 확인해야
할 것이다.

　2. 여호와께서 엘리 집을 심판하기로 하시다　3:10-14
　여호와께서 사무엘을 부르셔서 엘리의 집이 앞으로 영원한 심판을 받을 것이라
고 계시하신다.
**삼상 3:10. 여호와께서 임하여 서서 전과 같이 사무엘아 사무엘아 부르시는지라
사무엘이 이르되 말씀하옵소서 주의 종이 듣겠나이다 하니.**

　엘리의 지시를 받고(8b-9절) 다시 자기 잠자리에 누운 사무엘에게 여호와께서
방금 전에 임하셔서 부르시던 것과 같이 "사무엘아 사무엘아" 하고 두 번 부르셨다.
두 번 부르신 것은 분명하게(확실하게) 부르신 것을 뜻한다(창 22:11; 46:2; 출
3:4).

　사무엘은 여호와의 부르심을 받고 엘리가 지시한 대로(9절) "말씀하옵소서.
주의 종이 듣겠습니다"라고 대답한다. 오늘 우리에게도 여호와로부터 영음이
들려오면 "말씀하옵소서. 주의 종이 듣겠습니다"라는 자세를 취해야 한다.

삼상 3:11. 여호와께서 사무엘에게 이르시되 보라 내가 이스라엘 중에 한 일을

행하리니 그것을 듣는 자마다 두 귀가 울리리라.

본 절은 여호와께서 행하실 일 한 가지(a thing)를 말씀하신다. 일은 한 가지이지만 그 파급 효과는 엄청나게 커서 듣는 사람은 모두 가슴을 쓸어내릴 것이라고 하신다. 그 한 가지 일은 다름 아니라 백성들이 전쟁으로 말미암아 크게 살육당할 일, 엘리의 아들 홉니와 비느하스가 죽을 일, 엘리도 죽을 일, 블레셋과의 전쟁에서 이스라엘이 하나님의 궤를 빼앗길 일, 엘리의 며느리(비느하스의 아내)도 해산하다가 죽은 소식을 들을 일, 이런 일들을 듣고 이스라엘인들은 크게 놀랐고 가슴을 쓸어내리는 일을 당한 것을 말한다(4:17-22). 이 정도의 환난이라면 큰 환난임이 분명하다.

삼상 3:12. 내가 엘리의 집에 대하여 말한 것을 처음부터 끝까지 그 날에 그에게 다 이루리라.

여호와께서는 하나님의 사람을 통하여 엘리의 집에 대해 경고하신 일이 있으셨는데(2:27-36) 이제 그 예언을 처음부터 끝까지 남김없이 다 그날에 엘리에게 이루어지게 하시겠다고 하신다.

여호와께서는 심판하시기 전 이렇게 먼저 말씀하셔서 엘리로 하여금 회개할 기회를 주셨고 또 여호와의 예언은 반드시 다 이루어진다는 것을 보이시기 위해서 미리 말씀하시고 또 이루신다. 여호와께서는 결코 미리 말씀도 하지 않으시고 심판하시는 일은 없으시다.

삼상 3:13. 내가 그의 집을 영원토록 심판하겠다고 그에게 말한 것은 그가 아는 죄악 때문이니 이는 그가 자기의 아들들이 저주를 자청하되 금하지 아니하였음이니라.

여호와께서는 엘리의 집을 "영원토록 심판하겠다고 그(엘리)에게 말한 것은 그가 아는 죄악 때문이라"고 하신다. "엘리의 집을 영원히 심판하신다"는 말씀은 '엘리 집을 마지막으로 없애버리신다'는 뜻이다(R.P. Smith). 여호와께서 엘리 집을 없애버리시겠다고 하신 것은 "엘리가 아는 죄악 때문이라"고 하신다. 즉,

아들들이 제물을 탈취한 죄(2:12-17)와 성막에서 봉사하는 여인과 동침한 것(2:22)을 지칭한다. 하나님은 우리가 모르는 죄로 심판하시는 것이 아니라 우리가 알고 있는 죄를 가지고 심판하신다.

엘리는 아들들이 죄를 범한 것을 알고 있으면서도 죄를 책망하는 일에 아주 소극적이었다(2:23-25). 아들들이 반감을 가질까보아 따끔하게 징계하지 않았다. 아주 형식적이었다. 엘리는 자기의 아들들이 "저주를 자청하되 금하지 아니했다". 다시 말해 아들들이 심판을 자초하되 그것을 막아주지 않았으므로 엘리의 집은 아주 없어지고 말게 된 것이었다. 이 땅의 부모들은 자녀들 교육에 있어 하나님을 대리하여 시켜야 한다.

삼상 3:14. **그러므로 내가 엘리의 집에 대하여 맹세하기를 엘리 집의 죄악은 제물로나 예물로나 영원히 속죄함을 받지 못하리라 하였노라 하셨더라(And therefore I have sworn unto the house of Eli, that the iniquity of Eli's house shall not be purged with sacrifice nor offering for ever-KJV).**

문장 초두에 나오는 "그러므로"란 말은 '그(엘리)가 자기의 아들들이 저주를 자청하되 금하지 아니하였으므로'란 뜻이다. 아들들이 저주를 자청하였으나 엘리가 금하지 아니하였으므로 "내(여호와)가 엘리의 집에 대하여 맹세하기를 엘리 집의 죄악은 제물로나 예물로나 영원히 속죄함을 받지 못하리라 하였노라"고 말씀하셨다.

본 절에 문제가 되는 것은 여호와께서 엘리 집의 죄를 영원히 사해주시지 않겠다고 맹세하신 것이 언제였는가가 문제이다. 1) 지금 맹세하신다는 것으로 보는 번역판들이 있다(RSV, NRSV, 표준새번역). 지금 맹세하시는 것으로 보는 편에서는 여호와께서 과거에 맹세하신 적이 없다는 것을 들고 있고, 또 본 절은 앞 절의 연속으로 나오면서 지금 여호와께서 맹세하시는 것으로 보는 것이다. 2) 과거에 맹세하신 것으로 번역한 번역판들이 있다(KJV, NKJV, NIV, ASV, NASB, NLT, YLT, DVY, BBE, 한글개역판, 개역개정판, 공동번역, 현대인의 성경). 과거에 맹세하신 것으로 보는 편에서는 하나님의 사람이 찾아와서(2:27-36)

하나님께서 맹세 하셨다고 보는 것이다. 2번의 견해가 바른 것으로 본다.

여호와께서는 엘리 집의 죄악은 "제물"(짐승을 잡아 피 흘려 드리는 제사, 레 3:1; 4:10)을 드려도 용서가 안 되고 "예물"(피를 흘리지 않고 드리는 곡물 제사, 레 2:1-6)을 드려도 되지 않는다고 하셨다(R.P.Smith). 다시 말해 엘리 집의 죄악은 절대로 용서가 되지 않는다고 하신다. 이유는 죄악을 용서해주는 제사 자체를 모독했기 때문이다(2:12-17). 엘리의 아들들은 제물을 모독했으니 아무 것을 가지고도 죄 사함을 받을 수가 없다. 이는 오늘날 신약시대에 그리스도의 십자가 피를 모독하고 혹은 성령 훼방 죄를 짓는 사람의 죄가 용서받지 못함과 같다(마 12:31).[5]

3. 사무엘이 받은 계시를 엘리에게 알리다   3:15-18

삼상 3:15. 사무엘이 아침까지 누웠다가 여호와의 집의 문을 열었으나 그 이상을 엘리에게 알게 하기를 두려워하더니.

사무엘은 지난밤에 여호와로부터 엘리 집에 대한 무서운 심판의 말씀을 듣고 아침이 되어 "여호와의 집의 문(the doors of the house of the Lord)을 여는 것"부터 시작하여 하루 일을 시작했으나 엘리를 만날 일이 심히도 두려웠다. 엘리가 꼬치꼬치 물으면 어떻게 대답하느냐 하는 것이었다. 그래서 본문에는 사무엘은 "그 이상을 엘리에게 알게 하기를 두려워했다"고 말한다. 여기 "이상"이란 사무엘이 간밤에 본 '환상이나 여호와의 음성'을 지칭한다.

삼상 3:16. 엘리가 사무엘을 불러 이르되 내 아들 사무엘아 하니 그가 대답하되 내가 여기 있나이다 하니 그가.

엘리는 간밤에 사무엘이 자기의 숙소에 다녀간 후 여호와께서 사무엘에게 무슨 말씀을 하셨는지 해서 심히도 궁금해서 견디기 어려웠다. 그래서 그 아침에

---

5) 성령 훼방 죄란 성령께서 역사하시는 것을 알면서도 극구 부인하는 죄를 지칭한다. 바리새인들은 예수님을 통하여 성령께서 역사하셔서 이적 행하심을 무수히 체험했음에도 계속해서 부인했다.

사무엘을 만나자 "내 아들 사무엘아"라고 불렀다. 사무엘은 엘리의 친 아들은 아니었으나 가까운 젊은이이기 때문에 이렇게 불렀다(4,6,8절). 사무엘은 간밤에 여호와께서 들려주신 말씀이 무서운 말씀일지라도 엘리의 부름에 응하지 않을 수 없어 엘리의 부름에 대하여 "내가 여기 있나이다"라고 대답했다. 이는 '예, 말씀하소서'라는 뜻이다.

삼상 3:17. 이르되 네게 무엇을 말씀하셨느냐 청하노니 내게 숨기지 말라 네게 말씀하신 모든 것을 하나라도 숨기면 하나님이 네게 벌을 내리시고 또 내리시기를 원하노라 하는지라.

엘리는 사무엘에게 여호와께서 "네게 무엇을 말씀하셨느냐 청하노니 내게 숨기지 말고" 다 말하라고 명령한다. 엘리는 하나님의 사람을 통하여 엘리 집을 심판하시겠다는 말씀을 들은바가 있고(2:27-36) 또 여호와께서 사무엘에게는 무엇인가 계시하시고, 자기에게는 숨기는 그 무엇이 있는지 해서 심히도 궁금했다. 그래서 엘리는 사무엘에게 "내게 숨기지 말라"고 말한다. 사실 사무엘은 숨길 수만 있으면 일부(一部)라도 숨기고 싶었을 것이다. 숨기는 것은 죄가 아니니 말이다. 사실을 뒤집어 말하는 거짓말은 죄가 되나, 숨기는 것은 죄가 되지 않는다고 성경은 말씀한다(잠 11:13).

엘리는 아주 단단히 부탁하기 위해 당시에 많이 사용하는, 맹세할 때 사용하는 언어를 사용한다. 즉, "네게 말씀하신 모든 것을 하나라도 숨기면 하나님이 네게 벌을 내리시고 또 내리시기를 원하노라"는 맹세의 언어를 말한다. 이렇게 맹세할 때에 사용하는 언어는 성경에 많이 있다(14:44; 20:13; 25:22; 룻 1:17; 삼하 3:9,35; 19:13 등).

삼상 3:18. 사무엘이 그것을 그에게 자세히 말하고 조금도 숨기지 아니하니 그가 이르되 이는 여호와이시니 선하신 대로 하실 것이니라 하니라.

엘리의 간절한 부탁을 받고 사무엘은 간밤에 주신 여호와의 계시를 "자세히 말하고 조금도 숨기지 아니했다". 엘리는 사무엘의 말을 듣고 "이는 여호와이시니 선하신 대로 하실 것이니라"고 말했다. 즉, '이렇게 계시하신 분은 여호와시니 여호와께서 선하신 대로 다 행하실 것이니라'고 말한다. 엘리는 자기 집을 심판하시겠다는 여호와의 말씀을 듣고 자신의 죄를 인정했고 또 여호와의 심판이 정당함을 말했다. 그는 여호와 하나님을 원망하는 말은 일체 하지 않았다. 40년간이나 사사로 수고한 엘리답게 하나님의 선하심을 인정한데서 엘리의 선함도 나타난다. 그러니까 엘리의 문제는 다른데 있었던 것이 아니라 자녀 교육 문제였다. 자녀 교육만 바르게 했더라면 엘리는 훌륭한 사사로 인정될 뻔했다.

4. 여호와께서 사무엘을 널리 드러내시다 3:19-4:1a

삼상 3:19. 사무엘이 자라매 여호와께서 그와 함께 계셔서 그의 말이 하나도 땅에 떨어지지 않게 하시니.

사무엘이 성장했을 때 여호와께서 그와 함께 계셔서 그의 말이 하나도 땅에 떨어지지 않게 하셨다. 이 말은 사무엘이 성장하지 않았을 때는 여호와께서 함께 하시지 않았다는 것을 암시하는 말은 아니다. 언제든지 함께 하셨지만 그가 성장하여 본격적으로 사역을 시작했을 때 그가 전한 말이 하나도 헛되게 그냥 무효가 되는 말이 없었다는 뜻이다. 그가 성장하지 않았을 때는 말씀 전하는 기회가 거의 없었을 것이다.

여호와께서 함께 해주시는 것이 참 예언자의 증거이기도 하다(신 18:22). 또 여호와께서 함께 하시는 것이 최대의 기쁨이다(J. Wesley). 여호와께서 다윗과 함께해주시니 그가 가는 곳마다 전쟁에서 승리했다(삼하 8:6,14).

삼상 3:20. 단에서부터 브엘세바까지의 온 이스라엘이 사무엘은 여호와의 선지자로 세우심을 입은 줄을 알았더라.

본 절은 앞 절의 결과로 나타난 현상을 드러내고 있다. 즉, "여호와께서 함께 계셔서 그의 말이 하나도 땅에 떨어지지 않게 하신"(앞 절) 결과 온 이스라엘 사람들이 "사무엘은 여호와의 선지자로 세우심을 입은 줄을 알게" 되었다는 말이다.

본 절 초두의 "단6)에서부터 브엘세바7)까지"란 말은 이스라엘 전체를 가리키는 관용구이다(삿 20:1; 삼하 3:10; 17:11; 24:2,15; 왕상 4:25; 대상 21:2; 대하 30:5). 문제는 하나님께서 함께 하시느냐 하는 것이 중요하다. 하나님께서 사무엘과 함께 하셔서 말씀을 주시고 기도하게 하셔서 기도가 성취되게 하시니 하나님께서 세우신 참 예언자인 것을 알게 되었고 시인하게 되었다.

삼상 3:21. 여호와께서 실로에서 다시 나타나시되 여호와께서 실로에서 여호와의 말씀으로 사무엘에게 자기를 나타내시니라.

본 절은 "온 이스라엘이 사무엘은 여호와의 선지자로 세우심을 입은 줄을 알았다"(앞 절)는 것을 더욱 부각시키기 위해 쓰인 말씀이다. 사무엘이야 말로 하나님께서 세우신 선지자임을 백성들로 하여금 더 알게 하기 위하여 "여호와께서 실로에서 다시 나타나시되 여호와께서 실로에서 여호와의 말씀으로 사무엘에게 자기를 나타내셨다"는 것이다.

본 절의 "실로"라는 곳은 하나님의 성막이 세워져 있던 곳으로 사무엘이 이곳에서 머물러 있었다(1:3; 2:11). 본 절 상반 절은 실로에서 여호와께서 사무엘에게 자기를 나타내신 것을 진술하고 있고, 하반 절은 실로에서 여호와의 말씀으로 사무엘에게 자기를 나타내신 것을 드러낸다. 그러니까 여호와께서 나타나신 것이나 말씀으로 자기를 나타내신 것이나 똑같은 것으로 말하고 있다. 여기 "말씀"이란 여호와의 매개체임을 알 수 있다. 오늘 우리는 성경 말씀을 통하여 하나님을 알고 믿어야 할 것이다. 우리는 성경 벌레들이 되어야 한다.

---

6) "단"은 이스라엘의 최 북단 지역이다(삿 18:29).
7) "브엘세바"는 이스라엘의 최남단 지역이다(삿 20:1).

제 4 장

삼상 4:1a. 사무엘의 말이 온 이스라엘에 전파되니라.

본 절의 "사무엘의 말이 온 이스라엘에 전파되었다"는 말은 여호와께서 사무엘과 함께 하셨기 때문에 사무엘의 말이 온 이스라엘에 전파되었다고 보아야 하고 또 사무엘이 전한 말이 여호와의 말씀이었기 때문에 온 이스라엘에 전파되었다고 보는 것이다. 그런 의미에서 본 절은 앞 장의 끝부분에 배치하는 것이 바람직하다. 오늘도 여호와의 말씀을 정확하게 파악하고 전한다면 전하는 자의 말이 많은 사람들에게 영향을 끼치는 말씀이 될 것이 확실하다.

혹자는 본 절을 다음 부분(1b-11절)과 함께 두어 사무엘이 전쟁을 선동하는 말을 한 것으로 보아야 한다고 말하기도 하나 다음 부분은 전쟁에 관하여 말하는 문맥이니 아직도 엘리 제사장이 살아있는 입장인고로 사무엘이 나설 형편이 아니라는 것이 대체적인 견해이다.

5. 이스라엘이 전쟁에서 법궤를 빼앗기다   4:1b-11

사무엘이 성장해서 본격적으로 사역을 시작한 형편에서 이스라엘이 블레셋과의 전쟁에서 크게 패하여 어려움을 당해야 하는 이유는 전쟁이 나서 엘리의 집이 영원히 심판을 받아야 하기 때문이다. 엘리 집의 두 아들 문제는 작은 문제가 아니어서 전쟁이 나서 전쟁에서 이스라엘이 패하고 또 엘리도 죽고 두 아들도 죽고 법궤도 빼앗겨야 하기 때문에 전쟁이 난 것으로 보아야 한다.

삼상 4:1b. 이스라엘은 나가서 블레셋 사람들과 싸우려고 에벤에셀 곁에 진 치고 블레셋 사람들은 아벡에 진 쳤더니.

"사무엘의 말이 온 이스라엘에 전파되어갈" 무렵 블레셋 사람들이 전쟁하려고 몰려 와서 싸우게 되었을 때 "이스라엘은 나가서 블레셋 사람들과 싸우려고 에벤에셀 곁에 진 쳤고 블레셋 사람들은 아벡에 진을 쳤다"는 것이다. 본문의 "블레셋"(Philistia)은 블레셋 사람이 사는 땅을 이름인데, '팔레스틴'(Palestine)은 이 말에서 연유한다. 블레셋 사람에 대해서는 애굽의 람세스 Ⅲ세(Ramesses Ⅲ, B.C. 1175-1144 재위) 때에 애굽으로 침공해 온 '바다 백성'(Sea Peoples)이라 불리운 민족 중에 'Prest'라는 이름이 보이는데, 이것과 비교할 수 있다. 애굽어로 셈어의 음절을 표기한 것을 보면 이를 pa-ra-sa-ta라고 읽고 있다(디럭스 바이블 성경사전에서).

"에벤에셀"(Ebenezer)은 '도움의 돌'이라는 뜻을 가지고 있다. 사론 평원의 아벡에 포진하고 있던 블레셋 사람에 대하여 이스라엘이 포진했던 장소이다. 이스라엘은 이 싸움에서 패하여 여호와의 궤를 빼앗겼다(4:1; 5:1). 아벡의 동남쪽 2km 지점의 미젤 야바(Mijdel Yaba)와 동일시된다.

"아벡"(Aphek)은 '하상(河床)' 또는 '요해'라는 뜻이다. 아벡은 가나안 사람의 성읍인데, 다른 동명(同名)의 성읍과 구별하기 위해 '사론의 아벡'이라고도 불렀다(70인역, 수 12:18). 블레셋 사람은 이곳을 이스라엘 침입의 교두보로 삼았다(4:1; 29:1). 텔아비브의 동북쪽 17km, 얄곤(Yarqon) 강의 수원에 가까운 라스엘 아인(이스라엘 이름 Tel Ateq)과 동일시된다. 투트모세 Ⅱ세(Thutmos Ⅱ)의 비문에 'ipkn'이라 기록되었다. 고지의 넓이는 16ha인데, BC 2,000년 이래 중세기에 이르기까지 거주하였다. 신약 시대의 안다바드리와 동일지이다(디럭스 바이블 성경사전에서).

삼상 4:2. 블레셋 사람들이 이스라엘에 대하여 전열을 벌이니라 그 둘이 싸우다가 이스라엘이 블레셋 사람들 앞에서 패하여 그들에게 전쟁에서 죽임을 당한 군사가 사천 명 가량이라.

본 절은 이스라엘과 블레셋이 전쟁하는 모습을 묘사한다. "전열을 벌였다"는 말은 '줄을 맞췄다'는 뜻으로 전선(戰線)을 정비했다는 뜻이다. 일단 전선을 정비하면 양측은 서로 상대방을 대하여 싸움을 시작한다. 그런데 양측이 싸우는 중 "이스라엘이 블레셋 사람들 앞에서 패하여 블레셋한테 전쟁에서 죽임을 당한 군사가 4,000명 가량'이 되었다고 한다. 이스라엘이 대패한 것을 뜻한다. 엘리 집의 범죄 때문에 반드시 이스라엘은 패해야 했다.

삼상 4:3. 백성이 진영으로 돌아오매 이스라엘 장로들이 이르되 여호와께서 어찌하여 우리에게 오늘 블레셋 사람들 앞에 패하게 하셨는고 여호와의 언약궤를 실로에서 우리에게로 가져다가 우리 중에 있게 하여 그것으로 우리를 우리 원수들의 손에서 구원하게 하자 하니.

이스라엘과 블레셋은 에벤에셀과 아벡 사이에서 싸우다가 이스라엘이 패하여 이스라엘의 진영 에벤에셀로 돌아와 전쟁의 결과를 점고했는데 이스라엘 장로들은 이스라엘이 그날 전투에서 패한 원인을 여호와께서 패하게 하신 것으로 결론을 내린다. 이스라엘 장로들이 전쟁 패배의 궁극적인 원인을 여호와께 둔 것은 아주 당연한 일이었다. 모든 행과 불행의 깊은 원인은 여호와에게 있는 것은 사실이었다. 그러나 이스라엘이 패한 가까운 원인이 엘리 집의 죄악에 있는 줄을 알았어야 했다. 엘리 집의 죄악이 이스라엘로 하여금 전쟁에서 패하게 하신 것이다. 오늘 우리의 죄악도 우리를 패하게 만든다는 것을 알아야 할 것이다.

이스라엘 장로들은 전쟁 패배의 원인이 언약궤가 없어서인 줄 알고 실로에 있는 언약궤를 가져오자고 결론을 내린다. 즉, "여호와의 언약궤를 실로에서 우리에게로 가져다가 우리 중에 있게 하여 그것으로 우리를 우리 원수들의 손에서 구원하게 하자"고 결론을 내린다. 이는 어리석은 관찰이었고 또 어리석은 조처였다. 이스라엘의 장로들은 여호와의 언약궤가 전쟁터에 없어서 이스라엘이 패했다고 보고 언약궤를 가져오는 행위는 아주 미신적인 사고방식에서 비롯된 것이다. 그들은 언약궤를 우상 섬기듯 한 것이다. 사실 언약궤란 보이지 않으시는 하나님이 보이는 형태로 나타나신 상징에 불과한 것이었다. 장로들이 언약궤를 이렇게 다룬 것은 당시의 우상 숭배 문화에 빠진 결과이다. 이스라엘이 패한 원인은 엘리 집의 죄와 이스라엘의 불신앙 때문인 것을 알고 통회 자복하는 일을 해야 했다.

삼상 4:4. 이에 백성이 실로에 사람을 보내어 그룹 사이에 계신 만군의 여호와의 언약궤를 거기서 가져왔고 엘리의 두 아들 홉니와 비느하스는 하나님의 언약궤와 함께 거기에 있었더라.

문장 초두의 "이에"(so)란 말은 '그래서'라는 뜻이다. 다시 말해 '장로들이 실로에 있는 언약궤를 가져오자고 결정했기 때문에'라는 뜻이다. 백성들은 장로들의 결의대로 에벤에셀로부터 실로(양쪽의 거리는 대략 40km이다)에 사람을 보내 그룹 사이에 계신 만군의 여호와의 언약궤를 실로에서 가져왔다. 여기 "그룹 사이에 계신 만군의 여호와의 언약궤"(the ark of the covenant of the Lord of hosts, who is enthroned on the cherubim)란 말은 '만군의 여호와의 언약궤가 날개를 펴고 있는 두 그룹(천사) 사이에 계신다'는 뜻이다(출 25:18-22). 다시 말해 두 그룹들 사이, 법궤 위에 속죄소가 있는데 바로 그곳이 여호와께서 임재하시는 곳이다. 사람들이 장로들의 명령을 받들어 언약궤를 실로에서 가져왔는데 바로 그 언약궤를 가져오는 것이 여호와를 모셔오는 것으로 여겼다. 장로들은 엘리 집의 죄를 회개하는 것이 급선무인줄은 몰랐다. 이렇게 해서 모셔온 언약궤와 함께 엘리의 두 아들 홉니와 비느하스가 지키고 있었다. 그렇게 하면 블레셋과의 전투에서 승리할 줄 믿었으나 이스라엘은 블레셋과의 전투에서 보병 30,000명이 엎드러졌다(10절). 우리는 무엇이 중요한지 알아야 한다.

삼상 4:5. 여호와의 언약궤가 진영에 들어올 때에 온 이스라엘이 큰 소리로 외치매 땅이 울린지라.

여호와의 언약궤를 실로에서 에벤에셀 진영으로 옮겨올 때에 온 이스라엘이 큰 소리로 외치니 땅이 울렸다. 이제 언약궤를 모셔오니 전쟁에 승리할 줄 알고 이스라엘 백성이 땅이 진동할 정도로 크게 환호성을 올렸다(수 6:5; 삿 7:20; 대하 20:21). 겉보기만 거창하면 무엇 하랴. 회개가 없으면 속 빈 강정이 아닌가.

삼상 4:6. 블레셋 사람이 그 외치는 소리를 듣고 이르되 히브리 진영에서 큰 소리로 외침은 어찌 됨이냐 하다가 여호와의 궤가 진영에 들어온 줄을 깨달은지라.

블레셋 사람들이 이스라엘 사람들의 외치는 소리를 듣고 말하기를 히브리8)
진영에서 큰 소리로 외침은 어찌 된 일이냐 하다가 여호와의 언약궤가 에벤에셀
진영에 들어온 줄을 깨닫고 두려워했다는 것이다.

**삼상 4:7. 블레셋 사람이 두려워하여 이르되 신이 진영에 이르렀도다 하고 또
이르되 우리에게 화로다 전날에는 이런 일이 없었도다.**

이스라엘 진영에서 큰 함성이 울리고 또 언약궤가 이스라엘 진영에 들어온
줄을 알고 블레셋 사람들은 심리적으로 크게 두려워했다. 아마 부들부들 떨었을
것이다. 그러면서 말하기를 '신이 진영에 이르렀구나. 이제 우리는 화를 당하겠구
나. 이전에는 이런 일이 없었는데 이제 큰 일 났구나' 했다. 블레셋 진영에 큰
혼란이 일어났다.

**삼상 4:8. 우리에게 화로다 누가 우리를 이 능한 신들의 손에서 건지리요 그들은
광야에서 여러 가지 재앙으로 애굽인을 친 신들이니라.**

블레셋 사람들은 여호와의 언약궤가 진영에 들어온 것을 두고 '우리가 이제는
화를 당하겠구나. 누가 우리를 이 능한 신들(복수를 써서 말한 이유는 블레셋
사람들의 다신교 영향이다)의 손에서 우리를 건질 수 있으리요. 그 신들은 광야에
서 여러 가지 재앙으로 애굽인들을 친 신들이 아니냐'고 지껄렸다. 블레셋 사람들
도 이스라엘의 신이 애굽인들을 친 사실을 들어 알고 있었다. 블레셋인들은 애굽인
들을 친 신한테는 어떻게 견딜 수 없다는 것을 알았다.

**삼상 4:9. 너희 블레셋 사람들아 강하게 되며 대장부가 되라 너희가 히브리 사람의
종이 되기를 그들이 너희의 종이 되었던 것 같이 되지 말고 대장부 같이 되어
싸우라 하고.**

---

8) "히브리": Hebrew, Hebrews. 셈계의 민족, 대개의 경우 이스라엘과 동일시되어, '히브리
인'(Hebrew)과 '이스라엘인'(Israelite)의 명칭은 혼용되고 있다. 성경에서는 아브라함이 처음으
로 히브리 사람으로 불리고 있는데(창 14:13), 그 어의는 '강 저편에서 온 자'로 전해지고 있다.

블레셋 사람들은 서로 격려하여 강하게 되며 대장부가 되어 힘써 싸우자고 말한다. 전쟁에 져서 히브리 사람들의 종이 되는 일은 없게 하자고 다짐한다. 그동안 히브리인들이 블레셋 사람들의 종이 되었었는데 절대로 우리 블레셋 사람들은 히브리인들의 종이 되어서는 안 된다고 다짐한다.

삼상 4:10. 블레셋 사람들이 쳤더니 이스라엘이 패하여 각기 장막으로 도망하였고 살륙이 심히 커서 이스라엘 보병의 엎드러진 자가 삼만 명이었으며.

블레셋 사람들이 피차 격려하고 절대로 히브리 사람들의 종이 되지 말자고 다짐한 다음 블레셋 사람들이 이스라엘 군대를 쳤더니 이스라엘이 패하여 각기 장막으로 도망해 버렸고 전사자가 많아서 이스라엘의 보병의 엎드러진 군사가 3만 명에 이르렀다. 블레셋 사람들이 이스라엘의 법궤 때문에 심히 떨었는데 블레셋이 이겼고 이스라엘은 대패하고 말았다. 이스라엘의 신앙은 약화되었고 불순종이 심하였으며 엘리 집의 죄악을 그대로 가지고는 이스라엘이 완전히 패배할 수밖에 없는 일이었다.

삼상 4:11. 하나님의 궤는 빼앗겼고 엘리의 두 아들 홉니와 비느하스는 죽임을 당하였더라.

심지어 하나님의 언약궤까지 빼앗기고 말았다. 언약궤야 말로 하나님의 임재의 상징이었는데 언약궤까지 빼앗긴 것은 이스라엘은 죄로 말미암아 완전히 패배해야 한다는 것을 보여주신 사건이었다.

그리고 엘리의 두 아들 홉니와 비느하스도 죽임을 당했다. 이렇게 두 아들이 한날에 죽은 것은 하나님의 사람의 예언대로 된 것이었다(2:34). 죄를 짓고야 그냥 온전할 사람이 없음을 보여주신 것이다. 제사를 모독하는 죄는 달리 용서될 수는 없는 일이었다(3:14).

6. 전쟁 끝나고 엘리 집이 망하다 4:12-22

본서의 저자는 앞(10-11절)에서는 전쟁 중에 이스라엘과 엘리 집이 망한 사실

을 말했는데 이제 이 부분(12-22절)은 전쟁이 끝나자 엘리 집이 망한 사실을
전한다. 전쟁의 소식을 듣고 엘리가 죽고 엘리의 자부는 아이를 낳다가 죽어
그 집안이 망한 것을 전한다.

**삼상 4:12. 당일에 어떤 베냐민 사람이 진영에서 달려나와 자기의 옷을 찢고
자기의 머리에 티끌을 덮어쓰고 실로에 이르니라.**

전쟁이 끝난 바로 그날 어떤 베냐민 사람이 싸움터에서 달려 나와 실로에
이르렀다(40km의 먼 거리였다). 그는 너무 슬픈 나머지 옷을 찢고 자기의 머리에
티끌을 뒤집어쓰고(창 37:29; 수 7:6; 겔 27:30)9) 그 먼 거리를 달려 온 것이다.
전쟁의 소식을 알리기 위함이었다. 이 패전의 소식은 알려야 했다. 회개하지 않은
제사장 집안이 끔찍한 슬픈 소식을 듣는 것이 필요했기에 하나님께서 이날 한
사람을 보내신 것이다.

**삼상 4:13. 그가 이를 때는 엘리가 길 옆 자기의 의자에 앉아 기다리며 그의
마음이 하나님의 궤로 말미암아 떨릴 즈음이라 그 사람이 성읍에 들어오며 알리매
온 성읍이 부르짖는지라.**

어떤 베냐민 사람이 전쟁터에서 달려 나와 실로에 이르렀을 때(앞 절) 엘리는
하나님의 궤가 어떻게 되었는지 심히도 궁금하고 마음이 떨려서 길가에(전에는
여호와의 전 문설주 곁에 앉아 있곤 했다, 1:9) 의자를 놓고 앉아 전쟁 소식을
기다리고 있었다. 그가 길가 의자에 앉아 있었던 것은 전쟁의 소식을 빨리 듣기
위함이었다. 전쟁의 소식이 심히 궁금했던 이유는 여호와께서 사무엘을 통하여
자기의 집이 망한다는 예언 때문(3:11-14)이었다. 마침 전쟁터에서 온 그 사람이
실로의 성 안에 들어오면서 전쟁터에서 일어난 일을 다 말하자 성 안의 모든
사람들이 울부짖었다. 엘리가 성읍 전체가 울부짖는 것을 들었을 때 전쟁터에서
큰 일이 일어난 것을 직감했을 것이다. 엘리는 이런 기가 막힌 때가 오지 않도록
미리 죄를 회개하고 자식들을 잘 통제했어야 했다.

---

9) 옷을 찢고 자기의 머리에 티끌을 뒤집어 쓴 것은 슬픔의 표시였다.

삼상 4:14. 엘리가 그 부르짖는 소리를 듣고 이르되 이 떠드는 소리는 어찌 됨이냐 그 사람이 빨리 가서 엘리에게 말하니.

엘리는 눈은 어두워 잘 볼 수 없었으나(다음 절) 청각은 아직 살아있어서 성읍 사람들이 울부짖는 소리를 들을 수 있었다. 엘리는 성읍 사람들이 떠드는 소리를 듣고 이상하게 느껴서 "이 떠드는 소리는 어찌 된 일 때문이냐'고 물었다. 베냐민 사람이 빨리 달려가서 엘리에게 이스라엘이 패전한 일이며 법궤를 빼앗긴 사실들을 전해주었다.

삼상 4:15. 그 때에 엘리의 나이가 구십팔 세라 그의 눈이 어두워서 보지 못하더라.

베냐민 사람으로부터 전쟁 소식을 들을 때 엘리의 나이가 98세가 되어 그의 눈이 어두워 볼 수 없는 형편이었다. 고령이 되면 대체적으로 눈이 어두워져서 잘 볼 수 없게 된다. 이삭이나(창 27:1) 야곱도(창 48:10) 그랬다.

삼상 4:16. 그 사람이 엘리에게 말하되 나는 진중에서 나온 자라 내가 오늘 진중에서 도망하여 왔나이다 엘리가 이르되 내 아들아 일이 어떻게 되었느냐.

베냐민 사람이 엘리에게 다가가 자기가 오늘 진중에서 도망해 나왔다고 말한다. 그에 대해 엘리는 "내 아들아, 일이 어떻게 되었느냐'고 묻는다. 엘리는 불길한 일이 생겼을 것은 알았지만 그래도 자세히 알기를 원하여 물은 것이다.

삼상 4:17. 소식을 전하는 자가 대답하여 이르되 이스라엘이 블레셋 사람들 앞에서 도망하였고 백성 중에는 큰 살륙이 있었고 당신의 두 아들 홉니와 비느하스도 죽임을 당하였고 하나님의 궤는 빼앗겼나이다.

엘리의 질문에 소식을 전하는 베냐민 사람은 네 가지를 말해준다. 첫째, 전쟁 중에서 "이스라엘이 블레셋 사람들 앞에서 도망하였다"는 것을 보고한다. 도망했 다는 말은 패전했다는 뜻이다. 둘째, "백성 중에는 큰 살륙이 있었다"는 것을 보고한다. 급히 도망 나온 베냐민 사람이 정확하게 죽은 사람의 숫자를 알 수는 없으나 얼핏 보기에도 많은 사람이 죽은 것을 보고 그대로 보고했다. 셋째, "당신의 두 아들 홉니와 비느하스도 죽임을 당하였다"는 것을 전한다. 이는 벌써 엘리가 예감했던 소식이었다(2:27-36; 3:17-18). 넷째, "하나님의 궤는 빼앗겼다"는 것을 전한다. 이 소식은 위에 말한 세 가지 소식보다 더 험한 소식이었고 슬픈 소식이었다. 언약궤야 말로 이스라엘에게나 엘리에게나 가장 중요한 것이었다. 베냐민 사람은 가벼운 소식부터 아주 무거운 소식으로 옮기면서 전쟁 소식을 전해주었다.

삼상 4:18. 하나님의 궤를 말할 때에 엘리가 자기 의자에서 뒤로 넘어져 문 곁에서 목이 부러져 죽었으니 나이가 많고 비대한 까닭이라 그가 이스라엘의 사사가 된지 사십 년이었더라.

베냐민 사람이 다른 세 가지 소식을 말한(앞 절) 다음 하나님의 궤를 빼앗겼다는 소식을 엘리에게 말할 때 엘리가 자기가 앉았던 의자에서 뒤로 넘어져 문 곁에서 목이 부러져 죽었다는 것이다. 하나님의 궤를 빼앗긴 일이야 말로 가장 충격적인 소식이라 나이 많은 엘리는 엄청난 충격을 받아 의자에서 뒤로 넘어가서 목이 부러진 것이었다. 본서의 저자는 엘리가 죽은 이유가 "나이가 많고 비대한 까닭이라"고 진단한다. 그러나 그보다 더 큰 이유는 그가 자식 교육에 소홀히 하여 이스라엘로 범죄하게 한 것이 문제였다. 결국 여호와께서 엘리의 만년에 엘리로 하여금 비참하게 끝나게 하신 까닭이었다.

본서의 저자는 엘리가 "이스라엘의 사사가 된지 사십 년이었더라"고 전해준다. 그는 대제사장 겸 사사로 오래 수고했다(그의 나이 58세부터 98세까지)는 이야기이다. 오래 수고했으면서도 끝이 안 좋았다는 것을 드러낸다. 다윗도 40년간 왕위에 있었는데(삼하 5:4) 끝이 그렇게 험하지는 않았고, 솔로몬도 40년간 통치했는데(왕상 11:42) 이렇게 엘리처럼 험하게 죽지는 않았다. 죄는 사람의 끝을 비참하게 만든다.

삼상 4:19. 그의 며느리인 비느하스의 아내가 임신하여 해산 때가 가까웠더니 하나님의 궤를 빼앗긴 것과 그의 시아버지와 남편이 죽은 소식을 듣고 갑자기 아파서 몸을 구부려 해산하고.

베냐민 사람이 실로로 달려와서 전해준 전쟁 소식에 제일 먼저 죽은 사람은
엘리였고(앞 절), 두 번째는 본 절의 엘리 제사장의 며느리인 비느하스의 아내였다.
비느하스의 아내는 임신하여 아이를 출산할 시기가 가깝던 차에 전쟁의 소식을
듣고 전쟁 중에 하나님의 언약궤를 빼앗긴 일과 또 그의 시아버지와 남편이 죽은
소식을 듣자 너무 충격이 심하여 갑자기 진통이 찾아와서 구부려 해산한 것이다.
이는 자연분만은 아니었고 충격에 의한 갑작스런 분만이었다. 그녀는 결국 전쟁
소식에 충격을 받아 돌연사를 당한 셈이었다.

**삼상 4:20. 죽어갈 때에 곁에 서 있던 여인들이 그에게 이르되 두려워하지 말라
네가 아들을 낳았다 하되 그가 대답하지도 아니하며 관념하지도 아니하고**

비느하스의 아내가 죽어갈 때에 곁에 서 있던 여인들이 그녀에게 말하기를
"두려워하지 말라 네가 아들을 낳았다"고 말해 주었다. 즉, '남편이 죽었다는
말을 두려워하지 말라. 네가 아들을 낳았는데 남편이 죽은 것이 그렇게 슬픈
소식은 아니라는 주장이었다. 여인에게 아들을 낳았다는 것은 최대의 복이요,
기쁨이었다(1:2,5-6). 비느하스의 아내는 득남 소식을 듣고도 대답하지도 않았고
관심을 기울이지도 않았다. 그만큼 그 전쟁소식은 그녀에게 고통이었다.

**삼상 4:21. 이르기를 영광이 이스라엘에서 떠났다 하고 아이 이름을 이가봇이라
하였으니 하나님의 궤가 빼앗겼고 그의 시아버지와 남편이 죽었기 때문이며.**

비느하스의 아내는 득남 소식에도 무슨 말을 하지도 않고 관심도 두지 않았을
뿐 아니라 '이제 영광은 이스라엘을 떠났구나'라고 말했다. 그리고 실제로 아이
이름을 "이가봇"이라고 짓고 죽었다. "이가봇"이라고 이름 지은 이유는 "하나님의
궤가 빼앗겼고 그의 시아버지와 남편이 죽었기 때문"이었다. 그러니까 비느하스의
아내는 무엇이 영광인 줄 알았던 여인이었다. 하나님의 언약궤가 있는 것이 영광이
었고 하나님의 제사장이 이스라엘 안에 존재하는 것이 영광인 줄 안 여성이었다.
오늘 이 나라의 영광은 다름 아니라 예수님이 계신 것이 영광이고 예수님을 전하는
종들이 있는 것이 영광이다.

삼상 4:22. 또 이르기를 하나님의 궤를 빼앗겼으므로 영광이 이스라엘에서 떠났다 하였더라.

본 절은 전절의 재설(再說)이다. 즉, 하나님의 궤를 빼앗긴 것이야 말로 영광이 이스라엘이 떠난 것을 의미하는 것이었다. 오늘 이 땅에서 예수님이 떠나시는 것이 영광이 떠나는 것인 줄 알아야 할 것이다. 예수님이 떠나면 모든 것이 떠나는 것이다. 생명도 떠나고 자유도 떠나며 질서도 떠나고 경제도 떠나는 것이다. 우리는 예수님을 끝까지 붙잡아야 한다.

제 5 장

7. 법궤 앞에서 다곤 신이 엎드러지다   5:1-5

여호와의 언약궤를 빼앗긴 것은 이스라엘에게는 영광이 떠난 것이었으나
그 언약궤는 블레셋 지방에 가서 블레셋의 우상신(偶像神) 다곤에게는 재앙으로
임했다는 이야기이다.

**삼상 5:1. 블레셋 사람들이 하나님의 궤를 빼앗아 가지고 에벤에셀에서부터 아스돗
에 이르니라.**

블레셋 사람들은 전쟁에 승리하여 이스라엘 진영에서 하나님의 궤를 빼앗아
가지고 자기들의 진지인 아벡을 거쳐 블레셋의 다섯 개 큰 도시(가사, 아스글론,
가드, 아스돗, 에그론) 중 하나인 아스돗10)에 이르렀다. 이곳은 여호수아 시절
유다에 배분된 곳이었다(수 15:47). 그러나 유다가 점령하지는 못했다. 이곳은
신약 시대의 아소도(Azotus)로 예루살렘에서 애굽으로 통하는 대로에 위치해
있다.

혹자는 이스라엘이 패전하여 하나님의 언약궤를 빼앗겨 하나님의 궤가 블레셋
족속의 아스돗(본 절), 가드(8절), 에그론(10절) 등으로 유랑하게 된 것이 여호수아
시절에 이 도시들을 점령하지 않은데 대한 벌이라고 말한다. 다시 말해 여호수아
시절 이스라엘은 마땅히 아스돗, 가드, 에그롯을 점령했어야 했는데 이스라엘이
불순종해서 점령하지 않은 탓으로 훗날 하나님의 궤가 이 지방으로 돌아다니면서

---

10) "아스돗": Ashdod. '견고한 곳' 혹은 '요해'라는 뜻이다. 원래 아낙 사람의 성읍인데,
후에 블레셋 사람의 다섯 성읍 중 하나이다. 가사와 욥바의 중간 연안으로부터 5km 내륙의
에스돗(Esdud, 이스라엘 이름 Tel Ashdod)과 동일시된다. 아낙 사람의 성읍이었으나(수 11:21)
블레셋 사람이 점령하였다. 유다 지파에 의한 점령이 기록되어 있으나(수 15:46), 실제로는
점령하지 못하였다(수 11:22). 앗수르에게 점령되기까지 왕국 시대를 통하여 블레셋 사람의
성읍으로서 독립을 유지했다(디럭스 바이블 성경사전).

유랑했다는 주장을 한다. 하나님께서 점령하도록 만들어 준 것을 이스라엘이
불순종해서 그 불순종에 대한 벌을 받는다는 견해이다. 그러나 이 견해는 그럴듯한
면은 있지만 이스라엘이 힘이 없어 혹은 나타해서 순종하지 못한 일을 두고 하나님
께서 언약궤로 하여금 이 지역들을 방랑하게 하셨을까. 엘리 시대에 이스라엘이
법궤(언약궤)를 빼앗긴 것이 과거 여호수아 때의 불순종이라고 할 수 있을 것인가.
아무래도 무리한 주장인 듯이 보인다. 이는 엘리 때 엘리의 두 아들들의 엄청난
죄(제사를 경멸한 죄)와 당시 이스라엘의 불신에 대한 죄라고 보는 것이 타당할
것으로 보인다.

**삼상 5:2. 블레셋 사람들이 하나님의 궤를 가지고 다곤의 신전에 들어가서 다곤
곁에 두었더니.**

블레셋 사람들이 하나님의 궤를 아스돗의 다곤 신전에 들여다가 다곤11)(블레
셋 사람이 섬긴 우상) 신의 곁에 안치해 두었다.

**삼상 5:3. 아스돗 사람들이 이튿날 일찍이 일어나 본즉 다곤이 여호와의 궤
앞에서 엎드러져 그 얼굴이 땅에 닿았는지라 그들이 다곤을 일으켜 다시 그
자리에 세웠더니.**

다곤 신당에서 봉사하던 아스돗 사람들이 이튿날 아침 일찍이 일어나 보니
다곤이 여호와의 궤 앞에서 엎드러져 그 얼굴이 땅에 닿은 것을 보고 그들이
다곤 신을 일으켜 다시 그 자리에 세워두었다는 것이다. 우연히 그렇게 된 줄
알고 다곤 신을 본래의 위치로 다시 놓은 것이다.

삼상 5:4. 이튿날 아침에 그들이 일찍이 일어나 본즉 다곤이 여호와의 궤 앞에서

---

11) "다곤": Dagon. 블레셋 사람이 숭배한 신의 이름이다. 블레셋 사람은 BC 12세기에
가나안 연안 지대에 정착하자 다곤 숭배를 채용하고 가사(삿 16:23), 아스돗(삼상 5:27), 벧스안
(벧산, 대상 10:10; 삼상 31:10)에 묘(廟)를 가지고 있었다. 다곤은 고대 셈족의 농업신으로서
BC 25세기 이래 널리 숭배되었다.

또다시 엎드려져 얼굴이 땅에 닿았고 그 머리와 두 손목은 끊어져 문지방에 있고 다곤의 몸뚱이만 남았더라.

　아스돗의 신전 봉사자들이 다곤 신을 다시 원래의 위치에 놓고 하룻밤을 자고 그 이튿날 아침에 일어나 보니 다곤 신이 여호와의 궤 앞에 또다시 엎드려져 얼굴이 땅에 닿았고 그 머리와 두 손목은 끊어져 문지방에 있고 다곤의 몸뚱이만 덩그러니 그 자리에 남아 있는 것을 보았다. 이런 일이 발생한 것을 두고 블레셋 사람들은 우연한 일이 아님을 알고 다음 절(5절)처럼 다곤 신을 더욱 존귀한 존재로 대했다.

삼상 5:5. 그러므로 다곤의 제사장들이나 다곤의 신전에 들어가는 자는 오늘까지 아스돗에 있는 다곤의 문지방을 밟지 아니하더라.

　본 절 초두에 나오는 "그러므로"란 말은 '그래서'라는 뜻이다. 즉, '다곤의 머리와 손목이 끊어져 문지방에 걸쳐져 있었기 때문에'라는 뜻이다. 그러기 때문에 다곤의 제사장들이나 다곤 신전에 들어가 예배하는 자들은 다곤 신전에 드나들 때 오늘까지 아스돗에 있는 다곤의 문지방을 오랜 동안 밟지 않았다는 것이다. 사실은 다곤 신이 여호와의 언약궤 앞에서 아무 것도 아닌 것이라는 보여준 것이었는데 그들은 그것도 모르고 다곤 신을 더욱 존귀하게 여기고 있었다.

　8. 여호와께서 블레셋을 독종으로 치시다 5:6-12
　다곤 신이 여호와의 언약궤 앞에서 수난을 당한 것만이 아니라 여호와의 궤가 아스돗 사람들을 독종으로 치셨고, 또 법궤를 가드와 에그론으로 옮겨 놓아도 역시 그 지방 사람들을 치셨으므로 블레셋 사람들은 여호와의 법궤를 이스라엘 땅으로 보내고자 제안한다.
삼상 5:6. 여호와의 손이 아스돗 사람에게 엄중히 더하사 독한 종기의 재앙으로 아스돗과 그 지역을 쳐서 망하게 하니.

　"여호와의 손"이란 '여호와의 능력과 권세'를 지칭하는 말이다(수 4:24; 스 7:9; 시 89:13). 그리고 "더 하사"(ּשָׁמֵם)란 말은 '황폐케 하셨다'는 뜻이다.

"독한 종기"(עֳפָלׂים)란 개역판에서는 "독종"으로 번역된 말인데 말 그대로 '독한 종기'를 가리키는 말이다. 이 질환은 일반적으로 겉보기에 아주 흉한 질환을 가리킨다. 6:4에 보면 블레셋 족속들이 속건제를 위한 제물로서 금독종 다섯과 금쥐 다섯을 취했다는 것을 감안할 때 이 '독한 종기의 재앙'은 쥐에 의해서 전염되는 페스트(pest)로 보는 것이 타당할 것으로 보인다. 여호와의 궤는 다곤 신을 망하게 할뿐 아니라 아스돗 사람들에게 독한 종기의 재앙을 가져다주었다. 하나님의 궤는 누구에 의해서 보호를 받는 것이 아니라 궤 자체가 스스로를 보호하고 계신다.

삼상 5:7. 아스돗 사람들이 이를 보고 이르되 이스라엘 신의 궤를 우리와 함께 있지 못하게 할지라 그의 손이 우리와 우리 신 다곤을 친다 하고.

아스돗 사람들이 아스돗 사람들에게 독한 종기의 재앙을 일으키는 것을 보고 말하기를 "이스라엘 신의 궤를 우리와 함께 있지 못하게 할지라"고 서로가 이야기 했다. 이유는 '여호와의 능력이 우리 아스돗 사람들과 우리가 섬기는 다곤을 치는 것을 보니 우리와 함께 계속해서 있게 했다가는 우리를 망하게 하겠다고 한 것이다. 아무튼 그들은 여호와의 궤를 멀리 피해보려는 생각만 가지고 다음 절처럼 해답을 찾기를 소원했다.

삼상 5:8. 이에 사람을 보내어 블레셋 사람들의 모든 방백을 모으고 이르되 우리가 이스라엘 신의 궤를 어찌하랴 하니 그들이 대답하되 이스라엘 신의 궤를 가드로 옮겨 가라 하므로 이스라엘 신의 궤를 옮겨 갔더니.

문장 초두에 나오는 "이에"(וׂ)란 말은 '그러므로' 혹은 '그래서'(therefore, so)란 뜻이다. 이는 앞 절의 결론을 말하는 말이다. 앞 절에는 아스돗 사람들이 여호와의 궤가 블레셋의 우상신(偶像神) 다곤을 자꾸 치니 더 이상 아스돗에 두지 못하겠으므로 달리 처리해보자고 말했는데 그 결론을 본 절에서 말하고 있다. 그 결론은 사람을 보내어 블레셋 사람들의 모든 방백, 즉 블레셋 다섯 도시(가사, 아스글론, 가드, 아스돗, 에그론)의 통치자들을 모아 여호와의 궤를 블레셋 안에 있는 가드라는 도시로 옮겨가라고 결론을 내리고 실제로 가드로 옮겼다는 이야기이다. 다섯 도시 국가의 통치자들이 여호와의 궤를 가드로 옮기자고 결론 내린 이유는 가드라는 도시에는 다곤 신당이 없는 고로 여호와의 궤를 그곳으로 옮기면 두 신(여호와의 궤와 다곤)들의 충돌이 없어 언약궤 때문에 일어나는 난리가 없을 것으로 생각한 것이다.

"가드"(Gath)는 '술 짜는 틀'이라는 뜻이다. 블레셋 사람의 5대 도시 중 하나이다. 아낙 사람(거인 족) 중에 남은 사람이 약간 살고 있던 곳이다(수 11:22). 골리앗과 기타 용사가 이 거인족의 자손인데 가드 사람이다(삼상 17:4; 삼하 21:15-22; 대상 20:4-8).

삼상 5:9. 그것을 옮겨 간 후에 여호와의 손이 심히 큰 환난을 그 성읍에 더하사 성읍 사람들의 작은 자와 큰 자를 다 쳐서 독한 종기가 나게 하신지라.

여호와의 언약궤를 가드라는 도시로 옮겨 간 후에도 여전히 여호와의 손('권능' 혹은 '권세'라는 뜻)이 심히 큰 환난을 그 성읍에 더하셔서 성읍 사람들의 작은 자나 큰 자, 즉 가드의 모든 백성들을 다 쳐서 독한 종기가 나게 하셨다는 것이다. 그러니까 여호와의 궤와 다곤 신의 충돌 때문에 아스돗 시에 재난이 일어난 것이 아니라 여호와께서 가드(Gath) 사람들에게 재앙을 내리신 것이었다. 도시 사람 전체에게 종기가 난 것은 일종의 이적이다.

삼상 5:10. 이에 그들이 하나님의 궤를 에그론으로 보내니라 하나님의 궤가 에그론에 이른즉 에그론 사람이 부르짖어 이르되 그들이 이스라엘 신의 궤를 우리에게로 가져다가 우리와 우리 백성을 죽이려 한다 하고.

본 절 초두에 나오는 "이에"(?)라는 말도 역시 '그래서' 혹은 '그러므로'란 뜻이다. 8절 주해 참조. 가드 지방의 모든 사람들이 여호와께서 내리신 재앙 때문에 종기가 나니 여호와의 언약궤를 에그론으로 보냈다. 그런데 에그론 지방 사람들은 하나님의 궤가 에그론에 들어오자 곧 안 된다고 야단들을 했다. 즉, "그들(가드 사람들)이 이스라엘 신의 궤를 우리에게로 가져다가 우리와 우리

백성을 죽이려 한다"고 야단이었다. 에그론 사람들이 이렇게 일찍이 야단을 한
것은 아스돗 지방과 가드 지방 사람들이 독종으로 혼이 나는 것을 보고 여호와의
궤가 에그론에 들어오면 재앙이 임할 것은 불을 보듯 분명하니 야단이었다.

에그론(Ekron)은 '불모의 땅'이란 뜻이다. 블레셋 사람의 다섯 성읍 중 가장
북쪽에 있던 성읍이다(6:16,17; 수 13:3). 게셀의 서쪽 9km 지점, 소렉 골짜기의
하류에 있는 아기르('Aqir)와 동일시된다. 이 도시는 가드 북쪽 대략 27km 지점에
있고 이스라엘에서 가장 가까운 곳에 있다. 에그론에는 다곤 신당은 없었으나
바알세붑 우상을 섬겼다(왕하 1:2-3,6).

**삼상 5:11. 이에 사람을 보내어 블레셋 모든 방백을 모으고 이르되 이스라엘
신의 궤를 보내어 그 있던 곳으로 돌아가게 하고 우리와 우리 백성이 죽임을
면하게 하자 하니 이는 온 성읍이 사망의 환난을 당함이라 거기서 하나님의 손이
엄중하시므로.**

본 절 초두에 나오는 "이에"(1)라는 말을 위해 8절 주해를 참조하라. 에그론
지방 사람들이 여호와의 궤가 자기 지방에서 있지 못하게 야단이기 때문에 사람들
을 보내어 블레셋 모든 통치자들을 모아 말하기를 "이스라엘 신의 궤를 보내어
그 있던 곳으로 돌아가게 하고 우리와 우리 백성이 죽임을 면하게 하자"고 제안했
다. 그들이 이렇게 제안한 이유는 에그론 온 성읍 사람들이 죽음의 환난을 당했기
때문이었다. 다시 말해 그 에그론에서 하나님의 손(재앙)이 엄중했기 때문이었다.

본 절 하반 절, 즉 "온 성읍이 사망의 환난을 당함이라 거기서 하나님의
손이 엄중하셨기 때문이었다"는 말의 해석에 대해서는 두 가지 견해가 있다.
1) 여기 "온 성읍"이란 말이 '아스돗'과 '가드' 지방들을 주로 지칭하는 것으로
보는 견해(공동번역). 2) "온 성읍"을 '바로 에그론 지방 한곳 전체'로 해석하는
견해(NIV, ESV, 표준 새 번역, 현대인의 성경). 둘째 번 해석이 바른 것으로
본다(For there was a deadly panic throughout the whole city. the hand of
God was very heavy there-ESV). 에그론에 하나님의 궤가 들어온 직후부터
하나님의 궤를 이스라엘로 보낼 때까지 아주 극심하게 내렸음을 알 수 있다.

인간들이 아무리 묘안을 내어 하나님께서 내리시는 재앙을 피해보려 해도 전혀 소용없음을 보이신다.

삼상 5:12. 죽지 아니한 사람들은 독한 종기로 치심을 당해 성읍의 부르짖음이 하늘에 사무쳤더라.

에그론 지역에 가까스로 죽지 아니한 사람들은 독한 종기로 하나님의 치심을 받아 그들의 부르짖음이 하늘에 사무쳤다. 여기 "성읍의 부르짖음이 하늘에 사무쳤다"는 말은 블레셋 사람들이 회개했다는 말이 아니라 너무 심한 고통 때문에 상상 할 수 없는 정도의 신음 소리를 냈다는 뜻이다. 어떤 가정에서는 장례를 지내고 또 어떤 가정에서는 치료에 분주하게 되었다.

제 6 장

9. 블레셋인들이 법궤를 돌려보내기로 하다 6:1-9

블레셋 사람들이 법궤로 말미암은 재앙을 감당하지 못하여 법궤를 다시 이스라엘로 돌려보내기로 결정한다.

삼상 6:1. 여호와의 궤가 블레셋 사람들의 지방에 있은 지 일곱 달이라.

여호와의 법궤(수 3:14-17)가 블레셋 사람들의 지방에 있은 지 일곱 달이 되었다는 것은 일곱 달 내내 블레셋인들은 재앙을 당했다는 것을 뜻한다. 본문의 "지방"(שָׂדֶה)은 다른 주석가들도 인정하는 것처럼 '들' 혹은 '밭'을 의미한다. 이는 여호와의 언약궤가 아스돗의 다곤 신전에 있으면서 다곤 신을 훼손하고 또 아스돗 사람들에게 독한 종기의 재앙으로 치는 것을 본 고로 들에 오랜 동안 방치된 것을 뜻한다.

삼상 6:2. 블레셋 사람들이 제사장들과 복술자들을 불러서 이르되 우리가 여호와의 궤를 어떻게 할까 그것을 어떻게 그 있던 곳으로 보낼 것인지 우리에게 가르치라.

본 절의 "블레셋 사람들"은 블레셋 사람들 전체를 뜻하는 말이 아니라 블레셋 족속의 일부 사람들을 가리킨다. 그들은 블레셋 족속의 "제사장들", 다시 말해 '다곤 신전에서 제사를 집행하는 자들'을 지칭한다. 그리고 "복술자들"은 '블레셋 족속의 점술에 의해 점을 치는 자들'을 말한다. 블레셋 족속의 지도자들은 두 종류의 사람들을 불러놓고 "우리가 여호와의 궤를 어떻게 그 있던 곳으로 보낼 것인지 우리에게 가르쳐 달라"고 부탁한다. 잘못했다가는 블레셋 족속에게 앞으로 더 큰 재앙이 올 것으로 알아 언약궤를 어떻게 잘 이스라엘 땅으로 돌려보낼 수 있을는지 아이디어(idea)를 말해달라고 부탁한 것이다. 그들은 이미 여호와의 언약궤를 이스라엘 땅으로 돌려보낼 것은 결정했으나(5:11) 이제 돌려보낼 방법을 모색한 것이다.

삼상 6:3. 그들이 이르되 이스라엘 신의 궤를 보내려거든 거저 보내지 말고 그에게 속건제를 드려야 할지니라 그리하면 병도 낫고 그의 손을 너희에게서 옮기지 아니하는 이유도 알리라 하니.

　블레셋 족속의 제사장들과 무속인들은 "이스라엘 신의 궤를 보내려거든 거저 보내지 말고 그에게 속건제를 드려야 할 것이라. 그리하면 병도 낫고 그의 손을 너희에게서 옮기지 아니하는 이유도 알리라"고 가르쳐준다. "속건제"란 하나님의 성물(聖物)이나 또는 어떤 개인의 것에 해를 끼쳤을 때 속죄하기 위해 드리는 제사(레 5:14-16)를 지칭하나 여기서는 여호와께 대한 배상을 뜻한다(K&D). 제사장들이나 점술가들은 여호와의 언약궤에 입힌 손실에 대하여 배상 죄를 드린 다음에 언약궤를 보내야 한다고 주장했다. 그렇게 속건 죄를 드리면 블레셋 사람들에게 있었던 병도 나을 것이라고 말한다. 이들이 속건제를 드리는 첫째 이유는 바로 병 나음을 얻기 위함이었다.

　그리고 속건제를 드리는 둘째 이유는 속건제를 드려보면 "여호와께서 그의 능한 손의 재앙을 너희에게서 옮기지 아니하는 이유도 알게 될 것이라"는 것이다. 즉, 그들은 예물을 바침으로써 하나님의 재앙이 멈춰지는 경우 블레셋이 하나님께 죄를 범하였기 때문에 그와 같은 진노가 내려진 것으로 깨닫게 될 것이고 혹은 멈추지 않는 경우 그 재앙은 우연히 내린 것으로 알겠다는 것이다.

삼상 6:4. 그들이 이르되 무엇으로 그에게 드릴 속건제를 삼을까 하니 이르되 블레셋 사람의 방백의 수효대로 금 독종 다섯과 금 쥐 다섯 마리라야 하리니 너희와 너희 통치자에게 내린 재앙이 같음이니라.

　블레셋 사람들이 제사장들과 무속인들에게 "무엇으로 이스라엘 신에게 속건제를 드려야 할까"고 물었다. 그랬더니 제사장들과 무속인들이 "블레셋 사람의 방백의 수효대로 금 독종 다섯과 금 쥐 다섯 마리를 만들어 드려야 했는데 그 이유는 블레셋 족속과 블레셋 족속의 통치자에게 내린 재앙이 똑같기" 때문이라는 것이었다. 제사장들과 무속인들이 말해주는 속건제의 물품은 블레셋 사람의 방백의 수효대로 금(金)으로 만든 독한 종기 모양을 5개를 만들어 바치라는 것이었고 또 독한 종기를 옮기는 쥐 모양을 금으로 다섯 마리를 만들어 속건제로 바치라는 것이었다.12) 이렇게 다섯 개를 만들어야 하는 이유는 여호와의 재앙이 임했을 때 블레셋의 다섯 방백들도 일반 백성들처럼 고통을 당했기 때문에 그들은 백성들의 대표가 될 수 있었고 따라서 그 대표의 수효에 따라 금 독종과 금 쥐 형상을 각각 5개씩 만들었다.

삼상 6:5. 그러므로 너희는 너희의 독한 종기의 형상과 땅을 해롭게 하는 쥐의 형상을 만들어 이스라엘 신께 영광을 돌리라 그가 혹 그의 손을 너희와 너희의 신들과 너희 땅에서 가볍게 하실까 하노라.

본 절은 "그러므로"(therefore, so)라는 말로 시작하여 금 독종과 금 쥐를 바쳐야 하는 이유를 말하고 있다. 블레셋 제사장들과 무속인들은 '전국을 휩쓸고 있는 종기의 모양과 또 땅을 해롭게 하는 쥐의 모양을 만들어 속건제를 삼아 바치라. 그러면 여호와께서 그의 재앙을 너희와 너희의 신들과 너희 땅에서 가볍게 하실 수도 있을 것이라'는 것이다. 그들은 그들이 말하는 대로 블레셋 사람들이 속건제를 바치면 여호와가 재앙을 가볍게 내릴 것으로 알아서 그런 속건제를 드리라고 권장한 것이다.

삼상 6:6. 애굽인과 바로가 그들의 마음을 완악하게 한 것 같이 어찌하여 너희가 너희의 마음을 완악하게 하겠느냐 그가 그들 중에서 재앙을 내린 후에 그들이 백성을 가게 하므로 백성이 떠나지 아니하였느냐.

블레셋 제사장들과 무속인들은 자기들이 권장하는 대로 빨리 속건제를 여호와

---

12) 고대 이방인들은 자신들이 섬기는 신에게 어떤 소망을 빌거나 혹은 감사의 표시를 할 때 그 내용의 모양을 만들어 바치는 관습이 있었다. 예를 들어 질병의 치료를 원하는 자가 그 질병에 든 모습을 금이나 은으로 만들어 신에게 바치는 경우, 난파선에서 구출된 자가 자신의 옷을 넵튠(Neptune) 신전에 바치는 경우, 해방된 노예가 그 쇠고랑을 신전에 바치는 경우, 승리한 검투사가 자신의 검을 신에게 바치는 경우 등이다(R.P.Smith, K.&D.).

께 드려야지 만일 마음을 강퍅하게 해서(출 8:15,32; 9:7,12,35) 드리지 않으면 큰 일이 난다고 말한다. 옛날에 애굽인들과 바로가 마음을 완악하게 해서 이스라엘 민족을 보내지 않았다가 큰일을 만난 것처럼 하지 말라고 권한다. 마음을 완악하게 하지 말라는 것은 세상의 불신자들도 말하는 내용이다. 옛날에 바로 왕이 마음을 완악하게 하여 이스라엘 사람들을 놓아주지 않은 사건은 세계에 널리 퍼져 있던 이야기였다.

삼상 6:7. 그러므로 새 수레를 하나 만들고 멍에를 메어 보지 아니한 젖 나는 소 두 마리를 끌어다가 소에 수레를 메우고 그 송아지들은 떼어 집으로 돌려보내고

마음을 완악하게 했다가 큰일을 만나지 말고 빨리 속건제를 드려야 함으로(앞 절) 제사장들과 무속인들은 첫째, 새 수레를 하나 만들어야 하고, 둘째, 멍에를 메어보지 아니한 젖 나는 소 두 마리를 끌어다가 소에 수레를 메우며 그 암소에 딸린 송아지들은 떼어 집으로 돌려보내라는 것이다. 새 수레와 멍에를 메어보지 아니한 젖 나는 소 두 마리는 모두 새것으로 하나님께 대한 예의를 갖춘 것이었다. 세인들도 이렇게 예의를 갖춘다면 우리는 우리 주님께 얼마나 예의를 갖추어야 할 것인가를 알 수가 있다. 그리고 "그 송아지들은 떼어 집으로 돌려보내라"는 말은 소들로 하여금 송아지들 때문에 방해받지 않게 하라는 뜻이다.

삼상 6:8. 여호와의 궤를 가져다가 수레에 싣고 속건제로 드릴 금으로 만든 물건들은 상자에 담아 궤 곁에 두고 그것을 보내어 가게하고

제사장들과 무속인들은 앞 절에 말한 것들을 한 다음 여호와의 언약궤를 가져다가 수레에 싣고 속건제로 드릴 금으로 만든 물건들, 즉 금 독종 5개와 금 쥐들 5개는 상자에 담아 궤 곁에 두고 그 수레를 가게 하라는 것이었다. 이스라엘의 경우 여호와의 언약궤는 고핫 자손이 어깨에 메게 되어 있었으나(민 4:1-15) 이방인의 경우이니 수레에 싣고 가게 했다. 그리고 금 독종 5개와 금 쥐들 5개는 상자에 담아 궤 곁에 둔 것은 여호와께 속건제를 드린다는 뜻이었다. 즉, 배상한다는 뜻이었다.

삼상 6:9. 보고 있다가 만일 궤가 그 본 지역 길로 올라가서 벧세메스로 가면 이 큰 재앙은 그가 우리에게 내린 것이요 그렇지 아니하면 우리를 친 것이 그의 손이 아니요 우연히 당한 것인 줄 알리라 하니라.

블레셋의 제사장들이나 무속인들이 지시하기를 유심히 보고 있다가 수레를 끄는 암소들이 언약궤를 싣고 "이스라엘 본 지역으로 가서 벧세메스로 가는 것을 보면 이 큰 재앙은 그가 우리에게 내린 것이요 그렇지 아니하면 우리를 친 것이 그의 손이 아니요 우연히 당한 것인 줄 알리라"고 말해준다.

암소들이 언약궤를 싣고 뒤를 돌아보지 않고 곧바로 벧세메스로 가면 블레셋에 내렸던 질병들은 모두 여호와께서 내리신 것이고 만일 암소들이 곧바로 벧세메스로 가지 않고 다른 곳으로 가거나 아니면 언약궤를 싣고 되돌아오면 블레셋에 내렸던 모든 질병은 우연히 내린 것으로 알겠다고 말해준다. 사실 암소들이 언약궤를 싣고 벧세메스로 간다는 것은 거의 이적에 가까운 일이었다. 이유는 암소들이 그렇게 피차 발을 맞추어 한곳으로 간다는 것은 어려운 일이었고 또 암소들이 송아지를 떼어놓고 뒤를 돌아보지 않고 앞만 보고 달린다는 것도 이적에 가까운 일이었다. 그러나 암소들이 바로 벧세메스로 바로 갔다.

블레셋의 제사장들과 무속인들이 언약궤를 벧세메스로 보낸 이유는 하나님의 재앙이 강하게 나타났던 에그론부터 이스라엘 땅까지 가장 가까운 곳이 바로 벧세메스였다. "벧세메스"(Beth-Shemesh)는 '태양의 궁'이라는 뜻을 가지고 있다. 이 이름은 태양신 사마슈(Shamash)의 예배가 행해진 것을 나타내며, 유대의 세펠라에 있던 성읍이다. 원래는 하르헤레스(Har-heres, 태양의 산)라 불린 아모리인의 성읍(삿 1:35)이었는데, 이르세메스(태양의 성읍)라는 이름으로 단 지파에 주어졌다(수 19:41). 단 지파가 블레셋 사람의 압력에 굴하여 북방의 새 지역으로 옮긴 후 벧세메스는 유대 지파의 손으로 돌아와(수 15:10) 레위 사람의 영지로 되었다(수 21:16; 대상 6:59). 블레셋 사람에 의해 여호와의 궤가 반송되었을 때에 벧세메스는 이스라엘 도성으로 되어 있었다(삼상 6:12-21). 벧세메스는 에그론에서 20km, 예루살렘 서쪽 22km 지점에 있다.

10. 법궤가 벧세메스로 돌아오다 6:10-21

본서 저자는 블레셋으로부터 이스라엘 지역 안으로 언약궤가 돌아올 때의 과정을 진술하고(10-12절), 언약궤가 도착한 후 벧세메스인들이 환영한 일(13절), 무리가 번제를 드린 일(14절), 벧세메스 사람들이 번제와 화목제를 드린 일(15절), 블레셋 방백이 돌아간 일(16절), 금 독종과 금 쥐들이 의미하는 것(17-18절), 벧세메스인들이 여호와의 궤를 들여다보다가 화를 당한 일 등(19-21절)을 기록한다.

삼상 6:10. 그 사람들이 그같이 하여 젖 나는 소 둘을 끌어다가 수레를 메우고 송아지들은 집에 가두고

본 절 주해를 위해 7절 주해를 참조하라.

삼상 6:11. 여호와의 궤와 및 금 쥐와 그들의 독종의 형상을 담은 상자를 수레 위에 실으니.

본 절 주해를 위해 8절 주해를 참조하라.

삼상 6:12. 암소가 벧세메스 길로 바로 행하여 대로로 가며 갈 때에 울고 좌우로 치우치지 아니하였고 블레셋 방백들은 벧세메스 경계선까지 따라 가니라.

암소들이 수레를 끌고 가도록 준비를 다 마친(10-11절) 다음 암소들로 하여금 가게 하니 벧세메스로 가는 길로 곧장 걸어갔다. 그 소들은 큰길에서 오른쪽으로나 왼쪽으로나 궤도에서 벗어나지 않고, 울음소리를 내면서 똑바로 길만 따라서 걸어갔다.

암소들이 운 것은 송아지를 떼어 놓고 떠났기 때문이었다. 그 암소들은 울면서도 벧세메스로 통하는 길로 똑바로 걸어갔다. 이렇게 똑바로 간 것은 블레셋 제사장들과 무속인들이 정한 표준대로 블레셋에 내렸던 독종이 여호와께서 내리신 것이 확실함을 증명한 것이었다(9절).

암소들이 끄는 수레를 블레셋 통치자들이 벧세메스의 경계까지 따라 간 것은 암소들이 벧세메스로 똑바로 가는지 확인하기 위함이었다. 통치자들의 행동은 확인하기 위함이지 결코 암소들의 방향을 이끌기 위함은 아니었다. 만약 암소들의 방향을 이끌기 위함이었다면 암소들 앞에서 갔을 것이다.

삼상 6:13. 벧세메스 사람들이 골짜기에서 밀을 베다가 눈을 들어 궤를 보고 그 본 것을 기뻐하더니.

벧세메스 사람들은 골짜기[13])에서 밀을 베다가(태양력 5-6월에 밀을 벤다) 여호와의 언약궤가 도착한 것을 보고 매우 기뻐했다. 그들은 블레셋 군대에 의해 궤를 빼앗긴 것을 가슴 아프게 생각한지 7개월이 넘었다(1절). 이스라엘인들은 언약궤를 빼앗긴 것을 두고 이스라엘에서 영광이 떠났다고까지 했었다(4:21-22).

삼상 6:14. 수레가 벧세메스 사람 여호수아의 밭 큰 돌 있는 곳에 이르러 선지라 무리가 수레의 나무를 패고 그 암소들을 번제물로 여호와께 드리고.

암소들이 끌던 수레는 벧세메스 사람 여호수아의 밭에 와서 멈추었는데 그 곳에는 큰 바위 하나가 있었다. 그들은 그 나무 수레를 쪼개어 장작으로 삼고 그 소들을 번제물로 살라서 여호와께 바쳤다.

암소들이 끌던 수레가 이스라엘에 속한 벧세메스 사람 여호수아의 밭에 와서 멈춘 것은 참으로 놀랄 일이다. 아무도 이 암소들로 하여금 여기에 와서 멈추도록 지시한 사람은 없었다. 그 암소들이 그렇게 한 것이었다. 에그론에서 시작해서 좌우로 치우치지도 않고 멈춤이 없이 계속해서 걸어오다가 여호수아의 밭에 와서 멈춘 것은 참으로 신기한 일이었다. 이것은 블레셋에 대한 재앙이 여호와께서 내리셨다는 것을 보여주는 표시였다(9절 주해 참조). 특별히 그 밭 한 모퉁이에

---

13) "골짜기": 팔레스틴에는 많은 골짜기들이 있다. '싯딤 골짜기'(창 14:3,8,10), '사웨 골짜기'(창 14:17), '그랄 골짜기'(창 26:17), '헤브론 골자기'(창 37:14), '에스골 골짜기'(민 13:23,24,32:9; 신 1:24), '아골 골짜기'(수 7:24), '아얄론 골짜기'(수 10:12), '르바임 골짜기'(수 15:8기타), '소렉 골짜기'(삿 16:4), '엘라 골짜기'(삼상 17:2), '갓 골짜기'(삼하 24:5). '브라가 골짜기'(대하 20:26), '기혼 서편 골짜기'(대하 33:14), '숙곳 골짜기'(시 60:6), '기브온 골짜기'(사 28:21), '여호사밧 골짜기'(욜 3:2,12), '힌놈의 아들의 골짜기'(수 19:14), '스보임 골짜기'(삼상 13:18), '스바다 골짜기'(대하 14:10), '힌놈의 골짜기'(느 11:30), '아웰 골짜기'(암 1:5)등, 아주 많은 골짜기들 중에 본문의 골짜기는 '소렉 골짜기'(삿 16:4)를 이름이다(디럭스 바이블 성경사전).

큰 바위가 있었는데 그 바위가 있는 곳까지 와서 멈춘 것은 신기한 일이 아닐 수 없었다. 여기 "큰 바위"(אֶבֶן)란 말은 너무 크지도 않은, 웬만히 큰 정도의 바위였다. 다시 말해 그 바위 위에 여호와의 언약궤와 금 예물들이 든 상자를 올려놓을 수 있는 정도의 큰 바위였으니 신기한 일이었다. 이 바위는 여기서 제단 구실을 했다(R.P.Smith).

본 절의 "여호수아"라는 사람은 이스라엘 민족을 이끌고 요단을 건너 가나안으로 들어간 여호수아와 이름은 같았으나 실제로는 다른 여호수아였다. 그의 이름이 여기에 기록된 것은 이 사건이 큰 사건이었음을 드러낸다.

"무리가 수레의 나무를 패서" 암소들을 번제물로 드렸는데 이는 언약궤를 싣고 온 수레는 절대로 다른 목적으로 사용할 수 없고 오직 번제를 위한 땔감으로만 사용할 수 있다는 공통된 생각에서 수레를 패서 사용한 것이었다.

그리고 "그 암소들을 번제물로 여호와께 드렸는데" 이는 원래 모세 법에 위반이었다. 모세 법은 수컷이어야 했다(레 1:1-13). 그러나 성물을 운반했던 암소들을 달리는 사용할 수 없었으니 여기서 제물로 사용한 것으로 본다(Young).

삼상 6:15. 레위인은 여호와의 궤와 그 궤와 함께 있는 금 보물 담긴 상자를 내려다가 큰 돌 위에 두매 그 날에 벧세메스 사람들이 여호와께 번제와 다른 제사를 드리니라.

문장 초두의 "레위인"은 벧세메스에 거주하면서 백성들을 교육하도록 지정된 레위인의 후손들이었다(민 35장). 그리고 이곳 벧세메스는 여호수아에 의해 아론 자손의 성읍, 다시 말해 제사장의 성읍으로 지정된 지역이었다(수 21:13-16). 따라서 여기 '레위인'은 아론의 후손들로서 제사장일 가능성이 크다(Matthew Henry, F.R. Fay).

레위인은 "여호와의 궤와 그 궤와 함께 있는 금 보물 담긴 상자를 내려다가 큰 돌 위에" 두었다. 이렇게 성물을 운반하는 행위는 레위인 고핫 자손만이 할 수 있었다(민 3:25-4:28). 레위인들은 성물들을 내려다가 큰 돌 위에 두었는데 그것은 이 돌 위가 언약궤를 내려놓을 수 있는 가장 적합한 장소였기 때문일 것이다.

레위인들은 두 가지 제사를 드렸다. 하나는 번제였고 다른 하나는 번제 다음에 따라오는 화목제를 드렸다(민 7:17,23; 10:10; 수 22:23; 왕상 8:63; 대하 30:22). 벧세메스 사람들이 화목제를 드린 것은 법궤가 돌아온 것이 하나님과 자기들이 화목 되는 것을 상징하는 것이었기 때문일 것이다.

삼상 6:16. 블레셋 다섯 방백이 이것을 보고 그 날에 에그론으로 돌아갔더라.

블레셋 지방 다섯 방백, 즉 통치자들이 벧세메스 사람들이 여호와의 언약궤를 보고 기뻐한 일과 또 각종 제사를 드리는 것을 보고 이제는 블레셋 지방에 더 이상 독종은 생기지 않으리라는 확신을 가지고 그날에 에그론으로 돌아갔다.

삼상 6:17. 블레셋 사람이 여호와께 속건 제물로 드린 금 독종은 이러하니 아스돗을 위하여 하나요 가사를 위하여 하나요 아스글론을 위하여 하나요 가드를 위하여 하나요 에그론을 위하여 하나이며.

본 절은 블레셋 사람이 여호와께 드린 속건 제물로 드린 금(金) 독종(毒腫)에 대해 언급하고 다음 절은 금 쥐에 대해 언급한다. 금 독종은 "아스돗을 위하여 하나요 가사를 위하여 하나요 아스글론을 위하여 하나요 가드를 위하여 하나요 에그론을 위하여 하나였다"고 말한다(수 11:22; 13:3 주해 참조). 여기 다섯 지방은 블레셋에 있었던 다섯 도시 국가를 지칭한다. 이 다섯 지방의 방백과 백성들을 위해 금 독종 하나씩과 금 쥐 하나씩을 죄를 씻기 위해 제물을 바쳤다.

삼상 6:18. 드린 바 금 쥐들은 견고한 성읍에서부터 시골의 마을에까지 그리고 사람들이 여호와의 궤를 큰 돌에 이르기까지 다섯 방백들에게 속한 블레셋 사람들의 모든 성읍들의 수대로였더라 그들은 벧세메스 사람 여호수아의 밭에 오늘까지 있더라.

본 절은 금 쥐를 바친 것에 대해 언급한다. 그 금 쥐들은 다른 블레셋 도시, 곧 다섯 지방 통치자들이 다스리는 요새화된 성과 시골 부락들(시골 동라=성곽이 없는 마을)의 수효대로 바친 것이었다. 앞 절(17절)과 본 절에서는 블레셋 족속이 하나님께 배상 예물로 바쳤던 속건제 예물들에 대해서 다시 언급하고 있는데(4절,11절) 이것을 여기서 다시 언급함으로써 본서 저자는 블레셋이 하나님의 권능에 철저히 굴복했음을 강조하고자 한 것이다. 그런데 여기 문제가 되는 것은 금독종의 숫자는 블레셋 제사장들과 복술가들이 말한 대로이지만(4절), 금 쥐는 그들이 말한 숫자보다 훨씬 많은 것으로 보아야 한다. 그러나 이 문제는 이렇게 해결해야 할 것이다. 즉, 언약궤가 들어간 블레셋의 다섯 도시에는 쥐 재앙과 더불어 독종 재앙까지 임하였기에 각각 금 독종 다섯과 금 쥐 다섯을 만들었으나 그 외의 다른 작은 성읍에는 단지 쥐 피해만 있었기에 금 쥐 형상을 주요 다섯 성읍에 속한 시골 동리의 성읍 수효에 맞춰 더 만들어 보낸 것으로 보아야 한다.

본서 저자는 "그들은 벧세메스 사람 여호수아의 밭에 오늘까지 있다"고 말한다. 즉, '벧세메스 사람 여호수아의 밭에 그들이 여호와의 법궤를 놓은 큰 돌이 오늘까지 증거가 된다'는 것이다.

삼상 6:19. 벧세메스 사람들이 여호와의 궤를 들여다 본 까닭에 그들을 치사 (오만) 칠십 명을 죽이신지라 여호와께서 백성을 쳐서 크게 살륙하셨으므로 백성이 슬피 울었더라.

여호와께서는 벧세메스 사람들이 여호와의 언약궤를 들여다 본 까닭에 그들을 치셨다. 여호와의 궤를 들여다보는 것은 엄격하게 금지되어 있었다(민 4:5,6,15-20). 벧세메스 사람들이 언약궤 속을 들여다 본 것은 세속적 호기심에서였다. 이런 행위는 하나님의 궤를 전리품으로 취급했던 블레셋 사람들을 징벌하셨듯이(5:1,2) 그 궤를 단순히 세속적인 호기심을 가지고 들여다 본 벧세메스 사람들을 징벌하셨다. 이렇게 징벌할 때 여호와의 거룩성을 깨달을 수 있었다.

하나님께서 벧세메스 사람들을 오만 칠십 명이나 죽이셨다고 기록한 것은 모든 주해자의 주장대로 필사자의 착오로 보아야 할 것이다. 이유는 훗날 이스라엘의 수도였던 예루살렘 인구도 7만에 불과했다는 점을 감안할 때 벧세메스의 인구가 5만이나 될 리가 없었다. 그래서 그냥 70인으로 보는 것이 타당하다(Josephus,

Keil, Smith, Fay, 박윤선, 이상근).

"여호와께서 백성을 쳐서 크게 살륙하셨으므로 백성이 슬피 울었다"고 본서 저자는 전하고 있다. 오늘도 여호와의 거룩하심을 훼손하는 사람들은 누구든지 벌을 받아야 마땅하다는 것을 알아야 한다. 오늘날 여호와께서 여호와의 거룩하심을 훼손하는 사람마다 죽이시지는 않지만 법대로 하면 마땅히 죽어야 한다는 것은 사실이다. 그런고로 여호와의 거룩성을 훼손하는 자들은 누구든지 빨리 회개해야 할 것이다. 우리는 항상 하나님 앞에 두려워 떨어야 한다. 우리는 하나님의 무한한 사랑에 무한히 감사해야 하지만 또 하나님의 거룩하심 앞에 두렵고 떨며 살아야 한다.

삼상 6:20. 벧세메스 사람들이 이르되 이 거룩하신 하나님 여호와 앞에 누가 능히 서리요 그를 우리에게서 누구에게로 올라가시게 할까 하고.

벧세메스 사람들이 법궤를 들여다보다가 많은 사람이 죽음을 당하자 그들의 반응은 "이 거룩하신 하나님 여호와 앞에 누가 능히 서리요"라고 했다. "거룩하신 하나님"이란 '인간과는 전혀 구별되어 계신 전지전능하신 하나님'이란 뜻이다. 하나님은 사랑 면에서도 거룩하시고, 지혜 면에서도 거룩하신 분이시고 권능 면에서도 거룩하신 분이시다. 모든 면에서 하나님은 거룩하신 분이시다. 그 앞에 우리는 바로 겸손히 서 있어야 한다.

벧세메스 사람들은 한번 혼이 나서 "그를 우리에게서 누구에게로 올라가시게 할까"하고 다른 곳으로 옮길 작정을 한 것이다. 우리는 그 앞에서 성화에 항상 힘을 써야 한다(계 22:14).

삼상 6:21. 전령들을 기럇여아림 주민에게 보내어 이르되 블레셋 사람들이 여호와의 궤를 도로 가져왔으니 너희는 내려와서 그것을 너희에게로 옮겨 가라.

벧세메스 사람들은 여호와의 궤를 누구에게로 보낼까를 생각하다가 제일 가까운 곳 기럇여아림으로 보내기로 하고 전령들을 보내서 통지했다. 즉, "블레셋 사람들이 여호와의 궤를 도로 가져왔으니 너희는 내려와서 그것을 너희에게로 옮겨 가라"고 통지했다.

"기럇여아림"(Kirath jearim)은 '삼림의 성읍'이란 뜻을 가지고 있다. 이곳은 삼림이 무성했던 곳이었던 것 같다. 여러 가지 별명으로 불린 유대의 성읍이다(수 9:17; 15:9, 기타). 예루살렘의 서쪽 11km 지점에 있는 오늘날의 딜 엘 아사르(Deir el-'Azhar)와 동일시된다. 가아스탕(J. Garstang)의 보고에 의하면 청동기 시대의 성읍인데, 면적은 2.5ha이며, 단구(段丘)상에 건설되었다. 층 위는 심도 5m에 미친다고 한다. 이 성읍이 '기럇 바알'(수 15:60)의 이름으로 알려져 있었는데, 그것은 이스라엘 사람이 점령하기 이전에 가나안 사람의 바알 산당이 있었던 곳을 나타내고 있다.

제 7 장

11. 법궤가 기럇여아림에 머물다   7:1-2

법궤가 기럇여아림으로 옮겨지고 그곳에 20년간이나 머물렀다.

삼상 7:1. 기럇여아림 사람들이 와서 여호와의 궤를 옮겨 산에 사는 아비나답의 집에 들여놓고 그의 아들 엘리아살을 거룩하게 구별하여 여호와의 궤를 지키게 하였더니.

앞 절(6:20-21)의 벳세메스 사람들의 부탁으로 기럇여아림 사람들이 벳세메스에 가서 여호와의 언약궤를 옮겨 산에 살고 있는 아비나답의 집에 들여놓고 아비나답의 아들 엘리아살을 거룩하게 구별하여 여호와의 궤를 지키게 했다는 내용이다.

기럇여아림의 중심부에 언약궤를 모셔 놓지 않고 산에 사는 아비나답의 집에 옮겨놓은 것은 조용한 산 지역이 언약궤를 모셔 놓기에 적합했기 때문이었다. "아비나답"(Abinadab)은 '아버지는 관용하심'이란 뜻을 가지고 있다. 그는 기럇여아림 사람이다. 블레셋에서 돌아온 하나님의 궤를 자기 집에서 20년간 자기 아들로 하여금 지키게 했다(7:1,2; 삼하 6:3,4; 대상 13:7). 당시 이스라엘 백성의 상태는 안으로는 불신앙, 밖으로는 외적의 침해 때문에 여호와의 법궤를 안치할 실로 지역이 황폐하여 예배 장소로 마땅치 못해 자연히 아비나답의 집에 있게 했다.

"엘리아살"은 '하나님은 도우시는 자'라는 뜻이다. 이는 아비나답의 아들이다. 블레셋 사람에게서 돌아온 여호와의 궤를 아비나답의 집에 들여 놓은 기럇여아림 사람들은 엘르아살을 성별하여 아버지 집에서 여호와의 궤를 지키게 했다.

본문의 "거룩히 구별하여"란 말은 원래 제사장을 임직할 때 사용하는 말이다 (출 28:3, 41). 엘리아살이 제사장의 혈통이 아니었으나 당시의 특별한 상황은 제사장적 직분을 감당할 사람이 반드시 필요하여 엘리아살을 거룩하게 구별하여 제사장으로 세운 것이다.

삼상 7:2. 궤가 기럇여아림에 들어간 날부터 이십 년 동안 오래 있은지라 이스라엘 온 족속이 여호와를 사모하니라.

여호와의 언약궤가 기럇여아림에 들어간 날부터 20년 동안 오래 있게 되었다. 여기 20년은 사무엘의 회개운동 때까지인 것으로 보인다(Leon Wood). 이스라엘의 온 족속이 여호와를 사모할 때까지 오래 있었다. 여기 "사모한다"는 말은 '부르짖는다'는 뜻이다. 온 족속이 여호와를 향하여 부르짖을 때까지 오래 있었다. 하나님은 사람들이 부르짖을 때까지 언약궤를 그냥 기럇여아림에 두셨다. 우리의 부르짖음은 얼마나 필요한지 모른다. 하나님은 사람들이 사모할 때까지 얼굴을 나타내시지 않는 때가 많다.

12. 사무엘이 회개운동을 일으키다 7:3-4

이스라엘 족속이 여호와를 사모하니(앞 절) 사무엘이 회개운동을 일으켰다. 사무엘은 사람들에게 우상을 버리고 여호와께 돌아올 것을 권했다.

삼상 7:3. 사무엘이 이스라엘 온 족속에게 말하여 이르되 만일 너희가 전심으로 여호와께 돌아오려거든 이방 신들과 아스다롯을 너희 중에서 제거하고 너희 마음을 여호와께로 향하여 그만을 섬기라 그리하면 너희를 블레셋 사람의 손에서 건져내시리라.

사무엘은 온 이스라엘 사람들을 향하여 "만일 너희가 전심으로 여호와께 돌아오려거든 이방 신들과 아스다롯을 너희 중에서 제거하라"고 말한다. 전심을 다해 여호와께 돌아온다는 것은 아주 중요한 일이다. 전심을 다하지 않는 돌아옴이란 돌아옴이 아니다. "돌아옴"이란 '유턴'(U-turn)하는 것, 180도 회전하는 것을 뜻한다.

그리고 사무엘은 "이방 신들과 아스다롯을 너희 중에서 제거하라"고 권한다. 여기 "이방신"이란 다음 절에 의하여 '바알'(남신)을 뜻한다. 그리고 "아스다롯"은 가나안 최고의 여신을 지칭한다. 남신과 여신을 다 제거하라는 것이다.

그리고 "너희 마음을 여호와께로 향하여 그만을 섬기라"고 말한다. 마음을 오로지 여호와께로 향하는 것은 아주 중요한 일이다. 항상 마음이 문제이다. 우리는 마음을 여호와께로 향해야 한다. 마음을 두 군데로 쓰면 안 된다는 뜻이다. 돈도 사랑하고 하나님도 사랑하는 것은 하나님을 사랑하는 것이 아니다. 우리는 마음을 오로지 주님께만 두어야 한다.

그리고 그만을 "섬겨야" 한다. 하나님께만 예배해야 한다는 말이다. 그렇게 하면 "너희를 블레셋 사람의 손에서 건져내시리라"고 말한다. 참되게 회개하면 다른 전쟁행위를 하지 않아도 이스라엘은 블레셋 사람의 손에서 건져내신다는 것이다. 사무엘의 말을 따라 회개했을 때 이스라엘은 블레셋 사람들로부터 구원을 받았다(10-11절).

삼상 7:4. 이에 이스라엘 자손이 바알들과 아스다롯을 제거하고 여호와만 섬기니라.

사무엘의 권고를 받아 이스라엘 자손이 바알들(가나안의 남신)과 아스다롯(가나안의 여신)을 제거하고 여호와만 섬겼다. 즉, 여호와만 경배했다. 이것이 바로 우리의 승리 비결이다.

13. 미스바 총회를 개최하다 7:5-11

이스라엘이 회개한 것만 해도 잘 한 일이었는데(1-4절), 사무엘은 그들에게 미스바로 모이라고 명령한다. 미스바로 모이면 사무엘이 이스라엘을 위하여 여호와께 기도하리라고 말한다. 사무엘이 번제를 드리고 여호와께 부르짖었을 때 블레셋이 이스라엘 앞에서 패했다는 내용이다.

삼상 7:5. 사무엘이 이르되 온 이스라엘은 미스바로 모이라 내가 너희를 위하여 여호와께 기도하리라 하매.

사무엘은 회개한(3-4절) 온 이스라엘 사람들을 향하여 "온 이스라엘은 미스바로 모이라"고 명한다. 여기 "미스바"14)(מִצְפָּה)는 '망대'(watchtower)라는 뜻이

---

14) "미스바": 베냐민의 미스바(수 18:26; 삼상 7:5,6,7,11,12,16,10:17; 왕상 15:22=대하 16:6, 왕하 25:23,25;느 3:7,15,19; 렘 40:6,8,10,12,13,15; 41:1,3,6,10,14,16)이다. 유대와 이스라엘의 경계선 상에 있는 베냐민 지파의 성읍이다. 이것은 구약성경의 미스바 중에서 가장 중요하다. 이 땅은 팔레스틴의 지지(地誌)에서 가장 의견이 분분한 것 중 하나이다. 많은 유력한 학자들은 이것을 예루살렘 북쪽 약 7.5㎞의 고지에 있는 네비 삼웰(Nebi Samwil)과 동일시하고 있다.

다. 미스바가 망대란 뜻을 가진 이유는 해발 780m의 고지에 위치하고 있기 때문이었을 것이다. 많은 유력한 학자들은 이곳을 예루살렘 북쪽 약 7.5km의 고지에 있는 네비 삼월(Nebi Samwil)과 동일시하고 있다.

미스바에서 대성회로 모인 것은 이번이 처음이 아니라 전에도 국가적으로 중대한 문제가 발생했을 때 모였었다(삿 20:1; 21:5,8). 그런데 이번 총회는 사무엘이 온 이스라엘을 위하여 "여호와께 기도하기" 위하여 모였다. 사무엘이 기도하기 위하여 미스바에 모인 것은 이스라엘이 블레셋으로부터 정치적 자유와 종교적 자유를 위해 모인 모임이었다(Keil, R.P. Smith). 사무엘은 이스라엘의 죄 회개를 위하여 모이기를 원했다(12:19 참조). 사무엘은 이스라엘이 이방 우상을 버리고 여호와께로 향하는 것만(3-4절)으로는 부족한 것을 느끼며 그들의 죄를 다 회개하기 위해 미스바로 모이게 한 것이었다. 우리는 죄를 버리는 삶을 위해서는 아무리 많은 모임을 가져도 좋을 것이다.

삼상 7:6. 그들이 미스바에 모여 물을 길어 여호와 앞에 붓고 그 날 종일 금식하고 거기에서 이르되 우리가 여호와께 범죄하였나이다 하니라 사무엘이 미스바에서 이스라엘 자손을 다스리니라.

본 절에는 온 이스라엘이 미스바에 모여서 행한 일 세 가지를 말한다. 첫째, "물을 길어 여호와 앞에 붓는 일"을 했다. 물을 여호와 앞에 부은 것은 그들의 마음을 하나님 앞에 쏟는 상징적 행위였다(박윤선). 우리는 물을 쏟듯 우리의 마음을 여호와께 온전히 쏟아 놓아야 한다(시 22:14). 둘째, "그 날 종일 금식"했다. 금식은 슬픔의 표시로 회개하는 자세이다(삿 20:26; 삼하 12:16; 사 58:6-9; 느 9:1). 이는 참되게 회개한다는 표시이다. 셋째, 이스라엘 사람들은 "우리가 여호와께 범죄했다"고 죄를 자복했다(출 32:31; 신 1:41; 삿 10:10; 삼하 24:10; 왕상 8:47). 그들이 금식만 한 것이 아니라 그들의 입으로 그들의 죄를 고백한 것은 참된 회개를 했다는 것을 드러낸다. 우리는 우리의 입으로 죄를 자복해야 한다.

사무엘은 미스바에서 "이스라엘 자손을 다스렸다". 여기 "다스리다'(שׁפט) 는 말은 '재판하다'는 뜻이다(출 18:16,22; 사 2:4; 렘 5:28; 단 9:12). 사무엘은 백성들을 회개시킨 다음 그래도 죄를 짓는 사람들이 잘못된 삶을 가지고 사무엘 앞으로 나오는 사람들을 재판해 주었다. 사무엘이 재판한 것은 정치적인 문제까지 관활한 것을 뜻한다. 그는 사사의 입장에서 이스라엘을 다스린 것이다.

삼상 7:7. 이스라엘 자손이 미스바에 모였다 함을 블레셋 사람들이 듣고 그들의 방백들이 이스라엘을 치러 올라온지라 이스라엘 자손들이 듣고 블레셋 사람들을 두려워하여.

이스라엘 자손이 미스바에 모여서 회개한 사건이 얼마나 위대한 일인 줄 모르고 블레셋 사람들이 듣고 그들의 방백들, 즉 다섯 도시의 통치자들이 이스라엘을 치러 올라왔다. 블레셋 사람들은 이스라엘 자손이 미스바에 모인 것이 자기들을 치기 위한 모임인줄 알고 덤빈 것이다.

그런데 블레셋 사람들이 이스라엘을 치러 올라온다는 소식을 듣고 "이스라엘 자손들이 듣고 블레셋 사람들을 두려워했다"는 것이다. 사실은 두려워해야 할 이유가 없었다. 이유는 하나님께서 회개한 이스라엘과 함께 하실 것이기 때문이었다. 의인은 사자같이 담대해야 했다(잠언 28:1). 우리는 항상 회개하고 담대하게 살아야 할 것이다.

삼상 7:8. 이스라엘 자손이 사무엘에게 이르되 당신은 우리를 위하여 우리 하나님 여호와께 쉬지 말고 부르짖어 우리를 블레셋 사람들의 손에서 구원하시게 하소서 하니.

이스라엘이 블레셋 사람들을 두려워하여(앞 절), 사무엘에게 말하기를 "당신은 우리를 위하여 우리 하나님 여호와께 쉬지 말고 부르짖어 우리를 블레셋 사람들의 손에서 구원하시게 해달라"고 부탁한다. 이스라엘은 온전히 하나님께만 의지하는 심정으로 사무엘에게 부탁한 것이다. 그들은 사무엘에게 우리를 위하여 "여호와께 쉬지 말고 부르짖어" 달라고 부탁한다. 이스라엘 사람들은 사무엘에게 극한 상황에서 벗어나기 위하여 간절한 호소를 부탁했다(삿 6:7; 대상 5:20). 쉬지 말고 기도하라는 말은 바울 사도도 데살로니가 교인들에게 부탁한바 있다(살전

5:17). 쉬지 말고 부르짖어 달라는 말은 블레셋 사람들이 물러가기까지 혹은 이스라엘이 승리하기까지 기도해 달라는 말이다. 아무튼 이스라엘을 블레셋 사람들의 손에서 구원하도록 기도해 달라는 부탁이었다.

삼상 7:9. 사무엘이 젖 먹는 어린양 하나를 가져다가 온전한 번제를 여호와께 드리고 이스라엘을 위하여 여호와께 부르짖으매 여호와께서 응답하셨더라.

사무엘은 이스라엘 백성들의 기도부탁을 받고 기도하기 전에 "젖 먹는 어린양 하나를 가져다가 온전한 번제를 여호와께 드렸다". 여기 "젖 먹는 어린 양"은 난지 7일을 경과한 양이고(레 22:27) 또 순결한 양이다. 또 "온전한 번제"란 말은 '번제의 규례를 온전히 따른 제사이고(레 1:3-9), 또 제사를 드리는 사람이 온전한 마음으로 바치는 헌신 제사'를 뜻한다. 사무엘은 자신을 온전히 드린다는 뜻으로 번제를 드린 다음 여호와께 부르짖어 여호와로부터 응답을 받았다.

삼상 7:10. 사무엘이 번제를 드릴 때에 블레셋 사람이 이스라엘과 싸우려고 가까이 오매 그 날에 여호와께서 블레셋 사람에게 큰 우레를 발하여 그들을 어지럽게 하시니 그들이 이스라엘 앞에 패한지라.

본 절은 블레셋의 다섯 통치자들의 군대가 "사무엘이 번제를 드릴 때에 블레셋 사람이 이스라엘과 싸우려고 가까이 왔다"는 것을 말한다. 블레셋 사람들은 아주 위험한 때에 왔다. 즉, 사무엘이 번제를 드릴 때에 온 것은 아주 위험한 때에 온 것을 뜻한다. 여호와께서 블레셋 군대를 그냥 두셨겠는가. 번제를 드리는 사람, 예배하는 사람들을 건드리는 것은 죽음을 불러오는 행위이다.

"그 날에 여호와께서 블레셋 사람에게 큰 우레를 발하여 그들을 어지럽게 하시니 그들이 이스라엘 앞에 패했다"고 말한다. 사무엘이 번제를 드릴 때에 전쟁하러 덤빈 블레셋 군대를 여호와께서 그냥 두셨을 리는 만무하다. 여호와께서 우레 발하여 그들을 어지럽게 하셔서 블레셋 군대가 여호와 앞에 패했다는 것이다.

여호와께서 직접적으로 적군을 치시는 방법은 여러 가지이다. 때로는 번개(왕상 18:38), 또 때로는 우박(수 10:11), 또 때로는 흑암(수 24:7), 또 때로는 질병(신

28:61)을 사용하셔서 이스라엘의 적군을 치신다.

삼상 7:11. 이스라엘 사람들이 미스바에서 나가서 블레셋 사람들을 추격하여 벧갈 아래에 이르기까지 쳤더라.

사무엘이 번제를 드릴 때에 블레셋 군대들이 쳐들어 왔는데 여호와께서 우박을 내리셔서 그 군대를 치셨음으로 그들이 패하고 말았다. 결국 "이스라엘 사람들이 미스바에서 나가서 블레셋 사람들을 추격하여 벧갈 아래에 이르기까지 쳤다"는 것이다. 당시 블레셋 군대는 철 병거를 가지고 왔을 것이다. 여호와께서 번개를 치시고 또 우박을 내리시니 블레셋 군대는 도망하는 수밖에 없었다. 도망하는 블레셋 사람들을 이스라엘 사람들은 무장도 없이 좇아가서 블레셋 군대를 쳤다.

여기 "벧갈"(Beth-car)은 '어린 양의 집'이라는 뜻을 가지고 있다. 이스라엘이 사무엘의 지도하에 블레셋 사람을 추격한 곳이다(삼상 7:11). 예루살렘의 서쪽이지만 위치는 분명치 않다. 아래 벧호론을 가리킨다고 하는 학자도 있다. 오늘 우리는 현대 전쟁의 무서운 무기 앞에 어쩔 줄 모르는 자들이 많다. 그러나 오늘도 여호와께서 하시면 아무리 강대국의 군대라도 별 수 없이 패퇴하는 것은 자명한 일이다.

14. 이스라엘이 승리를 거두다   7:12-14

사무엘이 번제를 드린 일과 기도로 말미암아 여호와께서 이스라엘에게 승리를 주신다. 결국 블레셋은 이스라엘에게 굴복하여 사무엘 생전에는 재기하지 못하고 이스라엘은 잃어버린 땅을 회복한다.

삼상 7:12. 사무엘이 돌을 취하여 미스바와 센 사이에 세워 이르되 여호와께서 여기까지 우리를 도우셨다 하고 그 이름을 에벤에셀 이라 하니라.

이스라엘이 승리를 거둔 다음 사무엘이 돌을 하나 취하여 미스바와 센 사이에 세우고 말하기를 "여호와께서 여기까지 우리를 도우셨다 하고 그 이름을 에벤에셀 이라" 했다는 내용이다. "돌을 취하여 세운 것"은 특별한 사건을 후대에까지 기념하기 위한 목적이었다(창 31:44-47; 수 4:6-7). 여기 "미스바"에 대하여는 5절 주해를 참조하라. 그리고 "센"(שֵׁן)[15]이란 곳은 '치아'라는 뜻을 가지고 있다.

이곳에 치아처럼 솟아 있는 바위들이 많았기 때문으로 본다(K.&D., Fay). 센은
미스바 북동 22km의 지점, 또는 미스바에서 15km, 벧엘의 북 5km의 '아인 사니에'
등으로 추정된다. "여기까지"란 말은 구체적으로 그 때 사무엘과 이스라엘이 블레
셋을 추격해 갔던 서쪽 한계를 가리킴이 분명하다. 블레셋 군대를 서쪽 한계까지
쫓아갈 수 있었던 것은 전적으로 여호와의 절대적인 도우심으로 된 것이었다.

"에벤에셀"(אֶבֶן הָעֵזֶר)이란 '도움의 돌'이란 뜻이다. 미스바 전투의 승리가
오직 여호와의 도우심으로 이루어졌다는 사실을 오고 오는 후대에 증거하기 위해
세운 기념석이다. 이 기념석이야 말로 하나님의 영광을 영원히 드러내는 돌이었다.
본 절의 에벤에셀은 4:1의 에벤에셀과는 다른 낱말이다. 두 에벤에셀은 위치가
서로 다르며(4:1 주해 참조), 4:1의 에벤에셀은 한 지역의 지명인 반면, 본 절의
에벤에셀은 단지 돌 이름일 뿐이다.

**삼상 7:13. 이에 블레셋 사람들이 굴복하여 다시는 이스라엘 지역 안에 들어오지
못하였으며 여호와의 손이 사무엘이 사는 날 동안에 블레셋 사람을 막으시매.**

문장 초두에 나오는 "이에"란 말은 '그러므로'란 뜻이다. 즉, 사무엘이 번제를
드릴 때 블레셋 군대가 쳐들어오다가 패한(8-12절) 결과를 본 절이 진술하고
있다. 그 결과 첫째, "블레셋 사람들이 굴복되었다"는 것. 그들은 이제는 기가
죽어서 이스라엘 앞에 맥을 추지 못하는 입장이 되었다. 둘째, "다시는 이스라엘
지역 안에 들어오지 못하였다"는 것. 다시는 이스라엘을 침입할 생각을 못하게
되었다. 셋째, "여호와의 손이 사무엘이 사는 날 동안에 블레셋 사람을 막으셨다"는
것. 여호와께서 사무엘이 살아 있는 동안 블레셋 사람들이 침략하지 못하도록

---

15) "센": Shen(KJV, ASV, NASB), Jeshanah(RSV, NEB, JB). 사무엘(삼상 7:9; 8:6; 12:7-19,
23; 15:11; 시 99:6; 렘 15:1)이 간절한 기도로 블레셋에 승리하고 돌을 세워 기념한 에벤에셀(도움
의 돌)에서 가까운 곳(삼상 7:12). '미스바와 센' 사이에 에벤에셀이 세워졌다는 것을 보면
예루살렘 북 베냐민 땅에 있던 미스바에서도 가까운 곳이다. 히브리어 명사 [센]의 뜻은 [이](齒牙)
인데, 정관사가 붙어 [저 이]라고 되어 있으므로 특별히 눈에 띄는 '바위'든가, '암벽'의 이름이었
을 것으로 보는데, 70인 역은 이 '센'을 '나이든(여인)'으로 번역하므로 미국 표준 역(RSV)이나
일본신개역 및 예루살렘성경(JB)등이 '에사나'로 번역한 것으로 보고 있다. 센은 미스바 북동
22km의 지점, 또는 미스바에서 15km, 벧엘의 북 5km의 [아인 시-니에]등으로 상징된다.

막아주셨다. 사무엘이 죽은 후 사울 왕 때에는 블레셋이 다시 쳐들어와 사울을 죽였다(31장). 오늘도 예수 그리스도를 신실하게 믿는 사람들이 살아있는 동안 하나님께서 나라에 외적이 침입하지 않도록 막아주신다.

삼상 7:14. 블레셋 사람들이 이스라엘에게서 빼앗았던 성읍이 에그론부터 가드까지 이스라엘에게 회복되니 이스라엘이 그 사방 지역을 블레셋 사람들의 손에서 도로 찾았고 또 이스라엘과 아모리 사람 사이에 평화가 있었더라.

넷째, 이스라엘 사람들이 블레셋 군에게 아벡 전투에서 빼앗겼던(4:5-11) 에그론과 가드 사이의 모든 성들을 되찾았다는 것. 참으로 큰 수확이 아닐 수 없었다. "에그론부터 가드까지 이스라엘에게 회복되었다"는 말은 에그론과 가드까지 정복했다는 뜻이 아니라 이 말은 에그론과 가드를 잇는 블레셋 경계의 동쪽 성읍을 회복했다는 뜻이다(Keil, Smith). 이 부근의 성읍들은 오랫동안 블레셋의 통치와 압제 하에 있었으나 사무엘 시대에 되찾은 것이다. 침입을 못하게 하는 일도 큰일이었지만 과거에 빼앗겼던 지역을 되찾았다는 것은 하나님의 은혜였다.

다섯째, "이스라엘과 아모리 사람 사이에 평화가 있었다"는 것이었다. 아모리 족은 가나안 땅의 7족(아모리, 헷, 가나안, 브리스, 기르가스, 여부스, 히위) 중에서 가장 강력한 족속으로 이스라엘과는 항상 적대관계에 있었는데 사무엘 시대에 블레셋이 혼이 난 것을 보고 이스라엘에게 눌려서 평화롭게 지내지 않을 수 없었다. 하나님을 잘 믿는 것은 큰 힘이 아닐 수 없다(롬 1:16).

15. 사무엘이 순회하며 통치하다 7:15-17
삼상 7:15. 사무엘이 사는 날 동안에 이스라엘을 다스렸으되.

본 절과 다음 절은 사무엘이 살아 있는 동안 이스라엘을 다스린 것을 진술한다. 본 절은 사무엘이 사는 날 동안 이스라엘을 다스렸다는 것을 말한다. 여기 다스렸다(שָׁפַט)는 말은 '재판했다'는 뜻이다. 사무엘은 사사로서 평생 나라를 다스렸다.

삼상 7:16. 해마다 벧엘과 길갈과 미스바로 순회하여 그 모든 곳에서 이스라엘을

다스렸고.

본 절은 사무엘이 평생 순회하면서 이스라엘을 다스렸다는 것을 말한다. 사무엘은 벧엘과 길갈과 미스바와 라마(다음 절)로 돌아다니며 그 모든 곳에서 이스라엘을 다스렸다는 내용이다. "벧엘"16)은 '하나님의 집'이란 뜻을 가지고 있으며 예루살렘 북쪽 약 16km 지점에 있다. "미스바"에 대하여는 5절 주해를 참조하라. "길갈"17)은 이스라엘이 요단을 건넌 직후 집단적으로 할례를 받은 곳이다(수 5:8). 요단 서쪽 약 6km 지점이다(수 4:19). 사무엘은 해마다 세 곳(벧엘, 길갈, 미스바)을 순회하면서 이스라엘을 다스렸고 그리고 그의 고향 라마에까지 순회하면서 백성들을 위해서 재판해주고 다스렸다. 그는 결코 한 곳에 머물면서 자신의 세력을 키우는 일을 하지 않았다. 그는 사사시대에 신정정치를 해서 하나님께서 사람을 지배하시게 했다.

삼상 7:17. 라마로 돌아왔으니 이는 거기에 자기 집이 있음이라 거기서도 이스라엘을 다스렸으며 또 거기에 여호와를 위하여 제단을 쌓았더라.

사무엘은 자기 고향 라마로 돌아오곤 했다. 라마에 돌아온 이유는 거기가 그의 고향이기 때문이었다. 사무엘은 거기서도 이스라엘 백성들의 소송 사건을 받아 재판해 주었으며 백성들을 다스렸다. 그리고 사무엘은 거기 라마에 여호와를 위하여 제단을 쌓고 제사를 드렸다. 사실은 실로에서 제단을 쌓아야 했지만 실로가 너무 황폐하여 거기에서 제단을 쌓지 않고 라마에 제단을 쌓고 제사를 드렸다.

---

16) "벧엘": Bethel. '하나님의 집'이란 뜻을 가지고 있다. 에브라임의 성읍이다. 구약 시대의 예배 역사에 있어서 중요한 성읍이다. 예루살렘에서 약 16km쯤 떨어져있으며, 팔레스틴 북부로 통하는 주요 도로의 동쪽에 있는데, 작은 성읍 베이틴(Beitin)과 동일시된다. 샘물 넷이 좋은 물을 공급하며, 원래는 '루스'(Luz)라는 이름이었으나, 후에 '벧엘'이라 부르게 되었다(디럭스 바이블 성경사전).
17) "길갈": 여리고 평야에 있었던 성읍이며, 여호수아의 군사 기지였다. 요단강을 건넌 후 이스라엘 사람들의 최초의 숙영지이며, 가나안 평정의 근거지이다(수 4:19-24). 광야에서 그들은 오랫동안 실행하지 못했던 할례를 행함으로써 '애굽의 수치'를 굴려버리고 새로운 출발을 한 곳이다. 이 이름은 이것을 기념하기 위해 붙여진 것이다(수 5:2-9, 디럭스 바이블 성경사전).

제 8 장

D. 사무엘이 만년을 맞이하다 8장

사무엘은 만년이 되어 백성들의 왕정제도를 뿌리치지 못하고 허락했다(1-9절).
그리고 사무엘은 왕정의 위험을 백성들에게 경계하면서도(10-18절) 부득이 허락
한 것이다(19-20).

1. 백성들이 왕을 구하다 8:1-9

사무엘은 늙고 사무엘의 아들들은 사무엘 같지 않고 세속적이어서 왕을 세워서
통치받기를 원한다. 사무엘은 백성들의 요구를 받고 왕정을 원하지는 않았지만
백성들의 요구를 들어준다.

삼상 8:1. 사무엘이 늙으매 그의 아들들을 이스라엘 사사로 삼으니.

사무엘이 늙었다는 말은 세상에 태어난 지 꽤 오래 되어 이제는 활동하기가
힘든 때가 되었다는 뜻이다. 학자들마다 사무엘의 나이를 추정한다. 52세
(Talmud), 60세(R.P.Smith), 70세(Abravanel)로 추정하면서 사무엘은 자기가
늙자 이스라엘을 염려하여 자기의 아들들을 이스라엘의 사사로 세웠다는 것이다.
사무엘은 자기의 아들들이 어느 정도의 사람들인지 모르고 세운 것 같다.

주석가들은 사무엘이 종신 사사였으므로(7:15), 그의 아들들은 아비를 돕는
보조 사사들이었을 것이라고 주장한다(Keil). 이렇게 그들이 주장하는 이유는
이스라엘 역사상 사사직이 세습 계승된 일은 전혀 없었다는 이유에서다.

그러나 그 아들들이 사무엘을 돕는 보조 사사였다고만 보기에는 장로들(3절)
의 주장이 너무 심한 것이 아닌가 하는 생각이 든다. 다시 말해 아들들이 보조
사사였다면 사무엘의 말을 잘 순종하였을 터이고 또 순종하지 않는다면 곧 폐위시
켜서 무력화 시켰을 터인데 사무엘이 고민한 것을 보면 아들들이 보조 사사들의

수준을 넘어 별도의 사사로 세움 받은 것이 아닌가 하는 생각까지 든다. 그래서 보조 사사가 아니라 정식 사사로 세움 받았다고 보는 것이 옳을 것이다.

삼상 8:2. 장자의 이름은 요엘이요 차자의 이름은 아비야라 그들이 브엘세바에서 사사가 되니라.

본 절은 사무엘의 두 아들들의 이름과 그들이 사사가 된 장소를 거명한다. 장자의 이름은 요엘이라고 한다. "요엘"(Joel)이란 이름은 '여호와는 하나님'이라는 뜻이다. 선지자 사무엘의 맏아들이며 찬송 가수 헤만의 부친이다(삼상 8:2; 대상 6:33; 15:17).

둘째 아들 이름은 아비야라고 한다. "아비야"(Apphia)는 '여호와는 아버지이시다'는 뜻을 가지고 있다. 사무엘의 차남이다. 그는 형 요엘과 같이 사무엘이 늙자 사사로 되었다. 그들은 부친의 행위를 따르지 않고 이(利)를 따라 뇌물을 받고 판결을 불공정하게 하였다. 이들의 이와 같은 행위는 급기야는 백성들로 하여금 왕을 구하도록 하기에 이르기까지 하였다(8:2; 대상 6:28).

두 아들이 사사가 된 지역은 "브엘세바"였다. "브엘세바"(Beersheba)는 '일곱 우물' 혹은 '맹세의 우물'이란 뜻을 가지고 있다. 이 지역은 족장시대부터 유서 깊은 곳이었다(창 21:31). 이스라엘의 최남단 곧 라마로부터 약 80km나 떨어진 먼 곳이었다. 사무엘의 나이가 많아 아들을 사사로 세워 이 먼 곳에 가서 사사 일을 보게 했다.

삼상 8:3. 그의 아들들이 자기 아버지의 행위를 따르지 아니하고 이익을 따라 뇌물을 받고 판결을 굽게 하니라.

본 절은 사무엘의 아들들이 자기 아버지의 행위를 따르지 아니하고 이익을 따라 뇌물을 받고 판결을 굽게 했다는 것을 전한다. 뇌물을 받는 것은 율법에서 금하고 있다(출 23:6-8; 신 16:19). 아들들이 세속적인 인간들처럼 이익을 따라 행하고 뇌물을 받는 행위는 참으로 경계해야 할 행위였다. 이들의 행위가 이러기 때문에 장로들은 두 아들 가지고는 안 되겠다고 알아서 왕을 구하게 되었다.

삼상 8:4. 이스라엘 모든 장로가 모여 라마에 있는 사무엘에게 나아가서.

이스라엘 모든 장로(장로는 백성의 지도자 역할을 했다)가 사무엘의 아들들 문제로 고민하다가 사무엘 앞에 나아가서 왕을 세워달라고 조른 것을 보면 두 아들의 문제가 이스라엘 전체에 퍼졌고 또 고민의 정도가 심각했던 것을 알 수 있다. 이들이 라마에 있는 사무엘을 찾은 것을 보면 사무엘이 라마에서 전국을 다스린 것을 알 수 있다.

삼상 8:5. 그에게 이르되 보소서 당신은 늙고 당신의 아들들은 당신의 행위를 따르지 아니하니 모든 나라와 같이 우리에게 왕을 세워 우리를 다스리게 하소서 한지라.

이스라엘의 모든 장로가 라마에 찾아와서 말하기를 "보소서 당신은 늙고 당신의 아들들은 당신의 행위를 따르지 아니하니 모든 나라와 같이 우리에게 왕을 세워 우리를 다스리게 하소서"라고 요구했다. 장로들은 사무엘에게 '어르신 께서는 이제 늙으셨고 또 아드님들은 어르신의 행위를 따르지 않고 있으니 모든 주위 나라와 같이 우리에게도 왕을 세워서 강력한 나라가 되게 하소서'라고 요청한 것이다. 사무엘의 아들들이 사무엘 정도만 되었다면 장로들은 왕을 요구하지 않았을 것이다.

삼상 8:6. 우리에게 왕을 주어 우리를 다스리게 하라 했을 때에 사무엘이 그것을 기뻐하지 아니하여 여호와께 기도하매.

본 절은 장로들이 우리에게 왕을 주어 우리를 다스리게 해달라고 요청했을 때에 사무엘이 그들의 요청을 기뻐하지 않았다는 것과 또 그들의 요구를 아주 묵살하지 아니하고 여호와께 기도했다는 것을 언급한다. 사무엘이 그들의 요청을 기뻐하지 않은 것은 하나님의 신정(神政)을 거부한 것이기 때문이었다. 신정을 거부한 것은 하나님을 거부한 것이고 동시에 사무엘을 거부한 것이었다. 신정을 거부하고 왕정을 요구한 것은 참으로 비참한 삶을 의미하는 것이었다(10-18절).

삼상 8:7. 여호와께서 사무엘에게 이르시되 백성이 네게 한 말을 다 들으라 이는 그들이 너를 버림이 아니요 나를 버려 자기들의 왕이 되지 못하게 함이니라.

본 절은 사무엘이 여호와께 기도한 결과 여호와께서 사무엘에게 응답을 주신 것을 전한다. 여호와께서는 "백성이 네게 한 말을 다 들으라 이는 그들이 너를 버림이 아니요 나를 버려 자기들의 왕이 되지 못하게 함이니라"고 응답하신다. 여호와께서는 사무엘을 향하여 '그들의 말을 다 들어주라'고 하신다. 그들이 그렇게 말하는 것은 '그들이 너를 버리는 일이라기보다는 나 여호와를 버려서 자기들의 왕이 되지 못하게 하는 것이라'고 하신다.

삼상 8:8. 내가 그들을 애굽에서 인도하여 낸 날부터 오늘까지 그들이 모든 행사로 나를 버리고 다른 신들을 섬김 같이 네게도 그리하는도다.

여호와께서는 이스라엘 백성들이 애굽 시절부터 오늘까지 그들이 모든 행사에 있어서 여호와를 버리고(삿 2:11; 10:11; 왕상 9:9) 다른 신들, 즉 우상을 섬겼듯이 사무엘 네게도 그런 짓을 한다고 말씀하신다. 이스라엘 민족이 신정을 버리고 세상 왕을 요구하는 것은 거의 우상숭배와 같은 정도라는 것을 암시하신다.

삼상 8:9. 그러므로 그들의 말을 듣되 너는 그들에게 엄히 경고하고 그들을 다스릴 왕의 제도를 가르치라.

본 절의 "그러므로"란 말은 '이스라엘 백성들이 여호와를 배역했으므로'란 뜻이다. 여호와를 배역한 것이 이스라엘의 관습이 되었으므로 여호와께서는 사무엘에게 "그들의 말을 들어" 왕을 세워주라고 하신다. 그러나 여호와께서는 사무엘에게 "너는 그들에게 엄히 경고하고 그들을 다스릴 왕의 제도를 가르치라"고 권하신다. 즉, 왕을 세운다는 것이 어떤 것인지 엄히 경고하고 그들을 다스릴 왕의 제도가 백성들에게 얼마나 심한 고통을 주는지 알려주라고 하신다.

2. 사무엘이 왕정제도를 설명하다 8:10-18

사무엘은 장로들에게 왕을 세우면 그 왕이 백성에게 큰 고통을 준다는 것을 가르쳐준다.

삼상 8:10. 사무엘이 왕을 요구하는 백성에게 여호와의 모든 말씀을 말하여.

사무엘은 왕을 구하는 장로들에게 왕을 세우려는 백성들에게 돌아갈 고통을
알려준다.

**삼상 8:11. 이르되 너희를 다스릴 왕의 제도는 이러하니라 그가 너희 아들들을
데려다가 그의 병거와 말을 어거하게 하리니 그들이 그 병거 앞에서 달릴 것이며.**

왕을 세우면 첫째, 병역의무가 생긴다고 말한다. 즉, "왕이 너희 아들들을
데려다가 그의 병거와 말을 어거하게 하리니 그들이 그 병거 앞에서 달릴 것이라"
고 말해준다. 왕은 백성들의 아들들을 자신의 병거와 말을 몰게 할 것이라 하며
아들들은 그 병거 앞에서 달려야 할 것이라고 한다. 왕이 아니라 사사가 나라를
다스리면 사사가 신정 정치를 하여 여호와께서 이스라엘을 다스리실 것이니 이런
병역의무는 없을 것이었다. 왕을 두면 백성들은 왕의 심부름이나 하는 사람으로
전락할 것이라는 경고이다.

**삼상 8:12. 그가 또 너희의 아들들을 천부장과 오십부장을 삼을 것이며 자기
밭을 갈게 하고 자기 추수를 하게 할 것이며 자기 무기와 병거의 장비도 만들게
할 것이며.**

왕을 세우면 둘째, 군대 조직의 일원이 될 것이라고 말해준다. 즉, "너희의
아들들을 천부장과 오십부장을 삼을 것이라"고 한다. 왕정 제도를 추구하고 찬성하
면 왕의 군대 조직에 있어 그 일원으로 수고해야 한다. 천부장, 백부장, 오십부장,
십부장 제도는 일찍이 모세 시대에 생긴 것이었는데 그 때는 재판을 위한 것이었다
(출 18:13-27). 그러나 본 절의 조직은 왕을 위한 심부름꾼에 지나지 않는다. 셋째,
왕의 농사꾼이 된다는 것이다. 즉, "자기 밭을 갈게 하고 자기 추수를 하게 할
것이라"고 한다. 다시 말해 왕의 머슴노릇을 하게 된다는 이야기이다. 넷째, 왕을
지켜주기 위한 무기(武器) 제조에 수고해야 할 것이라고 한다. 즉, "자기 무기와
병거의 장비도 만들게 할 것이라"고 한다. 무기 제조 병이 되어야 한다는 것이며

신정정치 제도를 계속해서 유지한다면 이런 수고들은 하지 않아도 되는 일들이다.

삼상 8:13. 그가 또 너희의 딸들을 데려다가 향료 만드는 자와 요리하는 자와 떡 굽는 자로 삼을 것이며.

왕을 세우면 다섯째, 딸들을 데려다가 각종 심부름을 시킨다는 것이다. 심부름 종류는 여러 가지이다. 향료를 만들어 왕의 옷에 뿌려주어야 하고, 또 왕의 요리를 담당해야 하며 빵 굽는 자가 되어야 한다는 내용이다.

삼상 8:14. 그가 또 너희의 밭과 포도원과 감람원에서 제일 좋은 것을 가져다가 자기의 신하들에게 줄 것이며.

왕을 세우면 여섯째, 백성들의 재산 일부에서 빼앗아 갈 것이라 한다. 즉, 백성들의 밭과 포도원과 감람원 중에서 제일 좋은 것을 빼앗아 그의 신하들에게 줄 것이라 한다. 재산 일부를 강탈당하는 것이야 말로 왕을 세우는 자들이 부담해야 할 제일 억울한 일이다.

삼상 8:15. 그가 또 너희의 곡식과 포도원 소산의 십일조를 거두어 자기의 관리와 신하에게 줄 것이며.

일곱째, 왕정이 되면 십일조를 바쳐야 한다는 것이다. 신앙인은 하나님께 십일조를 드려야 하고(신 14:22-29) 또 왕에게도 십일조를 드려야 한다는 이야기이다. 왕이 십일조를 거두어 가는 것은 자기가 쓰는 관리와 신하들에게 주기 위함이라는 것이다.

삼상 8:16. 그가 또 너희의 노비와 가장 아름다운 소년과 나귀들을 끌어다가 자기 일을 시킬 것이며.

여덟째, 남종들과 여종들, 그리고 가장 아름다운 소년들과 나귀들을 끌어다가 왕의 사사로운 일을 시킬 것이라고 한다. 본문의 "노비"와 "나귀들" 사이에 있는 말, 즉 "가장 아름다운 소년"이란 말은 앞 뒤 문맥에 조화가 되지 않는 흠이 있다. 해결책은 1) 아주 빼버리는 방법이 있다. 신국제번역판(NIV)과 미국 개역판

(RSV)같은 번역판들은 "가장 아름다운 소년"이란 말을 아예 빼버렸다. 그러나 우리가 그 말을 뺄 수는 없는 일이다. 2) 여기 "소년"(בָּחוּר)이란 말이 히브리어에서 "황소"라고 써야 할 것을 필사자가 잘못 썼다는 주장이다. 다시 말해 '바카르'("황소")라고 써야 할 말을 '바하르', 즉 "소년"이란 말로 잘못 썼다는 주장이다. 그 근거로 70인역(LXX)이 이 단어를 '황소'로 번역했고, 또 본 절의 "노비", "황소", "나귀" 등으로 연결되어 모두 노동력과 관련된 단어들이므로 문맥에 어울린다는 주장이다(Keil, Fay, Smith). 둘째 견해가 옳은 해결책으로 보인다.

삼상 8:17. 너희의 양 떼의 십분의 일을 거두어 가리니 너희가 그의 종이 될 것이라.

아홉째, 가축의 십일조를 거두어 갈 것이라고 한다. 여기 십분의 일은 왕실 유지를 위한 비용으로 사용되는 십일조이다. 열째, 백성들마저 왕의 종이 될 것이라고 한다. 왕의 종이 된다는 말은 11-17절까지의 결론을 이렇게 말한 것이다. 왕의 종이 된다는 것은 왕의 절대 권력 밑에서 크게 신음할 것을 보여주는 말이다. 왕정(王政)은 신정(神政)과 너무 다른 제도이다.

삼상 8:18. 그 날에 너희는 너희가 택한 왕으로 말미암아 부르짖되 그 날에 여호와께서 너희에게 응답하지 아니하시리라 하니.

본 절 초두의 "그 날에"란 말은 백성들이 뽑은 왕 때문에 괴롭힘을 당하는 '그날'을 지칭하는 말이다. 사무엘은 이스라엘 백성들이 왕 때문에 괴롭힘 당할 날이 있을 것을 알았다. 백성들이 세속적 욕심에 따라 왕을 구하니 반드시 그 날이 있을 것이었고 또 왕 자신이 하나님과는 너무 다른 부패한 존재이니 반드시 백성들에게는 엄청난 후회의 날이 있을 것을 알았다. 우리는 세속적 욕심을 따라 무엇을 구해서는 안 될 것이다.

사무엘은 언젠가 백성들이 백성들 자신을 위해서 택한 왕 때문에 부르짖을 것을 알았다. 그러나 하나님은 백성들이 부르짖는 그 날에 백성들의 요구를 들어주지 않을 것이라고 한다. 훗날 남북 왕국 이스라엘에는 참으로 악한 왕이 많이 일어났었다. 특히 북 왕국에는 인간적으로 이해하기 힘든 악한 왕이 많이 일어났었다. 백성들은 고통스러웠지만 여호와께서는 그 왕들을 그냥 두시고 백성들로 하여금 고통을 당하게 하셨다. 우리는 욕심을 위하여 행한 일 때문에 후회하고 부르짖게 되는 경우 먼저 욕심을 냈던 일을 깊이 자복하지 않으면 기도가 응답이 안 되는 것을 알고 참으로 몇날 며칠이고 통회 자복을 해야 한다.

3. 왕정을 하기로 결정하다 8:19-22

사무엘이 왕정이 가져다가 줄 괴로움에 대해 여러 가지로 말하니 백성들은 사무엘의 말을 듣기를 싫어하고 오히려 "아니로소이다 우리도 우리 왕이 있어야 하겠다"고 고집하여(왕하 17:17; 렘 11:10; 13:10 참조) 결국은 사무엘이 왕정을 허락한다.

삼상 8:19. 백성이 사무엘의 말 듣기를 거절하여 이르되 아니로소이다 우리도 우리 왕이 있어야 하리니.

사무엘이 그렇게도 간절히 왕정의 폐해를 설명했건만 백성들은 막무가내였다. 백성들은 사무엘의 말 듣기를 거절하여 "아니로소이다 우리도 우리 왕이 있어야 하겠습니다"고 했다. 불행으로 빠져드는 사람들을 보면 옳은 말을 절대로 듣지 않는다.

삼상 8:20. 우리도 다른 나라들 같이 되어 우리의 왕이 우리를 다스리며 우리 앞에 나가서 우리의 싸움을 싸워야 할 것이니이다 하는지라.

이스라엘 백성들은 우리도 "다른 나라들 같이 되기"를 원한다고 말한다. 당시의 이스라엘 사람들은 다른 나라들의 형편을 보고 알았던가 아니면 들어 알았을 것이다. 다시 말해 다른 나라에는 왕이 있어서 백성들을 다스리며 또 백성들 앞에 나아가서 백성들을 위해서 싸움을 싸워주는 것을 보았던 모양이다. 자기들은 힘이 없으니 어디 힘 있는 왕이 나와서 자기들을 다스려주고 자기들을 위해서 싸워준다면 그 이상 멋있는 일은 없을 것이라고 생각했다. 그들은 이 때 인간 왕보다 하나님께서 훨씬 위대하심을 전혀 알지 못했다. 그들이 조금이라도 알았다면 이런 헛소리들은 하지 않았을 것이다.

이스라엘 사람들은 하나님께서 이스라엘 민족을 애굽에서 인도해 내시고 또 광야에서 이적적으로 인도하신 일을 다 잊고 있었으며 또 여호수아를 통하여 이스라엘 민족으로 하여금 요단강을 건너게 하신 일도 다 잊어버리고 있었다. 또 게다가 가나안 7족을 멸하신 위대한 사실도 잊은 것이었다. 이스라엘 사람들은 하나님께서 이스라엘을 돌보시고 싸워주실 것이라는 중요한 사실(출 14:14; 신 20:1-4; 수 10:14,42; 23:3,10; 삿 4:14; 삼하 5:24)을 믿지 못하니 엉뚱한 말을 한 것이다.

삼상 8:21. 사무엘이 백성의 말을 다 듣고 여호와께 아뢰매.

사무엘이 백성들의 말을 다 들은 다음 여호와께 보고 드렸다. 그는 자기가 최종 결정을 내리지 않고 여호와께 의탁하여 어떻게 할지를 맡겨드렸다.

삼상 8:22. 여호와께서 사무엘에게 이르시되 그들의 말을 들어 왕을 세우라 하시니 사무엘이 이스라엘 사람들에게 이르되 너희는 각기 성읍으로 돌아가라 하니라.

여호와께서 사무엘의 보고를 들으신 다음 말씀하시기를 "그들의 말을 들어 왕을 세우라"고 하신다. 다시 말해 '그들의 요구사항을 들어주어 왕을 세우라'고 하신다. 하나님은 때로는 이렇게 백성들의 억지 주장도 들어주신다. 우리는 억지 주장을 펴기 전에 또 한 번 하나님의 뜻을 물어야 한다. 즉, 하나님께서 기쁨으로 허락하시는 것인가를 여쭈어야 할 것이다.

사무엘은 이스라엘 사람들에게 "너희는 각기 성읍으로 돌아가라"고 명령한다. 돌아가서 왕이 세워지는 것을 기다리라는 것이었다.

하나님은 드디어 인간들이 원하는 대로 왕정을 허락하신다. 이렇게 허락하시는 것은 심판하시는 뜻으로 허락하신 것이다. 백성들은 왕을 구했기 때문에 그 왕들 때문에 많은 고생을 해야 했다. 이스라엘이 남북 왕국으로 분립된 이후 백성들은 왕들을 통하여 많이 고생들을 해야 했다. 특히 북 왕국 백성들은 그 왕들을 통하여 엄청난 고생을 해야 했다.

하나님은 왕정제도를 통하여 많이 때리셨지만 그 때마다 백성들을 또 사랑하셔서 많이 위로하시고 사랑하셨다. 다시 말해 하나님은 왕정제도를 통하여 구속의 역사를 이루어가셨다. 인간은 늘 실패하지만 하나님께서는 늘 구속 사역을 이루어 가셨다.

제 9 장

II. 사울의 역사(歷史)가 펼쳐지다   9-31장

사무엘상은 제 1부에서는 사무엘의 역사가 나타나고, 제 2부(9-31장)는 사울의 역사가 펼쳐진다. 백성들의 요구를 들어 사무엘은 사울을 이스라엘의 초대 왕으로 세운다. 그러나 백성들이 왕을 구한 악(惡)이 드러나기 위해 사울의 왕직(王職)은 실패로 끝난다. 이 부분(9-31장)의 내용은 사울이 왕이 된 일(9-12장), 사울의 승전한 일과 범죄한 일(13-16장), 다윗이 세상에 드러난 일과 유랑한 일(17-27장), 사울의 비참한 최후가 펼쳐지다(28-31장).

A. 사울이 왕이 되다   9-12장

하나님은 백성들의 요구를 들어 왕을 세우신다. 사무엘은 하나님의 허락하심을 따라 초대 왕 사울을 세운다. 사울은 인품이 괜찮은 사람이었지만 훗날 다윗을 만난 후 그의 시기심을 억제하지 못해 악한 왕의 표본이 된다. 이 부분(9-12장)의 내용은 하나님께서 사울을 왕으로 선택하신 일(9장), 사울이 기름 부음을 받은 일(10장), 사울이 왕으로 즉위한 일(11장), 사무엘이 고별사를 말한 일(12장) 등이 기록되어 있다.

1. 사울이 부친의 나귀를 찾다가 사무엘을 만나다   9:1-21

사울은 부친이 잃은 나귀들을 찾아다니다가(1-10절), 사무엘을 만나게 된다(11-21절). 이 부분(1-21절)은 사람들의 일상생활에서 하나님의 놀라운 주권이 개입된 것을 보여준다.

삼상 9:1. 베냐민 지파에 기스라 이름하는 유력한 사람이 있으니 그는 아비엘의 아들이요 스롤의 손자요 베고랏의 증손이요 아비아의 현손이며 베냐민

사람이더라.

본 절은 사울을 소개하기 위해 그의 아버지에 대해 먼저 알려준다. 그의 아버지는 1) "베냐민 지파"에 속한 사람이라고 한다. 베냐민 지파는 베냐민 대(對, vs) 이스라엘 전쟁에서 패전하여(삿 20-21장) 거의 망했던 지파였다. 남자 600명만 남았다가 겨우 소생하여 다시 큰 지파가 되었다. 신약 시대의 바울(사울)도 베냐민 지파였다(빌 3:5). 2) 사울의 아버지는 "기스"라는 사람이었는데 "유력한 사람"이었다. "유력한 사람"(mighty man of power)이란 말은 '재산이 있고, 사회적으로 지위가 높으며, 그래서 힘을 쓰는 사람'이란 뜻이다. 사울의 아버지 "기스"(קִישׁ)란 말은 '활'이란 뜻을 가지고 있다. 본 절에서는 기스가 "아비엘"의 아들이라고 표기되어 있으나 대상 8:33과 9:39에서는 두 절 모두 "넬"의 아들이라고 표기하고 있다. 이는 히브리어의 아들이란 말이 반드시 직계 아들만 지칭하는 것이 아니라 "자손"을 뜻하므로 기스가 넬의 아들이고 아비엘의 손자일 것으로 보아야 할 것이다.

"스롤"이란 이름은 '작은 돌'이란 뜻을 가지고 있고, "베고랏"은 '첫 태생의 후손'이란 뜻을 가지고 있으며, "아비야"(Aphia)는 '열매 많음'이란 뜻을 가지고 있다. 본서의 저자는 본 절에서 사울의 아버지를 언급하고 다음 절부터 그의 아들 사울에 대해 길게 언급한다.

삼상 9:2. 기스에게 아들이 있으니 그의 이름은 사울이요 준수한 소년이라 이스라엘 자손 중에 그보다 더 준수한 자가 없고 키는 모든 백성보다 어깨 위만큼 더 컸더라.

본 절 이하는 초대 왕으로 세울 사울에 대해 길게 말한다. 본서 저자는 "기스에게 아들이 있으니 그의 이름은 사울이라"고 말한다. "기스"는 앞 절에 "유력한 사람"이라고 소개하여 사울이 좋은 가정에서 태어나 좋은 환경에서 성장한 사람임을 드러내고 있다. 그러니까 사울은 1) 좋은 가정에서 태어나 좋은 환경에서 성장한 사람이었고, 2) 외모가 "준수한 소년"이었다. "준수하다"(טוֹב)는 말은 '좋다'는 뜻으로 광범위하게 평가하여 두루두루 살펴 '잘 났다'는 뜻이다. 아무튼 사울은 외모로 보아서 어디다가 내 놓아도 빠지지 않는 훌륭한 외모를 가지고 있었다. 게다가 사울은 키도 커서 어느 누구하고 짝해도 빠질 것 없는 사람이라는 것을 드러낸다. 즉, "이스라엘 자손 중에 그보다 더 준수한 자가 없고 키는 모든 백성보다 어깨 위만큼 더 컸다"고 말한다. 공동번역은 사울이 키가 컸던 사실에 대해 "누구든지 그의 옆에 서면 어깨 아래에 닿았다"고 번역했다. 3) 사울은 순종의 사람이었다(3-4절). 4) 사울은 효도의 사람이었다(5절). 5) 선지자에 대한 예절을 가진 사람이었다(7절). 6) 사울은 융통성 있는 사람이었다(10절). 아래 사람의 말도 옳은 것이면 들어주었다. 7) 겸손한 사람이었다(21절; 10:16,22,27). 사울이 통상 잠잠했던 것은 겸손의 사람임을 증명하는 것이었다.

본서 저자가 사울의 외모를 비롯하여 그가 가지고 있는 여러 장점을 높이 칭찬한 이유는 그런 점들은 그다지 중요하지 않다는 것을 드러내기 위함이었을 것이다. 다윗은 외모가 아니라 중심이 된 사람이었다(16:7-13). 우리는 우리의 중심이 성령에 의하여 지배받는 사람이 되게 해야 할 것이다(엡 5:18). 그래서 하나님께서 우리를 버리시지 않고 오래 쓰시게 해야 한다.

삼상 9:3. 사울의 아버지 기스가 암나귀들을 잃고 그의 아들 사울에게 이르되 너는 일어나 한 사환을 데리고 가서 암나귀들을 찾으라 하매.

"사울의 아버지 기스가 암나귀들을 잃은 것"은 사울을 왕으로 세우시려는 하나님의 작정 속에 들어 있었다. 우리의 일상생활에서 일어나는 모든 일은 하나님께서 복이 되도록 변환하시거나 아니면 어떤 때는 징계로 변환하시려는 하나님의 섭리이다. 결코 우연이란 없다.

아버지 기스는 암나귀들을 잃고 그의 아들 사울에게 말하기를 "너는 일어나 한 사환을 데리고 가서 암나귀들을 찾으라"고 명령한다. 여기 아버지 기스가 사울에게 "한 사환을 데리고 가라"고 명령한 것도 우연히 아니라 하나님께서 그 사환을 쓰시려고 데리고 가게 하신 것이다(5-8절).

삼상 9:4. 그가 에브라임 산지와 살리사 땅으로 두루 다녀 보았으나 찾지 못하고

128 사무엘상,하 주해

사알림 땅으로 두루 다녀 보았으나 그 곳에는 없었고 베냐민 사람의 땅으로 두루
다녀 보았으나 찾지 못하니라.

본 절은 사울이 순종의 사람으로서 암나귀들18)을 찾으려고 여러 곳을 다닌
것을 진술하는 내용이다. 그가 한군데만 가 본 것이 아니라 여러 곳(에브라임
산지, 살리사 땅, 사알림 땅, 베냐민 땅)을 다니면서 찾으려고 애쓴 것을 드러낸다.

사울의 집은 베냐민의 남쪽인 기브아였는데(10:26) 사울은 그의 집을 떠나
에브라임19) 산지(기브아의 옆이며, 가나안의 중심부이다)를 두루 다녀 보았다.
그리고 "살리사 땅"(Shalisha)은 '제 3의 땅'이란 뜻을 가지고 있다. 사울이 사환과
같이 잃어버린 암나귀를 찾아 돌아다닌 땅의 하나인데, 돌아다닌 순서는 먼저
서북쪽으로, 다음에 동쪽으로 바꾸어 갔고, 끝으로 남쪽으로 돌았을 것이다. 이것은
바알 살리사(왕하 4:42) 부근 또는 동일지였다. 그리고 "사알림 땅"(Shaalim)은
'여우'라는 뜻을 가지고 있다. 단 지파의 성읍이다(삼상 9:4). 사알랍빈(수 19:42)과
동일지이다. 게셀의 동쪽 8㎞ 지점의 셀비드(Selbit)와 동일시된다. 그리고 "베냐
민 사람"(benjamites)은 베냐민 지파에 소속된 사람들을 가리키는 말(9:1b; 4:21a;
22:7; 삿 3:15; 19:16; 삼하16:11; 19:16; 20:1; 왕상 2:8; 대상 27:12)이다.

삼상 9:5. 그들이 숩 땅에 이른 때에 사울이 함께 가던 사환에게 이르되 돌아가자
내 아버지께서 암 나귀 생각은 고사하고 우리를 위하여 걱정하실까 두려워하노라
하니.

사울과 사환 두 사람이 숩20) 땅에 이르렀을 때 사울이 동행하던 사환에게
말하기를 "돌아가자 내 아버지께서 암 나귀 생각은 고사하고 우리를 위하여 걱정하
실까 두렵다"고 말한다. 사울은 사환에게 '집으로 돌아가자'고 제안한다. 이유는

18) 암나귀들은 귀족들이 타던 가축이었다(삿 5:10; 10:4; 12:14; 슥 9:9).
19) "에브라임": 에브라임 지파의 영지이다. 역사적으로는 중부 팔레스틴의 산지 일대가
선주(先住) 가나안 사람의 시대부터 '에브라임'이라 불리고 있었으며, 거기에 요셉 지파의 일파를
주로 하는 이스라엘 사람이 이주한 결과 '에브라임 사람'이라고 불리게 된 것 같다.
20) "숩 땅": 숩(Zuph)은 '꿀'이라는 뜻을 가지고 있다. 사울이 나귀를 찾으러 베냐민 땅을
지나 그 사환과 함께 왔던 땅이다(9:4,5).

'내 아버지께서 나귀 생각보다는 우리를 위해서 걱정하실까 염려스럽다'고 했다. 사울의 효심이 보인다. 사울은 효심도 있었던 괜찮은 사람이었다. 그러나 다윗이 전쟁에서 큰 공을 세웠을 때 시기심이 발동하여 다윗을 해치우려는 마음으로 충만했던 것이 문제였다.

삼상 9:6. 그가 대답하되 보소서 이 성읍에 하나님의 사람이 있는데 존경을 받는 사람이라 그가 말한 것은 반드시 다 응하나니 그리로 가사이다 그가 혹 우리가 갈 길을 가르쳐 줄까 하나이다 하는지라.

사울이 집으로 돌아가자고 했을 때(앞 절) 사환이 대답하기를 '보십시오 이 성읍에 하나님의 사람이 있는데 사람들로부터 존경을 받는 사람이 있습니다. 그가 말한 것은 무엇이든지 반드시 들어맞는다는 군요. 그러니 그 하나님의 사람에게 한번 가 봅시다. 그 하나님의 사람이 우리가 어디 가면 나귀를 찾을는지 가르쳐 줄 수 있을 것입니다'라고 제안했다.

본 절이 말하는 "이 성읍"이란 숩의 땅 중 '라마다임소빔'(1:1), 즉 '라마'(1:19) 를 가리키는 것으로 보인다(Smith, Caird, Fay). "하나님의 사람"(אִישׁ־הָאֱלֹהִים)이 란 '한 예언자'를 뜻하는 말이다(2:27; 신 33:1; 삼상 9:8; 왕상 13:1; 17:18; 왕하 4:7). 사울의 사환은 이 성읍, 즉 사무엘의 고향 라마에 하나님의 사람이 있다는 것을 알고 그에게 한번 가 보자고 제안한 것이다. 사울의 사환이 한 말을 들어보면 사무엘은 일반 백성들 중에 무슨 문제든지 물을 수 있었던 사람으로 비추고 있었음을 알 수 있다.

삼상 9:7. 사울이 그의 사환에게 이르되 우리가 가면 그 사람에게 무엇을 드리겠느냐 우리 주머니에 먹을 것이 다하였으니 하나님의 사람에게 드릴 예물이 없도다 무엇이 있느냐 하니.

사환의 제안을 받은 사울은 좋은 제안으로 받아들였지만 하나님의 사람에게 드릴 예물 걱정이 앞섰다. 그래서 사울은 우리가 하나님의 사람에게 가면 "그 사람에게 무엇을 드리겠느냐"고 묻는다(왕상 14:3; 왕하 4:42; 암 7:12; 미 3:5).

우리 손에 먹을 것이 다하였으니 하나님의 사람에게 드릴 예물이 자기의 수중에는 없다고 말하면서 사환에게는 무엇이 있느냐고 묻는다. 여기 "예물"이란 '사례'를 뜻하는 말로 선지자를 찾으면 마땅히 무슨 예물을 드릴 것이 있어야 한다는 상식에서 한 말이다. 여기 "예물"을 '복채'(점쟁이에게 주는 돈)라고 번역하면 너무 세속적인 것 같이 보인다.

삼상 9:8. 사환이 사울에게 다시 대답하여 이르되 보소서 내 손에 은 한 세겔의 사분의 일이 있으니 하나님의 사람에게 드려 우리 길을 가르쳐 달라 하겠나이다 하더라.

사울의 질문을 받은 사환은 사울에게 다시 대답하여 말하기를 '보십시오 내 손에 은(銀) 한 세겔의 4분의 1이 있으니 하나님의 사람에게 드려 우리 길을 가르쳐 달라고 하겠습니다'라고 했다. "한 세겔"은 11.5g이었으니 4분의 1세겔은 2.9g이었다. 사환은 2.9g의 주화를 가지고 있다고 말한 것이 아니다. 당시에 은화나 동전이 사용되지 않았다(Klein). 다만 2.9g 정도의 은을 가지고 있다는 것을 드러내는 말이다. 사환은 마음에 여유가 있었던 사람이었다. 그 은을 써버리면 자기의 은이 없어질 것은 분명한 사실이었는데 그것을 내 놓겠다는 것은 마음에 여유가 있었던 사람임을 보여준다.

삼상 9:9. (옛적 이스라엘에 사람이 하나님께 가서 물으려 하면 말하기를 선견자에게로 가자하였으니 지금 선지자라 하는 자를 옛적에는 선견자라 일컬었더라).

본 절은 본서를 기록하던 당시를 기준하여 사울 시대를 조명해 보는 말을 한다. 사울 시대에는 이스라엘 사람들이 하나님의 사람에게 가서 물으려 하면 말하기를 "선견자에게로 가자"고 했다는 것이다. 옛적에는 "선견자에게로 가자"고 했지만 본서 저자가 말하는 시대에는 "선지자"라고 불렀다는 것이다. 내용은 선견자나 선지자나 똑같은 내용이다. "선견자"(רֹאֶה)란 '보는 자'(seer)란 뜻이고, "선지자"(נָבִיא)는 '미리 고하는 자'란 뜻으로 두 단어는 똑같은 뜻이다. 즉, 두 단어는 똑같은 부류의 사람을 가리키는 말(사 30:9,10)로 영감을 받아 '미리 보는 자', '미리 선포하는 자'를 지칭한다. 오늘 복음전도자는 하나님의 계시의 말씀을 미리 보고, 미리 선포하는 자로서 그 역할을 잘 감당해야 할 것이다.

삼상 9:10. 사울이 그의 사환에게 이르되 네 말이 옳다 가자하고 그들이 하나님의 사람이 있는 성읍으로 가니라.

사울은 사환의 제안을 받고 참으로 융통성이 있는 사람답게 "옳다 가자"고 응수했다. 오늘 우리도 역시 다른 사람의 제안이 옳으면 "옳다 가자"고 응수해야 할 것이다. 자존심을 세울 것 없다. 사울은 왕으로 세움 받을 당시만 해도 아주 겸손했었다. 왕으로 세움 받은 후 다윗과 비교되는 때부터 교만해져서 망하는 길을 걸었다. 사울은 사환의 제안을 흔쾌히 받아들여 하나님의 성읍이 있는 성읍 (라마)으로 갔다.

삼상 9:11. 그들이 성읍을 향한 비탈길로 올라가다가 물 길으러 나오는 소녀들을 만나 그들에게 묻되 선견자가 여기 있느냐 하니.

사울과 사환이 성읍을 향한 비탈길(라마는 에브라임 산지에 있기 때문에 그리 로 가려면 비탈길을 따라 올라가야 했다)로 올라가다가 물 길러 나오는 소녀들을 만나 그 소녀들에게 묻기를 이 성읍에 선견자가 있느냐고 물었다. 소녀들이 물 긷는 시간은 대체로 저녁때였다(창 24:11; 29:8-10; 출 2:16-19).

삼상 9:12. 그들이 대답하여 이르되 있나이다 보소서 그가 당신보다 앞서 갔으니 빨리 가소서 백성이 오늘 산당에서 제사를 드리므로 그가 오늘 성읍에 들어오셨나이다.

물 길으러 나오는 소녀들은 사울과 사환에게 이 성읍에 선견자가 있다고 대답한다. 그들은 "그가 당신보다 앞서 갔으니 빨리 가소서"라고 재촉한다. 즉, 사무엘이 조금 앞서 가고 있으니 빨리 가면 만날 수 있다는 대답이었다. 사무엘이 이곳에 올 수밖에 없는 이유는 "백성이 오늘 산당에서 제사를 드리므로 그가 오늘 성읍에 들어오셨기" 때문이라고 한다. 여기 "산당"이란 장소는 이스라엘 사람들이 하나님께 제사하는 장소였다(왕상 3:4; 대하 33:17). 이렇게 사울이 사무엘을 만나게 된 것은 사울을 왕으로 세우시려는 하나님의 섭리였다. 하나님은 사울로 하여금 나귀 때문에 여러 곳을 헤매게 하시고 또 이 라마에서 저녁때에 사무엘을 만나게 하신 것이다.

삼상 9:13. 당신들이 성읍으로 들어가면 그가 먹으러 산당에 올라가기 전에 곧 만나리이다 그가 오기 전에는 백성이 먹지 아니하나니 이는 그가 제물을 축사한 후에야 청함을 받은 자가 먹음이니이다 그러므로 지금 올라가소서 곧 그를 만나리이다 하는지라.

본문의 "성읍으로 들어가면"이란 말은 물 긷는 소녀들이 지금 성 밖에 있음을 암시한다. 이유는 우물이 성 밖에 있었기 때문이다(창 24:11; 요 4:6-8). 본 절은 물 길으러 온 처녀들이 전해주는 말이다. 첫째, "당신들이 성읍으로 들어가면 그가 먹으러(이 식음은 화목제 음식을 뜻한다) 산당에 올라가기 전에 곧 만날 것이라"고 말해준다. 둘째, "그가 오기 전에는 백성이 먹지 아니합니다. 이유는 그가 제물을 축사한 후에야 청함을 받은 자가 먹기 때문입니다"라고 말해준다. 사무엘이 사사 겸 선지자였지만 또한 동시에 제사장이었으니 그가 제물을 축사한 후에 그 제사에 청함을 받은 자가 함께 먹는다는 것이었다. 셋째, "그러므로 지금 올라가소서 곧 그를 만날 것입니다"라고 아주 친절하게 말해준다. 사울은 소녀들을 만나 아주 정확하게 안내를 받는다. 아무튼 사울은 나귀를 찾으러 여러 곳(에브라임 산지, 살리사 땅, 사알빔 땅, 베냐민 사람의 땅, 숩 땅)을 돌아다녔으나 나귀들을 찾지 못하고 집으로 돌아가려던 찰라 사환의 말을 듣고 라마 땅 가까이 와서 라마 땅에 이르는 비탈길로 올라가다가 처녀들을 만나 정확하게 시간까지 안내받아 사무엘을 만나게 되니 하나님의 인도가 아닐 수 없었다. 소녀들이 말해주는 내용을 보면 하나님께서 사무엘과 사울이 서로 만나도록 멋있게 섭리하신 것이 드러난다.

삼상 9:14. 그들이 성읍으로 올라가서 그리로 들어갈 때에 사무엘이 마침 산당으로

올라가려고 마주 나오더라.

소녀들의 안내를 받고(앞 절) 두 사람(사울과 사환)은 라마 성읍을 향해
올라갔다. 그리고 거기서 산당으로 올라가려는 참이었는데 사무엘이 마침 산당으
로 올라가려고 마주 오고 있어서 그 두 사람과 마주치게 되었다. 정확한 만남이었
다. 이렇게 정확하게 만나게 하신 것은 여호와께서 사울을 왕으로 세우시려는
섭리가 있었기 때문이다.

삼상 9:15. 사울이 오기 전날에 여호와께서 사무엘에게 알게 하여 이르시되.

본 절은 하나님께서 사무엘로 하여금 라마에서 사울을 만나기 하루 전(前)
사울을 만날 것을 알려주셨다는 내용이다. 본 절의 "알게 하여"란 말은 '귀에
말씀하셨다'(the LORD had told Samuel in his ear-KJV)는 뜻이다. 다시 말해
'귀에다 속삭였다'는 뜻이다. 귀속에다 속삭이는 것도 일종의 계시방법이다. 이렇
게 알려주셔야 사무엘이 일을 할 수 있기 때문이었다. 알려주신 계시의 내용은
다음 절(16절)에 나온다.

**삼상 9:16. 내일 이맘때에 내가 베냐민 땅에서 한 사람을 네게로 보내리니 너는
그에게 기름을 부어 내 백성 이스라엘의 지도자로 삼으라 그가 내 백성을 블레셋
사람들의 손에서 구원하리라 내 백성의 부르짖음이 내게 상달되었으므로 내가
그들을 돌보았노라 하셨더니.**

하루 전 하나님께서 사무엘의 귀에 속삭이셨던(앞 절) 계시의 말씀이 본 절에
나타난다. 하나님께서 사무엘의 귀에 "내일 이맘때에 내가 베냐민 땅에서 한
사람을 네게로 보내리니 너는 그에게 기름을 부어 내 백성 이스라엘의 지도자로
삼으라"는 음성이었다. 하나님의 말씀은 계속된다. 즉, "그가 내 백성을 블레셋
사람들의 손에서 구원하리라 내 백성의 부르짖음이 내게 상달되었으므로 내가
그들을 돌보았노라"는 내용이었다. 사울이 왕으로 세움 받아서 이스라엘 백성을
블레셋 사람들의 손에서 구원하리라는 것이었다. 하나님께서 이런 일을 하시는
이유는 이스라엘 백성들의 부르짖음이 하나님께 도달했으므로 여호와께서 이스라

엘 백성들을 돌보시기 위해서 사울을 왕으로 세우신다는 것이었다.

사울은 왕이 되어 블레셋 사람들로부터 이스라엘을 구원했는데 훗날 사울은 블레셋 사람들의 손에 죽임을 당했다(31:14). 교만은 패망의 선봉이다(잠 16:18). 사울이 교만해지니 결국은 자기가 물리쳤던 블레셋 사람들의 손에 의해 죽임 당한 것이다.

삼상 9:17. 사무엘이 사울을 볼 때에 여호와께서 그에게 이르시되 보라 이는 내가 네게 말한 사람이니 이가 내 백성을 다스리리라 하시니라.

본 절은 사무엘이 사울을 보는 순간 여호와께서 사무엘에게 이르신 말씀이다. 즉, "보라 이는 내가 네게 말한 사람이니 이가 내 백성을 다스리리라"고 말씀해 주셨다. 아마도 마음에 말씀하셨을 것으로 보인다. 본문의 "다스릴 것이다"(יַעְצֹר, shall rule over)는 말은 '강압적으로 지배할 것이라'는 뜻이다. 이 말은 사울의 통치 방식을 보여주고 있다.

삼상 9:18. 사울이 성문 안 사무엘에게 나아가 이르되 선견자의 집이 어디인지 청하건대 내게 가르치소서 하니.

사울이 성문 안에서 사무엘에게 나아가서 말하기를 선견자(=선지자)의 집이 어디인지 내게 가르쳐 주시라고 말했다. 사무엘은 별로 특별하게 생기지는 않았던 것으로 보인다. 그저 보통 사람이나 마찬가지의 평범한 사람으로 보였기에 "선견자 의 집이 어디인지 청하건대 내게 가르쳐 달라"고 요청한 것이다.

삼상 9:19. 사무엘이 사울에게 대답하여 이르되 내가 선견자이니라 너는 내 앞서 산당으로 올라가라 너희가 오늘 나와 함께 먹을 것이요 아침에는 내가 너를 보내되 네 마음에 있는 것을 다 네게 말하리라.

사울의 질문을 받고(앞 절) 사무엘은 사울에게 대답하기를 "내가 선견자니라" 고 말해준다. 그러면서 사무엘은 몇 마디 말씀을 더한다. 첫째, "너는 내 앞서 산당으로 올라가라"고 말한다. 둘째, "너희가 오늘 나와 함께 먹을 것이라"고

한다. 즉, '제사 후에 식사 때 사무엘과 함께 식사하자'고 말한다. 셋째, "아침에는 내가 너를 보낼 것이라"고 한다. 아침에는 사울이 나귀를 찾는 일에 대해서 말하고는 집으로 보내줄 것이라고 말한다. 넷째, "네 마음에 있는 것을 다 네게 말하리라"고 한다. 즉, '사울의 마음속에 있는 것을 다 말하겠다'고 한다. 사람의 속에 있는 것을 다 말한다는 것은 선지자적 능력이 아니면 불가능한 일이다. 그리고 사무엘은 사울이 앞으로 이스라엘의 초대 왕이 되어 이스라엘을 다스릴 것을 말해 주었다.

삼상 9:20. 사흘 전에 잃은 네 암나귀들을 염려하지 말라 찾았느니라 온 이스라엘이 사모하는 자가 누구냐 너와 네 아버지의 온 집이 아니냐 하는지라.

사무엘은 산당으로 올라가기 전에 사울에게 우선 급한 두 마디를 먼저 말한다. 첫째, "사흘 전에 잃은 네 암나귀들을 찾았으니 염려하지 말라"고 말한다. 사흘 전에 이미 잃어버린 암나귀들을 찾은 것을 하나님께서 사무엘에게 계시하셨다. 날짜도 알려주시고 또 찾은 것도 알려주셔서 사울로 하여금 염려를 하지 않게 해주었다. 둘째, 사울이 앞으로 이스라엘의 왕이 될 것을 말한다. 즉, "온 이스라엘이 사모하는 자가 누구냐 너와 네 아버지의 온 집이 아니냐"는 말이 바로 그 말이다. 지금 온 이스라엘 사람들은 블레셋으로부터 이스라엘을 구원할 왕을 찾는 중인데 바로 사울이 그 왕이 될 것이라는 것이었다. 사울은 나귀를 찾으러 나왔다가 왕이 된다는 말을 들으니 어리둥절했을 것이다.

삼상 9:21. 사울이 대답하여 이르되 나는 이스라엘 지파의 가장 작은 지파 베냐민 사람이 아니니이까 또 나의 가족은 베냐민 지파 모든 가족 중에 가장 미약하지 아니하니이까 당신이 어찌하여 내게 이같이 말씀하시나이까 하니.

사무엘의 말, 즉 사울이 이스라엘의 왕이 될 것이라는 말(앞 절)에 사울은 자기가 속한 지파가 이스라엘 지파 중에 가장 작은 지파이고 또 자기가 속한 가족은 베냐민 지파의 모든 가족 중에 가장 미약한데 사무엘 어르신께서 사울 자신이 왕이 된다는 말이 어울리지 않는다는 반응을 보인다. 본서 저자는 1절에서 사울의 아버지가 유력하다고 했는데 사울은 자기의 가족이 가장 미약한 가족이라고 말한다. 다른 사람의 평가와는 달리 자기 자신을 낮게 평가하는 것은 아주 겸손한 사람의 특징이라고 할 수 있다. 사울이 실패한 것은 겸손했기 때문이 아니라 교만했기 때문이었다.

2. 사무엘이 사울을 환대하다 9:22-27
사무엘은 사울을 산당 객실에서 상석에 앉게 하고(22절), 또 미리 준비한 음식으로 특별 대접하고(23-24절) 또 접견 장소에서 대화도 하며(25절) 특히 사울을 떠나보내면서 나라의 일을 말한다.
삼상 9:22. 사무엘이 사울과 그의 사환을 인도하여 객실로 들어가서 청한 자 중 상석에 앉게 하였는데 객은 삼십 명 가량이었더라.
사무엘은 밖에서 만난 사울과 그리고 동행자 사환을 데리고 산당 객실(이 객실은 식당으로 사용되기도 했다)로 들어가서 청한 자 30명 중에 상석에 앉게 했다. 앞으로 왕이 될 사람이니 크게 대우한 것이다.

삼상 9:23. 사무엘이 요리인에게 이르되 내가 네게 주며 네게 두라고 말한 그 부분을 가져오라.
사무엘은 사울을 상석에 앉힌 다음 요리인에게 말하기를 잘 간직해 두라고 말한 넓적다리 부분(다음 절)을 가져오라고 명령한다. 사무엘은 왕 될 사람을 특대하고 있다.

삼상 9:24. 요리인이 넓적다리와 그것에 붙은 것을 가져다가 사울 앞에 놓는지라 사무엘이 이르되 보라 이는 두었던 것이니 네 앞에 놓고 먹으라 내가 백성을 청할 때부터 너를 위하여 이것을 두고 이때를 기다리게 하였느니라 그 날에 사울이 사무엘과 함께 먹으니라.
요리인은 사무엘의 명령을 받고 넓적다리와 그것에 붙은 것을 가져다가 사울 앞에 놓는다. 사무엘은 사울에게 말하기를 이 넓적다리는 두었던 고기이니 네 앞에 놓고 먹으라고 권한다. 사무엘은 "내가 백성을 청할 때부터 너를 위하여 이것을 두고 이때를 기다리게 하였느니라"고 말한다. 사무엘은 '라마 지방의 유력한 자들을 청할 때부터 사울을 위하여 이것을 두고 이때를 기다려 왔다'고 한다. 사울에게는 놀라운 말이다.

본문의 넓적다리가 우측 넓적다리냐 혹은 좌측 넓적다리냐를 두고 견해가 갈린다. 1) 우측 다리라는 견해(K.&D.). 2) 좌측 다리라는 견해(초대의 주경가들). 좌측 넓적다리가 옳은 견해이다. 이유는 오른쪽 넓적다리는 제사장의 몫이기 때문이다(레 7:32, 이상근).

또 본문의 "그것에 붙은 것"이 무엇이냐를 두고 견해가 갈린다. 1) 넓적다리 위에 붙은 기름이라는 견해(K.&D.). 2) 그 다음에 붙어 있는 엉덩이라는 견해(Smith). 이 두 견해 중에 두 번째의 견해가 바를 것이다. 이유는 기름은 하나님께 바치는 것이기 때문이다(레 7:3-5, 23-28, 이상근).

삼상 9:25. 그들이 산당에서 내려 성읍에 들어가서는 사무엘이 사울과 함께 지붕에서 담화하고.

사무엘과 사울이 산당에서 "내려왔다"는 말은 산당이 위에 있고 성읍이 아래에 있었음을 시사한다. 이 성읍의 위치에 대해 스미스(R.P.Smith)는 "라마는 두 개의 고지대로 형성된 성읍인데, 산당은 그 중 하나의 고지대 위에 위치해 있음이 분명하고, 그리고 성읍은 아마도 두 고지 중간쯤에 위치해 있을 것으로 본다"고 말한다(Pulpit Commentary).

사무엘과 사울이 산당에서 성읍으로 내려와서 사무엘 집의 지붕에서 담화했다. 이스라엘 사람들의 집의 지붕은 평평하여 담화하기 아주 편리했다. 담화 내용은 다음 날에 있을 기름 부음을 앞두고 나라의 일에 대해 언급했을 것이다.

삼상 9:26. 그들이 일찍이 일어날새 동틀 때쯤이라 사무엘이 지붕에서 사울을 불러 이르되 일어나라 내가 너를 보내리라 하매 사울이 일어나고 그 두 사람 사울과 사무엘이 함께 밖으로 나가서.

사무엘과 사울이 지붕에서 담화하다가(앞 절) 그냥 그대로 지붕에서 잤고 아침 일찍이 일어났는데 때는 동틀 때쯤이었다. 사무엘이 사울을 불러 말하기를 "일어나라. 내가 너를 보내리라"고 했다. 사무엘의 소리를 듣고 사울이 일어나고 두 사람, 즉 사무엘과 사울이 함께 밖으로 나갔다는 것이다.

삼상 9:27. 성읍 끝에 이르매 사무엘이 사울에게 이르되 사환에게 우리를 앞서게 하라 하니라 사환이 앞서가므로 또 이르되 너는 이제 잠깐 서 있으라 내가 하나님의 말씀을 네게 들려주리라 하더라.

두 사람이 성읍 끝에 이르자 사무엘이 사울에게 요청하기를 "사환으로 하여금 우리를 앞서 가게 하라"고 했다. 사환이 앞서 나가자 사무엘은 또 사울에게 말하기를 "이제 잠깐 서 있으라. 내가 하나님의 말씀을 네게 들려주리라"고 했다. 이렇게 사무엘이 사울과 사환을 격리 시켜놓은 이유는 기름을 붓고 나라의 일을 말하려는 계획 때문이었다. 사환이 보는 앞에서 사울에게 기름을 부으면 그 일이 널리 퍼져 공적으로 기름을 부어야 하는 일에 앞서 부작용이 있을 수도 있기 때문이었다.

제 10 장

3. 사울이 기름부음을 받다   10:1-8

사무엘은 사울의 사환으로 하여금 앞서 가게 하고 은밀히 사울에게 기름을
붓는다. 그리고 사무엘은 오늘 사울이 집으로 가는 중에 두 사람을 만날 것이라
말하고 그들은 사울에게 암나귀들을 찾았다고 말할 것이고 조금 더 가다가 다볼
상수리나무에 이르러 세 사람을 만날 터인데 그 세 사람이 사울에게 떡 두 덩이를
줄 것인데 받으라고 말하고 또 그 후에 하나님의 산에 이를 것인데 그곳에는
블레셋 사람들의 영문이 있는데 사울이 그리로 가서 그 성읍으로 들어갈 때에
선지자의 무리를 만날 것이라고 알려준다. 그러면 사울에게도 여호와의 영이
임하여 예언을 할 것이라고 말한다. 그리고 사무엘은 사울에게 앞서 길갈로 내려가
서 사무엘이 사울에게 행할 것을 가르칠 때까지 7일을 기다리라고 부탁한다.

**삼상 10:1. 이에 사무엘이 기름병을 가져다가 사울의 머리에 붓고 입 맞추며
이르되 여호와께서 네게 기름을 부으사 그의 기업의 지도자로 삼지 아니하셨느냐.**
본 절 초두의 "이에"란 말은 '그때에'란 뜻이다. 즉, '사울의 사환을 앞세우고
사무엘과 사울 두 사람이 뒤쳐져 있을 때'란 뜻이다. 그때에 "사무엘이 기름병을
가져다가 사울의 머리에 부었다". 여기 기름병은 사무엘이 미리 준비한 것이었는데
목이 좁고 약간 긴 병이었다. 사무엘이 사울의 머리에 기름을 붓는 것은 사울이
신적 소명을 받았고 또 하나님으로부터 나라의 통치자로 위임받았음을 의미한다.
그리고 또한 이는 하나님께서 성령과 권능을 덧입혀 주셨음을 의미한다(K.&D.).
그리고 사무엘이 사울의 "입을 맞춘 것"은 하나님의 은총을 입게 된 사울에게
보여준 애정 표현이다(Keil). 입을 맞추었다는 말은 사울의 입에 사무엘의 입을
맞춘 것이 아니라 사울의 볼에 사무엘의 입을 맞춘 것을 의미한다.

"여호와께서 네게 기름을 부으사 그의 기업의 지도자로 삼지 아니하셨느냐"는 질문은 무엇을 질문하기 위해 질문 형을 사용한 것이 아니라 확증하기 위한 질문형으로 보아야 한다. 다시 말해 여호와께서 사울에게 기름을 부으사 하나님의 기업, 즉 이스라엘의 통치자로 삼았으니 그것을 알고 잘 통치하라는 뜻이다.

삼상 10:2. 네가 오늘 나를 떠나가다가 베냐민 경계 셀사에 있는 라헬의 묘실 곁에서 두 사람을 만나리니 그들이 네게 이르기를 네가 찾으러 갔던 암나귀들을 찾은지라 네 아버지가 암나귀들의 염려는 놓았으나 너희로 말미암아 걱정하여 이르되 내 아들을 위하여 어찌하리요 하더라 할 것이요.

사무엘은 사울을 떠나보내면서 집으로 가는 도중 세 가지 신기한 징조들(2절, 3-4절, 5-6절)이 생길 것이라고 말한다. 이는 사무엘이 사울에게 기름을 부은 것이 사람이 부은 것이 아니라 하나님께서 부으셨음을 확인시키기 위한 징조들이었다.

첫째 징조는 "베냐민 경계 셀사에 있는 라헬의 묘실21) 곁에서 두 사람을 만나" 좋은 소식을 들을 것이라고 말한다. 여기 "베냐민 경계"란 '베냐민 경내'를 뜻하는 말로 베냐민과 에브라임 경계선 가까운 곳을 말한다. 그리고 "셀사"(Zelzah)는 '태양으로부터 지키다'는 뜻을 가지고 있다. 베냐민의 성읍인데, 부근에 라헬의 무덤이 있다. 예루살렘의 서북쪽 3㎞ 지점의 길벳 살라(Khirbet Salah)와 동일시된다.

두 사람은 사울에게 암나귀들을 찾았다고 말해주고 또 사울의 아버지는 사울이 나귀들을 찾으러 집을 나간 지 나흘이 되었으니 지금은 자식이 어떻게 되었는지 걱정하고 있다는 소식을 들을 것이라고 말한다. 여기 두 사람은 사울에게 증인 역할을 했음이 분명하다(신 19:15).

---

21) "라헬의 묘실": 라헬은 라반의 둘째 딸이다. 라헬은 메소보다미아에서 요셉을 낳고(창 30:22-25), 또 벧엘에서 에브랏으로 가는 도중 베냐민을 낳았는데, 난산으로 거기서 죽었다(창 35:16-20). 야곱은 베들레헴 조금 북쪽에 아내 라헬을 장사지냈다. 그리고 그 무덤에 묘비를 세웠다(창 35:19,20). 이곳은 베냐민 경계 셀사 부근이다(삼상 10:2).

본 절에서 가르쳐주는 신령한 교훈은 잃어버린 암나귀들을 찾은 것은 사람의 노력으로 된 것이 아니고 하나님의 은혜로 찾았다는 것. 그리고 사울의 부친은 그 아들 때문에 염려하였으나 그 아들은 왕이 되어 돌아왔다는 점이다(박윤선).

삼상 10:3. 네가 거기서 더 나아가서 다볼 상수리나무에 이르면 거기서 하나님을 뵈오려고 벧엘로 올라가는 세 사람을 만나리니 한 사람은 염소 새끼 셋을 이끌었고 한 사람은 떡 세 덩이를 가졌고 한 사람은 포도주 한 가죽부대를 가진 자라.

둘째 징조는 본 절과 다음 절(4절)에 기록되어 있다. 즉, "다볼 상수리나무에 이르면 거기서 하나님을 뵈오려고 벧엘로 올라가는 세 사람을 만날 것"이라고 말한다. 여기 "다볼"(Oak of Tabor)은 사울이 사무엘에게 기름부음 받고 귀로에 통과한 장소로서 사울이 자기 집으로 돌아가던 길에서 벧엘에 있는 성소로 가는 세 사람을 만난 곳이다. 문맥에 의하면 다볼은 셀사로부터 사울의 집이 있는 기브아 사이의 어떤 평야일 것이다. 그러나 상수리나무가 있었던 정확한 장소는 불명이다.

사무엘은 사울에게 다볼 상수리나무에서 만날 세 사람 예배자의 형편을 상세하게 설명한다. 한 사람은 염소 새끼 셋을, 한 사람은 떡 세 덩이를, 한 사람은 포도주 한 가죽부대를 가지고 있다고 알려준다. 사무엘은 하나님께서 보내주시는 신적 지혜를 가진 사람으로 사울에게 안수하여 기름 부은 일이 하나님께서 하셨음을 증거하고 있다.

본 절이 교훈하고 있는 놀라운 교훈은 사울도 왕이 되면 더욱 제사드리는 일을 열심히 해야 한다는 것을 가르쳐주고 있다. 사울은 벧엘로 제사를 드리려고 올라가는 세 사람들을 보고 예배에 열심을 다해야 한다는 것을 알아야 한다는 것이었다(박윤선). 오늘 우리도 하나님께 예배하는 일을 열심히 해야 할 것이다.

삼상 10:4. 그들이 네게 문안하고 떡 두 덩이를 주겠고 너는 그의 손에서 받으리라.

사무엘은 사울에게 예배자 세 사람이 문안할 것이라고 말해주고 또 떡 두

덩이를 줄 것이라 하고 사울은 어느 예배자로부터 받으라고 말해준다. "문안한다"
는 말은 '평안을 빈다'는 뜻이다(삼하 20:9). 사울은 왕으로 선택된 자가 된 고로
이런 대접을 받는다는 것이고 또 떡도 받는다는 것이다.

삼상 10:5. 그 후에 네가 하나님의 산에 이르리니 그 곳에는 블레셋 사람들의
영문이 있느니라 네가 그리로 가서 그 성읍으로 들어갈 때에 선지자의 무리가
산당에서부터 비파와 소고와 저와 수금을 앞세우고 예언하며 내려오는 것을 만날
것이요.

　　셋째 징조는 하나님의 산에 이르러 선지자 무리를 만난다는 것이다. 즉, "그
후에 네가 하나님의 산에 이르리니 그 곳에는 블레셋 사람들의 영문이 있다"고
말한다. 여기 "그 후에"란 말은 '둘째 징조인 벧엘로 가는 예배자 3인을 만난
후에'란 뜻이다. 사울은 둘째 징조인 벧엘로 올라가는 예배자 3인을 만난 다음에
"하나님의 산에"(גִּבְעַת הָאֱלֹהִים) 이른다는 것이다. 즉 '하나님의 기브아'(Gibeah
of God-NIV)에 이른다는 것이다. 이는 사울의 고향인 베냐민 지파의 '기브아'를
지칭한다(Keil, Fay, Smith). 그런데 '기브아'란 말에 수식어 '하나님의'란 말이
붙어 있는 이유는 그 기브아 지방에 하나님께 제사를 드리는 산당이 있음을 시사해
준다. 사울이 왕이 된 후 이곳을 "사울의 기브아"로 불렀다(11:4; 15:34; 삼하
21:6). 사울은 자기 고향 집의 성읍 기브아로 들어가는 길에서 마침 그곳 산당에서
제사 드리고 내려오는 선지자들의 무리와 만났다. 그런데 사무엘은 바로 그곳에
"블레셋 사람의 영문이 있다"고 말한다. 여기 "블레셋 사람의 영문"이란 블레셋
족속이 자기들의 군사력을 강화하기 위해 이스라엘 땅에 구축한 군사 기지
(Military post)를 뜻한다(Keil, Fay, Smith).

　　사무엘은 사울에게 "네가 그리로 가서 그 성읍으로 들어갈 때에 선지자의
무리가 산당에서부터 비파와 소고와 저와 수금을 앞세우고 예언하며 내려오는
것을 만날 것이라"고 한다. 사무엘은 사울이 고향으로 들어갈 때 선지자의 무리가
산당에서부터 악기들(비파22), 소고23), 저24), 수금25))을 앞세우고 예언을 하면서
내려오는 것을 만날 것이라고 말해준다.

삼상 10:6. 네게는 여호와의 영이 크게 임하리니 너도 그들과 함께 예언을 하고 변하여 새 사람이 되리라.

사무엘은 사울에게 앞 절(5절)과 같은 현상이 일어나면서 사울에게는 "여호와의 영이 크게 임하리니 너도 그들과 함께 예언을 하고 변하여 새 사람이 될 것이라"고 말한다. 사울에게도 성령이 임하여 새 사람이 되고 예언을 할 것이라는 말이다. 사람에게 성령이 임하시면 성령이 원하시는 사람이 되는 법이다.

삼상 10:7. 이 징조가 네게 임하거든 너는 기회를 따라 행하라 하나님이 너와 함께 하시느니라.

사무엘은 사울에게 위에 말한 징조들(세 가지 징조들)이 나타나거든 하나님께서 사울 자신과 함께 하시는 것으로 알고 하나님께서 인도하시는 대로 행하라고 말한다. 결국 사울은 하나님께서 주시는 기회가 왔을 때 일어섰다(11:1-11).

삼상 10:8. 너는 나보다 앞서 길갈로 내려가라 내가 네게로 내려가서 번제와 화목제를 드리리니 내가 네게 가서 네가 행할 것을 가르칠 때까지 칠 일 동안 기다리라.

사무엘은 사울에게 집으로 갔다가 사무엘보다 앞서 길갈로 내려가라고 말한다. 그러면 사무엘이 사울에게 내려가서 사울의 왕 옹립을 위해 번제(희생물을 통째로 태워 드리는 헌신제)와 화목제(감사 및 친목제)를 드릴 것이니 사무엘이 길갈에

---

22) "비파": 현악기의 하나. 애굽기원의 하-프(harp, 堅琴)로 여겨지는데, 어원적으로는 수피(獸皮) 또는 수피주머니를 의미하고, 이것은 공명상자(共鳴箱子)가 수피로 팽팽하게 되어 있던 것으로 여겨진다.

23) "소고": Tambourine. Timbrel. 타악기의 하나인 작은 북. 운두가 얕은 나무통을 얇은 가죽으로 메워, 두 개의 채로 치도록 되어 있다. 전승축하, 또는 환락에 관련하여 사용된 타명악기(打鳴樂器)인데(출 15:20; 삼상 10:5; 18:6; 삼하 6:5; 대상 13:8; 욥 21:12; 사 5:12; 30:32; 렘 31:4), 종교행사에도 사용되었다(시81:2; 149:3; 150:4).

24) "저": 통소를 지칭한다.

25) "수금": Lyre. 히브리 최고(最古)의 현악기의 하나. 유발이 처음 '수금'을 사용했다는 기사(창 4:21)를 비롯하여, 구약에 35회의 용례(用例)가 있다(창 31:27; 사 5:12기타). 바벨론에 포로 되어간 유대인은, 이것을 버드나무 가지에 걸었다(시 137:2).

도착할 때까지 7일을 기다리라고 말한다. 사무엘이 길갈로 가서 사울이 행해야
할 일들을 가르치겠다고 말한다. 혹자는 본 절을 13:8이하와 관련시키나 본 절과
13:8 이하의 사건은 시간적으로 1년 이상 차이가 난다. 그런고로 서로 다른 사건으
로 보아야 할 것이다.

4. 사울이 예언을 하다   10:9-16
사무엘은 사울이 기브아의 산당에 이르러 예언자 무리를 만나 성령의 감동을
받으며 예언을 할 것이라고 말한다.
**삼상 10:9. 그가 사무엘에게서 떠나려고 몸을 돌이킬 때에 하나님이 새 마음을
주셨고 그 날 그 징조도 다 응하니라.**
사울이 사무엘에게 인사를 하고 떠나려고 몸을 돌이킬 때에 하나님께서 사울의
마음속에 새 마음을 주셨으며 또 그날 사무엘이 말한 세 가지 징조들(2-6절)도
다 응했다. 하나님께서 사울의 마음에 새 마음을 주신 것이나 또 세 가지 징조들이
모두 응한 것은 사울이 앞으로 왕이 될 것이라는 확신을 주신 것이다.

**삼상 10:10. 그들이 산에 이를 때에 선지자의 무리가 그를 영접하고 하나님의
영이 사울에게 크게 임하므로 그가 그들 중에서 예언을 하니.**
"그들", 곧 '사울과 사환'이 함께 하나님의 산(5절)에 이를 때에 선지자의
무리가 악기를 연주하면서 사울을 영접했고 하나님의 영이 사울에게 크게 임하셔
서 그가 선지자의 무리와 함께 예언을 했다는 것이다.

**삼상 10:11. 전에 사울을 알던 모든 사람들이 사울이 선지자들과 함께 예언함을
보고 서로 이르되 기스의 아들에게 무슨 일이 일어났느냐 사울도 선지자들 중에
있느냐 하고.**
전에 사울을 알던 모든 기브아 사람들이 사울이 선지자의 무리와 함께 예언하
는 것을 보고 서로 말하기를 "기스의 아들에게 무슨 일이 일어났느냐 사울도
선지자들 중에 있느냐'하고 웅성댔다. 기스는 예언한 적이 없는데 그 아들에게는

무슨 일이 일어났느냐고 웅성거린 것이었다.

삼상 10:12. 그 곳의 어떤 사람은 말하여 이르되 그들의 아버지가 누구냐 한지라 그러므로 속담이 되어 이르되 사울도 선지자들 중에 있느냐 하더라.

앞 절(11절)은 "전에 사울을 알던 모든 기브아 사람들"이 사울에 대해서 말한 내용이고, 본 절은 "그곳의 어떤 사람"이 말한 내용이다. 여기 "그곳의 어떤 사람"이란 앞 절(11절)의 모든 사람과는 달리 '다른 사람보다는 현명한 한 사람'(Matthew Henry)이라고 할 수 있다. 그 현명한 한 사람은 이렇게 말한다. 즉, "그들의 아버지가 누구냐'고 했다. 여기 "그들의 아버지"란 말에 대한 해석은 크게 세 가지로 갈리고 있다. 1) 여기 "그들'(their-삼인칭 복수)을 3인칭 단수로 고쳐, 다시 말해 '그의'로 고쳐 사울이라고 해석하며 또 "아버지"는 바로 앞 절(11절)의 기스를 가리킨다는 견해가 있다(LXX, Vulgate, Ewald). 이렇게 해석하면 11절과 잘 들어맞기는 하나 성경을 고치면서까지 해석하는 것이니 바람직스럽지 않다. 2) 여기 "그들의 아버지"를 하나님으로 보는 견해(Matthew Henry). 매튜 헨리는 말하기를 "그들의 아버지, 또는 스승이 누구시냐? 하나님이 아니시냐? 그들은 모두 하나님께 배운 것이 아니냐? 그들은 모두 하나님께서 주신 은사를 받은 것이 아니냐? 하나님의 힘이 모자라시냐? 하나님께서 원하시면 다른 사람들과 마찬가지로 사울도 선지자로 만들 수 있지 않으시겠느냐?"라고 주장한다. 옳은 견해로 볼 수도 있다. 그러나 그 보다도 3) 여기 "그들의 아버지"를 당시 선지자 무리(5절)의 지도자인 사무엘을 지칭한다고 보는 견해(Matthew Henry[26], Ackroyd). 이 견해는 구약 성경에서 선지 생도와 스승과의 관계를 아버지와 아들과의 관계로 표현하고 있음을 볼 때 타당한 것으로 볼 수 있다(왕하 2:12). 신약 성경의 바울과 디모데도 아비와 아들과의 관계로 묘사하고 있다(딤전 1:18). 그런고로 본 절의 의미는 '사울은 사무엘의 수하에 있지도 않았었지 않은가?'로 해석되니 바른 견해로 보인다. 다시 말해 '사울은 선지학교에서 사무엘한테 배우지도

---

26) 매튜 헨리(Matthew Henry)는 "그들의 아버지"를 하나님으로 볼 수도 있고, 또 사무엘로 볼 수도 있다고 지적했다.

않았는데 어찌 예언을 한다는 말인가?'라는 말이 된다.

본 절의 "그러므로 속담이 되어 이르되 사울도 선지자들 중에 있느냐"는 속담은 바로 윗 문장을 받아 나온 속담이다. 여기 "그러므로"란 말은 '사울이 사무엘의 지도도 받지 않았는데도 예언을 하므로'라는 뜻이다. 사울이 선지학교에서 사무엘의 지도도 받지 않았는데 예언을 하는 것을 보고 "사울도 선지자들 중에 있느냐"는 속담이 생긴 것이다. 그래서 이 속담이 널리 사용되어 어떤 사람이 갑자기 변한 모습을 보면 너무 이상해서 "사울도 선지자들 중에 있느냐"는 속담을 인용하여 말했다.

삼상 10:13. 사울이 예언하기를 마치고 산당으로 가니라.

사울은 예언하기를 마친 다음 산당으로 갔다는 내용이다. 산당으로 간 이유는 왕으로 선정되었고 또 게다가 영적 체험까지 했으니 하나님께 감사와 찬양을 드리며 또 계속해서 자비를 베풀어 주시기를 간구하기 위해 산당으로 간 것이다 (Matthew Henry, Smith, Lange, Fay).

삼상 10:14-15. 사울의 숙부가 사울과 그의 사환에게 이르되 너희가 어디로 갔더냐 사울이 이르되 암나귀들을 찾다가 찾지 못하므로 사무엘에게 갔었나이다 하니 사울의 숙부가 이르되 청하노니 사무엘이 너희에게 이른 말을 내게 말하라 하니라.

사울의 숙부가 산당에서 사울을 만나 사울에게 질문했는지 혹은 사울이 집으로 내려온 후 숙부가 질문했는지는 알 길은 없으나(Matthew Henry) 사울과 사환에게 "너희가 어디로 갔더냐"고 질문한다. 사울의 숙부는 훗날 사울 왕국의 군대장관이 된 아브넬의 아버지인 넬이다(14:50,51; 대상 8:33). 숙부는 "어디로 갔더냐"는 단순한 질문을 했으나 사울이 대답하기를 "사울이 이르되 암나귀들을 찾다가 찾지 못하므로 사무엘에게 갔었나이다"라고 대답하자 15절에서는 숙부가 "사무엘이 너희에게 이른 말을 내게 말하라"고 명령한다.

삼상 10:16. 사울이 그의 숙부에게 말하되 그가 암나귀들을 찾았다고 우리에게

분명히 말하더이다 하고 사무엘이 말하던 나라의 일은 말하지 아니하니라.

숙부로부터 질문을 받은 사울은 일부는 대답하고 또 일부는 대답하지 않았다. 사환이 알고 있으니 사무엘을 만났다는 말은 안할 수는 없었다. 그러나 나라의 왕으로 선정되었다는 말은 하지 않았다. 여기 사울이 나라의 왕으로 선정되었다는 말을 하지 않은 것을 두고 매튜 헨리(Matthew Henry)는 사울의 세 가지 잘한 처신에 대해서 언급한다. "첫째, 그의 겸손을 말해 준다. 사람들 대부분은 이런 놀라운 출세를 당했을 때는 지붕에 올라간 듯 의기양양해서 자랑할 것이다. 그러나 사울은 자랑하지 않았다...둘째, 그의 사려 깊은 처신에 대해서 말해준다. 만약 사울이 그의 숙부에게 모든 것을 밝히 말했다면 그가 반드시 시기하였을 것이며, 어떤 어려움이 닥쳤을는지 모른다...셋째, 그가 하나님을 의지하고 있었다는 것을 말해준다. 그는 자기 뜻대로 돌아다니지 않았다. 하나님께 맡기고 사무엘의 처리를 기대하며 결과를 기다리고 있었다"고 말한다.

5. 사울이 미스바에서 왕으로 선택되다   10:17-27

사무엘은 백성을 미스바로 불러놓고 총회를 열어 제비 뽑아 사울을 왕으로 선정한다.

삼상 10:17. 사무엘이 백성을 미스바로 불러 여호와 앞에 모으고.

사무엘은 사울을 공식적으로 왕으로 추대하기 위해 백성들을 미스바로 불러 여호와 앞에 모았다. 여기 "미스바"는 백성들이 모이기에 적합한 장소였고(7:5) 또 이스라엘을 영적 침체에서 벗어나게 했었던 장소였기(7:6) 때문에 이번에도 사무엘은 백성을 미스바로 불러 모았다. 여기 또 "여호와 앞에 모았다"는 말은 여호와의 임재를 상징하는 '대제사장의 우림과 둠밈' 앞에 모았다는 뜻일 것이다 (출 28:30, Smith). 오늘 신약 시대에는 하나님께서 성령으로 어디든지 계시니 어디든지 "여호와 앞"이다. 우리는 항상 여호와 앞에서 사는 사람들이다.

삼상 10:18. 이스라엘 자손에게 이르되 이스라엘 하나님 여호와께서 이같이 말씀하시기를 내가 이스라엘을 애굽에서 인도하여 내고 너희를 애굽인의 손과 너희를 압제하는 모든 나라의 손에서 건져내었느니라 하셨거늘.

사무엘은 본 절과 다음 절(19절)에서 이스라엘 자손의 배신을 먼저 책망한다. 하나님께서 이스라엘을 애굽에서 인도하여 내시고 또 광야에서 여러 민족으로부터 건져내셨는데 그 은혜를 모르고 배신했다는 것을 말한다.

삼상 10:19a. 너희는 너희를 모든 재난과 고통 중에서 친히 구원하여 내신 너희의 하나님을 오늘 버리고 이르기를 우리 위에 왕을 세우라 하는도다.

그런데 이스라엘 백성은 과거에만 하나님을 배반한 것이 아니라 현재도 이스라엘을 모든 재난과 고통 중에서 친히 구원하여 내신 하나님의 통치를 버리고 왕을 세우라 한다는 것이다. 그러니까 이스라엘 백성은 과거로부터 현재에 이르기까지 하나님을 버린 민족이라는 것이다. 왕을 세워달라고 아우성치는 것도 하나님을 버린 행위이다. 사무엘은 이스라엘 백성들이 앞으로 왕을 세운 뒤에도 하나님께 잘 제사하고 또 하나님의 뜻대로 살라는 뜻으로 이 말씀을 한 것으로 보인다.

삼상 10:19b. 그런즉 이제 너희의 지파대로 천 명씩 여호와 앞에 나아오라 하고.

사무엘은 이제 왕을 선출하기 위해 먼저 각 지파를 따로따로 구별하라 하고 또 각 지파에 속한 가족을 따로따로 구별하라고 말한다. 그러니까 먼저 지파대로 구별하고, 다음으로는 가족 단위를 구분해야 한다는 것이다.

삼상 10:20. 사무엘이 이에 이스라엘 모든 지파를 가까이 오게 하였더니 베냐민 지파가 뽑혔고.

사무엘이 이스라엘의 모든 지파를 앞으로 나오게 하였더니 여호와께서 베냐민 지파를 뽑으셨다는 내용이다. 이와 같은 제비뽑기는 성경에 많이 기록되어 있다(민 26:52-56; 수 18:6,8; 잠 16:33; 욘 1:7; 행 1:20-26). 하나님께서는 인간이 제비를 뽑을 때 배후에서 역사하고 계신다.

삼상 10:21a. 베냐민 지파를 그들의 가족별로 가까이 오게 하였더니 마드리의 가족이 뽑혔고 그 중에서 기스의 아들 사울이 뽑혔으나.

베냐민 지파가 뽑혔을 때(앞 절) 사무엘은 베냐민 지파를 그들의 집안별로 가까이 오게 했더니 마드리의 집안이 뽑혔고 그 중에서 기스의 아들 사울이 뽑혔다는 것이다.

사무엘은 이미 사울을 왕으로 선정하고 기름을 붓고도(1절) 이런 제비뽑기 과정을 또 밟는 것은 모든 백성들이 사울의 왕적 권위를 인정하고 그 통치에 순종하게 하기 위함이었다.

삼상 10:21b. 그를 찾아도 찾지 못한지라.

사울이 왕으로 뽑혀서 사람들이 그를 찾았다. 그러나 그가 숨어 있어서 사람들이 찾지 못했다. 사울은 자신이 왕의 역할을 하기에 너무 부족한 것을 느끼고 숨은 것이다. 그의 마음은 처음에 참으로 겸손했다. 이 초심이 끝까지 가야 했었는데 좀 성공하고 나서부터는 마음이 높아지고 말았다. 그는 결국 실패로 끝나고 말았다.

삼상 10:22. 그러므로 그들이 또 여호와께 묻되 그 사람이 여기 왔나이까 여호와께서 대답하시되 그가 짐 보따리들 사이에 숨었느니라 하셨더라.

사울이 숨어 있어 사람들이 찾지 못하므로 그들이 여호와께 물었다. 그들이 아마도 대제사장의 우림과 둠밈을 사용해서 여호와께 물었을 것이다(Keil, Smith). 그러나 우림과 둠밈을 사용해서 여호와께 물었을 것이라는 추측은 잘 맞지 않는 추측으로 보기도 한다. 이유는 우림과 둠밈은 가부를 묻기 위해 사용되는 것이므로 사울이 어디에 있는지를 알아내는 질문을 위해서는 적절치 않다는 주장이 있다. 따라서 사무엘이 기도로 여쭈어 보았을 것이라는 추측이 설득력을 얻는다. 사무엘은 "그 사람(사울)이 여기 왔나이까"라고 여쭌 것으로 보인다. 여호와께서는 사무엘의 질문을 받으시고 "그가 짐 보따리들 사이에 숨었다"고 답해주신다. 여기 "짐 보따리들"이란 '짐짝들'이란 뜻이다.

그러면 사울이 숨은 이유는 무엇이었는가. 매튜 헨리(Matthew Henry)는 "사울이 자신은 그런 큰일을 할 만한 사람이 못된다고 알고 있었기 때문이었고, 그의 이웃들이 그를 시기하여 그에게 불만을 터뜨릴 것이라고 생각되었기 때문이었으며, 이 당시 이스라엘의 형편은 말할 수 없이 나빠서 사울은 마치 폭풍우 속에서 항해해야만 하는 것 같았었기 때문이었을 것이라"고 알아서 숨었다고 말한다.

삼상 10:23. 그들이 달려가서 거기서 그를 데려오매 그가 백성 중에 서니 다른 사람보다 어깨 위만큼 컸더라.

백성들은 달려가서 그 짐짝들 사이에서 그를 데려왔다. 그는 결국 백성들에 의해서 찾아졌다. 사람이 겸손해서 손해 보는 법은 없다. 백성들에 의해서 찾아진 사울이 백성 중에 서니 다른 사람보다 어깨 위만큼 컸다. 9:2 주해를 참조하라.

삼상 10:24. 사무엘이 모든 백성에게 이르되 너희는 여호와께서 택하신 자를 보느냐 모든 백성 중에 짝할 이가 없느니라 하니 모든 백성이 왕의 만세를 외쳐 부르니라.

사무엘은 모든 백성들을 향하여 "너희는 여호와께서 택하신 자를 보라"고 권고했다. 그러면서 "모든 백성 중에 짝할 이가 없다"고 말한다. 즉, '사울이 너무 준수하고 출중하여 모든 백성 중에 그를 따라갈 사람이 없다'고 말한 것이다. 사무엘의 말을 듣고 이스라엘 사람들은 그 당시 나라 안의 일이 어려워서 사울이 왕이 되었으니 이스라엘의 모든 문제를 해결할 것으로 알아 "왕의 만세를 외쳐 불렀다"는 것이다. "왕의 만세"(יְחִי הַמֶּלֶךְ)란 말은 '왕은 오래 살으소서'라는 뜻이다. 백성들은 사울의 외모만 보아도 흡족하여 만세를 외친 것이었다. 그러나 그 사람은 이스라엘을 구원하지 못했다.

삼상 10:25. 사무엘이 나라의 제도를 백성에게 말하고 책에 기록하여 여호와 앞에 두고 모든 백성을 각기 집으로 보내매.

백성들이 왕으로 뽑힌 사울의 만세를 부른 다음 사무엘은 나라의 제도를 백성에게 말했다. "나라의 제도"란 '나라 백성들이 해야 할 의무'를 지칭한다.

8:11-18에는 "왕의 제도"(왕이 해야 할 의무)를 말했으나 여기서는 "나라의 제도"(백성들이 해야 할 의무)를 말했다. 다시 말해 '왕과 백성이 행할 의무, 특히 왕과 백성들이 하나님께 행해야 할 의무'를 가르쳤다. 그리고 사무엘은 나라의 제도를 책에 기록하여 "여호와 앞에" 두었다. "여호와 앞에 두었다"는 말은 여호와의 임재 앞에 두었다는 뜻이다. 무소부재하신 여호와 앞에 잘 보관해 두었다는 뜻이다. 당시 실로의 성소 앞에 보관할 수도 없었다. 이유는 실로의 성소는 이미 파괴되었기 때문이었고, 언약궤는 당시 기럇여아림에 있었으니(7:1,2) 하나님의 임재라고 할 만한 것이 없었다. 따라서 "여호와 앞"이란 '무소부재하신 여호와의 임재 앞에' 두었다는 뜻이다.

삼상 10:26. 사울도 기브아 자기 집으로 갈 때에 마음이 하나님께 감동된 유력한 자들과 함께 갔느니라.

사울이 미스바 여호와 총회에서 왕으로 추대 받고는 기브아 자기 집으로 갈 때에 사울이 왕으로 추대 받은 사실에서 감동을 받은 유력한 사람들과 함께 갔다는 내용이다. 유력한 사람들은 사울과 함께 가면서 사울을 경호하기도 했을 것이며 다른 봉사도 했을 것이다.

삼상 10:27. 어떤 불량배는 이르되 이 사람이 어떻게 우리를 구원하겠느냐 하고 멸시하며 예물을 바치지 아니하였으나 그는 잠잠하였더라.

사울이 왕이 된 것을 보고 감동한 사람들(앞 절)과는 달리 본 절에는 어떤 불량배에 대해 기록하고 있다. 이 불량배들(בְּנֵי בְלִיַּעַל, 벨리알의 아들들)은 말하기를 "이 사람(사울)이 어떻게 우리를 구원하겠느냐 하고 멸시했고" 따라서 사울에게 "예물을 바치지 아니"했다. 사울이 일부 불량배들로부터 그런 욕을 들었지만 잠잠했다. 별 반응을 보이지 않았다는 뜻이다. 참으로 현명한 처신이었다. 이런 사람들이 있는 것은 좋은 일에 겸손하라는 하나님의 섭리였다. 오늘도 복음 전도자 주위에는 그런 사람들이 있어서 복음 전도자로 하여금 겸손을 유지하게 만들어준다.

제 11 장

6. 사울이 암몬을 치다   11:1-11

사울이 왕으로 선정되어 전국적으로 알려지자 사울이 왕권을 행사하여 백성을 구원할 절호의 기회가 찾아왔다. 암몬 사람 나하스가 길르앗 야베스인을 모욕하여 오른 눈을 빼겠다고 하여 사울이 의분이 일어나서 대군을 거느리고 가서 암몬인을 격멸했다는 내용이다.

삼상 11:1. 암몬 사람 나하스가 올라와서 길르앗 야베스에 맞서 진 치매 야베스 모든 사람들이 나하스에게 이르되 우리와 언약하자 그리하면 우리가 너를 섬기리라 하니.

본 절부터 5절까지는 암몬 사람 나하스가 길르앗 야베스 사람들을 모욕한 일을 진술한다. "암몬 사람 나하스가 군대를 이끌고 올라와서 길르앗 야베스를 포위했다"는 것이다. 여기 "암몬"27)이란 '롯과 그의 작은 딸 사이에서 난 벤암미의 자손(창 19:38)으로, 모압 자손과 한 가지로 롯이 근친상간에 의해 난 자손임이 그 기원으로 되어' 있다(창 19:30-38). "나하스"는 '길르앗 야베스를 공격한 암몬 사람의 왕'이다. 암몬 사람 나하스가 이같이 이스라엘을 공격한 이유는 그 지역의 영토를 점령하려는 야욕 때문이었다. 이같은 야욕 때문에 암몬 족속은 사사시대 이래 그 지역을 자신들의 영토라고 주장해 왔다(삿 11:13). 따라서 전에도 이스라엘을 공격하기는 했으나 사사 입다의 활약으로 완전히 패퇴되고 말았다(삿 11:32,33). 그런데 그때로부터 대략 1세기가 지난 때 암몬 족속은 다시 세력을

---

27) "암몬": 롯과 그의 작은 딸 사이에서 난 벤암미의 자손(창 19:38). 모압 자손과 한 가지로 롯이 근친상간에 의해 난 자손임이 그 기원으로 되어 있다(창 19:30-38). 아르논 강에서 얍복강에 걸치는 지역에서 삼숨밈 사람들을 멸하고, 그곳에 정착했다(신 2:19-22). 이스라엘의 팔레스틴 침입 당시는, 얍복강 상류 부근에 살았고(민 21:24; 신 3:16), 랍바가 그 수도였는데(신 3:11), 광야 길에 있는 이스라엘은 이들을 공격하는 것이 금지되어 있었다(신 2:19,37).

회복하여 재(再) 침공을 시도했다(Smith). "길르앗 야베스"28)는 요단강 동쪽,
길르앗의 중요한 성읍이다. 즉, 길르앗 야베스는 요단 강 동쪽의 이스라엘 땅이다.

"야베스 모든 사람들이 나하스에게 이르되 우리와 언약하자 그리하면 우리가
너를 섬기리라"고 제안했다. 여기 "우리를 위하여 언약하자"는 항복 조약은
이스라엘이 암몬의 나하스 군을 대항할 자신이 없어 항복하기를 제안한 것이었다.
그 제안을 받아주면 "우리가 너(나하스)를 섬기리라"고 한다. '우리가 너희의
종이 되겠다'는 말이다. 이스라엘이 이처럼 약하니 백성들은 사무엘에게 우리에
게도 왕을 세워달라고 말한 것이다. 이스라엘이 이처럼 약해진 것은 여호와를
떠났기 때문이었다.

**삼상 11:2. 암몬 사람 나하스가 그들에게 이르되 내가 너희 오른 눈을 다 빼야
너희와 언약하리라 내가 온 이스라엘을 이같이 모욕하리라.**

야베스 모든 사람들이 나하스에게 말하기를 우리와 언약하자(앞 절)고 한
말에 대하여 암몬 왕 나하스는 한 가지 조건을 단다. 그것은 암몬이 길르앗 야베스
사람들의 오른 눈을 다 후벼 파서 빼내야 하겠다는 것이었다. 그리고 그뿐 아니라
이스라엘 사람 전체의 오른 눈을 빼내서29) 모욕을 주는 조건으로 언약하겠다는
것이었다. 오른 눈을 다 빼야 생명을 살려주고 노예로 삼겠다는 것은 이스라엘에게

---

28) "길르앗 야베스": Jabesh-gilead. "길르앗 야베스"란 말은 '길르앗의 야벳'이란 뜻이다.
'야베스'로만 기록되어 있는 곳도 있다(11:3; 대상 10:12). 요단강 동쪽, 길르앗의 중요한 성읍이
다. 사사시대에 그 시민이 종교적 의무를 게을리 하여(즉 한 레위인과 그 첩을 해친 일로 생긴
베냐민과의 싸움에 참가치 않아), 엄한 징벌을 받았다(삿 21:8-12). 사울이 왕으로 선출된 후
얼마 아니하여 암몬인의 왕 나하스가 이 성을 포위하고, 세차게 치며, 항복 조건으로 전 이스라엘
에 대한 보복으로서 모든 사람에게서 오른 눈을 뽑을 것을 요구했을 때, 사울에게 내원(來援)을
청하여, 구조되었다(삼상 11:1-). 그들은 오랫동안 이 은혜를 기억하고, 사울과 그 아들들이
길보아산의 싸움에서 전사한 후, 그 목 없는 시체가 벧산 성벽에 못 박혔을 때, 길르앗 야베스인들
은 요단강을 건너 이것을 탈환, 길르앗 야베스에 정성스럽게 장사했다(삼상 31:11-; 대상 10:11-).
다윗이 왕이 되었을 때 그들의 용기와 선의의 행위를 상찬했다(삼하 2:4-7). 그리고 다윗은
사울 및 그 아들 요나단의 유골을 길르앗 야베스에서 베냐민의 땅 셀라에 있는 그들의 선조의
묘지에 이장했다(삼하 21:12).
29) 오른 눈을 다 빼내는 것은 길르앗 사람들로 하여금 싸움은 못하게 하되 일은 시킬
수 있게 하고자 하는 것이었다(만일 일마저 못시키면 큰 손해였다). 그 당시 사람들은 왼손에
방패를 잡고 싸웠으므로 왼눈은 방패로 말미암아 가리워지기 때문에 오른 눈을 뺀다는 것은
눈을 다 빼는 것과 같았다(매튜 헨리, *사무엘상,* 성서주석시리즈, p. 231).

큰 모욕이 아닐 수 없었다. 암몬 왕이 이렇게 이스라엘을 모욕하려는 의도는 과거에 이스라엘의 사사 입다가 암몬의 조상에게 모욕을 입힌 것(삿 16:21; 왕하 25:7)을 복수하려고 했음이 분명하다(K.&D., Fay).

삼상 11:3. 야베스 장로들이 그에게 이르되 우리에게 이레 동안 말미를 주어 우리가 이스라엘 온 지역에 전령들을 보내게 하라 만일 우리를 구원할 자가 없으면 네게 나아가리라 하니라.

암몬 왕 나하스의 치욕적인 말에 야베스 장로들(8:4, 나이 많은 지도자들)은 나하스에게 "우리에게 이레 동안 말미를 달라"고 애원한다. 여기 "말미"(respite) 란 말은 '유예기간'이란 뜻으로 이레 동안만 유예기간을 주어 길르앗 야베스를 공격하지 말아달라고 부탁한다. 7일 동안에 "우리가 이스라엘 온 지역에 전령들을 보낼 수 있게 해달라"고 한다. 그래서 길르앗 야베스를 구원할 자가 없으면 나하스에게 나아가 온전히 항복하겠다고 한다. 암몬 왕 나하스가 길르앗 야베스 사람들에게 이레 동안 말미를 준 것은 이스라엘쯤이야 하고 아주 자신만만했던 것이다. 만약 암몬 왕 나하스가 힘이 비슷비슷하다고 생각했다면 길르앗 야베스를 포위했을 때 당장 치고 말았을 것이다. 그러나 게임이 되지 않는다고 생각하니 여유를 가지고 7일간의 말미를 주었다.

삼상 11:4. 이에 전령들이 사울이 사는 기브아에 이르러 이 말을 백성에게 전하매 모든 백성이 소리를 높여 울더니.

7일간의 유예기간을 받아 소식을 전달하는 전령들이 사울이 살고 있는 기브아에(야베스에서 기브아까지는 70km이다) 이르러 이 말을 백성들에게 전하니 암몬 왕 나하스가 한 말을 전해들은 백성들은 소리를 높여 울지 않을 수 없었다. 세상에 이렇게 분한 일이 또 있을까를 생각했을 것이다.

"모든 백성이 소리를 높여 운 것"은 암몬 왕 나하스의 위협이 모든 이스라엘을 위협했기 때문이다. 나하스가 모든 이스라엘 사람들의 오른 눈을 빼겠다고 했으니 분하고 원통한 일이었고, 또 우선 당장 길르앗 야베스를 구원해 주지 못하니

안타까움을 금할 길이 없어 대성통곡했다. 우리는 하나님으로부터 힘을 얻어
세상의 모든 세력으로부터 자유로워야 할 것이다.

**삼상 11:5. 마침 사울이 밭에서 소를 몰고 오다가 이르되 백성이 무슨 일로 우느냐
하니 그들이 야베스 사람의 말을 전하니라.**

본 절 초두의 "마침"이란 말은 '바로 그 때'란 뜻이다. 길르앗 야베스에서부터
온 전령들이 암몬 왕 나하스가 말한 소식을 전해준 것을 듣고 백성들이 울고
있는 바로 그 때 사울이 밭에서 소를 몰고 오다가 백성들이 우는 소리를 듣고
말하기를 백성들이 무슨 일로 우느냐고 물으니 백성들은 야베스에서 온 전령들이
전해주는 말을 사울에게 전해주었다. 사울은 왕으로 추대되기는 했으나 아직
공식적인 집무에는 들어가지 않아서 집에서 농사일을 하고 있었다.

**삼상 11:6. 사울이 이 말을 들을 때에 하나님의 영에게 크게 감동되매 그의 노가
크게 일어나.**

사울이 백성들이 전하는 말을 들을 때에 하나님의 영에게 크게 감동되었다.
성령은 때를 따라 역사하신다. 성령의 감동을 입었을 때 예언도 하고(10:6), 이제는
성령의 감동을 받아 암몬과의 전쟁을 준비하여 실행했다. 누구든지 성령에 감동하
면 성령께서 원하시는 일을 한다.

본 절에 "하나님의 영에게 크게 감동되매 그의 노가 크게 일어났다"는 말은
'사울이 하나님의 영에게 크게 감동되었을 때 의분(義憤)이 크게 일어났다'는
뜻이다. "노가 크게 일어났다"는 말을 두고 화가 크게 났다고 해석해서는 안
된다. 이유는 성령님께서 역사하시는 중에 노가 일어난 것이니 의분이 일어난
것으로 해석해야 한다(출 4:14; 민 11:1; 신 6:15; 수 7:1; 삼하 6:7; 사 5:25).

**삼상 11:7. 한 겨리의 소를 잡아 각을 뜨고 전령들의 손으로 그것을 이스라엘
모든 지역에 두루 보내어 이르되 누구든지 나와서 사울과 사무엘을 따르지 아니하
면 그의 소들도 이와 같이 하리라 하였더니 여호와의 두려움이 백성에게 임하매**

그들이 한 사람 같이 나온지라.

"한 겨리 소"란 '소 두 마리'를 지칭한다. 사울은 군대를 모집하기 위해 두 마리 소를 잡아 각을 뜨고('각을 뜬다'는 말은 '조각조각 낸다'는 뜻이다) 전령들의 손으로 그 소고기 조각을 이스라엘 모든 지역에 두루 보내면서 말하기를 "누구든지 나와서 사울과 사무엘을 따르지 아니하면 그의 소들도 이와 같이 조각내리라"고 말했다. 사울은 소 두 마리를 죽여서 이스라엘 12지파에게 보내느라 12조각으로 나누었을 것이다(Smith). 사울은 소고기 조각을 보내면서 자신의 이름과 사무엘을 따르라고 말했는데 이는 자신의 권위를 높여 소집의 효과를 극대화 하려는 의도였을 것이다. 각 지파 백성들은 전령들의 쇠고기 조각을 받아보고 일제히 베섹으로 (다음 절에 기록되어 있음) 나왔다. 즉, "여호와의 두려움이 백성에게 임하매 그들이 한 사람 같이 나왔다"는 것이다.

삼상 11:8. 사울이 베섹에서 그들의 수를 세어 보니 이스라엘 자손이 삼십 만 명이요 유다 사람이 삼만 명이더라.

"베섹"은 사울이 야베스 길르앗을 구원하려 출전하려할 때 군사를 점검한 장소이다. 데베스의 동북쪽 7㎞ 지점에 있는 길벳 이브직(Khirbet Ibziq)과 동일시 된다. 서쪽에 라스 이브직(Ras Ibziq)의 언덕(해발 801m)이 있고, 야베스 길르앗을 포위할 때 기습을 가하는 도약지로서 좋은 땅이다. 이곳에서부터 길르앗 야베스까지는 20km이다. 사울은 바로 이 베섹에 군사를 모아 놓고 인원수를 셌다. 그런데 이스라엘 자손이 삼십만 명이었고 유다 사람이 삼만 명이었다. 이 베섹에 나온 전체 인구가 330,000이었는데, 이는 민수기 때의 민수(민 26:5)에 비해 대략 절반이 모인 셈이다.

삼상 11:9. 무리가 모든 전령들에게 이르되 너희는 길르앗 야베스 사람에게 이같이 이르기를 내일 해가 더울 때에 너희가 구원을 받으리라 하라 전령들이 돌아가서 야베스 사람들에게 전하매 그들이 기뻐하니라.

일단 베섹에 모인 사람들은 전령들에게 길르앗 야베스 사람들에게 "내일

해가 더울 때에(정오) 너희(길르앗 야베스 사람들)가 구원을 받으리라"고 전달했다. "전령들이 돌아가서 야베스 사람들에게 전"했다. 야베스 사람들은 전령들이 전해주는 소식을 듣고 심히 기뻐했다. 이제는 항복하지 않아도 되고 죽지 않아도 되었으니 얼마나 기뻤을까. 이보다 더 기쁜 것은 우리가 예수 그리스도의 십자가 대속의 피로 구원받았다는 소식이다.

삼상 11:10. 야베스 사람들이 이에 이르되 우리가 내일 너희에게 나아가리니 너희 생각에 좋을 대로 우리에게 다 행하라 하니라.

전령들이 전해주는 소식을 받고 야베스 사람들은 암몬 사람 나하스 왕에게 이르기를 "우리가 내일 너희에게 나아가리니 너희 생각에 좋을 대로 우리에게 다 행하라"고 전한다. 야베스 사람들이 나하스 군대에게 내일 항복할 터이니 암몬사람들이 좋을 대로 야베스 사람들을 다루라고 했다. 이 소식은 순전한 거짓말이었다. 암몬 사람들을 안심시키기 위해 내일 항복한다고 말한 것이다.

삼상 11:11. 이튿날 사울이 백성을 삼 대로 나누고 새벽에 적진 한가운데로 들어가서 날이 더울 때까지 암몬 사람들을 치매 남은 자가 다 흩어져서 둘도 함께 한 자가 없었더라.

문장 초두의 "이튿날"이란 말은 해가 떨어질 때부터 시작되는 날을 말한다. 해가 떨어진 다음 사울은 거기에 모인 330,000명을 세대로 나누어(이는 기드온의 전술이다, 삿 7:16) 새벽이 되었을 때 적진 한가운데로 들어가서 날이 더운 정오경까지 암몬 사람들을 쳤더니 남은 자가 다 흩어져서 둘도 함께 한자가 없게 되었다. 여기 "둘도 함께 한 자가 없었다"는 말은 철저히 부서졌다는 것을 나타내는 말이다. 사울은 자신의 고장에서 하나님의 영에 크게 감동되매 그의 의분이 크게 일어났으니 그는 여전히 성령에 이끌리어 전쟁을 수행한 결과 대승을 거두었다.

7. 하나님께서 사울을 높여주시다   11:12-13

사울이 암몬 자손과의 전투에서 온전한 승리를 거두자 백성들이 사울을 크게 알아준다.

삼상 11:12. 백성이 사무엘에게 이르되 사울이 어찌 우리를 다스리겠느냐 한 자가 누구니이까 그들을 끌어내소서 우리가 죽이겠나이다.

사울이 암몬 전투에서 온전한 승리를 거두자 백성들이 사무엘에게 말하기를 "사울이 어찌 우리를 다스리겠느냐 한 자가 누구니이까 그들을 끌어내소서. 우리가 죽이겠나이다"라고 했다. 사울이 성령에 이끌리어(6절) 전투를 하니 온전한 승리를 거둘 수 있었다. 이렇게 승리한 사울을 바라보며 백성들이 사울을 비방한 비류들(10:27)을 끌어내어 죽이려 했다. 아무튼 암몬 전(戰)의 승리로 사울은 한껏 높아졌다. 이는 하나님께서 높여주신 것이었다. 사울은 이제 왕직을 수행하는 일에 순탄한 걸음을 시작했다.

삼상 11:13. 사울이 이르되 이 날에는 사람을 죽이지 못하리니 여호와께서 오늘 이스라엘 중에 구원을 베푸셨음이니라.

사울은 백성 중에 과거에 사울을 비방했던 비류들을 죽여서는 안 된다고 만류했다. 이유는 오늘 여호와께서 이스라엘 중에 구원을 베푸셨기 때문이라고 말한다. 사울은 오늘의 승리를 여호와께 돌리며 사람에게도 아주 관대하게 대했다. 사울은 정확하게 행동했다. 즉, 모든 영광은 하나님께 돌리고 자신이 절대로 차지하지 않았으며 또 죽을 사람에게는 죽음을 막아주는 관대함을 보였다.

8. 사울이 길갈에서 왕으로 즉위하다 11:14-15

사무엘은 모든 백성에게 길갈로 가서 나라를 새롭게 하자고 말한다. 사무엘의 명령을 받아 모든 백성이 길갈로 가서 사울을 왕으로 삼았고 화목제를 드렸으며 사울과 모든 사람이 거기서 크게 기뻐했다.

삼상 11:14. 사무엘이 백성에게 이르되 오라 우리가 길갈로 가서 나라를 새롭게 하자.

사무엘은 암몬과의 전투에서 온전한 승리를 거둔 것을 계기로 백성들에게 "오라 우리가 길갈로 가서 나라를 새롭게 하자"고 제안한다. 이스라엘 백성이 암몬과 전투했던 곳으로부터 길갈까지는 대략 60km이다. 길갈은 여리고 부근의 성읍이다. 이곳은 사무엘이 매년 순회하며 통치하던 성읍이자(7:16), 일찍이 여호수아 군대가 가나안 전쟁에 앞서 하나님과의 관계를 재정립했던 곳이다(수 5:1-12). 사무엘은 이곳에서 암몬과의 전쟁에서 승리한 김에 민족적으로 분위기를 새롭게 하는 것이 좋은 줄 알고 이곳으로 오게 한 것이다. 사무엘은 민족적인 분위기만 새롭게 하는 것이 아니라 이스라엘 민족의 신앙을 고취하기 위하여 이곳으로 오게 한 것이다. 오늘 우리가 우리 자신을 때때로 새롭게 해야 할 것이다. 새롭게 하는 일 중에 최고의 것은 우리 자신의 죄를 자백하고 또 우리를 성화하기 위해 성령 충만을 구하는 것이다.

삼상 11:15. 모든 백성이 길갈로 가서 거기서 여호와 앞에서 사울을 왕으로 삼고 길갈에서 여호와 앞에 화목제를 드리고

사무엘의 제안을 받고 모든 백성이 길갈로 가서 첫째, 여호와 앞에서 사울을 왕으로 즉위시켰다. 그는 이미 기브아에서 기름 부음을 받았으며(10:1), 미스바에서 왕으로 제비 뽑혔으니(10:24) 길갈에서 즉위식을 거행할 수 있었다. 암몬 전쟁은 사울에게 좋은 기회였다. 둘째, 길갈에서 여호와 앞에 화목제를 드렸다. 화목제는 감사제였다(레 3:1-5). 여호와께서 이스라엘로 하여금 암몬과의 전쟁에서 승리케 해주셨으니 얼마나 감사한 일인가. 감사제를 드리는 것은 아주 당연한 일이었다. 오늘 우리는 그리스도의 승리 때문에 범사에 감사할 수 있게 되지 않았는가. 얼마나 감사한지 모른다. 그리고 화목제는 친교제였다. 사무엘은 이스라엘이 하나님과 더욱 가까워지기를 소원해서 화목제를 드렸다. 우리는 매일 친교제를 드리며 더욱 하나님께 가까이 가야 할 것이다. 우리는 대제사장이 되시는 그리스도를 의지하여 은혜의 보좌 앞에 담대히 나아가야 할 것이다(히 4:16).

길갈에서 화목제를 드리고 나니 "사울과 이스라엘 모든 사람이 거기서 크게 기뻐했다". 감사의 제물은 제물을 제공한 자가 먹을 수 있었다. 그들은 화목제를 드리고 나서 그 제물을 나누어 먹으며 왕과 온 백성이 크게 기뻐했다.

제 12 장

8. 사무엘이 백성을 권면하다 12장

많은 주석가들은 본 장을 사무엘의 고별사라고 말한다. 그러나 그렇게 볼만한 하등의 어떤 근거가 없는 것 같다. 본 장이 고별사라면 12장 이후에 그 자신의 말이나 혹은 그 자신에 대한 말이 나오지 않아야 하는데 사무엘은 여전히 사사로 역할을 하고 있으며(15:10-23), 비상시에는 권위 있는 결정을 내리고 있음을 볼 수가 있다(15:33).

그런고로 본 장은 길갈에서 모든 사람이 사울을 왕으로 삼은(11:14-15) 다음 사무엘이 이스라엘 백성들에게 왕을 구한 악(惡)을 책망하고 앞으로 하나님을 잘 섬길 것을 권면하는 것을 부탁하는 내용이다.

이 부분(12:1-25)의 내용은 1) 사무엘 자신이 청렴했음을 드러낸 일(1-5절), 사무엘이 이스라엘의 불신을 경고한 일(6-18절), 사무엘이 마지막으로 권면한 일(19-25절) 등이 진술된다.

ㄱ. 사무엘 자신이 청렴했음을 드러내다 12:1-5

사무엘은 자신이 지금까지 사사로 일하면서 청렴하게 살았음을 드러낸다. 이렇게 그의 청렴한 삶을 소개하는 이유는 백성들을 권고하기 위함이었다.
삼상 12:1-2a. 사무엘이 온 이스라엘에게 이르되 보라 너희가 내게 한 말을 내가 다 듣고 너희 위에 왕을 세웠더니 이제 왕이 너희 앞에 출입하느니라.

사무엘은 자기가 백성들의 요구(8:5,20)를 들어주어 왕을 세웠다고 말한다. 그는 자신의 생각이나 결정으로 왕을 세운 것이 아니라 백성들의 요구를 들어서 왕을 세운 일을 온 이스라엘 백성에게 말한다. 이제 왕이 잘못하고 실수하는 일에 관해서는 백성들도 일정부분 책임이 있음을 말한다.

"이제 왕이 너희 앞에 출입한다"는 말은 '사울이 왕으로 즉위한 다음에 왕권을 행사하기 시작했다'는 뜻이다. 사무엘은 이제 본격적으로 왕정 시대가 열렸음을 선언한다.

삼상 12:2b. 보라 나는 늙어 머리가 희어졌고 내 아들들도 너희와 함께 있느니라 내가 어려서부터 오늘까지 너희 앞에 출입하였거니와.

사무엘은 "보라 나는 늙어 머리가 희어졌다"고 말한다. 여기 "보라"(הִנֵּה)는 말은 다음에 따라오는 말을 강조하기 위해 사용된 말이다. 즉, 자신이 늙어 머리가 희어졌다는 말을 강조하기 위해 사용된 말이다. 그는 이제 세월이 많이 지나 늙어 머리가 희어진 마당에서 백성들에게 권고하니 그의 권고를 잘 들으라는 것을 암시한다.

그리고 사무엘은 "내 아들들도 너희와 함께 있다"고 말한다. 사무엘이 권면하는 이 마당에 아들들이 함께 있다는 말은 아들들을 보아서도 사무엘의 연령이 늙었음을 알 수 있다는 말이고, 또 아들들 자신들도 아버지의 청렴결백함을 증명할 것이라는 말이다.

사무엘은 "내가 어려서부터 오늘까지 너희 앞에 출입하였다"는 말은 '내가 어려서부터 너희와 함께 생활했다'는 뜻이다. 함께 생활했으니 사무엘의 삶을 잘 알 것이라는 뜻이다. 사무엘은 이 말을 하면서 자신의 검소한 삶을 증언하려고 한다(다음 절 이하).

삼상 12:3. 내가 여기 있나니 여호와 앞과 그의 기름 부음을 받은 자 앞에서 내게 대하여 증언하라 내가 누구의 소를 빼앗았느냐 누구의 나귀를 빼앗았느냐 누구를 속였느냐 누구를 압제하였느냐 내 눈을 흐리게 하는 뇌물을 누구의 손에서 받았느냐 그리하였으면 내가 그것을 너희에게 갚으리라 하니.

사무엘은 "내가 여기 있다"고 말한다. 여기 있으니 "여호와 앞과 그의 기름 부음을 받은 자 앞에서 내게 대하여 증언하라"고 말한다. 즉, '여호와 앞과 하나님의 기름 부음을 받은 자 왕 앞에서 나를 고발할 일이 있으면 고발해보라'는 것이다.

사무엘은 하나하나 실례를 들어 말한다. 누구의 소나, 나귀를 빼앗은 일이 있으면 직접 말해보라는 것이고, 누구를 속인 일, 누구를 압제한 일, 혹시 누구로부터 뇌물을 받은 일이 있다면 그것을 갚겠다고 말한다.

삼상 12:4. 그들이 이르되 당신이 우리를 속이지 아니하였고 압제하지 아니하였고 누구의 손에서든지 아무것도 빼앗은 것이 없나이다 하니라.

백성들은 사무엘의 말을 듣고 말하기를 '당신이 우리를 속인 일도 없고 압제한 일도 없으며 누구의 손에서부터 빼앗은 것이 없다고 증언한다. 백성들은 사무엘이 참으로 깨끗한 삶을 살았다고 증언한다.

삼상 12:5. 사무엘이 백성에게 이르되 너희가 내 손에서 아무것도 찾아낸 것이 없음을 여호와께서 너희에게 대하여 증언하시며 그의 기름 부음을 받은 자도 오늘 증언하느니라 하니 그들이 이르되 그가 증언하시나이다 하니라.

사무엘이 백성들에게 말하기를 '너희가 나에게서 아무런 잘못된 것도 찾지 못했다는 것을 주님께서 증언하셨고 또 기름 부음 받으신 왕도 증언하였다'고 말하니 백성들은 '주님이 증언하십니다'라고 말한다. 주님과 백성들이 사무엘의 청렴을 증언하고 있으니 이제 사무엘은 백성들에게 권면할 수 있는 자격을 얻은 셈이다. 오늘 복음 증거자들도 하늘과 땅으로부터 우리의 청렴함을 인정받아야 할 것이다.

ㄴ. 이스라엘의 불신을 경고하다   12:6-18

사무엘은 이스라엘 백성들이 애굽에서부터 사무엘의 때까지 계속해서 하나님의 구원과 보호를 받으면서도 하나님을 잊어버리고 또 기도하여 하나님의 도움을 받고 나면 또 잊어버린 죄를 지적하며 왕을 구한 죄를 지적한다.

삼상 12:6. 사무엘이 백성에게 이르되 모세와 아론을 세우시며 너희 조상들을 애굽 땅에서 인도하여 내신 이는 여호와이시니.

사무엘은 이스라엘 백성들이 애굽에 있을 때 모세와 아론을 세우신 분도

여호와시고 또 조상들을 애굽 땅에서 모세와 아론을 통해 인도해 내신 분도 여호와
시라고 말한다. 구원은 전적으로 여호와께서 하시는 일이고 또 사람을 세우시는
분도 여호와이시라는 것을 말한다.

**삼상 12:7. 그런즉 가만히 서 있으라 여호와에서 너희와 너희 조상들에게 행하신
모든 공의로운 일에 대하여 내가 여호와 앞에서 너희와 담론하리라.**

　문장 초두에 "그런즉"(therefore)이란 말을 사용한 것은 앞 절(6절)에 사무엘이
여호와께서 애굽 땅에서 이스라엘을 구하여 내신 사실을 언급했기 때문이다.
'그런고로' "가만히 서 있어" 사무엘이 여호와께서 이스라엘 백성들과 또 이스라엘
의 조상들에게 행하신 옳으신 구원행위를 여러분과 하나하나 따져가며 말씀드리는
것을 들어보라는 뜻이다. 사무엘이 아주 중요한 말을 앞으로 할 터이니 하나하나를
다 들어보라는 주문을 한다.

**삼상 12:8. 야곱이 애굽에 들어간 후 너희 조상들이 여호와께 부르짖으매 여호와께
서 모세와 아론을 보내사 그 두 사람으로 너희 조상들을 애굽에서 인도해 내어
이곳에 살게 하셨으나.**

　사무엘은 본 절 한 절 안에서 야곱이 가족을 이끌고 열두째 아들 요셉이
총리로 수고하는 애굽에 들어간(창 45:28) 후 430년을 지나 애굽인의 박해가
심하여 여호와께 부르짖으매(출 2:23) 여호와께서 모세(출 2:1-22)와 아론(출
4:10, 14-16)을 보내사 그 두 사람으로 하여금 하나님의 손발이 되어 이스라엘의
조상들을 애굽에서 인도해 내어 이곳에 살게 하셨다는 사실까지 단숨에 말한다.
그러니까 이스라엘의 애굽 생활 430년 + 광야 생활 40년 + 사사 시대 시초
얼마까지를 단숨에 말한다. 여호와께서는 오랫동안 이스라엘을 도우셨다

**삼상 12:9. 그들이 그들의 하나님 여호와를 잊은지라 여호와께서 그들을 하솔
군사령관 시스라의 손과 블레셋 사람들의 손과 모압 왕의 손에 넘기셨더니 그들이
너희를 치매.**

사무엘은 이스라엘의 조상들이 "여호와를 잊어버려" 이웃 민족으로부터 압제를 받던 사사 시대에 대해 언급한다. 다시 말해 여호수아와 또 여호수아 뒤에 생존했던, 여호와의 은혜를 경험했던 장로들이 모두 세상을 떠난 후부터 사무엘 시대에 이르는 사사 시대 전반에 걸쳐 이스라엘 백성들이 다른 민족으로부터 압제를 받던 시대의 괴로웠던 일을 단숨에 언급한다.

여기 그 압제자 중에 대표적인 세 인물이나 세력을 예로 든다. 첫째, 이스라엘 민족이 여호와를 잊어서 여호와께서 이스라엘 민족을 "하솔 군사령관 시스라의 손"에 넘겨주셔서 압제를 받았던 사례에 대해 언급한다. "시스라"는 가나안 야빈의 군대장관으로 이스라엘은 그 군대로 말미암아 20년간이나 심한 박해를 받았다(삿 4:1-3). "야빈"이란 어떤 개인 이름을 지칭함이 아니라 하나의 왕명으로 사용된 말이다(애굽의 '바로', 로마의 '가이사' 처럼). 죄를 지으면 하나님은 사람을 압제자에게 파시는 것을 알 수 있다. 야빈의 군대 장관은 "하로셋 학고임에 거주하는 시스라"였다. 이는 여(女)사사 드보라에 의해 멸망했다.

둘째, 이스라엘이 또 여호와를 잊어서 "블레셋 사람들의 손"에 넘겨주셔서 압제를 받게 하셨다. 블레셋은 이스라엘의 오랜 숙적이었다(4:1 주해 참조). 셋째, 이스라엘이 또 여호와를 잊어서 "모압 왕의 손에" 넘겨서 압제를 받게 하셨다. 모압은 암몬과 아말렉과 더불어 이스라엘을 쳐서 18년간을 괴롭힘을 받았다.

삼상 12:10. 백성이 여호와께 부르짖어 이르되 우리가 여호와를 버리고 바알들과 아스다롯을 섬김으로 범죄하였나이다 그러하오나 이제 우리를 원수들의 손에서 건져내소서 그리하시면 우리가 주를 섬기겠나이다 하매.

사무엘은 이스라엘 민족이 사사 시대에 여호와를 잊어버려 외국인의 압제를 받을 때(앞 절) 여호와께 부르짖은 사실에 대해 언급한다. 사무엘은 이스라엘이 사사 시대에 여호와를 버리고 바알들과 아스다롯을 섬김으로 범죄하였다고 말한다. "바알"이란 가나안의 남(男)신을 말하고 "아스다롯"은 가나안의 여신을 지칭한다. 우상들이란 헛것인데 하나님 대신에 이런 우상을 섬긴다는 것은 있을 수 없는 일들을 한 것을 뜻한다.

이스라엘이 우상을 섬김으로 범죄했기에 외국의 압제 속으로 넘겨졌을 때 이스라엘은 "이제 우리를 원수들의 손에서 건져내소서 그리하시면 우리가 주를 섬기겠나이다"라고 부르짖으면 다음 절과 같이 여호와께서 구원하셔서 안전하게 살게 하셨다고 말한다.

삼상 12:11. 여호와께서 여룹바알과 베단과 입다와 나 사무엘을 보내사 너희를 너희 사방 원수의 손에서 건져내사 너희에게 안전하게 살게 하셨거늘.

사무엘은 이스라엘이 여호와께 부르짖음으로 여호와께서 사사들(여룹바알, 베단, 입다, 사무엘)을 보내셔서 이스라엘을 사방 원수들의 손에서 건져내시고 또 안전하게 살게 하셨다는 것을 말한다. 여기 "여룹바알"이란 기드온 사사의 별명이다. 기드온은 이스라엘을 미디안의 압제에서 구원했다(삿 6-7장). "베단"(בְּדָן)이란 사사는 그 이름이 사사기에 없음으로 어느 사사의 이름이 오기(誤記)된 것으로 본다. 대부분의 주석가들은 "베단"은 "바락"(삿 4:6, בָּרָק)의 오기일 것이라고 추론한다(LXX, Syriac, K.&D., Lange, R.P.Smith, 박윤선, 이상근). 이유는 히브리어에서 두 이름은 매우 비슷하기 때문이다. "입다"는 이스라엘을 암몬의 손에서 구원했다(삿 11장). "사무엘"은 특히 이스라엘을 블레셋으로부터 구원했다. 본인이 본인 이름을 말했다 하여 여기 기록된 사사가 사무엘이 아니라 다른 사사의 오기일 것이라고 주장하여 다른 이름으로 대치하는 번역이 있다(Syriac). 그러나 자신을 객관화하여 말할 수 있지 않은가. 여호와께서는 이스라엘이 부르짖을 때 하나님께서 직접 구원하실 수도 있으셨으나 사사들을 통하여 구원하셔서 영광을 받으신다.

삼상 12:12. 너희가 암몬 자손의 왕 나하스가 너희를 치러 옴을 보고 너희의 하나님 여호와께서는 너희의 왕이 되심에도 불구하고 너희가 내게 이르기를 아니라 우리를 다스릴 왕이 있어야 하겠다 하였도다.

이스라엘 민족이 어려움을 당할 때 여호와께 부르짖으면 여호와께서 모세와 아론을 통하여(8절) 또는 사사들을 통하여 구원하여 주셨는데(11절), 가장 최근에

는 암몬 자손의 왕 나하스가 이스라엘을 치러 오는 것을 보고 하나님 여호와께
부르짖지 않고 왕을 세워서 이스라엘을 구원하게 하라고 아우성을 쳐서 왕을
세웠다는 것을 말한다. 그러니까 이스라엘 백성들은 사무엘이 늙었고(8:1) 또
사무엘의 아들들이 아버지의 행위를 따르지 아니하고 이익을 따라 뇌물을 받고
판결을 굽게 한 것(8:2-3)은 먼 원인이었고 아주 가까운 원인은 암몬 자손의
왕 나하스가 이스라엘을 치러 오는 것을 보고 왕을 세워달라고 애원했다는 것이다.
사실 이런 때 하나님께서 이스라엘의 왕이시기 때문에 하나님께 부르짖으면 구원
을 받았을 것인데 하나님께 부르짖지는 않고 왕을 세워달라고 야단들을 했다는
것이다. 여호와께 부르짖지는 않고 왕을 세워 왕으로 하여금 나라를 구원 받기를
바라는 마음은 큰 죄악이다.

**삼상 12:13. 이제 너희가 구한 왕, 너희가 택한 왕을 보라 여호와께서 너희 위에
왕을 세우셨느니라.**

사무엘은 백성들을 향하여 "이제 당신들이 구한 왕, 당신들이 택한 왕을 보라.
당신들이 구했기 때문에 여호와께서 허락하셔서 왕을 세워주셨느니라"고 말한다.

**삼상 12:14-15. 너희가 만일 여호와를 경외하여 그를 섬기며 그의 목소리를 듣고
여호와의 명령을 거역하지 아니하며 또 너희와 너희를 다스리는 왕이 너희의
하나님 여호와를 따르면 좋겠지마는 너희가 만일 여호와의 목소리를 듣지 아니하
고 여호와의 명령을 거역하면 여호와의 손이 너희의 조상들을 치신 것 같이 너희를
치실 것이라.**

사무엘은 14절에서는 백성들과 왕이 여호와의 명령을 거역하지 아니하며
또 여호와를 따르면 복이 임할 것을 말씀하고, 15절에서는 반대로 백성들과 왕이
여호와의 음성에 귀를 기울이지 아니하고 명령을 저버리면 여호와께로부터 징벌을
받을 것이라고 말한다. 오늘도 우리 앞에는 두 길이 있음을 알고 여호와를 마음을
다하여 따라야 할 것이다.

삼상 12:16. 너희는 이제 가만히 서서 여호와께서 너희 목전에서 행하시는 이 큰 일을 보라.

사무엘은 본 절부터 18절까지에 걸쳐 진행되는 "큰 일"을 주시해 보라고 말한다. 본문의 "이제 가만히 서서"란 말은 어떤 특별한 사항을 언급하기 전에 먼저 주의를 환기시키기 위해 사용되는 말이다. 그러니까 사무엘은 백성들에게 지금 가만히 서서 여호와께서 이스라엘 백성들의 목전에서 행하시는 이 큰 일을 보라고 말한다. 여기 "이 큰 일"이란 17절 이하가 보여주는, 건조기에 우레와 비가 내리는 기이한 현상이 일어나는 일을 지칭한다.

삼상 12:17. 오늘은 밀 베는 때가 아니냐 내가 여호와께 아뢰리니 여호와께서 우레와 비를 보내사 너희가 왕을 구한 일 곧 여호와의 목전에서 범한 죄악이 큼을 너희에게 밝히 알게 하시리라.

사무엘은 백성들에게 "오늘은 밀 베는 때가 아니냐'고 말한다. '밀 베는 때'는 5월 중순에서 6월 중순에 진행된다(R.P.Smith)[30]. 이때는 건조기가 시작되어 비가 오지 않는다고 한다. 사무엘은 비가 오지 않는 밀 베는 때를 당하여 백성들에게 "내가 여호와께 아뢰리니 여호와께서 우레와 비를 보내사 너희가 왕을 구한 일 곧 여호와의 목전에서 범한 죄악이 큼을 너희에게 밝히 알게 하겠다"고 말한다. 여기 "내가 여호와께 아뢰리니"란 말은 '내가 여호와께 기도하리라'는 뜻이다. 사무엘은 여호와께 기도하여 백성들이 왕을 구한 것이 큰 죄악임을 밝히 알게 하겠다고 말한다. 여호와께서 인류의 왕이신데 백성들이 인간 왕을 구하는 것은 큰 죄악이라는 것이다.

삼상 12:18. 이에 사무엘이 여호와께 아뢰매 여호와께서 그 날에 우레와 비를 보내시니 모든 백성이 여호와와 사무엘을 크게 두려워하니라.

인간 왕을 구한 것이 엄청나게 큰 죄악이라는 것을 말한 사무엘은 여호와께

---

30) 보리는 유월절 때에 베고 밀은 오순절 때에 벤다. 밀 베는 때는 5월과 6월 사이이다 (R.P.Smith).

기도하매 여호와께서 그날 당장 우레와 비를 보내서서 모든 백성이 여호와와
사무엘을 크게 두려워했다. 이 자연 현상을 통하여 이스라엘 백성들은 왕을 구한
일이 큰 죄악임을 알게 되었다. 오늘 우리는 항상 여호와의 뜻만 구해야 한다.

ㄷ. 사무엘이 마지막으로 권면하다 12:19-25
　　백성들은 왕을 구한 악을 크게 자복하였고(19절) 사무엘은 그들을 위해 끝까지
기도할 것을 약속하면서(20절) 백성들로 하여금 여호와를 끝까지 따를 것을 권면
한다(21-25절).
**삼상 12:19. 모든 백성이 사무엘에게 이르되 당신의 종들을 위하여 당신의 하나님
여호와께 기도하여 우리가 죽지 않게 하소서 우리가 우리의 모든 죄에 왕을 구하는
악을 더하였나이다.**
　　모든 백성이 우레 소리를 들으며 또 비가 억수같이 쏟아지는 것을 보고(17-18
절) 죽을지도 모른다는 위협을 느껴 사무엘에게 요청하여 "당신의 종들을 위하여
당신의 하나님 여호와께 기도하여 우리가 죽지 않게 해 달라"고 부탁한다. 백성들
이 이렇게 사무엘에게 부탁한 이유는 백성들이 그 동안 지은 모든 죄에다가 왕을
구하는 악을 더한 것을 인정했다.
　　백성들은 자기들이 평소에 지은 모든 죄를 인정했고 게다가 왕을 구한 죄를
인정한 것이다. 죄를 인정한 다음 사무엘에게 기도를 부탁했다. 이렇게 예언자에게
대신 기도를 부탁한 예는 성경에 많이 있다(7:5,8; 창 18:22-33; 출 32:11-14,
31-32; 민 12:13; 신 9:20).

**삼상 12:20. 사무엘이 백성에게 이르되 두려워하지 말라 너희가 과연 이 모든
악을 행하였으나 여호와를 따르는 데에서 돌아서지 말고 오직 너희의 마음을
다하여 여호와를 섬기라.**
　　사무엘이 "백성에게 이르되 두려워하지 말라"고 한 말은 우레와 큰 비 때문에
두려워하는 백성을 향해서 한 위로의 말이다. 사무엘은 백성들의 부탁을 받고
대신 기도했으니 우레와 비가 그칠 줄 알고 두려워하지 말라고 한다. 그러면서

사무엘은 "너희가 과연 이 모든 악을 행하였으나 여호와를 따르는 데에서 돌아서지 말고 오직 너희의 마음을 다하여 여호와를 섬기라"고 권면한다. 본문에서는 "너희"가 강조되었다. 너희가 과연 이 모든 악을 저지른 것(왕을 구한 죄)은 사실지만 여호와를 따르는 일을 포기하지 말고 오직 인격을 다하여 여호와를 예배하고 섬기라는 권면이다.

삼상 12:21. 돌아서서 유익하게도 못하며 구원하지도 못하는 헛된 것을 따르지 말라 그들은 헛되니라.

사무엘은 사람에게 유익하게도 못하며 사람을 구원하지도 못하는 헛된 것들을 따라서 돌아서지 말라고 말한다. 이유는 그런 우상들은 아주 헛된 것들이기 때문이라고 한다. 우상들이야말로 사람들에게 유익도 주지 못하고 구원도 하지 못하는 존재이다(고전 8:4). 오히려 사람에게 재난만 가져다준다. 과거 일본 동경의 어느 집에 불이 났었는데 부처는 그 불속에 가만히 앉아 있어서 사람이 그 부처를 꺼내 왔다고 한다. 우상들은 텅 빈 것들이요 무가치한 것들이다.

삼상 12:22. 여호와께서는 너희를 자기 백성으로 삼으신 것을 기뻐하셨으므로 여호와께서는 그의 크신 이름을 위해서라도 자기 백성을 버리지 아니하실 것이요.

사무엘은 여호와께서 이스라엘을 자기 백성 삼으신 것(신 7:6; 14:2; 27:9; 왕하 11:17)을 기뻐하시기 때문에 여호와께서는 그의 크신 이름이 이스라엘 백성에게 붙어 있는 이유로 자기의 백성을 버리지 아니하실 것이라고 말한다(출 32:12; 민 14:13; 신 7:7-8; 9:4-5; 수 7:9). 사무엘은 여호와께서 이스라엘 백성을 버리지 않으실 두 가지 근거를 말한다. 하나는 여호와께서 이스라엘을 자기 백성으로 삼으셨다는 것이며 또 자기 이름이 백성들에게 붙어 있다는 이유 때문이라고 한다.

삼상 12:23. 나는 너희를 위하여 기도하기를 쉬는 죄를 여호와 앞에 결단코 범하지 아니하고 선하고 의로운 길을 너희에게 가르칠 것인즉.

사무엘은 백성들이 여호와로부터 버림을 당하지 않을 근거를 앞 절에서 두 가지를 말한 다음 본 절에서는 자기가 백성들을 위해서 두 가지 일을 하겠다고 말한다. 하나는 백성들을 위하여 기도를 쉬는 죄를 결코 범하지 않겠다고 한다. 사무엘은 기도를 쉬는 것을 죄라고 규정한다. 다시 말해 선한 일을 하지 않는 것도 죄라는 의미이다. 또 하나는 "선하고 의로운 도를 가르치겠다"고 말한다. 여기 "도"란 말은 '여호와의 율법'을 지칭하는 말이다. 여호와의 율법이 선하고 의롭다는 것이다. 즉, 사무엘은 선하고 옳은 율법을 가르치겠다고 말한다. 사무엘이 이스라엘 백성들을 위해 계속해서 기도하고 또 여호와의 율법을 계속해서 가르친다는 말은 그가 선지자로서 그리고 사사로서의 역할을 계속하겠다는 뜻이다.

삼상 12:24. 너희는 여호와께서 너희를 위하여 행하신 그 큰일들을 생각하여 오직 그를 경외하며 너희의 마음을 다하여 진실히 섬기라.

사무엘은 백성들에게 "여호와께서 너희를 위하여 행하신 그 큰일들을 생각해서" 오직 여호와를 두려워하며 전 인격을 다하여 진실하게 섬기라고 권고한다. 본문의 그 "큰일들"이 무엇이냐를 두고 견해가 갈린다. 1) 18절에 언급된 초자연적 기상 이변, 즉 우레와 비를 지칭한다는 견해. 이 견해는 바른 견해로 보기 어렵다. 이유는 본문에 "큰일들"이라는 말이 복수라는 점 때문이다. 2) 여호와께서 이스라엘 백성들을 위하여 왕을 주신 일을 지칭한다는 견해(Keil). 이 견해도 바른 견해로 보기 어렵다. 이유는 본문에 "큰일들"이라는 말이 복수라는 점 때문이다. 3) 사무엘이 본 장에서 언급한 모든 위대한 구원 사역(6-22절)을 지칭한다는 견해(이상근). 받을만한 견해이다. 4) 역사적으로 하나님께서 이스라엘을 위하여 베푸신 모든 은총이라는 견해(R.P.Smith). 받을만한 견해이다. 이스라엘 백성들은 하나님께서 베푸신 모든 은총을 생각하여 하나님을 두려워하고 진실하게 섬겨야 한다는 것이다.

삼상 12:25. 만일 너희가 여전히 악을 행하면 너희와 너희 왕이 다 멸망하리라.

본문의 "너희가 여전히 악을 행하면"이란 말은 '이전까지도 악을 행했는데 그 악을 끊지 못하고 여전히 악을 행한다면'이란 뜻이다. 그러면 구체적으로 그 "악"이 무엇이냐를 두고 견해가 갈린다. 1) 하나님의 명령을 어기는 것을 지칭한다는 견해. 2) 여호와께서 계신데도 불구하고 인간 왕을 구하는 악을 지칭한다는 견해(이상근). 3) 이스라엘 백성들이 열방과 같이 왕을 구했을 뿐 아니라 나아가 여호와를 경외하지 아니하고 헛된 우상들을 쫓는 악을 지칭한다는 견해 (20-21절). 두 번째 견해나 세 번째 견해가 바른 것으로 보인다.

사무엘은 이스라엘 백성들이 만일 악을 여전히 범하면 너희와 너희 왕이 다 멸망하리라고 경고한다. 사무엘의 경고는 사울이 길보아 산에서 패전한데서 성취되었다(31:1-6, H.P.Smith). 그런고로 이스라엘 백성은 왕을 구하는 악을 저질렀지만 왕과 백성 모두가 여호와를 두려워하고 진실하게 섬겨야 할 것이었다.

제 13 장

B. 사울이 블레셋과 전쟁하다   13-14장

사울은 왕위에 오른 다음 주로 블레셋과의 전쟁에 전념했다. 이 부분(13-14장)의 내용은 사울이 블레셋과 전쟁을 시작한 일(13:1-23), 요나단이 전쟁에 공을 세운 일(14:1-23), 사울이 무모하게 맹세한 일(14:24-46), 사울이 모든 대적과 전쟁하여 이긴 일(14:47-48), 사울의 가계에 대하여 진술한 일(14:49-52) 등이 진술된다.

1. 사울이 블레셋과 전쟁을 시작하다   13:1-23

사울은 왕위에 오른 뒤 블레셋과 전쟁을 시작했는데 그 시작은 요나단이 블레셋의 수비대를 공격하므로 시작되었다(1-4절). 전쟁이 시작된 이후 이스라엘 군은 블레셋을 대치하는 중 사울은 초조하여 번제를 드리므로 사무엘로부터 하나님의 명령을 어긴 죄로 책망을 받는다(5-15a). 그리고 이스라엘과 블레셋은 서로 대치한다(15b-23절).

삼상 13:1. 사울이 왕이 될 때에 사십 세라 그가 이스라엘을 다스린 지 이 년에.

본 절 상반 절의 "사울이 왕이 될 때에 사십 세라"는 문장은 무엇을 말하는 글인지 알기가 어렵다. 이유는 히브리 원문(בֶּן־שָׁנָה שָׁאוּל בְּמָלְכוֹ)에 "40세"라는 말이 없고 "한살"이라는 말만 있기 때문이다. 그런고로 그 해결책을 위하여 여러 가지 견해가 등장하고 있다. 1) 70인역은 본 절 자체를 아예 생략해 버리는 방법을 취한다(LXX). 2) 햇수 자체를 비워두는 방법을 취한다(RSV-"SAUL was . . . years old", NRSV, DBY, Hitzig, Mauer, 이상근), 3) "사울이 왕 될 때에 1년 된 아이처럼 흠이 없었다"로 해석하기도 한다(DOUAY, Targum). 4) 30세가 된 것으로 말한다(NIV, NLT, Origen). 5) 40세가 된 것으로 말한다(ASV, NASB, WEB, 한글 개역판, 개역개정판, Basen, K.&D.). 6) 사울이 1년간 통치한 것으로 말한다(KJV, NKJV, Webster, Luther, Matthew Henry, 박윤선). 7) "사울이 왕이 된 지 1년이었다"로 보는 해석이 있다(the Vulgate, Grotius). 6번 해석도 가하나, 7번 해석이 더 타당한 것으로 보인다. 이유는 이 해석이 히브리어 원문 (בֶּן־שָׁנָה שָׁאוּל בְּמָלְכוֹ)과도 잘 맞고, 바로 다음에 따라오는 문장인 "그가 이스라엘을 다스린 지 2년에"라는 말과도 잘 조화되고 있기 때문이다.

그렇다면 "사울이 왕이 된 지 1년이었다"는 말은 무엇을 뜻하는가를 알아야 한다. 그것은 사울이 실제적으로 1년간 이스라엘의 왕 노릇을 했다는 뜻이다. 본서 저자는 본 절 하반 절에 "그가 이스라엘을 다스린 지 2년에"란 문장을 기록하고 있다. 혹자는 하반 절이 상반 절과 잘 통하지 않는다는 주장을 펴기도 한다. 그러나 이스라엘의 왕들의 재위기간을 계산하는 독특한 방식을 감안하면 어렵지 않게 해결될 것으로 보인다. 즉, 이스라엘에서는 종교력 제 1월(니산월 혹은 아빕월)을 기산(起算)으로 할 경우 다음 해의 니산월까지가 1년이 된다. 그리하여 비록 재위기간이 1년이 못되었어도 그 중간에 니산월을 만나면 그 때는 재위 제 2년으로 계산된다. 그런고로 몇몇 학자들은 본 절 역시 그와 같은 계산 방법에 의거한 것으로 본다(Grotius, Clericus).

사울이 이처럼 1년간의 통치에는 평화롭다가 제 2년째가 되니 문제가 있어 2절 이하처럼 상비병을 두고 또 블레셋과의 전투가 벌어진 것은 왕을 구한 이스라엘 백성들에게 책망하고 권면했기 때문인 것으로 보인다(12:6-25). 세월이 지나니 왕이나 백성의 하나님을 향한 신앙이 약화되어 나라가 어수선하게 된 것으로 보인다.

삼상 13:2. 이스라엘 사람 삼천 명을 택하여 그 중에서 이천 명은 자기와 함께 믹마스와 벧엘 산에 있게 하고 일천 명은 요나단과 함께 베냐민 기브아에 있게 하고 남은 백성은 각기 장막으로 보내니라.

본 절은 사울이 이스라엘을 통치한 지 2년째 되던 해에 이스라엘의 3,000명

정병들(상비군)을 어떻게 배치하여 블레셋의 침공을 막고 있는가를 말하고 있다. 사울은 이스라엘 사람 3,000 명을 택하여 그 중에서 2,000 명은 자기와 함께 믹마스와 벧엘 산에 있게 했다는 것이고, 1,000 명은 요나단과 함께 베냐민 기브아에 있게 하고, 나머지 백성은 각자 자기 집으로 돌려보냈다는 이야기이다.

"믹마스"(Michmash)는 예루살렘의 동북쪽 13㎞의 산지에 있던 베냐민 지파의 성읍이다. 현재 이 지점에는 묵마스(Mukhmas)라는 마을이 있다. 와디 에수웨이니트(Wadi ds-Suweinit)의 협곡, 즉 요단 계곡에서 에브라임 산지로 통하는 협곡의 북쪽에 있다. "벧엘"(Bethel)은 예루살렘 남쪽 8km 지점에 있고 믹마스를 중심으로 서북 약 5km지점에 있다. 벧엘을 "산"이라 한 것은 해발 950m의 고지에 위치해 있기 때문이다.

"기브아"(Gibea)는 사울의 고향이다(10:26; 11:4). 사울은 3,000명의 정병들을 차출하여 요소요소에 배치하여 자신과 아들의 통솔 아래에 두어 블레셋 군에 대비해 놓았고 나머지 인력은 모두 각자의 집으로 돌려보냈다. 본문에 "요나단"이 처음으로 나타난다. 그는 독실한 신앙이었고 따라서 용감한 군인이었다.

삼상 13:3a. 요나단이 게바에 있는 블레셋 사람의 수비대를 치매 블레셋 사람이 이를 들은지라.

사울의 아들 요나단이 게바[31)에 있는 블레셋 사람을 위한 수비대(점령 지역의 경비를 담당하는 군인부대)를 치매 블레셋 사람 전체가 이 사실을 들었다는 것이다. 그래서 전쟁이 시작되었다. 여기 블레셋 사람을 위한 수비대는 이스라엘을 통치하기 위한 수비대였다. 요나단이 이를 친 것은 블레셋의 통치에 도전하여 독립 전쟁을 하겠다는 뜻이었다. 요나단이 블레셋 사람의 수비대를 쳐서 큰 상처를 입혔으니(이 때 게바의 수비대는 전멸했을 것이다, Lange) 블레셋이 당하고만 있을 수는 없었다. 큰 전쟁을 시작한 것이다(5절). 요나단은 착실한 신앙인이었고 따라서 용감한 군인이었다(14:6, 8-10). 사람에게 신앙이 없으면

---

31) "게바": '언덕'이라는 뜻을 가지고 있다. 이는 예루살렘 북쪽 10km, 기브아 동북쪽 5km 지점에 있다.

용감하지도 않다.

삼상 13:3b-4. 사울이 온 땅에 나팔을 불어 이르되 히브리 사람들은 들으라 하니 온 이스라엘이 사울이 블레셋 사람들의 수비대를 친 것과 이스라엘이 블레셋 사람들의 미움을 받게 되었다 함을 듣고 그 백성이 길갈로 모여 사울을 따르니라.

요나단이 블레셋 사람의 수비대를 쳐서 전쟁을 일으키자(3a) 사울은 이스라엘 온 땅에 나팔을 불어 히브리 사람들에게 소집령을 내렸다(3b). 사울이 온 이스라엘을 향하여 분 "나팔"(rp;V)은 '양의 뿔'(the ram's horn)이다. 나팔을 부는 것은 위험을 경고하며 성전을 선포할 때 사용되었다(수 6:4; 삿 6:34). 사울은 이제 블레셋과의 전쟁을 피할 수 없으니 모이라는 것이었다.

사울이 나팔을 불어 알린 것은 "사울이 블레셋 사람들의 수비대를 쳤다"는 것과 "이스라엘이 블레셋 사람들의 미움을 받게 되었다"는 소식을 전했다. 그런데 3절 상반 절에서는 요나단이 블레셋 사람들의 수비대를 쳤다고 했는데, 4절에서는 사울이 블레셋 사람의 수비대를 친 것으로 말하는 것은 상충되는 말이 아니라 요나단이 앞에서 공격을 가했고 사울이 뒤에서 공격을 가한 것을 뜻하는 말로 보면 될 것이다. 이렇게 사울이 블레셋 사람의 수비대를 쳤으므로 이스라엘이 블레셋 사람들의 증오의 대상이 되었다는 것을 알렸다. 그러니까 온 이스라엘 사람들은 사울의 나팔로 두 가지를 듣게 되었다. 즉, 사울이 블레셋 사람들의 수비대를 친 일, 이스라엘이 블레셋 사람들의 혐오의 대상이 되었다는 점을 들은 것이다.

그래서 이스라엘 백성이 "길갈로 모여 사울을 따랐다"(And the people were called together after Saul to Gilgal-KJV)는 것이다. 백성들은 사울이 전해주는 소식을 듣고 이제는 전쟁을 할 수밖에 없다는 것을 알고 속속 길갈로 모여들었다.

삼상 13:5. 블레셋 사람들이 이스라엘과 싸우려고 모였는데 병거가 삼만이요 마병이 육천 명이요 백성은 해변의 모래 같이 많더라 그들이 올라와 벧아웬 동쪽 믹마스에 진 치매.

본 절은 이스라엘과 전쟁하려고 모인 블레셋의 군사력을 말하고 또 그들이 진 친 장소에 대해 언급한다. 즉, 블레셋 사람의 병거가 30,000이라는 것이고 마병이 6,000이라는 것이다. 그리고 일반 보병은 심히 많은 숫자로서 "해변의 모래 같이 많더라"는 말로 표기되었다. 그런데 여기서 한 가지 문제가 되는 것은 중근동 지역의 고대 전쟁에서 일반적으로 병거(chariot)가 마병(horsemen)보다 많은 경우는 없었다는 사례(삼하 10:18; 왕상 10:26; 대하 12:3)를 들어 본 절의 경우 병거가 오히려 많은 것을 보고 이를 필사자의 오기(誤記)로 보는 것이다. 1) 원본은 1,000이었을 것이나 필사자가 30,000명으로 잘못 기록했을 것이라고 주장하는 견해가 있다(De Rossi, Bunsen). 2) 원본은 3,000이었을 것이나 필사자가 30,000으로 기록했을 것이라고 주장하는 견해도 있다(the Syriac, the Arabic, Bochart, Schulz, K.&D., R.P.Smith, Lange). 위의 두 견해 중에 두 번째 견해가 더 합리적인 주장으로 보인다.

"병거"(bk,r,)란 말은 전투용 수레를 지칭하는 말로 두 필(匹)의 말이 끄는 수레다. 이 병거는 6개의 살이 달린 바퀴 두 개가 달린 수레로 보통 한 병거 안에 두 사람이 탔다. 그리고 "마병"(פָּרָשִׁים)은 말을 타는 병사들을 뜻하는 말로 이들은 적군을 향해 돌진하여 적의 대오를 흩트리는 임무를 띠고 있다. 그리고 "백성은 모래 같이 많더라"는 말은 '보병이 셀 수 없이 많다'는 뜻인데 "모래같이 많다"는 묘사는 숫자가 많다는 것을 드러내기 위해 사용되는 독특한 성경적 표현이다(수 11:4; 삿 7:12; 삼하 17:11).

"벧아웬"(Beth-aven)은 '사악의 집'이라는 뜻을 가지고 있다. 아이에 가깝고 (수 7:2), 황무지를 끼고 있으며(수 18:12), 믹마스 서북쪽에서(삼상 13:5) 아얄론 가도를 끼고 있는 성읍이다(삼상 14:23). BC 8세기에 이미 거주지로 되어 있었다 (호 5:8). 그리고 "믹마스"(Michmash)는 예루살렘의 동북쪽 13㎞의 산지에 있던 베냐민 지파의 성읍이다. 현재 이 지점에는 묵마스(Mukhmas)라는 마을이 있다. 와디 에수웨이니트(Wadi ds-Suweinit)의 협곡, 즉 요단 계곡에서 에브라임 산지로 통하는 협곡의 북쪽에 있다. 이 묵마스는 해발 603m이다. 믹마스가 최초로 성경 역사에 나타나는 것은 사울과 요나단의 대(對) 블레셋 전쟁의 기사에 있어서이다(삼상 13:2-14:13).

삼상 13:6. 이스라엘 사람들이 위급함을 보고 절박하여 굴과 수풀과 바위틈과 은밀한 곳과 웅덩이에 숨으며.

　　이스라엘 사람들은 블레셋의 전쟁 준비를 보고 위급함을 느꼈고 사정이 다급함을 느껴 "굴과 수풀과 바위틈과 은밀한 곳과 웅덩이"에 숨었다. 가나안 땅의 지형은 산지도 많고 굴들이 많아 숨을만한 곳, 즉 굴, 수풀, 바위틈, 은밀한 곳과 웅덩이가 많다. 너무 겁에 질려 실지로 싸우기 전에 전의를 상실해 버린 것이다.

삼상 13:7. 어떤 히브리 사람들은 요단을 건너 갓과 길르앗 땅으로 가되 사울은 아직 길갈에 있고 그를 따른 모든 백성은 떨더라.

　　가나안의 지형을 이용하여 숨은 사람도 많았으나(앞 절) 또 어떤 사람들은 요단강을 건너 갓 지파(요단 동편에서 르우벤과 므낫세 반 지파의 중간에서 살았다, 민 32:1-7, 33-41)와 길르앗 땅(요단 동편 땅 전체)으로 도망쳤다. 그런 중에 사울은 사무엘을 기다리며 그냥 길갈(7:16)에 머물러 있었다.

　　백성들이 이렇게 블레셋 사람들에게 위협을 당하고 고통을 당하게 된 것은 백성들 자신들의 책임이었다. 그들이 신정(神政)을 버리고 외국처럼 왕정을 선택했기 때문이었다. 그래서 왕도 어리석은 왕으로 되어 버렸고(1-3절, 4,5,6,7, 8-10절, 11-13절, 14절) 백성들도 아주 불쌍한 백성으로(6,7,15,16,17,18,19-23절) 전락하고 말았다. 이제 이스라엘의 영광은 그들에게서 떠났다(Matthew Henry). 오늘 우리가 하나님을 따르느냐 혹은 세속을 따르느냐 하는 것은 엄청난 차이를 가져온다.

삼상 13:8. 사울은 사무엘이 정한 기한대로 이레 동안을 기다렸으나 사무엘이 길갈로 오지 아니하매 백성이 사울에게서 흩어지는지라.

　　본 절은 사울이 7일 동안(이는 사무엘이 정해준 기간이었다)이나 사무엘을 기다렸으나 사무엘이 길갈로 오지 않아 백성들이 하나 둘씩 사울 곁을 떠나 흩어지기 시작했다는 내용이다.

그렇다면 사무엘이 언제 7일 기간을 정해준 것이냐를 두고 받을만한 견해가 있다. 즉, 많은 학자들이 본 절을 10:8과 연결시킨다(Keil, Grotius, Fay, Lange, H.P. Smith, R.P. Smith, 박윤선, 이상근). 다시 말해 10:8에서 사무엘이 사울에게 7일간의 약속을 했다는 것이다. 스미스(R.P. Smith)는 "10:8과 본 절 사이의 상황 간의 차이는 대단한 것은 아닌 것 같다. 그 이유는 13:1에서 본 바와 같이 숫자상의 번역이 잘못될 수도 있기 때문이다. 또한 사건에 관계된 모든 내용은 매우 조화가 있고 신속하게 진행되었음을 보여준다. 암몬 사람의 패전과 3,000명의 병사 선발, 게바의 수비대에 대한 요나단의 공략 등은 신속하게 진행된 증거들이다. 따라서 전쟁을 준비하는데 그렇게 게을렀거나 소홀히 했으리라고 생각하기가 힘이 든다"고 말한다.

"백성이 사울에게서 흩어지기 시작한" 이유는 백성들은 정세를 보고 자기들에게 불리하게 돌아가는 것을 알고 하나 둘 흩어진 것이다. 블레셋 군의 대공세가 임박했고 또 백성들은 자기들이 살 궁리를 하여 각자 숨어버리는 마당(6-7절)에 사울 곁에 붙어 있던 군인들도 흩어진 것이다.

삼상 13:9. 사울이 이르되 번제와 화목제물을 이리로 가져오라 하여 번제를 드렸더니.

사울은 사무엘이 더디 오고 있을 뿐 아니라 또 백성들은 하나둘 흩어지기 시작하므로 다급해지자 명령하기를 번제물과 화목제물을 가져오라고 해서 번제를 친히 드렸다. 사실은 여기 사무엘이 7일의 기한을 넘겨 온 것이 아니라 7일 끝에 왔을 것이다.

그런데 번제를 드린 것을 두고 사울이 친히 드린 것인지 혹은 제사장에게 부탁하여 드린 것인지(K.&D., R.P. Smith)견해가 갈린다. 직접 드린 것으로 보아야 할 것이다(표준 새 번역, 현대인의 성경, Reed, Edelkoort, Goslinga, 박윤선, 이상근).

삼상 13:10. 번제 드리기를 마치자 사무엘이 온지라 사울이 나가 맞으며 문안하매.

사울이 번제를 드리기를 마치자마자 사무엘이 도착했다. 사울이 마중 나가 맞으며 문안 인사를 했다. 사울이 조금만 더 기다렸더라면 좋았을 것을 사울은 그 조그마한 인내심이 없어 큰 실수를 범하고 말았다. 그렇다 해도 사울은 사무엘이 왔을 때 나가서 문안하지 않을 수 없었다.

삼상 13:11. 사무엘이 이르되 왕이 행하신 것이 무엇이냐 하니 사울이 이르되 백성은 내게서 흩어지고 당신은 정한 날 안에 오지 아니하고 블레셋 사람은 믹마스에 모였음을 내가 보았으므로.

사무엘이 책망하여 '왕이 행하신 것이 무엇입니까?'하고 꾸짖었다. 사울이 대답하여 말하기를 '첫째, 군인들은 하나 둘 내 곁을 떠나가고, 둘째, 제사장께서는 정한 날에 오시지 않고, 셋째, 블레셋 군대는 믹마스에 모여 위협적으로 대치하고 있는 것을 보았으므로 어쩔 수 없이 번제를 드렸습니다'라고 대답했다. 사실 사울이 이렇게 부득이한 세 가지 이유를 댔지만 가장 큰 원인은 불순종의 마음이었다.

삼상 13:12. 이에 내가 이르기를 블레셋 사람들이 나를 치러 길갈로 내려오겠거늘 내가 여호와께 은혜를 간구하지 못하였다 하고 부득이 하여 번제를 드렸나이다 하니라.

문장 초두의 "이에"(therefore)란 말은 '그러므로'라는 뜻이다. 다시 말해 사울의 '입장이 아주 다급했으므로'(앞 절)라는 뜻이다. 사울의 입장이 아주 다급해서 사울 자신이 생각하기를 '블레셋 사람들이 우리 군대를 치러 길갈로 내려올지 몰라서 내가 여호와께 은혜를 간구하지 못하였다 하고 부득이 하여 번제를 드렸습니다'라고 대답했다. 사울은 자신이 제사장도 아니면서 지난번 블레셋 군이 쳐들어 올 때 사무엘이 번제를 드려 여호와께서 우레를 발하셔서 블레셋 군대를 멸망시킨 사실을 기대했다. 이번에도 번제를 드리기만 하면 큰 은총이 임하기를 기대한 것이었다.

삼상 13:13. 사무엘이 사울에게 이르되 왕이 망령되이 행하였도다 왕이 왕의 하나님 여호와께서 왕에게 내리신 명령을 지키지 아니하였도다 그리하였더라면 여호와께서 이스라엘 위에 왕의 나라를 영원히 세우셨을 것이거늘.

사울의 변명을 들은(앞 절) 사무엘은 사울에게 이르기를 "왕이 망령되이 행하였도다. 왕이 왕의 하나님 여호와께서 왕에게 내리신 명령을 지키지 아니하였도다"라고 책망했다. 사무엘은 '왕이 여호와의 명령을 지켰더라면 여호와께서 이스라엘 나라를 영원히 지켜주셨을 것입니다'라고 말했다.

본문의 "망령되이"(נִסְכָּלְתָּ)란 말은 '어리석게', '악하게'라는 뜻이다. 왕이 번제를 드린 것은 아주 어리석은 행동, 혹은 악한 행동이란 것이다. 다시 말해 왕이 왕의 손으로 번제를 드린 행위는 아주 악한 행위라는 뜻이다. 그리고 본문의 "여호와께서 왕에게 내리신 명령을 지키지 아니했다"는 말은 '여호와께서 사무엘을 통하여 내리셨던 7일간의 대기 명령을 지키지 아니했다'(8절)는 뜻이다. 그리고 본문의 "그리하였더라면 여호와께서 이스라엘 위에 왕의 나라를 영원히 세우셨을 것이어늘"이란 말은 사울이 하나님의 명령을 지켰더라면 사울 왕조가 영원했을 것이라는 뜻은 아니다. 만약 그랬다면 훗날 다윗 왕조 같은 왕조가 나타나지 못했을 것이다. 그런고로 여기서 의미하는 바는 사울의 죄악이 아주 심각했다는 것을 드러내는 말이다. 그러나 사울이 하나님의 명령을 순종했더라면 사울이 비참하게 죽지 않고 형통한 삶을 살았을 것이고 또 자신의 왕권을 후손에게 물려주고 죽었을 것은 분명히 예상할 수 있는 일이다.

삼상 13:14. 지금은 왕의 나라가 길지 못할 것이라 여호와께서 왕에게 명령하신 바를 왕이 지키지 아니하였으므로 여호와께서 그의 마음에 맞는 사람을 구하여 여호와께서 그를 그의 백성의 지도자로 삼으셨느니라 하고

본 절은 사무엘이 두 가지를 말하고 있다. 하나는 "지금은 왕의 나라가 길지 못할 것이라"는 말씀, 다시 말해 사울 왕을 금방 폐위할 것이라는 말씀을 한다. 또 하나는 첫 번째 말씀을 좀 더 구체적으로 말한다. 즉, "여호와께서 왕에게

명령하신 바를 왕이 지키지 아니하였으므로 여호와께서 그의 마음에 맞는 사람을 구하여 여호와께서 그를 그의 백성의 지도자로 삼으셨느니라"는 말씀을 한다. 다시 말해 사울 왕이 여호와의 명령을 지키지 않았기 때문에 여호와께서 이미 여호와의 마음에 맞는 사람을 이스라엘의 지도자로 삼으셨다는 것이다. 이 두 번째 일은 앞으로 될 일이지만 그 사실이 확실하므로 과거사로 기록하고 있다. 새로 뽑힌 왕은 다윗이었다.

삼상 13:15a. 사무엘이 일어나 길갈에서 떠나 베냐민 기브아로 올라가니라.

사무엘은 사울을 책망하고 또 다른 지도자를 세운다는 선언을 한(14절) 뒤 "일어나 길갈에서 떠나 베냐민 기브아로 올라갔다". 사무엘이 번제를 드리러 왔는데 사울이 번제를 드렸으니 다른 일은 더 할 일이 없었다. 그리고 사울에 대한 노여움 때문에 더 이상 길갈에 머물러 있지 않고 그냥 자리를 떠서 사울의 고향이었던 베냐민의 기브아(10:16)로 갔다. 베냐민의 기브아는 당시 정치적인 수도였다.

사무엘이 베냐민 기브아로 간 이유가 본 절에 기록되지 않았다. 그런고로 여러모로 추측한다. 매튜 헨리(Matthew Henry)는 "사무엘이 사울의 도성인 기브 아로 갔다는 것은 그를 완전히 포기한 것이 아니고 또 한 번의 기회를 두고 그를 지켜보고자 했던 것으로 보인다. 아니면 사무엘이 사울과 함께 기도드리기가 마땅치 못한 상황에서 떠나 선지자의 학교에 가서 사울을 위해 기도하고자 했을 것이라"고 말한다. 또 혹자는 사무엘이 기브아로 간 것은 1) 백성들을 격려하고, 2) 블레셋과의 전투에 대한 조언을 하기 위해, 3) 자신의 신변에 안전을 도모하기 위해 갔을 것이라고 추측한다. 특히 이 세 번째 목적은 블레셋의 군대 중 벧호론 길로 향한 한 대(隊)가 그 지경에 있는 사무엘의 고향 라마를 위협하였을 것이라는 추측을 통하여 확인할 수 있다(18절)고 했다.

삼상 13:15b. 사울이 자기와 함께 한 백성의 수를 세어 보니 육백 명 가량이라.

사울은 사무엘이 떠나간 후 "자기와 함께 한 백성의 수를 세어 보았다".

블레셋과 전쟁을 앞두고 있는 판에 군인의 수효를 세어본 것이다. 사무엘이 길갈에 와서 특별한 이적을 행해서 블레셋 군을 괴멸시켜줄 것을 기대했는데 그냥 기브아로 갔기 때문에 심한 공포감이 있어서 앞으로 전투를 앞두고 군인의 수효를 세어본 것이다. 그 숫자가 600명 가량이 된다는 것을 알았다. 원래 사울과 함께 했던 군인 수효가 2,000명이었는데(2절) 반 이상이 흩어지고 만 것이다. 이 정도의 군인을 가지고는 전쟁에 어려울 것으로 알았을 것이다. 사울이 이렇게 더욱 약해진 것은 사울의 제사가 큰 범죄의 결과였다는 것을 보여준다(8,9절). 인간이 아무리 잘 되기 위해 노력해도 하나님 앞에 범죄하고서는 잘 될 수 없음을 일깨워준 것이다. 우리는 하나님만 바라보고 하나님만 의지해야 한다.

삼상 13:16. 사울과 그의 아들 요나단과 그들과 함께 한 백성은 베냐민 게바에 있고 블레셋 사람들은 믹마스에 진 쳤더니.

본 절은 이스라엘 군(사울, 아들 요나단, 이스라엘 백성들)과 블레셋 군이 진치고 있는 곳에 대해 언급한다. 이스라엘 군은 베냐민 게바(3절)에 있고 블레셋 군은 믹마스(2,5절)에 있어 서로 대치하고 있다는 것을 말한다. "게바"는 원래 블레셋의 수비대가 진을 치고 이스라엘을 통치하고 있던 곳이었는데 사울의 아들 요나단이 이를 쳐서 주둔했고(3절), 길갈에 주둔하고 있던 사울의 군대(8절)도 이제는 요나단의 군대와 합류하여 이곳 게바에 함께 진 친 듯하다.

그리고 블레셋 군이 진치고 있는 "믹마스"는 요단 계곡에서 에브라임 산지로 통하는 협곡의 북쪽에 있다. 현재의 믹마스는 해발 603m이다. 블레셋 군이 진을 치고 있는 믹마스와 이스라엘 진이 있는 게바와는 협곡 길로 약 2km정도의 거리에 있었다. 이스라엘 군은 바로 이 같은 지리적 특성을 이용하여 블레셋 군과 대치하고 있었다.

삼상 13:17. 노략꾼들이 세 대로 블레셋 사람들의 진영에서 나와서 한 대는 오브라 길을 따라서 수알 땅에 이르렀고.

블레셋 진영에서는 군력이 넉넉하여 세 부대의 기습부대(타격대)를 꾸려 한 부대는 오브라 길을 따라서 수알 땅에 이르렀다. "오브라"는 '붉은 빛을 띤 흰색의 곳'이란 뜻으로 베냐민 지파의 성읍이며(수 18:23) 블레셋 사람의 약탈 꾼이 간 곳이다. 에브론(대하 13:19)과 동일지이다. 이는 벧엘 동편 8km지점이다. "수알"(Shual)은 '이리'라는 뜻을 가지고 있다. 베냐민의 성읍이다(13:17). 블레셋의 기습부대의 한 부대가 간 땅인데, 위치는 분명치 않다.

삼상 13:18. 한 대는 벧호론 길로 향하였고 한 대는 광야쪽으로 스보임 골짜기가 내려다보이는 지역 길로 향하였더라.

블레셋의 제 2기습부대는 벧호론 길로 향했다. 즉, 제 2기습부대는 믹마스로부터 서편으로 15km 떨어진 벧호론으로 향했다. "벧호론"(Beth-horon)은 '호론신의 집'을 뜻한다. 유대의 셰펠라(평지)에 있던 두 성읍 이름인데, 두 벧호론이 서로 3㎞을 상거하고 있으며, 180m의 낙차가 있어 상, 하의 형용에 의해 구별되었다(대상 7:24). 아래 벧호론(수 16:3; 18:13; 왕상 9:17; 대하 8:5)은 오늘날의 베잇 우르에 다흐다(Beit'Ur et-Tah-ta)와 동일시된다. 그리고 윗 벧호론(수 16:5; 21:22; 대하 8:5)은 오늘날의 베잇 우르 엘 포가(Beit 'Ur el-Foqa)와 동일시된다.이 아래 벧호론에서 윗 벧호론에 올라가는 비탈은 벧호론의 '올라가는 비탈'(수 10:10), 그것을 반대하는 입장에서는 벧호론의 '내려가는 비탈'이라고 불렀다(수 10:11).

또 한 대는 광야 쪽으로 스보임 골짜기가 내려다보이는 지역 길로 향했다. 다시 말해 믹마스에서 동남편에 있는 스보임을 향했다. "스보임"(Zeboiim)은 '영양(羚羊)'이란 뜻을 가지고 있다. 스보임은 아라바 저지의 성읍인데(창 10:19), 동방 연합군에게 패한 일이 있었다(창 14:2,8). 소돔, 고모라와 같이 하늘로부터 유황불이 내려와 멸망당하였다(신29:23). 스보임은 베냐민 땅이며 예루살렘 동북쪽에 위치해 있다. 블레셋이 이렇게 세 대의 기습부대를 만들어 이스라엘을 공격한 것은 이스라엘을 동,서,북 방면에서 협공하려는 전술이었다.

삼상 13:19. 그 때에 이스라엘 온 땅에 철공이 없었으니 이는 블레셋 사람들이

말하기를 히브리 사람이 칼이나 창을 만들까 두렵다 하였음이라.

본서의 저자는 이스라엘에 그때 철공이 없었다고 말한다. 이는 이스라엘에 철 무기가 없었던 이유를 뜻하는 말이다. 철 무기가 없었던 이유는 "블레셋 사람들이 말하기를 히브리 사람이 칼이나 창을 만들까 두렵다 하였기" 때문이다. 이스라엘이 블레셋의 통치아래 들어간 이후 블레셋의 정책으로 이스라엘 사람들이 철 무기를 만들지 못하게 했다. 이스라엘의 철공들은 모두 블레셋으로 끌려가서 철 무기를 만들지 못했다.

삼상 13:20-21. 온 이스라엘 사람들이 각기 보습이나 삽이나 도끼나 괭이를 벼리려면 블레셋 사람들에게로 내려갔었는데 곧 그들이 괭이나 삽이나 쇠스랑이나 도끼나 쇠 채찍이 무딜 때에 그리하였으므로.

온 이스라엘 경내에는 대장간이 없었으므로 이스라엘 사람들이 각기 보습이나 삽이나 도끼나 괭이를 벼리려면 블레셋 사람들에게로 내려갔었다는 것이다(20절). "벼리다"는 말은 '무딘 날을 날카롭게 만든다'는 뜻이다. 21절은 이스라엘 사람들이 언제 블레셋으로 내려갔었는지를 말하는데 연장의 날이 무딜 때에 내려가서 벼렸다는 것이다.

삼상 13:22. 싸우는 날에 사울과 요나단과 함께 한 백성의 손에는 칼이나 창이 없고 오직 사울과 그의 아들 요나단에게만 있었더라.

외국과 전투가 일어나는 날에 사울과 요나단과 함께 한 군인들의 손에는 무기(칼과 창 같은 것)가 없고 오직 사울과 그의 아들 요나단의 손에만 있었다. 그러니 병거와 마병으로 무장한 블레셋을 감당하기는 힘이 들었다. 이는 블레셋의 이스라엘 비무장 정책에 의한 것이었다. 이럴 때 이스라엘은 하나님만 의지하는 수밖에 없었다. 전쟁은 하나님께 속한 것임으로 이스라엘이 매번 하나님만 의지하면 이길 수 있었다. 오늘도 전쟁은 하나님께 속한 것임으로 우리가 하나님만 의지하면 전쟁의 승리는 맡아놓은 것이다.

삼상 13:23. 블레셋 사람들의 부대가 나와서 믹마스 어귀에 이르렀더라.

전쟁은 이제 한층 더 가까워지게 되었다. 이유는 블레셋 사람들의 부대가 한 걸음 더 나와서 믹마스 어귀에 이르렀기 때문이다. 여기 "어귀"(pass)란 '샛길', 혹은 '길목'이란 뜻이다. 블레셋은 이미 3대의 기습부대를 파견해 놓았고(17-18절) 게다가 부대 전체가 믹마스 어귀까지 전진해 있었으니 블레셋이 유리해졌고 이스라엘이 불리해진 것은 분명해졌다.

제 14 장

2. 요나단이 전쟁의 공을 세우다 14:1-23

블레셋이 전쟁에 유리한 고지를 점령했을 때(13:23) 요나단이 적진을 향하여 진격하여 승리를 거두었고(1-15절), 블레셋 군이 패퇴하고 만다(16-23절). 한 사람 신앙인은 큰일을 해낸다.

삼상 14:1. 하루는 사울의 아들 요나단이 자기의 무기를 든 소년에게 이르되 우리가 건너편 블레셋 사람들의 부대로 건너가자 하고 그의 아버지에게는 아뢰지 아니하였더라.

문장 초두의 "하루는"(!/Yh')이란 말은 '그날'이라고 번역되는데 블레셋 군대가 믹마스 어귀에 전진 배치한(13:23) '어느 하루'를 뜻하는 말이다. 그러니까 블레셋 군대가 믹마스 어귀에 전진배치한 지 하루나 이틀이 지난 어느 날을 지칭하는 것으로 보인다. 결코 여러 날이 지난 어느 날을 말하는 것은 아니다.

그러니까 블레셋 군대가 이스라엘을 압박할 대로 압박한 때로부터 아주 가까운 날에 사울의 아들 요나단이 가만히 있을 수 없어 자기의 무기를 든 소년(경비병)에게 "우리가 건너편 블레셋 사람들의 부대로 건너가자"고 제안했다. 이렇게 제안한 데는 필경 하나님으로부터의 그 어떤 영감에 의했을 것이다(R.P.Smith). 요나단은 신앙의 인물이었고 따라서 용감한 인물이었다. 그런데 요나단은 이 일을 그 아버지에게는 말하지 않았다. 아버지에게 이 일을 말하지 않은 것은 아버지가 아들이 하는 일을 만류할 것이 분명했기 때문이었다. "특별히 요나단이 그 아버지에게 말하지 않은 것은 신앙이 없는 자기 부친의 지도를 받을 수 없었기 때문이었다. 그는 이때에 자기 독자적으로 작전 계획을 세운 것이다. 그러면서도 그는 자기 부친에게 반역하지는 않고 고요히 그 부친의 부족을 채워주는 마음으로 독자적 노선을 취한 것이다"(박윤선).

삼상 14:2. 사울이 기브아 변두리 미그론에 있는 석류나무 아래에 머물렀고 함께 한 백성은 육백 명 가량이며.

요나단이 경비병과 함께 블레셋 사람의 부대에게로 건너갈 때 사울은 기브아 변두리 미그론에 있는 석류나무 아래에 머물러 있었다. "기브아"는 사울의 고향이고(10:26), "미그론"(Migron)은 '험한 곳'이라는 뜻을 가지고 있다. 블레셋 사람과 싸울 때 사울이 포진하고 있던 곳이다(14:2). 믹마스의 서남쪽 1.5㎞ 지점의 델 미루암(Tell Miryam)과 동일시된다. 이 지역은 게바의 북쪽, 믹마스 남쪽에 있었다. 이 때의 사울의 군인 수는 600명이었다(13:15).

삼상 14:3. 아히야는 에봇을 입고 거기 있었으니 그는 이가봇의 형제 아히둡의 아들이요 비느하스의 손자요 실로에서 여호와의 제사장이 되었던 엘리의 증손이었더라 백성은 요나단이 간 줄을 알지 못하니라.

본서 저자는 "아히야는 에봇을 입고 거기 있었다"고 말한다. 여기 "거기 있었다"는 말은 원문에는 없는 말인데 독자들을 위해 보역한 것이다. 아히야가 "에봇"을 입고 있었다는 말은 대제사장의 옷을 입고 있었다는 것을 뜻한다. "에봇"은 화려한 색실로 만든 대제사장의 옷이었다. 이 예복은 대제사장이 속죄일에 지성소에 들어갈 때나 특별한 경우에 입었다.

본서 저자가 아히야가 에봇을 입고 있었다는 것을 말하는 이유는 그가 이렇게 대제사장의 옷을 입고 거창하게 있었지만 블레셋 전투에 거의 이스라엘에 도움이 되지 못하고 있었음을 들어내기 위함이다. 만약 사무엘이 이런 위급한 경우를 당했다고 하면 그가 하나님께 기도하여 블레셋 군대를 패퇴시켰을 것으로 보인다. 그는 겨우 에봇을 입고 사무엘 곁에 있는 것만으로 그의 직분을 감당하는 것으로 알았던 것 같다. 그는 대제사장의 옷을 입고 있으면서 "요나단이 블레셋 군대를 치러 간 줄도 알지 못했던 것" 같다(본 절 마지막). 제사장이 모르고 있었으니 백성들이야 알 수가 없었다.

본문의 "이가봇"은 비느하스의 아내가 죽으면서 낳은 아들이었다(4:19-22). 그러니까 아히야는 이가봇의 형인 셈이다. 그리고 "아히둡"(Ahitub)은 '형제는 선함'이란 뜻이다. 엘리 제사장의 자손 이가봇의 형제이며, 아히야 또는 아히멜렉 제사장의 부친이다(14:3; 삼상 22:9,11,20).

아히야는 "실로에서 여호와의 제사장이 되었던 엘리의 증손"이었다. 아무튼 엘리의 후손이 이와 같이 제사장직에 봉직한 것은 흥미 있는 일이 아닐 수 없다(이상근). 아마도 엘리가 오랜 세월 제사장으로 수고한 것을 하나님께서 잊지 아니한 것으로 보인다.

삼상 14:4. 요나단이 블레셋 사람들에게로 건너가려 하는 어귀 사이 이쪽에는 험한 바위가 있고 저쪽에도 험한 바위가 있는데 하나의 이름은 보세스요 하나의 이름은 세네라(In the pass, by which Jonathan sought to go over to the Philistine garrison, there was a rocky crag on the one side and a rocky crag on the other side; the name of the one was Bozez, and the name of the other Seneh-RSV).

요나단이 자기의 경비병과 함께 블레셋 사람들에게로 건너가려 하는 좁은 길목(길의 중요한 통로가 되는 목) 사이 양쪽에는 험한 바위들이 있었다. 다시 말해 이스라엘 진이 있는 게바와 블레셋 진의 믹마스에는 다 같이 험한 바위들이 있고, 그 중간에는 또한 깊고 험한 계곡이 있었다는 뜻이다. 그런고로 요나단은 자기 진지 쪽에 있는 험한 바위를 넘은 다음 그 바위를 내려서 계곡을 건너고 또 블레셋 진 쪽에 있는 험한 바위를 올라가야 했다는 것이다. 그 바위들은 너무 험해서 바위들에 이름들까지 붙어 있었다. 즉, 게바 쪽에 있는 바위는 "보세스"(Bozez, '미끄러움')라는 이름이 붙어 있었고 또 믹마스 쪽의 바위 이름은 "세네"(Sehneh, '가시')라는 이름이 붙어 있었다.

삼상 14:5. 한 바위는 북쪽에서 믹마스 앞에 일어섰고 하나는 남쪽에서 게바 앞에 일어섰더라.

본 절은 양쪽 바위들이 어떻게 서 있는지를 말하고 있다. 즉, 이스라엘 진이 있는 게바 쪽 바위 곧 보세스(Bosez)는 북쪽에서 믹마스 앞으로 일어서 있고, 또 블레셋이 있는 믹마스 쪽 바위 곧 세네는 남쪽에서 북쪽 방향 곧 게바를 향하여 날카롭게 일어서 있다는 것이다. 위의 두 큰 바위 절벽은 협곡을 가운데 두고 마주 서 있었다.

삼상 14:6. 요나단이 자기의 무기를 든 소년에게 이르되 우리가 이 할례 받지 않은 자들에게로 건너가자 여호와께서 우리를 위하여 일하실까 하노라 여호와의 구원은 사람이 많고 적음에 달리지 아니하였느니라.

본 절은 요나단의 신앙을 보여주고 있다. 요나단은 자기의 병기를 든 경비병에게 세 가지로 그의 신앙을 보여주고 있다. 첫째, 요나단은 "우리가 이 할례 받지 않은 자들에게로 건너가자"고 제안한다. 여기 "할례 받지 않은 자"란 말은 '이방인' 즉 '무신론 자'라는 뜻이다. "할례"(Circumcision)는 남성의 음경(penis)의 포피(包皮)를 절개 혹은 일부를 베어내는 의식인데 양피 절제 수술인 외과적 수술의 일종이다. 일반적으로 예리한 칼로 집행되었는데, 고대에는 부싯돌 같은 돌칼이 쓰어졌다(출 4:26; 수 5:2). 이 의식은 아버지에 의해 행해지는 것이 원칙이었는데(창 17:23), 이스라엘인이면, 누가 행해도 좋았다(출 4:25). 그러나 이방인은 금지되어 있었다. 요나단은 하나님을 믿지 않는 무신론 자 때문에 고생할 것 없이 그들에게 가서 치자는 것이었다. 다윗도 이런 확신을 가지고 전쟁했다(17:36). 둘째, 요나단은 "여호와께서 우리를 위하여 일하실까" 하노라고 확신을 말한다. 요나단의 이 말은 하나님께서 반드시 우리를 위해서 일하신다는 확신의 표현이었다. 셋째, "여호와의 구원은 사람이 많고 적음에 달리지 아니하였다"고 말한다. 승리란 군사의 수효가 많고 적음에 달려 있지도 않고 또 군사력의 강약에 달려 있지도 않다는 것을 드러낸 말이다. 승리란 하나님께서 함께 하시느냐는데 달려 있다. 구약 성경에는 이런 신앙을 가진 사람들이 많이 있었다. 기드온(삿 7:15), 다윗(17:47), 아사(대하 14:11), 히스기야(대하 32:7,8) 등이 그런 신앙의 소유자였다.

삼상 14:7. 무기를 든 자가 그에게 이르되 당신의 마음에 있는 대로 다 행하여

앞서 가소서 내가 당신과 마음을 같이 하여 따르리이다.

요나단이 이런 사람을 경비병으로 쓴다는 것은 큰 다행이 아닐 수 없었다. 만약에 그가 요나단의 신앙을 반대하고 곁을 떠났다면 요나단도 큰 상처를 받았을 것이다. 그러나 그는 요나단에게 이르기를 "당신의 마음에 있는 대로 다 행하여 앞서 가소서 내가 당신과 마음을 같이 하여 따르리이다'라고 동의한다. 요나단의 경비병도 요나단과 같이 신앙과 용기가 겸전한 자였다.

삼상 14:8. 요나단이 이르되 보라 우리가 그 사람들에게로 건너가서 그들에게 보이리니.

요나단은 병기든 자에게 "보라 우리가 그 사람들에게로 건너가서 그들에게 보이자"고 말한다. 요나단은 일단 '우리가 블레셋 진영으로 건너가자'고 말한다. 그런 다음 '그들에게 보이자'고 말한다. 다시 말해 그들에게 건너 간 다음 그들에게 자신들의 몸을 노출시켜보자는 것이었다. 요나단은 둘이서 기습 작전을 펴자는 것이 아니고 기습작전 이상으로 하나님만 의지하는 작전을 펴자는 것이었다. 일단 보이고 나서 하나님께서 어떻게 역사하시는지 알아보자는 것이었다.

삼상 14:9-10. 그들이 만일 우리에게 이르기를 우리가 너희에게로 가기를 기다리라 하면 우리는 우리가 있는 곳에 가만히 서서 그들에게로 올라가지 말 것이요 그들이 만일 말하기를 우리에게로 올라오라 하면 우리가 올라갈 것은 여호와께서 그들을 우리 손에 넘기셨음이니 이것이 우리에게 표징이 되리라 하고.

요나단은 여호와께서 세상 불신자들의 입을 주장하셔서 그의 뜻을 알리신다는 사실을 말한다. 요나단은 세상 불신자들이 자기들 원하는 대로 말이나 행동을 하는 것이 아니라 모두 여호와의 통제 하에서 한다는 것을 확신하고 있었다. 참으로 큰 신앙이었다.

요나단은 자기와 병기를 든 자가 블레셋 사람들에게 몸을 보일 때 "우리가 너희에게로 가기를 기다리라 하면 우리는 우리가 있는 곳에 가만히 서서 그들에게로 올라가지 말자"고 말한다. 그들이 그렇게 말하는 것은 바로 여호와께서 우리로 하여금 블레셋 군대와 싸우지 말라는 신호로 알자는 것이었다.

그리고 요나단은 반대로 "블레셋 군인들이 우리에게로 올라오라 하면 우리가 올라갈 것은 여호와께서 그들을 우리 손에 넘기신 것으로 알자"고 말한다. 요나단은 블레셋 군인들의 입으로 자기네들 진영으로 올라오라고 하면 그것은 여호와께서 블레셋 군인들을 이스라엘의 손에 넘기신(수 6:2; 10:8; 삿 11:21,30; 삼하 5:19) 신호로 삼자는 것이었다. 이렇게 요나단이 그의 병기를 든 자와 말을 했는데 실제로 블레셋 군인들이 요나단에게 올라오라고 말하여(12절), 요나단과 병기 든 자가 블레셋 진영으로 올라가 승리를 거두었다(13절). 오늘 우리는 세상에 우연이란 없고 여호와께서 세상 모든 것들을 주장하시는 줄 알아야 한다. 우리는 여호와께서 여호와를 믿는 사람들만 주장하시는 것이 아니라 불신자들도 다 주장하시는 줄 알아야 한다.

삼상 14:11. 둘이 다 블레셋 사람들에게 보이매 블레셋 사람이 이르되 보라 히브리 사람이 그들이 숨었던 구멍에서 나온다 하고.

요나단과 병기든 자가 블레셋 군인들에게 몸을 보이니 블레셋 군인들이 말하기를 이스라엘 사람들이 숨었던 구멍에서 나온다고 말했다. "히브리 사람"이란 말의 뜻에 대해 4:6 주해 참조

삼상 14:12. 그 부대 사람들이 요나단과 그의 무기를 든 자에게 이르되 우리에게로 올라오라 너희에게 보여 줄 것이 있느니라 한지라 요나단이 자기의 무기를 든 자에게 이르되 나를 따라 올라오라 여호와께서 그들을 이스라엘의 손에 넘기셨느니라 하고.

블레셋 군인들이 요나단과 병기든 자에게 말하기를 "우리에게로 올라오라 너희에게 보여 줄 것이 있다"고 말했다. 요나단은 블레셋 군인들이 "우리에게 올라오라"는 말을 여호와께서 주시는 신호로 알고 이제 분명히 이스라엘이 승리할 줄을 확신했다. 본문에 "너희에게 보여 줄 것이 있다"는 말은 블레셋 군대의 무력을 보여주겠다는 이야기이다. 이런 교만의 말은 자신들이 망하는데 아주

적절한 마음 자세가 될 뿐이다.

삼상 14:13. 요나단이 손발로 기어 올라갔고 그 무기를 든 자도 따랐더라 블레셋 사람들이 요나단 앞에서 엎드러지매 무기를 든 자가 따라 가며 죽였으니.

요나단이 손발로 기어 올라갔다는 말은 블레셋 쪽의 바위를 기어 올라갔다는 뜻이다. 요나단이 올라갈 때 무기를 든 자도 따라 올라 갔다. 요나단이 바위를 기어 올라간 다음 블레셋 군인을 쳐서 엎드러뜨리면 뒤따라가는 경비병이 따라 가며 죽였다. 그러니까 요나단은 쳐서 넘어뜨리면 경비병은 따라가며 죽였다.

삼상 14:14. 요나단과 그 무기를 든 자가 반나절 같이 땅 안에서 처음으로 쳐 죽인 자가 이십 명 가량이라.

요나단과 병기든 자가 "반나절 같이 땅(half a furrow's length in an acre of land) 안에서 처음으로 쳐 죽인 자가 20명 가량"이라고 전과(戰果)를 말한다. 여기 "같이"32)란 말은 면적의 단위(사 5:10)로 히브리어에 있어서는 '멍에'를 의미하고, 거기서 한 쌍의 소가 하루 동안 갈수 있는 면적의 이름으로 되었다.33) 따라서 '반나절 같이 땅'(half a furrow's length inan acre of land)은 '한 쌍의 소가 하루에 가는 밭의 약 반분의 장소'를 가리키는 말이다. 이 번역을 두고 공동 번역은 "약 2,000평방미터 정도의 지역"이라고 했다. 여기서 조심할 것은 앞의 언급이 블레셋 군인들에 대한 공격이 반나절이나 걸렸을 것이라고 추측해서는 안 될 것이다. 그때 요나단은 단시간 내에 블레셋 군인들 수비대에 대한 공격을 완료했을 것으로 보아야 할 것이다. 블레셋의 수비대는 요나단과 경비병이 그 가파른 절벽을 타고 올라와 졸지에 습격하리라고는 예상치 못했기 때문에 그냥

---

32) "같이": (צֶמֶד) Acre. 면적의 단위(사 5:10). 히브리어(צֶמֶד)는 '멍에'를 의미하고, 거기서 한 쌍의 소가 하루 동안 갈수 있는 면적의 이름으로 되었다. 14:14의 '반나절 같이 땅'(半日耕地畝, half a furrow's length inan acre of land)은 '한 쌍의 소가 하루에 가는 밭의 약 반분의 장소'를 가리키는 말로도 되고, 공동번역에서는 14절을 '이렇게 요나단과 그의 무기 당번은 (블레셋과의) 첫 대전에서 하루같이 밭을 반 이상 갈아 젖히듯, 이십 명 가량 죽였다'로 번역하고 있다.
33) 이스라엘 사람들은 다른 고대인들과 같이 황소가 하루 갈 수 있는 양으로서 분량을 재는 방법을 사용했다(R.P.Smith).

방심하고 있다가 갑자기 들이닥친 요나단 일행의 공격에 대항하여 전의(戰意)를 상실하고 도주하기에 바빴을 것이다(Keil, Smith). 요나단이 이렇게 큰 전과를 세운 것은 여호와를 의지했기 때문이다. 여호와는 우리의 힘이시다.

삼상 14:15. 들에 있는 진영과 모든 백성들이 공포에 떨었고 부대와 노략꾼들도 떨었으며 땅도 진동하였으니 이는 큰 떨림이었더라.

요나단과 경비병이 블레셋 군대를 쳤을 때 블레셋 군인들은 들에 있는 진영과 모든 백성들이 공포에 떨었고 진 안의 전초부대의 군인들과 특공대의 군인들은 3대로 나누어 이스라엘 군을 포위하려던 군인들(13:17) 모두가 공포에 떨고 있었다. 앞서 이스라엘 측이 떨었는데(13:17), 이제는 블레셋 군인들 전체가 떨었고, 땅마저 흔들렸다. 하나님이 보내신 크나큰 공포가 그들을 휘감은 것이다. 여호와의 구원은 사람의 많고 적음에 달린 것이 아니었다.

삼상 14:16. 베냐민 기브아에 있는 사울의 파수꾼이 바라본즉 허다한 블레셋 사람들이 무너져 이리 저리 흩어지더라.

베냐민 기브아(이곳은 사울의 고향이고, 이 때 사울의 본영이 있었다)에 있는 사울의 파수꾼들이 적진을 살펴보고 있는데 허다한 블레셋 군인들이 아우성을 치며 이리 저리 계속해서 흩어지고 있었다. 이는 요나단과 경비병만의 힘으로 되는 일이 아니었고 하나님의 특별하신 이적으로 되는 일이었다.

삼상 14:17. 사울이 자기와 함께 한 백성에게 이르되 우리에게서 누가 나갔는지 점호하여 보라 하여 점호한즉 요나단과 그의 무기를 든 자가 없어졌더라.

블레셋 측에서 군인들이 이리저리로 흩어지는 것을 관측한 사울 진영에서는 누가 나가서 이런 일을 하는지 알아보기 위하여 점호(계수)하여 보라는 명령이 내렸다. 계수한즉 요나단과 그의 무기를 든 자가 없어진 것을 알게 되었다.

삼상 14:18. 사울이 아히야에게 이르되 하나님의 궤를 이리로 가져오라 하니

그 때에 하나님의 궤가 이스라엘 자손과 함께 있음이니라.

맛소라 본문(Masoretic Text)에는 "하나님의 궤"(אֲרוֹן הָאֱלֹהִים)라고 표현되어 있으나 70인 역(LXX)은 에봇으로 되어 있다. 우리는 맛소라 본문이 옳은 것으로 보아야 하는지 혹은 70인 역이 옳은 것인지 알아보아야 할 것이다. 학자들은 70인 역의 표기가 옳은 것으로 말하고 있다(Keil, Smith). 그 이유는 1) "가져오라"(הַגִּישָׁה)는 말은 언약궤와 관련하여 사용된 예가 전혀 없고 '에봇'과 관련해서는 몇 회 사용된 적이 있다는 점을 든다(23:9; 30:7, K.&D.). 2) 사울은 그 때 자신의 아들 요나단의 안전 여부를 대제사장의 에봇에 들어있는 우림과 둠밈을 통해 하나님께 물으려 했고(22:10), 하나님께 물어보는 것도 궤를 사용하지는 않았다. 3) 그 당시 언약궤는 적어도 15km 이상 떨어져 있는 기랏여아림에 안치되어 있었으니(7:1) "하나님의 궤를 이리로 가져오라"는 말은 불가한 것이었다(7:1). 4) 사울은 언약궤를 전장에 가져갔다가 패배했던 아벡 전투(4:5-11)에 대해서 확실히 기억하고 있을 것이기 때문에 전장에 가져오지 않았을 것으로 보인다.

그리고 "그 때에 하나님의 궤가 이스라엘 자손과 함께 있음이니라"는 말은 필사자가 앞의 문구("하나님의 궤를 가져오라")를 정당화하기 위해 가필한 것으로 보는 것이 타당할 것으로 보인다(R.P. Smith). 따라서 본문구가 70인 역에는 없다.

사울은 이때에 하나님의 뜻을 알아보기 위해 에봇을 가져오라고 했음이 타당한 것으로 보아야 할 것이다.

삼상 14:19. 사울이 제사장에게 말할 때에 블레셋 사람들의 진영에 소동이 점점 더한지라 사울이 제사장에게 이르되 네 손을 거두라 하고.

사울이 하나님의 뜻을 알아보려고 제사장에게 말하는 동안에 블레셋 군인들의 진영에 소란이 점점 더해가고 있었다. 그래서 사울은 제사장에게 '여호와께 물어볼 필요도 없소 그만 두시오' 하고 제사장에게 말하였다. 사울은 위급함을 당할 때는 여호와께 뜻을 물어보려 했고 전세가 호전되자 여호와의 뜻을 물어보는 일을 폐하고 전진하려 한다. 사람은 모든 일이 어떻게 되든지 주님의 뜻을 알고 살아야 할 것이다. 기회주의적이 되어서는 안 될 것이다.

삼상 14:20. 사울과 그와 함께 한 모든 백성이 모여 전장에 가서 본즉 블레셋 사람들이 각각 칼로 자기의 동무들을 치므로 크게 혼란하였더라.

사울은 그의 모든 군인들과 함께 전장에 가서 본즉 블레셋 군인들이 각각 칼로 자기의 동무들을 치고 있었던 고로 크게 혼란이 일어나고 있었다. 이런 일은 블레셋 측에는 재앙이었고 이스라엘 측에는 이적이었다. 하나님께서 행하신 역사였다. 이스라엘은 소수를 가지고 대군을 격파한 것이고 적군은 자중지란(自中之亂)을 맞이해서 패퇴하게 되었다.

삼상 14:21. 전에 블레셋 사람들과 함께 하던 히브리 사람이 사방에서 블레셋 사람들과 함께 진영에 들어 왔더니 그들이 돌이켜 사울과 요나단과 함께 한 이스라엘 사람들과 합하였고.

이적은 또 있었다. 전에는 블레셋 사람들 편에 서 있던 히브리 사람들[34](이스라엘 사람들)이 지금은 사방에서 블레셋 사람들과 함께 진영에 들어오더니 그들이 마음을 돌려 사울과 요나단과 한 이스라엘 사람들과 한편이 되었다는 점이다.

본문의 "전에 블레셋 사람들과 함께 하던 히브리 사람"이란 말은 '전에는 블레셋 사람에 의하여 블레셋 사람의 부대에 편성되어 블레셋 족속을 위하여 싸우던 용병(傭兵) 혹은 징용(徵用)된 사람들이었을 것이다. 이들은 전에는 분명히 이스라엘을 대항하여 싸우기도 했을 것이다.

"사방에서 블레셋 사람들과 함께 진영에 들어 왔다"는 말은 이스라엘 사람들이 강제로 블레셋에 끌려가서 용병으로 살다가 전쟁을 맞이해서 블레셋 부대로 편성되어 전쟁터에 들어와서는 갑자기 마음을 돌려 사울과 요나단 편에 서서 이스라엘을 위하여 싸우게 되었다는 뜻이다. 그러니까 이들은 칼끝을 이스라엘로 향한 것이 아니라 블레셋 편으로 향하여 무기를 사용했다. 이것이 바로 하나님께서

---

34) 히브리 사람이란 이스라엘 사람을 의미하는데 이 명칭은 다른 민족들에 의해 이스라엘 사람들에게 붙여지던 모욕적인 의미를 지닌 명칭이었다(13:3).

행하신 이적이다. 일이 잘 진행될 때에는 모든 것이 합력하여 선이 되는 법이다(롬 8:28).

삼상 14:22. 에브라임 산지에 숨었던 이스라엘 모든 사람도 블레셋 사람들이 도망함을 듣고 싸우러 나와서 그들을 추격하였더라.

전날에 블레셋 군대를 두려워하여 에브라임 산지(팔레스틴 중부의 구릉지대)의 굴과 수풀과 은밀한 곳에 숨어서 세월을 지내던 이스라엘 모든 사람들(13:6)도 이제는 블레셋 군대가 패퇴한다는 소식을 듣고 그들이 숨었던 곳에서 뛰쳐나와 블레셋 군대를 뒤쫓아 가 쳤다는 내용이다.

삼상 14:23. 여호와께서 그 날에 이스라엘을 구원하시므로 전쟁이 벧아웬을 지나니라.

그날에 이스라엘이 블레셋 군인들로부터 구원을 받은 것은 전적으로 여호와께서 하신 일이었다. 여호와께서 요나단과 경비병을 사용하여 블레셋 진을 공격하게 하셨고 동시에 블레셋 사람들에게 엄청난 공포심을 주셨으며 땅을 떨리게 하셨고, 또 그들이 서로 쳐서 죽이게 하셨으며, 또 이스라엘 진영에 합류하는 사람들을 생각밖에 많게 하셔서 블레셋 군대를 박멸하게 하셨다.

그래서 여호와께서는 이스라엘 군대로 하여금 믹마스에 진치고 있던 블레셋 군대를 격파하게 하셨고 믹마스의 서편 1km 지점인 벧아웬(13:5 주해 참조)까지 추격하게 하셨고 결국은 벧아웬을 지나 이얄론까지 추격하게 하셨다(31절). 여호와께서는 요나단을 사용하셨다.

역사상 여호와께서는 이스라엘을 구원하시는 일에 한 사람을 사용하셨다. 이스라엘을 애굽에서 구원하실 때 모세를 사용하셨고 또 광야를 통과할 때도 모세 한 사람을 사용하셨으며 요단을 건널 때나 가나안을 점령할 때는 여호수아 한 사람을 사용하셨고 가나안에 정착한 이스라엘이 외적의 침략을 당할 때는 사사들을 사용하셨다. 이제 왕정이 된 후에는 사울왕의 아들 요나단을 사용하셔서 이스라엘을 구원하셨다. 하나님께서 이스라엘이 당한 어려운 고비마다 믿음을 갖춘 한 사람을 사용하셔서 구원하셨다.

3. 사울이 경솔하게 맹세하다 14:24-46

사울은 이스라엘이 블레셋과의 전투에서 승리한 날에 전투에 임한 군인들로
하여금 저녁까지 식물을 입에 대지 말라는 경솔한 맹세를 하고 그 맹세를 군인들로
하여금 지키게 했다. 그러나 요나단은 그 단식 령을 모르고 꿀을 조금 먹어(24-35
절) 갑자기 왕명을 어긴 사람이 되어 왕으로부터 죽임을 당하게 되었을 때 백성들의
만류로 실행에 옮기지 못했다. 아들 요나단은 이스라엘을 구원하는 일에 하나님으
로부터 쓰임을 받은 반면 사울은 이스라엘의 전투에 방해만 놓은 사람이 되었다
(36-46절). 우리는 일을 실행함에 신중에 신중을 기해야 한다.

**삼상 14:24. 이 날에 이스라엘 백성들이 피곤하였으니 이는 사울이 백성에게
맹세시켜 경계하여 이르기를 저녁 곧 내가 내 원수에게 보복하는 때까지 아무
음식물이든지 먹는 사람은 저주를 받을지어다 하였음이라 그러므로 모든 백성이
음식물을 맛보지 못하고**

본서의 저자는 '이스라엘이 승리한 날에 이스라엘 군인들이 먹지 못해 허기가
져 피곤하게 되었다'고 말한다. 그 이유는 '사울이 이스라엘 군인들에게 원수에게
보복하는 때까지 아무 음식물이든지 먹는 사람은 저주를 받을 것이라'고 명령하였
기 때문이다. 이런 맹세시킴 때문에 백성들은 음식물을 맛보지 못해서 허기가
졌다. 사울은 백성을 생각하지도 않고 하나님께 여쭈어보지도 않은 경솔한 맹세를
시킨 것이다. 우리는 금식을 할 때와 금식을 할 이유가 없을 때를 구분할 줄
알아야 할 것이다.

삼상 14:25. 그들이 다 수풀에 들어간즉 땅에 꿀이 있더라.

블레셋 군인을 추격하던 이스라엘 군인 모두가 수풀에 들어가 보니 땅에
야생벌들이 꿀을 흘러내리는 것을 보았다. 가나안 성지에서는 이와 같은 현상을
도처에서 볼 수 있었기(신 32:13)에 성지를 '젖과 꿀이 흐르는 땅'이라고 불렀다(출
3:8; 신 11:9).

삼상 14:26. 백성이 수풀로 들어갈 때에 꿀이 흐르는 것을 보고도 그들이 맹세를 두려워하여 손을 그 입에 대는 자가 없었으나.

이스라엘 군인들이 수풀로 가까이 가서 숲 속으로 들어갈 때에 꿀이 흐르는 것을 보고도 그들은 사울이 맹세한 것을 두려워하여 꿀에 손을 대서 그 입에 대는 자가 없었다. 백성들은 좋은 꿀을 보고도 사울의 경솔한 맹세 때문에 꿀을 먹을 수 있는 좋은 기회를 놓치고 말았다.

삼상 14:27. 요나단은 그의 아버지가 백성에게 맹세하여 명령할 때에 듣지 못하였으므로 손에 가진 지팡이 끝을 내밀어 벌집의 꿀을 찍고 그의 손을 돌려 입에 대매 눈이 밝아졌더라.

모든 군인들 중에 요나단은 그의 아버지 사울이 백성에게 맹세하여 명령할 때에 듣지 못했으므로 손에 가진 지팡이의 끝을 내밀어 벌집의 꿀을 찍고 그의 손을 돌려 꿀을 입에 댔더니 눈이 밝아졌다는 것이다. 꿀물은 사람의 피로를 해결해주며 또 눈을 밝혀 준다는 것이 우리나라에서도 퍼져 있는 상식이다.

삼상 14:28. 그 때에 백성 중 한 사람이 말하여 이르되 당신의 부친이 백성에게 맹세하여 엄히 말씀하시기를 오늘 음식물을 먹는 사람은 저주를 받을지어다 하셨나이다 그러므로 백성이 피곤하였나이다 하니.

요나단이 꿀을 먹고 눈이 밝아졌을 때 백성 중 한 사람이 요나단에게 말하기를 "당신의 부친이 백성에게 맹세하여 엄히 말씀하시기를 오늘 음식물을 먹는 사람은 저주를 받을지어다"라고 말씀하셔서 "백성이 허기가 져서 피곤해졌다"는 것을 드러내 준다.

삼상 14:29-30. 요나단이 이르되 내 아버지께서 이 땅을 곤란하게 하셨도다 보라 내가 이 꿀 조금을 맛보고도 내 눈이 이렇게 밝아졌거든 하물며 백성이 오늘 그 대적에게서 탈취하여 얻은 것을 임의로 먹었더라면 블레셋 사람을 살륙함이 더욱 많지 아니하였겠느냐.

요나단이 말하기를 "내 아버지께서 이 땅을 곤란하게 하셨도다"라고 말한다. "이 땅"이란 '이 땅의 백성들' 혹은 '이 땅의 군인들'을 지칭한다. "곤란하게 하셨도다"(עָכַר)란 말은 '해롭게 하셨도다' 혹은 '고통을 주셨도다' 혹은 '성전을 망치셨도다'(Klein)란 뜻이다. 요나단의 말에 내 아버지께서 이 땅의 군인들에게 해를 끼치셨다고 말한 이유는 자신이 이 꿀을 조금 맛보고도 자신의 눈이 이렇게 밝아졌는데 하물며 이스라엘 군인들이 오늘 그 대적 블레셋으로부터 탈취해서 얻은 것들을 마음껏 먹었더라면 블레셋 사람들을 더 많이 죽이지 않았겠느냐는 것이다. 참으로 억울한 일이라는 것을 드러낸 말이다. 사울이 참으로 경솔하게 단식 령을 이스라엘에게 내려 큰 손해를 끼쳤다는 것이다.

삼상 14:31. 그 날에 백성이 믹마스에서부터 아얄론에 이르기까지 블레셋 사람들을 쳤으므로 그들이 심히 피곤한지라.

본 절은 이스라엘 군대가 사울의 무모한 단식 령으로 심히 피곤한 중에 세운 전과(戰果)를 말한다. 이스라엘 군대가 요나단의 활약에 힘입어 승리를 거둔 날에 백성들(군인들)이 믹마스 전투에서 블레셋을 친(13:16) 후부터 믹마스 서편 1km 지점의 벧아웬에 이르고(23절) 더 추격하여 아얄론에 이르렀다. "아얄론"은 '사슴'이란 뜻을 지니고 있고 믹마스 서편 약 25km지점이고, 예루살렘 서북 약 23km 지점에 있다. 아무 식물을 먹지 못하고 아얄론까지 추격한 군인들은 심히 피곤함을 느꼈을 것이다. 단식 령만 아니었으면 더 좋은 전과를 냈을 것으로 보인다.

삼상 14:32. 백성이 이에 탈취한 물건에 달려가서 양과 소와 송아지들을 끌어다가 그것을 땅에서 잡아 피 채 먹었더니.

단식 령이 끝나는 저녁이 되자(24절) 백성들(군인들)은 탈취한 물건에 달려가서 양과 소와 송아지들을 끌어다가 그것들을 땅에서 잡아 피 채 먹었다. 양과 소와 송아지들을 잡을 때 땅에서 잡지 말고 큰 돌 위에서 잡아야만 했다. 그래야 고기로부터 피를 뺄 수 있었다. 그러나 배가 고팠던 백성들은 율법의 금지된

조항들을 유념하지 못하고 피 채로 마구 먹어 율법 규정을 어기고 말았다(창 9:4; 레 17:10-14; 신 12:27). 그리고 소와 송아지들은 같은 날에 함께 잡아먹어 율법을 범하고 말았다(레 22:28, R.P. Smith). 사울은 백성들을 좀 더 거룩하게 만들려고 단식 령을 내렸으나 오히려 범죄를 저지르는 방향으로 가게하고 말았다.

삼상 14:33. 무리가 사울에게 전하여 이르되 보소서 백성이 고기를 피 채 먹어 여호와께 범죄하였나이다 사울이 이르되 너희가 믿음 없이 행하였도다 이제 큰 돌을 내게로 굴려 오라하고.

무리가 사울에게 말하기를 "보소서"(הִנֵּה)라는 말을 사용한다. 이 말은 아주 중요한 말을 시작할 때 쓰는 말이다. 중요한 말이란 "백성이 고기를 피 채 먹어 여호와께 범죄하였습니다"라는 말이었다. 무리의 보고를 받은 사울은 "너희가 믿음 없이 행하였도다"라고 말한다. "믿음 없이 행했다"(בְּגַדְתֶּם)는 말은 '믿음을 깨뜨렸다' 혹은 '율법을 범하였다' 혹은 '신실치 못했다'는 뜻이다(레 19:26). 사실 사울이 이 말을 하게 된 데는 사울 측에 잘못이 먼저 있었다는 점이다. 사울이 먼저 금식 령을 내린데서 고기를 피 채 먹는 일이 발생한 것이다. 사울은 백성들(군인들)을 책망한 다음에 무리에게 "이제 큰 돌을 내게로 굴려오라"고 명령한다. 이유는 피가 흐르는 고기를 큰 돌 위에 올려놓고 피를 빼려는 것이었다.

삼상 14:34. 또 사울이 이르되 너희는 백성 중에 흩어져 다니며 그들에게 이르기를 사람은 각기 소와 양을 이리로 끌어다가 여기서 잡아먹되 피 채로 먹어 여호와께 범죄하지 말라 하라 하매 그 밤에 모든 백성이 각각 자기의 소를 끌어다가 거기서 잡으니라.

사울은 무리에게 말하기를 너희(무리)는 군사들 중에 흩어져 다니면서 그 군사들에게 이르기를 군인들은 각기 소와 양을 이 바위 있는 데로 끌어다가 여기서 잡아 피를 빼고 먹어서 여호와께 범죄하는 일이 없도록 하라고 했기에 그 밤에 모든 군인들이 각각 자기의 소를 끌어다가 그 바위 위에서 잡아먹었다. 이것은 사울이 낸 하나의 지혜였다.

삼상 14:35. 사울이 여호와를 위하여 제단을 쌓았으니 이는 그가 여호와를 위하여 처음 쌓은 제단이었더라.

본 절은 두 가지를 말하고 있다. 첫째는 사울이 여호와를 위하여 제단을 쌓았다는 것 또 둘째는 이 제단은 사울이 여호와를 위하여 처음 쌓은 단이었다는 것이다. 그러면 사울이 여호와를 위하여 제단을 쌓은 이유가 무엇이냐는 것이다. 두 가지 견해가 있다. 1) 사울이 군인들이 고기를 피 채 먹은 죄를 속죄하기 위해 단을 쌓았을 것이라는 견해(Merrill). 그러나 이 견해는 바람직하지 않은 견해인 것 같다. 사울은 자기의 과오를 깨닫지 못한 채 백성들을 책망한 것을 볼 때(33절) 백성들의 죄를 속죄하기 위하여 단을 쌓았다는 것에 대해 별 큰 의미를 부여하기 어려운 것 같다. 2) 사울이 블레셋과의 전투에서 승리하게 된 것을 감사하기 위하여 단을 쌓았을 것이라고 보는 견해(Keil). 2번이 합당한 견해이다.

또 이 단은 사울이 여호와를 위하여 처음 쌓은 단이라는 뜻이 무엇을 의미하느냐는 것이다. 이 문구의 문자적인 뜻은 '단을 쌓기 시작했다'는 뜻이다. 이 문구가 무엇을 뜻하느냐를 두고도 역시 두 가지 견해가 있다. 1) 단을 쌓기 시작하다가 중단했다는 견해. 그럴 수도 있으나 그가 왕의 입장에서 단을 쌓다가 중단했을 것으로 보는 것은 무리가 있는 견해이다. 2) 특별한 목적을 가지고 단을 쌓는 일에 있어서 선구자가 된 것을 의미한다는 견해(R.P.Smith). 2번의 견해를 택한다. 훗날 다윗도 여호와를 위해 단을 쌓았다(삼하 24:25).

삼상 14:36. 사울이 이르되 우리가 밤에 블레셋 사람들을 추격하여 동틀 때까지 그들 중에서 탈취하고 한 사람도 남기지 말자 무리가 이르되 왕의 생각에 좋은 대로 하소서 할 때에 제사장이 이르되 이리로 와서 하나님께로 나아가사이다 하매.

본 절은 세 부류(왕, 백성, 제사장)의 말을 기록하고 있다. 첫째 사울의 말이 기록되어 있다. 즉, "우리가 밤에 블레셋 사람들을 추격하여 동틀 때까지 그들 중에서 탈취하고 한 사람도 남기지 말자"는 것이었다. '사울은 저녁을 먹어(32절) 힘을 얻은 군인들에게 그 밤을 틈타 블레셋 군인들을 쫓아가서 동이 틀 때까지 그들 중에서 탈취하고 한 사람도 남기지 말고 다 죽여 버리자'고 제안한다. 둘째, 군인들이 동의한다. 즉, "왕의 생각에 좋은 대로 하소서"라고 응답한다. 다시 말해 자기들도 저녁 식사를 해서 힘을 얻었으니 블레셋 군대를 쫓아가서 전리품을 얻고 다 죽이자고 응답한다. 셋째, 왕의 명령이 실행되기 전 제사장이 말하기를 "이리로 와서 하나님께로 나아가사이다"라고 권유한다. 다시 말해 '하나님의 뜻을 알아보자'고 한 것이다. 이렇게 해서 일단 야반 공격은 중단된다. 우리도 무슨 일이든지 실행에 옮기기 전에 하나님의 뜻을 알아보는 것은 필수이다.

삼상 14:37. 사울이 하나님께 묻자오되 내가 블레셋 사람들을 추격하리이까 주께서 그들을 이스라엘의 손에 넘기시겠나이까 하되 그 날에 대답하지 아니하시는지라.

사울은 제사장의 충언을 받고 일단 공격을 멈추고 하나님의 뜻을 여쭈어 보았는데 그날 여호와께서 응답하시지 않았다. 사울은 "내가 블레셋 사람들을 추격하리이까 주께서 그들을 이스라엘의 손에 넘기시겠나이까"라고 여쭈었다. 기도의 내용은 두 가지이다. 하나는 '블레셋 군대를 쫓아가서 칠까요'라는 것이었고 또 하나는 "그들을 이스라엘의 손에 넘기시겠나이까"라는 기도였다. 즉, '그들을 쫓아가서 치면 그들 모두를 이스라엘의 손에 넘기시겠습니까'라는 기도였다. 이런 기도를 제사장의 우림과 둠밈을 통하여 했을 것이다(출 28:30; 레 8:8). 그러나 하나님께서는 사울이 기도한 그날에 응답하시지 않으셨다. 하나님께서 오늘 우리의 기도를 응답하시기 위해서는 우리 측에 무슨 거리끼는 일이 없어야 하고 또 기도의 분량이 차야 한다.

삼상 14:38. 사울이 이르되 너희 군대의 지휘관들아 다 이리로 오라 오늘 이 죄가 누구에게 있나 알아보자.

기도 응답이 없자 사울은 그 이유를 알아보려고 군대의 지휘관들을 다 모은다. 사울은 하나님께서 응답하시지 않는 이유가 누구의 죄 때문인지 알아보기 위해 소집했다.

삼상 14:39. 이스라엘을 구원하신 여호와께서 살아 계심을 두고 맹세하노니 내
아들 요나단에게 있다 할지라도 반드시 죽으리라 하되 모든 백성 중 한 사람도
대답하지 아니하매.

사울은 맹세하면서 여호와께서 기도응답을 하시지 않는 죄가 누구에게 있는지
알아서 죽이겠다고 말한다. 사울은 맹세의 형식으로 가장 강한 맹세 법을 채택한다.
즉, "이스라엘을 구원하신 여호와께서 살아 계심을 두고 맹세한다"(20:42; 출
22:11)는 것이다. 여호와는 이스라엘을 구원하시기도 하셨고 또 살아계시기도
하시는 신(神)이신데 "여호와께서 살아 계심을 두고 맹세한다"는 말은 가장 강한
맹세 법이다. 우리나라에서는 이런 맹세법이 없고 다만 '하늘을 두고 맹세한다'는
말은 있다.

사울은 공연히 여호와께서 살아 계심을 두고 맹세한다고 하면서 헛된 맹세를
하고 있다. 즉, "내 아들 요나단에게 죄가 있다 할지라도 반드시 죽으리라"고
한다. 사울은 앞서 군인들에게 단식 령을 내려 그 전쟁 중에 그날 저녁 때까지
먹지 못하게 한 것도 경솔한 맹세였는데, 이번에 또 경솔한 맹세를 하여 사람을
죽이려 한다. 우리는 큰일을 저지르기 전 항상 신중 또 신중해야 한다.

군인들은 사울의 경솔한 맹세를 듣고 그 경솔함에 기가 막혀 죄가 누구에게
있는지 한 사람도 대답하지 않았다. 사실 그 군인들 중에는 요나단이 단식
령을 어긴 사실을 알고 있음에도 사울에게 항의하는 뜻으로 한 사람도 대답하지
않았다.

삼상 14:40. 이에 그가 온 이스라엘에게 이르되 너희는 저쪽에 있으라 나와 내
아들 요나단은 이쪽에 있으리라 백성이 사울에게 말하되 왕의 생각에 좋은 대로
하소서 하니라.

한 사람도 대답하지 않는 것을 보면 얼른 알아차리고 죄지은 사람을 찾는
일을 포기해야 했는데 사울은 제비를 뽑아 죄인을 찾기로 나선다. 아무도 대답하지
않을 때 사울이 온 이스라엘 군인들에게 "너희는 저쪽에 있으라 나와 내 아들
요나단은 이쪽에 있으리라"고 말하면서 이스라엘 군인들 전체를 두 그룹으로

나눈다. 군인들 전체는 저쪽에 서 있으라 하고, 사울과 요나단 두 사람은 이쪽에
서 있겠다고 말한다.

군인들은 사울의 이 명령까지도 거절할 수는 없는 일이었다. 백성이 사울에게
말하기를 "왕의 생각에 좋은 대로 하소서"라고 말했다. 군인들은 사울이 이런
일을 진행할 때 '공연히 쓸데없는 일을 진행하시는 군요'라고 마음속으로 투덜거렸
을 것이다.

삼상 14:41. 이에 사울이 이스라엘의 하나님 여호와께 아뢰되 원하건대 실상을
보이소서 하였더니 요나단과 사울이 뽑히고 백성은 면한지라.

백성들이 사울에게 말하기를 "왕의 생각에 좋은 대로 하소서"라고 말한 고로
(앞 절) 사울은 하나님께 "이스라엘의 하나님 여호와께 아뢰되 원하건대 실상을
보이소서"라고 제비뽑기로 하나님의 뜻을 알아보았다. 여기 "실상을 보이소서"라
는 말은 '완전을 주소서'(give a perfect) 혹은 '완전한 제비를 주소서'(give a
perfect lot-KJV)란 뜻이다. 그런데 RSV(revised standard version)와 공동번역은
70인 역(LXX)을 따라서 "만약 그 허물이 저나 제 자식 요나단에게 있다면 우림이
나오게 하시고, 그 허물이 당신의 백성 이스라엘에게 있다면 둠밈이 나오게 하십시
오"라고 번역했다. 다시 말해 70인 역과 70인 역을 따른 RSV와 공동번역은
우림과 둠밈을 사용하여 하나님의 뜻을 물어본 것으로 번역했다. 그렇다면 본
절은 사울이 제비뽑기를 해서 하나님의 뜻을 물었느냐 아니면 우림35)과 둠밈36)을
이용하여 물었느냐의 차이가 될 것이다. 그러나 본 절의 "뽑히고"(לָכֵד)와 다음
절(42절)의 "뽑으라"(הַפִּילוּ)는 히브리어는 제비뽑기의 추첨과 관련하여 사용되
는 말일뿐 우림과 둠밈과 관련하여 사용된 용례가 성경에 없는 점을 감안할 때

---

35) "우림과 둠밈": Urim and Thummin. 고대 이스라엘에 있어서 신의 뜻을 묻기 위해 쓴
제비, 혹은 점치던 도구. 우림과 둠밈의 순서가 바뀌어 나오는 것이 1회(신 33:8), 우림만 단독으로
기록되어 있는 것이 2회(민 27:21; 삼상 28:6), 이외에는 언제나 '우림과 둠밈'이 함께 기록되어
있다(출 28:30; 레 8:8; 스 2:63; 느7:65, 디럭스 바이블 성경사전).
36) "둠밈": Thummim. 대제사장이 '판결 흉패' 안에 넣어 휴대한 돌(stone)의 하나(출 28:30;
레 8:8).

사울이 제비뽑기로 가려내려 했을 것이다.

제비뽑기로 하나님의 뜻을 알아보았더니 "요나단과 사울이 뽑히고 백성은
면했다"는 것이다. 제비뽑기로 하나님의 뜻을 알아본 것은 구약시대에 사용되던
방법이었고 신약시대의 성령 강림 이후에는 제비뽑기로 주님의 뜻을 알아보는
방법은 사용된 예가 없다. 성령님의 통제 아래서 기도하면 주님의 뜻이 나타나기
때문이었다.

**삼상 14:42. 사울이 이르되 나와 내 아들 요나단 사이에 뽑으라 하였더니 요나단이
뽑히니라.**

사울이 다시 명령하기를 "나와 내 아들 요나단 사이에 뽑으라"고 했더니
요나단이 뽑혔다. 하나님께서 제비뽑기로 뜻을 보이신 것이다.

**삼상 14:43. 사울이 요나단에게 이르되 네가 행한 것을 내게 말하라 요나단이
말하여 이르되 내가 다만 내 손에 가진 지팡이 끝으로 꿀을 조금 맛보았을 뿐이오나
내가 죽을 수밖에 없나이다.**

제비뽑기로 요나단이 걸리고 나서 사울은 요나단에게 "네가 행한 것을 내게
말하라"고 말한다. 다시 말해 네가 무슨 죄를 지었는지 말하라는 말이었다. 요나단
이 실상을 세밀하게 고하기를 "내가 다만 내 손에 가진 지팡이 끝으로 꿀을
조금 맛보았을 뿐이오나 내가 죽을 수밖에 없나이다"라고 고백한다. 요나단은
자기의 부친이 단식 령을 내린 사실을 몰랐으니 죄가 없는 것은 사실이었지만(레
4:3,13,14,22,24) 먹기는 먹었으니 죽을 수밖에 없다고 말한다. 요나단이 아주
경솔한 맹세를 하긴 했지만 여호와의 이름으로 맹세했으니(24,39절) 요나단이
형식상 죄 지은 사람이 되어 죽게 된 것이었다. 여호와의 이름은 그만큼 위대하다는
것을 보여준 일이었다. 아무튼 요나단은 죽게 되었으나 그는 순종하는 아들이었다.
그는 참으로 임금 자격을 갖추고 있었다.

삼상 14:44. 사울이 이르되 요나단아 네가 반드시 죽으리라 그렇지 않으면 하나님

이 내게 벌을 내리시고 또 내리시기를 원하노라 하니.

       사울은 요나단을 향해 "네가 반드시 죽으리라 그렇지 않으면 하나님이 내게 벌을 내리시고 또 내리시기를 원하노라"고 말한다. 다시 말해 '너는 반드시 죽어야 한다. 내가 너를 처형하지 않으면 하나님께서 내게 반드시 벌을 내리시기를 원한다'라고 말한다. 사울은 자신이 단식 령을 내린 것이 잘못된 것인 줄 전혀 모르고 요나단이 꿀을 먹은 것만 문제를 삼으면서 단식 령을 어겼으니 반드시 처형을 받아야 한다고 맹세한다. 사실 이런 때 요나단이 아버지가 단식 령을 내린 사실을 모르고 꿀을 먹었으니 실제로는 부지중 죄를 범한 것인 고로(레 4:3,13,14,22-24) 속죄제를 드려 해결할 수 있었다. 그럼에도 사울은 요나단에게 속죄제를 드릴 기회조차 주지 않고 자신이 한 맹세만 중요시 하여 요나단을 죽이려 했다. 자신의 권위가 그렇게 중요했던가. 어리석은 지도자였다.

삼상 14:45. 백성이 사울에게 말하되 이스라엘에 이 큰 구원을 이룬 요나단이 죽겠나이까 결단코 그렇지 아니하니이다 여호와의 살아 계심을 두고 맹세하옵나니 그의 머리털 하나도 땅에 떨어지지 아니할 것은 그가 오늘 하나님과 동역하였음이 니이다 하여 백성이 요나단을 구원하여 죽지 않게 하니라.

       본 절은 군인들이 요나단 구원 운동을 일으켜 살려낸 사실을 기록한다. 첫째, 군인들은 사울에게 이스라엘을 위하여 "이 큰 구원을 이룬" 요나단이 죽어야 한다는 말이 성립되느냐고 항의한다. 결코 형벌을 가해서는 안 될 것이라고 주장한다. 요나단이 "이 큰 구원을 이루었다"는 말은 믹마스 전투에서 블레셋 군에게 결정적 타격을 가했고 또 블레셋 군을 크게 괴멸시킨 일을 뜻한다. 그리고 둘째, "여호와의 살아 계심을 두고 맹세하는데 그의 머리털 하나도 땅에 떨어지지 아니할 것은 그가 오늘 하나님과 동역하였기" 때문이라고 말한다. 이렇게 항의하여 "요나단을 구원하여 죽지 않게 했다". 군인들도 이번에는 밀리지 않기 위하여 여호와의 살아계심을 두고 맹세했다고 말한다. 군인들은 사울에게 요나단이 "하나님과 동역한 사람"이라 말했다. "하나님과 동역했다"는 말은 요나단이 '하나님의 쓰임을 받아 전투를 승리로 이끌었다'는 뜻이다. 오늘 우리가 하나님과 동역하는 사람이 되려면 하나님을 온전히 믿는 믿음을 가져야 하고 또 전적으로 순종하는 태도를 가져야 한다.

삼상 14:46. 사울이 블레셋 사람들 추격하기를 그치고 올라가매 블레셋 사람들이 자기 곳으로 돌아 가니라.

　　본 절은 사울이 블레셋 군인들을 추격하기를 그치고 기브아로 올라가자 블레셋 군인들도 자기들 본토로 돌아갔다는 이야기이다. 그러니까 전쟁을 그친 것은 사울 측이었다. 사실은 전쟁을 그치지 말고 계속해서 블레셋을 추격하여 섬멸시켰어야 했다. 그러나 사울은 야간에 블레셋을 공격하오리이까 하고 주님께 여쭈었는데 하나님의 응답이 없고(37절), 그 원인을 찾다가 요나단이 단식 령을 어기고 꿀을 먹었다는 죄를 지었기 때문에 죽여야 한다는 사울과 또 반대로 죽여서는 안 된다는 군인들의 항의가 있어 요나단을 죽이지 못하게 되자 사울 측은 블레셋을 추격하기를 그치고 말았다. 사울은 자기의 뜻이 먹혀들지 않아 사기를 잃고 자기의 고향으로 돌아간 것으로 보인다. 모든 문제의 근원은 힘써 전투하는 군인들의 식물을 금한 사울의 경솔한 맹세 때문이었다. 사울이 그런 경솔하고 어리석은 맹세를 하지 않고 그날에 야간 습격을 계속해서 블레셋 군대를 섬멸하였다면 훗날 블레셋 군대가 이스라엘을 공격하는 일도 없었을 것이다. 이 블레셋의 공격으로 사울과 요나단은 전사를 당하고 말았다(31:1-6).

　　4. 사울이 모든 대적과 전쟁하여 이기다   14:47-48

삼상 14:47. 사울이 이스라엘 왕위에 오른 후에 사방에 있는 모든 대적 곧 모압과 암몬 자손과 에돔과 소바의 왕들과 블레셋 사람들을 쳤는데 향하는 곳마다 이겼고

　　본 절은 사울이 왕위에 즉위한 후 주변의 나라들과 싸워 이긴 사실을 기록한다. 사울이 즉위한 후 이스라엘 사방에 있는 모든 대적 곧 모압과 암몬 자손과 에돔과 소바의 왕들과 블레셋 사람들을 쳤다는 것이다. 그런데 사울은 향하는 곳마다 이겼다. 사울이 이렇게 왕으로 즉위한 초기에 주위의 여러 나라를 이긴 이유는 두 가지로 볼 수 있다. 하나는 그가 아직도 겸손했기 때문이고, 또 하나는 그가 성령의 통제 하에 있었기 때문이라고 할 수 있다. 그러다가 세월이 감에 따라 사울은 그가 범하는 모든 죄에 대해 해결하지 않고 죄를 더욱 쌓았으니 훗날 망하는 길로 간 것이다.

본문의 "모압"(Moab)은 롯의 자손(창 19:37-38)으로 사해 동편에 살면서 이스라엘을 괴롭힌 민족이었다(삿 3:12-14). 그리고 "암몬"(Ammon)은 역시 롯의 자손으로 요단 강 동쪽 지역, 얍복 강 상류의 대만곡(大灣曲), 갓 지파와 아라비아 사막 사이 땅과 그 민족이다. 암몬 족속 또한 사사시대 이후 이스라엘을 괴롭혔던 족속이었다(삿 10:7-17). "에돔"(Edom)은 에서의 자손으로(창 36:8,19) 사해 동남부에 살던 민족이었다. 그리고 "소바"(Zobah)[37]는 아람의 일족으로(삼하 8:3) 유브라데 강 상류지방에 살던 민족이었다(삼하 8:3; 23:36; 대상 18:3).

삼상 14:48. 용감하게 아말렉 사람들을 치고 이스라엘을 그 약탈하는 자들의 손에서 건졌더라.

사울은 왕위에 오른 후에(앞 절) 용감하게 '아말렉' 사람들을 쳤고 또 이스라엘을 그 약탈하는 자들의 손에서 건져냈다. 사울이 아말렉 사람들을 친 사실은 15:1-9에도 기록되어 있다. 그러나 본 절에 사울이 용감하게 아말렉 사람들을 친 일과 15:1-9의 사건은 별개의 사건이다. 본 절은 사울이 아말렉 족속의 이스라엘 영토 침입에 따른 징벌과 관계된 사건을 다루고 있다. 아무튼 사울은 이스라엘을 그 약탈하는 자들의 손에서 건져냈다.

5. 사울의 가계 14:49-52

삼상 14:49. 사울의 아들은 요나단과 이스위와 말기수아요 그의 두 딸의 이름은

---

37) "소바": Zobah. '주거(住居)'라는 뜻을 지니고 있다. 아람 사람의 소국 중 하나인데 시편 60편의 제목에 '아람 소바'로 불리고 있는 국토이다. 아람 사람은 강대한 통일 국가를 만들지 않고 제각기 분립적(分立的) 소국가를 세웠다. 그중 아람 소바가 가장 유력하였으며, 그 지배 영역은 안티 레바논과 수로 아라비아 사막 사이였다. 소바 왕은 사울과 교전한 적(敵)으로서 처음으로 성경에 나온다(47절). 다윗은 소바왕 하닷에셀을 쳐서 조공을 바치게 하였다(삼하 8:3-12; 대상 18:3-9). 소바와 이스라엘 관계는 대체적으로 적대적이었다(삼하 10:6,8; 대상 19:6; 왕상 11:23). 다윗의 용사 중 한 사람인 이갈의 출신지이다(삼하 23:36, 디럭스 바이블 성경사전).

이러하니 만딸의 이름은 메랍이요 작은 딸의 이름은 미갈이며.

본서 저자는 사울의 가계를 기록하는 중에 먼저 자녀에 대해 진술한다. 자녀 중에는 먼저 아들들을 기술하고 다음에 딸들에 대해 언급한다. 먼저 아들 "요나단과 이스위와 말기수아"에 대해 쓴다. "이스위"(Ishui)는 성경 다른 곳에는 '아비나답'으로 기록되어 있다(31:2; 대상 8:33; 9:39). "말기수아"(Melchishua)는 '여호와는 부요하시다'란 뜻을 가지고 있다. 이는 사울 왕의 아들이며 요나단의 동생이다(본 절). 길보아산 전투에서 블레셋 사람과 싸우다가 요나단, 이스위(아비나답), 말기수아 등과 더불어 전사했다. 이때 사울은 자결했다(삼상 14:49; 31:2; 대상 8:33; 9:39; 10:2). 그러니까 사울, 요나단, 이스위, 말기수아는 길보아산 전투에서 모두 전사했다.38)

다음에는 딸 중에 먼저 만딸 "메랍", 작은 딸 "미갈"의 이름을 쓴다. "메랍"39)(Merab)은 '중대함'이라는 뜻을 지니고 있다. 사울의 만딸이다(본 절). 만딸은 다윗과 결혼할 기회가 주어졌으나 성사되지 않았고 다른 사람과 결혼했다(18:17-19). "미갈"40)(Michal)은 '누가 하나님과 같을꼬'라는 뜻을 지니고 있다.

---

38) 사울에게는 본 절에 기록되지 않은 아들이 더 있다. 즉, '에스바알'이라는(대상 8:33) 넷째 아들 일명 '이스보셋'이란 아들이 더 있었다(삼하 2:8).

39) "메랍": Merab. '중대함'이라는 뜻을 지니고 있다. 사울의 만딸이다(본 절). 다윗이 블레셋 사람과의 싸움에서 사울보다 더 용감히 싸워 큰 공을 세우고 개선할 때 환영한 군중은 "사울의 죽인 자는 천천이요 다윗은 만만이로다"라고 노래를 불렀다. 이 말에 사울은 심히 노하여 그를 두려워하여 죽이려 한다. 사울은 한 계교를 냈다. 즉, 만딸 메랍을 다윗에게 아내로 줄 터이니 오직 나를 위하여 싸우라고 부탁한다. 자기 손을 대지 않고 블레셋 사람의 손으로 죽이기 위해서이다. 그러나 사울은 변심하여 메랍을 아드리엘이란 자에게 아내로 주었다(삼상 18:6-19). 다윗이 왕위에 오른 후 기브온 사람이 다윗에게, 자기들을 학살하고 모해한 사람의 자손 일곱을 내 달라고 청할 때, 메랍의 다섯 아들과 사울의 두 아들을 내 주니 그들은 산 위에서 목매어 달아 죽였다(삼하 21:8).

40) "미갈": Michal. '누가 하나님과 같을꼬'라는 뜻을 지니고 있다. 사울 왕의 작은 딸이다(본 절). 사울은 만딸 메랍을 다윗에게 주기로 한 약속을 지키지 않고 미갈이 다윗을 사랑하는 것을 알자 그 사랑을 이용하여 다윗을 죽음으로 몰아넣으려고 했다. 그리하여 사울은 자기 손을 대지 않고 블레셋 사람의 손으로 그를 죽이게 하기 위하여 신하를 통하여 다윗에게 "폐백도 원치 아니하고 다만 왕의 원수의 보복으로 블레셋 사람의 양피 일백을 원하신다" 하라고 전하게 했다. 다윗은 왕의 사위되는 것을 좋게 여기므로 블레셋 사람 200을 죽이고 양피를 수대로 왕께 바쳤다. 이렇게 다윗은 약속대로 시행하여 미갈을 아내로 하였다(삼상 18:27,28). 다윗이 수금을 탈 때 사울은 그에게 단창을 던져 죽이려 하자 이를 피하여 집으로 도망쳐 숨었다. 아내 미갈은 "당신이 이 밤에 당신의 생명을 구하지 아니하면 내일에는 죽임을 당하리라"라고 말하면서, 다윗을 창에서 달아내려 도망치게 하였다. 그리고 미갈은 우상을 가져다가 다윗의

사울 왕의 작은 딸이다(본 절). 다윗의 아내였고, 다른 사람에게 시집갔다가 다시 다윗에게 돌아왔다(18:20-29; 삼하 6:16-23).

삼상 14:50. 사울의 아내의 이름은 아히노암이니 아히마아스의 딸이요 그의 군사령관의 이름은 아브넬이니 사울의 숙부 넬의 아들이며.

저자는 자녀 다음으로 사울의 아내의 이름을 거론한다. 아내의 이름은 "아히노암이니 아히마아스의 딸"이라 한다. "아히노암"(Ahinoam)은 '형제는 행복하다'는 뜻이다. "아히마아스"(Ahimaaz)는 '나의 형제가 분노한다'는 뜻이다.

저자는 다음으로 사울의 군사령관의 이름을 든다. 군사령관은 "아브넬"인데 사울의 숙부 "넬"의 아들이다. "아브넬"(Abner)은 '부친은 등불'이란 뜻을 지니고 있다. 사울의 숙부 넬의 아들로서 사울의 사촌 형제이다(14:50,51). 사울의 군장으로서 골리앗과의 싸움에서 처음으로 다윗을 알았다(삼상14:51; 17:55-58). 그는 왕의 식탁에도 늘 동석했고(삼상 20:25), 사울이 다윗을 추격할 때 3천명을 거느리고 출전한 일이 있다. "넬"(Ner)은 '등불'이란 뜻을 지니고 있다. 베냐민 사람 아비엘의 아들로, 아브넬의 아버지(14:51)이며 사울의 숙부(14:50)였다.

침상에 눕히고 사울의 사자가 그를 잡으러 왔을 때 그가 병들었다고 말했다. 사자들이 본즉 그것이 다윗이 아니고 우상이었다. 사울이 이 사실을 알고 미갈에게 "어찌하여 이처럼 나를 속여 내 대적을 놓아 피하게 하였느냐"라고 책망하였다. 그리고 미갈을 갈림에 사는 라이스의 아들 발디에라는 다른 남자에게 아내로 주었다(삼상 25:44). 다윗이 왕이 된 다음 이스보셋의 장군 아브넬이 다윗에게 사자를 보내 "내 손이 당신을 도와 온 이스라엘로 당신에게 돌아가게 하리이다"라고 제의할 때 다윗은 자기의 아내 "미갈을 데리고 오라 그렇지 않으면 내 얼굴을 보지 못하리라" 하였다(삼하 3:12-15). 그러나 다윗이 예루살렘으로 여호와의 궤를 맞아들일 때 기쁜 나머지 왕의 지위도 잊고 춤을 추는 것을 아내 미갈이 창에서 내다보고 심중에 업신여겼다(삼하 6:16; 대상15:29). 그리고 다윗이 자기 가족에게 축복하러 올 때 미갈이 "이스라엘 왕이 오늘날 어떻게 영화로우신지 방탕한 자가 염치없이 자기의 몸을 드러내는 것처럼 오늘날 그 신복의 계집종의 눈 앞에서 몸을 드러내셨도다"라고 말하여 다윗을 경멸하면서 이렇게 온당치 못한 말로 다윗을 비난했다. 그러나 다윗은 "이는 여호와 앞에서 한 것이니라. 저가 네 아비와 그 온 집을 버리고 나를 택하사 나로 여호와의 백성 이스라엘의 주권자를 삼으셨으니 내가 여호와 앞에서 뛰놀리라. 내가 이보다 더 낮아져서 스스로 천하게 보일지라도 네가 말한바 계집종에게는 내가 높임을 받으리라"라고 말했다. 그러므로 미갈은 죽는 날까지 자식을 낳지 못했다(삼하 6:20-23).

삼상 14:51. 사울의 아버지는 기스요 아브넬의 아버지는 넬이니 아비엘의 아들이 었더라.

저자는 다음으로 사울의 아버지는 "기스"라고 말한다. "기스"에 대하여는 9:1주해 참조 "아브넬의 아버지는 넬이니 아비엘의 아들이었다"고 말한다. "아비 엘"(Abiel)은 '아버지는 하나님이심'이라는 뜻을 지니고 있다. 베냐민 지파의 유력한 사람 기스의 부친이며 사울의 조부이다(9:1; 14:51). 9:1주해 참조

삼상 14:52. 사울이 사는 날 동안에 블레셋 사람과 큰 싸움이 있었으므로 사울이 힘 센 사람이나 용감한 사람을 보면 그들을 불러 모았더라.

본 절은 사울이 왕위에 즉위한 후 무엇을 주로 했느냐를 말하고 있다. 즉, 사울의 즉위 후 "블레셋 사람과 큰 싸움이 있었으므로 사울이 힘 센 사람이나 용감한 사람을 보면 그들을 불러 모았다"고 말한다. 블레셋과의 전투가 있었으므로 유력한 사람을 불러 모았다는 것이다. 사울이 왕위에 있는 동안에 항상 블레셋 군대와 전쟁이 있었기 때문에 힘 센 사람이나 용감한 자를 만나면 소집했기에 강한 군대를 만들었다는 것이다.

사무엘이 사사로 있을 때에는 블레셋 군대가 이스라엘을 침범하지 못했는데 (7:12-14), 사울이 왕으로 통치할 때는 항상 블레셋과의 전투가 끊이지 않았다. 그러므로 범사에 하나님을 의지한다는 것은 그 자체로 큰 힘이 되고 방어가 되는 것이다. 오늘도 이 진리는 마찬가지이다. 우리는 끊임없이 천지를 창조하신 하나님, 사랑이 지극하셔서 아들을 보내셔서 우리 대신 십자가에게 피 흘려 구원하신 하나님을 의지하고 기도하는 삶을 살아야 할 것이다.

제 15 장

C. 사울이 아말렉을 치다   15장

사무엘은 왕정시대의 초대 왕 사울의 순종을 시험하기 위해 아말렉을 아주 전멸하도록 명령했으나 사울이 불순종한다(1-9절). 사무엘은 심각한 불순종의 사람 사울을 책망한다(10-23절). 두 사람은 결국 결별하고 만다(24-35절). 사무엘은 불순종의 사람과는 더 이상 합할 수는 없었다.

   1. 사울이 불순종하다   15:1-9

사무엘은 사울이 여호와로부터 기름 부음을 받았으니 여호와의 말씀을 들어 아말렉 인들을 그들의 소유물과 더불어 전멸시킬 것을 명했으나(1-3절), 사울은 겉으로는 여호와의 명령을 순종하는 것처럼 보였는데 내심 딴 생각이 많아 불순종한다(4-9절). 여러 생각에 사로 잡혀 사는 사람들은 보통 순종하지 아니한다.

삼상 15:1. 사무엘이 사울에게 이르되 여호와께서 나를 보내어 왕에게 기름을 부어 그의 백성 이스라엘 위에 왕으로 삼으셨은즉 이제 왕은 여호와의 말씀을 들으소서.

사무엘은 사울에게 말하기를 "여호와께서 나를 보내어 왕에게 기름을 부어 그의 백성 이스라엘 위에 왕으로 삼으셨은즉" 이제 왕은 마땅히 "여호와의 말씀을 들어야" 한다고 말한다. 다시 말해 사울을 왕으로 만들어주신 여호와의 말씀을 들어 순종해야 한다는 것이었다.

사무엘은 사울이 번제를 드린 앞선 과오 때문에 사울을 떠나갔으나(13:15), 오랜 세월이 지나 다시 찾아온 것이다. 다시 찾은 때는 앞선 때로부터 많은 세월이 지난 후였는데 어떤 학자는 23년이 지났을 때라고 추측하기도 한다(Leon Wood).

사무엘이 사울을 다시 찾은 것은 그에게 앞선 과오를 만회하고 회개할 수 있는 기회를 주기 위함이었다고 말한다(R.P.Smith). 그러나 이번 기회는 잘못을 만회한 것이 아니라 아예 멸망으로 가고 말았다. 한번 잘못된 사람은 되돌아서기가 참으로 힘든 것으로 보인다. 우리는 두렵고 떨림으로 주님을 섬겨야 할 것이다.

삼상 15:2. 만군의 여호와께서 이같이 말씀하시기를 아말렉이 이스라엘에게 행한 일 곧 애굽에서 나올 때에 길에서 대적한 일로 내가 그들을 벌하노니.

본 절은 이스라엘이 아말렉을 벌할 이유를 말한다. 벌할 이유를 말씀하시는 분은 여호와이시다. "아말렉이 이스라엘에게 행한 일 곧 애굽에서 나올 때에 길에서 대적한 일" 때문에 아말렉을 벌하라는 것이다. 이스라엘이 애굽에서 나올 때 길을 막고 이스라엘을 대적한 일 때문에 아말렉41)을 벌하라는 것인데 그 일 때문에 아말렉은 아직 벌을 받지 않았다. 하나님의 백성들을 괴롭히는 일은 심히 벌을 받을 일이다.

삼상 15:3. 지금 가서 아말렉을 쳐서 그들의 모든 소유를 남기지 말고 진멸하되 남녀와 소아와 젖 먹는 아이와 우양과 낙타와 나귀를 죽이라 하셨나이다 하니.

본 절은 여호와께서 사울로 하여금 아말렉을 벌하되 그 벌의 정도를 말하고 있다. 아말렉 사람들을 완전히 치라는 것, 소유를 남기지 말고 진멸하라는 것, 남녀와 소아와 젖 먹는 아이와 우양과 낙타와 나귀를 죽이라는 것이었다. 이

---

41) "아말렉": Amalekites. 에서 자손의 일족(창 36:12). 이스라엘 백성의 출애굽시대에 팔레스틴 남부(가데스바네아 부근)에 거했고(민 13:29; 14:25), 그들이 살고 있는 곳은 아바림산에서 한 눈에 볼 수가 있었다(민 24:20; 신 34:1-3). 아말렉에 대해 성경 중 최초로 기록되어 있는 것은 창 14:7이다. 그때, 그들은 엘람왕 그돌라오멜에게 격파되었다. 그 무렵 아말렉 사람들은 가데스에 나라를 세우고 있었던 듯하다. 후에 이스라엘 백성이 애굽을 나와 광야의 여로를 시작한 때, 이스라엘 백성에 대하여 최초에 도전한 강적으로서, 그들은 시내산의 서쪽 르비딤에 와서 이스라엘과 싸우다가 패배했다(출 17:8-16; 신 25:17-19). 그로부터 1년 후에, 이스라엘이 가데스에 이르렀을 때 이스라엘은 하나님을 거슬러 아말렉인에게 패배했다(민 14:43-45). 아말렉인은, 모세와 여호수아 시대가 지나면서는, 모압왕 에그론을 돕기로 하고, 미디안과 연합하기로 하여, 북 이스라엘을 침략했다(삿 3:13; 6:3,33) 사울왕 시대에, 그들은 하윌라에서 애굽의 동에 있는 '술'에 이르기까지 살고 있었는데(삼상15:7), 사울왕은 이들을 멸하고, 아각 왕을 잡아 살해했다(삼상 15장; 27:8).

이상 처참한 벌은 없다. 모세도 이런 명령을 내린 일이 있었다(신 25:17-19).

삼상 15:4. 사울이 백성을 소집하고 그들을 들라임에서 세어 보니 보병이 이십만 명이요 유다 사람이 만 명이라.

사울이 여호와로부터 무서운 명령(1-3절)을 받았으나 사울은 불순종한다(4-9절). 본 절은 사울이 여호와의 명령을 받고 군대를 모집하고 있다. 마치 아말렉을 다 진멸할 듯 군대를 계수한다. 사울은 소집된 백성을 들라임이라는 곳에서 계수한다. 이스라엘 보병이 20만 명, 유다 보병이 1만 명이었다. 군인을 모집한 곳은 들라임이었다. "들라임"(Telaim)은 '두 마리의 어린 양'이라는 뜻을 지니고 있다. 사울이 아말렉 사람과의 싸움을 위해 인원을 계수한 장소이다(15:4). 델렘과 동일 지이다(수 15:24). 유다 남부의 땅으로 경계선 가까운 곳이다. 아말렉과 가까운 고로 이곳에 군사를 소집한 것으로 보인다.

삼상 15:5. 사울이 아말렉 성에 이르러 골짜기에 복병시키니라.

사울이 군사들을 데리고 아말렉 성에 이르러 군사들을 골짜기에 복병시켰다. 사울이 아말렉 성에 이르러 얼른 치지 않고 군사들을 복병시킨 이유는 아마도 아말렉 사람들 속에 섞여 살던 겐[42] 사람들을 격리시키기 위함인 듯하다(6절).

삼상 15:6. 사울이 겐 사람에게 이르되 아말렉 사람 중에서 떠나가라 그들과 함께 너희를 멸하게 될까 하노라 이스라엘 모든 자손이 애굽에서 올라올 때에 너희가 그들을 선대하였느니라 이에 겐 사람이 아말렉 사람 중에서 떠나니라.

사울은 겐 사람들에게 아말렉 사람들로부터 떠나가라고 말한다. 이유는 이스

---

42) "겐": Kenites. 아브라함 당시 갓몬 사람, 그니스 사람과 함께 가나안 땅에 살고 있던 족속(창 15:19).
겐 사람은 가인의 자손으로 보이는 경우가 있는데(민 24:21,22), 유목민 미디안 사람과의 관련이 강한 것으로 생각되고 있고, 이것을 동일시하는 설도 있다. 모세의 아내 십보라의 아버지 이드로는, 미디안의 제사장으로 불리고(출 3:1; 18:1), 동시에 겐 사람으로 불리고 있다(삿 1:16). 겐 사람이란 부족을 포함한 보다 넓은 족속, 미디안이라고도 생각된다.

라엘이 이제 아말렉을 칠 터인데 그 때 함께 멸하게 될까 두려워서 떠나라고 한것이다. "떠나가라"는 이유는 "이스라엘 모든 자손이 애굽에서 올라올 때에 너희가 그들을 선대하였기" 때문이라고 한다. 하나님의 백성들을 선대하는 일은 상급을 받을 일이다. 겐 사람들은 사울의 말을 들어 아말렉 사람 중에서 떠났다. 이제는 아말렉을 칠 준비가 된 것이다.

삼상 15:7. 사울이 하윌라에서부터 애굽 앞 술에 이르기까기 아말렉 사람을 치고.

본 절은 사울이 아말렉 족속을 친 전(全) 지역을 언급한다. 사울은 "하윌라에서 부터 애굽 앞 술에 이르기까기"(창 25:18) 아말렉 사람을 쳤다. "하윌라"(Havilah)는 '모래 땅'이라는 뜻을 가지고 있다. 이는 이스마엘 자손의 영역인데 이스라엘의 남방인 아라비아 광야의 북단으로 추측된다. "술"(Shur)은 '성벽'이란 뜻을 지니고 있다. 애굽의 북동과 팔레스틴의 남부와의 경계의 광야(15:7; 27:8; 창 25:18)이다. 일찍이는 아브라함, 하갈, 이스마엘에 관련하여 기록되어 있다(창 16:7; 20:1; 25:18). 이 술의 이름은 애굽이 아시아인의 침입을 막기 위해 성벽을 쌓은 데서 유래한다. 출애굽의 이스라엘은, 홍해를 건넌 직후, 이 광야를 3일간 걸었다(출 15:22 '수르광야'). '술 길'(창 16:7)은, 브엘세바에서 술로 뻗는 고대의 교통로로 서, 아라비아어로 다르브 에슈 슈르(Darb esh-Shur)로 부른다.

삼상 15:8. 아말렉 사람의 왕 아각을 사로잡고 칼날로 그의 모든 백성을 진멸하였으되.

사울의 군대는 아말렉의 왕 아각[43]을 사로잡았다. 아각은 즉시 처형되지 않고 후에 사무엘에 의하여 처형되었다(32-33절). 사울 군대는 아말렉의 모든 백성을 진멸했으나 아각을 살려두었던 이유는 아마도 어떤 실리를 얻고자 했을 것이다. 아각의 모든 백성들은 진멸했으나 그래도 남은 아말렉인이 있어 훗날 히스기야 시대에 시므온 지파가 그들을 소탕했다(대상 4:41-43).

---

43) "아각"이란 말은 개인 이름이 아니고 왕의 공적 칭호였다. 이는 마치 '바로'와 같이 왕적 칭호이다.

삼상 15:9. 사울과 백성이 아각과 그의 양과 소의 가장 좋은 것 또는 기름진 것과 어린 양과 모든 좋은 것을 남기고 진멸하기를 즐겨 아니하고 가치 없고 하찮은 것은 진멸하니라.

사울과 그의 군사들은 아말렉에서 다 죽이지 않고 살릴 것은 살리고 나머지는 진멸했다. 사울의 죄는 바로 다 죽이지 않은 것이었다. 사울은 "아각을 살렸고 양과 소의 가장 좋은 것 또는 기름진 것과 어린 양과 모든 좋은 것"을 살려둔 것이었다. 여호와께 제시한다는 명목이었으나 사실은 물욕 때문이었다(15절). 사울과 백성은 가치 없고 하찮은 것은 진멸했다. 사울은 이 책임을 온전히 백성에게로 돌렸다. 여호와의 명령보다도 탐심 때문에 범죄했다. 탐심은 우상 숭배라고 성경은 말한다(골 3:5). 오늘도 이 땅에는 수없는 우상숭배자들이 살고 있다.

2. 사무엘이 사울을 책망하다 15:10-23

사울이 여호와의 명령을 순종하지 않은 것을 보시고(앞 절) 여호와께서는 사울을 왕으로 세우신 것을 후회하시고(10-16절), 사무엘은 사울을 책망한다 (17-23절).

삼상 15:10. 여호와의 말씀이 사무엘에게 임하니라 이르시되.

여호와의 말씀이 사무엘에게 밤에 임하셨다. 여호와의 말씀이 밤에 임했다는 것은 11절 말씀과 16절 말씀이 보여준다.

삼상 15:11. 내가 사울을 왕으로 세운 것을 후회하노니 그가 돌이켜서 나를 따르지 아니하며 내 명령을 행하지 아니하였음이니라 하신지라 사무엘이 근심하여 온 밤을 여호와께 부르짖으니라.

본 절은 여호와께서 사울을 왕으로 세우신 것을 후회하신다는 말씀과 사무엘이 여호와의 말씀을 듣고 근심하여 온밤을 여호와께 부르짖었다는 말씀을 기록하고 있다. 여호와께서 사울을 왕으로 세우신 것을 "후회하신다"(נחמתי)는 말씀은 의인법적 표현으로서 사람 같으면 이런 경우 후회할 것이고 또 사람 같으면 이런 경우 유감으로 생각할 것이라고 표현한 것이다. 여호와께서 사울을 왕으로 세우신 것을 후회하시는 이유는 "그가 돌이켜서(turn back) 여호와를 따르지 아니하며 여호와의 명령을 행하지 아니하였기" 때문이다. 여호와께 불순종이란 참으로 엄청난 죄인고로(22-23절) 하나님께서 크게 유감으로 생각하신 것은 아주 당연한 일이다.

사무엘은 여호와께서 사울을 왕으로 세우신 것을 후회하신다는 말씀을 듣고 "근심하여" 온 밤을 여호와께 부르짖었다. 여기 "근심했다"(חרה)는 말은 '(분노로) 타올랐다', '거룩한 의분을 느꼈다'는 뜻이다. 사무엘은 이 때 하나님께서 사울을 왕으로 세우신 것을 유감으로 생각하신다는 말씀을 듣고 거룩한 의분을 느끼지 않을 수 없었다(Keil, Fay). 그래서 사무엘은 밤이 새도록 기도했다. 사무엘이 밤새도록 기도한 내용은 아마도 사울이 자신의 잘못을 뉘우쳐 회개하기를 원했을 것이다. 그리고 사무엘은 사울의 사죄를 바라는 간절한 도고를 하였다(Keil). 거룩한 의분이 있는 사람은 참을 수 없는 심정으로 오래 기도하게 마련이다.

삼상 15:12. 사무엘이 사울을 만나려고 아침에 일찍이 일어났더니 어떤 사람이 사무엘에게 말하여 이르되 사울이 갈멜에 이르러 자기를 위하여 기념비를 세우고 발길을 돌려 길갈로 내려갔다 하는지라.

사무엘이 밤을 새워 사울을 위하여 여호와께 기도한(앞 절) 후 "사무엘이 사울을 만나려고 아침에 일찍이 일어났는데" 어떤 사람이 사무엘에게 사울의 행동반경을 전해주었다. 사울을 위하여 밤이 맞도록 기도했으니 여호와께서 어떤 사람을 내세워 사울에 대해 더욱 빨리 알도록 전해주었다. 그 사람이 말하기를 "사울이 갈멜44)에 이르러 자기를 위하여 기념비를 세우고 발길을 돌려 길갈로 내려갔다"고 전해주었다. 즉, '사울이 갈멜에 들러 자기의 명예를 위하여 승전비(아말렉 승전비)를 세우고 발길을 돌려 길갈로 내려갔다'고 전해주는 말을 듣고 사무엘은 더욱 의분이 일어났을 것이다.

---

44) "갈멜": 이는 갈멜산(왕상 18:42)을 뜻하지 아니하고 헤브론 남쪽 약 11km 지점에 있는 곳을 지칭한다.

삼상 15:13. 사무엘이 사울에게 이른즉 사울이 그에게 이르되 원하건대 당신은 여호와께 복을 받으소서 내가 여호와의 명령을 행하였나이다 하니.

사무엘이 길갈에 있는 사울에게 이른즉 사울이 그에게 말하기를 "원하건대 당신은 여호와께 복을 받으소서"라고 예의를 갖추어 말한다. 이 말은 원래 기도의 형식이었으나(H.P.Smith), 사울이 이 말을 한 것은 축복의 형식으로 말한 것이다. 그가 이 말을 해서 자기가 행한 일을 사무엘이 인정해주기를 유도한 것이다(이상근).

사울은 이제 "내가 여호와의 명령을 행하였나이다"라고 말한다. 다시 말해 아말렉을 완전히 섬멸하고 죽일 것은 다 죽였다는 말이었다. 그는 자기가 온전히 순종하지 않고 그래도 할 만큼 했다고 말한다. 사람은 누구든지 자신이 행한 일을 미화해서 말하기를 좋아한다.

삼상 15:14. 사무엘이 이르되 그러면 내 귀에 들려오는 이 양의 소리와 내게 들리는 소의 소리는 어찌 됨이니이까 하니라.

사울이 사무엘 앞에 자기가 완전 순종을 했다고 말하니 사무엘은 정곡을 찌르는 질문을 한다. "그러면 내 귀에 들려오는 이 양의 소리와 내게 들리는 소의 소리는 어찌 된 일입니까"라고 찌른다. '완전 순종했다면 모든 짐승을 죽였다는 뜻이니 아무 짐승의 소리도 들리지 않아야 하는데 방금도 들리는 양의 소리, 소가 울부짖는 소리는 무엇을 의미합니까'라고 찌른 것이다. 사무엘은 사울의 앞뒤가 맞지 않는 소리를 침묵할 수 없어서 정면으로 반박했다.

삼상 15:15. 사울이 이르되 그것은 무리가 아말렉 사람에게서 끌어 온 것인데 백성이 당신의 하나님 여호와께 제사하려 하여 양들과 소들 중에서 가장 좋은 것을 남김이요 그 외의 것은 우리가 진멸하였나이다 하는지라.

사울은 그 양과 소는 아말렉 사람에게서 끌어온 짐승인데 백성들이 여호와께 제사하려고 양들과 소들 중에서 우량품만 끌어왔다고 말하고, 우량품이 아닌 것들은 다 진멸했다는 것이다. 사울은 양과 소를 끌어온 것을 백성들의 책임으로 돌리고 있다. 당시 왕의 명령 한마디면 백성들은 거스를 수 없는 시대였는데 자신이 탈취하기에만 급하여(19절) 짐승들을 끌어와 놓고 엉뚱하게 그 책임을 백성에게 돌린 것이다.

삼상 15:16. 사무엘이 사울에게 이르되 가만히 계시옵소서 간밤에 여호와께서 내게 이르신 것을 왕에게 말하리이다 하니 그가 이르되 말씀하소서.

사울은 온전히 순종하지 않고 온전히 순종한 것처럼 말하자 사무엘은 사울에게 말하기를 '가만히 계시옵소서'라고 말한다. 즉, '더 이상 책임 회피도 말고, 변명도 그만 하세요'라고 꾸짖는다. 책임 회피란 양과 소를 끌어온 것이 백성들 때문이라고 말한 것이고, 변명이란 양과 소를 끌어온 것은 여호와께 제사하려 했다는 것이었다. 사무엘은 사울의 책임 회피와 변명을 더 이상 듣기를 원치 않았기에 더 이상 떠벌리지 말라고 말한다.

사무엘은 사울을 말린 다음 "간밤에 여호와께서 내게 이르신 것을 왕에게 말하겠습니다"라고 말한다. 간밤에 여호와께서 사무엘에게 이르신 말씀은 17-18절에 여호와께서 사무엘을 통하여 하신 말씀이다. 사무엘은 간밤에 밤새도록 기도하는 중에 여호와의 말씀을 받았다. 기도란 우리의 소원을 올려드리는 것만이 아니라 여호와께서 우리에게 주시는 말씀도 있다. 사울은 사무엘의 말을 듣고 이제는 예의를 갖추어 "말씀하소서"라고 한다. 자기가 꿀릴 것이 없다는 식으로 자신 있게 말한다.

삼상 15:17. 사무엘이 이르되 왕이 스스로 작게 여길 그 때에 이스라엘 지파의 머리가 되지 아니하셨나이까 여호와께서 왕에게 기름을 부어 이스라엘 왕을 삼으시고.

사무엘은 사울이 처음 왕으로 택함을 받았을 때에 아주 겸손했던 사실을 상기시킨다. 사울은 왕으로 택함을 받고 "나는 이스라엘 지파의 가장 작은 지파 베냐민 사람이 아니니이까 또 나의 가족은 베냐민 지파 모든 가족 중에 가장 미약하지 아니하니이까?"(9:21)라고 고백한 바 있었다. 그 때 여호와께서 사울에게

기름을 부어 왕으로 삼으셨는데 이제는 여호와의 명령을 마구 어기는 형편이
되었다.

**삼상 15:18. 또 여호와께서 왕을 길로 보내시며 이르시기를 가서 죄인 아말렉
사람을 진멸하되 다 없어지기까지 치라 하셨거늘.**

　　본 절은 여호와께서 사울에게 주신 사명을 말씀한다. 여호와께서는 사울
왕을 전쟁터로 보내시면서 "가서 죄인 아말렉 사람을 진멸하되 다 없어지기까지
치라"고 하셨다. 즉, '죄인 아말렉 사람들을 지구상에서 아주 없어지기까지 치라'고
하셨다. 오늘도 영원한 죄인들은 지구상에서 없어져야 하는 것은 사실이다(계
21:8;　22:15). 그러나 여호와께서는 그들도 악한 날에 써야 할 데가 있어서
그냥 두셨다가 둘째 사망으로 보내신다.

**삼상 15:19. 어찌하여 왕이 여호와의 목소리를 청종하지 아니하고 탈취하기에만
급하여 여호와께서 악하게 여기시는 일을 행하였나이까.**

　　사무엘은 사울 왕에게 '왕이 여호와의 목소리 즉, 죄인 아말렉 사람을 진멸하
되 다 없어지기까지 치라' 하신 명령을 따르지 아니하고 전리품을 탈취하는
데만 열중하여 여호와께서 악하게 여기시는 일을 행하였느냐고 책망한다. 사울
왕은 할 일은 하지 않고 해서는 안 될 일만 열심히 하는 사람이 되었다. 오늘도
우리들 대부분은 마땅히 할 일은 하지 않고 해서는 안 되는 일을 하는 사람이
되었다.

**삼상 15:20-21. 사울이 사무엘에게 이르되 나는 실로 여호와의 목소리를 청종하여
여호와께서 보내신 길로 가서 아말렉 왕 아각을 끌어 왔고 아말렉 사람들을 진멸하
였으나 다만 백성이 그 마땅히 멸할 것 중에서 가장 좋은 것으로 길갈에서 당신의
하나님 여호와께 제사하려고 양과 소를 끌어 왔나이다 하는지라.**

　　20절과 21절은 전적으로 사울의 말이다. 20절은 사울이 전적으로 여호와의
목소리를 순종했다는 것을 말씀했고, 21절은 여호와의 목소리를 순종하는 그

이상으로 여호와께 제사하려는 의도로 아주 멸해버릴 것 중에서 소와 양을 끌어왔다고 말한다. 그러니 사울의 마음은 온전히 여호와께 순종했다는 마음으로 가득 찬 것이다.

사울은 여호와께서 보내신 전쟁터로 가서 아말렉 왕 아각을 끌어왔고 또 아말렉 사람들을 다 죽였으니 여호와의 목소리를 청종한 것이 아니고 무엇이냐는 것이었다. 그리고 백성들이 여호와께 제사할 마음으로 "그 마땅히 멸할 것 중에서 가장 좋은 것으로 길갈에서 하나님 여호와께 제사하려고 양과 소를 끌어 온 것이냐" 순종 이상의 것을 행한 것이 아니고 무엇이냐는 것이었다. 사울은 백성들의 마음도 참으로 깊은 생각을 한 것이 아니냐고 말했다. 생각이 비뚤어지면 죄를 짓고도 죄인 줄 모르게 마련이다. 오늘날 수많은 사람들은 여호와를 떠났기에 생각이 비뚤어져 수없이 많은 죄를 짓는다(계 21:8; 22:15 참조).

삼상 15:22. 사무엘이 이르되 여호와께서 번제와 다른 제사를 그의 목소리를 청종하는 것을 좋아하심 같이 좋아하시겠나이까 순종이 제사 보다 낫고 듣는 것이 숫양의 기름보다 나으니.

사울이 아말렉에서 다 진멸하지 않고 여호와께 제사하려고 살찐 짐승을 끌어온 문제를 두고 사무엘은 사울에게 규명하기를 "여호와께서 번제와 다른 제사를 그의 목소리를 청종하는 것을 좋아하심 같이 좋아하시겠나이까"라고 비교해서 말한다. 즉, '여호와께 양이나 숫양의 기름을 가지고 번제나 혹은 화목제를 드리는 것을 더 좋아하시겠는지요 아니면 여호와의 목소리를 듣고 순종하는 것을 더 좋아하시겠는지요?'라고 말한다. 사무엘은 "순종이 제사 보다 낫고 듣는 것이 숫양의 기름보다 낫다'고 분명하게 말한다. 본문의 "순종"이란 말과 "듣는 것"이란 말은 동의어로 쓰였고, "제사"란 말과 "숫양의 기름"이란 말도 동의어로 사용되었다. 여호와께서는 제사보다 순종을 더 좋아하신다고 말한다.

여호와께서는 오늘날도 순종을 더 좋아하신다는 것을 명심해야 할 것이다. 간혹 어떤 성도들은 서로 화목하지 못하고 싸우기를 좋아하면서 진리를 위해 싸운다고 말한다(마 5:23-24).

삼상 15:23. 이는 거역하는 것은 점치는 죄와 같고 완고한 것은 사신 우상에게 절하는 죄와 같음이라 왕이 여호와의 말씀을 버렸으므로 여호와께서도 왕을 버려 왕이 되지 못하게 하셨나이다 하니.

문장 초두의 "이는"(כִּי)이란 말은 이유접속사이다. 순종이 제사 보다 낫고 듣는 것이 숫양의 기름보다 나은 이유는 거역하는 것(불순종하는 것)은 점치는 죄와 같고 완고한 것(불순종하는 것)은 사신(邪神)(재앙을 가져오는 요사스러운 귀신) 우상에게 절하는 죄와 같기 때문이라는 것이다. 점치는 죄(레 19:26; 신 18:10)와 사신 우상에게 절하는 죄(출 20:4-5)는 모두 성경에 엄청나게 큰 죄라고 말한다.

사무엘은 사울에게 여호와로부터 버림을 받았다고 말한다. 즉, "왕이 여호와의 말씀을 버렸으므로 여호와께서도 왕을 버려 왕이 되지 못하게 하셨다"는 것이다. 사울이 여호와의 말씀을 버렸다는 말은 여호와의 말씀을 순종하지 않았다는 뜻이다. 일부분만 순종하고 일부분은 불순종해도 어쨌든 여호와의 말씀을 버린 것임에는 틀림없다. 우리가 여호와의 말씀을 버리면 여호와께서 우리를 버리는 것은 확실하다.

　　3. 사무엘이 사울과 결별하다　15:24-35

사울은 사무엘의 말씀(22-23절)을 듣고 자신이 죄를 지었다고 고백한다. 그러나 그의 죄고백은 진정성 없는 고백이었다. 백성들이 두려워 죄를 지었다고 말하며 또 계속해서 왕위를 유지하려는 심산으로 죄를 지었다고 고백한 것이니 진정성 없었다. 사울은 사무엘에게 자기의 죄를 사해달라고 애원하며 자기의 체면을 백성들 앞에서 세워달라고 애원한다. 사무엘은 사울이 이렇게 재차 애원함으로 사울을 따라갔다. 이는 사울을 용서하는 의미로 따라간 것이 아니라 사무엘이 할 일이 있어서 그런 것이었다. 사무엘은 아말렉 사람의 왕 아각을 죽이고 라마로 갔고 사울은 기브아 자기 집으로 가서 사무엘은 죽는 날까지 사울을 다시 가서 보지 않았다.

삼상 15:24. 사울이 사무엘에게 이르되 내가 범죄하였나이다 내가 여호와의

명령과 당신의 말씀을 어긴 것은 내가 백성을 두려워하여 그들의 말을 청종하였음
이니이다.

사울은 사무엘의 말씀(22-23절)을 듣고 "내가 범죄하였다"고 말한다. 이 고백
은 진정성 있는 죄 고백이 아니다. 즉, "내가 백성을 두려워하여 그들의 말을
청종하였음이니이다"라고 말하는 것을 보면 알 수 있다. 사울은 왕으로서 백성들을
지도해야 할 책임 있는 자로서 책임을 다하지 못한 것이 문제였으며 또 여호와의
말씀보다 백성들의 말을 두려워하는 그 자체도 죄악임을 드러낸 것이다.

**삼상 15:25. 청하오니 지금 내 죄를 사하고 나와 함께 돌아가서 나로 하여금
여호와께 경배하게 하소서 하니.**

본 절은 사울의 두 가지 요구사항을 기록하고 있다. 하나는 "지금 내 죄를
사해 달라"고 간청한다. 그는 하나님께 죄를 사해 주십사고 기도하지 않고 사무엘
에게 죄를 사해 달라고 말한다. 이것도 보이지 않으시는 하나님을 두려워하는
태도는 아니었다. 또 하나는 "나와 함께 돌아가서 나로 하여금 여호와께 경배하게
하소서"라고 간청한다. 사무엘과 함께 길갈 제단으로 가서 사무엘이 예배를 집전할
때 자기도 예배함으로써 백성들에게 자기가 아직 왕으로서 건재하다는 것을 보이
기 위함이었다.

**삼상 15:26. 사무엘이 사울에게 이르되 나는 왕과 함께 돌아가지 아니하리니
이는 왕이 여호와의 말씀을 버렸으므로 여호와께서 왕을 버려 이스라엘 왕이
되지 못하게 하셨음이니이다 하고.**

사무엘은 사울과 함께 돌아가서 예배할 수 없음을 말한다. 그 이유는 "왕이
여호와의 말씀을 버렸으므로 여호와께서 왕을 버려 이스라엘 왕이 되지 못하게
하셨기" 때문이라고 말한다. 누구든지 여호와의 말씀을 버리면 사람도 하나님으로
부터 버림을 당하는 것은 당연한 일이다.

삼상 15:27. 사무엘이 가려고 돌아설 때에 사울이 그의 겉옷자락을 붙잡으매

찢어진지라.

사울의 청을 거절한(앞 절) 사무엘은 사울을 떠나가려고 돌아설 때에 사울이 사무엘의 겉옷 자락을 붙잡았기에 찢어졌다는 이야기이다. 사무엘의 옷이 찢어진 것은 사울이 힘차게 붙잡은 때문이었다. 사무엘의 옷이 찢어진 것을 두고 박윤선박사는 "이 때에 사무엘의 옷이 찢어진 것은 사울에게서 이스라엘 나라를 떼어내는 상징이 되었다"고 말한다.

삼상 15:28. 사무엘이 그에게 이르되 여호와께서 오늘 이스라엘 나라를 왕에게서 떼어 왕보다 나은 왕의 이웃에게 주셨나이다.

사무엘은 사울이 자기의 옷을 찢은 것(앞 절)을 기회로 삼아 "여호와께서 오늘 이스라엘 나라를 왕에게서 떼어 왕보다 나은 왕의 이웃에게 주셨다"고 예언한다. 본문의 "떼어"(קָרַע)란 말은 앞 절의 "찢어짐"(וַיִּקָּרַע)이란 말과 동의어이다. 이제 사울이 사무엘의 옷을 찢은 것은 여호와께서 이스라엘 나라를 사울의 손에서 떼어 왕보다 나은 왕의 이웃에게 준 것의 예표가 되어 사울 왕국은 이제 종식된다는 것이었다. 여기 "왕보다 나은 왕의 이웃"은 사무엘이 아직 얼굴도 보지 못한 '다윗'을 이름이다. 낫고 못한 것은 순종에 달려 있다. 여호와께 순종을 잘하는 사람이 더 나은 사람이다. 오늘 우리가 세상 다른 사람들보다 나은 사람이 되려면 순종의 사람이 되어야 한다. 결코 부자가 되거나 지식이 많은 사람이 되는 것은 중요한 것이 아니다.

삼상 15:29. 이스라엘의 지존자는 거짓이나 변개함이 없으시니 그는 사람이 아니시므로 결코 변개하지 않으심이니이다 하니.

본 절 초두의 "이스라엘의 지존자"(נֵצַח יִשְׂרָאֵל)란 말은 '이스라엘의 힘'(KJV, ASV) 또는 '이스라엘의 영광'(RSV, NIV)이란 뜻이다. 이스라엘의 지존자, 즉 이스라엘의 힘이 되신 분, 또는 이스라엘의 영광이 되신 분은 "거짓이나 변개함이 없으시다"고 말한다. 즉, '거짓하시거나 혹은 후회하시고는 변경하시는 일이 없으시다'는 뜻이다. 사람은 거짓하거나 변개가 있으나(렘 17:9; 롬 3:4)

하나님은 영원히 동일하시다(요 8:26; 약 1:17). 하나님께서 사울을 폐하기로 하시고는 이제 영원히 그 뜻이 변하지 않으신다는 것이다. 이유는 "그는 사람이 아니시므로 결코 변개하지 않으시기" 때문이라는 것이다. 다시 말해 이스라엘의 지존자는 사람이 아니시므로 결코 변덕을 부리시지 않으신다는 것이다. 우리가 하나님을 움직일 수 있는 것은 우리의 죄를 자복할 때만 가능하다.

삼상 15:30. 사울이 이르되 내가 범죄하였을지라도 이제 청하옵나니 내 백성의 장로들 앞과 이스라엘 앞에서 나를 높이사 나와 함께 돌아가서 내가 당신의 하나님 여호와께 경배하게 하소서 하더라.

사울은 하나님의 변함없는 뜻에 의하여 자신이 왕의 위치에서 떨어질 것을 예감하고(앞 절), 사울은 사무엘에게 말하기를 '내가 범죄하였을지라도 이제 제발 내 백성의 지도자들 앞과 이스라엘 백성 전체 앞에서 내 체면을 한번 보아주셔서 나와 함께 예언자께서 섬기시는 여호와께 경배할 수 있도록 해주세요'라고 애원한다.

사실 사울이 사무엘 앞에서 "범죄 했다"는 말도 진정성 없는 말이다. 그는 아직도 참으로 범죄한 줄을 모르는 자였다. 참으로 범죄한 줄 알았다면 사무엘 앞에서가 아니라 여호와께 범죄 했다고 말해야 하고 또 이스라엘의 지도자들과 백성들 앞에서 나의 체면을 생각해 달라고 말해서는 안 될 것이었다. 그런고로 그의 범죄 고백은 진정성 없는 고백이었다. 그는 신정국가의 왕 될 자격이 없는 자였다.

삼상 15:31. 이에 사무엘이 돌이켜 사울을 따라가매 사울이 여호와께 경배하니라.

문장 초두의 "이에"(So)란 말은 '사울이 사무엘에게 애걸하는 고로'란 뜻이다. 사무엘이 사울의 요청을 들어 따라가매 사울이 여호와께 경배했다는 것이다. 사무엘이 사울의 요청을 들어주어 사울을 따라가매 사울이 여호와께 경배했다는 말은 사무엘이 뜻을 변개했다는 뜻은 아니다. 사무엘이 사울을 따라간 것은 사울이 살려둔 아각을 처치하기 위해서였다(32-33절, K.&D., 박윤선).

삼상 15:32-33. 사무엘이 이르되 너희는 아말렉 사람의 왕 아각을 내게로 끌어 오라 하였더니 아각이 즐거이 오며 이르되 진실로 사망의 괴로움이 지났도다 하니라 사무엘이 이르되 네 칼이 여인들에게 자식이 없게 한 것 같이 여인 중 네 어미에게 자식이 없으리라 하고 그가 길갈에서 여호와 앞에서 아각을 찍어 쪼개니라.

32절과 33절은 사무엘이 아말렉 왕 아각을 처형한 것을 기록한 내용이다. 32절은 사무엘이 아각을 끌어오라는 명령을 내린 것을 기록했고 또 그 명령을 들은 아각의 즐거운 반응을 기록한 내용이다. 아각은 사무엘의 명령을 전달받고 "즐거이 오면서 이제는 진실로 사망의 괴로움이 지났구나"라는 반응을 보였다. 아각이 그렇게 생각한 이유는 사울 왕이 자기를 부른 것이 아니라 사무엘 예언자가 부르니 그 어떤 긍휼을 베풀 것을 기대하고 기쁜 반응을 보였다.

33절은 아각의 예상 밖으로 사무엘이 아각에게 사형선고를 내리는 말이다. 즉, "네 칼이 여인들에게 자식이 없게 한 것 같이 여인 중 네 어미에게 자식이 없으리라"는 말이다. 아각은 수없는 여인들에게 자식들을 없게 한 것 같이 아각의 어미가 이제는 자식을 잃을 차례가 되었다는 것을 말한다. 이 말 속에는 아각이 수없는 어미들에게 눈물을 짜낸 것을 드러내어 아각의 어미도 역시 하나님의 공의에 의하여 자식이 죽는 설움을 당해야 한다는 것을 드러낸다. 사무엘은 사형을 선고한 다음에 길갈에서 여호와 앞에서 아각을 찍어 쪼갰다는 이야기이다. 죄가 관영하면 결국 사망이 임한다는 것을 보여준다(창 15:16).

삼상 15:34. 이에 사무엘은 라마로 가고 사울은 사울 기브아 자기의 집으로 올라가니라.

아각에게 사형을 집행한 다음 사무엘은 자기의 고향 라마로 갔고(1:1), 사울은 자기의 집이 있는 사울 기브아로 올라갔다(10:26). 사울이 간 곳은 기브아였으나 사울이 왕위에 오른 후 "사울 기브아"로 불렸다.

삼상 15:35. 사무엘이 죽는 날까지 사울을 다시 가서 보지 아니하였으니

이는 그가 사울을 위하여 슬퍼함이었고 여호와께서는 사울을 이스라엘 왕으로 삼으신 것을 후회하셨더라.

사무엘과 사울이 각각 자기들의 고향으로 돌아간 후 사무엘은 죽는 날까지 사울을 다시 가서 보지 아니했다. 단지 한번 사울이 다윗을 죽이려고 다윗을 찾는 중에 사무엘이 있는 곳을 찾은 일은 있으나(19:24), 사무엘이 사울을 공식적으로 찾아간 일은 없었다.

사무엘이 사울을 찾지 않은 이유는 사무엘이 사울을 위하여 몹시 슬퍼한 때문이었고(16:1) 또 여호와께서 사울을 이스라엘 왕으로 삼으신 일을 후회하셨기 때문이었다. "여호와께서는 사울을 이스라엘 왕으로 삼으신 것을 아주 유감으로 여기셨다. 하나님은 이제부터 끝까지 사울을 떠나셨고 그에게 은혜를 베풀지 않으셨다"(박윤선). 하나님 앞에서 하나님의 명령을 순종하지 않고 자신의 욕심을 채우려는 자들의 최후는 참으로 비참함을 금할 수 없다.

제 16 장

D. 다윗이 기름 부음을 받다   16장

사울이 여호와로부터 버림 당한 후 여호와께서는 사무엘을 시켜 다윗에게 기름을 부어 왕 삼으신다. 이 부분의 내용은 사무엘이 다윗에게 기름 부은 일(1-13절), 다윗이 사울의 부름을 받은 내용이다(14-23절).

1. 사무엘이 다윗에게 기름을 붓다   16:1-13

여호와께서 사울을 버리신 뒤 사무엘을 베들레헴으로 보내셔서 이새의 여덟째 아들 다윗에게 기름을 부으신다. 이번의 기름부음은 이새의 집에서 베들레헴 사람들이 참석한 가운데서 사적으로 기름 부음을 받은 것으로서, 훗날 다윗은 헤브론에서 유다의 왕으로(삼하 2:4), 그리고 그 후 또 이스라엘의 왕으로 공적으로 기름 부음을 받는다(삼하 5:17).

삼상 16:1. 여호와께서 사무엘에게 이르시되 내가 이미 사울을 버려 이스라엘 왕이 되지 못하게 하였거늘 네가 그를 위하여 언제까지 슬퍼하겠느냐 너는 뿔에 기름을 채워 가지고 가라 내가 너를 베들레헴 사람 이새에게로 보내리니 이는 내가 그의 아들 중에서 한 왕을 보았느니라 하시는지라.

본 절은 두 가지를 말씀한다. 하나는 여호와께서 사울을 버려 이스라엘의 왕이 되지 못하게 하셨는데 사무엘은 그를 위하여 더 이상 슬퍼해서는 안 된다는 책망과 또 하나는 사무엘은 뿔에 기름을 채워가지고 베들레헴 사람 이새에게로 가서 이새의 아들들 중에서 다윗에게 기름을 부어 왕으로 삼으라는 말씀이다.

본 절의 사무엘이 사울을 위하여 슬퍼하는 일은 하나님의 섭리를 무시하는 행위였음을 드러낸다. 오늘도 인간의 불행에 대해 지나치게 슬퍼하는 것은 하나님의 섭리를 무시하는 행위일 수가 있다. 하나님의 섭리에 의하여 그 불행이 생겼다고 판단하면 슬픔을 빨리 중단해야 할 것이다.

"뿔"은 양이나 소의 뿔이었다(왕상 1:39). 본 절의 "기름"은 감람유와 향료로 만든 관유였다(출 30:23-29; 삼상 10:1). "베들레헴"은 '떡집'이란 뜻이고 예루살렘 서남쪽 8km 지점에 위치해 있다. 이 도시는 예수님께서 나신 도시다(눅 2:15). 본 절의 "이새"는 룻기에 나오는 대로 베들레헴의 부호 보아스와 모압 여인 룻의 손자였다(룻 4:18-22). 여호와께서는 "이새의 아들 중에서 한 왕을 보았다"고 하신다. 여호와께서는 그의 전지하심으로 다윗을 보신 것이다. 다윗은 이스라엘의 이상적인 왕이시었고 예수 그리스도의 예표였다. 우리는 자신이 무엇이 되겠다고 나서지 않아도 여호와께서 점찍어 드러내시는 것을 볼 수 있다. 우리는 각자 자신의 믿음과 경건훈련에 힘을 써야 할 것이다.

삼상 16:2. 사무엘이 이르되 내가 어찌 갈 수 있으리이까 사울이 들으면 나를 죽이리이다 하니 여호와께서 이르시되 너는 암송아지를 끌고 가서 말하기를 내가 여호와께 제사를 드리러 왔다 하고.

사무엘은 여호와께서 뿔에 기름을 채워가지고 베들레헴 이새의 아들들 중에서 한 사람에게 기름을 부어 왕을 삼으라(앞 절)는 말씀을 듣고 심히 걱정한다. 즉, 사무엘은 "내가 어찌 갈 수 있으리이까 사울이 들으면 나를 죽일 것입니다"라는 반응을 보인다. 사울이 여호와로부터 버림을 당한 것은 확실하지만 아직도 왕위에 있는데 사무엘이 또 다른 왕을 세운다면 사울이 가만히 있지 않고 사무엘을 죽일 것이라는 위협을 느껴 말한 것이다.

사무엘의 염려와 걱정은 당연한 것이니 여호와께서는 사무엘에게 "너는 암송아지를 끌고 가서 말하기를 내가 여호와께 제사를 드리러 왔다 하라"고 하신다. 여기 "암송아지를 끌고 가라"는 말씀은 '화목제를 드리러 가라'는 말이었다(레 3:1-5). 즉, '감사제를 드리러 가라'는 말이었다. 이렇게 베들레헴 이새의 집에서 화목제를 드릴 수 있었던 것은 실로가 파괴되고, 중앙 성소의 위치를 잃은 후였기에 가능했다.

삼상 16:3. 이새를 제사에 청하라 내가 네게 행할 일을 가르치리니 내가 네게 알게 하는 자에게 나를 위하여 기름을 부을지니라.

본 절은 사무엘이 해야 할 일을 차례로 말씀하신다. 먼저 "이새를 제사에 청하라"고 하신다. 즉, 제사를 드리고 난 다음 음식을 먹을 때 청하여 함께 음식을 먹으라는 뜻이다. 다음으로 여호와께서 사무엘이 행할 일을 가르치실 것인데 여호와께서 사무엘에게 "알게 하는 자에게 나를 위하여 기름을 부으라"고 하신다. 여기 '알게 하는 자'란 '여호와께서 사무엘로 하여금 기름을 붓도록 알게 하시는 자(다윗)'란 뜻이다. 본문의 "나를 위하여 기름을 부으라"는 말은 '이스라엘을 위하여 왕 될 사람에게 기름을 부으라'는 뜻이다. 이스라엘을 위하는 것이 결국 여호와를 위하는 것이다.

삼상 16:4. 사무엘이 여호와의 말씀대로 행하여 베들레헴에 이르매 성읍 장로들이 떨며 그를 영접하여 이르되 평강을 위하여 오시나이까.

사무엘은 순종의 사람으로서 여호와께서 시키신 대로 행하여 베들레헴에 도착했는데 베들레헴 성읍 장로들 자신들에게 무슨 잘못된 점이 있어서 예언자 사무엘이 징벌하러 온 것이 아닌가하고 떨며 그를 영접하면서 말하기를 "평강을 위하여" 오시는 것입니까 하고 물었다. 사무엘은 나이 많은 사람이었지만 아직도 그의 예언자로서의 위세는 대단했음을 보여주고 있다.

삼상 16:5. 이르되 평강을 위함이니라 내가 여호와께 제사하러 왔으니 스스로 성결하게 하고 와서 나와 함께 제사하자 하고 이새와 그의 아들들을 성결하게 하고 제사에 청하니라.

사무엘은 베들레헴 성읍의 지도자들이 평강을 위하여 오십니까라는 질문을 받고(앞 절) "나는 좋은 일로 왔소"라고 대답하고는 지도자들 전체를 향하여 "내가 여호와께 제사하러 왔으니 스스로 성결하게 하고 와서 나와 함께 제사 합시다"라고 말한다. 사무엘이 직접 "이새와 그의 아들들을 성결하게"(성결하게 한다는 말은 구약시대에 몸과 의복을 깨끗하게 하는 것을 뜻한다) 한 다음 제사에 초청했다. 구약 시대의 "성결"은 외부적 성결, 즉 몸과 옷을 깨끗이 빠는 것을 뜻한다(출 19:10; 수 3:5). 오늘 신약 시대의 성결은 마음을 성결하게 하는 것을 뜻한다(골 3:5-17).

삼상 16:6. 그들이 오매 사무엘이 엘리압을 보고 마음에 이르기를 여호와의 기름 부으실 자가 과연 주님 앞에 있도다 하였더니.

이새와 이새의 아들들(다윗을 제외한)이 제사에 나왔을 때 사무엘은 이새의 맏아들 엘리압을 보고 마음속으로 생각하기기를 여호와께서 기름 부으실 자가 바로 주님 앞에 있구나 했다. "엘리압"45)은 이새의 맏아들로서 외모가 준수하며 키가 커서(다음 절) 이스라엘의 왕 되기에 부족함이 없는 외모였다. 그래서 사무엘은 엘리압이야 말로 하나님께서 이스라엘의 왕으로 택하신 사람으로 생각했다. 또 장자를 귀하게 여기는 히브리인의 고정관념이기도 했다. 이것이 바로 사람이 가지는 편견이다. 하나님은 중심을 보시는 분이시다.

이스라엘의 첫 왕 사울도 외모가 준수하고 다른 사람과 비교하여 그 키가 어깨 위나 더한 사람이었다(9:2). 그런고로 이번에도 외모가 준수한 엘리압을 왕으로 택하지 않으셨을까 했다. 그러나 하나님께서는 사람의 외모와 키를 보지 말라고 하신다(다음 절).

하나님께서 사울과 같은 사람을 택하셔서 왕으로 주신 것은 이스라엘 민족이 우리도 열방과 같이 왕을 세워달라고 간청했으므로(8:5,19,20) 이스라엘의 죄악을 징계하는 일환으로 주신 것이었다. 이제 이스라엘 백성에 대한 징계를 해제하는 입장에서 여호와께서는 그의 마음에 합당한 인물을 택하신다(13:14b; 행 13:22b, 박윤선). 오늘도 하나님께서는 같은 원리를 적용하신다. 즉, 교회가 전임목사를

---

45) "엘리압": '하나님은 아버지이시다'라는 뜻을 가지고 있다. 다윗의 맏형이다. 즉 이새의 맏아들이다. 그는 키가 크고 용모가 매우 아름답고 늠름하여 사무엘은 이 사람이야말로 이스라엘의 왕이 될 사람인줄 알았다. 그러나 하나님께서는 "그 용모를 보지 말라. 사람은 외모를 보거니와 나 여호와는 중심을 보느니라"고 말씀하시고 그를 물리치셨다(삼상 16:6,7; 17:13). 역대상 27:18에는 '엘리후'로 되어 있다. 그는 다윗의 유다 관장이 되었다. 그의 딸 아비하일은 다윗의 아들과 결혼했다(대하 11:18).

잘 대우하지 않고 추방하는 형식을 취하여 내보냈다면 하나님께서는 좋은 후임자를 주시지 않고 교인들을 마구 대하는 후임자를 보내 주셔서 교인들로 하여금 고생하게 하신다. 이와는 반대로 전임목사가 교인들의 협력과 사랑 속에서 목회하다가 떠난 경우 하나님께서는 그 교회에 좋은 후임자를 주신다. 이런 원리는 지금도 그대로 교회에 정확하게 적용되고 있다.

삼상 16:7. 여호와께서 사무엘에게 이르시되 그의 용모와 키를 보지 말라 내가 이미 그를 버렸노라 내가 보는 것은 사람과 같지 아니하니 사람은 외모를 보거니와 나 여호와는 중심을 보느니라 하시더라.

여호와께서는 사무엘에게 가르쳐 주시기를 "엘리압의 용모와 키를 보지 말라"고 하신다. 이유는 "내가 이미 그를 버렸기" 때문이라고 하신다. 여기 버렸다는 말은 구원하지 않았다는 뜻이 아니라 '그를 왕으로 택하지 않았다'는 뜻이다(8절, 10절). 엘리압을 택하지 않은 이유는 여호와께서 보는 것은 사람이 보는 것과 같지 아니하기 때문이다. 하나님께서 앞 절과 본 절의 결론으로 "사람은 외모를 보거니와 나 여호와는 중심을 보느니라"고 하신다. 외모(겉모습)와 중심(마음)은 엄청난 차이가 있을 수 있다. 지금 우리의 중심(마음)은 어떤가. 우리는 계속해서 성령과 말씀으로 우리의 중심을 채우고 살아야 할 것이다.

삼상 16:8. 이새가 아비나답을 불러 사무엘 앞을 지나가게 하매 사무엘이 이르되 이도 여호와께서 택하지 아니하셨느니라 하니.

이새는 첫째 아들을 하나님께서 택하지 아니하실 것을 보고 둘째 아들 아비나답을 불러서 사무엘 앞을 지나가게 했다. 그러나 사무엘의 반응은 싸늘했다. 즉, "이도 여호와께서 택하지 아니하셨느니라"고 했다. "아비나답"[46)은 '아버지는 관용하시다'라는 뜻을 가지고 있다. 이는 이새의 둘째 아들이다. 사무엘은 둘째 아들 아비나답이 앞을 지날 때 여호와의 지시를 받아 이도 여호와께서 택하지

---

46) "아비나답": 이새의 둘째 아들이며 다윗의 형이다. 그는 두 형제와 같이 블레셋과의 싸움에서 사울을 위해 싸웠다(16:8; 17:13; 대상 2:13).

아니하셨다고 말한다(6-7절).

삼상 16:9. 이새가 삼마로 지나게 하매 사무엘이 이르되 이도 여호와께서 택하지 아니하셨느니라 하니라.

이새는 둘째 아들을 하나님께서 택하지 아니하신 것을 보고(앞 절) 셋째 아들 삼마로 하여금 사무엘 앞을 지나가게 하니 사무엘은 첫째 아들, 둘째 아들에게 말한 것 같이 셋째 아들에게도 똑 같은 말을 한다. 즉, "이도 여호와께서 택하지 아니하셨느니라". 사무엘은 이새의 셋째 "삼마"47)를 대할 때도 역시 여호와께서 '이도 여호와께서 택하지 아니하셨느니라'는 말씀을 듣고 그대로 말한 것이다.

삼상 16:10. 이새가 그의 아들 일곱을 다 사무엘 앞으로 지나가게 하나 사무엘이 이새에게 이르되 여호와께서 이들을 택하지 아니하셨느니라 하고.

이새가 그의 아들 7명으로 하여금 모두 사무엘 앞으로 지나가게 했는데 사무엘은 하나님의 지시를 받아(7-9절) 말하기를 "여호와께서 이들을 택하지 아니하셨다"고 했다.

본 절에서 문제가 되는 것은 이새의 아들이 모두 몇 명이나 되는 것이냐 하 는 것이다. 본 절에서는 아들 7명에다가 다윗을 포함하여 8명이라고 말하나, 대상 2:13-15에서는 다윗을 포함하여 7명이라고 말한다. 학자들은 이새의 8명 아들 중에 일찍 죽은 아들이 하나가 있었기에 대상 2:13-15에서는 7명이라고 말한다는 것이다(K.&D., R.P. Smith, 이상근). 바른 견해로 보인다.

---

47) "삼마"(Shammah): '황폐함'이라는 뜻을 가지고 있다. 이는 이새의 셋째 아들이며 다윗의 형이다(16:9; 17:13; 삼하 21:21). 사무엘하 13:3,32; 역대상 2:13; 20:7에는 시므아(Shimeah)로 되어 있다. 다윗의 아들 압살롬에게 다말이란 아름다운 누이가 있었는데, 역시 다윗의 아들 암논이 그녀로 인해 심화병이 걸렸을 때 삼마(시므아)의 아들 요나답이 암논에게 간계를 가르쳐 주어 다말을 강간케 했다(삼하 13:3-5).

삼상 16:11. 또 사무엘이 이새에게 이르되 네 아들들이 다 여기 있느냐 이새가 이르되 아직 막내가 남았는데 그는 양을 지키나이다 사무엘이 이새에게 이르되 사람을 보내어 그를 데려오라 그가 여기 오기까지는 우리가 식사 자리에 앉지 아니하겠노라.

하나님께서 일곱 아들을 왕으로 택하지 아니한 것을 보고 사무엘은 이새에게 말하기를 "네 아들들이 다 여기 있느냐"고 물어본다. 이 질문을 받은 이새는 "아직 막내가 남았는데 그는 양을 지키나이다"라고 대답한다. 그러니까 위로 7명은 이새가 화목제물 잔치에 데리고 갔으나 다윗은 어려서 어른들의 화목제물 잔치에 참석할 수가 없었다. 그래서 이새는 다윗으로 하여금 들판에서 양을 지키게 했다.

사무엘은 이새에게 다윗을 데려오라고 부탁한다. 사무엘은 "그가 여기 오기까지는 우리가 식사 자리에 앉지 아니하겠노라"고 말한다. 즉, 다윗이 여기 와서 기름 붓는 예식에 참여하기까지는 식사자리에 앉지 않겠다는 것이다. 식사하는 일보다 다윗에게 기름 붓는 일이 더 중요하다는 것을 드러낸 말이다.

삼상 16:12. 이에 사람을 보내어 그를 데려 오매 그의 빛이 붉고 눈이 빼어나고 얼굴이 아름답더라 여호와께서 이르시되 이가 그니 일어나 기름을 부으라 하시는지라.

이새가 사람을 시켜 다윗을 데려온 후에 사무엘이 본즉 "그의 빛이 붉고 눈이 빼어나고 얼굴이 아름다워" 보였다. 다윗의 특징은 "그의 빛이 붉다"는 점이었다. "빛이 붉다"는 말에 대해서는 두 가지 견해가 있다. 하나는 '볼이 붉은 것'으로 보는 편(LXX, 공동번역, 현대인의 성경)과 또 다른 편은 '머리털이 붉은 것'을 뜻한다는 견해(K.&D., R.P. Smith, Klein, Lange, 이상근)로 갈린다. 둘째 견해를 택한다. 대체적으로 검은 머리털 색깔을 지닌 중근동에서 붉은 머리털 색깔은 아주 귀한 것으로서 그 지역에서는 아름다움의 한 조건이었다(Keil). 그리고 다윗의 "눈이 빼어났다"는 말은 '눈이 반짝이고 총명하게 보이는 아름다운 눈을 가진 것'을 뜻한다. 그리고 다윗의 "얼굴이 아름답더라"(טוֹב רֹאִי)는 표현은 단지 외적인 아름다움만을 뜻하지 않고 내면으로부터 풍겨 나오는 아름다움을 뜻한다(25:3; 창 41:5; 신 1:25; 9:6; 삼하 18:27; 행 7:20).

여호와께서 말씀하시기를 "이가 그니 일어나 기름을 부으라"고 하신다. 다시 말해 '다윗이 왕 될 사람이니 일어나 기름을 부으라'는 것이었다. 여호와께서는 이 때에도 사무엘의 마음에 역사하셔서 다윗에게 기름을 붓게 하셨다.

삼상 16:13. 사무엘이 기름 뿔 병을 가져다가 그의 형제 중에서 그에게 부었더니 이 날 이후로 다윗이 여호와의 영에게 크게 감동되니라 사무엘이 떠나서 라마로 가니라.

사무엘이 기름이 담긴 뿔 병을 들고(1절) 그의 형들이 둘러선 가운데서(이는 사적인 기름 부음이었다) 다윗에게 기름을 부었더니(이는 예언적인 기름 부음이었다)48) 주의 영이 그 날부터 계속 다윗을 감동시켰다. 사무엘은 거기에서 떠나 라마로 돌아갔다.

본문의 "다윗"이란 말은 '사랑함'이란 뜻이다. 주의 영이 그날부터 계속해서 다윗을 감동시켰는데 이는 성령께서 다윗으로 하여금 왕 직을 감당하게 하기 위해 감동하신 것이다. 다윗은 그날 이후 계속해서 지혜롭게 행동했다.

다윗이 형제들 중에 둘러싸여 기름 부음을 받은 때는 학자들마다 약간 다르게 추측하나 15세(L. Wood), 혹은 20세(Keil)로 본다. 그가 정작 왕위에 오른 것은 30세(삼하 5:4)였으므로 다윗은 대략 10년간 사울의 박해로 유랑의 삶을 살았다. 다윗의 이 10년간이야 말로 하나님께 온전히 뿌리박는 시기였다. 오늘도 신앙인이 하나님의 쓰임을 받으려면 적어도 10년의 검증 기간이 필요하다. 이런 신앙 검증이 없는 사람이 중직에 오르면 얼마 못되어 큰 실수를 저지르게 마련이다. 다윗은 성령의 감동이 계속되는 가운데 많은 시편을 남기기도 했다.

사무엘은 다윗에게 기름을 부은 다음 그의 고향 "라마"로 돌아갔다. 다윗에게 기름을 부은 것은 중임이었다. 하나님의 사람들은 중요한 사역을 마친 다음에는

---

48) 그 후 다윗은 헤브론에서 유다 왕으로 기름 부음을 받았고(삼하 2:3-4), 또 전체 이스라엘 왕으로 기름 부음을 받았다(삼하 5:3).

평상으로 돌아간다.

2. 다윗이 사울의 부름을 받다   16:14-23

다윗은 성령의 기름 부음을 받은 후 신앙 검증을 받기 위하여 사울의 박해
아래로 들어간다. 그는 사울의 부름을 받고 사울 가까이서 많은 박해를 받는
중 시련을 겪는다. 왕위에서 물러날 자가 새로이 왕위에 오를 자에게 각종 박해와
시련을 겪게 했다. 신앙인에게 시련이 없으면 하나님으로부터 쓰임을 받지 못한다.
**삼상 16:14. 여호와의 영이 사울에게서 떠나고 여호와께서 부리시는 악령이 그를
번뇌하게 한지라.**

여호와의 영, 즉 성령님(삿 3:10)이 사울에게서 떠난 것은 사울이 하나님으로부
터 버림 받은 증거이다. 그가 여호와의 명령에 불순종하였기에 성령님이 떠나시는
불행을 겪게 되었다. 사울에게서 성령님만 떠나신 것이 아니라 "여호와께서 부리시
는 악령이 그를 번뇌하게" 했다. 다시 말해 마귀가 사울을 괴롭혔다. 이와 같이
여호와의 영이 떠나고 악령이 임하는 것은 여호와의 말씀에 대한 불순종이 원인이
다. 사울이 악령에 시달렸기에 다윗을 불러 수금을 타게 해서 평안을 얻으려고
다윗을 괴롭혔다.

**삼상 16:15-16. 사울의 신하들이 그에게 이르되 보소서 하나님께서 부리시는
악령이 왕을 번뇌하게 하온즉 원하건대 우리 주께서는 당신 앞에서 모시는 신하들
에게 명령하여 수금을 잘 타는 사람을 구하게 하소서 하나님께서 부리시는 악령이
왕에게 이를 때에 그가 손으로 타면 왕이 나으시리이다 하는지라.**

사울은 신하들의 도움을 받는다. 사울이 악령 때문에 괴롭힘 받는 것을 보고
신하들이 사울에게 "보소서 하나님께서 부리시는 악령이 왕을 번뇌하게 하온즉(15
절) 원하건대 우리 주께서는 당신 앞에서 모시는 신하들에게 명령하여 수금을
잘 타는 사람을 구하게 하소서"라고 간청한다(16절). 신하들은 두 가지 사실을
알았다. 사울이 괴롭힘 받는 것은 하나님께서 부리시는 악령 때문인 줄 알았고
또 "수금"49)을 잘 탈줄 아는 사람이 수금을 타면 치료되는 줄 알았다(16절).

음악으로 사람을 치유하는 일은 고대 그리스나 로마에도 있는 치유법이었다고 한다(H.P. Smith).

삼상 16:17. 사울이 신하에게 이르되 나를 위하여 잘 타는 사람을 구하여 내게로 데려오라 하니.

사울은 자기가 악령의 괴롭힘을 받는 것을 인식하고 자기의 신하들에게 '수금 잘 타는 사람을 구하여 데려오라'고 부탁한다.

삼상 16:18. 소년 중 한 사람이 대답하여 이르되 내가 베들레헴 사람 이새의 아들을 본즉 수금을 탈 줄 알고 용기와 무용과 구변이 있는 준수한 자라 여호와께서 그와 함께 계시더이다 하더라.

사울의 부탁을 받고(앞 절) 소년 중 한 사람이 다윗을 지목하여 사울에게 추천한다. 첫째, 베들레헴 사람 이새의 아들 다윗을 본즉 수금을 탈 줄을 아는 사람이라고 말한다. 둘째, 그는 "용기와 무용과 구변이 있는 준수한 자라"고 추천 이유를 말한다. 여기 "용기"란 말은 '능력 있는 용사'란 뜻으로 다윗이 가축을 키울 때 사자나 곰이 달려들어서 물어가도 능히 가축을 맹수들의 입에서 건져내는 것을 염두에 둔 말일 것이다(17:33-37). 그리고 "무용"(武勇)이란 말은 '전사'(戰士)란 뜻으로 다윗이 블레셋 사람 골리앗을 물맷돌로 쳐 죽인 것을 두고 한 말일 것이다(17:41-49). "구변이 있다"는 말은 '모든 일에 신중한 것'(prudent in matters-KJV), '말을 신중하게 잘 하는 것'(prudent in speech-RSV)을 뜻한다. 그리고 다윗이 "준수하다"(תֹּאַר)는 말은 '풍채가 좋은', '외모가 아름다운'이란 뜻이다. 무엇보다 소년은 "다윗이 여호와께서 그와 함께 계신" 소년이라고 천거

---

49) "수금": 히브리인들이 최초로 사용했던 현악기의 한 종류로 오늘날 하프에 해당한다(창 4:21). 소리통 본체에서 뻗은 두 개의 가지 위 끝에 가로대를 메고, 본체의 현(絃)을 이어 만든 것으로, 현은 주로 양의 창자(羊腸)로 만들었으며, 손가락 혹은 작은 막대기로 연주했다. 보통 7현 악기가 사용되었고 음역을 최대한 넓혀 30현까지 확장하기도 했다. 비파와 함께 하나님께 예배드릴 때(대상 25:1-6; 느 12:27; 시 33:2), 절기나 축제 등 경사스러운 때(대상 13:8; 15:28), 전쟁승리를 기념할 때(삼상 18:6), 성곽 낙성식 때(느 12:27, 36) 사용되었으며, 때론 작별하거나 (창 31:27), 애도할 때(욥 30:31)도 사용되었다.

이유를 댄다. 여호와께서 함께 하시니 그가 수금을 잘 타는 장점이나 또 다른
여러 덕목들도 계속 효과를 발휘하고 응용될 줄 알고 추천했을 것이다. 우리의
모든 장점은 여호와께서 함께 하실 때 빛나게 쓰일 줄 알고 계속해서 성령의
충만을 구해야 할 것이다.

**삼상 16:19. 사울이 이에 전령들을 이새에게 보내어 이르되 양치는 네 아들 다윗을
내게로 보내라 하매.**

　사울은 한 소년이 다윗을 추천하는 것을 받아 몇 명의 전령들을 이새에게
보내어 양치는 여덟째아들 다윗을 자기에게 보내 달라고 부탁한다.

**삼상 16:20. 이새가 떡과 한 가죽부대의 포도주와 염소 새끼를 나귀에 실리고
그의 아들 다윗을 시켜 사울에게 보내니.**

　사울 왕의 부탁을 받은 이새는 다윗을 맨몸으로 보내지 않고 나귀에다가
떡과 한 가죽 부대(동물의 가죽으로 만든 부대)의 포도주와 염소 새끼를 실려서
그의 아들 다윗을 시켜 사울에게 보냈다. 이새는 자기의 아들이 왕의 측근이
된 것을 기뻐하여 푸짐한 선물을 보낸 것이다.

**삼상 16:21. 다윗이 사울에게 이르러 그 앞에 모셔 서매 사울이 그를 크게 사랑하여
자기의 무기를 드는 자로 삼고.**

　다윗이 사울에게 도착하여 그 앞에서 시중을 들게 되었는데 사울은 다윗을
크게 사랑하여 그를 경비병(호위병)으로 삼았다. "병기 든자"란 '지휘관이 신임하
는 보좌'이었다. 사울이 다윗을 사랑하는 마음이 많아서 다윗을 경비병으로 삼았
는데 얼마 지나지 않아 다윗을 죽이기를 꾀하였다. 세인들의 사랑이란 이렇게 자기의
이해관계에 얽혀 있음을 알 수 있다. 우리는 다른 이를 사랑한다고 할 때 자기희생
에 바탕을 둔 사랑을 해야 할 것이다.

삼상 16:22. 또 사울이 이새에게 사람을 보내어 이르되 원하건대 다윗을 내 앞에

모셔 서게 하라 그가 내게 은총을 얻었느니라 하니라.

사울은 다윗을 사랑해서 경비병으로 삼았을 뿐 아니라 또 이새에게 사람을 보내어 다윗으로 하여금 사울 앞에 모셔 서게 하기 위해 이새에게 허락을 받는다. 이유는 다윗이 사울에게 은총(사랑)을 얻었기 때문에 계속해서 그 앞에 두기 원한다는 것이었다.

이렇게 다윗을 사랑하던 사울은 다윗의 인기가 더 올라가자(18:7) 다윗을 두려워하여 심히 대적하기에 이르렀다. 우리는 다른 이들의 인기가 올라가고 다른 이들이 잘 된다고 하더라도 그것으로 인해 하나님 앞에 더 감사해야 할 것이다.

삼상 16:23. 하나님께서 부리시는 악령이 사울에게 이를 때에 다윗이 수금을 들고 와서 손으로 탄즉 사울이 상쾌하여 낫고 악령이 그에게서 떠나더라.

하나님께서 부리시는 악령(하나님의 허락과 지배하에 활동하는 사탄의 영)이 사울에게 임하여 사울을 괴롭힐 때 다윗이 수금을 들고 와서 탄즉 사울에게서 악령이 떠나가고 괴롭힘 당하는 일은 사라지고 정신이 상쾌하여 졌다는 이야기이다. 다윗의 이 일 때문에 사울은 다윗을 더욱 사랑하게 되었다. 사실 수금을 탔다고 하여 다 악령의 활동이 중지되는 것은 아니다. 다윗에게 임한 성령의 힘으로 악령이 떠난 것으로 보아야 할 것이다. 오늘 우리는 성령 충만을 계속해서 구하여 악령을 물리치며 또 악령의 사회를 고치며 살아야 할 것이다.

제 17 장

E. 다윗이 크게 전공(戰功)을 세우다   17-18장

17-27장은 다윗이 이스라엘의 왕이 되기 전 훈련받는 것을 기록한 생생한 유랑사이다. 다윗은 사울 왕을 교관으로 맞이하여 10여 년간 기나긴 박해 속에서 크게 검증을 받는다. 다윗은 왕이 되기 전 사울로부터 박해를 받기 위하여 크게 전공(戰功)을 세워 사울의 미움을 받는다(17-18장). 이 부분(17-18장)의 내용은 다윗이 골리앗의 도전에 임한 일(17:1-11), 다윗이 전쟁터에 파송된 일 (17:12-30), 다윗이 골리앗을 넘어뜨린 일(17:31-58), 다윗이 칭찬을 받자 사울 왕이 시기하게 된 일(18:1-16), 다윗이 사울의 사위가 된 일(18:17-30) 등이 기록되어 있다.

1. 골리앗이 도전해 오다   17:1-11

블레셋 사람들이 유다에 속한 에베스담밈에 진 치고 이스라엘은 엘라 골짜기에 진치고 대치할 때 블레셋 사람 거인 골리앗이 도전하고 모욕하니 이스라엘 군대는 골리앗의 말에 큰 두려움에 빠져 공포에 사로잡힌다.

삼상 17:1. 블레셋 사람들이 그들의 군대를 모으고 싸우고자 하여 유다에 속한 소고에 모여 소고와 아세가 사이의 에베스담밈에 진 치매.

1절은 블레셋 군대가 진 쳤던 곳을 묘사한다. 블레셋 사람들이 그들의 군대를 모아서 앞선 믹마스의 패전(14:1-15)을 복수하려고 유다에 속한 경계 안에까지 침입하여 소고('가시가 많은 곳'이란 뜻)와 아세가 사이의 에베스담밈에 진을 쳤다.

여기 "소고"50)(Socoh)는 '어린 가지' 혹은 '가시'라는 뜻을 가지고 있다. 세펠라에 있던 성읍(수 15:35)인데 블레셋 사람은 여기에 포진했다(삼상 17:1).

후일 블레셋 사람은 이곳을 점령하였다(대하 28:18). 이곳은 예루살렘 서남쪽 약 27km 정도의 거리이며 이곳은 철기 시대의 토기 파편과 성채의 터가 발견되는 곳이다. 블레셋 사람들이 이곳에 잔을 치고 있었다는 사실은 블레셋이 이미 이스라엘에 대해 주도권을 장악하고 있었다는 것을 보여준다. 다윗이 전세가 불리했던 이런 때에 나타나 승리했다는 것은 보통 일이 아니다. 이는 사울로부터 시기와 질투를 받을만한 일이었다.

"아세가"(Azekah)는 '가래로 판 곳', '파헤친 땅'이란 뜻을 가지고 있다. 유다 남서부 세펠라(Shephelah, 블레셋 평원과 유다 산악지의 중간 낮은 구릉지대)에 있던 가나안 사람의 성읍이다. 라기스의 동북쪽 16km, 델 에 사가리에(Tell ez Zakariyeh, 이스라엘 이름 Tel'Azeqa)와 동일시된다. 엘라 골짜기의 북쪽에 위치하고 골짜기를 건너 소고(Socoh)와 마주하고 있는 군사적 요충이었다.

"에베스담밈"(Ephes dammim)은 '피의 지역', '피의 경계선'이란 뜻을 가지고 있다. 다윗이 골리앗을 쳐부순 때 블레셋 사람이 포진하고 있던 곳이다(삼상 17:1). 소고의 동북쪽 6km, 다문(Damun)과 동일시하는 설이 있다. 바스담밈(대상 11:13)과 동일지이다.

삼상 17:2. 사울과 이스라엘 사람들이 모여서 엘라 골짜기에 진 치고 블레셋 사람들을 대하여 전열을 벌였으니.

본 절은 이스라엘 사람들이 진 쳤던 곳을 설명한다. 사울과 이스라엘 사람들은 모여서 엘라 골짜기51)(상수리나무 골짜기)에 진치고 블레셋 사람들을 대하여

---

50) "소고": Socoh. '어린 가지' 혹은 '가시'라는 뜻을 가지고 있다. 세펠라에 있던 성읍(수 15:35)인데 블레셋 사람은 여기에 포진했다(삼상 17:1). 후일 블레셋 사람은 이곳을 점령하였다 (대하 28:18). 유대 왕 르호보암은 세펠라로부터의 침입에 대비하여 이곳의 요새를 견고히 하였다(대하 11:7). 이것은 아세가와 마주하여 엘라 골짜기를 지키는 요새의 하나였다. 평원에서 산악지에 올라가는 요로가 이 골짜기를 지나고 있었기 때문이다. 아세가의 동남쪽 4㎞ 지점의 길벳 압밧(Khirbet'Abbad, 이스라엘 이름 Horvat Sokho)과 동일시된다. 이곳은 예루살렘 서남쪽 약 27km 정도이며 여기서는 철기 시대의 토기 파편과 성채의 터가 발견된다(디럭스 바이블 성경사전).

51) "엘라 골짜기": Valley of Elah. '상수리나무 골짜기'이다. 사울과 이스라엘 사람이 블레셋 사람에 대진하고 있던 세펠라(Shephelah, 블레셋 평야와 유다 산악지 사이에 있는 낮은 구릉

전열을 벌였다(יַעַרְכוּ). 즉, 일렬로 서서 정열했다(4:2; 욥 6:4).

삼상 17:3. 블레셋 사람들은 이쪽 산에 섰고 이스라엘은 저쪽 산에 섰고 그 사이에는 골짜기가 있었더라.

양쪽 군대는 골짜기를 사이에 두고 양쪽 산에 위에 서서 서로 대진하고 있었다. 이런 상황, 즉 블레셋과 이스라엘이 서로 버티고 있는 상황에서 골리앗을 대하여 다윗이 나타나 골리앗을 물맷돌로 때려눕혔다는 것은 놀라운 기적이 아닐 수 없었다.

삼상 17:4. 블레셋 사람들의 진영에서 싸움을 돋우는 자가 왔는데 그의 이름은 골리앗이요 가드 사람이라 그의 키는 여섯 규빗 한 뼘이요.

본 절부터 7절까지는 블레셋 사람 골리앗의 외모가 어떠함을 진술한다. 블레셋 사람들의 진영에서 "싸움을 돋우는 자"(a champion), 즉 '한 장수'(선봉장)가 나왔는데 그의 이름은 "골리앗"52)이고 "가드"53) 사람이었다. 골리앗의 키는 여섯 규빗 한 뼘이었다는 것이다. 한 규빗은 45cm이고, 한 뼘은 13cm이니 2미터

지대)에 있던 비옥한 골짜기인데, 소고 부근이다. 다윗이 블레셋의 거인 골리앗과 대전하여 이긴 곳이다(17:2,19; 21:9). 베들레헴의 서남서쪽24km 지점, 오늘의 와디 에산드(Wadi es-Sant, 아라비아어로 '아카시아 골짜기')인데, 다른 세 골짜기가 합하여 이루고 있는 골짜기이다(디럭스 바이블 성경사전).

52) "골리앗": Goliath. '유랑자'라는 뜻을 가지고 있다. 골리앗은 가드사람이며 블레셋 군대의 대장이다. 키가 6규빗 한 뼘이나 되는 거인이었다. 머리에는 놋 투구를 썼고, 몸에는 어린갑(漁鱗甲)을 입었는데 그 갑옷의 무게는 놋 5천 세겔(약 196kg)이었으며, 다리에는 놋 경갑(鱗甲)을 쳤고 어깨 사이에는 놋 단창(短鎗)을 매었는데 그 창 자루는 베틀 채 같고 창날은 철 6백 세겔(약 5.8k)이며 또한 방패 든 자를 앞세웠다(삼상 17:4-7). 그는 이스라엘 군대에게 한 사람을 택하여 내게 보내서 그가 싸워 나를 죽이면 너희가 우리 종이 되어 섬기게 하자고 외칠 때(삼상 17:8,9) 소년 다윗이 너는 칼과 창과 단창으로 내게 오거니와 나는 만군의 여호와의 이름 곧 네가 모욕하는 이스라엘 군대의 하나님의 이름으로 네게 가노라 하면서(삼상 17:45) 돌을 물매로 던져 골리앗의 이마를 치니 땅에 엎드러졌다(삼상 17:49). 다윗은 그 머리를 베어 예루살렘으로 가져가고 갑주는 자기 장막에 두었으며(삼상 17:51,54), 칼은 대제사장 아히멜렉에게 보관하였다(삼상 21:9; 22:10).

53) "가드": Gath. '술 짜는 틀'이라는 뜻을 가지고 있다. 블레셋 사람의 5대 도시 중 하나이다. 아낙 사람(거인족) 중 진멸에서 남은 사람이 약간 살고 있던 곳이다(수 11:22). 골리앗과 기타 용사가 이 거인족의 자손인데, 가드 사람이다(삼상 17:4; 삼하 21:15-22; 대상 20:4-8).

83센티나 되는 거구였다. 이런 엄청난 거구에 다윗은 소년에 불과했으니 게임 (game)이 되지 않는 형편이었다. 하나님은 이런 인간적인 약자와 동행하셔서 영광을 받으신다. 인간적인 강점은 하나님 보시기에는 아무 것도 아니다.

삼상 17:5. 머리에는 놋 투구를 썼고 몸에는 비늘 갑옷을 입었으니 그 갑옷의 무게가 놋 오천 세겔이며.

골리앗의 머리에는 놋으로 만든 투구54)를 쓰고, 몸에는 비늘 갑옷55)을 입었는데, 그 갑옷의 무게는 놋 오천 세겔이나 되었다. 오천 세겔은 약 57.5kg이다(1세겔이 약 11.5g이므로).

삼상 17:6. 그의 다리에는 놋 각반을 쳤고 어깨 사이에는 놋 단창을 메었으니.

롯의 다리에는 놋으로 만든 각반(정강이받이, 다리 부분을 감싸는 무구)을 쳤고, 어깨에는 놋으로 만든 창(כִּידוֹן-어깨의 뒷부분에 차는 창)을 메고 있었다. 여기 "창"은 필요한 때에 적을 향해 던지는 칼을 말한다. 이는 공격용 무기이다.

삼상 17:7. 그 창 자루는 베틀 채 같고 창날은 철 육백 세겔이며 방패든 자가 앞서 행하더라.

"그 창 자루는 베틀 채 같다"는 말은 그 창 자루에 긴 끈을 달아 놓았기 때문에 베틀 채 같다고 표현한 것이다. 그리고 창날이 철 600 세겔(7kg)이란

---

54) "투구": Helmet. 전사가 머리를 지키기 위해 쓴 방어용의 무구. 원래는 가죽제품이었는데, 후에는 청동제로 되었다. 구약에는 외국 군인의 무구로서 인용되어 있는 것이 많은데(삼상 17:5; 렘 40:4; 겔 23:24; 27:10; 38:5), 이스라엘에서도 사울시대에 청동 투구를 썼고 (삼상 17:38), 웃시야도 유다 군대에 이것을 사용하게 했다(대하 26:14).

55) "갑옷": Armor, Coat of mail. 싸울 때 몸통(胴)을 지키기 위해 입는 방어용 무구(-武具). 기원전 2천년 전반, 후리사람에 의해 오리엔트 세계에 도입되고, 애굽인, 앗수르인이 이것을 채용했다. 이것은 처음에는 가죽으로 만들어졌는데, 후에는 청동, 또는 철편의 조각을 비늘 모양으로 가죽에 매어 달았다(삼상 17:5,38). 그 단편(斷片)의 청동 판(길이 21cm), 철판(길이 5cm), 헬레니즘 시대의 것이 출토되었다. '갑옷'은 몸통의 부분인 흉패와 그 하부에 드리운 허리 밑을 보호하는 (→갑옷솔기)로 이룩되어 있었다(왕상 22:34; 대하 18:33). 그리스, 로마도 이것을 썼는데, 그들은 사슬로 엮은 '갑옷 안에 입는 옷'을 더하고, 수리아(시리아)왕 안티오코스 에피파네스의 군대는 이것을 입었다(1 마카 6:35).

말은 골리앗의 창이 심히 컸음을 뜻한다.

4-7절이 보여준바 블레셋 군대의 장수 골리앗은 그 엄청난 신장이나 육중한 무기 등이 보통 사람의 것들과는 비교할 수조차 없을 만큼 크고도 강했다. 그리고 골리앗의 앞에는 골리앗의 방패를 든 또 하나의 장사가 그를 방어하면서 걷고 있었다. 그러나 하나님으로부터 쓰임을 받은 다윗은 아무런 무기도 없이 나가서 거뜬히 단숨에 이겼다. 사람의 무장은 하나님 앞에는 아무 것도 아니다.

삼상 17:8. 그가 서서 이스라엘 군대를 향하여 외쳐 이르되 너희가 어찌하여 나와서 전열을 벌였느냐 나는 블레셋 사람이 아니며 너희는 사울의 신복이 아니냐 너희는 한 사람을 택하여 내게로 내려 보내라.

골리앗이 서서 이스라엘 군대를 향하여 외쳐 떠들기를 "너희가 어찌하여 나와서 전열을 벌였느냐"고 무시하는 말을 한다. 블레셋 군대가 유다에까지 들어와서 전쟁을 하자고 하니까 당연히 이스라엘 군대가 나와서 전열을 벌인 것인데 그것을 당연한 것으로 여기지 않고 왜 나와서 전투태세를 갖추었느냐고 하니 이스라엘 군대를 아주 무시하는 말이다.

골리앗은 "나는 블레셋 사람이 아니며 너희는 사울의 신복이 아니냐"는 말도 역시 이스라엘을 무시하는 말이다. '자기는 당당한 블레셋 사람이고 이스라엘 사람들은 겨우 사울의 종밖에 더 되느냐'는 식의 말이다.

골리앗은 "너희는 한 사람을 택하여 내게로 내려 보내라"고 도전한다. 즉, '너희는 한 사람 대표를 택해서 나에게로 보내어 맞붙어 보자'고 큰 소리를 친다. 아주 교만한 말이요 자신만만한 태도를 보인다. 하나님 앞에서 교만한 자는 모두 망한다는 진리를 모르고 떠드는 것이었다.

삼상 17:9. 그가 나와 싸워서 나를 죽이면 우리가 너희의 종이 되겠고 만일 내가 이겨 그를 죽이면 너희가 우리의 종이 되어 우리를 섬길 것이니라.

사울의 신복과 골리앗이 싸워서 사울의 신복이 골리앗을 죽이는 경우 블레셋이 이스라엘의 종이 될 것이고, 만일 골리앗이 사울의 신복을 죽이면 이스라엘이 블레셋의 종이 되어 섬겨야 한다는 조건으로 싸우자는 것이었다. 골리앗의 이 말은 자기가 사울의 신하 아무하고도 싸우면 이길 자신이 있다는 큰 소리였다. 큰 소리를 치는 사람은 교만한 자로 하나님 앞에서 승리하기는 불가능한 자이다.

결과는 골리앗이 다윗한테 죽임을 당했으나 블레셋은 이스라엘의 종이 되지 않았다. 그런고로 골리앗의 큰 소리는 그냥 큰 소리에 불과했다. 실천 없는 말로서 자기를 이길 자가 없으리라는 교만한 소리였다.

삼상 17:10. 그 블레셋 사람이 또 이르되 내가 오늘 이스라엘의 군대를 모욕하였으니 사람을 보내어 나와 더불어 싸우게 하라 한지라.

골리앗이 또 말하기를 "내가 오늘 이스라엘의 군대를 모욕하였으니 사람을 보내어 나와 더불어 싸우게 하라"고 큰 소리 친다. 골리앗이 "내가 오늘 이스라엘의 군대를 모욕하였다"는 말은 8-9절을 지칭하는 말이다. 8절과 9절의 말은 참으로 이스라엘을 모욕한 말이었다. 이렇게 모욕하는 말을 이스라엘이 들었으니 골리앗과 더불어 싸워보라는 것이다.

삼상 17:11. 사울과 온 이스라엘이 블레셋 사람의 이 말을 듣고 놀라 크게 두려워하니라.

사울과 온 이스라엘은 블레셋 사람 골리앗의 모욕적인 말을 듣고 놀라고 놀라 크게 두려하게 되었다. 이스라엘 진영은 아주 놀람에 휩싸였고 공포에 사로잡혀 40일 간이나 떨며 지냈다(16절). 아무도 골리앗과 싸우겠다고 나서는 자가 없었고 오로지 떨면서 시간을 지냈다.

2. 다윗이 전쟁터에 파송되다   17:12-30

사울이나 군 수뇌부가 다윗을 전쟁터에 파송한 것이 아니라 자기 아버지 이새의 심부름으로 전쟁터에 갔다. 다윗은 전투에 참전한 형들의 안부를 물으러 전쟁터에 파송된 것이다. 그 때 골리앗이 이스라엘을 향하여 도전하는 모습을 보고 다윗은 골리앗을 상대하여 싸울 결심이 선 것이다.

삼상 17:12. 다윗은 유다 베들레헴 에브랏 사람 이새라 하는 사람의 아들이었는데 이새는 사울 당시 사람 중에 나이가 많아 늙은 사람으로서 여덟 아들이 있는 중.

본서의 저자는 다윗을 마치 본 절에서 처음 소개하는 듯한 필치로 말하고 있다. 다시 말해 12-16절에 기록된 다윗의 가문과 그 신상에 대한 기록이 16장의 진술을 전혀 모르고 기록한 듯한 인상을 주기 때문에 고등 비평가들은 이 부분(12-31절)56)의 기사를 본래의 저자가 아닌 딴 사람의 기록이라고 주장한다. 그러나 본서의 저자가 다윗을 여기서 처음으로 소개하는 것같이 기록한 것은 다윗을 소개한 16:1 하반의 목적과 17:12의 목적이 서로 다르기 때문이다. 목적이 다르면 같은 재료를 가지고도 마치 다른 글을 쓰는 듯이 기록할 수도 있는 것이다.

"베들레헴(Beth le-hem)은 '빵 집'이란 뜻을 가지고 있다. 이는 '유대의 베들레헴'을 지칭한다. 다윗의 출생지로, 또 예수 그리스도 탄생의 성읍으로서 무한히 마음을 끄는 지명이다. 오늘날의 아랍 이름은 '베잇 라함'(Beit Lah ^m)인데, 예루살렘의 남쪽 7㎞ 지점 유대 산지의 분수령에서 동쪽으로 뻗은 산등성이(해발 833m) 위에 건설된 아름다운 성읍이다. 유대의 가장 비옥한 지대의 하나인데, 북쪽 구릉의 중복에는 올리브가 우거지고, 동쪽의 완만한 사면 단구(段丘)는 소맥의 풍작지이다.

본문에 "베들레헴 에브랏"이라고 쓴 것은 스불론의 베들레헴(수 19:15; 삿 12:8)과 구별하기 위함이다(미 5:2). 이새가 나이가 많아 늙은 사람으로서 여덟

---

56) 70인 역의 바티칸 사본은 이 부분(12-31절)을 생략했다. 그리고 심지어 17:56-18:5까지도 생략하고 말았다. 그 이유는 이 부분의 기사 중 1) 다윗의 신상에 대한 진술이 16장에 기록된 것과 중복된다는 점, 2) 사울의 병기를 든 자로 묘사된 다윗(16:21)이 본장에서는 전쟁터에 나가지 않고 양을 치고 있었다고 기록한 점, 3) 사울이 다윗을 수금 연주자(16:23)로 알고 있었을 터인데 본장에서는 다윗에 대해 전혀 모르고 있는 것처럼 기록했다는 점 등 16장의 내용과 본 장의 내용이 중복되거나 모순되고 불일치한다고 보기 때문이다. 따라서 혹자들(Kennicott, Houbigant)은 이런 차이가 생기게 된 원인을 후대의 삽입으로 보았고, 또 혹자들(Ewald, Thenius, Schultz)은 16장의 저자와 17장의 저자가 달랐기 때문에 생겨난 결과라고 보는 것이다. 그러나 고등 비평가들의 이런 주장들은 성경의 역사 서술을 무시한 분석에 불과함으로 설득력이 없다고 보아야 할 것이다. 성경 저자는 목적에 따라서 얼마든지 다른 각도에서 반복 기록할 수 있다고 보아야 한다. 그리고 사울이 골리앗을 죽인 다윗에 대하여 관심을 가지고 물은 것은 다윗이 이전의 다윗 같지 않아서 그렇게 자세히 물은 것으로 보는 것이다.

아들이 있었다는 것이 본문에서 다시 분명하게 밝혀진다.

삼상 17:13. 그 장성한 세 아들은 사울을 따라 싸움에 나갔으니 싸움에 나간 세 아들의 이름은 장자 엘리압이요 그 다음은 아비나답이요 셋째는 삼마며.

　　이새의 여덟 아들[57] 중 장성한 세 아들은 사울을 따라 블레셋 전쟁에 참여하고 있었다. 16:6-9주해 참조

삼상 17:14. 다윗은 막내라 장성한 세 사람은 사울을 따랐고.

　　이새의 아들 중 다윗은 막내였다. 장성한 세 사람은 사울을 따라 전투에 참여 중이었다. 본문은 다윗이 전투에 참여하지 않은 이유를 밝히고 있는 듯하다. 다윗은 당시 20세 미만의 소년이었다.

삼상 17:15. 다윗은 사울에게로 왕래하며 베들레헴에서 그의 아버지의 양을 칠 때에.

　　본 절의 "사울에게로 왕래하며"(הֹלֵךְ וָשָׁב מֵעַל)란 말은 '(사울에게) 갔다가 그리고 사울에게로부터 (집으로) 돌아왔다'는 뜻이다. 그러니까 다윗은 사울의 우울증 때문에 사울에게로 갔다가(16:19,22) 사울의 우울증이 나으면 집으로 돌아왔다는 뜻이다. 결코 다윗은 자기 집과 사울에게로 계속해서 왕래한 것은 아니었음을 알 수 있다. 한번 갔다가 돌아온 것으로 이해해야 할 것이다.

　　본문의 "베들레헴에서 그의 아버지의 양을 칠 때에"란 말은 '베들레헴에서 양을 치기 위하여'로 번역하는 것이 옳다. 즉, 다윗은 사울 곁에서 수금을 타던 일을 그만 두고 사울의 곁을 떠난 것을 언급하는 어구로 보아야 한다. 공동번역은 "다윗은 사울에게 갔다가 다시 베들레헴에 돌아 와서 아버지의 양떼를 치고 있었다"로 번역하고 있다.

---

　　57) 대상 2:13-15은 이새의 아들이 모두 일곱 아들이라고 말한다. 이 진술은 본 절의 진술과 다르다. 본 절의 진술은 여덟 아들이라고 말하는 반면 대상 2:13-15은 일곱 아들이라고 말하는 것은 어느 아들 하나가 조사했는데 역대상의 저자가 기록할 때에 일곱 아들만을 기록한 것으로 본다.

삼상 17:16. 그 블레셋 사람이 사십 일을 조석으로 나와서 몸을 나타내었더라.

본문의 "그 블레셋 사람"이란 말은 단수로 기록되어 있는 점으로 미루어보아 블레셋 사람들을 지칭하는 것이 아니라 '골리앗' 한 사람을 지칭한다.

골리앗이 40일을 아침 저녁으로 나와서 몸을 드러내었다는 말은 전쟁이 얼른 끝나지 않고 오래 지속되었다는 것을 보여준다. 전쟁이 이렇게 오래 지속된 이유는 이스라엘 측에서 골리앗을 상대할만한 사람을 내 보내지 않았기 때문이었다(11절).

블레셋의 골리앗이 40일간이나 오랜 동안 몸을 드러내면서 이스라엘을 괴롭혔으니 이스라엘 군대를 많이 지치게 만들었다. 이 때야 말로 다윗 같은 사람이 필요했을 때였다. 하나님은 다윗을 드러내기 위하여 이스라엘의 위기를 오랜 동안 지속시키셨다.

삼상 17:17. 이새가 그의 아들 다윗에게 이르되 지금 네 형들을 위하여 이 볶은 곡식 한 에바와 이 떡 열 덩이를 가지고 진영으로 속히 가서 네 형들에게 주고

이스라엘의 위기를 맞이하여(앞 절) 이새는 그의 아들 다윗에게 명령하기를 "지금 네 형들을 위하여 이 볶은 곡식 한 에바와 이 떡 열 덩이를 가지고 진영으로 속히 가서 네 형들에게 주라"고 했다. 본 절은 이새가 전투에 참전한 세 아들, 곧 첫째 아들 엘리압, 둘째 아들 아비나답, 셋째 아들 삼마를 위하여 볶은 곡식 한 에바(23리터, 한 말)와 떡 열 덩이를 가지고 이스라엘 군대가 진치고 있는 진영(camp)으로 달려가서 형들에게 전해주라고 명한다. 이 두 가지 식물은 곤고한 자들이 먹는 음식이었다(25:18; 삼하 17:28; 룻 2:14). 지금도 성지에서 애용되고 있는 음식물이라 한다(이상근).

삼상 17:18. 이 치즈 열 덩이를 가져다가 그들의 천부장에게 주고 네 형들의 안부를 살피고 증표를 가져 오라.

"치즈"(cheeses)는 우유를 응고 시켜 만든 음식이었는데 이새가 이 치즈 10덩이를 형들이 속해 있는 부대의 지휘관(사령관)에게 갖다가 주라고 부탁한 것은 세 아들을 잘 봐달라는 의미에서였을 것이다. 이새는 다윗에게 형들의 "안부"(שָׁלוֹם-평안하고 잘 있는지의 여부)를 살펴보고 또 그 "증표"(עֲרֻבָּתָם-some token) 곧 '평안히 잘 있는 여부에 대한 어떤 표시'를 가져 오라고 명령한다. 나이 많은 이새가 세 아들이 죽지 않고 잘 있는지 알고 싶은 답답한 심정에서 그런 부탁을 한 것이다.

삼상 17:19. 그 때에 사울과 그들과 이스라엘 모든 사람들은 엘라 골짜기에서 블레셋 사람들과 싸우는 중이더라.

다윗이 부친 이새의 명령으로 형들의 안부를 알기를 원했던 때는 사울과 이스라엘 군대가 엘라 골짜기에서 블레셋 군대와 싸우는 중이었다. 마침 전투 중에 다윗이 전쟁터에 도착한 것은 하나님의 섭리였다. 다윗이 이 전투에 참가하여 큰 전공을 세워 드러나게 하시려는 하나님의 섭리였다. 2-3절 주해 참조.

삼상 17:20-21. 다윗이 아침에 일찍이 일어나서 양을 양 지키는 자에게 맡기고 이새가 명령한 대로 가지고 가서 진영에 이른즉 마침 군대가 전장에 나와서 싸우려고 고함치며 이스라엘과 블레셋 사람들이 전열을 벌이고 양군이 서로 대치하였더라.

다윗은 다음날 아침 일찍이 일어나서 양을 양 지키는 자에게 맡겼다. 아침에 일찍이 일어나야 했던 이유는 다윗이 살고 있던 베들레헴으로부터 엘라 전쟁터까지는 대략 20km나 되었으므로(이상근) 아침에 일찍이 서둘러야 했다. 다윗은 참으로 주밀한 사람이었다. 자기가 맡아서 하던 일을 다른 양치기에 맡기고 일터를 떠나는 주밀함이 있었다. 나라를 맡아 다스릴 사람으로 충분했다.

다윗은 아버지 이새가 명령한 대로 식물(형들을 위한 식물, 군대의 지휘관을 위한 식품)을 가지고 머나먼 진영에 이르렀다. 그런데 마침 양편의 군대가 전쟁터에 나와서 싸우려고 고함치는 때였다. 양 진영 군대는 전열을 지어 서로 마주 보고 대진하고 있었다. 다윗이 이때에 거기에 도착했으니 전공을 세울 수 있었다.

삼상 17:22. 다윗이 자기의 짐을 짐 지키는 자의 손에 맡기고 군대로 달려가서 형들에게 문안하고.

다윗은 양 진영이 전열을 갖추고 대치하고 있을 때에 무엇이 중요한 지를 잘 알고 있었다. 다윗은 자기의 짐, 즉 형들에게 줄 음식물 보따리(17절), 그리고 군대의 지휘관에게 줄 치즈 보따리(18절)를 짐 지키는 자(아마도 병참기지를 뜻할 것이다)의 손에 맡기고 우선 급한 형들의 안부를 알기 위하여 이스라엘 군대 있는 데로 달려가서 형들에게 문안했다.

삼상 17:23. 그들과 함께 말할 때에 마침 블레셋 사람의 싸움 돋우는 가드 사람 골리앗이라 하는 자가 그 전열에서 나와서 전과 같은 말을 하매 다윗이 들으니라.

다윗이 형들과 이야기를 나누고 있을 찰라 블레셋 사람의 싸움 돋우는 사람, 즉 블레셋 사람 중에 장수 골리앗이 전과 같이 그 전열에서 나와서 이스라엘군을 모욕하며 외치고 있었고(4-11절 참조) 다른 군인들 뿐 아니라 다윗도 그 말을 듣게 되었다. 다윗이 골리앗의 그 말을 들었기에 더욱 골리앗을 해치울 마음을 먹게 되었다. 다윗이 골리앗의 말을 들은 것은 하나님의 섭리로 다윗이 전공을 세울 좋은 기회를 얻게 된 것이다.

삼상 17:24. 이스라엘 모든 사람이 그 사람을 보고 심히 두려워하여 그 앞에서 도망하며.

이스라엘 모든 군인들이 골리앗의 중무장을 한 모습을 보고(4-7절 주해 참조) 심히 두려워하였고 또 골리앗과 직접 맞대면하기를 원치 않아 다른 곳으로 자리를 옮겼다. 골리앗은 보기만 해도 무서운 사람이었다. 그러나 다윗은 골리앗을 보기는 했으나 골리앗 보다는 골리앗을 얼마든지 없앨 수 있으신 하나님을 보고 용기를 얻어 해치웠다. 우리는 세상을 볼 것이 아니라 그 세상 세력을 무찌르시는 하나님을 보고 힘내어 해치워야 할 것이다. 우리는 파도를 볼 것이 아니라 바다 위를 걸으시는 예수님을 보아야 한다(마 14:22-33).

삼상 17:25. 이스라엘 사람들이 이르되 너희가 이 올라 온 사람을 보았느냐 참으로 이스라엘을 모욕하러 왔도다 그를 죽이는 사람은 왕이 많은 재물로 부하게 하고 그의 딸을 그에게 주고 그 아버지의 집을 이스라엘 중에서 세금을 면제하게 하시리라.

이스라엘 군인들이 서로 이야기하기를 '자네들, 저 올라온 사람을 보았는가? 그는 분명히 이스라엘을 모욕하러 올라온 것이네. 그를 죽이는 사람에게는 왕이 많은 재물로 부하게 만들어주고 그의 딸을 그에게 아내로 주며, 또 그 아버지의 집, 즉 가문 전체를 이스라엘 중에서 세금을 면제하게 해 준다네'라고들 말했다. 왕의 이 약속대로 훗날 다윗은 사울의 둘째 딸 미갈을 부인으로 맞이했다 (18:20-27). 그런데 왕의 이 세 가지 약속 중에서 세 번째 약속, 즉 "그 아버지의 집을 이스라엘 중에서 세금을 면제하게 하시리라"는 약속이 무엇을 뜻하느냐는 것에 대해서는 몇 가지 견해가 있다. 그 중 두 가지 견해를 보면 1) 세금을 면제해 준다는 약속일 것이라는 견해(Fay). 대부분의 주석가들은 세금 면제의 약속일 것이라는데 동의하지만 그러나 "세금을 면제하게 하시리라"(חָפְשִׁי)는 단어가 성경 용례상 세금의 면제를 뜻하지 않는다는 점에서(출 21:2; 신 15:12; 렘 34:10) 타당하지 않은 것 같다. 2) 군대나 부역을 면제해 주는 것을 의미한다는 견해 (Smith). 이 두 번째의 견해는 이 단어가 대체적으로 육체의 억압에서의 해방을 의미하는 점에서 군대나 부역을 면제해 주는 것을 의미하는 것으로 봄이 타당한 것으로 보인다. 사울왕은 골리앗이 심한 골칫거리였기 때문에 이런 세 가지 보상을 내 세운 것이다.

삼상 17:26. 다윗이 곁에 서 있는 사람들에게 말하여 이르되 이 블레셋 사람을 죽여 이스라엘의 치욕을 제거하는 사람에게는 어떠한 대우를 하겠느냐 이 할례 받지 않은 블레셋 사람이 누구이기에 살아계시는 하나님의 군대를 모욕하겠느냐.

다윗이 여러 사람이 하는 말을 듣다가(앞 절) 이제는 곁에 있는 사람들에게 의분에 넘쳐서 "이 블레셋 사람을 죽여 이스라엘의 치욕을 제거하는 사람에게는 어떠한 대우를 하겠느냐"고 물어본다. 여기 "이 블레셋 사람" 곧 '골리앗'을 죽여서

이스라엘을 향하여 욕을 더 이상 못하게 하는 사람을 없애버리는 사람에게는
어떠한 대우를 한다는 것입니까 하고 물어본다. 지난 40일간 계속해서 욕지거리를
한 사람을 죽여서 더 이상 욕을 못하게 하는 것은 아주 당연한 일인데 그런
자에게는 어떤 상급을 주는 것이 마땅하냐는 말이다. 다윗은 상급이 탐나서 이
말을 하는 것이 아니라 이런 사람을 죽이는 것이 당연하고 또 이런 자를 죽이는
사람에게 상급을 주는 것도 당연한 일인데 얼마의 상급이 주어져야 합당한 것이냐
고 물은 것이다. 다윗은 골리앗을 죽이는 일은 아주 당연한 것으로 말하고 있다.

다윗은 "이 할례 받지 않은 블레셋 사람이 누구이기에 살아계시는 하나님의
군대를 모욕하겠느냐"고 의분을 토해낸다. 즉, 이 할례 받지 않은 이방인 블레셋
사람이 누구이기에 감히 살아 역사하시는 위대하신 하나님께서 거느리시는 이스라
엘 군대를 욕한다는 것이 도대체 말이나 되는 것이냐고 말한다. 오늘 우리는
하나님의 영광이 훼손되는 것에 대해 마음으로 분함을 느껴야 한다. 그래서 원한
(의분)을 풀어달라고 계속해서 기도해야 할 것이다(눅 18:1-8).

**삼상 17:27. 백성이 전과 같이 말하여 이르되 그를 죽이는 사람에게는 이러이러하
게 하시리라 하니라.**

군인들은 앞에서 말한바와 같이 골리앗을 죽이는 사람에게는 왕이 세 가지
상급을 내릴 것이라고 말해 주었다. 이 말을 들은 다윗은 앞서(26절) 말한바와
같이 의분을 가진 말을 되풀이했을 것이다. 그런고로 다음 절과 같이 큰 형의
반응이 나온 것으로 보인다.

**삼상 17:28. 큰형 엘리압이 다윗이 사람들에게 하는 말을 들은지라 그가 다윗에게
노를 발하여 이르되 네가 어찌하여 이리로 내려왔느냐 들에 있는 양들을 누구에게
맡겼느냐 나는 네 교만과 네 마음의 완악함을 아노니 네가 전쟁을 구경하러 왔도다.**

다윗의 큰형 엘리압이 다윗이 다른 사람들에게 하는 말을 듣고 다윗에 대해
노를 발하면서 말하기를 "네가 어찌하여 이리로 내려왔느냐 들에 있는 양들을
누구에게 맡겼느냐"고 다그친다. 즉, '네가 어찌하여 이 전쟁터로 온 것이냐,

들에 있는 양들을 돌보고 칠 것이지 누구에게 맡기고 이 전쟁터로 왔느냐고 책망한다. 큰형 엘리압은 막내 동생 다윗을 향하여 "나는 네 교만과 네 마음의 완악함을 아노니 네가 전쟁을 구경하러 왔도다"라고 말한다. 즉, '네가 교만하고 완악하기 때문에 이 전쟁터로 와서 신분에도 맞지 않게 적장 골리앗에 대하여 이러쿵저러쿵 말을 한다'는 것이었다. 다시 말해 전쟁터에까지 온 것도 교만이었고 완악함이었으며 게다가 조그마한 놈이 적장 골리앗을 향하여 이러쿵저러쿵 말을 하는 것이 도무지 격에 어울리지 않는다는 것이었다. 큰형은 자기의 동생이 어떤 사람임을 알지 못하고 책망하고 야단을 친 것이었다.

삼상 17:29. 다윗이 이르되 내가 무엇을 하였나이까 어찌 이유가 없으리이까 하고

큰형의 책망을 들은 다윗은 "내가 무엇을 하였나이까"고 대응한다. 즉, '내가 사람들에게 물어본 것뿐인데 내가 무엇을 잘못했다고 이렇게 책망을 하십니까?'고 대답한다. 다윗은 골리앗은 죽어야 할 사람이고 또 골리앗을 죽이는 사람에게는 당연히 상급을 주는 것이 당연하다고 말한 것뿐인데 무엇을 잘못했다고 이렇게 야단을 치시는 것입니까?'라고 응수했다.

다윗은 또 "어찌 이유가 없으리이까"고 말한다. 다윗은 골리앗에 대해 말하고 상급에 대해 말하는 것은 이유가 있는 말이라고 대답한다. 다시 말해 하나님의 군대에 대해 욕을 하는 것은 하나님께 대하여 욕을 하는 것이니 그냥 둘 수가 없어 말한 것인데 자신이 무엇을 잘못한 것이냐고 대답한다. 당연히 질문할 것을 질문했고 말할 것을 말했다는 것이다.

삼상 17:30. 돌아서서 다른 사람을 향하여 전과 같이 말하매 백성이 전과 같이 대답하니라.

다윗은 큰형으로부터 야단을 맞고 책망을 들은 다음에도 자기의 행동을 중단하지 않고 돌아서서 다른 사람을 향하여 전과 같이(25-27절) 질문했다. 그는 골리앗을 죽이지 않고는 견딜 수 없는 심정으로 굳어져 가고 있었다. 다윗의 심정이 이렇게 굳어져 간 것은 하나님의 섭리였다.

3. 다윗이 골리앗을 넘어뜨리다 17:31-58

다윗이 군인들과의 몇 차례 대화가 오고 간 후 사울 왕에게 불려가 이 전쟁에 출전하게 된다(31-40절). 다윗이 골리앗을 넘어뜨린 고로(41-49절), 이스라엘 군대가 블레셋 군대에 대승을 거둔다(50-58절).

삼상 17:31. 어떤 사람이 다윗이 한 말을 듣고 그것을 사울에게 전하였으므로 사울이 다윗을 부른지라.

다윗이 한 말이 여러 군인들에게 알려졌는데 다윗이 한 말을 들은 어떤 군인이 다윗이 한 말을 사울에게 전하였으므로 사울은 너무 기뻐서 다윗을 불렀다. 실제로 다윗이 골리앗을 무찌르지 못한다 해도 다윗이 한 말은 왕에게는 큰 매력이었음에 틀림없었다. 골리앗이 40일이나 몸을 드러내고 이스라엘에게 욕을 퍼부어 이스라엘 군인들은 이제 전의(戰意)를 상실하였고 또 자기들의 자리를 지키지 않고 골리앗에게서 멀리 떨어져 자리를 잡는 등 군대가 무서워 떨고 있는 마당에 다윗이 큰 소리를 친다는 소식을 들은 왕은 힘을 얻어 다윗을 급히 부른 것이다.

삼상 17:32. 다윗이 사울에게 말하되 그로 말미암아 사람이 낙담하지 말 것이라 주의 종이 가서 저 블레셋 사람과 싸우리이다 하니.

사울에게 불려간 다윗은 사울에게 말하기를 '골리앗 때문에 아무도 낙담할 필요가 없습니다. 왕의 종이 가서 저 블레셋 사람 골리앗과 싸우겠습니다'고 말했다. 소년이 어른에게 낙담하지 말라고 위로한다는 것은 참으로 놀랄 일이다. 신앙자는 많은 사람들에게 위로를 주며 산다. 우리는 다른 신앙자들에게 전혀 낙심 절망할 필요가 없다고 말해야 한다(빌 4:4-7).

삼상 17:33. 사울이 다윗에게 이르되 네가 가서 저 블레셋 사람과 싸울 수 없으리니 너는 소년이요 그는 어려서부터 용사임이니라.

다윗이 사울에게 골리앗 때문에 낙담하지 말라고 권유했는데도(32절), 사울이 다윗에게 말하기를 "네가 가서 저 블레셋 사람과 싸울 수 없을 것이다"고 엉뚱한 말로 대꾸를 한다. 사울이 그렇게 말하는 이유는 "너는 소년이요 그는 어려서부터 용사이기" 때문이라고 말한다. 즉, '너는 한갓 소년에 불과하고 골리앗은 어려서부터 군대에서 뼈가 굵은 군대의 용사이기' 때문이는 것이다. 사울은 하나님을 떠난 자처럼 다윗과 골리앗을 비교하고 있다. 우리는 우리들 자신을 세상 불신자들과 비교해서는 안 될 것이다. 이유는 우리에게는 하나님이 계시기 때문이다.

삼상 17:34-35a. 다윗이 사울에게 말하되 주의 종이 아버지의 양을 지킬 때에 사자나 곰이 와서 양 떼에서 새끼를 물어가면 내가 따라가서 그것을 치고 그 입에서 새끼를 건져내었고.

34-37절은 다윗이 사울에게 자신이 얼마든지 골리앗을 이길 수 있다는 증거를 대고 있다. 그 중에도 34-35a는 사자나 곰이 양떼를 습격하여 양 떼에서 새끼를 물어가는 경우 자신이 따라가서 그 사자나 곰을 치고 그 입에서 새끼를 건져냈다는 말을 한다. 다윗은 양 새끼 한 마리까지도 손해를 보지 않고 사자나 곰의 입에서 구출해 냈다고 말한다. 이렇게 새끼 한 마리라도 빼앗기지 않고 사자나 곰을 치고 사자나 곰의 입에서 되찾아 온 다윗이니 골리앗 같은 것은 문제가 없다는 논리였다.

삼상 17:35b. 그것이 일어나 나를 해하고자 하면 내가 그 수염을 잡고 그것을 쳐죽였나이다.

'사자나 곰이 일어나서 나를 해하고자 하는 경우 내가 그 수염(사자나 곰의 턱)을 잡고 사자나 곰을 쳐죽였으니' 하나님의 이름을 훼방하는 골리앗을 죽이는 것은 어렵지 않은 일이라고 말한다. 그러니까 다윗은 양 새끼 하나라도 잃지 않기 위하여 맹수 중 맹수를 치는 일을 했고(34-35a) 그것들이 다윗 자신을 해치는 경우 때려 죽였으니(35b) 골리앗 같은 것은 문제가 없다는 이야기이다.

삼상 17:36. 주의 종이 사자와 곰도 쳤은즉 살아 계시는 하나님의 군대를 모욕한

이 할례 받지 않은 블레셋 사람이리이까 그가 그 짐승의 하나와 같이 되리이다.

다윗은 사울 앞에서 자신을 "주의 종"이라고 낮춘다. 그러면서 다윗 자신이 사자와 곰도 쳤은즉 "살아 계시는 하나님의 군대를 모욕한 이 할례 받지 않은 블레셋 사람이리이까"라고 한다. 다시 말해 맹수를 쳐 죽였는데 골리앗은 사람에 불과하니 문제가 없다는 것이고, 게다가 골리앗은 "살아 계시는 하나님의 군대를 모욕한 할례 받지 않은 블레셋 사람"이 아닌가 하고 확신을 나타내고 있다. 아주 논리가 정연하다. 맹수를 쳐 죽였는데 사람쯤이야 문제가 없다는 논리이고 사람 중에서도 하나님의 군대를 모욕한 죄인을 치는 것은 아주 식은 죽 먹기만큼이나 쉬운 일이라는 것이다. 골리앗이 다윗이 쳐 죽인 짐승 중의 하나와 같이 될 수밖에 없다고 말한다.

삼상 17:37a. 또 다윗이 이르되 여호와께서 나를 사자의 발톱과 곰의 발톱에서 건져 내셨은즉 나를 이 블레셋 사람의 손에서도 건져내시리이다.

다윗은 자신의 힘으로 맹수를 이겼기 때문에 골리앗을 능히 죽일 수 있다고 했는데(34-36절), 본 절에 와서는 '여호와께서 나를 사자의 발톱과 곰의 발톱에서 건져 내셨기 때문에 나를 이 블레셋 사람의 손에서도 건져내실 것입니다'라고 말한다. 즉, '여호와께서 자신을 사자의 발톱과 곰의 발톱에서 건져 내셨으니 골리앗의 손에서도 건져 내실 것이라'는 확신이다.

삼상 17:37b. 사울이 다윗에게 이르되 가라 여호와께서 너와 함께 계시기를 원하노라.

다윗의 논리 정연한 확신을 들은 사울은 더 말할 것이 없었다. 사울은 다윗을 향하여 "가라 여호와께서 너와 함께 계시기를 원하노라"고 허락하며 다윗의 승전을 기원한다.

삼상 17:38-39a. 이에 사울이 자기 군복을 다윗에게 입히고 놋 투구를 그의 머리에 씌우고 또 그에게 갑옷을 입히매 다윗이 칼을 군복 위에 차고는 익숙하지 못하므로

시험적으로 걸어 보다가.

사울은 다윗이 전장에 나가기를 확정하자 자기의 군복을 다윗에게 입히고 또 놋 투구를 그의 머리에 씌우고 또 갑옷을 입히고 또 칼을 군복 위에 차게 했다. 다윗은 이렇게 무장을 한 다음에 익숙하지 못해서 한 번 걸어보았다. 그러나 다윗은 사울의 모든 것이 자기에게는 너무 어색하기만 했다. 사울은 보통 사람보다 어깨 위나 더한 사람이니 다윗에게 맞을 리가 없었다. 그래서 다윗은 사울의 것을 다 벗고 자기가 평소 입던 목동의 옷을 입고 출전했다(다음 절).

삼상 17:39b-40. 사울에게 말하되 익숙하지 못하니 이것을 입고 가지 못하겠나이다 하고 곧 벗고 손에 막대기를 가지고 시내에서 매끄러운 돌 다섯을 골라서 자기 목자의 제구 곧 주머니에 넣고 손에 물매를 가지고 블레셋 사람에게로 나아가니라.

39절 하반 절은 다윗이 왕에게 왕이 무장시켜 준 것들은 익숙하지 못하다고 말하고 모든 무장들을 벗어버렸다는 내용이고, 40절은 다윗이 손에 막대기(양을 칠 때에 사용하던 지팡이)를 가지고 시냇가로 가서 매끄러운 돌 다섯 개를 골라 자기의 목동 주머니에 넣고 손에 물매(돌팔매 끈)를 가지고 골리앗에게로 나아갔다는 내용이다. 40절의 "막대기"는 양을 칠 때에 사용하던 지팡이였고 (창 32:10; 출 4:2; 민 22:27), "물매"는 돌을 던지기 위해 가죽 끈으로 만든 것으로 돌을 가운데 두고 물매를 돌리다가 던지는 도구였다(25:29; 삿 20:16; 대상 12:2).

다윗이 이렇게 사울이 입혀 준 무장들을 모두 벗어버리고 목자로서의 자기 차림대로 달려가서 골리앗을 친 것은 다윗을 더 큰 사람으로 돋보이게 만들었다. 하나님의 사람들은 세상 것으로 무장하지 말고 자기의 모습 그대로 행하면서 하나님만을 의지할 때 하나님께서 더욱 귀하게 보신다는 것을 알아야 할 것이다.

삼상 17:41. 블레셋 사람이 방패 든 사람을 앞세우고 다윗에게로 점점 가까이

나아가니라.

골리앗은 이스라엘 측에서 한 사람 싸울 자가 나왔다는 말을 듣고 이제 대전(對戰)할 때가 이른 줄 알고(이것이 40일이나 기다리던 때였다) 방패 든 사람을 앞세우고(7주해 참조) 다윗을 향하여 가까이 나아갔다.

삼상 17:42. 그 블레셋 사람이 둘러보다가 다윗을 보고 업신여기니 이는 그가 젊고 붉고 용모가 아름다움이라.

골리앗이 자기 자리에서 일어나 앞을 둘러보다가 다윗을 발견했다. 그리고는 골리앗의 눈에 다윗이 별것 아닌 존재로 보여 업신여겼다. 이유는 다윗이 "젊고 붉고 용모가 아름다웠기" 때문이었다. "젊다"는 것은 나이가 연소하다는 뜻이고 (멀리서 얼핏 보아도 젊어보였던 모양이다), "붉다"는 뜻은 아직 붉은 얼굴의 사람이라는 뜻이다. 따라서 다윗은 멀리서 보기에도 용모가 아름다워 보이고 겉보기에 어디 하나 전쟁할 사람 같지 않아서 업신여기기에 알맞은 사람이었다. 세상은 이렇게 겉만 보고 판단한다. 우리는 사람의 중심을 볼 수 있어야 할 것이다.

삼상 17:43. 블레셋 사람이 다윗에게 이르되 네가 나를 개로 여기고 막대기를 가지고 내게 나아왔느냐 하고 그의 신들의 이름으로 다윗을 저주하고

골리앗이 다윗에게 가까이 다가가다가 보니 양을 치는 목자의 모습 그대로였으니 다윗에게 한마디를 건넨다. "네가 나를 개로 여기고 막대기를 가지고 내게 나아왔느냐"고 내뱉는다. 막대기는 개를 쫓거나 때리는 나무대기이니 골리앗이 보기에도 아주 우스운 모양새였다.

골리앗은 다윗을 보고 "그의 신들의 이름으로 다윗에게 저주"를 퍼부었다. 여기 "신들"이란 말이 히브리 원문에는 단수로 표기되어 있다. 그러나 이방인들은 여러 신들을 섬기는 자들이니 히브리 원문의 필사자가 오기한 것으로 보아 공동번역을 제외하고 모든 번역판들(한국어 번역 및 영어번역판들)은 복수로 고쳐서 번역했다. 복수로 보는 것이 바를 것이다. 고대의 전쟁터에서는 전투를 하기 전에 자기의 신들의 이름으로 상대방을 저주하는 것이 일반적으로 행하는 풍속이

었다고 하니(Lange) 골리앗도 역시 전투를 하기 전에 다윗을 자기의 신들의
이름으로 많은 저주를 퍼부었을 것이다. 이렇게 저주를 해야 신들이 승리를
주기 때문이다.

**삼상 17:44. 그 블레셋 사람이 또 다윗에게 이르되 내게로 오라 내가 네 살을
공중의 새들과 들짐승들에게 주리라 하는지라.**

골리앗은 다윗에게 말하기를 "내게로 오라 내가 네 살을 공중의 새들과 들짐승
들에게 주리라"고 말을 내 뱉는다. 골리앗은 다윗을 분명히 죽여서 공중의 새들과
들짐승들의 밥으로 줄 것이라고 말한다. 자신의 신들의 이름으로 저주를 퍼부었으
니 신들이 분명히 다윗을 죽일 줄로 확신했다. 오늘날 힌두교 국가들에는 3억
3천의 신들이 있다고 한다. 그러나 그 나라는 가난하기가 한량없다고 한다.

**삼상 17:45. 다윗이 블레셋 사람에게 이르되 너는 칼과 창과 단창으로 내게 나아오
거니와 나는 만군의 여호와의 이름 곧 네가 모욕하는 이스라엘 군대의 하나님의
이름으로 네게 나아가노라.**

그러자 다윗이 골리앗에게 이런 말을 하며 나아간다. "너는 칼을 차고 창을
메고 투창을 들고 나에게로 나왔으나, 나는 네가 모욕하는 이스라엘 군대의 하나님,
곧 만군의 주의 이름을 의지하고 너에게로 나아가노라"고 외친다. 본 절은 골리앗
의 무기와 다윗의 무기를 대조하는 말이다. 세상은 돈을 자랑하고 직위를 뽐내며
권세를 가지고 큰 소리 치나 우리는 오직 만군의 여호와의 이름을 믿고, 의지하고,
앞세우고 나아가는 사람들이 되어야 할 것이다.

"만군의 여호와"(God of hosts)란 말은 구약 여러 곳에 기록되어 있다(삼하
5:10; 왕상 19:10,14; 시 59:5; 80:4,7,14,19; 84:8; 89:8; 렘 5:14; 15:16; 35:17;
38:17; 44:7; 호 12:5; 암 3:13; 4:13; 5:14,16,27; 6:8,14). 하나님은 우주의 왕으로
서, 천지의 모든 군대의 총괄세력에게 힘을 주시는 하나님이시다(시 89:8). 선지자
아모스는 장차 올 심판의 집행자로서의 권위, 위력 그리고 예고를 성취하시는
만군의 하나님으로 말하고 있다(암 3:13).

삼상 17:46. 오늘 여호와께서 너를 내 손에 넘기시리니 내가 너를 쳐서 네 목을 베고 블레셋 군대의 시체를 오늘 공중의 새와 땅의 들짐승에게 주어 온 땅으로 이스라엘에 하나님이 계신 줄 알게 하겠고.

다윗은 앞 절에 이어 계속해서 이렇게 말한다. '오늘 중으로 여호와께서 너 골리앗을 내 손에 넘겨주실 터이니, 내가 너를 쳐서 네 목을 베어 예루살렘으로 가져 갈 것이며(54절) 그리고 블레셋 군대의 모든 시체를 오늘 중으로 공중의 새들과 땅위의 들짐승들에게 밥으로 주어 온 세상 사람들로 하여금 이스라엘에 하나님이 계신 줄 알게 하겠노라'고 말한다. 다윗은 승리는 온전히 여호와의 손에 있고 또 여호와만이 참 하나님이심을 만천하에 알게 하겠다는 확신을 발표한다. 다윗의 이 예언의 말은 그날 그대로 다 이루어졌다.

삼상 17:47. 또 여호와의 구원하심이 칼과 창에 있지 아니함을 이 무리에게 알게 하리라 전쟁은 여호와께 속한 것인즉 그가 너희를 우리 손에 넘기시리라.

다윗은 여호와의 이름으로 골리앗을 향해 나아간다고 말하고(45절), 오늘 중으로 여호와께서 골리앗과 블레셋 군대를 패하게 하시리라는 말을 했는데(46절), 이제 또 "구원하심이 칼과 창에 있지 아니함을 이 무리에게 알게 하리라"고 말한다. 그리고 "전쟁은 여호와께 속한 것인즉 그가 너희를 우리 손에 넘기시리라"고 확언한다. "전쟁은 여호와께 속했다"(대하 20:15; 시 144:1)는 말은 '전쟁의 승패는 여호와께서 정하신다'는 말이다. 다윗은 여호와께서 자기에게 승리를 주실 것을 확신하는 마음으로 이런 말을 한 것이다. 세계 제 1차, 제 2차 대전의 결과는 1) 먼저 공격한 편이 패했고, 2) 먼저 이긴 편이 패했으며, 3) 하나님을 의지한 편이 결국은 이겼다. 전쟁은 여호와께 속한 것임을 증명한 것이다(이상근).

삼상 17:48-49. 블레셋 사람이 일어나 다윗에게로 마주 가까이 올 때에 다윗이 블레셋 사람을 향하여 빨리 달리며 손을 주머니에 넣어 돌을 가지고 물매로 던져 블레셋 사람의 이마를 치매 돌이 그의 이마에 박히니 땅에 엎드러지니라.

블레셋 사람 골리앗이 일어나 다윗에게로 한 걸음 한 걸음 다가 올 때에

다윗은 블레셋 사람을 향하여 빨리 달리면서 손을 주머니에 넣어 돌을 하나 꺼내
물매(돌팔매 끈)로 던져 블레셋 사람의 이마를 쳐서 그의 이마에 박히니 땅에
엎드러지고 말았다.

다윗이 골리앗을 향하여 빨리 달렸다는 것은 대단한 신앙이 있음을 보여준
것이다. 보통 사람 같으면 골리앗을 향하여 전진할 때 주춤주춤했을 것이다. 그러나
다윗은 중무장을 하지 않았기 때문에 몸이 가볍긴 했으나 어떻게 그렇게 빨리
골리앗을 향해 달려갈 수 있었을까. 다윗은 참 신앙인이었다. 그리고 돌 하나가
만약에 골리앗의 이마에 박히지 않는다면 어쩌나 하는 주저도 없이 달려갔다는
것 역시 큰 신앙인이었음을 보여준다. 첫 번째 돌이 골리앗의 이마에 박히지
않는다면 다음 돌을 꺼낼 생각이었을까. 다윗은 자신이 돌 한 개를 던져서 골리앗의
이마에 박히리라고 확신했다.

**삼상 17:50. 다윗이 이같이 물매와 돌로 블레셋 사람을 이기고 그를 쳐 죽였으나
자기 손에는 칼이 없었더라.**

본 절은 다윗이 물매와 돌 하나로 골리앗을 쳐 죽였으나 그의 손에는 칼이
없었다는 것을 강조하고 있다. 전쟁은 전적으로 여호와께 속한 것임을 드러낸
기록이다. 전쟁에서 승리케 하시는 것이나 패망하게 하시는 것은 전적으로 여호와
께서 하시는 일이다. 사실 전쟁 뿐 아니라 세상만사의 화복(禍福)이 하나님의
손에 달려 있다.

**삼상 17:51. 다윗이 달려가서 블레셋 사람을 밟고 그의 칼을 그 칼집에서 빼내어
그 칼로 그를 죽이고 그의 머리를 베니 블레셋 사람들이 자기 용사의 죽음을
보고 도망하는지라.**

다윗이 골리앗을 물매 하나로 죽인 후 다음 단계의 일을 기술한 내용이다.
다음 단계로 다윗은 골리앗이 넘어진 곳으로 달려갔다. 그리고 골리앗을 밟고
골리앗의 칼58)을 그 칼집에서 빼내어 그 칼로 아직 생명이 붙어 있는 그를 죽이고
그의 목을 잘라 몸통과 머리를 분리시켰다. 다윗이 골리앗을 죽인 다음 블레셋

사람들은 자기의 장수가 죽은 것을 보고 자기들 자리를 이탈하여 도망친 것이다.

삼상 17:52. 이스라엘과 유다 사람들이 일어나서 소리 지르며 블레셋 사람들을 쫓아 가이와 에그론 성문까지 이르렀고 블레셋 사람들의 부상자들은 사아라임 가는 길에서부터 가드와 에그론까지 엎드러졌더라.

다윗이 골리앗의 목을 잘라 머리와 몸통을 분리하니 블레셋 사람들이 자기의 장수의 죽음을 목격하고 공포에 질려 도망할 때(앞 절) 이스라엘과 유다 사람들이 일어나서 환호성을 지르면서 블레셋 군대를 쫓아가 가이(가드의 오기로 보인다)와 에그론 성문까지 이르렀으며 블레셋 사람들의 부상자들은 사아라임 가는 길에서 (on the way from Shaaraim)부터 가드와 에그론까지 엎드러졌다는 것이다. 본 절의 "가이"(גַּיְא)는 골리앗의 고향인 "가드"라는 말의 오기(誤記)로 본다(K.&D.). 그렇게 보는 이유는 바로 다음에 따라오는 "가드와 에그론"이란 말이 있어 더욱 확실하다. 그리고 본 절의 "사아라임"(Shaaraim)이란 곳은 유대의 세펠라(平地, 욥 1:19)에 있던 성읍으로 엘라 골짜기의 한 지점이다(17:52; 수 15:36). 엘라 골짜기를 끼고 아세가 가까이에 있었다. 본 절 상반 절은 블레셋 군대가 도망한 지명들을 말하고, 하반 절은 시체가 엎드러진 지명들을 말한다. 블레셋이 이렇게까지 패망한 것은 하나님께서 행한 일이었다.

삼상 17:53. 이스라엘 자손이 블레셋 사람들을 쫓다가 돌아와서 그들의 진영을 노략하였고

이스라엘 자손이 블레셋의 패잔병들을 쫓아만 간 것이 아니라 그들을 쫓다가 돌아와서 그들의 진영을 노략했다. 승자가 패자의 전리품을 취하는 것은 고대 전쟁에서 항상 있었던 관습의 하나였다(민 31:31-36; 신 2:35; 수 8:2).

삼상 17:54. 다윗은 그 블레셋 사람의 머리를 예루살렘으로 가져가고 갑주는

---

58) 골리앗의 칼은 훗날 다윗이 사용했다(21:9).

자기 장막에 두니라.

다윗은 다른 것에 관심을 가지기 보다는 골리앗의 머리에 관심이 있어 머리를 예루살렘으로 가지고 갔다. 이 당시 예루살렘에는 여부스인도 살고 있었지만 이스라엘 사람들이 공존하였으니(수 15:63; 삿 1:21) 그곳으로 가져갈 수 있었다.

그리고 다윗은 "갑주"를 자기 장막에 두었다. 갑주(Armour, Panoply)는 갑옷과 투구를 이름인데 이것은 싸울 때 몸을 보호하는 방어구로서, 몸통을 지키는 갑옷과 머리를 지키는 투구가 중심이다. 갑옷은 어깨를 가리는 피박(披縛), 가슴을 가리는 흉개(胸鎧), 허리와 양다리를 가리는 퇴군(腿裙)의 세 부분으로 되어 있다. 다윗은 전리품으로 갑주를 베들레헴의 자기의 집으로 가져갔다. 칼은 놉에 있던 성막에 바쳤다(21:8-9).

삼상 17:55. 사울은 다윗이 블레셋 사람을 향하여 나아감을 보고 군사령관 아브넬에게 묻되 아브넬아 이 소년이 누구의 아들이냐 아브넬이 이르되 왕이여 왕의 사심으로 맹세하옵나니 내가 알지 못하나이다 하매.

사울은 다윗이 골리앗을 향하여 나아가는 모습을 보고 놀라서 군대의 사령관인 아브넬에게 다윗이 누구의 아들이냐고 묻는다. 질문을 받은 아브넬은 길게 생각할 것도 없이 '왕의 사심을 두고 맹세59)하는데 자신이 알지 못하겠다'고 대답한다.

사울이 의문이 생겨서 다윗이 누구의 아들이냐고 물은 것을 두고 사울이 왜 물었을까. 사울은 이미 자신이 다윗을 시기했기에 여호와께서 주장하시는 악신으로 말미암아 고통을 당할 때 다윗의 수금연주로 나음을 얻은 경험이 있었는데(16:18-23) 다윗이 누구의 아들인지 모른다는 것은 말이 되지 않는다는 것이 주석가들의 일치한 의견이다. 그런데도 왜 물었을까를 두고 세 가지 견해가 있다. 1) 두 사건은 다른 자료의 것이라는 견해(HP Smith). 이 견해는 우리가 받을 수 없는 견해이다. 이 견해는 어떤 편집자가 이 문서 혹은 저 문서에서 글을 따다가 편집했다는 견해이기 때문에 우리가 받을 수 없다. 우리는 구약 성경의

---

59) "맹세": 하나님 또는 신성하게 여겨지는 대상을 가리켜 자신의 말과 동기에 거짓 없음과 약속 이행의 의지를 엄숙히 증언하는 일.

문서설을 반대한다. 2) 사울이 다윗과 헤어진 지 오래 되었고 다윗이 성장하여
알아보지 못했다는 견해(Lange, RP Smith). 우리는 이 견해를 받기가 어렵다.
이유는 사울은 다윗을 골리앗과 싸우도록 하기 위하여 다윗과 대면을 한 것(31-40
절)을 감안할 때 다윗을 몰라보았다는 것은 어불성설(語不成說)인 듯하다. 3)
사울이 다윗을 알고 있긴 했으나(17:15) 다윗이 나라를 위해 펼치는 담대한 전투
행위에 놀라서 그의 가문의 사회적 지위를 알아보려고 질문한 것이라는 견해
(K.&D.). 3번의 견해가 바른 것으로 보인다.

삼상 17:56. 왕이 이르되 너는 이 청년이 누구의 아들인가 물어보라 하였더니.

사울은 아브넬에게 "너는 이 청년이 누구의 아들인가 물어보라"고 부탁한다.
본 절에서는 소년(נַעַר-33절, 58절)이라는 단어 대신 청년(עֶלֶם)이란 단어가 사용
되었는데 이는 다윗의 연소함을 특별히 강조하고 있다(Klein).

**삼상 17:57. 다윗이 그 블레셋 사람을 죽이고 돌아올 때에 그 블레셋 사람의
머리가 그의 손에 있는 채 아브넬이 그를 사울 앞으로 인도하니.**

아브넬은 왕으로부터 다윗이 누구의 아들인가 물어보라는 부탁을 받고 다윗이
골리앗을 죽이고 돌아올 때에 골리앗의 머리가 다윗의 손에 있는 채 다윗을 사울
앞으로 인도했다. 실물을 사울 앞으로 인도한 것보다 더 확실한 답은 없을 것이다.
다윗을 사울 앞으로 인도하니 사울이 직접 물어보게 되었다(다음 절).

**삼상 17:58. 사울이 그에게 묻되 소년이여 누구의 아들이냐 하니 다윗이 대답하되
나는 주의 종 베들레헴 사람 이새의 아들이니이다 하니라.**

사울이 다윗에게 직접 묻는다. "소년이여 누구의 아들이냐". 다윗이 대답하기
를 "나는 주의 종 베들레헴 사람 이새의 아들입니다"라고 대답한다. 사울의 질문에
다윗은 겸손하게 자기가 주의 종 베들레헴 사람 이새의 아들이라고 말한다. 다윗은
성령의 사람으로서 항상 지혜롭게 처신한다. 다윗은 이제 궁중의 사람이 되어
궁중에 들어간다(Matthew Henry). "베들레헴 사람 이새"란 말에 대해서 16:1

주해 참조

　　다윗은 자기가 누구라는 것을 밝힘에 있어 "나는 주의 종 베들레헴 사람 이새의 아들입니다"라는 말 한마디만 한 것이 아니라 다음 절 즉 '다윗이 사울에게 말하기를 마치매'라는 기록을 보면 다윗이 자기의 가문에 대해 더 많은 말을 한 것이 드러난다. 그러나 그 말이 여기에 기록되지 않았다. "아마 이 대화가 본 절에 기록되어 있지 않은 이유는 그 대화와 사울이나 다윗에게 훗날에 일어난 사건과는 별 관계가 없기 때문이었을 것이다"(K.&D.).

제 18 장

4. 다윗이 칭찬을 받자 사울 왕이 시기하다 18:1-16

다윗이 골리앗을 죽이고 나서 사울 왕 앞에 인도되어(17:55-58) 사울에게 여러 가지를 말한 다음 사울 왕의 아들 요나단은 다윗을 자기 생명 같이 사랑하여 더불어 언약을 맺는다(1-5절). 그러나 사울은 다윗이 개선할 때 여러 고을에서 나온 여인들로부터 자신보다는 다윗을 더 높이는 것을 보고 시기하여 다윗을 죽이려 하고 다윗을 천부장 삼아 자기 곁을 떠나게 한다(6-16절).

삼상 18:1. 다윗이 사울에게 말하기를 마치매 요나단의 마음이 다윗의 마음과 하나가 되어 요나단이 그를 자기 생명 같이 사랑하니라.

다윗이 "자기가 사울의 종 베들레헴 사람 이새의 아들이라"고 밝히며(17:58) 또 자기의 신분에 대해 여러 가지를 말했을 때 요나단의 마음이 다윗의 마음과 하나가 되어 다윗을 자기 생명같이 사랑하게 되었다. 여기 "마음이 하나가 되었다"는 말은 '마음이 서로 엮였다' 혹은 '영적으로 하나가 되었다'는 뜻이다. 요나단은 다윗이 자기 속에 있는 것을 털어놓았을 때 다윗에게 끌려 다윗의 마음과 일치가 되었고 다윗을 자기 생명 같이 사랑하게 되었다는 것이다.

이렇게 요나단이 다윗을 사랑하게 된 것은 하나님께서 요나단을 통하여 다윗을 사랑하신다는 것을 보여 주신 것이다. 이는 마치 하나님께서 어머니들을 통하여 자식들을 사랑하시는 것과 같다. 다윗은 요나단을 통하여 하나님의 사랑을 받았고 사울을 통하여 10여 년 동안 하나님의 시련을 받게 되었다. 사랑이 없어도 안 되지만 시련이 없어도 안 되는 것이다.

삼상 18:2. 그 날에 사울은 다윗을 머무르게 하고 그의 아버지의 집으로 다시 돌아가기를 허락하지 아니하였고.

사울은 그날로부터 다윗을 자기 곁에 두고 그의 아버지의 집으로 돌려보내지 않았다. 사울이 다윗을 자기 곁에 둔 이유는 나라의 일을 함께 염려하는 동반자로 삼는다는 뜻이었으며 또 동시에 다윗은 궁중에 있으면서 앞으로 어떻게 나라를 다스릴 것인가를 배웠다. 다윗이 하나님으로부터 기름 부음을 받은(16:1-13) 다음 이제는 세상 교육을 더 배워야 할 필요가 있어 하나님께서 이런 기회를 주셨다. 이는 마치 모세가 애굽 왕실에서 40년간 머물면서 교육을 받은 것과 같다(출 2:1-15).

삼상 18:3. 요나단은 다윗을 자기 생명 같이 사랑하여 더불어 언약을 맺었으며

(וַיִּכְרֹת יְהוֹנָתָן וְדָוִד בְּרִית בְּאַהֲבָתוֹ אֹתוֹ כְּנַפְשׁוֹ)

히브리 원문은 "요나단이 다윗과 언약60)을 맺었는데 이유는 요나단이 다윗을 자기의 생명처럼 사랑했기 때문이다"로 되어 있다. 요나단은 다윗과 좋은 언약을 맺지 않으면 안 될 정도로 사랑했기에 언약을 맺은 것이다. 언약을 맺은 후 두 사람은 서로 상대방을 끔찍이 사랑했다. 요나단은 다윗이 위기를 맞을 때 보호해 주었으며(19:4-5; 20:17-29), 다윗은 요나단이 죽은 후 그 가족을 돌보아 주었다(삼하 1:17-27; 9:1-7; 19:24-30; 21:7).

삼상 18:4. 요나단이 자기가 입었던 겉옷을 벗어 다윗에게 주었고 자기의 군복과 칼과 활과 띠도 그리하였더라.

요나단은 다윗과 언약을 맺은 표시로 자기가 입고 있던 겉옷을 벗어 다윗에게 주었고 또 자기의 군복과 칼과 활과 띠도 주었다. 요나단의 것들은 다윗에게

---

60) "언약": Covenant, Bond. 일반적으로는 대인 관계에 있어서의 서로의 이익을 위한 약속을 의미한다. 그러나 성경에서는, 하나님과 사람 혹은 민족과의 관계에 있어서의 약속을 나타내는 데 강조점이 있다. 히브리어의 "베리트"라는 말은 '정한다', '맨다'는 뜻을 가지고, 그리스어의 '디아데(세)-케'는 '약속한다'든가 '동의한다'는 의미를 가지고 있다. 구약에서는 하나님은 이스라엘 민족과 인격적 관계를 가지고, 언약(계약)을 맺는 것이 보인다. 홍수 후의 노아와의 언약(창 9장), 선민에 관한 아브라함과의 언약(창 15,17장), 율법을 주심에 있어서의 이스라엘과의 언약(출 34장; 신 5장), 여호와를 유일신으로 하고 이에 귀속(歸屬)하는데 대한 여호수아 및 백성과의 언약(수 24장)등이 구체적인 예인데 성경 전체를 통하여, 언약 관계로 되어 있고, 상기(想起)되고, 환기(喚起)되어 있다.

꼭 맞아서 다윗을 아주 품위 있게 보이게 했을 것이다. '다윗에게 황태자의 군복을 입게 함으로 요나단은 다윗에게 최상의 예우를 베풀었다(삼하 20:8). 이런 선물은 동양에서 가장 귀한 것으로 간주되었다'(RP Smith).

삼상 18:5. 다윗은 사울이 보내는 곳마다 가서 지혜롭게 행하매 사울이 그를 군대의 장으로 삼았더니 온 백성이 합당히 여겼고 사울의 신하들도 합당히 여겼더라.

본 절부터는 다윗이 지혜롭게 행했다는 말이 자주 나온다(5, 14, 15, 30절). 다윗이 이렇게 지혜롭게 행한 것은 성령께서 함께 하신 결과이다. 성령의 사람들은 일을 지혜롭게 행한다. "지혜롭게 행했다"는 말은 '현명하게 행했다'는 뜻이다. 다윗은 전장에서 뿐 아니라 일반 행정면에서도 지혜롭게 행해서 일을 추진하여 성공했다. 그래서 "사울이 그를 군대의 장으로 삼았다". 다시 말해 사울이 다윗을 군 지휘관으로 임명했다. 사실은 젊은 사람이 군 지휘관으로 임명되는 것은 나이 많은 사람에게는 거북스러운 일인데 워낙 지혜롭게 행하니 "온 백성이 합당히 여겼고 사울의 신하들도 합당히 여기게" 되었다. 사울의 신하들도 합당히 여긴 것은 다윗이 성령의 사람으로 지혜롭게 행했기 때문이었다.

삼상 18:6. 무리가 돌아올 때 곧 다윗이 블레셋 사람을 죽이고 돌아올 때에 여인들이 이스라엘 모든 성읍에서 나와서 노래하며 춤추며 소고와 경쇠를 가지고 왕 사울을 환영하는데.

본 절부터 15절까지는 사울이 다윗을 시기 질투하여 일으킨 여러 가지 사건들이 기록되었다. 사울이 다윗을 시기질투하게 된 직접적인 이유는 사울이 다윗보다 여인들의 환영을 덜 받게 되었기 때문이다.

다윗이 골리앗을 죽이고 군대들과 함께 돌아올 때에 이스라엘의 모든 성읍에서 나온 여인들이 사울과 다윗을 축하하여 노래하며 춤추며 소고(작은 북)를 치고(출 15:20; 삿 11:34; 사 30:32) 경쇠(삼현금)[61]를 연주하면서 사울과 다윗을 환영하는 중 다윗에게 환영의 열기를 더했기에(다음 절) 사울의 시기와 질투가 일어난 것이다. 사람들은 자신보다는 다른 이들이 더 환영을 받거나 사랑을 받는 것을 싫어한다. 이런 때 나보다는 다른 사람이 더 환영을 받고 사랑을 받는 것을 보거나 느낄 때 우리는 하나님의 섭리로 알고 감사해야 할 것이다. 그것이 바로 하나님의 뜻이다.

삼상 18:7. 여인들이 뛰놀며 노래하여 이르되 사울이 죽인 자는 천천이요 다윗은 만만이로다 한지라.

여인들이 "뛰놀았다"는 말은 악기를 연주하면서 덩실덩실 춤을 춘 것을 가리킨다. 그리고 여인들은 서로 노래를 주고받으면서 말하기를 '사울이 죽인 자는 수천에 이르고 다윗이 죽인 자는 수만에 이른다'고 말했다. 다시 말해 다윗이 죽인 자는 사울이 죽인 자보다 10배나 더 많다'고 한 것이다. 이것은 사실이었다. 이런 환영사를 들으면서 사울은 감사할 수 없었을까. 자기보다 더 위대한 사람이 있어 나라가 지켜지고 나라가 잘 된다면 그것으로 감사할 수 있었어야 했다.

삼상 18:8. 사울이 그 말에 불쾌하여 심히 노하여 이르되 다윗에게는 만만을 돌리고 내게는 천천만 돌리니 그가 더 얻을 것이 나라 말고 무엇이냐 하고.

사울은 여인들이 노래하는 소리를 듣고 심히 불쾌하여 다윗을 시기하게 되었다. 사울은 여인들이 다윗은 수만 명을 죽였다고 노래하고 자기는 겨우 수천 명만 죽였다고 말하니 앞으로 다윗이 왕위를 차지하지 않겠느냐 하고 시기질투가 일어났다. 시기질투는 결국 나 자신을 죽이고 마는 것이다. 시기질투는 나 자신을 불행하게 만드는 심리이다.

---

61) "경쇠": Instruments(or triangles, or the three-stringed instruments). 악기의 일종. 한국의 경쇠는 옥이나 돌로 만든 아악기의 한 가지를 말하는데, 히브리어 '샬-리슈'는 삼상 18:6에 1회 번역되어 있는 말로서, 미국 표준개역(RSV)은 그저 '악기'(Instruments)로 번역했고, 난외에, '트라이앵글'(triangles), 혹은 '세줄 악기'(three stringedinstruments)로 기록하고 있다. RV는 난외에, 삼각경(三角鏡) 또는 '삼현금'으로 하고 있다.

삼상 18:9. 그 날 후로 사울이 다윗을 주목하였더라.

그 날 이후로 사울은 그날의 여인들의 생각이 떠나질 않아 다윗을 계속해서 주목하게 되었다. 사울은 그날 이후 어떻게 하면 다윗을 없애느냐 하고 늘 궁리하게 되었다. 이렇게 생각하다보니 사무엘이 예언한 것이 계속 생각이 나서 기분이 좋지 않았다. 사무엘은 사울이 폐위될 것을 예언했었다(13:14; 15:28).

삼상 18:10. 그 이튿날 하나님께서 부리시는 악령이 사울에게 힘 있게 내리매 그가 집안에서 정신없이 떠들어대므로 다윗이 평일과 같이 손으로 수금을 타는데 그 때에 사울의 손에 창이 있는지라.

여인들이 다윗을 더 환영하고 또 사울이 심한 시기 질투심으로 가득 찬 날에는 그냥 지났는데 바로 그 다음날 하나님이 보내신 악령이 강하게 사울을 사로잡자 그는 궁중에서 마치 미친 사람처럼 헛소리를 지르고 떠들어대기 시작하였다. 하나님께서 이렇게 하루의 여유를 주셔서 다음날부터 사울을 괴롭히신 것은 사울로 하여금 죄를 자복할 기회를 주신 것이었다.

사울이 이렇게 떠들어대니까 다윗은 평소 때와 같이 그를 진정시키려고 수금을 타고 있었는데 다윗이 옆에서 수금을 연주하는데도 사울은 자기 곁에 세워 둔 창을 만지작거렸다. 이때에 한번 이 창으로 다윗을 벽에 박아버릴까 하고 계속해서 창을 만지작거리고 있었던 것이다.

삼상 18:11. 그가 스스로 이르기를 내가 다윗을 벽에 박으리라 하고 사울이 그 창을 던졌으나 다윗이 그의 앞에서 두 번 피하였더라.

사울은 다른 때는 다윗이 수금을 연주하면 치료되곤 했는데 이번에는 워낙 악신이 강하게 역사하여 악신의 영향을 피하지 못하고 스스로 혼자 생각하기를 내가 다윗을 벽에 박으리라 하고 결심하고 자기가 만지작거리던 창을 던지고 말았다. 드디어 악신의 영향을 최대한 받고 만 것이다. 그런데 다윗은 그 창 앞에서 두 번이나 피했다. 여호와께서 다윗을 지켜 주셔서 다윗으로 하여금 도망하게 하셨다. 여호와께서는 다윗으로 하여금 왕이 되기 전 연단으로 주신 기회였으니 창에 박히지 않게 하셨다.

삼상 18:12. 여호와께서 사울을 떠나 다윗과 함께 계시므로 사울이 그를 두려워한지라.

사울이 다윗을 두려워한 이유는 여호와께서 사울과 함께 계시다가 그를 떠나신 때문이었다(13:13-14; 16:1). 여호와께서 사울과 함께 하신다는 사실을 사울은 경험했었다. 그러나 이제는 자기를 떠나셨고 다윗과 함께 하신다는 것(16:13)을 알게 되었으니 사울이 다윗을 두려워할 수밖에 없게 되었다. 여호와께서 함께 하신다는 것은 큰 복이고 든든함이며 승리를 가져다주는 것이었다.

삼상 18:13a. 그러므로 사울이 그를 자기 곁에서 떠나게 하고 그를 천부장으로 삼으매.

사울은 다윗을 두려워했으므로 그를 자기의 곁에서 경비병 역할을 하는 데서 떠나게 해서 천부장(1,000명 군인을 거느리는 부대장)으로 삼았다. 사울은 다윗이 천부장 역할을 하다가 전장에서 죽기를 바랐다. 어떻게든 죽이기를 원했다.

삼상 18:13b-14. 그가 백성 앞에 출입하며 다윗이 그의 모든 일을 지혜롭게 행하니라 여호와께서 그와 함께 계시니라.

다윗은 백성들 앞에 출입하면서 모든 일을 지혜롭고 현명하게 처리하여 백성들은 다윗을 좋아하였고 여호와께서는 다윗과 함께 하시니 사울은 다윗을 두려워하게 되었다.

삼상 18:15. 사울은 다윗이 크게 지혜롭게 행함을 보고 그를 두려워하였으나.

사울은 다윗이 크게 지혜롭고 현명하게 행함을 보고 그를 두려워하지 않을 수 없었다. 사울이 다윗을 멀리하여 죽기를 바랄수록 하나님께서는 다윗과 더욱 함께 하셔서 다윗은 형통한 자가 되어 갔다.

삼상 18:16. 온 이스라엘과 유다는 다윗을 사랑하였으니 그가 자기들 앞에 출입하기 때문이었더라.

온 이스라엘과 유다(이때 벌써 이스라엘의 남북이 갈라질 기미가 보였다)는 다윗을 사랑했다. 다윗이 국민들 앞에서 지혜롭게 행하고 또 자기들과 가까이서 생활했기 때문에 국민들 전체가 다윗을 사랑하게 되었다.

5. 다윗이 사울의 사위가 되다   18:17-30

사울은 다윗을 죽이려는 여러 가지 음모를 꾸미는 중 다윗을 사위 삼아서 죽이려고 한다. 사울은 큰 딸 메랍을 다윗에게 주기로 했으나 파약하고(17-19절), 그의 둘째 딸 미갈이 다윗을 사랑하므로 다윗에게 사위로 준다. 그러나 한 가지 조건이 있었다. 즉, 다윗에게 블레셋 사람의 양피 200을 가져오라고 하여 다윗으로부터 양피를 받는 조건을 붙였다(20-30절).

삼상 18:17. 사울이 다윗에게 이르되 내 맏딸 메랍을 네게 아내로 주리니 오직 너는 나를 위하여 용기를 내어 여호와의 싸움을 싸우라 하니 이는 그가 생각하기를 내 손을 그에게 대지 않고 블레셋 사람들의 손을 그에게 대게 하리라 함이라.

사울은 골리앗을 죽이는 사람에게 자기의 딸을 주기로 이미 공언했던 일이 있었다(17:25). 그런데도 사울은 골리앗을 죽인 다윗에게 자기의 딸 메랍을 얼른 주지 않고 미루다가 본 절에 새로운 조건을 내세워 다윗을 죽이려한다. 새로운 조건이란 "너는 나를 위하여 용기를 내어 여호와의 싸움을 싸우라"는 조건이었다. 여기 "여호와의 싸움"이란 '여호와께 영광을 돌리는 싸움', '여호와의 영광이 드러나게 하는 싸움'이란 뜻이다. 구체적으로 말해 블레셋과의 싸움을 지칭하는 것이다. 블레셋과의 싸움은 여호와께서 이끄시는 이스라엘 군대를 위한 싸움이니 여호와의 싸움이었다.

사울이 다윗에게 여호와의 싸움을 싸우라고 말한 이유는 "내 손을 그에게 대지 않고 블레셋 사람들의 손을 그에게 대어 죽이게 하기" 위해서였다. 사울은 자기의 손을 다윗에게 대지 않고 블레셋 군대의 힘을 빌려 다윗을 죽이려는 계산이었다. 사울이 자기가 직접 다윗에게 손을 대어 죽이면 여론이 좋지 않을 터이니 그 어떤 욕도 먹지 않고 다윗이 블레셋 군대와 전쟁을 하다가 죽었다고 하면 사울은 욕먹는 일에서 빠지게 될 터이니 사울에게는 아주 좋은 계획이었다. 다시 말해 '손 안대고 코를 푸는 일'이었다. 코를 풀려면 반드시 손을 대야 하는데 손을 대지 않고 코를 풀려는 사람들이 더러 있다. 사울은 참으로 야비한 사람이었다. 누구든지 악령에 사로잡히면 야비한 사람이 되는 것이다.

삼상 18:18. 다윗이 사울에게 이르되 내가 누구며 이스라엘 중에 내 친속이나 내 아버지의 집이 무엇이기에 내가 왕의 사위가 되리이까 하였더니.

다윗은 결혼할 마음은 있는데 자기 주제에 감히 왕의 사위가 될 수 있느냐고 겸양의 말을 한다. 아무리 보아도 다윗 자신이나 또 다윗 가문을 생각할 때 왕의 사위가 되는 일은 주제에 맞지 않는 일이라고 말한다.

삼상 18:19. 사울의 딸 메랍을 다윗에게 줄 시기에 므홀랏 사람 아드리엘에게 아내로 주었더라.

우리 개역개정판 번역에는 나와 있지 않으나 히브리 원문에는 문장 초두에 "그러나"(l)란 말이 있다. 이는 사울이 자기의 약속과는 다른 행동을 한 것을 뜻하는 말이다. 즉, "사울의 딸 메랍을 다윗에게 줄 시기에 므홀랏 사람 아드리엘에게 아내로 주었다"는 것이다. 사울은 자기의 딸 메랍을 다윗에게 줄만한 때가 되었는데도 주지 않고 므홀랏 사람 아드리엘에게 주었다는 것이다. "므홀랏 사람"(Meholathite)이란 아벨 므홀라62)의 출신자를 가리킨다(삼상 18:19, 삼하 21:8). "아드리엘"(Adriel)은 '하나님은 나의 도우심이다'라는 뜻을 가지고 있다. 아드리엘은 므홀랏 사람으로, 바실래의 아들이다. 사울 왕은 일찍이 다윗에게

---

62) "아벨므홀라": 기드온이 패주하는 미디안을 추격하는 길에 있던 성읍이다(삿 7:22). 솔로몬의 제 5행정구, 즉 에스드라엘론(Esdraelon)의 구역에 속하며(왕상 4:12), 선지자 엘리사의 고향이다(왕상 19:16). 이 성읍의 출신자는 므홀랏 사람이라고 불리었다(삼상 18:19; 삼하 21:8). 유세비우스(Eusebius)는 스키도폴리스(Scythopolis)의 남쪽 10 로마 마일의 아벨마엘래('Abelmaelaiv)를 들고 있다. 그것은 벧산의 남쪽 15km, 요단 서안의 델 에스 시프리(Tell es Sifr i)와 동일시된다(디럭스 바이블 성경사전).

주기로 약속한 딸 '메랍'을 이 아드리엘에게 주었다. 그의 다섯 아들은 다윗의 명령에 따라 기브온 사람에게 주어져 일찍이 사울 왕이 기브온 사람을 죽인 죄 값으로 나무에 달아 죽인바 되었다(삼하 21:8-9).

사울은 다윗에게 준다던 딸을 가지고 벌써 두 번이나 약속을 어겼다. 골리앗을 죽인 보상으로 준다고 했다가 주지 않았고 또 여호와의 싸움을 싸우는 자에게 준다고 약속했다가 파약하고 말았다. 참으로 불성실한 자였다.

삼상 18:20. 사울의 딸 미갈이 다윗을 사랑하매 어떤 사람이 사울에게 알린지라 사울이 그 일을 좋게 여겨.

이제 본 절부터 30절까지는 사울이 다윗에게 블레셋 남자의 양피 200을 받고 자기의 딸 미갈을 사위로 준 이야기가 진행된다.

사울의 딸 미갈이 다윗을 사랑하고 있었는데 이 소문이 사울의 귀에 들어갔다. 그런데 사울은 미갈이 사울을 사랑한다는 말을 듣고 아주 좋게 여겼다. 좋게 여긴 이유는 자기의 딸이 다윗을 사랑함으로 다윗에게 손을 대지 않고 다윗을 처치할 생각이 있었기 때문이었다.

삼상 18:21. 스스로 이르되 내가 딸을 그에게 주어서 그에게 올무가 되게 하고 블레셋 사람들의 손으로 그를 치게 하리라 하고 이에 사울이 다윗에게 이르되 네가 오늘 다시 내 사위가 되리라 하니라.

사울은 혼자 속으로 생각하기를 "내가 딸을 그에게 주어서 그에게 올무가 되게 하자"고 했다. 즉, '내가 내 딸을 다윗에게 주어서 그에게 덫이 되게 하여 꼼짝 못하게 묶어놓고 죽여야 하겠다'고 했다. 사울은 미갈을 미끼삼아 "블레셋 사람들의 손으로 그를 치게 하리라 하고" 계획했다. 그런 생각으로 사울은 다윗에게 말하기를 "네가 오늘 다시 내 사위가 되리라"고 말해주었다. 사울은 다윗에게 오늘 당장 다시 사위 삼겠다고 했다.

삼상 18:22. 사울이 그의 신하들에게 명령하되 너희는 다윗에게 비밀히 말하여

이르기를 보라 왕이 너를 기뻐하시고 모든 신하도 너를 사랑하나니 그런즉 네가
왕의 사위가 되는 것이 가하니라 하라.

사울은 다윗에게 오늘 당장 내 사위가 되라고 해 놓고 그 약속을 지키지
않았으니(앞 절) 이제 자기의 말만 가지고 부족할 것 같아 자기의 신하들에게
명령하여 다윗에게 조용히 말해달라고 부탁한다. 즉, "보라 왕이 너를 기뻐하시고
모든 신하도 너를 사랑하나니 그런즉 네가 왕의 사위가 되는 것이 가하니라"고
한다. 왕의 신하 여러 사람이 다윗에게 말해야 할 이유는 사울이 자기의 큰 딸
메랍을 다윗에게 준다고 했다가 주지 않았으니 다윗이 사울 한 사람의 말을 신용하
지 않을 가능성이 있으니 여러 신하가 사울의 말을 다윗의 귀에 조용히 넣어주어야
했다. 그러면 다윗이 틀림없이 사울의 사위가 될 것이라고 생각했다. 사울은 자기의
딸의 신세를 생각하지 않는, 부성이 없는 사람이었고, 또 다윗의 영혼과 육신을
죽이는 일에 열중하는 비인간적인 사람이었다.

**삼상 18:23. 사울의 신하들이 이 말을 다윗의 귀에 전하매 다윗이 이르되 왕의
사위 되는 것을 너희는 작은 일로 보느냐 나는 가난하고 천한 사람이라 한지라.**

사울의 신하들은 사울의 말을 다윗의 귀에 전해주었다. 다윗은 여러 신하들의
말을 듣고 왕의 사위가 되는 것을 좋게 여기긴 했으나 다윗은 결혼 지참금이
없어 말하기를 "왕의 사위 되는 것을 너희는 작은 일로 보느냐 나는 가난하고
천한 사람이라"고 응한다. 다윗은 결코 왕의 사위가 되는 것을 작은 일로 여기지는
않았다. 우선 사울에 대하여 지불해야 하는 막대한 지참금이 없어 사위 되는
일은 불가능한 것으로 알았다. 다윗은 가진 것이 없는 사람으로 왕의 사위되는
일을 하늘의 별따기로 안 것이다.

**삼상 18:24. 사울의 신하들이 사울에게 말하여 이르되 다윗이 이러이러하게 말하
더이다 하니.**

사울의 신하들은 다윗이 한말, 즉 "나는 가난하고 천한 사람이라"는 말을
왕에게 전해주었다. 다윗은 자신이 가난하고 천하여 결혼 지참금을 지불할 형편이

안 돼 왕의 사위되는 일은 꿈도 꾸지 못할 일이라고 하는 말을 신하들이 왕께 전해주었다.

삼상 18:25. 사울이 이르되 너희는 다윗에게 이같이 말하기를 왕이 아무 것도 원하지 아니하고 다만 왕의 원수의 보복으로 블레셋 사람들의 포피 백 개를 원하신 다 하라 하였으니 이는 사울의 생각에 다윗을 블레셋 사람들의 손에 죽게 하리라 함이라.

사울은 다윗이 한 말을 전해 듣고 신하들에게 다시 다윗에게 전할 말을 만들어 전한다. 즉, "왕이 아무 것도 원하지 아니하고 다만 왕의 원수의 보복으로 블레셋 사람들의 포피 백 개를 원하신다"는 말을 전하라고 한다. "왕의 원수의 보복"(to take vengeance on the king's enemies)이란 '왕의 원수를 보복하기 위하여'라는 뜻이다. 사울 왕은 다윗에게 아무 결혼 지참금도 원하지 않고 왕의 원수를 갚을 목적으로 블레셋 남자들의 포경 100개를 잘라 오기만 하면 된다고 전하라고 했다. 왕이 다윗에게 이런 것을 원하는 목적은 다윗으로 하여금 블레셋 남자들의 포경 100개를 자르다가 블레셋 사람들한테 살해되도록 만든 것이었다. 사울의 마음속에는 오직 다윗을 처치할 생각밖에 다른 것은 없었다. 참으로 흉악한 계교였다.

삼상 18:26. 사울의 신하들이 이 말을 다윗에게 아뢰매 다윗이 왕의 사위 되는 것을 좋게 여기므로 결혼할 날이 차기 전에.

사울의 신하들이 왕이 한 말, 즉 "왕이 아무 것도 원하지 아니하고 다만 왕의 원수의 보복으로 블레셋 사람들의 포피 백 개를 원하신다"는 말을 다윗에게 전하자 다윗은 왕의 사위되는 것을 좋게 여겨 결혼할 날이 차기도 전에 사울 왕의 말을 실천에 옮겼다(다음 절). 다윗이 왕의 사위되는 것을 좋게 여긴 이유는 오랜 동안 사울 왕과 좋지 않은 관계를 청산하기 위함이었을 것이고 또 미갈이 다윗을 사랑한 것 같이 다윗도 미갈을 사랑했기 때문이었을 것이다(이상근). 그래서 실제로 왕의 사위가 되기도 전에 사울 왕의 말을 실천에 옮겼다. 다윗은 믿음이 있고 순진한 사람이었다.

삼상 18:27. 다윗이 일어나서 그의 부하들과 함께 가서 블레셋 사람 이백 명을 죽이고 그들의 포피를 가져다가 수대로 왕께 드려 왕의 사위가 되고자 하니 사울이 그의 딸 미갈을 다윗에게 아내로 주었더라.

다윗이 왕의 신하들의 말을 전해 듣고 일어나서(여기 "일어나서"란 표현은 '왕의 말을 실천하기 위하여 일어난 것'을 뜻하는 말이다) 다윗이 천부장이었으니 (13절) 많은 부하들과 함께 블레셋 사람 200명을 죽이고 남자들의 포피를 가져다가 왕이 원하는 수를 훨씬 넘치게 왕께 드리니 사울이 그의 딸 미갈을 다윗에게 아내로 주었다. 사울은 다윗을 죽이려고 블레셋 사람 양피 100개를 원했지만 다윗은 블레셋 사람 200명을 죽이고도 블레셋 사람들한테 살해되지 않았다.

삼상 18:28-29. 여호와께서 다윗과 함께 계심을 사울이 보고 알았고 사울의 딸 미갈도 그를 사랑하므로 사울이 다윗을 더욱더욱 두려워하여 평생에 다윗의 대적이 되니라.

사울은 다윗이 블레셋 사람의 포피 200개를 베어 오는 것을 보고 하나님께서 다윗과 함께 하시는 것을 알게 되었고 또 사울의 딸 미갈도 다윗을 사랑하는 것을 보고 사울은 다윗을 더욱더욱 두려워하여 평생에 다윗의 원수가 되었다. 여기 "평생에 다윗의 대적이 되었다"는 말은 '한 동안 혹은 짧은 동안 원수가 되는 것이 아니라 평생 동안 다윗의 원수로 지내는 수밖에 없게 되었다'는 뜻이다. 긴 원수지간이 되었다는 뜻이다.

삼상 18:30. 블레셋 사람들의 방백들이 싸우러 나오면 그들이 나올 때마다 다윗이 사울의 모든 신하보다 더 지혜롭게 행하매 이에 그의 이름이 심히 귀하게 되니라.

본 절은 지금까지의 결론으로 나온 말이다. 사울은 다윗을 영원한 원수로 여겨 두려워했지만 다윗은 블레셋의 군 지휘관들이 전쟁하러 나올 때마다 사울의 다른 모든 신하보다 더 지혜롭고 현명하게 대처하여 그의 이름이 이스라엘 전역이나 블레셋 전역에 귀하게 알려졌다.

제 19 장

F. 다윗이 오랜 동안 도피 생활에 들어가다   19-23장

하나님은 다윗을 훈련시켜 왕으로 삼기 위하여 사울을 사용하신다. 이 부분 (19장-23장)의 내용은 다윗이 사울과 잠시 화해한 일(19:1-7), 미갈이 다윗을 도피시킨 일(19:8-17), 다윗이 사무엘에게로 피한 일(19:18-24), 다윗이 요나단에게 도움을 구한 일(20:1-11), 다윗이 요나단과 언약을 맺은 일(20:12-16), 요나단이 다윗을 도피시킨 일(20:17-42), 다윗이 놉으로 피한 일(21:1-9), 다윗이 가드로 피신한 일(21:10-15), 다윗이 아둘람과 모압으로 피한 일(22:1-5), 사울이 제사장들을 죽인 일(22:6-23), 다윗이 그일라를 구한 일(23:1-14), 다윗이 요나단을 마지막으로 만난 일(23:15-18), 다윗이 사울의 추격에서 피한 일(23:19-29) 등이 기록되었다.

1. 다윗이 사울과 잠시 화해하다   19:1-7

사울은 여러모로 다윗을 미워했고 또 죽이기를 꾀했지만 사울의 아들 요나단은 그의 부친께 다윗을 미워하거나 죽일 생각을 해서는 안 된다고 간청하여 일시적으로 사울과 다윗이 화해로 들어간다.

삼상 19:1. 사울이 그의 아들 요나단과 그의 모든 신하에게 다윗을 죽이라 말하였더니 사울의 아들 요나단이 다윗을 심히 좋아하므로.

사울은 그의 아들 요나단과 그의 모든 신하들이 듣는데서 다윗을 죽이라고 명령한다. 본장에 들어와 사울은 다윗을 죽이려는 계획을 여러 번 계속해서 나타낸다(11,17,21절). 그런데 사울의 아들 요나단은 그의 아버지의 뜻과는 반대로 다윗을 심히 좋아했기에 구하려는 생각으로 가득 찼다.

삼상 19:2. 그가 다윗에게 말하여 이르되 내 아버지 사울이 너를 죽이기를 꾀하시느니라 그러므로 이제 청하노니 아침에 조심하여 은밀한 곳에 숨어 있으라.

요나단이 다윗을 심히 좋아했기에(앞 절) 그는 다윗에게 자기 아버지가 다윗을 죽이기를 꾀한다는 것을 귀띔하여 주면서 말하기를 내일 아침에 조심해서 은밀한 곳에 가서 숨어 있으라고 부탁한다. 여기 "은밀한 곳"이란 두 사람이 다 같이 알고 있는 어떤 피신처를 뜻한다. 피신처에 가서 숨어 있으면 요나단은 자기 아버지의 눈치를 살펴 다윗이 어떻게 행동해야 할지를 알려주겠다고 말한다(다음 절). 그러니까 사울은 다윗을 죽이려 하고 요나단은 다윗을 구출하려 한다. 사울은 다윗의 훈련 교관으로 일했고 요나단은 그리스도를 대신해서 다윗을 구출하려 한다.

삼상 19:3. 내가 나가서 네가 있는 들에서 내 아버지 곁에 서서 네 일을 내 아버지와 말하다가 무엇을 보면 네게 알려 주리라 하고.

요나단은 자기 아버지와 함께 다윗이 숨어 있는 들(이곳이 바로 앞 절에서 말하는 "은밀한 곳"이다)로 나가서 자기 아버지 곁에 서서 "네 일을 내 아버지와 말하다가 무엇을 보면 네게 알려 주리라"고 말한다. 여기 "네 일"이란 다음 절들(4-5절)에 기록된 대로 다윗을 해치지 말라는 말씀이다. 요나단이 자기 아버지에게 다윗을 해치지 말라는 말을 하다가 자기 아버지에게서 무슨 이상한 낌새를 알아차리면 다윗에게 알려주겠다고 말한다.

삼상 19:4. 요나단이 그의 아버지 사울에게 다윗을 칭찬하여 이르되 원하건대 왕은 신하 다윗에게 범죄하지 마옵소서 그는 왕께 득죄하지 아니하였고 그가 왕께 행한 일은 심히 선함이니이다.

요나단은 이제 그의 아버지 사울에게 다윗을 칭찬해본다. 사울에게서 무슨 반응이 나오는가를 알기 위함이었을 것이다. 즉, "원하건대 왕은 신하 다윗에게 범죄하지 마옵소서 그는 왕께 득죄하지 아니하였고 그가 왕께 행한 일은 심히 선하였습니다'라고 말씀드려본다. 요나단은 자기 아버지에게 '신하 다윗에게 죄를 짓지 마십시오. 다윗은 왕께 죄를 짓지 않았을 뿐 아니라 그가 왕께 행한 일은 모두 선한 일만 했으니 그에게 죄를 지어서는 안 될 것입니다'라고 말씀을 드렸다.

삼상 19:5. 그가 자기 생명을 아끼지 아니하고 블레셋 사람을 죽였고 여호와께서는 온 이스라엘을 위하여 큰 구원을 이루셨으므로 왕이 이를 보고 기뻐하셨거늘 어찌 까닭 없이 다윗을 죽여 무죄한 피를 흘려 범죄하려 하시나이까.

요나단은 앞 절에 이어 본 절에서도 다윗에 대하여 훌륭한 점을 말한다. 즉, '다윗이 자기 생명을 아끼지 아니하고 골리앗을 죽여서 여호와께서는 다윗을 통하여 온 이스라엘을 위하여 큰 구원을 이루셨으므로 왕께서 그 당시 이를 보고 기뻐하시지 않았습니까. 그런데 지금 와서 어찌 까닭 없이 다윗을 죽여 무죄한 피를 흘려 범죄하려고 하시는 것입니까'라고 말씀드린다. 요나단은 자기 아버지 사울에게 "무죄한 피를 흘리는 것"은 큰 범죄라는 것을 상기시켜 드린다(신 21:8). 우리는 세상에서 무죄한 피를 흘리는 어리석은 일을 해서는 안 될 것이다.

삼상 19:6. 사울이 요나단의 말을 듣고 맹세하되 여호와께서 살아 계심을 두고 맹세하거니와 그가 죽임을 당하지 아니하리라.

사울이 요나단의 선한 말(4-5절)을 듣고 맹세하되 여호와께서 살아 계심을 두고 맹세하기를 다윗이 죽임을 당하지 아니하리라고 말한다. 사울이 요나단의 말을 듣고 여호와의 살아계심을 두고 맹세까지 한 것은 요나단의 선한 말씀의 위력에 사울 속에 있던 자그마한 양심이 발동하여 다윗을 죽이지 않겠다고 한 것이다. 그러나 다윗에 대한 시기와 질투의 불을 근본적으로 끌 수는 없었다. 불과 얼마 가지 않아 다시 다윗을 죽이려 한다.

삼상 19:7. 요나단이 다윗을 불러 그 모든 일을 그에게 알리고 요나단이 그를 사울에게로 인도하니 그가 사울 앞에 전과 같이 있었더라.

요나단이 은밀한 곳에 숨어 있던 다윗을 불러 요나단 자신이 자기 아버지와 함께 나누었던 대화의 내용을 다윗에게 알리고 요나단이 이제는 다윗이 안전할 줄 알고 다윗을 사울에게로 인도했다. 그래서 다윗은 사울 앞에 전과 같이 봉사하면서 사울과 화해 중에 지냈다. 잠시간의 화해 그것은 씁쓸한 화해였다.

2. 미갈이 다윗을 도피시키다　19:8-17

다시 악령에 사로잡힌 사울은 옛 행습이 다시 나타나 앞에서 수금을 타던 다윗을 단창으로 쳤고 다윗이 자기 집으로 도망하였으나 사울이 전령들을 보내 다윗을 잡으려 한다. 그런고로 다윗의 아내 미갈이 다윗을 피신시킨다.

삼상 19:8. 전쟁이 다시 있으므로 다윗이 나가서 블레셋 사람들과 싸워 그들을 크게 쳐 죽이매 그들이 그 앞에서 도망하니라.

블레셋 사람들은 골리앗의 패전(17장) 후에도 또 이스라엘을 향하여 공격해 들어왔기 때문에 천부장이 된(18:13) 다윗이 전장에 나가서 블레셋 사람들과 싸워 그들을 쳐 죽였다(18:30). 블레셋 군대는 다윗 앞에서 도망하는 신세가 되고 말았다.

삼상 19:9. 사울이 손에 단창을 가지고 그의 집에 앉았을 때에 여호와께서 부리시는 악령이 사울에게 접하였으므로 다윗이 손으로 수금을 탈 때에.

사울이 손에 단창을 가지고 그의 궁에 앉아 있을 때에 여호와께서 부리시는 악령이 사울에게 와서 사울을 괴롭히고 있었다. 단창을 가진 사람에게 악령이 접했다는 것은 아주 위험천만한 일이다. 그런데 다윗은 사울이 악령에 의해 괴롭힘을 당하는 동안 수금을 가지고 사울을 치료하려고 수금을 타고 있었다. 다윗은 천부장으로도 수고 했고 또 궁중 악사로서도 수고하고 있었다(16:23; 18:10).

삼상 19:10. 사울이 단창으로 다윗을 벽에 박으려 하였으나 그는 사울의 앞을 피하고 사울의 창은 벽에 박힌지라 다윗이 그 밤에 도피하매.

사울은 단창으로 다윗을 벽에 박으려 했다. 단창으로 다윗의 목이나 가슴을 뚫어 벽에 박으려고 한 것이었다. 그러나 사울이 다윗을 벽에 박으려는 순간 다윗은 그 순간을 감지하고 단창을 피했다. 실로 "다윗과 죽음의 사이는 한 걸음 뿐이었다"(20:3). 다윗을 박으려던 창은 벽에 박히고 말았다. 그런 일을 만나 혼쭐이 난 다윗은 그 밤에 자기 집을 향해 도망하고 만다(다음 절).

삼상 19:11. 사울이 전령들을 다윗의 집으로 보내어 그를 지키다가 아침에 그를 죽이게 하려 한지라 다윗의 아내 미갈이 다윗에게 말하여 이르되 당신이 이 밤에 당신의 생명을 구하지 아니하면 내일에는 죽임을 당하리라 하고

사울은 다윗이 도망한 것을 그냥 둘리 만무했다. 전령들을 다윗의 집으로 보내 그를 밤새도록 포위하고 지키다가 아침에 그를 죽이려 했다. 그런데 이 정보를 알아차린 다윗의 아내 미갈이 다윗에게 말하기를 "당신이 이 밤에 당신의 생명을 구하지 아니하면 내일에는 죽임을 당하리라"고 말하고 다윗을 피신시켰다 (다음 절). 미갈은 왕의 딸이면서도 왕의 편에 서지 않고 남편의 입장에 서서 남편을 도왔다. 하나님께서는 다윗을 살리는 데 있어서 미갈을 사용하셨다. 누구든 지 사람을 살리는 입장에 서야 한다. 다윗은 자기 집에서도 편히 쉬지 못하고 그 밤에 자기 집 창문을 통하여 피신해야 하는 신세가 되었다.

삼상 19:12. 미갈이 다윗을 창에서 달아 내리매 그가 피하여 도망하니라.

미갈은 다윗을 창문을 통해 달아 내렸다. 다윗의 집 정문은 사울이 보낸 전령들 이 밤새도록 지키고 있었으니 정문(正門)을 통하여 도망할 수는 없었고 창문을 통하여 달아 내리게 해서 피신시켰다. 이렇게 창문을 통하여 피신한 경우가 역사상 에 또 있었다(수 2:15; 행 9:25). 다윗이 이때의 경험을 시(詩)로 쓴 것이 시편 59편에 발표되었다고 성경주석가들은 공통적으로 증언하고 있다.

삼상 19:13. 미갈이 우상을 가져다가 침상에 누이고 염소 털로 엮은 것을 그 머리에 씌우고 의복으로 그것을 덮었더니.

미갈은 다윗을 피신시킨 다음 사람 크기의 우상을 가져다가 침상에 눕혀 놓고 사울의 전령들이 찾아와서 보더라도 다윗이 병들어 누운 것처럼 꾸며 놓았다.

여기 "우상"(תְּרָפִים)이란 '드라빔'을 말한다. 이는 가정의 수호신이었다(15:23; 창 31:19; 왕하 23:24). 미갈은 또 "염소 털로 엮은 것을 그 머리에 씌워 놓았다". 염소 털로 엮은 망을 그 머리에 씌워 놓은 것은 다윗의 머리털처럼 보이게 하기 위함이었다. 그리고 "의복으로 덮어 놓은 것"은 겉옷 대신 사용하는 큰 천으로 덮어 놓은 것을 뜻한다. 환자에게 이불을 덮어준 것처럼 보이게 하기 위함이었다. 미갈의 꾀는 상당히 비상한 정도였다.

삼상 19:14. 사울이 전령들을 보내어 다윗을 잡으려 하매 미갈이 이르되 그가 병들었느니라.

사울이 보낸 전령들(11절)이 밤새도록 집을 지키다가 아침이 되어 집안으로 들어와 다윗을 체포하려 하자 미갈이 전령들에게 말하기를 다윗이 병들었다고 거짓말을 했다.

삼상 19:15. 사울이 또 전령들을 보내어 다윗을 보라하며 이르되 그를 침상째 내게로 들고 오라 내가 그를 죽이리라.

다윗이 병들었다는 미갈의 보고를 전령들이 사울에게 전달하니 사울은 또 전령들을 보내어 다윗을 살펴보아 그를 침상 채 자기에게 가져오라고 명령한다. 침상 채 들고 오라고 한 이유는 병든 다윗을 죽이기 위함이었다. 병들었으면 약을 주거나 아니면 치료시켜주어야 하는데 아주 죽여 버리려는 사울은 참으로 사악하기 그지없는 사람이었다.

삼상 19:16. 전령들이 들어가 본즉 침상에는 우상이 있고 염소 털로 엮은 것이 그 머리에 있었더라.

사울이 파견한 전령들이 다윗의 집안으로 들어가 살폈는데 다윗은 없었고 침상에는 우상이 있는 것이 보였고 또 염소 털로 엮은 망이 그 우상의 머리에 있는 것이 보였다.

삼상 19:17. 사울이 미갈에게 이르되 너는 어찌하여 이처럼 나를 속여 내 대적을 놓아 피하게 하였느냐 미갈이 사울에게 대답하되 그가 내게 이르기를 나를 놓아 가게 하라 어찌하여 나로 너를 죽이게 하겠느냐 하더이다 하니라.

사울이 미갈을 불러 그에게 이르기를 "어찌하여 이처럼 나를 속여 내 대적을 놓아 피하게 하였느냐"고 책망하니 미갈은 자기 아버지에게 자기 남편이 말하기를 '나를 놓아 도망하게 하라. 나를 도망하게 하지 않으면 내가 너를 죽일 것이라고 말하던데요'. 그래서 도망하게 그냥 두었다고 둘러댔다. 하나님께서 다윗과 함께 하셔서 도망하게 하신 것이다.

3. 다윗이 사무엘에게로 피하다   19:18-24

다윗은 자기의 집에서 피하여 라마에 있는 사무엘에게로 가서 자기가 당한 모든 일을 사무엘에게 알려주었다. 사울은 다윗이 라마의 사무엘에게 피한 것을 알고 전령들을 보내 잡으려 하였으나 전령들이 사무엘에게만 접근하면 예언을 했다. 드디어 사울 자신이 그곳에 갔으나 사울도 결국은 예언을 했다.

삼상 19:18. 다윗이 도피하여 라마로 가서 사무엘에게로 나아가서 사울이 자기에게 행한 일을 다 전하였고 다윗과 사무엘이 나욧으로 가서 살았더라.

다윗이 밤중에 자기의 집에서 탈출하여 라마로 가서 사무엘을 만났다(7:17). 다윗이 사무엘을 만난 이유는 사무엘이 자기에게 기름을 부었고 또 다윗이 앞으로 왕이 된다고 예언을 했으니 사무엘에게 자신의 앞길에 대해 자문을 구하기 위해서였을 것이다. 다윗은 사울이 자기에게 행한 일을 다 털어놓았다. 그리고는 다윗과 사무엘은 나욧으로 가서 살았다. 여기 "나욧"63)(נָיוֹת)이란 곳은 어떤 지명이라기보다는 '처소', '기숙사', '기숙사 시설'이란 뜻이다 (K.&D., RP Smith). 그렇게 볼 수 있는 이유는 이 단어가 다른 지명들과 함께 사용된 것("라마 나욧" 등)을 보면 알 수 있다. 그러니까 여기 "나욧"은 사무엘의

---

63) "나욧": Naioth. '주거(住居)'라는 뜻을 가지고 있다. 라마에 있던 곳인데, 사무엘에게 피신하고 있던 다윗이 여기서 살았다(삼상 19:18-23; 20:1). 위치는 알 수 없으며, 뿐만 아니라 이것이 과연 고유명사인지도 의문시된다고 한다.

선지자 무리들의 숙소라고 할 수 있다(20절). 왕하 4:1; 6:1에 보면 엘리사에게 이런 선지자의 학교가 있었으니 본문은 사무엘이 "선지자의 학교" 창설자로 볼 수 있다(RP Smith). 다윗과 사무엘이 만난 후 이곳 선지자들의 학교에 가서 살았던 것으로 보인다. 다윗은 이곳에서 영적으로 크게 고무되어 더욱 하나님을 의지하고 굳게 믿는 기회를 삼았다.

삼상 19:19. 어떤 사람이 사울에게 전하여 이르되 다윗이 라마 나욧에 있더이다 하매.

소문은 퍼지게 마련이다. 어떤 사람이 사울에게 다윗이 라마의 선지학교 기숙사에 있다는 소식을 전해주었다.

삼상 19:20. 사울이 다윗을 잡으러 전령들을 보냈더니 그들이 선지자 무리가 예언하는 것과 사무엘이 그들의 수령으로 선 것을 볼 때에 하나님의 영이 사울의 전령들에게 임하매 그들도 예언을 한지라.

사울은 다윗이 라마의 선지학교 기숙사에서 살고 있다는 소문을 듣고도 다윗을 체포하여 죽이는 일에만 전념하여 역시 다윗을 잡으러 전령들을 보낸다. 그 전령들이 라마의 선지학교 기숙사에 와서 선지자 무리가 예언하는 것과 사무엘이 그들의 수령으로 활동하는 것을 보다가 하나님의 영이 사울의 전령들에게 임하여 그들도 예언을 하게 되었다. 전령들이 예언을 한 것은 선지자 무리에게 영적으로 동화(同化)되어 다윗을 잡지 못한 것을 뜻한다. 성령님은 사울의 신하들에게도 임해서 예언을 하게 했는데 그렇다고 그들이 구원을 받았다는 뜻은 아니다. 이런 사실을 볼 때에 성령님은 심히 강하신 분임을 알 수 있다.

삼상 19:21. 어떤 사람이 그것을 사울에게 알리매 사울이 다른 전령들을 보냈더니 그들도 예언을 했으므로 사울이 세 번째 다시 전령들을 보냈더니 그들도 예언을 한지라.

사울이 첫 번째로 파견한 전령들이 예언했다는 소식을 들은 사울은 이제

두 번째 전령들을 보냈는데 그들도 역시 예언을 했으므로 사울은 세 번째 다시 다른 전령들을 보냈다. 그런데 그들도 예언을 했다. 본 절에서도 역시 성령님은 강하게 역사하시는 분임을 보여주고 계신다.

삼상 19:22. 이에 사울도 라마로 가서 세구에 있는 큰 우물에 도착하여 물어 이르되 사무엘과 다윗이 어디 있느냐 어떤 사람이 이르되 라마 나욧에 있나이다.

사울이 전령들을 보내는 사람마다 예언을 한다는 소식을 접한 사울은 자신이 직접 라마로 가서 세구에 있는 큰 우물에 도착하여 사무엘과 다윗이 어디에서 사는지에 대해서 사람들에게 물어본다. 그런데 어떤 사람이 라마 나욧에 있다고 전해준다. 여기 "세구"(Secu)라는 말은 '망대'라는 뜻을 가지고 있다. 라마 부근에 있던 땅인데, 그 곳에는 큰 우물이 있었다. 기브아에서 라마로 가던 도중 사울이 머문 장소이다. 앨람의 서북쪽 5㎞ 지점에 있는 슈웨이케라고도 한다.

삼상 19:23. 사울이 라마 나욧으로 가니라 하나님의 영이 그에게도 임하시니 그가 라마 나욧에 이르기까지 걸어가며 예언을 하였으며 그가 또 그의 옷을 벗고 사무엘 앞에서 예언을 하며 하루 밤낮을 벗은 몸으로 누웠더라 그러므로 속담에 이르기를 사울도 선지자 중에 있느냐 하니라.

사울은 드디어 라마 나욧이란 곳을 알아서 나욧으로 간다. 하나님의 영이 그에게도 임하시니 첫째, 사울이 나마 나욧에 이르기까지 걸어가면서 예언을 했다. 그리고 둘째, 사울은 그의 옷을 벗고 사무엘 앞에서 예언을 했다. 여기 옷을 벗었다는 말은 아주 나체가 되었다는 말은 아니고 겉옷을 벗었다는 뜻이다. 왕으로서는 추태를 드러낸 것을 뜻한다. 사울은 성령의 역사에 의하여 아주 낮아질 대로 낮아졌다. 그리고 하루 밤낮을 겉옷을 벗은 몸으로 누워 지냈다. 사울은 성령님의 역사에 의하여 낮아질 대로 낮아졌으며 주의 종 선지자 앞에서 아주 낮은 자세, 부끄러운 자세로 하룻밤 하루 낮(24시간)을 지냈다. 이런 긴 시간 동안 다윗은 사울 앞에서 피해서 요나단을 찾아갔다(다음 절).

사울이 이렇게 예언을 했기에 당시 "사울도 선지자 중에 있느냐"는 속담이
생겼다. 이렇게 해서 사울은 다윗을 잡으려던 계획이 실패하고 말았다. 이쯤 실패했
으면 하나님의 섭리로 알고 다윗 잡기를 포기했어야 했는데 사울은 자기가 블레셋
군대에 의하여 살해되기에 이르기까지 다윗을 잡으려고 애썼다. 불쌍한 사람이
아닐 수 없다.

제 20 장

4. 다윗이 요나단에게 도움을 구하다   20:1-11

다윗은 요나단을 찾아 요나단의 아버지가 자신을 죽이려는 이유가 무엇인지 알기를 원한다. 요나단은 다윗의 요청에 따라 자기 아버지의 뜻을 다시 확인하여 알려주기를 약속한다.

삼상 20:1. 다윗이 라마 나욧에서 도망하여 요나단에게 이르되 내가 무엇을 하였으며 내 죄악이 무엇이며 네 아버지 앞에서 내 죄가 무엇이기에 그가 내 생명을 찾느냐.

사울이 라마 나욧에서 하루 낮 하룻밤을 예언을 하는 동안 다윗이 라마 나욧에서 도망하여 요나단을 찾아 이르기를 자신이 무엇을 하였으며 무슨 죄를 지었기에 사울이 자기 생명을 죽이기 위해 찾느냐고 물어본다.

삼상 20:2. 요나단이 그에게 이르되 결단코 아니라 네가 죽지 아니하리라 내 아버지께서 크고 작은 일을 내게 알리지 아니하고는 행하지 아니하나니 내 아버지께서 어찌하여 이 일은 내게 숨기리요 그렇지 아니하니라.

요나단은 다윗에게 말하기를 "결단코 아니라"(חָלִילָה לֹא)고 확실하게 말해준다. 다시 말해 요나단의 아버지(사울)가 다윗의 생명을 찾아 죽일 것이라는 다윗의 말을 받아 요나단은 '결코 그런 일은 없을 걸세'라고 확언한다. 요나단은 다윗에게 "네가 죽지 아니하리라"고 말해준다. 요나단은 "보라. 내 아버지께서 크고 작은 일을 내게 알리지 않고는 행하지 않으시는데 내 아버지께서 어찌하여 다윗을 죽이는 일은 자기에게 숨기시겠느냐. 결코 그렇지 아니하다네"라고 확신을 심어준다.

삼상 20:3. 다윗이 또 맹세하여 이르되 내가 네게 은혜 받은 줄을 네 아버지께서 밝히 알고 스스로 이르기를 요나단이 슬퍼할까 두려운즉 그에게 이것을 알리지 아니 하리라 함이니라 그러나 진실로 여호와의 살아 계심과 네 생명을 두고 맹세하노니 나와 죽음의 사이는 한 걸음 뿐이니라.

요나단이 다윗을 안심시켜 주었는데도(앞 절) 다윗의 염려가 또 있었다. 즉, '다윗이 또 맹세하면서 말하기를 내가 자네에게 은혜 받은 줄을 자네의 아버지께서 밝히 아시고 스스로 생각하시기를 요나단이 슬퍼할까 하여 자네 아버지가 나를 죽이려는 계획을 자네에게 숨기고 계시는 걸세. 내가 살아계시는 여호와의 이름으로 맹세하지만 나는 지금 죽음 일보 전에 있다네'라고 말을 했다. 다윗은 요나단에게 자기의 생명이란 사울 앞에서 초개와 같은 존재임을 주지시키고 있다.

삼상 20:4. 요나단이 다윗에게 이르되 네 마음의 소원이 무엇이든지 내가 너를 위하여 그것을 이루리라.

요나단은 다윗의 설명을 들은 다음 요나단의 속사정이 아주 절박함을 느껴 다윗에게 이르기를 '자네의 소원이 무엇인가. 내가 자네의 소원이라면 무엇이든지 이루겠네'라고 말한다. 요나단과 다윗의 사이는 참으로 놀랍도록 가까운 사이였다.

삼상 20:5. 다윗이 요나단에게 이르되 내일은 초하루인즉 내가 마땅히 왕을 모시고 앉아 식사를 하여야 할 것이나 나를 보내어 셋째 날 저녁까지 들에 숨게 하고

다윗은 본 절부터 8절까지에 걸쳐 요나단에게 도움을 요청하는 몇 가지 말을 한다. 이렇게 도움을 요청하는 이유는 자신을 죽이려는 사울의 살의(殺意)를 알고 있었기 때문이다(3절). 첫째, 다윗은 "나를 보내어 셋째 날 저녁까지 들에 숨어 있게"해 달라는 것이었다. 본 절은 다윗 자신이 월삭64)(매달 음력 초하루)에는 월삭 제사를 드린 다음 왕의 사위 입장에서 왕을 모시고 식사를 해야 하는

---

64) 월삭에는 월삭 제사가 있어(민 10:10; 28:11-15; 왕하 4:23) 하나님께 제사를 드리고 가족끼리 식사를 함께 하며 즐겼다. 그런데 다윗이 왕의 사위의 입장에서 이 식사 자리에서 빠지고 들(은밀한 곳)에 숨어있어 보자는 것이었다. 식사 자리에 나가지 않는 경우 다윗에 대한 왕의 기색이 어떤지 알아보려는 것이었다.

것이 마땅했지만(그 식사 자리에는 요나단과 아브넬도 참석하였다, 25절, 27절)
월삭에 식탁 자리에서 빠지고 들에 숨어 있어봄으로 다윗에 대한 왕의 의향을
알아보자는 것이었다.

삼상 20:6. 네 아버지께서 만일 나에 대하여 자세히 묻거든 그 때에 너는 말하기를
다윗이 자기 성읍 베들레헴으로 급히 가기를 내게 허락하라 간청하였사오니 이는
온 가족을 위하여 거기서 매년제를 드릴 때가 됨이니이다 하라.

　다윗의 두 번째 부탁은 다윗이 월삭 제사에 참석하지 못함으로 왕이 만일
다윗에 대하여 묻는 경우 그 때에 요나단은 다윗이 베들레헴으로 급히 가기를
자신에게 허락해 달라고 요청하여 보냈다고 왕에게 대답해 달라는 것이었다.
다윗은 자기가 베들레헴에 가서 매년제를 드릴 때가 되어 가야한다고 말씀드려달
라는 것이었다. 첫째 부탁(앞 절에 있음)이나 둘째 부탁이나 모두 다윗이 월삭제에
빠지는 경우 다윗에 대한 왕의 의향이 드러난다는 것이었다.

삼상 20:7-8a. 그의 말이 좋다 하면 네 종이 평안하려니와 그가 만일 노하면
나를 해하려고 결심한 줄을 알지니 그런즉 바라건대 네 종에게 인자하게 행하라
네가 네 종에게 여호와 앞에서 너와 맹약하게 하였음이니라.

　요나단이 왕에게 진지하게 말씀 드렸을 때 다윗에 대한 왕의 반응 여하를
보면 다윗에 대한 살의의 유무를 판단할 수 있다는 것이다. 즉, 왕의 반응이
"좋다" 하면 다윗에 대한 살의가 없는 것이고, 만일 왕이 노여워한다면 다윗에
대한 살의가 있는 것으로 간주하자는 것이었다. 만약 다윗에 대한 살의가 있으면
요나단 자신이 다윗에게 인자하게 대해 달라고 부탁한다(8a). 이유는 다윗과 요나
단 사이는 영원히 친구로서 지내기로 언약을 맺었기 때문에 다윗을 불쌍히 여겨
달라는 것이었다.

삼상 20:8b. 그러나 내게 죄악이 있으면 네가 친히 나를 죽이라 나를 네 아버지에게
로 데려갈 이유가 무엇이냐 하니라.

다윗은 말하기를 '그러나 나에게 무슨 죄악이 있으면 요나단 자네가 나를 죽이게, 나를 자네 아버지에게로 데려가서 거기서 죽일 이유가 없지 않은가'고 한다. 박윤선박사는 "다윗이 사울의 손에 죽임이 되기를 원치 않은 것은 죽음을 두려워함보다 무의미하게 희생됨을 원치 않는 의로운 소원에서 그리한 것이다"라고 주장한다. 다윗의 이 말, 즉 "네가 친히 나를 죽이라"는 말은 참으로 심각한 말이다. 이 말은 다윗이 자신의 무죄와 결백을 강조하는 말이다.

삼상 20:9. 요나단이 이르되 이 일이 결코 네게 일어나지 아니하리라 내 아버지께서 너를 해치려 확실히 결심한 줄 알면 내가 네게 와서 그것을 네게 이르지 아니하겠느냐 하니.

요나단이 다윗에게 말하기를 '내 아버지가 자네를 해치는 일은 결코 일어나지 않을 것일세. 내 아버지가 자네를 해치려 확실히 결심한 줄 알면 내가 자네에게 와서 아버지의 계획을 자네에게 이르지 않겠는가'라고 말한다.

삼상 20:10. 다윗이 요나단에게 이르되 네 아버지께서 혹 엄하게 네게 대답하면 누가 그것을 내게 알리겠느냐 하더라.

다윗이 요나단에게 말하기를 '자네의 아버지께서 혹 엄하게 자네에게 대답하시면 누가 그것을 나에게 알리겠느냐. 거의 불가능한 일이 아니겠는가'고 말한다. 사울이 워낙 엄하게 대답하는 경우 요나단 자신도 다윗에게 와서 다윗에 대한 아버지의 살의를 말하기 어렵다는 이야기이다.

삼상 20:11. 요나단이 다윗에게 이르되 오라 우리가 들로 가자하고 두 사람이 들로 가니라.

다윗은 사울이 워낙 엄하게 대답하는 경우 요나단이 다윗에게 와서 아버지의 살의를 말하지 못할 것이라고 한데 대해 요나단은 "오라 우리가 들로 가자" 하고 들(둘만이 아는 은밀한 장소)로 나가서 둘만이 아는 신호를 가지고 사울의 의향을 다윗에게 알려주기로 한 것이다.

5. 다윗이 요나단과 언약을 맺다 20:12-16

요나단은 자기 아버지의 뜻을 알아내어 다윗에게 알릴 것을 약속한다(12-13a). 그리고 또 장차 다윗이 왕위에 오를 것을 예견하고 다윗에게 몇 가지 소원을 발표한다(13b-16절).

삼상 20:12. 요나단이 다윗에게 이르되 이스라엘의 하나님 여호와께서 증언하시거니와 내가 내일이나 모레 이맘때에 내 아버지를 살펴서 너 다윗에게 대한 의향이 선하면 내가 사람을 보내어 네게 알리지 않겠느냐.

요나단은 다윗에게 약속한다. 즉, '주 이스라엘의 하나님이 우리의 증인이 되시네. 내가 내일이나 모레 이맘때에 아버지의 뜻을 살펴보고, 자네에게 대한 의향이 선하면, 사람을 보내어 알려 주겠네'. 본 절은 여호와 앞에서 하는 일종의 맹세의 형식으로 다윗에 대한 사울의 의향이 선하면 내가 사람을 보내어 아버지의 말을 전하겠다는 뜻이다.

삼상 20:13a. 그러나 만일 내 아버지께서 너를 해치려 하는데도 내가 이 일을 네게 알려 주어 너를 보내어 평안히 가게 하지 아니하면 여호와께서 나 요나단에게 벌을 내리시고 또 내리시기를 원하노라.

그러나 요나단은 만일 자기 아버지께서 다윗을 해치려는 의향이 분명한데도 아버지의 의향을 요나단에게 알려주지 않아서 다윗으로 하여금 평안히 피신하지 않게 하면 자기가 여호와의 벌을 달게 받겠다고 말한다.

삼상 20:13b. 여호와께서 내 아버지와 함께 하신 것 같이 너와 함께 하시기를 원하노니.

13절 하반 절부터 16절까지는 요나단이 앞으로 다윗이 왕위에 오를 것을 예견하고 다윗에게 몇 가지 소원을 말한다. 첫째, "여호와께서 자네와 함께 하시기를 원한다"고 말한다. 이는 과거에 여호와께서 사울과 함께 하셨던 것처럼 앞으로 다윗과 함께 하시기를 원한다고 말한다.

삼상 20:14. 너는 내가 사는 날 동안에 여호와의 인자하심을 내게 베풀어서 나를 죽지 않게 할 뿐 아니라.

둘째, 요나단이 세상에 사는 날 동안 다윗이 여호와의 인자하심을 요나단에게 베풀어서 죽지 않게 해달라고 소원한다. 요나단은 자기가 죽기 전에 다윗이 왕위에 오를 것을 내다보았으나 실제로는 다윗이 왕이 되기 전에 죽었다(31:6).

삼상 20:15. 여호와께서 너 다윗의 대적들을 지면에서 다 끊어 버리신 때에도 너는 네 인자함을 내 집에서 영원히 끊어 버리지 말라 하고.

셋째, 여호와께서 다윗을 통하여 다윗의 대적들을 땅 위에서 다 끊어 버리신 때에도 다윗의 인자함을 요나단의 가문에서 끊어버리지 말아달라고 소원한다. 요나단은 자기의 후대를 생각하면서 다윗에게 가문의 안전을 책임져 달라고 부탁한 다. 다윗은 요나단의 부탁을 지켜 요나단의 아들 므비보셋을 아들처럼 끝까지 돌보아 주었다(삼하 9:9-13).

삼상 20:16. 이에 요나단이 다윗의 집과 언약하기를 여호와께서는 다윗의 대적들을 치실지어다 하니라(Thus Jonathan made a covenant with the house of David, saying, "May the LORD seek out the enemies of David"-NRSV).

넷째, 여호와께서 다윗의 대적들을 멸해주시기를 기도한다. 요나단은 다윗의 집안과 언약을 맺고 말하기를 '여호와께서 자네의 원수들에게 보복하여 주시기를 바라네'라고 했다. 이 언약은 그들이 맺은 두 번째 언약이었는데(18:3에 첫 번째 언약이 나온다), 이 대적들 중에는 요나단의 부친 사울도 포함되었다. 요나단은 다윗측이 망해야 하는가 아니면 다윗의 대적 측이 생존해야 하는가를 잘 알고 있었다. 요나단은 사울도 다윗의 대적으로 알고 사울도 멸함을 당해야 할 것으로 알았다.

위의 네 가지 소원은 다윗이 왕위에 오르기를 소원하는 말이다. 요나단이 이스라엘의 왕자로서 이렇게 다윗을 위해 축원한 것은 그 인격이 탁월하게 경건한 사실을 드러낸다. 그는 왕자로서의 명예욕과 권세욕이 전혀 없었다. 그러므로 그는 이때에도 다윗을 돕는 자로 자처하지 않고 도리어 겸손히 다윗에게 도움을 청하는 자로 자처한 것이다. 그는 여기서 예수님에 대한 세례 요한의 태도처럼 겸손하게 나타났다. 요 3:27-30 참조(박윤선).

삼상 20:17. 다윗에 대한 요나단의 사랑이 그를 다시 맹세하게 하였으니 이는 자기 생명을 사랑함 같이 그를 사랑함이었더라.

본 절은 요나단이 다윗을 맹세시켰다는 이야기이다. 본 절의 맹세는 앞 절(16절)의 내용과는 다른 맹세이다. 이는 요나단이 먼저 다윗을 도와줄 것(무사히 피신시켜 줄 일)을 맹세한 뒤, 이어 다윗이 훗날 요나단의 후손들을 배려해 줄 것을 맹세하였음을 뜻한다. 이런 맹세는 요나단 자신이 훗날 다윗이 왕이 된다는 확신에 근거한 것이며 또 다윗을 자기의 생명처럼 사랑했기 때문에 가능한 것이다 (18:1,3).

6. 요나단이 다윗을 도피시키다 20:18-42

요나단은 다윗에게 자기 아버지의 살의(殺意) 여부를 알리는 방법을 말해준다 (18-23절). 그런 다음 요나단은 다윗에 대한 아버지의 살의가 있음을 확인하고 (24-34절), 이를 다윗에게 알리며, 두 사람은 눈물로 이별한다(35-42절).

삼상 20:18. 요나단이 다윗에게 이르되 내일은 초하루인즉 네 자리가 비므로 네가 없음을 자세히 물으실 것이라.

다윗은 자신을 죽이려는 사울의 살의(殺意)를 알고 있었기 때문에(3절) 요나단에게 월삭에 자신을 보내어 셋째 날 저녁까지 들에 숨어 있게 해달라고 제안을 했는데(5절), 본 절은 요나단이 다윗에게 말하기를 '내일은 초하루인즉 자네의 자리가 비므로 자네가 없음을 자세히 물으실 것이 분명하네'라고 말해준다. 이때에 요나단 자신이 다윗에 대한 자기 아버지의 살의를 알아내겠다는 이야기이다.

삼상 20:19. 너는 사흘 동안 있다가 빨리 내려가서 그 일이 있던 날에 숨었던

곳에 이르러 에셀 바위 곁에 있으라.

문장 초두의 "사흘 동안 있다가"란 말은 '사흘째'(on the third day)를 뜻하는 말이다. 다시 말해 '이틀간의 월삭제가 끝난 다음날'을 지칭한다. 사흘째가 되면 다윗에 대한 왕의 살의(殺意) 여부가 드러날 것이라고 한다. 그러면 요나단은 다윗에게 "빨리 내려가서 그 일이 있던 날에 숨었던 곳에 이르러 에셀 바위 곁에 있으라"고 권한다. 여기 "그 일이 있던 날에 숨었던 곳"이란 전에 다윗이 숨었던 곳을 지칭한다. 이곳은 바로 다윗과 요나단 두 사람이 알고 있는 은밀한 곳이다(19:1-3). 본문의 "에셀 바위"가 무엇이냐를 두고 두 가지 견해가 있다. 1) 혹자는 "에셀바위"는 고유명사라고 본다(K.&D.). 2) "에셀"(lx,ae)이란 말이 히브리어로 동사 '아잘', 즉 '떠나다'란 뜻에서 파생된 고로 "에셀 바위"란 '길을 안내하는 방향표시판'을 의미할 것이라고 말한다(RP Smith, 이상근). 둘째 견해를 취한다.

삼상 20:20. 내가 과녁을 쏘려 함 같이 화살 셋을 그 바위 곁에 쏘고.

요나단은 본 절부터 22절까지에 걸쳐 다윗에게 품고 있는 자기 아버지의 살의 여부를 화살 세 개를 쏘아 전달하겠다고 말한다. 요나단은 왕의 기색을 살핀 다음 은밀한 들판에 나와서 과녁을 쏘려하는 것처럼 화살 세 개를 그 에셀 바위 곁에 쏘겠다고 약속한다.

삼상 20:21. 아이를 보내어 가서 화살을 찾으라 하며 내가 짐짓 아이에게 이르기를 보라 화살이 네 이쪽에 있으니 가져오라 하거든 너는 돌아올지니 여호와께서 살아 계심을 두고 맹세하노니 네가 평안 무사할 것이요.

요나단은 화살 줍는 아이를 데리고 가서 화살을 찾으라고 말하고 화살을 일부러 아이가 서 있는 곳을 중심하여 못 미치게 쏘고서는 "보라 화살이 네 이쪽에 있으니 가져오라 하거든 너 다윗은 돌아올지니 여호와께서 살아 계심을 두고 맹세하노니 네가 평안 무사할 것이라"고 말해준다.

삼상 20:22. 만일 아이에게 이르기를 보라 화살이 네 앞쪽에 있다 하거든 네 길을 가라 여호와께서 너를 보내셨음이니라.

본 절은 앞 절과는 정반대로 요나단이 아이 있는 곳을 중심으로 아이 키를 훨씬 넘겨 쏘면서 아이에게 이르기를 보라 화살이 네 앞쪽에 있다고 하거든 다윗은 가기를 원하는 곳으로 가라고 말한다. 이유는 여호와께서 너를 보내셨기 때문이라고 말한다.

삼상 20:23. 너와 내가 말한 일에 대하여는 여호와께서 너와 나 사이에 영원토록 계시느니라 하니라.

요나단은 자신과 다윗 두 사람이 말한 말과 언약은 영원히 변함이 없다고 말한다. 여호와께서 다윗과 요나단 사이에 증인이 되시기 때문에 말과 언약이 변할 수 없다는 말이다.

삼상 20:24-25. 다윗이 들에 숨으니라 초하루가 되매 왕이 앉아 음식을 먹을 때에 왕은 평시와 같이 벽 곁 자기 자리에 앉아 있고 요나단은 서 있고 아브넬은 사울 곁에 앉아 있고 다윗의 자리는 비었더라.

24절부터 34절에 걸쳐 요나단은 다윗에 대한 사울의 살의가 있음을 확인한다. 초하루가 되어 다윗이 들에 숨어 있고 왕이 앉아 음식을 먹을 때의 식사자리가 비어있었다. 왕은 평상시와 같이 벽 곁 자기 자리에 앉아 있고, 요나단은 서 있고 아브넬은 사울 곁에 앉아 있으며 다윗의 자리는 아브넬과 마주 앉아 있어 식사를 했으나 이날에는 다윗의 자리가 비어 있었다. 평상시에는 왕과 요나단이 마주 앉고 다윗과 아브넬이 마주 앉았으나 이 날에는 다윗이 불참했다.

삼상 20:26. 그러나 그 날에는 사울이 아무 말도 하지 아니하였으니 이는 생각하기를 그에게 무슨 사고가 있어서 부정한가보다 정녕히 부정한가보다 하였음이더니.

다윗이 월삭 첫날에 식사 자리에 나오지 않았는데도(25절) 아무 말도 하지 않았다. 이는 사울의 생각에 다윗에게 "무슨 사고가 있어서 부정한가보다 정녕히 부정한가보다 하였다"는 것이다. 즉, 다윗이 시체에 접촉해서(레 11장; 신 14:3-20), 성행위를 해서(레 18장), 혹은 몽설 등(신 23:10)의 이유가 있어서 부정한가보다 했다는 것이다. 이런 부정에 닥치면 월삭 제에 참석이 금지된다.

삼상 20:27. 이튿날 곧 그 달의 둘째 날에도 다윗의 자리가 여전히 비었으므로 사울이 그의 아들 요나단에게 묻되 이새의 아들이 어찌하여 어제와 오늘 식사에 나오지 아니하느냐 하니.

월삭 이튿날 다윗의 식사자리가 비었으므로 사울이 그의 아들 요나단에게 이새의 아들 다윗이 어찌하여 어제와 오늘 식사 자리에 나오지 아니하느냐고 묻는다.

삼상 20:28-29. 요나단이 사울에게 대답하되 다윗이 내게 베들레헴으로 가기를 간청하여 이르되 원하건대 나에게 가게 하라 우리 가족이 그 성읍에서 제사할 일이 있으므로 나의 형이 내게 오기를 명령하였으니 내가 네게 사랑을 받거든 내가 가서 내 형들을 보게 하라 하였으므로 그가 왕의 식사 자리에 오지 아니하였나 이다 하니.

사울의 물음에(27절) 요나단은 사울에게 대답하기를 '다윗이 내게 베들레헴으로 가기를 간청하여 원컨대 나로 하여금 베들레헴으로 가게 하라. 우리 가족이 베들레헴에서 매년 제를 드릴 일이 있어 나의 형이 내게 오기를 명령하였으니 내(다윗)가 네(요나단) 사랑을 받는다면 내가 베들레헴으로 가서 내 형들을 보게 하라고 했으므로 그가 왕의 식사자리에 나오지 못했다'고 대답했다. 요나단의 이 말은 다윗에 대한 사울의 살의가 있는지를 시험하기 위해 꾸민 이야기이다. 실제로 다윗은 그 시간에 에셀 바위 곁에 숨어 있었다(19절).

삼상 20:30. 사울이 요나단에게 화를 내며 그에게 이르되 패역무도한 계집의 소생아 네가 이새의 아들을 택한 것이 네 수치와 네 어미의 벌거벗은 수치 됨을

내가 어찌 알지 못하랴.

사울이 요나단의 답변(28-29절)을 듣자 요나단에게 화를 내며 그에게 최대의 욕을 퍼붓는다. 사울이 요나단에게 화를 낸 이유는 이번의 월삭 때 다윗을 죽이려고 했는데 그 좋은 기회를 놓쳤기 때문이다. 너무 원통하고 분해서 사울은 요나단을 "패역무도한 계집의 소생"(you son of a perverse, rebellious woman)이라고 불렀다. 즉, '너 사악하고 반역적인 계집의 아들아'라고 부른 것이다. 이 욕은 실제로 요나단의 생모(아히노암, 14:50)가 '사악하고 반역적인 계집'이라는 것이 아니라 요나단에게 욕을 돌리려고 이런 표현을 한 것이다. 사울은 욕을 퍼붓다 보니 자기 부인에게까지 욕을 하게 된 것이다.

그리고 사울은 "네가 이새의 아들을 택한 것이 네 수치와 네 어미의 벌거벗은 수치"라고 말한다. 여기 "네가 이새의 아들을 택했다"는 말은 요나단이 다윗과 친구가 되어 그 편을 들어 행동하는 상태를 가리킨다. 사울은 요나단이 다윗을 좋아하여 친구가 되어 한데 어울리는 것은 요나단에게 큰 수치이고 또 어미의 벌거벗은 수치가 되는 일이라고 말한다. 요나단 자신에게 수치가 된다 함은 왕권이 다윗에게 넘어가면 요나단은 왕이 되지 못하여 여러 가지로 부끄러움을 당할 수밖에 없다는 말이다. 그리고 "네 어미의 벌거벗은 수치"란 말은 왕권이 다윗에게 넘어가면 요나단이 왕이 되지 못하고 부끄러움을 당할 수밖에 없으니 요나단을 낳은 어미의 부끄러움이 될 것이란 뜻이다. 사울은 요나단이 부끄러움을 당한다 했는데 요나단은 그 반대로 그의 선행 때문에 가문의 수치를 벗고 축복을 받게 되었다(31:9-13; 삼하 4:12; 9:1-13). 사람들은 하나님의 섭리를 알지 못하고 눈앞의 작은 이익에 집착하고 있음을 알 수 있다.

삼상 20:31. 이새의 아들이 땅에 사는 동안은 너와 네 나라가 든든히 서지 못하리라 그런즉 이제 사람을 보내어 그를 내게로 끌어 오라 그는 죽어야 할 자이니라 한지라.

사울은 요나단에게 큰 경각심을 심어주기 위해 "이새의 아들이 땅에 사는 동안은 너와 네 나라가 든든히 서지 못하리라"고 말해준다. 즉, 이새의 아들 다윗이 땅에 살아 있는 동안에는 요나단 자신과 요나단이 다스릴 나라가 든든히 서지 못할 것이니 이제는 사람을 보내어 다윗을 사울 자신에게 끌어 오라고 한다. 그는 마땅히 죽어야 할 자라고 한다.

사울은 자기의 왕권이 끝나고 보다 나은 자에게 왕위가 돌아간다는 하나님의 말씀을 사무엘을 통하여 들었고(13:13-14), 또 보다 나은 자가 다윗인 것도 들어 감지하고 있었을 것인데도 하나님의 섭리를 어기고 있다.

삼상 20:32. 요나단이 그의 아버지 사울에게 대답하여 이르되 그가 죽을 일이 무엇이니이까 무엇을 행하였나이까.

사울이 이제 다윗을 죽여야 한다는 것을 결정적으로 말했을 때 요나단은 그 아버지에게 다윗이 죽을 만한 무슨 일을 행했느냐고 강하게 반문한다.

삼상 20:33a. 사울이 요나단에게 단창을 던져 죽이려 한지라.

사울은 다윗을 위해 항변하는 요나단에게 단창을 들어 죽이려고 한다. 악신에 사로잡힌 사울은 완전히 이성을 잃어 행동했다. 이제 요나단은 자기의 아버지가 다윗을 죽이려 한 것을 확인하게 되었다.

삼상 20:33b-34. 요나단이 그의 아버지가 다윗을 죽이기로 결심한 줄 알고 심히 노하여 식탁에서 떠나고 그 달의 둘째 날에는 먹지 아니하였으니 이는 그의 아버지가 다윗을 욕되게 하였으므로 다윗을 위하여 슬퍼함이었더라.

요나단은 그의 아버지가 다윗을 죽이기로 작정한 줄 분명히 알고 심히 노하여 식탁에서 떠나 그달의 둘째 날에는 식사를 하지 않았다. 이유는 그의 아버지가 다윗을 욕되게 했으므로 다윗을 위해 슬픔에 젖어 견딜 수 없었기 때문이다.

삼상 20:35. 아침에 요나단이 작은 아이를 데리고 다윗과 정한 시간에 들로 나가서

본 절부터 42절까지는 요나단이 다윗에게 아버지의 살의(殺意)를 알린 후 두 사람이 이별한 사실을 진술한다. 아침이 되어 요나단은 화살을 줍는 작은 아이를 데리고 다윗과 정한 시간에 들로 나가서 아버지의 살의(殺意)를 다윗에게 알리고 또 다윗을 피신시키기 원했다.

삼상 20:36. 아이에게 이르되 달려가서 내가 쏘는 화살을 찾으라 하고 아이가 달려갈 때에 요나단이 화살을 그의 위로 지나치게 쏘니라.

요나단은 화살 줍는 아이에게 명령하기를 "달려가서 내가 쏘는 화살을 찾으라"고 한다. 이렇게 명령해 놓고 아이가 화살을 찾으러 달려가는 중에 요나단은 화살을 그의 아이가 더 달려가야 찾을 수 있는 곳에 떨어지게 쏘았다. 이는 '화살이 네 앞쪽에 있다'고 말하기 위함이었다(다음 절).

삼상 20:37. 아이가 요나단이 쏜 화살 있는 곳에 이를 즈음에 요나단이 아이 뒤에서 외쳐 이르되 화살이 네 앞쪽에 있지 아니하냐 하고.

아이가 달려가서 요나단이 쏜 화살이 박힌 곳에 도착할 때쯤에 요나단이 아이 뒤에서 외쳐 이르기를 "화살이 네 앞쪽에 있지 아니하냐"고 말했다. 다시 말해 '화살이 떨어진 곳은 네가 지금 서 있는 곳보다 훨씬 앞쪽이다. 더 가서 화살을 주워라'고 말해야 했다. 이 소리야 말로 다윗으로 하여금 요나단 쪽으로부터 더 멀리 떠나야 한다는 소리였다. 이제는 다윗이 사울 왕을 피하여 멀리멀리 가야 한다는 신호였다. 참으로 두 사람에게 슬픈 소리가 아닐 수 없었다. 떠나가는 사람이나 보내는 사람 모두에게 심장이 찢어지는 소리였다.

삼상 20:38-39. 요나단이 아이 뒤에서 또 외치되 지체 말고 빨리 달음질하라 하매 요나단의 아이가 화살을 주워 가지고 주인에게로 돌아왔으나 그 아이는 아무것도 알지 못하고 요나단과 다윗만 그 일을 알았더라.

요나단은 아이 뒤에서 또 외쳤다. "지체 말고 빨리 달음질해서 오라"는 외침이었다. 요나단은 아이가 화살을 찾으러 갈 때 한번 외쳤고(앞 절) 또 화살을 찾자마자 빨리 오라고 외친 것이다. 이렇게 빨리 오라고 외친 이유는 그 아이가 다윗을 보지 못하게 하기 위함이었을 것이다(K.&D.). 아무튼 화살을 찾으러 갔던 아이는

화살을 찾으러 갔다가 돌아왔으나 요나단이 왜 이렇게 화살을 주워오라고 말하고
또 소리를 쳤는지 도무지 알 수가 없었다. 다윗과 요나단 두 사람만 알 수 있는
신호였다.

**삼상 20:40. 요나단이 그의 무기를 아이에게 주며 이르되 이것을 가지고 성읍으로
가라 하니.**

요나단은 자기의 무기(활, 화살)를 아이에게 주면서 말하기를 이것들을 가지고
성읍(기브아 성)으로 들어가라고 했다. 그 아이는 종으로서 아무 영문도 모르고
화살을 찾으러 뛰어갔다가 와야 했고, 또 무기들을 가지고 성으로 들어가야 했다.

**삼상 20:41. 아이가 가매 다윗이 곧 바위 남쪽에서 일어나서 땅에 엎드려 세
번 절한 후에 서로 입 맞추고 같이 울되 다윗이 더욱 심하더니.**

아이가 성읍으로 들어간 후 다윗이 곧 바위 남쪽에서 일어났다. 아이는 다윗을
보지 못했지만 다윗은 아이를 볼 수 있어서 아이가 성읍으로 들어간 후 남쪽에서
일어난 것이다. 다윗은 에셀 바위 남쪽에서 일어나서 땅에 엎드려 요나단을 향하여
세 번 절을 했다. 세 번 절을 한 것은 존경한다는 뜻이었고 또 감사의 뜻이었다.
그리고 다윗은 요나단 있는 곳으로 가까이 와서 서로 입을 맞추었고 다 같이
울되 다윗이 더욱 심하게 울었다. 서로 입을 맞춘 것은 애틋하게 사랑한다는
표시였고 또 운 것은 이별의 감정 때문에 터져 나온 슬픔의 울음이었다. 이들의
울음 속에는 사울이 나라를 다스리는 동안 나라가 염려되고 걱정이 된다는 감정
표현이 섞여 있었을 것이다.

**삼상 20:42. 요나단이 다윗에게 이르되 평안히 가라 우리 두 사람이 여호와의
이름으로 맹세하여 이르기를 여호와께서 영원히 나와 너 사이에 계시고 내 자손과
네 자손 사이에 계시리라 하였느니라 하니 다윗은 일어나 떠나고 요나단은 성읍으
로 들어가니라.**

요나단이 다윗에게 이르기를 "평안히 가라"고 말한다. "평안히 가라"는 말은

피난 중에 평안하고 무사하기를 바란다는 말이었다. 이는 요나단이 다윗에게 빌 수 있는 마지막 축복의 말이다.

그리고 요나단은 과거에 두 사람이 맹세했던 말을 상기시킨다. 즉, "우리 두 사람이 여호와의 이름으로 맹세하여 이르기를 여호와께서 영원히 나와 너 사이에 계시고 내 자손과 네 자손 사이에 계시리라"고 했는데(14-16절; 18:3) 다시 한번 그 맹세를 상기시켜준다. "요나단이 이 맹세를 재확인하는 것은 다윗과의 사랑이 영구히 변치 않도록 하나님께서 도와주시기를 원하는 마음에서였다. 이것은 사람을 믿지 않고 하나님을 믿는 신앙이다"(박윤선). 어제의 친구가 오늘의 원수가 되는 현상을 많이 보게 되어 씁쓸하기 그지없다. 우리는 사랑이 변하지 않도록 하나님의 도움을 청하여야 할 것이다.

제 21 장

7. 다윗이 놉으로 피하다 21:1-9

에셀 바위 곁에서 요나단과 작별인사를 한 다윗은 먼저 놉의 제사장 아히멜렉에게로 간다.

삼상 21:1. 다윗이 놉에 가서 제사장 아히멜렉에게 이르니 아히멜렉이 떨며 다윗을 영접하여 그에게 이르되 어찌하여 네가 홀로 있고 함께 하는 자가 아무도 없느냐 하니.

다윗이 에셀 바위 곁에서 요나단과 눈물로 헤어진 다음 놉으로 가서 제사장 아히멜렉에게 이르렀다. "놉"65)(Nob)은 '산당'이라는 뜻을 가지고 있다. 이는 제사장의 성읍을 말하는데(22:11,19) 다윗이 피신 중 이 곳 제사장 아히멜렉의 보호를 받았다. "아히멜렉"66)은 '왕의 형제'란 뜻을 가지고 있다. 엘리 제사장의 자손 아히둡의 아들이며 놉의 제사장이었다. 또 아비아달의 부친이다(23:6; 30:7). 다윗이 놉에 온 것은 자신의 진로에 대해 제사장에게 묻기 위함이었고 또 일상 필요한 물품들을 얻기 위함이었다.

아히멜렉이 다윗을 떨며 영접한 것은 다윗이 왕의 사위이며 큰 권세를 가진

---

65) "놉": Noph, '산당'이란 뜻을 가지고 있다. 놉은 제사장의 성읍인데(삼상 22:11,19) 다윗이 피신 중 이 곳 제사장 아히멜렉의 보호를 받았다. 그렇기 때문에 사울은 그 보복으로 놉을 멸했다(삼상 21:1; 22:9,11,19). 일반적으로 아나돗의 서남쪽 2㎞, 라스 엘 메샤립(Ras el-Mesharif) 으로 추정한다. 북쪽에서 오는 순례자들은 이 구릉 위에서 처음으로 성도 예루살렘을 바라보고 감개를 새롭게 한다.

66) "아히멜렉": '왕의 형제'란 뜻을 가지고 있다. 엘리 제사장의 자손 아히둡의 아들이며 놉의 제사장이었다. 또 아비아달의 부친이다(23:6; 30:7). 사울을 피하여 다윗이 그에게 왔을 때, 그는 떨면서 그를 영접했다. 다윗이 왕명으로 왔다면서 그에게 먹을 것을 요구하자, 아히멜렉은 평민으로서는 먹을 수 없는 진설병을 주었다. 다윗이 그에게 무기를 요구하자, 전에 골리앗에게서 빼앗아 블레셋 전승 기념으로 바쳤던 검을 가져가라고 했다(삼상 21:1-9). 마가복음 2:26에는 아히멜렉의 아들 아비아달 때라고 했다.

자인데 그가 홀로 온 것이 이상하게 여겨졌기 때문이었다(K.&D.). 아히멜렉은 다윗에게 말하기를 "어찌하여 네가 홀로 있고 함께 하는 자가 아무도 없느냐"고 묻는다. 아히멜렉의 눈에 제일 이상했던 점은 바로 다윗이 홀로 왔다는 점이었다. 다윗이 홀로 온 점은 다윗이 아히멜렉에게 단 둘이서 말하고 싶은 것이 있었기 때문이었다.

삼상 21:2. 다윗이 제사장 아히멜렉에게 이르되 왕이 내게 일을 명령하고 이르시기를 내가 너를 보내는 것과 네게 명령한 일은 아무것도 사람에게 알리지 말라 하시기로 내가 나의 소년들을 이러이러한 곳으로 오라고 말하였나이다.

다윗은 아히멜렉의 질문을 받고(앞 절) 거짓말로 대답한다. 그는 사울 왕이 자기에게 일을 맡겼다는 말도 거짓말이었고 또 다윗을 보낸다는 사실이나 일의 내막을 아무에게도 알리지 말라고 명령했다는 것도 다 거짓말이었다. 그러나 다윗이 나의 소년들은 어느 곳으로 오라고 명령했다는 것은 사실일 것이다.

다윗의 이 거짓말 때문에 아히멜렉은 다윗을 아주 친절하게 대했고 다윗의 소원도 이루어주었다. 그리고 훗날 다윗의 이 거짓말 때문에 아히멜렉이 다윗을 친절하게 대했기에 사울에게 발각되어 죽음을 당했다(22:9-19). 그리고 이 사건으로 인하여 제사장 엘리의 후손에 대한 예언이 성취되었다(2:31-32). 하나님의 예언은 인간들의 거짓말 때문에 성취되기도 하는 것을 볼 수 있다.

삼상 21:3. 이제 당신의 수중에 무엇이 있나이까 떡 다섯 덩이나 무엇이나 있는 대로 내 손에 주소서 하니.

다윗은 아히멜렉에게 수중에 무엇이 있으시면 주십시오 떡 다섯 덩이도 좋고 (다윗 일행을 위한 일용양식) 그것이 안 되면 다른 식품 무엇이든지 있는 대로 나에게 주시라고 말했다.

삼상 21:4. 제사장이 다윗에게 대답하여 이르되 보통 떡은 내 수중에 없으나 거룩한 떡은 있나니 그 소년들이 여자를 가까이만 하지 아니하였으면 주리라

하는지라.

다윗이 먹을 것을 좀 달라고 한 말(앞 절)에 대해 제사장 아히멜렉은 일상 떡은 없으나 거룩한 떡(진설병67))은 있다고 대답한다. 제사장은 다윗에게 이 떡을 줄 수는 있으나 소년들이 여자를 가까이만 하지 않았으면 주리라고 말한다. 만약 소년들이 여자들과 육체적인 관계를 한 경우에는 부정하게 여겨지니(레 15:18) 줄 수 없다는 것이었다.

삼상 21:5. 다윗이 제사장에게 대답하여 이르되 우리가 참으로 삼 일 동안이나 여자를 가까이 하지 아니하였나이다 내가 떠난 길이 보통 여행이라도 소년들의 그릇이 성결하겠거든 하물며 오늘 그들의 그릇이 성결하지 아니하겠나이까 하매.

다윗은 제사장의 말을 듣고(앞 절) 대답하기를 "우리가 참으로 삼 일 동안이나 여자를 가까이 하지 아니하였다"고 말한다. 여기 "삼일 동안"이란 말은 소년들의 몸이 아주 깨끗하다는 것을 생각하게 한다. 하루만 여자를 가까이 하지 않으면 깨끗한 법인데(레 15:18) 다윗이 여행길에 올라 벌써 삼일이나 되어 여자를 가까이 하지 않았으니 충분히 깨끗하다고 말한다.

다윗은 소년들의 몸이 참으로 깨끗하다는 사실을 드러내는 말을 한다. 즉, "내가 떠난 길이 보통 여행이라도 소년들의 그릇이 성결하겠거든 하물며 오늘 그들의 그릇이 성결하지 아니하겠나이까"라고 한다. 다시 말해 다윗이 떠난 길이 보통 여행이라도 소년들의 몸이 성결할 것인데 하물며 왕의 특명을 띠고 온 여행이니 그 소년들의 그릇이 깨끗한 것은 당연하지 않겠는가라고 말한다.

---

67) "거룩한 떡": Bread of the Presence. 성소의 여호와 앞 순결한 상 위에 차려놓은 떡(출 25:30; 24:6; 대상 9:32). 떡은 누룩을 넣지 않은 것으로서, 매주 안식일마다 새로 바꾸고, 1주간 드려졌다. 떡의 수는 12개로, 상위에 두 줄로 한 줄에 여섯씩 진설하고(레 24:6), 정결한 유향을 그 매 줄 위에 두었다(레 24:5-9침조). 12개는 이스라엘 민족의 12지파를 대표케 한 것이었다(출 25:30; 35:13; 39:36; 민 4:7; 삼상 21:6; 왕상 7:48; 대하 4:19). 진설된 떡은 제사장만이 성소에서 먹을 수가 있었다(삼상 21:4-6). 예수는 다윗과 그 부하에게 '진설병'을 주어 먹게 한 고사(삼상 21:1-6)를 인용하여, 인간의 생명을 위한 필요는 의식적 제도에 우월하여, 보다 높은 정신에 기초하여 처리해야 할 것을 가르치시고 의식적 제한이나 규정에 인간이 구속되어 있는 일의 불필요를 말씀함을 통해 신앙의 보다 깊은 세계를 열어 보이셨다(마 12:4).

삼상 21:6. 제사장이 그 거룩한 떡을 주었으니 거기는 진설병 곧 여호와 앞에서 물려 낸 떡밖에 없었음이라 이 떡은 더운 떡을 드리는 날에 물려 낸 것이더라.

제사장이 다윗과 일행에게 거룩한 떡, 곧 여호와 앞에서 물려낸 진설병을 주었다. 이 떡은 더운 떡을 드리는 날에 물려낸 떡이었다. 매 안식일에 한 주간 전에 진설했던 묵은 떡은 물려내고 새롭게 만든 더운 떡을 드렸는데(레 24:8-9) 제사장이 이 떡을 다윗 일행에게 준 것을 예수님께서도 정당한 것으로 인정하셨다 (마 12:3-4, 7; 눅 6:3-4).

삼상 21:7. 그 날에 사울의 신하 한 사람이 여호와 앞에 머물러 있었는데 그는 도엑이라 이름하는 에돔 사람이요 사울의 목자장이었더라.

제사장이 다윗 일행에 거룩한 떡을 주는 시간에 사울의 신하 한 사람이 성소에 머물러 있었는데 그는 도엑[68]이라는 에돔 사람이요 사울의 목자장으로 사울에게 신임을 받는 사람이었다. 여기 도엑이 갑자기 등장하는 이유는 훗날 사울에게 제사장 아히멜렉과 놉의 제사장 85인을 고발하는 역할을 하기 위해서다. 도엑은 제사장이 다윗 일행에 진설병을 주었고 또 칼도 준 것을 가지고 사울의 반역자 다윗에게 제사장이 협조했다고 보고한 것이다. 목자장은 가축을 관할해주는 직책으로 왕의 신임을 받는 자였다. 그는 왕의 변함없는 신임을 받기 위해 이때에 사울에게 다윗을 고자질 했다. 다윗은 도엑의 간악함을 시 52:1-9에서 읊고 있다. 도엑은 악인으로 심령이 어두워 선과 악을 구분하지 못한다.

---

68) "도엑": Doeg. '염려함'이란 뜻을 가지고 있다. 도엑은 에돔 사람으로 사울의 목자장이었다. 다윗이 사울을 피하여 도망칠 때 놉에 있는 제사장 아히멜렉에 가서 떡과 칼을 구하여 얻은 것을 때마침 거기 있던 도엑이 이 사실을 사울에게 밀고했다. 사울은 대노하여 제사장 아히멜렉과 그의 아비 아히둡의 온 집, 곧 놉에 있는 제사장을 다 불러들였다. 그리고 왜 이새의 아들 다윗과 공모하여 나를 대적하여 그에게 떡과 칼을 주어 나를 치게 하려 했는가라고 문책했다. 그리고 다른 제사장들도 다윗과 공모하였고, 또 그의 도망을 알고서도 고발하지 않았기 때문에 죽이라고 했다. 이때 다른 신하들은 그를 죽이기를 싫어했으나, 도엑은 제사장 85인을 죽이고 놉의 남녀, 유아, 우양을 처단했다.

삼상 21:8. 다윗이 아히멜렉에게 이르되 여기 당신의 수중에 창이나 칼이 없나이까 왕의 일이 급하므로 내가 내 칼과 무기를 가지지 못하였나이다 하니.

다윗이 성소에 올 때는 아히멜렉에게 먹을 것을 구해서 얻기 위함이었을 것인데 진설병을 얻은 다음 제사장에게 갑자기 "창이나 칼이 없나이까"고 말한다. 다윗이 이렇게 창이나 칼을 구한 이유는 도엑과 같은 간악한 자를 만나 공격을 당할 경우 정당방위로 사용하려고 했을 것이다.

그런데 다윗은 무기를 구하는 중에 거짓말을 한다. 즉, "왕의 일이 급하므로 내가 내 칼과 무기를 가지지 못하였다"고 말한다. 사실은 자기가 여기에 온 것은 자기 필요에 의해서 온 것이고 왕과는 아무런 관련이 없는 일이었다. 성경에 보면 참 신자들 중에도 아주 부득이한 경우에 위기를 타개하기 위해 사실대로 말하지 않는 경우가 있었다(21:12-13; 창 12:11-13; 20:1-2). 그러나 성도들은 거짓말은 피해야 한다. 거짓말을 피하면 하나님께서 해결해 주신다.

삼상 21:9. 제사장이 이르되 네가 엘라 골짜기에서 죽인 블레셋 사람 골리앗의 칼이 보자기에 싸여 에봇 뒤에 있으니 네가 그것을 가지려거든 가지라 여기는 그것밖에 다른 것이 없느니라 하는지라 다윗이 이르되 그 같은 것이 또 없나니 내게 주소서 하더라.

다윗이 제사장의 수중에 창이나 칼이 없느냐고 물었을 때(앞 절) 제사장은 '당신이 엘라 골짜기에서 죽인 골리앗의 칼(17:31-38)이 보자기에 싸여 에봇 뒤에 놓여있으니 가지려거든 가지십시오 나로서는 그것밖에 다른 것을 줄 수 없소'라고 말했는데 다윗은 그 소리를 듣더니 '그 이상 좋은 칼이 또 어디 있겠는지요 내게 주소서'라고 말했다. 다윗이 골리앗으로부터 빼앗은 칼이 아주 좋은 칼이라고 말한 이유는 그 칼을 볼 때 과거에 하나님께서 힘 주셔서 골리앗을 해치웠던 사건이 생각나 다시 힘을 얻게 되었기 때문이다. 우리 역시 하나님께서 주신 은혜를 다시 생각나게 하는 것은 매우 유익한 것이다.

본문의 "에봇"이란 말은 대제사장의 복장의 하나(출 28:6-12)로, 겉옷위에 착용했다(레 8:7). 형태는 명백하지 않으나 허리부근까지 드리워져 있었다. 베실로

짜서, 전신(前身)과 후신을 견대(肩帶)로 두 팔을 달았다. 그 좌우의 견대에는, 호마노에 여섯 지파씩 이름을 새겨, 어깨에 메어, 대제사장이 이스라엘의 책임을 짊어지고 하나님 앞에 서는 것을 표시했다(출 28,29장; 레8:7).

8. 다윗이 가드로 피하다   21:10-15

다윗은 놉에서 도엑을 만나 도처에 사울의 세력이 있는 것을 감지하고 가드로 피해갔으나 거기서도 역시 자기의 신분이 드러나 다시 위협을 느껴 미친 자로 가장하여 위기를 넘긴다.

삼상 21:10. 그 날에 다윗이 사울을 두려워하여 일어나 도망하여 가드 왕 아기스에게로 가니.

다윗이 놉에서 도엑을 보고(22:22) 도처에 사울의 세력이 있는 것을 알고 사울을 의식하여[69](히브리 원문에는 "두려워하여"란 말은 없다. 번역자가 뜻을 생각하여 보역했다) 일어나 도망하여[70] 가드 왕 아기스에게로 피했다. 19:18부터는 "도망한다"는 단어가 계속해서 나타나고 있다(19:18; 20:1). 다윗은 도망자의 신분으로 살면서 하나님께로 도망함이 최고의 피함이 된 줄로 알았다.

본문의 "가드"(Gath)란 블레셋 다섯 도시 중 하나이다(4:1). 이는 골리앗의 고향이다(17:52). 그 위치는 놉의 남쪽 37km 지점이다(수 11:22). 여기 "가드 왕"이란 말은 '가드라는 도시 국가를 통치하던 방백'을 의미한다. 그리고 "아기스"[71]란 말은 가드 왕 마아가의 아들이다. 사울 왕에게 쫓긴 다윗은 아기스에게

---

69) 히브리 원문에는 "두려워하여"란 말은 없다. 번역자가 뜻을 생각하여 "두려워하여"란 말을 넣었다(시 34:4 참조).

70) 다윗은 땅위에서 도망 다니다가(19:10,12,18; 20:1,10; 21:1; 22:17; 27:4) 하나님께 피함이 최고인 줄 깨달 알았다(시 34:22 참조).

71) "아기스": 가드 왕 마아가의 아들이다. 사울 왕에게 쫓긴 다윗은 그에게 두 번 피신했다. 첫 번째는 다윗이 반(半)미치광이처럼 하고 그에게 나타났다가 쫓겨났다(삼상 21:10-15). 다음은 사울이 하길라에서 자기 죄를 회개하고 다윗에게 돌아오기를 바랐으나 사울의 수시로 변하는 마음을 믿지 못한 다윗은 구명(求命)책으로 종자 600명을 데리고 아기스에게로 갔다. 가드는 다윗에게는 적지(敵地)였다. 아기스는 다윗의 한 지방 성읍을 달라는 청을 수락하여 그에게 시글락을 주었다. 다윗이 피난 생활 중 살아남기 위해 변족(邊族-문별이 좋은 집안이 쇠퇴한 일가처럼 변하는 일)을 쳤는데 아기스는 그의 거짓말을 믿었다(삼상 27:1-12). 후에 이스라엘과 싸울 때 아기스는 다윗을 시위대장으로 삼았다(삼상 28:1,2). 다윗이 블레셋 방백들의 시기를

두 번 피신했다. 첫 번째는 다윗이 미치광이처럼 하고 그에게 나타났다가 쫓겨난 일이고(삼상 21:10-15), 두 번째는 사울이 하길라에서 자기 죄를 회개하고 다윗에게 돌아오기를 바랐으나 사울의 수시로 변하는 마음을 믿지 않은 다윗은 구명(求命)책으로 종자 600명을 데리고 아기스에게 갔던 일이 있었다. 다윗은 아기스에게 첫 번 피난했던 경험을 시 34:1-22에서 노래했다. 시 34편의 제목에 "아비멜렉"(왕을 뜻하는 말이다)이란 말이 있는데 이는 '아기스'(개인 이름)를 뜻한다. 아기스를 아비멜렉이라고 한 이유는 아비멜렉이 왕명('바로'라든지 혹은 '가이사'처럼)이기 때문이다.

삼상 21:11. 아기스의 신하들이 아기스에게 말하되 이는 그 땅의 왕 다윗이 아니니이까 무리가 춤추며 이 사람의 일을 노래하여 이르되 사울이 죽인 자는 천천이요 다윗은 만만이로다 하지 아니하였나이까 한지라.

아기스의 신하들은 다윗을 얼른 알아보고 그 땅의 방백 아기스에게 다윗이 아주 위험한 인물임을 말한다. 아기스의 신하들은 다윗을 이스라엘의 왕이라고 소개한다. 골리앗을 죽이고 돌아오는 다윗을 보고 이스라엘의 여인은 사울 왕은 수천 명을 죽였는데 다윗은 수만 명을 죽였다고 노래했다는 것을 보고했다. 이런 다윗을 가드 지방이 받아들일 수 없다는 의견을 말한 것이다.

다윗은 두렵지 않은 곳이 없게 되었다. 사울을 두려워하여 가드의 방백 아기스에게로 피해 간 다윗은 아기스의 신하들이 얼른 다윗을 알아본 관계로 심히 두려워하게 되었다. 다윗은 이스라엘 안에서도 피할 곳이 없었고 블레셋 지역에 가서도 피할 수가 없었다. 그런고로 다윗은 하나님만이 참된 피난처임을 노래하게 되었다(시 34:22). 하나님은 오늘도 하나님만이 참 피난처임을 알리시기 위하여 성도들로 하여금 땅위에서는 피할 데가 없음을 알려주신다.

삼상 21:12. 다윗이 이 말을 그의 마음에 두고 가드 왕 아기스를 심히 두려워하여,

받게 되자 아기스는 다윗을 군대에서 떠나게 했다(삼상 29장).

다윗은 아기스의 신하들이 자기에 대하여 아기스에게 보고한 것(앞 절) 때문에 "가드 왕 아기스를 심히 두려워하게" 되었다. 자신이 과거에 블레셋의 골리앗을 죽인 사람으로 알려졌으니 혹시 아기스가 자신을 군중에게 내주면 군중이 자신을 해치거나 죽이지 않을까 염려하여 아기스를 심히 두려워하게 되었다.

삼상 21:13. 그들 앞에서 그의 행동을 변하여 미친 체하고 대문짝에 그적거리며 침을 수염에 흘리매.

다윗은 아기스를 심히 두려워한 나머지 그가 다른 사람인체 하기 위해 그의 행동을 180도로 번했다. 첫째, 그는 미친 체 했다. 둘째, 대문짝에 그적 거렸다. 셋째, 수염에 침을 흘렸다. 대문짝에 그적 거렸다(scrabbled on the doors of the gate-KJV, made marks on the doors of the gate-RSV)는 말은 '대문짝들 위에 이것저것 낙서를 했다'는 뜻이다. 대문짝들 위에 낙서하는 일은 미치광이의 대표적인 행위이다. 대문짝 위는 아무 것도 써서는 안 되는 곳이었다. 그리고 다윗은 그가 존귀한 사람이고 또 위엄 있는 사람으로 보이기 위해 기르고 다닌 그의 수염에 침을 질질 흘리고 다녔다. 다윗이 미치광이 흉내는 여러 가지로 했을 것이다. 다윗은 가드 지방에서 지내는 동안 이렇게 힘든 세월을 보냈다. 다윗은 이 때에 어려웠던 일(13-15절)을 시 56편에 기록했다.

삼상 21:14-15. 아기스가 그의 신하에게 이르되 너희도 보거니와 이 사람이 미치광이로다 어찌하여 그를 내게로 데려왔느냐 내게 미치광이가 부족하여서 너희가 이 자를 데려다가 내 앞에서 미친 짓을 하게 하느냐 이 자가 어찌 내 집에 들어오겠느냐 하니라.

다윗의 변신은 완전했다(앞 절). 아기스가 자기의 신하들이 끌어온 다윗을 관찰한 다음 그의 신하들에게 세 마디를 한다. 첫째, "너희도 보거니와 이 사람이 미치광이로다 어찌하여 그를 내게로 데려왔느냐"고 했다. 즉, '다윗이 미치광이가 확실한데 왜 그를 내 앞으로 끌어왔느냐'고 신하들을 꾸중한다. 둘째, "내게 미치광

이가 부족하여서 너희가 이 자를 데려다가 내 앞에서 미친 짓을 하게 하느냐'고
말한다. 아기스는 그의 주위에 미치광이를 많이 보고 있는데 이런 사람을 또
데려다가 미친 짓을 하게 하느냐고 말한다. 랑게(Lange)는 본 절을 주석하면서
유대인의 전승을 든다. 즉, 아기스의 부인이나 딸 중에 미친 자가 있었다고 말한다
(Philippson). 셋째, "이 자가 어찌 내 집에 들어오겠느냐"고 한다. 즉, '다윗이
어찌 내 궁에 들어와서 생활하겠느냐'는 의미이다. 어림도 없는 소리라 단정한다.
그래서 다윗은 아기스를 떠나 아둘람 굴로 도망한다(다음 절).

제 22 장

9. 다윗이 아둘람 굴과 모압으로 피하다   22:1-5

블레셋의 도시 가드에서 미친 체 하다가 쫓겨난 다윗은 아둘람 굴로 피하고(1-2절), 다음으로는 모압 미스베로 피했으며(3-4절), 선지자 갓의 말을 듣고 유다로 돌아온다(5절).

삼상 22:1. 그러므로 다윗이 그 곳을 떠나 아둘람 굴로 도망하매 그의 형제와 아버지의 온 집이 듣고 그리로 내려가서 그에게 이르렀고.

가드의 방백 아기스로부터 쫓겨난(21:15) 다윗은 가드를 떠나 아둘람 굴로 도망했다. "아둘람"(Adullam)은 '격리된 장소'라는 뜻을 가지고 있다. 유다 남부에 있던 가나안 사람의 성읍(창 38:1,12)이었다. 일찍이 유다는 이 땅의 아둘람 사람과 우호 관계를 가지고 있었다(창 38:1,12,20). 여호수아가 점령했고(수 12:15), 유다지파의 분깃으로 되었는데(수 15:35), 그 주민은 섞여 있었다(창 38:1-20 비교). 다윗의 유랑시대에는, 이 성읍은 '유다 땅'의 권외(圈外)에 있어, 그는 종종 이곳의 요해에 몸을 숨겼다(삼상 22:1; 삼하 23:13; 대상 11:15→삼상 22:4; 삼하 5:17; 23:14 비교). 헤브론의 북서 16km, 베들레헴의 서남 약 20km에 있는 지금의 텔에세이크 마드쿠-르(Tell esh-Sheikh Madhkur)로 추정된다(디럭스 바이블 성경사전).

아둘람 굴로 피신한 다윗에게 "그의 형제와 아버지의 온 집이 듣고 그리로 내려가서 그에게 이르렀다". 형제와 아버지의 온 집이 다윗이 아둘람 굴로 피신한 사실을 듣고 다윗에게로 내려가서 다윗에게 합세한 이유는 다윗이 사울을 모반했기 때문에 모반자의 가족은 모두 몰살을 당하므로 다윗에게 합세한 것이다(K.&D.). 가족은 공동운명이 되는 수밖에 없었다.

삼상 22:2. 환난 당한 모든 자와 빚진 모든 자와 마음이 원통한 자가 다 그에게로 모였고 그는 그들의 우두머리가 되었는데 그와 함께 한 자가 사백 명 가량이었더라.

다윗의 가족(앞 절)뿐 아니라 "환난 당한 모든 자와 빚진 모든 자와 마음이 원통한 자가 다 그에게로 모였다". 다윗에게로 모여든 세 부류의 사람들은 사울의 학정(虐政)에 불만을 가진 세력들이었다. "환난 당한 모든 자"는 사울의 학정에 환난을 당하던 자들을 지칭한다. 사울의 학정으로 사회적으로 압박을 당하고 또 정치적으로 압박을 당하는 자들을 지칭한다. 그리고 "빚진 모든 자"는 사울이 정치를 잘 못하여 고리대금업자에게 고난을 당하는 모든 자들을 지칭한다(Fay, Smith). 이들 빚진 자들은 사울의 착취 때문에 궁지에 빠진 모든 자들을 뜻한다(왕하 4:1 참조). 그리고 "마음이 원통한 자들"은 사울의 학정에 고통을 당하여 불만이 있는 자들을 지칭한다. 이런 사람들이 다윗 주위에 모여들어 다윗과 함께 한 자가 400명 가량이 되었다. 다윗은 그들 400명의 우두머리가 되었다. 이들 중에는 용사들도 있었고(대상 12장), 선지자도 있었다(22:5). 얼마 가지 않아 그 수가 600명이 되었다(23:13; 25:13; 27:2; 30:9,10). 이들 600명은 다윗의 훈련을 받아 정예부대가 되었다(이상근). 사울 주위에서는 사람들이 점점 떠나게 되었고, 다윗 주위에는 사람들이 점점 더 늘어갔다. 그러나 다윗은 세력이 불어도 사울을 대항하지 않고 계속해서 피신에 피신을 거듭했다. 사울이 하나님으로부터 심판받아 죽을 때까지 피신했다. 다윗은 하나님으로부터 기름 부음을 받은 자를 자기의 지략으로 해하지 않기로 했다.

삼상 22:3. 다윗이 거기서 모압 미스베로 가서 모압 왕에게 이르되 하나님이 나를 위하여 어떻게 하실 지를 내가 알기까지 나의 부모가 나와서 당신들과 함께 있게 하기를 청하나이다 하고

다윗이 "거기서", 즉 '아둘람 굴에서'부터 모압 미스베로 갔다. 아둘람 굴은 영구한 피신처가 아니라 임시적인 피신처였다. 다윗은 아둘람 굴이 사울에게 노출되어 있어 거기에 자기의 부모들을 계속 모시기에는 위험하므로 "모압 미스베

(혹은 미스바)"로 간 것이다. "미스베"(미스바)는 여리고 맞은 편 모세가 생을 마감한 비스가산 근방(신 3:27; 34:1)일 것으로 보인다(Fay, Smith, K.&D.). 다윗이 이렇게 부모를 모시고 모압 왕에게 나아간 것은 그가 효자였음을 증명하는 것이다.

다윗은 그의 부모와 가족들을 모시고 요단강을 건너 모압 땅의 미스바로 가서 모압 왕에게 말하기를 "하나님이 나를 위하여 어떻게 하실 지를 내가 알기까지 나의 부모가 나와서 당신들과 함께 있게 하기를 청하나이다"라고 부탁했다. 즉, '자신을 위한 하나님의 뜻과 인도하심이 드러날 때까지 자신의 부모를 이곳에서 평안히 살기를 원한다는 것이었다. 다윗은 하나님의 뜻과 지시대로 움직이기를 소원했다. 당장은 하나님의 뜻이 어디 있는지 확인할 수가 없었다. 그런고로 자신을 위한 하나님의 뜻이 나타나기를 기다리고 있었다. 하나님의 뜻이 나타날 때까지 자신의 부모가 모압 지방에서 평안히 사시기를 바랐다.

다윗이 이처럼 모압 왕에게 부모를 맡겨 보호를 받도록 한 것은 그의 중조모인 룻이 모압 여자였으니 혈연관계가 있었던 고로 모압 왕에게 그만한 부탁을 할만하였다(룻 1:22 참조).

삼상22:4. 부모를 인도하여 모압 왕 앞에 나아갔더니 그들은 다윗이 요새에 있을 동안에 모압 왕과 함께 있었더라.

다윗은 부모를 인도하여 모압 왕 앞에 나아가서 거기서 평안히 사시게 하고 다윗 자신은 은신처(산성)에 있었다. 다윗의 요새가 어디에 있었느냐 하는 데는 두 가지 견해가 있다. 1) 모압이나 이스라엘 땅을 막론하고 다윗이 돌아다녔던 요새라는 견해(Smith). 2) 다윗이 하나님의 뜻과 인도를 기다리던 모압 땅의 요새였을 것이라는 견해(Keil, Lange). 위의 두 견해 중 두 번째 견해가 타당한 견해로 보인다. 이유는 다음 절에 기록된바 선지자 갓이 다윗에게 이르기를 "이 요새에 있지 말고 유다 땅으로 들어가라"는 말을 보면 다윗이 있었던 요새가 모압 땅의 요새일 것으로 보인다.

삼상 22:5. 선지자 갓이 다윗에게 이르되 너는 이 요새에 있지 말고 떠나 유다 땅으로 들어가라 다윗이 떠나 헤렛 수풀에 이르니라.

모압 땅의 요새(은신처)에 머물고 있던 다윗에게 선지자 갓72)이 나타나 말하기를 "이 요새(적의 공격에 대비하기 위해 국방상 중요한 지점에 만든 포대 등의 방비)에 있지 말고 떠나 유다 땅으로 들어가라"고 말한다. 즉, 모압의 은신처에 머물러 있지 말고 더 위험한 유다 땅으로 들어가라고 말한다. 모압의 요새(은신처)에 있는 것은 하나님을 의지하는 훈련이 되지 않는 것이니 하나님을 더 의지해야 하는 유다 땅으로 들어가라는 것이었다. 신자는 무풍지대에서 살아갈 것이 아니라 환난이 심한 곳에서 많은 훈련을 받아야 한다는 것을 알 수 있다.

다윗은 선지자 갓의 말에 따라 유다의 헤렛 수풀로 들어갔다. 헤렛 수풀 (Forest of Hereth)은 다윗이 피신하였던 숲이다. 그일라와 아둘람 사이에 있는 수목이 우거진 산인데, 여기에는 오늘날 카라스(Kharas)라고 하는 동네가 있다고 한다. 이 수풀은 헤브론 서 남편 대략 8km, 십 광야(23:15) 남편 대략 3.2km 지점에 있다.

10. 사울이 제사장들을 죽이다 22:6-23

선지자 갓의 명령에 따라 다윗이 유다 땅으로 들어오자(5 절) 사울은 다윗을 심히 경계하여 자기 신하들이 모두 다윗과 공모한다고 억지를 부리니 에돔 사람 도엑이 자신은 아니라 하고 말하기 위해 놉의 제사장 아히멜렉이 다윗의 도피를 도왔다고 거짓 진술한다(6-10절). 사울은 제사장 아히멜렉 뿐 아니라 놉의 제사장 85명을 죽이는데 이른다(11-19절). 이 와중에 아히멜렉의 아들 아비아달이 피하여

---

72) "갓": 갓은 '선견자'(대상 29:29), '다윗의 선견자'(대상 21:9), '왕의 선견자'(대하 29:25), 또는 '선지자'(삼상 22:5 삼하 24:11)란 칭호를 받고 있다. 하나님께서 다윗 왕의 이스라엘 인구조사를 책망하실 때 그를 다윗에게 보내어 ① 7년 기근 ② 석 달 동안 내적에게 쫓기는 피난 생활 ③ 삼일 동안의 온역, 이 세 가지 재앙 중에서 택일하게 하셨다(삼하 24:13; 대상 21:13). 또 그 후에 다시 그를 다윗 왕에게 보내어 여부스 사람 오르난의 타작마당에 여호와를 위하여 단을 쌓고 번제와 화목제를 드리라고 하셨다(대상 21:9-25). 대상 29:29에 그는 다윗 왕의 시종 행적도 기록했다 한다. 후대에 그는 선지자 나단과 더불어 예배 음악에 대하여 왕의 규정의 어떤 것을 계획했다고 생각된다(대하 29:25).

다윗에게로 와서 사울이 여호와의 제사장 85인을 죽인 사실을 다윗에게 알린다
(20-23절).

**삼상 22:6. 사울이 다윗과 그와 함께 있는 사람들이 나타났다 함을 들으니라
그 때에 사울이 기브아 높은 곳에서 손에 단창을 들고 에셀나무 아래에 앉았고
모든 신하들은 그의 곁에 섰더니.**

사울이 다윗과 그의 부하들이 이스라엘 경내에 나타났다 함을 들었다. 다윗이
이스라엘에 나타나게 된 것은 선지자 갓의 명령에 의한 것이었다(앞 절). 선지자
갓은 다윗에게 모압 땅에서 숨어 지내지 말고 유다 땅으로 들어가라고 말했다.
사울은 항상 다윗의 행동을 면밀하게 살피고 있었음으로 다윗이 그의 부하들과
함께 유다 땅에 나타났다 함을 듣게 되었다. 다윗이 이스라엘 지경에 나타남으로
아히멜렉과 놉의 85 제사장이 순교를 당하는 일이 발생한 것이다.

사울이 다윗과 그의 부하들이 유다 땅에 나타난 사실을 듣게 된 것은 "사울이
기브아 높은 곳에서 손에 단창을 들고 에셀나무 아래에 앉았던" 때였다. 여기
기브아 지방의 "높은 곳"이란 말은 무당을 섬기는 산당(山堂)을 뜻하는 말이
아니라 사울이 자신의 권위를 높이려는 의도로 선택된 높은 자리를 의미한다(Keil,
Fay). 그리고 사울이 "단창"을 들었다는 말은 사울의 통치 스타일을 드러내는
말이다(18:10; 19:9,10; 26:7,8,11,12,16). 보통 왕들은 홀(권위의 상징)을 들었는
데 사울은 위험을 느낀 나머지 단창을 들고 백성을 다스렸다. 그리고 본 절의
"에셀나무"[73](the tamarisk tree)는 사막지역의 간헐천(Wadi-어떤 계절에만 물이
흐르는 시냇물)에서 자생하는 나무로 수많은 가느다란 가지에 바늘과 같은 잎이

---

73) "에셀나무": 아라비아어로 '아들 'athl' 또는 '타르파 tarfa'라고도 부르는 상록수로, 팔레
스틴에는 8종이상의 것이 있는 것으로 알려져 있다. 연안평원(沿岸平原), 요단유역, 시내사막에
생육한다. 거의 관목(灌木)에 지나지 않으나, 개중에는 9m 가까이 뻗는 것도 있다. 뿌리를 땅속
깊이 30m나 내리고, 지하수를 흡수한다. 성경에 인용된 것은 시리아 에셀나무(Tamarix syriaca)로
여겨진다. 아브라함은 이것을 브엘세바에 심고(창 21:33), 사울은 기브아에서 이 나무 아래
앉았고(22:6), 사울과 그 아들들의 뼈는 길르앗 야베스에 있는 이 나무 아래 매장되었다(삼상
31:13). 이들 인용에서, 에셀나무는 성목(聖木)으로 여겨지고 있다. 브엘세바 같은 사막성의 땅에
는 기념수로는 에셀나무가 최적이었다. 다른 나무가 고사(枯死)하는 경우에도 이 나무는 잎이
가늘기 때문에 수분의 증발이 적어, 수세(樹勢)를 잃지 않는다. 이 나무는 봄에 백색 또는 핑크색
꽃을 피우는 것으로 알려져 있다.

달려 있으며 꽃의 색깔은 흰색이었다. 사울이 앉아 있는 동안에 신하들은 그 옆에 서 있었다. 이 모임은 나라의 어전회의(御前會議) 혹은 국무회의(國務會議)였던 것으로 보인다.

삼상 22:7. 사울이 곁에 선 신하들에게 이르되 너희 베냐민 사람들아 들으라 이새의 아들이 너희에게 각기 밭과 포도원을 주며 너희를 천부장, 백부장을 삼겠느냐.

사울이 곁에 선 신하들, 즉 어전회의(국무회의) 의원들에게 말하기를 다윗이 왕이 되는 경우 이곳에 있는 신하들은 아무런 혜택이 없음을 강조하고 나선다. 즉 "너희 베냐민 사람들", 즉 사울이 베냐민 지파인데 사울의 신하들도 대부분 베냐민 지파 사람들이었으니 이렇게 부른 것이다. 사울의 주장은 베냐민 사람들이 유념해 들어야 할 것은 이새의 아들(사울이 다윗을 칭할 때 사용하는 부정적인 호칭이다) 다윗이 왕이 되는 경우 다윗이 사울의 신하들에게 밭과 포도원을 주며 또 천부장 백부장을 삼겠느냐고 질문 형식으로 말한다. 다윗은 유다 지파이니 다윗이 왕이 되는 경우 어전회의의 회원들을 모두 유다 지파를 택해서 쓸 일이지 베냐민 지파를 택해서 쓰겠느냐는 뜻이다. 그러니까 사울 당시 이스라엘은 지파(支派)주의가 성행했음을 보여주고 있다. 사울의 정치는 아주 실패한 정치임을 보여주고 있다. 그러니까 사울은 자기의 신하들에게 다윗이 왕이 되기를 전혀 기대하지 않아야 한다는 것을 드러내고 있다.

삼상 22:8. 너희가 다 공모하여 나를 대적하며 내 아들이 이새의 아들과 맹약하였으되 내게 고발하는 자가 하나도 없고 나를 위하여 슬퍼하거나 내 아들이 내 신하를 선동하여 오늘이라도 매복하였다가 나를 치려 하는 것을 내게 알리는 자가 하나도 없도다 하니.

사울은 자기 옆에 있는 어전회의 회원들에게 자기의 아들 요나단과 이새의 아들 다윗이 맹약했는데도 제재해 주지 않는 것을 심히 섭섭하게 생각하여 노여워한다. 사울은 그 사실을 네 가지로 표현하고 있다. 첫째, "너희가 다 공모하여 나를 대적하고" 있다고 말한다. 실제로 공모한 일도 없고 대적한 일도 없는데 너무 지나치게 말하고 있다. 둘째, "내 아들이 이새의 아들과 맹약하였으되 내게 고발하는 자가 하나도 없다"고 말한다. 즉, '요나단이 다윗과 언약을 맺고 함께 행동하고 있는데도 사울 자신에게 고발하는 자가 없었다'고 섭섭해 하고 있다. 실제로는 요나단이 옳은 편에 서 있는 것이고 사울이 악한 편에 서 있는 것이었다. 셋째, 아무도 "나를 위하여 슬퍼해" 주는 사람이 없다고 섭섭해 한다. 실은 자기가 잘못된 길을 걷고 있으니 누가 동정해 줄 것인가. 넷째, "내 아들이 내 신하를 선동하여 오늘이라도 매복하였다가 나를 치려 하는 것을 내게 알리는 자가 하나도 없도다"고 불평한다. 실제로는 사울의 신하 중에 누가 요나단과 짝하여 몰래 사울을 치는 사람은 없었다. 사울 혼자의 느낌에 불과했다. 악신에 사로잡힌 사울은 일찍이 왕의 자리에서 물러났어야 했는데 물러나지 않고 연연하면서 다윗을 괴롭혔고 신하들에게 노여움을 표하고 있다.

삼상 22:9-10. 그 때에 에돔 사람 도엑이 사울의 신하 중에 섰더니 대답하여 이르되 이새의 아들이 놉에 와서 아히둡의 아들 아히멜렉에게 이른 것을 내가 보았는데 아히멜렉이 그를 위하여 여호와께 묻고 그에게 음식도 주고 블레셋 사람 골리앗의 칼도 주더이다.

사울이 자기의 신하들에게 섭섭해 하고 노여워하는 모습을 본 에돔 사람 도엑이 사울의 신하 중에 있었는데 사울의 노한 모습을 보고 말하기를 "이새의 아들이 놉에 와서 아히둡의 아들 아히멜렉에게 이른 것을 내가 보았다"고 보고한다. 사울은 이제 자기의 마음에 드는 한 사람을 만난 것이다.

도엑은 아히멜렉이 다윗에게 도움을 준 세 가지 사실에 대해 언급한다. 첫째, 아히멜렉이 다윗의 갈 길을 위하여 여호와께 기도해 주었다는 것, 둘째, 다윗에게 음식(진설병)을 주었다는 것, 셋째, 블레셋 사람 골리앗에게서 빼앗은 칼을 주었다는 사실을 보고 한다(21:1-10).

삼상 22:11. 왕이 사람을 보내어 아히둡의 아들 제사장 아히멜렉과 그의 아버지의

온 집 곧 놉에 있는 제사장들을 부르매 그들이 다 왕께 이른지라.

사울 왕이 도엑의 고발을 듣고 사람을 보내어 아히둡의 아들 제사장 아히멜렉
과 아히멜렉의 아버지의 온 집 곧 놉에 있는 모든 제사장 85명을 불렀다. 그들은
아무런 죄가 없었으므로 거리낌 없이 모두 왕 앞으로 왔다. 이렇게 아히멜렉의
집안의 많은 제사장이 죽은 것은 일찍이 하나님의 사람이 예언한대로 성취된
일이다(2:27-36; 3:11-14).

삼상 22:12-13. 사울이 이르되 너 아히둡의 아들아 들으라 대답하되 내 주여
내가 여기 있나이다 사울이 그에게 이르되 네가 어찌하여 이새의 아들과 공모하여
나를 대적하여 그에게 떡과 칼을 주고 그를 위하여 하나님께 물어서 그에게 오늘이
라도 매복하였다가 나를 치게 하려 하였느냐 하니.

사울이 호통을 쳐 말하기를 "너 아히둡의 아들아 들으라"고 하니 아히둡의
아들은 '내 주여 내가 여기 있나이다'라고 응답한다. 즉, '내가 왕의 말씀을 듣겠습
니다'라고 했다. 사울이 아히둡의 아들 아히멜렉에게 말하기를 '네가 어찌하여
다윗과 공모하여 나를 대적하여 그에게 떡을 주고 칼을 주며 그를 위해 하나님께서
물어서 어떻게 행동할 줄을 알게 하여 오늘이라도 숨어 있다가 나를 치게 만들었느
냐고 호통을 친다. 사울의 주장은 다윗을 위한 아히멜렉의 도움이 지금 사울을
공격하는 일에 큰 힘이 되었다는 주장이었다. 실은 아히멜렉이 다윗을 도왔다면
아히멜렉은 사울 앞으로 나아오지 않고 도망했을 것이다. 사울의 주장은 100%
억지였다.

삼상 22:14. 아히멜렉이 왕에게 대답하여 이르되 왕의 모든 신하 중에 다윗 같이
충실한 자가 누구인지요 그는 왕의 사위도 되고 왕의 호위대장도 되고 왕실에서
존귀한 자가 아니니이까.

아히멜렉은 사울의 견책을 듣고(앞 절) 다윗을 극진히 높여 말한다. 첫째,
다윗은 왕의 모든 신하 중에 가장 충실한 사람이라는 것, 둘째, 다윗은 왕의
사위가 된다는 것, 셋째, 다윗은 왕의 호위대장도 된다는 것, 넷째, 왕실에서

아주 존귀한 자가 아니냐고 반문한다. 아히멜렉은 다윗이 자기를 속였음에도 불구하고 다윗 같은 사람이 없다고 솔직히 말한다.

삼상 22:15. 내가 그를 위하여 하나님께 물은 것이 오늘이 처음이니이까 결단코 아니니이다 원하건대 왕은 종과 종의 아비의 온 집에 아무것도 돌리지 마옵소서 왕의 종은 이 모든 크고 작은 일에 관하여 아는 것이 없나이다 하니라.

아히멜렉이 다윗을 위해 하나님께 기도하여 어떻게 처신해야 할지를 알게 한 것을 사울이 꾸짖은 것을 두고(13절) 아히멜렉은 다윗을 위해 하나님께 물은 것을 솔직히 인정하면서 그 전에도 가끔 기도해 주었다는 것을 드러낸다(14:3). 출 28:30 참조. 그것이 제사장이 할 일이 아니냐는 식으로 말한다.

그리고 아히멜렉은 자기나 자기 가문이 사울을 반역한 일이 전혀 없다고 말하며 또 지금 사울 왕이 말하는 모든 것에 관해서 아는바가 전혀 없음을 알아달라고 말한다. 아히멜렉의 말은 아주 사실이었다.

삼상 22:16. 왕이 이르되 아히멜렉아 네가 반드시 죽을 것이요 너와 네 아비의 온 집도 그러하리라 하고.

사울 왕은 아히멜렉의 주장에 대해 아무 것도 들을 생각은 하지 않고 "아히멜렉아 네가 반드시 죽을 것이요 너와 네 아비의 온 집도 죽어야 할" 것이라고 사형 선고를 내린다. 이 사형 언도가 잘못 되었음을 말할 자는 놉의 현장을 목격한 도엑 밖에 없었는데 도엑은 완전히 침묵을 지키고 있으니 아히멜렉과 그의 가문은 이제 싹쓸이 될 수밖에 없는 형편이었다.

삼상 22:17. 왕이 좌우의 호위병에게 이르되 돌아가서74) 여호와의 제사장들을 죽이라 그들도 다윗과 합력하였고 또 그들이 다윗이 도망한 것을 알고도 내게

---

74) 여기 "돌아가서"란 말은 '돌아서서'라고 번역하는 것이 바를 것이다. "돌아가서"라고 번역하면 놉으로 돌아가서라는 뜻이 될 가능성이 있다. 실제로 아히멜렉과 제사장들은 모두 왕 앞으로 나오지 않았는가(11절 참조).

알리지 아니하였음이니라 하나 왕의 신하들이 손을 들어 여호와의 제사장들 죽이기를 싫어한지라.

왕이 사형언도를 했으니(앞 절) 이제는 사형집행이 시작된다. 왕이 주위의 호위병들에게 아히멜렉과 여호와의 제사장들을 죽이라는 명령을 내린다. 왕이 사형 집행명령을 내리는 이유는 두 가지였다. 하나는 제사장들이 다윗의 일에 협력했다는 것과 또 하나는 다윗이 도망했는데도 그 사실을 왕께 보고하지 않았다는 이유였다. 왕이 사형 집행 명령을 내린 근거는 전혀 올바른 사실에 근거한 것이 아니었다.

왕이 제사장들을 죽이라고 사형 명령을 내렸는데도 호위병들은 손을 들어 여호와의 제사장들을 죽이기를 싫어했다. 이유는 제사장들에게 잘못이 없었기 때문이고 또 여호와의 제사장들을 죽이는 것을 무서워했기 때문이다.

삼상 22:18. 왕이 도엑에게 이르되 너는 돌아가서[75] 제사장들을 죽이라 하매 에돔 사람 도엑이 돌아가서 제사장들을 쳐서 그 날에 세마포 에봇 입은 자 팔십오 명을 죽였고

왕이 주위의 호위병들에게 아히멜렉과 제사장들을 죽이라는 명령을 내렸으나 호위병들은 제사장들을 죽이기를 원치 않아 집행하지 않으니 왕은 드디어 도엑에게 명령을 내린다. 이런 명령을 받은 도엑은 서슴지 않고 하루에 세마포 에봇을 입은 제사장 85명을 죽였다. 천지분간을 못하는 사람이었다.

참으로 사울왕은 무서운 죄를 범하고 말았다. 하나님께서 세우신 제사장 한 사람만 죽여도 큰 죄이거늘 아히멜렉과 85명을 죽였으니 사울의 나라가 온전할 것인가. 사울은 망해도 비참하게 망할 수밖에 없었다(31:1-13; 대상 1-14).

한편 아히멜렉의 제사장 집안이 이렇게 망한 것은 하나님의 사람이 엘리의 가정에 말한 예언의 성취였다(2:27-36; 3:11-14). 그러니까 엘리가 제사장으로서

---

75) 본 절의 "돌아가서"(turn)란 말도 역시 "돌아서서"라고 번역하는 것이 옳을 것이다. 호위병들이 왕을 향하여 서 있었으니(6절) 왕이 호위병들로 하여금 뒤돌아서서 조금 멀리 있는 제사장들을 죽이라는 것으로 보아야 할 것이다.

불충했기에 엘리도 벌을 받았고 가문도 벌을 받았으며 또 사울 왕은 제사장들을
죽였기에 벌을 받은 것이다. 제사장(엘리)이 어떻게 행하느냐 하는 것도 중요하고
또 제사장을 어떻게 대하느냐 하는 것도 중요하다. 우리가 복음을 전하는 사역자라
면 아주 일사각오의 정신으로 전해야 할 것이고 또 우리가 복음을 전하는 사역자들
을 대할 때 하나님의 천사들을 대하듯 해야 할 것이다.

**삼상 22:19. 제사장들의 성읍 놉의 남녀와 아이들과 젖 먹는 자들과 소와 나귀와
양을 칼로 쳤더라.**

도엑은 제사장을 죽인(앞 절) 후 또 "제사장들의 성읍 놉의 남녀와 아이들과
젖 먹는 자들과 소와 나귀와 양을 칼로 쳤다". 도엑이 이 일을 한 것은 자기
혼자 결정하고 자기 혼자 실행한 것이 아니라 사울의 또 다른 명령에 의한 것으로
보아야 할 것이다. 참으로 잔악한 행위가 아닐 수 없다.

사울이 이렇게까지 무자비하게 제사장의 성읍 사람들과 가축들을 살해한
것은 아무도 다윗을 돕지 못하도록 한 것이고 또 다윗을 도울 생각도 하지 못하게
하기 위함이었다. 사울의 이런 잔악한 행위는 훗날 그를 비참하게 만들고 말았다
(31:6). 세상에는 이런 엉뚱한 사람이 간혹 있다.

**삼상 22:20. 아히둡의 아들 아히멜렉의 아들 중 하나가 피하였으니 그의 이름은
아비아달이라 그가 도망하여 다윗에게로 가서.**

여기 아비아달은 아히둡의 손자였고 아히멜렉의 여러 아들 중 하나였는데
그는 사울과 도엑이 벌인 피의 숙청 중에서 도망하여[76) 다윗과 합하려고 다윗에게
로 갔다. 본 절의 "아비아달"(Abiathar)은 '부유한 아버지, 생존한 아버지'란 뜻으
로 놉의 성소에서 섬긴 아히멜렉 제사장의 아들이다(21:1; 22:20). 아비아달은
사울과 다윗 두 시대에 걸쳐 제사장 직분을 수행했다. 사울 왕은 아히멜렉에게

---

76) 아비아달은 다른 제사장들이 모두 사울에게 불려갔을 때 혼자 성막에 남아서 사역하다가
사울에 의하여 모두들 비극적 학살을 당한 것을 알고 급히 도주할 수 있었던 것으로 보인다
(Smith).

제22장 323

‘네가 다윗과 공모하여 나를 대적’하기 위해 떡과 칼을 주었다고 하면서, 도엑으로 하여금 무죄한 제사장 85명과 아히멜렉의 가족을 몰살시켰을 때 아히멜렉의 아들 아비아달은 구사일생으로 다윗에게 피신하였다(22:20). 그리하여 그는 다윗과 같이 동고동락하면서 운명을 같이 하게 되었다. 아비아달이 다윗에게 피신할 때 에봇을 가지고 갔는데, 다윗은 여호와의 뜻을 물을 때마다 그에게 그 에봇을 가져오라고 했다(23:9-12; 30:7,8; 출 28:30). 그 후 다윗이 왕위에 올랐을 때 아비아달과 사독과 더불어 대제사장의 직무를 수행했다(삼하 15:24; 대상 15:11,12).

삼상 22:21. 사울이 여호와의 제사장들 죽인 일을 다윗에게 알리매.

아비아달은 사울과 도엑이 놉에서 여호와의 제사장들을 죽인 일을 다윗에게 고했다. 다윗은 놉의 제사장 대(大) 학살 사건을 시 17, 35, 64, 109, 140편 등에 썼다.

삼상 22:22. 다윗이 아비아달에게 이르되 그 날에 에돔 사람 도엑이 거기 있기로 그가 반드시 사울에게 말할 줄 내가 알았노라 네 아버지 집의 모든 사람 죽은 것이 나의 탓이로다.

다윗은 아비아달의 보고를 받고 아비아달에게 말하기를 아비아달의 부친 아히멜렉이 자신에게 떡도 주고 칼도 주던 날 도엑이 그 현장에 있는 것을 보고 그가 반드시 사울에게 이 현장을 보고 할 줄 알았다고 말한다. 그러면서 다윗은 아주 솔직하게 “네 아버지 집의 모든 사람(아히멜렉과 85인 제사장) 죽은 것이 나의 탓이라”고 말해준다(시 32:5). 다윗은 이런 일이 벌어질 줄 전혀 예상하지 못했을 것이고 이때의 일을 생각하면 말할 수 없이 가슴 아팠을 것이다.

삼상 22:23. 두려워하지 말고 내게 있으라 내 생명을 찾는 자가 네 생명도 찾는 자니 네가 나와 함께 있으면 안전하리라 하니라.

아비아달은 다른 제사장들이 다 몰살당하고 자기 혼자만 남은 것을 생각하며

두려워하고 불안해했는데 다윗은 아비아달에게 두려워하지 말고 자기와 함께
지내자고 말한다. 이유는 자기의 생명을 찾는 자가 아비아달의 생명도 찾고
있으니 자기와 함께 있으면 아주 안전하리라고 말한다. 다윗은 과거를 회상할
때 하나님께서 함께해 주신 것을 확신했고 또 지금과 미래에도 함께 하시고
결국에는 하나님께서 왕권을 자신에게 넘겨주실 줄 확신하고 있었다. 그런고로
다윗은 아비아달에게 자기와 함께 지내자고 제안하고 또 함께 있으면 안전하리라
고 확신을 준 것이다.

제 23 장

11. 다윗이 그일라를 구하다   23:1-14

유다 땅으로 돌아온 다윗(22:1-5)은 계속해서 사울의 추격을 받았는데 그 곤경이 심한 기간에도 다윗은 블레셋 경계 가까운 유다의 그일라 지방이 블레셋 사람들의 공격을 당한다는 소식을 듣고 하나님을 의지하여 그일라를 구원한다(1-5절). 다윗이 이렇게 그일라 거민을 구원했는데도 그 거민들은 다윗을 배신하여 다윗을 체포하여 사울에게 넘겨주려고 한다(6-8절). 그러나 다윗은 하나님의 인도하심을 받아 추종자들과 함께 그일라에서 피했기에(9-13절) 사울은 헛수고만 하고 만다(14절). 이 사건으로 인해 다윗은 일국의 왕 자격이 있음을 국민들에게 보여주었다.

삼상 23:1. 사람들이 다윗에게 전하여 이르되 보소서 블레셋 사람이 그일라를 쳐서 그 타작마당을 탈취하더이다 하니.

다윗이 모압 지방에서 유다 땅으로 돌아와서 지내고 있는데(22:1-5) 어떤 사람들이 다윗에게 안타까운 소식을 전해왔다. 즉, 블레셋 사람들이 그일라를 쳐서 그일라 사람들이 타작해서 쌓아두고 가을 우기가 되면 곡간에 들여놓으려고 했던 곡식더미를 마구 탈취해 간다는 소식을 전해주면서 거기에 가서 그일라를 구원하기를 바라는 탄원을 전해왔다. 다윗이 아직도 사울에게 쫓겨 다니는 입장이었는데 사울에게 그일라를 구원하라고 탄원하지 않고 다윗에게 보고한 것은 다윗이 사울보다 더 낫다고 여겼기 때문이었다.

"그일라"(Keilah)는 '요해'(要害)라는 뜻을 가지고 있다. 유다의 세펠라(Shephelah)에 있던 요해의 성읍이다(수 15:44). 다윗은 블레셋 사람의 약탈로부터 이 성읍을 구했다(23:1-13). 바벨론 포로귀환 후 이 성읍 사람들은 예루살렘 재건에 협력했다(느 3:17,18). 헤브론의 서북쪽 13㎞, 다윗이 거하고 있는 헤렛 수풀(22:5) 북편 약 9km 지점에 있는 길베드 길라(Khirbet Qila)와 동일시된다. 고적은 해발 457m의 구릉 위에 있으며, 부근에는 비옥한 밀밭이 펼쳐져 있다.

삼상 23:2. 이에 다윗이 여호와께 묻자와 이르되 내가 가서 이 블레셋 사람들을 치리이까 여호와께서 다윗에게 이르시되 가서 블레셋 사람들을 치고 그일라를 구원하라 하시니.

다윗은 그일라 사람들의 탄원을 받자 곧 여호와께 기도한다. "내가 가서 이 블레셋 사람들을 치리이까"라고 다윗은 전쟁을 시작하기 전 여호와께 전쟁을 해야 할 것인가 아니면 말아야 할 것인가를 여쭈었다. 여호와께서는 다윗에게 응답하시기를 "그일라에 가서 블레셋 사람들을 치고 그일라를 구원하라"고 응답하신다. 다윗은 우림과 둠밈으로(6절) 여호와께 여쭈어 보았을 것이다.

삼상 23:3. 다윗의 사람들이 그에게 이르되 보소서 우리가 유다에 있기도 두렵거든 하물며 그일라에 가서 블레셋 사람들의 군대를 치는 일이리이까 한지라.

다윗이 여호와께 전쟁을 할까요 말까요 라고 물은 뒤 전쟁을 해서 그일라를 구원하라는 응답을 받은 후 그의 사람들에게 그일라를 치러 가자고 했을 때 그들은 "보소서 우리가 유다에 있기도 두렵거든 하물며 그일라에 가서 블레셋 사람들의 군대를 치는 일이리이까"라고 만류 의사를 비친다. 다시 말해 '사울의 추격 때문에 우리가 유다에 있기도 두려운 일인데 하물며 블레셋 국경 가까이에 있는 그일라에 가서 블레셋 군대를 치는 일이야 말로 참으로 위험한 일이 아니겠습니까?'라고 만류한다.

삼상 23:4. 다윗이 여호와께 다시 묻자온대 여호와께서 대답하여 이르시되 일어나 그일라로 내려가라 내가 블레셋 사람들을 네 손에 넘기리라 하신지라.

다윗의 사람들의 반대에 직면한 다윗(앞 절)은 전쟁을 얼른 포기하지 않고 여호와께 다시 기도한다. 다윗의 기도에 여호와께서 대답하여 이르시기를 "일어나 그일라로 내려가라 내가 블레셋 사람들을 네 손에 넘기리라"고 하신다. 여기

그일라로 가는 것을 두고 "내려가라"는 표현을 사용하신 것은 다윗이 머물고
있던 헤렛 수풀(22:5)이 그일라 보다 더 위쪽에 있었기 때문이었다(1절 주해
참조).

**삼상 23:5. 다윗과 그의 사람들이 그일라로 가서 블레셋 사람들과 싸워 그들을
크게 쳐서 죽이고 그들의 가축을 끌어 오니라 다윗이 이와 같이 그일라 주민을
구원하니라.**

다윗은 그의 사람들과 함께 하나님의 전쟁 허락을 받고 그일라로 가서 블레셋
사람들과 싸워 크게 쳐 죽였고 또 곡식을 찾아왔으며 블레셋 사람들의 가축을
전리품으로 끌어왔다. 다윗은 이렇게 하여 그일라 주민을 구원해 냈다. 하나님께
기도한 일이 잘못되는 일은 없다.

**삼상 23:6. 아히멜렉의 아들 아비아달이 그일라 다윗에게로 도망할 때에 손에
에봇을 가지고 내려왔더라.**

본 절부터 14절까지는 다윗과 그의 사람들이 그일라에 있다는 소식을 듣고
사울 군대가 공격해 오므로 다윗은 그일라에서 떠난다는 이야기를 진술한다.

본 절은 시간적으로 볼 때 22장의 후반부(20-23절)에 놓여야 할 것이었다.
그러나 본 절이 이곳에 놓인 것은 다윗이 그일라에 침범한 블레셋과의 싸움에
앞서 어떻게 하나님의 뜻을 물었는가를 독자들에게 알려주어야 할 필요성이 있었
기 때문으로 보인다. 다시 말해 본 구절은 2절의 "여호와께 묻자와 이르되"라는
표현에 대한 보충적 설명으로 보아야 한다. 아비아달이 다윗에게로 올 때에 가지고
온 "에봇"은 대제사장이 소지하고 있는 긴 조끼 모양의 옷으로 다섯 가지 색상(금
색, 청색, 자색, 홍색, 흰색)의 실로 만들어진 옷이다(출 28:6-14).

**삼상 23:7. 다윗이 그일라에 온 것을 어떤 사람이 사울에게 알리매 사울이 이르되
하나님이 그를 내 손에 넘기셨도다 그가 문과 문빗장이 있는 성읍에 들어갔으니
갇혔도다.**

사울은 다윗이 그일라에 왔다는 소문을 듣고 말하기를 아주 소망적으로 말한다. 즉, 하나님께서 다윗을 이제는 자기 손에 넘기셨다(17:46; 23:4)고 말했다. 이유는 다윗이 "문과 문빗장이 있는 성읍에 들어갔으니 갇혔기" 때문이라는 것이다. 여기 "문과 문빗장이 있는 성읍"이란 요새를 지칭하는 말이다. 즉 그일라가 견고한 성벽으로 둘러 싸여있는 요새임을 말해준다. 사울은 다윗이 요새에 들어갔으니 이제는 꼼짝없이 갇혔다고 본 것이다. 사울은 하나님의 섭리를 전혀 계산하지 않고 다윗을 잡아 죽일 수 있는 기회를 만난 것으로 본 것이다. 사울은 하나님께서 다윗과 함께 하셔서 계속해서 구원하신다는 것을 간과하고 있었다.

삼상 23:8. 사울이 모든 백성을 군사로 불러 모으고 그일라로 내려가서 다윗과 그의 사람들을 에워싸려 하더니.

사울은 다윗을 잡아 죽이려고 많은 군대를 불러 모아 그일라로 내려가서 다윗과 그의 사람들을 포위하려고 했는데 다음 절과 같은 일이 발생했다는 내용이다.

삼상 23:9. 다윗은 사울이 자기를 해하려 하는 음모를 알고 제사장 아비아달에게 이르되 에봇을 이리로 가져오라 하고.

사울은 군대를 모아 그일라를 포위하려고 가고 있었지만 하나님은 다윗에게 어떤 방법으로든지 사울이 그일라고 가고 있음을 알려주신다. 그래서 다윗은 제사장 아비아달에게 말하기를 하나님의 뜻을 알기 원하니 에봇을 가져오라고 한다. 에봇에 대해서는 7절 주해 참조.

삼상 23:10. 다윗이 이르되 이스라엘 하나님 여호와여 사울이 나 때문에 이 성읍을 멸하려고 그일라로 내려오기를 꾀한다 함을 주의 종이 분명히 들었나이다.

다윗이 "제사장 아비아달에게 에봇을 이리로 가져오라"(앞 절) 했으니 대제사장으로 하여금 우림(Urim)과 둠밈(Thummim)을 통하여 하나님의 뜻을 알아보게 했고, 다윗 자신은 하나님께 기도로 아뢰었다(K.&D. Fay, 이상근). 다윗의 기도 내용은 "이스라엘 하나님 여호와여 사울이 나 때문에 이 성읍을 멸하려고 그일라로 내려오기를 꾀한다 함을 주의 종이 분명히 들었나이다"라는 것이었다. 이 기도는 다음 절에서 또 반복된다. 즉, "주의 종이 들은 대로 사울이 내려오겠나이까"라는 기도와 연결된다.

다윗은 기도할 때 "이스라엘 하나님 여호와여"라는 호칭을 사용한다. 여기서 "이스라엘의 하나님"이란 호칭은 이스라엘과 하나님과의 언약 관계가 강조되는 호칭이고, "여호와"란 호칭은 이스라엘을 구원하시는 분임을 강조하는 호칭이다 (2:30; 20:12; 25:32).

사울은 다윗 한 사람을 잡아 죽이려고 그일라를 멸하려 했다. 그일라가 요새이니 사울은 그일라를 샅샅이 뒤지면서 그일라를 초토화 시킬 생각을 한 것으로 보인다. 사울의 생각에는 국민들은 안중에 없었다. 그저 다윗만 잡아 죽이면 되었다. 자기의 왕권만큼 중요한 것은 없었다.

삼상 23:11. 그일라 사람들이 나를 그의 손에 넘기겠나이까 주의 종이 들은 대로 사울이 내려오겠나이까 이스라엘의 하나님 여호와여 원하건대 주의 종에게 일러 주옵소서 하니 여호와께서 이르시되 그가 내려오리라 하신지라.

본 절에서 다윗은 두 가지를 위해 기도한다. 하나는 "그일라 사람들이 나를 그의 손에 넘기겠나이까"라는 기도이고 또 하나의 기도는 "주의 종이 들은 대로 사울이 내려오겠나이까"라는 질문의 기도이다. 다윗은 그일라를 구원했지만(5절) 그일라 사람들의 성분을 알게 되었다. 그일라 사람들은 다윗을 향해 호감을 가지고 있지 않고 감정이 좋지 않았다. 그래서 다윗을 잡아 사울에게 넘겨줄 수도 있는 분위기임을 알고 "나를 그의 손에 넘기겠나이까"라고 여쭈어본 것이다. 세상 민심은 도무지 알 수가 없다. 너무 왜곡되고 야속하다. 둘째 기도의 내용은 사울이 기브아에서 그일라를 향해서 내려오겠는지를 여쭌 것이다. 결국 두 기도는 한 가지 기도이다. 즉 사울이 이곳 그일라로 내려왔을 때 그일라 사람들이 다윗을 잡아 사울에게 인계할 것인지를 물은 것이다.

하나님의 응답은 두 가지 다 그렇다는 응답이었다. 하나님은 먼저 "그가 내려오리라"는 응답을 하신다. 하나님은 전지하시니 사울 왕의 마음을 꿰뚫고 계신다. 둘째 기도에 대해서는 다음 절에 기록되고 있다.

삼상 23:12. 다윗이 이르되 그일라 사람들이 나와 내 사람들을 사울의 손에 넘기겠나이까 하니 여호와께서 이르시되 그들이 너를 넘기리라 하신지라.

다윗은 다시 기도한다. 즉, "그일라 사람들이 나와 내 사람들을 사울의 손에 넘기겠나이까"라고 하나님께서는 "그들이 너를 넘기리라"고 하신다. 다시 말해 '그일라 사람들이 너를 잡아서 사울에게 넘기리라'는 것이다. 하나님께서는 시간적인 순서대로 된다고 하신다. 먼저는 사울이 내려오고 다음으로는 내려와서 다윗을 잡으려 할 때 그일라 주민들이 다윗을 잡아 넘겨주리라는 것이다.

삼상 23:13. 다윗과 그의 사람 육백 명 가량이 일어나 그일라를 떠나서 갈 수 있는 곳으로 갔더니 다윗이 그일라에서 피한 것을 어떤 사람이 사울에게 말하매 사울이 가기를 그치니라.

두 가지 기도에 대해 하나님께서 모두 그렇다고 응답하신 것을 듣고 다윗과 그의 사람 600명 가량이 일어나 그일라를 떠나서 갈 수 있는 곳으로 갔다. 여기 "갈 수 있는 곳"이란 말은 다윗에게 어떤 정처가 없이 발 닿는 곳으로 갔음을 드러내는 말이다(다음 절 참조). 이 사실을 어떤 사람이 사울에게 고했더니 사울이 그일라 행을 중단했다는 것이다.

본서의 저자가 다윗의 사람들이 600명 가량이라고 명기한 것은 다윗이 아둘람 굴에 있을 때 모여든 400명에 비해 이 와중에도 200명이 늘었다는 것을 드러내기 위함이다. 그리고 다윗의 군사가 600명이었지만 사울의 군사에 비하면 턱도 없이 적어서 다윗이 도망칠 수밖에 없음을 밝히려는 것이다. 사울의 계획은 완전히 수포로 돌아가고 말았다.

삼상 23:14. 다윗이 광야의 요새에도 있었고 또 십 광야 산골에도 머물렀으므로 사울이 매일 찾되 하나님이 그를 그의 손에 넘기지 아니하시니라.

본 절은 다윗의 처신과 사울의 헛수고에 대해 언급한다. 다윗은 그일라를 떠나서 "광야의 요새에도 있었고 또 십 광야 산골에도 머물러" 있었다. 다윗이 광야의 "요새"77)(적의 공격에 대비하기 위해 국방상 중요한 지점에 만든 포대 등의 방비)에도 있었다는 말은 광야 안에 여러 요새들(은신처들)에 머물렀다는 뜻이다. 여기 "광야"란 유다 광야를 뜻한다(K.&D. H.P. Smith, Fay). 즉, 유다 지역 중앙의 산지와 사해 사이에 있는 광야를 지칭한다(수 15:61,62). 그리고 다윗은 "십 광야 산골에도 머물렀다". "십 황무지"는 그일라 동남쪽 21km, 헤브론 동남쪽 대략 8km 지점으로 유다 영토이고(수 15:55), 현재의 "텔 짚"(Tell Zip)이다.

다윗이 여기 저기 옮겨 다니니 사울이 다윗을 매일 찾되 찾을 수 없었고 또 하나님께서 다윗을 손에 넣으시고 내주시지 않으니 사울이 찾을 수가 없었다. 즉, "하나님이 다윗을 사울의 손에 넘기지 아니하셨다". 하나님은 평생 다윗의 보호자가 되어 주셨다(시 31:20; 41:1; 145:20). 하나님은 매일 성도들을 눈동자같이 지켜 주신다(시 17:8).

12. 다윗이 요나단을 마지막으로 만나다   23:15-18

다윗이 사울의 추격을 받으며 십 황무지에서 숨어 있을 때 요나단이 다윗을 찾아와 격려한다. 두 사람의 만남은 마지막 만남으로 요나단은 하나님의 사랑을 보여주었다.

삼상 23:15. 다윗이 사울이 자기의 생명을 빼앗으려고 나온 것을 보았으므로 그가 십 광야 수풀에 있었더니.

다윗은 사울이 자신의 생명을 빼앗으려고 나온 것을 보았으므로 그가 지내기

---

77) "요새": Stronghold. 적의 공격에 대비하기 위해 국방상 중요한 지점에 만든 포대 등의 방비(삼상 22:4기타). 팔레스틴에서는, 신석기시대 후기부터 성벽으로 둘러싸인 성읍이 발생하고, 주로 구릉(丘陵)에 세워졌다. 가나안 정찰에서 이스라엘 백성이 놀란 것 같이(민 13:28; 신 9:1), 청동기 시대의 가나안의 요새는 견고한 성벽의 성읍으로 건조 강화되어 있었다. 그것은 벽돌로 구축되고, 그 크기는 대체로 두께가 상부의 경우 3-4m, 밑 부분이 6-10m, 높이가 8-12m였다.

힘들었던 십 광야 수풀에 숨어 있었다. 여기 "십 광야 수풀"(hv;r_jo)이란 "십" 남쪽 약 3km 지점에 위치한 오늘날의 '키르벳 코레이사'와 동일한 지역으로 보아야 할 것이다(Smith, Lange). 이곳은 오늘날 지내기 어려운 곳으로 알려져 있다. 사울이 매일 찾으니 하는 수없이 이곳에서 지낼 수밖에 없었다.

삼상 23:16. 사울의 아들 요나단이 일어나 수풀에 들어가서 다윗에게 이르러 그에게 하나님을 힘 있게 의지하게 하였는데.

사울은 다윗을 찾을 수 없었으나 요나단은 다윗을 찾을 수 있었다. 하나님께서 만나게 해주신 것이다. 요나단은 다윗이 숨어 있는 십 광야 수풀에 들어가서 다윗에게 이르러 다윗으로 하여금 하나님을 힘 있게 의지하게 만들어주었다. 요나단이 다윗으로 하여금 하나님을 힘 있게 의지하게 만들어준 말은 다음 절에 진술되어 있다.

삼상 23:17. 곧 요나단이 그에게 이르기를 두려워하지 말라 내 아버지 사울의 손이 네게 미치지 못할 것이요 너는 이스라엘 왕이 되고 나는 네 다음이 될 것을 내 아버지 사울도 안다 하니라.

요나단이 다윗에게 힘을 준 말은 세 마디였다. 첫째, "두려워하지 말라"는 말이었다. 두려워하고 있는 다윗에게 이 한마디 말은 천금처럼 귀한 말이었다. 하나님은 오늘도 우리를 향하여 두려워하지 말라고 많이 격려하신다(사 43:1-7). 둘째, "내 아버지 사울의 손이 네게 미치지 못할 것이라"는 말이었다. 요나단은 지금까지 진행되어진 일을 관찰했을 때 자기 아버지 사울이 다윗에게 미치지 못할 줄을 확신했다. 우리는 무슨 일이 진행되어가는 것을 보고 하나님의 섭리를 깨달아야 할 것이다. 셋째, "너는 이스라엘 왕이 되고 나는 네 다음이 될 것을 내 아버지 사울도 아신다"고 말한다. 다윗이 나라의 1인자가 되고 요나단이 다윗을 돕는 자가 될 것을 사울도 알고 있다는 말은 다윗에게 큰 힘이 되었다. 요나단이 이런 말을 하는 것을 보면 참으로 솔직한 사람이었다. 그리고 욕심이 없던 사람이었다.

삼상 23:18. 두 사람이 여호와 앞에서 언약하고 다윗은 수풀에 머물고 요나단은 자기 집으로 돌아가니라.

두 사람은 다시 서로 우정의 언약을 맺었다(18:3; 20:17-23). 두 사람은 언약을 다시 확인한 후 다윗은 십 광야 수풀에 머물렀고 요나단은 자기 집으로 돌아갔다. 이 때 두 사람이 만나본 이후 다시 만나 볼 수 없었다. 요나단은 길보아 전투에서 그의 아버지와 그리고 형제들과 함께 블레셋 군에 의해 전사했다. 다윗은 의리의 사람으로 요나단과 맺은 언약을 훗날 신실히 지켰다(삼하 9:11).

13. 다윗이 사울의 추격에서 피하다 23:19-29

사울이 십 사람들의 밀고를 받고 다윗이 광야 남쪽 하길라 산 수풀 요새에 숨어 있는 것을 알고 다윗을 잡아 죽이려 출정하였으나 이스라엘이 블레셋 군대의 침입을 받았다는 보고를 받고 블레셋 군대를 퇴치하려고 되돌아간다.

삼상 23:19. 그 때에 십 사람들이 기브아에 이르러 사울에게 나아와 이르되 다윗이 우리와 함께 광야 남쪽 하길라 산 수풀 요새에 숨지 아니하였나이까.

십 사람들이 기브아에 있는 사울에게 나아온 것은 다윗이 어디 있는 지를 보고하기 위함이었다. "십"(Ziph)이란 곳은 헤브론 동남쪽 6km 지점에 위치한 현재의 '텔 지프'(Tell Zif)로서 기브아에서 상당히 먼 거리였음에도 불구하고 이곳 사람들은 사울에게 가서 다윗을 고발했다. 이들이 사울에게 가서 다윗이 있는 위치를 밀고한 이유는 첫째, 사울이 놉의 제사장들을 잡아 죽인 것(22:6-23)을 크게 두려워하여 십 사람들도 혹시 다윗을 고발하지 않으면 죽을지도 모른다는 공포심 때문이었다. 둘째, 십 사람들은 사울에게 다윗의 거처를 보고(報告) 함으로 사울로부터 칭찬을 듣기를 소원해서였다(21절). 셋째, 가장 큰 이유는 십 사람들이 영적으로 무지했기 때문에 다윗을 고발했다. 그들은 하나님께서 철저히 다윗을 보호하고 계신다는 것을 몰라 이렇게 보고 하는데 이른 것이다. 넷째, 인간들은 배은 망덕하는 성품이 있기 때문이었다. 다윗이야말로 이스라엘 사람들의 은인임에 틀림없다. 얼마 전에 그일라 사람들이 다윗을 통하여 구원을 받았음에도 다윗을 잡아 사울에게 넘기려고 했다(12절). 사람들은 이처럼 의리가 없이 자기들의 생명을 더 중시하여 배은망덕을 한다. 예수 그리스도는 우리의 구원자였는데도 가룟 유다는 배신하여 돈 몇 푼을 받고 팔아넘기지 않았는가. 다윗이 배신당한 것은 예수님께서 배신당한 것의 예표이다.

십 사람들은 "다윗이 우리와 함께 광야 남쪽78) 하길라 산79) 수풀 요새에 숨어" 있다고 보고했다. 이 "하길라 산"은 '십 황무지 산골'(14절)의 한 부분이다. 따라서 "광야 남쪽 하길라 산 수풀"이란 15절에 언급된 '십 황무지 수풀'을 뜻하는 말이다(K.&D.). 이 산은 약 30m 정도의 높이로 서 있는 관계로 이 산에서 기거하던 다윗과 그의 사람들은 이보다 상대적으로 낮은 평지에서 생활하던 십 사람들에 의해 쉽게 발견될 수 있었다(K.&D.).

삼상 23:20. 그러하온즉 왕은 내려오시기를 원하시는 대로 내려오소서 그를 왕의 손에 넘길 것이 우리의 의무니이다 하니.

십 사람들은 다윗이 있는 곳만 고발한 것이 아니라 한발 더 나아가 다윗을 체포해서 사울에게 넘겨주겠다고 한다. 그들은 말하기를 사울 왕께서 내려오시기를 원하시면 자기들이 살고 있는 곳에 내려오시라고 한다. 이유는 다윗을 체포하여 왕에게 넘겨주는 것은 자기들의 의무라고 말한다.

삼상 23:21. 사울이 이르되 너희가 나를 긍휼히 여겼으니 여호와께 복 받기를 원하노라.

사울은 십 사람들이 찾아와서 다윗을 고발한 일을 두고(19-20절) 두 마디 말을 한다. 하나는 "너희가 나를 긍휼히 여겼다"고 말한다. 사울은 자신을 불쌍한 사람으로 여기고 있었다. 다윗이 잡히지 않고 계속해서 피해 다니고 있으니 언제

---

78) "광야 남쪽"이란 말은 '유다 광야의 남쪽, 즉 사해의 서쪽'을 지칭하는 말이다(K.&D.). 이곳은 훗날 세례 요한이 머물렀던 곳으로(마 3:1), 그 동쪽에는 사해로 내려갈 수 있는 석회암 절벽이 있어 천연적 요새라 할만한 지역이다. 그런고로 오늘날에도 각종 피난처로 이용되고 있다고 한다(Smith).
79) "하길라 산": Hill of Hachilah. "하길라 산"이란 '건조한 언덕(구릉)'. 사울을 피한 다윗이 숨은 유다광야의 구릉(삼상 23:19; 26:1,3). 오늘날 십의 동쪽 9km, 다할레트 엘 콜라(Dachlet el-kola)로 생각된다(디럭스 바이블 성경사전).

나라가 다윗에게 넘어갈지 모르는 불안한 상황에 있으니 자기 자신을 처량하게 본 것이다. 사실은 자기가 다윗을 시기하여 다윗을 잡아 죽이려고 하고 있었기에 자기를 죄인으로 알고 깊이 죄를 뉘우쳤어야 했다. 오늘도 많은 사람들은 자기가 죄를 짓고 있기에 비참하게 되는 줄 알고 깊이 죄를 자복해야 함에도 자신이 엄청나게 고생하고 있다고 여긴다.

또 한마디는 "너희가 여호와께 복 받기를 원하노라"는 말을 한다. 사울은 자기가 하나님을 떠난 줄도 모르고 십 사람들에게 복을 선언하고 있다. 하나님을 떠난 사람이 무슨 복을 선언할 수 있는 것인가.

삼상 23:22. 어떤 사람이 내게 말하기를 그는 심히 지혜롭게 행동한다 하나니 너희는 가서 더 자세히 살펴서 그가 어디에 숨었으며 누가 거기서 그를 보았는지 알아보고.

사울은 본 절과 다음 절에서 앞 절에 이어 또 두 마디를 덧붙인다. 사울은 본 절에서 다윗에 대해서 더 세밀하게 살펴달라고 주문한다.

사울은 다윗이란 사람이 아주 지혜롭게 행동하는 사람이라고 말한다. 사울은 그 사실을 경험했다. 사울이 다윗을 잡으려 할 때 마다 지혜롭게 피했음을 경험했다. 그런고로 사울은 십 사람들에게 그들이 살고 있는 곳에 가서 다윗에 대해서 더 자세히 살펴서 그가 어디에 숨어 있으며 또 바로 다윗이 있는 장소에서 누가 다윗을 보았는지 알아보라고 말한다.

삼상 23:23. 그가 숨어 있는 모든 곳을 정탐하고 실상을 내게 보고하라 내가 너희와 함께 가리니 그가 이 땅에 있으면 유다 몇 천 명 중에서라도 그를 찾아내리라 하더라.

사울이 십 사람들에게 또 세 마디를 한다. 첫째, 다윗이 숨어 있는 모든 곳을 좀 더 살펴서 사울에게 보고해 달라고 말한다. 둘째, "내가 너희와 함께 가겠다"고 말한다. 사울은 십 사람들이 세밀하게 정탐해 오면 그들과 함께 다윗을 찾으러 가겠다는 것이다. 셋째, 다윗이 있는 곳만 확인되면 "유다 몇 천 명 중에서라도

그를 찾아내겠다"고 말한다. 다윗이 유다 땅에 있는 것만 확인되면 기어코 찾아내
겠다는 것이다. 사실 지금까지 다윗이 유다 땅에 없어서 못 잡았는가. 하나님께서
다윗을 숨기셨기 때문에 못 잡은 것이다. 사울은 공연히 십 사람들 앞에서 허풍을
떨고 있는 것이었다.

**삼상 23:24. 그들이 일어나 사울보다 먼저 십으로 가니라 다윗과 그의 사람들이
광야 남쪽 마온 광야 아라바에 있더니.**

　본 절부터 29절까지는 사울이 다윗을 추격하여 마온 황무지까지 왔으나 블레
셋 군대가 이스라엘의 영토를 침공했다는 소식을 듣고 사울이 다윗 찾기를 일단
포기하고 철군한다는 것을 말씀한다.

　십 사람들이 사울에게 다윗이 숨어있는 곳을 보고한 다음 그들이 사울보다
먼저 일어나 십 광야로 갔고 사울은 뒤따라 다윗을 체포하는 길에 오른 것이다.
그 때 다윗과 그의 사람들은 "광야 남쪽 마온 광야 아라바"에 있었다. 다시
말해 '광야 남쪽으로 아라바의 근처에 있는 마온 황무지'에 있었다. 여기 "광야
남쪽"은 19절에 언급된 '광야 남쪽'과 동일한 지역이다. 그리고 "아라
바"(Arabah)는 '황무지' 또는 '사막의 들'이란 뜻으로 갈릴리 호수로부터 사해에
이르기까지 요단 계곡을 따라 좌우로 펼쳐져 있는 낮은 지대의 광야 지대를
통칭하는 말이다(Smith). 이는 유다 광야 중 사해 인근 지역을 가리키는 것으로
보아야 할 것이다. 그리고 "마온"은 '거주' 혹은 '거처'란 뜻으로 오늘날의 '키르
벧 마인'(Khiebet Main)과 동일 지역으로 추정되며(Keil, Smith, Fay), 십 남쪽
약 7km에 위치하고 있다.

**삼상 23:25. 사울과 그의 사람들이 찾으러 온 것을 어떤 사람이 다윗에게 아뢰매
이에 다윗이 바위로 내려가 마온 황무지에 있더니 사울이 듣고 마온 황무지로
다윗을 따라가서는.**

　본 절과 다음 절은 다윗이 쫓기고 사울이 쫓아가는 모습을 진술한다. 먼저
본 절은 사울과 그의 군대가 다윗을 찾으러 온 것을 어떤 사람이 다윗에게

알렸기에 다윗이 "바위로 내려가 마온 황무지에 도착했다"는 것을 말한다.
그리고 사울은 다윗을 잡으러 마온 황무지로 따라갔다는 것을 말한다. 사울의
정보망도 대단했거니와 다윗의 정보망도 대단해서 다윗이 피했다는 것이다.
이것을 보면 정보망 대 정보망의 싸움인 듯이 보이지만 하나님께서 다윗을
피하게 하신 것을 드러내는 말이다. 다윗은 사울에게 쫓기면서 하나님을 더욱
바라보고 의지하게 되었다.

여기 "바위로 내려갔다"는 말은 '평지로 옮겼다' 혹은 '광야지대로 내려왔
다'는 뜻이다. 본 절의 "바위"(סֶלַע)란 말은 '마온을 둘러싸고 있는 바위산
또는 절벽'을 뜻하는 말이다. 다윗은 그 바위산에서 평지 곧 마온 황무지로
내려온 것이다. 다윗은 그 때 바로 산 아래의 동굴 또는 수풀로 피신했다.
다윗이 만약 바위산 또는 절벽에 갇혀 있었더라면 결국 잡히고 말았을 것이기
때문에 도피하기 쉬운 광야지대로 내려온 것이다. 이런 지혜도 하나님께서
주신 것이다.

**삼상 23:26. 사울이 산 이쪽으로 가매 다윗과 그의 사람들은 산 저쪽으로 가며
다윗이 사울을 두려워하여 급히 피하려 하였으니 이는 사울과 그의 사람들이
다윗과 그의 사람들을 에워싸고 잡으려 함이더라.**

사울은 산 이쪽에서 쫓아가고, 다윗과 그의 부하들은 사울을 피하여 급히
도망하느라 마온 산 저쪽에서 도망하게 되었는데 사울과 그의 부하들은 다윗과
그의 부하들을 잡으려고 포위망을 좁히고 있는 중이었다. 사울의 추격전과 다윗의
도피는 간발의 차이에 불과했다. 이제는 거의 포위할 찰나에 이르게 되었다. 마온
산은 도망하는 다윗의 군사 600명과 추격하는 사울의 군대 수천 명으로 덮여
있어서 산은 군대로 가득했다.

**삼상 23:27. 전령이 사울에게 와서 이르되 급히 오소서 블레셋 사람들이 땅을
침노하나이다.**

다윗과 그의 군대가 사울의 군대에 거의 포위되게 되었을 때 하나님께서

는 다윗에게 숨통을 터주신다. 하나님께서는 한 전령을 사울에게 보내셔서 "급히 오소서 블레셋 사람들이 땅을 침노하나이다"라고 말하게 하신다. 하나님께서는 그를 진실하게 신뢰하는 사람들에게 항상 피할 길을 주신다(고전 10:13).

삼상 23:28. 이에 사울이 다윗 뒤쫓기를 그치고 돌아와 블레셋 사람들을 치러 갔으므로 그 곳을 셀라하마느곳이라 칭하니라.

한 사람의 전령이 전하는 소식을 듣고 사울은 다윗 뒤쫓기를 그치고 뒤돌아서서 블레셋 군을 치러 가는 수밖에 없었다. 다윗은 하나님께서 사울을 돌아가게 하신 것을 깊이 감사하는 뜻에서 바로 그곳을 "셀라하마느곳" (Selahammahlekoth)이란 이름 붙였다. 이 말은 사울과 다윗, 또는 그들의 군대가 서로 헤어진 것을 의미하는 뜻으로서 '분리하는 바위'라 해석되는데, 어떤 성경은 'the Rock of Escape'(도피암, 逃避岩)으로 되어 있는 것도 있다. 이것은 마온 황무지에 있던 바위산 또는 단애(斷崖)인데, 사울은 다윗을 추적하여 여기까지 이르렀다. 하나님께서는 하나님을 신실하게 의지하는 성도들을 괴롭히는 사람들을 종종 이렇게 헤어지게 만드신다. 하나님께서는 성도들이 한 생애를 사는 중에 "셀라하마느곳"을 만들어주신다. 감사하기 이를 데 없는 일이다.

삼상 23:29. 다윗이 거기서 올라가서 엔게디 요새에 머무니라.

다윗은 사울의 군대와 헤어진 다음에 거기서(여기 "거기서"란 말은 마온 황무지의 바위산을 의미한다) 올라가서 엔게디 요새에 머물게 되었다. 사울의 추격은 멈추었지만 다윗은 십 사람들이 언제 또 자기를 체포해서 사울에게 넘겨줄지 모르기 때문에 보다 안전한 곳으로 떠났다. 여기 "엔게디 요새"[80](the strongholds of En-gedi)란 말은 '엔게디라고 하는 은신처'를 뜻한다. 엔게디 요새는 한 지점만

---

80) "엔게디": En gedi. '염소 새끼의 샘'이라는 뜻을 가지고 있다. 사해 서안(西岸), 유다 광야 동단(東端)의 성읍이다(수 15:62). 지중해의 수면 아래 200m의 땅에 위치해 있고, 아열대적 기후이며, 소규모이기는 하나 비옥한 오아시스를 발달시키고 있다. 사울에 쫓긴 다윗은 이 부근에 있던 동굴에 피신하였다(삼상 23:29; 24:1).

아닌 약 20여 km의 거리에 있는 산맥 전체를 지칭한다. 그리고 엔게디 요새가 복수라는 것을 감안할 때 다윗은 그 어느 한곳에만 머문 것이 아니라 이곳저곳을 옮겨 다니면서 은신했던 것으로 보인다. 이 엔게디는 십의 동방 25km 지점이고, 사해면에는 절벽과 동굴들이 많아 좋은 은신처로 알려져 있다. 본 절은 다음 장이 엔게디 굴에서 다윗이 사울을 살려준 사건을 취급하는 문맥이기 때문에 다음 장에 속하는 것으로 봄이 옳을 것이다.

G. 다윗이 엔게디 굴에서 사울을 살려주다 24장

그 동안에는 다윗이 일방적으로 쫓기는 입장이었지만 본 장에 와서는 다윗이 사울을 살려주는 이야기가 나온다. 본 장의 내용은 1) 다윗이 엔게디 굴에서 사울을 살려준 일(24:1-7), 2) 다윗이 사울에게 사실대로 고한 일(24:8-15), 3) 사울이 다윗에게 고마움을 표한 일(24:16-22)이 진술된다.

1. 다윗이 엔게디 굴에서 사울을 살려주다 24:1-7

사울이 다윗을 추격하는 중에 엔게디의 어느 굴에서 사울은 다윗에 의해 인간적으로 말해 죽을 뻔한 상황을 만났을 때 다윗이 그를 살려준 극적인 일이 벌어진다.

삼상 24:1. 사울이 블레셋 사람을 쫓다가 돌아오매 어떤 사람이 그에게 말하여 이르되 보소서 다윗이 엔게디 광야에 있더이다 하니.

블레셋 군대가 이스라엘을 침공했다는 소식을 들은 사울이 블레셋 군대를 격퇴하려고 출전했다가 블레셋 군대를 추방하고(23:28) 돌아왔는데 다윗이 어느 곳에 있는지를 잘 아는 어떤 사람이 사울에게 다윗이 엔게디 광야에 있다고 말해주었다. 하나님을 떠난 지도자, 다윗을 시기하여 10여년 간 다윗을 추격한 아주 불순한 사울에게 고발하는 사람이 있었다.

삼상 24:2. 사울이 온 이스라엘에서 택한 사람 삼천 명을 거느리고 다윗과 그의 사람들을 찾으러 들염소 바위로 갈 새.

사울은 다윗의 소식을 들은 이상 가만히 있을 수 없었다. 어떻든지 그를 잡아 죽여야 하겠다는 일념으로 전국에서 택한 사람 3,000명을 거느리고 다윗과 그의 사람들을 찾으러 엔게디 광야의 들염소81) 바위로 갔다. 이곳에는 은신하기 좋은 동굴이 많이 있다고 한다. 이곳에서 사울은 다윗으로부터 크게 수모를 당한다. 사울은 이제 다윗을 고만 괴롭히라는 하나님의 신호를 받는다.

삼상 24:3. 길 가 양의 우리에 이른즉 굴이 있는지라 사울이 뒤를 보러 들어가니라 다윗과 그의 사람들이 그 굴 깊은 곳에 있더니.

사울이 길가의 우리(the sheepcotes)에 이르렀을 때 굴이 있는 것을 보았다. 사울이 마침 변이 마려워 뒤를 보러 들어갔다. 여기 "뒤를 본다"(הָסֵךְ)는 말은 의역이고 실제로는 '덮다', '둘러싸다'라는 뜻이다. 여기 '발을 가리운다'는 말은 '용변을 보다'라는 말의 완곡 표현이다(K.&D.). 용변을 볼 때 자신의 옷에 의해 발이 덮여지기 때문에 이런 완곡 표현이 생겨난 것이다. 사울이 용변을 보러 들어간 그 굴속 깊은 곳에는 다윗의 군대가 숨어 있었다. 사울은 용변을 보는 중에 다윗에 의해 죽을 수도 있었던 상황이었다.

삼상 24:4. 다윗의 사람들이 이르되 보소서 여호와께서 당신에게 이르시기를 내가 원수를 네 손에 넘기리니 네 생각에 좋은 대로 그에게 행하라 하시더니 이것이 그 날이니이다 하니 다윗이 일어나서 사울의 겉옷 자락을 가만히 베니라.

다윗을 따르는 여러 사람들이 그 굴속에서 사울이 뒤를 보는 것을 보고 다윗에게 이렇게 말했다. 즉, '드디어 주께서 대장님에게 약속하신 바로 그 날이 왔네요 내가 너의 원수를 너의 손에 넘겨 줄 것이니, 네가 마음대로 그를 처치하여라 하신 바로 그 날이 왔네요'라고 속삭였다. 여호와께서는 다윗에게 최후의 승리를 예언하신 것이지 바로 오늘 사울이 용변을 보는 날 죽일 기회가 될 것이란 예언은 하지 않으셨다. 그러나 다윗의 부하들은 이렇게 좋은 기회가 또 있을 것이냐고 강조했다. 사울만 죽으면 이제 다윗의 부하들은 더 이상 피난 다닐 필요가 없고

---

81) "들 염소": 소(牛)科로, 양 비슷하나 약간 소형의 가축이다. 엔게디 바위란 엔게디에 가까운 곳인데, 장소는 분명치 않고, 들 염소 밖에 오르내리지 못하는 절벽(벼랑)을 말하고 있다.

다윗은 이스라엘의 왕이 되니 자기들 세상이 되는 것 아닌가 하는 생각에서 사울을 죽여 없애라고 재촉한 것이다. 그러나 다윗은 사울이 뒤를 보는 시간 사울에게 살금살금 접근하여 겉옷자락만 베었다.

삼상 24:5. 그리 한 후에 사울의 옷자락 벰으로 말미암아 다윗의 마음이 찔려.

다윗이 사울의 겉옷 자락을 벤 후 사울의 겉옷자락을 베었기 때문에 다윗의 마음이 찔렸다. 다윗이 사울의 겉옷자락만 벤 것도 사울이 여호와의 기름 부음을 받으신 왕이니 여호와께서 금하시는 것이라고 느껴 양심에 가책을 가지게 되었다. 과연 다윗은 하나님 앞에서 승리할 사람이었다.

삼상 24:6. 자기 사람들에게 이르되 내가 손을 들어 여호와의 기름 부음을 받은 내 주를 치는 것은 여호와께서 금하시는 것이니 그는 여호와의 기름 부음을 받은 자가 됨이니라 하고.

다윗은 사울의 겉옷 자락만 베고 나서도 마음에 찔려(앞 절) 자기의 부하들에게 '여호와로부터 기름 부음을 받은 왕을 해하는 것을 여호와께서 금하시는 것이니 결코 그를 해할 수는 없다. 이유는 그는 여호와로부터 기름 부음을 받은 자이기 때문이라'고 말한다. 다윗은 여호와를 대항할 수 없듯이 여호와로부터 기름 부음을 받은 땅 위의 왕(지상 대리자)을 해할 수 없다는 신앙을 가지고 있었다.

오늘 교회 안에 성령의 기름 부음 받은 자에 대해서 너무 마구 대하는 사람들이 많은 것은 참으로 위험스러운 일이 아닐 수 없다. 혹은 기름 부음 받은 자들끼리 서로 해하고 또 일반 성도들이 기름 부음 받은 자를 향해 마구 대하는 것을 목격하게 되는데 이는 크게 심판 받을 일이다. 오늘 누구나 하나님을 믿는 사람들은 다윗의 신앙을 가지고 기름 부음 받은 자에 대해 아주 조심하는 삶을 살아야 할 것이다.

삼상 24:7. 다윗이 이 말로 자기 사람들을 금하여 사울을 해하지 못하게 하니라 사울이 일어나 굴에서 나가 자기 길을 가니라.

다윗이 앞 절(6절)과 같은 말로 자기의 부하들에게 사울을 해하지 못하게 했다. 다윗은 자기만 사울을 해하지 않은 것이 아니라 자기의 부하들에게까지 사울을 해하지 못하게 만들었다. 만약 다윗의 부하들이라도 사울을 해(害)하였다고 하면 그들이 여호와의 심판을 받아 어려움을 겪었어야 했다.

사울은 자신이 굴속에서 죽을 뻔했는데 그 사실도 알지 못하고 굴에서 나가 자기가 갈 길을 갔다. 여기 "자기 갈"이란 자기의 부하들이 있는 곳을 뜻할 것이다.

2. 다윗이 사울에게 사실대로 고하다 24:8-15

다윗은 굴에서 나와 사울 뒤에서 외쳐 이르기를 자기가 왕을 해하려고 한다고 말하는 사람들의 말에 왜 귀를 기울이느냐고 외친다. 절대로 그런 것은 아니라고 말하면서 그 증거로 사울의 겉옷자락을 보여준다.

삼상 24:8. 그 후에 다윗도 일어나 굴에서 나가 사울의 뒤에서 외쳐 이르되 내 주 왕이여 하매 사울이 돌아보는지라 다윗이 땅에 엎드려 절하고

사울이 굴에서 나간 후에 다윗도 굴에서 나가 사울 뒤에서 외친다. "내 주 왕이여!". 여기 "내 주 왕이여!"라는 호칭은 왕에 대한 존경을 나타내는 말이며 왕에 대한 복종심을 드러내는 말이다. 다윗은 왕에 대해 여전히 존경심을 가지고 있었다.

다윗의 외침에 다윗의 목소리를 아는 사울은 뒤돌아본다. 사울이 뒤돌아 볼 때 다윗이 땅에 엎드려 절한다. 여기 엎드려 절하는 태도는 왕에 대한 존경심을 드러내는 말이고 또 복종심을 드러내는 말이다. 이렇게 왕에 대해 존경하고 복종하려는 심리를 드러내는 이유는 사울이 여호와로부터 기름 부음을 받았기 때문이다.

삼상 24:9. 다윗이 사울에게 이르되 보소서 다윗이 왕을 해하려 한다고 하는 사람들의 말을 왕은 어찌하여 들으시나이까.

다윗이 사울을 마주보고 하는 제 1성(聲)은 "다윗이 왕을 해하려 한다고 하는 사람들의 말을 왕은 어찌하여 들으시나이까"라는 말이었다. 사실 이 말은 사울의 주위 사람들이 꾸며낸 말이었다. 다윗은 왕을 해하려 하는

심리는 전혀 없었다. 그는 왕에 대해 존경심을 가지고 있었고 복종심을 가지고 있었다.

사실은 사울 왕이 다윗을 해하려 하는 이유는 다윗이 골리앗을 죽이고 돌아올 때 여인들이 나와서 다윗을 환영할 때 "사울은 천천이요 다윗은 만만이라"고 한데서 시기심이 생겨서 그런 것이다. 그러나 다윗은 사울이 시기심이 있음을 여기서 언급할 수는 없는 일이었다.

삼상 24:10. 오늘 여호와께서 굴에서 왕을 내 손에 넘기신 것을 왕이 아셨을 것이니이다 어떤 사람이 나를 권하여 왕을 죽이라 하였으나 내가 왕을 아껴 말하기를 나는 내 손을 들어 내 주를 해하지 아니하리니 그는 여호와의 기름 부음을 받은 자이기 때문이라 하였나이다.

다윗은 굴 밖에서 사울 왕을 멀리 마주 보고 말을 계속 이어간다. 즉, 여호와께서 굴속에서 왕을 자신의 손에 넘기신 사실을 왕이 아셨을 것이라고 말한다. 여호와께서 왕으로 하여금 변을 보러 굴속으로 인도하신 것도 바로 여호와께서 왕을 자신에게 넘기신 증거이고 또 하나의 증거는 다윗이 굴속에서 변을 보는 왕의 옷자락을 벤 것도 증거라는 것이었다. 게다가 어떤 사람이 또 자신을 권하여 왕을 죽이라고 했다는 것이었다. 그러나 자기는 왕을 아꼈다고 말한다. 다윗 자신이 손을 들어 왕을 죽이지 않은 이유는 "왕은 여호와의 기름 부음을 받은 자이기 때문이라"고 말했다. 다윗은 시종일관 사울을 죽이지 않은 이유로 사울이 여호와로부터 기름 부음을 받았기 때문이라고 말한다.

삼상 24:11. 내 아버지여 보소서 내 손에 있는 왕의 옷자락을 보소서 내가 왕을 죽이지 아니하고 겉옷 자락만 베었은즉 내 손에 악이나 죄과가 없는 줄을 오늘 아실지니이다 왕은 내 생명을 찾아 해하려 하시나 나는 왕에게 범죄한 일이 없나이다.

다윗은 사울을 "내 아버지여!"라고 말한다. 실제로 다윗은 사울 왕의 사위였으니 "내 아버지여"라고 부른 것이다. 이는 존경과 사랑의 칭호였다. 다윗은 "내

손에 있는 왕의 옷자락을 보소서"라고 말한다. 다윗은 사울이 왕의 옷자락을
보고 다윗이 왕을 죽이지 아니하고 겉옷자락만 베었은즉 다윗의 손에 악이나
죄가 없는 줄을 왕이 오늘 알아보라고 애원한다. 왕은 아무 죄도 없는 제사장
85인을 죽였고(22:6-23) 또 다윗의 생명을 찾아 죽이려고 하지만 다윗은 왕에게
범죄한 일이 없다고 확언한다.

**삼상 24:12. 여호와께서는 나와 왕 사이를 판단하사 여호와께서 나를 위하여
왕에게 보복하시려니와 내 손으로는 왕을 해하지 않겠나이다.**

다윗은 본 절에서 여호와께서 자신과 왕 사이를 판단하셔서 왕에게 보복하시기
를 바라며, 다윗 자신의 손으로는 왕을 해하지 않겠다고 다짐한다. 오늘 우리는
모든 판단을 여호와께 맡기고 우리들 자신의 손으로는 비판과 판단을 금해야
할 것이다. 원수 갚는 것은 하나님께 있음을 알고(신 32:35; 롬 12:19) 우리는
절대로 하나님의 영역을 범하지 않아야 한다.

**삼상 24:13. 옛 속담에 말하기를 악은 악인에게서 난다 하였으니 내 손이 왕을
해하지 아니하리이다.**

문장 초두의 "속담"(מָשָׁל)(옛부터 민간에 전해 오는 교훈 및 풍자 등을 포함한
짧은 문구)이란 말은 '비유' 혹은 '잠언' 혹은 '풍자'란 뜻이다. 이 "속담"이란
말이 성경 속에 기록된 경우에 여전히 속담 수준이라고 하지 않고 하나님의 말씀의
역할을 한다고 보아야 한다. 옛 속담에 말하기를 "악은 악인에게서 난다 하였다"는
것을 다윗이 인용하여 자신은 악인이 아니니 자기의 손으로는 악을 행하지 않겠다
고 말한다. 즉, 왕을 해하지 않겠다고 다짐한다.

**삼상 24:14. 이스라엘 왕이 누구를 따라 나왔으며 누구의 뒤를 쫓나이까 죽은
개나 벼룩을 쫓음이니다.**

다윗은 자기로서는 왕을 해치지 않겠다고 다짐했는데(앞 절) 그런데 이스라엘
왕이 누구를 따라 나왔으며 누구의 뒤를 지금 쫓고 있는 것인가 하고 의문을

표한다. 사울 왕은 지금 죽은 개나 벼룩을 쫓는 것이 아니냐고 말한다. 다시
말해 사울이 다윗을 쫓는 것은 죽은 개나 벼룩을 쫓는 것과 같은 일이라고 말한다.
다윗은 자기를 이렇게 낮추면서 사울이 자기를 쫓는 것은 합당하지 않은 행위라고
말한다.

**삼상 24:15. 그런즉 여호와께서 재판장이 되어 나와 왕 사이에 심판하사 나의
사정을 살펴 억울함을 풀어 주시고 나를 왕의 손에서 건지시기를 원하나이다
하니라.**

　　문장 초두에 나와 있는 "그런즉"이란 말은 '사울은 매일 다윗 자신을 죽이려고
찾아 다녔지만 다윗 자신은 사울을 죽일 기회가 있었어도 죽이지 않았은즉'이란
뜻이다(8-14절의 종합). 본 절은 다윗의 호소의 결론이다. 본 절 전반 절("여호와께
서 재판장이 되어 나와 왕 사이에 심판하사")은 12절의 반복이다. 다윗은 여호와께
서 재판장이 되어 다윗 자신과 왕 사이에 심판하시기를 바라고 있다.

　　다윗은 자신과 사울 왕 사이에 심판하사 "나의 사정을 살펴 억울함을 풀어
주시기를" 소망한다. 여기 "사정"이란 말과 "풀어주시고"란 낱말이 같은 단어인
'리브'(רִיב)인데 앞 단어는 명사, 뒤 단어는 동사로 사용되었다. 이 단어는 명사로
쓰일 때는 '싸움', '논쟁'이란 뜻이고, 동사로 쓰일 때는 '다투다', '싸우다'를
뜻한다. 다윗은 이 두 단어를 사용하여 하나님께서 공정하신 법률적인 판결로써
자신과 왕 사이에 있는 분쟁 건에 대하여 해결해 주시기를 바라는 것이다.

　　그리고 다윗은 "나를 왕의 손에서 건지시기를 원하나이다"라고 소망한다.
다윗은 자신의 지혜로나 혹은 힘으로나 분쟁을 해결하기를 원하지 않고 하나님께
분쟁 건을 맡겨서 해결받기를 소원하고 있다. 우리 성도들은 모든 불만 건을
하나님께 맡겨서 해결 받아야 할 것이다.

　　3. 사울이 다윗에게 고마움을 표하다　24:16-22
　　다윗이 사울을 죽일 수 있었음에도 불구하고 사울을 선대하고(1-7절), 다윗
이 자신의 진정을 토로한 것을 보았는데(8-15절), 그에 따른 본문은 그 일로

인해 사울이 자신의 잘못을 뉘우치고 다윗에게 대단히 잘못되었음을 표현하고
고마움을 표현하는 장면이 전개된다. 즉, 사울은 자신의 학대에도 불구하고
자신을 선대한 다윗의 의로움에 감동하여 자신의 잘못된 행동을 사과하고
(16-19절), 다윗이 장차 왕위에 오르면 자신의 후손을 살해하지 말고 자비를
베풀어달라고 애원한다(20-22절).

**삼상 24:16. 다윗이 사울에게 이같이 말하기를 마치매 사울이 이르되 내 아들
다윗아 이것이 네 목소리냐 하고 소리를 높여 울며.**

다윗이 사울에게 이같이 말하기(8-15절)를 마치매 사울이 이르기를 "내 아들
다윗아 이것이 네 목소리냐 하고 소리를 높여 울었다". 사울은 다윗을 향하여
"내 아들아"라고 부른다. 사울은 착한 사위의 목소리를 듣고 '이것이 정말 네
목소리가 맞니'라고 말하며 목 놓아 울었다. 사울은 일시적으로 너무 감동되어
운 것이었다. 그러나 사울은 이런 울음에도 불구하고 얼마 안 되어 다시 다윗을
죽이려고 하였다(26장). 과거에로 회귀한 것이었다. 죄가 사울에게서 온전히 빠지
지 않았다.

**삼상 24:17. 다윗에게 이르되 나는 너를 학대하되 너는 나를 선대하니 너는 나보다
의롭도다.**

사울은 본 절에서도 잠시 회개하는 듯 말하고 있다. "나는 너를 학대하되
너는 나를 선대하니 너는 나보다 의롭도다"라고 말한다. 사울은 10여년 이상이나
다윗을 학대해 왔다. 즉 괴롭혀왔다는 것이다. 그러나 다윗은 사울이 여호와의
기름부음 받은 것을 귀하게 여겨 선대해 왔다. 그런고로 사울은 다윗을 향하여
의롭다고 인정한다.

**삼상 24:18. 네가 나 선대한 것을 오늘 나타냈나니 여호와께서 나를 네 손에
넘기셨으나 네가 나를 죽이지 아니하였도다.**

사울은 다윗에게 "네가 나 선대한 것을 오늘 나타냈다"고 말한다. 즉, 다윗이
사울을 죽일 기회를 만났는데도 죽이지 않았고 살려주었다는 뜻이다. 다윗이

사울을 죽일 기회가 되었는데도 살려준 것도 여호와께서 간섭하셔서 된 것이라고
말한다. 여호와께서는 사울로 하여금 엔게디 굴속으로 변을 보러 들어가게 하셨다
는 것이다. 인간들의 삶에 우연은 하나도 없다. 다 여호와의 섭리 속에서 진행되는
것이다.

**삼상 24:19. 사람이 그의 원수를 만나면 그를 평안히 가게 하겠느냐 네가 오늘
내게 행한 일로 말미암아 여호와께서 네게 선으로 갚으시기를 원하노라.**

　사울은 다윗에게 "사람이 그의 원수를 만나면 그를 평안히 가게 하겠느냐"고
말한다. 다시 말해 '사람은 누구든지 원수를 만나면 반드시 원수를 갚는 법이지
원수를 평안히 가게 하지 않는다'는 뜻이다. 그런데도 다윗은 자신을 끝없이
학대해 온 사울을 만나 평안히 가게 했다는 것은 놀라운 선을 행한 것이라는
뜻이다.

　사울은 다윗을 향하여 "네가 오늘 내게 행한 일로 말미암아 여호와께서 네게
선으로 갚으시기를 원하노라"고 말한다. 즉, 다윗이 오늘 사울에게 행한 일로
말미암아 여호와께서 다윗에게 상을 주시기를 원한다고 말한다.

**삼상 24:20. 보라 나는 네가 반드시 왕이 될 것을 알고 이스라엘 나라가 네 손에
견고히 설 것을 아노니.**

　본 절 초두에는 "보라"(הִנֵּה-behold)라는 낱말이 나온다. 이는 사울이 중대한
발언을 하니 다윗은 조심해서 들으라는 뜻이다. 사울은 양심을 따라 다윗을 향해
본 절의 이야기를 하는 것이다.

　사울은 본 절에서 특별한 발언을 한다. 즉, 두 가지 사실을 안다고 말한다.
하나는 "나는 네가 반드시 왕이 될 것을 분명히 안다"는 말을 한다. 이런
발언은 사울의 입으로는 다윗 앞에서 처음 하는 발언이지만 자기 가족끼리는
과거에도 했던 발언이었다. 즉, 이 발언은 과거에 요나단을 통하여 다윗에게
들려준 말이었다(23:17).

　그리고 또 하나는 "이스라엘 나라가 네 손에 견고히 설 것을 안다"는 말을

한다. 다윗이 이스라엘의 왕이 되면 이스라엘이 크게 번영하고 견고해질 것을 인정한 발언이었다. 다윗은 사울로부터 이런 말을 들을 때 사울의 진술한 말이니 기뻤을 것이다. 그러나 다윗은 성령님이 함께 하시는 인물이니 사울이 언제 또 어떻게 돌변할지 모르는 사람으로 알고 계속 경계하고 피했다. 성령의 사람들은 사람의 말에 쉽게 넘어가지 않는다. 이유는 성령께서 지혜를 주시기 때문이다.

삼상 24:21. 그런즉 너는 내 후손을 끊지 아니하며 내 아버지의 집에서 내 이름을 멸하지 아니할 것을 이제 여호와의 이름으로 내게 맹세하라 하니라.

"그런즉", '네(다윗)가 왕이 될 것이 분명한즉' 사울은 다윗에게 한 가지 애원한다. 즉, '너(다윗)는 왕이 된 후 내 후손을 끊지 말아달라'고 애원한다. 다시 말해 '네가 왕이 된 후 내 아버지의 집에서 내 이름을 없애버리지 말아달라'는 것이었다. 여기 "후손을 끊지 말아달라"는 말이나 "내 아버지의 집에서 내 이름을 멸하지 말아달라"는 말은 동의절이다. 이 말씀들이 동의절인 이유는 고대에는 후손이 멸절되는 것은 그 후손을 낳은 선조 한 사람이 멸절되는 것과 동일한 것이었기 때문이다. 아무튼 사울은 과거에는 왕조가 바뀌면 후환을 두려워하여 전 왕조의 후손들을 모조리 죽이는 전통(20:14,15; 왕상 15:28; 16:11이하; 왕하 10장)을 생각하며 다윗에게 이런 부탁을 하는 것이다.

사울은 다윗이 왕이 될 것을 분명히 알고 있는 고로 자기의 후손들을 생각하면서 다윗에게 아주 낮은 마음으로 자기의 후손들을 멸절시키지 말아달라고 애원하여 다윗으로 하여금 여호와의 이름으로 맹세해 달라고 부탁한다. 즉, "이제 여호와의 이름으로 내게 맹세하라"고 한다. 여호와의 이름으로 맹세하라는 말은 맹세한 다음에 영원히 변치 말라는 뜻이었다. 사울은 다윗의 인자함으로 말미암아 감동이 되어 일시적으로 뉘우쳤고 또 다윗이 앞으로 왕이 될 것을 분명히 알고 있으니 낮아져서 다윗에게 애원하는 입장에 서게 된 것이다. 그러나 사울은 근본적으로 회개하지 않아 다시 다윗을 살해하려 했다(26장). 근본적으로 회개하지 않은 사람은 다시 악령이 역사하는 경우 악마로 돌변한다.

삼상 24:22. 다윗이 사울에게 맹세하매 사울은 집으로 돌아가고 다윗과 그의 사람들은 요새로 올라가니라.

다윗은 사울의 요청을 받아들여 사울의 후손들을 멸절시키지 않겠다는 맹세를 한 후 사울은 자기의 기브아 집으로 돌아가고 다윗과 부하들은 다시 자기들이 숨어 있던 요새로 올라갔다. 여기 요새(הַמְצוּדָה-이 히브리어 단어에 정관사가 있으므로 다윗이 방금 전까지 숨어 있던 요새를 가리킨다)는 자기가 숨어 있던 '엔게디 황무지'(23:29; 24:1)를 지칭한다.

다윗이 사울과 화해를 했음에도 불구하고 사울이 있는 기브아로 가지 않고 자기가 은신해 있던 곳으로 간 이유는 사울이 아직 근본적으로 회개하지 않은 것을 보았기 때문이었다. 사람이 근본적으로 회개하지 않으면 언제 다시 돌변할지 모르는 일이다. 사람이 괜찮아 보이다가도 술이 들어가면 술 사람이 되지 않는가.

제 25 장

H. 다윗이 아비가일을 아내로 취하다   25장

본 장은 다윗이 쫓겨 다니는 기사들 사이에 끼인 하나의 삽화로 보인다. 그러나 본 장은 하나의 삽화 정도가 아니라 다윗의 생애를 계속해서 연결하는 중요한 글이라는 것을 알 수 있다. 아비가일이 다윗의 아내가 된다는 것은 앞으로 다윗의 왕국에 하나의 큰 사건으로 다윗 왕을 더욱 빛나게 만드는 일이 아닐 수 없다.

본 장의 내용은 1) 나발이 다윗의 청탁을 거부한 일(1-13절), 2) 아비가일이 화해를 주선한 일(14-35절), 3) 다윗이 아비가일을 아내로 맞이한 일(36-44절)이 기록되었다.

1. 다윗의 청탁을 나발이 거부하다   25:1-13

이 부분(1-13절)은 1) 사무엘이 죽어 장사된 일(1절), 2) 다윗이 나발에게 요구한 것(2-8절), 3) 나발이 거부함으로 다윗이 노하여 나발을 공격한 일(9-13절)이 진술된다.

삼상 25:1. 사무엘이 죽으매 온 이스라엘 무리가 모여 그를 두고 슬피 울며 라마 그의 집에서 그를 장사한지라 다윗이 일어나 바란 광야로 내려가니라.

사무엘은 군중들의 왕정 요구를 들어주어 왕정제도를 세운 후 사울을 왕으로 모시는 것으로 그의 역사를 끝내고 다윗이 도피 생활 중에 그를 만나주고 죽는다. 사무엘은 이스라엘의 마지막 사사로 일했고 신앙의 좋은 모본을 보인 사람이었다.

사무엘이 죽으니 이스라엘 무리가 모여 그를 두고 슬피 울었다. 사무엘의 장지는 그의 고향 라마(1:1)의 그의 집이었다. 아마도 사무엘의 집 정원이나 집 주변의 공지였을 것으로 보인다(K.&D. Fay).

본 절에서 또 한 가지 크게 보도하는 내용은 "다윗이 일어나 바란 광야로

내려갔다"는 내용이다. 본 절의 "바란 광야"는 '가데스 바네아'(민 12:6; 13:26)
부근의 광야이다. 가데스 바네아가 너무 먼 거리였기에 혹자는 바란광야를 '마온
광야'(2절)라는 주장도 하나 그대로 바란 광야라고 주장하는 것이 옳은 것으로
본다(K.&D., Lange, 이상근). 다윗은 자신이 사무엘을 마음으로 존경하고 의지하
던 중 그가 별세하므로 사울의 위협을 느껴 먼 곳으로 퇴진한 것으로 본다(박윤선).

**삼상 25:2. 마온에 한 사람이 있는데 그의 생업이 갈멜에 있고 심히 부하여 양이
삼천 마리요 염소가 천 마리이므로 그가 갈멜에서 그의 양 털을 깎고 있었으니.**

"마온"(Maon)은 '주거'(住居)라는 뜻을 가지고 있다. 십(23:19)과 갈멜 부근,
유대의 구릉(200m-600m의 완만한 경사면과 골짜기가 있는 지역)에 있던 성읍이
다(수 15:55). 다윗은 피란 중에 이곳에 머물렀다(삼상 23:24,25). 아비가일의
전 남편 나발은 여기 목장을 가지고 있었다(삼상 25:2). 마온은 갈멜의 남쪽 2㎞
지점, 오늘날의 길베드 마인(Khirbet Ma'in)과 동일시된다. 원추형의 구릉인데,
갈멜보다도 60m 높다. 여기서 사해쪽으로는 경사져 있지만, 그 곳은 '마온 들'이라
하여 목초지가 발달되어 있다(디럭스 바이블 성경사전).

"마온에 한 사람이 있다"는 말은 '마온에 나발이 살고 있다'는 뜻이다. "그의
생업이 갈멜에 있고 심히 부하여 양이 삼천 마리요 염소가 천 마리였다"는 말은
'그의 기업(사업장)이 갈멜[82)]에 있고 심히 부하여 양이 3,000마리요 염소가 1,000
마리였다'는 뜻이다. 그런데 나발은 "갈멜에서 그의 양 털을 깎고 있었다"고
한다. 양털을 깎을 때는 잔치가 벌어진다고 한다(창 38:12-13, K.&D.).

**삼상 25:3. 그 사람의 이름은 나발이요 그의 아내의 이름은 아비가일이라 그
여자는 총명하고 용모가 아름다우나 남자는 완고하고 행실이 악하며 그는 갈렙
족속이었더라.**

---

82) "갈멜"은 마온 북방 1.6km지점이다. 갈멜은 아주 비옥한 목축지였으므로 나발은 갈멜에
서 목축을 하고 있었는데 양털을 깎고 있었다는 것이다.

본서 저자가 여기에 부부를 동시에 소개하는 이유는 두 사람의 성품이 달라서 여생이 달라졌다는 이야기를 하기 위함이었다. 남편은 이름부터 "나발"(lb;n:), 즉 '어리석다', '괴악하다'를 뜻하는 이름을 가지고 있었다(삼하 13:13; 시 14:1; 39:8 참조). 이 이름은 본명이 아니라 별명일 가능성이 많다(K.&D.). 그 아내의 이름은 "아비가일"(אֲבִיגַיל), 즉 '기쁘게 하는 자', '기쁨을 주는 자'란 뜻의 이름을 가지고 있었다.

본서 저자는 부부의 이름을 비교한 다음 그들의 성품이 달랐음을 말하고 있다. 나발은 "완고하고 행실이 악한" 사람이라고 전한다. 성품이 "완고하니"(קָשֶׁה)[83] 그 성품에서 여러 악한 행실을 산출하는 사람일 수밖에 없다는 것이다. 그리고 그의 아내는 "총명하고 용모가 아름다웠다"고 말한다. "총명하다"(טוֹבַת-שֶׂכֶל)는 말은 '지혜가 뛰어난', '명철한'이란 뜻을 가지고 있다. 이 단어는 성경에서 하나님의 뜻을 잘 분별하는 사람에게 적용되었다(대상 22:12; 대하 2:12; 느 10:28; 시 111:10). 그리고 "용모가 아름답다"(יְפַת הֹּאַר)는 말은 남녀를 불문하고 내면적 아름다움을 소지한 자, 외면적 아름다움을 갖춘 사람에게 적용하고 있다(16:12; 아 4:10; 7:1,6). 여기 아비가일의 경우 내면적으로 아름답다는 뜻으로 사용되었다. 아비가일이 외모만 아름다워 가지고 아름다운 행실이 나오는 것은 아니기 때문이다. 아비가일이야 말로 그 행실이 아름답기가 아주 희귀한 사람이었다.

본서 저자는 나발이 "갈렙 족속이었다"(הוּא כָלִבִּי, he [was] of the house of Caleb)고 말한다. 이는 '갈렙 가문에 속한 자'란 뜻이다. 그런데 한글 개역판 번역은 "그(나발)는 갈멜 족속이었더라"고 번역했다. 그렇다면 "갈멜 족속"이 맞느냐 혹은 "갈렙 족속"이 맞느냐는 문제가 생기는데 혹자(Maurer)는 이 말("갈멜 족속"이란 말)이 '개'를 뜻하는 "כָּלֶב"에서 유래한 말로 보고 '나발이 개 같은 자'라고 번역했다(70인역, 수리아역, 아랍역, 요세푸스 해석). 즉, '나발이 개 같은 사람'이란 뜻이다. 이 번역은 나발의 성격을 감안할 때 잘 맞는 번역인 듯 보인다.

---

83) "완고하다"는 말은 '성격이 굳은', '난폭한'이란 뜻이다. 이 낱말은 성경에서 '목이 곧은 사람에게' 적용되었다(출 33:3,5; 34:9; 신 9:6).

그러나 많은 현대 번역판들과 학자들은 "갈렙 족속"으로 번역한다(KJV, NASB, NIV, RSV, 개역개정판, 새즈믄 우리말 구약성경, Targum, Vulgate, Klein, Keil, Lange, Smith, 박윤선, 이상근). 갈렙 족속으로 번역하는 것이 옳은 것으로 보인다. 이유는 나발의 고장이 갈렙의 고장인 헤브론에서 멀지 않은 것을 들 수 있고 또 갈렙의 자손 중 '마온'이 있기 때문이다(대상 2:45). 사실 나발이 살았던 지역은 갈렙이 정복했던 헤브론 주위의 땅이다(수 14:6-15). 뿐만 아니라 갈렙의 후손 가운데 '마온'이라는 사람이 있었다는 것(대상 2:45)을 감안한다면 나발은 갈렙의 후손인 동시에 마온의 후손일 수도 있다(한성천).

본서 저자가 이 부분에서 굳이 나발의 출신을 밝히는 것은 그가 유대 지역에 사는 유다 지파의 사람임을 보여주기 위함이다. 즉, 저자는 그가 유다 지파였음에도 불구하고 동일한 유다 지파의 출신인 다윗을 멸시하고 모욕했음을 보여줌으로 그의 인격적 미숙성을 강조한다(한성천).

삼상 25:4. 다윗이 나발이 자기 양 털을 깎는다 함을 광야에서 들은지라.

다윗은 광야에 있다가 나발이 양털을 깎고 있다는 말을 들었다. "양털을 깎는다"는 것은 유목민에게는 큰 축제였고, 그 날은 또 하나의 축제일이었다(창 38:13). 다시 말해 양털을 깎는 것은 농민들에게 추수의 날처럼 하나의 큰 추수의 날이었고 축제의 날이었다. 다윗은 나발이 양털을 깎는 날에 10명의 자기 소년들을 나발에게 보내(다음 절) 양식을 구했다. 이는 당연한 일로 많은 양을 소유한 주인은 자기 양을 지켜준 자와 광야 부족의 침노에서 그들을 보호해준 자들을 기쁘게 영접하고 그들이 필요한 것을 제공하는 것이 당연했었다.

삼상 25:5. 다윗이 이에 소년 열 명을 보내며 그 소년들에게 이르되 너희는 갈멜로 올라가 나발에게 이르러 내 이름으로 그에게 문안하고.

다윗은 소년 10명을 보내면서 나발의 기업(비즈니스)이 있는 갈멜(2절 주해 참조)로 올라가 먼저 나발에게 다윗의 이름으로 문안하게 한다. 10명을 보낸 것은 다윗이 부하 600명의 양식을 위하여 보낸 것이고 또 10명이나 보낸 것은 나발에 대한 예의를 갖춘 것이다. 다시 말해 "10"이란 수는 히브리인에게 '완전'을 뜻하는 수이니(창 18:32) 10명을 보낸 것은 나발에 대한 최대한의 존경과 의리를 갖춘 것이라 볼 수 있다. 다윗은 10명의 소년들을 보내어 의리를 갖추었고 또 그 10명은 나발에게 가서 문안해야 했다.

삼상 25:6. 그 부하게 사는 자에게 이르기를 너는 평강하라 네 집도 평강하라 네 소유의 모든 것도 평강하라.

본 절은 다윗의 소년들이 가서 다윗의 이름으로 문안할 내용이다. 그러니까 다윗은 소년들을 통하여 "그 부하게 사는 자"(לֶחָי), 즉 '나발'에게 이르기를 "너는 평강하라 네 집도 평강하라 네 소유의 모든 것도 평강하라"고 기원한다.

여기 "그 부하게 사는 자"(לֶחָי)란 말은 번역자가 의역한 문장으로 보아야 한다. 히브리 원문에는 "부하게"라는 단어는 없고 그저 "사는 자"(לֶחָי)란 뜻만 있다. 이 낱말(לֶחָי)은 그저 '생명'이란 뜻이니 이 생명은 부(富)와 또 부와 관련된 번영을 뜻하는 말이라고 할 수 있다. 따라서 '레하이'(לֶחָי)는 장수와 더불어 번영과 사회에서의 큰 영향력을 비는 관용적인 인사를 하는 것으로 볼 수 있다. 다윗은 그 소년들을 통하여 '그 장수하고 번영하며 사회에서 큰 영향력을 가진 나발에게' "나발 자신도 평강하고 나발의 집도 평강하고 나발의 모든 소유도 평강하기를 빌고" 있다. 평강이란 낱말은 아주 중요한 낱말이다. 불안한 세상에서 마음의 평강과 육신의 무사는 참으로 큰 재산이 아닐 수 없다. 이보다 더 큰 복은 없을 것이다.

삼상 25:7-8a. 네게 양 털 깎는 자들이 있다 함을 이제 내가 들었노라 네 목자들이 우리와 함께 있었으나 우리가 그들을 해하지 아니하였고 그들이 갈멜에 있는 동안에 그들의 것을 하나도 잃지 아니하였나니 네 소년들에게 물으면 그들이 네게 말하리라.

본 절도 역시 다윗이 소년들을 통하여 나발에게 이르는 말이다. 여기 "네게 양 털 깎는 자들이 있다 함을 이제 내가 들었노라"고 말한다. 즉 '당신에게 양털 깎는 자들이 있다 함을 이제 내(다윗)가 들었소'라고 말한다. 다시 말해 '오늘이 당신의 양털 깎는 날이라는 말을 들었소'라는 뜻이다.

다윗은 나발에게 '당신의 목자들이 양들을 칠 때에 우리와 함께 있었으나 우리가 목자들을 해한 일도 없었고 그 목자들의 재산을 하나도 손해 되게 한 일이 없었으니 당신의 소년들에게 물으면 우리의 말이 참인 줄 알게 될 것이오'라고 말한다. 그러니까 다윗의 소년들이 두 가지(나발의 목자들 자신과 재산들)를 지켜 주었다는 것을 당신의 소년들에게 물으면 그들이 당신에게 진실을 말해 줄 것이라 고 알린다.

삼상 25:8b. 그런즉 내 소년들이 네게 은혜를 얻게 하라 우리가 좋은 날에 왔은즉 네 손에 있는 대로 네 종들과 네 아들 다윗에게 주기를 원하노라 하더라 하라.

"그런즉", '다윗이 나발의 목자들을 지켜주고 재산을 지켜주었은즉' '다윗의 소년들로 하여금 은혜를 얻게 해달라'고 부탁한다. '다윗의 소년들이 나발 집의 양털 깎는 날, 즉 축제일에 왔으므로 나발의 손에 있는 대로 다윗의 소년들과 당신의 아들 다윗에게 양식을 주기를 바라오'라고 간청한다. 다윗은 나발에게 큰 예의를 갖추어 양식을 주기를 부탁한다.

삼상 25:9. 다윗의 소년들이 가서 다윗의 이름으로 이 모든 말을 나발에게 말하기를 마치매.

본 절부터 13절까지는 나발이 다윗의 요구를 아주 모욕적인 말로 거부하는 것을 보인다. 다윗의 소년들이 나발에게 가서 다윗의 이름으로 다윗이 일러준 말을 정확하게 나발에게 전하고 나발의 응답을 기다리고 있었다.

삼상 25:10. 나발이 다윗의 사환들에게 대답하여 이르되 다윗은 누구며 이새의 아들은 누구냐 요즈음에 각기 주인에게서 억지로 떠나는 종이 많도다.

나발이 다윗의 사환들(소년들)에게 대답하기를 '도대체 다윗은 누구며(다윗을 무시하는 말투) 이새의 아들(부정적인 칭호)은 누구란 말이냐. 요즘 세상은 각기 주인에게서 억지로 떠나는 종이 우두머리가 되는 세상이 된 것 아니냐고 말한다. 나발은 다윗이 누군지 모를 리가 없었다. 골리앗을 죽이고 나라를 구원한 다윗을 모를 리가 없었고 또 다음 차례의 왕이 될 사람을 모를 리가 없었다. 다 알고도 다윗이 사울의 품을 떠났다고 해서 아주 무시하는 어투로 말한 것이다.

삼상 25:11. 내가 어찌 내 떡과 물과 내 양 털 깎는 자를 위하여 잡은 고기를 가져다가 어디서 왔는지도 알지 못하는 자들에게 주겠느냐 한지라.

나발은 다윗의 사환들에게 '내가 어찌 내 떡과 물(이스라엘 땅에서는 물이 귀했다)과 또 양털 깎는 자들에게 주어야 할 고기를 가져다가 어디서부터 왔는지 출처를 알 수 없는 자들에게 주겠느냐고 말한다. 이야말로 다윗을 아주 무시하는 말이었다. 일이 이렇게 된 것은 나발의 미래가 얼마 남지 않았기에 생긴 일이고 나발의 아내가 다윗의 아내가 되기 위해 생긴 일이었다. 성도들에게 이런 모욕적인 일이 발생하면 머지않아 모든 일이 합력하여 선이 되기 위함인 줄 알아야 할 것이다(롬 8:28).

삼상 25:12. 이에 다윗의 소년들이 돌아서 자기 길로 행하여 돌아와 이 모든 말을 그에게 전하매.

"이에'(so), 즉 '나발이 흉악하게 대답하는 소리를 들었으므로' 다윗의 소년들이 뒤돌아서 다윗한테 와서 나발이 말한 모든 모욕적인 말을 다윗에게 전했다.

삼상 25:13. 다윗이 자기 사람들에게 이르되 너희는 각기 칼을 차라 하니 각기 칼을 차매 다윗도 자기 칼을 차고 사백 명 가량은 데리고 올라가고 이백 명은 소유물 곁에 있게 하니라.

다윗은 그의 소년들의 말을 듣자마자 자기의 부하들에게 "너희는 각기 칼을 차라"고 말하니 부하들은 각각 칼을 차니 다윗도 칼을 차고 400명가량을 데리고 떠나고 200명가량을 소유물 곁에 있게 했다.

2. 아비가일이 화해를 주선하다 25:14-35

나발이 다윗의 양식 구하는 일을 모욕적으로 거부했다는 소식이 아비가일에게 보고되어(14-17절) 아비가일은 급히 여러 선물을 준비해가지고 다윗을 찾아오는 중(18-22절), 아비가일은 다윗을 만나 화해를 청하고(23-31절), 다윗은 아비가일의 화해를 받아들인다(32-35절).

삼상 25:14. 하인들 가운데 하나가 나발의 아내 아비가일에게 말하여 이르되 다윗이 우리 주인에게 문안하러 광야에서 전령들을 보냈거늘 주인이 그들을 모욕하였나이다.

나발의 하인들 가운데 한 사람이 나발의 아내 아비가일에게 말하기를 '다윗이 주인 나발에게 문안하러 광야에서 전령들을 보냈는데 주인 나발이 그 전령들이 전해주는 다윗의 말을 아주 모욕하였으니 어찌하였으면 좋겠소'라고 말을 전했다. 이렇게 말을 전해주는 사람이 있어서 다윗도 훗날 후회할 일을 하지 않게 되었고 또 나발도 다윗의 무장에 의해 죽지 않게 되었으며 아비가일도 죽지 않게 되어 다윗의 아내가 될 수 있었다.

삼상 25:15. 우리가 들에 있어 그들과 상종할 동안에 그 사람들이 우리를 매우 선대하였으므로 우리가 다치거나 잃은 것이 없었으니.

본 절부터 17절까지는 나발의 종이 아비가일에게 전해주는 전언이다. 그 종은 다윗의 부하들이 나발의 종들이 양을 치는 들판에서 우리들을 지켜주었으므로 우리 측에서 그 어떤 나쁜 세력들에 의해서 다친 사람도 없었고 재산을 잃은 것도 없었다고 보고한다.

삼상 25:16. 우리가 양을 지키는 동안에 그들이 우리와 함께 있어 밤낮 우리에게 담이 되었음이라.

나발의 종들이 양을 지키는 들판에서 다윗의 종들이 우리와 함께 있어 주야로 우리에게 담 역할(삼하 11:20; 시 9:9)을 해주어 보호해주었다고 말한다. 오늘 우리를 보호하는 것은 하나님이시고, 또 하나님의 쓰임을 받는 사람들이다.

삼상 25:17. 그런즉 이제 당신은 어떻게 할지를 알아 생각하실지니 이는 다윗이 우리 주인과 주인의 온 집을 해하기로 결정하였음이니이다 주인은 불량한 사람이라 더불어 말할 수 없나이다 하는지라.

나발의 종은 '그런고로 이제 마님께서는 어떻게 할지를 깊이 생각하셔서 대책을 세우시기를 바랍니다. 이유는 다윗은 나발과 나발의 온 집을 해하기로 결정하고 지금 무장하고 오고 있습니다. 주인은 성격이 못된 사람이라 말도 붙일 수 없습니다'라고 털어놓는다. 본문의 "불량한 사람"(בֶּן־בְּלִיַּעַל)이란 말은 '벨리알의 아들'이란 뜻으로 '비류의 자식', '배교자'라고 번역할 수가 있다.

삼상 25:18. 아비가일이 급히 떡 이백 덩이와 포도주 두 가죽 부대와 잡아서 요리한 양 다섯 마리와 볶은 곡식 다섯 세아와 건포도 백 송이와 무화과 뭉치 이백 개를 가져다가 나귀들에게 싣고.

아비가일이 민첩하게 다윗의 부하들의 양식을 준비한다. 나발이 다윗이 요구한 양식을 주지 않았으니 아비가일은 다윗의 부하들을 위해 여섯 가지 양식을 준비해 나귀에 싣는다. 떡 200덩이, 포도주 두 가죽 부대, 요리한 양 다섯 마리, 볶은 곡식 다섯 세아,[84] 건포도 백송이, 무화과 뭉치 200개를 가져다 급히 나귀에 싣는다.

삼상 25:19. 소년들에게 이르되 나를 앞서 가라 나는 너희 뒤에 가리라 하고 그의 남편 나발에게는 말하지 아니하니라.

아비가일은 다윗의 부하들에게 줄 음식을 다 준비한 후(앞 절) 그 음식을 실은 나귀를 거느린 소년들에게 말하기를 자신보다 앞서 가라고 말하고 자기는 뒤따라가겠다고 말한다. 먼저 음식으로 다윗의 마음을 푼 후에 자기가 나서서

---

84) "세아": 히브리의 고체량의 한 단위. 7.3리터에 해당된다(삼상 25:18; 왕상 18:32). '스아'로 역된 곳도 있다(창 18:6; 왕하 7:1,16,18).

화해를 제안할 작정이었다. 그리고 아비가일은 자기의 남편에게는 자기가 어디에 간다는 말 한마디도 하지 않았다. 말을 하면 분명 만류할 터이니 말을 하지 않은 것이다. 아비가일의 명석함이 드러난다.

삼상 25:20. 아비가일이 나귀를 타고 산 호젓한 곳을 따라 내려가더니 다윗과 그의 사람들이 자기에게로 내려오는 그들과 마주치니라(And she rode on the donkey and came down under cover of the mountain, behold, David and his men came down toward her, and she met them-ESV).

아비가일은 나귀(험준한 산악 지대의 교통수단)를 타고 "산 호젓한 곳"(산의 은밀한 곳)을 따라 내려가고 있을 때 다윗과 그의 사람들은 그들이 있었던 요새에서 내려와 두 고지의 아랫부분 협곡에서 서로 마주친 것이다. 이렇게 해서 그 협곡(좁고 험한 골짜기)이 화해의 장소가 된 것이다. 하나님께서 이 두 그룹을 만나게 하신 것이고 화해하도록 주선하셨다.

삼상 25:21. 다윗이 이미 말하기를 내가 이 자의 소유물을 광야에서 지켜 그 모든 것을 하나도 손실이 없게 한 것이 진실로 허사라 그가 악으로서 나의 선을 갚는도다.

다윗은 그의 요새에서 나발이 있는 쪽을 향해가는 중 마음으로 너무 억울해서 혼자말로 이렇게 중얼거렸다. "내가 이 자의 소유물을 광야에서 지켜 그 모든 것을 하나도 손실이 없게 한 것이 진실로 허사라"고 했다. '내가 이 나발인가 무언가 하는 작자의 소유물을 광야에서 모든 재산을 열심히 지켜 한 가지도 손실이 없게 해준 것이 정말 다 허사로구나'하고 속말로 복수를 하고 있었다. '그가 악하게 나에게 모욕을 주어 내가 그에게 선을 행한 것을 이렇게 갚다니'라고 했다. 다윗도 이때는 하나님의 섭리를 알지 못해 정신적으로 방황을 한 것이다. 우리는 모든 것을 합력하여 선으로 만들어주시는 하나님의 능력과 사랑을 믿어야 할 것이다(롬 8:28).

삼상 25:22. 내가 그에게 속한 모든 남자 가운데 한 사람이라도 아침까지 남겨두면 하나님은 다윗에게 벌을 내리시고 또 내리시기를 원하노라 하였더라.

다윗의 중얼거림은 본 절에서도 계속된다. '내가 나발에게 속한 모든 남자 가운데 한 사람이라도 아침까지 남겨둔다면 하나님께서 다윗에게 벌을 내리시고 또 진짜 내리시기를 바란다'고 했다(3:17 주해 참조). 다윗은 나발을 생각할 때 치가 떨렸다. 다윗은 아비가일을 만나기 전 전신이 떨려 견딜 수 없었다.

본문의 "모든 남자"(מַשְׁתִּין בְּקִיר)란 말은 '벽을 향해 오줌을 누는 자'란 뜻으로 남자를 아주 경멸적으로 표현하는 말이다. 이런 표현은 성경에 간혹 등장한다(왕상 16:11; 21:21; 왕하 9:8). 다윗이 이처럼 나발에게 속한 남자들을 모욕적으로 표현하는 것을 보면 그의 심정이 참으로 모든 남자들을 싹쓸이 없애버리겠다는 심정이었다. 다윗은 이때 원수를 갚는 것이 하나님께 있는 줄을 깊이 모르고 있었던 듯하다(롬 12:19; 히 10:30).

삼상 25:23. 아비가일이 다윗을 보고 급히 나귀에서 내려 다윗 앞에 엎드려 그의 얼굴을 땅에 대니라.

본 절부터 31절까지는 다윗을 만난 아비가일의 태도와 화해의 논조가 진술되어 있다. 아비가일이 다윗을 보고 보여준 태도를 보면 첫째, "나귀에서 급히 내렸다". 급히 내린 것은 다윗에 대한 예의였다. 둘째, 다윗 앞에 엎드려 그의 얼굴을 땅에 댔다. 엎드려 얼굴을 땅에 댄 것은 참 겸손의 자세였다. 우리가 겸손해서 손해 보는 일은 절대로 없다. 항상 복이 되었다. 이 두 태도는 다윗의 마음을 사로잡기에 충분했다.

삼상 25:24. 그가 다윗의 발에 엎드려 이르되 내 주여 원하건대 이 죄악을 나 곧 내게로 돌리시고 여종에게 주의 귀에 말하게 하시고 이 여종의 말을 들으소서.

본 절부터는 31절까지 아비가일의 화해의 논조가 나온다. 아비가일이 화해의 말을 할 때 아비가일은 다윗의 발에 엎드려 말을 했다는 점이다. 화해의 말을 할 때 만약 높은 마음을 품고 했더라면 다윗은 그 화해를 받지 않았을 수도

있었다. 그러나 아비가일은 참으로 죽을죄를 지은 사람처럼 아주 자신을 낮추고
말을 했다.

아비가일의 화해의 논조를 보면 첫째, 나발이 지은 죄는 자기 책임이니
자기에게로 돌려달라고 애원한다. 사실상 나발이 다윗에게 아주 모욕적인 이야
기를 할 때 아비가일이 그 자리에 없어서 이런 일이 생겼으니 아비가일 책임도
있다는 뜻이었다. 아비가일이 나발 옆에 있었더라면 이런 일이 생기지 않았을
것이다. 그래서 아비가일은 "내 주여 원하건대 이 죄악을 나 곧 내게로 돌려
달라"고 말한다. 그리고 아비가일은 자기가 하는 말에 다윗이 귀를 기울여
달라고 애원한다.

**삼상 25:25. 원하옵니다 내 주는 이 불량한 사람 나발을 개의치 마옵소서 그의
이름이 그에게 적당하니 그의 이름이 나발이라 그는 미련한 자니이다 여종은
내 주께서 보내신 소년들을 보지 못하였나이다.**

아비가일은 다윗에게 '자기 남편이 원래 성품이 나빠서 불량한 행동을 표출했
으니(3절) 그에게 마음 쓰지 말아 주시라'고 애원한다. '그의 이름부터 벌써 나발이
라 그의 행위가 미련하게 나타난 것이라'고 말한다. '저는 장군께서 젊은이들을
보내셨을 때 만나보지도 못해서 나발을 감독하지 못했다'고 말한다. '만약 아비가
일이 장군께서 보내신 젊은이들을 보았다면 나발로 하여금 장군에게 대하여 그런
모욕적인 말을 하지 못하게 했을 것이라'고 말한다. 그러니까 나발이 나발된
것은 아비가일의 감독이 없어 그렇게 된 것이니 나발의 잘못이 자기 책임이라고
떠맡는다. 아비가일은 참으로 명석한 여인이었다.

**삼상 25:26. 내 주여 여호와께서 살아 계심을 두고 맹세하노니 내 주도 살아
계시거니와 내 주의 손으로 피를 흘려 친히 보복하시는 일을 여호와께서 막으셨으
니 내 주의 원수들과 내 주를 해하려 하는 자들은 나발과 같이 되기를 원하나이다.**

아비가일의 두 번째 논조(첫 번째 논조는 24절에 있다)는 '장군님의 손으로
직접 피를 흘려 친히 보복하시는 일을 여호와께서 아비가일을 보내셔서 막아주셨

으니 앞으로 장군님의 원수들과 장군님을 해하려 하는 자들은 나발과 같이 되기를 원합니다'라고 말한다. 하나님께서 아비가일로 하여금 이때에 다윗을 찾아와 다윗으로 하여금 나발을 치지 않게 하셨으니 복수를 하지 말라고 애원한다. 아비가일은 자기가 이렇게 다윗을 만나 다윗으로 하여금 나발을 치지 않게 하신 것은 하나님의 크신 섭리라고 말한다.

본 절에 "여호와께서 살아 계심을 두고 맹세하노니 내 주도 살아 계신다"(14:45; 17:55; 19:6; 20:21; 26:10; 삼하 2:27)라는 말은 아비가일의 말을 강조하는 말이다. 그날 다윗이 나발과 그 가족을 죽였다면 다윗 일생에 크게 후회할 일이 되었을 것이다. 그러나 하나님께서 아비가일을 보내셔서 다윗으로 하여금 피를 흘리는 일을 막으셨다는 것을 강하게 표현하고 또 다윗의 원수들은 모두 나발과 같이 되기를 바란다는 뜻으로 이 맹세의 구절을 사용한 것이다.

삼상 25:27. 여종이 내 주께 가져온 이 예물을 내 주를 따르는 이 소년들에게 주게 하시고.

아비가일의 세 번째 논조(첫 번째 논조는 24절에, 두 번째 논조는 26절에 있다)는 '여종이 내 장군님께 가져온 이 예물을 받으셔서 내 장군님을 따르는 이 소년들에게 주시기를 바란다'고 말한다. 아비가일이 이렇게 예물까지 가져왔으니 다윗은 나발에게 복수하기가 어려워졌다. 아비가일은 참으로 신앙적 인물이고 지혜로운 여성이었다.

삼상 25:28. 주의 여종의 허물을 용서하여 주옵소서 여호와께서 반드시 내 주를 위하여 든든한 집을 세우시리니 이는 내 주께서 여호와의 싸움을 싸우심이요 내 주의 일생에 내 주에게서 악한 일을 찾을 수 없음이니이다.

아비가일의 네 번째 논조(첫 번째 논조는 24절에, 두 번째 논조는 26절에, 세 번째 논조는 27절에 있다)는 아비가일이 다윗에게 "주의 여종의 허물을 용서하여 주옵소서"라는 말에 나타나 있다. 아비가일은 자기 남편이 다윗을 모욕한 것은 자신 때문임을 다시 드러낸다(24,25절).

아비가일이 다윗에게 자신을 용서해 달라고 애원한 이유('בּ-"왜냐하면"이라는 접속사가 있다)는 "여호와께서 반드시 내 주를 위하여 든든한 집을 세우실 분이기" 때문이라는 것이다. "여호와께서 반드시 내주를 위하여 든든한 집"을 세우실 터인데 그렇게 쓰임을 받으실 다윗이 나발을 죽이면 안 된다는 논리이다. "여호와께서 든든한 집을 세운다"는 말은 '여호와께서 다윗의 왕권을 든든하게 세워주실 것이라'는 뜻이다(삼하 7:11,26,27; 왕상 2:24; 11:38). 다시 말해 다윗과 그의 후손들을 통하여 이스라엘을 다스리게 하시며 다윗의 후손 중 메시아를 통하여 이 땅에 하나님의 나라를 통치하실 것이라는 뜻이다. 아비가일은 다윗의 앞날을 알게 하실 뿐 아니라 그 후손들이 왕이 되어 이스라엘을 다스리게 하실 것을 알았고 또 후손 중에 메시아가 나타나 이 땅에 하나님의 나라를 세우실 것도 알았으니 참으로 총명한 여인이었다(3절).

아비가일이 다윗이라는 사람이 이스라엘의 왕이 될 것이라는 것을 확신한 이유(두 번째 בּ가 나온다)는 두 가지였다. 첫째, 다윗이 "여호와의 싸움을 싸우셨기" 때문이라고 한다. "여호와의 싸움을 싸우셨다"는 말은 여호와께서 인정하시는 싸움, 여호와를 위한 싸움(골리앗을 죽이는 것 같은 싸움)을 싸웠기 때문이라는 것이다. 그리고 둘째, 다윗이 이스라엘의 왕이 될 이유는 다윗이 지금까지 일생에 악을 행한 일이 없기 때문이라는 것이다. 다윗은 성령의 사람이기 때문에 악을 행하지 않았다. 하나님 보시기에는 다윗에게서 악을 찾으시겠지만 사람의 눈으로 보기에는 악을 찾을 수 없는 사람이라는 것이다. 그런 다윗이 만약 나발을 죽이면 악을 행하게 되는 것이니 용서해야 된다는 논리이다.

삼상 25:29. 사람이 일어나서 내 주를 쫓아 내 주의 생명을 찾을지라도 내 주의 생명은 내 주의 하나님 여호와와 함께 생명 싸개 속에 싸였을 것이요 내 주의 원수들의 생명은 물매로 던지듯 여호와께서 그것을 던지시리이다.

다윗의 일생에 악한 일을 찾을 수 없기 때문에(앞 절) 아비가일은 본 절에서 아무라도 다윗을 죽일 수 없다고 말한다. 다윗의 생명은 하나님께서 돌보시는 중에 생명 보자기에 쌓아 두셨으니 해할 수 없다 하고 다윗을 해치려는 원수(사울 포함)들의 생명은 하나님께서 돌보시지 않고 물매 던지듯 던져버려 멸망한다는 것이다.

삼상 25:30. 여호와께서 내 주에 대하여 하신 말씀대로 모든 선을 내 주에게 행하사 내 주를 이스라엘의 지도자로 세우실 때에.

본 절은 사무엘이 다윗에게 기름 부을 때에 여호와께서 다윗에게 말씀하신대로 여호와께서 모든 자비를 베풀어 다윗을 이스라엘의 왕으로 세우실 터인데 그 때 다음 절처럼 다윗에게 아무 후회가 없게 될 것이라고 말한다. 다시 말해 나발을 죽이지 않고 아비가일을 용서하는 경우 다윗의 마음에 아무 후회가 없을 것이라고 말한다. 아비가일은 다윗 자신의 앞날을 내다보고 이렇게 아비가일 자신을 용서하라고 애원한다.

삼상 25:31. 내 주께서 무죄한 피를 흘리셨다든지 내 주께서 친히 보복하셨다든지 함으로 말미암아 슬퍼하실 것도 없고 내 주의 마음에 걸리는 것도 없으시리니 다만 여호와께서 내 주를 후대하실 때에 원하건대 내 주의 여종을 생각하소서 하니라.

아비가일은 다윗에게 '장군님께서 여종의 허물을 용서하여 주셔서 나발을 죽이지 않으시면(28절) 장군님께서 친히 나발에게 보복했기 때문에 공연히 피를 흘렸다 해서 슬퍼하실 것도 없고 혹시 마음에 꺼림칙한 것도 없으실 것입니다. 그리고 훗날 여호와께서 장군님께 자비를 베풀어 나라의 왕이 되게 하실 때에 여종을 생각해 주시기 바랍니다'라고 말한다.

본문의 "여호와께서 내 주를 후대하실 때에"란 말은 '여호와께서 다윗에게 자비를 베풀어 왕이 되게 하실 때에'란 말을 에둘러 말한 것이다. 아비가일은 다윗이 훗날 반드시 왕이 될 줄 미리 알았던 것으로 보인다. 아비가일의 마음에 성령께서 깨달음을 주셔서 이런 생각을 가지게 된 것이다. 그리고 아비가일이 다윗에게 훗날 왕이 되면 자기를 생각해 달라고 한 말은 실제로 무엇을 기대한 것이 아니라 자신을 용서하여 나발을 죽이지 말아 달라는 것을 애원하기 위하여 한 말이었는데 아비가일의 말이 현실이 되어 그녀는 왕비가 되었다.

삼상 25:32. 다윗이 아비가일에게 이르되 오늘 너를 보내어 나를 영접하게 하신 이스라엘의 하나님 여호와를 찬송할지로다.

본서 저자는 본 절부터 35절까지 다윗으로 하여금 복수하지 않게 만들어주신 하나님을 다윗이 찬양하고(32절), 또 다윗은 하나님의 쓰임을 받아 역할을 잘 감당한 아비가일의 지혜를 칭찬하며(33절), 아비가일에게 복이 있기를 빈다(33절). 그리고 다윗은 하나님의 역할과 사람의 역할이 합세해서 일을 이루어 낸다고 말하며(34절), 아비가일을 용서한다는 표시로 아비가일이 건네주는 예물을 받는다 (35절).

다윗은 아비가일에게 먼저 칭찬하지 않고 아비가일을 보내 다윗 자신을 만나게 해주서서 다윗으로 하여금 나발에게 복수하지 않게 해주신 하나님을 찬양한다고 아비가일에게 말한다. 오늘 우리는 사람을 쓰서서 무슨 일을 계획하시고 경영하시는 여호와를 찬송해야 할 것이다. 사람 배후에는 반드시 하나님께서 계셔서 일을 이루신다.

삼상 25:33. 또 네 지혜를 칭찬할지며 또 네게 복이 있을지로다 오늘 내가 피를 흘릴 것과 친히 복수하는 것을 네가 막았느니라.

다윗은 아비가일에게 "또 나는 네 지혜를 칭찬한다"고 말한다. 다시 말해 '하나님의 보내심을 받들어 오늘 내가 피를 흐리지 않게 막아준 아비가일의 지혜를 칭찬하고 감사한다'고 말하며, '그리고 이런 일을 추진한 아비가일에게 복이 있기를 여호와께 빈다'고 말한다. '만약에 아비가일 당신이 와서 나를 만나 지혜로운 권면을 해주지 않았더라면 오늘 나는 반드시 피를 흘려 복수했을 겁니다'라고 말을 해주었다. 오늘 우리는 사람의 역할도 알아주고 감사해야 할 것이다.

삼상 25:34. 나를 막아 너를 해하지 않게 하신 이스라엘의 하나님 여호와의 살아 계심을 두고 맹세하노니 네가 급히 와서 나를 영접하지 아니하였다면 밝은 아침에 는 과연 나발에게 한 남자도 남겨 두지 아니하였으리라 하니라.

　　본 절은 하나님의 역할과 사람의 역할을 동시에 말하고 있다. 하나님 여호와께 서는 "나를 막아 너를 해하지 않게 하신 이스라엘의 하나님 여호와시라"는 것이다. 하나님께서 그런 역사를 하시지 않았더라면 다윗은 반드시 복수하였을 것이라고 한다. 우리는 사람의 행위 뒤에는 반드시 하나님의 역사하심이 있는 줄 알아야 할 것이다.

　　그리고 다윗은 아비가일의 역할을 말하기 위해 하나님의 살아계심을 두고 맹세를 하고 있다. 살아계신 하나님을 두고 맹세하는 것은 다윗 자신의 말을 힘 있게 표현하기 위함이다. 다윗은 아비가일에게 "네가 급히 와서 나를 영접하지 아니하였다면 밝은 아침에는 과연 나발에게 한 남자도 남겨 두지 아니하였으리라"고 힘주어 말한다. 이 말씀은 아비가일의 역할을 강조하여 말하는 것이다.

삼상 25:35. 다윗이 그가 가져온 것을 그의 손에서 받고 그에게 이르되 네 집으로 평안히 올라가라 내가 네 말을 듣고 네 청을 허락하노라.

　　그리고 다윗은 그 여인이 자기에게 가져온 예물들을 받고 이렇게 말을 덧붙인 다. '평안히 집으로 돌아가시오 내가 당신(아비가일)의 말대로 복수하지 않을 터이니, 걱정하지 말고 마음 평안히 돌아가시오'라고 말한다. 다윗은 아비가일을 보내서서 자기로 하여금 복수하지 않게 하신 하나님께 감사하고 또 아비가일의 지혜로움에 감동하여 용서하는 데 이르렀을 것이다. 그리고 그 감동이 계속하였기 에 훗날 나발이 죽은 후에 자기의 아내로 삼았을 것이다.

　　3. 다윗이 아비가일을 아내로 맞이하다　25:36-44

　　다윗은 아비가일의 비상한 지혜에 큰 감동을 받고(33-34절) 그냥 넘어갈 수 없게 되었는데 마침 나발이 다윗의 복수 시도의 소식을 듣고 낙담하여 몸이 돌과 같이 되어 10일 후 하나님의 치심을 받아 죽은(36-38절) 후 다윗은 아비가일을 아내로 취한다(39-42절).

삼상 25:36-37. 아비가일이 나발에게로 돌아오니 그가 왕의 잔치와 같은 잔치를 그의 집에 배설하고 크게 취하여 마음이 기뻐하므로 아비가일이 밝은 아침까지는 아무 말도 하지 아니하다가 아침에 나발이 포도주에서 깬 후에 그의 아내가 그에게 이 일을 말하매 그가 낙담하여 몸이 돌과 같이 되었더니.

아비가일이 자신을 용서한다는 다윗의 말을 듣고(34-35절) 나발에게로 돌아오니 나발이 왕이나 차릴만한 굉장한 잔치를 베풀어 놓고 크게 취하여(잠 20:1; 23:21; 26:9) 마음이 기뻐하기 때문에 아비가일은 술이 깰만한 시간 아침까지는 가부간 아무 말도 하지 않다가 아침이 되어 나발이 포도주에서 깬 후 아비가일이 나발에게 다윗이 나발로부터 모욕당한 일을 복수하기 위해 400명의 무장군인을 데리고 오는 도중 아비가일이 다윗을 찾아가 다윗의 발 앞에 엎드려 나발과 자신을 용서해 달라는 애원을 하여 다윗이 용서했다는 말을 듣자 곧 나발의 몸이 돌과 같이 되었다는 것이다.

나발은 자기가 다윗의 군사 400명 한테 죽을 뻔 했다는 것을 알자 나발이 낙담하여 몸이 돌과 같이 된 것이었다. 여기 "낙담했다"는 말은 '그의 마음이 그 안에서 죽었다'(his heart died within him-KJV, RSV)는 뜻이다. 즉, '나발이 술에 취해 즐거워하던 마음이 이제는 완전히 죽어버린 마음이 되었다'는 뜻이다. 나발의 마음은 즐겁다가 그 아침이 되어 완전히 오그라든 것이다. 그리고 나발의 몸이 돌처럼 굳어 버리고 말았다. 이런 현상은 마음으로부터 생기는 현상이다.

삼상 25:38. 한 열흘 후에 여호와께서 나발을 치시매 그가 죽으니라.

나발은 다윗의 소식을 듣고 충격을 받아 낙담하여 몸이 돌과 같이 되어 10일간을 고생하다가 하나님의 치심을 받아 죽었다. 여기 하나님께서 더 일찍이 치시지 않고 10일을 기다리신 것은 다윗을 모욕한 죄를 자복하라는 뜻이었다. 하나님은 무한히 자비하셔서 죄를 자복할 시간을 주신다. 이렇게 시간을 주셔도 죄를 자복하지 않으면 그냥 치신다.

삼상 25:39a. 나발이 죽었다 함을 다윗이 듣고 이르되 나발에게 당한 나의 모욕을 갚아 주사 종으로 악한 일을 하지 않게 하신 여호와를 찬송할지로다 여호와께서 나발의 악행을 그의 머리에 돌리셨도다 하니라.

　　다윗은 나발이 하나님의 치심을 받아 죽었다는 이야기를 듣고 나타낸 반응이다. 첫째, 하나님께서 나발에게 당한 자신의 모욕을 갚아 주셔서 자신으로 하여금 악한 일을 하지 않게 하신 것을 찬송한다는 것이었다. 다윗은 하나님께서는 우리가 당한 모욕을 갚아주시는 분이라고 한다. 우리가 그 억울함을 하나님께 맡기면 하나님께서 갚으신다는 것이었다(롬 12:19). 하나님께 맡기면 우리가 악한 일을 할 필요가 없게 된다.

　　둘째, 다윗은 여호와께서 나발이 행한 악행을 그의 머리에 돌리셨다고 찬양한다. 하나님은 악인들의 악행만큼 그 머리에 갚으신다. 우리가 갚을 필요가 없다. 하나님은 더도 아니고 덜도 아닌 그 악행만큼 그 머리에 갚으신다. 우리는 그저 찬양할 것밖에 없다.

삼상 25:39b. 다윗이 아비가일을 자기 아내로 삼으려고 사람을 보내어 그에게 말하게 하매.

　　다윗이 아비가일을 자기 아내로 삼은 이유는 첫째, 다윗이 아비가일의 지혜에 큰 감동을 받았기 때문이었을 것이다(3,33-34절). 그리고 둘째, 다윗의 아내 미갈은 이미 다른 남자와 재혼했기 때문이었다(44절). 다윗은 아비가일을 자기 아내로 삼기 위해 사람을 보내 말하게 했다.

삼상 25:40. 다윗의 전령들이 갈멜에 가서 아비가일에게 이르러 그에게 말하여 이르되 다윗이 당신을 아내로 삼고자 하여 우리를 당신께 보내더이다 하니.

　　다윗의 전령들이 갈멜에 있는 아비가일에게 가서 말하기를 '다윗이 아비가일 당신을 아내로 맞이하기 위하여 우리를 당신에게 보내더이다'라고 말을 했다.

삼상 25:41. 아비가일이 일어나 몸을 굽혀 얼굴을 땅에 대고 이르되 내 주의 여종은 내 주의 전령들의 발 씻길 종이니이다 하고

다윗의 청혼을 받은 아비가일이 일어나 몸을 굽혀 얼굴을 땅에 대고 말하기를 '내 주의 여종은 내 주의 전령들의 발 씻길 종이니이다'라는 말을 한다. 아비가일이 몸을 굽힌 것이나 얼굴을 땅에 댄 것이나 모두 아비가일의 겸손을 잘 보여주고 있다. 아비가일은 다윗의 아내가 되는 경우 다윗의 발 씻기는 것은 말할 것도 없고 다윗의 전령들의 발 씻길 종이라고 말하면서 어떤 천한 일이라도 기쁨으로 감당하겠다고 말을 한다. 참으로 지혜 있는 여종이었다.

삼상 25:42. 아비가일이 급히 일어나서 나귀를 타고 그를 뒤따르는 처녀 다섯과 함께 다윗의 전령들을 따라가서 다윗의 아내가 되니라.

아비가일은 다윗의 청혼을 받고 급히 일어나서 왔다. 여기 "급히 일어났다"는 말은 행동을 신속히 했다는 뜻이 아니라 다윗의 청혼을 받자마자 지체하지 않았고 행동에 옮겼다는 것을 보여주는 말이다. 그리고 여기 아비가일이 "나귀를 타고" 왔다는 것은 아비가일의 집이 꽤 부호였다는 것을 보여준다. 이렇게 부호였는데도 아비가일이 겸손하게 행동한 것은 그녀의 마음이 아주 낮았다는 것을 보여준다. 아비가일은 "그를 뒤따르는 처녀 다섯과 함께 다윗의 전령들을 따라갔다"는 것은 아비가일의 집이 큰 부호였다는 것을 보여준다.

아비가일은 "다윗의 전령들을 따라가서 다윗의 아내가 되었다"는 말은 그저 단순히 아비가일이 다윗과 결혼했다는 뜻만을 드러내는 말이 아니다. 아비가일이 다윗의 아내가 되었다는 말은 다윗이 앞으로 유다 왕으로 일을 할 때 그 아내의 훌륭한 내조로 말미암아 다윗 왕이 더욱 빛나는 왕이 된다는 것을 의미한다. 따라서 25장이 하나의 삽화 정도가 아니라 다윗의 생애를 계속해서 연결하는 중요한 글이라는 것을 알 수 있다. 다윗은 아비가일을 아내로 맞이하여 길르앗을 낳았고(삼하 3:3), 또 다니엘(대상 3:1)을 낳았다.

삼상 25:43. 다윗이 또 이스르엘 아히노암을 아내로 맞았더니 그들 두 사람이 그의 아내가 되니라.

본 절은 다윗이 아비가일 말고도 이스르엘 사람 아히노암을 아내로 맞이한 기사를 기록한다. "이스르엘"(Jezreel)은 '하나님이 뿌리시다'는 뜻을 가지고 있다. 이는 이스르엘 골짜기를 지칭한다. 갈멜 산 북부에서 팔레스틴을 가로지르고 있는 평원을 가리키는데, '에스드라엘론' 또는 '므깃도 평원'이라고도 불린다. 구약 시대에는 이스르엘에서 요단 강에 이르는 골짜기를 의미하였다(삿 6:33,호 1:5). "아히노암"은 다윗이 사울의 딸 미갈과 이별한 후 아내로 맞은 이스르엘 여자이다(삼상 25:43; 27:3; 30:5). 다윗이 사울을 피해 시글락에 있을 때 아말렉이 내침하여 재물과 부녀자들을 사로잡아갔는데, 그 중에 아히노암도 있었다(삼상 30:1-6). 그녀는 헤브론에서 다윗에게 암논을 낳았다(삼하 3:2; 대상 3:1). 다윗이 가드 왕 아기스에게 피신했을 때도 아히노암은 따라갔다(삼상 27:3). 본 서 저자는 그들 두 사람이 다윗의 아내가 되었다고 말한다.

다윗에게는 이 두 사람 이외에도 처첩들이 많았다(대상 3:1-9). 구약 시대의 일부다처제는 결국 가정 비극의 원인이 되었다(삼하 13:1-33; 15:30; 18:1-33). 하나님은 한 남편을 위하여 한 여인을 지으셨다(아담과 그의 아내 하와).

삼상 25:44. 사울이 그의 딸 다윗의 아내 미갈을 갈림에 사는 라이스의 아들 발디에게 주었더라.

사울이 그의 딸 즉 다윗의 아내 미갈을 갈림에 사는 라이스의 아들 발디에게 주었다. 본 절의 "미갈"은 사울의 둘째 딸이다. 다윗이 블레셋인의 양피 200을 주고 아내로 맞이한 여인이었다(19:8-17). "갈림"(Gallim)은 '돌무더기'란 뜻을 가지고 있다. 사울의 기브아, 아나돗과 같이 열기(列記)되어 있는 마을인데 베냐민의 성읍이다(사 10:30). 예루살렘의 북쪽에 있다(사 10:29,30). 바후림에 서 얼마 멀지 않은 곳에 있었던 듯하다(삼상 25:44; 삼하 3:13-16). 미갈의 두 번째 남편 발디엘(발디)의 고향이다(25:44). 아나돗의 서쪽 부근에 있는 길베드 가굴(Khirbet Ka'kul)과 동일지로 추정된다. 그리고 "라이스"(Laish)는 '강함'이라는 뜻을 가지고 있다. 사울이 그의 딸 다윗의 아내였던 미갈을 준 발디(발디엘)의 아비이다(삼상 25:44; 삼하 3:15). 그리고 "발디"(Palti)는 '구조'라는 뜻을 가지고 있다. 사울이 처음에 다윗에게 아내로 주겠다고 한 미갈을 발디에게 주었는데 갈림에 사는 라이스의 아들이다(25:44). 사무엘하 3:15에는 발디엘이라고 되어 있다.

I. 십광야에서 다시 사울을 살려주다   26장

본 장은 다시(24장과 비슷한 분위기) 다윗이 사울을 살려준 사건을 진술한다. 본 장의 내용은 1) 다윗이 사울을 살려준 일(1-12절), 2) 사울이 사과하고 떠난 일(13-25절) 등이 진술되어 있다. 이제 사무엘 상 뒷부분으로 올수록 다윗이 그렇게 쫓기는 입장에서 사울을 살려주는 입장으로 선회하고 있음을 볼 수 있다.

1. 다윗이 사울을 살려주다   26:1-12

사울은 다윗에 의해 크게 혼이 나고서도(24장) 정신 못 차리고 십 사람들이 다윗이 있는 곳을 알려주자 이스라엘에서 택한 사람 3,000명을 대동하고 다시 다윗을 추격한다(1-5절). 그러나 사울은 다윗을 잡지 못하고 오히려 다윗으로부터 죽을 뻔한 경험을 얻는다. 다윗은 사울을 다시 살려준다(6-12절). 사울이 다윗을 잡아 죽이고자 하는 욕심을 막을 자가 없었다.

삼상 26:1. 십 사람이 기브아에 와서 사울에게 말하여 이르되 다윗이 광야 앞 하길라 산에 숨지 아니하였나이까 하매.

십 사람들이 기브아의 사울에게 찾아가서 "다윗이 광야 앞 하길라 산에 숨어 있는 것이 확실하다"고 밀고한 본문의 내용은 두 번째 밀고이다. 이 두 번째 밀고는 첫 번째 밀고(23:19)와 거의 같다(23:19 주해 참조할 것). 그런고로 혹자들은 두 사건이 똑 같은 사건이라고 주장한다. 그러나 앞의 23:19에서는 "광야 남편"(south of Jeshimon)이라고 했으나, 본 절에서는 "광야 앞"(the east of Jeshimon)이라고 표기하고 있다. "광야의 앞"이란 '광야의 남편'과는 전혀 다른 '광야의 인접 지역'을 지칭한다고 볼 수 있다(Driver, Klein). 그러므로 현재의 상황은 다윗이 약간 북쪽으로 옮긴 듯이 보인다. 그리고 십 사람들이 다윗을 첫 번째 밀고했을 때 다윗은 "하길라 산 수풀 요새"에 있었다(23:19). "하길라 산 수풀 요새"는 '십 황무지의 또 다른 부분'이다. 이 "수풀"은 고유명사로서 별도의 특정한 지점이다. 그러나 이번의 두 번째 밀고 때는 다윗이 "하길라 산"(the hill of Hachilah)에 있었다.

삼상 26:2. 사울이 일어나 십 광야에서 다윗을 찾으려고 이스라엘에서 택한 사람 삼천 명과 함께 십 광야로 내려가서.

사울은 다윗이 그를 용서하였기에 사과까지 했으나(24:8-21) 아직도 다윗을 죽이고자 하는 욕심이 남아 있어 십 광야에서 다윗을 찾아 죽이려고 사람을 택하여 십 광야로 내려간다. 사람이 깊이 죄를 자복하지 않으면 도로 옛 모습이 된다. 그런고로 철저히 죄를 자복하지 않으면 사람은 죄의 모습을 그대로 나타낸다. 우리는 성령 충만을 끊임없이 구하여 영의 사람이 되어야 한다. 24:2 주해 참조.

삼상 26:3. 사울이 광야 앞 하길라 산 길가에 진 치니라 다윗이 광야에 있더니 사울이 자기를 따라 광야로 들어옴을 알고.

사울이 3,000명과 함께 십 광야로 내려가서(앞 절) 광야 앞 하길라 산 길가에 진을 쳤다. "광야 앞 하길라 산 길가에 진을 쳤다"는 말은 '십 광야 앞 하길라 산 아래 길가에 진을 쳤다'는 뜻이다. 이 "길"은 예루살렘 방향에서 네게브(Negeb) 지방의 아랫(민 21:1)으로 통하는 대로(大路)를 지칭한다(Smith, Fay). 이 같은 사실을 감안할 때, 본 절의 '하길라 산'은 십 황무지의 동쪽임이 분명하다.

사울이 하길라 산 길가에 진을 치고 있을 때 "다윗이 광야에 있었다"는 말은 사울이 진치고 있던 서쪽 지점 고지대에 있었다는 말일 것이다. 6절의 "내려가겠느냐"는 말에 의해 입증된다. 다윗은 이 지점에서 사울의 동태를 잘 관찰할 수 있었을 것이다. 다윗은 "사울이 자기(다윗)를 따라 광야로 들어옴을 알았다". 다윗은 고지대에 있었기에 사울이 자기를 따라 광야로 들어온 것을 잘 알 수 있었다.

삼상 26:4. 이에 다윗이 정탐꾼을 보내어 사울이 과연 이른 줄 알고.

"사울이 자기를 따라 광야로 들어온다는 것을 알고"(앞 절) 다윗은 정탐꾼을
보내어 더 자세히 살펴서 사울이 진짜 이른 줄 알고 다음 절처럼 행동했다.

삼상 26:5. 다윗이 일어나 사울이 진 친 곳에 이르러 사울과 넬의 아들 군사령관
아브넬이 머무는 곳을 본즉 사울이 진영 가운데에 누웠고 백성은 그를 둘러 진
쳤더라.

다윗은 사울이 진짜 이른 줄 알고(앞 절) 일어나 진 친 곳에 이르러 사울과
넬(사울의 삼촌)의 아들 군사령관 아브넬(사울의 4촌)이 머무는 곳을 보니 사울이
진영(camp) 가운데에 누워 자고 있었으며, 백성들은 그를 둘러 진 친 것을 보았다.
다윗은 이런 진영을 본 다음 다윗과 아비새는 사울의 진에 침입하여 창과 물병만
가져오고 사울은 살려주었다(6-12절).

삼상 26:6. 이에 다윗이 헷 사람 아히멜렉과 스루야의 아들 요압의 아우 아비새에게
물어 이르되 누가 나와 더불어 진영에 내려가서 사울에게 이르겠느냐 하니 아비새
가 이르되 내가 함께 가겠나이다.

본 절부터 12절까지는 다윗과 아비새가 사울의 진영에 쳐들어가 창과 물병만
거두어 가지고 오고 사울을 살려준 사건이 진술되었다. 이때에 다윗이 헷 사람(가
나안 7족 중에 제일 유력한 족속의 사람) 아히멜렉과 스루야의 아들이자 요압의
동생인 아비새에게 "누가 나와 함께 저 진영에 내려가서 사울에게 이르겠느냐고
물으니 아비새가 이르되 내가 함께 가겠다"고 말한다.

본문의 "아히멜렉"(Ahimelech)은 헷 사람이며 다윗의 친구이다. 그는 다윗과
같이 황무지에서 사울을 피할 때 하길라 산 길 가 사울의 진영에 다윗을 따라
아비새와 같이 잠입했던 사람이다(26:6-9). 또 "스루야"(Zeruiah)는 '분열됨'이란
뜻을 가지고 있으며 요압, 아비새, 아사헬의 모친이다(26:6; 삼하 2:13,18; 왕상
1:7; 대상 2:16). 사무엘하 17:25에 의하면, 나하스의 딸이므로 다윗의 이복누이가
된다(삼하 17:25; 대상 2:16 비교).

"아비새"(Abishai)는 '나의 아버지는 이새'라는 뜻을 가지고 있다. 다윗의 이복누이 스루야의 아들인데, 그의 형은 요압이고 동생은 아사헬이다(삼하 2:18; 17:25; 대상 2:15,16). 그는 직정적(直情的-거짓이나 꾸밈이 없는) 용사로서 적에게는 특히 냉혹하였다. 다윗의 종자로서 따라다녔는데, 그가 사울에게 쫓겨 다니던 중 사울의 진에 잠입했을 때 아비새는 다윗에게 "하나님이 오늘날 당신의 원수를 당신의 손에 부치셨나이다"하면서 잠자는 사울을 단번에 창으로 찔러 죽이려했으나 다윗이 이를 막고 증거로 창과 물병만 가지고 가자고 했다(26:8).

본문에서처럼 다윗이 이렇게 용감했던 이유는 아마도 여호와께서 끊임없이 다윗과 함께 하시고 특별히 지난번 사울이 갈가 양의 우리에 용변을 보려고 들어갔을 때 다윗이 사울을 죽일 기회가 있었는데 다윗이 사울을 돌보아 준 것이 더욱 힘이 되어 이렇게까지 용감성을 얻은 것으로 보인다(24:1-21).

삼상 26:7. 다윗과 아비새가 밤에 그 백성에게 나아가 본즉 사울이 진영 가운데 누워 자고 창은 머리 곁 땅에 꽂혀 있고 아브넬과 백성들은 그를 둘러 누웠는지라.

본 절은 사울이 자기 진(camp)안에서 넋 놓고 자고 있던 곳의 풍경을 묘사한 것이다. 다윗과 아비새가 밤을 맞이하여 사울이 진 친 곳에 나아가 보니 사울이 진영 가운데서 누워 자고 있었고 사울의 창(왕권의 상징)은 사울 머리 곁에 꽂혀 있었으며 군장 아브넬과 백성들은 사울을 둘러 누워 자고 있었다는 이야기이다. 일이 이렇게 된 것은 사울이 또 한 번 다윗한테 당하도록 만드신 하나님의 섭리로 된 것이었다.

삼상 26:8. 아비새가 다윗에게 이르되 하나님이 오늘 당신의 원수를 당신의 손에 넘기셨나이다 그러므로 청하오니 내가 창으로 그를 찔러서 단번에 땅에 꽂게 하소서 내가 그를 두 번 찌를 것이 없으리이다 하니.

사울의 진영의 모습을 살핀 아비새는 다윗에게 말하기를 '장군님, 오늘 하나님께서 장군님의 원수를 장군님의 손에 넘기셨네요 그러므로 청하오니 내가 사울의 창으로 사울을 찔러서 단번에 땅에 꽂아버리겠습니다. 사울을 창으로 두 번 찌를

필요도 없을 것 같습니다. 한번이면 충분하겠습니다'라고 말한다. 24:4 주해 참조

삼상 26:9. 다윗이 아비새에게 이르되 죽이지 말라 누구든지 손을 들어 여호와의 기름 부음 받은 자를 치면 죄가 없겠느냐 하고

다윗은 아비새의 말을 듣고 말하기를 "죽이지 말라. 누구든지 손을 들어 여호와의 기름 부음 받은 자를 치면 죄가 없겠느냐. 반드시 죄가 되느니라"고 말한다. 24:6 주해 참조 사울의 죄를 생각하면 사울을 당장에 창으로 찔러도 가(可)하나 그에게 여호와께서 기름을 부으셨으니 사울을 죽이는 것이 죄가 된다는 논리이다. 사울의 죄보다는 사울에게 기름 부음이 더 중요하다는 것이다.

삼상 26:10. 다윗이 또 이르되 여호와께서 살아 계심을 두고 맹세하노니 여호와께서 그를 치시리니 혹은 죽을 날이 이르거나 또는 전장에 나가서 망하리라.

다윗은 아비새의 소원을 일축하고 사울을 다윗 자신이나 부하들이 죽일 것이 아니라 여호와께 맡겨야 한다고 주장한다. 다윗은 이 일을 주장함에 있어 여호와의 살아계심을 두고 맹세한다. 다윗은 "여호와께서 그를 치시리니 혹은 죽을 날이 이르거나 또는 전장에 나가서 망하리라"고 말한다. '여호와께서 그를 치신다는 말은 자연적으로 죽을 날이 이를 수도 있고 또 전쟁터에 나가서 전사할 수도 있을 것이라'는 뜻이다. 우리는 어떤 원수에 대해서도 사랑하는 방향으로 나아가고 하나님께 맡겨야 할 것이다. 그러면 하나님께서 갚아주신다.

삼상 26:11. 내가 손을 들어 여호와의 기름 부음 받은 자를 치는 것을 여호와께서 금하시나니 너는 그의 머리 곁에 있는 창과 물병만 가지고 가자 하고

다윗은 자기 스스로 여호와의 기름 부음 받은 자를 치는 것을 여호와께서 금하시는 일이니 '다윗 자신과 아비새는 사울의 머리 곁에 있는 창과 물병만 가지고 가자'고 말한다. 다윗은 앞서 사울이 길가 양의 우리에서 용변을 볼 때는 사울의 옷자락만 베었다(24:4-5).

삼상 26:12. 다윗이 사울의 머리 곁에서 창과 물병을 가지고 떠나가되 아무도 보거나 눈치 채지 못하고 깨어 있는 사람도 없었으니 이는 여호와께서 그들에게 깊이 잠들게 하셨으므로 그들이 다 잠들어 있었기 때문이었더라.

다윗이 사울의 머리 곁에서 창과 물병을 가지고 떠났는데 아무도 눈치를 채거나 깨어서 소리치는 사람도 없었다. 일이 이렇게 진행된 이유는 여호와께서 그들로 하여금 모두 잠들게 하셨기 때문이었다. 하나님께서 사울 일동으로 하여금 모두 깨어 있게도 하실 수 있고 모두 잠들어 아무 것도 알지 못하게 하실 수도 있다는 말씀이다. 세상 모든 일은 하나님께서 하실 나름이다.

2. 사울이 사과하고 떠나다 26:13-25

다윗은 사울의 군장 아브넬을 책망하며 사울을 잘 지키지 않은 책임을 묻고 (13-16절) 또 사울을 책망하되 무슨 이유로 자신을 쫓느냐고 항의한다(17-20절). 다윗의 항의를 받은 사울은 다시 다윗에게 사과하고 돌아간다(21-25절).

삼상 26:13. 이에 다윗이 건너편으로 가서 멀리 산꼭대기에 서니 거리가 멀더라.

다윗은 사울의 창과 물병을 가지고 건너편으로 가서 사울의 진지로부터 멀리 가서 하갈라 산꼭대기에 서니 사울 진지로부터 거리가 멀었다. 비록 거리는 멀었어도 다윗이 산꼭대기에 서서 말을 하니 밑에 있는 아브넬과 사울에게는 말이 잘 들릴 정도였다.

삼상 26:14. 다윗이 백성과 넬의 아들 아브넬을 대하여 외쳐 이르되 아브넬아 너는 대답하지 아니하느냐 하니 아브넬이 대답하여 이르되 왕을 부르는 너는 누구냐 하더라.

다윗이 사울 곁에 있는 백성들과 넬의 아들 아브넬을 불렀는데 대답은 하지 않고 아브넬이 말하기를 "왕을 부르는 너는 도대체 누구냐"고 외쳤다. 다윗이 왕을 부르지도 않았는데 아브넬은 다윗에게 "왕을 부르는 너는 누구냐"고 외친다. '공연히 왕을 불러 소란을 피우는 너는 누구냐?'는 것이었다.

삼상 26:15. 다윗이 아브넬에게 이르되 네가 용사가 아니냐 이스라엘 가운데에
너 같은 자가 누구냐 그러한데 네가 어찌하여 네 주 왕을 보호하지 아니하느냐
백성 가운데 한 사람이 네 주 왕을 죽이려고 들어갔었느니라.

다윗이 아브넬에게 말하기를 '네가 용맹스런 남자가 아니냐. 이스라엘 가운데
서 너 같은 자가 누구냐. 그러한데 네가 어찌하여 네 주 왕을 보호하지 아니하느냐?
내 부하 가운데 한 사람이 네 주 왕을 죽이려고 들어갔었느니라'고 책망한다.
다윗이 이런 말을 하는 이유는 다윗이 아브넬을 향하여 비아냥거리기 위함이
아니고 아브넬의 책임을 추궁하기 위함이며 또 다윗에게 사울을 죽이려는 악의가
없고 사울을 향한 선행을 알게 하려는 것이었다(박윤선).

삼상 26:16. 네가 행한 이 일이 옳지 못하도다 여호와께서 살아 계심을 두고
맹세하노니 여호와의 기름 부음 받은 너희 주를 보호하지 아니하였으니 너희는
마땅히 죽을 자이니라 이제 왕의 창과 왕의 머리 곁에 있던 물병이 어디 있나
보라 하니.

다윗은 아브넬을 향하여 '네가 행한 일이 옳지 못하도다. 네가 여호와의 기름
부음을 받은 너희 주를 보호하지 아니했으니 너는 마땅히 죽을 자이니라'고 함주어
말한다. 죽을 자는 다윗이 아니라 아브넬이라는 것이다. 본 절의 "여호와께서
살아 계심을 두고 맹세하노니"란 말은 다윗이 하는 말이 참된 것임을 강조하는
말이다.

다윗은 아브넬이 죽을 자임을 증거하는 것이 다름 아닌 "왕의 창과 왕의
머리 곁에 있던 물병이 없어진 것"이라고 말한다. 그것들이 어디 있는지 확인해
보면 아브넬이 큰 죄를 지었음이 증명된다는 것이다. 다윗은 여호와의 기름 부음을
받은 자를 잘 지켜주지 않은 것은 큰 죄라는 것을 밝힌다.

삼상 26:17. 사울이 다윗의 음성을 알아듣고 이르되 내 아들 다윗아 이것이 네
음성이냐 하는지라 다윗이 이르되 내 주 왕이여 내 음성이니이다 하고

다윗이 아브넬에게 말할 때 사울이 알아듣고 사울은 다윗을 향하여 "내 아들

다윗아, 지금의 말소리가 네 음성이냐'고 묻는다. 여기 사울은 다윗에게 '내 아들아'라고 부를 자격이 없어졌다. 이유는 사울이 자기의 딸을 다른 사람에게 주었으니(25:44) 다윗을 그렇게 부를 자격이 없어졌다(이상근). 다윗은 사울의 음성을 알아듣고 "내 주 왕이여 내 음성이니이다"라고 대답한다.

삼상 26:18. 또 이르되 내 주는 어찌하여 주의 종을 쫓으시나이까 내가 무엇을 하였으며 내 손에 무슨 악이 있나이까.

다윗은 사울에게 '내 주는 어찌하여, 내가 무슨 짓을 하였기에, 내 손에 무슨 악이 있기에 주의 종을 쫓으시는 겁니까?'라고 항의한다.

삼상 26:19. 원하건대 내 주 왕은 이제 종의 말을 들으소서 만일 왕을 충동시켜 나를 해하려 하는 이가 여호와시면 여호와께서는 제물을 받으시기를 원하나이다마는 만일 사람들이면 그들이 여호와 앞에 저주를 받으리니 이는 그들이 이르기를 너는 가서 다른 신들을 섬기라 하고 오늘 나를 쫓아내어 여호와의 기업에 참여하지 못하게 함이니이다 하니라.

다윗은 사울 왕에게 '내 주 왕께서는 이제 종의 하소연을 들어보시라'고 말하면서 '만일 왕의 마음에 다윗을 죽여야 하겠다는 충동 심을 여호와께서 주시는 것이라면 저는 기쁨으로 죽겠지만 만일 사람들(사울 포함)이 왕의 마음에 다윗을 죽여야 하겠다는 충동 심을 주는 것이라면 바로 그 사람들(사울 포함)이 저주를 받아야 할 것입니다. 이유(כִּי)는 그 사람들(사울 포함)이 이르기를 너는 이방 땅으로 가서 다른 신들을 섬기라는 것이며 또 나를 이스라엘 땅에서 쫓아내어 여호와의 기업에 참여하지 못하게 하는 악행을 저지르는 것이라고 할 수밖에 없습니다'라고 한다.

삼상 26:20. 그런즉 청하건대 여호와 앞에서 먼 이 곳에서 이제 나의 피가 땅에 흐르지 말게 하옵소서 이는 산에서 메추라기를 사냥하는 자와 같이 이스라엘 왕이 한 벼룩을 수색하러 나오셨음이니이다.

문장 초두의 "그런즉"(therefore)이란 말은 '사람들(사울 포함)이 왕을 충동시켜 다윗을 죽이려는 마음을 주는 것이라면 그들이 저주를 받아야 할 것이니 이는 그들이 다윗으로 하여금 이방 땅에 가서 우상을 섬기고 또 우상의 땅으로 가서 여호와의 기업에 참여하지 못하게 하는 행동이므로'(앞 절)란 뜻이다.

다윗은 사울에게 자신이 이방 땅에서 죽지 않도록 애원한다. 즉, "여호와 앞에서 먼 이 곳에서 이제 나의 피가 땅에 흐르지 말게 하옵소서"라고 한다. 여기 "여호와 앞에서 먼 이 곳에서"란 말은 '성소로부터 먼 이곳에서'란 뜻이다 (Hertzberg, RP Smith). 다시 말해 '성소가 있는 이스라엘로부터 먼 이곳 이방 땅에서'란 뜻이다. 사울이 자꾸 자신을 추격하는 경우 자신은 이방 땅으로 피하는 수밖에 없음을 시사하는 말이다(27:1, 다윗은 다음 차례로 블레셋으로 피신할 생각을 가지고 있었다). 다윗은 사울을 향하여 자신으로 하여금 이스라엘로부터 먼 이방 땅에서 죽지 않게 해달라고 애원한다. 참으로 박해도 이런 정도의 박해라면 초특급 박해이다.

다윗이 사울에게 이스라엘 땅으로부터 먼 이방 땅에서 죽지 않게 해달라고 애원하는 이유(כִּי)는 현실적으로 사울이 자기를 수색하여 죽이려고 나왔기 때문이다. 사울은 지금 "산에서 메추라기를 사냥하는 자와 같이 이스라엘 왕이 한 벼룩을 수색하러 나오셨기" 때문이라고 한다. 다윗은 사울을 심히 어리석은 사냥꾼으로 묘사하고 있다. 메추라기를 사냥하려면 광야에서 해야 하는데(출 16:13,14; 민 11:31) 산에서 사냥하려고 나왔다는 것이다. 사울이야 말로 참으로 엉뚱한 사냥꾼이고 미련하기 짝이 없는 사냥꾼이다.

다윗은 사울 왕이 참으로 어리석은 사냥꾼으로 아주 작은, 보잘것없는 "벼룩"과 같은 다윗 자신을 수색하여 죽이려고 나왔다고 말한다. 다윗은 지난번 사건 때는 자신을 "죽은 개"로 여겼다(24:14 주해 참조). 인생이 자신을 아주 보잘것없는 존재로 알 때 하나님을 더욱 의지하게 되니 복이 있게 된다. 야고보도 인생을 잠시 있다가 없어지는 안개로 알았다(약 4:14). 성경은 또 인생이 "그림자"로 말하기도 한다(욥 8:9; 대상 29:15; 시 39:6).

삼상 26:21. 사울이 이르되 내가 범죄하였도다 내 아들 다윗아 돌아오라 네가 오늘 내 생명을 귀하게 여겼은즉 내가 다시는 너를 해하려 하지 아니하리라 내가 어리석은 일을 하였으니 대단히 잘못되었도다 하는지라.

사울은 다윗에게 사과하면서 보장한다. 사울의 사과는 "내가 범죄하였도다"라는 말, "내가 어리석은 일을 하였으니 대단히 잘못되었도다"라는 말이고, 보장하는 말은 "내 아들 다윗아 돌아오라 네가 오늘 내 생명을 귀하게 여겼은즉 내가 다시는 너를 해하려 하지 아니하리라"는 말이다. 사과만 해서는 부족한 것이니 보장하는 말까지 한다. 사울이 사과하고 보장하는 말을 하는 것은 다윗의 간곡한 애원에 대한 사울의 답변이다. 앞선 사울의 사과(24:16-19)는 극히 암시적이었으나 이번의 사과는 아주 노골적인 사과를 하는 것을 볼 수 있다. 그러나 사탄의 영향을 계속해서 받고 있는 사울은 작심 3일, 오래가지 못한다. 교회 안에도 이런 성도가 꽤 많다. 이런 성도들은 죄를 깊이 자복하지 않는 성도들이다. 사람은 성령 충만을 구하지 않으면 언제 터질지 모르는 폭탄이 될 수 있다.

삼상 26:22. 다윗이 대답하여 이르되 왕은 창을 보소서 한 소년을 보내어 가져가게 하소서.

다윗은 사울의 창을 들어 보이면서 사울에게 "왕은 창을 보소서 한 소년을 보내어 가져가게 하소서"라고 한다. 다윗이 사울의 창을 보이고 또 가져가게 한 것은 다윗의 말이 참인 것을 보이기 위함이었고 또 자신이 신실한 사람임을 보이기 위함이었다. 다윗의 이 행위는 다음 절(23절)의 말을 하기 위함이었다.

삼상 26:23. 여호와께서 사람에게 그의 공의와 신실을 따라 갚으시리니 이는 여호와께서 오늘 왕을 내 손에 넘기셨으되 나는 손을 들어 여호와의 기름 부음을 받은 자 치기를 원하지 아니하였음이니이다.

다윗은 사울의 창을 도로 가져가라고 하면서(앞 절) 여호와께서 다윗이 행한 공의와 신실을 따라 갚아주실 것이라고 말한다. 여기 다윗이 행한 "공의"란 '다윗이 행한 옳은 일'을 가리킨다. 다윗은 여호와께서 사울 왕을 다윗의 손에 넘겨주셨는데도 죽이지 않은 것이 다윗의 공의라고 말한다. 그리고 "다윗의 신실"이란 '다윗이 보여준 신실함'을 지칭하는데 이는 다윗이 보여준 '신실한 불변의 충성심'(RP Smith)을 뜻한다. 다윗은 사울 왕에게 계속해서 신실함을 보여주었다. 다시 말해 여호와께서 사울 왕을 다윗의 손에 넘겨주셨는데도 여호와로부터 기름 부음을 받은 사울 왕을 죽이지 않았다. 이것이 다윗이 사울 왕에게 보여준 시종일관한 신실한 충성심이다. 다윗은 여전히 사울에 대해 신실한 충성심을 보여 그를 죽이지 않았다. 다윗은 자신의 이런 공의와 신실을 여호와께서 선으로 갚아주시기를 빌고 있다. 우리는 범사에 공의와 신실을 보이면서 세상을 살아야 할 것이다.

삼상 26:24. 오늘 왕의 생명을 내가 중히 여긴 것 같이 내 생명을 여호와께서 중히 여기셔서 모든 환난에서 나를 구하여 내시기를 바라나이다 하니라.

다윗은 오늘 자기가 사울의 생명을 중하게 여겨 죽이지 않은 것과 같이 여호와께 다윗을 귀중히 여기셔서 모든 환난에서 다윗을 구하여 내시기를 소원한다. 다윗은 이런 소원을 사울에게 말하지 않고 여호와께 구한 것은 기도자의 바른 자세이다. 사람은 믿을 것이 못된다. 사울이 아무리 사과하고 다윗의 생명을 보장한다고 말했지만 다윗은 그를 믿을 수 없다고 판단하여 여호와께 간구했다. 우리는 범사에 하나님께 기도해야 할 것이다.

삼상 26:25. 사울이 다윗에게 이르되 내 아들 다윗아 네게 복이 있을지로다 네가 큰일을 행하겠고 반드시 승리를 얻으리라 하니라 다윗은 자기 길로 가고 사울은 자기 곳으로 돌아가니라.

다윗은 자기의 앞날을 여호와께 기도하였는데 사울은 다윗의 기도를 듣고 마치 자기가 다윗의 기도를 들어주는 사람처럼 몇 마디를 한다. 하나는 "내 아들 다윗아 네게 복이 있을지로다"라고 복을 빌어준다. 그러나 이런 축복은 이루어지지 않는다. 그리고 사울은 다윗에게 "네가 큰일을 행하겠고 반드시 승리를 얻으리라"고 말해준다. 사울은 다윗이 앞으로 큰일을 행할 줄 안다고 격려의 말을 했고 또 반드시 승리를 얻을 것이라고 덕담을 한다. 이런 격려와 덕담(德談)은 덕담에 지나지 않는 말이다. 이렇게 서로 말을 주고받은 후 다윗은 자기가 갈 길로 갔고 사울은 자기의 왕궁이 있는 기브아로 돌아갔다. 그리고 그 후에는 그들은 서로 만나지 못했다.

제 27 장

J. 다윗이 다시 가드로 피하다   27:1-28:2

다윗은 사울이 자신을 향해 아무리 그럴듯한 덕담을 했어도 사울은 믿을 수 없는 사람임을 알고 블레셋의 5대 도시 중 하나인 가드로 피신한다(1-7절). 그래서 가드 왕 아기스의 신임을 얻는다(8-28:2).

삼상 27:1. 다윗이 그 마음에 생각하기를 내가 후일에는 사울의 손에 붙잡히리니 블레셋 사람들의 땅으로 피하여 들어가는 것이 좋으리로다 사울이 이스라엘 온 영토 내에서 다시 나를 찾다가 단념하리니 내가 그의 손에서 벗어나리라 하고.

다윗은 사울과 피차 좋게 헤어졌으나(앞 절) 인간을 믿을 수 없어 후일에는 사울의 손에 붙잡혀 죽을지도 모른다는 생각이 들어 이스라엘의 최(最)적국인 블레셋 땅으로 피하여 들어가는 것이 좋을 것이라고 생각하게 되었다. 그래서 사울이 이스라엘 온 영토 안에서 다시 자기를 찾다가 단념할 것이라고 여겼다.

삼상 27:2. 다윗이 일어나 함께 있는 사람 육백 명과 더불어 가드 왕 마옥의 아들 아기스에게로 건너가니라.

다윗이 일어나 함께 있는 사람 600명의 부하(이에 딸린 가족도 꽤 많았을 것이다)와 더불어 가드왕 마옥의 아들 아기스에게로 건너갔다. 다윗이 블레셋으로 피신한 이유는 아마도 600명의 부하의 영향이 컸을 것으로 보인다. 600명은 사울의 정치에 불만을 품고 모여든 불만 세력이었으니 사울을 싫어하고 또 사울을 무서워하여 블레셋으로 도피했을 것이다.

그런데 여기서 다윗이 블레셋의 도시 중 가드(이 도시 국가의 왕이 아기스였다)

를 택한 이유가 문제가 된다. 가드 왕에 대한 해석은 21:10 주해를 참조할 것. 문제가 되는 것은 이전에 다윗이 가드 왕 아기스로부터 쫓겨난 일이 있었다는 것이다(21:10). 쫓겨난 일이 있었음에도 불구하고 다시 가드를 찾아간 이유가 무엇인가 하는 것이다. 첫째, 오랜 시간이 지났으니 크게 문제가 될 것이 없었다고 본다. 둘째, 아기스의 대적 다윗이 사울로부터 계속해서 핍박을 받고 있었음이 아기스에게까지 알려졌기 때문일 것이다. 그런고로 아기스가 사울의 큰 원수였으니 사울을 피해간 다윗을 옛날과는 달리 보았을 것이다. 셋째, 아기스는 다윗의 대군을 받아들이면 가드가 크게 힘을 얻어 사울을 대적하는 일에 크게 유익할 것으로 알아 다윗을 환영했을 것으로 보인다. 가드 왕 아기스는 다윗에 대한 과거의 감정을 누르고 실리를 생각했을 것이다.

삼상 27:3. 다윗과 그의 사람들이 저마다 가족을 거느리고 가드에서 아기스와 동거하였는데 다윗이 그의 두 아내 이스르엘 여자 아히노암과 나발의 아내였던 갈멜 여자 아비가일과 함께 하였더니.

본 절은 다윗은 물론 그의 부하들이 저마다 가족을 거느리고 가드에서 아기스와 동거했다는 것을 진술한다. 다윗은 "자신이 그의 두 아내 이스르엘 여자 아히노암(25:43)과 나발의 아내였던 갈멜 여자 아비가일(25:3)과 함께 하였다"는 것을 진술한다. 다윗이 이처럼 많은 대가족을 거느리고 나라를 옮겨 다니는 훈련은 앞으로 왕으로 역할을 잘 감당하는 일에 크게 도움이 되었을 것으로 보인다.

삼상 27:4. 다윗이 가드에 도망한 것을 어떤 사람이 사울에게 전하매 사울이 다시는 그를 수색하지 아니하니라.

다윗이 가드로 도망했다는 소식이 사울에게 전해지자 사울이 다시는 다윗을 수색하지 않았다는 내용이다. 사울이 다윗을 다시 수색하지 않은 이유는 이제는 이스라엘에서 아주 떠난 줄로 알았기 때문이며 또 블레셋으로 다윗을 잡으러 가면 블레셋과 충돌할 것이니 아예 포기하고 말았다.

삼상 27:5. 다윗이 아기스에게 이르되 바라건대 내가 당신께 은혜를 입었다면 지방 성읍 가운데 한 곳을 내게 주어 내가 살게 하소서 당신의 종이 어찌 당신과 함께 왕도에 살리이까 하니.

다윗이 부하 600명과 또 그들의 가족들과 함께 가드에 사는 중 가드의 방백 아기스에게 한 가지 부탁을 한다. 즉 "바라건대 내가 당신께 은혜를 입었다면", 다시 말해 '내가 당신께 은혜를 입었으니' 혹은 '내가 당신께 사랑을 입었으니' 혹은 '나를 계속 사랑하신다면' "지방 성읍(들) 가운데 한 곳을 내게 주어 내가 살게 해달라"고 부탁한다. '이유는 어찌 소인이 왕이 거하시는 왕도에서 함께 살 수 있단 말입니까'라고 했다. 다윗이 이렇게 시골에서 살기를 원한 이유는 자유롭게 살기 원하였기 때문이며 또 적지 않은 가족들이 우상 숭배에 물들까 조심스러웠기 때문이었을 것이다.

삼상 27:6. 아기스가 그 날에 시글락을 그에게 주었으므로 시글락이 오늘까지 유다 왕에게 속하니라.

다윗의 소원을 듣자마자 아기스는 바로 시글락[85])을 다윗과 그의 부하들에게 주었기 때문에 시글락이 오늘까지(본서 저자가 본서를 기록하는 때까지) 유다 왕에게 속하게 되었다는 이야기이다. 다윗은 시글락을 받고 아기스에게 충성하면서 시글락의 성주가 되었고 또 미래의 통치자의 길을 걸었다.

삼상 27:7. 다윗이 블레셋 사람들의 지방에 산 날 수는 일 년 사 개월이었더라.

다윗은 가드 왕으로부터 받은 블레셋 사람들의 지방(시글락)에서 생활한 날 수는 1년 4개월이었다. 본 절의 "날'(יָמִים)이란 말은 '매년'이란 뜻으로 사용되기도 하며(1:3; 2:19), 또 '일년'이란 뜻으로 사용되기도 한다(삿 17:10; 삼하 14:26). 그런고로 본 절의 "날"이란 말을 요세푸스와 70인 역이 4개월이란 주장을 편

---

85) "시글락": Ziklag. 네게브(Negeb, 남방)에 있던 유대의 성읍으로(수 15:31) 시므온에 속했다(수 19:5). 가드 왕 아기스는 신하로 받아들였던 다윗에게 시글락을 주고 유목부족의 침입으로부터 변경을 지키는 임무를 맡겼으나, 후에는 유대의 영지로 되었다(삼상 27:6; 30:1,14,26; 삼하 1:1; 4:10; 대상 4:30; 12:1,20).

388 사무엘상,하 주해

것은 바른 주장으로 볼 수 없고, 우리 개역성경이나 개역개정판 성경이 번역한
대로 본 절의 "년"을 '1년'으로 보아 다윗이 "블레셋 사람들의 지방에 산 날
수는 일 년 사 개월이었다'86)는 말로 보아야 할 것이다. 다윗은 블레셋의 변두리
시골 시글락에서 1년 4개월간 동족을 통치하는 동안 미래의 왕이 되기 위한
훈련을 쌓았다. 다윗은 이 기간을 지나고 유다의 헤브론으로 돌아가 유다의 왕으로
기름 부음을 받고 유다 왕이 되었다(삼하 2:1-4). 사람은 무엇이 되기 전에 먼저
훈련을 받아야 쓰임을 받는다. 요셉은 애굽의 총리가 되기 전 애굽의 시위대장
집에서 가정 총무로 훈련을 받았고(창 39:6), 또 감옥에서 2년 넘게 감옥 총리가
되어 훈련을 받았다(창 39:19-23).

**삼상 27:8. 다윗과 그의 사람들이 올라가서 그술 사람과 기르스 사람과 아말
렉 사람을 침노하였으니 그들은 옛적부터 술과 애굽 땅으로 지나가는 지방의
주민이라.**

다윗과 그의 부하들이 블레셋에 사는 동안 올라가서 그술 사람과 기르스
사람들과 아말렉 사람들을 침략하여 털곤 했는데 이 사람들은 옛날부터 이집트로
가는 길을 따라 "술"87) 부근에 살고 있던 사람들이었다. 다윗은 유다의 적들을
침략하여 털곤 했다. 여기 "그술 사람"이란 블레셋 남쪽에 살고 있던 종족이고(수
13:2), "기르스 사람"(Girzites)은 다윗이 쳐서 정복한 네게브 서북쪽에서 살고
있던 반(半) 유목 민족으로 알려지고 있다. "아말렉 사람"88)은 이스라엘의 오랜

---

86) 한국어 판 번역뿐 아니라 영어번역판(KJV, NIV, ASV, NASB, RSV, ESV) 등도 '1년
4개월'로 번역했다.
87) "술": Shur. "술"의 뜻은 '성벽'이란 뜻을 가지고 있다. 애굽의 북동과 팔레스틴의 남부와
의 경제의 광야(창 25:18; 삼상 15:7; 27:8)를 지칭한다. 일찌기 아브라함, 하갈, 이스마엘에
관련하여 기록되어 있다(창 16:7; 20:1; 25:18). 이 술의 이름은 애굽이 아시아인의 침입을 막기
위해 성벽을 쌓은 데서 유래한다. 출애굽 한 이스라엘은, 홍해를 건넌 직후, 이 광야를 3일간
걸었다(출 15:22, '수르광야').
88) "아말렉 사람": Amalekites. 에서 자손의 일족(창 36:12)을 지칭한다. 이스라엘 백성의
출애굽시대에 팔레스틴 남부(가데스바네아 부근)에 거했고(민 13:29; 14:25), 그들이 살고 있는
곳은 아바림산에서 한 눈에 볼 수가 있었다(민 24:20; 신 34:1-3). 아말렉에 대해 성경 중 최초로
기록되어 있는 것은 창 14:7이다. 그때, 그들은 엘람왕 그돌라오멜에게 격파되었다. 그 무렵
아말렉 사람들은 가데스에 나라를 세우고 있었던 듯하다. 후에 이스라엘 백성이 애굽을 나와

숙적으로 사울에게 큰 타격을 받긴 했으나(15장) 남은 백성이 다시 강성해졌다.

삼상 27:9. 다윗이 그 땅을 쳐서 남녀를 살려두지 아니하고 양과 소와 나귀와 낙타와 의복을 빼앗아 가지고 돌아와 아기스에게 이르매.

다윗은 "그술 사람들과 기르스 사람들과 아말렉 사람들"을 쳐서 남녀를 살려두지 않고 다 죽였다. 그리고 양과 소와 나귀와 낙타와 의복을 빼앗아 가지고 돌아와 가드 왕 아기스를 먼저 만났다. 아기스를 찾아가서 만난 이유는 아기스의 지휘 하에 있었으므로 그에게 신임을 얻고자 해서였고 또 그에게 전리품의 일부를 선물로 바치기 위함이었다(RP Smith). 그러나 다윗은 아기스를 만났을 때 어느 사람들을 쳤는지에 대해서는 보고하지 않았다(다음 절).

삼상 27:10. 아기스가 이르되 너희가 오늘은 누구를 침노하였느냐 하니 다윗이 이르되 유다 네겝과 여라무엘 사람의 네겝과 겐 사람의 네겝이니이다 하였더라.

다윗이 앞 절에서 자기들이 침노한 사람들에 대해서는 말해주지 않았으므로 아기스가 어느 민족을 침노하였는지 묻는다. 그래서 다윗은 아기스의 질문을 받고 "유다 남쪽 지역과 여라무엘 사람의 남쪽 지역과 겐 사람의 남쪽 지역을 침노했다"고 대답했다. "여라무엘"(Jerahmeelites)은 유다 남부에 있던 반유목민으로 유다지파에 속한 종족이었다(삼상 27:10; 30:29). "겐 사람"[89)에 대한

광야의 여로를 시작할 때, 이스라엘 백성에 대하여 최초에 도전한 강적으로서, 그들은 시내산의 서쪽 르비딤에 와서 이스라엘과 싸우고, 패배했다(출 17:8-16; 신 25:17-19). 그로부터 1년 후에, 이스라엘이 가데스에 이른 때, 이스라엘은 하나님을 거슬러 아말렉인에게 패배했다(민 14:43-45). 아말렉인은, 모세와 여호수아 시대가 지나면서는, 모압왕 에그론을 돕기로 하고, 미디안과 연합하기로 하여, 북 이스라엘을 침략했다(삿 3:13; 6:3,33)(디럭스바이블 성경사전).
    89) "겐 사람": Kenites. 아브라함 당시 갓몬 사람, 그니스 사람과 함께 가나안 땅에 살고 있던 족속(창 15:19). 겐 사람은 가인의 자손으로 보이는 경우가 있는데(민 24:21,22), 유목민 미디안 사람과 관련이 강한 것으로 생각되고 있고, 이것을 동일시하는 설도 있다. 모세의 아내 십보라의 아버지 이드로는, 미디안의 제사장으로 불리고(출 3:1; 18:1), 동시에 겐 사람으로 불리고 있다(삿 1:16). 겐 사람이라는 부족을 포함한 보다 넓은 족속이, 미디안이라고도 생각된다. 발람은 그들의 천막을 모압 산에서 바라볼 수가 있었다(민 24:21). 겐 사람의 일부는, 이스라엘 민족과 행동을 함께 하고, 가나안 남부에 거주했는데(삼상 15:6), 기타의 지역에도 이주했다(삿

해석은 15:6 주해 참조. 이 족속들은 모두 유다 남방의 족속들이었으므로 아기스가 다윗을 신임하기에 충분했던 것으로 보인다. 아무튼 다윗이 이들을 치고 아기스를 방문한 것을 보면(9절) 이들 종족들을 친 것을 아기스가 좋아할 것이 분명했기에 찾아갔을 것이다.

삼상 27:11. 다윗이 그 남녀를 살려서 가드로 데려가지 아니한 것은 그의 생각에 그들이 우리에게 대하여 이르기를 다윗이 행한 일이 이러하니라 하여 블레셋 사람들의 지방에 거주하는 동안에 이같이 행하는 습관이 있었다 할까 두려워함이었더라.

다윗이 그술, 기르스, 아말렉 족속의 남녀(8,10절)를 모두 몰살하고 살려두지 않은 이유는 만약에 그들을 살려서 가드로 데리고 가는 경우 그들의 입으로 다윗의 정체를 폭로할까 두려워해서였다. 이것은 다윗 혼자 생각이었지만 그들 포로들이 잡혀 가드로 끌려가서 다윗과 그의 부하들은 항상 이렇게 행하는 습관이 있다고 말하면 아기스가 다윗을 의심하게 되어 다윗이 위험하게 될 것이기 때문이었다. 다시 말해 이들 족속들은 주로 이스라엘을 괴롭힌 민족들로서 블레셋으로는 하등 꺼끄러울 것이 없는 족속들이었다. 따라서 다윗의 행위는 블레셋의 입장으로 보면 이적 행위가 되는 셈이었다. 그래서 다윗과 그 부하들은 그들 모든 포로를 항상 살해한 것이었다. 다윗은 블레셋에게 좋지 않은 행위를 하고 마치 블레셋에게 유익한 행동을 한 것처럼 꾸몄다. 다윗은 거짓을 행했고 아기스는 다윗에게 속은 것이었다.

삼상 27:12. 아기스가 다윗을 믿고 말하기를 다윗이 자기 백성 이스라엘에게 심히 미움을 받게 되었으니 그는 영원히 내 부하가 되리라고 생각하니라.

다윗이 그술 사람과 기르스 사람과 아말렉 사람들(유다 남방 족속들)을 모두 살해한 결과 아기스는 완전히 속아 넘어가서 말하기를 다윗이 자기 백성 이스라엘

4:11,17)(디럭스 바이블 성경사전).

에게 심히 미움을 받게 되었으니 다윗은 영원히 내 부하가 되리라고 생각했다는 내용이다.

아기스는 다윗이 동족을 무자비하게 쳤으니 이제는 이스라엘의 증오의 대상이 될 것이고, 따라서 다윗은 더 이상 이스라엘로 돌아갈 수 없는 몸이 되어 이제는 평생토록 자신의 부하노릇을 할 수밖에 없을 것이라고 확신했다.

제 28 장

삼상 28:1. 그 때에 블레셋 사람들이 이스라엘과 싸우려고 군대를 모집한지라 아기스가 다윗에게 이르되 너는 밝히 알라 너와 네 사람들이 나와 함께 나가서 군대에 참가할 것이니라.

얼마 후에 블레셋 사람들(여기 블레셋 사람들이란 가드 뿐 아니라 블레셋 전체를 말한다)이 이스라엘과 싸우려고 군대를 모집할 때 아기스가 다윗에게 말한 것은 '당신과 당신의 사람들이 우리 군대와 함께 나가서 이스라엘과 전쟁을 해야 하오'라고 했다. 본문의 "너는 밝히 알라"는 말은 아기스가 다윗으로 하여금 블레셋 군대와 함께 이스라엘과 전투하는 일에서 빠져서는 안 되는 일로 알게 하려고 한 말이다.

블레셋 사람들은 이스라엘과 항상 좋지 않은 관계에 있었다. 블레셋 사람들은 에벤에셀 전투(4:1-11)에서 패배한 후 크고 작은 전쟁이 있을 때마다 패배했으니 항상 이스라엘을 치기를 원했다. 특히 엘라 전투 때 다윗이 골리앗을 무찔렀으니 언젠가는 이스라엘을 무찌르려 했는데 이제는 다윗도 블레셋 편이 되었고 사울의 군사력도 약화 되었으니 이스라엘을 치려고 군대를 모집하고 있었다. 더욱이 최근 다윗이 유다 남방 족속들을 살해한 것을 보고 다윗이 동족을 살해했으니 이제는 다윗이 이스라엘로부터 미움을 받을 일을 한 것으로 확신하고(27:10,12) 다윗이 분명 블레셋 편에 서서 블레셋을 위하여 싸울 것이라고 생각하게 되었다.

다윗은 이제 거짓말을 한 것(27:11)이 들통 나는 순간을 맞이한 것이다. 거짓말은 얼마 가지 않아 꼭 하나님께서 들추시는 것을 볼 수 있다. 잠 12:19; 세상 사람들의 눈에만 감추어져서는 안 된다. 우리는 거짓말을 하지 않아야 하고 또 거짓을 했을 때는 그 거짓을 씻기 위하여 죄를 자복해야 한다. 그러면 그리스도의 피로 씻음 받는다.

삼상 28:2. **다윗이 아기스에게 이르되 그러면 당신의 종이 행할 바를 아시리이다**
하니 아기스가 다윗에게 이르되 그러면 내가 너를 영원히 내 머리 지키는 자를
삼으리라 하니라.

다윗은 아기스로부터 블레셋 군대와 함께 이스라엘을 치러 가자는 부탁을
받고 참으로 난감했을 것이다. 자기가 사울의 미움을 받아 지금 블레셋에 와
있기는 하나 그러나 그렇다고 이스라엘을 칠 수는 없는 일이었다. 다윗은 아기스에
게 말하기를 "그러면 당신의 종이 행할 바를 아시리이다"고 말한다. 이 말의
참뜻은 '이 종이 무엇을 해야 하는지 알려 주십시오'라고 얼버무린 말이었다.
아기스는 다윗으로부터 말을 듣고 '그러면 당신은 영원히 내 호위병이 되시오'라고
대답했다.

III. 사울이 최후를 맞이하다 28:3-31:13

이제 이스라엘은 온전히 딴 시대를 맞이한다. 사울은 다윗의 훈련 교관의
역할을 끝내고 그 동안 훈련을 받느라 수고한 다윗의 시대가 왔다. 28:3부터
31:13까지의 내용은 1) 사울이 큰 전쟁을 만나 아무런 계시가 없어 신접한 여인을
찾다(28:3-25). 2) 다윗이 블레셋을 위한 전쟁에 나가지 않게 되고(29장), 3) 다윗이
아말렉을 치는 일(30장), 4) 사울이 최후를 맞이한 일(31장)이 닥친다.

A. 사울이 신접한 여인을 찾다 28:3-25

사무엘이 죽어 장사됨으로 사울은 심히 어려운 환경을 만난다. 사울은 이제
그의 생애가 마감할 즈음이 되어 블레셋과의 전쟁을 맞이하여 답답함을 느낀다(3-7
절). 그리하여 사울은 신접한 여인을 찾는다(8-19절). 사울은 신접한 여인의 고함소
리를 듣고 기진한다(20-25절).

1. 사울이 신접한 여인을 찾다 28:3-7

사울은 다윗에게 10여 년 간의 심한 박해를 가하다가 블레셋 전을 앞두고
큰 어려움을 당한다. 사울은 이 블레셋 전을 끝으로 최후를 맞이한다.

삼상 28:3. 사무엘이 죽었으므로 온 이스라엘이 그를 두고 슬피 울며 그의 고향 라마에 장사하였고 사울은 신접한 자와 박수를 그 땅에서 쫓아내었더라.

본 절에는 사울이 신접한 자를 찾을 수밖에 없었던 이유 두 가지를 말한다. 첫째는 "사무엘이 죽었기" 때문이었다. 사무엘이 살아있었더라면 사울이 사무엘에게 물었을 것이다. 사무엘이 죽었으므로 온 이스라엘 국민이 그를 두고 슬피 울며 그의 고향 라마에 장사했다. 이 말씀은 25:1을 다시 말한 것이다. 그리고 둘째는 사울이 "신접한 자와 박수를 그 땅에서 쫓아냈기" 때문이었다. 신접한 자와 박수를 쫓아내지 않았더라면 그들에게 물었을 것인데 그들이 없어서 신접한 여인을 찾았다. 여기 "신접한 여인"(אוב)이란 1) '공허한 말을 하는 자'라는 견해(Diestel, Lange). 2) '마술적 또는 우상 숭배적 도구'라는 견해(HP Smith). 3) '접신녀'(무당)라는 견해(박윤선). 3번의 견해가 바를 것으로 보인다. "신접한 여인"은 도구는 아니고 사람이면서 귀신을 사람 속에 받아가지고 귀신을 불러내는 사람이다. 다시 말해 '죽은 자의 혼을 불러내 사후 세계와 교통하는 자들'을 뜻한다(레 19:31). 그리고 "박수"(ידענים)란 '점 또는 마술 등의 방법을 통하여 미래에 관한 지식을 알려주는 자, 곧 점장이나 마술사를 가리킨다(Lust, Fay).

사울은 왕으로 등극했을 때 신접한 여인과 박수 같은 사람을 쫓아내는 일이 이스라엘 백성의 지도자에게 강력히 요구되었으므로(출 22:18; 레 19:31; 20:27; 신 18:9-14) 이러한 일을 시행했을 것으로 보인다.

삼상 28:4. 블레셋 사람들이 모여 수넴에 이르러 진 치매 사울이 온 이스라엘을 모아 길보아에 진 쳤더니.

본 절은 두 민족이 진 친 곳을 설명한다. 블레셋 사람들(여기 "블레셋 사람들"은 가드 뿐 아니라 블레셋의 5도시의 군대를 지칭하는 말이다. 29:3 참조)은 수넴에 진을 쳤고, 사울은 온 이스라엘을 모아 길보아90)에 진을 쳤다. "수넴"(Shunem)이

---

90) "길보아": Gilboa. 현재 제벨 푸구아(Jebel Fuqu'ah)라 불리는, 지중해면에서 497m 높이에 있는 석회암 구릉의 봉우리이다. 벧산의 서쪽 약 9㎞지점에 있는 이스라엘 골짜기의 동단

란 '동생의 땅'이라는 이름을 가지고 있다. 아셀 지파의 성읍이다(수 19:18). 사울이 전사한 길보아 산의 맞은쪽 블레셋 군이 포진했던 땅이다(삼상 28:4). 이 성읍의 유복한 부인은 선지자 엘리사를 환대하였다(왕하 4:8). 모레 구릉의 서남 기슭에 있는 현금의 솔렘(Solem, 이스라엘 이름 Shunem) 마을이 조금 달라진 이름으로 옛 이름을 남기고 있다. 이스라엘 사람의 성읍은 이 마을의 북쪽에 있었으며, 옛 터 아래쪽에 샘물이 있고, 오늘날과 같이 옛날 성읍 주민의 음료수를 공급하고 있었다. 고지(古址-옛날의 구조물이나 성곽 같은 것이 있던 터)에는 사보텐이 우거지고 묘지로 되어 있음으로 발굴할 수 없었다. 엘리사에게 호의를 보인 부인은 '수넴 여인'이라 불리고 있다(왕하 4:12,25,36). 다윗의 노년의 여종 아비삭은 '수넴 여자'이니 바로 이 성읍 출신이었다(왕상 1:3,15; 2:17,21,22). 이 "수넴"은 길보아와의 거리는 약 1.5km였다. 길보아는 수넴의 남쪽이며 요단 계곡과 이스르엘 평야의 중간인 산악 지대였다. 이곳은 바로 사울이 최후를 맞는 장소가 되었다(31:8). 본 절의 "사울이 온 이스라엘을 모아"라는 말을 보면 사울의 이 전쟁이 큰 전쟁이었던 것을 보여주고 있다.

삼상 28:5. 사울이 블레셋 사람들의 군대를 보고 두려워서 그의 마음이 크게 떨린지라.

사울이 블레셋 사람들이 진 친 것을 보고 그의 마음이 크게 떨렸다는 이야기이다. 사울이 진 친 길보아는 산지(山地)로 평지에 진 친 블레셋 군대가 잘 보였을 것이고 더 유리했을 터인데도 하나님이 떠나셨으니 그의 마음이 크게 떨린 것이다. 누구든지 하나님이 마음에서 떠나시면 마음에 떨림이 일어나는 법이다(13:7; 사 32:11 참조). 오늘 우리는 죄를 자복하고 기도하여 하나님을 모시는 일에 전념해야 하고 또 전쟁은 여호와께 속했다는 것을 알고 떨어서는 안 될 것이다(17:47).

모레(Moreh) 구릉의 남쪽에 위치한다. 남쪽 사면에 있는 '젤분'(Jelbun)이라는 오늘날의 마을 이름은 '길보아'라는 고대 이름이 남아 있는 것으로 본다.

삼상 28:6. 사울이 여호와께 묻자오되 여호와께서 꿈으로도, 우림으로도, 선지자로도 그에게 대답하지 아니하시므로.

블레셋 군대를 보고 두려워 떨던 사울은 여호와께 물었으나 여호와께서는 꿈으로도 대답하지 않으셨고 또 우림(하나님의 뜻을 알기 위해 사용한 도구)으로도 대답하지 않으셨으며 선지자를 통해서도 말씀하지 않으시는 답답함을 경험했다. 하나님께서 그를 떠나셨으니 대답하실 리가 없으셨다(15:26; 16:14). 오늘 성도들로부터 여호와께서 떠나시면 성경 말씀을 통해서도 여호와의 음성을 들을 수 없고, 기도해도 응답을 받지 못한다. 이럴 때에는 죄를 깊이 자복하는 것밖에 다른 방법은 없다.

삼상 28:7. 사울이 그의 신하들에게 이르되 나를 위하여 신접한 여인을 찾으라 내가 그리로 가서 그에게 물으리라 하니 그의 신하들이 그에게 이르되 보소서 엔돌에 신접한 여인이 있나이다.

사울은 이리해도 저리해도 하나님으로부터 아무 응답도 받지 못하여 그의 신하들에게 자기를 위하여 신접한 여인을 찾으라고 명령한다. 자기가 신접한 여인에게 찾아가서 묻겠다고 말한다. 사울이 신접한 여인을 찾으라고 명령했을 때 사울의 제자들은 사울에게 엔돌[91] 지방에 신접한 여인이 있다고 보고한다. 사울은 접신녀의 초혼술(招魂術)을 통해서라도 사무엘을 불러 전쟁 문제를 물어보려 한다. 사울은 다윗을 시기하여 죽이려고 10여 년간 애를 썼으니 하나님께서 그를 떠나셔서 이제는 신령한 세계에 대해서는 캄캄한 절벽이 되어 버렸다. 이런 때에는 죄를 자복해야 하는데 자기가 어려움을 당하자 죄를 자복하지는 않고 신접한 자를 찾아 간 것이다. 사울의 일은 점점 꼬여가고 있었다. 어떤 이들은 일이 꼬여 갈 때 일이 더 꼬이게 행동한다.

---

91) "엔돌": En dor. '주거의 샘'이라는 뜻을 가지고 있다. 므낫세에 속하는 성읍인데(수 17:11), 사울 왕은 여기에 사는 신접한 여자에게 길보아에서의 최후 결전의 승패를 물으려고 찾아 갔다(삼상 28:7). 시편 83:10에 의하면 시스라와 야빈의 패전지이다. 지금의 이스라엘 엔 도르('En Dor)의 서남쪽 길벱 엔 도르(Khirbet 'EnDor)와 동일시된다.

2. 사울이 신접한 여인에게 사무엘을 찾다 28:8-19

사울이 다른 옷을 입어 완전히 자기가 아닌 척 변장하고 부하 두 사람과 함께 신접한 여인에게 찾아가 사무엘의 혼을 불러내니(8-14절), 사무엘이란 사람이 나타나 사울의 패배를 예고한다(15-19절).

삼상 28:8. 사울이 다른 옷을 입어 변장하고 두 사람과 함께 갈 새 그들이 밤에 그 여인에게 이르러서는 사울이 이르되 청하노니 나를 위하여 신접한 술법으로 내가 네게 말하는 사람을 불러올리라 하니.

사울이 왕복이 아니라 평복으로 갈아입어 사람들이 사울인줄 못 알아보게 꾸미고 부하 두 사람과 함께 밤을 틈타 신접한 여인 집에 가서 사울이 여인에게 '죽은 영혼을 부르는 술법으로, 내가 당신에게 말하는 사람을 나에게 불러 올려 주시오'라고 부탁했다.

삼상 28:9. 여인이 그에게 이르되 네가 사울이 행한 일 곧 그가 신접한 자와 박수를 이 땅에서 멸절시켰음을 아나니 네가 어찌하여 내 생명에 올무를 놓아 나를 죽게 하려느냐 하는지라.

사울의 부탁을 받은 여인은 사울(아직 이 여인은 사울인줄 모른다)에게 '당신이 사울이 신접한 자와 박수를 이 땅에서 멸절시켰음을 아나니 당신이 어찌하여 내 생명에 덫을 놓아 나를 죽게 하려느냐'고 말하며 사울의 요청을 거절한다.

삼상 28:10. 사울이 여호와의 이름으로 그에게 맹세하여 이르되 여호와께서 살아 계심을 두고 맹세하노니 이 일로는 벌을 당하지 아니하리라 하니.

사울은 그 신접한 여인에게 여호와의 이름으로 맹세까지 한다. 그 맹세란 다름 아니라 '죽은 사람의 영혼을 불러올리는 일 가지고는 벌을 당하지 않을 것이라'고 확언한다. 아무 염려할 것이 없다고 약속한다. 모든 접신녀를 죽인 사울이 접신녀를 찾아 와서 접신술로 사무엘을 불러달라고 애원하다니 참으로 앞뒤가 맞지 않는 추잡하기 그지없는 일이다. 또 사울은 지금 여호와를 믿지도 않고 순종하지도 않으면서 무슨 낯으로 맹세까지 하는가. 있을 수 없는 일이다.

삼상 28:11. 여인이 이르되 내가 누구를 네게로 불러올리랴 하니 사울이 이르되 사무엘을 불러올리라 하는지라.

여인은 사울이 여호와의 이름으로 맹세하는 것을 보고 좀 안심한 듯 "내가 누구를 네게로 불러올리랴"고 물어본다. 즉, '내가 누구의 혼을 당신에게 불러올릴지 말씀하시오'라고 했다. 사울의 대답은 '사무엘의 혼을 불러올려 주시오'라고 한다. 사울은 지금 블레셋과의 전투를 앞두고 너무 답답하여 사무엘의 혼을 불러 이 전투가 어떻게 될 것인지 알아보려고 한 것이다.

삼상 28:12. 여인이 사무엘을 보고 큰 소리로 외치며 사울에게 말하여 이르되 당신이 어찌하여 나를 속이셨나이까 당신이 사울이시니이다.

본 절은 두 가지를 말하고 있다. 첫째는 "여인이 사무엘을 보고 큰 소리로 외쳤다"는 것이고, 또 둘째는 "당신이 어찌하여 나를 속이셨나이까 당신이 사울이시니이다"라고 말한 일이다. 첫째 "여인이 사무엘을 보고 큰 소리로 외친 일"을 두고 여러 견해가 있다. 1) 여인이 사무엘을 보았다고 하는 것은 흥분된 상태에서 착각했다고 주장하는 견해(RP Smith). 이 견해는 여인이 아무 것도 본 것이 없으나 거짓으로 본 척했을 뿐이라는 견해이다. 2) 실제로 사무엘의 혼이 나타났다는 견해(Josephus, Klein, K.&D., Schulz, Schneider, Lange). 이 견해를 주장하는 학자들은 그 때에 하나님께서 권능으로 사무엘을 나타내셨다고 주장한다. 그러나 우리는 이 견해를 강하게 반대한다. 하나님께서 그의 선지자(사무엘)를 접신녀의 초혼술에 맡기셨겠는가 하는 것이다. 그리고 또 성도가 일단 죽으면 그 영혼이 하늘로 올라간다고 했는데(전 12:7; 눅 16:22-23) 접신녀는 "영이 땅에서 올라오는 것을 보았다"고 말했으니(13절 하반 절) 성경의 말씀을 정면으로 거스르는 주장이다. 3) 유령이 나타났다는 견해(Luther, Calvin, Grotius, Matthew Henry, Patrick, 박윤선). 여인이 사무엘을 보았다는 것은 실제 사무엘이 아니라 유령이었다. 여인이 본 것은 사무엘의 영이 아니라 사무엘을 가장한 사단의 어떤 형상이었다. 언제든지 완고하게 하나님의 말씀을 순종하지 않는 자들은 사단으로 말미암아 속임을 당하게 된다(박윤선). 그들은 하나님의 말씀을 순종하지 않기 때문에 이런 벌을 받게 되어 있다.

본 절이 말하는 두 번째의 것은 "당신이 어찌하여 나를 속이셨나이까 당신이 사울이시니이다"라고 말한 일이다. 여인이 이렇게 말한 것은 그녀가 그 때까지는 자신에게 사무엘을 불러달라고 요청한 사람이 사울인줄 몰랐음을 강력히 시사한다. 여인이 밤에 사울을 보았기 때문에 사울인줄 몰랐다가 사무엘의 형상(실제로 사무엘을 본 것이 아니라 유령을 보았다)을 보는 순간 그가 사울인줄 알고 놀란 것이다. 즉, 접신녀는 블레셋의 침략이 격렬했던 그 당시의 상황에서 사무엘의 혼을 부를 사람은 그 전쟁으로 인하여 가장 심한 곤경에 빠져있을 사울 밖에는 다른 사람이 없다고 판단한 것이다. 따라서 그 접신녀는 생명의 위협을 느낀 나머지(3,9절) 두려움과 공포에 싸여 즉시 큰 소리를 낼 수밖에 없었다.

삼상 28:13. 왕이 그에게 이르되 두려워하지 말라 네가 무엇을 보았느냐 하니 여인이 사울에게 이르되 내가 영이 땅에서 올라오는 것을 보았나이다 하는지라.

접신녀(接神女)는 초혼(招魂) 행위를 금지한 사울 왕 앞에서 초혼행위를 했으므로 두려움과 공포에 싸여 큰 소리를 냈는데(앞 절) 사울 왕은 먼저 그녀에게 두려워하지 말라고 진정시키고는 "네가 무엇을 보았느냐"고 묻는다. 사울의 이 질문은 사울이 그때 아무 것도 보지 못했음을 드러낸다. 이 질문을 받은 무녀는 사울에게 "내가 영이 땅에서 올라오는 것을 보았나이다"라고 대답한다. 여기 "영"(אֱלֹהִים)이란 말이 단수가 아니고 복수였던 것은 그 영을 굉장한 영으로 표현하기 위해 장엄함을 나타내는 '장엄복수'를 사용했음을 알 수가 있다. 접신녀는 사무엘을 보았다는 것을 드러내기 위해 이와 같이 장엄복수를 사용한 것이었다 (Keil, Smith). 다시 말해 '내가 굉장한 영이 땅에서 올라오는 것을 보았다'는 뜻이다.

그렇다면 이 접신녀가 참으로 사무엘의 영을 불렀기에 땅에서 올라온 것인가. 초혼 술은 다음과 같은 성경적 근거에서 악령을 부른 것이며 사단의 속임수에 속하는 행위였다. 즉, 초혼 자체가 성립될 수 없는 행위였다. 사람은 죽게 되면 그 혼은 즉시 천국이나 지옥으로 옮겨지고 땅위의 세계와 교통하지 못하는 것이라고 성경은 말하고 있다(눅 16:19-31; 23:43; 고후 5:1). 성경은 신접자, 초혼자, 무당 등을 존재 자체부터 부정하고 있다(출 22:18; 레 19:31; 20:27; 신 18:10-14). 결국 접신녀가 사울 앞에서 불러올린 사무엘은 진짜 사무엘의 영(혼)이 아니다. 땅에서 올라온 그 영은 사무엘의 형상을 입고 나타난 유령이다.

삼상 28:14. 사울이 그에게 이르되 그의 모양이 어떠하냐 하니 그가 이르되 한 노인이 올라오는데 그가 겉옷을 입었나이다 하더라 사울이 그가 사무엘인 줄 알고 그의 얼굴을 땅에 대고 절하니라.

접신녀가 사울에게 "영이 땅에서 올라오는 것을 보았다"고 말하니(앞 절) 사울이 접신녀에게 "그 영의 모양이 어떠하냐"고 묻는다. 이 질문은 사울이 사무엘의 영을 아직 못 보았다는 것을 드러내는 말이다. 그리고 사울은 접신녀가 본 것이 정말 사무엘인지를 확인하기 위해 그 생김새를 물은 것이다.

접신녀는 사울에게 "한 노인이 올라오는데 그가 겉옷을 입었나이다"라고 대답한다. 사무엘은 노인이 되어 죽었으니 사단은 나이 많은 한 노인을 등장시킴으로써 사무엘이 등장하는 것으로 꾸미고 있다. 그리고 사단은 이 노인이 겉옷을 입고 등장하는 것으로 말하고 있다. 여기 "겉옷"(מְעִיל)은 '발목까지 덮이는 긴 외투'를 가리킨다. 이는 종교인들이 입는 제복으로 사울로 하여금 당시 땅에서 올라오고 있는 영이 사무엘의 영으로 확신하게끔 만들었다(삼상 15:27). 사울은 접신녀가 말하는 영이 사무엘의 영인 줄 확신하고 "그의 얼굴을 땅에 대고 절"했다. 사울이 자기의 얼굴을 땅에 대고 절했다는 말은 아주 큰 존경의 표시로 얼굴을 땅에 댄 것이다. 이제부터 사무엘에게 무엇을 물으려 하니 더욱 존경의 표시를 했다.

삼상 28:15. 사무엘이 사울에게 이르되 네가 어찌하여 나를 불러 올려서 나를 성가시게 하느냐 하니 사울이 대답하되 나는 심히 다급하니이다 블레셋 사람들은 나를 향하여 군대를 일으켰고 하나님은 나를 떠나서 다시는 선지자로도, 꿈으로도 내게 대답하지 아니하시기로 내가 행할 일을 알아보려고 당신을 불러

올렸나이다 하더라.

  문장 초두의 사무엘은 실제로 사무엘의 영이 아니라 사단이 접신녀를 통하여 사무엘이 말하고 있는 듯이 말하고 있는 것이다. 사단이 만들어낸 사무엘(악령)은 사울에게 "네가 어찌하여 나를 불러 올려서 나를 성가시게 하느냐'고 말한다. 사단은 시종일관 사울을 속이고 있다. 악령은 사울에게 '네가 어찌하여 나를 땅속에서 불러 올려서 나를 괴롭게 하느냐'고 말한다. 이 세상 사람은 접신녀를 통하여 세상을 떠난 성도(사무엘)를 성가시게 할 수는 없는 일이다.

  사단이 꾸며낸 말에 사울은 "나는 심히 다급하다"고 말한다. 즉, '나는 지금 블레셋과의 전쟁 때문에 심히 위험한 처지에 처해 있습니다'라고 대답한다. 사울은 사단이 만들어낸 악령에게 계속해서 자기의 입장을 보고한다. 사울은 자기가 사무엘을 불러 올린 이유를 말하고 있다. 즉, '블레셋 사람들은 나와 이스라엘을 치려고 군대를 일으켰고 하나님은 나를 떠나서 다시는 선지자의 말씀으로도, 나 자신의 꿈으로도 내게 대답하지 아니하시기로 내가 어떻게 행해야 할 일을 알아보려고 당신을 불러 올렸나이다'라고 이유를 말하고 있다. 사울은 놉의 제사장 85명을 죽였고 오랜 동안 다윗을 핍박하였기에 여호와께서 자신을 떠나셨으니 그런 것들을 회개하고 여호와를 찾았더라면 이 꼴을 당하지 않았을 터인데 회개는 하지 않고 접신녀를 찾아 사무엘을 만나려 했으니 참으로 비참한 지경에 떨어진 것이다.

삼상 28:16. 사무엘이 이르되 여호와께서 너를 떠나 네 대적이 되셨거늘 네가 어찌하여 내게 묻느냐.

  사무엘을 가장한 악령은 사울에게 "여호와께서 너를 떠나 네 대적이 되셨거늘 네가 어찌하여 내게 묻느냐'고 말한다. 이 말은 악령의 말이지만 옳은 말이다. 악령은 말하기를 '여호와께서 너 사울을 떠나 네 대적(다윗 편)이 되셨는데, 네가 어찌하여 나(사무엘)에게 묻느냐'는 것이다. 일단 하나님께서 떠나셨으면 먼저 하나님을 찾아야 한다. 그런 다음 하나님께 물어야 한다.

삼상 28:17. 여호와께서 나를 통하여 말씀하신 대로 네게 행하사 나라를 네 손에서 떼어 네 이웃 다윗에게 주셨느니라.

본 절의 말씀은 하나님께서 사무엘을 통하여 주신 말씀(15:28)이다. 그 주해를 참조하라. 본 절은 하나님께서 이스라엘 나라를 사울에게서 떼어 다윗에게 주셨다는 것을 말씀한다. 사무엘을 가장한 악령은 자기가 하는 말이 마치 하나님께서 하시는 것처럼 들리게 한다. 악령도 하나님의 말씀을 한다는 것을 알고 우리는 경계해야 할 것이다.

삼상 28:18. 네가 여호와의 목소리를 순종하지 아니하고 그의 진노를 아말렉에게 쏟지 아니하였으므로 여호와께서 오늘 이 일을 네게 행하셨고.

사울이 다스리던 나라가 다윗에게로 옮겨진 이유는 바로 사울이 여호와의 목소리를 순종하지 아니하고 여호와의 진노를 아말렉에게 쏟지 않았기(15:26-31) 때문이라는 것이다. 본 절에서는 사울이 여호와의 말씀을 순종하지 아니하고 여호와의 진노를 아말렉에게 쏟지 않은 것 한 가지씩만 말했는데 그것이 사울의 불순종을 대표하는 것이었다. 인간의 불순종은 인간을 망하게 하는 일이다.

삼상 28:19. 여호와께서 이스라엘을 너와 함께 블레셋 사람들의 손에 넘기시리니 내일 너와 네 아들들이 나와 함께 있으리라 여호와께서 또 이스라엘 군대를 블레셋 사람들의 손에 넘기시리라 하는지라.

이제 사무엘을 가장한 악령은 사울에게 닥칠 미래의 일까지 예언한다. 악령의 이 예언도 정확히 들어맞는다. 즉, 여호와께서 사울과 이스라엘 전체를 블레셋 군대의 손에 넘기신다는 것인데 그 시기는 내일 전투에서 될 일이라고 한다. 악령은 예언하기를 사울과 그의 아들들이 내일 죽을 것이라고 한다. 사울과 아들들만 아니라 이스라엘 군대 전체를 블레셋 군대의 손에 넘기시리라는 것이다. 이 예언대로 사울과 아들들, 그리고 이스라엘은 길보아 전투에서 블레셋 군대에 의해서 대패를 당하고 말았다(31장). 악령도 하나님의 뜻을 잘 알아서 바르게 예언했다. 사단도 자기를 광명의 천사로 가장한다(고후 11:14). 사단도 천사가 하는 일을 다 한다. 그러나 회개하라는 말은 하지 않는다(Matthew Henry).

3. 사울이 기진하다   28:20-25

악령(사무엘을 가장한 악령)의 말을 듣고 사울이 그의 생명과 아들들의 생명과
또 이스라엘 군인들이 블레셋 군대의 손에 넘어가 끝난다는 말을 듣고 또 음식을
먹지 못하여 기진한다. 사울은 무녀(巫女)로부터 음식을 제공받고 기진 상태에서
일어나 자기의 길을 떠난다.

**삼상 28:20. 사울이 갑자기 땅에 완전히 엎드러지니 이는 사무엘의 말로 말미암아
심히 두려워함이요 또 그의 기력이 다하였으니 이는 그가 하루 밤낮을 음식을
먹지 못하였음이니라.**

사울은 갑자기 땅에 완전히 엎드러진다. 이유는 두 가지였다. 하나는 사무엘을
가장한 악령의 말 때문이었고 또 하나는 그가 하루 밤낮을 음식을 먹지 못하였기
때문이었다.

사무엘을 가장한 악령은 과거에 사무엘이 죽기 전에 사울에게 들려주었던
말을 그대로 흉내 내었다. 사울은 무녀로부터 사무엘을 흉내 낸 그 악령의 말을
그대로 듣고 자기의 생명과 아들들의 생명과 이스라엘 군대가 블레셋 군대에게
넘어가리라 한 말을 듣자 기진했다. 기진한 이유 중에 두 번째 이유, 즉 음식을
하루 밤 낮을 먹지 못한 것은 부수적인 이유일 것이다. 사람이 기진하는 데는
심리적인 것이 더 크기 때문이다. 불순종의 삶의 결과는 완전 기진이다.

**삼상 28:21-22. 그 여인이 사울에게 이르러 그가 심히 고통당함을 보고 그에게
이르되 여종이 왕의 말씀을 듣고 내 생명을 아끼지 아니하고 왕이 내게 이르신
말씀을 순종하였사오니 그런즉 청하건대 이제 당신도 여종의 말을 들으사 내가
왕 앞에 한 조각 떡을 드리게 하시고 왕은 잡수시고 길 가실 때에 기력을
얻으소서 하니.**

그 무녀가 기진한 사울에게 접근하여 말하기를 '여종이 왕의 말씀을 듣고
내 생명을 아끼지 아니하고 왕이 내게 이르신 말씀을 순종한 것처럼 이제 왕께서도

여종의 말을 들으셔서 내 자신이 왕 앞에 드리는 한 조각 떡을 잡수시고 기력을
얻어 길을 떠나세요'라고 권면한다. 무녀는 기진해 있는 왕이 불쌍해서 이런
행동을 취한 것이지만 또 다른 한편 자기가 왕으로부터 어떤 해(害)를 당하지
않도록 하기 위한 권면이었다.

**삼상 28:23. 사울이 거절하여 이르되 내가 먹지 아니하겠노라 하니라 그의 신하들
과 여인이 강권하매 그들의 말을 듣고 땅에서 일어나 침상에 앉으니라.**

무녀로부터 한 조각 떡을 먹으라는 권면을 받은 사울은 처음에 거절하였다.
즉, "내가 먹지 아니하겠노라"고 했다. 그러나 그의 신하들과 무녀가 먹으라 강권하
니 그들의 말을 듣고 땅에서 일어나 침상에 앉았다.

사울은 땅에 오래 앉아 있었다. 사울은 무녀의 초혼으로 나타난 악령(사무엘을
가장한 악령)이 나타나자 그것이 사무엘인 줄 알고 얼굴을 땅에 대고 땅에 오래
앉아 있었다(14절). 그러다가 그가 기진했으니 그의 자세는 엉망이었을 것이다.
본문의 "침상"(מִטָּה)이란 방의 벽을 따라 길게 배열된 푹신한 긴 의자인데(Keil,
Smith) 이 침상의 용도는 사람들이 벽에 기대어 앉기도 하고 또 기대어 음식을
먹기도 하는 가구이다. 사울은 무녀 앞에서 사무엘이 나타났다고 하니 너무 황송해
서 땅에 얼굴을 대고 엎드려 있다가 무녀와 제자들의 간곡한 권면을 받고 침상에
올라 앉은 것이었다.

**삼상 28:24. 여인의 집에 살진 송아지가 있으므로 그것을 급히 잡고 가루를 가져다
가 뭉쳐 무교병을 만들고 구워서.**

여인은 왕이 하루 밤 낮을 음식 먹지 못한 것을 아는 고로 자기 집에 있었던
살진 송아지를 잡아 요리했고 또 가루를 가져다가 뭉쳐 무교병(누룩을 넣지 않은
떡, 출 12:8,15,18,20)을 구워서 왕 앞에 공궤했다.

**삼상 28:25. 사울 앞에와 그의 신하들 앞에 내놓으니 그들이 먹고 일어나서 그
밤에 가니라.**

　무녀는 음식을 준비하여(앞 절) 사울 앞에 그리고 사울의 신하들 앞에 놓아서 그들이 먹고 일어나서 왕 일행이 무녀의 집에 와서 초혼을 했다는 것을 사람들이 모르게 그 밤에 그들의 진영이 있는 곳으로 갔다.

제 29 장

B. 다윗이 블레셋을 위한 전쟁에 나가지 않게 되다   29장

다윗이 사울의 손에서 완전히 벗어나기 위해 블레셋으로 피해가서(27:1) 가드 왕 아기스의 신임을 받아(27:10) 이스라엘과의 전쟁에 출전하게 되었는데(28:1-2) 참으로 진퇴양난에 빠진 다윗은 하나님의 섭리로 전쟁에 나가지 않게 된이야기가 이 부분에 기록되었다. 1) 그것은 바로 블레셋 방백들이 다윗을 불신하게 되어 (29:1-5), 2) 결국은 다윗이 전쟁터에 나가지 않게 된 것이다(29:6-11).

1. 블레셋 방백들이 다윗을 불신하다   29:1-5

다윗은 사울의 손에서만 피하려는 욕망으로 블레셋으로 피했으나 블레셋으로 들어가서 가드왕 아기스의 신임을 받아 아기스의 경비병이 되어 이스라엘과의 전투에 참가하게 되었을 때 블레셋 다른 도시의 왕들(방백들)의 의심을 받는 입장에 서게 된다.

삼상 29:1. 블레셋 사람들은 그들의 모든 군대를 아벡에 모았고 이스라엘 사람들은 이스르엘에 있는 샘 곁에 진 쳤더라.

이제 블레셋 군대와 이스라엘 군대는 전투를 하기 위해 대치한다. 블레셋 연합 군대는 아벡에 진 쳤고, 이스라엘 군대는 이스르엘에 있는 샘 곁에 진을 쳤다. 여기 "아벡"92)은 '하상(河床)' 또는 '요해'라는 뜻을 가지고 있다. 이는 가나안 사람의 성읍인데, 다른 동명의 성읍과 구별하기 위해 '사론의 아벡'이라고

---

92) "아벡": Aphek. '하상(河床)' 또는 '요해'라는 뜻을 가지고 있다. 이는 가나안 사람의 성읍인데, 다른 동명의 성읍과 구별하기 위해 '사론의 아벡'이라고도 부른다(수 12:18). 블레셋 사람은 이곳을 이스라엘 침입의 교두보로 삼았다(삼상 4:1; 29:1). 텔아비브의 동북쪽 17km, 얄곤(Yarqon) 강의 수원에 가까운 라스엘 아인(Rsel . Ain, 이스라엘 이름 Tel Ateq)과 동일시된다. 신약 시대의 안디바드리와 동일지이다.

도 부른다(수 12:18). 블레셋 사람은 이곳을 이스라엘 침입의 교두보로 삼았다(삼상 4:1; 29:1). "이스르엘"은 에스드라엘론 평원의 동쪽 끝인데, 길보아 산록에 있던 잇사갈의 성읍이다. 부근에는 물이 많은 샘이 있고, 그 이름이 가리키듯이 비옥한 땅이다. 그러나 이스르엘은 요새의 성읍으로 더 유명하다. 즉, 그 동북쪽의 험한 단애(斷崖)에서 멀리 요단강까지 바라다 볼 수 있는 지형과, 동서와 남북의 요로(要路) 상에 있다는 위치가 이스르엘을 전략상 중요한 성읍으로 만들었다(왕상 21:23; 왕하 9:17; 10:7). 구약성경에 따르면, 기드온은 이스르엘 부근에서 미디안 사람에게 승리했고(삿 6장; 7장) 사울은 이스르엘에 가까운 샘물 가에서 블레셋 사람과 대진하였다(삼상 29:1). 이스르엘의 샘은 이스르엘 평야의 동남편에 있다.

삼상 29:2. 블레셋 사람들의 수령들은 수백 명씩 수천 명씩 인솔하여 나아가고 다윗과 그의 사람들은 아기스와 함께 그 뒤에서 나아가더니.

　블레셋 사람들의 수령들93)(가사 왕, 아스글론 왕, 아스돗 왕, 에글론 왕, 가드 왕) 등은 수백 명, 혹은 수천 명의 군단을 조직하여 인솔해서 나아가고 있었다. 여기 수백 명, 혹은 수천 명의 군단이 있었던 것은 블레셋의 다섯 통치자들 밑에는 천부장과 백부장의 병력이 있어서 그들에 의하여 군사들이 통솔되고 있었음을 말해준다. 이들이 군단을 조직하여 "나아가고" 있었다는 말은 자신들의 제 1차 집결지인 '아벡'(1절)을 떠나 자신들의 진이었던 '수넴'(28:4)으로 나아가고 있었음을 묘사하는 말이다. 그런데 다윗과 그의 부하들은 아기스와 함께 제일 뒤에서 나아가고 있었다. 이유는 다윗은 아기스의 시위병이었으므로 아기스와 함께 나아가게 된 것이다.

삼상 29:3. 블레셋 사람들의 방백들이 이르되 이 히브리 사람들이 무엇을 하려느냐 하니 아기스가 블레셋 사람들의 방백들에게 이르되 이는 이스라엘 왕 사울의

---

　93) "수령들"이란 말은 때로는 '방백들'로 번역되기도 한다. 수령들이나 방백들은 블레셋 다섯 도시들을 다스리는 지도자들을 지칭하는 말이다.

신하 다윗이 아니냐 그가 나와 함께 있은 지 여러 날 여러 해로되 그가 망명하여 온 날부터 오늘까지 내가 그의 허물을 보지 못하였노라.

블레셋 연합군의 네(가사 왕, 아스글론 왕, 아스돗 왕, 에글론 왕) 방백들이 가드 왕 아기스에게 '이 다윗을 중심한 히브리 사람들이 무엇을 할 것이냐'고 묻자 아기스는 '블레셋의 네 방백들에게 말하기를 이 사람은 이스라엘 왕 사울의 부하인데 그 사람이 블레셋으로 들어와 나와 함께 있은 후부터 여러 날 여러 해 경험해 보았지만 그가 우리 지방으로 망명하여 온 날부터 오늘까지 내가 그가 잘못하는 것을 보지 못했다'고 말했다. 아무튼 아기스는 다윗이 워낙 지혜롭게 행하므로 그를 참으로 신임하고 있었다.

삼상 29:4. 블레셋 사람의 방백들이 그에게 노한지라 블레셋 방백들이 그에게 이르되 이 사람을 돌려보내어 왕이 그에게 정하신 그 처소로 가게 하소서 그는 우리와 함께 싸움에 내려가지 못하리니 그가 전장에서 우리의 대적이 될까 하나이다 그가 무엇으로 그 주와 다시 화합하리이까 이 사람들의 머리로 하지 아니하겠나이까.

블레셋 연합군의 네 명의 방백들이 아기스에게 노를 발한다. 네 명의 방백들은 다윗을 불신하고 있었는데 아기스는 다윗을 신임하여 전장에 데리고 나가려 했으니 아기스에게 화를 낸 것이다. 그 방백들이 아기스에게 말하기를 "이 사람을 돌려보내어 왕이 그에게 정하신 그 처소로 가게 하소서"라고 말한다. 그들은 '다윗이 우리 블레셋 군대와 함께 전장에 내려가지 못할 것이니 그가 전장에서 우리의 대적이 될까 염려스럽다'고 말한다. 블레셋 연합군들의 네 방백들은 아기스에게 다윗이 '사울과 다시 화합하려고 블레셋 군대의 머리를 베어 죽일 것이라'고 말한다. 그런고로 네 방백들은 아기스에게 다윗을 정하신 처소로 돌려보내야 한다는 의견이었다.

삼상 29:5. 그들이 춤추며 노래하여 이르되 사울이 죽인 자는 천천이요 다윗은 만만이로다 하던 그 다윗이 아니니이까 하니.

블레셋의 네 사람 방백들은 다윗을 전쟁터에 못나가게 하고 그가 있던 곳으로 돌려보내기 위하여 다윗이 과거 골리앗을 죽이고 개선할 때에 이스라엘의 부녀자들이 부른 노래를 인용하면서 다윗이 아주 위험한 인간임을 부각시킨다(18:7). 이 노래는 다윗이 가드에서 미친 흉내를 냈을 때에도 아기스의 신하들이 인용한 노래였다(21:11). 네 사람의 방백들은 다윗이라는 사람을 대단한 사람으로 알아 그냥 전장에 나가게 한다면 무슨 변이 날지 몰라 전전긍긍했다. 아무튼 블레셋 연합군의 네 방백들이 이렇게 다윗을 싫어하고 전장에 못나가게 한 것은 다윗으로서는 대단한 행운이었다. 만약 이 때에 다윗이 전장에 나가서 이스라엘과 싸웠더라면 다음의 왕이 될 다윗에게는 큰 흠으로 남았을 것이다.

2. 다윗이 전장에 나가지 않게 되다 29:6-11

아기스는 블레셋의 네 방백들의 극렬한 반대 때문에 다윗을 돌려보낸다. 다윗으로서는 천만 다행이었다. 다윗이 또 회귀하여 시글락에 도착했을 때 시글락이 불에 탔기에 군대를 이끌고 아말렉 군대를 추격하여 모든 것을 다 찾아온다. 참으로 하나님의 놀라운 섭리가 아닐 수 없었다.

삼상 29:6. 아기스가 다윗을 불러 그에게 이르되 여호와께서 살아 계심을 두고 맹세하노니 네가 정직하여 내게 온 날부터 오늘까지 네게 악이 있음을 보지 못하였으니 나와 함께 진중에 출입하는 것이 내 생각에는 좋으나 수령들이 너를 좋아하지 아니하니.

본 절은 아기스가 다윗을 불러 마주 보고 한 말이다. 내용은 아기스는 다윗이 전투에 참가하는 것을 찬성하나 다른 네 명의 왕들(방백들, 지도자들)이 다윗이 전투에 참여하는 것을 싫어하니 시글락으로 돌아가라는 내용이다. 아기스가 다윗을 앞에 두고 다윗을 좋아한다고 말하는 이유는 다윗이 가드 지역으로 망명한 날부터 지금까지 지켜보았는데 "네가 정직하여 내게 온 날부터 오늘까지 네게 악이 있음을 보지 못하였기" 때문이라고 한다. 여기 "정직하다"(יָשָׁר)는 말은 '어떤 악이나 거짓이 없이 곧고 바르게 행동하는 것을 가리킬 때 사용하는 말이다 (출 15:26; 신 12:28; 수 9:25). 그리고 "네게 악이 있음을 보지 못하였노라"는

말도 정직하다는 말과 동의어로 사용되었다. 아기스는 이 내용을 보통으로 말하는
것이 아니라 맹세하면서 말하고 있다. 즉, "여호와께서 살아 계심을 두고 맹세한다"
고 말한다. 이 맹세의 형식은 이스라엘 사람들이 하는 맹세의 형식인데 블레셋
사람이 이 맹세의 형식을 사용하는 것은 이례적인 일이다. 블레셋 사람이 이
형식을 사용한 것은 다윗을 칭찬하기 위해 사용한 것으로 보인다(H.P. Smith,
R.P. Smith).

**삼상 29:7. 그러므로 이제 너는 평안히 돌아가서 블레셋 사람들의 수령들에게
거슬러 보이게 하지 말라 하니라.**

여기 "그러므로"란 말은 '네 명의 방백들이 다윗 당신을 좋아하지 아니하므로'
란 뜻이다. '그러므로 이제 평안히 돌아가서 블레셋 사람들의 수령들(방백들)의
눈에 거스르지 않게 해달라'고 부탁한다.

**삼상 29:8. 다윗이 아기스에게 이르되 내가 무엇을 하였나이까 내가 당신 앞에
오늘까지 있는 동안에 당신이 종에게서 무엇을 보셨기에 내가 가서 내 주 왕의
원수와 싸우지 못하게 하시나이까 하니.**

다윗은 아기스가 전쟁터로 가지 말고 시글락으로 평안히 돌아가라고 했을
때 내심 좋았지만 그것을 좋아하는 표시를 하지 못하고 한 마디를 한다. 즉,
"내가 무엇을 하였나이까 내가 당신 앞에 오늘까지 있는 동안에 당신이 종에게서
무엇을 보셨기에 내가 가서 내 주 왕의 원수와 싸우지 못하게 하시나이까"라고
말해 본다. 다시 말해 은근 슬쩍 불평하여 본다. 마치 블레셋 편에 서서 이스라엘과
전쟁하는 것을 더 좋아하는 것처럼 말해 본다.

**삼상 29:9. 아기스가 다윗에게 대답하여 이르되 네가 내 목전에 하나님의 전령
같이 선한 것을 내가 아나 블레셋 사람들의 방백들은 말하기를 그가 우리와 함께
전장에 올라가지 못하리라 하니.**

다윗의 불평 비슷한 소리를 듣고(앞 절) 아기스는 다윗이 참으로 섭섭해 하는

줄 알고 "네가 내 목전에 하나님의 전령(천사) 같이 선한 것을 내가 아나 블레셋 사람들의 방백들은 말하기를 그가 우리와 함께 전장에 올라가지 못하리라"고 주장한다. 아기스는 다윗을 칭찬하여 하나님의 천사같이 선한 사람인 것을 알고 있으나 다른 네 사람의 왕들이 다윗을 의심하니 전장에 나가지 않는 것이 좋겠다고 말한 것이다.

삼상 29:10. 그런즉 너는 너와 함께 온 네 주의 신하들과 더불어 새벽에 일어나라 너희는 새벽에 일어나서 밝거든 곧 떠나라 하니라.

여기 "그런즉"이란 말은 '다른 네 명의 왕들이 다윗 당신을 싫어하기 때문에'란 뜻이다. 그런즉 "너는 너와 함께 온 네 주의 신하들과 더불어 새벽에 일어나라 너희는 새벽에 일어나서 밝거든 곧 떠나라"고 말한다. 여기 "네 주의 신하들"이란 말은 '다윗의 신하들이지만 원래 사울의 신하들'이었다는 뜻이다(22:2; 23:13; 대상 12:19-21). 그러나 어떤 번역판은 "네 주의 신하들"이란 말을 '내 신하들', 즉 '아기스의 신하들'이라고 번역했다. 사울의 신하들이냐 혹은 아기스의 신하들이냐를 두고 견해가 갈리고 있으나 다수의 번역판들과 학자들의 견해는 다윗의 신하들은 원래 사울의 신하들이었으니 '사울의 신하들'이라고 보는 것이 바를 것이다.

그리고 아기스는 다윗을 향하여 "새벽에 일어나라. 너희는 새벽에 일어나서 밝거든 곧 떠나라"고 시간을 정해준 이유는 아기스가 다윗과 그 부하들 때문에 더 이상 블레셋 군대의 내부 혼란을 원하지 않았기 때문에 다윗과 그의 부하들이 더 이상 네 명의 방백들 눈에 띄지 않기 위함이었을 것이다. 새벽에 일어나서 밝은 아침이 되어 떠나면 네 명의 왕들의 눈에 뜨지 않을 수 있었다. 그러니까 아기스와 네 명의 왕들의 실랑이가 밝은 낮에 있었으나 다윗 일행을 향하여 저녁에 떠나라고 할 수는 없었으니 새벽에 일어나서 날이 밝거든 떠나라고 한 것이다.

삼상 29:11. 이에 다윗이 자기 사람들과 더불어 아침에 일찍이 일어나서 떠나

블레셋 사람들의 땅으로 돌아가고 블레셋 사람들은 이스르엘로 올라가니라.

"이에", 즉 '아기스가 다윗과 그의 부하들에게 새벽에 일어나 날이 밝거든 떠나라고 명령했기 때문에'란 뜻이다. '다윗은 아기스의 부탁을 받고 자기 사람들과 더불어 아벡에서 아침에 일찍이 일어나서 떠나 시글락 땅(30:1)으로 돌아갔다'. 그리고 '블레셋 군대는 전쟁하러 이스르엘로 올라갔다. 1절 주해 참조

제 30 장

C. 다윗이 아말렉을 치다 30장

다윗과 그의 부하들이 블레셋 전투에 참여하려고 나간 사이 아말렉 족속이 시글락을 치고 털어간 일(1-6절)과 다윗이 그의 부하들과 함께 잃어버린 모든 것을 되찾아 온 일을 기록하고 있(7-31절).

　1. 아말렉이 이스라엘을 침노하다 30:1-6

다윗과 그의 부하들이 아벡에서 시글락에 돌아왔을 때 벌어진 일은 아말렉 족속이 시글락을 불사르고 다윗과 그의 사람들의 처자와 재물을 탈취하여 간 기사이다.

삼상 30:1. 다윗과 그의 사람들이 사흘 만에 시글락에 이른 때에 아말렉 사람들이 이미 네겝과 시글락을 침노하였는데 그들이 시글락을 쳐서 불사르고

본 절의 "다윗과 그의 사람들(부하들)이 사흘 만에 시글락에 이르렀다"고 말한다. 다윗이 아직까지 "아벡"이나 혹은 아벡에서 조금 수넴(28:4)쪽으로 진군했기에 3일이 걸린 것이다. 아벡에서 시글락까지는 75km 정도이므로 아벡에서 수넴쪽으로 약간 진행했던 고로 사흘 만에 시글락에 도착할 수 있었다. 만약 다윗이 그 당시 수넴까지 갔었더라면 자신의 거주지인 시글락까지는 사흘안에 도착하지 못했을 것이다. 다윗이 시글락에 이른 때에 아말렉 사람들이 이미 네겝과 시글락을 침노하였는데 그들이 시글락을 쳐서 불사르고 달아난 후였다.

삼상 30:2. 거기에 있는 젊거나 늙은 여인들은 한 사람도 죽이지 아니하고 다 사로잡아 끌고 자기 길을 갔더라.

본 절의 말씀을 얼핏 보면 아말렉인이 시글락에 있는 다윗과 그의 부하들의 가족 중에서 여자들만 사로잡아 간 것처럼 번역하고 있다. 그러나 다른 번역판들 (NKJV, NIV, ASV, NASB, RSV, NRSV, NLT)은 여자들뿐 아니라 그 가족들도 다 사로잡아 간 것으로 번역했다. 우리 한글 개역판이나 개역개정판도 가족들 모두(27:3)를 포로로 사로잡아갔음을 드러내야 할 것이다.

아말렉인이 이스라엘에 속한 여자들(젊은 여인들, 늙은 여인들)을 한 사람도 죽이지 않고 다 사로잡아 끌고 간 이유는 그들이 긍휼이 많아서 그랬던 것이 아니고 여자들과 어린 남자 아이들은 저항할 수 없으니 죽이지 않은 것이고 또 쓸모가 있어서 죽이지 않고 데려간 것이다. 젊은 여자들은 애굽에 팔면 돈이 되고, 늙은 여자들은 자기들 가정에 데려가서 일을 시킬 수 있었으니 그냥 데려간 것이다.

삼상 30:3. 다윗과 그의 사람들이 성읍에 이르러 본즉 성읍이 불탔고 자기들의 아내와 자녀들이 사로잡혔는지라.

다윗과 그의 사람들이 시글락에 도착했을 때 알게 된 것은 첫째, 시글락 성읍이 불에 탔고, 둘째, 자기들의 아내와 자녀들이 사로잡혀 갔다는 사실이었다. 다윗과 그 부하들이 시글락 성읍이 이 지경이 된 것을 보면서 안 것은 자기들이 블레셋 전투에 참여해서 시간을 끌었더라면 자기들의 가족들이 다 산산이 흩어지고 찾지 못했을 것이라는 것을 알았을 것이다. 그들은 훗날 가족들과 살림살이 물건들을 다 찾아온 다음에 하나님의 놀라운 섭리에 감사했을 것이다. 며칠만 더 늦었더라도 자기들의 아내들은 애굽에 다 팔려가고 아이들은 이리저리 뿔뿔이 흩어져서 찾지 못하는 입장이 되었을 것이다.

삼상 30:4. 다윗과 그와 함께 한 백성이 울 기력이 없도록 소리를 높여 울었더라.

다윗과 그의 부하들은 시글락 성읍에 있던 자기들의 집들이 다 불에 타버린 것과 모든 가족이 사로잡혀 간 것을 보고 너무 많이 울어서 울 기력이 없도록 소리를 높여 울었다. 우는 자들 중에는 악이 올라서 우는 자들도 있었고(6절), 정의감이 불타서 운 자들도 있었으며, 울다가 희생을 각오한자들도 있었다(박윤선).

삼상 30:5. (다윗의 두 아내 이스르엘 여인 아히노암과 갈멜 사람 나발의 아내였던 아비가일도 사로잡혔더라).

　본서 저자는 다윗의 두 아내도 사로잡혀갔다고 기록하고 있다. 다윗이 이러한 슬픔을 당해야 할 이유는 다윗이 블레셋 군대에 참여하여 동족 이스라엘을 공격하려고 했던 것이 하나님을 슬프게 한 것이기 때문에 다윗도 잠시 이런 슬픔을 맛본 것으로 보인다(Matthew Henry). 다윗이 이런 슬픔을 맛본 다음에 그는 하나님의 뜻을 깨닫고 자신의 죄를 자복했을 것이다. 오늘 누구든지 하나님의 성도들에게 슬픔을 안겨주거나 아니면 공격하는 일이 있어서는 안 될 것이다.

삼상 30:6. 백성들이 자녀들 때문에 마음이 슬퍼서 다윗을 돌로 치자 하니 다윗이 크게 다급하였으나 그의 하나님 여호와를 힘입고 용기를 얻었더라.

　다윗의 부하들은 자기들의 자녀들(27:3)을 잃은 것 때문에 다윗을 돌로 치자는 의견이 분분해서 크게 다급한 상황을 맞이했으나 그런 시간은 길게 가지 않고 얼마 안 있어 하나님께서 은혜를 주서서 다윗은 여호와를 힘입고 용기를 얻게 되었다.

　다윗이 이와 같이 부하들로부터 돌로 맞을 뻔한 상황을 맞이한 것은 역시 자기의 백성 이스라엘을 치러 아기스와 함께 길을 떠나 전장으로 발을 향했기 때문이다. 동족을 친다는 것은 있을 수 없는 일이었다. 다윗이 사울이 여호와의 기름 부음을 받았다고 해서 죽이지 않은 것은 잘한 일이었지만 자기 백성을 치려고 블레셋 군대와 합하려고 했던 것은 큰 죄였다. 그런고로 잠시 하나님으로부터 부하들을 통하여 기가 막힌 소리를 들어야 했다. 오늘 교회에서 성도 상호간 다른 성도들을 해하려고 하는 사람은 하나님으로부터 그만큼 기가 막힌 환경을 만난다.

2. 다윗이 아말렉을 치다 30:7-31

다윗은 잠시 큰 어려움에 싸여 있었으나 하나님을 힘입고 용기를 얻은 다음 이제는 아말렉 족속을 추격한다(7-10절). 다윗은 하나님의 은혜로 애굽인을 만나 애굽인의 인도를 받아(11-15절), 아말렉인들을 쳐서 큰 전리품을 얻는다(16-20절). 다윗은 많은 전리품을 얻은 다음 전리품을 나누어주는 율례와 법규를 세우고 (21-25절), 다윗은 유다 각 성에 그들이 얻은 전리품을 보낸다(26-30절).

삼상 30:7. 다윗이 아히멜렉의 아들 제사장 아비아달에게 이르되 원하건대 에봇을 내게로 가져오라 아비아달이 에봇을 다윗에게로 가져가매.

다윗은 참으로 기가 막힌 난감한 상황을 만나서 여호와를 힘입고 용기를 얻은 다음(6절) 이제는 잃어버린 처자들과 물품들을 찾기 위해 일을 시작한다. 오늘날 혹자들은 하나님을 만나 힘이나 용기를 얻은 다음에는 다른 것을 더 하려고 하지 아니하는 사람들이 있다. 다윗은 하나님으로부터 힘과 용기를 얻은 다음 앞으로의 문제를 어떻게 처리해야 할는지 묻기 위해 "아히멜렉의 아들 제사장 아비아달94)에게 에봇95)을 내게로 가져오라"고 부탁한다. 아비아달은 에봇을 다윗에게로 가져다 준다. 에봇을 가져오라고 한 것은 에봇에 있는 우림과 둠밈을 통하여 여호와의 뜻을 묻기 위함이었다. 오늘 우리는 하나님으로부터 각종 은혜를 받은 다음 하나님과의 대화를 시도해야 한다.

삼상 30:8. 다윗이 여호와께 묻자와 이르되 내가 이 군대를 추격하면 따라 잡겠나이까 하니 여호와께서 그에게 대답하시되 그를 쫓아가라 네가 반드시 따라잡고 도로 찾으리라.

다윗은 우림과 둠밈을 통하여 여호와께 묻는다. 즉, '내가 이 아말렉 군대를 추격하면 따라 잡겠나이까'라고 여쭈었다. 여호와께서는 대답하시기를 '그를 쫓아가라. 네가 반드시 따라가서 사로잡고 도로 찾으리라'고 하신다. 하나님께서는

---

94) 사울이 놉의 제사장들을 죽일 때 피하여 다윗에게 도망친 제사장이다(22:18-20).
95) 이 에봇은 아비아달이 다윗에게 도망할 때 하나님의 뜻을 묻는 계시 수단으로 가지고 간 것이었다(23:6).

분명한 메시지를 주신다.

삼상 30:9. 이에 다윗과 또 그와 함께 한 육 백 명이 가서 브솔 시내에 이르러 뒤떨어진 자를 거기 머물게 했으되.

"이에"(so), 즉 '여호와께서 아말렉을 쫓아가라. 네가 반드시 따라잡고 도로 찾으리라고 하셨으므로' 다윗과 그와 함께 한 600명이 아말렉 사람들이 기거하는 쪽으로 가다가 브솔 시내에 이르러서는 피곤하여 뒤떨어진 자들을 거기 머물게 했다.

여기 "브솔 시내"(Brook Besor)는 '찬(冷) 시내'라는 뜻을 가지고 있다. 네게 브(南方)의 와디(계절 따라 흐르는 시내)인데, 다윗이 군사의 일부를 대기시켰던 장소이다(30:9,10,21). 시글락 남쪽의 시내이다. 드빌 부근에서 발원하여 남쪽으로 흘러 브엘세바 부근에서 서쪽으로 방향을 바꾸어 크게 우회하면서 가사 남쪽에서 지중해로 들어가는 와디 캇세(Wadi Chazzeh)와 동일시된다(디럭스 바이블 성경 사전).

삼상 30:10. 곧 피곤하여 브솔 시내를 건너지 못하는 이백 명을 머물게 했고 다윗은 사백 명을 거느리고 쫓아가니라.

본 절은 앞 절을 좀 더 설명하는 문장이다. 즉, 다윗은 피곤하여 브솔 시내를 건너지 못하는 200명을 머물게 했다. 그리고 다윗은 나머지 400명을 거느리고 브솔 시내를 건너 아말렉 군대를 추격했다. 피곤했던 사람들은 몸이 쇠약한 사람들이었다. 다윗의 군대 전체가 아벡에서 3일간 강행군을 하여 시글락에 왔고 또 게다가 아말렉 군대를 추격했으므로 감당할 수 없어 더 이상 따를 수 없는 자가 200명이나 생긴 것이다. 다윗은 이들 200명을 브솔 시냇가에 머물게 하고 감당할 수 있는 400명만 데리고 아말렉 추격전을 벌인 것이다. 그런고로 다윗은 후에 전리품을 나누는데 있어 200명에게도 똑같이 분배했다. 이들은 처음부터 게을렀던 사람들이 아니라 성의를 다하여 추격에 나섰으나 신체조건이 감당하지 못하여 도중에 머물게 되었으니 전리품 분배에 똑같은 양을 받게 된 것이다. 다윗은 일을 바르게 처리했다.

삼상 30:11-12a. 무리가 들에서 애굽 사람 하나를 만나 그를 다윗에게로 데려다가 떡을 주어 먹게 하며 물을 마시게 하고 그에게 무화과 뭉치에서 뗀 덩이 하나와 건포도 두 송이를 주었으니 그가 밤낮 사흘 동안 떡도 먹지 못하였고 물도 마시지 못하였음이니라.

이제 다윗의 군대는 새로운 환경을 만난다. 더 이상 전진하지 못하게 되어 무리는 들에서 애굽 사람 하나를 만나 그를 다윗에게로 데려다가 떡을 주어 먹게 하며 물을 마시게 하고 무화과 뭉치에서 뗀 덩이 하나와 건포도 두 송이를 주어 먹게 했다. 이유는 그가 밤낮 사흘 동안 떡도 먹지 못하였고 물도 마시지 못하였기 때문이었다.

삼상 30:12b-13. 그(애굽 사람)가 먹고 정신을 차리매 다윗이 그에게 이르되 너는 누구에게 속하였으며 어디에서 왔느냐 하니 그가 이르되 나는 애굽 소년이요 아말렉 사람의 종이더니 사흘 전에 병이 들 매 주인이 나를 버렸나이다.

그 애굽 사람이 음식을 먹고 물을 마셔서 정신을 차리게 되었을 때(12b), 다윗이 그에게 묻기를 "너는 누구에게 속하였으며 어디에서 왔느냐"고 했다. 그 질문을 받은 애굽 사람은 "나는 애굽 소년이요 아말렉 사람의 종이더니 사흘 전에 병이 들 매 주인이 나를 버렸나이다"라고 대답한다. 좀 더 자세하게 말하면 너는 "누구에게 속하였느냐"는 질문에 대해서는 애굽 사람은 나는 "아말렉 사람의 종"이라고 대답한다. 그리고 "어디서 왔느냐"(어디 출신이냐)는 질문에 대해서는 "애굽 소년이라"고 대답한다. 여기 "소년"(עַר)이란 말은 온전한 소년은 아니지만 전투를 감당할 만큼 성장한 젊은 남자를 지칭하는 말이다(14:6).

다윗이 이 애굽 소년을 향하여 소속과 출신을 물은 것에 대해 애굽 소년이 대답을 마친 다음 한 가지 묻지도 않은 말을 덧붙인다. 즉, "사흘 전에 병이 들 매 주인이 나를 버렸다"고 대답한다. 여기 "사흘 전"은 다윗이 아벡 근처에서 시글락을 향해 출발할 즈음이었다(29:10,11; 30:1). 이 때 아말렉 족속들은 시글락

을 노략질한 다음 자신들의 거처로 돌아가는 중이었을 것이다. 따라서 아말렉
족속들이 시글락을 노략한 것은 다윗이 아벡의 집결지에 도착했을 무렵에 이루어
진 듯하다(29:1,2). 애굽 소년이 병이 들었을 때 아말렉 주인이 이 애굽 소년을
들판에 버렸다. 아말렉 족속은 사람이 병들면 보살펴 주는 대신 물건을 버리듯
들판에 버렸다. 참으로 무자비한 민족이었다. 그런고로 다윗 시대에 아주 멸망하고
말았다.

삼상 30:14. 우리가 그렛 사람의 남방과 유다에 속한 지방과 갈렙 남방을 침노하고 시글락을 불살랐나이다.

애굽 소년은 다윗이 질문하지도 않은 사항에 대해 덧붙여 말한다. 애굽 소년은
자기들이 침노한 지역과 불사른 지역을 덧붙여 말한다. 침노한 지역은 "그렛
사람의 남방과 유다에 속한 지방과 갈렙 남방"이라고 한다. "그렛 사람"96)(kerethi)
이란 블레셋 남부에 살고 있는 한 종족을 지칭한다(30:14). 그렛 사람의 남방은
대체적으로 블레셋 사람의 영토 중 남부 즉 시글락 주변 지역으로 추측된다.
그리고 "유다에 속한 지방"이란 유다 땅의 남부 지역을 지칭한다. 그리고 "갈렙
남방"이란 헤브론을 중심한 유다 남부 지역을 지칭한다(수 21:12). 그러니까 아말
렉 족속이 침노했던 지역으로서 애굽 소년에 의해 언급된 세 지역은 팔레스틴의
남쪽 지역을 망라하여 가리키는 말이다.

삼상 30:15. 다윗이 그에게 이르되 네가 나를 그 군대로 인도하겠느냐 하니 그가 이르되 당신이 나를 죽이지도 아니하고 내 주인의 수중에 넘기지도 아니하겠다고

---

96) "그렛 사람": 블레셋 사람의 한 분파(一分派)로 생각된다(삼상 30:14; 겔 25:16; 습 2:5).
다윗이 방황 중에 외인용병(外人傭兵)으로서 따르고, 후에 다윗의 군대의 중핵이 되어, 다윗의
친위대(호위병)로 되었다(삼하 8:18; 15:18; 20:7,23; 왕상 1:38,44; 대상18:17). 유대의 역사가
요세푸스(Josephus)에 의하면, 브나야는 이 친위대의 대장이 되어(Antiq. Ⅶ. xi.8), 그들을 지휘했
다. 그들은 다윗이 예루살렘을 벗어날 때에도 그에게 수행했고(삼하 15:18), 압살롬에 대항하여
싸웠다(삼하 20:7,23). 또한 솔로몬의 친위병으로서 대관식에 참렬했다(왕상 1:38,44). 그들은
'블렛 사람'과 병기(倂記)되는 일이 많다.

하나님의 이름으로 내게 맹세하소서 그리하면 내가 당신을 그 군대로 인도하리이다 하니라.

다윗은 애굽 소년의 말을 다 듣고 난 다음 '네가 나를 그 군대로 인도할 수 있겠느냐'고 물어본다. 아말렉 족속은 유랑민족이기 때문에 이 때 애굽 소년의 인도가 아니면 그들을 발견하기가 극난함으로 애굽 소년에게 인도를 요청한 것이다. 애굽 소년은 다윗에게 하나의 조건을 달면서 그 조건을 실현해 준다면 아말렉 족속에게 인도해 주겠다고 말한다. 그 조건이란 "당신이 나를 죽이지도 아니하고 내 주인의 수중에 넘기지도 아니하겠다고 하나님의 이름으로 내게 맹세해 달라"는 것이었다. 죽이지 않는 것, 또 아말렉 주인한테 넘기지 않겠다는 맹세를 해달라고 한다. 당시 사람들은 사람을 안내자로 이용한 다음 그 안내자가 더 필요하지 않은 경우 후환(後患)을 없애기 위해 죽인 사례가 많은 것을 드러내는 말이다. 그리고 주인에게 넘기지 말라는 말은 일단 안내를 받은 후에 주인에게 넘겨주면 안내자는 주인에게 이적 행위를 한 혐의로 죽임을 당하게 되는 것이니 주인에게 넘겨주지 말라고 말한다. 그런고로 애굽 소년은 다윗에게 하나님의 이름으로 맹세를 해달라고 부탁한다. 여기 "하나님 이름으로"란 말은 이방인 애굽 소년에게는 일반적인 신을 가리켰음이 분명하다. 애굽 소년은 다윗이 하나님으로 맹세해주면 자기가 다윗을 아말렉 족속에게 인도해 주겠다고 말한다. 애굽 소년은 절대로 죽기를 원하지 않았고 또 아말렉 족속의 주인에게 인도되기를 원하지 않았으며 다윗 부대에 가담하기를 원했다.

삼상 30:16. 그가 다윗을 인도하여 내려가니 그들이 온 땅에 편만하여 블레셋 사람들의 땅과 유다 땅에서 크게 약탈하였음으로 말미암아 먹고 마시며 춤추는지라.

애굽 소년이 다윗을 인도하여 아말렉 족속의 본거지 쪽으로 내려가니 아말렉 족속이 온 땅에 무질서하게 여기저기 흩어져 있어서 블레셋 사람들의 땅과 유다 땅에서 크게 약탈했으므로 먹고 마시며 춤을 추는 것을 볼 수 있었다. 이렇게 무질서하게 흥청망청 먹고 마시고 있었으니 다윗 군대 400명이 급습하기에 아주 좋은 형편이었다. 하나님께서는 400명의 다윗 군인들을 유효하게 사용하셔서 모든 것을 찾아올 수 있었다.

삼상 30:17. 다윗이 새벽부터 이튿날 저물 때까지 그들을 치매 낙타를 타고 도망한 소년 사백 명 외에는 피한 사람이 없었더라.

다윗 부대는 애굽 소년의 인도를 받아 아말렉 족속이 밤새도록 흥청망청 음식(술) 파티를 하고 이제 새벽이 되어서야 겨우 잠이 좀 들었는데 다윗 부대는 새벽부터 이튿날 저물 때(그날 저녁 때)까지 아말렉 족속을 치니 낙타를 타고 도망한 소년 400명 외에는 피한 사람이 없었다는 이야기이다.

본문의 "이튿날 저물 때"는 '그날 저녁 때'를 뜻하는 말이다. 히브리인의 날은 저녁 해가 진때부터 계산하니 "새벽부터 이튿날 저물 때"는 바로 '새벽부터 그날 저녁 때까지'를 뜻한다. 아말렉 사람들은 여기서 저기서 약탈한 것을 먹고 마시느라 새벽에야 겨우 잠이 들었는데 다윗 군대 400명이 공격하니 정신이 없어 공격하거나 도망하기도 어려운 처지였다. 꼼짝없이 당하고 말았다.

삼상 30:18-20a. 다윗이 아말렉 사람들이 빼앗아 갔던 모든 것을 도로 찾고 그의 두 아내를 구원하였고 그들이 약탈하였던 것 곧 무리의 자녀들이나 빼앗겼던 것은 크고 작은 것을 막론하고 아무 것도 잃은 것이 없이 모두 다윗이 도로 찾아왔고 다윗이 또 양떼와 소 떼를 다 되찾았더니.

이 부분 두 절 반은 아말렉 사람들이 빼앗아 갔던 모든 것을 도로 찾았다는 말을 한다. 다윗의 두 아내도 구원했고, 무리의 자녀들도 도로 찾았고 또 빼앗겼던 것은 크고 작은 것 할 것 없이 모두 도로 찾아 왔고 심지어 잃었던 양떼와 소 떼도 다 되찾았다는 것을 말한다. 하나님의 은혜였다. 성도 앞에 원수란 아무런 힘이 없는 존재이다.

삼상 30:20b. 무리가 그 가축들을 앞에 몰고 가며 이르되 이는 다윗의 전리품이라

하였더라.

무리는 자신들이 도로 찾은 것을 몰고 시글락으로 오면서 이는 모두 "다윗의 전리품"이라는 말을 하면서 왔다. 다윗이 애굽 소년을 만나 아말렉을 찾는 공을 세웠고 또 아말렉을 치는 일에 있어서 하나님의 지혜로 했으니 다윗은 빛나는 공을 세운 것이다. 무리는 자기들의 모든 것을 도로 찾았으니 너무 기뻐서 다윗에게 공을 돌린 것이다.

삼상 30:21. 다윗이 전에 피곤하여 능히 자기를 따르지 못하므로 브솔 시내에 머물게 한 이백 명에게 오매 그들이 다윗과 그와 함께 한 백성을 영접하러 나오는지라 다윗이 그 백성에게 이르러 문안하매.

다윗이 브솔 시내에 머물게 한 200명에게 왔을 때 그들 200명 군인들이 다윗과 그와 함께 한 400명을 영접하러 나왔는데, 다윗이 그 200명 군인들에게 이르러 문안했다. 다윗은 그 200명의 군인들이 아말렉 군을 토벌하러 가는 중 너무 피곤하여 더 이상 전진하기 어려운 것을 보고 브솔 시내에 머물게 했으니 그들이 어떻게 지냈는지 궁금하여 문안했고 또 위로 했다.

삼상 30:22. 다윗과 함께 갔던 자들 가운데 악한 자와 불량배들이 다 이르되 그들이 우리와 함께 가지 아니하였은즉 우리가 도로 찾은 물건은 무엇이든지 그들에게 주지 말고 각자의 처자만 데리고 떠나가게 하라 하는지라.

다윗과 함께 시글락 사람들에게 가서 그들을 치고 모든 것을 잃은 것이 없이 다 찾아온 400명의 군인들 중에 마음이 악한 자와 불량배들(בְּלִיַּעַל-벨리알, 2:12 주해 참조)이 모두 말하기를 그 200명의 약(弱)한 군인들이 자기들과 함께 시글락 토벌에 동참하지 않았으니 '우리가 도로 찾은 물건은 무엇이든지 그들 200명의 군인들에게 주지 말고 각자의 처자만 데리고 떠나가게 하자'고 외쳤다. "악한 자들과 불량배들(야비한 사람들)"은 고집이 아주 세고 속이 좁은 것이 특징이다. 그들은 하나님의 크신 은혜와 긍휼을 생각지 아니하고 모든 일을 자기중심적으로 생각한다. 그들은 동시에 죄를 자복하거나 회개하는 일이 없고 모든 일을 결정할 때 이웃을 배려하지 아니한다. 그들을 다룰 때는 하나님의 긍휼과 은혜가 큰 것을 부각시키고 또 우리가 복에 이르려면 마음을 넓게 써야 한다는 것을 주장해야 한다.

삼상 30:23. 다윗이 이르되 나의 형제들아 여호와께서 우리를 보호하시고 우리를 치러 온 그 군대를 우리 손에 넘기셨은즉 그가 우리에게 주신 것을 너희가 이같이 못하리라.

다윗은 악한 자와 불량배들을 다룸에 있어 "나의 형제들아 여호와께서 우리를 보호하시고 우리를 치러 온 그 군대를 우리 손에 넘기셨은즉 그가 우리에게 주신 것을 너희가 이같이 못하리라"고 타이른다. 다윗은 악한 자들과 불량배들(야비한 자들)에 대해서 부드럽게 친근감 있게 "나의 형제들아!"라고 부른다. 이렇게 하면서도 그들의 주장을 막는다. 그들의 주장을 막아야지 그냥 들어주면 하나님의 은혜와 긍휼을 부정하는 것이 되고 또 교회가 복을 받지 못한다.

삼상 30:24. 이 일에 누가 너희에게 듣겠느냐 전장에 내려갔던 자의 분깃이나 소유물 곁에 머물렀던 자의 분깃이 동일할지니 같이 분배할 것이니라 하고.

다윗은 본 절에서 두 가지를 말한다. 첫째 "이 일에 누가 너희에게 듣겠느냐"고 한다. 다시 말해 '당신들의 주장을 누가 들을 사람이 있겠는가'라고 말한다. 악한 자들과 불량배들이 주장하는 그 주장을 들어줄 사람은 없다는 뜻이다. 한 단체를 편 가르기 하는 주장을 누가 찬성할 것이냐는 뜻이다. 편협한 주장을 누가 듣겠느냐는 뜻이다. 그 편협한 주장은 참으로 은혜로운 그 분위기, 아말렉 사람들을 토벌하고 모든 것을 되찾아오는 그 은혜로운 분위기를 깨뜨리게 되는 것이니 그 분위기를 깨뜨릴 사람들은 몇 사람이 되지 않을 것이다.

둘째, "전장에 내려갔던 자의 분깃이나 소유물 곁에 머물렀던 자의 분깃이 동일할지니 같이 분배할 것이니라"고 말한다. 브솔 시내의 소유물 곁에서 소유물을 지킨 사람도 너무 피곤해서 더 전진하지 못한 것이지 성의가 없어서 안 간 것은 아니니 똑같이 전리품을 나누어야 한다는 것이었다. 이렇게 해서 200명 군인들도 전리품을 똑같이 나누어받으면 600명의 군인 단체의 분위기는 아주 좋은 분위기가 될 것이고 훗날 이런 토벌이나 행사가 있을 때 더욱 적극적으로 협조할 것이다.

삼상 30:25. 그 날부터 다윗이 이것으로 이스라엘의 율례와 규례를 삼았더니 오늘까지 이르니라.

다윗은 전장에 나갔던 자나 나가지 못했던 자를 위해 전리품을 똑같이 분배한다는 원칙을 세워 이스라엘의 율례와 규례를 삼았다. 이 율례와 규례는 원래 모세의 법에 있었다(민 31:27). 다윗이 다시 확인해서 백성들에게 말한 것이다.

다윗이 세운 율례와 규례가 "오늘까지 이르니라"고 기록하고 있다. 여기 "오늘까지"란 말은 본서가 기록된 다윗 치세의 말기이고(이상근), "이르니라"는 말은 다윗이 세운 율례와 규례가 오래 지속되었음을 뜻한다.

삼상 30:26. 다윗이 시글락에 이르러 전리품을 그의 친구 유다 장로들에게 보내어 이르되 보라 여호와의 원수에게서 탈취한 것을 너희에게 선사하노라 하고.

다윗이 빼앗겼던 가족과 전리품을 가지고 시글락에 도착한 후 전리품 중 일부를 떼어 친구인 유다 장로들에게 보내면서 말하기를 "보라 여호와의 원수에게서 탈취한 것을 너희에게 선사하노라"고 말한다.

다윗은 전리품을 보내는 대상을 언급함에 있어 "그의 친구 유다 장로들"에게 보낸다고 말한다. 그러면 "그의 친구 유다 장로들"은 누구인가. 두 가지 견해가 있다. 첫째, 친구와 유다 장로들을 별개로 보는 견해(LXX). 둘째, 그의 친구, 곧 유다 장로들로 보는 견해로 갈린다(KJV, NKJV, NIV, ASV, NASB, RSV, 표준새번역). 다시 말해 다윗은 그의 친구인 유다 장로들에게 전리품을 보낸다는 견해이다. 두 견해 중 둘째 것을 택한다.

다윗이 유다에 있는 장로들(이 "장로"라는 말은 교회의 직분을 지칭하는 말이 아니라 한 사회의 지도자들을 지칭하는 말이다)에게 전리품을 보낸 이유는 그간에 받은 도움에 감사한다는 뜻으로 보낸 것이며 또 앞으로 유다의 왕이 될 것을 예감하고 사전 준비 작업으로 보낸 것이었다. 우리가 하나님 앞에 바로 살다가 보면 이처럼 신세를 진 사람들에게 풍성하게 감사하는 날도 있음을 알 수가 있다.

다윗은 그의 친구인 유다 장로들에게 전하는 말씀 중 "보라"라는 말을 제일 앞세운다. 이 "보라"(הִנֵּה-behold)는 말은 자기의 말이 가볍지 않고 아주 중하다는 것을 드러내는 말이다. 즉, 이 '전리품은 여호와의 원수에게서 탈취한 것이니 기쁘게 받아달라'는 뜻을 전달하는데 일조하는 단어이다. 그리고 "여호와의 원수"는 아말렉 족속을 지칭하는 말로 이 족속은 이스라엘이 출애굽할 때부터 줄곧 이스라엘을 괴롭혔기 때문에 붙인 이름이다(출 17:8-16; 삿 3:13). 오늘 신약 교회에도 하나님의 원수가 있는 것은 이상한 일이 아니다. 원수는 성도들이 만든 존재가 아니라 그 원수 자신들이 줄곧 하나님의 원수로 살아 왔기 때문에 자연스레 이루어진 것이다. 하나님을 거부하고 예수 그리스도를 박해하며 계속해서 교회를 박해하는 세력은 하나님의 원수이다.

삼상 30:27. 벧엘에 있는 자와 남방 라못에 있는 자와 얏딜에 있는 자와.

본 절부터 31절까지는 다윗이 전리품을 보낸 지명들이 진술되는데 13개 처 이상이다. 다윗은 13개 처 이상에서 살고 있는 친구 장로들에게 전리품을 보낸다는 것을 드러낸다. "벧엘"은 시므온 지파의 영토에 있던 성읍으로(30:27; 수 19:4; 대상 4:30), 이 성읍이 어디 있었는지는 알려져 있지 않고 있다. 그러니까 본 절에서 말하는 벧엘은 베이틴(Beitin)이라 불리는 벧엘이 아니고(K.&D., RP Smith), "브둘"을 말하는 것으로 본다(수 19:4). 그리고 "남방 라못"(Ramoth)은 '남방(네게브)의 성읍'을 이름이다(30:27). 이는 라마(수 19:8)와 동일지이다. 똑같은 이름을 가진 지역이 여러 군데 있으므로(신 4:43; 대상 6:73) 그냥 "남방"이라 하며 시므온 지파의 라못을 지칭하는 것으로 본다(수 19:8). "얏딜"(Jattir)은 '넓은'이란 뜻을 가지고 있다. 유다 산지의 성읍인데(수 15:48), 레위 사람의 성읍으로 되었다(수 21:14; 대상 6:57). 다윗은 전리품을 이 성읍의 장로들에게 보냈다(30:27). 시글락의 동쪽 16km 지점의 길벳 앗디르(Khirbet 'Attir, 이스라엘 이름 H'orvat Yattir)와 동일시된다. 이는 에스드모(28절, 수 15:50)의 남서쪽 약 8km

지점으로, 유다 지파에 속한(수 15:48) 제사장의 성읍이다(수 21:14).

삼상 30:28. 아로엘에 있는 자와 십못에 있는 자와 에스드모아에 있는 자와.

"아로엘"(aroer)은 유다 남부 네게브(南方)의 성읍이다. 다윗은 전승 축하 전리품을 이 성읍 장로들에게 보냈다(30:28). 브엘세바의 동남쪽 20km 지점, 아라라(Ararah)와 동일시된다. "십못"(Sipmoth)은 '풍요'라는 뜻을 가지고 있으며, 남방 네게브에 있으며 요단 계곡의 성읍이다(민 34:10-11). 다윗은 여기에 전승 전리품을 보냈다(30:28). "에스드모아"(Eshtemoa)는 헤브론 지역에 있던 레위 사람의 성읍이다(수 21:14; 대상 6:57). 다윗이 노획물의 일부를 선물로 보낸 성읍 중 하나이다(삼상 30:28). 에스드모(수 15:50)와 동일지이다.

삼상 30:29. 라갈에 있는 자와 여라므엘 사람의 성읍들에 있는 자와 겐 사람의 성읍들에 있는 자와.

"라갈"(Racal)은 유대 남부에 있는 성읍인데, 에스드모아의 동북 6km 지점이다. 다윗은 전리품을 이 성읍장로들에게도 보냈다(30:29). "여라므엘 사람의 성읍들"(Jerameelites)은 '하나님의 자비'라는 뜻을 가지고 있고 "여라므엘 사람들"은 유다의 자손으로 브엘세바 남쪽에 살았다(27:10). "겐 사람"에 대해서는 27:10 주해를 참조할 것.

삼상 30:30. 홀마에 있는 자와 고라산에 있는 자와 아닥에 있는 자와 헤브론에 있는 자에게와 다윗과 그의 사람들이 왕래하던 모든 곳에 보내었더라.

"홀마"[97](Hormah)는 '봉납' 혹은 '헌신'이라는 뜻을 가지고 있다. 원래는

---

97) "호르마": '봉납' 혹은 '헌신'이란 뜻을 가지고 있다. 이스라엘 백성이 가데스에서 유진하고 있을 때, 일부 사람들이 여호와의 명을 거역하여 남방으로부터의 가나안 침입을 시도했다가, 가나안 사람과 아말렉 사람에게 반격된 참패의 땅이다(민 14:45; 신 1:44). 그러나 후일에 이스라엘의 북진을 저지하기 위해 아랏의 왕이 출격했다가 이스라엘에게 진멸되었다(민 21:3; 이 사건 때문에 '호르마'라고 불렀다고 한다). 가나안 입국 후 이스라엘은 이곳을 점령하고(수 12:14) 시므온의 소령으로 되었다(수 15:30; 19:4; 대상4:30). 다윗은 이 성읍장로들에게도 전리품을 분배하였다(삼상 30:30).

'스밧'(Zephath)이었으나 유다와 시므온이 이곳을 점령하고 '홀마'라고 했다(삿 1:17). "고라산"(Chorashan)은 네게브 지방의 변두리에 위치한 세펠라 지역의 한 부분인 '아산'과 동일한 지역이다(수 15:42). 처음에는 시므온 지파에게 소속된 성읍이었으나(수 19:7) 후일에는 제사장의 성읍으로 지정된 곳이다(대상 6:59). "아닥"(Attach)은 유대 남부의 성읍이다(30:30). 헤브론의 서북에 있는 에델(수 15:42)과 동일시된다(R.P. Smith). "헤브론"98)(Hebron)은 '친교' 혹은 '동맹'이 란 뜻을 가지고 있다. 팔레스틴의 옛 성읍이다. 예루살렘의 남쪽 30km지점에 있는 오늘날의 엘 칼릴(el Khalil, 이 아랍 이름은 Khalil er-Rahman, '하나님의 친구' 즉, 아브라함을 의미하는 말의 단축 형, 사 41:8; 약 2:23과 비교)과 동일시된 다. "헤브론"이하는 히브리 원문에서 31절로 취급된다.

삼상 30:31. 헤브론에 있는 자에게와 다윗과 그의 사람들이 왕래하던 모든 곳에 보내었더라.

"다윗과 그의 사람들이 왕래하던 모든 곳에 보내었더라"는 말은 다윗과 그의 부하들이 사울의 박해를 받으면서 도망 다녔던 여러 곳들을 뜻하는데 다윗이 그 장로들에게 보호를 받은 것을 감사하여 감사의 뜻으로 전리품을 전달한 것이다. 다윗이 이렇게 여러 곳을 다니면서 보호를 받고 혹은 음식 제공을 받았기에 다윗의 친구가 많이 생긴 것이다. 다윗은 그 친구들의 은혜를 잊지 못하고 전리품으로라도 보답했다.

D. 사울이 최후를 맞이하다 31장

본서의 저자는 사울의 최후를 제일 마지막 장에 배치하고 있다. 본 장의 내용은 사울의 최후(1-6절)와 블레셋 군대와의 전쟁 뒤에 된 일들(7-13절) 등이 진술된다. 31장은 삼하 1:1-10과 약간의 차이를 보이고 있고, 대상 10:1-12과는 병행하고 있다.

1. 사울이 최후를 맞이하다 31:1-6

사울은 잘 될 수 있었으나 하나님의 명령을 불순종하여 한생애가 험하였고 또 최후가 비참했다. 이 부분(1-6절)은 대상 10:1-12과 병행한다.

삼상 31:1. 블레셋 사람들이 이스라엘을 치매 이스라엘 사람들이 블레셋 사람들 앞에서 도망하여 길보아 산에서 엎드러져 죽으니라.

본 절은 블레셋 군대와 이스라엘 군대의 최후 접전 상황에 대해 묘사하고 있다. 세 가지로 말할 수 있다. 첫째는 "블레셋 사람들이 이스라엘을 쳤다"(the Philistines fought against Israel)는 것이다. 여기 "쳤다"(!ymij;l]nI)는 말은 히브리어에서 과거 분사(과거에 진행된 사실을 묘사하는 시제)의 형태이므로 앞의 사건들, 즉 28장 및 29장과 밀접하게 연속되는 것임을 보여준다. 그러니까 30장은 저자가 잠시 다른 말을 하기 위해 끼워 넣은 삽화이다. 제 30장은 다윗이 아말렉 족속의 무자비한 공격으로 시글락이 불타고 또 모든 것을 잃은 것을 되찾아 온 것과 또 탈취해온 전리품을 많은 사람들에게 나누어 준 사실을 언급한 글이고, 거기에 이어 본 장은 제 29장을 이어 블레셋 군대와 이스라엘 군대간의 전쟁을 묘사하는 것이라고 할 수 있다.

둘째는 "이스라엘 사람들이 블레셋 사람들 앞에서 도망"했다는 이야기이다.

28:4에 의하면 블레셋과 이스라엘은 골짜기를 사이에 두고 각자의 진영을 구축하고 있었다(28:4). 즉, 블레셋 군대는 수넴에 진치고 있었고, 이스라엘 군대는 블레셋으로부터 대략 8km 떨어진 길보아 산의 북쪽 기슭에 자리 잡고 있었다. 그런데 이스라엘 사람들은 블레셋 군대에 밀려 도망하여 "길보아 산"99)(28:4)에서 죽은 것이다. 전투에서 적군 앞에서 밀린다는 것은 하나님께서 이스라엘 편이 아니라는 것을 보여준 것이다. 사울의 불순종은 한 나라를 패망으로 들어가게 만들었다.

셋째는 "길보아 산에서 엎드러져 죽었다"는 이야기이다. 여기 "엎드러져"라는 말은 죽임 당하는 것을 묘사하는 단어이다(삼하 1:12; 3:38). 이스라엘이 이처럼 참패한 것은 사울이 하나님께 불순종했기 때문이다(12:25). 오늘도 우리가 하나님께 불순종하면 우리 역시 패망한다는 것을 알아야 할 것이다.

삼상 31:2. 블레셋 사람들이 사울과 그의 아들들을 추격하여 사울의 아들 요나단과 아비나답과 말기수아를 죽이니라.

본서 저자는 본 절에서 사울과 그 아들 세 사람의 죽음에 대해 기록하는 중 세 아들의 죽음에 대해서는 간략히 기록한다. 블레셋 군대가 사울과 그 세 아들, 즉 "요나단과 아비나답과 말기수아를 죽였다"고 기록한다(대상 10:2). 저자는 사울의 죽음에 대해서는 다음 절들에서 좀 더 자세히 기록하지만 본 절에서 "요나단"이 죽은 것에 대해서 한마디로 기록하고 말았다. 요나단은 사울의 장자로 다윗과 절친한 친구였고 또 은혜를 베풀 줄 아는 사랑의 사람이었으며(18:1-4; 20:17), 독실한 신앙가였고(20:30-42) 또 왕위에 집착하지 않던 겸손의 사람이었는데(18:4; 23:17) 이렇게 허황하게 죽는다는 것은 웬 일인지 원통한 일이 아닐 수 없었다. 그러나 의인의 생명은 이 세상에 국한 되지 않고 다음 세상의 영원한 삶에 있다(잠 14:32)는 원리를 따라 이 세상의 삶이 짧을 수 있다는 것을 염두에 두어야 할 것이다. 그리고 요나단은 부친의 곁을 떠나지 않고 끝까지 운명을 같이 한 효성의 아들이었음을 알 수 있다.

---

99) 여기 길보아 산은 이스르엘 평원 동쪽, 벧산 서쪽 10km 지점에 위치한 예벨 후쿠아(Jebel Fuquah)이다.

삼상 31:3. 사울이 패전하매 활 쏘는 자가 따라잡으니 사울이 그 활 쏘는 자에게 중상을 입은지라.

전쟁이 사울에게 아주 불리하게 돌아가니(왕상 12:10; 대하 10:14; 애 3:7) 블레셋 군인 중에 활 쏘는 자가 사울을 발견하고 맹렬히 추격하여 사울은 그 활 쏘는 자에게 중상을 입었다는 이야기이다. 여기 "중상을 입은지라"(daom] lj,Y:)는 말은 '매우 떨었다'는 뜻이다(Keil, Smith, Lange). 다시 말해 심한 두려움에 사로 잡혀 고통당했다는 뜻이다. 이 말을 그렇게 볼 수 있는 이유는 역대상 10:3에 같은 단어가 있는데 그 단어의 뜻은 '군급하여'라는 뜻인 고로 본 절도 역시 심한 두려움에 사로 잡혀 고통당했다는 뜻으로 보아야 할 것이다.

삼상 31:4. 그가 무기를 든 자에게 이르되 네 칼을 빼어 그것으로 나를 찌르라 할례 받지 않은 자들이 와서 나를 찌르고 모욕할까 두려워하노라 하나 무기를 든 자가 심히 두려워하여 감히 행하지 아니하는지라 이에 사울이 자기의 칼을 뽑아서 그 위에 엎드러지매.

전쟁이 사울에게 불리하게 돌아가고 있고 블레셋 군인 중에 활 쏘는 자가 사울을 발견하고 맹렬히 추격하여 사울은 이제는 죽게 된 것을 알고(앞 절), 사울은 자기의 무기 당번 병사(armor-bearer)에게 '네 칼을 빼어 그 칼로 나를 찌르라. 할례를 받지 않은 자들(이방인들)이 와서 나를 찌르고 나를 괴롭힐까100) 두려우니 빨리 나를 찌르라'고 했으나 무기 당번 병사가 심히 두려워하여 감히 사울을 죽이지 못하자 사울은 자기 칼을 잡어 칼끝을 배에 대고 그 위에 엎드러져 자살했다. 사울의 최후는 결국 자살로 마감한 것이다.

사울은 하나님의 명령에 불순종하며 다윗을 시기하여 죽이려고 수없이 노력했음에도 자신이 할례를 받았다는 자부심이 심히 강했다. 바울 사도는 육체에 할례 받은 것은 아무 것도 아니라고 말하고 마음의 할례가 중요하다고 역설했다(고전

___
100) 사울이 이방인들에게 모욕을 당할까 두려워한 것은 자기가 이방인에게 죽임을 당하여 자기의 시체가 이리 저리 둥글려져 모욕당하는 것을 두려워한 것이 아니라 아직 살아 있는 중에 삼손의 최후처럼(삿 16:21-27) 블레셋 군대에 의하여 욕을 듣고 뺨을 맞고 매를 맞는 것을 두려워한 것이다.

7:19; 갈 6:15). 다시 말해 사람이 중생해서 새로운 사람으로 변화되는 것이 중요하다는 것이다.

삼상 31:5. 무기를 든 자가 사울이 죽음을 보고 자기도 자기 칼 위에 엎드러져 그와 함께 죽으니라.

　무기를 든 자(무기 당번 병사)가 사울이 칼에 엎드러져 죽는 것을 보고 자기도 자기 칼끝에 배를 대고 엎드러져 사울과 함께 죽었다는 이야기이다. 무기를 든 병사가 사울을 죽이지 못했던 이유는 자기가 모시던 왕을 어떻게 죽이느냐는 생각 때문에 죽이지 못했을 것이고 또 어떻든지 왕을 끝까지 보호해야 한다는 생각 때문에 죽이지 못한 것이다.

　무기를 든 당번 병사가 사울을 따라 죽은 것은 그도 역시 이스라엘 사람으로 이미 할례를 받았으니 할례를 받지 않은 블레셋 군대에 의하여 죽을 수는 없다고 생각하여 왕을 따라 자살한 것이다.

삼상 31:6. 사울과 그의 세 아들과 무기를 든 자와 그의 모든 사람이 다 그날에 함께 죽었더라.

　본서 저자는 본 절에서 사울도 죽었고 그의 세 아들도 죽었으며 사울의 가족처럼 가까웠던 무기 당번도 죽었고 또는 사울의 시종 모든 사람이 다 그날에 함께 죽었다고 말한다. 본 절은 "자살이 거의 없는 이스라엘 역사에서 사울의 죽음이 더 큰 비극이었던 것을 드러내는 것이다"(R.P. Smith). 하나님께 불순종한 사울은 비참한 최후를 맞이한 것이었다. 우리는 빨리 우리의 죄를 자복하는 일에 심혈을 기울어야 할 것이다.

　　2. 블레셋과의 전쟁 뒤에 된 일들　31:7-13
　블레셋 군대와의 전쟁 다음 전투에 임했던 이스라엘 군인들은 도망했고 또 군인들이 도망했다는 소식을 듣고 일부 지역 사람들은 자기들이 살던 성읍들을 버리고 도망했기에 블레셋 사람들이 그곳에 와서 살았다는 진술(7절)과 또 전쟁

이튿날 블레셋 사람들이 사울의 머리를 베고 사울이 입었던 갑옷을 벗기고 블레셋 사람들의 땅 사방에 보냈다는 진술(8-9절)과 사울의 갑옷은 아스다롯의 집에 두고 사울의 시체는 벧산 성벽에 못 박았다(10절)는 진술이 기록된다. 그리고 길르앗 야베스 주민들이 사울의 시체와 아들들의 시체를 장사했다는 뒷이야기들이 진술된다(11-13절).

삼상 31:7. 골짜기 저쪽에 있는 이스라엘 사람과 요단 건너 쪽에 있는 자들이 이스라엘 사람들이 도망한 것과 사울과 그의 아들들이 죽었음을 보고 성읍들을 버리고 도망하매 블레셋 사람들이 이르러 거기에서 사니라.

본문의 "골짜기 저쪽"이란 말은 '이스르엘 골짜기[101](29:1) 건너편 잇사갈, 스불론, 납달리 등 갈릴리 지방 등' 가나안 북부 지역을 가리키는 말이고, "요단 건너 쪽"이란 말은 '요단강 동편인 르우벤 지파, 갓 지파, 므낫세 반 지파의 땅'을 지칭하는 말이다. 이 두 지역(갈릴리 지방, 요단강 건너편 쪽)에 살고 있는 이스라엘 사람들이 전투에 참여했던 이스라엘 군대가 도망한 일과 또 사울과 그의 아들들이 죽었음을 보고 자기들이 살고 있던 성읍들을 버리고 도망했다는 것이다. 그래서 블레셋 사람들이 그 두 지역에 와서 살았다는 이야기이다. 이 이야기들은 시간을 두고 진행된 것을 두고 기록된 역사이다. 사울의 하나님께 대한 불신과 죄악은 자신이 왕 노릇하던 나라를 아주 패망으로 이끈 것이다.

삼상 31:8. 그 이튿날 블레셋 사람들이 죽은 자를 벗기러 왔다가 사울과 그의 세 아들이 길보아 산에서 죽은 것을 보고

본 절의 "그 이튿날"이란 말은 블레셋 군대와 이스라엘 군대 사이의 전쟁이 격렬하여 블레셋 군대는 전쟁의 결과를 세밀히 파악하지 못한 채 하룻밤을 지내고 그 이튿날 블레셋 군대가 죽은 자를 벗기러 온 '그 이튿날'을 말한다. 여기 "벗기러 왔다"는 말은 죽은 자의 옷을 벗기며 또 소지품을 약탈하는 행위를 가리킨다 (27:10; 30:1). 블레셋 군대는 죽은 자를 벗기러 왔다가 사울과 그의 세 아들이

---

101) 이 골짜기는 길보아 산의 북동쪽에 위치한 이스르엘 골짜기를 말한다(29:1).

길보아 산에서 죽을 것을 보았다.

삼상 31:9. 사울의 머리를 베고 그의 갑옷을 벗기고 자기들의 신당과 백성에게 알리기 위하여 그것을 블레셋 사람들의 땅 사방에 보내고.

블레셋 군대는 사울의 머리를 베고[102) 그의 갑옷을 벗기고 자기들의 신당(우상의 집)에 보내 신에게 봉헌했다(10절; 대상 10:10). 그리고 또 백성들에게 사울의 머리와 갑옷을 보내어 백성들의 기쁨을 더 해 주었다. 백성들은 사울을 잡아 죽였다는 점에서 엄청난 희열을 느꼈을 것이다.

삼상 31:10. 그의 갑옷은 아스다롯의 집에 두고 그의 시체는 벧산 성벽에 못 박으매.

블레셋 군대는 사울의 갑옷을 아스다롯의 집에 두었고 사울의 시체는 벧산 성벽에 못 박았다. 여기 "아스다롯"[103)은 가나안 여신이었고 바알과 짝을 이루는 신이었다. "벧산"(Beth-shan) 이스르엘과 요단 계곡이 교차하는 지점에 있던 고도이다. 벧산의 명칭은 여러 가지 형으로 BC 15세기 이래 애굽어, 악갓어, 히브리어 비문에 나타나 있다. 위치는 이스르엘 골짜기의 동단, 즉 요단 강의 서쪽 5㎞

---

102) 사울의 머리를 벤 것은 블레셋의 큰 승리를 증명하기 위한 증거물로 삼기 위한 행위였다(17:57).

103) "아스다롯": Ashtaroth. 70인 역은 이 말을 '알로스'로 번역한 곳도 있지만(삼상 7:3,4; 12:10), 주로 '아스타레테'(여신의 고유명사)를 사용하고 있다(삿 2:13; 왕상 11:5,6,33; 왕하 23:13기타). 특히 사사기 10:6, 사무엘상 7:4에서는 복수형을 음사(音寫)하여 '아스타롯'이라 하였다. '아스다롯'은 동물과 식물에 생명을 주는 자이며, 그러므로 풍요, 다산, 사랑 또는 쾌락(그 제사는 때로는 성의 해방이라는 매우 부도덕한 요소가 포함되어 있었다)의 여신이다. 셈족 사이에 널리 유행하여 근접 지역에도 파급되었다. 히브리어로는 아스다롯(Ashtaroth), 베니게인의 아스다르데(Ashtarte) 또는 아스다르드(Ashtart), 앗수르, 바벨론인의 이스다르(Ishtar), 헬라어의 아스다르데(Astarte)는 다 같이 이 여신을 가리킨다. 애굽에서는 가데스(Qadesh, 성자), 헬라에서는 아프로디테(Aphrodite, 'Aφροδίτη), 로마에서는 비너스(Venus)로서 알려져 있는 사랑의 신으로 되었다. 아스다롯은 두로와 시돈의 백성이 숭배한 여신이며, 솔로몬은 그들과의 화친정책상 예루살렘에 그의 산당을 세웠으나(왕상 11:5), 요시야는 이를 훼파하였다(왕하 23:13). BC 13세기의 애굽 문헌에 의하면, 아낫(Anath)과 아스다르데는 '잉태하여도 낳지 못하는 대여신'이라 불리고 있다. 그것은 처녀성을 잃는 일이 없이 영속적 다산력을 가지는 여신이라는 의미이다. 구약성경에는 바알의 배우신(配偶神)으로서 기록되고, 이스라엘 사람은 극렬히 비난받고 있으면서도 그 숭배를 하였다(7:3,4,12:10; 삿 2:13).

지점, 갈릴리 바다의 남쪽 25㎞ 지점에 있는 텔 엘 후슨(Tell el-Husn, '요새의 언덕')이라 불리는 폐구(廢丘)가 그것이다. 벧산 성벽에 못 박은 사울의 시체는 머리가 없는 시체였다. 머리가 없는 이유는 다곤의 신당에 달았기 때문이다(대상 10:10). 사울의 죽음은 비참함을 보여주는 것이었다.

삼상 31:11. 길르앗 야베스 주민들이 블레셋 사람들이 사울에게 행한 일을 듣고.

본 절부터 끝 절(11절)까지는 길르앗 야베스 주민들이 사울의 시체와 아들들의 시체를 장사했다는 뒷이야기들을 진술한다. 본 절은 길르앗 야베스 주민들이 블레셋 사람들이 사울에게 행한 일을 들었다는 사실을 진술하고 있다. "길르앗 야베스"는 갈릴리 바다 남쪽 약 30km 지점에 위치한 요단강 동편의 므낫세 지파 사람들을 지칭한다(수 17:5-6). 이곳은 사울의 즉위 초에 암몬 사람들로부터 침략을 받았었다(11:1). 그 당시 사울이 베섹에서 군사를 모집하여 암몬 사람을 공격함으로써 길르앗 야베스 주민을 구원했다(11:8-11). 길르앗 야베스 주민들은 블레셋 사람들이 사울의 시체에서 목을 베고 또 목을 다곤의 신당에 매달고(대상 10:10), 나머지 시체는 성벽에 못 박아 사울의 시체를 아주 욕되게 한 일을 듣고 가만히 있지 않았다.

삼상 31:12. 모든 장사들이 일어나 밤새도록 달려가서 사울의 시체와 그의 아들들의 시체를 벧산 성벽에서 내려 가지고 야베스에 돌아가서 거기서 불사르고.

본 절의 "모든 장사들"이란 말은 '길르앗 야베스 주민들 중에서 용사들(용기 있는 사람들)'을 지칭한다. 그들은 과거에 사울이 왕 즉위 초에 사울이 그들을 구원한 것을 기억하여 사울이 어려움을 당했다는 것을 듣고 그냥 있을 수 없어 일어나 밤새도록 달려가서 사울의 시체와 그의 아들들의 시체를 벧산 성벽에서 내려서 야베스에 돌아가서 화장했다. 이들이 21km나 되는 거리를 달려가서 사울의 시체를 가져와서 화장을 한 것이다.

장례를 하되 화장을 택한 이유는 아마도 목이 잘리는 등 매우 손상된 시체는 일반 장례법을 택하여 장사하기 보다는 화장이라는 장례법을 택하는

것이 가장 좋다고 여겨졌기 때문이고(Lange, Keil), 그리고 죽은 지가 오래
되었기 때문에 이와 같이 화장법을 택했다고 보는 것이 바를 것으로 보인다
(Hertzberg).

사울이 국민들에게 행한 선행이란 바로 길르앗 야베스 주민들을 암몬으로부터
구원한 것이라고 볼 수 있다. 사울은 이 일 외에는 거의 모두 악행만을 행했다고
할 수 있다. 본서 저자가 이 사건을 기록한 이유는 아마도 사울의 선행 한 가지를
기록하기 위함이었을 것이다.

삼상 31:13. 그의 뼈를 가져다가 야베스 에셀나무 아래에 장사하고 칠 일 동안 금식하였더라.

본 절은 두 가지를 말하고 있다. 하나는 사울과 그의 아들들의 시체를 불사른
다음(앞 절) 그 뼈(아들들의 뼈를 포함한 뼈들)를 가져다가 야베스 지방에서 자라고
있는 많은 에셀나무 아래에 묻었다는 것과 또 하나는 7일 동안 금식했다는 것이다.

사울과 아들들의 뼈를 에셀나무(침엽수의 일종) 아래에 묻은 것을 두고 어떤
학자는 야베스 지역에 이 나무가 많아서였을 것이라고 말한다(R.P. Smith). 가능한
추측이다. 또 다른 한편 역대상 10:12에는 에셀나무 아래 뼈를 묻은 것이 아니라
상수리나무 아래 해골을 묻었다고 말씀하고 있다.

야베스 지역 사람들은 과거에 사울에게 입은 큰 은혜 때문에 사울의 뼈를
묻은 다음 7일 동안 금식했다고 말한다. 유대법의 원전인 탈무드(Talmud)에는
"7일간 금식"은 유대인의 보통 애통의 기간이었다고 전한다. 특별한 애통
기간도 있었는데 모세나 아론 같은 사람을 위해서는 30일을 애곡했다(민
20:29; 신 34:8).

사울은 죄 많은 사람이었다. 그가 죽은 것도 죄 때문이었다. 그는 여호와의
말씀을 순종하지 아니하였고 또 신접한 자에게 가르치기를 청했으며 또 여호와께
묻지 아니하였으므로 여호와께서 그를 죽이셨다(대상 10:13-14). 그러나 그가
수많은 죄를 짓는 중에 왕으로 즉위한 후 한 가지 잘 한 일이 바로 야베스 사람들을
암몬으로부터 구원한 일이었다. 그래서 사무엘상 저자는 마지막에 그가 잘한

일 한 가지를 기록하고 끝난다. 이런 선행까지 없었다면 사울은 죄 중에 살다가 죽었다고 기록될 뻔 했다. 그래도 한 가지 선행이 있었기에 야베스 사람들에 의해서 끝이 조금 빛나게 되었다. 우리는 한 생애동안 선을 행하며 살아야 할 것이다.

-사무엘상 주해 끝-

사무엘하 주해

제 1 장

사무엘하(下)는 히브리 원전에서 사무엘상과 한권으로 되어 있다. 사무엘하는 다윗의 역사를 기록한 책이다. 사무엘상(上)은 다윗이 왕 되기 전의 역사를 기록한 반면 하(下)는 다윗이 왕이 된 후의 역사를 기록한 책이다.

1. 다윗 왕국이 확립되다   1장-7장

사무엘하(下)는 사울이 죽은 다음 다윗 시대가 열려 다윗이 행한 일들을 기록한 책으로 다윗이 잘 한 일과 잘못한 일들이 그대로 적나라하게 기록되었다.

이 부분(1-7장)은 다윗이 아말렉인을 죽인 일과 사울을 위해 애가를 남긴 일(1장), 다윗이 유다 왕으로 즉위한 일(2장), 사울 왕가가 패망한 일(3-4장), 다윗이 전체 이스라엘 왕으로 즉위한 일(5장), 다윗이 법궤를 이전한 일(6장), 하나님께서 다윗에게 왕권을 약속해 주신 일(7장) 등이 기록되었다.

A. 다윗이 사울을 위해 애가를 남기다   1장

다윗은 일반 사람들과는 달리 종종 칭찬할만한 사람을 죽였다. 그 중에 하나가 바로 다윗은 사울을 죽인 아말렉인을 죽인 일이다(1-16절). 그가 사울을 죽인 아말렉 사람을 죽인 이유는 다윗이 이스라엘의 2대 왕으로 하나님으로부터 기름 부음을 받은 제 1대 왕을 존중한다는 뜻에서였다. 그리고 다윗은 또 사울과 요나단을 위해 애가를 부르는 모습이 등장한다(17-27절).

1. 다윗이 아말렉인을 죽이다 1:1-16

다윗은 시글락을 공격했던 아말렉인들을 찾아서 다 죽인 후 시글락으로 돌아와 이틀을 지났을 때 사울을 죽인 아말렉인이 찾아와서 자신이 사울을 죽인 것을 보고함으로(1-10절), 다윗은 사울과 요나단이 죽은 것을 애통한 후 사울을 죽인 아말렉인을 죽인다(11-16절).

삼하 1:1. 사울이 죽은 후에 다윗이 아말렉 사람을 쳐 죽이고 돌아와 다윗이 시글락에서 이틀을 머물더니.

"사울이 죽은 후"란 말은 이후에 사울의 활동은 더 이상 나타나지 않고 다윗 시대가 열리고 있음을 나타내 주는 말이다. 이 말 때문에 본 절 이하는 사무엘 하(下)로 분류되고 있다. 원래 사무엘상과 하(下)는 히브리원문 마소라 사본에서는 한 책이었다.

사울이 죽은 후에 '다윗이 시글락(삼상 27:6)을 공격했던 아말렉 사람들을 쳐 죽이고(삼상 30장) 큰 전리품을 획득하여 시글락으로 돌아와 이틀을 휴식한 후' 이스라엘 왕국을 건국하기 시작한다.

삼하 1:2. 사흘째 되는 날에 한 사람이 사울의 진영에서 나왔는데 그의 옷은 찢어졌고 머리에는 흙이 있더라 그가 다윗에게 나아와 땅에 엎드려 절하매.

다윗이 시글락에서 머문 지 "사흘째 되는 날에 한 사람이 사울의 진영에서 나와서" 사울이 죽었다는 것을 말해준다(다음 절들). 그런데 "그(아말렉인)의 옷은 찢어졌고 머리에 흙이 있게" 된 이유는 그가 사울 곁에서 패전을 당했으므로 옷이 찢어져 있었고 머리에는 흙이 있게 되었다. '그 아말렉인이 다윗에게 나아와 땅에 엎드려 절한' 이유는 이제 사울은 죽었고 다음 차례의 왕은 다윗이 될 것이라고 생각하고 다윗에게 사울의 죽음을 보고하면서 신임을 얻으려는 것이었다. 그가 신임을 얻으려고 다윗을 찾아와서 사울의 죽음을 보고했지만 그는 다윗의 신임을 얻기는커녕 그가 하나님으로부터 기름 부음을 받은 자를 죽였다는 이유로 금방 죽을 줄(15절)을 알지 못했다.

삼하 1:3. 다윗이 그에게 묻되 너는 어디서 왔느냐 하니 대답하되 이스라엘 진영에서 도망하여 왔나이다 하니라.

다윗에게 나아와 땅에 엎드려 절하는(앞 절) 아말렉인에게 다윗은 "너는 어디서 왔느냐"고 묻는다. 다윗의 물음에 아말렉인은 "이스라엘 진영에서 도망하여 왔다"고 대답한다. 아말렉인은 이스라엘이 전쟁에 패하니 더 있어야 할 이유를 알지 못하여 그 진영에서 도망하여 온 것이었다. 아마도 그는 이스라엘 정규군은 아닌 듯이 보인다. 정규군이었다면 끝까지 싸웠을 것인데 고용된 군인이었기에 전세가 불리하니 도망쳐 나왔을 것이다(RP Smith).

삼하 1:4. 다윗이 그에게 이르되 일이 어떻게 되었느냐 너는 내게 말하라 그가 대답하되 군사가 전쟁 중에 도망하기도 하였고 무리 가운데에 엎드러져 죽은 자도 많았고 사울과 그의 아들 요나단도 죽었나이다 하는지라.

다윗은 그 전쟁 중에서 도망하여 나온 도망병을 향하여 전쟁의 상황을 묻는다. 그 아말렉 사람 도망병은 전쟁의 형편을 세 가지로 보고한다. 하나는 "군사가 전쟁 중에 도망한" 사람도 있었다고 말하고 또 하나는 "무리 가운데에 엎드러져 죽은 자도 많았다"고 말하며 또 더 큰 사건은 "사울과 그의 아들 요나단도 죽었다"고 보고한다. 다시 말해 이스라엘은 완전히 패했다는 것을 말해준다.

삼하 1:5. 다윗이 자기에게 알리는 청년에게 묻되 사울과 그의 아들 요나단이 죽은 줄을 네가 어떻게 아느냐

다윗의 관심은 위의 첫째 무리와 둘째 무리에게 있는 것이 아니라 세 번째 사울과 그의 아들 요나단에게 있었다. 그래서 다윗은 그 아말렉 청년에게 "사울과 그의 아들 요나단이 죽은 줄을 네가 어떻게 아느냐"고 자세히 묻는다.

삼하 1:6. 그에게 알리는 청년이 이르되 내가 우연히 길보아 산에 올라가 보니 사울이 자기 창에 기대고 병거와 기병은 그를 급히 따르는데

다윗에게 사울과 요나단의 죽음을 알리는 아말렉 청년이 말하기를 자기가

우연히 길보아 산에 올라가보니 사울이 자기 창에 기대 있었고 또 블레셋 병거와 기병(13:5)은 사울을 급히 따르고 있어서 더 살 소망이 없는 줄 알고 죽였다는 것이다.

삼하 1:7. 사울이 뒤로 돌아 나를 보고 부르시기로 내가 대답하되 내가 여기 있나이다 한즉.

사울이 창에 기대 서 있으면서 뒤로 돌아 아말렉 청년을 보고 불렀기 때문에 아말렉 청년이 대답하기를 내가 여기 있다고 말했다는 것이다.

삼하 1:8. 내게 이르되 너는 누구냐 하시기로 내가 그에게 대답하되 나는 아말렉 사람이니이다 한즉.

사울이 아말렉 청년에게 "너는 누구냐"고 불렀기에 이 청년이 대답하기를 "나는 아말렉 사람이라"고 대답했다는 이야기이다.

삼하 1:9. 또 내게 이르시되 내 목숨이 아직 내게 완전히 있으므로 내가 고통 중에 있나니 청하건대 너는 내 곁에 서서 나를 죽이라 하시기로.

아말렉 청년은 당시의 상황을 자세히 설명한다. 즉, 사울 왕의 말을 들어보니 내가 아직 죽지 않았기 때문에 고통을 느끼고 있으니 아말렉 청년에게 자기를 죽여 달라고 부탁했다는 것이다. 여기 "고통"(שָׁבָץ)이란 말은 여러 학자들의 주장으로 '경련', '어지러움증' '현기증'을 뜻한다고 한다(De Wette, Lange, Wycliffe, RP Smith). 아말렉 청년은 사울 왕이 어차피 죽을 사람이니 고통이나 없게끔 자비를 베풀어 죽였다는 이야기를 하는 것이다.

삼하 1:10. 그가 엎드러진 후에는 살 수 없는 줄을 내가 알고 그의 곁에 서서 죽이고 그의 머리에 있는 왕관과 팔에 있는 고리를 벗겨서 내 주께로 가져 왔나이다 하니라.

본 절은 아말렉 청년이 사울에게 베푼 자비와 다윗에게 대한 대접을 말해준다.

사울에게 베푼 자비는 사울이 엎드러진(전쟁에 패배한) 후에는 살 수 없는 줄을 알고 그의 곁에 서서 죽여주었다는 것이다. 그러나 본 절에 기록된 아말렉 청년의 보고는 삼상 31:3-4의 기록과 다르다. 이런 차이가 난 것은 본 절의 아말렉 청년이 자기 마음대로 꾸며서 사실과 다르게 거짓되게 보고했기 때문이다. 아말렉 청년이 다윗으로부터 상급을 받기 위해 사울이 자결한 사실을 숨기고 거짓 증거 했다 (K.&D., Brown, Lange, Jamieson, R.H. Pfeiffer).

그리고 아말렉 청년이 다윗에게 베푼 대접은 사울의 머리에 있는 왕관(투구)과 팔에 있는 고리를 벗겨서 다윗에게 가져 왔다는 이야기이다. 이 청년이 사울의 머리에 있었던 투구와 팔에 있는 고리를 벗겨서 다윗에게 가져온 이유는 1) 자기의 진술 내용을 증명하려는 것이었고, 2) 다윗을 향하여 '이제부터 왕이 되소서' 하는 아첨이었다(박윤선).

삼하 1:11. 이에 다윗이 자기 옷을 잡아 찢으매 함께 있는 모든 사람도 그리하고

다윗은 아말렉 청년의 말을 들은 다음 자기 옷을 잡아 찢었더니 함께 있는 모든 사람도 그렇게 자기들의 옷을 잡아 찢었다. 여기 옷을 찢은 것은 심한 슬픔의 표시였다(수 7:6; 삼상 4:12). 아말렉 청년의 보고가 허위였지만 사울과 요나단이 전사한 것은 사실이었으니 다윗과 그의 부하들은 지극한 슬픔을 표시한 것이다. 아말렉 청년은 다윗이 좋아할 줄 알고 보고를 했는데 기대 밖에 다윗과 그의 부하들이 슬픔을 표시했다.

삼하 1:12. 사울과 그의 아들 요나단과 여호와의 백성과 이스라엘 족속이 칼에 죽음으로 말미암아 저녁때까지 슬퍼하여 울며 금식하니라.

다윗과 그의 부하들은 사울과 요나단과 여호와의 백성과 이스라엘 족속이 블레셋인의 칼에 죽음으로 말미암아 그들을 위하여 저녁때까지 슬퍼하여 울며 금식했다. 다윗은 특히 요나단을 생각하며(삼상 18:1; 삼상 23:17) 말할 수 없는 슬픔을 느껴서 저녁이 될 때까지 슬퍼하여 울며 금식했다. 앞으로 새 왕이 될 다윗이 선(先) 왕 사울과 또 그의 아들 요나단과 여호와의 백성과 이스라엘 족속을 생각하면서 슬퍼한 것은 심히 아름다운 일이었으며 이스라엘 전체를 통활 한다는 뜻에서 아주 좋은 일이었다. 다윗은 이 일로 말미암아 이스라엘 전체를 아우르는 일에 성공할 수 있었다.

삼하 1:13. 다윗이 그 소식을 전한 청년에게 묻되 너는 어디 사람이냐 대답하되 나는 아말렉 사람 곧 외국인의 아들이니이다 하니.

다윗은 사울 부자(父子)가 죽은 소식과 이스라엘이 패배했다는 소식을 아말렉 청년을 통하여 듣고 이제는 그 소식을 전하여 준 청년에게 어느 나라 사람이냐고 물었다. 그 질문을 받은 그 아말렉 청년은 "나는 아말렉 사람 곧 외국인의 아들이니이다"라고 대답한다. 그 청년은 자기는 아말렉 사람이라고 말한 다음 그 말에 대해 설명을 붙인다. 그 설명은 "외국인의 아들"이라는 것이었다. 여기 "외국인"(גֵּר)이란 말은 '이스라엘을 잠시 방문했다가 자기 나라로 돌아가는 외국인이 아니라 이스라엘에 정착하여 사는, 이스라엘인과 거의 같은 대우를 받는 외국인'을 지칭하는 말이다. 다시 말해 이스라엘 사회에 동화된 이방인을 뜻하는 말이다(출 22:21; 23:9). 그러나 이들은 이스라엘 사람들과 같이 이스라엘 땅을 소유할 수는 없었다. 그러기에 이스라엘에서 땅을 소유하기 위해 아말렉 청년이 다윗에게 찾아와서 다윗의 반대편 사람(사울 부자)이 전쟁에 죽은 것을 알려주며 아첨했다는 것이다(Rust). 가능한 추측이다.

삼하 1:14. 다윗이 그에게 이르되 네가 어찌하여 손을 들어 여호와의 기름 부음 받은 자 죽이기를 두려워하지 아니하였느냐 하고.

다윗이 그 이방인(이스라엘에 동화되어 살면서 이스라엘 문화를 잘 알고 있는 이방인) 아말렉 청년에게 왜 여호와의 기름 부음을 받은 자 죽이기를 두려워하지 않았느냐고 묻는다. 이스라엘 문화를 잘 안다면 여호와로부터 기름 부음을 받은 사람을 존경하고 두려워할 줄 알아야 할 터인데(삼상 24:11; 26:9) 겁도 없이 죽였느냐고 다그친다. 이 아말렉 청년은 다윗에게 나아오지 않았더라면 죽지는 않았을 것이다. 공연히 다윗에게 나아와서 아첨하다가 죽었다.

삼하 1:15. 다윗이 청년 중 한 사람을 불러 이르되 가까이 가서 그를 죽이라 하매 그가 치매 곧 죽으니라.

다윗은 자기의 부하 청년 중 한 사람을 불러 명령하기를 가까이 가서 아말렉 청년을 죽이라 하니 부하가 그 청년을 칼로 치니 곧 죽고 말았다. 다윗으로부터 큰 칭찬과 상급을 기대했던 아말렉 청년은 다윗으로부터 사형선고를 받았을 때 이럴 수가 있나하고 기가 막혔을 것이다.

삼하 1:16. 다윗이 그에게 이르기를 네 피가 네 머리로 돌아갈지어다 네 입이 네게 대하여 증언하기를 내가 여호와의 기름 부음 받은 자를 죽였노라 함이니라 하였더라.

다윗이 그 아말렉 청년에게 이렇게 사형선고를 내린다. 즉, "네 피가 네 머리로 돌아갈지어다". 쉽게 표현해서 '네가 사울을 죽였다고 말했으니 그렇다면 네가 그 죄 값을 져라'는 뜻이다. 여기서 "피"는 성경에서 '생명'을 의미하지만(창 9:4) 본문에서는 '사울을 죽였으므로 당해야 하는 최고의 형벌'을 뜻한다. 그리고 "머리"는 '개인의 인격'을 대표하는 말이다. 그런고로 다윗의 사형선고는 '피를 흘린 그 책임이 네 자신에게 있다'는 뜻이다. 성경에는 "무릇 사람의 피를 흘리면 사람이 피를 흘려야 한다"고 선언한다(창 9:6). 아말렉 청년은 자기 입으로 증언하기를 "내가 여호와의 기름 부음 받은 자를 죽였노라"고 증언했으니 그 증언에 따라 그 청년 자신은 친히 죽는 수밖에는 없었다. 사실은 아말렉 청년이 사울을 죽이지 않은 것은 사실이지만 그는 자기의 앞날을 생각하면서 다윗에게 나아와 아첨했다. 자기가 사울을 죽였다고 하여 무슨 칭찬이나 상급을 기대했으니 벌을 받을만하다. 다윗은 왕으로서 아첨하는 사람을 용납하지 않았다(박윤선).

2. 다윗이 사울을 위해 애가를 남기다 1:17-27

다윗은 사울과 그의 아들 요나단이 전사한 사실을 알고(1-16절) 이제는 그들의 죽음을 슬퍼하며 슬픔의 노래를 지어 부른다.[1] 그리고 다윗은 자기만 이 슬픔의 노래를 부르지 않고 유다 족속 전체에게 이 애가(哀歌)를 가르치라고 명령한다.

이 애가는 극도의 슬픔을 드러내는 부분(19-21, 24-27절)과 사울과 요나단의
용맹함과 아름다운 점을 찬양하는 부분(22-23절)으로 구분된다. 다윗은 사울의
그 많은 단점을 하나도 드러내지 않고 장점만을 드러내어 노래한다.2)

삼하 1:17. 다윗이 이 슬픈 노래로 사울과 그의 아들 요나단을 조상하고.

본 절의 "슬픈 노래"(קִינָה-기나)란 말은 '애가'(哀歌) 혹은 '비가'(悲歌)
혹은 '조가'(弔歌)란 뜻이다.3) 다윗은 사울과 요나단의 죽음의 소식을 듣고 너무
슬퍼서 견딜 수 없었다. 그래서 이 슬픔의 노래(19-27절)를 불렀고 또 유다 족속에
게 가르치라고 명령하여 부르게 했다. 본 절의 "조상한다"(lament)는 말은 '죽음에
대해 슬픔을 표하다'란 뜻이다. 다윗은 사울과 요나단이 죽었다는 소식을 듣고
친히 슬픔을 표했고 다른 사람들도 슬퍼해야 한다는 뜻으로 유다 족속에게 가르치
라고 했다. 오늘 다른 사람을 죽이고도 슬퍼할 줄 모르고 뻔뻔한 것은 인간으로서는
도무지 생상도 못할 일이다.

**삼하 1:18. 명령하여 그것을 유다 족속에게 가르치라 하였으니 곧 활 노래라
야살의 책에 기록되었으되.**

다윗은 자기만 슬픔의 노래를 지어 부른 것이 아니라 이 슬픈 노래를 유다
족속에게 가르치라 해서 부르게 만들었다. "유다 족속"은 다윗과 밀접한 관련이
있는 족속이다. 이 족속은 다윗이 사울로부터 죽음의 위협을 당하여 쫓김을 당하는
때에도 생사고락을 함께 했던 족속이다(삼상 22:1).

그런데 본 절은 이 "슬픈 노래"(19-27절)를 "활 노래"(the Song of the Bow)라

---

1) 다윗의 사울을 위한 이 애가(17-27절)는 드보라의 노래(삿 5장)와 더불어 고대 히브리시의
결작으로 전해지고 있으며 또 아브넬을 위한 애가(3:33-34)와 더불어 다윗의 2대 애가라 불린다.
처음에는 구전으로 전해 내려오다가 후에 야살의 책에 수록되었다(이상근).

2) 오늘 혹자들은 이미 고인이 되신 부모님의 약점을 드러내어 부모님을 추한 부모로 만드는
사람들이 있다. 다윗은 자신을 죽이려던 사울의 약점을 하나도 드러내지 않고 장점만 드러내어
부각시켰고 이 노래를 자기만 부른 것이 아니라 전 국민에게 가르치라 명령하여 부르게 했다.
다윗이 자기를 죽이려고 10여 년간 애썼던 사울의 장점을 드러내 애가를 부른 것은 다윗이
사울을 용서했다는 것을 보여주는 것이어서 그것이 다윗의 엄청난 장점이라 아니할 수 없다.

3) 이런 애가는 다윗이 아브넬의 죽음 앞에서(3:33-34), 그리고 예레미야가 요시야의 죽음
앞에서(대하 35:25) 부른 것도 있다. 이런 애가를 부를 수 있는 사람은 참으로 그 감성이 보통을
넘는 훌륭한 사람들이다.

고 부르고 있다. "활 노래"란 말은 히브리 원문에는 그저 "활"(תֶשֶׁק-케쉐트)이란
말만 나온다. 다시 말해 "노래"란 말은 없고 단지 "활"이란 말만 나온다. 그런고로
이 슬픈 노래를 "활 노래"(the Song of the Bow)라고 번역한 번역판들(표준
새 번역, KJV, NJKV, NASB, ASV, NRSV)도 있고, 번역하지 않은 번역판들(공
동번역, 현대인의 성경, NIV, ESV, RSV)도 있다. 번역하는 것이 옳을 것이다.
이 슬픈 노래를 "활 노래"라고 이름 지은 가장 직접적인 이유는 아마도 이 슬픈
노래의 본문 22절에 "요나단의 활"이란 말이 나오기 때문일 것으로 보이며 또
한 가지 다른 이유로는 사울과 요나단의 족속의 베냐민 지파가 활을 잘 쏘는
용사들이 많았기 때문이었을 것으로 보인다(대상 8:40).

본문의 "야살의 책"4)은 지금 존재하지 않는다. 히브리 원문의 '야살'(יָשָׁר)은
'의인의 책' 혹은 '영웅의 책'이란 뜻이다. 이 야살의 책(의인의 책, 영웅의 책)이
수 10:13에도 기록되어 있는 것을 보면 여호수아와 사무엘 이전에도 있었던 책으로
여겨진다. 이 책은 이스라엘 민족의 역사상 위대한 영웅들의 공적과 의미 있는
사건을 기록한 고대 시집이었을 것이다(WBC).

**삼하 1:19. 이스라엘아 네 영광이 산 위에서 죽임을 당하였도다 오호라 두 용사가
엎드러졌도다.**

본 절부터 27절까지의 '활 노래'는 야살의 책에 기록되어 있는 애가였다.
그러나 지금은 야살의 책이 존재하지 않으니 이 애가가 본 절에만 남아 있을
뿐이다. 다윗은 "이스라엘아!"라고 부르면서 이스라엘 전체가 '이스라엘의 영광이
산위에서 죽임을 당한 사실', 즉 '두 용사가 엎드러진 사실'을 알고 슬퍼하라고
권고한다. 여기 "네 영광"이란 말은 '이스라엘의 영광'을 지칭하는 말인데 '이스라

---

4) "야살의 책": Book of Jashar. 고대의 시집. 야살이란 '의로운 자'란 뜻인데 시 11:7에서
이스라엘을 가리켜 씌어져 있다. 따라서 '야살의 글(책)'이란 의로운 자 이스라엘 민족의 시집을
말하는 것으로서 그 일부가 수 10:13 및 삼하 1:18에 인용되어 있다. 히브리 본문에는 없으나
왕상 8:53의 칠십인 역의 부가문(付加文)에 언급되어 있는 '저 노래의 글(책)'은 문자전도(文字轉倒)
에 의한 '저 야살의 글'이 아닐까고 보는 학자도 있다. 분명히 몇 시대에 걸쳐 증보된 시집일
것인데 전 8세기경에는 책으로 편집되고 포로 중에 잃어버린 국민적 영웅의 위업, 전승 등을
노래한 가집이었을 것으로 본다.

엘의 두 자랑거리'를 뜻하는 말이다. 다시 말해 사울과 요나단이 이스라엘의 자랑거리라는 뜻이다. 그 두 자랑거리(사울과 요나단)가 산 위에서 죽임을 당했으니 슬퍼하라고 권고하고 있다. 여기 "산"이란 말은 문맥에 의하여 '길보아 산'(the mountain of Gilboa)을 지칭하는 말이다(21절). 길보아 산이 여러 겹으로 되어 있기 때문에 복수로 되어 있다. 이스라엘의 자랑거리였던 사울과 요나단이 길보아 산 전투에서 죽임을 당했으니 슬퍼하라는 것이다.

다윗은 연이어 "오호라 두 용사가 엎드러졌도다"라고 슬픈 노래를 부른다. 여기 "오호라"라는 뜻은 심히 슬프다는 것을 드러내는 말이다. 두 용사(사울과 요나단)는 앞에서 말한 "네 영광"(사울과 요나단)이란 말과 동의어로 쓰였다. "엎드러졌다"는 말은 앞에 나온 "죽임을 당하였도다"란 말과 동의어이다. "오호라 두 용사가 엎드러졌도다"라는 말이 25절과 27절에 다시 나타나는 것을 보면 아마도 후렴구로 사용되고 있음을 알 수 있다.

삼하 1:20. 이 일을 가드에도 알리지 말며 아스글론 거리에도 전파하지 말지어다 블레셋 사람들의 딸들이 즐거워할까, 할례 받지 못한 자의 딸들이 개가를 부를까 염려로다.

문장 초두의 "이 일"이란 '이스라엘이 패하고 또 사울과 요나단이 길보아 산에서 죽임을 당한 사실'을 지칭하는 말이다. 다윗은 사람들에게 이 패전의 소식, 두 용사의 죽음의 소식을 "가드에도 알리지 말며 아스글론 거리에도 전파하지 말라"고 함구령을 내린다. 여기 "가드"나 "아스글론"은 블레셋의 5대 도시 중 대표적인 두 도시를 뜻한다. 그 두 도시 사람들은 블레셋 사람 전체를 뜻하는 말로 그들에게 입도 벌리지 말라는 것이다. 그 이유는 바로 "블레셋 사람들의 딸들이 즐거워할까"⁵⁾ 염려되기 때문이라는 것이다. 여기 "딸들"은 실제로 블레셋의 사람들의 딸들을 지칭하는 말이 아니라 블레셋의 모든 사람들이 딸들이 하는

---

5) 여기 "블레셋 사람의 딸들이 즐거워할까"라는 말은 실제로 블레셋 사람의 딸들을 지칭하는 말이 아니라 블레셋 전체 국민들이 마치 딸들처럼 싸움에서 승리하고 돌아오는 용사들을 기쁨으로 맞이하며 춤과 노래로써 축하하는 딸들처럼(출 15:20; 삼상 18:6) 야단스럽게 기뻐할까 두렵다는 뜻이다.

것처럼 요란하게 이스라엘의 패전과 두 용사의 죽은 소식을 듣고 엄청나게 승리감에 들떠 춤추고 노래하며 즐거워할까 염려라는 것이다. 다음에 나오는 구절, 즉 "할례 받지 못한 자의 딸들이 개가를 부를까 염려로다"라는 말도 앞 구절과 동일한 뜻을 나타내는 말이다. 즉, '할례를 받지 못한 블레셋 사람들 전체(삼상 14:6; 17:26; 31:4)가 마치 딸들이 하는 것처럼 개선가를 부를까 염려스럽다는 뜻이다. 그러니 사울과 요나단의 죽음과 이스라엘의 패전 소식을 블레셋 사람들에게 절대로 알리지 말라는 것이다.

삼하 1:21. 길보아 산들아 너희 위에 이슬과 비가 내리지 아니하며 제물 낼 밭도 없을지어다 거기서 두 용사의 방패가 버린바 됨이니라 곧 사울의 방패가 기름 부음을 받지 아니함 같이 됨이로다.

사울과 요나단이 죽고 또 이스라엘이 패전한 길보아 산들 위에 이슬과 비가 내리지 않아서 그 산에서 제물 낼 밭도 없어야 한다는 것이다. 다시 말해 원래 비옥했던 길보아 산들이 사울과 요나단의 죽음과 이스라엘의 패전으로 말미암아 저주를 받아 이슬도 내리지 않고 비도 내리지 않아서 하나님께 드려야 하는 거제물(레 7:14,32)을 낼만한 밭도 없으라는 말이다. 이는 큰 저주의 말이다. 그러나 다윗은 이런 말을 할 때 실제로 저주를 위함이 아니라 하나의 시문학적 표현으로 그만큼 마음이 아프다는 것을 드러낸 것이다. 다윗이 이렇게 저주의 말을 한 이유는 그 길보아 산들에서 두 용사(사울과 요나단)의 방패가 쓰지 못하고 버린바 되었기 때문이었다.

다윗은 먼저 "사울의 방패가 기름 부음을 받지 아니함 같이 되었다"고 말한다. 방패는 기름 부어 놓아야 매끈해서 상대방의 공격 무기들이 미끄러져 나가는 법인데(사 21:5) 사울의 방패는 기름 부음을 받지 아니해서 녹이 슬게 되었다는 뜻이다(K.&D., Lange, Wycliffe, RP Smith). 이는 사울이 전사하자 그의 방패는 기름을 칠하지 않은 채 그냥 방치되고 있다는 뜻으로 이스라엘의 비참한 참패 상황을 묘사한 것이다.

그런데 다윗의 이 말("사울의 방패가 기름 부음을 받지 아니함 같이 되었다")을 두고 해석이 갈린다. 1) 사울이 마치 기름 부음 받은 자 중에 속하지 않은 자처럼 쉽게 패전했다는 뜻이라는 견해(Walter Brueggemann, 박윤선). 2) 사울은 전사(戰死)하고 그의 방패는 피 묻은 채 나뒹구는 비극적 상황을 의미한다는 견해(K.&D., Wycliffe, RP Smith, 표준 새 번역, 공동번역). 둘째 견해를 취한다. 이유는 "거기서 두 용사의 방패가 버린바 됨이나라"는 앞 문장과 본 문장은 동의절로 사용되었기 때문이다. 그런고로 "사울의 방패가 기름 부음을 받지 아니함 같이 되었다"는 말은 단순히 방패가 버림을 당했다는 것을 뜻하기 때문이다. 다시 말해 바로 앞에 나오는 문장에는 사울이 기름 부음을 받았다는 말이 없기 때문에 뒷 문장도 사울이 기름 부음 받았다는 뜻이 아닌 것으로 보아야 할 것이다. 두 용사가 거기서 전사했기 때문에 이제 그들의 무기도 녹이 슬게 되었다는 뜻으로 보아야 할 것이다.

삼하 1:22. 죽은 자의 피에서, 용사의 기름에서 요나단의 활이 뒤로 물러가지 아니하였으며 사울의 칼이 헛되이 돌아오지 아니하였도다.

본 절과 다음 절(23절)에서 다윗은 사울과 요나단의 용맹함과 아름다운 점을 찬양한다. 본 절에서 다윗은 사울과 그의 아들 요나단이 아주 용감했음을 말하고 있다. 먼저 다윗은 "죽은 자의 피에서, 용사의 기름에서 요나단의 활이 뒤로 물러가지 아니하였다"고 찬사를 보낸다. 요나단이 한번 활을 쏘면 활이 빗나가는 법이 없고 반드시 원수의 피를 흘렸으며 또 원수의 살을 뚫고 나아가 기름기를 묻히고야 말았다. 그리고 다윗은 사울이 용감했던 일도 기억하고 말한다. 즉, "사울의 칼이 헛되이 돌아오지 아니하였도다"고 말한다. 다윗은 자기를 괴롭혔던 사울의 용감함에 대해서는 침묵할만한데도 사울이 한번 칼을 휘두르면 헛손질을 하는 일이 없이 꼭 원수에게서 피를 흘리고 또 칼이 원수의 살에서 기름을 묻히고야 말았다고 찬사를 보낸다. 오늘 우리는 다윗처럼 넓은 마음의 소유자가 될 수는 없을까. 오늘은 부모에 대해서도 존경심이 없는 사람들이 많아진 시대를 만났다.

삼하 1:23. 사울과 요나단이 생전에 사랑스럽고 아름다운 자이더니 죽을 때에도 서로 떠나지 아니하였도다 그들은 독수리보다 빠르고 사자보다 강하였도다.

다윗은 사울과 요나단 두 사람이 이 세상에 살아있을 때 서로 사랑했고 또 서로에게 너그러웠다고 말하고 또 죽을 때에도 서로 떠나지 않고 함께 죽은 일 때문에 칭송한다. 사실 요나단은 살아 있을 때 그 아버지 사울의 부질없는 맹세(삼상 14:43-45)로 인해 죽을 뻔 했으나 백성들이 요나단을 구출하여 살렸는데, 그 이후에도 끝까지 아버지 사울에게 순종했다. 그 뿐 아니라 생명을 걸고 다윗과 언약을 맺은 일 때문에 아버지 사울의 노여움을 사서 죽을 고비를 만났지만(삼상 20:30-34) 끝까지 부친을 떠나지 않고 순종했다. 뿐만 아니라 사울과 요나단은 길보아 산에서 블레셋 군대와 전투할 때에도 서로 떠나지 않고 함께 최후를 맞이했다(삼상 31:1-6). 다윗은 이런 장점들을 생각하면서 부자간의 사랑과 정을 칭송하고 있다. 다윗은 참 관대한 사람이었다.

그리고 다윗은 사울과 요나단이 군인으로서도 아주 민첩하고 용감했다고 칭송한다. 다윗은 사울과 요나단이 "독수리보다 빠르고 사자보다 강하였다"고 칭송한다. 독수리는 날 짐승 중에서 가장 빠른 날짐승이고(욥 9:26; 잠 23:5; 합 1:8), 또 사자는 땅위를 다니는 짐승 중에서 가장 강한 짐승이다(신 33:22; 호 13:8). 이처럼 사울과 요나단은 아주 민첩하고 강한 군인들이었다고 칭송한다. 다윗은 성령의 감동이 있어 결코 사울의 약점을 드러내지 않았고 사울과 요나단은 민첩하다고 칭송을 하는 것이다. 다윗은 참 관대한 사람이었다.

삼하 1:24. 이스라엘 딸들아 사울을 슬퍼하여 울지어다 그가 붉은 옷으로 너희에게 화려하게 입혔고 금 노리개를 너희 옷에 채웠도다.

다윗은 이스라엘 딸들을 향하여 사울이 죽은 지금 그의 죽음을 생각하며 슬퍼하라고 한다. 그 이유는 이스라엘 딸들이 사울에게서 큰 은혜를 입었기 때문이라고 한다. 사울로부터 화려한 붉은 옷을 얻어 입었고 또 금 장식품(잠 31:21)을 얻어 옷에 달아 입었다는 것이다. 아마도 사울은 그의 왕 시절 외국과의 전쟁(삼상 14:47-48)에서 전리품을 가져와 이스라엘의 여인들에게 나누어 주었던 것으로 보인다.

삼하 1:25. 오호라 두 용사가 전쟁 중에 엎드러졌도다 요나단이 네 산 위에서 죽임을 당하였도다.

본 절 주해를 위하여 19절 주해를 참조할 것.

삼하 1:26. 내 형 요나단이여 내가 그대를 애통함은 그대는 내게 심히 아름다움이라 그대가 나를 사랑함이 기이하여 여인의 사랑보다 더하였도다.

다윗은 요나단의 죽음을 생각할 때 견딜 수 없이 가슴이 저며 들어오는 것을 느꼈다. 다윗은 요나단을 "내 형"이라고 부른다. 그러면서 다윗은 '내가 그대를 애통함은 그대는 내게 아름다움으로만 남아 있다'고 말한다. 다시 말해 다윗이 요나단을 애통하지 않을 수 없는 것은 요나단이 다윗을 사랑한 사랑만 가슴속에 남아 있었기 때문이다(18:1-5). 다윗은 요나단이 다윗을 사랑한 사랑이 참으로 신기하여 여인들(다윗의 부인들이 많았다)이 다윗을 사랑하는 것보다 더 했다는 것을 마음에 지울 수가 없었다는 것이다. 다윗에 대한 요나단의 사랑이야말로 자아를 넘는 사랑, 하나님의 사랑을 대신하는 사랑이었다. 참으로 기이했다고 하는 말로 표현할 수 있을 것이다.

삼하 1:27. 오호라 두 용사가 엎드러졌으며 싸우는 무기가 망하였도다 하였더라.

다윗은 사울과 요나단의 죽음을 두고 애통하는 활 노래의 결론(19절, 25절)을 맺는다. 다윗은 똑같은 말을 두 번이나 하면서 애통한다. "두 용사가 엎드러졌다"는 것을 생각한다. 사울과 요나단이 전사한 것을 생각하면서 참으로 애통한다. 그리고 다윗은 또 한 번 애통한다. 즉, "싸우는 무기가 망하였다"고 말하며 애통한다. 여기 "싸우는 무기"란 실제 전쟁 무기들(창, 칼, 활 같은 것들)을 지칭하는 것이 아니라 두 용사를 뜻하는 말로 보아야 할 것이다. 창이나 칼, 그리고 활과 같은 무기들은 없어져도 큰 문제는 아니다. 그 무기를 가지고 전쟁하던 사울이나 요나단 그리고 이스라엘 군인들이 전사한 것이 슬픈 것이다. 다윗은 이 노래를 지어 부르면서 얼마나 슬퍼했는지 모른다. 그리고 그것들을 사람들에게 가르쳐서 사울과 요나단을 애통하라고 한다. 참으로 사랑의 감정이 풍부한 사람이다.

제 2 장

B. 다윗이 유다 왕으로 즉위하다 2:1-32

이 부분(1-32절)은 다윗이 시글락에서 유다 땅 헤브론으로 돌아와 유다 왕이 된 일(1-7절), 그리고 이스라엘의 이스보셋이 마하나임에서 이스라엘 왕이 된 일(8-11절), 유다와 이스라엘은 기브온에서 결전을 한 일(12-36절) 등이 진술된다.

1. 다윗이 헤브론에서 유다 왕으로 즉위하다 2:1-7

다윗은 시글락에서 하나님께 두 가지를 기도(유다 한 성읍으로 올라가리이까, 어디로 가리이까)하여 응답을 받고 헤브론으로 와서 유다 왕으로 즉위한다(1-4a). 그런 다음 다윗은 사울 왕을 장사한 길르앗 야베스인을 칭찬한다(4b-7).
삼하 2:1. 그 후에 다윗이 여호와께 여쭈어 아뢰되 내가 유다 한 성읍으로 올라가리이까 여호와께서 이르시되 올라가라 다윗이 아뢰되 어디로 가리이까 이르시되 헤브론으로 갈지니라.

사울이 죽은 후에[6] 다윗은 시글락에서 더 머물 이유가 없어져 여호와께 두 가지를 여쭈었다. 즉, '내가 유다의 한 성읍으로 올라 가리이까'하고 여쭌 다음 '올라가라'는 응답을 받은 후 다윗은 '어디로 올라가리이까'라고 기도한다. '헤브론(옛 이름은 기럇 아르바-예루살렘 남서쪽 약 40km 지점)[7]으로 올라가라'는 응답을 받아 다음 절 이하처럼 올라갔다. 다윗은 기도의 사람이었다. 구체적으로 하나를 기도한 다음 응답 받고 다음 것을 기도하여 응답 받고 움직였다(삼상 22:10; 30:8). 다윗의 기도는 우림과 둠밈을 통하여 했다(삼상 23:6-14; 30:7).

---

6) 다윗은 사울이 죽은 후에 약간의 시간이 지난 후에 기도하여 움직였다(삼상 25:5-7).
7) 헤브론은 유다의 중심지이고 아브라함이 거주하던 곳이다(창 13:18; 23:2).

삼하 2:2. 다윗이 그의 두 아내 이스르엘 여인 아히노암과 갈멜 사람 나발의 아내였던 아비가일을 데리고 그리로 올라갈 때에.

다윗은 하나님으로부터 기도 응답을 받고 헤브론으로 갈 때에 그의 두 아내를 데리고 갔다. 본 절에서는 두 아내를 데리고 간 일을 진술하고 다음 절(3절)에서는 추종자들과 그들의 가족들을 다 데리고 간 일을 진술한다.

"이스르엘 여인 아히노암"에 대해서는 삼상 25:43 주해를 참조하라. 아히노암은 다윗의 장자 암논을 낳았다(3:2). 그리고 "갈멜 사람 아비가일"에 대해서는 삼상 25:3 주해를 참조하라. 아비가일은 다윗의 아들 길르압을 낳았다(3:3).

삼하 2:3. 또 자기와 함께 한 추종자들과 그들의 가족들을 다윗이 다 데리고 올라가서 헤브론 각 성읍에 살게 하니라.

다윗은 두 아내(앞 절) 뿐 아니라 추종자들(600명, 삼상 27:2)과 그들의 가족들을 다 데리고 올라가서 헤브론 각 성읍에서 살게 했다. 그러니까 본 절에서는 다윗이 한 일이 두 가지임을 말한다. 하나는 그 많은 추종자들과 그들의 가족들을 헤브론까지 데리고 간 일과 또 하나는 헤브론 각 성읍에서 자리 잡아 살게 한 일이었다.

삼하 2:4a. 유다 사람들이 와서 거기서 다윗에게 기름을 부어 유다 족속의 왕으로 삼았더라.

다윗이 부인들과 추종자들 그리고 그들의 가족들, 그리고 아말렉에서 탈취한 전리품을 가지고 헤브론으로 옮긴 후 헤브론 각 성읍에서 살게 한 다음(3절) "유다 사람들", 즉 '유다 장로들'(연세가 많은 사람들)이 와서 헤브론에서 다윗에게 기름을 부어 유다 족속의 왕으로 삼았다. 이 일은 다윗이 사무엘로부터 기름 부음을 받은 때부터 대략 15년 후의 일이다(삼상 16:13). 다윗은 이때까지 사울로부터 엄청난 박해를 받아 하나님만 철저하게 의지하는 신앙인이 되었다.

다윗은 일생에 세 번 기름 부음을 받았다. 첫 번째는 베들레헴에서 사무엘로부터 기름 부음을 받았고(삼상 16:13), 두 번째는 헤브론에서 유다 족속의 장로들로부터 기름 부음을 받았으며(본 절), 세 번째는 다시 헤브론에서 전체 이스라엘의 왕으로 기름 부음을 받았다(5:3).

삼하 2:4b. 어떤 사람이 다윗에게 말하여 이르되 사울을 장사한 사람은 길르앗 야베스 사람들이니이다 하매.

본 절부터 7절까지는 다윗이 어떤 사람으로부터 사울을 장사한 사람들은 길르앗 야베스 사람이라는 사실(삼상 31:11-13)을 보고 받고 길르앗 야베스(요단 강 동편, 므낫세 지파의 영토 내에 있던 성읍, 민 32:39-40)인들을 칭찬한 내용을 기록한 것이다. 이런 소문을 들어서 칭찬하게 된 데는 다윗 측에서 먼저 수소문했을 것으로 보인다. 다윗은 그런 넓은 마음이 있었다(1:19-27).

삼하 2:5. 다윗이 길르앗 야베스 사람들에게 전령들을 보내 그들에게 이르되 너희가 너희 주 사울에게 이처럼 은혜를 베풀어 그를 장사하였으니 여호와께 복을 받을지어다.

다윗은 길르앗 야베스 사람들에게 전령들을 보내 그들이 사울을 장사한 사실을 칭찬하고 또 복 받기를 빌었다. 다윗이 이처럼 자신의 선왕(先王)에 대해 넓은 마음을 품은 것은 성령께서 주신 생각이었을 것이다. 다윗이 선왕에 대해 관대한 마음을 품어서 칭찬도 하고 또 복을 빈 일은 사울의 뒤를 이은 다윗 자신에게도 큰 유익이 되었을 것이다. 오늘날 교회에서 어떤 후임들은 선임 원로 목사나 은퇴목사들을 향하여 아주 야박하게 행하는 분들에게 큰 경종이 아닐 수 없다. 선임에게 잘 못하는 후임들은 선임에게 야박하게 행동하는 것이 무덤을 파는 일임을 알아야 할 것이다.

삼하 2:6. 너희가 이 일을 하였으니 이제 여호와께서 은혜와 진리로 너희에게 베푸시기를 원하고 나도 이 선한 일을 너희에게 갚으리니.

다윗은 전령들을 통하여 길르앗 야베스인들이 사울왕의 시신을 장사했으니 이제 "여호와께서 은혜와 진리로 너희에게 베푸시기를 원한다"고 전한다. 본문의 "은혜"란 말은 '언약적 사랑'(Lange), '지속적 사랑'(Walter Brueggemann)을 뜻하며, "진라"는 '약속을 성취해 주시는 하나님의 진실성'(박윤선), 혹은 '지속적인 신실성'을 뜻한다(Walter Brueggemann). 그러니까 다윗은 길르앗 야베스인들에게 하나님의 지속적 사랑과 지속적 신실성이 임하기를 기원했고 또 자신도 길르앗 야베스인들에게 선한 일에 대해 갚겠다고 말한다.

삼하 2:7. 이제 너희는 손을 강하게 하고 담대히 할지어다 너희 주 사울이 죽었고 또 유다 족속이 내게 기름을 부어 그들의 왕으로 삼았음이니라 하니라.

다윗은 전령들을 보내 길르앗 야베스인들에게 "너희는 손을 강하게 하고 담대히 하라"고 격려한다. 사울이 과거에 길르앗 야베스인들을 암몬 족속으로부터 구원해 주었는데 이제는 그가 죽어 낙심되기는 하지만 손을 강하게 하고 담대 하라는 것이다. 여기 "손"은 '힘'을 상징한다(창 9:2; 14:22; 32:11; 출 2:19; 레 26:25). 힘을 내고 담대해야 할 이유는 '유다 족속의 장로들이 나에게 기름을 부어 유다의 왕을 삼았으니 사울 대신 내가 당신들을 도울 터이니 힘을 내고 담대 하라'는 것이다. 우리는 우리 주위에 있는 사람들을 격려하는 입장에 서야 한다.

2. 이스보셋이 마하나임에서 이스라엘 왕이 되다   2:8-11

다윗이 헤브론에서 왕이 된 것을 보고 사울의 군장 아브넬이 사울의 넷째 아들 이스보셋을 데리고 마하나임으로 건너가 이스라엘 왕으로 세워 사울 왕을 계승한다. 이렇게 하여 나라는 유다 왕 다윗, 이스라엘 왕 이스보셋으로 양분되어 7년 6개월이나 계속한다(11절, 왕상 2:11). 다윗이 유다 왕이 되어 금방 사울의 뒤를 잇지 못하고 두 왕국 형태로 간 이유는 두 나라의 힘겨루기로 하나님의 힘을 체험해야 했기 때문이다.

삼하 2:8. 사울의 군사령관 넬의 아들 아브넬이 이미 사울의 아들 이스보셋을 데리고 마하나임으로 건너가.

넬의 아들 아브넬은 사울의 군사령관이었는데 사울의 넷째 아들 이스보셋을 데리고 마하나임[8])으로 건너갔다. 여기 "넬"은 베냐민 사람으로, 여이엘의 아들, 기스의 아버지, 사울의 조부였다(대상 8:33; 9:36,39).

"아브넬"은 사울의 숙부 넬의 아들로서 사울의 사촌 형제이다(삼상 14:50,51). 사울의 군장으로서 골리앗과의 싸움에서 처음으로 다윗을 알았다(삼상14:51; 17:55-58). 그는 왕의 식탁에도 늘 동석했다(삼상 20:25).

"이스보셋"(Ishbosheth)은 '부끄러운 사람'이란 뜻을 가지고 있다. 이는 사울의 넷째 아들이다. 본래의 이름은 에스바알(바알의 사람)이었으나 후에 '이스보셋'이라고 고쳤다(2:8; 대상 8:33; 9:39). 길보아 산에서 부친 사울 왕과 세 형이 전사한 뒤 다윗이 유다 왕이 되었을 때, 다른 지파는 복종을 거부하고 이스보셋이 사울 왕의 뒤를 이을 왕이라고 선언하였다. 그는 다윗과 왕위를 놓고 7년 동안 다투었다. 당시 이스보셋의 나이는 40세 가량이었다. 그는 다윗에게 쫓겨 요단 강 동쪽 마하나임을 도성으로 삼고 2년간 통치하였다(삼하 2:8-10). 그가 12지파에 대한 지배권을 놓고 다윗과 다투었으나 패하였으며, 다윗은 점점 강성해졌고 사울의 집은 쇠하여졌다(대상 2:13-3:1). 아브넬이 사울의 첩을 범한 것과, 이스보셋의 책망과 아브넬의 오만 불손한 답변으로 양자 간에는 불화가 생겨 이스보셋은 가장 유력한 지원자였던 아브넬을 잃게 된다. 아브넬은 대노하여 이스보셋을 버리고 다윗에게 귀순할 뜻을 사자를 보내 전했다(디럭스 바이블 성경사전).

삼하 2:9. 길르앗과 아술과 이스르엘과 에브라임과 베냐민과 온 이스라엘의 왕으로 삼았더라.

---

8) "마하나임": Mahanaim. '천사의 두 무리' 혹은 '하나님의 군대'라는 뜻을 가지고 있다. 메소보다미아에서 돌아오는 길에 야곱이 천사를 만난 장소에 이름한 지명이다(창 32:2). 그는 남쪽으로 진행하고 있었는데, 얍복 강을 건너기 전이기 때문에 얍복 강의 북쪽, 과히 멀지 않은 곳이었다. 야곱의 생애에 있어서 하나의 전기가 된 사건과 결부되어 이 지명에 새로운 의의를 더한 것이다. 갓과 므낫세(요단 강 동쪽의 반 지파)의 경계에 있었는데(수 13:26,30), 레위 사람의 성읍으로 되었다(수 21:38; 대상 6:80).

본 절의 모든 지명들은 이스보셋이 짧은 기간 동안 왕으로 다스린 지명들이다. "길르앗"⁹⁾)지역은 넓게는 요단강 동편의 전체 지역을 지칭하고, 좁게는 야르묵 (Yarmuk) 강에서 아르논(Arnon) 강까지 즉 르우벤과 갓의 영토를 지칭한다. "아술"(Ashurites)은 이스브셋이 지배한 부족의 하나였는데 '아셀'(Asher) 성읍과 그 지역을 가리킨다는 추측이 있다(K.&D.). "이스르엘"(Jezreel)은 요단강으로부터 길보아 산을 거쳐 갈멜산 부근을 지나 지중해에까지 뻗어 있는, 비교적 넓은 계곡과 평야지대를 가리킨다. "에브라임"(Ephraim)은 에브라임 성읍과 그 부근을 가리키고, "베냐민"(Benjamin)은 유다 지파의 바로 북편에 자리 잡은 베냐민의 땅을 지칭한다.

이상의 모든 지역들은 유다 지파가 차지한 지역을 제외한 전 지역을 가리킨다. 아브넬은 이스보셋으로 하여금 넓은 지역을 다스리도록 배려했으나 그것은 하나님의 섭리를 거스르는 행위였다. 하나님께서는 다윗으로 하여금 이스라엘의 왕을 삼으시지 않았는가(삼상 13:14; 15:28; 16:1-13). 세상의 불신자들도 순천(順天)해야 한다고 말한다. 하물며 하나님을 믿는 사람들은 하나님의 뜻에 절대 순종해야 하지 않을까.

삼하 2:10-11. 사울의 아들 이스보셋이 이스라엘 왕이 될 때에 나이가 사십 세이며 두해 동안 왕위에 있으니라. 유다 족속은 다윗을 따르니 다윗이 헤브론에서 유다 족속의 왕이 된 날 수는 칠 년 육 개월이더라.

하나님께서 다윗으로 하여금 이스라엘 왕이 되도록 뜻하셨는데(삼상 13:14; 15:28; 16:1-13) 그 뜻을 따르지 않고 인위적으로 아브넬이 이스보셋을 왕 삼았으

---

9) "길르앗": 요단 강 동쪽 지역이다. 또 거기 사는 부족과 성읍(호 6:8)의 이름이다. 길르앗의 영역은 막연하여 처음에는 얍복 강 남쪽의 좁은 지역을 지칭하였지만, 후에는 북은 야르묵 강(R. Yarmuk)에서 남쪽은 아르논 강까지로 확대하고, 북의 바산과 남의 모압 사이에 있는 전 지역을 말하게 되었다(수 13:11; 왕하 10:33).또 더 넓게는 바산까지도 포함하여 헤르몬 이남의 온 땅을 뜻하게 되었다(신 34:1; 삼하 2:9). 길르앗은 얍복 강에 의해 남북으로 양분되었다 (수 12:2). 주요한 성읍은 북부에 많고, 길르앗 라못, 야베스 길르앗, 마하나임, 숙곳, 미스바 외에 신약 시대의 성읍 벨라(Pella), 거라사 등을 들 수 있다. 길르앗 라못은 "도피성"이었다(수 21:38).

니 그 결말이 좋을 리는 없었다. 이스보셋이 40세가 되어 겨우 2년 동안 왕위에 있었으니 말이다.

혹자는 본 절에서 문제를 발견한다. 즉, 이스보셋이 왕이 될 때의 나이에 문제가 있다고 말한다. 다윗이 왕이 될 때에 나이가 30세였고(5:4), 사울의 장자인 요나단이 다윗과 거의 동년배(同年輩)로 보이는데, 요나단의 넷째 아우인 이스보셋이 40세일 수는 없다는 것이다. 이 문제를 두고 어떻게 해결하느냐 하는 데는 두 가지 견해가 있다. 1) 이는 사본 기자의 착오 때문에 생긴 결과로 보아야 한다는 견해(이상근). 2) 또 다른 견해는 다윗이 이스라엘 전체의 왕이 되기까지 7년 반 동안 유다의 왕이었는데 이스보셋이 4년 이상 지난 후에 왕위에 올랐기 때문에 생긴 차이로 보는 견해. 즉, 아브넬이 5년 반의 기간에 걸쳐 블레셋으로부터 북쪽 영토, 즉 길르앗, 아술, 이스르엘을 탈환한 후에 이스보셋이 왕이 되었기 때문에 생긴 결과로 보는 것이다(K.&D.). 둘째 견해가 바른 것으로 본다.

3. 유다와 이스라엘이 기브온에서 전투하다   2:12-32

이 부분(12-32절)은 아브넬이 이끄는 이스라엘 군대와 요압이 이끄는 유다 군대간의 전투(12-17절)에 대해 기록하고, 요압의 동생 아사헬이 아브넬에 의해 죽임을 당한 사실(18-23절)을 진술하며, 또 이스보셋의 군대 장관 아브넬의 휴전 제안으로 시작된 유다와 이스라엘 간의 전쟁이 다시 아브넬의 휴전 제안으로 일단락 지어지는 장면을 진술하고(24-29절), 그리고 전쟁 피해 결과가 유다 진영에서 아사헬을 비롯하여 20명, 이스라엘 진영에서 360명의 전사자가 난 것을 진술한다(30-32절).

삼하 2:12. 넬의 아들 아브넬과 사울의 아들 이스보셋의 신복들은 마하나임에서 나와 기브온에 이르고.

본 절은 넬의 아들 아브넬과 사울의 아들 이스보셋의 신복들이 멀리 요단강 건너 마하나임에서 유다 지파의 땅을 그들의 수중에 넣기 위하여 기브온까지 찾아온 것을 말한다. 여기 넬의 아들 아브넬(이스라엘의 실권자)과 사울의 아들 이스보셋의 신복들이 나란히 기록된 것은 그들 두 사람이 하나님의 명령(삼상

16:1-13)에 무지하여 유다 지파의 땅을 먹으려는 데는 똑같은 뜻을 품었다는 것을 보여준다.

"기브온"(Gibeon)은 '구릉'이라는 뜻을 가지고 있다. 팔레스틴 중부의 산악지에 있던 히위 사람의 도성이었는데(수 9:3,17), 예루살렘의 서북쪽 9㎞ 지점에 있는 오늘날의 '에 집'(ej-Jib, 학자에 따라서는 '엘 집, el-Jib'으로도 표기된다)과 동일시된다. 이것은 유력한 성읍으로서 이스라엘의 가나안 침입 시에는 그비라, 브에롯, 기럇 여아림의 왕들과 협의하여 그 지도권을 장악하고 책략을 꾸며 이스라엘과 화친하였다(수 9:3-17). 그들의 기만이 드러났을 때에도 여호수아는 계약의 의무를 지켜 그들을 아모리 사람 연합군의 내습으로부터도 보호하였다(수 10:1-15). 가나안 땅 분배 시에 기브온은 베냐민의 기업으로 되고(수 18:25), 후에는 레위 자손의 성읍으로 되었다(수 21:7). 사울 왕의 사후에 일어난 내란 때에 이스보셋과 다윗을 각각 대표하는 아브넬과 요압은 '기브온 못'(삼하 2:13)가에서 양 군을 교전시켰다. 그러나 그들은 승패를 결정하기 위해 쌍방에서 각각 12명의 대표군사를 뽑아 일대 일로 싸우게 하였다. 서로 옆구리를 찌르고 같이 죽었으므로 그 곳을 '헬갓핫수림'(날카로운 칼의 밭)이라 불렀다. 기브온은 후에 다윗과 블레셋 사람의 교전장으로 되었다(디럭스 바이블 성경사전).

삼하 2:13. 스루야의 아들 요압과 다윗의 신복들도 나와 기브온 못 가에서 그들을 만나 함께 앉으니 이는 못 이쪽이요 그는 못 저쪽이라.

스루야(Zeruiah)는 다윗의 누이였고 그 아들 요압(Joab)은 다윗의 생질이었다. 그는 다윗의 군대장관으로 용사 중에 용사였다(8:16; 23:18-24). 그는 다윗 왕국 확립에 큰 공을 세웠으나 독단적 성격 때문에 아브넬, 아마샤, 압살롬 등을 자기 마음대로 죽여 다윗을 괴롭히기도 했으며(3:27; 18:14; 20:10), 그런 일 때문에 훗날 솔로몬에게 살해되었다(왕상 2:28-34, 이상근).

"기브온 못"은 여호수아 때에 이미 존재한 저수지로(수 9:23, 27), 그 직경은 11m, 깊이가 약 14m이다. 따라서 이곳에 물을 채우면 4-6000명이 물을 마실 수 있었으니 성이 포위되더라도 당분간 물 걱정은 안 해도 될 정도였다. 기브온 못은 물이 귀한 팔레스틴에서 아주 중요한 식수 공급원이었으며 전략적으로 차지하는 의미 또한 컸던 곳임을 알 수 있다. 그런고로 두 장군이 기브온 연못을 사이에 두고, 한 편은 연못의 이쪽에, 또 한 편은 연못의 저쪽에 대치하게 되었다.

삼하 2:14. 아브넬이 요압에게 이르되 원하건대 청년들에게 일어나서 우리 앞에서 겨루게 하자 요압이 이르되 일어나게 하자 하매.

이스보셋 측의 아브넬이 다윗 편의 요압에게 '청년들에게 일어나서 우리 앞에서 서로 겨루게 하자'고 제안했을 때 다윗 편의 요압이 아브넬의 제안을 받아들였다. 이 때 아브넬 측에서 젊은 사람들의 싸움을 제안하지 말았어야 했다. 하나님께서 다윗에게 나라를 맡긴다고 하셨으니 아브넬이 아무리 유다 측을 먹으려고 해도 소용없는 일이었음을 알았어야 했다(삼상 13:14; 15:28; 16:1-13).

삼하 2:15. 그들이 일어나 그 수대로 나아가니 베냐민과 사울의 아들 이스보셋의 편에 열두 명이요 다윗의 신복 중에 열두 명이라.

그들 양측 청년들이 일어나 그 수대로 나아갔는데 베냐민과 사울의 아들 이스보셋 편에서 12명이 나아갔고 다윗 신복 편에서 12명이 나아갔다.

삼하 2:16. 각기 상대방의 머리를 잡고 칼로 상대방의 옆구리를 찌르매 일제히 쓰러진지라 그러므로 그 곳을 헬갓 핫수림이라 일컬었으며 기브온에 있더라.

각각 한 손으로는 상대방의 머리를 잡고 다른 한 손으로는 칼을 잡고 상대방의 옆구리를 찔렀다. 그랬더니 누구 할 것 없이 일제히 쓰러지고 말았다. 그래서 그곳을 헬갓 핫수림(Helkathhazzurim), 즉 '강한 자의, 혹은 적군의 밭'이라는 뜻의 이름을 붙였다. 이런 일은 아예 처음부터 시작을 하지 말았어야 했다. 다시 말해 아브넬 측에서 먼저 칼부림하자는 제안을 하지 말았어야 했고 또 요압 측에서도 응하지도 말았어야 했다. 어차피 나라는 다윗에게 돌아갈 것이 아니었던가.

삼하 2:17. 그 날에 싸움이 심히 맹렬하더니 아브넬과 이스라엘 사람들이 다윗의

신복들 앞에서 패하니라.

기브온 못가에서 무모한 칼싸움이 있은 후 양측의 전면전이 맹렬하게 벌어져서 아브넬 측, 즉 이스라엘 측 사람들이 다윗의 신복들 앞에서 패하게 되었다. 당연한 것이었다. 이는 하나님께서 다윗 측이 이긴다는 것을 보여주시는 것이었다. 하나님의 섭리를 누가 막겠는가.

삼하 2:18. 그 곳에 스루야의 세 아들 요압과 아비새와 아사헬이 있었는데 아사헬의 발은 들 노루 같이 빠르더라.

본 절부터 23절까지는 요압의 동생 아사헬이 아브넬에 의해 죽임을 당하는 사건이 진술된다. 본 절 안에 "아사헬"의 이름이 나오는데 이는 그가 아브넬에 의해 죽임을 당한다는 것을 진술하기 위함이다. "스루야"(Zeruiah)라는 이름은 '분열됨'이라는 뜻을 가지고 있다. 스루야는 요압, 아비새, 아사헬의 모친이다(삼상 26:6; 삼하 2:13,18; 왕상 1:7; 대상 2:16). 사무엘하 17:25에 의하면, 나하스의 딸이므로 다윗의 누이이다(대상 2:16). "요압"의 주해에 대해서는 13절 주해 참조

"아비새"(Abishai)는 '나의 아버지는 이새'라는 뜻이다. 다윗의 이복누이 스루야의 아들인데, 그의 형은 요압이고 동생은 아사헬이다(삼하 2:18; 17:25; 대상 2:15,16). 그는 직정적(直情的) 용사로서 적에게는 특히 냉혹하였다. 다윗의 종자(從者)로서 따라다녔는데, 그가 사울에게 쫓겨 다니던 중 사울의 진에 잠입했을 때 아비새는 다윗에게 "하나님이 오늘날 당신의 원수를 당신의 손에 부치셨나이다"하면서 잠자는 사울을 단번에 창으로 찔러 죽이려했으나 다윗이 이를 막고 증거로 창과 물병만 가지고 가자고 했다(삼상 26:8). 사울의 아들 이스보셋의 대장 아브넬과 싸울 때 이들 삼형제는 다 용사로서 참전했는데, 그의 동생 아사헬은 추격하다가 전사하고 말았다(삼하 2:18,24).

"아사헬"(Asahel)은 '하나님이 만드심', 혹은 '하나님은 행하심'이란 뜻을 가지고 있다. 다윗의 누이 스루야의 아들 삼형제 중 막내 아들이다. 다윗의 30 용사 중 한 사람이며, 군중(軍中)의 큰 용사로서, 그의 발이 들 노루 같이 빠른 것으로 유명하다(삼하 2:18; 23:24; 대상 2:16; 11:26). 기브온에서 사울의 아들

이스보셋 왕의 군대장관 아브넬이 패주하는 것을 추격하다가 오히려 그에게 창 뒤끝으로 배가 찔려 피살되었다(삼하 2:12-23). 그는 고집과 과신 때문에 죽임을 당했다. 본문에 "아사헬의 발은 들 노루 같이 빠르더라"는 말이 있지만 그는 고집과 과신 때문에 죽임을 당한 것이었다.

삼하 2:19-20. 아사헬이 아브넬을 쫓아 달려가되 좌우로 치우치지 않고 아브넬의 뒤를 쫓으니 아브넬이 뒤를 돌아보며 이르되 아사헬아 너냐 대답하되 나로라.

싸움은 다윗 측의 승리로 끝났고 아브넬 편의 남은 자는 도망했는데 발이 빠른 아사헬은 아브넬 편의 적장(敵將) 아브넬을 쫓아 달려가되 좌우로 조금도 치우치지 않고 오직 아브넬의 뒤만 쫓았다. 적의 패장(敗將)을 처치한다는 것은 큰 공을 세우는 일이었으니 오직 적장만 쫓아간 것이다. 그런고로 아브넬은 아사헬을 보고 무슨 말을 권하기 위해 그를 부른 것이다.

삼하 2:21. 아브넬이 그에게 이르되 너는 왼쪽으로나 오른쪽으로나 가서 청년 하나를 붙잡아 그의 군복을 빼앗으라 하되 아사헬이 그렇게 하기를 원하지 아니하고 그의 뒤를 쫓으매.

아브넬은 아사헬을 부른 다음(앞 절) 아브넬이 아사헬에게 "너는 왼쪽으로나 오른쪽으로나 가서 청년 하나를 붙잡아 그의 군복을 빼앗으라"고 소리친다. 아브넬의 이 말은 너는 나하고는 피차 적수가 되지 않으니 좌우를 돌아보아 청년 하나를 붙잡아 죽여서 전리품이나 얻으라고 말한 것이다. 아사헬은 아브넬의 권고를 뿌리치고 오직 아브넬만을 뒤쫓았다.

삼하 2:22. 아브넬이 다시 아사헬에게 이르되 너는 나 쫓기를 그치라 내가 너를 쳐서 땅에 엎드러지게 할 까닭이 무엇이냐 그렇게 하면 내가 어떻게 네 형 요압을 대면하겠느냐 하되.

아브넬은 앞에서(21절) 아사헬에게 자신을 쫓지 말라고 경고했는데도 듣지 않자 두 번째로 다시 아사헬에게 권고하기를 "너는 나 쫓기를 그치라"고 경고한다.

아브넬은 자기가 아사헬을 죽일 아무런 이유가 없다고 말한다. 만일 아사헬을 죽이면 아사헬의 형 요압의 얼굴을 어떻게 볼 것인가고 걱정한다. 아마도 아브넬은 과거에 요압과 함께 사울 밑에서 함께 군 생활을 했던 것으로 보인다. 그러니 아사헬이 아브넬 쫓기를 중지하지 않고 계속해서 쫓으면 아사헬을 죽이거나 아니면 자기가 죽는 수밖에 없다고 판단했을 것이다.

삼하 2:23. 그가 물러가기를 거절하매 아브넬이 창 뒤 끝으로 그의 배를 찌르니 창이 그의 등을 꿰뚫고 나간지라 곧 그 곳에 엎드러져 죽으매 아사헬이 엎드러져 죽은 곳에 이르는 자마다 머물러 섰더라.

아사헬이 아브넬 쫓기를 거절한고로 아브넬이 창 뒤 끝[10])으로 그의 배를 찌르니 창이 배를 뚫고 또 등을 꿰뚫고 나갔기 때문에 금방 창을 찔린 자리에서 아사헬이 엎드러져 죽었다. 일이 이렇게 되니 아사헬이 엎드러져 죽은 곳에 아사헬을 따라가던 군인들이 머물러서고 더 따라가지 못하게 되었다.

삼하 2:24. 요압과 아비새가 아브넬의 뒤를 쫓아 기브온 거친 땅의 길 가 기아 맞은쪽 암마 산에 이를 때에 해가 졌고

아사헬이 아브넬의 칼에 찔려 죽은 곳에 다윗 측 추종자들이 너무 당황하여 그냥 통과하지 못하고 머물러 섰지만(앞 절) 그러나 요압과 아비새는 계속해서 아비새를 쫓아가서 "기브온 거친 땅의 길가", 즉 '기브온 성읍 주변의 광야'의 길가 기아 맞은쪽 암마 산(기브온 광야에서 요단 강 방향으로 내려가는 길목에 위치하고 있던 산)에 이를 때에 해가 져서 더 이상 전쟁하지 못했다.

삼하 2:25. 베냐민 족속은 함께 모여 아브넬을 따라 한 무리를 이루고 작은 산

---

10) 아브넬의 창 뒤끝에도 금속이 부착되어 있어서 그 뒤끝이 아사헬의 배를 찌르고 계속해서 아사헬의 등을 통과해서 나온 것으로 보인다(Lange, Pulpit Commentary). 여기 뒤끝으로 찌른 것을 보면 아브넬은 아사헬을 죽일 의도는 없었던 것으로 보인다. 그런데도 아사헬이 너무 빨리 뛰어 오니 뒤끝으로 배를 찌르고 등을 통과하여 나온 것으로 보인다. 아사헬은 공연히 생명을 잃은 것이었다.

꼭대기에 섰더라.

　본 절의 베냐민 족속은 기브온 성읍을 분배받은 지파(수 18:25)로서 이스보셋의 왕국에서 가장 힘센 족속이다. 왜냐하면 그들 지파 중에서 사울이 이스라엘의 초대 왕이 되었기 때문이다(삼상 9:1-17). 이들 베냐민 족속이 이스보셋과 아브넬을 위하여 선두에 나서서 열심을 내어 다윗 측과 맞선 것도 이러한 이유 때문이었다.

삼하 2:26. 아브넬이 요압에게 외쳐 이르되 칼이 영원히 사람을 상하겠느냐 마침내 참혹한 일이 생길 줄을 알지 못하느냐 네가 언제 무리에게 그의 형제 쫓기를 그치라 명령하겠느냐.

　본 절에 보면 아브넬이 요압에게 휴전을 제안하는 것을 볼 수 있다. 아브넬이 요압에게 외쳐 말하기를 "칼이 영원히 사람을 상하겠느냐"고 말한다. 즉, '칼이 계속하여 사람을 죽여서야 되겠느냐'는 말이다. 아브넬은 덧붙여서 "마침내 참혹한 일이 생길 줄을 알지 못하겠느냐"고 말한다. 휴전을 하지 않으면 결국에는 참혹한 일이 생긴다는 뜻이다. 그래서 아브넬은 요압에게 "네가 언제 무리에게 그의 형제 쫓기를 그치라"고 명령할 것인가라고 한다. 여기 "형제"란 말은 유다와 이스라엘이 서로 형제간이란 말로 빨리 서로 휴전하지 않으면 양쪽이 다 망할 것을 드러내는 말이다. 아브넬은 참으로 간교한 사람이었다. 그가 싸움을 시작해놓고(14절) 이제 와서 전세가 자기에게 불리하게 되니까 휴전을 제의하는 그가 아닌가. 그러나 아브넬이 늦게나마 휴전을 제안한 것은 다행이다.

삼하 2:27. 요압이 이르되 하나님이 살아 계심을 두고 맹세하노니 네가 말하지 아니하였더라면 무리가 아침에 각각 다 돌아갔을 것이요 그의 형제를 쫓지 아니하였으리라 하고.

　휴전을 하자고 말한 아브넬에게 요압은 말하기를 "하나님이 살아 계심을 두고 맹세한다"고 맹세형으로 확실하게 말하면서 전쟁의 책임을 아브넬에게 돌린다. 즉, 네가 쓸데없는 말을 하지 않았더라면(14절) 무리가 아침에 각각 자기 처소로 돌아갔을 것이고, 결코 그의 형제를 쫓지 아니했을 것이라고 말한다. 공연히 필요 없는 말을 하는 것은 일을 크게 일어나게 하는 것임을 알 수 있다.

삼하 2:28. 요압이 나팔을 불매 온 무리가 머물러서고 다시는 이스라엘을 쫓아가지 아니하고 다시는 싸우지도 아니하니라.

아브넬의 휴전 제의를 받아 요압이 휴전을 알리는 나팔을 불매 온 무리가 머물러서고 다시는 이스라엘을 쫓아가지 아니하고 다시는 싸우지도 아니했다는 것이다. 누군가가 휴전을 제의하는 일은 아주 좋은 것이다.

삼하 2:29. 아브넬과 그의 부하들이 밤새도록 걸어서 아라바를 지나 요단을 건너 비드론 온 땅을 지나 마하나임에 이르니라.

아브넬과 그의 부하들은 낮이 더운 고로 밤을 틈타 부지런히 걸어서 아라바(요단강 서편의 계곡)을 통과하여 요단을 건너고 비드론(요단강 동편에서 마하나임에 이르는 계곡) 온 땅을 지나 마하나임으로 돌아갔다. "마하나임"에 대해 8절 주해를 참조할 것.

삼하 2:30. 요압이 아브넬 쫓기를 그치고 돌아와 무리를 다 모으니 다윗의 신복 중에 열아홉 명과 아사헬이 없어졌으나.

요압 군대가 아브넬 군대 쫓기를 그치고 돌아와 무리를 다 모아보니 다윗의 신복 중에 19명과 아사헬이 전사했음을 알 수 있었다. 이 숫자는 다음절에 밝힌 베냐민과 아브넬에게 속한 군인들의 희생자에 비하면 매우 적은 숫자이다.

삼하 2:31. 다윗의 신복들이 베냐민과 아브넬에게 속한 자들을 쳐서 삼백육십 명을 죽였더라.

다윗의 신복들은 베냐민과 아브넬에게 속한 군대를 쳐서 360명을 죽인 것을 확인했다. 아브넬 군대의 숫자가 훨씬 많이 전사했음이 드러났다. 이는 장차 다윗이 이스보셋 군대를 격파할 조짐을 보여준 것이었다.

삼하 2:32. 무리가 아사헬을 들어올려 베들레헴에 있는 그의 조상 묘에 장사하고 요압과 그의 부하들이 밤새도록 걸어서 헤브론에 이른 때에 날이 밝았더라.

군사들이 아사헬의 시체를 메고 가서 베들레헴에 있는 그의 조상의 묘에 장사하고 요압과 그의 부하들이 밤새도록 걸어서 헤브론에 도착하니 날이 밝았다.

본 절의 "베들레헴"은 예루살렘 남쪽 8km 지점에 위치한 유다 지파의 성읍이다. 이 베들레헴은 기브온에서 20km쯤 떨어져 있었으므로 요압은 전쟁터에서 곧 바로 그 쪽으로 진군하기에 어려움이 없었을 것이다. 그리하여 그곳 조상의 묘에 아사헬을 장사하고 저녁이 되자 거기서 남쪽으로 약 25km 떨어진 헤브론을 향하여 다시 길을 떠나 왔을 것이다.

제 3 장

C. 사울 왕가가 패망하다 3-4장

사울이 죽은 후에 3-4장은 사울 왕가가 패망하는 것을 묘사한다. 먼저 다윗 왕가가 번영한 일(3:1-5), 아브넬이 이스보셋을 배반한 일(3:6-21), 아브넬이 살해된 일(3:22-39), 그리고 이스보셋이 살해된 일(4:1-12) 등이 진술된다.

1. 다윗 왕가가 번영하다 3:1-5

사울 왕 집안은 망해가고 있는데 다윗 왕가는 헤브론에서 흥왕해 가고 있는 것을 보인다. 다윗은 여러 아내들을 통하여 여러 아들들을 낳아 그 집안이 왕성해 간다.

삼하 3:1. 사울의 집과 다윗의 집 사이에 전쟁이 오래매 다윗은 점점 강하여 가고 사울의 집은 점점 약하여 가니라.

본 절은 3-4장의 서론으로 본 절의 현상이 3-4장에서 계속해서 진행된다. 3-4장은 사울의 집은 점점 약해가고 다윗의 집은 점점 강하여 간다는 이야기를 진술하고 있는데 이런 현상은 오랜 전쟁을 통하여 진행된다. 다윗은 사울이 죽은 후 곧바로 이스라엘 제 2대 왕이 된 것이 아니라 점진적으로 그 세(勢)가 강하여 가서 막강한 왕이 되었다. 일이 이렇게 된 것은 다윗의 경건 훈련을 위해서였다. 그리고 사울의 집은 점점 약해가고 다윗의 집은 점점 강해가는 것은 백성들이 사울 집에서 이탈하여 다윗 집으로 이동하므로 된 일이다. 하나님께서 사울을 버리시고 다윗에게 나라를 맡기신다는 예언(삼상 15:17-29; 16:1-13)은 사람을 통해서 이루어지고 있음을 보여준다. 오늘도 하나님의 뜻은 태반 사람을 통해서 이루어짐을 알 수 있다.

삼하 3:2. 다윗이 헤브론에서 아들들을 낳았으되 맏아들은 암논이라 이스르엘 여인 아히노암의 소생이요

본 절부터 5절까지는 다윗이 헤브론에서 7년 6개월을 거하는 동안(5:5) 여섯 아들을 낳았다는 것을 진술한다. 본 절은 다윗이 헤브론에서 아들들을 낳았다는 것을 진술했는데 그 첫째 아들은 이스르엘 여인 아히노암(2:2; 삼상 25:44)의 암논이라고 말한다. "아히노암"은 다윗이 사울의 딸 미갈과 이별한 후 아내로 맞은 이스르엘 여자이다(삼상 25:43; 27:3; 30:5). 다윗이 사울을 피해 시글락에 있을 때 아말렉이 침입하여 재물과 부녀자들을 사로잡아갔는데, 그 중에 아히노암도 있었다(삼상 30:1-6). 다윗이 가드 왕 아기스에게 피신했을 때도 아히노암은 따라갔다(삼상 27:3). "암논"(Amnon)은 '충성스러운'이라는 뜻을 가지고 있다. 그가 이복 누이 다말로 인해 상사병이 걸렸다. 그의 사촌 요나답의 간계를 따라 그가 병든 체하여 침상에 누워 다말의 병문안을 오게끔 해서 다말이 왔을 때 그는 불의의 요구를 했다. 다말의 정의의 책망에도 불구하고 암논은 그녀를 욕보였다. 자신의 야욕을 채운 그는 그녀를 즉시 미워하여 내어 쫓아버렸다. 그는 일종의 변태적 색광이었다. 다말의 오빠 압살롬은 2년 후 바알 하솔에서 양털을 깎는 날 모든 형제를 청하여 주연을 베푼 자리에서 암논을 죽였다(삼하 13:1-29).

삼하 3:3. 둘째는 길르압이라 갈멜 사람 나발의 아내였던 아비가일의 소생이요 셋째는 압살롬이라 그술 왕 달매의 딸 마아가의 아들이요

다윗의 둘째 아들은 길르압이다. 길르압(Chileab)은 '부친의 소망'이란 뜻을 가지고 있다. 역대상 3:1에는 '다니엘'이라고 되어 있다. 길르압은 후에 다시 나타나지 않으므로 일찍 죽었다고 추측된다(RP Smith). "아비가일"에 대해서는 25장 주해 참조할 것.

다윗의 셋째 아들은 압살롬이다. "압살롬"[11]은 그술 왕 달매의 딸 마아가의 아들이다. 압살롬은 헤브론에서 출생하여 어려서 예루살렘으로 이사했다. 그는

11) "압살롬": Absalom. '아버지(하나님)는 평화임'이라는 뜻을 가지고 있다. 그술 왕 달매의 딸 마아가의 소생인 다윗의 셋째 아들이다(3:3).

누이 다말과 같이 용모가 아름다워 그 때문에 교만해졌다. 누이 다말이 이복형 암논에게 능욕 당했을 때, 다윗이 이를 벌하지 않았기 때문에 2년 후 그는 모든 왕자를 양털 깎는 곳으로 초청하여 잔치를 베풀고 암논을 죽였다. 다윗이 자기의 큰 죄를 빨리 하나님 앞에 자복하고 죄 사함을 받았더라면 집안의 난리는 없었을 것이다.

"그술"(Geshur)은 '다리(橋)'라는 뜻을 가지고 있다. 상(上) 요단 강 동쪽의 땅이다. 아람 소국의 하나로 독립하고 있었다(삼하 15:8, '수리아'=아람). 범위는 바산 북쪽에서 마아가에 미치고 있다. 이스라엘은 이곳을 점령하지 않았다(수 13:13, 여기서 '그술 사람'이라고 번역되어 있는 원문은 그냥 '그술'이다). 그술은 수리아와 이스라엘의 완충국의 위치에 있으며, 다윗은 그와 우호 관계를 유지했다. 그술 왕 달매의 딸 마아가는 다윗의 아내가 되어 압살롬을 낳았다(삼하 3:3). 압살롬은 위기를 피하여 그술에 3년간 머문 일이 있었다(삼하 13:37-14:24). 그 후 그술은 이스라엘의 속국이었으나 이스라엘의 왕국 분열 이후 아람과 동맹을 맺고 바산을 쳤다(대상 2:23). 그 후 그술은 팽창된 다메섹 왕국에 합병되고 다메섹의 멸망과 운명을 같이했다.

삼하 3:4. 넷째는 아도니야라 학깃의 아들이요 다섯째는 스바댜라 아비달의 아들이요.

다윗의 넷째 아들은 아도니야이다. 아도니야(Adonijah)는 '여호와는 주'라는 뜻이다. 헤브론에서 난 다윗의 네째 아들인데, 학깃의 소생이다. 모친은 이름으로 판단하면 블레셋 사람 같다(삼하 3:4). 아도니야의 생애는 동양에서 궁전을 둘러싸고 종종 일어나는 음모의 전형이라고 볼 수 있다. 그는 체용(體容)이 몹시 준수하며 평생에 한 번도 섭섭한 말을 들은 적이 없으리만큼 다윗의 사랑을 받고 자랐다. 암논과 길르압, 그리고 압살롬이 죽은 다음 아도니야는 왕위의 정당한 계승자로 되었다. 그것은 그 자신도 대부분의 백성들도 인정하고 있던 터이며, 그의 그 권리에 대해서는 아무런 의심도 없었다(왕상 2:15). 그러나 밧세바는 자기의 소생 솔로몬에게 왕위를 계승시키려고 선지자 나단의 도움을 얻어 궁전에서 아도니야에게 대항하는 당파를 조직했다. 아도니야의 친구들은 곧 그 사실을 탐지하고 아도니야도 자기의 정당한 왕위 계승을 잃어버릴 위험을 느끼고 적의 음모를 전복할 방법을 모의했다. 연로한 충신 요압과 아비아달 등은 그에게 가담했다. 아도니야는 소헬렛 돌 곁에서 우양을 잡고 솔로몬을 제외한 모든 동생과 왕의 신복 유다 모든 사람을 다 청했다. 이 행위는 현명하지 못한 처사였다(아도니야는 에느로겔 근방 소헬렛 바위 곁에서 왕위를 차지하고자 이곳에서 음모를 꾸몄다). 이 음모로 말미암아 그는 죽임을 당한다(왕상 1:5-2:25). "학깃"(Haggith)은 '축제'라는 뜻을 가지고 있다. 다윗의 아내 중 하나인데, 아도니야의 모친이다(3:4; 왕상 1:5).

다윗의 다섯째 아들은 스바댜이다. "스바댜"(Shephatiah)는 '여호와는 심판하심'이란 뜻을 가지고 있다. 다윗이 헤브론에서 낳은 다섯째 아들인데, 아비달의 소생이다(3:4; 대상 3:3). "아비달"(Abital)은 '아버지(하나님)는 이슬이시다'라는 뜻을 가지고 있다. 다윗의 아내의 한 사람이다. 스바댜의 모친이다(3:4; 대상 3:3).

삼하 3:5. 여섯째는 이드르암이라 다윗의 아내 에글라의 소생이니 이들은 다윗이 헤브론에서 낳은 자들이더라.

다윗의 여섯째 아들은 이드르암이다. "이드르암"(Ithream)은 '백성이 풍부함'이란 뜻을 가지고 있다. 다윗이 헤브론에서 낳은 여섯째 아들이며, 그의 아내 에글라의 소생이다(3:5; 대상 3:3). "에글라"(Eglah)는 '어린 염소'라는 뜻을 가지고 있다. 다윗의 아내의 한 사람인데, 이드르암의 모친이다(3:5; 대상 3:3).

2. 아브넬이 이스보셋을 배반하다 3:6-21

아브넬이 이스보셋이 다스리고 있는 사울 왕가(이스라엘)에서 주도권을 가지고 좌지우지 하고 있는 판에 이스보셋이 아브넬에게 자기 아버지 사울의 첩을 통간했다는 발언을 하여 아브넬은 이스보셋을 향하여 노를 발하면서 다윗에게 이스라엘을 통째로 바치겠다고 제안한다.

삼하 3:6. 사울의 집과 다윗의 집 사이에 전쟁이 있는 동안에 아브넬이 사울의

집에서 점점 권세를 잡으니라.

사울의 집과 다윗의 집 사이에 계속해서 전쟁이 있는 동안(1절), 아브넬이 사울의 집에서 점점 권세를 얻어 많이 컸다. 아브넬의 독재는 아브넬이 이스보셋을 왕으로 세웠기 때문이었고(2:8-9) 또 아브넬이 군사령관이었기 때문이었다(삼상 14:50,51; 대상 8:33).

삼하 3:7. 사울에게 첩이 있었으니 이름은 리스바요 아야의 딸이더라 이스보셋이 아브넬에게 이르되 네가 어찌하여 내 아버지의 첩과 통간하였느냐 하니.

아무리 아브넬의 권세가 사울의 집에서 강하다고 해도(앞 절) 이스보셋이 아주 입 다물고 있을 수는 없었다. 이유는 이스보셋의 생각에 아브넬이 자기 아버지 사울의 첩(후궁) 리스바12)(아야의 딸이었다)를 통간했다고 판단했기 때문에 "네가 어찌하여 내 아버지의 첩과 통간하였느냐"고 책망하지 않을 수는 없는 일이었다. 고대에서 군왕의 처첩들은 그 후계자에게 양도되었으므로(HP Smith) 아브넬이 사울의 첩 리스바를 범했다는 것은 아브넬 자신이 왕위를 찬탈한다13)는 것을 뜻했다. 사실 아브넬이 사울의 첩 리스바를 범했는지 아닌지는 확인할 수는 없었으나14) 이스보셋은 현재 자기가 왕인 입장에서 보기에 아브넬이 왕위를 엿보는 것이 아닌가하고 화를 낸 것이었다.

삼하 3:8. 아브넬이 이스보셋의 말을 매우 분하게 여겨 이르되 내가 유다의 개

12) "리스바": Rizpah. '뜨거운 돌'이라는 뜻을 가지고 있다. 리스바는 아야의 딸이며, 사울의 첩이다. 아브넬은 사울이 죽은 다음 그녀를 통간하였다. 사울의 아들 이스보셋은 이 사실을 그가 왕권 찬탈(篡奪)을 꾀하는 것으로 생각하고 아브넬의 불충을 질책했다. 그리하여 아브넬과 이스보셋 사이에 싸움이 일어나 그 결과 아브넬은 사울 왕조를 떠나 다윗에게 가담했다(삼하 3:6-8). 얼마 후 3년간의 기근이 이스라엘을 덮쳤다. 그것은 여호수아를 통하여 죽이지 않기로 약속한 기브온(수 9:3-15,19,20) 사람들을 죽인 사울이 아직 속죄하지 않았기 때문이었다. 그런고로 다윗은 기브온 사람들의 요구에 따라 사울의 7아들을 그들에게 내주었다. 그 가운데는 리스바의 소생 두 아들 알모니와 므비보셋도 있었다. 그들은 모두 나무에 달려 무참히 죽임을 당했다.
13) 압살롬도 아비의 첩들을 취했고(16:22), 아도니아도 다윗의 후궁 아비삭을 구했다(왕상 2:13-25).
14) 범한 것은 사실로 보인다. 이유는 다음 절 마지막 말, 즉 "오늘 이 여인에게 관한 허물을 내게 돌리는도다"라는 말을 들으면 사실 아브넬이 리스바를 통간한 것으로 보인다.

머라냐 내가 오늘 당신의 아버지 사울의 집과 그의 형제와 그의 친구에게 은혜를 베풀어 당신을 다윗의 손에 내주지 아니하였거늘 당신이 오늘 이 여인에게 관한 허물을 내게 돌리는도다.

이스보셋이 아브넬을 향하여 네가 어찌하여 내 아버지의 첩과 간통하였느냐는 질문을 받은(앞 절) 아브넬은 이스보셋의 말을 매우 분하게 여겨 "내가 유다의 개 머라냐"고 반격한다. "유다의 개 머라냐"는 말은 '유다 편에 서서 나의 이권이나 챙기고 다니는 개란 말이냐'는 말이다. 유대인들은 개를 아주 경멸할만한 짐승으로 보고 있다(출 22:31; 삼상 24:14; 왕하 8:13; 시 22:16,20). 왜냐하면 개는 썩은 고기나 시체를 먹는 동물로 여겼기 때문이다(왕상 16:4; 21:23; 왕하 9:10). 따라서 아브넬은 '내가 유다 편에 빌붙어 선 형편없는 사람이냐'고 반문했다.

아브넬은 자기가 결코 그런 반역자는 아니라고 강변한다. 즉, '자신은 오늘날까지 당신의 아버지 사울의 집과 그의 형제들과 그의 친구들에게 은혜를 베풀어 당신을 다윗의 손에 넘겨주지 아니했는데 이렇게 당신이 이 하찮은 여자 한 사람의 허물을 내게 돌리다니 말이 됩니까'라고 반격한다. 그러니까 아브넬은 자기가 사울 집을 위하여 큰일을 했는데 그까짓 작은 일을 가지고 자신을 그렇게 대하는 것이 몹시 섭섭한 일로 여기고 있다.

삼하 3:9. 여호와께서 다윗에게 맹세하신 대로 내가 이루게 하지 아니하면 하나님이 아브넬에게 벌 위에 벌을 내리심이 마땅하니라.

아브넬은 이스보셋의 한 마디에 아주 분함을 나타내는 일(앞 절)로 끝내지 않고 이제는 아주 결별하자는 말을 한다. 아브넬은 여호와께서 다윗에게 맹세하신 대로(삼상 15:28-29; 25:28-31) 반드시 이루어 사울의 땅을 다윗 왕국에 병합시키겠다고 말한다. 만일 자기가 그런 일을 하지 않으면 하나님께서 아브넬 자신에게 벌 위에 벌을 내리심이 마땅하다고 말한다(삼상 3:17 주해 참조).

삼하 3:10. 그 맹세는 곧 이 나라를 사울의 집에서 다윗에게 옮겨서 그의 왕위를 단에서 브엘세바까지 이스라엘과 유다에 세우리라 하신 것이니라 하매.

'아브넬은 이 나라를 사울 왕가에서 빼앗아 다윗에게 넘겨주어 하나님께서 다윗을 이스라엘과 유다의 왕으로 삼으셔서 단에서 브엘세바까지 넓은 지역을 다스리게 해야 하겠소'라고 말한다. 사실 아브넬은 이제 와서 나라를 사울에게서 다윗에게로 넘길 것이 아니라 하나님의 뜻을 알았다면 일찍이 했어야 했는데 자신이 이스보셋으로부터 섭섭한 말을 들었다고 이제야 하는 것은 뒷북을 치는 일이었다.

삼하 3:11. 이스보셋이 아브넬을 두려워하여 감히 한 마디도 대답하지 못하니라.

아브넬의 말(8-10절)을 듣고 이스보셋이 듣고 두려워하여 감히 한 마디도 대답하지 못하고 꼼짝 못했다. 이스보셋은 참으로 약한 인간이었다. 우리는 인간적으로 심히 약한 사람들이지만 주 안에서 강하게 살아가야 할 것이다.

삼하 3:12. 아브넬이 자기를 대신하여 전령들을 다윗에게 보내어 이르되 이 땅이 누구의 것이니이까 또 이르되 당신은 나와 더불어 언약을 맺사이다 내 손이 당신을 도와 온 이스라엘이 당신에게 돌아가게 하리이다 하니.

아브넬은 이스보셋에게 말한 것을 전하기 위하여 전령들을 다윗에게 보내어 말하기를 "이 땅이 누구의 것이니이까", 즉 '이 땅이 하나님께서 맹세하신대로 다윗 당신의 것이 아닙니까' 또 말하기를 '나와 더불어 언약을 맺읍시다. 내가 당신을 도와 온 이스라엘이 당신에게 돌아가게 하겠습니다'라고 전한다.

아브넬의 이 말은 온전히 하나님의 주권을 인정하지 않는 말이다. 아브넬은 다윗을 향하여 언약을 맺자 하고 또 자기가 다윗을 도우면 온 이스라엘이 다윗에게 돌아가게 될 것이라고 한다. 아브넬이 이렇게 하나님의 주권을 덜 인정하는 말을 했기에 그는 다윗의 신복들과 요압에게 살해되었을 것으로 보인다(22-30절).

삼하 3:13. 다윗이 이르되 좋다 내가 너와 언약을 맺거니와 내가 네게 한 가지 일을 요구하노니 나를 보러 올 때에 우선 사울의 딸 미갈을 데리고 오라 그리하지 아니하면 내 얼굴을 보지 못하리라 하고.

다윗은 본 절에서 두 가지를 말하고 있다. 하나는 "언약을 맺겠다"고 말한다. 아브넬은 앞 절에서 사울 왕가가 통치하던 이스라엘을 다윗 앞으로 돌려놓겠다고 말하면서 언약을 맺자고 제안했는데 다윗은 "좋다. 내가 언약을 맺겠다"고 흔쾌히 말한다.

또 하나는 한 가지 요구 조건을 말한다. 아브넬이 친히 다윗 앞에 올 때에 "우선 사울의 딸 미갈을 데리고 오라"고 말한다. 만약에 사울의 딸을 데리고 오지 않으면 "내 얼굴을 보지 못하리라"고 말한다. 다윗의 이 말은 아주 강한 표현으로 '내 얼굴을 볼 생각을 하지 말라'는 말이다. 다윗은 자기와 결혼했던 사울의 딸 미갈을 잊을 수가 없었다. 두 사람 간에는 진심의 사랑이 있었으며, 또 미갈은 다윗이 사울로부터 쫓김을 당할 때 다윗을 도와서 도피를 도왔던 아내였다(삼상 18:20-27; 19:11-14). 다윗이 또 미갈을 데리고 오라고 한 데는 어떤 정치적인 계산도 깔려 있었을 것이다. 다윗이 사울의 딸을 차지하므로 사울 왕가의 후계자 자격을 보여서 북편 백성들의 마음을 사로잡자는 생각도 했을 것이다 (K.&D., RP Smith, 이상근). 다시 말해 다윗은 사울을 이어 제 2대 왕이라는 것을 드러내려는 생각이었을 것이다.

삼하 3:14. 다윗이 사울의 아들 이스보셋에게 전령들을 보내 이르되 내 처 미갈을 내게로 돌리라 그는 내가 전에 블레셋 사람의 포피 백 개로 나와 정혼한 자니라 하니.

다윗은 아브넬의 전령들에게 아브넬 자신이 다음에 다윗을 방문하게 될 때 미갈을 데리고 오라고 단단히 부탁을 했는데도(앞 절) 또 이제는 외교 채널 (channel)을 통하여 부탁한다. 즉, "사울의 아들 이스보셋에게 전령들을 보내 이르되 내 처 미갈을 내게로 돌리라"고 부탁한다. 다윗이 이렇게 미갈을 돌려달라고 부탁하는 이유는 "미갈은 내(다윗)가 전에 블레셋 사람의 포피 백 개로 나와 정혼한 자"이기 때문이라고 알려준다. 여기 "포피"란 말은 '남근'(男根)의 표면을 싼 가죽을 가리키는 말로 사울이 다윗을 죽이려는 계교로 자기의 딸 미갈과 결혼하기 위해서는 폐백(幣帛)으로 블레셋 남정들의 포피 백 개를 가져오라는 것이었는데 다윗은 블레셋의 남정들 200명을 죽이고 포피를 수집하여 사울에게 바쳤다. 다윗이 이런 수고를 해서 미갈을 얻었으니 그가 평생 잊을 수 없는 여인이었다.

삼하 3:15. 이스보셋이 사람을 보내 그의 남편 라이스의 아들 발디엘에게서 그를 빼앗아 오매.

다윗의 부탁을 받은 이스보셋은 사람을 보내 미갈의 남편 라이스의 아들 발디엘게서 미갈을 빼앗아 왔다. 빼앗아 온 것은 다음 절에 의하면 아브넬의 몫이었다. "라이스의 아들 발디엘"에 대해 삼상 25:44 주해 참조하라. 본 절의 "발디엘"은 삼상 25:44에는 "발디"라고 되어 있다. 발디엘의 집은 "갈림"에 있었다(삼상 25:44). "갈림"(Gallim)은 '돌무더기'란 뜻을 가지고 있다. 사울의 기브아, 아나돗과 같이 열기(列記)되어 있는 마을인데 베냐민의 성읍이다(사 10:30). 예루살렘의 북쪽에 있다(사 10:29,30). 바후림(다음 절)에서 얼마 멀지 않은 곳에 있었던 듯하다(삼상 25:44; 삼하 3:13-16). 미갈의 두번째 남편 발디엘(발디)의 고향이다(25:44). 아나돗의 서쪽 부근에 있는 길베드 가굴(Khirbet Ka'kul)과 동일지로 추정된다.

삼하 3:16. 그의 남편이 그와 함께 오되 울며 바후림까지 따라왔더니 아브넬이 그에게 돌아가라 하매 돌아가니라.

미갈의 남편 발디엘이 미갈과 함께 오되 울며 바후림15)까지 따라왔다. 울며 따라올 수밖에 없었던 이유는 발디엘은 미갈과 함께 10여년이나 살았으니 이야말로 아닌 밤중에 날벼락을 맞은 셈이다. 그런데도 권력자 군사령관 아브넬이 미갈의

---

15) "바후림": Bahurim. '젊은이'란 뜻을 가지고 있다. 예루살렘 부근에 있는 지명인데, 미갈의 남편을 여기서 쫓아 돌려보냈다(3:16). 여기서 살던 시므이는 낙향하는 다윗에게 돌을 던졌다가(16:5; 왕상 2:8) 상황이 바뀌어지자 다윗을 환영하였다(삼하 19:16). 아히마하스와 요나단은 압살롬으로부터 도망쳐 이 성읍 사람의 우물에 들어가 피신하였다(삼하 17:18). 다윗의 한 용사 아스마웻은 이 성읍 출신이었다(삼하 23:31). 이 병행 기사인 역대상 11:33에는 '바하룸사람'으로 되어 있다. 예루살렘에서 약 1.5km지점에 있었던 감람산의 동북쪽에 있는 라스 에트밈(Ras et-Tmim)과 동일시된다. 예루살렘에서 여리고로 내려가는 옛날 길 가로서 위에 인용한 지리적 상황에 가장 적합한 곳이 있다. 이스라엘, 헬라, 로마의 토기가 이 고적에서 출토되었다.

남편 발디엘에게 "돌아가라 하매 돌아갔다". "돌아가라 하매 돌아갔지만" 평생 가슴에 응어리를 가지고 살았을 것이다.

삼하 3:17. 아브넬이 이스라엘 장로들에게 말하여 이르되 너희가 여러 번 다윗을 너희의 임금으로 세우기를 구하였으니.

아브넬의 전령들이 다윗에게 가서 아브넬이 주도하여 나라를 다윗에게 바치기로 언약하고 돌아왔으니 이제는 아브넬 자신이 친히 다윗에게 가기 전에 아브넬이 이스라엘 장로들(연장자들)을 모아놓고 말하기를 "너희가 여러 번 다윗을 너희의 임금으로 세우기를 구하였으니" 이제는 실제로 그렇게 하라고 다음 절과 같이 말을 하기로 했다.

아브넬은 떠나기 전 마음이 홀가분해졌다. 이스보셋과 헤어지기로 마음도 단단히 먹었고 또 다윗이 원하는 미갈도 시집으로부터 데리고 와서 함께 갈 준비가 되었으니 장로들과 상의하여 나라를 다윗에게 넘겨주기로만 하면 홀가분하게 떠날 준비가 된 것이었다.

삼하 3:18. 이제 그대로 하라 여호와께서 이미 다윗에 대하여 말씀하시기를 내가 내 종 다윗의 손으로 내 백성 이스라엘을 구원하여 블레셋 사람의 손과 모든 대적의 손에서 벗어나게 하리라 하셨음이니라 하고.

아브넬은 이스라엘 장로들에게 그들이 소원하는 대로 하라고 말한다. 이스라엘 장로들이 마음에 먹은 것(다윗을 왕으로 세우는 일)이 바로 여호와께서 다윗에 대하여 말씀하신 바와 똑같다고 한 것이다. 다시 말해 "여호와께서 이미 다윗에 대하여 말씀하시기를 내가 내 종 다윗의 손으로 내 백성 이스라엘을 구원하여 블레셋 사람의 손과 모든 대적의 손에서 벗어나게 하리라" 하셨다는 것이다. 장로들이 다윗을 왕으로 세우기를 소원 하는 말을 여러 번 했는데 바로 장로들의 생각은 여호와의 뜻과 정확하게 들어맞는다고 아브넬이 지적했다. 아브넬은 여호와의 이런 뜻도 알고 있으면서도 공연히 이스보셋을 왕으로 옹립하여 자기가 세도를 써가며 장로들의 뜻도 무시했고 또 여호와의 뜻도 무시해 온 것이었다.

이제는 장로들의 뜻을 실현할 때가 된 것이다.

삼하 3:19. **아브넬이 또 베냐민 사람의 귀에 말하고 아브넬이 이스라엘과 베냐민의 온 집이 선하게 여기는 모든 것을 다윗의 귀에 말하려고 헤브론으로 가니라.**

아브넬은 베냐민 사람들과도 친히 다윗을 왕으로 세우는 일을 상의한 뒤에, 이스라엘과 베냐민 사람 전체가 좋다고 여기는(다윗을 왕으로 세우는 일) 것을 다윗에게 전하려고 헤브론으로 떠난다.

아브넬은 특별히 베냐민 사람들과 다윗을 추대하는 문제를 가지고 신경 써서 이야기 했을 것이다. 이유는 사울과 이스보셋이 베냐민 족속이었기 때문에 그들은 이스보셋을 그냥 왕으로 계속해서 모셔 나가는 것을 좋게 여길 것이기 때문이었다. 그런고로 아브넬은 아마도 베냐민 지파 사람들에게 다윗을 일단 왕으로 세우면 블레셋 사람의 침공을 잘 막아낼 것이라고 역설했을 것이다. 그래서 베냐민 지파의 동의를 얻어내는 일에 크게 힘을 썼다.

삼하 3:20. **아브넬이 부하 이십 명과 더불어 헤브론에 이르러 다윗에게 나아가니 다윗이 아브넬과 그와 함께 한 사람을 위하여 잔치를 배설하였더라.**

아브넬은 미갈을 데리고 20명의 부하들과 더불어 헤브론에 도착하여 다윗에게 나아가니 다윗은 아브넬과 또 함께한 20명의 사람들을 위하여 잔치를 배설했다. 아브넬이 다윗에게 나아가서 한 일은 아마도 다윗을 유다와 이스라엘 왕으로 옹립하는 언약을 최종적으로 확정했을 것이며 자신은 다윗 다음으로 제 2인자의 자리를 차지하기 위해 일을 꾸몄을 것이다. 다윗은 아브넬과 또 함께 온 20명을 위한 잔치를 배설하고 아브넬을 위한 2인자 자리를 마련했을 것이다.

삼하 3:21. **아브넬이 다윗에게 말하되 내가 일어나 가서 온 이스라엘 무리를 내 주 왕의 앞에 모아 더불어 언약을 맺게 하고 마음에 원하시는 대로 모든 것을 다스리시게 하리이다 하니 이에 다윗이 아브넬을 보내매 그가 평안히 가니라.**

본 절은 아브넬이 다윗과 맺은 협상의 결론이었다. 이제 잔치가 끝난 후 돌아갈 시간이 되어 아브넬이 다윗에게 말하기를 '온 이스라엘 무리를 내 주 왕의 앞에 모아 더불어 언약을 맺게 하겠습니다. 그리고 왕께서 마음에 원하시는 대로 모든 나라를 다스리시게 해드리겠습니다'고 말한다. 이런 말을 한 후 다윗은 아브넬을 보내니 아브넬이 평안히 떠나갔다.

3. 아브넬이 살해되다   3:22-39

다윗의 부하들과 요압이 적군을 치고 크게 노략한 것을 가지고 돌아와 보니 다윗이 아브넬을 평안히 보낸 것을 항의하고(22-26절), 아브넬을 데려다가 죽였으며(27-30절), 다윗은 아브넬을 위해 장사하면서 조가를 부른다(31-39절).

삼하 3:22. 다윗의 신복들과 요압이 적군을 치고 크게 노략한 물건을 가지고 돌아오니 아브넬은 이미 보냄을 받아 평안히 갔고 다윗과 함께 헤브론에 있지 아니한 때라.

다윗의 부하들과 요압은 적군을 치고 많은 전리품을 가지고 돌아와 보니 아브넬은 이미 다윗으로부터 평안이 보냄을 받아 돌아갔기 때문에 헤브론에 없었다. 요압이 기대한 것은 아브넬이 요압의 동생 하사엘을 죽였기 때문에 다윗이 아브넬을 붙잡아 감금해 놓거나 아니면 그 어떤 상응한 벌을 주기를 소망했다. 그러나 다윗 왕은 하사엘이 죽은 사실이 마치 남 일인 양 아브넬을 그냥 평안히 돌아가게 했다.

삼하 3:23. 요압 및 요압과 함께 한 모든 군사가 돌아오매 어떤 사람이 요압에게 말하여 이르되 넬의 아들 아브넬이 왕에게 왔더니 왕이 보내매 그가 평안히 갔나이다 하니.

요압과 다윗의 부하들이 적군을 치고 많은 전리품을 가지고 돌아왔는데 어떤 사람이 요압에게 말하기를 "넬의 아들 아브넬이 왕에게 왔더니 왕이 보내매 그가 평안히 갔다"고 말해 주었다. 요압에게는 이 어찌 섭섭한 일이 아니겠는가. 아브넬이 평안히 갔다는 말은 도무지 있을 수 없는 일이었다.

삼하 3:24-25. 요압이 왕에게 나아가 이르되 어찌 하심이니이까 아브넬이 왕에게 나아왔거늘 어찌하여 그를 보내 잘 가게 하셨나이까 왕도 아시려니와 넬의 아들 아브넬이 온 것은 왕을 속임이라 그가 왕이 출입하는 것을 알고 왕이 하시는 모든 것을 알려 함이니이다 하고.

요압이 적군을 치고 와서 다윗 왕이 아브넬을 아무 일 없이 평안히 보냈다는 말을 들은 다음 왕에게 나아가 말하기를 "어찌 하심이니이까 아브넬이 왕에게 나아왔거늘 어찌하여 그를 보내 잘 가게 하셨나이까"라고 심한 의문을 표한다. 즉, '왕께서 어찌하자고 아브넬을 그냥 보내셨습니까. 아브넬이 왕에게 나아온 것은 나라의 일을 상의하기 위함이 아니라 나라의 형편을 살폈다가 이 나라를 공격하기 위함이었는데 왕께서 어찌자고 그를 보내서 잘 가게 하셨습니까'라고 아주 진한 의문을 표한 것이다.

요압은 표면적으로 아브넬이 온 것은 나라의 일을 살펴 나라를 공격하기 위함이라고 했지만 더욱 깊은 내용은 왕과 아브넬이 나라의 일을 상의하는 일에 있어서 요압 자신을 한쪽으로 제쳐놓은 것이 몹시 섭섭했고 또 자기의 동생 아사헬을 위해 복수할 기회를 잃은 것도 심히 섭섭한 일이었으며 또 왕과 아브넬이 무슨 회의를 했는지 확인할 수는 없는 일이지만 아마도 아브넬이 나라의 2인자가 되고 요압을 한쪽으로 밀어내는 것이 아닌가 해서 몹시 섭섭하게 느낀 것이었다.

삼하 3:26. 이에 요압이 다윗에게서 나와 전령들을 보내 아브넬을 쫓아가게 하였더니 시라 우물가에서 그를 데리고 돌아왔으나 다윗은 알지 못하였더라.

요압은 다윗 왕에게 항의한 다음 아브넬이 한 발자국이라도 더 가기 전에 쫓아가기 위해서 다윗 앞에서 나와 전령들을 보내 아브넬을 쫓아가게 했다. 그랬더니 "시라 우물가에서 그를 데리고 돌아왔다". 아마도 데리고 올 때 다윗의 명령이라 하고 데려왔을 것이다. 이유는 요압은 아브넬과는 잘 통하지 않기 때문이었다.

여기 "시라 우물"이 어디인지 정확하게 확인하기는 어렵다. 두 견해가 있다. 1) 헤브론 북방 약 4km 지점에 있는 우물로 보는 견해. 거기에는 대상들을 위한 숙박 시설이 있었다고 한다(Josephus). 2) 헤브론 서북방 2.4km 지점에 위치한 오늘날의 '아인 사라'(Ain Sarah) 저수지라는 견해(R. Young). 두 견해 중 어느 견해가 맞는지는 확인할 수가 없다. 아무튼 아브넬은 뜨거운 사막의 열기를 피하여 시라 우물가에서 쉬면서 행군하기에 알맞은 저녁때를 기다리다가 요압이 보낸 전령들을 만났을 것이다(RP Smith).

삼하 3:27. 아브넬이 헤브론으로 돌아오매 요압이 더불어 조용히 말하려는 듯이 그를 데리고 성문 안으로 들어가 거기서 배를 찔러 죽이니 이는 자기의 동생 아사헬의 피로 말미암음이더라.

요압이 보낸 전령들이 아브넬을 데리고 헤브론으로 돌아오매 요압이 아브넬과 함께 조용히 말하려는 듯이 아브넬을 데리고 헤브론 성문 안으로 들어가 배를 찔러 죽였다. 이렇게 아사헬의 배를 찔러 죽인 이유는 오늘 본문에 의하면 아브넬이 요압의 동생 아사헬을 죽였기 때문이다. 요압이 이렇게 아사헬을 죽인 참 이유는 한두 가지가 더 있을 것으로 보인다. 즉, 아브넬이 나라를 다윗에게 바치면 다윗이 아브넬과 상의하여 요압의 지위를 빼앗지나 않을까 하는 시기심도 작용했을 것이다(K.&D., RP Smith). 그리고 아브넬이 이렇게 죽게 된 데는 아브넬이 이스보셋과 결별하고 다윗에게 전령들을 보내어 다윗과 언약을 맺으면서 마치 아브넬 자신이 나라를 다윗에게 바치는 것처럼 하여 하나님의 주권을 온전히 인정하지 않은 탓이었을 것이다(3:12). 훗날 아브넬이 없어도 사울 왕가는 다윗 앞으로 돌아온 것이 아닌가. 우리가 하나님의 주권을 인정하는 것은 참으로 중요한 것이다.

삼하 3:28. 그 후에 다윗이 듣고 이르되 넬의 아들 아브넬의 피에 대하여 나와 내 나라는 여호와 앞에 영원히 무죄하니.

아브넬이 요압에 의해 살해된(앞 절) 후 다윗이 듣고 선언하기를 아브넬이 살해된 일에 대하여 다윗 자신과 또 다윗이 다스리고 있는 나라는 여호와 앞에서 아무 잘못한 일이 없다고 했다. 다윗은 정치가로서 선을 분명하게 그어 말했다.

아브넬이 살해된 것은 전적으로 요압의 책임이었다는 뜻이다.

삼하 3:29. 그 죄가 요압의 머리와 그의 아버지의 온 집으로 돌아갈지어다. 또 요압의 집에서 백탁병자나 나병 환자나 지팡이를 의지하는 자나 칼에 죽는 자나 양식이 떨어진 자가 끊어지지 아니할지로다 하니라.

다윗은 아브넬을 살해한 책임이 전적으로 요압과 그 가족들에게 있다고 말한다. 다시 말해 요압의 살인죄에 대한 죄 값은 정치의 최고 지도자 다윗에게나 혹은 국민들에게 돌아가지 않고 요압과 요압의 가정 식구들에게 돌아가야 한다는 것이다.

다윗은 요압의 집에서 "백탁병자나 나병 환자나 지팡이를 의지하는 자나 칼에 죽는 자나 양식이 떨어진 자가 끊어지지 아니하기를" 바랐다. "백탁병자"(זב)라는 환자는 레 15:1-33에 나오는 '유출병자 혹은 임질 환자'를 지칭하는 듯하다. "나병환자"는 '문둥병자'를 지칭하고, "지팡이를 의지하는 자"는 '막대기를 짚는 자'(NIV)라는 뜻으로 '지팡이를 의지해야 하는 소경이나 절름발이'를 뜻한다. "칼에 죽는 자"는 '전쟁에서나 혹은 인간들의 싸움에서 칼 맞아 죽는 자'를 지칭하고, "양식이 떨어진 자"는 '먹을 것이 떨어진 자'를 지칭한다. 이런 문제 있는 사람들이 "끊어지지 않기를" 저주했다. 이는 작은 저주가 아니었다. 살인자에게 저주가 돌아가는 것은 오늘도 여전한 진리이다.

살인죄를 저지른 요압의 행위에 대해 다윗의 저주는 공정한 저주였다. 이유는 1) 요압이 아브넬을 죽인 것은 율법에서 허락한 공정한 피의 복수가 아니었다(민 35:22-25). 다시 말해 아브넬을 죽인 요압의 행위는 정당하지 않았다. 아브넬이 요압의 동생 아사헬을 죽였기 때문에 요압이 아브넬을 죽였는데 아브넬과 아사헬 사이의 잘 잘못을 보면 아사헬이 잘못한 것으로 보아야 한다(2:21-22). 2) 다윗이 평안히 가게 한 아브넬을 죽이는데 있어 요압은 최고의 정치 지도자인 다윗과 한 마디 상의도 없었다. 이는 하나님께서 세우신 지도자에 대한 도전이었다. 3) 요압이 아브넬을 죽인 것은 지극히 개인적인 복수였다. 하나님은 우리 개인이 복수하도록 허락하지 않으셨다(레 19:18; 롬 12:19,20).

삼하 3:30. 요압과 그의 동생 아비새가 아브넬을 죽인 것은 그가 기브온 전쟁에서 자기 동생 아사헬을 죽인 까닭이었더라.

본 절은 요압과 그의 동생 아비새가 아브넬을 죽일 때 공모했음을 전해주고 있다. 두 사람이 공모하여 아브넬을 죽인 이유는 아브넬이 기브온 전쟁에서 요압의 동생 아사헬을 죽였기 때문이다.

사실 요압이 아브넬을 죽일 때 요압과 그의 동생 아비새가 공모했다는 기록은 성경 어디에도 기록이 없으나 본 절이 공모했음을 밝히고 있다.

삼하 3:31. 다윗이 요압과 및 자기와 함께 있는 모든 백성에게 이르되 너희는 옷을 찢고 굵은 베를 띠고 아브넬 앞에서 애도하라 하니라 다윗 왕이 상여를 따라가.

다윗은 자기 혼자만 아브넬의 죽음 앞에서 애도한 것이 아니라 요압을 포함하여 모든 백성에게 아브넬 앞에서 옷을 찢고 굵은 베를 두르고 애도하라고 명령한다. 다윗이 요압에게도 아브넬의 죽음 앞에서 애도하라고 한 것은 요압이 잘못했으니 그 잘못한 것을 반성하라는 뜻이었다. 여기 "굵은 베를 두르고 애도하라"고 한 것은 극한 슬픔을 표시하라는 뜻이다(1:11).

다윗은 백성들에게 애도하라는 명령을 한 다음 자신이 친히 아브넬의 시신을 실은 상여를 따라 장지(葬地)에 까지 갔다. 다윗이 이렇게 자신과 전 국민이 아브넬 죽음을 슬퍼하고 장사한 것은 아브넬의 장사가 국장이었던 것을 보여주는 의미였다.

삼하 3:32. 아브넬을 헤브론에 장사하고 아브넬의 무덤에서 왕이 소리를 높여 울고 백성도 다 우니라.

시신을 일단 헤브론 장지에 묻고 다윗은 아브넬의 무덤에서 소리를 높여 울었고 또 백성도 왕을 따라 울었다. 무덤에서 이렇게 상주나 친족뿐 아니라 모든 문상객들이 애곡을 하는 것은 죽은 사람에 대한 기본적인 예의였다. 이런 장례법은 히브리인의 장례법이었다(HP Smith). 이런 장례법이 발전하여 훗날 소위 직업적인 호상인(護喪人), 즉 '애곡하는 여인들'을 등장하게 했다(대하 35:25; 렘 9:17; 암 5:16; 마 9:23).

삼하 3:33. 왕이 아브넬을 위하여 애가를 지어 이르되 아브넬의 죽음이 어찌하여 미련한 자의 죽음 같은고.

다윗 왕이 아브넬을 위하여 애가를 지었는데, 이 애가는 사울을 위한 애가 (1:19-27)와 더불어 애가 중 아주 걸작에 속하는 애가였다. 그 내용은 "아브넬의 죽음이 어찌하여 미련한 자의 죽음 같이 죽었는가"라는 것이었다. '아브넬이 적어도 사울 왕가의 군사령관이었는데 어찌하여 요압의 속임에 빠져 미련한 자가 죽는 것처럼 죽었다'는 것이다.

삼하 3:34. 네 손이 결박되지 아니하였고 네 발이 차꼬에 채이지 아니하였거늘 불의한 자식의 앞에 엎드러짐 같이 네가 엎드러졌도다 하매 온 백성이 다시 그를 슬퍼하여 우니라.

아브넬의 손이 묶이지 아니했고 발도 차꼬에 매이지 않고 아주 자유스런 몸이었는데, 다시 말해 아브넬이 아사헬을 죽인 일로는 결코 죽음을 당할 일이 아니었으니 자유로웠는데 어찌하여 불한당(요압을 넌지시 일컫는 말이다) 앞에 엎드러짐 같이 아브넬이 엎드러졌느냐는 것이다. 다윗이 이 말을 하니 온 백성이 다시 아브넬을 생각하면서 슬퍼하여 울었다.

삼하 3:35. 석양에 뭇 백성이 나아와 다윗에게 음식을 권하니 다윗이 맹세하여 이르되 만일 내가 해지기 전에 떡이나 다른 모든 것을 맛보면 하나님이 내게 벌 위에 벌을 내리심이 마땅하니라 하매.

장례가 마친 날 석양(저녁때)이 되어 사람들이 다윗에게 음식을 먹으라고 권했는데 다윗이 맹세하여 말하기를 "만일 내가 해지기 전에 떡이나 다른 모든 것을 맛보면 하나님이 내게 벌 위에 벌을 내리심이 마땅하다"고 말한다. 사람이 죽었으니 계속해서 그날 해가 질 때까지는 슬퍼하는 심정으로 음식을 먹지 않겠다

소위 직업적인 호상인(護喪人), 즉 '애곡하는 여인들'을 등장하게 했다(대하 35:25; 렘 9:17; 암 5:16; 마 9:23).

삼하 3:33. 왕이 아브넬을 위하여 애가를 지어 이르되 아브넬의 죽음이 어찌하여 미련한 자의 죽음 같은고.

다윗 왕이 아브넬을 위하여 애가를 지었는데, 이 애가는 사울을 위한 애가 (1:19-27)와 더불어 애가 중 아주 걸작에 속하는 애가였다. 그 내용은 "아브넬의 죽음이 어찌하여 미련한 자의 죽음 같이 죽었는가"라는 것이었다. '아브넬이 적어도 사울 왕가의 군사령관이었는데 어찌하여 요압의 속임에 빠져 미련한 자가 죽는 것처럼 죽었다'는 것이다.

삼하 3:34. 네 손이 결박되지 아니하였고 네 발이 차꼬에 채이지 아니하였거늘 불의한 자식의 앞에 엎드러짐 같이 네가 엎드러졌도다 하매 온 백성이 다시 그를 슬퍼하여 우니라.

아브넬의 손이 묶이지 아니했고 발도 차꼬에 매이지 않고 아주 자유스런 몸이었는데, 다시 말해 아브넬이 아사헬을 죽인 일로는 결코 죽음을 당할 일이 아니었으니 자유로웠는데 어찌하여 불한당(요압을 넌지시 일컫는 말이다) 앞에 엎드러짐 같이 아브넬이 엎드러졌느냐는 것이다. 다윗이 이 말을 하니 온 백성이 다시 아브넬을 생각하면서 슬퍼하여 울었다.

삼하 3:35. 석양에 뭇 백성이 나아와 다윗에게 음식을 권하니 다윗이 맹세하여 이르되 만일 내가 해지기 전에 떡이나 다른 모든 것을 맛보면 하나님이 내게 벌 위에 벌을 내리심이 마땅하니라 하매.

장례가 마친 날 석양(저녁때)이 되어 사람들이 다윗에게 음식을 먹으라고 권했는데 다윗이 맹세하여 말하기를 "만일 내가 해지기 전에 떡이나 다른 모든 것을 맛보면 하나님이 내게 벌 위에 벌을 내리심이 마땅하다"고 말한다. 사람이 죽었으니 계속해서 그날 해가 질 때까지는 슬퍼하는 심정으로 음식을 먹지 않겠다는 것이었다.

삼하 3:36. 온 백성이 보고 기뻐하며 왕이 무슨 일을 하든지 무리가 다 기뻐하므로.

다윗이 해가 지기 전에는 음식을 먹지 않겠다고 하는 것을 보고 온 백성이 보고 기뻐하며 왕이 무슨 일을 하든지 무리가 다 기뻐했다는 것이다. 다시 말해 혹시 다윗이 아브넬을 죽인 것이 아닌가 하는 의심이 사라지니 왕이 무슨 일을 하든지 무리가 기뻐했다. 사람에게 의심을 품으면 그 사람이 무슨 일을 하든지 의심의 눈초리로 보다가 그 사람에 대한 의심이 사라지면 아주 기쁜 마음으로 교통할 수 있는 것이다.

삼하 3:37. 이 날에야 온 백성과 온 이스라엘이 넬의 아들 아브넬을 죽인 것이 왕이 한 짓이 아닌 줄을 아니라.

아브넬 장례식을 치르기 전까지는 온 유다 백성과 온 이스라엘(아브넬과 동행한 20명 포함, 20절)이 아브넬을 죽인 것이 혹시 다윗이 요압을 시켜 죽인 것이 아닌가 하는 의심을 가졌었는데 이제 장례식 날에 다윗이 아브넬을 진심으로 슬퍼하는 것을 보고 유다 백성들과 온 이스라엘 백성들은 아브넬을 죽인 것이 왕이 한 짓이 아닌 줄을 알게 되었다. 우리는 모든 일에 솔직히 행함으로 의심을 벗는 것이 자신에도 좋고 또 다른 사람의 심령도 평안하게 만드는 것임을 알아야 할 것이다.

삼하 3:38. 왕이 그의 신복에게 이르되 오늘 이스라엘의 지도자요 큰 인물이 죽은 것을 알지 못하느냐.

다윗 왕이 그의 신복에게 이르기를 오늘 이스라엘의 지도자(고위지도자, 군지휘관)요 또 대인(위대한 인물, 큰 인물)이 죽은 것을 알아야 한다고 말한다. 다윗이 이렇게 말하는 배경에는 신복들이 요압의 말에 빠져 요압에게 동조할까 하는 생각이 있었던 것으로 보인다. 그래서 다윗은 이스라엘의 지도자 아브넬이 죽어서 참으로 애석하다는 것을 발표한다.

삼하 3:39. 내가 기름 부음을 받은 왕이 되었으나 오늘 약하여서 스루야의 아들인 이 사람들을 제어하기가 너무 어려우니 여호와는 악행한 자에게 그 악한 대로 갚으실지로다 하니라.

다윗은 아브넬의 장례식을 마치고 "내가 기름 부음을 받은 왕이 되었으나 오늘 약하여서 스루야의 아들인 이 사람들을 제어하기가 너무 어렵다"고 밝힌다. '다윗은 자기의 심령이 약해져서 이제 스루야의 아들인 요압과 아비새를 통제하기가 너무 어렵다'고 고백한다. 그래서 여호와께 부탁하고 있다. 즉, "여호와는 악행한 자에게 그 악한 대로 갚으시라"고 말한다. 우리의 심령이 약함을 느낄 때 하나님께 우리의 약함을 고백하면서 더욱 모든 일이 주님의 은혜로 잘 되기를 기도해야 할 것이다. 오늘 우리는 심히 약한 줄 알고 강하기 위해 그리스도에게 매달려야 할 것이다(고후 12:9).

의 두 지휘관이었는데 한 사람의 이름은 '바아나'였고 또 한 사람의 이름은 "레갑"
이라고 말한다. 본문의 "지휘관"(שָׂרֵי־גְדוּדִים)이란 말은 총사령관 밑에 있던
'지휘관'을 지칭하는 말이다. "바아나"(Baanah)는 '고통의 아들'이란 뜻을 가지고
있으며 사울의 아들 이스보셋의 두 군장(軍長) 중의 한 사람이며 베냐민 족속
브에롯 사람 림몬의 아들이다. 그리고 "레갑"(Rechab)[16]은 '광장'이란 뜻을 가지
고 있으며 바아나와 더불어 베냐민 족속 브에롯 사람 림몬의 아들인데, 사울의
아들 이스보셋의 지휘관이었다. 바아나와 레갑 두 형제는 서로 상의하여 아브넬이
죽은 것을 기회로 이제는 이스라엘에게는 더 이상 소망이 없는 줄 알아 자기들이
다윗에게 아부해야 살줄로 알고 이스보셋을 죽여 그 머리를 가지고 헤브론의
다윗에게 가지고 나아갔으나 다윗왕은 왕의 아들을 살해한 이 두 형제를 역적의
명목으로 처단했다(2-12절).

본서 저자는 이 두 형제가 베냐민 족속 브에롯 사람 림몬의 아들들이라고
밝힌다. "브에롯"(Be-eroth)은 '우물들'이란 뜻을 가지고 있다. 여호수아를 속이고
약조한 히위 사람들이 거주한 네 성읍 중 하나이다(수 9:7,17). 브에롯은 후에
베냐민 지파에게 주어졌다(수 18:25). 사울의 아들 이스보셋의 두 군장의 부친인
림몬의 출신지이기도 하다(본 절). 브에롯도 "베냐민 지파"에 속한다.

**삼하 4:3. 일찍이 브에롯 사람들이 갓다임으로 도망하여 오늘까지 거기에 우거함이
더라.**

본 절은 앞에(2절) 언급한 "브에롯 사람"에 대해서 좀 더 언급한다. 브에롯
사람들이 일찍이 "갓다임"으로 도망하여 본서 저자가 본서를 저작하는 당시까지
갓다임에 우거하고 있었다는 것을 드러낸다. "갓다임"(Gittaim)은 '두 개의 포도주
틀'이라는 뜻을 가지고 있다. 브에롯 사람들이 이곳으로 도망쳤는데, 성경에는
하솔, 라마와 같이 기록되어 있다(느 11:33). 이곳은 대상 7:21, 8:13의 가드와

---

16) "레갑": Rechab. '광장'이란 뜻이다. 바아나와 더불어 베냐민 족속 브에롯 사람 림몬의
아들인데, 사울의 아들 이스보셋의 군장이었다. 이들은 이기주의자들로서 이스보셋을 배신하고
이스보셋의 머리를 가지고 헤브론의 다윗 왕에게 바쳤으나 다윗 왕은 왕의 아들을 살해한
이 두 형제를 역적의 명목으로 처단했다(4:2-12).

동일지라고 한다.

브에롯 사람들이 이곳으로 이주한 이유는 1) 사울이 기브온 사람들을 죽일 때(21:1,2) 이곳으로 피신했다는 주장(RP Smith). 2) 길보아 전쟁 때(삼상 31장) 이곳을 떠나 가드로 피신했다는 주장이 있다(K.&D. Patrick, 이상근). 두 주장 중에 어느 주장이 옳은지 밝히기는 어려운 것이다. 둘째 주장을 취해둔다.

삼하 4:4. 사울의 아들 요나단에게 다리 저는 아들 하나가 있었으니 이름은 므비보셋이라 전에 사울과 요나단이 죽은 소식이 이스르엘에서 올 때에 그의 나이가 다섯 살이었는데 그 유모가 안고 도망할 때 급히 도망하다가 아이가 떨어져 절게 되었더라.

요나단의 아들 이야기를 여기에 기록한 것은 뒤에 벌어질 사건(9장)의 배경을 보여주기 위함일 뿐 이들의 두 다리가 불구라는 사실 자체가 사울 왕가의 몰락(이스보셋의 죽음)과는 아무 관련이 없다고 주장하는 학자가 있으나(Rust), 실제로는 사울 왕가의 완전한 몰락을 보여주기 위해 기록되었다고 보아야 할 것이다(K.&D., Lange, Matthew Henry, RP Smith). 즉, 이스보셋이 죽은 후(5-7절)에 사울 왕가의 후계자로 유일하게 남아 있던 므비보셋이 남아 있었으나, 그는 두 다리를 저는 입장이었으니 왕위를 계승할 수 없었던 입장이 된 것이다. 그는 왕위를 이을 수 없는 사람이 되었고 다윗이 요나단과 세운 언약으로 다윗이 후대한 대상이 되었을 뿐이다(9:6-8; 19:24-30).

므비보셋이 이렇게 두 다리를 절게 된 데는 조부 사울과 아버지 요나단이 블레셋 군대와의 전투에서 요나단이 전사하고 사울이 자결한 소식(삼상 31장)이 이스라엘 백성들에게 전달될 때 므비보셋의 유모가 안고 은신처로 도망하다가 므비보셋이 떨어져 두 다리를 절게 된 것이다. "이스르엘"은 길보아 전투 당시에 아벡에 진 친 블레셋에 맞서 이스라엘 군이 진 쳤던 곳이다. 삼상 29:1 주해 참조.

삼하 4:5. 브에롯 사람 림몬의 아들 레갑과 바아나가 길을 떠나 볕이 쬘 때 즈음에 이스보셋의 집에 이르니 마침 그가 침상에서 낮잠을 자는지라.

본 절과 다음 절(6절)은 브에롯 사람 림몬의 아들 레갑과 바아나가 이스보셋을 암살하려고 면밀하게 계획한 사실을 기록한다. 두 형제가 이스보셋을 암살하기 위해 길을 떠난 시각을 기록하고 있다. 두 사람은 볕이 쬘 때 즈음, 즉 낮잠을 자는 시각에 이스보셋 궁에 도착하였는데 때마침 그가 침상에서 낮잠을 자는 중이었다. 이들은 다른 아무도 이스보셋을 방문하지 않는 시각에 이스보셋의 궁에 들어가서 이스보셋을 살해했다.

삼하 4:6. 레갑과 그의 형제 바아나가 밀을 가지러 온 체하고 집 가운데로 들어가서 그의 배를 찌르고 도망하였더라.

두 형제는 군량인 밀을 가지러 온 것처럼 꾸미고 대궐 가운데로 들어가서 이스보셋의 배를 찌르고 머리를 베어 도망친 것이다.

삼하 4:7. 그들이 집에 들어가니 이스보셋이 침실에서 침상 위에 누워 있는지라 그를 쳐 죽이고 목을 베어 그의 머리를 가지고 밤새도록 아라바 길로 가.

본 절은 앞 절을 다시 한 번 반복하면서 좀 더 세밀하게 기록한다. 두 사람이 대궐에 들어가니 이스보셋이 침실에서 침상 위에 누워서 잠을 자고 있었는데 두 형제가 이스보셋의 배를 찌르고 죽은 것을 확인하고 목을 베어 그의 머리를 가지고 밤새도록 마하나임에서 아라바(요단강 서편의 계곡) 길을 통하여 헤브론을 향하여 갔다.

삼하 4:8. 헤브론에 이르러 다윗 왕에게 이스보셋의 머리를 드리며 아뢰되 왕의 생명을 해하려 하던 원수 사울의 아들 이스보셋의 머리가 여기 있나이 다 여호와께서 오늘 우리 주 되신 왕의 원수를 사울과 그의 자손에게 갚으셨 나이다 하니.

두 형제는 헤브론의 다윗 왕에게 이스보셋의 머리를 드리며 아뢰기를 "왕의

생명을 해하려 하던 원수 사울의 아들 이스보셋의 머리가 여기 있나이다'라고
했다. 두 형제는 자기들이 행한 일로 "여호와께서 오늘 우리 주 되신 왕의 원수를
사울과 그의 자손에게 갚으셨다"고 말한다. 사실 이스보셋이 다윗의 생명을 찾았던
적은 없었다. 그들은 사울이 다윗의 생명을 찾은 것을 두고 그의 아들 이스보셋이
다윗의 생명을 찾았다고 말한다. 이는 두 형제가 다윗에게 아부한 말이다.

삼하 4:9. 다윗이 브에롯 사람 림몬의 아들 레갑과 그의 형제 바아나에게 대답하여
그들에게 이르되 내 생명을 여러 환난 가운데서 건지신 여호와께서 살아 계심을
두고 맹세하노니.

다윗은 두 형제에게 중대한 말을 하려고 "내 생명을 여러 환난 가운데서
건지신 여호와께서 살아 계심을 두고 맹세한다"고 말한다. 이는 다윗의
최고의 맹세이다. 다윗은 여호와를 두고 맹세하려고 할 때 자신의 생명을
여러 환난 가운데서 건지신 여호와를 두고 맹세한다고 말한다. 하나님이야
말로 다윗을 여러 환난 중에서 건지셨고 또 오늘 우리를 여러 환난에서
건지신 분이시다.

삼하 4:10. 전에 사람이 내게 알리기를 보라 사울이 죽었다 하며 그가 좋은 소식을
전하는 줄로 생각하였어도 내가 그를 잡아 시글락에서 죽여서 그것을 그 소식을
전한 갚음으로 삼았거든.

다윗은 두 형제에게 중대한 말을 하려고 할 때 이 두 형제의 사건 말고 이전에
있었던 다른 사건을 들어 말한다. 즉, 아말렉 인(1:12-16)이 사울이 죽었다고
하여 좋은 소식을 전하는 줄로 생각하고 소식을 전해주었는데 다윗은 그 사람을
시글락에서 죽였는데 이것이 다윗이 그에게 준 보상이었다고 말해준다.

삼하 4:11. 하물며 악인이 의인을 그의 집 침상 위에서 죽인 것이겠느냐 그런즉
내가 악인의 피 흘린 죄를 너희에게 갚아서 너희를 이 땅에서 없이하지 아니하겠느
냐 하고.

다윗은 앞 절(10절)의 사건을 말해주고는 두 형제를 향하여 "악인이 의인을 그의 집 침상 위에서 죽인 것이겠느냐"고 말해준다. 다시 말해 '악인인 너희 두 형제가 의인인 이스보셋을 의인의 집 침상에서 죽인 것이 바른 일이겠느냐'고 말한다. 그런고로 "내가 악인의 피 흘린 죄를 너희에게 갚아서 너희를 이 땅에서 없이하지 아니하겠느냐"고 말한다. 반드시 죽이겠다는 것이었다. 다윗의 판단에 이 두 형제는 아말렉인 보다 더 악했다는 것이다.

삼하 4:12. 청년들에게 명령하매 곧 그들을 죽이고 수족을 베어 헤브론 못 가에 매달고 이스보셋의 머리를 가져다가 헤브론에서 아브넬의 무덤에 매장하였더라.

다윗이 부하 청년들에게 명령하매 금방 그 두 형제들을 죽이고 팔과 다리를 베어 헤브론 못 가에 매달고(이는 고대에 흔했던 형법이었다. K.&D.). 다윗은 부하들에게 이스보셋의 머리를 가져다가 헤브론에서 아브넬의 무덤에 함께 장사하게 했다. 다윗이 두 악인을 죽인 것은 사울에 대한 원한이 없는 것을 보여주었으며 또 앞으로 다스릴 사울 왕가를 품는 행위였다.

제 5 장

D. 다윗이 전체 이스라엘 왕으로 즉위하다 5장(대상 11:1-9; 14:1-17)

5장은 다윗이 전체 이스라엘의 왕으로 즉위한 일을 진술한 내용이다. 먼저 다윗이 전체 이스라엘 왕으로 즉위한 일(1-5절), 다윗이 예루살렘에 도읍을 정한 일(6-16절), 다윗이 블레셋을 쳐서 이긴 일(17-25절) 등이 진술된다.

1. 다윗이 전체 이스라엘 왕으로 즉위하다 5:1-5

전체 이스라엘의 모든 지파(1절)가 헤브론에 모인데서 장로들(3절)이 다윗에게 기름을 부어 왕으로 추대한 일이 진술된다. 이는 하나님께서 사무엘을 통해 기름 부은 때(삼상 16:13)로부터 약 20년이라는 세월이 흐른 뒤의 일이다. **삼하 5:1. 이스라엘 모든 지파가 헤브론에 이르러 다윗에게 나아와 이르되 보소서 우리는 왕의 한 골육이니이다.**

본 절은 이스라엘 모든 지파 사람들 35만 명(대상 12:23-33)이 헤브론에 이르러 다윗을 이스라엘 왕으로 추대하려는 첫째 이유를 말한다. 즉, 다윗에게 나아와 "보소서 우리는 왕의 한 골육이니이다"라고 말한다. 여기 "보소서"(Wnn_hi)라는 말은 주의를 집중시키는 말로 '우리는 다른 민족이 아니라 왕과 한 뼈 그리고 왕과 같은 살을 가진 사람들이기' 때문에 왕을 이스라엘 전체의 왕으로 추대하려고 한다고 말말다. "한 골육"이란 말은 왕과 가까운 친척이란 뜻이다(창 29:14; 삿 9:2). 이스라엘 모든 지파 사람들은 다윗 왕과 한 피붙이라는 것을 강하게 드러낸다.

삼하 5:2. 전에 곧 사울이 우리의 왕이 되었을 때에도 이스라엘을 거느려 출입하게 하신 분은 왕이시었고 여호와께서도 왕에게 말씀하시기를 네가 내 백성 이스라엘

의 목자가 되며 네가 이스라엘의 주권자가 되리라 하셨나이다 하니라.

이스라엘 모든 백성들이 다윗을 왕으로 세우려는 둘째(첫째는 앞 절에 있다) 이유는 "전에 곧 사울이 자기들의 왕이 되었을 때에도 이스라엘을 거느려 출입하게 하신 분은 다윗 왕"이었기 때문이라는 것이다. 사울 왕이 이스라엘의 왕으로 재직 시절 다윗은 군 고위관(천부장)으로 이스라엘 군대를 지휘했으니(수 14:11; 삼상 29:6; 왕상 3:7; 대하 23:7), 자기들과 아주 가까운 사이로 왕으로 추대한다는 뜻이다.

그리고 모든 백성들이 다윗을 왕으로 세우려는 셋째 이유는 "여호와께서 당신이 내 백성 이스라엘의 목자가 될 것이며, 이스라엘의 통치자가 될 것이라고 말씀하셨기 때문에"(3:9-10,18; 삼상 13:14; 15:23,26,28; 25:30) 왕으로 추대한다는 것이다.

삼하 5:3. 이에 이스라엘 모든 장로가 헤브론에 이르러 왕에게 나아오매 다윗 왕이 헤브론에서 여호와 앞에 그들과 언약을 맺으매 그들이 다윗에게 기름을 부어 이스라엘 왕으로 삼으니라.

본 장 초두의 "이에"라는 말은 '그래서'라는 뜻이다. 다시 말해 이스라엘의 거족적인 추대(1,2절)가 있었기에 "이스라엘 모든 장로가 헤브론에 이르러 왕에게 나아와" 기름을 붓는다는 것이다. 이스라엘 35만 명이 다윗을 왕으로 추대하니 이스라엘의 모든 장로가 헤브론에 이르러 왕에게 나아와 기름을 부었다.

이스라엘의 모든 장로가 다윗에게 기름을 부어 왕으로 세우려고 할 때 "다윗 왕이 헤브론에서 여호와 앞에 그들과 언약을 맺었다"(삼상 18:3 참조). 여기 다윗 왕이 백성들과 언약을 맺었다는 말은 다윗이 백성들에게 충성하겠다는 서약이 아니었고 그 반대로 백성들이 다윗 왕에게 충성하겠다는 언약을 맺은 것을 말한다. 이스라엘 백성들은 다윗과 언약을 맺음으로써 다윗의 나라를 번성시키겠다고 하신 하나님의 언약에 들어가게 된 것이다.

이렇게 언약을 맺고 "그들이 다윗에게 기름을 부어 이스라엘 왕으로 삼았다". 다윗에게 기름을 부은 것은 이번이 세 번째이다. 첫 번째는 다윗이 사무엘에

의해 이스라엘 왕으로 소명 받을 당시였고(삼상 16:13), 두 번째는 유다 지파의
왕으로 세움 받을 때였으며(삼하 2:4), 세 번째는 이번 헤브론에서 이스라엘 온
장로들에 의해서 기름 부음을 받을 때이다.

삼하 5:4. 다윗이 나이가 삼십 세에 왕위에 올라 사십 년 동안 다스렸으되.

본 절은 다윗이 왕위에 오른 연령과 통치 기간을 말하고 있다. 왕위에 오른
연령은 30세이다. 다윗은 30세에 왕위에 오르기 전 대략 10여 년 동안 사울에
의해 고된 훈련을 받았다. 30세는 요셉이 애굽의 국무총리가 된 때이고(창 41:46),
레위인이 성전 봉사를 시작하는 때이며(민 4:3), 예수님께서 공생애를 시작하신
때이다(눅 3:21-23). 오늘 교회의 장로를 세우는 나이도 교단마다 다르겠으나
대략 30세이다. 사람은 적어도 30세가 되어야 최소한의 인격이 형성된다.

다윗의 통치기간은 모두 40년이다. 40년은 모세가 애굽의 구원자로 지명
받고 이스라엘의 출애굽부터 요단강가에까지 인도한 기간이다.

**삼하 5:5. 헤브론에서 칠 년 육 개월 동안 유다를 다스렸고 예루살렘에서 삼십삼
년 동안 온 이스라엘과 유다를 다스렸더라.**

다윗은 그의 통치기간 40년을 헤브론과 예루살렘에서 보냈다. 헤브론에서
7년 6개월 동안 유다를 다스렸고, 예루살렘에서 33년 동안 온 이스라엘과 유다를
다스렸다. "예루살렘"은 다윗왕의 후기 통치 지역이 되었는데, 오늘날 성도들이
대망하는 새 예루살렘의 전형이기도 하다(계 21:10-27).

이스라엘의 수도를 헤브론에서 예루살렘으로 옮긴 이유는 첫째, 지형적 측면
에서 아주 좋았기 때문이다. 예루살렘은 기혼 샘과 같은 좋은 수원을 가지고
있고, 주위가 깊은 골짜기가 있으며 또한 성읍 자체가 고지에 자리 잡고 있어
천혜(天惠)의 방어 요새로 적들의 침입을 용이하게 방어할 수 있었다. 둘째,
종교적 측면으로 고려해도 아주 좋았다. 예루살렘은 온 이스라엘의 중심에 위치하
고 있어 전국적인 종교 행사에 백성들이 용이하게 모일 수 있었다(Leon Wood).
셋째, 정치적 측면으로 고려해도 좋은 편이었다. 예루살렘은 유다와 베냐민 지파의

경계에 위치하였기 때문에(수 15:7,8) 지파 의식을 불식시키고 국민적 총화를 쉽게 이룰 수 있었다. 따라서 두 지파 간에 깊이 패인 갈등의 골을 완화시키고 온 이스라엘의 화해와 일치를 이룰 수 있는 적합한 성읍이었기 때문이다(K.&D., RP Smith).

2. 다윗이 점점 강성하여 가다   5:6-16

6-16절은 다윗이 헤브론에서 전체 이스라엘의 왕으로 추대된 후 부하들과 함께 예루살렘으로 가서 여부스 족을 치고 수도(首都)를 예루살렘으로 옮긴 일(6-10절), 두로 왕의 도움을 받아 왕궁을 건축한 일(11-12절), 예루살렘에서 열한 아들을 더 낳은 일들(13-16절)을 진술한다.

삼하 5:6. 왕과 그의 부하들이 예루살렘으로 가서 그 땅 주민 여부스 사람을 치려하매 그 사람들이 다윗에게 이르되 네가 결코 이리로 들어오지 못하리라 맹인과 다리 저는 자라도 너를 물리치리라 하니 그들 생각에는 다윗이 이리로 들어오지 못하리라 함이나.

다윗 왕과 그의 부하들(온 이스라엘 군, 대상 11:4, K.&D., Lange)이 예루살렘[17]으로 가서 예루살렘의 원주민인 여부스(가나안 7족의 하나로 예루살렘의 원주민, 삿 19:10-11; 대상 11:4,5) 사람들을 치려하니 그 원주민들이 다윗에게 말하기를 네가 결코 예루살렘 안으로 들어오지 못하리라고 큰 소리 친다. 심지어 눈이 보이지 않는 소경들과 절뚝발이도 다윗 군대쯤이야 얼마든지 물리치리라고 했다. 그들이 이렇게까지 심한 말을 한 것은 그들 생각에 다윗쯤이야 하는 생각으로 가득 차 있었기 때문이었다.

---

17) "예루살렘": '평화의 소유'라는 뜻을 가지고 있다. 팔레스틴의 주요 도시이다. 유대교도와 기독교도에게는 위대한 왕도(王都)로서, 또 이슬람교도에게는 제 3의 성도(聖都)로서 신성시되고 있으며, 성경에 나오는 도시 중에서 첫째로 꼽히는 도시이다. 그 이름은 구약 각 책의 3분지 2, 신약 각 책의 2분지 1에 나온다. 예루살렘이라는 이름은 BC 19세기 경의 애굽의 '저주의 서'(Execration Texts)에 Urushalim이란 형식으로 처음 나온다. BC 14세기의 아마르나 서간에는 Urusalim이라고 되어 있다. 히브리어 구약 성경에서는 마소라(Masorah) 독법(讀澤)으로 yer-usalayim, 70인역 구약성경과 신약성경에 나오는 jIerousalhvm은 아랍어의 발음에 의한 것이다. 그 의미는 '샬렘의 기초'이며, 예루살렘은 옛날 샬렘(Shalem) 예배의 중심지였다(디럭스바이블 성경사전).

"예루살렘"은 '평화의 소유'라는 뜻을 가지고 있다. 이는 팔레스틴의 주요 도시이다. 유대교도와 기독교도에게는 위대한 왕도(王都)로서, 또 이슬람교도에게는 제 3의 성도(聖都)로서 신성시되고 있으며, 성경에 나오는 도시 중에서 첫째로 꼽히는 도시이다.

삼하 5:7. 다윗이 시온 산성을 빼앗았으니 이는 다윗 성이더라.

여부스 원주민들은 다윗쯤이야 하고 다윗을 아주 멸시했으나(앞 절) 다윗은 시온 산성을 빼앗았다. 여기 "시온 산성"의 "시온"(ציון, Zion)은 '매우 건조한 산' 혹은 '매우 건조한 언덕'이란 뜻이다. 이는 예루살렘 남동쪽에 위치하고 있는 구릉(언덕)의 이름이었으나(K.&D., RP Smith) 이 위에 산성이 있었고 다윗이 이를 빼앗아 다윗 성이라고 칭했다(9절). 결국은 다윗 성은 예루살렘 전체의 별명이 되었다(대하 5:2; 시 48:12; 사 1:27).

삼하 5:8. 그 날에 다윗이 이르기를 누구든지 여부스 사람을 치거든 물 긷는 데로 올라가서 다윗의 마음에 미워하는 다리 저는 사람과 맹인을 치라 하였으므로 속담이 되어 이르기를 맹인과 다리 저는 사람은 집에 들어오지 못하리라 하더라.

여부스 사람을 치려 하는 날에 다윗이 말하기를 누구든지 여부스 사람을 치거든 물 긷는 데[18]로 올라가서 다윗이 아주 싫어하는 다리 저는 사람과 맹인을 치라는 명령을 내렸다. "다윗이 미워하는 다리 저는 사람과 맹인을 치라"는 말은 그 성중에서 실제로 다리 저는 사람과 맹인을 찾아서 치라는 말이 아니라 '여부스 사람 전체를 치라'는 말(6절)이다. 다윗이 여부스 사람들을 치려고 할 때에 여부스 사람들은 다윗을 아주 모욕하여 여부스 사람들 중에 다리 저는 사람과 맹인이라도

---

18) "물 긷는 데": "물 긷는데"(Water shafts)란 말은 예루살렘 공략에 다윗이 이용한 지하설비(地下設備)를 지칭한다. 여부스 사람이 기혼의 물을 긷기 위해 팠던 지하도의 수구(水口)이다. 쉭크(Schick)와 워렌(Charles Warren) 등의 고고학자들의 발굴에 의하면 이 수구는 아마도 남동쪽에 있는, 기혼 샘에서 남쪽 저수지로 흘러 들어온 물을 끌어올리기 위해 파놓은 수직 갱도일 가능성이 크다.

다윗쯤은 얼마든지 물리칠 수 있다고 호언장담하니 다윗은 여부스 사람들이 자기를 모욕한 사실을 가지고 그들 전체를 다리 저는 사람으로, 맹인으로 취급하여 그들을 다 치라고 한 것이다. 다윗의 마음에 미워하는 다리 저는 사람과 맹인을 치라는 말은 훗날 속담이 되었다. 즉, "다리 저는 사람과 맹인"은 '미운 사람'을 의미하게 되었다. 다시 말해 여부스 사람들처럼 자기의 힘만 믿고 교만하여 다른 사람들을 멸시하는 사람들은 모든 사람에게 미움을 받게 마련이라는 뜻이다. 그리하여 어떤 집에서도 환영을 받지 못하게 되는 것이다.

삼하 5:9. 다윗이 그 산성에 살면서 다윗 성이라 이름 짓고, 다윗이 밀로에서부터 안으로 성을 둘러 쌓으니라.

다윗이 그 산성을 점령한 다음에 거기에 살면서 다윗 성이라고 이름을 붙였다. 그리고 다윗은 성을 쌓았는데, 그는 밀로[19] 안쪽으로 다시 성곽(즉 요새가 될 성벽)을 둘러쌓았다. 본문의 "밀로"(the Millo)[20]가 무엇을 의미하는지는 정확히 밝히기는 어렵다. 그러나 학자들은 일반적으로 밀로가 망대와 성채와 같은 방어시설일 것이라고 추측한다(K.&D., Lange). 그리고 "밀로"(מִלּוֹא)라는 이름은 원어에서 "채워짐"이란 뜻인데, 이는 아마도 이 망대나 성채가 건축됨으로써 그 성읍의 축성이나 둘러친 성벽 공사가 끝나고 완료된 데서 기인한 것 것으로 보인다.

밀로의 위치에 관하여는 본 구절과 대상 11:8에서 추론할 수 있는데, 문제의 그 망대는 북동쪽이나 북서쪽 성벽의 한쪽 모퉁이에 있었다. "거기서 시온 산 전체가 조망되었고 가장 튼튼한 것으로 밖에서 쉽게 공략되지 못했다"(왕상 9:15

---

19) "밀로": 밀로(the Millo, 항상 관사가 붙어 있다)는 원래 예루살렘의 동구(東丘)이다. 시온의 여부스 사람들의 성채(성과 요새)의 일부였다고 생각된다(삼하 5:9; 대상 11:8). 어떤 학자는 이 밀로는 아마 헬라어로 '충만'(filling)을 의미한다고 했다. 헷 사람의 성채는 흙을 채운 보루(堡壘)가 그 특징이었기 때문일 것이다. 그 학자는 또 밀로는 여부스 사람(아모리 사람의 한 분파)에 의해 세워지고 그들의 성읍 북쪽에 설치되어 있던 것이라 말한다. 그것은 북쪽이 제일 많이 공격을 받기 쉬운 위치였기 때문일 것이다. 그것은 외측과 내측의 돌담 사이를 흙으로 채워서 만든 보루였을 것이다(디럭스바이블 성경사전).

20) 대체적으로 학자들은 이 밀로가 흙이나 돌로 쌓아올린 성채를 의미한다는 데 의견을 모은다. 이 성채는 아마도 여부스 사람들이 예루살렘 성읍에서 가장 취약 지구인 북방의 방어를 위해 북동쪽이나 북서쪽 한쪽 모퉁이에 세워 놓은 것일 것이다(Hertzberg, Lange, Rust). 솔로몬과 히스기야는 이 밀로를 증축 또는 내축했다(왕상 11:27; 대하 32:5)(디럭스바이블 성경사전).

에서 데나우스의 말)(K.&D.).

다윗은 이 밀로를 기점으로 하여 예루살렘에 성벽을 둘러쌓음으로써 외세 확장의 기틀을 쌓았고 또 여호와 종교를 위한 중앙 성소의 기초를 마련하게 되었다(대하 3:1). 또 덧붙여 말할 것은 솔로몬과 히스기야는 이 밀로를 증축한바 있다(왕상 11:27; 대하 32:5).

삼하 5:10. 만군의 하나님 여호와께서 함께 계시니 다윗이 점점 강성하여 가니라.

"만군의 하나님 여호와"(the Lord God of hosts)란 말은 '하나님은 우주의 왕으로서, 천지의 모든 군대의 총괄 세력의 힘이신 하나님'이시라는 뜻이다(시 89:8). "만군의 하나님 여호와"란 말은 구약 여러 곳에 기록되어 있다(삼하 5:10; 왕상 19:10,14; 시 59:5; 80:4,7,14,19; 84:8; 89:8; 렘 5:14; 15:16; 35:17; 38:17; 44:7; 호 12:5; 암 3:13; 4:13; 5:14,16,27; 6:8,14). 선지자 아모스는 장차 올 심판의 집행자로서의 권위, 위력 그리고 예고를 성취하시는 만군의 하나님으로 말하고 있다(암 3:13).

본서 저자는 만군의 하나님 여호와께서 함께 하시니 다윗이 점점 강성하여 간다고 말한다. 다윗이 헤브론에서 이스라엘 전 지파의 왕으로 추대 받고 또 이제는 여부스 족을 물리치고 시온 산성을 빼앗으며 밀로를 기점으로 하여 예루살렘 성을 쌓아 이스라엘 전체를 다스리는 왕으로 역할을 잘 감당하는 것은 만군의 하나님 여호와께서 함께 하시기 때문이라고 한다. 오늘 우리도 날로 영적으로 육적으로 잘 되기 위해서는 만군의 하나님 여호와께서 함께 해주셔야 한다는 것을 알아야 한다.

삼하 5:11. 두로 왕 히람이 다윗에게 사절들과 백향목과 목수와 석수를 보내매 그들이 다윗을 위하여 집을 지으니.

"만군의 하나님 여호와께서 함께 계신"(앞 절) 증거가 본 절에도 나타난다. 즉, 두로 왕 히람이 다윗에게 사절들과 백향목(소나무과에 속하는 상록교목)과 목수(목공일에 종사하는 건축직인의 하나)와 석수(석공)를 보내 다윗을 위하여 궁궐을 짓게 해준다.

"두로"(Tyre)는 '바위'라는 뜻을 가지고 있으며 베니게에 있던 가장 유명한 고대 성읍으로 지중해의 동안(東岸)에 위치하며, 이스라엘 땅에서 멀지 않은(수 19:29) 시돈의 남쪽 32㎞ 지점에 있다. "히람"21)(Hiram)은 '형제(신)는 높이 들렸다' 또는 '높이 들린 자의 형제'의 단축 형이다. 히람은 두로 왕(BC 968-935 재위)으로 다윗과 솔로몬 시대 왕이다. 당시 베니게는 상업국으로서 발전하여 히람은 대대적으로 건조물을 세우고 종교 의식을 성대히 하여 세력을 신장하였다.

삼하 5:12. 다윗이 여호와께서 자기를 세우사 이스라엘 왕으로 삼으신 것과 그의 백성 이스라엘을 위하여 그 나라를 높이신 것을 알았더라.

다윗은 주께서 자기를 이스라엘의 왕으로 세워 주신 것과 그분의 백성 이스라엘을 번영하게 하시려고 그의 나라를 높여 주신 것을 알게 되었다. 여기 "알았더라"(יֵדַע)는 말은 '경험해서 알았다'는 뜻이다. 다윗은 여러 경험을 통해서 두 가지를 알았다. 하나는 여호와께서 자기를 이스라엘 왕으로 세우신 것을 알게 되었고, 또 하나는 하나님의 백성 이스라엘을 번영하게 하시려고 나라를 높여 주신 것을 알게 되었다. 바로 앞 절(11절)에 나온 두로 왕 히람이 다윗에게 여러 가지를 제공하여 다윗을 위하여 궁을 건축한 사건을 통해서도 하나님께서 그분의 백성 이스라엘을 위하여 이스라엘 나라를 높이신 것이었다. 만군의 하나님 여호와께서 우리와 함께 하시면 여러 가지 일이 일어난다.

삼하 5:13. 다윗이 헤브론에서 올라온 후에 예루살렘에서 처첩들을 더 두었으므로 아들과 딸들이 또 다윗에게서 나니.

---

21) "히람": Hiram. '형제(신)는 높이 들렸다' 또는 '높이 들린 자의 형제'의 단축 형이다. 이는 두로 왕(BC 968-935 재위)으로 다윗과 솔로몬 시대의 왕이다. 당시 베니게는 상업국으로서 발전하여 히람은 대대적으로 건조물을 조영하고, 종교 의식을 성대히 하여 세력을 신장하였다. 히람과 이스라엘 왕과의 우정은 상호 필요에서 생긴 것으로 보인다. 두로는 농산물을 필요로 하였고, 이스라엘은 기술을 구한 것이다. 그는 다윗 시대에 목재, 목수, 석수 등을 보냈지만(삼하 5:11), 그것은 다윗이 예루살렘에 입성하고 나서부터라기보다는 블레셋 사람에 대한 승리를 확실히 하고나서 부터일 것이다(디럭스바이블 성경사전).

본 절부터 16절까지도 역시 만군의 하나님 여호와께서 함께 하시니 다윗이
점점 강성하여 간다는 한 가지 사례를 보여주고 있다. 즉, 하나님께서 함께 하시니
자손들이 많이 태어났다는 것을 말한다. "다윗이 헤브론에서 올라온 후에 예루살렘
에서 처첩들(concubines and wives)을 더 두었으므로 아들과 딸들이 또 다윗에게
서 났다"고 말한다.

다윗이 처첩들을 더 둔 것은 하나님의 말씀을 어긴 것임에는 틀림없으나(신
17:17) 구약 시대에 사람들이 완악했으므로 사람들의 과오를 하나님께서 묵인하셨
다(마 19:8). 다윗이 큰 재상을 만난 것은 처첩들을 많이 두어서 생긴 일이 아니었고
남의 아내(밧세바)를 취하여 간음을 하고 또 그것을 덮기 위해 밧세바의 남편
우리아를 전쟁터에 나가 죽게 만든 일 때문에 생긴 재앙들이었다. 우리는 이
문맥(13-16절)에서는 다윗을 비판해서는 안 될 것이다. 이 문맥은 하나님께서
다윗을 잘 되게 하신 것을 말씀하시는 대목으로 받아야 할 것이다.

**삼하 5:14. 예루살렘에서 그에게서 난 자들의 이름은 삼무아와 소밥과 나단과
솔로몬과.**

본 절의 네 아들들(삼무아, 소밥, 나단, 솔로몬)은 암미엘의 딸 밧수아(밧세바)
의 아들들이다(대상 3:5). "삼무아"(Shammuah)는 '들었다'는 뜻을 가지고 있다.
암미엘의 딸 밧수아(밧세바)의 소생이며 솔로몬의 형이다. 역대상 3:5에는 시므아
로 되어 있다. "소밥"(Shobab)은 '돌아옴'이라는 뜻을 가지고 있다. "나
단"(Nathan)은 '주는 자'라는 뜻을 가지고 있고, "솔로몬"(Solomon)은 '평안한
자'를 뜻하고 있다. 이 솔로몬이 바로 다윗 왕의 후계자였다(왕상 1:32-48).

삼하 5:15. 입할과 엘리수아와 네벡과 야비아와.

다윗은 예루살렘에서 "입할과 엘리수아와 네벡과 야비아"를 낳았다. "입할"
(Ibhar)은 '여호와가 택하셨다'는 뜻을 가지고 있다. "엘리수아"(Elishua)는 '하나
님은 도움이심'이라는 뜻을 가지고 있다. 역대상 3:6에는 '엘리사마'로 되어 있다.
"네벡"(Nepheg)은 '싹'이라는 뜻을 가지고 있고, "야비아"(Japhia)는 '광채난다'

는 뜻을 가지고 있다.

삼하 5:16. 엘리사마와 엘랴다와 엘리벨렛이었더라.

다윗은 예루살렘에서 "엘리사마와 엘랴다와 엘리벨렛"을 낳았다. "엘리사마"(Elishama)는 '하나님이 들으심'이라는 뜻을 가지고 있다. "엘랴다"(Eliada)는 '하나님의 지식'이라는 뜻을 가지고 있고, "엘리벨렛"(Eliphelet)은 '하나님은 구원해 주심'이라는 뜻이다. 이상 11아들은 다윗이 예루살렘에서 낳은 아들들이다.

3. 다윗이 블레셋을 쳐서 이기다   5:17-25

다윗이 유다의 왕이 되었다는 소문을 듣고 블레셋 사람들은 다윗을 공격한다. 다윗은 바알브라심(17-21절)과 르바임(22-25절)에서 두 번 블레셋을 무찌른다.

삼하 5:17. 이스라엘이 다윗에게 기름을 부어 이스라엘 왕으로 삼았다 함을 블레셋 사람들이 듣고 블레셋 사람들이 다윗을 찾으러 다 올라오매 다윗이 듣고 요새로 나가니라.

본 절부터 21절까지는 다윗이 블레셋 사람과 바알브라심에서 전투한 것을 보여준다. 이스라엘이 다윗에게 기름을 부어 이스라엘 왕으로 삼았다는 소문을 듣고 블레셋 사람들이 다윗을 치러 다 올라왔다. 이 때 다윗이 듣고 요새(은신처)로 나아갔는데 이 요새가 어디인지는 정확히 말하기는 어렵다. 아마도 "아둘람 굴"이었을 것이다(삼상 23:14; 대상 11:15). 블레셋은 다윗이 왕으로 추대된 후 다윗이 더 크기 전에 다윗을 치러 온 것이다.

본 절부터 21절까지를 대충 읽어보면 다윗이 예루살렘으로 옮긴 후에 블레셋이 다윗을 공격한 것으로 보인다. 9절의 "다윗이 그 산성에 살면서 다윗 성이라 이름 지었다"는 말, 또 11절의 "두로 왕 히람이 다윗에게 사절들과 백향목과 목수와 석수를 보내매 그들이 다윗을 위하여 집(궁궐)을 지었다"는 말, 또 13절의 "다윗이 헤브론에서 올라온 후에 예루살렘에서 처첩들을 더 두었으므로 아들과 딸들이 또 다윗에게서 나니"라는 말을 읽어보면 다윗이 예루살렘으로 올라온 후에 블레셋이 이스라엘을 공격한 것처럼 보이지만 그러나 역사가들과 성경 주석가들은 본 절 에서 보여주고 있는 블레셋과의 전투가 실제로는 다윗이 예루살렘을 점령하기(6-10절) 전에 있었던 것이라고 주장한다(K.&D., Payne, Leon Wood, Hertzberg). 그 증거로 몇 가지를 보면, 1) 블레셋 군대가 예루살렘을 공략하지 아니하고 르바임(Rephaim)을 공격한 사실을 보면 아직껏 다윗이 예루살렘을 정복하지 못했음을 알 수 있다(Leon Wood). 2) 본 절의 "블레셋 사람이 다윗을 찾았다"는 말씀은 다윗이 아직 예루살렘을 정복하지 못했음을 시사해준다. 3) 더욱이 본문의 평행 구절에 해당되는 23:13,14에서는 다윗이 블레셋의 침공을 맞이하여 아둘람 굴에 진영을 설치하고 있었던 것으로 전해준다. 이는 그가 아직도 예루살렘을 정복하지 못했다는 분명한 증거이다. 다시 말해 다윗이 이미 예루살렘을 정복했었더라면 구태여 아둘람 굴에 진영을 설치하지는 않았을 것이다. 따라서 이상과 같은 몇 가지 증거들로 미루어 볼 때 다윗의 블레셋과의 전투는 예루살렘 정복 이전에 일어났던 사건으로 보아야 할 것이다.

삼하 5:18. 블레셋 사람들이 이미 이르러 르바임 골짜기에 가득한지라.
　　블레셋 군대가 이미 르바임 골짜기에 이르러 그 골짜기를 메우고 있었다. "르바임 골짜기"(Valley of Rephaim)는 '거인의 평야'라는 뜻을 가지고 있다. 예루살렘 서남쪽에 있는 고원이다. 유대와 베냐민의 경계를 묘사하는데 쓰이고 있다(수 15:8; 18:16). 비옥하여 농작물의 수확이 풍성하다(사 17:5). 블레셋 사람은 다윗의 위세를 누르기 위하여 벧세메스에서 산악지로 통하는 길을 올라가 이 르바임 골짜기까지 출격하여 왔다(삼하 5:18,22; 23:13; 대상 11:15; 14:9). 다윗은 이를 격퇴하여 그들을 연안지대의 그들의 영역 내에 봉쇄해 버리고 말았다. 르바임 평야는 지금의 엘 부케아(el-Buqei'a, 이스라엘 이름 'Emeq Refaim)인데, 예루살렘 서남쪽에서 베들레헴 쪽으로 약 5㎞ 연장되어있다. 오늘날의 예루살렘 역은 평야에 있다(디럭스바이블 성경사전).

삼하 5:19. 다윗이 여호와께 여쭈어 이르되 내가 블레셋 사람에게로 올라가리이까 여호와께서 그들을 내 손에 넘기시겠나이까하니 여호와께서 다윗에게 말씀하시되

올라가라 내가 반드시 블레셋 사람을 네 손에 넘기리라 하신지라.

다윗은 블레셋 군대가 쳐들어온 사실을 알고 여호와께 두 가지를 기도한다. 하나는 "내가 블레셋 사람에게로 올라가리이까"라는 기도였고 또 하나는 "그들을 내 손에 넘기시겠나이까"라는 기도였다. 다윗이 이 기도를 드렸을 때 하나님은 두 가지 기도를 한꺼번에 응답하신다. 즉, "올라가라 내가 반드시 블레셋 사람을 네 손에 넘기리라"고 하신다. "올라가라"는 말씀과 "반드시 블레셋 사람을 네 손에 넘기리라"는 말씀을 한꺼번에 주신다. 다윗은 어려운 일을 맞을 때마다 여호와께 물었다(2:1; 삼상 23:9; 30:7).

삼하 5:20. 다윗이 바알브라심에 이르러 거기서 그들을 치고 다윗이 말하되 여호와께서 물을 흩음 같이 내 앞에서 내 대적을 흩으셨다 하므로 그 곳 이름을 바알브라심이라 부르니라.

본문 초두에 있는 "바알브라심"이란 지명은 예부터 있었던 지명이 아니라 다윗이 블레셋 사람들과 전투를 하고 난 후에 만들어진 이름이다. "바알브라심"(בְּבַעַל-פְּרָצִים)이란 이름은 '흩으심의 주' 혹은 '흩으시는 주'라는 뜻으로 다윗이 르바임이란 곳(18절)으로 가서 블레셋과 전투를 한 결과 여호와께서 놀라운 승리를 주신 고로 "(다윗이) 거기서 그들을 치고 다윗이 말하되 여호와께서 물을 흩음 같이 내 앞에서 내 대적을 흩으셨다" 하므로 그곳을 바알브라심이라 일컬었다. 다윗이 여호와께 기도하고 전투에 임한 결과 다윗은 여호와께서 물을 흩음 같이 다윗 앞에서 블레셋 사람들을 흩으셨음으로 르바임 골짜기의 북편 가장자리를 바알브라심이라고 이름 지었다. 다윗은 결코 자기의 지혜나 능력으로 블레셋을 무찔렀다고 하지 않고 여호와께서 물을 흩으심 같이 흩으셨다고 말한다. 오늘 우리도 우리의 적들 문제를 하나님께 부탁하여 물을 흩음같이 흩으면서 살아야 할 것이다.

삼하 5:21. 거기서 블레셋 사람들이 그들의 우상을 버렸으므로 다윗과 그의 부하들이 치우니라.

본 절은 블레셋 사람들이 다윗 군대 앞에서 패한 원인을 알려준다. 블레셋 사람들이 우상을 가지고 다니면서 '우리를 이기게 해달라'고 빌었기에 전투에 패배한 것이었고 이스라엘 군대는 여호와께 기도하고 나왔기에 승리하게 된 것이다. 블레셋 사람들은 이스라엘 군대와 전투하다가 패배하고 도망하느라 우상을 버리고 갔기에 다윗과 그의 부하들이 그 우상을 치웠다.

삼하 5:22. 블레셋 사람들이 다시 올라와서 르바임 골짜기에 가득한지라.

본 절부터 25절까지는 다시 르바임 전(戰)이 있었다고 말한다. 블레셋 사람들은 예전에 이스라엘을 이겼던 일이 몇 번 있어서 이번에도 다시 정비해 가지고 나아왔다. 18절 주해 참조. 이번에도 역시 르바임 골짜기를 가득 채웠다.

삼하 5:23. 다윗이 여호와께 여쭈니 이르시되 올라가지 말고 그들 뒤로 돌아서 뽕나무 수풀 맞은편에서 그들을 기습하되.

다윗은 전에 르바임 골짜기에서 이겼다고 이번에도 그대로 할 생각을 하지 않고 다시 여호와께 여쭈었다. 즉, 다시 기도했다는 뜻이다. 우리는 옛날 방식대로만 살아서는 안 되고 그때그때 기도하면서 나아가야 할 것이다.

다윗이 다시 여호와께 여쭈니 여호와께서 응답하시기를 "올라가지 말고 그들 뒤로 돌아서 뽕나무 수풀 맞은편에서 그들을 기습하라"고 하신다. 즉, 이번에는 '지난번처럼 올라가지 말고 그들 뒤로 돌아서 가라' 하시고 또 '뽕나무 수풀 맞은편에서 그들을 기습하라'고 하신다. "그들 뒤로 돌아서"란 무슨 뜻인가. 지난번에는 '정면 돌파를 했는데 이번에는 정면 돌파를 하지 말고 뒤로 돌아가라'는 뜻이다. 블레셋 사람들은 지난번에 이스라엘이 정면에서 쳐들어왔으니 이번에도 정면을 잘 단속했을 터인데 이번에는 이스라엘이 우회전을 했으니 블레셋 사람들은 이스라엘 사람들한테 허(虛)를 찔린 것이다.

삼하 5:24. 뽕나무 꼭대기에서 걸음 걷는 소리가 들리거든 곧 공격하라 그 때에 여호와가 너보다 앞서 나아가서 블레셋 군대를 치리라 하신지라.

이스라엘 사람들이 블레셋 사람들 뒤로 가서 기다리고 있으면 "뽕나무 꼭대기에서 걸음 걷는 소리가 들리거든 곧 공격하라"고 하신다. "뽕나무 꼭대기에서 걸음 걷는 소리가 들리거든"이란 말은 '뽕나무 꼭대기에서 하늘의 천군들이 다윗 군대를 돕기 위해 행진하거든'이란 뜻이다. 그런 소리가 들리면 이제는 전투를 시작할 때로 알아 곧 공격하라고 하신다.

하늘에서 하늘 천사들이 행진하는 소리가 들리는 때 다윗 군대가 곧 공격하면 "여호와가 너보다 앞서 나아가서 블레셋 군대를 치리라"고 하신다. 하나님께서 하늘 군대의 신호를 보내시면 이스라엘 군대는 지체 없이 공격하면 승리하게 된다는 뜻이다. 하나님께서 신호를 보내시면 하나님께서 이스라엘 군대보다 앞서 나아가서 블레셋 군대를 치시리라는 것이다. 얼마나 기쁜 말인가.

삼하 5:25. 이에 다윗이 여호와의 명령대로 행하여 블레셋 사람을 쳐서 게바에서 게셀까지 이르니라.

다윗은 여호와의 명령에 따라 행했기 때문에(23-24절) 블레셋 사람들을 쳐서 승리를 얻을 수 있었다. 여호와의 명령대로 행해서 승리하지 못하는 일은 세상에 없다. 다윗은 블레셋 사람을 쳐서 "게바에서 게셀까지 이르게" 되었다. 본문의 "게바에서 게셀까지 이르게" 되었다는 말은 대상 14:16에서는 "기브온에서부터 게셀까지 이르렀더니"라고 되어 있다. 다시 말해 본 절의 "게바"(Geba)가 대상 14:16에서는 "기브온"(Gibeon)으로 되어 있다. 이 차이를 두고 학자들의 해석은 다르다. 1) 본 절의 "게바"는 본래 "기브온"이었는데 성경을 베끼는 사람이 "기브온"을 '게바'라고 베꼈다고 말한다(K.&D., The Interpreter's Bible). 역대상 14:16의 "기브온"이 옳고, 본 절의 "게바"가 오기(誤記)라는 주장이다. 그러나 1번의 주장은 다음 2번의 주장에 비추어 보면 틀린 주장임을 알 수 있다.

2) 본문의 "게바"22)는 대상 14:16의 "기브온"이란 말을 잘 못쓴 것이 아니다.

---

22) "게바": "게바"(Geba)는 '구릉'이라는 뜻을 가지고 있다. 베냐민 지파의 성읍인데, 동북 지경에 있었으며(수 18:24) 레위 자손의 성읍으로 되었다(수 21:17; 대상 6:60). 이곳은 유대 왕국의 최북단에 위치한 곳이다(왕하 23:8). 예루살렘의 북쪽 9㎞, 오늘날의 제바(Jeba)로 추정된다. 게바는 바알브라심(20절)에서 북으로 약 30km 지점에 위치하고 있다.

본문의 "게바"(삼상 13:3)는 블레셋 군대의 강력한 수비대가 있던 곳이다. 한때 요나단에게 이곳을 빼앗겼던(삼상 13:1-4) 블레셋 군대는 길보아 전투 때(삼상 31장) 이곳을 다시 탈환하여 전보다 더 강력한 진지를 구축했다고 보는 것이다. 따라서 본문에서 물처럼 흩어진 도망병들이 그들의 강력한 수비대가 있는 게바로 일단 후퇴했다가 그곳에서도 다시 이스라엘을 막아낼 수 없으므로 그들의 본토인 게셀로 후퇴했다는 것은 자연스러운 일이다(Lange, RP Smith). 그런고로 블레셋 군대가 제 1차로 후퇴했던 곳은 기브온이 아니라 게바임이 분명하다. 그렇다면 기브온은 어떻게 해석해야 하는가. 일단 게바로 후퇴했던 블레셋 군대가 게셀[23]로 도망할 때 기브온을 거쳐 도망했을 것으로 추정한다. 그런고로 위의 두 견해 중에 2번의 견해가 타당하다. 여기서 한 가지 덧붙일 것은 블레셋 군의 최종 후퇴지인 게셀은 블레셋 영토의 북동쪽 경계지이며 이번 전투 지점에서 최소한 24km나 떨어진 곳이다(Leon Wood). 따라서 다윗 군대의 승리는 여호와께서 거두게 하신 완전한 승리였다. 다윗은 가는 곳마다 승리했다.

---

23) "게셀": "게셀"(Gezer)은 '분깃'이라는 뜻을 가지고 있다. 예루살렘과 욥바를 잇는 가도의 중간, 예루살렘의 서북서 30㎞ 지점에 있던 고대 팔레스틴의 성읍이다.

E. 법궤를 이전하다 6장

다윗은 수도를 예루살렘으로 옮긴 후 하나님의 법궤를 예루살렘으로 옮긴다. 그것은 예루살렘을 정치적인 수도로 뿐 아니라 종교적인 중심지로 만들려는 의도였다. 법궤를 옮기는 과정에서 처음에는 수레에 싣고 가다가 소가 뛰어서 웃사가 법궤를 손으로 잡았다는 이유로 벌을 받아 죽고(1-11절), 다음에는 법궤를 메고 예루살렘 성으로 들어간다(12-23절). 이 부분은 대상 13:1-14; 15-16장과 병행한다.

1. 웃사가 범죄하여 죽다 6:1-11

다윗은 처음에 법궤를 바알레유다에서 새 수레에 싣고 가다가 소가 뛰어 법궤가 넘어지므로 웃사가 손으로 잡았다가 죽었기에 다윗이 그 법궤를 예루살렘으로 메어오기를 즐겨하지 아니하고 오벳에돔의 집으로 메어간다.

삼하 6:1. 다윗이 이스라엘에서 뽑은 무리 삼만 명을 다시 모으고.

본문의 30,000명이란 병력은 바알레유다에서 법궤를 모셔오기 위한 병력으로 바알레유다가 블레셋과의 접경에 있으므로 전쟁이 일어날지 모른다는 위엄 때문에 소집한 숫자이다. 이 무리는 이스라엘 전체에서 뽑은 정예부대였다.

삼하 6:2. 다윗이 일어나 자기와 함께 있는 모든 사람과 더불어 바알레유다로 가서 거기서 하나님의 궤를 메어 오려 하니 그 궤는 그룹들 사이에 좌정하신 만군의 여호와의 이름으로 불리는 것이라.

문장 초두의 "다윗이 일어나"라는 표현은 다윗이 앉아 있다가 일어났다는 뜻이 아니라 '다윗이 이제 일을 시작한다'는 것을 표현하는 말이다. 다윗은 자기와

함께 있는 모든 사람과 더불어 바알레유다24)로 가서 거기서 하나님의 궤25)를
메어 오기 위해 일을 시작한다는 것이다.

그런데 "그 궤는 그룹들 사이에 좌정하신 만군의 여호와의 이름으로 불려
왔다"고 한다. 본문의 "그룹"이란 '천사의 무리'를 지칭하는 말로 하나님의 영광을
선포하고 그의 거룩하심을 수호하는 일을 주(主) 업무로 한다.

"그 궤는 그룹들 사이에 좌정하신 만군의 여호와의 이름으로 불려 왔다"(the
ark of God, which is called by the name of the Lord of hosts who sits
enthroned on the cherubim)는 말은 '그 궤는 두 천사 사이에 계신 하나님의
속죄소 위에 하나님의 거룩하신 존재, 하나님의 능력, 하나님의 성품, 하나님의
영광이 임재 해 계신 여호와의 이름으로 불려왔다'는 뜻이다. 다시 말해 '그
하나님의 언약궤는 영광스러운 하나님의 가견적 보좌로 불려왔다'는 것이다.
곧, 법궤는 만군의 여호와 하나님을 계시하는 것이었으니 다윗이 관심을 가지고
그 언약궤를 운반하러 간 것이다.

**삼하 6:3. 그들이 하나님의 궤를 새 수레에 싣고 산에 있는 아비나답의 집에서
나오는데 아비나답의 아들 웃사와 아효가 그 새 수레를 모니라.**

그들이 산에 있는 아비나답의 집에서 하나님의 궤를 꺼내서, 새 수레26)에
싣고 나올 때에, 아비나답의 두 아들 웃사와 아효가 그 새 수레를 몰았다는
내용이다.

다윗이 법궤를 옮기는 일을 실패한 이유가 바로 본 절에 기록되어 있다. 법궤는
레위인 중 고핫 자손들이 어깨에 메고 운반하게 되어 있었다(출 25:14-15; 민

---

24) "바알레유다": 이는 '숲의 성읍'이란 뜻을 가진 낱말로 '기럇여아림'(kiriath-Jaarim)의
옛 명칭이다.
25) "하나님의 궤"(the Ark of God)는 모세가 시내 산에서 부여받은 십계명의 두 돌비(또
만나가 든 금 항아리와 아론의 싹난 지팡이)를 간직한 궤로 이스라엘의 지성물중의 지성물이다.
하나님의 궤는 그저 "언약궤"(민 10:33; 신 31:26), "증거궤"(출 25:16; 40:3), "여호와의 궤"(수
4:11; 6:12; 삼상 5:3), 단순히 "궤"(출 40:5; 삼상 5:3) 등으로 불리기도 한다.
26) 다윗이 언약궤를 "새 수레"에 실은 것은 잘한 일이지만 법을 어긴 것이 문제였다. 법은
레위인 중 고핫 자손이 언약궤를 어깨에 메어야 했다. 하나님의 일은 정성만 가지고 되는
것이 아니고 법을 따라야 함을 알 수 있다.

3:30-31; 4:15; 7:9). 그런데 다윗은 언약궤를 어깨에 메지 않고 수레에 실어 운반했다.

본문의 "아비나답"²⁷⁾(Abinadab)은 '아버지는 관용하심'이란 뜻을 가지고 있다. 아비나답은 기럇여아림 사람이다. 블레셋에서 돌아온 하나님의 궤를 자기 집에서 20년간 자기 아들로 하여금 지키게 했다(삼상 7:1,2; 삼하 6:3,4; 대상 13:7).

"아비나답의 아들 웃사와 아효가 그 새 수레를 몰았다". 여기 "아들"이란 말은 '자손들'을 뜻한다. 그런데 히브리어에서 복수형 '아들들'은 때로 '손자'(grandson)를 의미하기도 한다(민 16:1; 왕하 25:22; 대상 8:40; 에 2:5; 스 7:1). 그런고로 본 절의 '아비나답의 아들'은 아비나답의 손자들을 가리킨다고 보아야 할 것이다. 왜냐하면 아비나답의 아들 엘르아살은 이미 70년²⁸⁾ 전부터 그 집에서 법궤를 모시고 있었기 때문이다(삼상 7:1,2). 그러므로 이제는 엘라아살의 아들, 즉 아비나답의 손자들인 웃사와 아효가 이 일을 수행했을 가능성이 더 큰 것으로 보아야 한다(K.&D., Lange, RP Smith).

삼하 6:4. 그들이 산에 있는 아비나답의 집에서 하나님의 궤를 싣고 나올 때에 아효는 궤 앞에서 가고.

"웃사와 아효가 그 새 수레를" 몰았는데(앞 절) 그들이 산에 있는 아비나답의 집에서 하나님의 궤를 싣고 나올 때에 아효는 궤 앞에서 가고 있었고, 소들이 뛰므로 웃사는 손을 들어 하나님의 궤를 붙들었다는 것이다(6절).

그런데 여기 "아효"에 대해 두 가지 해석이 가능하다는 학자의 주장이 있다.

---

27) "아비나답": Abinadab. '아버지는 관용하심'이란 뜻을 가지고 있다. 아비나답은 기럇여아림 사람이다. 블레셋에서 돌아온 하나님의 궤를 자기 집에서 20년간 자기 아들로 하여금 지키게 했다(삼상 7:1,2; 삼하 6:3,4;대상 13:7). 당시 이스라엘 백성의 상태는 안으로는 불신앙, 밖으로는 외적의 침해 때문에 여호와의 법궤를 안치할 실로도 황폐하여 예배 장소가 마땅치 못해 자연히 아비나답의 집에 있게 되었다.

28) 하나님의 궤는 블레셋 사람들이 다시 돌려보낼 때(삼상 6:21)부터 약 70년 간, 즉 에벤에셀의 승리 때까지 20년, 사울의 통치기간 40년, 다윗 통치하의 10년 동안 아비나답의 집에 보관되어 왔다(Keil).

1) "아효"(אחיו)가 '그의 형제들'이란 말로 번역될 수 있다는 것이다. 이렇게 번역하면 하나님의 법궤는 웃사와 그의 형제들이 운반했다는 뜻이 된다. 그의 형제들이라고 해석하면 본서 저자가 특별한 이유도 없이 웃사의 형제들의 이름을 밝히지 않은 것이 되니 이는 자연스럽지 못하다. 2) 사람의 이름으로 해석하면 그냥 "아효"가 된다. '아효'라고 해석하는 것이 더 바람직스럽다.

삼하 6:5. 다윗과 이스라엘 온 족속은 잣나무로 만든 여러 가지 악기와 수금과 비파와 소고와 양금과 제금으로 여호와 앞에서 연주하더라.

언약궤를 운반할 때 다윗과 이스라엘 온 족속은 그냥 뒤따라오지 않고 "잣나무로 만든 여러 가지 악기와 수금과 비파와 소고와 양금과 제금으로 여호와 앞에서 연주했다". "잣나무"(Cypress)는 소나무 과의 상록교목. 학명은 '쿠프레수스 셈페르비렌스'(Cupressussempervirens)로서, 잎은 솔잎보다 굵고, 다섯 잎씩 성장한다. 팔레스틴의 잣나무는 높이17-20m에 달하고, 붓을 세운 것처럼 곧바로 하늘로 솟은 모양은 아름답다. 열매는 직경 22mm 정도로 둥그렇고, 마르면 귀갑형(龜甲形)의 균열을 놓아 터진다. 나무질은 견고하고, 조직이 치밀하며 붉은 기운을 띠고 있다. 베니게 사람은 이것을 선재로 하고(겔 27:5), 그레데 사람, 그리스 사람도 널이 이것을 선재로 했다는 것이 전해지고 있다. 알렉산드로스 대왕은 그의 군선(軍船)을 이 나무로 만들었다. 헤르몬 산에 생육한 것도 언급되어 있다(시라 24:13). 건재로서는 백향목 보다도 귀히 여겼다. 그것은 내구력, 향기에 있어서 승했기 때문이다. 성전의 상, 문짝, 천정 기타의 용재로 썼다(왕상 6:15,34; 대하 3:5; 슥 11:2). 이스라엘 족속은 잣나무로 만든 여러 가지 가구나 악기를 만들어 사용했다(왕상 6:34; 대하 3:5; 사 41:19).

"수금과 비파와 소고"를 위해 삼상 10:5주해 참조 "양금"(Harp)은 현악기의 일종. 양금은 다윗시대의 악기(삼하 6:5)로서 또는 바벨론의 느부갓네살 궁정의 악기 중 다섯 번째의 악기(단 3:5,10,15)이다. "제금"(Cymbals)은 타악기의 하나로 원형의 그리 두텁지 않은 황동판의 복판에 끈을 꿰어 이매(二枚)를 두 손에 들고서, 마주쳐서 소리를 낸다. 음색은 명쾌하여 큰 북소리와 잘 협화되는 데서 동일한 연주자가 병용하는 일도 있다.

삼하 6:6. 그들이 나곤의 타작 마당에 이르러서는 소들이 뛰므로 웃사가 손을 들어 하나님의 궤를 붙들었더니.

다윗과 및 함께 했던 사람들이 나곤이라고 하는 사람의 타작마당에 이르렀을 때 소들이 뛰었기 때문에 웃사가 손을 들어 하나님의 궤가 땅에 떨어지지 않도록 붙들었다.

그러나 본 구절과 병행구인 대상 13:9에는 "기돈의 타작마당에 이르러서는 소들이 뛰므로"라고 표기되어 있다. 두 기사가 어떻게 조화되느냐가 문제이다. 1) 타작마당의 주인의 이름에 두 이름이 있다고 볼 수도 있다. 즉, "나곤의 타작마당", "기돈의 타작마당"으로 보면 될 것이다(이상근). 2) 본 절의 "나곤"(נָכוֹן)이란 단어에 "예비된"이란 뜻이 있으니 '예비된 기돈의 타작마당'이라고 보면 될 것이다(박윤선). 두 학설은 모두 받을만한 것으로 보인다.

삼하 6:7. 여호와 하나님이 웃사가 잘못함으로 말미암아 진노하사 그를 그 곳에서 치시니 그가 거기 하나님의 궤 곁에서 죽으니라.

웃사가 언약궤를 붙든 것은 잘 못한 것이므로(앞 절) 여호와 하나님이 진노하셔서 그를 그 타작마당에서 치시니 웃사가 하나님의 궤 곁에서 죽었다는 이야기이다. 레위 지파 중에서 고핫 자손은 회막의 일에 참여하여 특별히 행진할 때에 증거궤와 제사에 사용하는 여러 기구들을 메는 것이 그들의 임무였다(민 4:1-15; 7:9). 고핫 자손은 그것을 메되 그 성물을 만지는 때에는 죽음의 벌을 받도록 되어 있다. 웃사가 타작마당에서 법궤에 손을 댔으므로 하나님의 경고대로 진노를 받았다. 하나님의 교회에서 하나님의 말씀을 따라 일을 처리하지 아니하고 인간의 지혜와 수단으로 교회의 일을 처리하면 웃사와 같이 하나님으로부터 벌을 받는다.

삼하 6:8. 여호와께서 웃사를 치시므로 다윗이 분하여 그 곳을 베레스웃사라

부르니 그 이름이 오늘까지 이르니라.

"여호와께서 웃사를 치시므로 다윗이 분하여 했다"는 말은 1) 하나님께서 웃사를 치심으로 하나님께 대하여 화를 내었다는 뜻이라고 함(Lange, Matthew Henry, RP Smith, 이상근). 2) 자신에게 대한 혐오감이라는 뜻이라고 함(K.&D., 박윤선). 다윗의 분함은 하나님께 대한 것이 아니고 자기가 잘못한 것에 대한 것이었다(박윤선). 위의 두 견해 중에 2번의 견해가 바른 견해이다. 9절에 보면 다윗이 여호와를 두려워했다는 말씀이 있는 것을 보면 다윗이 여호와께 분개했을 수는 없었을 것이다.

다윗이 "그 곳(타작마당)을 베레스웃사라"고 했다. 여기 "베레스"(פֶּרֶץ)는 두 가지 뜻을 가지고 있다. 하나는 '갑작스런 공격', '뜻하지 아니한 재난'이란 뜻이 있고, 또 다른 하나는 어떤 사항에 대한 '위반', '범법'이란 뜻이 있다. 그런고로 "베레스웃사"(פֶּרֶץ עֻזָּה)란 말은 '웃사를 치심' 또는 '웃사의 위반'이란 뜻이다. 다윗은 나곤의 타작마당에서 율법을 어겨 법궤를 만진 일과 그에 대하여 하나님께서 웃사를 치신 일로 인하여 그 마당을 "베레스웃사"라고 이름 지었을 것이다. 오늘 우리는 개인적으로나 단체적으로 하나님으로부터 얻어터지고 나서 "베레스 아무개"라는 이름을 얻어서는 안 될 것이다.

삼하 6:9. 다윗이 그 날에 여호와를 두려워하여 이르되 여호와의 궤가 어찌 내게로 오리요 하고.

다윗은 여호와께서 웃사를 치시던 날 여호와를 두려워하여 말하기를 여호와의 궤가 어찌 내게로 오리요 하고 예루살렘에 모시려던 언약궤를 오벧에돔의 집으로 메어가기로 했다. 이것은 다윗의 또 하나의 실수였다. 다윗은 웃사가 잘 못한 일을 곰곰이 생각하고 다시는 그런 잘못을 범하지 않기로 다짐하고 언약궤를 예루살렘으로 모셨어야 했다.

삼하 6:10. 다윗이 여호와의 궤를 옮겨 다윗 성 자기에게로 메어 가기를 즐겨 하지 아니하고 가드 사람 오벧에돔의 집으로 메어 간지라.

다윗은 여호와를 심히 두려워하여 여호와의 궤를 다윗 성 자기에게로 메어 가기를 즐겨 아니하고 가드 사람(이는 블레셋의 가드가 아니라 단 지파에 속한 가드 림몬 사람) 오벳에돔의 집으로 메어갔다. 여기 오벳에돔은 레위 사람으로 고핫의 자손이요, 성전의 문지기였다(출 6:16; 대상 15:18,24; 26:1-4).

삼하 6:11. 여호와의 궤가 가드 사람 오벳에돔의 집에 석 달을 있었는데 여호와께서 오벳에돔과 그의 온 집에 복을 주시니라.

예루살렘으로 옮겼어야 할 여호와의 궤를 가드 사람 오벳에돔의 집으로 모셨는데 언약궤가 그 집에 석 달을 있는 동안에 "여호와께서 오벳에돔과 그의 온 집에 복을 주셨다"는 이야기이다. 아마도 여호와께서 오벳에돔과 그의 온 집 식구에게 평안함을 주셨을 것이고 또 토지소산에 풍성함을 주셨을 것이며, 가축들이 잘 자라는 복을 주셨을 것이다.

2. 하나님의 궤가 다윗 성으로 들어오다 6:12-23

하나님은 다윗 성으로 여호와의 궤를 메어 들이도록 오벳에돔의 집에 눈에 큰 복을 주셔서 다윗은 결국 언약궤를 예루살렘으로 모셔 들인다(12-15절). 언약궤를 모셔 올 때 다윗이 뛰노는 것을 다윗의 아내 미갈이 보고 업신여겼으므로 자식이 없이 된 사건이 기록된다(16-23절).

삼하 6:12. 어떤 사람이 다윗 왕에게 아뢰어 이르되 여호와께서 하나님의 궤로 말미암아 오벳에돔의 집과 그의 모든 소유에 복을 주셨다 한지라 다윗이 가서 하나님의 궤를 기쁨으로 메고 오벳에돔의 집에서 다윗 성으로 올라갈 새.

본 절부터 15절까지는 하나님의 궤로 말미암아 오벳에돔의 집과 그 모든 소유에 복을 주셨다는 소문을 다윗으로 하여금 듣게 하신다. "다윗이 가서 하나님의 궤를 기쁨으로 메고 오벳에돔의 집에서 다윗 성으로 올라간다". 여기 "기쁨으로"란 말은 악기를 연주한 일, 춤추며 모시고 온 일을 뜻한다.

삼하 6:13. 여호와의 궤를 멘 사람들이 여섯 걸음을 가매 다윗이 소와 살진 송아지

로 제사를 드리고.

여호와의 언약궤를 멘 사람들이 여섯 걸음을 간 후 다윗이 소와 살진 송아지로 제사를 드렸다. "여호와의 언약궤를 멘 사람들"은 병행절인 대상 15:11에 의하면 "제사장 사독 아비아달, 레위 사람 우리엘과 아사야와 요엘과 소마야와 엘리엘과 암미나답" 등 8명이었다. 그리고 대상 15:14-15에 의하면 이들은 "몸을 성결하게 하고 모세가 하나님의 말씀을 따라 명령한 대로 레위 자손이 채에 하나님의 궤를 꿰어 어깨에 메었다".

"여섯 걸음을 가매"란 말은 '여섯 걸음을 간 후에'란 뜻이다(K.&D., Lange). 여섯 걸음을 간 후에 드린 제물은 대상 15:26에 의하면 수송아지 7과 수양 7이었다.

삼하 6:14. 다윗이 여호와 앞에서 힘을 다하여 춤을 추는데 그 때에 다윗이 베 에봇을 입었더라.

그 때 다윗이 제사만 드린 것(앞 절)이 아니라 여호와 앞에서 힘을 다하여 춤을 추었다. "춤을 추었다"(מְכַרְכֵּר)는 말은 '온 힘을 다하여 춤을 추었다'는 뜻이다. "춤을 추는 것"은 기쁨의 표시로 추는 것인데 히브리민족은 절기 때나 국가적인 명절 때는 노래하며 춤을 추었다.

"베 에봇을 입었다"는 말은 '세마포 에봇을 입었다'는 뜻으로 그 때 제사장만 아니라 궤를 메는 자와 노래하는 자들도 다 세마포 겉옷을 입었다(대상 15:27). 다윗은 이제 하나님의 임재의 표상인 언약궤를 예루살렘에 모시게 된 것을 온 마음으로 기뻐하며 기뻐한 것이다.

삼하 6:15. 다윗과 온 이스라엘 족속이 즐거이 환호하며 나팔을 불고 여호와의 궤를 메어오니라.

본 절을 보면 언약궤를 메고 올 때 다윗과 온 이스라엘 족속이 얼마나 즐거워했는지 알 수 있으며 또 환호하고 나팔을 불고 온통 축제 속에서 진행하여 예루살렘으로 들어왔는지 알 수가 있다. 이런 기쁨과 환호가 없는 사람은 참으로 여호와를 즐거워하는 것이 아님을 알 수가 있다. 오늘날 신약시대에 지극히 높으시고 영화로

우신 하나님을 경배하는 곳에 찬송하는 순서는 온통 기쁨과 환호의 시간이어야 한다(고전 14:26; 엡 5:19; 히 13:15). 하늘에서는 천사들이 쉬지 않고 하나님을 찬송한다(계 4:8).

삼하 6:16. 여호와의 궤가 다윗 성으로 들어올 때에 사울의 딸 미갈이 창으로 내다보다가 다윗 왕이 여호와 앞에서 뛰놀며 춤추는 것을 보고 심중에 그를 업신여 기니라.

본 절부터 23절까지는 다윗이 법궤를 메고 춤추며 다윗 성으로 들어오는 것을 미갈이 보고 업신여긴 일과 다윗이 미갈에게 무자(無子)할 것을 미리 알린 사실을 진술하고 있다.

본 절은 여호와의 언약궤가 다윗 성(예루살렘)으로 들어올 때 사울의 둘째 딸 미갈29)이 창밖을 내다보다가 다윗 왕이 여호와 앞에서 뛰면서 춤추는 것을 보고 마음속으로 업신여겼다는 것을 기록한다.

본 절에 "여호와 앞에서"란 말은 '언약궤 앞에서'란 뜻도 배제할 수는 없지만, 사울을 버리시고 다윗을 이스라엘 왕으로 만들어주신 '여호와 앞에서'란 뜻이다. 캘빈이 주로 사용한 말은 '여호와 앞에서'였다. 우리는 세상의 눈앞에서 사는 사람들이 아니라 여호와 앞에서 사는 사람들임을 알아야 할 것이다.

다윗 왕이 여호와 앞에서 뛰놀며 춤추는 것을 보고 미갈이 심중에 그를 "업신여 긴 것"은 다윗 왕이 만군의 여호와 앞에서 너무 감사하여 마음으로 낮아져서 뛰면서 춤추는 것을 이해하지 못했기 때문이었다. 우리는 여호와 앞에서 아주 낮은 마음을 가지고 사는 사람들을 업신여길 것이 아니라 우리들 자신이 아주 낮은 마음을 가지고 살기를 소원해야 할 것이다.

미갈이 영적인 인간이 아니고 육적인 인간이었기 때문에 이런 실수를 했다는 것을 사무엘서 저자는 잘 들어내고 있다. 즉, 저자는 본문에 '다윗의 아내 미갈'이라

---

29) 미갈은 사울의 둘째 딸이었는데 다윗의 첫째 아내가 된 사람이다(삼상 18:17-30). 그녀가 후에 발디엘과 결혼하여 함께 사는 중 다윗이 전체 이스라엘의 왕이 된 후 다시 그녀를 데려왔다. 그녀는 다윗의 아내가 되었지만 영적으로는 많이 어두운 자였다.

고 표현하지 않고 '사울의 딸 미갈'이라고 표현한다.

삼하 6:17. 여호와의 궤를 메고 들어가서 다윗이 그것을 위하여 친 장막 가운데 그 준비한 자리에 그것을 두매 다윗이 번제와 화목제를 여호와 앞에 드리니라.

다윗은 여호와의 궤를 메고 들어간 후 다윗이 궤를 위하여 쳐놓은 장막 가운데 그 준비한 자리에 언약궤를 안치해 놓고 번제와 화목제를 여호와 앞에 드렸다. 여기 "장막 가운데 준비한 자리"는 임시로 여호와의 궤를 모셔 놓기 위해 만든 자리였다. 이 장막은 솔로몬이 예루살렘 성전을 짓기까지(7:1-17)만 사용하고 그 후 이를 폐기했다. 다윗 당시 회막은 기브온(Gibeon)에 설치되어 있었다(대상 16:39; 21:29). 여기서 '장막 가운데'란 장막의 중앙을 의미하는데 이는 일종의 지성소와 같은 곳이었다(K.&D.).

"다윗이 번제와 화목제를 여호와 앞에 드렸다"는 말은 다윗이 장막에 언약 궤를 안치해 놓고 제일 먼저 제사를 드렸다는 것을 보여준다. 여기 "번제"는 제물을 태워서 드리는 헌신을 위한 제사였고(레 1장), "화목제"는 감사제로 번제와 함께 드려진다(레 3장 참조). 우리는 무엇보다 하나님 앞에 우리 자신을 드리는 헌신의 삶을 살아야 하고 또 하나님의 은혜에 감사하는 사람들이 되어야 할 것이다. .

삼하 6:18. 다윗이 번제와 화목제 드리기를 마치고 만군의 여호와의 이름으로 백성에게 축복하고.

다윗이 번제와 화목제 드리기를 마친 후 "만군의 여호와의 이름으로 백성에게 축복했다". 축복하는 일은 제사장의 소관이지만 다윗은 왕으로서 만군의 여호와께 백성들에게 복을 내리시도록 기원했다. 이런 축복은 솔로몬도 했다(왕상 8:55). 만군의 여호와의 이름으로 축복하지 않고 인간적인 축복으로는 복이 임하지 않는다.

삼하 6:19. 모든 백성 곧 온 이스라엘 무리에게 남녀를 막론하고 떡 한 개와

고기 한 조각과 건포도 떡 한 덩이씩 나누어 주매 모든 백성이 각기 집으로 돌아가니라.

다윗은 백성들에게 축복한 후 모든 백성 곧 온 이스라엘 무리에게 남녀를 막론하고 떡 한 개와 고기 한 조각과 건포도 떡 한 덩이씩 나누어주었다. 백성들은 이 세 가지 음식을 섭취하고 각기 집으로 돌아갔다. 여기에 언급된 음식물들은 모두 제사용 음식 화목제물이었다(출 29:23; 레 7:15-18; 8:26; 아 2:5; 호 3:1, K&D, RP Smith).

삼하 6:20. 다윗이 자기의 가족에게 축복하러 돌아오매 사울의 딸 미갈이 나와서 다윗을 맞으며 이르되 이스라엘 왕이 오늘 어떻게 영화로우신지 방탕한 자가 염치없이 자기의 몸을 드러내는 것처럼 오늘 그의 신복의 계집종의 눈앞에서 몸을 드러내셨도다 하니.

다윗은 백성들에게만 축복한 것이 아니라 가족들에게도 축복했다. 그가 가족에게 축복하러 돌아올 때 사울의 딸 미갈이 마중 나와서 다윗을 맞이하면서 말하기를 "이스라엘 왕이 오늘 어떻게 영화로우신지 방탕한 자가 염치없이 자기의 몸을 드러내는 것처럼 오늘 그의 신복의 계집종들의 눈앞에서 몸을 드러내셨다"고 빈정거린다.

"이스라엘 왕이 오늘 어떻게 영화로우신가"란 말은 '오늘 이스라엘 왕이 참으로 영화롭게 보였습니다'라는 말로 심하게 빈정거리는 말이다. 그리고 여기 "방탕한 자"(qire)란 말은 '속이 텅 빈자'라는 뜻으로 '미덕이나 덕망이나 재산이 없는 자'를 뜻한다. 미갈이 다윗을 향하여 방탕한 자와 같다고 한 것은 아무 것도 없는 인간쓰레기와 같다는 표현이다. 또 미갈이 다윗을 향하여 방탕한 자가 염치없이 자기의 몸을 드러내는 것처럼 오늘 그의 신복의 계집종의 눈앞에서 몸을 드러내셨으니 참으로 속이 빈 사람으로 보였다는 것이다. 그리고 "신복의 계집종"이란 말은 다윗의 부하의 여종이 다윗이 춤을 출 때 실제로 있었다는 뜻이 아니라 '사회적으로 가장 낮고 비천한 자들'을 지칭하는 말이다. 다윗이 왕복을 입지 않고 세마포 옷을 입고 나체로 춤을 추는 모습이 참으로 꼴불견이었다는 것을 드러내는 말이다.

**삼하 6:21. 다윗이 미갈에게 이르되 이는 여호와 앞에서 한 것이니라 그가 네
아버지와 그의 온 집을 버리시고 나를 택하사 나를 여호와의 백성 이스라엘의
주권자로 삼으셨으니 내가 여호와 앞에서 뛰놀리라.**

다윗은 빈정거리는 미갈에게 다윗 자신이 세마포 옷을 입고 춤을 춘 일은
"여호와 앞에서 한 것이라"고 대답한다. "여호와 앞에서 한 것이라"는 말은 '여호
와께서 보시도록 한 것이라'는 뜻이다. 다시 말해 '여호와를 높이기 위해 한 일이라'
는 뜻이다.

다윗은 여기서 여호와가 어떤 분이신지 구체적으로 말한다. "그가 네 아버지와
그의 온 집을 버리시고 나를 택하사 나를 여호와의 백성 이스라엘의 주권자로
삼으셨다"고 설명한다. 여호와 하나님은 사울과 그의 가문을 버리시고 다윗 자신을
택하셔서 여호와의 백성 이스라엘의 주권자로 삼으신 분이라고 말한다. 다윗은
그런 하나님 여호와 앞에서 앞으로도 이렇게 낮아져서 뛰고 또 춤을 출 것이라고
말한다. 여기 "주권자"(נָגִיד)란 말은 '하나님의 영광을 위해 선택된 자'를 지칭한다
(5:2; 7:8; 삼상 7:16; 10:1; 13:14; 25:30).

**삼하 6:22. 내가 이보다 더 낮아져서 스스로 천하게 보일지라도 네가 말한바
계집종에게는 내가 높임을 받으리라 한지라.**

다윗은 자신이 지금보다 더 낮아져서 스스로 보기에나 다른 사람이
보기에도 아주 천하게 보일지라도 그것은 하나님 앞에서 취한 행동이니
미갈이 말한바 하나님 앞에 바른 신앙을 가진 계집종들에게는 다윗 자신이
높임을 받을 것이라고 말한다. 신앙이 없는 미갈 같은 여인들에게는 모르지
만 참으로 믿음이 있는 여인들에게는 높임을 받을 것이라고 말한다. 우리는
여호와 앞에서 겸손한 사람만이 참으로 높아질 수 있다는 다윗의 확신을
볼 수 있다. 마 23:12 참조.

삼하 6:23. 그러므로 사울의 딸 미갈이 죽는 날까지 그에게 자식이 없으니라.

사울의 딸 미갈이 하나님 앞에서 교만했고 또 왕 앞에서 교만했으므로 그녀가
죽는 날까지 자식이 없는 처지가 되었다. 그녀가 자식이 없었던 이유는 교만함에
대한 하나님의 벌이었지만 또 다른 한편 다윗이 미갈과는 동침하지 않았기 때문이
라고 한다(Dake, Wycliffe). 동침하지 않은 것도 하나님으로부터 온 마음이었다.
우리는 범사에 겸손으로 일관해야 할 것이다.

제 7 장

F. 하나님께서 다윗에게 약속해 주시다 7장

다윗이 그의 왕정 후기에 접어들어 성전을 건축할 마음을 먹고 나단 선지자에게 성전 건축의 소원을 말씀한다(1-3절). 다윗이 나단 선지에게 다윗의 소원을 말씀한 날 밤 오히려 하나님께서 다윗에게 집을 세워주시겠다고 약속하신다(4-17절). 하나님의 계시를 전달 받은 다윗은 하나님께 한없는 감사를 드린다(18-29절).

1. 다윗이 성전 건축을 계획하다 7:1-3

다윗은 여호와께서 주위의 모든 원수를 무찌르셔서 자신은 백향목 궁에 평안히 살게 되었으나 하나님의 궤가 휘장 가운데 있는 것을 부끄럽게 생각하고 나단 선지에게 성전을 건축할 소원을 말씀한다. 나단 선지는 다윗에게 성전 건축을 환영한다고 말씀한다.

삼하 7:1. 여호와께서 주위의 모든 원수를 무찌르사 왕으로 궁에 평안히 살게 하신 때에.

본 절은 '여호와께서 주위의 모든 원수를 무찔러 주셔서 다윗 왕으로 하여금 궁궐에 평안히 살게 만들어 주셨을 때에' 성전 건축을 계획하게 되었다는 것을 말씀한다. 그렇다면 그 때는 언제를 지칭하는 것인가에 대한 견해는 1) 비교적 다윗 통치의 초기라고 보는 견해. 그러나 다윗 통치의 아주 초기는 아닌 것이 확실한 것 같다. 2) 다윗 통치의 말기라고 보는 견해. '블레셋 족속(5:17-25; 8:1) 뿐 아니라, 여러 이방 족속(8:2-14)을 여호와께서 물리쳐주신 때, 두로의 히람 왕과 교류가 있어서(5:11) 다윗이 백향목으로 지은 예루살렘 궁에 살게 된 다윗 통치의 말기라고 보는 것이다(K.&D., Thenius). 3) 다윗 통치의 말기이면서도 아직 온전한 말기는 아니라고 보는 견해. '블레셋 족속(5:17-25; 8:1) 뿐

아니라, 여러 이방 족속(8:2-14)을 여호와께서 물리쳐주셨기에, 다시 말해 두로의
히람 왕과 교류가 있어서(5:11) 다윗이 백향목으로 지은 예루살렘 궁에 살게
된 때, 다윗 왕이 궁궐에 평안히 살게 된 다윗 통치의 말기에 해당하지만, 그러나
다윗이 아직은 여전히 다른 대적들과 싸워야 했던 때(11절), 솔로몬이 아직 태어나
지 않았을 때(Harris, Hengsternberg, Lange, Smith)로 보는 것이다. 위의 세
가지 견해 중에서 셋째 견해가 옳은 것 같다. 이유는 본 장의 11절과 12절의
사건이 아직 전개되지 않았기 때문이다. 그러니까 다윗 통치의 말기가 가까워
오는 때 다윗은 성전 건축을 생각하고 있었다는 것이다.

**삼하 7:2. 왕이 선지자 나단에게 이르되 볼지어다 나는 백향목 궁에 살거늘 하나님
의 궤는 휘장 가운데에 있도다.**

다윗 왕은 선지자 나단에게 말하기를 "나는 백향목 궁에 살고 있는데 하나님의
언약궤는 휘장 가운데 있으나" 너무 죄송스러워서 아무래도 성전을 건축해 드려야
하지 않을까하고 말한 것이다.

"나단"(Nathan)은 '양심' 또는 '주는 자'라는 뜻을 가지고 있다. 나단은 다윗
시대의 선지자이다(본 절). 법궤를 맞이한 다윗은 사방이 평정됨에 따라 궁중
고문격인 나단 선지자에게 성전 건축을 상의한다. 그러나 하나님께서는 나단을
통하여 성전 건축 보다(삼하 7:4-7)도 다윗의 이름을 존귀케 만들고 평안하게
해 주겠으며(삼하 7:8-11), 그의 아들을 세워 성전을 건축시키겠다(삼하 7:13;
대상 17:1-15)고 말씀하셨다. 나단은 예배에 음악을 도입한 음악가였다(대하
29:25).

"휘장 가운데 있다"는 말은 '장막 가운데 있다'는 뜻이다. 처음에 언약궤를
예루살렘으로 옮겨온 때에 휘장 가운데 두었던 그대로 지금까지 있었다는 것을
뜻한다.

**삼하 7:3. 나단이 왕께 아뢰되 여호와께서 왕과 함께 계시니 마음에 있는 모든
것을 행하소서 하니라.**

다윗 왕이 선지자 나단에게 성전 건축의 의지를 말씀 했을 때(2절) 나단이 왕에게 말하기를 여호와께서 왕과 함께 계시니(9절; 5:10; 삼상 16:18; 18:12) 마음에 있는 모든 것을 행하시라고 지지 의사를 표명한다.

하나님께서 다윗과 함께 계신다고 해서 다윗이 하는 모든 것이 하나님의 뜻은 아니었다. 하나님의 뜻이 아닐 수도 있었다(5절 6절 13절). 하나님께서 오늘 우리와 함께 하신다고 해서 우리가 하는 모든 것을 하나님께서 지지해 주시는 것은 아니다.

2. 하나님께서 다윗에게 왕권을 약속하시다 7:4-17

이 부분(4-17절)은 하나님께서 다윗에게 왕권을 약속하신 일(4-17절)과 다윗이 하나님의 약속에 대하여 너무 감사해서 무한 감사를 드린 일(18-29절)이 진술된다. 이 부분(4-17절)은 대상 17:1-15과 병행한다.

삼하 7:4. 그 밤에 여호와의 말씀이 나단에게 임하여 이르시되.

"그 밤에", 즉 '다윗이 나단 선지를 통하여 성전 건축의 뜻을 말씀한 밤에'여호와의 말씀이 나단에게 임하였다. 여호와께서는 나단 선지를 통하여 다윗의 성전 건축의 뜻을 들으신 "그 밤에" 즉시 나단 선지에게 꿈을 통하여(민 12:6; 왕상 3:5,11) 혹은 환상을 통하여(민 12:6; 단 2:19) 혹은 직접적인 계시를 통해서(창 26:24; 민 22:20; 삼상 3:1-21) 나타나셨을 것이다. 나단이 다윗에게 잘 못된 충고를 해 주었기 때문이었다. 나단은 다윗이 성전 건축을 소원했을 때 깊이 생각해 보지도 않고 지지 선언을 한 것이다. 그래서 여호와께서 나단과 다윗의 뜻을 시정하기 위해서 나타나신 것이다. 이 땅의 종들도 성도들에게 잘 못된 방향으로 인도한다는 것은 끔찍한 결과를 초월한다는 것을 알아야 할 것이다.

삼하 7:5. 가서 내 종 다윗에게 말하기를 여호와께서 이와 같이 말씀하시되 네가 나를 내가 살집을 건축하겠느냐.

여호와께서는 나단 선지에게 다윗을 찾아서 하나님의 말씀을 전하라고 하신다. 하나님의 말씀은 본 절부터 16절까지 계속되고 있다.

여호와께서는 다윗에게 "네가 나를 위하여 내가 살 집을 건축하겠느냐"고 말씀하신다. 이는 성전을 건축할 수 없다는 뜻을 표현한 말이다(대상 17:4; 22:8).

삼하 7:6. 내가 이스라엘 자손을 애굽에서 인도하여 내던 날부터 오늘까지 집에 살지 아니하고 장막과 성막 안에서 다녔나니.

하나님께서 다윗으로 하여금 성전 건축을 막으시는 이유를 본 절과 다음 절에서 말씀하신다. 첫째 이유는 여호와께서 애굽에서 이스라엘을 인도하신 날부터 지금까지 성전에 거하시지 않고 "장막과 성막 안에서 다녔기" 때문이라고 하신다. 여기 "장막"(אֹהֶל)이란 말은 '천막'(삼상 17:54; 대하 14:15)을 의미하고, "성막"(מִשְׁכָּן)은 '하나님의 법궤를 모셔 놓은 회막'을 의미하나, 이 두 단어는 본 절에서 동의어로 사용되었다. 다시 말해 하나님은 지금까지 어느 고정된 건물에서 거하시지 않고 이동하는 거처에서 거하셨다는 것을 말씀하신다. 하나님은 지금까지 인간들과 함께 하시기 위해서 아주 낮은 처지를 취하셨다.

삼하 7:7. 이스라엘 자손과 더불어 다니는 모든 곳에서 내가 내 백성 이스라엘을 먹이라고 명령한 이스라엘 어느 지파들 가운데 하나에게 내가 말하기를 너희가 어찌하여 나를 위하여 백향목 집을 건축하지 아니하였느냐고 말하였느냐.

하나님께서 다윗으로 하여금 성전을 건축할 수 없게 막으시는 이유 또 한 가지는 하나님께서 과거에 이스라엘을 먹이라고 명령한 이스라엘 어느 지파의 지도자(혹은 사사[30])에게 여호와를 위하여 백향목 집을 건축하지 아니하였느냐고 말씀하신 적이 없으셨다는 것이다. 하나님께서는 다윗에게도 왜 성전을 건축하지 아니하느냐고 말씀하지 않으신다는 것이다. 그런고로 명령하지 않으시는 것을 마치 명령하신 것처럼 행동할 필요가 없다는 것이다.

삼하 7:8. 그러므로 이제 내 종 다윗에게 이와 같이 말하라 만군의 여호와께서

---

30) 대상 17:6에는 "사사"라는 단어가 기록되어 있다.

이와 같이 말씀하시기를 내가 너를 목장 곧 양을 따르는 데에서 데려다가 내 백성 이스라엘의 주권자로 삼고.

본 절에서부터 16절까지의 말씀은 '다윗 언약(The Davidic Covenant)이라고 불린다. 이 다윗 언약 중에 13-16절까지는 이 땅에 임하실 메시아에 대한 예언을 담고 있다.

하나님은 나단 선지에게 "이제 내 종 다윗에게 이와 같이 말하라"고 하신다. 하나님께서는 다윗을 향하여 "내 종"이라고 하신다. 이는 심히 위대한 말이다.

여호와께서 이와 같이 말씀하시기를 "내가 너를 목장 곧 양을 따르는 데에서 데려다가 내 백성 이스라엘의 주권자로 삼았다"고 하신다. 이제 하나님께서는 다윗에게 언약을 말씀하시려고 다윗이 자기 아버지 양을 치는 곳에서 데려다가 이스라엘의 주권자(dygln:)로 삼으셨다고 말씀하신다. "주권자"란 말은 '하나님의 일꾼'이라는 뜻이다. 다윗은 하나님의 주권적 선택에 의하여 양치는 목자에서 이스라엘의 왕으로 올랐다는 것을 말씀하신다. 다윗은 어떤 인간적인 선택이나 혹은 투표 방식을 통해서 올라온 하나님의 일꾼이 된 것이 아니라 아버지의 목장에서 전격적으로 이스라엘의 왕으로 삼으셨다.

삼하 7:9. 네가 가는 모든 곳에서 내가 너와 함께 있어 네 모든 원수를 네 앞에서 멸하였은즉 땅에서 위대한 자들의 이름 같이 네 이름을 위대하게 만들어 주리라.

하나님은 다윗이 어디로 가든지 함께 계셔서 다윗의 원수를 멸해 주셨은즉 이제 앞으로 땅에서 위대한 자들의 이름처럼 다윗을 위대하게 만들어 주리라고 하신다(창 25:19-26). 하나님께서 다윗을 높여주신다고 하신 언약은 다윗의 후손들을 높여주신다는 언약과 같은 것이다.

삼하 7:10. 내가 또 내 백성 이스라엘을 위하여 한 곳을 정하여 그를 심고 그를 거주하게 하고 다시 옮기지 못하게 하며 악한 종류로 전과 같이 그들을 해하지 못하게 하여.

하나님은 또 한 가지를 약속하신다. 즉, "하나님은 또 내 백성 이스라엘을 위하여 한 곳을 정하여 그를 심겠다"고 하신다. 여기 "한 곳을 정하신다"는 말씀은 '가나안 땅을 정착지로 정하신다'는 뜻이다. 그리고 "그를 심는다"는 말씀은 '이스라엘을 가나안 땅에 안착하여 다시는 이방인에게 쫓겨 다니지 않고 안정되게 살게 하시겠다'는 뜻이다. 이스라엘은 사사시대와는 달리 다윗 시대에 이르러서는 한 곳에서 안정된 삶을 살았다.

삼하 7:11. 전에 내가 사사에게 명령하여 내 백성 이스라엘을 다스리던 때와 같지 아니하게 하고 너를 모든 원수에게서 벗어나 편히 쉬게 하리라 여호와가 또 네게 이르노니 여호와가 너를 위하여 집을 짓고.

하나님께서는 다윗 시대는 사사시대와는 다른 시대가 되게 하여 다윗과 이스라엘이 모든 원수에게서 벗어나 편히 쉬게 해주시겠다고 하신다. 그리고 여호와께서 다윗을 위하여 집을 지으실 것이라고 하신다. 여기 "집을 짓는다"는 말은 '다윗의 가정을 복되게 해주시겠다는 말이고(창 7:1; 35:2; 출 2:1; 왕상 11:38; 12:16; 13:2), 또 다윗의 나라를 세우시겠다는 말이며(16절) 또 다윗의 후손들에게 평강을 주시겠다(12절, 16절, 19절, 26절, 29절)는 말씀이다.

삼하 7:12. 네 수한이 차서 네 조상들과 함께 누울 때에 내가 네 몸에서 날 네 씨를 네 뒤에 세워 그의 나라를 견고하게 하리라.

하나님께서는 다윗이 나이가 차서 다윗의 조상들과 함께 죽을 때(왕상 2:10; 11:43; 14:20)에 다윗의 몸에서 날 네 씨, 즉 솔로몬을 세워 나라를 튼튼하게 만들어 주시겠다(왕상 2:12,46)고 약속하신다.

삼하 7:13. 그는 내 이름을 위하여 집을 건축할 것이요 나는 그의 나라 왕위를 영원히 견고하게 하리라.

하나님께서는 바로 솔로몬(앞 절)이 나의 이름을 드러내려고 성전을 지을 것이며(대하 3-5장), 나(여호와)는 그의 나라의 왕위를 영원토록 튼튼하게 하여 주겠다고 하신다. 여호와께서 "솔로몬의 나라의 왕위를 영원히 견고하게 하시리라'는 말씀은 '솔로몬의 왕국이 견고하고 번영하며 나아가서 그의 자손인 메시야 왕국(계 21:1-3)을 영원히 견고하게 만들어 줄 것이라고 하신다(K.&D., RP Smith).

삼하 7:14. 나는 그에게 아버지가 되고 그는 내게 아들이 되리니 그가 만일 죄를 범하면 내가 사람의 매와 인생의 채찍으로 징계하려니와.

본 절에 등장하는 "그"가 누구냐를 두고 주장이 갈린다. 첫째, '다윗 왕국'이라는 주장(Lange, Kaiser). 여기 "그"를 다윗 왕국으로 보는 편에서는 아버지와 아들의 관계는 다윗 왕국의 기원을 말해준다고 주장하고, 또 여기서 아버지와 아들의 관계는 사랑으로 연합된 관계라고 주장하며(Keil), 마지막으로 아버지와 아들의 관계는 상속하고 상속받는 관계라고 주장한다. 따라서 아버지인 하나님으로부터 영원한 기업을 물려받은 다윗 왕국은 영원토록 멸망할 수 없는 것이라고 말한다(16절).

둘째, 일차적으로 '솔로몬'이라는 주장(박윤선, 이상근). 일차적으로 솔로몬이라고 주장하는 측에서는 특별히 "나는 그에게 아버지가 되고 그는 내게 아들이 되리니"란 말씀은 솔로몬을 그리스도의 예표로 하는 말씀이라고 주장한다. 그 이유는 예수님에 대해서도 이 문구가 인용되었기 때문이라고 말한다(히 1:5). 이 문구는 솔로몬이 예표가 되고 그 대형인 메시아를 가리키는 어구로 메시야 예언 구에 많이 인용되고 있다고 말한다(히 1:5; 시 89:4,29,36,37). "그"라는 말이 무엇을 의미하느냐 하는 것에 대해 위의 두 주장은 결국 같은 내용이라고 볼 수 있으나 둘째 번의 주장이 더 합리적인 것으로 보인다. 이유는 둘째 번의 주장은 "그"라는 말이 일차적으로 솔로몬이라고 해석했기 때문이다. 문맥은 "그"라는 말이 솔로몬임을 말하고 있다.

"그가 만일 죄를 범하면 내가 사람의 매와 인생의 채찍으로 징계하려니와'라는 문장은 솔로몬과 이스라엘이 범죄하면 하나님께서 징계하시겠다는 뜻이다. 특별히 하나님께서는 하나님의 백성들이 범죄하는 경우 징계의 도구인 '막대기와 채찍으로' 이방민족들을 많이 사용하셨다(왕상 11:14-40; 왕하 9:27; 시 89:32;

잠 3:12; 히 12:6,7).

삼하 7:15. 내가 네 앞에서 물러나게 한 사울에게서 내 은총을 빼앗은 것처럼 그에게서 빼앗지는 아니하리라.

　다윗의 자손이 범죄하면 하나님으로부터 징계의 채찍을 맞기는 맞으나 그러나 사울처럼 얻어맞지는 않는다고 하신다. 하나님께서는 사울에게서 아주 은총을 빼앗아 사울의 자손은 아주 망하고 말았으나 다윗 자손은 오래도록 계속하여 남 왕국 20대의 왕국이 이어갔다(B.C. 586년 까지). 그뿐 아니라 다윗의 후손은 예수 그리스도로 말미암은 메시야 왕국으로 영원히 계속되고 있다(마 12:28).

삼하 7:16. 네 집과 네 나라가 내 앞에서 영원히 보전되고 네 왕위가 영원히 견고하리라 하셨다 하라.

　여호와께서는 나단을 통하여 "다윗의 집과 나라가 영원히 보전되고 다윗의 왕위가 영원히 견고하리라"고 하신다. 그러나 본 절의 다윗의 집과 다윗의 나라가 영원히 보전되고 또 다윗의 왕위가 영원히 견고하리라는 말은 결코 육적 측면에서 영원하리라는 뜻은 아니다.31) 여기서 말하고 있는 영원한 나라와 영원한 왕위는 보다 궁극적이고 본질적인 나라를 의미하고 있음을 알 수 있는데 곧 다윗의 후손 예수 그리스도로 말미암은 메시야 나라가 영원하며 메시야의 왕위가 영원하리라는 말씀이다(마 12:28).

삼하 7:17. 나단이 이 모든 말씀들과 이 모든 계시대로 다윗에게 말하니라.

　나단은 그 밤에 하나님으로부터 받은 전체 계시(직접적인 계시)의 모든 말씀들

---

31) "네 집과 네 나라가 영원히 보전되고 네 왕위가 영원히 견고하리라"는 말은 결코 다윗 혈통의 나라가 영원하다든지 혹은 그 왕위가 영원하리라는 뜻은 아니다. 다윗의 나라와 왕위는 주전 586년에 바벨론으로 포로되어 가서 일단 끝났다. 그리고 포로 생활 후 70년 후에 귀환하였으나 왕위에 오르지는 못했다. 그러므로 이 예언은 다윗의 자손이 메시야 그리스도로 그의 왕국이 영원할 것을 가리킨 것이다(마 9:27; 12:23; 15:22).

을 다윗에게 전해주었다. 아무튼 나단은 그가 받은 다윗 언약을 충실하게 다윗에게
전달했다.

3. 다윗이 감사 기도를 드리다   7:18-29

다윗은 나단 선지를 통하여 여호와께서 주신 여호와의 언약을 받고 무한히
감사를 드리고 있다. 다윗은 먼저 하나님의 은총에 무한히 감사하고(18-21절),
또 이스라엘에 나타난 하나님의 영광을 찬미하며(22-24절), 또 하나님의 언약
이 이루어지기를 빌고 있다(25-29절). 이 부분(18-29절)은 대상 17:16-29과
병행한다.

**삼하 7:18. 다윗 왕이 여호와 앞에 들어가 앉아서 이르되 주 여호와여 나는 누구이
오며 내 집은 무엇이기에 나를 여기까지 이르게 하셨나이까.**

다윗 왕이 여호와 앞에 들어가 앉아서 무한히 감사를 하는데 있어 "여호와
앞"이란 어디인가. 이는 여호와의 언약궤를 안치해 둔 장막 앞을 지칭한다(6:17).
다윗은 그 장막 앞에 "앉아서"(שַׁב) 오랜 시간을 잡아 감사 기도를 했다는
것을 드러내는 말이다(Lange). 다윗은 "주 여호와여"라고 주님을 먼저 불러
기도한다. 우리의 기도의 대상을 분명히 하고 기도해야 한다는 것을 보여준다.
다윗은 아무리 생각해도 자기는 아무것도 아니었는데 여기까지 이르게 하셨는지
다 이해할 수 없는 일이었다고 말한다. 자신이 "누구이며 또 자신의 집은 무엇이
기에" 이렇게 목장에서 가축을 기르던 목동이었고 또 별 볼 일 없는 가문[32]이었
는데 이렇게 한 나라의 왕이 되게 하시고 또 하나님께서 먼 장래에까지 이르는
언약을 주시니 참으로 이해할 수 없는 일이라고 감사한다. 그는 감사로 넘쳐

---

[32] 다윗의 집안은 왕족이다. 그는 그 나라의 가장 좋은 가문의 출신이다. 그러나 기드온과
같이 그는 자기 집안은 유다에서 보잘 것 없는 집안이요, 자기는 "아버지 집의 가장 작은
자라"고 생각했다(삿 6:15). 사울의 딸이 아내로 천거되었을 때에도 다윗은 자신을 천히 여겼다
(삼상 18:18). 그러나 지금은 자기를 천히 여겨야 할 이유가 더욱 충분했다. 아무리 훌륭한
사람이 아무리 높은 지위에서 한창 출세 가도를 달리고 있을 때라도, 사람은 자신을 겸손히
여기는 것이 합당하다. 아무리 훌륭한 사람이라도 벌레에 불과하며, 아무리 선한 자라도 역시
죄인이며, 아무리 높이 출세한 자라도 실상은 그럴 자격이 있어서 그렇게 된 것은 아니기
때문이다(Matthew Henry).

견딜 수가 없었다.

삼하 7:19. 주 여호와여 주께서 이것을 오히려 적게 여기시고 또 종의 집에 있을 먼 장래의 일까지도 말씀하셨나이다 주 여호와여 이것이 사람의 법이니이다.

다윗은 "주 여호와여 주께서 이것을 오히려 적게 여기셨나이다"라고 말한다. 여기 "주 여호와여!"라고 기도의 대상을 부른 것은 기도하는 자가 반드시 갖추어야 할 것이다. 우리는 기도하는 중에 자주자주 기도의 대상을 부르며 기도해야 한다.

다윗은 "이것을 오히려 적게 여기셨다"고 말한다. 즉, 양치는 목장에서 택하여 이스라엘의 왕으로 삼으신 것을 적게 여기셨다는 뜻이다. 사실은 그것만 해도 엄청나게 큰 은혜인데 그것을 적게 여기시고 "또 종의 집에 있을 먼 장래의 일까지도 말씀하셨다"고 감격한다. 다윗은 여호와께서 나단을 통하여 다윗의 후손으로 하여금 영원히 왕위에 앉게 하실 것을 말씀해주셨으니(13-16절) 감격했던 것이다.

다윗은 "주 여호와여 이것이 사람의 법이니이다"라고 말한다. 즉, 다윗은 '주님께서는 마치 사람이 그 이웃에게 말하듯이 밝히 깨닫게 하셨으니 너무 감사하다'고 한다. 다윗은 하나님께서 마치 사람이 그 이웃에게 말하듯이 자기에게 밝히 깨닫게 하신 것을 감사하고 있다.

삼하 7:20. 주 여호와는 주의 종을 아시오니 다윗이 다시 주께 무슨 말씀을 하오리이까.

표준 새 번역은 본 절을 "주 하나님, 주께서 주의 종을 잘 아시니, 이 다윗이 주님께 무슨 말씀을 더 드릴 필요가 있겠습니까?"라고 번역했다. 다시 말해 주 여호와(אדני יהוה)께 아무 말씀을 더 말씀할 필요가 없을 만큼 주님께서 다윗 자신을 훤하게 알고 계시다는 뜻이다. "다윗을 선택한 분은 여호와이기 때문에(렘 1:5; 암 3:2 참조) 그는 더 이상 바랄 수 있는 것이 아무 것도 없었다"(A.A. 앤더슨). 주님은 오늘도 우리를 너무도 잘 아신다. 아주 속속들이 알고 계시니 우리는 감사하고 또 감사하여 벅찬 감사를 억누를 길이 없다.

그런고로 우리는 우리의 속 마음까지 환하게 꿰뚫고 계신 전지하신 하나님께서 우리의 필요(영적인 필요, 육적인 필요)를 다 아시니 이것저것 더 말씀할 필요가 없게 된 것이 사실이다. 그러나 우리는 우리의 필요를 주님께 아뢰어 응답을 받아야 하는 것은 사실이다.

삼하 7:21. 주의 말씀으로 말미암아 주의 뜻대로 이 모든 큰일을 행하사 주의 종에게 알게 하셨나이다.

본 절의 "주의 말씀"이란 '메시야에 대한 예언'(창 49:10; 민 24:17)을 지칭한다(K.&D., Harris). 다시 말해 '하나님께서 이전에 하신 약속의 말씀'을 지칭한다(Hengstemberg). 그리고 본문의 "주의 뜻대로"란 '다윗이 주의 그 은혜를 받을만한 가치가 있기 때문이 아니라 어디까지나 주님의 뜻대로' 하셨다는 것을 드러내는 말이다. 다윗은 하나님께서 이전에 주신 약속의 말씀 때문에 주님의 소원대로 "이 모든 큰 일", 즉 '하나님의 계시'(4-16절)를 행하시며 또 그것을 나단을 통하여 종에게 알려주셨다고 말한다. 4-16절의 모든 큰 계시들은 하나님께서 나단을 통하여 다윗에게 보여주신 것들이다. 하나님은 오늘 우리에게도 예수님에 관한 일을 알려주신 것은 우리의 소원대로 주신 것이 아니라 주님의 뜻대로 알려주신 것이다.

삼하 7:22. 그런즉 주 여호와여 이러므로 주는 위대하시니 이는 우리 귀로 들은 대로는 주와 같은 이가 없고 주 외에는 신이 없음이니이다.

본 절 초두의 "그런즉"이란 말은 '하나님의 계시를 주셨기 때문에'(앞 절)라는 뜻이다. 다윗은 여호와께서 하나님의 계시를 주셨기 때문에 "여호와는 위대하시다"고 말한다. 위대하시다고 할 수 있는 이유는 "우리 귀로 들은 대로", 다시 말해 '우리가 출애굽이나 가나안 정복 때 있었던 하나님께서 이루셨던 기적적인 일이 이스라엘의 민간에 전승해 내려온 것을 들은 대로 "여호와와 같은 분이 없고 또 여호와 외에는 참신이 없다"고 찬양한다. 힌두교 나라에서나 우상의 나라에서는 신이 수억이나 된다고 하나 기독교에서는 오직 하나님 한 분만 신이라고 믿고 있다.

삼하 7:23. 땅의 어느 한 나라가 주의 백성 이스라엘과 같으리이까 하나님이 가서 구속하사 자기 백성으로 삼아 주의 명성을 내시며 그들을 위하여 큰일을, 주의 땅을 위하여 두려운 일을 애굽과 많은 나라들과 그의 신들에게서 구속하신 백성 앞에서 행하셨사오며.

다윗은 앞 절에서 "주와 같은 이가 없고 주 외에는 신이 없다"고 찬양한 다음 본 절에 와서는 여호와께서 이스라엘을 구속하신 점을 들어 여호와의 위대하심을 찬양한다. 하나님께서는 이스라엘을 직접 찾아가셔서 이스라엘을 구하여 내시고, 주의 백성으로 삼아서, 주의 명성을 드러내셨다고 찬양한다. 하나님께서 그들을 애굽에서 구하여 내시려고 큰일(출애굽 사건)을 하셨고, 주의 백성이 보는 앞에서, 다른 민족들과 그 신들에게서 그들을 친히 구원하시려고 이렇게 큰일을 하셨으며 주의 땅에서 놀라운 일을 하셨다고 찬양한다. 쉽게 말해 여호와께서 이스라엘을 구해내신 것을 볼 때 주님의 위대하심을 알 수 있다는 것이다.

삼하 7:24. 주께서 주의 백성 이스라엘을 세우사 영원히 주의 백성으로 삼으셨사오니 여호와여 주께서 그들의 하나님이 되셨나이다.

본 절 상반 절은 여호와께서 주의 백성 이스라엘을 출애굽 시키신 다음 시내 산에서 언약을 주시고(출 19:5; 신 7:6; 14:2; 26:18) 튼튼히 세우시며 또 다윗에게 언약을 주셔서 이스라엘로 하여금 모든 대적들을 물리칠 통일 국가이며 공의와 사랑으로 통치되는 성숙한 신정국가로 영원히 주의 백성 삼으신 것을 찬양하고, 하반 절은 여호와께서는 이스라엘의 하나님이 되어 주셨다고 하나님을 찬양한다.

삼하 7:25. 여호와 하나님이여 이제 주의 종과 종의 집에 대하여 말씀하신 것을

다윗은 본 절에서 "여호와 하나님"을 부르며 기도하고 있다. 그 기도 내용은 "이제 주의 종과 종의 집(나라)에 대하여 주께서 언약하신 것(8-16절)을 영원히 그대로 성취하여 주께서 말씀하신 대로 이루어 주십사"고 기도하고 있다. 여기

"주의 종과 종의 집(나라)에 대하여 주께서 언약하신 것"이란 말은 '다윗 언약'을 가리키는 말(8-17절)이다. 그리고 "말씀하신 대로 이루어 주십사"란 말은 자신에게 하신 하나님의 모든 약속이 그대로 성취되기를 바라는 다윗의 간절한 심정을 표현한 말이다. 특히 이러한 다윗의 표현에는 자신의 성전 건축 계획을 유보하신 하나님의 뜻에 대해 순복하는 겸손한 자세를 담고 있다고 볼 수 있다.

삼하 7:26. 사람이 영원히 주의 이름을 크게 높여 이르기를 만군의 여호와는 이스라엘의 하나님이라 하게 하옵시며 주의 종 다윗의 집이 주 앞에 견고하게 하옵소서.

다윗은 주님께 기도하기를 사람들이 '만군의 주(우주 만물을 만드시고 주장하시는 주님)께서 이스라엘을 구원하시고 돌보시며 통치하시는 하나님이시라'고 외쳐서 주의 이름을 영원토록 영화롭게 들어나게 하옵시고(마 6:9,13 참조), 또 주의 종 다윗의 집안(나라)도 주님 앞에서 튼튼히 서게 해주시기를 바라나이다고 기도한다.

다윗은 두 가지 기도를 드린 것이다. 하나는 '만군의 여호와는 이스라엘을 통치하시는 하나님'이라고 외쳐서 사람들이 여호와께 영광을 돌리게 되기를 원했고, 또 하나는 만군의 여호와께서 다윗의 집을 견고하게 되기를 기원했다. 오늘 우리도 만군의 여호와께서 나를 구원하시고 돌보시며 통치하시는 하나님이라고 외쳐서 영광을 돌려야 할 것이고, 또 만군의 여호와께서 우리 개인의 집과 나라를 든든히 서게 하시기를 기도해야 할 것이다.

삼하 7:27. 만군의 여호와 이스라엘의 하나님이여 주의 종의 귀를 여시고 이르시기를 내가 너를 위하여 집을 세우리라 하셨으므로 주의 종이 이 기도로 주께 간구할 마음이 생겼나이다.

다윗은 "만군의 여호와 이스라엘의 하나님이여"라고 기도의 대상을 먼저 부르고 기도한다. 우리는 기도의 대상을 먼저 부르고 확실하게 기도해야 한다. 이 문구는 '우주의 만물을 지으시며 통치하시는 주님이시며 또 이스라엘을 구원하시고 도우시며 통치하시는 하나님'이라는 뜻이다. 우리가 부르는 하나님은 만물을 지으신 분이시고 통치하시는 분이시며 우리 개인과 교회를 구원하시고 도우시며 다스리시는 하나님이시다. 오늘 우리에게는 무엇 하나 부족한 것이 없다.

그 하나님은 다윗의 귀를 여시고 말씀하시기를 '내가 너를 위하여 집(나라)을 세우리라'고 나단 선지를 통하여 언약하셨으므로(이것이 다윗 언약이다) 다윗 자신이 감사기도(18-29절)를 드릴 용기가 생겼다고 말한다. 다윗의 귀를 열어 다윗의 집을 세우시겠다고 말씀하신 하나님은 오늘 우리에게는 성령을 통하여 하나님의 뜻을 분명하게 알려주신다. 그런고로 성령의 역사가 없이는 우리는 하나님의 뜻을 한 가지도 알지 못한다. 우리가 성령으로 말미암아 하나님의 뜻을 알게 되면 우리도 기도할 용기가 생긴다.

삼하 7:28. 주 여호와여 오직 주는 하나님이시며 주의 말씀들이 참되시니이다 주께서 이 좋은 것을 주의 종에게 말씀하셨사오니.

"주 여호와"(Lord God)란 말은 구약성경의 하나님의 고유명사(출 6:3)이다. 모세 이전부터 이스라엘의 선조들에게 알려져 있었는데(창 4:26), 특히 모세를 통하여, 여호와는 계시와 은혜의 하나님, 언약과 구원의 하나님, 예배를 받으시는 하나님이심을 보여주셨다. 그가 이스라엘을 택하시고, 이를 언약의 백성으로 삼기 위해, 애굽에서 구출해 내신 구원자이시라는 점을 보여주신 것은 무엇보다 중요한 점이다(출 6:7; 7:5). 이 이름은 구약에 가장 많이 기록되어 있고, 이 이름에 대하여 다른 모든 이름은 2차적이다.

다윗은 "주 여호와"(계시의 하나님, 은혜의 하나님, 언약의 하나님, 구원의 하나님)야 말로 참 "하나님"이시라고 말하며, 주께서 말씀하신 "말씀들"이 참되시다고 말한다. 참되시기 때문에 믿을 수 있는 말씀이라는 것이다. "다윗은 25-29절에서 말씀이란 말을 네 번이나 사용하면서 하나님의 진실성을 강하게 의지하였다. 하나님의 말씀을 확실히 믿는 자만이 기도할 마음을 가지게 되고 또 끝까지 기도하게 된다"(박윤선).

다윗은 "주께서 이 좋은 것을 주의 종에게 말씀하셨다"고 말한다. 여기 이

"좋은 것"이란 '다윗 언약'(4-16절)을 지칭한다. 본문의 "말씀하셨다"(תִּדַּבֵּר)는 말은 '다바르'(דָּבַר)의 강의형(piel)으로 이 말이 강조하는 바는 주 여호와께서 일방적으로 다윗 언약을 선포하셨다는 것을 뜻한다. 다윗이 주 여호와의 일방적인 언약의 선포를 의미하는 강의형 동사를 사용한 것을 보면 그가 하나님의 주권을 전적으로 인정하고 있는 것을 알 수 있다.

다윗 언약이야 말로 다윗에게만 아니라 메시야 왕국을 대망하는 모든 성도에게 너무나 좋고 기쁜 복음인 것이다. 주 여호와께서 일방적으로 말씀하신 언약이야 말로 오늘 우리에게 얼마나 좋은 언약이고 기쁜 언약인지 모른다.

삼하 7:29. 이제 청하건대 종의 집에 복을 주사 주 앞에 영원히 있게 하옵소서 주 여호와께서 말씀하셨사오니 주의 종의 집이 영원히 복을 받게 하옵소서 하니라.

주 여호와께서 다윗 언약(4-16절)을 나단 선지를 통하여 주의 종(다윗)에게 일방적으로 말씀하셨으므로(앞 절 하반 절) 다윗은 이제 본 절에서 그 언약이 이루어지기를 빌고 자신의 기도를 마감하고 있다. 즉, "이제 청하건대 종의 집에 복을 주사 주 앞에 영원히 있게 하옵소서"라고 기도한다. '다윗은 이제 종의 집(나라, 왕국)에 주 여호와께서 복을 주셔서 여호와 앞에 영원히 다윗의 왕국이 계승되게 하옵소서'라고 간절히 기원하고 있다.

그리고   다윗은 또 "주 여호와께서 말씀하셨사오니 주의 종의 집이 영원히 복을 받게 하옵소서"라고 애원하고 있다. 즉, '주 여호와께서 나단 선지를 통하여 다윗 언약을 일방적으로 허락하셨으니 다윗의 메시야 왕국이 영원히 번영하게 하옵소서'라고 기원하고 있다. 오늘 우리는 이 메시야 왕국에서 여호와의 영광을 위해서 기도해야 할 것이고 왕국이 번영하기를 기도해야 할 것이다.

제 8 장

II. 다윗 왕국이 번영하다   8-10장

다윗 왕국이 번영한 일을 다루는 이 부분(8-10장)은 다윗이 영토를 확장한 일(8:1-14), 다윗이 선정을 베푼 일(8:15-9:13), 암몬과 아람과 싸워 승리한 일 등이 진술되고 있다.

A. 다윗이 영토를 확장하다   8:1-18

이 부분(1-18절)은 다윗이 여러 족속과 전쟁한 일과 또 다른 한편 다윗이 여러 종들을 세워 이스라엘인들에게 선정을 베푼 일 등을 기록하고 있다. 좀 더 세분하면 다윗이 블레셋 족속, 모압 족속, 수리아 족속 등을 정복한 일(1-8절), 하맛 왕 도이로부터 축복을 받은 일(9-12절), 에돔을 정복한 일(13-14절)33), 이스라엘 안에서 여러 고관들을 세워 선정을 베푼 일(15-18절) 등이 진술된다. 이 부분은 대상 18:1-17절과 병행한다.

1. 블레셋을 정복하다   8:1

삼하 8:1. 그 후에 다윗이 블레셋 사람들을 쳐서 항복을 받고 블레셋 사람들의 손에서 메덱암마를 빼앗으니라.

본 절 초두의 "그 후에"(אַחֲרֵי־כֵן)란 말은 '7장의 사건들(다윗이 하나님으로부터 언약을 받은 일)이 있은 후에'란 뜻이 아니라, '5:17-25(이스라엘이 블레셋을 쳐서 이긴 사건)이나 아니면 6:1-23(하나님의 언약궤를 다윗 성으로 옮긴 사건) 후에'를 뜻하는 말로 보아야 한다. 이유는 본 장의 내용들이 7장의 내용보다

---

33) 8:1-14의 전쟁은 다윗이 이스라엘을 통일한 다음 최초로 전쟁한 것을 기록한 것이다.

앞선 사건들로 보이기 때문이다(7:1 주해 참조). 그러니까 본 절 초두의 "그 후에"
란 말은 문맥을 살필 때 7장의 사건 이전의 것으로 보아야 하기 때문에 결코
7장의 사건 후에 된 일로 보아서는 안 될 것이다.

다윗은 5:17-25의 사건이나 혹은 6:1-23의 사건 후에 "블레셋 사람들을 쳐서
항복을 받고 블레셋 사람들의 손에서 메덱암마를 빼앗았다". 다윗은 이스라엘의
최대의 원수였던 블레셋을 쳐서 항복을 받고 블레셋 사람들의 손에서 블레셋의
수도격인 메덱암마 즉 가드와 그 동리를 빼앗았다(대상 18:1). 여기 "메덱암
마"(Metheg(h)-ammah)란 '어머니의 굴레'를 뜻하는 말로 가드의 성읍과 그 근교
지(近郊地)를 가리키는 말이다(삼상 27:2,5; 29:2-4, 6,7; 대상 18:1). 다윗이 블레
셋의 수도격인 가드를 빼앗았다는 말은 블레셋의 다섯 성읍을 모두 빼앗았다는
말로 보아야 할 것이다.

2. 모압을 정복하다 8:2

**삼하 8:2. 다윗이 또 모압을 쳐서 그들에게 땅에 엎드리게 하고 줄로 재어 그
두 줄 길이의 사람은 죽이고 한 줄 길이의 사람들은 살리니 모압 사람들이 다윗의
종들이 되어 조공을 드리니라.**

다윗은 블레셋의 도시들을 쳐서 항복을 받았을 뿐 아니라(앞 절), 모압(요단
강 동편의 나라)을 쳐서 항복을 받고 "그들을 땅에 엎드리게 하고 줄로 재어
그 두 줄 길이의 사람은 죽이고 한 줄 길이의 사람들은 살렸다".

혹자는 본 절을 해석하는데 있어서 포로들을 세워놓고 줄로 재었다고 하나
본문에는 그런 말이 없고 "그들을 땅에 엎드리게 하고 줄로 재었다"고 말한다.
다윗은 포로들을 땅에 엎드리게 하고 줄로 재어 "그 두 줄 길이의 사람은 죽이고
한 줄 길이의 사람들은 살렸다". 즉, 키가 두 줄 길이가 되는 사람은 죽이고
한 줄 길이의 사람들은 살렸다는 것이다. 다윗이 모압의 포로들을 이런 식으로
대한 것을 두고 혹자들은 아주 가혹한 처단이라고 말하기도 하나 그래도 "한
줄 길이의 사람들을 살렸으나" 다윗이 자비를 베푼 것이라고 말할 수 있다(박윤선).

아무튼 다윗이 모압의 포로들을 이렇게 처단한 이유가 무엇인가를 두고 견해가

여럿이다. 사실 모압은 이스라엘과 우호적인 나라였고(신 2:9; 룻 1:1), 다윗의 증조모인 룻의 나라이며(룻 4:21-22), 다윗 자신도 사울의 박해를 피해 그 부모를 맡긴 때도 있지 않았는가(삼상 22:3-4). 그 이유를 두고 1) 모압 사람들이 다윗의 부모를 죽였기 때문이라는 견해(K.&D., RP Smith, Matthew Henry). 그러나 모압 사람들이 다윗의 부모를 죽였다는 증거는 성경에 없어 확인할 길은 없다. 2) 이때에 모압이 다윗에게 항거하고 도전했기 때문이었다는 견해(Harris, Lange). 위의 두 견해 중 두 번째 견해를 택하는 수밖에 없다. 이 견해도 성경에 분명히 기록되지는 않았으나 다윗과 모압의 관계가 험했기 때문에 이런 일이 생겼을 것은 사실이다. 아무튼 모압이 이런 어려움을 당한 데는 하나님께서 발람의 입을 빌어 말씀하신 예언의 성취였다(민 24:17).

3. 소바와 아람(수리아)을 정복하다   8:3-8

삼하 8:3. 르홉의 아들 소바 왕 하닷에셀이 자기 권세를 회복하려고 유브라데 강으로 갈 때에 다윗이 그를 쳐서.

"르홉"(Rehob)은 "넓다"는 뜻을 가지고 있으며 소바 왕 하닷에셀의 부친이다. 르홉이란 사람의 아들 소바[34] 왕 하닷에셀[35]이 자기의 권세를 회복하려고 유브라데[36] 강가로 갈 때에 다윗이 그를 쳐서 파했다. 하닷에셀은 사울에게 잃은 땅(삼상

---

34) "소바": Zobah. '주거'(住居)라는 뜻을 가지고 있다. 아람 사람의 소국 중 하나인데 시편 60편의 제목에 '아람 소바'로 불리고 있는 국토이다. 아람 사람은 강대한 통일 국가를 만들지 않고 제각기 분립적(分立的) 소국가를 세웠다. 그중 아람 소바가 가장 유력하였으며, 그 지배 영역은 안티 레바논과 수로 아라비아 사막 사이였다.

35) "하닷에셀": Hadadezer. '하닷은 도움이다'라는 뜻을 가지고 있다. 르홉의 아들이며 수리아의 소바 왕이다. 그는 세력을 회복하려고 유브라데 강가로 가는 도중 다윗에게 격파되어 마병 1,700, 보병 2만이 사로잡혔고, 병거 100승의 말만 남기고 그 밖의 병거의 말은 모두 발의 힘줄을 끊겼다. 또 하닷에셀의 원군인 아람 사람도 격파되어 2만 2천이 전사했다. 다윗은 하닷에셀의 신복들에게서 금 방패를 빼앗아 갔고, 또 그의 고을 베다와 베로대에서 매우 많은 놋을 빼앗아 갔다. 하맛 왕 도이는 이전에 하닷에셀과 싸운 일이 있는데, 그 때문에 다윗의 전승을 축하했다(삼하 8:3-13; 대상 18:3-10)(디럭스바이블 성경사전).

36) "유브라데": 창세기를 비롯한 구약에 나오는 대개의 유브라데강은, 서아시아에 있어서의 최대의 강으로, 티그리스강과 병칭되고, 메소보다미아의 문화발전에 중요한 역할을 한 강으로서 유명하다. 널리 알려진 강이었기 때문에 성경에서 그저 강(hannahar)으로만 기록되어 있는 경우가 많은데, 유브라데 강을 가리키는 말이다(출 23:31; 민 22:5; 수 24:2). 미 표준개역은 창세기 36:37의 에돔에 있던 강에는 관사 the를 붙여 the Euphrates로 역하고 있다. 어떤 곳에는 형용사를

17:47)을 회복하고 수리아를 통일할 꿈을 가지고 출병했을 것이다. 다윗이 이 전쟁에 의하여 이스라엘 영토를 유브라데 강까지 확장시켰는데 이것은 여호와께서 아브라함에게 주신 하나님의 약속 성취이다(창 15:18 참조).

삼하 8:4. 그에게서 마병 천칠백 명과 보병 이만 명을 사로잡고 병거 일백 대의 말만 남기고 다윗이 그 외의 병거의 말은 다 발의 힘줄을 끊었더니.

다윗은 하닷에게서 마병 1,700명과 보병 2만 명을 사로잡았고 병거 100대의 말만 남기고 그 외의 병거의 말의 발 힘줄을 다 끊었다. 본 절의 병행 구인 대상 18:4에는 "병거 1천대와 기병 7천과 보병 2만을 빼앗았다"고 기록하고 있다. 70인 역의 삼하 8:4도 대상 18:4와 같으므로 대부분의 학자들은 대상 18:4의 기록에 동의한다. 이런 차이가 나는 것은 필사자의 오류로 본다(Lange, K&D, Thenius, Matthew Henry, RP Smith).

그리고 다윗이 "100대의 말을 남겨둔 이유는 전투에 쓰기 위해서가 아니라 개선식에서나 혹은 호위에 쓰기 위해서였을 것이다(Lange).

그리고 다윗은 "말은 다 발의 힘줄을 끊었다". 다윗이 그처럼 한 이유는 이스라엘의 왕이 된 자는 말을 많이 두지 말라는 하나님의 명령(신 17:8)을 준행하기 위함이었을 것이다. 다윗은 병거나 사람의 많음을 의지하려는 것보다 하나님을 더 의지하였음을 알 수 있다. 우리는 범사에 하나님을 의지해야 할 것이다.

삼하 8:5. 다메섹의 아람 사람들이 소바 왕 하닷에셀을 도우러 온지라 다윗이 아람 사람 이만 이천 명을 죽이고.

더하여 '큰 강 유브라데'(hannahar haggadol)라고 한 곳도 있다(창 15:18; 신 1:7; 11:24; 수 1:4). 유브라데강은 에덴동산의 네 강의 하나로 알려지는데(창 2:14). 이스라엘에게 약속된 땅의 북쪽 지경에 해당되며(창 15:18; 신 1:7; 11:24; 수 1:4), 다윗과 솔로몬왕국 황금기에는 그 영역이 이 유브라데 강까지 뻗쳐 있었다(삼하 8:3; 10:16; 왕상 4:24). 유브라데강은 옆에 흐르는 티그리스와 마찬가지로, 그 수원(水源)을 해발 1,830-1,980m의 아르메니아(성경에는 아라랏, 아시아 서부의 산악국)산악지대에서 발하고 있다(디럭스 바이블 성경사전).

다메섹37)의 아람(시리아) 사람들이 소바 왕 하닷에셀을 도우려고 군대를 보내
자, 다윗은 아람(시리아) 사람 2만 2천 명을 쳐 죽였다. 본문의 "다메섹"은 현재
시리아의 수도이다. 당시 수리아는 통일되지 않았으나 다메섹은 먼 옛날부터
군사상, 상업상 가장 중요한 도로가 여기서 교차하고 있었기 때문에 항상 상업과
종교의 중심지로서 중요한 역할을 해왔다. 구약 시대의 이 성읍은 수리아 왕국의
도성이었다(창 14:15; 15:2; 왕상 11:24; 15:18; 19:15; 20:34; 왕하 8:7,9; 14:28;
16:10-12; 사 7:8).

다메섹은 소바(Zobah)의 바로 남쪽에 위치하고 있는 도시로 아람의 수도였으
므로 소바 국을 돕기 위해 출병했다가 다윗에게 대패하여 군사 22,000명을 잃었고
다윗에게 정복당하고 말았다.

**삼하 8:6. 다윗이 다메섹 아람에 수비대를 두매 아람 사람이 다윗의 종이 되어
조공을 바치니라 다윗이 어디로 가든지 여호와께서 이기게 하시니라.**

다윗이 아람 사람의 다메섹에 수비대(garrisons-군사적인 도전을 막기 위한
군사기지, 삼상 10:5; 13:3)를 둔 고로 아람 사람이 다윗의 종이 되어 조공(피지배국
이 지배국에게 때마다 예물을 바치는 일)을 바치게 되었다.

"다윗이 어디로 가든지 여호와께서 이기게 하셨다". 다윗이 이처럼 승리할
수 있었던 것은 하나님께서 장차 이스라엘의 지경이 유브라데 강 유역에까지
이를 것이라고 약속하셨기 때문이고(창 15:18), 또 다윗이 승리를 주시는 여호와
하나님을 바라보았기 때문이다. 우리 대한민국이 주위에 열강들이 있지만 우리가
하나님을 바라볼 때 열강을 두려워할 필요가 없다.

---

37) "다메섹": Domascus. 수리아의 성읍이다. 시리아 공화국의 수도인 현재의 '다마스커스'는
그 남서쪽에 헤르몬 산을 안은 안티 레바논(Anti Lebanon)의 동쪽 산록의 고원에 있다. 다메섹
지방은 강과 운하로 관개된 오아시스이다. 다메섹 성읍 그 자체가 안티 레바논에 수원을 가지는
아바나 강(Abana R.)-나할 바라다(Nahr Barada)-의 강 안에 있었으며, 성읍의 남쪽에는 동쪽으로
흐르는 바르발 강(Pharpar R.)-나할 엘 아와지(Nahr el-A'waj)-이 있다(왕하 5:12). 이 두 강은
동쪽의 반 건조지대에서 소멸하고 있다(디럭스 바이블 성경사전).

삼하 8:7. 다윗이 하닷에셀의 신복들이 가진 금 방패를 빼앗아 예루살렘으로 가져오고.

다윗은 하닷에셀의 신복들이 가진 금으로 만든 방패를 빼앗아 예루살렘으로 가져왔다. 이유는 금을 하나님께 바치기 위함이었다. 다윗은 하닷에셀의 신하들이 가지고 있었던 금으로 만든 장신구들을 다 빼앗아 예루살렘으로 가져 온 것이다. 이런 전리품을 사욕으로 취한 사울(삼상 15:19)과는 근본적으로 달랐다. 다윗은 이런 전리품을 하나님께 바쳐 솔로몬이 훗날 성전을 건축할 때 사용하게 했다(왕상 6장; 7:18-51). 우리는 모든 것을 사욕으로 채우는 사람들이 아니라 주님을 위해 바치는 사람들이 되어야 할 것이다.

삼하 8:8. 또 다윗 왕이 하닷에셀의 고을 베다와 베로대에서 매우 많은 놋을 빼앗으니라.

또 다윗 왕은 하닷에셀의 고을 베다[38](=디브핫, 대상 18:8)와 베로대[39](=브로다, 겔 47:16)에서 많은 놋을 빼앗아 왔다. 다윗이 놋을 가져온 것도 여호와께 바쳐 솔로몬 성전 건축에 사용되었다(대상 18:8). 이런 재료들을 모두 솔로몬 성전 건축자재로 사용한 것은 훗날 이방인들이 그리스도에게로 돌아오게 될 것을 예표한다(사 60:4-9).

4. 패전한 적들로부터 조공을 받다 8:9-12

삼하 8:9. 하맛 왕 도이가 다윗이 하닷에셀의 온 군대를 쳐서 무찔렀다 함을 듣고.

하맛[40](Hamath, 소바 북쪽에 있는 아람족의 나라)왕 도이[41](소바 왕 하달에

---

38) "베다": Betha. '확신'이란 뜻을 가지고 있다. 소바 왕 하닷에셀의 도성이다(삼하 8:8). 그러나 이것은 병행 기사 역대상 18:8의 디브핫이라고 읽는 것이 옳다고 한다.

39) "베로대": Berothai. '우물'이란 뜻을 가지고 있다. 소바 왕 하닷에셀에게 속해 있던 수리아의 성읍이며, 다윗에게 점령되었다(삼하 8:8). 안티레바논의 서록(西麓) 바알벡(Baalbek)의 남쪽에 있는 베레이단(Bereitan)과 동일시된다. 에스겔 47:16의 '브로다'와 동일지이다.

40) "하맛": '요해'라는 뜻을 가지고 있다. 수리아 중부의 성읍인데 오론테스 강을 끼고 있으며, 현금의 하미(H'ama)와 동일지이다. '대(大)하맛'(암 6:2)이라 불리듯이, 수리아의 중요한

셸과 여러 번 싸운 바 있는 숙적(宿敵)이었다)가 다윗이 하닷에셀의 군대를 쳐서
무찔렀다는 소문을 듣고 다음 절처럼 자기의 아들을 보내 다윗에게 문안도 하고
축복도 했다.

**삼하 8:10. 도이가 그의 아들 요람을 보내 다윗 왕에게 문안하고 축복하게 하니
이는 하닷에셀이 도이와 더불어 전쟁이 있던 터에 다윗이 하닷에셀을 쳐서 무찌름
이라 요람이 은그릇과 금그릇과 놋그릇을 가지고 온지라.**

도이는 자기의 아들 요람(대하 18:10에는 하도람[42]으로 되어 있다)을 다윗
왕에게로 보내서 문안하게 하고, 다윗이 하닷에셀과 싸워서 이긴 것을 축하하게
하였다. 이유는 하닷에셀은 도이와 서로 싸우는 사이였기 때문이다. 그러니까
도이는 하닷에셀과 적이었고 다윗은 하닷에셀과 적이었으니 도이와 다윗은 가까워
지게 되었다. 요람은 다윗의 승전을 축하하러 온 것 뿐 아니라 은과 금과 놋으로
만든 물건을 많이 가지고 다윗에게로 왔다.

**삼하 8:11. 다윗 왕이 그것도 여호와께 드리되 그가 정복한 모든 나라에서 얻은
은금.**

다윗 왕은 도이 왕의 아들 요람이 가지고 온 모든 예물들을 여호와께 드렸다.
여호와께서 승리를 주신 줄 알았기 때문에 감사해서 여호와께 드린 것이다. 오늘
우리의 모든 것도 여호와께로부터 온 것이다.

다윗 왕은 자신이 정복한 모든 나라에서 얻은 은금도 여호와께 드렸다(다음
절). 하나님께서 함께 하셨기에 전리품들을 얻은 것이니 성전 건축을 위해서

도시이며, 소아시아에서 남쪽으로 뻗은 대통상로가 있고, 하맛 왕국의 수도로서 번영하였다.
슥 9:2에는 하맛은 다메섹, 두로, 시돈과 함께 기록되어 있다. 그 남경(南境)은 이스라엘의 이상적
경계의 북경과 접하고 있었다(민 13:21; 수 13:5). 하맛 왕 도이는 다윗과 우호 관계를 유지하였다
(삼하 8:9,10).
41) "도이": Toi. "도이"라는 이름은 '환영한다'는 뜻을 가지고 있다. 도이는 하맛 왕인데,
다윗이 블레셋, 모압, 소바, 다메섹을 쳐서 항복 받았다는 소식을 듣고, 아들 요람을 다윗 왕에게
보내어 문안하고 축복했다. 이유는 기왕에 그는 소바 왕 하달에셀과 여러 번 싸운 바 있는
숙적(宿敵)이 죽었기 때문이다(대상 18:9,10).
42) "하도람"이란 말은 수리아 이름이다.

드렸다.

삼하 8:12. 곧 아람과 모압과 암몬 자손과 블레셋 사람과 아말렉에게서 얻은 것들과 소바 왕 르홉의 아들 하닷에셀에게서 노략한 것과 같이 드리니라.

다윗은 아람43)과 모압(사해의 동쪽에 있던 나라)과 암몬44) 자손과 블레셋 사람과 아말렉(에서 자손의 일족, 창 36:12)에게서 얻은 것들과 소바 왕 르홉의 아들 하닷에셀에게서 노략한 것과 같이 여호와께 드렸다. 다윗만큼 많이 드린 사람은 없을 것이다.

5. 다윗이 에돔을 정복하고 수비대를 두다   8:13-14

삼하 8:13. 다윗이 소금 골짜기에서 에돔 사람 만 팔천 명을 쳐 죽이고 돌아와서 명성을 떨치니라.

다윗이 소금 골짜기(염곡-사해 남방에 있는 계곡)에서 에돔(에서 자손) 사람 18,000명을 쳐 죽이고 이스라엘로 돌아와 명성을 떨쳤다. 훗날 아마샤도 소금 골짜기에서 에돔인 10,000명을 죽였다(왕하 14:17). 본문의 "명성을 떨쳤다"는 말은 다윗이 어느 전쟁을 하든지 이겼기 때문에 사람들이 다윗을 높였다는 것을 뜻한다.

---

43) "아람": Aram. '높은 지방'이라는 뜻을 가지고 있다. 헬라어 구약성경(70인역)이나 영어성경의 어떤 것은 아람을 '수리아'(시리아)(Syria)라 번역한다. 아람의 땅은 정치적, 지리적 통일체를 이루고 있던 것도 아니고 아람 사람이 집중적으로 거주하고 있던 지방을 가리키기 때문에 명확하게 그 경계를 정할 수는 없다. 구약성경에서 아람은 대략 다음 지역에 상당한다. 초승달과 같이 생긴 비옥한 지대를 지나는 요단 강의 동안 유역과 팔레스틴의 동북부로부터 티그리스(힛데겔), 유프라테스(유브라데) 유역에 이르기까지의 지역이다.

44) "암몬": 'ammon, 롯과 그 작은 딸 사이에서 난 벤암미의 자손(창 19:38). 모압 자손과 한 가지로 롯이 근친상간에 의해 난 자손임이 그 기원으로 되어 있다(창 19:30-38). 아르논 강에서 얍복 강에 걸치는 지역에서 삼숨밈 사람들을 멸하고, 그곳에 정착했다(신 2:19-22). 이스라엘의 팔레스틴 침입 당시는, 얍복강 상류 부근에 살았고(민 21:24; 신 3:16), 랍바가 그 수도였는데(신 3:11), 광야 길에 있는 이스라엘은 이들을 공격하는 것이 금지되어 있었다(신 2:19,37). 그러나 암몬사람이 이스라엘 백성에게 떡과 물을 주지 않고, 모압 사람과 하나가 되어, 발람을 고용하여 이스라엘을 저주케 했기 때문에 그들의 자손의 10대에 이르기까지 주 여호와의 회중에 드는 것이 금지되었다(신 23:3-6)(디럭스바이블 성경사전에서).

삼하 8:14. 다윗이 에돔에 수비대를 두되 온 에돔에 수비대를 두니 에돔 사람이 다 다윗의 종이 되니라 다윗이 어디로 가든지 여호와께서 이기게 하셨더라.

다윗이 소금 골짜기에서 에돔 사람 18,000명을 죽인 다음 에돔의 여러 곳에 수비대(garrisons-주둔군)를 두니 에돔 사람이 다윗의 종이 되었다는 내용이다. 본서 저자는 "다윗이 어디로 가든지 여호와께서 이기게 하셨더라"고 묘사한다. 다윗이 이렇게 연전연승한 이유는 여호와께서 함께 하셨기 때문이었다. 여호와께서 함께 하시는 자에게 감당할 개인이나 군대는 없다.

B. 다윗이 선정을 베풀다 8:15-9:13

다윗은 훌륭한 행정가로서 고관들을 잘 세우고 공의로 다스렸다(8:15-18). 그리고 다윗은 사울 자손에게 은총을 베풀기 위해 그 자손을 찾았다(9:1-8). 다윗은 므비보셋을 만나 우대한다(9-13절).

1. 다윗이 이스라엘을 공의롭게 다스리다 8:15-18

삼하 8:15. 다윗이 온 이스라엘을 다스려 다윗이 모든 백성에게 정의와 공의를 행할 새.

다윗이 왕으로서 온 이스라엘을 다스릴 때에, 그는 언제나 자기의 백성 모두를 공평하고 의로운 법으로 다스렸다. 본문의 "정의"(מִשְׁפָּט)란 '재판에 있어서의 공정함'을 뜻하고, "공의"(צְדָקָה)란 하나님의 절대 공정하심과 정의로우심을 뜻하고, 하나님은 공의를 사랑하신다(시 37:28; 99:4; 사 61:8; 62:2). 또한 공의를 하나님께서 요구하시는 바로서(미 6:8) 치리자(治理者)는 이 공의에 따라야 하고 (욥 34:17; 잠 29:4; 렘 5:1; 암 5:15; 미 3:1,8,9; 합 1:4; 습 3:5), 사람마다 공의를 행할 것이다(렘 7:5; 호 12:6; 암 5:15; 미 6:8). 정의와 공의는 하나님의 속성이다.

삼하 8:16. 스루야의 아들 요압은 군사령관이 되고 아힐룻의 아들 여호사밧은 사관이 되고.

"요압"에 대해 2:13 주해 참조하라. 요압은 다윗의 누이인 스루야의 아들이다. "여호사밧"은 다윗 왕 당시 역사 기록관이었다.

삼하 8:17. 아히둡의 아들 사독과 아비아달의 아들 아히멜렉은 제사장이 되고 스라야는 서기관이 되고.

다윗 왕 당시에는 제사장이 두 사람이었다. 곧 기브온의 제사장인 사독(대상 16:39)과 예루살렘의 제사장인 아히멜렉이었다. 이 중 사독은 아론의 셋째 아들 엘르아살의 자손이었으며, 아히멜렉은 아론의 넷째 아들 이다말의 자손이었다(대상 24:3). 그런데 "아비아달의 아들 아히멜렉"은 삼상 22:20에는 반대로 "아히멜렉의 아들 아비아달"로 표기되어 있다. 이 차이를 해결하기 위해 견해가 다른 해석이 있다. 1) 아비아달의 아버지와 아들의 이름이 모두 아히멜렉으로 추측할 수 있다는 견해(K&D, Lange, Oehler, Bertheau). 다시 말해 삼상 22:20에 나오는 아히멜렉과 본 절의 아히멜렉은 아버지와 손자 간으로 동명이인(同名異人)으로 보면 된다는 주장이다. 2) 삼상 22:20의 표기가 옳고, 본문은 사본기자의 과오일 것으로 보인다는 견해. 위의 두 견해가 다 옳은 것은 아니고 둘 중 하나가 옳을 것인데 어느 견해가 옳을는지 알 수가 없다. 두 번째 견해가 더 나을 것으로 보인다.

"스라야"(Seraiah)는 '여호와께서 고집하심'이란 뜻을 가지고 있다. 다윗의 내각의 일원인 서기관이다(삼하 8:17; 대상 18:16). 사무엘하 20:25에는 '스와', 대상 18:16에는 '사위사'로 되어 있다. 이와 같은 현상은 어느 한 단어의 축약형이거나 아니면 각기 다른 필사자에 따른 기록상의 차이일 것이다(K&D, Lange, RP Smith).

삼하 8:18. 여호야다의 아들 브나야는 그렛 사람과 블렛 사람을 관할하고 다윗의 아들들은 대신들이 되니라.

"여호야다"(Jehoiada)는 '여호와께서 아심'이란 뜻을 가지고 있다. 다윗의 통치 말기로부터 솔로몬 시대에 그렛 사람과 블렛 사람을 관할했고, 시위대장도 했으며, 군대장관도 한 브나야의 부친이다(삼하 8:18; 23:22,23; 왕상 4:4). 갑스엘 출신의 용사였다(삼하 23:20; 대상 11:22). 제사장이기도 했던 것 같다(대상 12:27; 27:5). 다윗이 사울로 인해 시글락에 숨어 있을 때 3,700명의 용사를 거느리고 귀순한 아론의 집 족장이기도 하다(대상 12:27).

"브나야"(Benaiah)는 '여호와께서 세워 주심'이란 뜻을 가지고 있다. 유다의 갑스엘 출신이다(수 15:21). 대제사장 여호야다의 아들이며(삼하 23:20; 대상 27:5) 다윗의 시위대장관으로서 세 용사 중의 한 사람이었다(삼하 23:20,21; 대상 11:22,23). 그는 그렛 사람(블레셋 사람의 한 분파, 삼상 30:14; 겔 25:16; 습 2:5)과 블렛 사람(다윗의 친위병을 구성한 외국인 병사)을 관할하고(삼하 8:18), 다윗 군단 제 3반(3월)의 장관(長官)으로서 2만 4천 명을 지휘했다(대상 27:5,6). 그는 압살롬과 아도니야의 반역 때에도 충실하게 다윗을 좇았다(삼하 15:18,20,23; 왕상 1:10). 또 왕명에 따라 솔로몬을 인도하여 기혼으로 내려가서 왕위 계승을 하게 하였다(왕상 1:38). 그는 솔로몬 왕을 보호하여 아도니야(왕하 2:25), 요압(왕상 2:29-34), 시므이(왕상 2:46)를 죽여 요압을 대신하여 군대장관이 되었다(왕상 2:35). 그렛 사람과 블렛 사람은 다윗의 시위병들로서 이들 시위병들은 다윗 왕조를 위해 헌신적으로 충성했다.

본서의 저자는 "다윗의 아들들은 대신들이 되었다"고 기록하고 있다. 여기 "대신"이란 말은 왕상 4:5에서 "왕의 벗"이란 말과 병행되어 사용되고 있다. 따라서 본 절에서도 이 말은 백성들의 여론을 수렴하여 왕에게 충성스럽게 직고하는 자라는 의미로 사용되었을 것이다(K&D, RP Smith, Lange). 백성들의 여론을 잘 듣는다는 것은 정치가에게 아주 중요한 것이다.

제 9 장

2. 사울 자손을 선대하다   9:1-13

다윗은 요나단과의 언약을 기억하고 사울 자손에게 은총 베풀기를 힘썼다. 그는 사울 자손에게 은총 베풀기를 원하여 열심히 찾았으며(1-8절), 특별히 므비보셋을 만나 우대한다(9-13절).

삼하 9:1. 다윗이 이르되 사울의 집에 아직도 남은 사람이 있느냐 내가 요나단으로 말미암아 그 사람에게 은총을 베풀리라 하니라.

다윗은 사울 자손을 선대하기 위해 사울 집에 아직도 누가 남아 있는지를 알기 위해 열심히 찾았다. 이렇게 다윗이 사울 자손을 선대하려는 이유는 사울의 아들 요나단과 맺은 언약을 기억하고 있기 때문이었다. 사실은 다윗이 요나단과 맺은 언약을 기억하지 않고 묵살할 수도 있었던 때였다. 요나단은 벌써 길보아 전쟁에서 죽어 벌써 17-18년의 시간이 흐른 때였다(RP Smith). 요나단이 죽은 이상 사울 집의 남은 사람들을 찾는다는 것은 다윗이 요나단과 맺은 언약에 충실한 사람이었음을 알 수 있다. 오늘 우리도 약속을 지키는 사람들이 되어야 할 것이다.

삼하 9:2. 사울의 집에는 종 한 사람이 있으니 그의 이름은 시바라 그를 다윗의 앞으로 부르매 왕이 그에게 말하되 네가 시바냐 하니 이르되 당신의 종이니이다 하니라.

사울의 집에서 다윗은 얼른 남은 사람을 찾을 수가 없어서 남은 사람을 찾기 위해 사울의 종 시바를 다윗 앞으로 불렀다. 그리고 다윗은 시바를 앞에 놓고 말하기를 '네가 시바냐'고 확인하기 위해 묻는다. 시바는 사울의 종으로서 아들이 15명, 종이 20명이나 되는(10절) 수완가였고 다윗이 피난하던 시기에는 요나단의 아들 므비보셋을 모략한 사람이었다(16:1-4).

삼하 9:3. 왕이 이르되 사울의 집에 아직도 남은 사람이 없느냐 내가 그 사람에게 하나님의 은총을 베풀고자 하노라 하니 시바가 왕께 아뢰되 요나단의 아들 하나가 있는데 다리 저는 자니이다 하니라.

다윗은 시바에게 사울의 집에 남은 사람이 없느냐고 물어본다. 이유는 "내가 그 사람에게 하나님의 은총을 베풀기를 원하기" 때문이라고 한다. 여기 "하나님의 은총"이란 '하나님께서 베푸시는 은총'이란 뜻이다. 다윗은 자기가 은총을 베풀겠다고 말하지 않고 하나님께서 자신에게 베푸신 은총을 사울의 집에 남아 있는 사람에게 은총을 베풀겠다고 말한다. 다윗은 은총의 통로 노릇을 하겠다는 것이었다. 우리도 역시 하나님께로부터 은총을 받아서 이웃들에게 은총을 베푸는 사람들이 되어야 할 것이다.

시바는 대답하기를 "요나단의 아들 하나가 있는데 다리를 절고 있다"고 대답한다. 요나단의 아들 므비보셋이 다리를 절게 된 사연은 길보아 산 전투에서 그의 할아버지 사울과 또 그의 아버지 요나단이 전사할 때 그의 나이가 다섯 살이었는데 그의 유모가 안고 도망할 때 급히 도망하다다 아이가 떨어져 다리가 절게 된 것이다(4:4). 이제는 길보아 산 전투가 지난 지 17-18년이 되었으니 므비보셋도 20세가 된 청년이 되었다.

삼하 9:4-5. 왕이 그에게 말하되 그가 어디 있느냐 하니 시바가 왕께 아뢰되 로드발 암미엘의 아들 마길의 집에 있나이다 하니라. 다윗 왕이 사람을 보내어 로드발 암미엘의 아들 마길의 집에서 그를 데려오니.

다윗 왕은 시바의 말에 요나단의 아들 하나가 있다고 하는 말을 듣고(앞 절) "그가 어디 있느냐"고 묻는다. 왕의 질문에 대해 시바는 왕께 말하기를 "로드발 암미엘의 아들 마길의 집에서" 생활하고 있다고 대답한다. 여기 "로드발"(Lo-de-bar)은 '목장이 없다'는 뜻을 가지고 있다. 요나단의 아들 므비보셋이 살고 있던 성읍으로(삼하 17:27) 드빌(수 13:26)과 동일지이다. 북조 이스라엘이 그 점령을 자랑하고 있던 요단 강 동쪽의 성읍이다(암 6:13). 즉 로드발은 므비보셋을 숨기고 있던 마길의 고향으로(삼하 9:4,5) 길르앗에 있던 와디 엘 아랍(Wadi el-'Arab)의 남쪽에 있는 움 에 다바르(Umm ed-Dabar)와 동일시된다. 본문의 "암미엘"은 로드발 사람 마길의 부친이다.

"마길"(Machil)은 요단의 동쪽 로드발의 암미엘의 아들이다(본 절). 다윗의 외정내치(外征內治)에 때를 잘 맞춘 결과 안녕 질서가 회복되어 모든 방면에 인정을 베풀기 위해 옛날 요나단과의 약속을 생각하여 그의 후손에게 은혜를 베풀기 위해 이를 찾게 했던바 마길이 요나단의 절뚝발이 아들을 보호하고 있었다. 또 다윗이 압살롬의 반란 때는 이를 피하여 마하나임에 이르렀을 때, 나하스의 아들 소비와 바실래와 더불어 마길이 침상, 대야, 질그릇, 밀, 보리, 밀가루, 볶은 곡식 콩, 팥, 볶은 녹두, 꿀, 버터, 양, 치즈 등을 가져다가 다윗과 그와 함께한 백성에게 주어 먹게 하였다(삼하 17:27-29). 마길은 절뚝발이 므비보셋을 보호했고 또 피난 떠난 다윗을 극진히 대접한 것을 보면 사랑이 많은 의로운 사람이었다. 다윗은 시바의 말을 듣고 즉시 사람을 보내어 로드발 암미엘의 집에서 므비보셋을 데려왔다. 다윗은 사울의 집 사람들을 선대하려는 뜨거운 마음으로 즉시 실행한다.

삼하 9:6. 사울의 손자 요나단의 아들 므비보셋이 다윗에게 나아와 그 앞에 엎드려 절하매 다윗이 이르되 므비보셋이여 하니 그가 이르기를 보소서 당신의 종이니이다.

사울의 손자이면서 요나단의 아들인 므비보셋이 다윗 앞에 나아와 무서워하면서 다윗에게 절을 하니 다윗이 "므비보셋이여" 하고 이름을 불러본다. 므비보셋은 과거에 자기 할아버지가 다윗을 죽이려 하고 박해했던 사실을 들어서 알고 아주 두려워 떠는 모습이었다. 므비보셋은 다윗 앞에서 "보소서 저는 당신의 종입니다"라고 겸비한 태도를 취한다.

삼하 9:7. 다윗이 그에게 이르되 무서워하지 말라 내가 반드시 네 아버지 요나단으로 말미암아 네게 은총을 베풀리라 내가 네 할아버지 사울의 모든 밭을 다 네게

도로 주겠고 또 너는 항상 내 상에서 떡을 먹을지니라 하니.

다윗은 두려워 떨고 있는 므비보셋에게(앞 절) 무서워 말라고 말하고 또 다윗 자신이 므비보셋의 아버지 요나단과 맺은 언약 때문에 므비보셋에게 은총을 베풀 겠다고 말한다. 다윗은 "므비보셋의 할아버지 사울이 소유했던 모든 밭을 다 므비보셋에게 도로 주겠다"고 약속하면서, 므비보셋으로 하여금 항상 다윗의 밥상에서 식사를 하게 하겠다고 말한다.

삼하 9:8. 그가 절하여 이르되 이 종이 무엇이기에 왕께서 죽은 개 같은 나를 돌아보시나이까 하니라.

므비보셋은 다윗의 친절한 말을 들은 후(앞 절) 다윗에게 절을 하면서 이 종이 무엇이기에 왕께서 "죽은 개나 다름없는" 자신을 이렇게 놀랍게 돌보시나이 까 라고 말한다. 본 절 주해를 위해 16:9과 삼상 24:14 주해를 참조하라. 우리는 항상 우리 자신을 지극히 낮추고 살아야 할 것이다.

삼하 9:9. 왕이 사울의 시종 시바를 불러 그에게 이르되 사울과 그의 온 집에 속한 것은 내가 다 네 주인의 아들에게 주었노니.

본 절부터 13절까지는 다윗이 므비보셋에게 은총을 베푸는 것을 기록한다. 다윗은 "사울과 그의 온 집에 속한 것"을 므비보셋에게 주겠다고 약속하면서 그 약속을 말씀하기 위해 "사울의 시종 시바를 불러 그에게 이르되 사울과 그의 온 집에 속한 것은 내가 다 네 주인의 아들에게 준다"고 말한다. 이렇게 큰 은총을 베푸는 일을 두고 시바에게 말하는 이유는 시바가 사울의 재산을 그 동안 관리해 왔기 때문일 것이다. 여기 "네 주인의 아들"이란 '사울의 손자'를 지칭하는 말이다.

삼하 9:10. 너와 네 아들들과 네 종들은 그를 위하여 땅을 갈고 거두어 네 주인의 아들에게 양식을 대주어 먹게 하라 그러나 네 주인의 아들 므비보셋은 항상 내 상에서 떡을 먹으리라 하니라 시바는 아들이 열다섯 명이요 종이 스무 명이라.

다윗은 시바에게 큰 책임을 지운다. 즉, 시바와 열다섯 아들들과 20명의 종들은 모두 므비보셋의 종들이 되어 므비보셋을 위해 농사를 지어 양식을 만들어 므비보셋 가족을 부양하라고 말한다. 그러나 "네 상전의 아들 므비보셋은 항상 내 상에서" 함께 식사를 할 것이라고 말한다.

삼하 9:11. 시바가 왕께 아뢰되 내 주 왕께서 모든 일을 종에게 명령하신 대로 종이 준행하겠나이다 하니라 므비보셋은 왕자 중 하나처럼 왕의 상에서 먹으니라.

다윗 왕의 명령을 들은(앞 절) 시바는 다윗 왕께 아뢰기를 다윗 왕께서 명령하신 바를 철저히 준행하겠다고 말한다. 그러나 므비보셋은 다윗이 이미 말한 대로 왕의 식탁에서 식사를 하게 할 것이라고 말한다.

삼하 9:12. 므비보셋에게 어린 아들 하나가 있으니 이름은 미가더라 시바의 집에 사는 자마다 므비보셋의 종이 되니라.

절뚝발이 므비보셋에게 젊은 아들 하나가 있었는데 이름은 "미가"였다. 대상 8:35-40; 9:40-44에 의하면 미가는 사울 집안의 대표자가 되었으며 수많은 후손들을 가지게 되었다. 요나단의 아들이 이렇게 잘 된 것은 하나님께서 다윗과 요나단이 맺은 언약을 성취시켜 주셨기 때문이다. 하나님께서는 사울의 죄에 대해서는 책망하셨지만 그의 아들 요나단의 의로운 신앙에 대해서는 그대로 인정해 주셨다. 하나님은 전지하셔서 각자의 신앙을 정확하게 판단하시고 복을 주신다.

삼하 9:13. 므비보셋이 항상 왕의 상에서 먹으므로 예루살렘에 사니라 그는 두 발을 다 절더라.

므비보셋이 항상 왕의 식탁에서 식사를 하므로 예루살렘에서 살았다. 그는 두 발을 절었는데도 다윗은 그를 끔찍이 사랑하여 왕자 반열에 놓고 돌보아 주었다. 그는 요나단과의 언약을 잊지 않고 이렇게 그 자손에게 은총을 베풀어주었다.

제 10 장

C. 암몬, 아람과 싸워 승리하다 10:1-19

다윗이 암몬 왕 하눈에게 그의 아버지 왕을 조문하기 위해 조문사절을 보냈는데 암몬 왕 하눈이 다윗의 사절들을 모욕하여 도발한 일(1-5절), 암몬이 아람 사람들을 고용하여 이스라엘에게 대항하였기에 다윗은 암몬을 정복하고(6-14절), 또 아람을 정복한다(15-19절).

1. 암몬이 도발하다 10:1-5

암몬 왕이 죽었으므로 다윗이 조문사절을 보냈는데 암몬 왕의 아들 하눈은 자신의 관리들의 말을 듣고 조문사절들이 암몬을 정탐하러 온 줄 믿고 조문사절들에게 모욕을 준다.

삼하 10:1. 그 후에 암몬 자손의 왕이 죽고 그의 아들 하눈이 대신하여 왕이 되니.

본 장 초두의 "그 후에"(וַיְהִי אַחֲרֵי כֵן)란 말은 8:12에 언급된 암몬과의 전쟁에 대한 보다 상세한 부연 설명으로 이해해야 할 것이다(Lange, RP Smith). 다시 말해 문맥을 살필 때 본 장 1-14절까지의 내용은 8:12에 이은 것으로 보아야 한다. 따라서 여기 "그 후에"란 말은 앞 장 뒤에 따라 나오는 "그 후에"가 아니라 8:12에 뒤따라 나오는 말로 받아야 할 것이다.

"암몬 자손의 왕이 죽고 그의 아들 하눈이 대신하여 왕이 되었을" 때에 다윗은 다음 절 이하와 같이 하눈에게 장례사절을 보내어 조문하려는 중에 참으로 놀라운 모욕을 당했다. "하눈"(Hanun)은 '은혜 받은'이란 뜻을 가지고 있다. 하눈은 암몬 자손의 왕으로 다윗의 친구 나하스의 아들이며 후계자이다. 다윗은 하눈의 부친이 죽었을 때에 그에게 조객을 보내어 위로하게 하였다. 그러나 하눈의 방백들은 다윗이 조객을 보낸 것은 왕의 부친을 공경하려는 것이 아니고, 이 성을 탐지하여 함락시키려고 하는 스파이라고 하눈에게 충언했으므로, 하눈은 그 말을 곧이듣고 다윗이 보낸 문상객들의 수염을 절반이나 깎고 옷은 중동볼기까지 자르고 돌려보냈다. 후에 하눈은 그로인해 자기가 다윗에게 미움이 된 줄 알고 소바 아람 사람 2만과 기타 군대 13,000명을 고용하여 다윗과 싸웠으나 패하였다(대상 19:1-20:3).

삼하 10:2. 다윗이 이르되 내가 나하스의 아들 하눈에게 은총을 베풀되 그의 아버지가 내게 은총을 베푼 것 같이 하리라 하고 다윗이 그의 신하들을 보내 그의 아버지를 조상하라 하니라 다윗의 신하들이 암몬 자손의 땅에 이르매.

　본 절부터 4절까지는 다윗의 호의가 통하지 않고 오해를 받아 다윗의 조문사절들이 심한 모욕을 당한 일이 진술된다. 본 절은 먼저 다윗이 큰 호의를 품고 나하스의 아들 하눈에게 은총을 베풀되 그의 아버지 나하스가 다윗에게 은총을 베풀었으니 다윗도 나하스에게 은총을 베풀기로 작정하고 그의 신하들을 조문사절로 보내 하눈의 아버지를 조상하라고 명령한다. 그래서 다윗의 신하들이 암몬 자손의 땅에 이른다.

　참으로 선한 호의가 항상 통하는 것은 아님을 보여주는 대목이다. 세상에는 호의가 오해를 받는 일이 있음을 알아야 할 것이다. 이런 일 뒤에는 하나님의 깊은 섭리가 숨어 있음을 알아야 할 것이다.

삼하 10:3. 암몬 자손의 관리들이 그들의 주 하눈에게 말하되 왕은 다윗이 조객을 당신에게 보낸 것이 왕의 아버지를 공경함인 줄로 여기시나이까 다윗이 그의 신하들을 당신에게 보내 이 성을 엿보고 탐지하여 함락시키고자 함이 아니니이까 하니.

　본 절은 암몬 자손의 관리들이 악역을 자처하고 나서는 것을 보여준다. 그 관리들은 말하기를 "왕은 다윗이 조객을 당신에게 보낸 것이 왕의 아버지를 공경함인 줄로 여기시나이까. 다윗이 그의 신하들을 당신에게 보내 이 성을 엿보고 탐지하여 함락시키고자 함이 아니니이까'라고 억해한다. 이렇게 남의 호의를 억해하는 사람들은 오늘 곳곳에 배치되어 있다. 특히 정치가들 속에 많이 있다. 참으로 불행한 사람들이다. 이런 일은 싸움을 자처하는 일이다.

삼하 10:4. 이에 하눈이 다윗의 신하들을 잡아 그들의 수염 절반을 깎고 그들의 의복의 중동볼기까지 자르고 돌려보내매.

본 절은 하눈이 자기 나라 관리들의 말을 듣고 다윗의 조문사절들을 심히 모욕한 일을 진술한다. 하눈은 조문사절들을 잘 맞이하는 대신 완전히 반대로 다윗의 신하들을 잡아 첫째, 그들의 수염을 깎았다. 수염은 명예와 권위를 상징하는 것으로 수염을 깎는 것은 최대의 수치를 주는 행위였다(사 7:20; 15:2; 50:6; 렘 41:5, Lange, RP Smith). 수염을 깎은 것은 수염의 윗부분을 깎고 밑 부분을 깎지 않은 것이 아니라 얼굴 한 면의 수염은 깎고 다른 한쪽 면은 깎지 않은 것을 말한다. 참으로 보기 흉한 꼴이었다. 그리고 둘째, 그들의 "의복의 중동볼기까지 자르고 돌려보냈다". 여기 "중동볼기"란 말은 '엉덩이 윗부분'을 지칭하는 말이다. 그러니까 "의복의 중동볼기까지 잘랐다"는 말은 '엉덩이 윗부분까지를 잘랐다'는 말로 이스라엘인들은 겉옷 속에 내의를 입지 않았으므로(K.&D., RP Smith) 이렇게 옷을 잘라놓은 모습은 참으로 보기 흉한 일이었다. 아무튼 이 두 가지 모습(수염 한쪽이 깎인 것과 겉옷의 중동볼기까지 잘린 것)은 조문사절로 간 사람들에게 큰 부끄러움이었다(다음 절). 암몬 사람들은 스스로 전쟁을 자처해서 망하고자 한 것이었다. 오늘도 이렇게 불행을 자초하는 사람들이 있다.

삼하 10:5. 사람들이 이 일을 다윗에게 알리니라 그 사람들이 크게 부끄러워하므로 왕이 그들을 맞으러 보내 이르기를 너희는 수염이 자라기까지 여리고에서 머물다가 돌아오라 하니라.

사람들이 다윗의 조문사절이 암몬 왕한테 당한 황당한 일(수염 깎인 일, 겉옷

중동볼기까지 잘린 일) 때문에 크게 부끄러워한다는 소식을 다윗에게 알렸더니
다윗 왕이 그들에게 사람을 보내 이르기를 "너희는 수염이 자라기까지 여리고에서
머물다가 돌아오라"고 말해주었다. 여기 "여리고"는 요단 계곡의 남단에 있던
팔레스틴 최고(最古)의 성읍이다(민 22:1; 26:3). 예루살렘 동북 28km 지점이다.

2. 암몬을 정복하다 10:6-14

암몬(요단 강 동쪽 지역, 갓 지파와 아라비아 사막 사이의 땅과 그 민족을
지칭한다)은 자기들이 다윗의 조문사절을 조롱해 놓고 큰 전쟁이 날 것을 예측하고
아람 제국에서 용병을 고용해서 전쟁을 준비한다. 다윗은 요압과 아비새를 군대와
함께 보내 암몬과 아람을 격파한다.

**삼하 10:6. 암몬 자손들이 자기들이 다윗에게 미움이 된 줄 알고 암몬 자손들이
사람을 보내 벧르홉 아람 사람과 소바 아람 사람의 보병 이만 명과 마아가 왕과
그의 사람 천 명과 돕 사람 만 이천 명을 고용한지라.**

암몬 자손들은 자기들이 다윗에게 미운 짓을 한 줄 알고 전쟁을 예측해서
전령들을 보내 벧르홉 아람 사람과 소바 아람 사람의 보병 2만 명과 마아가
왕과 그의 사람 1천 명과 돕 사람 12,000 명을 고용해 왔다. 전체 33,000명을
고용한 셈이었다. 본 구절의 병행구로 대상 19:6-7에서는 병거 32,000승이라
했고 그 대가는 은(銀) 1,000달란트라고 기술한다. 본문의 "벧르홉"(Beth-rehob)
은 '넓은 곳'이란 뜻을 가지고 있다. 북부 팔레스틴의 성읍인데, 아람 사람이
거주하였으며(삿 18:28, 베드르홉), 그 주민은 암몬 사람과 한 패가 되어 다윗을
대적하였다(삼하 10:6). 단순히 '르홉'(8절)이라고도 불리고 있다. 요단 강 상류에
있는 라이스 부근의 평야를 지칭한다.

그리고 "소바"(Zobah)는 '주거(住居)'라는 뜻을 가지고 있다. 아람 사람의
소국 중 하나인데 시편 60편의 제목에 '아람소바'로 불리고 있는 국토이다. 아람
사람은 강대한 통일 국가를 만들지 않고 제각기 분립적(分立的) 소(小)국가를
세웠다. 그중 아람 소바가 가장 유력하였으며, 그 지배 영역은 안티 레바논과
수로 아라비아 사막 사이였다.

그리고 "마아가"(Maacah)는 '오묵하게 패어 웅덩이가 된 땅'이라는 뜻을 가지고 있다. 헤르몬 산과 그술 사이에 가로 놓이고, 갈릴리 바다와 상부 요르단 강을 서경(西境)으로 하는 아람의 소국(小國)이었다. 그들은 암몬 사람과 연합하여 다윗에 대항했다(삼하 10:6,8; 대상 19:7). 이 나라는 '아람 마아가'라고도 불렀다(대상 19:6).

그리고 "돕"(Tob)은 '좋은'이란 의미인데, '기름진 땅'을 지칭한다. 아람의 소도시 국가의 하나인데, 입다는 형제들을 피하여 이곳에 와서 보호를 받았다(삿 11:3,5). "돕" 사람은 다른 아람 제소국(諸小國)과 같이 암몬 사람의 요청에 따라 다윗을 대적하였다(삼하 10:6). 암몬 자손들은 망하기 위해 다윗의 조문사절단을 모욕했다가 혹독한 어려움을 겪게 되었다. 세상에는 망하기 위해 덤벼드는 사람이 있다.

삼하 10:7. 다윗이 듣고 요압과 용사의 온 무리를 보내매.

다윗은 암몬의 움직임을 듣고 요압과 이스라엘 전체의 용사(정예부대)를 파견했다. 전쟁은 여호와께 속한 것이므로(삼상 17:47) 전체를 보내거나 일부를 보내거나 이길 것이었지만 다윗은 전체의 정예부대를 보냈다.

삼하 10:8. 암몬 자손은 나와서 성문 어귀에 진을 쳤고 소바와 르홉 아람 사람과 돕과 마아가 사람들은 따로 들에 있더라.

요압의 이스라엘 정예부대가 암몬과 싸우려고 가보니 암몬 자손은 암몬의 수도 랍바 성의 성문 어귀에 진을 치고 있었고, 아람으로부터 온 용병들(소바와 르홉 아람 사람, 돕과 마아가 사람들)은 따로 메드바(Medeba-요단강의 동편 고원지대, 대상 19:7)에 진을 치고 있었다. 암몬 자손의 랍바 성과 메드바 사이는 대략 6km로 이들은 두 곳에서 이스라엘을 공격하려고 했던 것으로 보인다.

삼하 10:9. 요압이 자기와 맞서 앞뒤에 친 적진을 보고 이스라엘의 선발한 자

중에서 또 엄선하여 아람 사람과 싸우려고 진 치고.

요압은 자기와 맞서 전투할 전투부대가 한 곳에 진 친 것이 아니라 앞과 뒤에 진을 친 것을 보고 이스라엘의 선발한 자(정예부대) 중에서 또 엄선해서 자기가 맡아 아람 사람과 싸우도록 진을 쳤다. 요압의 판단에 암몬 군대보다는 아람 군대가 더 강하게 느껴져서 요압은 더 엄선해서 아람군대를 대하게 한 것으로 보인다.

삼하 10:10. 그 백성의 남은 자를 그 아우 아비새의 수하에 맡겨 암몬 자손과 싸우려고 진 치게 하고.

이스라엘 군대 중에서 아주 엄선된 자들은 아람군대와 싸우도록 요압의 수하에 맡겨졌고, 그 백성의 남은 자를 그 아우 아비새의 수하에 맡겨 암몬 자손과 싸우도록 했다.

삼하 10:11. 이르되 만일 아람 사람이 나보다 강하면 네가 나를 돕고 만일 암몬 자손이 너보다 강하면 내가 가서 너를 도우리라.

이스라엘 군대를 두 부대(요압 부대, 아비새 부대)로 나눈 다음 요압은 그 동생 아비새에게 말하기를 "만일 아람 사람이 나보다 강하면 네가 나를 돕고 만일 암몬 자손이 너보다 강하면 내가 가서 너를 돕겠다"는 것이었다. 적이 두 부대이니 이스라엘도 두 부대로 나누어 요압의 부대, 아비새의 부대로 나누어 요압의 부대가 아람군대를 선제공격해서 요압이 만일 아람 군대한테 밀리면 아비새 군대가 와서 요압의 부대를 돕고, 만일 아비새 군대가 밀리는 경우 요압의 부대가 가서 아비새 군대를 돕는다는 것이었다.

삼하 10:12. 너는 담대하라 우리가 우리 백성과 우리 하나님의 성읍들을 위하여 담대히 하자 여호와께서 선히 여기시는 대로 행하시기를 원하노라 하고.

요압은 그 동생 아비새에게 "담대하라"고 말한다. 즉, '용기를 내어 힘써 싸우자'는 뜻이다. "우리가 우리 백성과 우리 하나님의 성읍들을 위하여 담대히

하자”고 권한다. 여기 “우리 백성”은 ‘하나님의 백성’이니 요압은 우리 두 부대가
우리 하나님의 백성을 위하고 또 하나님의 성읍들을 위하여 용기를 내어 힘써
싸우자고 말한다.

요압은 자기 동생에게 힘써 싸우자고 해놓고 그 전쟁의 승패를 전적으로
하나님께 맡기는 뜻으로 “여호와께서 선히 여기시는 대로 행하시기를 원한다”고
말한다. 여기 ‘하나님께서 선히 여기시는 것은 하나님께서 하나님의 백성과 하나님
의 성읍들을 이방인의 수중에 들어가지 않게 하기 위해서 이스라엘 군대로 하여금
승리하게 하실 것이라’는 뜻이다.

**삼하 10:13. 요압과 그와 함께 한 백성이 아람 사람을 대항하여 싸우려고 나아가니
그들이 그 앞에서 도망하고.**

요압과 아비새가 서로 용감하게 싸우자고 말하고 또 “여호와께서 선히 여기시
는 대로” 이스라엘에게 승리를 주시리라고 확신한(앞 절) 요압은 자신과 함께한
군대와 아람 군대를 대항하여 싸우려고 나아갔을 때 아람 군대는 요압의 군대
앞에서 도망하고 말았다.

**삼하 10:14. 암몬 자손은 아람 사람이 도망함을 보고 그들도 아비새 앞에서 도망하
여 성읍으로 들어간지라 요압이 암몬 자손을 떠나 예루살렘으로 돌아가니라.**

암몬 군인들은 아람(시리아) 군인들이 도망하는 것을 보고 그들도 아비새
앞에서 도망하여, 성(랍바 성)으로 들어가 버렸다. 연합한 군인들은 단일 군대보다
더 강하지는 않았다. 원래 암몬은 이스라엘 군대를 감당하지 못하여 아람의 용병을
청원했는데 아람(시리아)군인들이 도망하는 것을 보고 암몬 군인들이 전의(戰意)
를 상실하여 도망하고 만 것이다. 요압은 암몬의 랍바 성을 함락시켰어야 했는데
암몬 군대와 싸우기를 그치고 예루살렘으로 돌아왔다. 그 때가 아마도 우기였거나
또는 다른 이유가 있어 전쟁하기 어려운 시기였으므로 랍바 성을 포기하고 돌아온
것이다(K.&D.). 그 후 전쟁하기에 적당한 시기가 되어 이스라엘 군은 암몬의
랍바성을 포위했다(11:1).

558   사무엘상,하 주해

3. 아람을 정복하다   10:15-19

이 부분(15-19절)은 다윗이 아람(시리아)의 하닷에셀 군대를 헬람에서 격멸한 기사를 다룬다.

삼하 10:15. 아람 사람이 자기가 이스라엘 앞에서 패하였음을 보고 다 모이매.

아람의 용병들이 요압 군에게 무너져 도망한(13절) 다음 이제 그들은 패전해서 도망간 사실을 부끄러워하여 다시 설욕하기 위해 재집결한다. 이번에 아람 사람들은 이전에 암몬과 연합할 때보다 더 많은 군사를 소집했으며 보다 체계적인 지위 체계와 작전을 폈다(18절). 그러나 이번에도 그들은 다윗이 이끄는 이스라엘 군에게 패하고 만다(8:3-8참조).

삼하 10:16. 하닷에셀이 사람을 보내 강 건너 쪽에 있는 아람 사람을 불러내매 그들이 헬람에 이르니 하닷에셀의 군사령관 소박이 그들을 거느린지라.

하닷에셀45)이 사람을 보내 유브라데 강 건너 쪽에 있는 아람 사람을 불러내매 그들이 헬람46)에 이르렀는데 하닷에셀의 군 사령관 소박47)이 그들을 거느렸다. 이들이 이렇게 이스라엘과 싸워 과거의 패배를 설욕하려고 재정비하고 나섰으나 결국 패배하고 말았으니 이런 궐기를 패배를 위한 궐기라고 말해야 할 것이다.

삼하 10:17. 어떤 사람이 다윗에게 알리매 그가 온 이스라엘을 모으고 요단을 건너 헬람에 이르매 아람 사람들이 다윗을 향하여 진을 치고 더불어 싸우더니.

하나님의 사람에게는 꼭 보고해 주는 사람이 있다. 하나님은 사람을 통하여

---

45) 하닷에셀: 요단 동편과 유브라데 강 유역 등 수리아 지역에서 주도권을 장악했던 소바 아람국의 맹주이다.

46) "헬람": Helam. '그들의 군대'라는 뜻을 가지고 있다. 요단 강 동쪽의 성읍인데, 갈릴리 바다 동편 약 48km인 현재의 알마(Alma)로 추측된다(Ewald, Lange, RP Smith). 다윗은 여기서 하닷에셀을 지원하러온 수리아 사람을 멸망시켰다(삼하 10:16,17). 이것은 현금의 하우란 평원에 있던 알마(Alma)와 동일시해야 하며, 갈릴리 바다의 동쪽 48km 지점에 있다(디럭스바이블 성경사전).

47) "소박": Shophach. 소바 왕 하닷에셀의 군대장관이다. 제 1차로 요압 군에게 패주한 수리아 연합 군대장관이 재기의 목적으로 군대를 재정비해 가지고 다윗의 군대에게 대적하였으나, 요단 동쪽 헬람에서 다윗의 군대에게 병거 700승과 마병 4만을 잃고, 또 소박도 이때 피살되었다(삼하 10:16-18; 19:16-18).

알려주시는 때가 많다. 그러니까 하나님의 사람은 하나님께서 직접 알려주시거나 아니면 사람을 통하여 알려주셔서 알게 하신다. 다윗은 아람(수리아) 군대가 헬람에 모여 있다는 소식을 듣게 되었다. 다윗은 온 이스라엘 군대를 모으고 요단강을 건너 헬람에 이르렀다. 그 때 아람(수리아) 군대가 다윗을 향하여 진을 치고 전쟁을 시작했다. 그들이 전쟁을 시작한 것은 패배하기 위해 전쟁을 시작한 셈이다.

삼하 10:18. 아람 사람이 이스라엘 앞에서 도망한지라 다윗이 아람 병거 칠백 대와 마병 사만 명을 죽이고 또 그 군사령관 소박을 치매 거기서 죽으니라.

전쟁이 시작하자 아람(수리아) 군대가 다윗의 군대 앞에서 도망하기 시작했다. 그때 다윗이 아람 병거 700대와 마병 4만 명을 죽이고 또 군사령관 소박을 치니 헬람에서 죽고 말았다. 본 절은 병행구인 대상 19:18에는 병거 7천과 보병 4만으로 되어 있다. 이번 전투의 전과(戰果)는 앞 선 기록인 8:3-8의 재설이다. 본 절의 사망자 숫자와 대상 19:18의 사망자의 숫자가 다른 것을 알기 위해서 8:4의 주해를 참조하라.

본 절은 다윗이 친히 출전하여 승리한 것을 보여준다. 이스라엘이 이렇게 유브라데 강까지 점령하게 된 것은 하나님의 예언(창 15:18)이 성취된 것이다. 신약시대에도 하나님의 교회는 복음으로 점점 세상을 점령하고 있다.

삼하 10:19. 하닷에셀에게 속한 왕들이 자기가 이스라엘 앞에서 패함을 보고 이스라엘과 화친하고 섬기니 그러므로 아람 사람들이 두려워하여 다시는 암몬 자손을 돕지 아니하니라.

하닷에셀에게 붙었던 모든 왕들(하닷에셀을 지원하여 다윗을 대적했던 아람 소국의 왕들)은 자기들이 이스라엘에게 패한 것을 알고 이스라엘과 화해한 뒤에, 이스라엘에게 조공을 바치며 섬겼다(8:6 참조). 그 뒤로 아람(시리아)은 이스라엘이 두려워서 다시는 암몬 사람을 돕지 못하였다. 이처럼 이스라엘이 암몬 군과 아람 군에게 연전연승한 것은 하나님께서 다윗에게 하신 약속(7:11)의 성취였다.

제 11 장

III. 다윗의 범죄와 하나님의 징계   11-18장

이 부분(11-18장)은 다윗이 범죄(밧세바와 간음한 일, 남편 우리아를 죽인 일)하여 벌을 받는 것을 보여준다. 다윗에게 닥친 벌은 가정과 나라에 나타났다. 이 부분의 내용은 다윗이 범죄한 일(11:1-27), 나단이 책망한 일(12:1-15a), 다윗의 아이가 죽은 일(12:15b-23), 솔로몬이 탄생한 일(12:24-25), 암몬 수도 랍바 성을 정복한 일(12:26-31), 암논이 다말을 범한 일(13:1-20), 압살롬이 암논을 살해한 일(13:21-36), 압살롬이 도주한 일(13:37-39), 압살롬이 반란을 일으킨 일 (14:1-17:29), 압살롬이 죽은 일(18:1-33) 등이 진술된다.

A. 다윗이 범죄하다   11:1-27

어떤 형편으로든지 마음이 높아지면 하나님께서 그 사람의 마음을 낮추기 위해 간음을 허락하시는 원리에 따라 다윗도 역시 큰 승리 뒤에 찾아온 교만을 스스로 낮추지 못해 간음의 길을 걷게 되는 것을 보여준다(1-5절). 그런데 다윗은 간음에서 멈추지 않고 다윗은 권력이 있는 사람이니 밧세바의 남편을 아주 죽이는 2차 범죄까지 저지른다(6-27절).

1. 다윗이 밧세바를 범하다   11:1-5

삼하 11:1. 그 해가 돌아와 왕들이 출전할 때가 되매 다윗이 요압과 그에게 있는 그의 부하들과 온 이스라엘 군대를 보내니 그들이 암몬 자손을 멸하고 랍바를 에워쌌고 다윗은 예루살렘에 그대로 있더라.

문장 초두의 "그 해가 돌아와"란 말은 '그 다음 새해48) 봄이 돌아왔다'는 뜻이다. 다시 말해 '왕들이 전쟁하기 좋은 다음해 봄철이 돌아왔다'는 뜻이다.

그리고 "왕들이 출전할 때가 되었다"는 말은 '왕들이 전쟁하기 좋은 봄철이 돌아왔다'는 뜻이다.

그런데 이때 다윗은 자기가 친히 군사들을 데리고 출전하지 않고 '요압에게 자기의 부하들과 온 이스라엘의 군인들을 맡겨서 출전시킨' 데서 문제가 생긴 것이다. 이때 다윗은 스스로 마음을 낮추고 겸손하게 주님 앞에서 자기 부하들이 승리할 수 있도록 기도에 전념했어야 했는데(골 4:2; 살전 5:17) 너무 편안히 시간을 보낸 것이다. 이런 때 주님을 열심히 찾지 않으면 자연히 마음이 높아지기 마련이다.

요압의 군대는 암몬 사람을 무찌르고 랍바성49)을 포위하였다. 요압의 군대가 랍바성을 포위했을 때 다윗은 예루살렘에 머물러 있었기에 문제가 생긴 것이다. 랍바를 완전히 포위하고 전쟁이 끝났더라면 우리아를 죽일만한 곳이 없었을 터인데 아직 랍바성을 포위하고 있었으니 다윗은 요압에게 부탁하여 우리아를 그 전투에서 죽인 것이다.

삼하 11:2. 저녁때에 다윗이 그의 침상에서 일어나 왕궁 옥상에서 거닐다가 그 곳에서 보니 한 여인이 목욕을 하는데 심히 아름다워 보이는지라.

"저녁때에 다윗이 그의 침상에서 일어난" 것은 중동지방의 일기 때문이었다. 중동지방은 한 낮이 너무 더워 활동하기가 힘이 들어 낮에는 낮잠을 자고 저녁때가 되어 날이 서늘했기 때문에 다윗도 저녁때에 그의 침상에서 일어난 것이다.

다윗이 낮잠에서 일어나 왕궁 옥상에서 거닐었다. 유대의 옥상은 평평했으니(삼상 9:25) 지붕 위에서 거닐기가 좋았다. 그런데 다윗은 그 옥상에서 거닐면서 한 여인이 목욕을 하는 것이 눈에 띠었다. 아마도 그 여인도 한낮의 뜨거움을 피하여 낮잠을 자고 나서 땀에 젖은 몸을 씻는 중이었을 것이다. 그런데 다윗의 눈에는 그 여인이 심히 아름다워 보였다. 이런 때 성도들의 경우 육신(죄)이 사람을

---

48) 여기 "새해"는 가나안력 '아빕 월'이고 바벨론 역으로 '니산 월'이며 태양력으로는 3-4월이다(Josephus, Lange).

49) 여기 '랍바성'은 그 후 다윗에 의해 함락되었다(12:26-31).

주장하지 않고 성령이 사람을 주장하도록 성령 충만한 상태에 있어야 한다(엡 5:18). 사람이 성령으로 충만하면 죄를 짓지 않게 된다.

삼하 11:3. 다윗이 사람을 보내 그 여인을 알아보게 하였더니 그가 아뢰되 그는 엘리암의 딸이요 헷 사람 우리아의 아내 밧세바가 아니니이까 하니.

다윗은 여인의 육신의 아름다움을 보고 자기의 육신의 정욕을 억누르지 못하고 사람을 보내 그 여인이 누구인지를 알아보게 했다. 그 여자가 누구인지를 알아본 사람이 말하기를 그 여인은 "엘리암의 딸이요 헷 사람 우리아의 아내 밧세바"라고 알려주었다. 여기 "엘리암"(Eliam)이란 사람은 우리아의 아내 밧세바의 부친이었고, 헷 사람 우리아의 장인이었다. 역대상 3:5에는 암미엘로 되어 있다. 보고해 주는 사람은 그 여인이 "우리아의 아내 밧세바"라고 알려주었다. 다윗은 남의 아내라는 말을 들은 다음에 자신이 큰 잘못을 저지르는 것으로 알고 자기 몸을 쳤어야 했다(고후 12:7). 본문에 "밧세바"란 말은 '일곱째 딸'이란 뜻을 가지고 있다. 이는 훗날 솔로몬의 모친이 되었다(12:24).

삼하 11:4. 다윗이 전령을 보내 그 여자를 자기에게로 데려오게 하여 그 여자와 동침하고 그가 그 여자의 부정함을 깨끗하게 하였으므로 그가 자기 집으로 돌아가니라.

다윗은 드디어 전령들을 보내 밧세바를 자기에게로 데려오게 했다. 그리고 밧세바와 동침했다. 밧세바와 동침할 때 밧세바는 반항하지 않았다. 그런고로 밧세바도 죄를 지은 것이다. 밧세바는 높이 있는 집의 지붕에서 누구나 넘겨 볼 수 있는 성의 한복판에 위치한 집 뜰에서 목욕을 한 행위로 보아 그녀가 여성다운 정숙함을 갖추고 있었다고는 말할 수 없다(K.&D.). 아무튼 여자의 노출 은 남자로 하여금 죄를 짓게 하는 행위, 음란을 부추기는 행위라는 것을 알 수 있다. 그러나 큰 죄는 다윗이 지은 것이 사실이다. 이유는 다윗이 밧세바를 데려와 서 잠자리를 함께 했기 때문이다.

본 절의 해석에는 두 가지가 있다. 1) 우리 한글 개역판이나 혹은 개역 개정판의 번역처럼 "밧세바가 정결하게 했기 때문에 다윗이 밧세바와 동침했다"는 식으로 번역하는 경우(KJV, NKJV, ASV, BBE, Webster, WEB도 우리 번역처럼 번역했다). 2) "밧세바가 동침한 후에 정결하게 하고 집으로 돌아갔다"는 번역(NIV, NASB, RSV, NRSV, YLT, DBY도 동일하게 번역했다). 히브리 원문이 그녀가 다윗에게 정조를 빼앗겼기 때문에 이후 자신의 부정함을 씻은 것으로 되어 있어서 2번의 번역이 바른 것으로 보아야 할 것이다. 밧세바는 정조를 잃게 된 일로 인해 하나님께 참회하는 심정 가운데 마치 정결 례를 행하듯이 자신의 부정함을 제하려 했음을 알 수 있다(레 15:18).

다윗은 밧세바와 동침하는 죄를 지었기에 훗날 압살롬의 반역을 만나야 했고 나라 안에 크고 작은 무수한 하나님의 징계를 받아야 했다(삼하 12:10-15; 15:7-12). 혹자는 사람이 율법을 범해도 벌이 없다고 주장하나 율법을 범할 경우 심각한 징계가 있음을 알아야 할 것이다.

삼하 11:5. 그 여인이 임신하매 사람을 보내 다윗에게 말하여 이르되 내가 임신하였나이다 하니라.

밧세바는 한번 동침으로 임신을 하게 되었다. 임신한 밧세바는 사람을 보내 다윗에게 자기의 임신을 통지한다. 밧세바의 임신은 이후 수많은 복잡한 일을 불러온다. 죄를 덮기 위해 우리아를 죽이는 일을 범한다.

다윗은 밧세바의 임신 사실을 숨길 수 없었다. 그래서 이제는 밧세바의 남편 우리아를 전쟁터에서 집으로 불러 와서 밧세바와 하룻밤 동침하여 그 아이가 우리의 아이가 되도록 하려했으나 실패하여 우리아를 전쟁터로 내 몰아 죽게 만들고 밧세바를 자기 아내로 삼았다.

2. 다윗이 밧세바의 남편 우리아를 살해하다 11:6-27

다윗은 밧세바가 잉태했다는 소식을 듣고 밧세바의 남편을 전장에서 호출하여 밧세바와 하룻밤을 자게 해서 밧세바가 잉태한 아이가 우리아의 아이로 만들려 했으나 우리라가 하룻밤 밧세바와 동침하지 않으니(6-13절) 다윗은 우리아를 전장터로 보내 적의 무기에 맞아죽게 한다(14-27절).

ㄱ. 우리아가 밧세바와 동침하지 않다   11:6-13

다윗이 전장에서 밧세바의 남편 우리아를 불러 밧세바와 하룻밤 동침하게 만든다. 그러나 우리아는 충성스런 마음으로 자기 아내와 동침하기를 거절한다.

삼하 11:6. 다윗이 요압에게 기별하여 헷 사람 우리아를 내게 보내라 하매 요압이 우리아를 다윗에게로 보내니.

다윗은 전장에 있는 우리아를 불러 밧세바와 동침시켜 자기의 범죄를 은폐하려고 요압에게 우리아를 다윗에게로 보내라고 명령하니 요압이 우리아를 다윗에게로 보낸다. 여기까지만 해도 다윗의 계획은 잘 진행되는 듯했다.

삼하 11:7. 우리아가 다윗에게 이르매 다윗이 요압의 안부와 군사의 안부와 싸움의 어떠한 것을 묻고.

우리아가 다윗에게 이른 다음 다윗은 모든 것을 자연스럽게 보이려고 우리아에게 요압의 안부와 군사들의 안부와 싸움이 지금 어떻게 돌아가는지 알기 위해 하나하나 묻는다.

삼하 11:8. 그가 또 우리아에게 이르되 네 집으로 내려가서 발을 씻으라 하니 우리아가 왕궁에서 나가매 왕의 음식물이 뒤따라 가니라.

다윗은 우리아와 환담을 나눈 후 우리아에게 이르기를 "네 집으로 내려가서 발을 씻으라"고 말한다. "발을 씻으라"는 말은 '푹 쉬라'는 뜻이었다. 우리아가 왕궁에서 나간 후 다윗은 "왕의 음식물"을 뒤따라 보낸다. 다윗은 우리아에게 극진한 환대를 하고 있다. 자기의 죄를 숨기기 위함이었다.

삼하 11:9. 그러나 우리아는 집으로 내려가지 아니하고 왕궁 문에서 그의 주의 모든 부하들과 더불어 잔지라.

다윗은 우리아에게 최선의 환대를 하고 있으나 우리아는 자기 집으로 내려가지 않고 왕궁 문(시위병의 숙소)에서 다윗의 부하들과 함께 취침을 했다. 다윗의 부하들과 함께 왕궁 문에서 잔 이유는 11절에서 자세히 기록하고 있다.

삼하 11:10. 어떤 사람이 다윗에게 아뢰되 우리아가 그의 집으로 내려가지 아니하였나이다 다윗이 우리아에게 이르되 네가 길 갔다가 돌아온 것이 아니냐 어찌하여 네 집으로 내려가지 아니하였느냐 하니.

하나님께서 하시는 일에는 반드시 "어떤 사람"이 역할을 담당한다. 어떤 사람이 다윗에게 아뢰기를 "우리아가 그의 집으로 내려가지 아니하였나이다"라고 보고한다. 다윗은 이 말을 듣고 얼마나 골이 지끈지끈 아팠을까. 다윗은 우리아에게 말한다. 다윗은 "네(우리아)가 길 갔다가 돌아온 것이 아니냐 어찌하여 네 집으로 내려가지 아니하였느냐"고 염려하여 묻는 듯 묻는다.

삼하 11:11. 우리아가 다윗에게 아뢰되 언약궤와 이스라엘과 유다가 야영 중에 있고 내 주 요압과 내 왕의 부하들이 바깥 들에 진 치고 있거늘 내가 어찌 내 집으로 가서 먹고 마시고 내 처와 같이 자리이까 내가 이 일을 행하지 아니하기로 왕의 살아 계심과 왕의 혼의 살아 계심을 두고 맹세하나이다 하니라.

우리아가 다윗에게 자기 집으로 내려가서 밧세바와 함께 자지 않은 이유를 길게 말한다. 즉, "언약궤(법궤)[50]와 이스라엘과 유다(이스라엘 전체 군대를 지칭하는 말이다)가 야영 중에 있고 내 주 요압(우리아의 상관)과 내 왕의 부하들이 바깥들(들)에 진 치고(야영하고) 있거늘 내가 어찌 내 집으로 가서 먹고 마시고 내 처와 같이 자리이까"라고 충성스럽게 말한다.

우리아는 "내가 이 일을 행하지 아니하기로 왕의 살아 계심과 왕의 혼의 살아 계심을 두고 맹세하나이다"라고 말한다. 우리아는 "왕의 살아 계심과 왕의 혼의 살아 계심을 두고" '내가 집으로 돌아가 아내와 함께 자지 않기로 아주

---

50) 이때 법궤를 모시고 전장에 나간 것을 보면 그 전장이 아주 중요한 전쟁이었던 것을 드러낸다. 이렇게 중요한 전쟁이었는데 다윗은 직접 참가하지 않고 예루살렘에 그대로 남아 있어 큰 범죄를 저지른 것이었다.

굳게' 맹세한다는 것이었다.

삼하 11:12-13. 다윗이 우리아에게 이르되 오늘도 여기 있으라 내일은 내가 너를 보내리라 우리아가 그 날에 예루살렘에 머무니라 이튼날 다윗이 그를 불러서 그로 그 앞에서 먹고 마시고 취하게 하니 저녁 때에 그가 나가서 그의 주의 부하들과 더불어 침상에 눕고 그의 집으로 내려가지 아니하니라.

우리아가 다윗의 부름을 받아 예루살렘에 와서 왕의 환대에도 불구하고 그의 처와 밤에 동침하지 않으니 다윗이 우리아에게 이르기를 "오늘도 여기 있으라 내일은 내가 너를 보내리라"고 말한다. 왕의 명대로 우리아는 "그 날에 예루살렘에 머물렀다".

12절 문장 끝의 "이튼날"(the next)이란 말은 '해가 진후부터의 날'을 말한다. 유대나라에서는 해가 지면 이튼날로 취급한다(우리나라에서는 밤 12시가 넘어야 이튼날이라고 한다). 그러니까 해가 진후 이튼날에 (13절 초) "다윗이 그(우리아)를 불러서 그(우리아)로 하여금 그(다윗) 앞에서 마시고 취하게 하나" 그 밤이 오기 전 "저녁때에 그(우리아)가 나가서 그의 주의 부하들과 더불어 침상에 눕고 그의 집으로 내려가지 않았다"는 이야기이다.

우리아는 예루살렘에 이틀간 머물렀다. 그리고 밤을 지낸 것도 이틀 밤이었다. 그럼에도 자기 부인과 한 밤도 함께 자지 않고 다윗의 신하들과 함께 잤다. 우리아의 충직한 성격 때문에 다윗의 계획은 실패로 돌아가고 말았다. 다윗이 자신의 범죄를 숨기려던 계획은 하나님의 섭리로 물거품이 되었다. 그래서 다윗은 14절에 기록된 것처럼 밤이 지나 다음날 아침 요압에게 보내는 다윗의 편지를 손에 들고 전장으로 나가 전사한 것이다.

ㄴ. 다윗이 우리아를 살해하라 명령하다   11:14-25

다윗은 2일 동안 우리아로 하여금 밧세바와 동침하게 하려했으나 실패했으니 이제는 더 시도하지 아니하고 우리아로 하여금 일선 격전지로 보내 죽게 만든다. **삼하 11:14.** 아침이 되매 다윗이 편지를 써서 우리아의 손에 들려 요압에게 보내니.

다윗은 우리아로 하여금 밧세바와 동침하게 하려고 이틀을 노력했는데 실패하니 이튿날 아침이 되어 다윗이 편지를 써서 우리아의 손에 들려 요압에게 보낸다. 우리아는 그 손에 자기가 격전지에서 적의 무기에 맞아 죽어야 하는 내용의 편지가 들려 있었다.

삼하 11:15. 그 편지에 써서 이르기를 너희가 우리아를 맹렬한 싸움에 앞세워 두고 너희는 뒤로 물러가서 그로 맞아 죽게 하라 하였더라.

다윗이 쓴 편지 내용이 본 절에 기록되어 있다. 편지 내용은 "너희가 우리아를 맹렬한 싸움에 앞세워 두고 너희는 뒤로 물러가서 그로 맞아 죽게 하라"는 한 줄 길이의 내용이었다. 편지 내용은 세 토막이었다. 한 토막은 "너희가 우리아를 맹렬한 싸움에 앞세워 두어라"이고, 둘째 토막은 "너희는 뒤로 물러가서 있거라"는 내용이었으며, 셋째 토막은 "그로 맞아 죽게 하라"는 내용이었다. 다시 말해 '그로 하여금 적의 무기에 맞아 죽게 하라'는 것이었다. 참으로 흉측한 내용이었다.

삼하 11:16. 요압이 그 성을 살펴 용사들이 있는 것을 아는 그 곳에 우리아를 두니.

다윗의 편지의 내용을 읽은 요압은 랍바 성을 살펴 적의 강한 용사들이 있는 곳에 우리아를 두었다. 이제 우리아는 적의 무기에 맞아 죽을 판이었다. 다윗이 자기의 범죄를 숨기기 위해서는 우리아가 죽어야 했다. 참으로 슬픈 현실이었다.

삼하 11:17. 그 성 사람들이 나와서 요압과 더불어 싸울 때에 다윗의 부하 중 몇 사람이 엎드러지고 헷 사람 우리아도 죽으니라.

랍바 성 사람들이 나와서 요압 군대와 더불어 싸울 때에 다윗의 부하 중에 몇 사람이 엎드러지고 헷 사람 우리아도 죽었다. 다윗의 몇 부하들은 우리아가 죽기 위해 함께 죽은 것이었다. 참으로 억울한 생명들이었다. 한 사람의 범죄를 숨기기 위해서는 여러 사람의 희생이 필요했다.

삼하 11:18-19. 요압이 사람을 보내 그 전쟁의 모든 일을 다윗에게 보고할 새 그 전령에게 명령하여 이르되 전쟁의 모든 일을 네가 왕께 보고하기를 마친 후에.

요압은 우리아가 죽은 후 사람을 다윗에게 보내 그 전황(戰況)을 모두 다윗에게 보고했는데 요압은 그 전령에게 명령하여 이르기를 전황을 왕께 보고하기를 마친 후에 왕께서 혹시 다음 두 절의 내용(20-21절)과 같이 질문하시거든 마지막으로 말하기를 그 여러 전사자 중에 우리아도 죽었다고 말씀 드리라고 말해 주었다.

11:20-21. 혹시 왕이 노하여 네게 말씀하기를 너희가 어찌하여 성에 그처럼 가까이 가서 싸웠느냐 그들이 성 위에서 쏠 줄을 알지 못하였느냐 여룹베셋의 아들 아비멜렉을 쳐 죽인 자가 누구냐 여인 하나가 성에서 맷돌 위짝을 그 위에 던지매 그가 데벳스에서 죽지 아니하였느냐 어찌하여 성에 가까이 갔더냐 하시거든 네가 말하기를 왕의 종 헷 사람 우리아도 죽었나이다 하라.

요압은 전령에게 이르기를 왕이 "혹시 너희가 어찌하여 성에 그처럼 가까이 가서 싸워서" 사상자를 많이 냈느냐고 책망하면 재빨리 왕의 종 헷 사람 우리아도 죽었다고 보고하라고 일러 주었다. 요압은 또 혹시 다윗이 "여룹베셋51)의 아들 아비멜렉52)을 쳐 죽인 자가 누구냐 여인 하나가 성에서 맷돌 위짝을 그 위에 던지매 그가 데벳스53)에서 죽지 아니하였느냐 어찌하여 성에 가까이 갔더냐"고 책망하실지 모르니 그러면 왕의 종 헷 사람 우리아도 죽었다고 재빨

---

51) "여룹베셋": Jerubbesheth. '수치와 다툼'이란 뜻을 가지고 있다. 여룹베셋이란 기드온의 별명, 즉 '여룹바알'의 이명이다. '바알'이라는 명칭이 여호와에 대하여 쓰이는 것이 좋지 않다고 여겨진 시대 이후는 그 대용으로 보셋(부끄러워할 것)이란 말이 쓰이게 되었다.

52) "아비멜렉": 기드온(여룹바알)의 아들이다. 그의 모친을 사사기 8:31에는 첩, 9:18에는 여종으로 모멸하고 있으나, 세겜의 권세 있는 가나안 사람의 딸이었다. 부왕이 죽은 다음 아비멜렉은 세겜에 있는 외가 친척들을 사주(使嗾)하여 세겜 사람들로 하여금 70 형제 중에서 자기를 왕으로 세우도록 꾸미고, 은(銀) 70개로 불량배를 사서 그들의 지지를 받았고, 자기 형제 70명을 한 반석 위에서 죽이고(막내 동생 요담은 피신) 불의하게 왕이 되었다(디럭스바이블 성경사전).

53) "데벳스": Thebez. 세겜에 가까운 성읍인데, 아비멜렉이 이 성읍을 공격하던 중 한 여인이 내려 던진 맷돌에 맞아 전사한 곳이다(삿 9:50-53). 세겜의 동북쪽 15km, 현재의 두바스(Tubas)로 추정된다.

리 말씀드리라고 일러주었다. 요압은 다윗이 잘 알고 있는 전쟁사를 들추어내어 책망할는지 모른다고 하여 여룹베셋의 아들 아비멜렉을 쳐 죽인 자는 다른 사람이 아니라 여인 하나가 맷돌 위짝을 성위에서 던졌기에 그가 데벳스에서 죽은 전쟁사를 꺼내어 책망할 가능성을 잘 알고 있었다. 그래서 혹시 다윗이 그 전쟁사를 들어 책망하실지 모르니 그렇게 되면 빨리 우리아도 죽었다고 알려드리면 된다고 말해 주었다.

삼하 11:22-23. 전령이 가서 다윗에게 이르러 요압이 그를 보낸 모든 일을 다윗에게 아뢰어 이르되 그 사람들이 우리보다 우세하여 우리를 향하여 들로 나오므로 우리가 그들을 쳐서 성문 어귀까지 미쳤더니.

전령이 다윗에게 가서 요압이 말한 대로 전황을 말하면서 요압 측에 사상자가 많이 나게 된 경위를 설명한다. 그 경위는 암몬 사람들이 이스라엘 군대보다 우세하여 이스라엘 군대를 향하여 들로 나왔기 때문에 이스라엘 군대가 암몬의 랍바 성문 어귀까지 미치니 요압 군의 활 쏘는 자들이 성 위에서 이스라엘 군대를 향하여 활을 쏘았기에 사상자가 많이 났다고 보고했다(다음 절처럼).

삼하 11:24. 활 쏘는 자들이 성 위에서 왕의 부하들을 향하여 쏘매 왕의 부하 중 몇 사람이 죽고 왕의 종 헷 사람 우리아도 죽었나이다 하니.

이스라엘 군대가 암몬의 랍바 성에 접근 했을 때 암몬 군대의 활 쏘는 자들이 성 위에서 이스라엘 군대의 부하들을 향하여 활을 쏘매 왕의 부하 중 몇 사람이 죽고 우리아도 전사했다고 보고했다. 다윗은 "우리아도 죽었나이다"라는 전령의 보고를 들으면서 '아! 이제 되었구나' 했을 것이다. 그러나 다윗은 앞으로 하나님의 그 큰 징계가 기다릴 줄은 알지 못했다.

삼하 11:25. 다윗이 전령에게 이르되 너는 요압에게 이같이 말하기를 이 일로 걱정하지 말라 칼은 이 사람이나 저 사람이나 삼키느니라 그 성을 향하여 더욱 힘써 싸워 함락시키라 하여 너는 그를 담대하게 하라 하니라.

전령의 보고를 받은 다윗은 전령에게 요압을 안심시켜 이런 말을 하라고
한다. "이 일로 걱정하지 말라 칼은 이 사람이나 저 사람이나 삼키느니라. 그
성을 향하여 더욱 힘써 싸워 함락시키라"고 권한다. 다시 말해 '사상자가 많이
난 일이라든지 우리아가 죽은 일로 걱정하지 말라'고 말하여 요압을 담대하게
만들어 주라고 한다. 이유는 '칼이란 이 사람이나 저 사람이나 죽이는 것 아니냐.
그건 당연한 것 아니냐. 그런 것을 가지고 걱정하지 말라'는 것이다. '다만 지금
이스라엘 군이 해야 할 일은 이 시간 이후로 더욱 힘써 싸워 그 랍바 성을 함락
시키라'고 힘을 보탠다. 다윗이 만약 우리아가 죽었다는 소식을 듣지 못했다면
사상자가 많이 난 것을 가지고 요압을 책망했을 것이다. 왜 암몬의 무기를 피하지
못했느냐고 꾸짖었을 것이다. 우리아가 죽은 소식은 다윗에게는 잠시 동안 참으로
기쁜 소식이었다.

ㄹ. 다윗이 밧세바와 결혼하다 11:26-27

**삼하 11:26. 우리아의 아내는 그 남편 우리아가 죽었음을 듣고 그의 남편을 위하여
소리내어 우니라.**

본서 저자가 본 절 초두에 '밧세바'라 쓰지 않고 "우리아의 아내'라고 표기한
것은 1) 밧세바가 우리아의 아내였음에도 불구하고 다윗과 부정한 관계를 맺었음(4
절)을 강조하기 위하여 우리아의 아내라 표기했을 것이며, 2) 억울하게 죽임을
당한 우리아에 대하여 조의를 표하기 위하여 우리아의 아내라고 표기했을 것이다
(Wycliffe). 밧세바는 그 남편 우리아가 죽은 사실을 듣고 그의 남편을 위하여
"소리내어 울었다". 여기 "소리 내어 울었다"(ספד)는 말은 '죽은 자를 위해 슬퍼서
가슴을 치며 울었다'는 뜻이다(창 23:2; 왕상 14:13; 렘 4:8). 밧세바는 자기
남편 우리아를 다윗이 죽였을 것이라는 사실은 알지 못하고 전사(戰死)했을 것으
로 알고 울었을 것이다.

히브리인들은 특별한 사람이 죽으면 70일간(창 50:3), 또는 30일간(민 20:29;
신 34:8) 애곡했는데, 대개는 7일간 애곡했으니(창 50:10; 삼상 31:13) 밧세바의
경우도 7일간 애곡했을 것이다.

삼하 11:27. 그 장례를 마치매 다윗이 사람을 보내 그를 왕궁으로 데려오니 그가 그의 아내가 되어 그에게 아들을 낳으니라 다윗이 행한 그 일이 여호와 보시기에 악하였더라.

다윗 왕은 우리아의 장례식을 마치자 곧바로 사람을 보내 그 여인을 왕궁으로 데려왔다. 다윗의 이런 재빠른 처사는 밧세바의 임신을 백성들로부터 은폐시키기 위함이었다. 즉, 다윗은 밧세바가 아이(5절)를 낳기 전에 얼른 궁으로 데려와 자신의 아내로 삼았다(Wycliffe, K.&D., 박윤선).[54]

그 여인은 이렇게 하여 다윗의 아내가 되었고 그들 사이에서 아들이 태어났다. 그러나 주께서 보시기에, 다윗이 행한 이번 일은 여호와 보시기에 아주 악하였다. 다윗의 이번 간음 사건과 우리아를 살해한 사건은 하나님께서 보실 때 악하기 그지없었다.

"다윗이 행한 그 일이 여호와 보시기에 악하였다"는 말은 다윗이 행한 그 일 때문에 하나님과 다윗과의 관계가 깨졌다는 뜻이다. 다시 말해 관계가 파괴되었다는 뜻이다. 이는 다윗이 행한 악(惡)의 심각성을 보여준다. 그러나 여호와께서는 선지자 나단을 보내셔서 다윗으로 하여금 회개케 하여 관계를 회복하셨다(12:13). 하나님께서 이렇게 선수적으로 선지자를 보내셔서 관계를 회복하신 것은 다윗의 왕권을 영원토록 보장해주시겠다고 약속하신 다윗 언약(7:8-16)에 근거한 것이었다. 하나님은 참으로 신실하신 분이시다.

---

54) "다윗은 이렇게 속히 밧세바를 취함으로 그에게서 장차 출생할 아이가 자기 결혼 후에 생긴 자식으로 세상에 알려질 줄로 생각하였다. 그는 자기의 간음 사건을 숨기려고 애썼다. 그러나 그 진상은 적나라하게 드러났고 성경에 기록되기까지 했다"(박윤선).

제 12 장

B. 다윗 왕가에 재난이 닥치다   12장-18장

12장부터 18장까지는 다윗 왕가에 재난이 계속해서 닥친 일을 진술하고 있다. 이 부분의 내용은 나단이 다윗을 책망한 일(12:1-15a), 다윗의 아이가 죽은 일(12:15b-23), 솔로몬이 탄생한 일(12:24-25), 암몬의 수도 랍바 성을 정복한 일(12:26-31), 암논이 다말을 범한 일(13:1-20), 압살롬이 암논을 살해한 일(13:21-36), 압살롬이 도주한 일(13:37-39), 압살롬이 반란을 일으킨 일(14:1-17:29), 압살롬이 죽임을 당한 일(18:1-33) 등이 진술된다.

1. 나단이 책망하다   12:1-15a

나단은 하나님의 보내심을 받아 다윗을 찾아가서 부자(富者)와 가난한 자의 비유로 다윗을 책망하고(1-6절), 책망을 받은 다윗은 즉시 자신의 범죄를 자복한다(7-15a).

삼하 12:1. 여호와에서 나단을 다윗에게 보내시니 그가 다윗에게 가서 그에게 이르되 한 성읍에 두 사람이 있는데 한 사람은 부하고 한 사람은 가난하니.

여호와께서 나단을 다윗에게 보내신 때는 다윗이 밧세바와 불륜을 맺고(11:4,5) 아이가 태어난 후였으니(14절) 대략 1년쯤 지났을 때였다. 여호와께서 다윗이 범죄 하자마자 나단을 보내시지 않고 이렇게 많은 세월(1년쯤)이 지났을 때 보내신 이유는 다윗으로 하여금 죄로 말미암은 영적인 고통을 맛보아 다시는 범죄하지 않도록 하시기 위함이었다(시 31:10; 32:3-4). 죄 때문에 고통 당해본 사람은 다시는 범죄할 생각을 품지 못한다.

여호와께서는 적절한 시기에 나단을 보내셔서 다윗으로 하여금 죄를 회개하게 하셨다. 하나님은 진노 중에라도 긍휼을 기억하신다(합 3:2). 여기 나단(7:2 주해 참조)이란 선지자는 일국의 왕 다윗 앞에서도 위축되지 않고 담대하게 다윗의 죄를 지적했다. 오늘을 사는 목회자는 성도들을 책망할 수 있어야 할 것이다.

나단은 다윗을 찾아와서 한 성읍에 두 사람이 있는데 한 사람은 부하고 한 사람은 가난한 사람의 비유를 들어 다윗의 죄를 드러낸다.

삼하 12:2-3. 그 부한 사람은 양과 소가 심히 많으나 가난한 사람은 아무것도 없고 자기가 사서 기르는 작은 암양 새끼 한 마리뿐이라 그 암양 새끼는 그와 그의 자식과 함께 자라며 그가 먹는 것을 먹으며 그의 잔으로 마시며 그의 품에 누우므로 그에게는 딸처럼 되었거늘.

나단이 말한 비유의 내용은 부자(富者)와 가난한 자였다. 부자(다윗 비유)는 양과 소가 심히 많았고, 가난한 사람(우리아 비유)은 아무 것도 없고 단지 자기가 사서 기르는 작은 암양 새끼 한 마리뿐이었다는 것이다. 그런데 그 가난한 사람에게는 그 암양 새끼 한 마리는 딸처럼 애지중지하는 귀여운 존재였다. 가난한 자와 암양 새끼 한 마리가 어떻게 지내는 형편인가 하면 "그 암양 새끼는 그와 그의 자식과 함께 자라며 그가 먹는 것을 먹으며 그의 잔으로 마시며 그의 품에 누우므로 그에게는 딸처럼 귀여운 존재였다". 아무튼 그 암양 새끼 한 마리(밧세바 비유)는 가난한 자(우리아 비유)에게는 떼려야 뗄 수 없는 애완동물과 같은 존재였다. 그런데 다윗이 이 애완동물 같은 밧세바를 우리아에게서 뺏어 갔다는 비유이다.

삼하 12:4. 어떤 행인이 그 부자에게 오매 부자가 자기에게 온 행인을 위하여 자기의 양과 소를 아껴 잡지 아니하고 가난한 사람의 양 새끼를 빼앗아다가 자기에게 온 사람을 위하여 잡았나이다 하니.

나단의 두 사람 비유에 하나가 더 첨가되는 것은 어떤 행인(여행객)이 부자(富者) 집에 손님으로 왔다는 것이다. 그런데 그 부자는 자기에게 있는 수많은 양이나 소 중에서 한 마리를 잡아 손님을 대접하지 아니하고 가난한 사람이 애지중지 키우는 양 새끼를 빼앗아다가 잡아서 대접했다는 내용이다. 누구든지 나단의 비유를 여기까지 듣고 있으면 '이럴 수 있느냐'라고 느끼게 된다. 그런 부자는 세상에 더 존재할 가치가 없는 사람이라고 느끼게 되는 것은 어쩔 수 없는 인지상정 (人之常情)이다.

혹자는 본 절의 비유에 나오는 "행인"(여행객)이란 말이 세 번 나오는 것을 두고 첫째로 등장하는 행인은 탐심의 초기 단계라 하고, 두 번째로 등장하는 행인은 보다 진보된 단계의 탐심이라고 하며, 세 번째의 행인은 탐심이 완전히 그 사람 속에 자리를 잡고 떠나지 않는 탐심이라고 해석하고 또 다른 주석가는 여기 세 행인은 예수님께서 살리신 세 사람(야이로의 딸, 나인성 과부의 독자, 죽은 지 4일이나 된 나사로가 살아 난 것을 비유한다고 함)을 비유한 것이라고 주장하나 비유란 한 가지 교훈을 주려는 것이 목적이지(나단의 비유는 부자의 강탈 행위를 나쁜 것이라 말하기 위하여 비유를 든 것이다) 두 가지 이상의 교훈을 주려는 것은 아니므로 행인이란 말에 특별한 뜻을 둘 필요는 없다.

삼하 12:5. 다윗이 그 사람으로 말미암아 노하여 나단에게 이르되 여호와의 살아 계심을 두고 맹세하노니 이 일을 행한 그 사람은 마땅히 죽을 자라.

다윗은 나단의 비유를 듣고 있다가 그 비유에 나오는 부자(다윗 비유) 때문에 격분하여 말하기를 "여호와의 살아 계심을 두고 맹세하노니"('분명하게 말하는데' 라는 뜻이다) 이 일을 행한 그 부자는 마땅히 죽어 마땅한 자라고 찍어 말했다. 다윗은 자신이 그 부자에 해당하는 줄도 모르고 그런 놈은 세상에 살려두어서는 안 될 사람이라고 말했다. 다윗은 자신의 잘못이 큼을 알지 못하고 남이 잘못한 것만 볼 줄 알았다. 사람은 누구든지 남의 허물에 대해서는 민감하고 자기 잘못에 대해서는 아주 둔하다(마 7:3,4).

삼하 12:6. 그가 불쌍히 여기지 아니하고 이런 일을 행하였으니 그 양 새끼를 네 배나 갚아 주어야 하리라 한지라.

앞 절(5절)에서는 다윗이 나단의 비유에서 나오는 부자는 마땅히 죽어야 할 자로 말했는데 이제 본 절에서는 암양 새끼를 빼앗아간 부자는 가난한 자에게

4배(출 22:1; 눅 19:8)를 갚아주어야 한다고 소리쳤다. 다윗은 그 부자가 바로 자신을 지칭하는 줄도 모르고 소리친 것이다.

삼하 12:7. 나단이 다윗에게 이르되 당신이 그 사람이라 이스라엘의 하나님 여호와께서 이와 같이 이르시기를 내가 너를 이스라엘 왕으로 기름 붓기 위하여 너를 사울의 손에서 구원하고

나단은 다윗이 법적용을 잘 하는 것을 듣고(5-6절) 단도직입적으로 "당신이 그 사람이라"고 말한다. 다시 말해 '당신이 바로 죽어야 할 사람이고, 당신이 바로 암양 새끼의 4배나 갚아주어야 하는 사람이라'고 말해준다.

나단은 본 절 하반 절부터 다음절(8절)까지 다윗 왕이 여호와께로부터 은혜를 크게 받은 것을 말하고, 9절에서는 그런데도 다윗은 우리아를 칼로 죽이고 그 아내를 빼앗아 자신의 아내로 삼았다고 말한다.

여호와께서는 본 절에서 다윗에게 큰 은혜를 베푸신 것을 두 가지로 말씀하신다. 첫째, "내가 너를 이스라엘 왕으로 기름 부었다"고 하신다(삼상 16:1-13). 여호와께서는 다윗을 베들레헴에서 부르셔서 이스라엘의 왕이 되게 기름 부으신 것이다. 둘째, "너를 사울의 손에서 구원했다"고 말씀하신다(삼상 19-27장). 다윗을 왕 만들기 위하여 다윗을 사울 왕으로부터 구원한 사실을 말씀하신다.

삼하 12:8. 네 주인의 집을 네게 주고 네 주인의 아내들을 네 품에 두고 이스라엘과 유다 족속을 네게 맡겼느니라 만일 그것이 부족하였을 것 같으면 내가 네게 이것저것을 더 주었으리라.

본 절도 여호와께서 다윗에게 은혜 주신 것을 말씀한다. 세 번째, "네 주인의 집을 네게 주었다"고 하신다. 사울이 통치하던 나라를 다윗에게 맡겨주셨다는 것이다. 다시 말해 이스라엘의 2대 왕으로 만들어 주셨다는 뜻이다. 넷째, "네 주인의 아내들을 네 품에 두었다"고 하신다. 고대의 왕위를 계승한 자는 전 왕의 처첩들을 그대로 계승한 전례를 뜻한다(K.&D., HP Smith). 그러나 사실 다윗이 고대의 전승을 그대로 적용한 흔적은 없다. 사울은 오직 한 사람의 첩밖에는 없었는데, 그것도 아브넬이 차지하고 있었다(3:7). 그런고로 다윗은 사울의 처첩들을 차지하지 못했다. 다섯째, "이스라엘과 유다 족속을 네게 맡겼느니라"고 하신다. 사울이 통치하던 전체 이스라엘을 다윗에게 맡겼다고 하신다(2:4; 5:3).

하나님은 다윗에게 "만일 그것(위에 말한 다섯 가지 은혜)이 부족하였을 것 같으면 내가 네게 이것저것을 더 주었으리라"고 하신다. 하나님 보시기에 다윗이 받은 은혜는 다윗에게 넘치는 은혜였지 결코 부족한 은혜는 아니었다. 그런고로 하나님께서는 우리아의 아내 밧세바를 더 주실 필요가 없었다는 뜻이다. 우리는 지금 모든 은혜를 다 받고 살아가고 있다. 이것저것 더 바라서 목을 기웃거릴 필요가 없다. 세상 것 더 필요 없다. 어떤 이들은 지금도 무엇이 부족한 것처럼 매일 복권을 사서 간직했다가 발표하는 날에 그 번호를 확인하고 있다. 모두 필요 없는 짓이다.

삼하 12:9. 그러한데 어찌하여 네가 여호와의 말씀을 업신여기고 나 보기에 악을 행하였느냐 네가 칼로 헷 사람 우리아를 치되 암몬 자손의 칼로 죽이고 그의 아내를 빼앗아 네 아내로 삼았도다.

그런데도 너는, 어찌하여 나 여호와의 말씀(출 20:13-14; 레 20:10)을 가볍게 여기고, 내가 악하게 여기는 그 일을 하였느냐? 여호와께서 악하게 여기는 그 일이란 헷 사람 우리아를 전쟁터에서 죽이고, 그의 아내를 빼앗아 네 아내로 삼은 것을 지칭한다. 전쟁터에서 우리아를 죽인 것은 우리아의 아내를 빼앗는 한 가지 방법이었다.

삼하 12:10. 이제 네가 나를 업신여기고 헷 사람 우리아의 아내를 빼앗아 네 아내로 삼았은즉 칼이 네 집에서 영원토록 떠나지 아니하리라 하셨고

이제 다윗이 여호와의 말씀을 업신여기고(출 20:13-14; 레 20:10) 헷 사람 우리아의 아내를 빼앗아 다윗 자신의 아내로 삼은 벌로 칼이 다윗 집에서 영원토록 떠나지 아니하리라고 하신다. 여기 "영원토록"이란 말은 다윗 당대까지를 이름이다(K.&D., 박윤선). 이 예언의 말씀은 훗날 암논의 죽음(13:28-29), 압살롬의 반란 사건(18:14), 그리고 아도니아의 죽음(왕상 2:24-25)을 통해 그대로 성취되었다.

삼하 12:11. 여호와께서 또 이와 같이 이르시기를 보라 내가 너와 네 집에 재앙을 일으키고 내가 네 눈 앞에서 네 아내를 빼앗아 네 이웃들에게 주리니 그 사람들이 네 아내들과 더불어 백주에 동침하리라.

여호와께서는 다윗에게 앞 절의 재앙에 더하여 또 다른 재앙을 일으키시겠다고 말씀하신다. 이 재앙 예고는 암논의 근친상간(13:1-19), 그로 인한 압살롬의 암논 살해 사건(13:20-29)과 그에 더하여 압살롬이 다윗을 반역한 후 이스라엘 온 백성이 보는 앞에서 다윗의 후궁들과 더불어 동침한 사건(16:21-22)이 발생한 것이다.

삼하 12:12. 너는 은밀히 행하였으나 나는 온 이스라엘 앞에서 백주에 이 일을 행하리라 하셨나이다 하니.

다윗은 밧세바를 취하는 일을 은밀히 행했고 또 우리아를 죽이는 일도 요압만 알뿐 은밀하게 행했으나 여호와께서는 압살롬을 통하여 다윗의 후궁들을 범할 때는 온 이스라엘 사람들이 다 알도록 대낮에 이 일을 행하셨다. 하나님은 우리의 거짓과 음란한 일을 들추실 때는 백주에 행하신다.

삼하 12:13. 다윗이 나단에게 이르되 내가 여호와께 죄를 범하였노라 하매 나단이 다윗에게 말하되 여호와께서도 당신의 죄를 사하셨나니 당신이 죽지 아니하려니와.

나단이 다윗에게 부자와 가난한 자 비유를 말하고(1-6절) 또 실제로 다윗의 죄 때문에 벌을 받을 것을 말하자(7-12절) 다윗이 나단에게 "내가 여호와께 죄를 범하였다"고 솔직하게 그리고 변명하지 않고(삼상 15:15,20,21; 시 51:3), 숨김없이(시 32:5), 겸손하게(시 51:1-2) 죄를 인정하고 나선다. 다윗다운 태도를 보인 것이다(시 32편; 51편). 다윗은 어린 아이와 같은 마음으로 죄를 고백하고 나선다.

다윗의 죄 고백을 들은 나단은 다윗에게 말하기를 "여호와께서도 당신의 죄를 사하셨나니 당신이 죽지 아니하리라"고 선언한다. 여기 "사하다"(עֶבִיר)란 말은 '치워버리다' 또는 '제거하다'란 뜻으로 '하나님께서 인간에게서 죄를 거두어 가신 후 죄가 없었던 것처럼 여겨 주시는 것'을 뜻한다. 나단이 여기서 "당신이 죽지 아니하리라"고 선언한 이유는 간음죄와 살인죄는 사형에 해당하는 죄였으므로(레 20:10; 24:17) 죄 사유는 다윗의 목숨을 살려주시는 은총으로 나타났다.

삼하 12:14. 이 일로 말미암아 여호와의 원수가 크게 비방할 거리를 얻게 하였으니 당신이 낳은 아이가 반드시 죽으리이다 하고.

나단은 다윗의 죄 고백으로 말미암아 죽지는 않게 되었지만(앞 절) 그러나 다윗의 죄로 말미암아 "여호와의 원수가 크게 비방할 거리를 얻게 하였다"고 말한다. 여기 "여호와의 원수"란 '이스라엘 주변국의 불신자들' 뿐 아니라 '하나님을 대적하는 모든 무리들'을 지칭한다. 다윗은 할례 받은 사람을 제외하고는 거의 무시하는 형편이었는데 다윗이 이런 죄를 범하였으니 여호와의 원수가 듣고 다윗을 크게 비방하게 되었다. 오늘 복음 전도자들이 범죄하는 경우 주위의 모든 불신자들이 덤벼들어 기독교를 비방하는 것을 볼 수 있다. 그런고로 교회 지도자들은 항상 성령의 충만을 구하여 범죄의 길에서 멀리 떨어져 살아야 할 것이다.

그리고 나단은 "당신이 낳은 아이가 반드시 죽을 것이라"고 한다. 여기 "당신이 낳은 아이"란 '다윗과 밧세바 사이에 낳은 불륜의 씨앗'으로 이 아이가 반드시 죽는다는 것은 바로 하나님의 공의의 심판의 표징이었다. 오늘을 사는 기독교인들도 세상에서 범죄했을 때 하나님은 회개하는 자의 죄를 사하시기는 하나 하나님의 공의의 표징을 보여주시는 경우가 많음을 알 수 있다.

삼하 12:15a. 나단이 자기 집으로 돌아가니라.

나단은 다윗의 범죄를 알게 했고 또 죄를 자복하게 한 다음 예언자로서의 사명을 잘 감당하고 자기 집으로 돌아갔다. 오늘 복음전도자들도 성령을 구하여 사명을 잘 감당하는 사람들이 되어야 할 것이다.

2. 다윗의 아이가 죽다   12:15b-23

다윗과 밧세바가 낳은 불륜의 씨는 다윗의 금식기도에도 불구하고 하나님의 예언대로(14절) 죽고 말았다.

삼하 12:15b. 우리아의 아내가 다윗에게 낳은 아이를 여호와께서 치시매 심히 앓는지라.

우리아의 아내가 다윗에게 낳은 아이를 여호와께서 치시니 심히 앓게 되었다. 본서의 저자는 본 절에서 "우리아의 아내"라고 표기한다. 밧세바가 우리아의 아내였던 시절 다윗이 불륜을 저질러 잉태해서 출생했다는 것을 강조하기 위함이다.

삼하 12:16. 다윗이 그 아이를 위하여 하나님께 간구하되 다윗이 금식하고 안에 들어가서 밤새도록 땅에 엎드렸으니.

다윗이 그 앓는 아이를 위하여 하나님께 간구하고 금식하며 안(골방이나 조용한 기도처)에 들어가서 밤새도록 자지도 않고 땅에 엎드려 기도했다. 그러나 하나님께서 그 생명을 제거하시려는 계획을 치워버릴 수는 없었다. 오늘도 기도한다고 다 응답되는 것은 아님을 알 수 있다.

삼하 12:17. 그 집의 늙은 자들이 그 곁에 서서 다윗을 땅에서 일으키려 하되 왕이 듣지 아니하고 그들과 더불어 먹지도 아니하더라.

다윗 왕궁에서 왕을 섬기는 늙은 신하들이 그에게로 가까이 가서, 그를 땅바닥에서 일으켜 세워보려고 하였으나 그는 일어나지도 않았고 또 그들과 함께 음식을 먹으려고도 하지 않았다. 본문의 "늙은 자들"(זִקְנֵי)이란 '왕궁에서 왕을 섬기는 늙은 신하들'이라는 뜻이다. 늙은 신하들이라고 말할 수 있는 이유는 다음 절(18절,21절)의 "다윗의 신하들"이란 말 때문이다. 왕궁에서 왕의 신임을 받으며 봉사하는 원로급 신하들이 다윗에게 다가가 일으켜 식사를 하게 하려 했으나 다윗은 그 아이를 살리려 전심으로 기도에만 힘썼다.

삼하 12:18. 이레 만에 그 아이가 죽으니라 그러나 다윗의 신하들이 아이가 죽은 것을 왕에게 아뢰기를 두려워하니 이는 그들이 말하기를 아이가 살았을 때에 우리가 그에게 말하여도 왕이 그 말을 듣지 아니하셨나니 어떻게 그 아이가 죽은 것을 그에게 아뢸 수 있으랴 왕이 상심하시리로다 함이라.

다윗의 금식기도에도 불구하고 아이는 이레 동안 앓다가 죽고 말았다. 이 아이의 죽음은 하나님의 뜻에 의한 것이었으니 막을 자가 없었다(14절). 아이가 죽고 난 다음에 다윗의 나이 많은 신하들은 아이가 죽은 것을 왕에게 보고하기를 두려워했다. 이유는 아이가 살았을 때에 우리가 왕에게 말해도 왕이 우리의 말을 들으려 하지 않았는데(앞 절) 아이가 죽은 지금 우리가 감히 어떻게 왕에게 아이가 죽었다고 말할 수 있는가. 만약 아이가 죽었다고 우리가 입을 떼면 왕은 스스로 자학(自虐)하실지 모르는 일이니 어떻게 말을 건넬 수 있을까.

본문의 "그 아이가 죽으니라"는 말 다음에 나오는 "그러나"라는 말은 우리 번역만의 특이한 번역이다. 히브리 원문에는 (וְ, "그리고", "그런데", "그래서")로 되어 있고, 영문판 번역(KJV, NKJV, ASV, NASB, RSV, NRSV, YLT, DBY)은 모두 "and"로 번역해 놓았거나 아니면 아예 번역을 하지 않았으며(NIV, NLT), 말틴 루터의 번역도 "und"(=and)로 번역해 놓았다. 우리말(한글 개역판, 개역개정판, 표준 새 번역, 현대인의 성경, 공동번역) 번역은 모두 "그러나"로 번역해 놓았다. 아마 문맥을 살리기 위함인 것으로 보인다.

그리고 본 절 마지막 단어 "상심하시리로다"(עָשָׂה רָעָה)는 말은 '상처내다' 혹은 '산산조각 내다'란 뜻이다. 그러니까 왕이 아이가 죽은 것을 알게 되면 '크게 상심하실 것이다' 혹은 '크게 자학하실 것이다'라는 뜻이다.

삼하 12:19. 다윗이 그의 신하들이 서로 수군거리는 것을 보고 그 아이가 죽은 줄을 다윗이 깨닫고 그의 신하들에게 묻되 아이가 죽었느냐 하니 대답하되 죽었나이다 하는지라.

아이가 죽은 후(앞 절) 다윗은 자신의 나이 많은 신하들이 서로 수군거리는 소리를 듣고 그 앓던 아이가 죽은 것을 깨닫고 그의 신하들에게 묻기를 "아이가 죽었느냐"하고 물으니 나이 많은 신하들이 "죽었나이다"라고 대답하는 수밖에 없었다.

삼하 12:20. 다윗이 땅에서 일어나 몸을 씻고 기름을 바르고 의복을 갈아입고 여호와의 전에 들어가서 경배하고 왕궁으로 돌아와 명령하여 음식을 그 앞에 차리게 하고 먹은지라.

아이가 죽었다는 말을 들은 다윗은 갑자기 땅에서 일어나 몸을 씻고 기름을 바르며 의복을 갈아입고 여호와의 전(법궤를 모신 장막)에 들어가 여호와께 경배하고 왕궁으로 돌아와 신하들에게 명령하여 음식을 차리라 하여 음식을 먹었다. 다윗의 이런 갑작스러운 돌변한 태도는 보통 사람으로는 이해하기 어려운 태도가 아닐 수가 없었다. 다윗이 이런 태도를 취한 것은 나단의 예언대로(14절) 된 것이니 다윗은 이제 모든 소망을 하나님께 더 굳세게 걸고 하나님만 소망하게 되었기 때문이었다. 하나님께 소망을 두는 사람은 마음도 몸도 아주 가벼워진다.

삼하 12:21. 그의 신하들이 그에게 이르되 아이가 살았을 때에는 그를 위하여 금식하고 우시더니 죽은 후에는 일어나서 잡수시니 이 일이 어찌됨이니이까 하니.

다윗의 행동들을 도무지 이해할 수 없었던(앞 절) 신하들은 다윗에게 물어본다. "아이가 죽지 않고 살았을 때에는 그 왕자를 위해서 금식하고 우시더니 그 왕자가 죽은 후에는 땅에서 일어나 음식을 잡수시니" 어떻게 그렇게 하실 수 있습니까 하고 여쭈어 보았다.

삼하 12:22. 이르되 아이가 살았을 때에 내가 금식하고 운 것은 혹시 여호와께서 나를 불쌍히 여기사 아이를 살려 주실는지 누가 알까 생각함이거니와.

신하들로부터 질문을 받은 다윗은 '아이가 살았을 때에 내가 금식하고 운 것은 혹시 여호와께서 나를 불쌍히 여기셔서 그 아이를 살려 주실 지도 모른다고 생각하였기 때문이오'라고 대답한다.

삼하 12:23. 지금은 죽었으니 내가 어찌 금식하랴 내가 다시 돌아오게 할 수 있느냐 나는 그에게로 가려니와 그는 내게로 돌아오지 아니하리라 하니라.

'그런데 지금은 그 아이가 죽었으니 내가 어찌 더 금식할 필요가 없지 않소 내가 그 아이를 다시 돌아오게 할 수 없지 않소 나는 훗날 그 아이에게로 갈수 있지만 그 아이는 현세에서는 돌아오지 못할 것이니 말이요'라고 대답한다. 다윗은 사람이 죽으면 내세로 간다고 믿었다. 오늘 어떤 이들은 사람이 죽으면 아예 끝난다고 믿고 있다. 옛날 야곱은 자기의 11째 아들 요셉이 죽은 줄로 판단되었을 때 "내가 슬퍼하며 스올(음부)로 내려가 아들에게로 가리라"했다(창 37:25).

3. 솔로몬이 탄생하다 12:24-25

다윗과 밧세바의 범죄로 태어난 아이는 이름도 없는 채 죽어버렸고, 이제는 하나님의 용서와 사랑으로 둘째 아들 솔로몬이 다윗에게 탄생한다.

삼하 12:24a. 다윗이 그의 아내 밧세바를 위로하고 그에게 들어가 그와 동침하였더니 그가 아들을 낳으매 그의 이름을 솔로몬이라 하니라.

범죄의 결과로 태어난 아이가 죽은(18-23절) 후 그의 아내 밧세바를 위로하고 그와 동침했더니 아들을 낳아 그 아이 이름을 솔로몬이라 했다는 내용이다.

본 서 저자는 본 절에서 "그의 아내 밧세바", 즉 '다윗의 아내 밧세바'라고 부른다. 이제는 우리아의 처(15절; 11:26)가 아니라 하나님께서 다윗의 아내로 인정하신다.

그리고 "밧세바를 위로 했다"(Then David comforted his wife, Bathsheba -ESV)는 말은 말로 위로 한 것을 뜻한다. 다시 말해 실제적인 행위로 들어가기 전에 정신적으로 위로한 것을 뜻한다고 보아야 할 것이다. 이유는 "그에게 들어가 동침하였더니"(and went in to her, and lay with her-ESV)란 말이 뒤따라 나오기 때문이다.

"다윗은 그 아이의 이름을 솔로몬이라"고 했다. 여기 "솔로몬"(שְׁלֹמֹה)은 히브

리 원전에서는 '솔로모'라고 읽고 있다. "솔로몬"이라고 발음하는 것은 영역
(Solomon-KJV, NIV, ASV, NASB, RSV, ESV)을 따른 것이다. "솔로
몬"(Solomon)55)이란 말은 '평화'란 뜻이다. 다윗은 범죄로 하나님과 멀어졌다가
평화 상태로 돌아와 솔로몬을 얻어 이 이름을 아이에게 붙였다.

솔로몬은 평화의 왕일 뿐 아니라 지혜의 왕이었다. 솔로몬만큼 지혜 있는
왕이 없었다. 다윗이 솔로몬 같은 지혜로운 왕을 낳은 것은 아마도 죄악의 씨가
앓기 시작해서 일 주 일간이나 하나님의 긍휼을 바라보고 금식기도를 했기 때문일
것이다(16-17절).

**삼하 12:24b-25. 여호와께서 그를 사랑하사 선지자 나단을 보내 그의 이름을
여디디야라 하시니 이는 여호와께서 사랑하셨기 때문이더라.**

밧세바가 낳은 아이 솔로몬을 여호와께서 사랑하셔서 선지자 나단을 보내
그의 이름을 "여디디야"56)라 붙여주셨다. 이는 여호와께서 사랑하셨기 때문이었
다."여디디야"(Jedidiah)란 낱말은 '여호와의 사랑하시는 자'란 뜻이다. 이는 하나
님께서 선지자 나단을 통해 솔로몬에게 '하나님께서 사랑하시는 자'라는 뜻으로
솔로몬이라는 이름을 주셨다. 이 이름 위에 더 좋은 이름은 없었다.

4. 암몬 수도 랍바 성을 정복하다 12:26-31

이 부분(26-31절)은 11:1에 연결되어야 하는 부분이고, 내용은 다윗이 암몬의
수도 랍바를 마침내 함락시킨 내용을 기록한 것이다. 암몬의 수도 랍바 성을
정복한 이 부분의 기사는 다윗의 회개 기사(1-24절) 이후에 기록되긴 했지만
실제적으로는 다윗의 회개 이전, 즉 우리아가 죽고 밧세바가 우리아를 위하여

---

55) "솔로몬": Solomon. '평화'라는 뜻을 가지고 있다. 솔로몬(BC 990년 경- 932년 경)은
이스라엘의 제 3대왕(재위 BC 973년 경- 932년 경)이다. 그에 관한 기사는 사무엘하 11장-
20장, 열왕기상 1장- 11장 및 역대하 1장- 9장에 기록되어 있다. 고대의 역사가 요세푸스
(Josephus), 유세비우스(Eusebius) 및 알렉산드리아의 클레멘트(Clement of Alexandria) 등의 솔로
몬에 대한 기사는 상술한 성경 기록에 의한 것이다. 또 잠언의 대부분과 전도서 및 아가는
그에 의해 기록되었다고 한다.
56) "여디디야": '여호와의 사랑하시는 자'란 선지자 나단이 솔로몬에게 준 별명이다.

통곡하던 기간(11:26)에 발생했던 것으로 보인다. 그런고로 랍바 성 정복은 다윗이 아직 회개하지 않았던 때에 이루어진 것이다. 회개 전에 승리하게 하신 이유는 비록 다윗과 그 후손이 범죄했을 경우 징계는 하실지언정 그 왕위를 폐하시지는 않겠다고 약속하신 것 때문에 랍바 성을 정복하게 하셨다고 보아야 할 것이다.

삼하 12:26-27. 요압이 암몬 자손의 랍바를 쳐서 그 왕성을 점령하매 요압이 전령을 다윗에게 보내 이르되 내가 랍바 곧 물들의 성읍을 쳐서 점령하였으니.

이 부분의 "랍바"(Rabbah)[57)]란 '큰 성읍'이란 뜻이다. "랍바"는 '왕성'(the royal city) 즉 수도(首都)와 '물들의 성'(the city of waters)[58)] 두 개로 이루어져 있었다(Lange). 지금도 요르단의 수도 "암만"(Amman)에 이 수원지(물들의 성)가 존재한다고 한다(HP Smith). 요압은 이 "물들의 성" 부분을 점령한 다음 사자를 다윗에게 보낸 듯하다(K.&D.). "물들의 성"을 점령하면 "왕성"(수도)의 함락은 시간문제였기 때문이다.

삼하 12:28. 이제 왕은 그 백성의 남은 군사를 모아 그 성에 맞서 진 치고 이 성읍을 쳐서 점령하소서 내가 이 성읍을 점령하면 이 성읍이 내 이름으로 일컬음을 받을까 두려워하나이다 하니.

요압은 다윗 왕에게 "그 백성의 남은 군사를 모아 그 성에 맞서 진 치고 이 성읍을 쳐서 점령하소서"라고 요청한다. 이유는 "내가 이 성읍을 점령하면 이 성읍이 내 이름으로 일컬음을 받을까 두려워하기 때문이라"고 하는 것이다.

요압이 직접 랍바 성을 완전히 함락시키지 않고 다윗을 불러 그로 하여금

---

57) "랍바": Rabbah. '큰 성읍'이란 뜻이다. 요단 강 동쪽 얍복 강의 상류에 건설된 암몬 사람의 도성인데, 오늘날 요단 왕국의 수도로 되어 있는 암만(Amman)과 동일지이다. 특히 암몬 사람의 성읍임을 나타내기 위해 '암몬 족속의 랍바'라고 하였다(신 3:11; 삼하 12:26; 17:27; 렘 49:2; 겔 21:20). "암몬 자손의 왕성 랍바" "암몬 족속에게 속한 랍바" "암몬 자손의 랍바"등으로 기록되어 있다.

58) "물들의 성": City of waters. 요압이 그 공략을 다윗에게 보고한 랍바 요새의 일각이다(삼하 12:27). 요새의 북쪽에 바위를 뚫어 만든 큰 물탱크가 있는데, 시민은 지하도를 이용하여 물을 폈다. 거기도 망대로 방비되어 있었지만, 요압은 먼저 이를 탈취하고 요새 전체의 영예를 다윗에게 돌리려고 다윗의 출전을 부탁했다.

랍바 성을 점령하게 한 이유는 요압이 자기의 주인인 다윗 왕에 대한 존경심의 발로에서 그렇게 한 것으로 보인다. 박윤선박사는 "요압이 그렇게 한 이유는 '랍바'를 함락시켰다는 명예를 임금에게 돌리기 위함이었다. 우리가 여기서 배우게 되는 것은 하나님의 교회를 위하여 어떠한 큰일을 했을지라도 그 영광을 하나님께 돌리고 나 자신이 차지하지 말아야 된다는 것이다. 주님은 명예심 없이 일하는 자를 기뻐하신다"고 하였다.

삼하 12:29. 다윗이 모든 군사를 모아 랍바로 가서 그 곳을 쳐서 점령하고.

요압의 요청을 받은 다윗은 모든 군사를 모아 랍바로 가서 그곳을 쳐서 점령했다. 여기 "모든 군사"란 요압과 함께 있는 군사를 제외한 군사들을 지칭한다. 다윗이 모든 군사를 모아가지고 랍바까지 간 행군은 대략 이틀이 걸렸을 것이다. 이유는 에루살렘에서 랍바까지는 약 75-80km이기 때문이다(이상근).

삼하 12:30. 그 왕의 머리에서 보석 박힌 왕관을 가져오니 그 중량이 금 한 달란트라 다윗이 자기의 머리에 쓰니라 다윗이 또 그 성읍에서 노략 한 물건을 무수히 내오고.

본 절의 "그 왕"(מַלְכָּם)이 누구냐를 두고 견해가 갈린다. 1) 암몬 족의 왕을 지칭한다는 견해(K.&D.). 이 견해를 지지하기가 좀 부적합한 이유는 암몬 왕의 머리에 쓰는 왕관이 금 한 달란트(34.27kg)나 되는 면류관을 쓰고 다녔다는 것은 좀 무리해 보인다. 2) 암몬 족의 우상인 밀곰(말감)을 가리킨다는 견해(Lange, Young, Wellhausen, RP Smith, The Interpreter's Bible). 2번의 견해가 더 합리적인 견해로 보인다. 이유는 무(無) 생명체의 우상은 아무리 무거운 것을 머리에 씌웠다고 해도 별 문제가 없는 것이니 때문이다.

"다윗이 자기의 머리에 썼다"는 말은 다윗이 그 밀곰의 면류관에 박혀 있던 보석만을 빼내서 자신의 면류관에 끼워 넣어서 썼을 것이다. 다윗은 우상은 아무 것도 아닌 줄로 알고 그것을 면류관에 부착해서 썼을 것이다. 다윗이 이렇게 우상의 머리에 박혀 있던 것을 빼내서 자기의 면류관에 끼워 넣어서 쓴 것은 자신은 정복자로서 피정복자를 완전히 굴복시켰음을 과시하는 행위였을 것이다.

"다윗이 또 그 성읍에서 노략한 물건을 무수히 내왔다"는 말은 '다윗이 그 도성에서 아주 많은 전리품을 약탈하였다'는 뜻이다. 하나님께서 승리를 주시니 이렇게 많은 전리품을 약탈할 수 있었다. 오늘 우리에게도 하나님께서 이렇게 승리를 주실 수 있으심을 믿어야 한다.

삼하 12:31. 그 안에 있는 백성들을 끌어내어 톱질과 써레질과 철도끼질과 벽돌구이를 그들에게 하게 하니라 암몬 자손의 모든 성읍을 이같이 하고 다윗과 모든 백성이 예루살렘으로 돌아가니라.

혹자는 본 절의 "그 안에 있는 백성들을 끌어내어 톱질과 써레질과 철도끼질과 벽돌구이를 그들에게 하게 하니라"는 구문을 해석함에 있어 우리 성경 각주에 있는 대로 '그 안에 있는 백성들을 끌어내어 톱으로 켜고 써레로 썰고 도끼로 찍고 벽돌 가마로 지나게 해서 죽였다'고 해석한다(Keil, Lange, RP Smith). 과연 다윗이 암몬 사람들을 그런 식으로 죽였을까 하는 의구심이 든다. 다윗이 암몬 사람들을 그런 식으로 죽일만한 이유가 없었다. 다윗은 그들을 노예로 삼아 모든 일을 시킨 것으로 보는 것이 더 옳을 것이다. 다윗은 암몬 자손의 랍바 성 사람들을 노예로 삼아 일을 시켰을 뿐 아니라 다른 모든 성읍 사람에게도 이같이 노예로 삼고 다윗과 모든 백성이 예루살렘으로 개선했다.

제 13 장

다윗의 범죄의 결과로 여호와께서 다윗의 가정에 환난을 허락하신다. 다윗의 장자인 암논이 이복누이 다말을 범하고(1-19절), 다말의 오라비인 압살롬이 암논을 살해하며(20-36절), 압살롬이 그술로 도주하는 일이 발생한다(37-39절).

5. 암논이 다말을 범하다 13:1-19
다윗의 장자 암논이 이복누이 다말에게 욕정을 품고 지내다가(1-6절), 요나답의 계략을 따라 다말을 범한(7-14절) 다음 다말을 쫓아낸다(15-19절).
1-6. 암논이 이복누이 다말에게 욕정을 품고 지내다.
삼하 13:1. 그 후에 이 일이 있으니라 다윗의 아들 압살롬에게 아름다운 누이가 있으니 이름은 다말이라 다윗의 다른 아들 암논이 그를 사랑하나.
본 절 초두의 "그 후에"란 말은 '암몬과의 전쟁(12:26-31) 후에'란 뜻이다(RP Smith). 다윗은 암몬과의 전쟁 후에 다윗의 가정에는 다윗의 범죄로 말미암아 하나님께서 주시는 환난이 계속된다. 다윗은 나단의 책망을 들어야 했고 또 범죄의 씨앗인 아이가 죽어야 했으며(이상 12장), 본 장에 와서는 장자 암논59)이 이복누이 다말60)에게 욕정을 품고 지내다가 이복누이 다말을 범하는 부끄러운 일이 벌어진다. 이 일이야 말로 다말이 말한 대로 이스라엘 가운데 없어야 했던 일이었고 수치되는 일이었다(12-13절).

본서의 저자는 암논이 이복누이 다말에게 욕정을 품게 된 동기(제일 큰 동기는 역시 다윗의 범죄였다)중 하나가 다말의 미모도 역할을 한 것으로 말한다. 즉, "다윗의 아들 압살롬에게 아름다운 누이가 있으니 이름은 다말이라"고 말한다.

---

59) "암논": 다윗의 맏아들이었고, 이스르엘 여인 아히노암의 소생이었다(3:2).
60) "다말": 그술 왕 달매의 소생이었다(3:3).

"인류역사상에 여성의 미모(美貌)로 인하여 얼마나 많은 사람들이 패망하였는가! 그러므로 여성은 그 얼굴의 아름다움을 자랑하거나 그것 때문에 교만하지 말고 마땅히 하나님께 감사하며 겸손히 처신해야 된다"(박윤선). 다말은 아름다웠을 뿐 아니라 또 암논과는 이복 자매간이었으니 욕정을 품을 가능성이 있었다. 동복간 자매는 서로 욕정을 품는 일이 없다. 다시 말해 암논이 다말에 대해 욕정을 품게 된 것은 다윗의 큰 죄로 인하여 하나님께서 암논으로 하여금 다말에게 욕정을 품게 허락하신 때문이었고 다말의 아름다움 때문이었으며 서로 간 이복 자매간이었기 때문이었다.

삼하 13:2. 그는 처녀이므로 어찌할 수 없는 줄을 알고 암논이 그의 누이 다말 때문에 울화로 말미암아 병이 되니라.

다윗의 다른 아들 암논이 다말을 사랑하고 있었으니(앞 절) 암논은 다말이 정숙한 처녀였기 때문에 쉽게 접근할 수가 없어서 그녀를 몹시 사랑하면서도 어떻게 할 수가 없어서 결국 그는 다말을 사모하다가 병이 들고 말았다. 암논의 병은 병든 체 한 것이 아니라 나날이 파리하여 가는 상사병이었다(4절). 본 절의 "처녀"(בְּתוּלָה)란 말은 '처녀성을 빼앗기지 않은 젊은 여성'을 뜻하는 말이다(창 24:16; 신 22:14; 사 7:14). 다윗의 딸 다말은 처녀였기 때문에 아무도 접근하지 못하는 궁중 깊은 곳에 살고 있어서 암논은 그녀를 사랑은 하나 만날 수가 없어서 나날이 몰골이 말라가고 있었다.

"울화로 말미암아 병이 되었다"(Amnon was so tormented that he made himself ill)는 말은 '너무 괴로워하여 암논은 자기 스스로를 병들게 만들었다'는 뜻이다. 다시 말해 상사병(어떤 이성을 그리워한 나머지 생기는 병)에 걸렸다는 뜻이다.

삼하 13:3. 암논에게 요나답이라 하는 친구가 있으니 그는 다윗의 형 시므아의 아들이요 심히 간교한 자라.

무슨 일이 나쁘게 진전되어 가기 위해서는 주위에 나쁜 친구가 필요한 법인데 암논에게는 요나답이라 하는 간교한 친구가 있었다. 요나답은 암논의 4촌이었다. 즉 다윗의 형 시므아의 아들이었다. "간교한 자"란 '교활한 사람'이란 뜻이다. 요나답은 세상적으로는 아주 지혜가 있는 사람이었는데 그는 그 지혜를 아주 악한 방면을 위해 사용했다.

삼하 13:4. 그가 암논에게 이르되 왕자여 당신은 어찌하여 나날이 이렇게 파리하여 가느냐 내게 말해 주지 아니하겠느냐 하니 암논이 말하되 내가 아우 압살롬의 누이 다말을 사랑함이니라 하니라.

다윗의 형 시므아의 아들 간교한 요나답이 암논에게 왜 그렇게 매일 몸이 파리해 가느냐고 묻는다. 암논은 요나답에게 "내가 아우 압살롬의 누이 다말을 사랑하기" 때문이라고 말해준다. 여기 "사랑함"(אהב)이란 말은 '성적 충동(衝動)을 갖는 것'을 뜻한다. 암논은 다말에 대해 지나친 성적 충동을 가지게 되어 그것이 병이 되어 파리해갔다.

삼하 13:5. 요나답이 그에게 이르되 침상에 누워 병든 체하다가 네 아버지가 너를 보러 오거든 너는 그에게 말하기를 원하건대 내 누이 다말이 와서 내게 떡을 먹이되 내가 보는 데에서 떡을 차려 그의 손으로 먹여 주게 하옵소서 하라 하니.

요나답은 이제 본 절에서 그의 간교함이 들어난다. 암논에게 들려주는 요나답의 간교한 말은 암논이 침대에 누워 병든체하다가 아버지 다윗이 장자의 병문안을 오게 되면 아버지에게 요청하기를 "내 누이 다말이 와서 내게 떡을 먹이되 내가 보는 데에서 떡을 차려 그의 손으로 먹여 주게 하옵소서"라고 해달라는 것이었다. 그런 식으로 해서 암논이 다말과 함께 단 둘이 있게 될 때 암논의 목적을 성취하려는 것이었다. 요나답의 간교한 계획은 참으로 간교해서 꼭 성공할 수 있었던 계획이었다. 요나답의 계획이 반드시 성공할 수 있었던 것은 다윗이 범죄하였기에 하나님께서 요나답의 간교함을 성공하게 하신 것이다. 다윗이 범죄하지 않았더라면 하나님께서 막아주셨을 것이다.

삼하 13:6. 암논이 곧 누워 병든 체하다가 왕이 와서 그를 볼 때에 암논이 왕께 아뢰되 원하건대 내 누이 다말이 와서 내가 보는 데에서 과자 두어 개를 만들어 그의 손으로 내게 먹여 주게 하옵소서 하니.

요나답의 교활한 계획을 듣고 암논은 곧 실천에 들어간다. 누워 병든 체하고 있으니 드디어 왕이 암논을 찾아온 것이다. 암논은 이 좋은 기회를 놓칠 리 없었다. 암논은 왕께 "내 누이 다말이 와서 내가 보는 데서 과자 두어 개를 만들어 그의 손으로 내게 먹여 주게 하옵소서"라고 부탁했다. 병든 자식이 부탁하는 것이니 아버지는 아들의 병을 낫게 하려고 아들이 원하는 대로 해주었다. 이렇게 진행되어 가니 다윗 집에 하나님께서 주시는 하나의 환난이 더해가게 되었다.

7-14절. 암논이 다말을 범하다.

삼하 13:7. 다윗이 사람을 그의 집으로 보내 다말에게 이르되 이제 네 오라버니 암논의 집으로 가서 그를 위하여 음식을 차리라 한지라.

다윗이 암논의 요청을 들어 다말의 집으로 사람을 보내 다말에게 이르기를 "이제 네 오라버니 암논의 집으로 가서 그를 위하여 음식(과자)을 차리라"고 명령한다.

삼하 13:8. 다말이 그 오라버니 암논의 집에 이르매 그가 누웠더라 다말이 밀가루를 가지고 반죽하여 그가 보는 데서 과자를 만들고 그 과자를 굽고.

다말은 아버지 다윗의 명령을 받들어 그 오라버니 암논의 집에 가서 보니 그 오라버니가 침실에 누워 있었다. 다말은 밀가루를 가지고 반죽해서 그 오라버니가 보는 데서 과자를 만들어 먹기 좋게 구웠다. 암논이 침실에 누워 있으면서도 다말이 부엌에서 요리하는 것을 볼 수 있도록 히브리 인들의 집 구조가 되어 있었다.

삼하 13:9. 그 냄비를 가져다가 그 앞에 쏟아 놓아도 암논이 먹기를 거절하고 암논이 이르되 모든 사람을 내게서 나가게 하라 하니 다 그를 떠나 나가니라.

다말은 그 냄비를 상에 받쳐서 암논 앞에 갖다가 쏟아 놓아도 암논이 먹기를 거절하고 암논이 말하기를 "모든 사람을 내게서 나가게 하라"고 했다. 다시 말해 모든 하인들이 암논의 침실에서 나가게 해달라고 요청하니 다 암논을 떠나 나가게 되었다. 요나답의 계획은 하나하나 진행되어 가고 있었다.

삼하 13:10. 암논이 다말에게 이르되 음식물을 가지고 침실로 들어오라 내가 네 손에서 먹으리라 하니 다말이 자기가 만든 과자를 가지고 침실에 들어가 그의 오라버니 암논에게 이르러.

모든 하인들과 병문안 온 사람들이 모두 침실에서 나간 후 암논은 다말에게 말하기를 음식물, 즉 구운 빵을 가지고 침실로 들어오라고 한다. 들어오면 내가 네 손에서 그 빵을 먹으리라고 말하니 다말은 암논의 계획을 전혀 눈치 채지 못하고 자기가 만든 과자를 가지고 침실에 들어가 그의 오라버니 암논에게로 들어갔다.

삼하 13:11. 그에게 먹이려고 가까이 가지고 갈 때에 암논이 그를 붙잡고 그에게 이르되 나의 누이야 와서 나와 동침하자 하는지라.

다말이 아무도 없는 침실에 들어가 암논에게 구운 과자를 먹이려고 과자를 가지고 갈 때에 암논이 "그를 붙잡고 다말에게 이르되 나의 누이야 와서 나와 동침하자"고 힘 있게 말했다. 이때부터는 암논이 힘이 없는 사람처럼 행동하지 않고 강하게 행동했다.

삼하 13:12. 그가 그에게 대답하되 아니라 내 오라버니여 나를 욕되게 하지 말라 이런 일은 이스라엘에서 마땅히 행하지 못할 것이니 이 어리석은 일을 행하지 말라.

암논이 다말에게 동침하자는 강한 요청에 다말은 암논에게 결정적으로 항거하면서 대답한다. "내 오라버니여 나를 욕되게 하지 말라 이런 일은 이스라엘에서 마땅히 행하지 못할 것이니 이 어리석은 일을 행하지 말라"고 강하게 말한다.

여기 "어리석은"(הְבָלָה)이란 말은 '미련한' 혹은 '악독한' 혹은 '짐승 같은'이란 뜻이다(창 34:7). 암논이 하려는 남매간의 동침은 악독한 일이고 짐승 같은 일이란 것이다(수 7:15; 삿 19:23,24; 20:6,10; 삼상 25:25). 오늘날도 그 때나 마찬가지로 서슴없이 근친상간을 행하는 시대가 되고 말았다.

삼하 13:13. 내가 이 수치를 지니고 어디로 가겠느냐 너도 이스라엘에서 어리석은 자 중의 하나가 되리라 이제 청하건대 왕께 말하라 그가 나를 네게 주기를 거절하지 아니하시리라 하되.

다말은 이복남매 간 성적 접촉을 하면 양쪽의 신세를 망친다는 것을 강조한다. 다말로서는 이 수치를 지니고 어디를 돌아다닐 수 없다는 것이다. 다시 말해 여동생에게도 큰 수치가 되어 얼굴을 들고 어디로 갈 수 없다는 것이고 또 오라버니도 이스라엘에서 어리석은(멸망할 수밖에 없는) 자 중의 하나가 된다는 것이다.

그런고로 해결책은 왕 되신 아버지에게 말씀 드려보라고 한다. 아버지에게 말씀 드려보라는 말에 대한 해석에는 두 견해가 있다. 1) 율법이 금한 것은 친 남매간의 성적 접촉이지 이복 남매간에는 허락된 것이니 아버지에 말씀드려 결혼하자는 것이었다는 견해(Thenius, 이상근). 아버지에게 말씀드리면 아버지가 나, 즉 다말 자신을 오라버니에게 주기를 거절하지 아니할 것이라고 말한다. 이 첫 번째의 견해는 아브라함과 이복누이 사라가 결혼한 것(창 20:12)에서 그 정당성을 찾는다. 2) 그 위기를 모면해보려는 전략적인 말이었다는 견해(Keil, Lange, Payne, Josephus, Clericus, 박윤선). 이 둘째 견해가 바른 견해이다. 이유는 아무리 이복 남매의 성적 접촉이라도 근친상간이니 율법이 금하는 것이다(레 18:6-18). 다말이 암논으로 하여금 아버지에게 말씀 드려보라고 한 것은 그 상황을 넘겨보려는 마음으로 임시변통의 수단으로 했다고 볼 수 있다.

삼하 13:14. 암논이 그 말을 듣지 아니하고 다말보다 힘이 세므로 억지로 그와 동침하니라.

암논이 다말의 요청을 듣지 아니하고 다말보다 힘이 세므로 억지로 다말과 동침을 했다. 암논은 정욕에 눈이 완전히 흐려져서 다말의 말을 듣지 아니하고 힘이 세니 자기 힘으로 여자를 꼼짝 못하게 하고 강간을 한 것이다. 암논은 이 행위로 말미암아 훗날 이복동생 압살롬한테 생명을 잃고 말았다(20-39절). 죄를 짓는 자마다 하나님으로부터 벌을 받는다. 우리는 죄를 아주 멀리해야 한다. 죄를 멀리 하려면 항상 성령 충만을 구하면서 살아야 한다.

15-19절. 암논이 다말을 추방하다.

삼하 13:15. 그리하고 암논이 그를 심히 미워하니 이제 미워하는 마음이 전에 사랑하던 사랑보다 더한지라 암논이 그에게 이르되 일어나 가라 하니.

암논이 다말을 범하고 난 다음 "암논이 그를 심히 미워하니 이제 미워하는 마음이 전에 사랑하던 사랑보다 더했다"는 것이다. 즉, 암논이 다말을 심히 미워하게 되었고 이제 그 미워하는 마음이 전에 사랑하던 사랑보다 더했다는 것이다. 그러니까 암논이 다말에 대한 미움과 사랑은 정상적인 것이 아니라 완전히 변태적인 것이었다. 이런 현상은 순전히 육욕적인 미움이었고 육욕적인 사랑이었다. 이런 현상은 변태성욕자들에게서 흔히 볼 수 있는 것들이다. 자기의 성욕을 만족시키면 여자를 마구 발로 차낸다. 일단 성욕을 채우면 상대방에 대한 인격적 존경과 사랑은 간데없이 사라지고 갑작스럽게 돌변한다.

암논이 다말에게 이르되 "일어나 가라"고 말한다. 이제는 꼴도 보기 싫다는 것이었다. 변태성욕자들은 짐승이나 마찬가지이다. 사람들이 쾌락을 위하여 이성을 끌어 드리지만 일이 끝나면 돌변한다.

삼하 13:16. 다말이 그에게 이르되 옳지 아니하다 나를 쫓아 보내는 이 큰 악은 아까 내게 행한 그 악보다 더하다 하되 암논이 그를 듣지 아니하고.

암논이 다말에게 "일어나 가라"(앞 절)고 하니 다말이 암논에게 말하기를 "옳지 아니하다 나를 쫓아 보내는 이 큰 악은 아까 내게 행한 그 악보다 더하다"고 항거한다. "일어나 가라"는 말은 '옳지 않다'는 것이다. 다말은 암논에게 "나를 쫓아 보내는 것"도 '악'이라고 규정하고 있고, 다말을 쫓아 보내는 "악"이 조금

전 다말을 덮쳐 강간하는 "악"보다 더 하다고 말한다. 두 가지 잘못 중 쫓아
보내는 행위가 강간하는 행위보다 더 악하다는 주장이다. 이유는 다말이 이처럼
쫓겨나게 된 것을 통해서 암논이 자신을 진정으로 사랑한 것이 아니라 단순히
정욕을 채우기 위해 능욕했음(14절)이 분명해진 데 따른 수치감 때문이었다. 암논
은 어떤 식으로든 일의 결과에 대해 책임을 졌어야 했다. 그러나 이 모든 일을
외면한 채 도리어 다말을 내쫓았으니 그것은 다말의 정조만을 빼앗은 것만이
아닌, 그녀의 생을 송두리째 불행의 도가니로 몰아넣은 극악한 행위가 아닐 수
없다. 다말이 보기에는 두 가지 악 중에서 둘째 것이 악한 것으로 비칠 수밖에
없었다.

**삼하 13:17. 그가 부리는 종을 불러 이르되 이 계집을 내게서 이제 내보내고
곧 문빗장을 지르라 하니.**

암논은 다말에 대해서 아무런 책임도 지지 않은 채 자기가 부리는 종을 불러
이 계집(다말)을 우리 집 밖으로 내보내고 다시 들어와서 행패를 부리지 못하도록
문빗장을 지르라고 말한다. 참으로 암논은 다말의 정조만을 빼앗고 시치미 떼는
악인이었다. 암논이 이런 악을 범하는 것은 다윗의 죄 값이었다. 죄는 항상 비참을
불러온다. 다윗이 죄를 지었기에 이런 불행한 일이 발생했다.

삼하 13:18a. 암논의 하인이 그를 끌어내고 곧 문빗장을 지르니라.

암논의 하인은 암논의 명령에 따라 다말을 끌어내고 곧 문을 닫고 빗장을
질렀다. 다말은 이제 암논의 집밖으로 내쫓기고 말았다.

**삼하 13:18b-19. 다말이 채색 옷을 입었으니 출가하지 아니한 공주는 이런 옷으로
단장하는 법이라 다말이 재를 자기의 머리에 덮어 쓰고 그의 채색옷을 찢고 손을
머리 위에 얹고 가서 크게 울부짖으니라.**

다말이 암논의 집밖으로 추방되었을 때에 소매에 색동으로 수를 놓은 긴
옷, 즉 소매 끝까지 덮고, 발목 끝까지 닿는 긴 옷(채색 옷)을 입고 있었다. 공주들은

시집가기 전에는 옷을 그렇게 입었다. 다말은 이 옷을 입고 암논 집에 왔다가 이제는 이 옷을 입고 쫓겨 가는 신세가 되었다.

다말은 암논 집 문밖에서 그냥 있을 수는 없었다. 자기 집(압살롬이 기거하는 집)으로 가야 했다. 다말은 그냥 가지 않고 "재를 자기의 머리에 덮어 쓰고" 갔다. 여기 "재"를 머리에 덮어쓴 것은 사람들에게 극한 슬픔을 드러내는 행동이었다(삼상 4:12; 에 4:1,3; 시 35:13). 정조를 빼앗기고 오라버니 집밖으로 쫓겨난 자의 처참한 허탈감과 극한 슬픔을 견딜 수 없어 재를 머리에 덮어쓰고 길을 걸은 것이다. 머리에 덮은 "재"는 조금 전 다말이 빵을 굽기 위하여 사용한 불에서 꺼낸 재였을 것이다(RP Smith). 다말은 또 "그의 채색 옷을 찢고" 갔다. 채색 옷을 찢은 것도 역시 극한 허탈감과 슬픔의 표시였다(왕상 21:27; 스 9:3; 에 4:1,3). 또 다말은 "손을 머리 위에 얹고" 갔다. "손을 머리에 얹고 갔다"는 말은 '자신의 머리 위에 수치스러운 것이 임한 것을 슬퍼하여 애통하는 표현'이었다(렘 2:37). 이 역시 자신이 수치스러운 일을 당하였음을 나타내는 것으로 머리에 재를 덮어 쓴 것과 같은 행위이다. 다말은 위와 같은 세 가지 행동을 보이면서 목을 놓아 울면서 떠나갔다. 그러니까 위의 세 가지 행위는 모두 슬픔에 찬 행위임을 보여주는 행위이다. 우리는 이 사회의 불결을 인정할 것이 아니라 이 사회를 고발하는 뜻을 보여야 한다.

6. 압살롬이 암논을 살해하다   13:20-36

이 부분(20-36절)은 다말의 오라버니 압살롬이 정조를 빼앗겨 처량하게 지내는 다말을 위로한 일(20-22절), 2년 후 압살롬이 양털 깎는 행사가 있을 때 압살롬이 암논을 죽인 일(23-29절), 압살롬이 암논을 죽인 후 그술로 도망하고 다른 왕자들은 모두 다윗 앞으로 돌아온 일 등(30-39절)이 진술되어 있다. 다윗은 이 일로 인해 두 가지로 큰 상처를 입는다. 암논의 죽음과 압살롬의 도망이라는 말할 수 없는 슬픔을 당하게 된다.

20-22절. 압살롬이 다말을 위로하고 암논에게 복수할 기회를 기다리다.

삼하 13:20. 그의 오라버니 압살롬이 그에게 이르되 네 오라버니 암논이 너와

함께 있었느냐 그러나 그는 네 오라버니이니 누이야 지금은 잠잠히 있고 이것으로
말미암아 근심하지 말라 하니라 이에 다말이 그의 오라버니 압살롬의 집에 있어
처량하게 지내니라.

다말의 오라버니 압살롬이 다말을 보고 물었다. "네 오라버니 암논이 너와
함께 있었느냐"고 질문한다. 이 질문은 '네 오라비 암논이 너를 범했느냐?'는
질문이다. "함께 있었느냐"는 질문은 남녀의 동침을 묻는 우회적인 질문이다(창
39:10). 그렇다(yes)고 시인하는 다말의 말에 압살롬은 '애야, 암논도 네 오라비
이고, 또 이것은 집안일이니 지금은 당분간 아무 말도 입 밖에 내지 말라'고
부탁한다. 그리고 압살롬은 다말에게 '이 일로 너무 마음 쓰지 말고 근심하지
말라'고 부탁한다. 참으로 어려운 부탁이었지만 압살롬으로서 앞으로 복수할
것을 염두에 두고 다말에게 부탁한 것이다. 그리하여 다말은 그의 오라버니
압살롬의 집에서 처량하게 지내게 되었다. 여기 "처량하게 지내니라"(hm;me-
vo)는 말은 '황량하게 지내니라' 혹은 '적막하게 지내니라'는 뜻이다. 다말은
오라버니 암논의 강간 사건으로 수치심 가득한 가운데 미래에 대한 어떤 희망도
가지지 않은 채 슬피 지내는 모습을 보여주고 있다. 다윗의 죄는 너무 커서
자식들 간에 이런 일이 닥친 것이다.

삼하 13:21. 다윗 왕이 이 모든 일을 듣고 심히 노하니라.

압살롬이 암논을 죽였다는 이 모든 소식을 듣고도 다윗 왕은 그 어떤
제재도 하지 못한 채 "심히 노하고만 있었다." 그 사건이 있은 지 2년이 다
되도록(23절) 아무 제재를 가하지 못한 것이다. 다윗은 심히 노한 것뿐이지
다른 대책을 세우지 못한 채 지냈다. 다윗은 이 문제를 두고 무능해졌다.
하나님께서 다윗을 무능하게 만들었다고 보아야 할 것이다. 하나님께서 다윗
집안에 자식 간에 이런 강간 사건이 일어나도록 아주 무능한 인간이 되게
하셨다. 다윗이 암논을 약간만이라도 제재했어야 했는데 다윗 자신도 남녀
관계에 더러웠으니 어떻게 제재를 할 수 없었던 것이고 궁극적으로는 하나님
께서 다윗의 손발을 묶어 놓으셨던 것이다.

삼하 13:22. 압살롬은 암논이 그의 누이 다말을 욕되게 하였으므로 그를 미워하여 암논에 대하여 잘잘못을 압살롬이 말하지 아니하니라.

압살롬은 암논이 압살롬의 누이 다말에게 욕을 보인 일로 암논이 미워서 암논에게 옳다거나 그르다는 말을 한마디도 하지 않고, 다시 말해 어떤 감정표시도 하지 않고, 속마음으로 암논에게 어떻게 복수할까 하고 기회를 기다리면서 2년을 지냈다.

23-29절. 압살롬이 암논을 죽이다.

삼하 13:23. 만 이 년 후에 에브라임 곁 바알하솔에서 압살롬이 양 털을 깎는 일이 있으매 압살롬이 왕의 모든 아들을 청하고.

두 해가 지난 어느 날 다른 사람들은 모두 암논이 다말을 범한 일을 거의 잊을 즈음 압살롬은 에브라임 근처의 바알하솔[61])에서 양털을 깎으려 할 때 큰 잔치를 열어 왕자들을 모두 초대하였다. 양털을 깎는 날(잔치하는 날) 모든 왕자들을 초청했으니 압살롬의 복수 계획이 탄로되지 않았다. 압살롬의 복수가 성공하게 된 것은 다윗의 죄가 너무 컸기 때문이었다.

삼하 13:24. 압살롬이 왕께 나아가 말하되 이제 종에게 양 털 깎는 일이 있사오니 청하건대 왕은 신하들을 데리시고 당신의 종과 함께 가사이다 하니.

압살롬이 2년에 걸쳐 궁리한 것이 양털 깎는 날에 모든 왕자들을 초청하되 특히 암논을 참석시켜 죽이는 것이었다. 압살롬은 왕께 나아가 말하기를 "이제 종(압살롬 자신을 지칭함)에게 양 털 깎는 일이 있사오니 청하건대 왕은 신하들을 데리시고 당신의 종과 함께 갑시다"고 권한다. 압살롬이 왕께 나아가 자기의 목장에서 양털 깎는 일이 있는 것을 아뢰고 신하들을 대동하고 양털 깎는 현장에 오시라고 초대한 것은 자기의 아버지가 가지 못할 것을 분명히 알면서도 자기가

---

61) "바알하솔": Baal-hazor. '동네의 바알'이란 뜻을 가지고 있다. 압살롬이 목장을 가지고 있던 곳이다. 에브라임 산지의 최고봉인 제벨 엘 아수르(Jebel el-'Asur, 해발 1,016m)의 남서쪽 기슭에 있는 델 아수르(Tell el-'Asur)와 동일시된다.

복수할 인물 암논을 반드시 초청할 목적이었던 것으로 보인다. 왕이 못가는 대신 복수(復讎)의 대상인 암논이라도 꼭 보내 달라고 말하려는 것이었다.

삼하 13:25. 왕이 압살롬에게 이르되 아니라 내 아들아 이제 우리가 다 갈 것 없다 네게 누를 끼칠까 하노라 하니라 압살롬이 그에게 간청하였으나 그가 가지 아니하고 그에게 복을 비는지라.

압살롬의 초대를 받은 왕은 압살롬에게 왕 자신이 가면 대신들이 많이 참석하게 되니 압살롬에게 폐를 끼치게 된다 하여 사양했다. 그래도 압살롬은 왕에게 오시라고 간청했기 때문에 왕은 가지 못하는 대신 압살롬을 위해 복을 빌어주었다. 여기 "복을 빌었다"는 말은 압살롬의 양털 깎는 축제가 잘 되기를 빌어준 것을 뜻한다(K.&D.).

다윗이 압살롬의 축제가 잘 되기를 위해 빌었으나 압살롬의 계획은 그냥 진행되어 암논을 죽이고 말았다. 결국 다윗의 축복은 이루어지지 않았다. 하나님은 다윗의 죄 때문에 다윗의 축복 기도가 이루어지게 않게 하셨다.

삼하 13:26. 압살롬이 이르되 그렇게 하지 아니하시려거든 청하건대 내 형 암논이 우리와 함께 가게 하옵소서 왕이 그에게 이르되 그가 너와 함께 갈 것이 무엇이냐 하되.

압살롬은 아버지를 향하여 아버지께서 잔치에 가시지 못하신다면 "내 형 암논이 우리와 함께 가게 하옵소서"라고 부탁한다. 암논 살해 목표는 꼭 실현되어야 하니 아버지에게 집요하게 부탁한다. 그러나 다윗은 암논을 보내는 것을 심히 꺼렸다. 이유는 암논이 다말을 성폭행한 후 압살롬은 암논과 2년간(23절)이나 말도 하지 않고 지냈으니(22절) 다윗도 암논이 그 자리에 참석하는 것을 꺼렸다.

삼하 13:27. 압살롬이 간청하매 왕이 암논과 왕의 모든 아들을 그와 함께 그에게 보내니라.

압살롬이 왕에게 특별히 암논을 지명하여 부탁하니(앞 절) 왕은 암논만 보내는 것이 꺼려져서 다른 모든 아들을 동석하게 하였다. 혹시 압살롬이 암논에 대해서 무슨 행패라도 부리면 어쩌나 하고 염려되어 모든 아들을 동석시킨 것으로 보인다. 아마도 이 자리에 다말은 참석하지 않았을 것이다. 다말은 성폭행을 당한지 2년이 흘렀지만 아직도 오라버니 암논의 꼴을 보기 싫었을 것이다.

삼하 13:28. 압살롬이 이미 그의 종들에게 명령하여 이르기를 너희는 이제 암논의 마음이 술로 즐거워할 때를 자세히 보다가 내가 너희에게 암논을 치라 하거든 그를 죽이라 두려워하지 말라 내가 너희에게 명령한 것이 아니냐 너희는 담대히 용기를 내라 한지라.

이제 압살롬의 복수의 기회가 온 것이다. 압살롬은 자기의 종들에게 미리 암논을 살해하는 훈련을 시켜 놓았으니 이제 명령만 내리면 되었다. 압살롬은 그의 종들에게 명령하여 이르기를 "이제 암논의 마음이 술로 즐거워할 때를 자세히 보다가 내가 너희에게 암논을 치라 하거든 그를 죽이라"고 명한다. 암논의 마음이 술로 즐거워할 때가 되면 반항하지 못할 터이니 그 기회를 잡으라는 것이다. 술은 사람을 무기력하게 만들고 행동을 흩어지게 만든다(반대로 성령은 사람을 정상적인 사람으로 만든다. 엡 5:18).

압살롬은 암논이 술에 만취된 때를 자세히 살피다가 암논을 치라고 종들에게 명령한다. 종들의 불행은 바로 여기에 있다. 죄가 되는 일도 주인이 명령하면 무조건 순종해야 되니 참으로 불행한 것이다.

압살롬은 종들에게 암논을 치라는 명령을 하면서 "두려워하지 말라"고 용기를 북돋아준다. 범죄를 두려움 없이 저지르라고 말하는 것, 이것이야 말로 저주스러운 일이 아닐 수 없다. 우리는 죄를 짓는 사람들에게 죄를 버리라고 말하면서 살아야 할 것이다.

"내가 너희에게 명령한 것이 아니냐"는 말은 '모든 책임은 내가 지겠다'는 말이다. 다시 말해 '내가 명령했으니 내가 모든 책임을 지겠다'는 뜻이다. 다른 이들로 하여금 죄를 짓게 하고 그 책임을 혼자 지겠다고 하는 것은 큰 용기 같이 보이지만 그런 일은 지옥에 가야할 행위라고 할 수 있다.

삼하 13:29. 압살롬의 종들이 압살롬의 명령대로 암논에게 행하매 왕의 모든 아들들이 일어나 각기 노새를 타고 도망하니라.

본 절에는 두 가지가 기록되어 있다. 하나는 압살롬의 종들이 암논을 죽인 일과 또 하나는 왕자들이 모두 노새를 타고 도망한 일이다. "압살롬의 종들이 압살롬의 명령대로 암논에게 행했다"는 말은 '압살롬의 명령으로 종들이 암논을 죽였다'는 뜻이다. 압살롬은 암논이 술에 만취되었을 때 혼자 얼마든지 죽일 수 있었을 것인데도 종들을 이용한 것은 자기의 세력을 과시하려는 생각에서였을 것이고, 자기를 아무도 함부로 건드릴 수 없는 존재라는 것을 알려주기 위함이었을 것이다.

술자리에 있던 왕자들이 모두 노새를 타고 도망했는데 그 이유는 그 자리에 그냥 남아 있다가는 압살롬한테 무슨 해(害)라도 받을지 모른다는 생각에서였을 것이며 또한 이 사실을 왕께 알릴 생각으로 모두 왕궁으로 도망 온 것이리라. 하나님께서는 다윗으로 하여금 이 사실을 알아서 자기가 죄를 지은 죄 값으로 이런 불행이 찾아왔음을 알리게 하기 위함이었을 것이다.

30-39절. 왕자들이 왕궁으로 돌아오다.
삼하 13:30. 그들이 길에 있을 때에 압살롬이 왕의 모든 아들들을 죽이고 하나도 남기지 아니하였다는 소문이 다윗에게 이르매.

문장 초두의 "그들이 길에 있을 때에"란 말은 '그들이 아직도 왕궁으로 돌아오기 전 아직도 왕궁으로 돌아오는 길에 있을 때에'라는 뜻이다. 그들이 아직 도중에 있을 때에 "압살롬이 왕의 모든 아들들을 죽이고 하나도 남기지 아니하였다는 소문이 다윗에게 이르렀다". 소문은 항상 실제보다는 먼저 퍼지고 또 정확하지 않은 것이 특징이다. 사실은 압살롬이 암논만 죽였는데도 왕의 모든 아들들을 죽였다는 소문이 먼저 다윗의 귀에 도달한 것이다.

삼하 13:31. 왕이 곧 일어나서 자기의 옷을 찢고 땅에 드러눕고 그의 신하들도 다 옷을 찢고 모셔 선지라.

　　왕은 앉아 있던 자리에서 벌떡 일어나서, 입고 있던 옷을 찢었다. "옷을 찢은 것"은 '지극한 슬픔을 견딜 수 없다는 것'을 뜻한다. 모든 왕자들이 다 죽임을 당했다는 소문이 다윗에게 큰 충격이었으므로 다윗은 그가 입고 있던 옷을 찢었고 땅에 엎드러졌다. 그리고 왕의 신하들도 다 옷을 찢고 왕을 모셔 서 있었다. 그리고 다윗은 땅바닥에 누워 버렸으며 그를 모시고 서 있는 신하들도 다 옷을 찢고 부동의 자세로 서 있었다. 신하들은 왕에게 무슨 위로의 말을 드려야 할지 캄캄했다.

삼하 13:32. 다윗의 형 시므아의 아들 요나답이 아뢰어 이르되 내 주여 젊은 왕자들이 다 죽임을 당한 줄로 생각하지 마옵소서 오직 암논만 죽었으리이다 그가 압살롬의 누이 다말을 욕되게 한 날부터 압살롬이 결심한 것이니이다.

　　다윗이 정신을 잃고 있을 때(앞 절) 다윗의 형 시므아의 아들 요나답이 다윗에게 "내 주여 젊은 왕자들이 다 죽임을 당한 줄로 생각하지 마옵소서 오직 암논만 죽었을 것입니다"라고 위로한다. '그렇게 볼 수 있는 이유는 암논이 압살롬의 동복누이 다말을 욕보인 날부터, 압살롬은 그런 결심을 하고 있었기 때문입니다'라고 말했다.

　　이 요나답은 암논이 고민하고 있을 때 다말과 동침하는 방법을 가르친 간교한 자였다. 그런데 이번에는 또 나서서 다윗을 위로하고 있다. 사실 요나답이 다윗의 진정한 조카였다면 암논이 다말 때문에 그런 고민을 할 때 다윗 왕에게 찾아와서 집안의 위험(남매간의 근친상간)을 말해 주었어야 했다. 그러나 그런 일이 있을 때 남매간에 근친상간을 하도록 도왔고 이번에는 자신이 무슨 큰 예언자인 것처럼 암논만 죽었으니 너무 상심하지 말라는 취지로 말하고 있다. 아주 간교한 사람이었다. 이런 간교한 사람은 오늘도 도처에 흩어져서 활동하고 있다.

삼하 13:33. 그러하온즉 내 주 왕이여 왕자들이 다 죽은 줄로 생각하여 상심하지 마옵소서 오직 암논만 죽었으리이다 하니라.

　　"그러하온즉"(therefore)이란 '암논 한 사람만 죽었은즉'이란 뜻이다. 요나답은 자기의 작은 아버지 다윗에게 "내 주 왕이여 왕자들이 다 죽은 줄로 생각하여 상심하지 마옵소서"라고 다시 한 번 더 위로한다. 여기 "상심하지 마옵소서"란 말은 '마음의 부담을 가지고 계속해서 집착하지 마시라'는 뜻이다. 이유는 오직 암논만 죽은 것이 확실하기 때문이라고 한다.

삼하 13:34. **이에 압살롬은 도망하니라 파수하는 청년이 눈을 들어 보니 보라 뒷산 언덕길로 여러 사람이 오는도다.**

압살롬은 암논을 살해한 다음 외조부인 그술왕 달매에게로 도망쳐 버렸다(37절; 3:3). 본 문장은 29절을 잇는 문장이다. 본서 저자는 30-33절에서는 장면을 바꾸어 다윗 궁의 상황을 이야기하다가 다시금 본 절에서 "이에 압살롬은 도망했다"는 말을 하고 있다.

그런데 파수하는 청년이 눈을 들어 보니 "뒷산 언덕길로 여러 사람(다른 왕자들)이 오는 것을 보게 되었다". 여기 "뒷산 언덕길"은 '예루살렘 서쪽에 있는 뒤 산길'을 의미한다(K&D, Lange, RP Smith). 히브리인들은 예루살렘 동쪽을 '앞'이라고 표현한다.

삼하 13:35. **요나답이 왕께 아뢰되 보소서 왕자들이 오나이다 당신의 종이 말한 대로 되었나이다 하고.**

간교한 사람 요나답은 다윗 왕께 "보소서 왕자들이 오나이다. 당신의 종이 말한 대로 되었나이다"라고 장담한다. 왕자들이 예루살렘 뒷산 언덕길을 통하여 온다고 말하며 바로 자기가 말한 대로 되었다고 큰 소리를 친다.

삼하 13:36. **말을 마치자 왕자들이 이르러 소리를 높여 통곡하니 왕과 그의 모든 신하들도 심히 통곡하니라.**

요나답의 말이 마치자 왕자들이 왕궁에 이르러 소리를 높여 통곡했다. 왕자들의 통곡은 압살롬이 암논을 죽인 것을 보고 통곡한 것이었고, 다윗 왕의 통곡의 의미는 달랐다. 다윗은 암논이 죽은 것을 생각하고 통곡했고 또 다른 왕자들이

다 죽은 줄로 알았다가 암논만 죽은 것을 생각하고 안도하는 뜻에서 운 것도
있었을 것이며 또 자신이 과거에 밧세바를 범한 것을 생각하고 통곡했으며 또
밧세바와의 죄를 덮기 위해 우리아를 죽인 죄책감에서 통곡했을 것이다. 뿐이랴.
압살롬이 외조부 집에 가서 지낼 것을 생각하고 심히 통곡했다. 결국 자신 한
사람이 잘못하여 이 모든 일들이 벌어진 것을 생각하고 깊은 울음을 울었다.
세상에 이렇게 복잡한 내용의 울음이 또 있을 수가 있을까. 다윗이 통곡하니
그의 모든 신하들도 통곡했다.

7. 압살롬이 도주하다   13:37-39

압살롬이 암논을 살해한 다음 그술 왕 암미훌의 아들 달매에게로 도망했다.본
서 저자는 압살롬이 달매에게로 가서 3년을 지냈다고 말한다. 다윗은 압살롬을
보고자 하는 마음으로 가득 찼다.

**삼하 13:37. 압살롬은 도망하여 그술 왕 암미훌의 아들 달매에게로 갔고 다윗은
날마다 그의 아들로 말미암아 슬퍼하니라.**

압살롬은 암논을 살해한 다음 도망하여 그술[62] 왕 암미훌[63]의 아들 달매[64]에
게로 갔고, 다윗은 날마다 그의 아들 때문에 슬픈 나날을 보내고 있었다. 본문의
"슬퍼하니라"는 말은 통곡하는 일과는 '달리 매일 슬픔으로 지낸다'는 뜻이다.

그리고 본문의 "그의 아들"이 누구를 지칭하느냐를 두고 견해가 갈린다. 1)
암논이라는 견해(공동번역, 표준새번역, 현대인의 성경, K.&D.). 2) 압살롬이라는
견해(Lange, 박윤선, 이상근). 둘째 번 견해가 맞는 견해다. 이유는 첫째, 39절에

---

62) "그술": Geshur. '다리(橋)'라는 뜻을 가지고 있다. 상(上) 요단 강 동쪽의 땅이다. 아람
소국의 하나로 독립하고 있었다(삼하 15:8, '수리아'=아람). 범위는 바산 북쪽에서 마아가에
미치고 있었다. 이스라엘은 이곳을 점령하지 않았다(수 13:13, 여기서 '그술 사람'이라고 번역되
어 있는 원문은 '그술'이다). 그술은 수리아와 이스라엘의 완충국의 지위에 있으며, 다윗은
그와 우호 관계를 유지했다. 그술 왕 달매의 딸 마아가는 다윗의 아내가 되어 압살롬을 낳았다(삼
하 3:3). 압살롬은 위기를 피하여 그술에 3년간 머물렀다(삼하 13:37-14:24). 그 후 그술은 이스라
엘의 속국이었으나 이스라엘의 왕국 분열 이후 아람과 동맹을 맺고 바산을 쳤다(대상 2:23).
그 후 그술은 팽창된 다메섹 왕국에 합병되고 다메섹의 멸망과 운명을 같이하였다.

63) "암미훌": 그술 왕 달매의 아버지.

64) "달매": Talmai. '밭고랑'이란 뜻을 가지고 있다. 그술의 왕인데, 그의 딸 마아가는 다윗이
헤브론에서 얻은 아내 중의 하나이며, 압살롬의 어머니이다(삼하 3:3; 13:37; 대상 3:2).

보면 "다윗은 그의 마음이 압살롬을 향하여 간절했고 암논에 대해서는 이미 마음으로 잊은 지 오래된 것으로 말하기" 때문이다. 둘째, 본 절(37절) 안에 "그의 (아들)"라는 말의 선행사로 암논이라는 말은 없고 압살롬이라고 말할 수 있는 선행사가 제일 앞에 있다. 따라서 "그의 아들"이 압살롬이라고 해야 맞다. 셋째, 다윗이 압살롬을 매일 생각하면서 염려하고 슬퍼할 이유는 압살롬이 살인을 했으니 자신의 신세와 똑같다는 점이다. 사람을 죽인 압살롬을 생각할 때 다윗의 심정은 매일 압살롬을 생각하고 염려하지 않을 수 없었다. 다윗은 형 암논을 살해하고 도망친 압살롬을 생각하면서 매일 슬픔으로 지낸 것이다.

삼하 13:38. 압살롬이 도망하여 그술로 가서 거기에 산 지 삼 년이라.

압살롬은 자기의 이복형 암논을 죽이고 난 뒤 그술(아람 소국들 중 하나)로 도망하여 가서 거기, 즉 달매(압살롬의 외할아버지)[65]의 집에서 산지 3년의 세월이 흘렀다. 3년의 세월이 지나는 동안 다윗은 죽은 암논 생각은 점점 잊어버리고 압살롬을 생각하는 마음이 점점 새로워져 갔다. 특히 다윗이 압살롬을 생각하고 염려하는 마음이 점점 더 생기는 것은 자기 신세와 비슷하기 때문이었다. 자기도 우리아를 죽인 일이 있으니 압살롬의 심정을 생각하면서 매일 간절한 심정이었다.

삼하 13:39. 다윗 왕의 마음이 압살롬을 향하여 간절하니 암논은 이미 죽었으므로 왕이 위로를 받았음이더라.

3년이 지나는 사이에 다윗은 압살롬을 보고 싶어 하는 마음이 점점 간절해 갔다. 이유는 암논은 죽었으니 암논 때문에 가졌던 슬픔도 위로를 받아 마음이 치유되어 갔기 때문이었다.

사람은 잊음의 동물이다. 세월이 갈수록 무엇을 잊어버린다. 3년이 지나는

---

65) 압살롬은 암논을 살해한 다음 그술 왕 달매의 집에 가서 3년을 지냈는데 달매는 압살롬의 외할아버지이다. 다윗이 달매의 딸 마아가와 결혼해서 압살롬을 얻었으니 달매는 압살롬에게 외조부가 된다.

사이 다윗은 죽은 암논 때문에 가졌던 충격과 슬픔도 잊어져 갔다. 더욱이 암논은 죽은 사람이니 다윗이 어쩔 수 없었다. 다윗은 세월이 흐르는 동안 위로를 받았다. 그러나 압살롬에 대해서는 처음에는 그술을 찾아가서 압살롬을 처벌할 생각이 있었을 것이지만 역시 세월이 가니 압살롬에 대해서 가졌던 독한 심정은 점점 잊어버리고 연민의 정이 살아난 것이다. 세월이 갈수록 압살롬이 보고 싶어졌다.

제 14 장

8. 압살롬이 반란을 일으키다   14:1-17:29

이 부분(14:1-17:29)은 요압이 압살롬의 귀환을 계책한 일(14:1-20), 압살롬이 돌아와 다윗과 상면한 일(14:21-33), 압살롬이 반란을 개시한 일(15:1-12), 다윗이 도피한 일(15:13-16:14), 압살롬이 통치한 일(16:15-17:29) 등이 진술된다.

ㄱ. 요압이 압살롬의 귀환을 계책하다   14:1-20

요압은 압살롬을 되돌아오게 하기 위해 계책을 꾸미고 드고아의 한 여인을 불러 다윗 왕에게 들어가 여쭙게 한다.

삼하 14:1. 스루야의 아들 요압이 왕의 마음이 압살롬에게로 향하는 줄 알고

본 절 초두의 "스루야"(Zeruiah)는 '분열됨'이란 뜻을 가진다. 요압, 아비새,아 사헬의 모친이다(2:13,18; 삼상 26:6; 왕상 1:7; 대상 2:16). 17:25에 의하면 스루야 는 나하스의 딸이므로 다윗의 누이이다(대상 2:16비교). 요압은 다윗이 압살롬을 그리워하는 줄 알고 압살롬을 데리고 올 방책을 꾸민 것이다. 사실 다윗은 압살롬을 그리워하지 말고 밧세바와 우리아에게 큰 죄를 지었으니 죄 자복에 더욱 힘을 썼어야 했다. 공연히 압살롬을 그리워하여 데려와서 압살롬의 난을 맞게 된다.

삼하 14:2. 드고아에 사람을 보내 거기서 지혜로운 여인 하나를 데려다가 그에게 이르되 청하건대 너는 상주가 된 것처럼 상복을 입고 기름을 바르지 말고 죽은 사람을 위하여 오래 슬퍼하는 여인 같이 하고

"드고아"(Tekoa)는 '박수(拍手)'라는 뜻을 가지고 있다. 드고아(대하 20:20) 들에 있던 유대의 성읍 이름인데 이 성읍이 가장 잘 알려지게 된 것은 이곳이 선지자 아모스의 고향이기 때문이다(암 1:1). 요압은 이 성읍의 슬기 있는 여인의 지혜를 이용하여(2절) 다윗왕의 아들 압살롬을 귀환시키는데 성공했다. "드고아에서 나팔을 불고"란 말이 있는 것을 보면 이 성읍이 요해였다는 것을 나타낸다(렘 6:1). 이 성읍의 출신자는 '드고아 사람'(Tekoites)이라 불리고 있다(삼하 14:4; 23:26; 대상 11:28; 27:9; 느 3:5,27). 베들레헴의 남쪽 9㎞, 길벳 데구(Khirbet Tequ)와 동일시되며, 신약 시대의 데구에(Thekoue)와 동일지이다.

요압은 드고아 성읍에 사람을 보내 거기서 지혜로운 여인 하나를 데려다가 그 여인에게 이르기를 "너는 상주가 된 것처럼 상복을 입고, 기름을 바르지 말고(화장을 하지 말라는 뜻) 죽은 사람을 위하여 오래 슬퍼하는 여인 같이" 꾸미고 왕 앞에 들어가 여차여차하게 말하라고 지시한다.

삼하 14:3. 왕께 들어가서 그에게 이러이러하게 말하라고 요압이 그의 입에 할 말을 넣어 주니라.

요압은 드고아 여인으로 하여금 왕께 들어가서 어떤 말을 할까를 하나하나 알려주었다. 요압이 이처럼 압살롬을 귀환시켜보려는 목적은 두 가지가 있었을 것이다. 하나는 당장 다윗 왕으로부터 상당한 보수를 얻기 위함이었을 것이고 (Lange), 또 하나는 앞날 압살롬이 왕이 되는 경우 압살롬으로부터 자신의 지위를 확보하려는 것이었을 것이다(Wood). 요압의 계책은 하나님 앞에 바르지 못했다. 사람을 죽인 사람이 큰 지위를 얻는 것은 그 언제든지 하나님의 뜻이 아니었다.

삼하 14:4. 드고아 여인이 왕께 아뢸 때에 얼굴을 땅에 대고 엎드려 이르되 왕이여 도우소서 하니.

드고아 여인은 다윗 왕께 요압이 준 말을 전할 때에 얼굴을 땅에 대고 엎드려 말하기를 "왕이여 도우소서"라고 아뢴다. 드고아 여인은 다윗 왕 앞에 최대의 겸손한 자세와 경의를 표하면서 말했다(1:2; 창 50:18; 왕하 4:37; 대하 20:18).

삼하 14:5. 왕이 그에게 이르되 무슨 일이냐 하니라 대답하되 나는 진정으로

과부니이다 남편은 죽고.

다윗 왕이 여인에게 묻기를 무슨 일로 이렇게 얼굴을 땅에 대고 엎드려 도와달라고 말하느냐고 했을 때 여인은 "나는 진정으로 과부니이다 남편은 죽고 없습니다"고 먼저 자신의 신세를 말했다. 여인이 자기가 과부라고 말한 것은 다윗 왕의 동정을 얻기 위하여 꺼낸 말이었다(신 14:29; 24:17; 시 10:14; 사 1:17). 여자가 이렇게 자신이 과부라고 하면 사회 사람들은 일반적으로 동정한다.

삼하 14:6. 이 여종에게 아들 둘이 있더니 그들이 들에서 싸우나 그들을 말리는 사람이 아무도 없으므로 한 아이가 다른 아이를 쳐 죽인지라.

드고아 여인은 자기에게 두 아들이 있었는데 그들이 들판에서 싸우는 중에 그들을 말리는 사람이 아무도 없었기에 큰 아이가 작은 아이를 쳐 죽였다고 말한다. 드고아 여인이 이렇게 말하는 것은 압살롬이 그 형 암논을 죽인 것을 빗대기 위함이었다.

삼하 14:7. 온 족속이 일어나서 당신의 여종 나를 핍박하여 말하기를 그의 동생을 쳐 죽인 자를 내 놓으라 우리가 그의 동생 죽인 죄를 갚아 그를 죽여 상속자 될 것까지 끊겠노라 하오니 그러한즉 그들이 내게 남아 있는 숯불을 꺼서 내 남편의 이름과 씨를 세상에 남겨두지 아니하겠다 하니.

드고아 여인은 다윗 왕에게 자기의 두 아들 싸움에서 형이 동생 죽인 문제를 가지고 온 족속이 일어나서 자신을 핍박하고 있다고 말한다. '온 족속은 동생을 쳐 죽인 형을 내 놓으라. 우리가 그 동생을 죽인 죄를 갚아 형을 죽여 상속자 될 것까지 끊겠다고 저렇게 야단이니 온 족속이 자기에게 남아 있는 단 하나의 숯불(장남)을 꺼서 내 남편의 이름과 씨를 세상에 남겨두지 않겠다'고 호소한다. 드고아 여인의 호소는 형을 죽이고 도망한 압살롬도 용서받고 그 집으로 돌아오도록 해달라는 것이었다.

삼하 14:8. 왕이 여인에게 이르되 네 집으로 가라 내가 너를 위하여 명령을 내리리

라 하는지라.

다윗은 여인의 동정어린 말을 듣고 있다가 "네 집으로 가라. 내가 너를 위하여 명령을 내리리라"고 약속한다. 즉, '집으로 돌아가 있어라. 내가 너를 위하여 명령을 내려서 동생을 죽인 형을 아무도 죽이지 못하게 명령을 내리리라'고 약속한다. 사실 이 여인의 아들의 경우 법으로 보호를 받을 수 있는 형편은 아니었다. 형제가 들판에서 싸우다가 형이 동생을 죽였는데 이 사건은 우발적 살인도 아니었다. 우발적 살인인 경우 도피성으로 피하면 구원을 받게 되어 있었는데(민 35:9-28), 이 여인의 큰 아들의 동생 살인은 도피성으로 갈 수도 없는 살인이었다. 그런데 다윗 왕은 초법적 입장에 서서 명령을 내려 사람 죽인 자를 보호하겠다고 나선 것이다.

삼하 14:9. 드고아 여인이 왕께 아뢰되 내 주 왕이여 그 죄는 나와 내 아버지의 집으로 돌릴 것이니 왕과 왕위는 허물이 없으리이다.

드고아 여인은 다윗 왕께 아뢰기를 "내 주 왕이여 그 죄는 나와 내 아버지의 집으로 돌릴 것이라"고 말한다. 여기 "그 죄"란 '동생을 죽인 형을 율법대로(민 35:16-19) 죽이지 않는 죄'를 지칭한다(K.&D.). 동생을 죽인 형은 반드시 율법에 따라 죽어야 하는데 형을 죽이지 않는 것이 죄라는 뜻이다. 드고아 여인은 자기의 큰 아들이 죽어야 하는데 그 아들을 살려달라고 하는 것이 죄인 줄 알았다. 그래서 여인은 그 죄는 나와 내 아버지의 집으로 돌릴 것이니 다윗 왕에게는 허물이 없을 것이라고 한다. 그런데 여기 이 여인의 이 말은 형을 죽인 압살롬을 죽이지 않고 집으로 데려오고 싶어하는 책임이 그 부모 되는 다윗에게 있음을 암시하려는 것이었다. 그리하여 다윗으로 하여금 압살롬에게 관용을 베풀도록 유도하기 위함이었다. 사실 요압과 드고아 여인의 이 작전만 없었어도 다윗은 압살롬을 귀환시키지 않았을지도 모를 일이었다. 요압과 드고아 여인이 압살롬을 귀환시키는 데 큰 공헌을 했기에 압살롬이 귀환하여 반란을 일으키게 되었다.

삼하 14:10. 왕이 이르되 누구든지 네게 말하는 자를 내게로 데려오라 그가 다시는

너를 건드리지도 못하리라 하니라.

다윗 왕은 드고아 여인에게 온 족속 중에 누구든지 너를 핍박하는 사람이 있으면 왕에게 데려오라고 말한다. 그러면 그 사람이 다시는 여인을 건드리지도 못하게 만들어 주겠다고 약속한다.

삼하 14:11. 여인이 이르되 청하건대 왕은 왕의 하나님 여호와를 기억하사 원수 갚는 자가 더 죽이지 못하게 하옵소서 내 아들을 죽일까 두렵나이다 하니 왕이 이르되 여호와께서 살아 계심을 두고 맹세하노니 네 아들의 머리카락 하나도 땅에 떨어지지 아니하리라 하니라.

드고아 여인은 또 간청한다. 이것이 벌써 세 번째 간청이다(4-7, 9절). '그러면 임금님, 임금님께서 섬기시는 주 하나님의 자비를 기억하셔서 저의 죽은 아들의 원수를 갚으려고 하는 온 족속들(집안 사람들)이, 살아 있는 저의 아들까지 죽이는 크나큰 범죄를 저지르지 못하게 막아주시기를 바랍니다'라고 애원한다. 여인의 말을 듣고 왕이 얼른 대답한다. '주께서 확실히 살아 계심을 두고 맹세하지만, 네 아들의 머리카락 하나도 땅에 떨어지지 않게 해주마'라고 대답한다.

여인은 다윗 왕의 판단력을 흐리도록 만들기 위해 "왕의 하나님 여호와를 기억하셔서" 판단해 달라고 애원한다. 다시 말해 '하나님의 자비만을 기억하사' 판단해달라는 애원이다. 하나님의 속성에는 사랑과 공의가 있는데 여인은 유독 여호와 다윗 왕으로 하여금 하나님의 자비만을 기억하도록 유도하여 자기 아들을 살려 달라고 애원한다. 여인은 자기 아들과 압살롬의 귀환을 생각하면서 다윗의 마음을 돌리려 애쓴다.

다윗 왕은 여인의 애원에 "여호와께서 살아계심을 두고 맹세하면서"(11:11) 네 아들을 아무도 건드리지 못하도록 하겠다고 다짐한다. 다윗 왕은 여인의 꾐에 넘어가 하나님의 공의는 무시하고 자비만을 생각해서 동생을 죽인 형을 살려주겠다고 맹세한다. 다윗은 온 족속들(7절)의 호소도 들어보고 판단했어야 했다. 오늘 우리는 하나님 앞에서 공정한 판단자가 되어야 할 것이다.

삼하 14:12. 여인이 이르되 청하건대 당신의 여종을 용납하여 한 말씀을 내 주 왕께 여쭙게 하옵소서 하니 그가 이르되 말하라 하니라.

그 여인이 또 간청한다. 이번이 네 번째의 간청이다(4-7, 9, 11절). 다윗이 이 여인의 요구가 압살롬을 귀환시키기 위한 애원이라는 사실을 깨닫지 못하니 여인은 자꾸 간청하는 것이다. "이 종(여인)이 높으신 임금님께 한 말씀만 더 드리도록 허락하여 주시기 바랍니다"라고 애원한다. 왕이 "말해보라"라고 응답한다.

삼하 14:13. 여인이 이르되 그러면 어찌하여 왕께서 하나님의 백성에게 대하여 이 같은 생각을 하셨나이까 이 말씀을 하심으로 왕께서 죄 있는 사람 같이 되심은 그 내쫓긴 자를 왕께서 집으로 돌아오게 하지 아니하심이니이다.

여인은 그제야 속말을 꺼낸다. 임금님께서 꼭 이 같은 생각("네 아들의 머리카락 하나도 땅에 떨어지지 아니하리라"는 생각-8,10,11절)을 품고 계시니, 어찌 그럴 수가 있으십니까? 그것은 하나님의 백성(이스라엘 백성)이 바라는 바가 아닙니다. 이스라엘 백성들은 압살롬을 다음 왕으로 생각하며 압살롬을 귀환시키는 것을 바라고 있는데 다윗 왕은 엉뚱하게 생각하고 있다는 것이다. 다윗 왕이 말씀만은 그렇게 하시면서 쫓겨 난 압살롬을 불러들이지 않으시니, 어찌 잘못이 없다고 하시겠는가라고 말한다. 쉽게 말해 겉 다르고 속 다른 것 아니냐고 따진다. 겉은 여인의 아들의 머리카락 하나도 땅에 떨어지지 않게 해주겠다는 말을 하고, 속으로는 압살롬을 귀환시키려는 생각이 없는 것은 왕께서 죄를 짓는 것이 아니고 무엇인가하고 의아하게 생각한다는 것이다. 드고아 여인이 이런 말을 하는 것은 요압이 여인의 입에 넣어준 말이었다.

삼하 14:14. 우리는 필경 죽으리니 땅에 쏟아진 물을 다시 담지 못함 같을 것이오나 하나님은 생명을 빼앗지 아니하시고 방책을 베푸사 내쫓긴 자가 하나님께 버린 자가 되지 아니하게 하시나이다.

드고아 여인은 다윗 왕에게 또 다른 말을 한다. 즉, '우리는 다 죽습니다.

땅에 쏟아진 물을 다시 담을 수 없는 물과 같습니다. 암논은 이미 죽었으니 어찌할 도리가 없는 것 아닙니까(Thenius). 그러나 하나님은 생명을 빼앗지 않으시고, 방책을 베푸셔서, 비록 내어 쫓긴 자(압살롬 지칭)라 하더라도 어떻게 해서든지 하나님께 버림 받은 자가 되지 않게 하셔서 다음 왕이 되게 하실 것입니다'라고 생각을 전한다.

삼하 14:15. 이제 내가 와서 내 주 왕께 이 말씀을 여쭙는 것은 백성들이 나를 두렵게 하므로 당신의 여종이 스스로 말하기를 내가 왕께 여쭈오면 혹시 종이 청하는 것을 왕께서 시행하실 것이라.

드고아 여인은 다윗 왕에게 '제가 지금 임금님을 찾아뵙고서 이런 말씀을 드리게 된 까닭은 제가 백성들(친척들)의 위협을 받으면서 이 문제를 임금님께 아뢰면 혹시 임금님께서 제가 간구하는 바를 들어 주실 것이라는 것을 믿기 때문이고 또 왕께서 압살롬도 귀환시키실 것 같은 확신이 들어서 입니다'라고 말한다.

삼하 14:16. 왕께서 들으시고 나와 내 아들을 함께 하나님의 기업에서 끊을 자의 손으로부터 주의 종을 구원하시리라 함이니이다.

드고아 여인은 본 절에서도 앞 절에 이어 다윗 왕에게 애원한다. 즉, '저의 동족이 저와 제 아들을 하나님이 주신 이 땅에서 끊어 버리려고 하지마는 임금님께서 저의 사정을 들어 아시면 구원하여 주실 것이라고 생각하여 임금님께 찾아온 것입니다'라고 말한다. 한 마디로 말하여 자신과 자신의 큰 아들을 동족의 살해 위협으로부터 구원해 달라는 애원이다.

본 절의 "하나님의 기업"이란 '이스라엘 민족'(신 32:9; 삼상 26:19, Keil)이나, '하나님께서 이스라엘 민족에게 주신 땅 가나안'을 의미한다(창 17:8; 겔 16:3; 히 11:9, Hertzberg). 그런데 본 절에서는 '이스라엘 민족'을 지칭한다고 볼 수 있다. 드고아 여인은 '자신의 가문'을 지칭하면서도 다윗 왕께서 압살롬을 귀환시키지 않는다면 다윗 가문의 왕위가 끊어질지 모른다는 사실을 암시하고 있다. 그런고로 본 절의 애원도 압살롬을 귀환시켜야 한다는 애원이다.

삼하 14:17. 당신의 여종이 또 스스로 말하기를 내 주 왕의 말씀이 나의 위로가 되기를 원한다 하였사오니 이는 내 주 왕께서 하나님의 사자 같이 선과 악을 분간하심이니이다 원하건대 왕의 하나님 여호와께서 왕과 같이 계시옵소서.

본 절 초두의 "당신의 여종이 또 스스로 말한다"는 말은 '당신의 여종이 스스로에게 말하는 것이니 생각한다'는 뜻이다. 드고아 여인은 '누구에게 말하지는 않고 혼자 생각하기를 임금님께서 압살롬의 귀환을 명령하시는 한 마디만 해주신다면 나에게 큰 위로가 될 것이라고 믿었습니다. 그 이유는 내 임금님께서 하나님의 천사와 같이 선과 악을 잘 분간하시기 때문입니다. 원하건대 하나님 여호와께서 왕과 함께 하셔서 옳은 판단을 내려주시기를 바랍니다'라고 한다.

본 절의 "하나님의 사자"란 '천사'를 지칭한다(창 28:12; 31:11; 32:1,3; 민 22:24; 삿 2:1,4; 5:23). 드고아 여인은 다윗 왕을 하나님의 일에 수종드는 천사에 비유하면서 심히 높인다. 사실 이 여인의 말은 심히 낯간지러운 아첨이었다. 이 여인은 다윗을 높여서 다윗으로 하여금 마음을 혼란하게 하여 압살롬의 귀환을 명령하게 만드는 것이었다. 다윗은 드고아 여인의 말을 이쯤 들으면 여인의 소원이 자기 아들 살리는 문제가 아니라 압살롬의 귀환을 소원하는 것이라고 느껴야 했을 것이다.

삼하 14:18. 왕이 그 여인에게 대답하여 이르되 바라노니 내가 네게 묻는 것을 내게 숨기지 말라 여인이 이르되 내 주 왕은 말씀하옵소서.

다윗 왕이 여인의 말을 듣다보니 압살롬의 귀환을 요구하는 것 같아 다윗 왕은 여인에게 "내가 네게 묻는 것을 내게 숨기지 말라"고 다그친다. 여인은 "내 주 왕은 말씀하옵소서"라고 대답한다. 다시 말해 '내 주 왕은 나에게 물으소서'라고 말한다.

삼하 14:19. 왕이 이르되 이 모든 일에 요압이 너와 함께 하였느냐 하니 여인이 대답하여 이르되 내 주 왕의 살아 계심을 두고 맹세하옵나니 내 주 왕의 말씀을 좌로나 우로나 옮길 자가 없으리이다 왕의 종 요압이 내게 명령하였고 그가 이

모든 말을 왕의 여종의 입에 넣어 주었사오니.

다윗 왕은 드고아 여인에게 질문하겠다고 말해놓고(앞 절) 이제 본 절에는 다윗이 질문하고 여인이 답변하는 내용이 진술되어 있다. 다윗은 질문하기를 "이 모든 일에 요압이 너와 함께 하였느냐"고 질문한다. 즉, '이 모든 질문은 요압이 네 입에 넣어준 것이냐'고 한다.

여인이 대답하기를 '임금님의 질문을 누가 좌로나 우로나 옮길 사람이 없습니다. 임금님의 질문은 정곡을 찔렀다는 뜻이다. 왕의 신하 요압이 나에게 명령했고 그가 이 모든 말을 여종의 입에 넣어준 것입니다'고 대답한다.

다윗 왕이 여인의 뒤에는 요압이 있을 것이라고 알아차린 이유는 이 여인이 왕 앞에까지 와서 담대하게 말하는 것을 보면 그 배후가 상당히 높은 요압이 아니면 안 된다는 것을 왕이 알아맞힌 것이었다. 또 다윗 왕은 요압이 자신의 앞날을 위해서 압살롬을 왕위에 올리려고 하는 것을 눈치 챘기 때문이었다(3:27; 11:16).

삼하 14:20. 이는 왕의 종 요압이 이 일의 형편을 바꾸려 하여 이렇게 함이니이다 내 주 왕의 지혜는 하나님의 사자의 지혜와 같아서 땅에 있는 일을 다 아시나이다 하니라.

여인이 다윗 왕에게 할 말을 모두 여종의 입에 넣어준(앞 절) 목적은 "왕의 종 요압이 이 일의 형편을 바꾸려 하여 이렇게 함이니이다"라고 말한다. 여기 "이 일의 형편"이란 '압살롬이 그술로 도망한지 3년이 되었는데도 왕이 사면하지 않아 귀환하지 못하고 있는 형편'을 지칭한다(13:37-39). 요압은 자기의 미래의 출세를 위해 압살롬의 귀환을 원하여 드고아 여인을 사용했다. 또 여인은 "내 주 왕의 지혜는 하나님의 사자의 지혜와 같아서 땅에 있는 일을 다 아시나이다'라고 아첨한다. 요압이 여인의 배후에 있는 것을 다윗 왕이 알았다고 하여 여인은 다윗 왕을 하나님의 사자 같다고 추켜세운다(17,19절). 이렇게 여인이 다윗에게 아첨하는 이유는 행여나 자신에게 닥칠 어떤 책망을 피하려 했던 것으로 보인다.

우리가 드고아 여인의 말과 아비가일의 말(삼상 25:24-31)을 비교해 보면,

1) 아비가일의 말은 솔직하나 드고아 여인의 말은 계획적이었음. 2) 아비가일의 말은 다윗의 범죄를 막았으나 드고아 여인의 말은 다윗으로 하여금 공의로운 징계를 못하게 했음. 3) 아비가일의 말은 다윗에게 평안을 주었으나 드고아 여인의 말은 결과적으로 다윗에게 불안을 가져왔다(박윤선).

ㄴ. 압살롬이 돌아와 다윗과 상면하다 14:21-33

압살롬은 요압의 꾀로 예루살렘에 돌아오긴 했으나 왕을 뵙지는 못한다(21-27절). 압살롬은 요압에게 불만을 토로하여 요압의 주선으로 왕을 뵙는다(28-33절).

21-27절. 압살롬이 예루살렘에 돌아오다.

삼하 14:21. 왕이 요압에게 이르되 내가 이 일을 허락하였으니 가서 청년 압살롬을 데려오라 하니라.

다윗 왕은 요압에게 '내가 압살롬을 데려오도록 허락했으니 가서 압살롬을 예루살렘에 데려오라'고 말한다.

삼하 14:22. 요압이 땅에 엎드려 절하고 왕을 위하여 복을 빌고 요압이 이르되 내 주 왕이여 종의 구함을 왕이 허락하시니 종이 왕 앞에서 은혜 입은 줄을 오늘 아나이다 하고.

다윗 왕의 허락을 받아낸 요압은 왕 앞에 감사하다는 뜻을 전하느라 엎드려 절하고, 왕을 위하여 하나님께 복을 빈다. 그리고 요압은 "내 주 왕이여 종의 구함을 왕이 허락하시니 종이 왕 앞에서 은혜 입은 줄을 오늘 알겠습니다"라고 말한다. 즉, 요압은 '왕께서 종의 구함(드고아 여인을 통하여 압살롬을 귀환시켜달라는 요청)을 허락하시니 종이 오늘 왕이 저를 총애하시는 줄 알겠습니다'라고 말씀한다.

여기 "종의 구함"이란 말은 요압이 드고아 여인을 통하여 간접적으로 압살롬의 귀환을 요구한 것을 지칭하는 것은 사실이나 그 이전에도 다윗 왕에게 직접적으로 압살롬의 귀환을 요구한 것을 가리킬 수도 있다(K.&D., Lange). 이렇게 간절하게 압살롬의 귀환을 요구한 것을 보면 드고아 여인을 내세워서 요구하기 전에 가만히 있었을 요압이 아니다. 압살롬이 그술에 3년이나 있었으니 요압은 일찍부터 압살롬의 귀환을 요구했을 것이다.

다윗 왕이 이 때 요압의 요구를 들어주어 압살롬이 귀환하게 한 것은 큰 실수였다. 압살롬의 귀환을 허락하지 않았어야 했다. 그러나 압살롬이 귀환해서 반역을 일으킨 것은 다윗 왕이 밧세바와 간음한 것과 우리아를 전사시킨 죄 값 때문에 닥친 일로 보아야 한다.

삼하 14:23. 요압이 일어나 그술로 가서 압살롬을 데리고 예루살렘으로 오니.

요압은 다윗 왕이 압살롬의 귀환을 허락하는 것을 보고 감사한 다음 압살롬의 외가(外家)가 있는 그술로 가서 압살롬을 데리고 예루살렘으로 돌아왔다.

삼하 14:24. 왕이 이르되 그를 그의 집으로 물러가게 하여 내 얼굴을 볼 수 없게 하라 하매 압살롬이 자기 집으로 돌아가고 왕의 얼굴을 보지 못하니라.

요압이 압살롬을 예루살렘으로 데리고 왔으나 다윗 왕은 압살롬을 보기 원치 않았다. 다윗 왕은 암논을 죽인 압살롬이 아직 회개하지 않았기에 대면하기 원하지 않았다. 그래서 다윗 왕은 요압에게 명령을 내려 압살롬으로 하여금 왕의 얼굴을 볼 수 없게 하라고 명한다. 요압은 다윗 왕의 명령을 받들어 압살롬을 왕 앞으로 인도하지 않고 압살롬을 그의 집으로 돌아가게 해서 왕의 얼굴을 보지 못하게 했다.

여기 다윗 왕이 압살롬을 만나주지 않고 자기 집으로 돌아가게 한 일이 훗날 어떤 영향을 끼쳤는지에 대해 학자들의 견해는 갈린다. 1) 압살롬에 대한 다윗의 이 엄한 태도는 훗날 반역을 촉진시켰을 것이라는 견해(K&D, Caird, 이상근). 다윗은 이 때 보다 더 부드럽게 압살롬을 대했어야 했다고 주장한다. 그러니까 이 주장은 다윗의 친절이 없어 압살롬이 반역을 일으켰다는 주장이다. 그러나 이 주장은 설득력이 약한 것으로 보인다. 이유는 2년 후에(28절) 다윗과 압살롬은 서로 입을 맞추는 일이 있었다. 2) 압살롬이 회개하지 않은 채 왕의 주변에 왔으므로 압살롬이 이스라엘 중에 내란을 조성하는 기회를 열어준 것이라는 견해(Matthew Henry, Lange, Patrick, 박윤선). 이 견해 역시 설득력이 약한 것으로 보인다. 훗날 압살롬이 반역을 일으킨 것은 압살롬만 회개하지 않은 탓이라기보다는 더 중요한 것은 다윗 왕이 아직 완전히 회개하지 않았기 때문이라고 말해야 할 것이다 (다음 3번을 보라). 3) 우리의 견해는 압살롬이 회개 하지 않아서 훗날 압살롬이 반역을 일으켰지만 보다 더 다윗이 아직 회개하지 않은 것이 문제인 것으로 보아야 할 것이다. 다윗이 왕으로서 밧세바를 범하고 또 그 남편 우리아를 전시(戰死)시키는 일은 훗날 다윗의 일생에 큰 화를 불러올 일이었다(12:10-12). 압살롬은 암논을 죽였기에 자신도 죽음을 당했고, 다윗은 범죄하고 죄를 완전히 자복하지 않아서(시편에 많은 회개시가 있긴 하지만) 압살롬의 반역을 불러왔다.

삼하 14:25. 온 이스라엘 가운데에서 압살롬 같이 아름다움으로 크게 칭찬 받는 자가 없었으니 그는 발바닥부터 정수리까지 흠이 없음이라.

본 절부터 27절까지는 압살롬의 큰 장점이 나온다. 이는 그가 반역을 일으키기 위하여 백성들의 호응을 얻는데 도움을 주었다. 압살롬은 이스라엘 가운데서 가장 아름다운 자였다. 그래서 그는 백성들로부터 큰 칭찬을 들었다. 그의 육체적인 아름다움은 몸 전체에 흠이 없는 정도였다. 미모가 이렇게 아름다워 반역을 일으키는 일에 크게 도움이 되었다.

삼하 14:26. 그의 머리털이 무거우므로 연말마다 깎았으며 그의 머리털을 깎을 때에 그것을 달아본즉 그의 머리털이 왕의 저울로 이백 세겔이었더라.

"그의 머리털이 무거우므로 연말마다 깎았다"는 말씀을 여기에 기술한 것은 '압살롬의 머리털이 무거운 것은 머리털이 아름다운 것을 드러내는 것이고 머리털의 아름다움의 전체의 미를 대언하기 때문이고, 머리털의 숱이 많은 것은 그의 정력과 힘이 강한 것을 표시한다(삿 16:17, Eerdmann, 이상근). 압살롬은 머리털이 너무 무거워 해마다 연말에 머리털을 깎았다.

"머리털을 달아본즉 그의 머리털이 왕의 저울로 이백 세겔이었다". 여기

"왕의 저울"이란 다른 저울도 있음을 시사한다. 즉, '일반 세겔도 있었고 또 성전 세겔도 있었음'을 뜻한다. 일반 세겔이란 11.4g을 뜻하고, 성전의 세겔은 일반적으로 통용되는 세겔보다 5분의 1이 더 무거운 세겔을 뜻한다. 그리고 왕궁에서 쓰는 세겔은 일반인들이 사용하는 세겔의 2배였다. 따라서 압살롬의 머리털이 왕궁의 세겔(왕실 세겔)로 200세겔이면 4.56kg정도가 되는 엄청난 무게였다. 아무튼 압살롬은 자기의 머리털을 자랑했다. 압살롬은 머리털까지 아름다운 사나이였다. 그러나 압살롬은 머리털의 숱이 많아 자랑스러웠으나 훗날 그 머리털의 숱이 나뭇가지에 걸려 죽었으니 세상 자랑이 다 헛된 것임을 알 수 있다.

삼하 14:27. 압살롬이 아들 셋과 딸 하나를 낳았는데 딸의 이름은 다말이라 그는 얼굴이 아름다운 여자더라.

　여기 압살롬의 자녀들 중 아들들의 이름이 없고 딸 이름만 거명되는 이유는 아들들이 일찍이 죽었기 때문이라는 것이다(18:18, K.&D.). 그런데 딸의 이름은 "다말"이었다. 압살롬이 자기 딸 이름을 "다말"이라고 지은 이유는 암논에게 성폭행당한 불행한 누이동생 다말(13:14)의 이름을 따른 것으로 추측된다(K.&D., Lange, RP Smith). 압살롬이 이렇게 자기의 딸의 이름을 다말이라고 지은 것은 자기의 딸이 누이동생을 너무 닮았거나(RP Smith) 아니면 압살롬이 누이동생을 너무 사랑했기 때문이었을 것이다(K.&D.).

　여기 압살롬의 딸 다말의 미모가 대단하다는 것을 진술한 이유는 다말의 미모도 사람들이 압살롬을 추앙하기에 부족함이 없다는 것을 드러내기 위함일 것이다. 다시 말해 압살롬의 딸의 미모 때문에 이스라엘 사람들은 압살롬을 높이 평가했다는 것을 드러내는 것 같다. 이곳(25-27절)에 진술된 압살롬의 장점은 압살롬이 사람들의 시선을 끌기에 아주 충분했다는 것을 드러낸다. 압살롬은 반역을 일으키기 아주 좋은 점을 지니고 있었다.

28-33절. 압살롬은 요압의 주선으로 다윗 왕을 뵙는다.

삼하 14:28. 압살롬이 이태 동안 예루살렘에 있으되 왕의 얼굴을 보지 못하였으므로.

압살롬은 그술에서 3년을 살았고 또 그술에서 돌아온 지 2년 동안 예루살렘에서 살면서 자기 아버지의 얼굴을 보지 못했다. 도합 5년이나 아버지 왕을 못 본 형편이었다. 그는 예루살렘 사람들이 이상하게 느낄 만큼 자기 아버지의 얼굴을 보지 못하고 살았다.

삼하 14:29. 압살롬이 요압을 왕께 보내려 하여 압살롬이 요압에게 사람을 보내 부르되 그에게 오지 아니하고 또 다시 그에게 보내되 오지 아니하는지라.

압살롬은 요압을 왕께 보내려 하여 두 번이나 불렀으나 요압이 오지 않았다. 요압은 다윗 왕이 압살롬을 보기 싫어하는 것을 알고 있었으므로 압살롬을 위한 심부름을 하기 원하지 않았다.

삼하 14:30. 압살롬이 자기의 종들에게 이르되 보라 요압의 밭이 내 밭 근처에 있고 거기 보리가 있으니 가서 불을 지르라 하니라 압살롬의 종들이 그 밭에 불을 질렀더니.

압살롬은 이제 꾀를 내어 자기의 종들에게 말하기를 "보라 요압의 밭이 내 밭 근처에 있고 거기 보리가 있으니 가서 불을 지르라"고 명령했다. 명령 받은 종들은 요압의 밭이 압살롬의 밭 근처에 있는 것을 알고 찾아가서 종들은 요압의 보리밭에 불을 질렀다. 남의 밭에 불을 지른 것은 가장 심하게 해를 끼치는 행위였다(삿 15:4-8).

삼하 14:31. 요압이 일어나 압살롬의 집으로 가서 그에게 이르되 어찌하여 네 종들이 내 밭에 불을 질렀느냐 하니.

요압은 자기 밭에 압살롬의 종들이 불을 지른 것을 알고 압살롬에게 달려와서 항의했다. 압살롬이 아직까지도 회개를 하지 않은 것을 압살롬의 이 행위로 분명히 알 수 있다.

삼하 14:32. 압살롬이 요압에게 대답하되 내가 일찍이 사람을 네게 보내 너를 이리로 오라고 청한 것은 내가 너를 왕께 보내 아뢰게 하기를 어찌하여 내가 그술에서 돌아오게 되었나이까 이 때까지 거기에 있는 것이 내게 나았으리이다 하려 함이로라 이제는 네가 나로 하여금 왕의 얼굴을 볼 수 있게 하라 내가 만일 죄가 있으면 왕이 나를 죽이시는 것이 옳으니라 하는지라.

압살롬에게 찾아온 요압에게 압살롬은 요압에게 두 번이나 사람을 보내 요압을 이리로 오라고 한 이유 두 가지를 말한다. 하나는 "어찌하여 내가 그술에서 돌아오게 되었나이까"라는 것이었고, 또 하나는 "이 때까지 거기에 있는 것이 내게 나았으리이다"라고 말하려는 것이었다.

"이제는 네가 나로 하여금 왕의 얼굴을 볼 수 있게 하라 내가 만일 죄가 있으면 왕이 나를 죽이시는 것이 옳으니라"고 한다. 압살롬은 요압에게 이제라도 자기가 왕의 얼굴을 보게 해달라고 강요한다. 그리고 압살롬은 자기가 무슨 죄가 있기에 이렇게 예루살렘에서 2년이나 살았는데 아버지 왕을 볼 수 없는 것인가고 말한다. 만일 자기에게 무슨 죄가 있으면 왕이 직접 자신을 죽이는 것이 옳으니라고 말한다. 암논이 다말을 성폭행했기에 자신이 형을 죽인 일은 잘못이 없다는 주장이었다. 아버지 왕이 암논을 처치해야 했는데 아버지가 가만히 있으니 자기가 암논을 죽인 것인데 자기는 큰 죄가 없는 것이고 지금은 벌써 5년이 지난 시점이니 자기에게는 지금 아무 죄도 남지 않았는데 아버지가 자기를 죄인처럼 취급하는 것은 있을 수 없다는 주장이었다. 압살롬은 회개하지 않은 죄인임이 이 말로써도 증명된다.

삼하 14:33. 요압이 왕께 나아가서 그에게 아뢰매 왕이 압살롬을 부르니 그가 왕께 나아가 그 앞에서 얼굴을 땅에 대어 그에게 절하매 왕이 압살롬과 입을 맞추니라.

요압이 다윗 왕께 나아가 압살롬의 요구를 말씀드리니 왕이 압살롬을 부른다. 압살롬이 왕께 나아가 그 앞에서 얼굴을 땅에 대어 아버지 왕에게 절을 하니 왕이 압살롬과 입을 맞추었다. 여기 압살롬이 왕께 나아가 얼굴을 땅에 대어 다윗 왕에게 절한 것은 순전히 가식적인 행위였다. 압살롬이 본 절에서 말한 것을 보아도 압살롬이 다윗 왕 앞에서 엎드려 절한 것은 순전히 가식적인 예절임을 알 수 있고 또 15장에 언급된 반역의 행위를 보아도 압살롬의 행위는 가식적인 행위였다.

다윗 왕이 압살롬과 입맞춤은 그의 죄를 온전히 용서한다는 표시였다(창 33:4; 45:15, Matthew Henry, K&D, RP Smith). 다윗 왕은 이 시점에서 큰 실수를 범하고 만다. 아들이 진정으로 회개했어야 죄를 용서하는 것이지 그저 아버지의 사랑만 가지고 아들을 용서한다는 것은 다음 죄를 용납하는 꼴이 되는 것이었다. 맹목적인 자녀 사랑은 훗날 큰 화를 불러온다는 것을 알 수 있다. 부모는 자녀가 하나님 앞에서 진정으로 회개하도록 이끌어야 한다.

아들 압살롬이 아버지와 입을 맞춘 것은 왕에 대한 신하의 예절이었을 뿐이었고 국민들에게 앞으로의 왕은 압살롬일 것이라는 확신을 심어주는 결과를 초래했고, 따라서 아버지께 언제든지 반역을 할 수 있는 좋은 기회를 얻은 셈이다. 압살롬은 아버지와 입을 맞춤으로 이제는 아버지를 무서운 존재로 인식하지 않고 나약한 존재로 알 수 있게 되어 언제든지 반역의 깃발을 들 수 있게 되었다.

제 15 장

ㄷ. 압살롬이 반란을 개시하다   15:1-12

아버지 왕으로부터 사면을 받은 아들 압살롬은 이제 자유의 몸이 되어 4년 동안이나 아버지를 반역하기 위한 준비를 하고(1-6절), 다윗과 백성들 모르게 숨어서 압살롬은 여호와께 서원한 것이 있다면서 헤브론에 사람들을 모아놓고 자신을 왕으로 추대하게 만든다(7-12절).

삼하 15:1. 그 후에 압살롬이 자기를 위하여 병거와 말들을 준비하고 호위병 오십 명을 그 앞에 세우니라.

본 절은 압살롬이 자기의 반역을 성사시키기 위해 병거와 말들을 준비하고 호위병 50명을 세운 일을 진술한다. "그 후에"란 말은 '압살롬이 다윗 왕을 만나 예를 차리고 입을 맞춘 후'를 뜻한다. 그 후부터 압살롬은 4년간이나 자기를 위하여 병거와 말들을 준비하고 호위병 50명을 세웠다. 4년간이나 준비했으니 비교적 주밀한 준비를 했을 터이지만 그는 다윗 왕한테 결국 패하고 말았다. 패한 이유는 1) 하나님께서는 이스라엘 왕으로 다윗을 세운 것이지 압살롬을 세우신 것이 아니었기 때문이다. 2) 압살롬은 한 때 다윗을 괴롭히기 위해 세움을 받은 사람이지 왕으로 세움 받은 사람은 아니었기 때문이다. 다윗의 죄는 커서 오랜 동안 하나님의 징계를 받아야 했다(12:1-12).

삼하 15:2. 압살롬이 일찍이 일어나 성문 길 곁에 서서 어떤 사람이든지 송사가 있어 왕에게 재판을 청하러 올 때에 그 사람을 불러 이르되 너는 어느 성읍 사람이냐 하니 그 사람의 대답이 좋은 이스라엘 아무 지파에 속하였나이다 하면,

본 절부터 6절까지는 압살롬이 민심을 자기에게 끌어 모은 일을 한 것을 진술한다. 이런 행위는 포퓰리즘(populism-대중을 자기 앞으로 이끄는 행위)이라고 한다. 대중을 자기 앞으로 이끄는 행위는 반드시 실패하는 것을 볼 수 있다. 우리는 대중을 그리스도 앞으로 이끌고 가야 할 것이다.

압살롬은 아침 일찍이 일어나 성문으로 들어가는 길 곁에 서서 사람들의 마음을 도둑질했다. 그는 반역을 일으키기 위해 고생을 많이 했다. 아침 일찍이 일어난다는 것은 쉽지 않은 일이다. 아침 일찍이 일어나 성으로 들어가는 문 곁에 서서 이스라엘 사람들이 송사가 있어 왕에게 재판을 받으러 가는 사람을 만나면 "그 사람을 불러 이르되 너는 어느 성읍 사람이냐 하니 그 사람의 대답이 좋은 이스라엘 아무 지파에 속하였나이다"라고 하면 다음 절(3절)과 같이 말하곤 해서 사람들의 마음을 도둑질하는 일에 열심을 다했다.

삼하 15:3. 압살롬이 그에게 이르기를 보라 네 일이 옳고 바르다마는 네 송사를 들을 사람을 왕께서 세우지 아니하셨다 하고.

압살롬은 왕에게 재판을 받으러 성문 안으로 들어가는 사람을 붙들고 말하기를 "보라 네 일이 옳고 바르다마는 네 송사를 들을 사람을 왕께서 세우지 아니하셨다"라고 말해주면서 그 사람의 마음을 사로잡았다. 압살롬은 그 사람을 붙들고 그 사람의 송사가 무엇인지도 들어보지도 않고 무조건 그 사람이 옳다고 말해주었다. 그런데 압살롬은 바로 "네 송사를 들을 사람을 왕께서 세우지 아니하셨다"고 말하여 왕을 원망하게 만들었다. 그러니까 압살롬은 왕과 백성 사이를 이간시키는 일을 한 것이다. 그러면서 자기가 바로 재판관이 된다면 아주 공정한 재판을 해줄 수 있을 것이라고 말해주었다(다음 절).

삼하 15:4. 또 압살롬이 이르기를 내가 이 땅에서 재판관이 되고 누구든지 송사나 재판할 일이 있어 내게로 오는 자에게 내가 정의 베풀기를 원하노라 하고.

더욱이 압살롬은 이런 말도 하였다. "내가 이 나라의 재판관이 된다면 소송할 일이 있어 재판을 받으려는 사람은 누구든지 내 앞에 와서 공정한 판결을 받을 수 있을 것이오"라고 말하기도 했다.

본 절 상반 절의 "내가 이 땅에서 재판관이 되고"란 말은 '누가 나를 재판관으로

만들어주면'이라는 뜻이다. 다시 말해 '자기가 이 나라의 왕이 되어 재판관의
역할을 하면'이란 뜻이다. 자기가 재판관이 되면 자기가 재판을 아주 잘 할 것이라
는 뜻이다. 그리고 본문의 "내게로"(עָלַי)라는 말은 강세형으로 누구든지 송사가
있어 '내게로' 오는 자에게 재판을 잘 해줄 것이라고 말한다. 3절에서는 압살롬이
왕의 무능을 말했는데 본 절에서는 자기가 재판관이 되면 이름 있는 재판관이
될 것이라고 자기를 부추긴다.

**삼하 15:5. 사람이 가까이 와서 그에게 절하려 하면 압살롬이 손을 펴서 그 사람을
붙들고 그에게 입을 맞추니.**

사람들이 압살롬의 매력에 끌려 가까이 와서 그에게 절하려고 하면 압살롬은
손을 펴서 그 사람을 붙들고 그에게 입을 맞추어 그 사람의 마음을 자기에게로
향하게 했다. 사람이 입을 맞추는 것은 그 사람을 가까이 한다는 뜻이다. 압살롬은
아침마다 여러 사람의 마음을 자기에게로 가까이 오게 해서 자기 왕국을 세우려
했다.

**삼하 15:6. 이스라엘 무리 중에 왕께 재판을 청하러 오는 자들마다 압살롬의
행함이 이와 같아서 이스라엘 사람의 마음을 압살롬이 훔치니라.**

압살롬은 이스라엘 무리 중에 왕께 재판을 청하러 오는 사람에게 위와 같은
식으로 접근해서 이스라엘 사람들의 마음을 자기에게로 향하게 만들어 놓았다.
다시 말해 많은 사람들로 하여금 자기를 왕으로 추대하게 만들었다.

ㄷ. 압살롬이 반란을 개시하다 15:7-12

**삼하 15:7. 사 년 만에 압살롬이 왕께 아뢰되 내가 여호와께 서원한 것이 있사오니
청하건대 내가 헤브론에 가서 그 서원을 이루게 하소서.**

압살롬이 다윗 왕과 화해하고 입을 맞춘(14:33) 다음 4년 만에 압살롬이
왕께 아뢰되 내가 여호와께 서원한 것이 있사오니 "내가 헤브론에 가서 그 서원을
이루게 하소서"라고 간청한다. 여기 "헤브론"은 압살롬이 태어난 곳이고(3:3),

다윗 왕이 처음으로 왕이 된 곳이다. 압살롬은 여호와께 서원한 것이 있어서 헤브론에서 하나님께 제사를 드리겠다고 왕의 허락을 요구한다. 그러나 실은 헤브론에서 다윗 왕께 반역을 일으킬 참이었다.

삼하 15:8. 당신의 종이 아람 그술에 있을 때에 서원하기를 만일 여호와께서 반드시 나를 예루살렘으로 돌아가게 하시면 내가 여호와를 섬기리이다 하였나이다.

압살롬은 다윗 왕께 자기가 암논을 죽이고 도망하여 아람 땅 그술, 외조부의 궁에 있을 때 여호와께 서원한 일이 있다는 것이다. 여호와께서 자기를 예루살렘으로 돌아가게 하시면 자기가 여호와를 섬기겠다고 서원했다는 것이다.

삼하 15:9. 왕이 그에게 이르되 평안히 가라 하니 그가 일어나 헤브론으로 가니라.

다윗 왕은 압살롬에게 말하기를 서원한 것이 있으면 반드시 서원한 대로 이루어야 하니 평안히 가라고 허락해준다. 그래서 압살롬은 다윗과 헤어져서 헤브론으로 갔다. 이것이 압살롬이 아버지 왕과 마지막 이별이었다.

삼하 15:10. 이에 압살롬이 정탐을 이스라엘 모든 지파 가운데에 두루 보내 이르기를 너희는 나팔 소리를 듣거든 곧 말하기를 압살롬이 헤브론에서 왕이 되었다 하라 하니라.

그런 다음 압살롬은 이스라엘의 모든 지파에게 첩자들을 보내서, 나팔 소리가 들리거든 "압살롬이 헤브론에서 왕이 되었다!" 하고 외치라고 말해 주었다. 압살롬은 4년 동안 다윗 왕에 대한 반역을 치밀하게 준비했다. 그렇게 준비했어도 하나님께서 허락하지 않으시니 반역에 성공하지 못했다.

삼하 15:11. 그 때 이백 명이 압살롬과 함께 예루살렘에서부터 헤브론으로 내려갔으니 그들은 압살롬이 꾸민 그 모든 일을 알지 못하고 그저 따라가기만 한 사람들이라.

압살롬은 제사 드린다는 명목으로 예루살렘에서부터 헤브론으로 데려간 200
명이 있었는데 그들은 압살롬이 반역을 할 것이라는 사실을 전혀 눈치 채지 못하고
그냥 따라가기만 했다. 이들은 압살롬에게서 아무 것도 눈치 채지 못하고 내려간
것인데 그래도 압살롬이 반역하는 일에 큰 힘이 되었을 것이다. 우선 사람이
많으니 반역을 하는데 도움이 되었을 것이다. 이들 200명 거의가 왕실 고위관리들
이었을 것이다(Lange).

**삼하 15:12. 제사 드릴 때에 압살롬이 사람을 보내 다윗의 모사 길로 사람 아히도벨
을 그의 성읍 길로에서 청하여 온지라 반역하는 일이 커가매 압살롬에게로 돌아오
는 백성이 많아지니라.**

압살롬이 헤브론에서 제사 드릴 때에 사람을 보내 다윗의 모사(카운슬러,
참모, 고문관, 자문관) 길로 사람 아히도벨66)(Ahithophel)을 그의 성읍 길로67)에
서 청하여 왔다. "아히도벨"이란 사람은 다윗의 뛰어난 모사로 택함 받은 자였으며,
밧세바의 조부였다(11:3; 23:34; 대상 3:5). 아히도벨이 이 때 고향으로 가 있었던
이유는 다윗이 그의 손녀를 범한 데 격분했기 때문이란 추측이 있다(Lange).
"길로"란 곳은 오늘날 키르벳 잘라(Khirbet Jala)로 불리고 있는 곳으로 헤브론에
서 서남쪽으로 약 8km 지점에 위치한다(수 15:51). 그런데 한 때 다윗 왕의
모사로 활약했던 아히도벨이 이처럼 쉽게 다윗 왕을 배반하고 압살롬의 모사가
된 이유에 대해 성경이 침묵하고 있지만 여러 가지 정황을 놓고 추정해 볼 때
아마도 다윗 왕의 악행에 대한 그의 반항심 때문이었을 것이다. 즉, 11:3과 23:34

---

66) "아히도벨": Ahithophel. '어리석음의 형제'란 뜻을 가지고 있다. 서남 유다의 길로 사람인
데, 다윗의 모사(謀士)였다. 반역 음모에 그의 지혜가 필요했는지, 압살롬은 그를 길로에서 초청했
다. 압살롬이 부왕 다윗을 반역하여 예루살렘에 입성했을 때, 모든 백성의 심리를 다윗으로부터
압살롬에게 전환시키는 술책으로 다윗의 후궁들을 백주에 옥상에서, 더구나 많은 백성들이
둘러서서 보는 가운데 동침하라는 모략을 압살롬이 받아들여 천인공노할 범행을 저지르게
했다(삼하 15:12; 16:20-23, 디럭스 바이블 성경사전).
67) "길로": Giloh. '즐거워하는 자'란 뜻을 가지고 있다. 유다 산지의 성읍인데(수 15:51)
다윗의 모사(謀士) 아히도벨의 출신지이다(삼하 15:12). 아히도벨은 자기의 모략이 압살롬에게
채용되지 않음을 비관하여 고향인 길로 집에 가서 목메어 자살하였다. 그일라의 동쪽 5㎞의
지점에 있는 길베드 잘라(Khirbet Jala)로 추정된다(디럭스 바이블 성경사전).

또는 대상 3:5을 통해 볼 때 밧세바는 아히도벨의 손녀인 것으로 추정된다. 따라서 아히도벨이 자기의 손녀를 추행하고 또한 손녀사위인 우리아를 모살한 다윗 왕의 파렴치한 행위(11장)에 대해 반감을 가지고 있다가 압살롬의 제의가 있자 이렇게 빨리 변심할 수 있었다(Lange)고 추정할 수 있다.

"반역하는 일이 커가매 압살롬에게로 돌아오는 백성이 많아지니라"는 말은 다윗 왕에게는 가슴 철렁한 사건임에 틀림없다. 일이 이렇게 진전된 이유는 다윗의 밧세바 간음사건과 우리아를 전사시킨 사건을 하나님께서 세월을 두고 징계하시는 것으로 보아야 할 것이다. 그리고 여기에 압살롬의 반역이 성공할 것 같이 보였던 몇 가지 외부적 조건이 있었을 것이다. 즉, 압살롬의 매력적인 외모가 역할을 했을 것으로 보이고(14:25,26) 또 압살롬의 비상한 여론 조성(1-6절)도 한몫을 했을 것이다.

ㄹ. 다윗이 도피하다   15:13-16:14

압살롬의 반역이 성사되자 다윗 왕은 이제 다윗과 중진들은 압살롬의 반역을 피하여 예루살렘을 떠나 피난길에 오른다. 이 부분(15:13-16:14)은 다윗이 예루살렘을 떠난 일(15:13-23), 법궤를 예루살렘에 머물게 한 일(15:24-37), 시바가 환영한 일과 시므이가 저주한 일(16:1-14) 등이 진술된다.

13-23절. 다윗이 예루살렘을 떠나다.

삼하 15:13. 전령이 다윗에게 와서 말하되 이스라엘의 인심이 다 압살롬에게로 돌아갔나이다 한지라.

전령은 다윗에게 와서 전하기를 이스라엘의 인심이 다 압살롬에게로 돌아갔다고 전한다. 이 전갈은 좀 지나친 감이 있지만 민심은 압살롬에게 돌아간 것이라고 보아야 한다. 여기 "다"란 말은 히브리인들의 과장법에 따른 표현이었지만 인심에 관한한 사실이라고 보아야 한다. 인심은 갈대와 같아서 쉽게 이리 저리 쏠리고 쏠리는 것이 사실이다.

삼하 15:14. 다윗이 예루살렘에 함께 있는 그의 모든 신하들에게 이르되 일어나

도망하자 그렇지 아니하면 우리 중 한 사람도 압살롬에게서 피하지 못하리라 빨리 가자 두렵건대 그가 우리를 급히 따라와 우리를 해하고 칼날로 성읍을 칠까 하노라.

다윗 왕은 전령이 전해주는 소문을 듣고 그의 모든 신하들에게 도망하자고 권한다. 만약에 도망하지 아니하면 우리 중에 한 사람도 압살롬으로부터 피하지 못할 것이니 빨리 도망하자고 제안한다. 두렵건대 압살롬이 우리를 급히 따라와서 우리 전체를 해하고 또 칼날로 성읍 사람들을 칠지 모를 일이라고 염려했다. 다윗은 전령이 전해주는 민심의 이반에 대해 듣고 아마도 여호와께서 자기의 과거의 죄(우리아를 죽인 죄, 밧세바를 우리아에게서 빼앗은 죄)에 대해 징계를 계속하시는 것으로 알아 그렇게 겁을 먹고 예루살렘을 빨리 떠난 것으로 보인다. 실제로 여호와께서는 우리의 죄를 오래도록 다스리신다.

삼하 15:15. 왕의 신하들이 왕께 이르되 우리 주 왕께서 하고자 하시는 대로 우리가 행하리이다 보소서 당신의 종들이니이다 하더라.

왕의 신하들은 왕의 제안에 얼른 응하여 왕께 말씀드리기를 우리 주 왕께서 하고자 하시는 대로 우리가 행하겠다고 말한다. 그 신하들은 왕의 말씀을 듣고 우리는 당신의 종들이라고 말한다. 다시 말해 왕의 명령을 안 들을 사람들이 아니라고 응답한다.

삼하 15:16. 왕이 나갈 때에 그의 가족을 다 따르게 하고 후궁 열 명을 왕이 남겨 두어 왕궁을 지키게 하니라.

다윗 왕이 예루살렘을 떠날 때에 왕은 그의 가족을 모두 따르게 했으나 다만 후궁 10명을 왕이 남겨두어 왕궁을 지키게 했다. 여기 후궁 10명을 남겨 왕궁을 지키게 한 것은 얼핏 보기에 잘한 같지만 이 일은 하나님께서 나단을 통해 예언하신 바를 이루도록 하시기 위함이었다(12:10-12).

삼하 15:17. 왕이 나가매 모든 백성이 다 따라서 벧메르학에 이르러 멈추어 서니.

다윗 왕이 먼저 궁을 빠져 나아가니 모든 백성이 그의 뒤를 따라 가서 그들이
멀리 있는 별궁(이 궁은 기드론 시내 이전에 있던 다윗의 별궁)에 이르자 모두
멈추어 섰다. 본 절의 "벧메르학"(Bethmerhak)이란 '먼 궁'이라는 뜻을 가지고
있고 다윗이 압살롬의 반란을 피하여 첫 번 유숙한 곳이다. 다윗이 이곳에서
잠시 멈춘 이유는 피난민을 재정비해서 피난하려는 준비를 하기 위해서였을 것이
다(HP Smith, RP Smith).

삼하 15:18. 그의 모든 신하들이 그의 곁으로 지나가고 모든 그렛 사람과 모든
블렛 사람과 및 왕을 따라 가드에서 온 모든 가드 사람 육백 명이 왕 앞으로
행진하니라.

다윗 왕의 신하들이 모두 왕 곁에 서 있는 동안에 모든 그렛 사람과 모든
블렛 사람(그렛 사람과 블렛 사람은 다윗 왕의 호위병들)이 왕 앞으로 지나가고
가드에서부터 왕을 따라 온 모든 가드 군인 육백 명도 왕 앞으로 지나갔다. "가드에
서부터 왕을 따라 온 모든 가드 군인 600명"이란 다윗이 사울에게 쫓겨 블레셋의
가드로 피난한 시절부터 다윗을 따라 다녔던 신복들이었다. 이들은 다윗의 충신들
의 핵심부대였다(삼상 21:10-15; 27:3-12). 이렇게 많은 신복들이 있다는 것은
하나님께서 다윗과 함께 하신다는 것을 보여준 것이었다.

가드에서 온 600인은 블레셋의 수도 가드에서부터(삼상 27:2) 시글락(삼
상 27:6; 30:1), 헤브론(2:3)을 거쳐 예루살렘에 이르기까지(5:6) 다윗 왕을
돕는 일에 충성을 다한 신실한 용사들이었다. 그리고 이들은 예루살렘에서
왕의 근위대로 임명되어 지금은 다윗 왕을 경호하고 있는 사람들이었다
(K.&D., Wycliffe).

삼하 15:19. 그 때에 왕이 가드 사람 잇대에게 이르되 어찌하여 너도 우리와
함께 가느냐 너는 쫓겨난 나그네이니 돌아가서 왕과 함께 네 곳에 있으라.

그때에 다윗 왕은 가드 사람 잇대를 보더니 이렇게 말하였다. '어찌하여 장군은
우리와 함께 가려고 하오? 장군은 예루살렘으로 돌아가서 새 왕과 함께 머물러

있으시오. 장군은 망명해 온 외국인이 아닙니까. 이제 우리는 어디로 가야 할지도 모르는데 어떻게 어제 온 장군에게 우리와 함께 유랑의 길을 떠나자고 할 수 있겠소? 그러니 장군은 당신의 동족들을 데리고 돌아가시오. 여호와께서 장군에게 은혜 베푸시기를 원하오.'라고 말해주었다. 본 절의 잇대(Ittai)는 블레셋의 가드 사람으로 거기서 "쫓겨나" 이스라엘에게 그의 가족과 함께(22절) 망명 온 자이고 큰 용사이며 다윗의 군사령관이었다(18:1). 다윗 왕이 잇대를 생각하여 한 말은 참으로 자상하고 남을 배려하는 말이었다.

삼하 15:20. 너는 어제 왔고 나는 정처 없이 가니 오늘 어찌 너를 우리와 함께 떠돌아다니게 하리요 너도 돌아가고 네 동포들도 데려가라 은혜와 진리가 너와 함께 있기를 원하노라 하니라.

다윗 왕은 잇대에게 '그대가 온 것이 바로 엊그제(여기 '엊그제'란 말은 '멀지 않은 과거'를 지칭하는 말이다)와 같은데, 오늘 내가 그대를 우리와 함께 떠나게 해서야 되겠소? 더구나 나는 지금 정처 없이 떠나는 사람이 아니오? 어서 그대의 동족을 데리고 돌아가시오. 주께서 은혜와 진실하심으로 그대와 함께 계셔 주시기를 바라오.'라고 말한다.

다윗 왕은 잇대를 돌아가라고 말한 다음 끝으로 "은혜와 진리가 너(장군)와 함께 있기를 원하노라"고 축원한다. 다시 말해 주 여호와께서 귀하에게 은총을 주시기를 바라고 또 하나님의 진실하심(약속의 진실하심)이 귀하에게 임하기를 바란다고 복을 빈다. 아무 말 없이 떠나보내는 것보다 얼마나 나은가.

삼하 15:21. 잇대가 왕께 대답하여 이르되 여호와의 살아 계심과 내 주 왕의 살아 계심으로 맹세하옵나니 진실로 내 주 왕께서 어느 곳에 계시든지 사나 죽으나 종도 그 곳에 있겠나이다 하니.

다윗 왕의 따뜻한 권고를 들은 잇대는 다윗 왕께 대답하기를 '분명히("여호와의 살아 계심과 내 주 왕의 살아 계심으로"란 말은 맹세할 때 사용하는 말로 '분명히' 또는 '확실히'란 뜻이다) 맹세하는데 진실로 내 주 왕께서 어느 곳에

계시든지 사나 죽으나 이 종도 그곳에 있겠나이다'라고 응답한다. 잇대는 왕과
함께 피난하고 또 왕과 함께 살고 또 왕과 함께 죽겠다는 것이다. 잇대는 여호와의
신앙 속으로 들어온 사람으로 다윗 왕을 철저히 따르겠다는 말을 한다. 잇대의
말은 다윗에게 큰 위로가 되었을 것이다.

**삼하 15:22. 다윗이 잇대에게 이르되 앞서 건너가라 하매 가드 사람 잇대와 그의
수행자들과 그와 함께 한 아이들이 다 건너가고**

　　다윗 왕은 잇대가 다윗 왕과 어디까지든지 동행하겠다는 각오를 들은(앞 절)
다음 더 이상 돌아가라고 하지 않고 함께 피난하자는 뜻으로 앞서 기드론 시내를
건너가라고 한다. 다윗으로부터 함께 기드론 시내를 건너가자는 말을 들은 가드
사람 잇대와 그의 수행자들 즉 동족들과 그와 함께 한 가족들이 다 기드론 시내를
건너갔다.

**삼하 15:23. 온 땅 사람이 큰 소리로 울며 모든 백성이 앞서 건너가매 왕도 기드론
시내를 건너가니 건너간 모든 백성이 광야 길로 향하니라.**

　　본 절은 세 가지 사실을 말한다. 첫째, "온 땅 사람이 큰 소리로 울었다"는
것, 여기 "온 땅 사람"이란 '다윗 왕 일행, 즉 모든 백성이 기드론 시내를
건너갈 때 그 건너가는 모습, 피난하는 모습을 본 그 지역 사람들 모두'를
지칭한다. 그들은 다윗 왕 일행이 압살롬의 반역을 피하여 기드론 시내를
건너가는 것을 보고 동정어린 마음으로 큰 소리로 울었다. 이들의 울음은
다윗에 대한 사랑, 다윗에 대한 인기가 아직도 대단함을 보여주는 것이었다.
둘째, "왕도 기드론 시내를 건너갔다"는 것, 다윗 왕도 백성들이 건넌 다음
그 기드론 시내(예루살렘과 감람 산 사이에 있는 깊은 골짜기, 이 골짜기는
간헐천[68]이다)를 건넜다. 셋째, "건너간 모든 백성이 광야 길로 향했다"는
것, 다윗 왕 일행이 다 기드론 시내를 건넌 다음 그들은 광야 길로 향했다.

---

　　68) "간헐천": 비가 오는 계절에는 물이 흐르지만 비가 오지 않은 계절에는 물이 흐르지
않는 시내를 지칭한다.

여기 "광야"란 '유다광야'를 지칭하는데 "광야 길"이란 다윗 일행이 지금
요단강 쪽을 향하고 있었으므로(삼하 17:22) 이 길은 여리고로 가는 광야
길이었다. 다윗 왕은 이 길을 횡단하여 요단강을 건너 마하나임으로 가고자
했다. 이곳 광야는 대부분 생활하기에 적합하지 않았으며 심지어 생존이 불가
능한 지역이었다. 다윗 왕은 이런 환경 속에서 오직 하나님만이 바라볼 분이시
며 산성이 되시고 방패가 되시는 것을 더욱 체험하게 된다(시 63편).

24-37절. 다윗은 법궤를 예루살렘에 머물게 하다.
**삼하 15:24. 보라 사독과 그와 함께 한 모든 레위 사람도 하나님의 언약궤를
메어다가 하나님의 궤를 내려놓고 아비아달도 올라와서 모든 백성이 성에서 나오
기를 기다리도다.**

본 절부터 29절까지는 다윗이 법궤를 예루살렘으로 돌려보낸 사실을 기록한
다. 사독[69]과 함께 레위 사람들이 하나님의 언약궤를 메어다가 기드론 시내 건너편
의 감람산에(30절) 내려놓았다. 사독과 레위인들은 예루살렘 성내의 사람들이
미쳐 다 빠져나오지 못하자 그들과 합류하기 위해서 감람산에 언약궤를 잠시
안치시켜 놓고 기다렸다. 그리고 아비아달[70]도 따라 올라와서[71] 다윗의 부하들이
도성에서 나와서, 왕의 앞을 모두 지나갈 때까지 거기에 있었다.

제사장 사독과 레위인들은 다윗 왕이 피난길에 올랐을 때 다윗 왕측이 승리하
도록 언약궤를 메고 나왔다. 언약궤를 가진 측이 승리한다는 신념이 있었기 때문에
그들은 언약궤를 메고 나왔다. 이들의 목적은 언약궤를 잘 보호한다는 뜻에서보다
언약궤가 승리를 준다는 뜻으로 이렇게 언약궤를 메고 온 것이다. 그러나 다윗
왕은 사독에게 하나님의 언약궤를 예루살렘 성읍으로 도로 메어다가 놓으라고
했다(다음 절).

---

69) 사독은(Zadok)은 아론의 셋째 아들인 엘르아살의 후손으로서 다윗 치하에서 아비아달
가문과 더불어 제사장직을 수행했던 사람이다.
70) "아비아달"은 놉의 제사장 아히멜렉의 아들로 아론의 넷째 아들 이다말의 후손이다.
71) 여기 "올라와서"란 말은 아비아달이 예루살렘 성에서 감람산으로 나아간 것을 의미한다.

삼하 15:25. 왕이 사독에게 이르되 보라 하나님의 궤를 성읍으로 도로 메어 가라 만일 내가 여호와 앞에서 은혜를 입으면 도로 나를 인도하사 내게 그 궤와 그 계신 데를 보이시리라.

다윗 왕은 사독에게 말하기를 "보라 하나님의 궤를 성읍으로 도로 메어 가라" 고 명령한다. 이유는 "내가 여호와 앞에서 은혜를 입으면 도로 나를 인도하사 내게 그 궤와 그 계신 데를 보이살" 것이기 때문이라고 한다. 다시 말해 언약궤가 옆에 없어도 하나님께서 은혜를 주시면 자신을 도로 인도하셔서 자신에게 그 궤와 그 궤가 있는 곳을 다시 보게 하실 것이라고 확신했기 때문이다.

삼하 15:26. 그러나 그가 이와 같이 말씀하시기를 내가 너를 기뻐하지 아니한다 하시면 종이 여기 있사오니 선히 여기시는 대로 내게 행하시옵소서 하리라.

다윗은 하나님께서 은혜를 주시면 다시 예루살렘으로 들어가 그 언약궤를 다시 볼 수 있을 것이라는 확신과(앞 절) 함께 만에 하나라도 하나님께서 자신의 죄 때문에 자신에게 "내가 너를 기뻐하지 아니한다 하시면 종이 여기 있사오니 선히 여기시는 대로 내게 행하시옵소서"라고 말씀 드릴 것이라고 말한다. 다윗 왕은 자기의 승리와 패배를 모두 주 여호와께 맡기겠다는 믿음이었다. 오늘 우리의 승리와 패배도 다 하나님의 손 안에 있음을 알고 우리 전체를 주님께 맡기는 사람들이 되어야 할 것이다.

삼하 15:27. 왕이 또 제사장 사독에게 이르되 네가 선견자가 아니냐 너는 너희의 두 아들 곧 네 아들 아히마아스와 아비아달의 아들 요나단을 데리고 평안히 성읍으로 돌아가라.

다윗 왕이 언약궤를 예루살렘으로 도로 가져다가 놓으라는 이유는 또 하나 있다. 그 첫째 이유는 언약궤를 모시고 다녀야 승리하는 것은 아니라는 것이었고 (25절), 여기 또 하나의 이유는 본 절과 다음 절에 있다. 즉, 사독이 예루살렘에서 성안의 소식을 수집해서 다윗 자신에게 알려달라는 것이었다.

다윗 왕은 제사장 사독에게 "네가 선견자가 아니냐"고 묻는다. 여기 "선견자'(חֹזֶה)란 '보는 자' 혹은 '관찰자'란 뜻으로 '선지자의 옛 이름'이다(삼상 9:9). 다윗 왕은 사독을 향하여 선지자의 옛 이름으로 부른다. 이유는 대제사장은 그의 에봇의 우림과 둠밈을 통해 하나님의 뜻을 알아내기 때문이다(이상근).

다윗 왕은 "사독의 아들 아히마아스72)와 아비아달의 아들 요나단73)을 데리고 평안히 성읍으로 돌아가라"고 명령한다. 다윗은 이들에게서 오는 소식을 듣기를 원했다.

삼하 15:28. 너희에게서 내게 알리는 소식이 올 때까지 내가 광야 나루터에서 기다리리라 하니라.

다윗 왕은 "너희에게서 내게 알리는 소식이 올 때까지 내가 광야 나루터에서 기다리겠다"고 말한다. 즉, '그대들에게서 내게 알리는 소식이 올 때까지 내가 광야의 나루터74)에서 기다리겠소'고 말한다. 다윗 왕은 잠시 이곳에서 잠시 휴식을 취하면서 예루살렘으로부터 오는 소식을 기다렸다(17:16,21,22).

삼하 15:29. 사독과 아비아달이 하나님의 궤를 예루살렘으로 도로 메어다 놓고 거기 머물러 있으니라.

사독과 아비아달 두 제사장은 다윗 왕의 명령을 따라 하나님의 궤를 예루살렘으로 도로 메어다 놓고 예루살렘에서 기다리며 있었다. 두 제사장은 이들의 두

---

72) "아히마아스": '나의 형제가 분노함'이란 뜻을 가지고 있다. 제사장 사독의 아들이며 아비아달의 형이다(15:27,36). 압살롬이 부왕 다윗에게 반역했을 때 다윗에게 충성했다. 즉, 그는 요나단과 에루살렘 성 밖에서 압살롬의 계획을 탐지하여 위험을 무릅쓰고 마침내 다윗에게 보고했다(삼하 17:17-21). 아히마아스는 압살롬의 패배를 다윗에게 보고하려 했으나, 요압은 이를 만류하고 구스(에디오피아) 사람을 보내 압살롬의 전사를 보고하게 했다. 그러나 그는 요압에게 졸라 큰 상급이라도 탈출 생각했음인지 구스 사람보다 먼저 성문에 이르렀다. 왕의 옆에 있던 파수군이 뛰는 모습을 보고 아히마아스라고 했다. 왕은 그가 좋은 사람이니 좋은 소식을 가져오는 줄 생각했다. 왕이 압살롬의 안부를 묻는 말에 모른다고 대답하고, 그 비보는 구스 사람이 보고했다(삼하 18:19-32).
73) "요나단": '하나님의 주신 것'이라는 뜻을 가지고 있다. 제사장 아비아달의 아들이다. 압살롬의 난 때 예루살렘 부근 에느로겔에 숨어 있던 두 젊은이 중 한 사람인데, 그 성읍에서 생긴 모든 일을 다윗에게 보고했다.
74) "광야 나루터": "광야 나루터"는 강이나 좁은 바다 목에 건너다니는 곳. 나루터는 나룻배로 건너다니는 곳을 말하고, 도선장이라고도 한다.

아들을 통하여 다윗 왕에게 소식을 전해주었다. 이들의 활동은 압살롬의 난을
진압하는데 큰 몫을 담당했다.

**삼하 15:30. 다윗이 감람 산 길로 올라갈 때에 그의 머리를 그가 가리고 맨 발로
울며 가고 그와 함께 가는 모든 백성들도 각각 자기의 머리를 가리고 울며 올라
가니라.**

　다윗은 감람산(올리브 산)75) 언덕으로 올라갔다. 그는 올라가면서 계속하여
울었고, 머리를 가리고 슬퍼하면서 맨발로 걸어서 올라갔다. 다윗과 함께 한 백성들
도 모두 머리를 가리고 울면서 언덕으로 올라갔다. "머리를 가린 것"은 그의
슬픔의 표시였고 "맨발로 올라간 것"도 슬픔의 표시였다. 그리고 다윗과 함께
가는 모든 백성들도 역시 머리를 가리고 울며 올라갔다. 다윗은 그의 죄의 결과로
아들의 반역을 만나 한없이 슬프게 그 길을 걸은 것이다.

**삼하 15:31. 어떤 사람이 다윗에게 알리되 압살롬과 함께 모반한 자들 가운데
아히도벨이 있나이다 하니 다윗이 이르되 여호와여 원하옵건대 아히도벨의 모략을
어리석게 하옵소서 하니라.**

　다윗은 자기 자문관이었던 아히도벨이 압살롬의 반역에 가담했다는 말을
듣고 "여호와여, 아히도벨(다윗의 모사, 자문관)이 압살롬에게 주는 조언이 어리석
은 것이 되게 하소서"라고 기도하였다. 다윗의 이런 기도를 하나님께서 들어주셔서
훗날 전쟁은 다윗 군대의 승리로 끝났다.

　다윗 왕은 아히도벨이 압살롬의 반역에 가담했다는 소식을 듣고 압살롬의
모략이 어리석게 되도록 간절히 기도했다. 아히도벨의 모략은 뒤에 가서 후새에
의하여 완전히 무력화(無力化) 되었다(17:14). 마음을 다한 간절한 기도는 하나님
의 마음을 움직이는 힘이 있어 틀림없이 이루어진다(막 9:28,29; 약 5:16-18).

---

75) "감람산": Mountof Olives. '감람'이란 뜻을 가지고 있다. 예루살렘 동쪽에 있는 높은
구릉으로 15:30에는 '감람 산 길(오르막 길)'(The ascent of Olives), 열상 11:7에는 '예루살렘
앞(東)산', 겔 11:23에는 '성읍 동편 산', 왕하 23:13에는 '멸망 산', 눅 19:29; 21:37, 행 1:12에는
'감람원이라 하는 산' 그리고 느 8:15에는 단순히 '산'이라고 하였다.

삼하 15:32. 다윗이 하나님을 경배하는 마루턱에 이를 때에 아렉 사람 후새가 옷을 찢고 흙을 머리에 덮어쓰고 다윗을 맞으러 온지라.

다윗 왕이 사람들의 예배처가 있는 산꼭대기에 다다르니, 아렉 사람 후새가 슬픔을 못 이겨 겉옷을 찢고 머리에 흙을 뒤집어 쓴 채로 나아오면서 다윗을 맞이했다. "하나님을 경배하는 마루턱"은 '감람산 정상'을 지칭한다(Lange, RP Smith). 감람산 정상에 산당이 있어 제사를 드리며 기도하는 곳으로 아마도 이때에 다윗이 기도했을 것으로 보인다. 아렉(에브라임 지파의 남쪽 경계의 땅, 수 16:2, Lange) 사람 후새76)가 옷을 찢고 머리에 덮어쓰고 다윗을 맞으러 왔다. 후새가 "옷을 찢고 흙을 머리에 덮어쓰고 다윗을 맞으러 온 것"은 '극한 슬픔을 가지고 다윗을 맞으러 온 것'을 뜻한다. 후새는 다윗이 이처럼 비참하게 쫓겨 가는 모습을 보고 너무 슬펐던 것이다.

삼하 15:33. 다윗이 그에게 이르되 네가 만일 나와 함께 나아가면 내게 누를 끼치리라.

다윗은 후새에게 "네가 만일 나와 함께 나아가면 내게 누를 끼치리라"고 말한다. 다시 말해 '당신이 나와 함께 피난길에 오르면 나에게 짐이 될 것이라'는 말인데 성경 해석가들은 다윗이 이런 말을 왜 했는지 그 이유를 분명히 알기가 어렵다고 이구동성으로 말한다. 아마도 1) '나이 많은 당신이 나와 함께 피난길에 오르면 나에게 도움이 되기보다는 오히려 짐이 될 것이라'는 뜻으로 말한 것으로 본다. 2) '다음 절에 의거하여 차라리 당신은 예루살렘 성으로 돌아가 압살롬의 모략을 폐기처분하는 것이 낫겠다'는 말을 하기 위해 이런 말을 한 것으로 보인다 (34절 참조). 다윗은 위의 2가지 뜻을 가지고 본 절과 같은 말을 했을 것이다.

삼하 15:34. 그러나 네가 만일 성읍으로 돌아가서 압살롬에게 말하기를 왕이여

---

76) "후새": Hushai. '급속'이란 뜻을 가지고 있다. 아렉 사람으로 다윗의 훌륭한 친구 중 한 사람이다. 압살롬의 반역 시 왕을 충실하게 섬겨 아히도벨의 계획을 깨뜨렸다(15:32-37; 16:16-18; 17:5-16; 대상 27:33). 즉, 후새는 압살롬에게 아첨하는 태도를 취하여 그의 신용을 얻은 후 내정의 비밀을 탐지하여 다윗에게 내통하였다(디럭스 바이블 성경사전).

내가 왕의 종이니이다 전에는 내가 왕의 아버지의 종이었더니 이제는 내가 왕의
종이니이다 하면 네가 나를 위하여 아히도벨의 모략을 패하게 하리라.

　다윗은 후새에게 '당신이 나와 함께 피난 가는 것 보다는 차라리 성으로
돌아가서, 압살롬을 만나거든, 그를 임금님으로 받들고, 이제부터는 새 임금의
종이 되겠다고 말하는 것이 좋겠소 과거에는 임금의 아버지를 섬기는 종이었으나,
이제부터는 그의 아들 새 임금의 종이 되겠다고 말하면 좋을 것이오 그것이
당신이 나와 함께 피난하는 것보다 백배 나은 길이고 아히도벨의 계획을 실패로
돌아가게 하는 길이오'라고 말한다. 다윗의 이런 생각은 조금 전에 다윗이 여호와
께 기도한(31절) 응답으로 보인다. 우리가 하나님께 기도하면 나도 깜짝 놀랄
정도의 생각을 가지게 되는 것을 알 수 있다.

삼하 15:35-36. 사독과 아비아달 두 제사장이 너와 함께 거기 있지 아니하냐
네가 왕의 궁중에서 무엇을 듣든지 사독과 아비아달 두 제사장에게 알리라 그들의
두 아들 곧 사독의 아히마아스와 아비아달의 요나단이 그들과 함께 거기 있나니
너희가 듣는 모든 것을 그들 편에 내게 소식을 알릴지니라 하는지라.

　다윗은 후새에게 계속해서 이렇게 말한다. 즉, '사독과 아비아달 두 제사장이
당신 후새와 함께 예루살렘에 있을 것이니 당신(후새)은 압살롬의 왕궁에서 무엇을
듣든지 사독과 아비아달 두 제사장에게 알리시오 그리고 두 제사장은 당신에게
받은 모든 정보를 두 제사장의 아들 아히마아스와 아비아달의 아들 요나단에게
알리면 그 아들들이 나에게 전달하게 하시오'라고 말한다. 그러니까 후새>사독,
아비아달-> 아히마아스, 요나단-> 다윗의 순서로 움직였다.

　다윗은 압살롬이 반역을 일으켰다는 소식을 듣고 예루살렘에서 대적하지를
않고 즉시 피난길에 올랐다. 이렇게 재빨리 압살롬 부대를 피한 것은 아마도
인명 피해를 최소화하기 위함이었던 것으로 보인다. 그러나 일단 피난한 다윗은
정보망을 철저하게 짜 놓아서 정보전에 힘을 썼다. 정보를 잘 아는 것이 피차
격렬한 전쟁을 피하는 방법이었다. 다윗의 특징은 피난하면서도 주님께 간절한
기도를 드렸고 정보를 아는 데 힘을 써서 피차 전쟁의 피해를 최소화하는 방향으로

움직였다.

삼하 15:37. 다윗의 친구 후새가 곧 성읍으로 들어가고 압살롬도 예루살렘으로 들어갔더라.

그리하여 다윗의 친구인 후새는 성으로 들어갔다. 같은 시간에 압살롬도 예루살렘에 도착하였다. 거의 같은 시간에 예루살렘에 도착한 후새는 다윗의 지시대로 압살롬에게 아첨하여(34절) 압살롬으로 하여금 후새에게 대하여 안심하게 해놓았다. 이제 후새는 압살롬 곁에 있으면서 그의 입에서 나오는 말이나 그의 행동 하나하나에 주의하면서 다윗에게 전할 만한 것들을 사독과 아비아달에게 전해주었다. 그리고 아히도벨의 좋은 모략이 나오면 그것을 폐하는데 힘을 썼다.

제 16 장

1-14절. 시바의 환영과 시므이의 저주.

삼하 16:1. 다윗이 마루턱을 조금 지나니 므비보셋의 종 시바가 안장 지운 두 나귀에 떡 이백 개와 건포도 백 송이와 여름 과일 백 개와 포도주 한 가죽부대를 싣고 다윗을 맞는지라.

다윗이 감람산 마루턱(산등성이, 15:32 참조)을 조금 지났을 때 므비보셋의 하인인 시바가 두 마리의 나귀에 안장을 지워 떡 200개, 건포도 100송이, 싱싱한 여름 과일 100개, 그리고 포도주 한 가죽 부대를 싣고 다윗을 뒤쫓아 왔다. 시바는 지혜 있는 사람으로 다윗이 당한 이런 난국에 다윗으로부터 신임도 얻고 또 자기의 주인 므비보셋을 참소하여 재물을 빼앗고자 했다. 그는 세상적으로는 지혜가 있었으나 긴 안목이 없어 먼 훗날을 바라보지 못한 사람이었다. 오늘 우리는 지혜가 있기를 기도해야 하지만 먼 훗날을 바라볼 수 있는 안목을 가져야 할 것이다.

삼하 16:2. 왕이 시바에게 이르되 네가 무슨 뜻으로 이것을 가져왔느냐 하니 시바가 이르되 나귀는 왕의 가족들이 타게 하고 떡과 과일은 청년들이 먹게 하고 포도주는 들에서 피곤한 자들에게 마시게 하려 함이니이다.

다윗 왕은 여러 가지 식물을 가져온 시바에게 "네가 무슨 뜻으로 이것을 가져왔느냐"고 묻는다. 아마도 평소에도 좀 이상한 무엇을 느꼈기에 시바에게 음식을 가져온 의도를 물었을 것이다. 우리는 아무 때든지 의심받을만한 일을 해서는 안 될 것이다.

다윗 왕의 질문을 받은 시바는 적절하게 대답했다. 항상 세상적인 지혜가 있는 사람들은 적절히 잘 대답한다. 그들의 대답 속에 무엇이 섞여 있는지 잘 알 길이 없으니 우리는 항상 기도하면서 살아야 할 것이다.

삼하 16:3. 왕이 이르되 네 주인의 아들이 어디 있느냐 하니 시바가 왕께 아뢰되 예루살렘에 있는데 그가 말하기를 이스라엘 족속이 오늘 내 아버지의 나라를 내게 돌리리라 하나이다 하는지라.

다윗 왕은 시바가 세상적으로 지혜가 있는 사람인 것을 아는 고로 식물을 많이 싣고 온 이 때도 무슨 이상한 꿍꿍이가 있지 않을까 해서 "네 주인의 아들이 어디 있느냐"고 묻는다. 이런 질문을 받은 시바는 '예루살렘에 있는데 그가 말하기를 이스라엘 족속이 오늘 내 아버지의 나라를 내게 돌릴 것이라고 합니다'라고 대답한다. 다시 말해 사울의 아들이 잘 싸워서 자기의 아버지 사울이 다스리던 이스라엘 나라를 자기에게 다시 돌릴 것이라는 말을 하는 소리를 들었다고 한다. 이 말이야 말로 다윗을 아주 심하게 자극하는 말이 아닐 수 없었다. 그래서 다음 절에 다윗은 즉각적인 반응을 보인다.

삼하 16:4. 왕이 시바에게 이르되 므비보셋에게 있는 것이 다 네 것이니라 하니라 시바가 이르되 내가 절하나이다 내 주 왕이여 내가 왕 앞에서 은혜를 입게 하옵소서 하니라.

다윗 왕이 시바에게 '므비보셋의 재산을 네가 모두 가져라'고 말한다. 다윗 왕은 이때 너무 경솔하게 말을 한다. 다윗 왕이 이렇게 경솔하게 말하게 된 데는 두 가지가 역할을 했을 것으로 보인다. 하나는 시바가 거짓 증언을 한 것이 다윗 왕을 자극했을 것이고(3절) 또 다른 하나는 시바의 거짓 증언을 하는 것을 듣고 므비보셋에 대하여 심한 분노를 느낀 나머지 이렇게 가볍게 말을 했을 것이다 (19:24-30). 우리는 평소 주위로부터 무슨 말을 듣더라도 마음의 균형을 잡아 살아야 할 것이다. 그렇게 되기 위해서는 항상 성령의 충만을 구해야 할 것이다.

시바가 절하며 대답한다. '임금님의 은혜에 감사드립니다. 앞으로도 계속해서 임금님의 은총을 입게 되기를 바랍니다.' 시바는 먼 앞날까지 생각하면서 아주 세속적인 처신을 한다. 오늘도 이렇게 세속적인 추잡한 처신을 하는 사람들이 많이 있다. 아주 불행한 사람들이다.

삼하 16:5. 다윗 왕이 바후림에 이르매 거기서 사울의 친족 한 사람이 나오니 게라의 아들이요 이름은 시므이라 그가 나오면서 계속하여 저주하고.

다윗 왕이 바후림에 이르렀을 때의 일이다. 다윗 왕이 바후림 마을에 가까이 이르렀을 때에, 갑자기 어떤 사람이 그 마을에서 나왔는데, 그는 사울의 친척인 게라의 아들로서 이름은 시므이77)였다. 그는 그 마을에서 나오면서 줄곧 입에 담지 못할 저주를 퍼부었다. 시므이는 이때 다윗을 심히 저주했지만 훗날 다윗 왕이 승리했을 때는 또 얼른 다윗 왕을 찾아와 환영했다. 세상의 형세를 따라 좌우로 치우치는 갈대와 같은 자들의 대표라고 할 수 있다.

여기 "바후림"(Bahurim)은 '젊은이'라는 뜻을 가지고 있다. 예루살렘 부근에 있는 지명인데, 미갈의 남편을 여기서 쫓아 돌려보냈다(3:16). 여기서 살던 시므이는 낙향하는 다윗에게 돌을 던졌다가(16:5,왕상 2:8) 상황이 바꾸어지자 다윗을 환영하기에 이르렀다(19:16). 3:16 주해 참조.

"게라"(Gera)는 '돌아다니다'라는 뜻을 가지고 있다. 이는 베냐민의 아들이며 (창 46:21) 왼손잡이 사사 에훗의 아비이다(삿 3:15). 대상 8:1-3의 표현에는 베냐민 종족의 벨라 족속의 한 분파로 되어 있으며 또 상기 에훗도 시므이도(삿 3:15) 게라의 '아들'이라고 불리고 있는 사실은 본시 게라가 베냐민의 고대 한

---

77) "시므이": 시므이는 베냐민 사람 게라의 아들인데 사울의 집 족속이다(16:5-12; 19:16-23; 왕상 2:8,9,36-46). 사울을 대신하여 왕이 된 다윗을 증오하여 다윗이 아들 압살롬에게 쫓겨 예루살렘을 떠나 바후림에 이르렀을 때 다윗을 저주하고 돌을 던졌다. 스루야의 아들 아비새가 그의 목을 베려는 것을 다윗은 한사코 말렸다. 압살롬이 진멸되고 다윗이 승리를 거두었을 때 그는 요단의 나룻터에서 다윗에게 용서를 빌었다. 시므이는 압살롬이 반드시 승리할 줄 알고 다윗을 그렇게 저주하고 돌을 던져 모욕을 주었지만, 막상 압살롬이 패하고 다윗이 승리의 환궁을 하게 되자 후환이 두려워 다윗이 아직 요단을 건너기 전에 얼른 용서를 간청하였던 것이다. 아비새의 마땅히 죽어야 한다는 주장을 물리치고 다윗은 그를 용서해 주었다. 그 후 솔로몬은 부왕 다윗의 처형 명령(유언)이 있었음에도 불구하고 솔로몬이 시므이의 예루살렘 경내 거주를 제한한 것은 반드시 그의 회개 여부를 내사하려고 했었기 때문일 것이다. 그러나 3년 후에 시므이가 가드에 간 것은 왕명을 무시함도 되고, 또 그가 이방 왕을 접견한 것은 분명한 불근신의 태도였다. 부왕을 마하나임에서 모욕한 죄와 합하여 솔로몬은 그를 죽였는데, 이는 그가 회개의 소망이 없었기 때문일 것이다.

종족이었다는 것을 나타낸다.

삼하 16:6. 또 다윗과 다윗 왕의 모든 신하들을 향하여 돌을 던지니 그 때에 모든 백성과 용사들은 다 왕의 좌우에 있었더라.

시므이는 다윗 왕을 저주했을(앞 절) 뿐 아니라 다윗과 다윗 왕의 모든 신하들을 향하여 돌을 던졌다. 공격적인 사람이었다. 시므이가 돌을 던지고 있을 때 모든 백성과 용사들은 모두 왕의 좌우에 있었다. 시므이는 그들에게도 돌을 던진 셈이었다. 시므이는 다윗이 이스보셋이나 아브넬을 죽였다고 생각한 듯하고 (3:8-27; 4:1-12) 또 다윗이 사울 왕가를 몰락시킨 것으로 알았던 것 같다 (Wycliffe). 시므이는 인간사회의 모든 돌아가는 것이 인간들에 의해서만 되는 것인 줄 알고 이렇게 야단을 친 것이다. 그는 위에 계신 하나님의 역사에 대해서는 참으로 사람이었다. 그래서 인간들이 원망스러워 저주하고 돌을 마구 던진 것이다.

삼하 16:7. 시므이가 저주하는 가운데 이와 같이 말하니라 피를 흘린 자여 사악한 자여 가거라 가거라.

시므이는 다윗 왕을 저주하는 중에 이와 같이 큰 소리를 쳤다. '꺼져버려라, 꺼져버려라, 이 피를 흘린 자여, 이 무가치한 자여!' 여기 '꺼져 버리라'는 말은 약속의 땅 가나안(창 13:14-17)을 떠나 이방인의 땅으로 꺼지라는 엄청난 욕설이다.

그리고 "피를 흘린 자"란 말은 '사울의 집을 망하게 한자'라는 뜻이다. 예를 들면 이스보셋이나 아브넬 같은 사울의 집 사람들을 죽인 자라는 말이다. 그리고 "사악한 자"(אִישׁ הַבְּלִיָּעַל)란 말은 '벨리알의 사람'이란 말인데 '무익한 사람', '파멸해야 할 사람', '사탄에게 속한 사람'이란 뜻이다. 시므이가 사용한 욕 한마디 한마디는 참으로 보통 사람으로는 도저히 참기 힘든 욕의 덩어리였다. 시므이는 그 동네에서 아주 욕을 잘 하는 사람이었던 것 같다.

삼하 16:8. 사울의 족속의 모든 피를 여호와께서 네게로 돌리셨도다 그를 이어서

네가 왕이 되었으나 여호와께서 나라를 네 아들 압살롬의 손에 넘기셨도다 보라
너는 피를 흘린 자이므로 화를 자초하였느니라 하는지라.

　시므이는 자기가 한 욕을 세 가지로 해설한다. 첫째, "사울의 족속의 모든
피를 여호와께서 네게로 돌리셨도다"고 말한다. 다시 말해 '사울 족속을 숙청한
모든 피 값을 여호와께서 네게 갚으셨다'는 것이다. 시므이는 여호와 하나님을
제대로 믿는 사람은 아니었지만 그래도 "여호와"라는 이름을 이용할 줄 아는
사람이어서 여호와께서 다윗에게 갚으셨다고 말한다. 둘째, "그를 이어서 네가
왕이 되었으나 여호와께서 나라를 네 아들 압살롬의 손에 넘기셨도다'라고 말한
다. 즉, '사울 왕을 이어 다윗이 왕이 되긴 했으나 여호와께서 이스라엘 나라를
압살롬에게 넘기셨다'는 것이다. 그러니까 다윗은 사울로부터 나라를 탈취하여
다스리는 중에 나라를 탈취한 죄 때문에 여호와께서 압살롬에게 넘기셨다는
것이다. 셋째, "보라 너는 피를 흘린 자이므로 화를 자초하였느니라"고 말한다.
시므이는 다윗이 죄 값으로 여호와께서 이렇게 비참하게 만든 것으로 말하다가
이제는 다윗 자신이 자초(自招)하였다고 말한다. 시므이는 다윗 왕이 당하는
일이 사울 왕가와의 관계 때문에 당하는 것으로 말한다. 사실은 밧세바와의
간음과 우리아를 죽인 죄 때문에 당하는 것으로 알지 못하고 엉뚱하게 말한다.
그는 엉뚱한 판단자였다.

삼하 16:9. 스루야의 아들 아비새가 왕께 여짜오되 이 죽은 개가 어찌 내 주
왕을 저주하리이까 청하건대 내가 건너가서 그의 머리를 베게 하소서 하니.

　시므이가 다윗 왕을 심하게 저주하는 것을 듣고 있던 스루야(다윗의 이복
누이)의 아들 아비새(요압의 동생, 다윗 왕의 조카)가 저주하는 소리를 듣고 더
참을 수가 없어서 다윗 왕께 "이 죽은 개가 어찌 내 주 왕을 저주하리이까"라고
질문한다. '이 죽은 개나 다름없는 놈이 어찌 내 주 왕을 저주하는데 그냥 두겠습니
까?'라고 말하고, '내가 건너가서 그의 목을 치겠습니다'라고 허락을 구한다.
여기 "죽은 개"란 말은 '아주 천한 사람, 사악한 사람'을 표현하는 말로 인간
중에 가장 쓰레기 같은 자를 지칭한다(9:8).

삼하 16:10. 왕이 이르되 스루야의 아들들아 내가 너희와 무슨 상관이 있느냐 그가 저주하는 것은 여호와께서 그에게 다윗을 저주하라 하심이니 네가 어찌 그리하였느냐 할 자가 누구겠느냐 하고.

스루야의 아들인 아비새의 요청을 받고(앞 절) 다윗 왕은 "스루야의 아들들아 내가 너희와 무슨 상관이 있느냐"고 말한다. 다윗 왕이 "스루야의 아들들아"라고 부르는 것을 보면 다윗 왕 가까이에는 아비새 혼자 있는 것이 아니라 요압(아비새 형)도 함께 있었던 것으로 보인다.

다윗 왕은 아비새의 요청을 받고 "내가 너희와 무슨 상관이 있느냐"고 말한다. 다시 말해 '다윗 왕은 아비새나 요압과는 이 문제에 있어서만큼은 아무 관계가 없다'는 것을 드러낸다. 즉, '내 생각과 너희 생각은 전혀 다르다'는 뜻을 표한다(수 22:24; 왕상 17:18). 다윗은 시므이를 통하여 하나님의 저주를 들었고 아비새는 시므이의 악담만 들은 것이다. 다윗 왕은 시므이를 통하여 하나님의 징계의 말씀을 들었다. 다윗 왕은 밧세바와 간음했으며 그 간음 사건을 완전히 숨기기 위해 우리아를 살해한 것을 하나님께서 아시고 다윗 왕으로 하여금 압살롬의 난을 만나게 하신 것을 안 것이다. 다윗은 시므이의 음성이 우연이 아니라 하나님의 음성임을 들었다. 다윗 왕은 "시므이가 저주하는 것은 여호와께서 그에게 다윗을 저주하라 하심이니 네가 어찌 그리하였느냐 할 자가 누구겠느냐"고 말한다. 다윗 왕은 시므이가 저주하는 소리를 듣고 여호와의 저주가 임한 것을 알고 있었다. 그런고로 다윗 왕은 시므이에게 네가 왜 그렇게 저주하느냐고 말할 수 없다고 말한다.

삼하 16:11. 또 다윗이 아비새와 모든 신하들에게 이르되 내 몸에서 난 아들도 내 생명을 해하려 하거든 하물며 이 베냐민 사람이랴 여호와께서 그에게 명령하신 것이니 그가 저주하게 버려두라.

다윗 왕은 아비새와 주위에 있는 모든 신하들에게 "내 몸에서 난 아들", 즉 '압살롬'까지도 반역하는데 아들도 아닌 이 베냐민 지파 사람들이랴 말할 것이 있겠느냐고 말한다.

삼하 16:12. 혹시 여호와께서 나의 원통함을 감찰하시리니 오늘 그 저주 때문에 여호와께서 선으로 내게 갚아 주시리라 하고.

다윗 왕은 본 절에서 두 가지를 말씀한다. 하나는 "여호와께서 나의 원통함을 감찰하실" 것이라고 말한다. 즉, '여호와께서 내가 당하는 이 원통함(눈물겨운 모습)을 지켜보실 것'이라고 한다. 주님은 우리의 모든 어려운 환경을 다 감찰하신다. 모르시는 것이 없으시다. 또 하나는 "오늘 그 저주 때문에 여호와께서 선으로 내게 갚아 주실 것이라"는 확신을 말한다. 즉, 다윗은 시므이가 퍼붓는 저주는 하나님께서 퍼부으시는 저주이니 하나님께서 내리시는 심판으로 본 것이다. 그래서 여호와께서 저주하신 다음에 사죄해주시고 앞으로 복을 주실 것을 기대한다. 오늘 우리의 삶 중에 사람들한테서 받는 모든 어려움은 하나님께서 우리에게 주시는 심판이니 그 심판 후에는 복이 올 것을 기대해야 한다.

삼하 16:13. 다윗과 그의 추종자들이 길을 갈 때에 시므이는 산비탈로 따라가면서 저주하고 그를 향하여 돌을 던지며 먼지를 날리더라.

시므이의 저주는 끝나지 않고 계속한다. 다윗과 그의 추종자들이 길을 갈 때 시므이는 산비탈로 따라가면서 계속해서 저주했고 또 다윗을 향하여 돌을 던졌으며 또 계속해서 티끌을 날렸다. 티끌을 날리는 것도 돌을 던지는 것 같이 저주하는 방법이었다. 우리는 주위 사람들의 저주를 받으면서 "옳소이다"라고 속으로 말할 수 있어야 한다(마 15:27). 저주를 받는 것은 심판을 받는 것이니 후에 우리에게 복이 되는 것임을 알아야 할 것이다.

삼하 16:14. 왕과 그와 함께 있는 백성들이 다 피곤하여 한 곳에 이르러 거기서 쉬니라   (וַיָּבֹא הַמֶּלֶךְ וְכָל־הָעָם אֲשֶׁר־אִתּוֹ עֲיֵפִים וַיִּנָּפֵשׁ שָׁם)

다윗 왕과 동행자들은 다 피곤하여 요단강에 이르러 거기서 쉬었다. 본 절의 "피곤하여"(עֲיֵפִים)란 말은 히브리어에서 두 가지로 해석이 가능하다. 하나는 "피곤하여'라는 뜻으로 해석할 수도 있고(KJV), 또 하나는 '아예핌'이라는 지명으

로 해석할 수도 있다. '아예핌'을 지명으로 해석할 수 있는 근거는 본 절에
"샴"(ロヴ-"거기에"라는 뜻)이란 낱이 문장 끝에 있기 때문이다(K.&D., Lange,
Boettcher, RP Smith, The Interpreter's Bible). 다시 말해 '아예핌'이라는 지명이
앞에 있고 그 낱말을 다시 설명하는 "샴"(ロヴ-거기에)이란 말이 뒤에 따라 온
것으로 보아 가능하다. 17:18,21에 의거하여 "아예핌"이란 곳은 바후림을 지나(5
절) 요단 강 근처 길갈과 여리고 가까이에 위치했을 것이라고 추측할 수 있다.

다윗은 압살롬의 난을 피하여 피난하다가 정신적으로 육체적으로 피곤하여
요단 강 근처에서 쉴 때에 그는 하나님께 비참한 심정으로 자기의 처지를 더욱
맡겼을 것이다. 사람이 피곤하면 실제로 기도의 자세는 취할 수는 없으나 마음만큼
은 더욱 간절하게 주님을 향하게 되지 않는가.

ㅁ. 압살롬이 통치하다 16:15-17:29

이 부분(16:15-17:29)의 진술은 먼저 압살롬이 헤브론을 떠나 예루살렘에
입성한 일(16:15-23), 아히도벨과 후새가 상반되는 모략을 베푼 일(17:1-23), 다윗
이 마하나임까지 도피한 일(17:24-29) 등이 진술된다.

15-23절. 압살롬이 예루살렘에 입성하다.

**삼하 16:15. 압살롬과 모든 이스라엘 백성들이 예루살렘에 이르고 아히도벨도
그와 함께 이른지라.**

본 절부터 본 장 마지막 절(23절)까지는 압살롬이 헤브론을 떠나 예루살렘에
이르고 변절자 아히도벨도 예루살렘에 이르고 다윗의 친구 후새도 위장하고 압살
롬을 섬기는 척하며(15-19절) 압살롬은 아히도벨의 모략에 의하여 다윗의 후궁들
과 더불어 동침하는 장면을 진술한다(20-23절).

본 절은 압살롬의 일당이 예루살렘에 입성한 것을 기록한다. 본 절의 "모든
이스라엘 백성들"이란 압살롬을 지지하는 반역도들이었다. 이들은 전국에서 모여
든 자들이었다. 하나님의 뜻을 모르고 잘못 판단하여 일시적으로 이렇게 압살롬
편에 가담했다. 이 때 "아히도벨"이 압살롬과 동행했다. 이런 인물이 압살롬을
돕기로 나선 것은 슬픈 일이 아닐 수 없었다. 시대마다 그렇게 반역에 동참하는

인물이 생긴다.

삼하 16:16. 다윗의 친구 아렉 사람 후새가 압살롬에게 나갈 때에 그에게 말하기를 왕이여 만세, 왕이여 만세 하니.

다윗의 친구 아렉 사람 후새(15:32 주 참조)가 예루살렘에 입성하여 압살롬에게 나아가 "대왕님이여 만수무강을 빕니다. 대왕님이여 만수무강을 빕니다"라고 빌었다. 이렇게 두 번이나 반복한 것은 위장 평화주의자로서 자기를 숨기려고 한 것이었다. 후새는 하나님께서 세우신 다윗을 위하여 자기 몸을 걸고 활동했다.

삼하 16:17. 압살롬이 후새에게 이르되 이것이 네가 친구를 후대하는 것이냐 네가 어찌하여 네 친구와 함께 가지 아니하였느냐 하니.

압살롬은 후새를 만나 후새의 행동이 너무 이상해 보여서 후새의 마음을 한번 떠보느라 "이것이 네가 친구를 후대하는 것이냐 네가 어찌하여 네 친구와 함께 가지 아니하였느냐"고 물어본다. 여기 "이것"이란 후새가 '그의 친구 다윗을 따라가지 않고 압살롬에게 찾아와서 충성하는 표시를 하는 것'을 뜻한다. 후새의 이 행동이 당신의 친구를 후대하는 행동이냐고 물어본다. 그러면서 압살롬은 후새에게 어찌하여 네 친구와 함께 도망가지 않았느냐고 물어본다.

삼하 16:18. 후새가 압살롬에게 이르되 그렇지 아니하니이다 내가 여호와와 이 백성 모든 이스라엘의 택한 자에게 속하여 그와 함께 있을 것이니이다.

후새는 압살롬의 질문에 "그렇지 아니하니이다. 내가 여호와와 이 백성 모든 이스라엘의 택한 자에게 속하여 그와 함께 있을 것이니이다"라고 대답한다. 즉, 후새가 '다윗을 따라간다는 것은 천부당만부당한 것이라고 말하고, 이제는 시대가 바뀌어 여호와께서 택하여 이스라엘의 왕으로 삼은 압살롬, 온 이스라엘이 왕으로 모시는 압살롬을 나의 왕으로 모시는 것이 아주 당연하다'고 말한다. 후새는 압살롬의 의심을 풀게 하여 압살롬의 총애를 받으려고 무던히

애를 썼다.

삼하 16:19. 또 내가 이제 누구를 섬기리이까 그의 아들이 아니니이까 내가 전에 왕의 아버지를 섬긴 것 같이 왕을 섬기리이다 하니라.

또 후새는 압살롬 앞에 말을 계속하여 '내가 이제 누구를 섬겨야 하겠습니까. 그의 아들이 아니겠습니까. 내가 이전에는 왕의 아버지를 섬긴 것 같이 이제는 세월이 바뀌었으니 새 왕을 섬기겠습니다'라고 말한다. 후새의 이 말은 다윗이 시킨 그대로 말한 것이었다(15:34). 압살롬은 후새의 거짓 진술을 그대로 믿었다. 일이 이렇게 된 것은 다윗이 여호와 앞에 기도한 응답이었다(15:31).

삼하 16:20. 압살롬이 아히도벨에게 이르되 너는 어떻게 행할 계략을 우리에게 가르치라 하니.

압살롬이 아히도벨에게 '이제 우리가 무슨 일부터 해야 될지 의견을 내어 보시오'라고 한다. 압살롬은 아히도벨에게 '지금까지 우리가 한 일은 수도를 예루살렘으로 옮기는 일이었는데 이제 다음으로는 어떤 일을 해야 할지 계략을 우리에게 말해보시오'라고 말한다.

삼하 16:21. 아히도벨이 압살롬에게 이르되 왕의 아버지가 남겨 두어 왕궁을 지키게 한 후궁들과 더불어 동침하소서 그리하면 왕께서 왕의 아버지가 미워하는 바 됨을 온 이스라엘이 들으리니 왕과 함께 있는 모든 사람의 힘이 더욱 강하여지리이다 하니라.

압살롬의 주문을 받은 아히도벨은 압살롬에게 "왕의 아버지가 남겨 두어 왕궁을 지키게 한 후궁들과 더불어 동침하소서"라고 할 일을 알려준다. '그렇게 다윗 왕의 후궁들과 동침하시면 임금님께서 부왕에게 미움 받을 일을 하였다는 소문을 온 이스라엘이 듣게 될 터이니 임금님을 따르는 모든 사람에게 더욱 힘이 될 것입니다'라고 말한다. 다시 말해 압살롬이 부왕으로부터 미움을 받는 다는 것을 아는 사람마다 이제는 압살롬과 다윗 왕이 더욱 멀어져서 다시는 화해할

가능성이 없어지니 압살롬을 따르는 사람들은 안심하고 더욱 압살롬을 따를 것이
란 뜻이다.

**삼하 16:22. 이에 사람들이 압살롬을 위하여 옥상에 장막을 치니 압살롬이 온
이스라엘 무리의 눈앞에서 그 아버지의 후궁들과 더불어 동침하니라.**

제일 앞의 "이에"(so)란 말은 '그래서'란 뜻이다. 즉, '아히도벨이 압살롬에게
계략을 말해준 대로'란 뜻이다. 아히도벨이 압살롬에게 충언한 대로 압살롬의
추종자들은 옥상78)에 장막을 쳐주었다. 압살롬은 그 옥상에 있는 다윗의 후궁들과
관계하고 말았다. 그것도 모든 백성이 지켜보고 있는 가운데서 그런 일을 저지른
것이다. 일이 이렇게 된 것은 다윗이 범죄 한 후에 나단 선지자가 예언한 대로
된 것이다(12:11-12). 압살롬이 자기 아버지의 후궁들과 대낮에 관계를 맺는다는
것은 있을 수 없는 악행이었다. 압살롬이 이런 악행을 했기에 얼마 후에 하나님의
심판을 받았다. 모든 악행은 반드시 심판을 받는다.

**삼하 16:23. 그 때에 아히도벨이 베푸는 계략은 사람이 하나님께 물어서 받은
말씀과 같은 것이라 아히도벨의 모든 계략은 다윗에게나 압살롬에게나 그와 같이
여겨졌더라.**

사람들은 아히도벨이 베푸는 계략(남을 해치려고 속임수를 써서 일을 꾸미는
것)은 무엇이든지, 마치 하나님께 여쭈어서 받은 말씀과 꼭 같이 여겼다. 본문의
"하나님께 물어서 받은 말씀"이란 대제사장이 우림과 둠밈을 통하여 알아낸 하나
님의 뜻을 지칭한다(5:19,23; 삿 1:1; 18:5; 20:18,23,27). 따라서 아히도벨이
베푸는 계략이 하나님께 물어 받은 말씀과 일반이란 말은 그의 계략이 대제사장의
우림과 둠밈을 통해 받은 하나님의 계시처럼 다윗과 압살롬에게 절대적인 영향을
끼쳤다는 의미이다. 다윗이 정치를 할 때는 아히도벨의 계략이 이스라엘을 통치하
는데 좋은 영향을 끼쳤을는지 모르나, 압살롬이 정치를 하는 때는 압살롬의 계략이

---

78) 이 "옥상"은 오래 전에 다윗 왕이 전쟁에 나가지 않고 집에서 오후 낮잠을 나고 옥상에
올라온 뒤에 목욕하던 밧세바의 미모를 바라보던 옥상이었다(Lange, RP Smith).

아주 좋지 않은 영향을 끼쳤을 뿐이다. 부왕의 후궁들과 동침하라는 아히도벨의 계략은 천하에 못된 계략이었다.

박윤선 박사는 "아히도벨은 동양의 조조와 같은 인물이었으니 조조는 역사가들에게서 다음과 같은 평판을 받았다. 곧 '세상을 다스리는 능한 신하요 세상을 어지럽게 하는 간사한 영웅이라. 그는 매와 같았으니 주리면 사람에게 붙고 배부르면 날개를 펴고 달아난다'라고, 이런 사람이 정치적 재능은 있을지 몰라도 지조와 절개는 없다. 아히도벨의 말로(末路)는 비극으로 끝났다"고 했다.

1-23절. 아히도벨과 후새가 상반되는 모략을 베풀다. 이 부분의 1-4절은 아히도벨의 전법을 밝힌다.

삼하 17:1. 아히도벨이 또 압살롬에게 이르되 이제 내가 사람 만 이천 명을 택하게 하소서 오늘밤에 내가 일어나서 다윗의 뒤를 추적하여.

본 절부터 4절까지는 아히도벨이 내놓는 계략(모략)을 진술한다. 그의 전법은 갑작스럽게 다윗을 치자는 전략이었다.

여기 "또 압살롬에게"(Moreover, Ahithophel) 제안했다는 말 중에 "또"란 말은 다윗 왕의 후궁들을 범하라고 제안한(16:20-22) 다음에 "또" 다윗을 죽이라고 제안했다는 것을 말하기 위한 "또"이다. 아히도벨은 압살롬에게 또 이와 같이 제안한다. '부디 소인이 만 이천 명을 뽑아서 출동하여, 오늘 밤으로 당장 다윗을 뒤쫓도록 허락하여 주십시오'라고 제안한다. 아히도벨의 전법은 다윗을 죽이기 위해서는 12,000명의 군대가 필요하고 또 한시라도 빨리 다윗을 뒤쫓아 가서 전격적으로 그를 치자는 것이었다. 빠를수록 좋아서 오늘밤에 12,000명 군대를 차출하여 다윗을 추격할 수 있게 해달라는 것이었다. 아히도벨의 전법은 전격전으로 다윗을 죽이기 위해서는 아주 훌륭한 전법이었다. 그러나 아히도벨은 하나님께서 다윗을 보호하고 계심을 알지 못했다. 그가 또 알지 못한 것은 자기가 죽을 줄도 몰랐다(23절). 세상의 전략이란 이렇게 무모한 것이었다. 세상의 군사 전략가들이 성공하는 것은 하나님께서 인정하시는 한에서 성공하시는 것이다. 우리는 항상 주님에게 지혜를 구하며 살아야 할 것이다.

삼하 17:2. 그가 곤하고 힘이 빠졌을 때에 기습하여 그를 무섭게 하면 그와 함께 있는 모든 백성이 도망하리니 내가 다윗 왕만 쳐 죽이고.

본 절도 역시 아히도벨이 자신이 추진하는 전격전이 필요함을 진술한다. 다윗이 이 밤에 곤함을 느끼고 또 힘이 빠져 있을 때이며 12,000명의 군대를 가지고 다윗을 기습하여 그를 무섭게 하면 그와 함께 있던 모든 백성이 도망할 것이라는 예상이었다. 그래서 아히도벨은 다른 군사들은 다 살려서 압살롬의 군대로 돌아오게 하고 다윗 왕만 쳐 죽이면 일은 끝난다는 것이었다.

삼하 17:3. 모든 백성이 당신께 돌아오게 하리니 사람이 돌아오기는 왕이 찾는 이 사람에게 달렸음이라 그리하면 모든 백성이 평안하리이다 하니.

아히도벨의 설명은 앞 절에 이어 계속된다. 아히도벨은 '우리가 전격전을 펼쳐 다윗을 죽이게 되면 모든 백성이 다시 임금님께로 돌아오게 될 것이니 모든 백성이 임금님께로 돌아오고 안 돌아오는 것은 임금님께서 노리시는 다윗 왕 한 사람에게 달린 것입니다. 다윗 왕 한 사람만 죽이면 나머지 백성은 안전할 것입니다'라고 진술한다. 압살롬이 성공하느냐 아니면 실패하느냐 하는 것은 다윗 왕을 죽이느냐 못 죽이느냐에 달려 있다는 설명이다.

삼하 17:4. 압살롬과 이스라엘 장로들이 다 그 말을 옳게 여기더라.

아히도벨의 전법을 들은 압살롬과 이스라엘 장로들은 다 아히도벨의 계략을 듣고 옳게 여겼다. 압살롬과 함께 예루살렘에 도착한 사람들 중에는 "장로들"이 있었는데 그들은 압살롬이 반역을 일으킨다는 것을 알지 못하고 초청받은 사람들이었다(15:11). 무슨 일로 초청하는지 알아보고 갔어야 했다. 알지 못하고 갔으니 죄에 동참하게 된 것이다.

5-14절. 후새가 전면전(全面戰)을 제안하다.
삼하 17:5. 압살롬이 이르되 아렉 사람 후새도 부르라 우리가 이제 그의 말도 듣자 하니라.

본 절부터 14절까지는 후새가 내놓는 전법(戰法)으로 전면전(全面戰)이다. 후새의 전법을 달리 말하면 완벽전으로 다윗 군을 싹쓸이 하자는 전략이었다.

후새는 이 전법이 채택되었기에 다윗에게 통고하고 대책을 강구하라고 전한다.

아히도벨의 속전속결 전법에 반하여 압살롬은 아렉 사람 후새도 부르라고 주문한다. 혹시 후새의 전략은 어떤지 알아보고 싶어서였다. 혹시 더 나은 전법이 있을지도 모른다는 생각에서 후새를 부른 것이다. 압살롬이 후새를 부른 것은 하나님께서 아히도벨의 속전속결 전법을 폐기하기 위해서였다. 하나님께서는 지구상에 있는 모든 사람을 주장하고 계신 것을 보여주신다.

삼하 17:6. 후새가 압살롬에게 이르매 압살롬이 그에게 말하여 이르되 아히도벨이 이러이러하게 말하니 우리가 그 말대로 행하랴 그렇지 아니하거든 너는 말하라 하니.

후새가 압살롬 앞으로 도착하매 압살롬이 후새에게 말하여 이르기를 아히도벨이 이러이러하게 말하니 우리가 아히도벨의 전법을 따르랴 그렇지 않게 생각하거든 후새는 후새대로 전법을 말하라고 시간을 준다.

삼하 17:7. 후새가 압살롬에게 이르되 이번에는 아히도벨이 베푼 계략이 좋지 아니하니이다 하고,

후새는 압살롬이 전해주는 아히도벨의 전법을 들은 다음 "이번에는 아히도벨이 베푼 계략이 좋지 아니하다"고 말해준다. 후새는 아히도벨의 이전 계략(모략)에 대해서는 인정하면서도 이번에 제출한 계략은 신통한 계략이 아니하다고 말해준다. 후새는 아히도벨의 계략을 모두 나쁘다고 말하지 않고 아히도벨의 계략을 상당히 인정하면서 이번 계략은 신통하지 않다고 말한 것이다. 후새는 다윗 왕을 구하기 위하여 아히도벨의 이번 전법(戰法)을 좋지 않다고 말해 물리친다.

삼하 17:8. 또 후새가 말하되 왕도 아시거니와 왕의 아버지와 그의 추종자들은 용사라 그들은 들에 있는 곰이 새끼를 빼앗긴 것 같이 격분하였고 왕의 부친은 전쟁에 익숙한 사람인즉 백성과 함께 자지 아니하고,

본 절부터 10절까지는 후새가 아히도벨의 속전속결 전법이 좋지 않다는 것을 설명하기 위해 여러 가지를 말한다. 후새는 첫째, "왕의 아버지와 그의 추종자들은 용사라"는 것, 둘째, 다윗 왕과 추종자들은 "들에 있는 곰이 새끼를 빼앗긴 것 같이 격분해 있다"는 것, 셋째, "왕의 부친(다윗)은 전쟁에 익숙한 사람인즉 백성과 함께 자지 아니하고 지금 그가 어느 굴에나 어느 곳에 숨어 있을 것이라"는 것(9절 상반 절) 등을 말한다. 위의 세 가지 말들과 아래의 두 가지 말들(네 번째 말은 9절에, 다섯 번째 말은 10절에 기록되어 있다)은 전면전이 좋다는 것을 추천하기 위하여 말한 것이다.

삼하 17:9. 지금 그가 어느 굴에나 어느 곳에 숨어 있으리니 혹 무리 중에 몇이 먼저 엎드러지면 그 소문을 듣는 자가 말하기를 압살롬을 따르는 자 가운데에서 패함을 당하였다 할지라.

넷째, "무리(압살롬의 군인) 중에 몇이 먼저 엎드러지면 그 소문을 듣는 자가 말하기를 압살롬을 따르는 자 가운데에서 패함을 당하였다"는 소문이 퍼지면 압살롬의 군대는 곧 무너질 수밖에 없다는 것이다.

삼하 17:10. 비록 그가 사자 같은 마음을 가진 용사의 아들일지라도 낙심하리니 이는 이스라엘 무리가 왕의 아버지는 영웅이요 그의 추종자들도 용사인 줄 앎이니이다.

다섯째, "비록 그(압살롬의 군대)가 사자 같은 마음을 가진 용사의 아들일지라도 낙심하게 될" 것이라는 논리이다. 다시 말해 압살롬의 군사들이 사자와 같은 마음을 가진 용사의 아들이라도 최초의 일전(一戰)에서 패하게 되면 낙심 절망할 것이니 그것은 군대 전체의 패망으로 연결될 것이라는 논리이다. 이렇게 추측할 수밖에 없는 이유는 모든 이스라엘 사람들이 다윗 왕은 용사이며 다윗 왕과 함께 있는 사람들은 다 용사들이라는 것을 다 알기 때문이라는 것이다. 다윗 왕은 강하신 분이요 또 추종자들도 다 용사이니 압살롬의 군대가 함부로 덤볐다가는 최초의 일전에서 패할 수 있다는 것을 알아야 한다는 논리이다. 이상(8-10절)은 후새의 논리로서 아히도벨의 속전속결은 위험하다는 것을 말하는 논리이다.

삼하 17:11. 나는 이렇게 계략을 세웠나이다 온 이스라엘을 단부터 브엘세바까지 바닷가의 많은 모래 같이 당신께로 모으고 친히 전장에 나가시고.

후새는 아히도벨의 속전속결을 반대한 다음 자기는 이런 전법을 가지고 있다고 말한다. 첫째, "온 이스라엘을 단부터 브엘세바까지 바닷가의 많은 모래 같이 당신께로 모으살" 것. 여기 "단부터 브엘세바까지"란 말은 이스라엘의 북쪽 끝에서 남쪽 끝까지 전체를 지칭하는 말이다. 후새의 전법은 군대를 모집하되 바닷가의 많은 모래같이 압살롬을 중심하여 모으라는 것이다. 그리고 둘째, 왕 자신도 전장에 나가시라는 것이다. 왕이 친히 전장에 나가서 진두지휘 하지 않으면 군인들이 사기를 잃을 것이라고 말한다.

삼하 17:12. 우리가 그 만날 만한 곳에서 그를 기습하기를 이슬이 땅에 내림 같이 우리가 그의 위에 덮여 그와 그 함께 있는 모든 사람을 하나도 남겨 두지 아니할 것이요.

본 절도 역시 후새가 자신의 전면전 법을 설명한다. 즉, '우리가 어디서든지 다윗을 발견하면 어디든지 들이닥쳐서 마치 온 땅에 이슬이 내리는 것처럼 그를 덮쳐 버리는 것이지요. 그러면 그는 물론이려니와 그와 함께 있는 모든 사람 가운데서 한 사람도 남김없이 전멸시키자는 것입니다'라고 말한다.

삼하 17:13. 또 만일 그가 어느 성에 들었으면 온 이스라엘이 밧줄을 가져다가 그 성을 강으로 끌어들여서 그 곳에 작은 돌 하나도 보이지 아니하게 할 것이니이다 하매.

앞 절은 다윗이 있는 곳을 발견하는 경우를 말했고(12절), 이제 본 절은 다윗이 어느 성에 들어가 있는 것을 발견할 경우 온 이스라엘 사람들이 밧줄을 가져다가 성을 둘러 묶어서 그 성을 강으로 끌어들이자는 전략이다. 그래서 그 성안에 작은 돌 하나도 보이지 않게 해야 한다는 전략이다.

삼하 17:14. 압살롬과 온 이스라엘 사람들이 이르되 아렉 사람 후새의 계략은

아히도벨의 계략보다 낫다 하니 이는 여호와께서 압살롬에게 화를 내리려 하사
아히도벨의 좋은 계략을 물리치라고 명령하셨음이더라.

후새의 계략을 듣고 있던 압살롬과 압살롬의 반역에 동참했던 이스라엘 사람들
이 평가하기를 후새의 계략은 아히도벨의 계략(꾀)보다 낫다고 평한다. 일이 이렇
게 된 것은 여호와께서 압살롬에게 화를 내리려 하셔서 압살롬의 좋은 계략을
물리치기를 정하셨기 때문이었다. 하나님께서 일을 이렇게 처리하신 것은 다윗의
기도에 대한 하나님의 응답 때문이었다(15:31b). 하나님께서 한번 정하시면 사람
도 하나님의 정하신대로 하게 마련이다.

15-23절. 후새는 그의 계략을 다윗에게 통고하다.
**삼하 17:15. 이에 후새가 사독과 아비아달 두 제사장에게 이르되 아히도벨이
압살롬과 이스라엘 장로들에게 이러이러하게 계략을 세웠고 나도 이러이러하게
계략을 세웠으니.**

본 절부터 23절까지는 후새가 자신의 전법을 다윗에게 통고하고 대책도 전해
주는 것을 진술하고, 반면에 아히도벨은 그의 전법이 거부되자 낙향하여 자살한
것을 진술한다.

후새가 자기의 전법을 압살롬에게 말한 다음 후새는 사독과 아비아달
두 제사장에게 아히도벨의 전법과 자신의 전법을 비교하며 전한다. 그러니까
후새→ 사독과 아비아달→ 그 계집종(17절)→ 그들의 두 아들→ 다윗 왕의
순서로 후새의 전법을 전한다. 다시 말해 후새는 재빨리 두 제사장을 찾아가서
자기의 전법과 아히도벨의 전법을 설명하고 또 자기의 전법이 채택된 것을
아울러 설명하며 이를 빨리 다윗에게 알릴 것을 주문한다.

**삼하 17:16. 이제 너희는 빨리 사람을 보내 다윗에게 전하기를 오늘밤에 광야
나루터에서 자지 말고 아무쪼록 건너가소서 하라 혹시 왕과 그를 따르는 모든
백성이 몰사할까 하노라 하니라.**

후새는 사독과 아비아달 두 제사장에게 '빨리 사람(사독의 아들 아히마아스,

아비아달의 아들 요나단, 15:36)을 보내 다윗에게 전하여 오늘밤에 광야 나루터(강이나 좁은 바다 목에 건너다니는 곳)에서 주무시지 말고 아무쪼록 건너가서 쉬시라고 전한다. 혹시 다윗 왕과 그를 따르는 모든 백성이 몰살할지 모르는 일이라고 전해준다.

후새는 자기의 전법이 압살롬과 이스라엘 사람들에게 채택되긴 했으나 아직은 모르는 일로 혹시 무슨 변동이 생겨 아히도벨이 제안한 전법처럼 속전속결 전법을 적용할는지 모르는 일이니 다윗과 온 군대는 요단강을 건너가서 이 밤을 지내는 것이 좋다고 여긴 것이다.

삼하 17:17. 그 때에 요나단과 아히마아스가 사람이 볼까 두려워하여 감히 성에 들어가지 못하고 에느로겔 가에 머물고 그 여종은 그들에게 나와서 말하고 그들은 가서 다윗 왕에게 알리더니.

한편, 아비아달의 아들 요나단과 사독의 아들 아히마아스는 예루살렘 주위의 에느로겔79) 샘터에서 대기하고 있었다. 그들은 사람들의 눈에 띄지 않으려고 성 안으로 드나드는 것을 삼갔다. 그 에느로겔 샘 근처에서 배회라고 있는 중에 그 여종(정관사 h;가 있다)은 그들에게 와서 소식을 전해 주면 그들이 그 소식을 받아서 다윗 왕에게 전하곤 하였다. 여기 "그 여종"이란 사람은 어느 집에서 수고하는 하인이기도 해서 가사를 돌보거나 물을 긷는 일도 하는 여종이니 그 우물에 자연스럽게 접근할 수가 있었다. 이 여종은 예루살렘 성에서 두 제사장으로부터 후새의 메시지를 받아가지고 물 긷는 척 하면서 에느로겔 샘에 와서 요나단과 아히마아스에게 메시지를 전달할 수가 있었다. 이 두 사람 요나단과 아히마아스는 메시지를 받아가지고 다윗에게 가서 메시지를 전달했다.

삼하 17:18. 한 청년이 그들을 보고 압살롬에게 알린지라 그 두 사람이 빨리

---

79) "에느로겔": En-rogel. '방랑자의 샘' 또는 '풍성한 샘'이라는 뜻을 가지고 있다. 이 샘은 예루살렘 남동쪽의 기드론 골짜기(15:23)에 위치하였는데 '비르 아룹'(Bir-Arrub)이라 불리는 '욥의 우물'과 동일시되기도 한다(K.&D., RP Smith).

달려서 바후림 어떤 사람의 집으로 들어가서 그의 뜰에 있는 우물 속으로 내려가니.

그런데 어쩌다가 한 젊은이(압살롬의 첩자였을 것이다)가 그들(아히마아스, 요나단)을 보고서 압살롬에게 가서 일러 바쳤다. 탄로가 난 줄을 알고 그 두 사람은 얼른 그 곳을 떠나 바후림(예루살렘 근교의 지명) 마을로 가서, 어떤 사람의 집으로 들어갔다. 그 집 마당에는 우물이 있었는데, 그들은 그 속에 들어가 숨었다. 본 절의 "바후림 마을"은 조금 전 다윗이 시므이에게 저주를 받은 곳이다(16:5; 3:16).

삼하 17:19. 그 집 여인이 덮을 것을 가져다가 우물 아귀를 덮고 찧은 곡식을 그 위에 널매 전혀 알지 못하더라.

그러자 그 사람의 안주인이 덮을 것을 가져다가 우물을 덮고 그 위에 찧은 곡식을 널어놓았다. 그러므로 압살롬의 첩자들이 그 두 사람(아히마아스, 요나단)이 거기에 숨어 있는 것을 눈치 채지 못했다. 하나님은 다윗과 함께 하셔서 도처에 이렇게 도울 자들이 나타나서 도움을 주었다. 오늘 우리도 하나님께 끊임없이 기도하면서 살면 세상 전체가 우리를 돕는 것을 알 수 있다(롬 8:32).

삼하 17:20. 압살롬의 종들이 그 집에 와서 여인에게 묻되 아히마아스와 요나단이 어디 있느냐 하니 여인이 그들에게 이르되 그들이 시내를 건너가더라 하니 그들이 찾아도 만나지 못하고 예루살렘으로 돌아 가니라.

압살롬의 종들이 그 집에 찾아와서 그 안주인에게 물었다. '아히마아스와 요나단이 어디에 있습니까' 하고. 압살롬의 첩자들은 두 사람의 이름까지 알고 있었다. 그 안주인이 그들에게 대답하였다. '그들은 시내를 건너갔습니다.' 그래서 그들이 뒤쫓아 갔으나 찾지 못하고 예루살렘으로 돌아갔다.

본 절의 "시내"(מִיכַל הַמָּיִם)는 '아주 작은 시내' 혹은 '개울'을 뜻하는 말로 아마도 바후림 근처의 작은 시내를 가리키는 것 같다(RP Smith). 여기 안주인은 압살롬의 종들이 아히마아스와 요나단이 어디에 있느냐고 물었을 때 "그들이 시내를 건너가더라"고 말한 것은 분명히 거짓말이었다. 구약 시대에는 이렇게 하나님의 원수에게 거짓말을 하는 것이 묵인되었다.

삼하 17:21. 그들이 간 후에 두 사람이 우물에서 올라와서 다윗 왕에게 가서 다윗 왕에게 말하여 이르되 당신들은 일어나 빨리 물을 건너가소서 아히도벨이 당신들을 해하려고 이러이러하게 계략을 세웠나이다.

그들이 돌아간 후에 그 두 사람(아히마아스와 요나단)이 우물 속에서 올라와 광야 나룻터에 있던 다윗 왕에게 달려가서 자기들이 가져온 소식을 전하였다. 그들은 다윗에게 아히도벨이 다윗 일행을 해치려고 짜낸 어떤 계략을 세웠는지를 알리고, 빨리 일어나서 요단강(다음 절)을 건너가라고 재촉하였다. 이 정보가 결국 다윗과 그의 군대를 살려서 다윗 군이 승리를 하게 되었다.

삼하 17:22. 다윗이 일어나 모든 백성과 함께 요단을 건널 새 새벽까지 한 사람도 요단을 건너지 못한 자가 없더라.

후새가 보낸 정보 곧 아히마아스와 요나단이 날라다 준 정보를 받아들고 다윗은 그 자리에서 일어나 모든 백성과 함께 요단을 건너 새벽까지 한 사람도 요단강을 건너지 못한 자가 없이 모두 건넜다. 후새의 계략은 결국 성공하였다. 하나님께서 함께 하시니 성공한 것이다.

삼하 17:23. 아히도벨이 자기 계략이 시행되지 못함을 보고 나귀에 안장을 지우고 일어나 고향으로 돌아가 자기 집에 이르러 집을 정리하고 스스로 목매어 죽으매 그의 조상의 묘에 장사되니라.

아히도벨은 자기의 모략대로 이루어지지 않고 후새의 계략이 채택된 것을 보자, 나귀에 안장을 얹어 타고 예루살렘에서 떠나 자기의 고향 길로(15:12) 집으로 돌아갔다. 거기에서 그는 식구들에게 유언을 남기고 집안일을 정리한 뒤에 목매 죽었다. 그는 이렇게 죽어서 자기 조상의 무덤에 묻혔다.

아히도벨의 자살의 이유는 그의 계략이 거부당한데 대한 분노와 수치감도 있겠으나(Lange), 탁월한 모사로서 미래를 예견했기 때문일 것이다. 즉, 압살롬의 반역은 실패할 것이고, 시간을 얻은 다윗 군은 재정비하여 반드시 압살롬 군을 격파할 것을 예견하였고, 다윗이 환도하면 아히도벨은 죽임을 당할 사실로 알았기 때문에 미리 자살한 것으로 보는 것이다(K.&D., RP Smith, Caird, 이상근).

그러나 자살할 것까지 있었을까. 자신의 잘 못을 하나님 앞과 사람 앞에 철저히 고백하면 하나님께서 살 길을 주시니 절대로 자살해서는 안 될 것이다. 오늘 우리는 죄 고백에 열심을 다하여 사는 길을 택해야 할 것이다.

24-29절. 다윗이 마하나임까지 도피하다.
삼하 17:24. 이에 다윗은 마하나임에 이르고 압살롬은 모든 이스라엘 사람과 함께 요단을 건너니라.

다윗이 마하나임에 이르렀을 때에야, 압살롬이 비로소 이스라엘의 온 군대를 직접 거느리고 요단강을 건넜다. 여기 "마하나임"[80]의 위치를 둘러싸고 구구한 이설(異說)이 있지만, 아마 브누엘의 동쪽 10㎞ 지점의 얍복 강 북안에 있는 델 엘 르헤일(Tell er-Reheil)일 것이라 한다. 사해와 갈릴리 바다의 약 중간, 요단강 동편 약 17km 지점에 있다.

압살롬은 후새의 계략대로 한 것으로 전국에서 각 지파에서 모병하여 거대한 병력을 가지고 요단강을 건넜으니 많은 시일을 요했을 것이다. 다윗도 마하나임까지 오는 도중에 모병하여 소수지만 군대로서 정비를 갖췄다. 그렇게 해서 다윗 군은 요새화한 마하나임에서, 압살롬은 들에서 서로 대진하게 되었다.

삼하 17:25. 압살롬이 아마사로 요압을 대신 하여 군 지휘관으로 삼으니라 아마사는 이스라엘 사람 이드라라 하는 자의 아들이라 이드라가 나하스의 딸 아비갈과

---

80) "마하나임": Mahanaim. '천사의 두 무리' 혹은 '하나님의 군대'란 뜻을 가지고 있다. 야곱이 메소보다미아에서 돌아오는 길에 천사를 만난 장소이다(창 32:2). 그는 남쪽으로 진행하고 있었는데, 얍복 강을 건너기 전이기 때문에 얍복 강의 북쪽, 과히 멀지 않은 곳이었다.

동침하여 그를 낳았으며 아비갈은 요압의 어머니 스루야의 동생이더라.

압살롬은 다윗을 따라간 요압 대신에 아마사를 군 총사령관으로 세웠다. "아마사"81)는 이스라엘 사람으로서 이드라라 하는 사람의 아들이었다. 이드라는 나하스의 딸 아비갈과 결혼하여 아마사를 낳았는데, 아비갈은 요압의 어머니 스루야의 여동생이었다.

아마사의 어머니 "아비갈"은 '기쁨의 아들'이란 뜻을 가지고 있다. "아비갈"은 '아비가일'(Abigail, 대상 2:16)이라고도 불린다. 아비갈은 요압의 어머니 스루야의 동생이니까 아마사는 요압의 이종 사촌이고, 두 사람은 다 같이 다윗의 조카들이며 압살롬의 고종 4촌이었다. 이들은 서로 근친 간에 원수가 되었으니 비참한 일이었다(이상근). 사람이 이기적이니 근친 간이라는 것도 상관없이 서로 얼마든지 원수가 될 수 있었다. 진정한 신앙인이 아니면 부모 자식 간도 또 형제자매간도 없이 마구 갈라진다. 우리가 하나님 중심으로 살아야 참으로 가깝게 되는 것이다.

"이스라엘 사람 이드라"가 대상 2:17에는 "이스마엘 사람 예델"로 되어 있다. "예델"은 "이드라"의 축소형인 듯하고(RP Smith), 그는 이스마엘인이며(대상 2:17처럼), 그의 처 아비갈은 이스라엘인이므로 두 길로 불린 듯하다.

삼하 17:26. 이에 이스라엘 무리와 압살롬이 길르앗 땅에 진 치니라.

이렇게 온 이스라엘 무리 즉 압살롬의 반역에 동참한 사람들과 압살롬이 길르앗 땅(얍복강과 얄묵강 사이 전역)에 진을 쳤다. 압살롬은 후새의 계략에 따라 이스라엘 전군의 진두지휘에 나섰다(11절). 이 군대는 길르앗 땅의 에브라임 수풀에서 싸웠는데(18:6), 거기서 압살롬은 전사했다(18:14-15). 부친을 상대하여 반역을 일으킨 아들 압살롬은 길게 버티지 못하고 잠깐 후에 전사한 것이다. 그의 역할은 다윗의 죄를 심판하는 하나님의 도구로 잠시 쓰였을 뿐이다.

---

81) "아마사": Amasa. '무거운 짐진자'라는 뜻을 가지고 있다. 다윗의 이복 자매 아비가일과 예델(이드라)의 아들이다(대상 2:17). 또 요압과는 이종 사촌간이다(17:25). 그는 요압을 대신하여 반역자 압살롬의 군장이 되었다(상동). 에브라임 삼림 전투에서 압살롬 군이 완전히 패배하고 압살롬은 전사했다. 그 후 그는 다윗의 용서를 받았을 뿐만 아니라, 또 요압을 대신하여 군장으로 등용되었다(삼하 19:13).

삼하 17:27. 다윗이 마하나임에 이르렀을 때에 암몬 족속에게 속한 랍바 사람 나하스의 아들 소바와 로데발 사람 암미엘의 아들 마길과 로글림 길르앗 사람 바르실래가.

본 절부터 29절까지는 다윗이 요단 동편 땅에서 여러 사람의 환대를 받은 것이 진술된다. 다윗이 마하나임에 다다르니, 암몬 족속의 도성 랍바에서 나하스의 아들 소비(암몬의 전왕 나하스의 아들)가 찾아와 대접했다. 소비는 형과는 달리 다윗과 우호관계를 유지하여 다윗을 찾아와 대접했다. 로데발에서는 암미엘의 아들 마길(요나단의 아들 므비보셋의 보호자, 9:4)이 찾아오고, 로글림에서는 길르앗 사람 바르실래(이는 길르앗 사람으로 나이가 많고 거부였다. 19:32)가 찾아와 맞이주었다.

삼하 17:28. 침상과 대야와 질그릇과 밀과 보리와 밀가루와 볶은 곡식과 콩과 팥과 볶은 녹두와.

본 절부터 다음 절까지는 위의 3인이 다윗을 공궤한 여러 가지 품목들이 진술된다. 그들이 침대와 대야와 질그릇도 가지고 왔고, 밀과 보리와 밀가루와 볶은 곡식과 콩과 팥과 볶은 녹두를 가지고 와서 공궤했다.

삼하 17:29. 꿀과 버터와 양과 치즈를 가져다가 다윗과 그와 함께 한 백성에게 먹게 하였으니 이는 그들 생각에 백성이 들에서 시장하고 곤하고 목마르겠다 함이더라.

위(27절)의 3인들은 꿀과 버터와 양고기와 치즈도 가져다가 다윗과 그를 따르는 사람들에게 먹게 하였다. 그들이 그렇게 한 이유는 그들 생각에 그 많은 사람이 광야에서 굶주리고 지치고 목말랐을 것이라고 생각했기 때문이었다.

하나님은 회개한 다윗에게 사람들을 통하여 큰 은총을 베푸신다. 하나님께서 복을 주실 때에는 많은 경우 사람을 통해서 하신다. 우리는 이 사회가 쌀쌀하다고 원망할 것이 아니라 우리 자신들이 하나님을 멀리 떨어져 살았는지 살펴야 할 것이다. 오늘날 너무나 많은 사람들은 세상 향락을 좋아하여 하나님을 멀리 떨어져 살고 있다(딤전 5:6). 그러면서 말하기를 세상이 지옥이라고 말한다. 당연한 말이다. 하나님을 멀리 떠나 살면 세상도 지옥이 되는 것은 당연한 것이다. 우리가 하나님 앞에서 참되게 죄를 자복하고 복을 구한다면 하나님은 반드시 우리를 직접 돌보시며 또 사람들을 통하여 큰 은총을 주신다.

제 18 장

9. 압살롬이 죽다   18:1-33

다윗 군대와 압살롬 군대가 에브라임 수풀에서 충돌하여 압살롬이 전사한다
(1-18절). 다윗은 압살롬의 전사 소식을 듣고 몹시 슬퍼한다(19-33절).

ㄱ. 압살롬이 전사하다.   18:1-18

다윗 군대와 압살롬 군대가 에브라임 수풀에서 싸워 다윗 군이 큰 승리를
거둔다(1-8절). 압살롬은 에브라임 수풀에서 싸우다가 긴 머리가 큰 상수리나무에
걸려 죽는다(9-18절).

1-8절. 다윗 군대와 압살롬 군대가 싸워 다윗 군대가 승리를 거두다.

**삼하 18:1. 이에 다윗이 그와 함께 한 백성을 찾아가서 천부장과 백부장을
그들 위에 세우고**(Then David mustered the men who were with him and
set over them commanders of thousands and commanders of hundreds-ESV).

다윗은 자기와 함께 있는 백성을 점호하고 그들 위에 천부장과 백부장들을
세운다. 본문의 "백성"이란 다윗을 따라다니던 "가드에서 온 600명"(15:18)을
중심하여 피난하는 길에서 모병한 사람들 모두를 총칭하는 말이다. 그리고 개역개
정판 본문의 "찾아가서"라고 번역한 것은 오역(誤譯)이고, 정확한 번역은 "계수하
고 재 편성하다" 혹은 "정비하다"라고 해야 한다. 그리고 "천부장"과 "백부장"이란
말은 원래는 모세가 재판을 위해서 조직한 것이었지만 전쟁 시에는 군대 조직이
된 것이다. 그 뜻은 "천부장"은 '천명을 지휘하는 지휘관', "백부장"은 '백명을
지휘하는 지휘관'을 뜻한다.

삼하 18:2. 다윗이 그의 백성을 내보낼 새 삼분의 일은 요압의 휘하에, 삼분의

일은 스루야의 아들 요압의 동생 아비새의 휘하에 넘기고 삼분의 일은 가드 사람
잇대의 휘하에 넘기고 왕이 백성에게 이르되 나도 반드시 너희와 함께 나가리라
하니.

다윗은 또 모든 백성을 세 구분한 뒤에, 삼분의 일은 요압에게 맡기고, 또
삼분의 일은 요압의 동생인 아비새에(아비새는 스루야의 아들이다)게 맡기고,
나머지 삼분의 일은 가드 사람 잇대[82]에게 맡기면서 말하기를 왕 자신도 그들과
함께 전쟁터에 나가겠다고 단호히 말한다. 다윗은 혼자 편안히 있을 생각을 하지
않고 백성들과 고통을 함께 나누려 하는 위대한 지도상을 보이고 있다.

삼하 18:3. 백성들이 이르되 왕은 나가지 마소서 우리가 도망할지라도 그들은
우리에게 마음을 쓰지 아니할 터이요 우리가 절반이나 죽을지라도 우리에게 마음
을 쓰지 아니할 터이라 왕은 우리 만 명보다 중하시오니 왕은 성읍에 계시다가
우리를 도우심이 좋으니이다 하니라.

온 백성이 외쳐 말하기를 '임금님께서 나가시면 안 됩니다. 우리가 도망한다
하여도, 그들이 우리에게는 마음을 두지 않을 것이며, 우리가 절반이나 죽는다
하여도, 그들은 우리에게 마음을 두지 않을 것입니다. 그들의 관심은 오직 왕을
찾아 해(害)치는 데 있습니다. 왕은 우리 만 명보다 더 소중하십니다. 그러므로
왕은 성(마하나임의 성)에 남아 계시면서 우리를 도와주시는 것이 더 나을 것입니
다'라고 애원한다. 다윗 왕이 성에 남아서 도움을 줄 수 있는 길은 왕이 안전하게
있다는 자체가 백성들의 마음에 안심이 되는 것이었고 또 성에는 귀중한 보급품이
있으니(17:27-29) 후방에서 군인들을 위해 보급해 줄 수 있는 지도자도 필요했다는
것이다(Lange).

삼하 18:4. 왕이 그들에게 이르되 너희가 좋게 여기는 대로 내가 행하리라 하고
문 곁에 왕이 서매 모든 백성이 백 명씩 천 명씩 대를 지어 나가는지라.

---

82) "잇대"에 대해서는 15:19-22 주해를 참조하라.

그러자 왕은 그들에게 말하기를 군인들 보기에 가장 좋은 의견을 따르겠다고 말하고 마하나임 성문 곁에 서 있으니, 온 백성이 백 명씩, 천 명씩, 부대별로 나아갔다. 다윗 왕은 군인들 의견을 잘 따를 줄도 아는 고상한 인격의 소유자였다.

삼하 18:5. 왕이 요압과 아비새와 잇대에게 명령하여 이르되 나를 위하여 젊은 압살롬을 너그러이 대우하라 하니 왕이 압살롬을 위하여 모든 군지휘관에게 명령할 때에 백성들이 다 들으니라.

다윗 왕은 군인들 의견을 잘 따를 줄 아는 고상한 인격의 소유자이긴 했지만(앞절) 또 한편 자기의 의견도 내서 부탁하기도 한다. 즉, 다윗은 요압과 아비새와 잇대에게 명령하여 말하기를 "나를 위하여 젊은 압살롬을 너그러이 대우해 달라"고 말한다. 다른 사람은 혹시 죽더라도 압살롬을 죽이지 말라고 부탁한다. 왕이 압살롬을 위하여 모든 군 지휘관들에게 명령할 때에 다른 군인들이 다 듣게 말했다. 압살롬은 아버지를 죽이려 출전했고 다윗은 그 아들 압살롬을 죽이지 말라고 부탁한 것이다. 부자의 마음은 너무나 달랐다.

삼하 18:6. 이에 백성이 이스라엘을 치러 들로 나가서 에브라임 수풀에서 싸우더니.

다윗의 군대가 압살롬의 이스라엘 군대와 싸우려고 들녘으로 나아가서 에브라임 숲 속에서 싸움을 하였다. 여기 "에브라임 수풀"(יַעַר אֶפְרָיִם)은 마하나임 근처(17:24,26,27)의 어떤 에브라임 수풀이었을 것이다(17:24-27, Grotius, Stenry, Grobe). 그렇게 말할 수 있는 이유는 1) 아히마아스가 승전 소식을 마하나임에 있는 다윗 왕에게 알리기 위해 요단 계곡의 길을 달렸다고 함은 본 전쟁이 마하나임에서 가까운 요단 동편에서 있었음을 증거하는 것이다(19-23절). 2) 또한 다윗 군이 압살롬의 군대를 패퇴시키고 마하나임으로 회군한 사실(19:3)도 이 전쟁이 요단 동편의 수풀에서 있었음을 보여주는 것이다(Thenius). 박윤선박사는 "양편 군대가 싸운 고장 이름을 '에브라임 수풀'이라고 한 것은 그곳이 에브라임 땅에 속한 까닭이 아니고 입다가 그곳에서 에브라임 사람들을 많이 죽였던 까닭에 그렇게 불리게 된 것이다(삿 12:1-6). 이 땅은 요단강 동쪽 건너편 '마하나임'에 가까운 곳 바위들이 많고 숲이 우거진 곳이다"라고 했다.

삼하 18:7. 거기서 이스라엘 백성이 다윗의 부하들에게 패하매 그 날 그 곳에서 전사자가 많아 이만 명에 이르렀고.

거기에서 압살롬의 이스라엘 백성이 다윗의 부하들에게 패하였는데 그들은 그 날 거기에서 크게 패하여 이만 명이나 죽었다. 다윗 군대가 이렇게 대승을 하게 된 것은 다윗의 죄 자복을 하나님께서 받아주셔서 크게 이기게 하신 것으로 본다. 다윗은 압살롬한테 쫓겨 예루살렘을 빠져나와 기드론 시내를 건너고 요단강을 건너서 마하나임까지 오면서 기가 막힌 환경을 만나 그의 죄를 자복했을 것이다.

삼하 18:8. 그 땅에서 사면으로 퍼져 싸웠으므로 그 날에 수풀에서 죽은 자가 칼에 죽은 자보다 많았더라.

싸움이 온 땅 사방으로 번져 나가자 그 날 수풀 속에서 목숨을 잃은 군인의 숫자가 칼에 찔려서 죽은 군인보다 더 많았다. 여기 "수풀에서 죽은 자"는 하나님께서 직접 치신 자를 의미하고, '칼에 죽은 자'도 물론 하나님에 의하여 죽은 자이지만 하나님께서 다윗 군대의 무기를 사용하셔서 죽이신 자를 뜻한다. 압살롬도 수풀에서 죽은 자로서 하나님께서 직접 죽이신 자(10절)에 속한 자이다. 아버지에게 대드는 자는 죽을 수밖에 없는 자이다.

9-18절. 압살롬은 다윗 군대와 에브라임 수풀에서 싸우다가 수풀에 걸려 죽는다.
삼하 18:9. 압살롬이 다윗의 부하들과 마주치니라 압살롬이 노새를 탔는데 그 노새가 큰 상수리나무 번성한 가지 아래로 지날 때에 압살롬의 머리가 그 상수리나무에 걸리매 그가 공중에 달리고 그가 탔던 노새는 그 땅과 공중 사이로 빠져나간지라.

압살롬이 어쩌다가 다윗의 부하들과 마주치게 되었는데 그 때 압살롬은 노새를 타고 도망하기 시작했다. 그 노새는 큰 상수리나무의 울창한 가지 밑으로 지나갈 때에 압살롬의 머리채가 상수리나무에 걸리고 말았다. 압살롬의 머리숱이 많고 자랑거리였던 머리털 때문에(14:26) 그는 죽은 것이다. 그는 공중에 매달린 채 있었고, 그가 타고 가던 노새는 그냥 빠져 나가고 말았다. 압살롬이 죽은 것은 이복 형 암논을 죽였을 뿐 아니라 아버지 왕에게 반역의 칼을 들었기에 그의 최후는 비참하게 되었다.

삼하 18:10. 한 사람이 보고 요압에게 알려 이르되 내가 보니 압살롬이 상수리나무에 달렸더이다 하니.

압살롬의 머리채가 수풀에 걸려 매달린 것을 다윗의 부하 중 한 사람이 보고 군 지휘관 요압에게 알려 이르기를 압살롬이 상수리나무에 달렸다고 말했다. 그 사람은 얼른 압살롬을 찔러 죽이고 상급을 받을 수도 있었으나 다윗의 부탁이 있었던 고로(5절) 압살롬을 어찌해야 하고 요압에게 보고했다.

압살롬이 자신의 머리채가 수풀에 걸려 죽을 줄은 꿈에도 몰랐을 것이다. 오늘도 아무 것도 아닌 사건을 통해서 최후를 마감하는 사람들은 하나님께서 그 사람들의 죽음을 귀중히 보시지 않기 때문이다. 하나님은 경건한 자들의 죽음을 귀중히 보셔서 끝을 잘 맺게 하신다(시 116:15).

삼하 18:11. 요압이 그 알린 사람에게 이르되 네가 보고 어찌하여 당장에 쳐서 땅에 떨어뜨리지 아니하였느냐 내가 네게 은 열 개와 띠 하나를 주었으리라 하는지라.

요압이 자기에게 소식을 전하여 준 그 사람에게 물었다. "네가 그를 보았는데도, 왜 그를 당장에 쳐서 땅에 떨어뜨리지 않았느냐? 그랬더라면, 내가 너에게 상금으로 은화 열 개와 일 계급 특진으로 띠 하나를 주었을 것이다"라고 말한다. 요압은 일면 다윗을 도우면서도 다른 한편 다윗에게 상처를 주는 부하였다.

삼하 18:12. 그 사람이 요압에게 대답하되 내가 내 손에 은 천 개를 받는다 할지라도 나는 왕의 아들에게 손을 대지 아니하겠나이다 우리가 들었거니와 왕이 당신과

아비새와 잇대에게 명령하여 이르시기를 삼가 누구든지 젊은 압살롬을 해하지 말라 하셨나이다.

요압으로부터 왜 압살롬을 얼른 땅에 떨어뜨리지 않았느냐고 책망을 들은 그 사람이 요압에게 대답한다. '비록 은 천 개를 달아서 제 손에 쥐어 주신다고 하여도, 저는 감히 손을 들어 임금님의 아들을 치지 않을 것입니다. 임금님께서 우리 모두가 듣도록 장군님과 아비새와 잇대에게 누구든지 어린 압살롬을 보호하여 달라고 부탁하셨기 때문에 저는 그렇게 쉽게 왕자를 죽일 수가 없습니다'라고 대답한다. 그 부하는 왕명을 어길 수 없는 것을 원칙으로 삼고 있는 사람이었다.

삼하 18:13. 아무 일도 왕 앞에는 숨길 수 없나니 내가 만일 거역하여 그의 생명을 해하였더라면 당신도 나를 대적하였으리이다 하니.

그 사람은 계속하여 '아무 일도 왕 앞에는 숨길 수가 없으니 제가 임금님을 속이고 압살롬의 생명을 해치면 장군님까지도 저를 대적하여 벌할 것입니다'라고 말한다. 참으로 다윗의 신하다운 인격이다.

삼하 18:14. 요압이 이르되 나는 너와 같이 지체할 수 없다 하고 손에 작은 창 셋을 가지고 가서 상수리나무 가운데서 아직 살아 있는 압살롬의 심장을 찌르니.

그러자 요압은 '나는 너와 같이 꾸물거릴 시간이 없구나' 하고 말한 뒤에 작은 창 세 자루를 손에 들고 가서, 아직도 상수리나무에 산채로 매달려 있는 압살롬의 심장을 꿰뚫었다. 요압은 작은 창 세 개나 가지고 있었는데 요압은 작은 창 세 자루를 압살롬의 심장을 향해 연거푸 던져 심장을 꿰뚫어 죽였다.

삼하 18:15. 요압의 무기를 든 청년 열 명이 압살롬을 에워싸고 쳐 죽이니라.

요압이 세 개의 창을 연거푸 던져 압살롬의 심장을 꿰뚫은(앞 절) 다음 요압의 무기를 든 부하 10명이 압살롬을 에워싸고 그를 쳐서 완전히 죽여 버렸다. 압살롬은 죽은데다가 또 죽었다. 패륜아는 결국 죽고 또 죽는다. "요압의 무기를 든 청년 열 명"이란 요압을 따라다니면서 병기를 챙겨주고 또 시중도 들어주는 군사들을 지칭한다.

삼하 18:16. 요압이 나팔을 불어 백성들에게 그치게 하니 그들이 이스라엘을 추격하지 아니하고 돌아오니라.

요압이 전쟁의 종식을 알리는 나팔을 불어 그의 부하들로 하여금 전쟁을 그치게 하니 다윗 군이 압살롬의 이스라엘군을 더 이상 추격하지 않고 돌아왔다. 다윗군의 목표는 압살롬이었지 이스라엘 군대가 아니었다. 여기 요압이 나팔을 분 것을 보면 세 사람의 지휘관 중에 요압이 총사령관이었던 것을 알 수 있다.

삼하 18:17. 그들이 압살롬을 옮겨다가 수풀 가운데 큰 구멍에 그를 던지고 그 위에 매우 큰 돌무더기를 쌓으니라 온 이스라엘 무리가 각기 장막으로 도망하니라.

다윗 군대는 압살롬의 시체를 큰 웅덩이에 던지고 그 시체 위에 매우 큰 돌무더기를 쌓았다. 여기 큰 돌무더기를 쌓은 것은 1) 부모를 순종하지 않는 패륜아는 돌로 쳐 죽이라는 율법의 조항을 준수하기 위함이었고(신 21:21), 2) 반역자의 수치를 영원히 기억하기 위함이었다. 다시 말해 압살롬의 죽음을 영원히 기념하기 위함이었다(수 7:26; 8:29). 3) 패륜아는 비참한 결말을 맞이할 수밖에 없다는 것을 세상에 나타내기 위함이었다(겔 32:26-28). 압살롬이 이렇게 죽자 압살롬을 따르던 온 무리가 각자 자기 장막으로 도망했다.

삼하 18:18. 압살롬이 살았을 때에 자기를 위하여 한 비석을 마련하여 세웠으니 이는 그가 자기 이름을 전할 아들이 내게 없다고 말하였음이더라 그러므로 자기 이름을 기념하여 그 비석에 이름을 붙였으며 그 비석이 왕의 골짜기에 있고 이제까지 그것을 압살롬의 기념비라 일컫더라.

압살롬은 평소에 자기의 이름을 후대에 전할 아들이 없다[83]고 하여, 살아 있을 때에 자기 비석을 준비하여 세웠는데, 그것이 지금 왕의 골짜기에 있다는

---

83) 압살롬은 아들 셋이 있었으나 모두 요사했으므로(14:27 주해) 그의 이름을 후대에 전할 수 없어서 기념비를 세웠다는 것이다.

이야기이다. 압살롬이 그 돌기둥을 자기의 이름을 따서 불렀기 때문에 사람들은 그것을 오늘날까지도 '압살롬의 비석'이라고 부른다. 교만한 사람일수록 자기의 명예를 생각한다. 그래서 압살롬은 자기의 명예를 생각하여 자기의 이름을 전할 기념비를 세웠다.

여기 "왕의 골짜기"(king's Valley)란 소돔 왕과 살렘 왕 멜기세덱이 승전하고 돌아오는 아브라함을 만나 축복한 장소(창 14:17 '왕곡')이다. 후에 압살롬은 여기에 자기의 기념비를 세웠다(본 절). '왕의 골짜기'는 '사웨 골짜기'의 별명으로, 예루살렘 부근에 있다.

ㄴ. 압살롬의 전사 소식에 다윗이 슬퍼하다   18:19-33

압살롬이 죽은 후 사독의 아들 아히마아스가 다윗 군대의 승전의 전령으로 다윗 왕에게 승전 소식을 전하니 다윗은 압살롬의 죽음을 슬퍼한다.

삼하 18:19. 사독의 아들 아히마아스가 이르되 청하건대 내가 빨리 왕에게 가서 여호와께서 왕의 원수 갚아 주신 소식을 전하게 하소서.

압살롬이 죽은 후 사독의 아들 아히마아스가 요압에게 "내가 빨리 왕에게 가서 여호와께서 왕의 원수 갚아 주신 소식을 전하게 하소서"라고 애원한다. 이 아히마아스는 전날 후새의 계략을 다윗에게 전하여 다윗 왕으로 하여금 무사히 요단 동편으로 건너게 했다(17:17-22). 아히마아스는 타고난 전령 기질로 승전의 기쁜 소식을 다윗 왕에게 전하기를 자원했다. 우리는 예수 그리스도께서 우리 죄를 위하여 십자가에서 죽었다는 좋은 소식을 전하는 종들이 되어야 하겠다.

삼하 18:20. 요압이 그에게 이르되 너는 오늘 소식을 전하는 자가 되지 말고 다른 날에 전할 것이니라 왕의 아들이 죽었나니 네가 오늘 소식을 전하지 못하리라 하고

요압이 '오늘은 아무리 좋은 소식이라도 오늘 전하면 안 된다. 왕의 아들이 죽었다는 소식은 왕에게도 좋은 소식이 못 된다. 너는 다른 날에 그 소식을 전하여라'고 했다.

삼하 18:21. 요압이 구스 사람에게 이르되 네가 가서 본 것을 왕께 아뢰라 하매 구스 사람이 요압에게 절하고 달음질하여 가니.

요압은 아히마아스가 소식을 전하려 하는 것을 말리고는 구스 사람에게 "네가 가서 본 것을 왕께 아뢰라"고 명한다. 구스 사람은 요압에게 절하고 달음질 했다. 성경에 나오는 구스(Cush), 즉 에티오피아는 아디스 아바바(Addis Ababa)를 수도로 삼고 있는 오늘날의 에디오피아와는 다르다. 즉, 성경에서 말하는 '구스'(민 12:1; 대하 14:9-15)는 오늘날의 수단 북부와 이집트의 남부 사이에 위치한 누비아 지방을 영토로 삼았던 나라이다. 본 절에 나오는 '구스 사람'이 바로 에디오피아인 인데, 아마도 그는 다윗 왕의 노예로서 이번 전쟁에 참전하였던 것 같다. 한편 요압이 이번의 압살롬 죽은 소식을 다윗에게 알리는 일을 구스인에게 맡긴 까닭은 그가 외국인데다가 그가 다윗 왕의 노예였으므로 아무 부담 없이 압살롬의 죽음을 알릴 것이라고 판단했기 때문일 것이다. 또 다윗 왕이 이 구스인 전령을 보는 순간 좋지 않은 일이 벌어졌다는 예감도 가질 수 있다는 점에서 다윗의 충격을 완화 할 수 있을 것이라고 기대했기 때문이었다.

삼하 18:22. 사독의 아들 아히마아스가 다시 요압에게 이르되 청하건대 아무쪼록 내가 또한 구스 사람의 뒤를 따라 달려가게 하소서 하니 요압이 이르되 내 아들아 너는 왜 달려가려 하느냐 이 소식으로 말미암아서는 너는 상을 받지 못하리라 하되.

사독의 아들 아히마아스가 다시금 요압에게 청하기를 "아무쪼록 내가 또한 구스 사람의 뒤를 따라 달려가게 하소서"라고 간절히 부탁했다. 요압은 "내 아들아 너는 왜 달려가려 하느냐 이 소식으로 말미암아서는 너는 상을 받지 못하리라"고 간절히 타이른다. 여기 요압은 아히마아스를 향하여 "내 아들아!"라고 부른다. 그러면서 요압은 아히마아스에게 '너는 왜 달려가려고 그러느냐 이 소식을 전해서 는 너는 좋은 말을 듣지 못하리라'(29-30절)고 말해준다. 윗사람의 말을 듣는다는 것은 아주 중요하다.

삼하 18:23. 그가 한사코 달려가겠노라 하는지라 요압이 이르되 그리하라 하니 아히마아스가 들길로 달음질 하여 구스 사람보다 앞질러 가니라.

아히마아스가 또다시 말하였다. '저에게 어떤 일이 일어나도 좋으니, 저도 가겠습니다.' 요압이 그에게 말하였다. '그렇다면, 더 말리지 않겠다.' 아히마아스는 요단 계곡을 지나는 지름길로 달려서 그 에티오피아 사람을 앞질렀다. 여기 "들갈"은 요단 계곡을 따라가는 평지 길을 지칭한다(Lange, Caird). 아히마아스는 달리는 힘이 강한 사람이었던 것으로 보인다.

삼하 18:24. 때에 다윗이 두 문 사이에 앉아 있다라 파수꾼이 성 문 위층에 올라가서 눈을 들어보니 어떤 사람이 홀로 달려오는지라.

그 때에 다윗은 두 성문 곧 바깥문과 안문사이에 앉아 있었다. 다윗은 마하나임의 두 성문 사이에 앉아 전쟁이 어떻게 되었는지 소식을 기다리고 있었다. 이 때 파수꾼이 성문의 지붕 위 관망대로 올라가서 성벽 위에서 멀리 바라보고 있다가 어떤 사람이 혼자 달려오는 것을 보았다.

삼하 18:25. 파수꾼이 외쳐 왕께 아뢰매 왕이 이르되 그가 만일 혼자면 그의 입에 소식이 있으리라 할 때에 그가 점점 가까이 오니라.

성문위의 관망대에서 멀리 바라보던 파수꾼이 왕을 향하여 외쳐 말하니 왕이 대답하기를 '그가 만일 혼자 오는 것이면 그의 입에 좋은 소식이 있을 것이다' 할 때에 그 전령이 점점 가까이 오고 있었다. 다윗의 추측으로는 여러 사람들이 함께 몰려온다면 패전한 것이 틀림없는 것으로 볼 수 있는데 사람이 혼자 오는 것을 보니 좋은 소식을 가져오는 전령이 분명하다고 짐작한 것이다.

삼하 18:26. 파수꾼이 본즉 한 사람이 또 달려오는지라 파수꾼이 문지기에게 외쳐 이르되 보라 한 사람이 또 혼자 달려온다 하니 왕이 이르되 그도 소식을 가져오느니라.

파수꾼이 멀리 보니 또 한 사람이 달려오는 것을 보고 문지기에게 외쳤다.

'한 사람이 또 달려오고 있다!'고 외치자 왕은 '뒤따라오는 전령도 좋은 소식을 가져오는 자이다'라고 말했다. 왕은 두 사람이나 따로 달려오는 것을 보고 좋은 소식을 가지고 온다고 생각했을 것이다.

삼하 18:27. 파수꾼이 이르되 내가 보기에는 앞선 사람의 달음질이 사독의 아들 아히마아스의 달음질과 같으니이다 하니 왕이 이르되 그는 좋은 사람이니 좋은 소식을 가져오느니라 하니라.

파수꾼이 또 알렸다. '제가 보기에, 앞서 오는 사람은 달리는 모습이 사독의 아들 아히마아스의 모습과 같습니다' 하니 그러자 왕이 대답하였다. '그는 좋은 사람이니 좋은 소식을 가져 올 것이다.' 다윗 왕은 계속해서 승전 소식을 가져올 것으로만 기대한다.

이 파수꾼은 꽤 오래 동안 파수꾼 역할을 한 것으로 보인다. 사람이 뛰는 모습만 보아도 "사독의 아들 아히마아스의 달음질과 같다"고 알았다. 왕은 파수꾼이 보고해 주는 사람이 아히마아스라는 말을 듣고 얼른 그 사람은 좋은 사람이라는 것을 말한다. 평소 그 사람이 좋은 사람이라는 것을 알고 있었다.

삼하 18:28. 아히마아스가 외쳐 왕께 아뢰되 평강하옵소서 하고 왕 앞에서 얼굴을 땅에 대고 절하며 이르되 왕의 하나님 여호와를 찬양하리로소이다 그의 손을 들어 내 주 왕을 대적하는 자들을 넘겨주셨나이다 하니.

두 전령 중 앞서 달려온 아히마아스가 왕에게 가까이 이르러서는 '평안하시기를 빕니다' 하고 얼굴이 땅에 닿도록 왕에게 절을 하며 아뢰기를 '높으신 임금님께 반역한 자들을 처치해 버리신 임금님의 주 하나님을 찬양합니다'라고 외친다.

삼하 18:29. 왕이 이르되 젊은 압살롬은 잘 있느냐 하니라 아히마아스가 대답하되 요압이 왕의 종 나를 보낼 때에 크게 소동하는 것을 보았사오나 무슨 일인지 알지 못하였나이다 하니.

아히마아스의 승전 보고를 받은 다윗의 관심은 온통 압살롬이 잘 있느냐에만 관심이 있었다. '압살롬이 잘 있느냐'는 왕의 질문에 아히마아스는 대답하기를 "요압이 왕의 종 나를 보낼 때에 크게 소동하는 것을 보았사오나 무슨 일인지 알지 못하였다"고 얼버무린다. 즉, '요압이 왕의 종 나를 보낼 때에 크게 떠드는 소리를 들었는데 그 소란이 무엇을 의미하는지 알지 못한 채 왔습니다'고 말한다. 아히마아스가 떠날 때 아마도 요압이 '자네는 다윗 왕 앞에 서서 보고할 때 그냥 적당히 얼버무리라'고 말했을지 모른다.

삼하 18:30. 왕이 이르되 물러나 거기 서 있으라 하매 물러나서 서 있더라.

다윗 왕은 압살롬에 대해 정확하게 대답하지 못하는 아히마아스에게 "물러나 거기 서 있으라"고 말하니 아히마아스는 물러나서 다음 사람이 올 때까지 서 있었다. 아히마아스는 참으로 멋쩍게 되었다.

삼하 18:31. 구스 사람이 이르러 말하되 내 주 왕께 아뢸 소식이 있나이다 여호와께서 오늘 왕을 대적하던 모든 원수를 갚으셨나이다 하니.

구스 사람도 역시 아히마아스의 보고와 같이(28절) 원수를 전멸시켰다는 말만 한다. 구스 사람은 "여호와께서 오늘 왕을 대적하던 모든 원수를 갚으셨나이다"라고 말하여 압살롬 군대를 전멸시켰음을 말한다. 구스인의 말은 압살롬도 망했다는 것을 드러내는 말이었다.

삼하 18:32. 왕이 구스 사람에게 묻되 젊은 압살롬은 잘 있느냐 구스 사람이 대답하되 내 주 왕의 원수와 일어나서 왕을 대적하는 자들은 다 그 청년과 같이 되기를 원하나이다 하니.

다윗 왕이 구스 사람에게 묻기를 "젊은 압살롬은 잘 있느냐"고 묻자 구스 사람이 대답하기를 압살롬이 죽었다는 단어를 정확하게 쓰지는 않았지만 압살롬이 죽었다고 에둘러 표현했다. 즉, '내 주 왕의 원수와 또 일어나서 왕을 대적하는 자들은 다 그 청년과 같이 망하기를 원하나이다'라고 말한다. 한 마디로 압살롬이 죽었다는 것이었다.

삼하 18:33. 왕의 마음이 심히 아파 문 위층으로 올라가서 우니라 그가 올라 갈 때에 말하기를 내 아들 압살롬아 내 아들 내 아들 압살롬아 차라리 내가 너를 대신하여 죽었더라면, 압살롬 내 아들아 내 아들아 하였더라.

왕은 구스인의 말을 듣고, 마음이 찢어질 듯 아파 성문 위의 다락방으로 올라가서 울었다. 그는 2층으로 올라갈 때에 '내 아들 압살롬아, 내 아들아, 내 아들 압살롬아, 너 대신에 차라리 내가 죽었더라면 좋았을 것을, 압살롬아, 내 아들아, 내 아들아!' 하고 울부짖었다. 히브리 원문에는 본 절이 19:1에 있다. 공동번역은 본 절을 19:1에 옮겨 놓았다. 다윗은 아들의 죽음 소식을 듣고 마음에 큰 충격을 받은 것을 본 절처럼 표현했다. 다윗의 부정(父情)은 누구에게 비할 수 없을 만큼 대단했다. 그러나 다윗은 개인적인 슬픔보다는 공인으로서 전쟁에 나가서 싸운 군인들을 위로했어야 했다. 누구든지 사사로움 보다는 공적으로 움직여야 할 것이다.

제 19 장

C. 다윗이 왕권을 회복하다 19-20장

이 부분(19-20장)은 요압이 다윗에게 권면한 일(19:1-8), 다윗이 예루살렘으로 귀환한 일(19:9-43), 나라가 평정을 되찾은 일(20:1-26)을 진술한다.

1. 요압이 다윗에게 권면하다 19:1-8

삼하 19:1. 어떤 사람이 요압에게 아뢰되 왕이 압살롬을 위하여 울며 슬퍼하시나이다 하니.

어떤 사람이 다윗 왕이 목 놓아 울면서 압살롬의 죽음을 슬퍼하고 있다는 소문을 요압에게 전했다. 여기 다윗 왕도 자기가 기거하는 방에서 압살롬을 위해서 우는 것은 인지상정(人之常情)의 일로 금할 수는 없는 일이었다. 그러나 "어떤 사람"이 다윗 왕의 울음을 못 마땅히 여겨 요압에게 전한 것은 다윗 왕이 어떻게 공인으로서 저렇게 울고만 있을 수 있느냐 하고 요압에게 고한 것도 신하로서 당연한 처사였다. 문제는 다윗 왕이 아들의 죽음만을 생각하여 계속해서 운 것은 나라의 왕 공인으로서 적합하지 않은 처사였다. 모든 것이 가(可)하나 모든 것이 합당한 일은 아니라는 것이다.

삼하 19:2. 왕이 그 아들을 위하여 슬퍼한다 함이 그 날에 백성들에게 들리매 그 날의 승리가 모든 백성에게 슬픔이 된지라.

왕이 그 아들 압살롬을 위하여 슬퍼한다는 것은 당연한 일이었지만 그 울음 소리가 백성들(군인들)에게 들렸다는 것이 문제였다. 백성들에게 들리지 않게 울었어야 했다. 그래서 그날의 승전이 모든 백성들에게 슬픔이 되었다. 승전이 더 늦추어졌더라면 그날의 슬픔도 뒤로 늦추어졌을 것이다. 한 사람의 슬픔은 여러 사람에게 전파되기 마련이다. 사람은 여러 사람을 생각해서 조심스럽게 행동해야 한다.

삼하 19:3. 그 날에 백성들이 싸움에 쫓겨 부끄러워 도망함 같이 가만히 성읍으로 들어가니라.

그날, 즉 승전하고 돌아온 날 백성들은 싸움에 쫓겨 부끄러워 도망함 같이 가만히 마하나임 성읍으로 들어갔다. 개선군은 환영을 받아야 하는데 아무도 환영하는 사람이 없었다. 분위기가 이렇게 된 데는 다윗의 울음이 주요 원인이 되었다. 다윗은 큰 실수를 한 것이었다.

삼하 19:4. 왕이 그의 얼굴을 가리고 큰 소리로 부르되 내 아들 압살롬아 압살롬아 내 아들아 내 아들아 하니.

왕이 "그의 얼굴을 가린 것"은 '큰 슬픔이 있음을 표시한 것'이다. 그리고 "큰 소리로 내 아들 압살롬아 압살롬아 내 아들아 내 아들아 하고 부른 것"은 슬픔의 감정을 억누르지 못한 것을 표시하는 행위였다. 다윗이 공인으로서 큰 실수를 범한 것이다. 사실 개인적으로 슬프지 않을 수는 없는 일이었다. 그러나 다윗이 왕이었으니 여러 사람을 빨리 생각했어야 했다.

삼하 19:5. 요압이 집에 들어가서 왕께 말씀하되 왕께서 오늘 왕의 생명과 왕의 자녀의 생명과 처첩과 비빈들의 생명을 구원한 모든 부하들의 얼굴을 부끄럽게 하시니.

요압은 이제 다윗 왕에게 슬픔을 멈추고 부하들을 위로하라는 말을 하기 위해 좀 더 구체적으로 파고든다. 즉, "왕께서 오늘 왕의 생명과 왕의 자녀의 생명과 처첩과 비빈들의 생명을 구원한 모든 부하들의 얼굴을 부끄럽게 하십니다" 고 말한다. 여기 "왕의 생명"이란 만약 압살롬이 죽지 않고 득세했다면 다윗 왕도 죽을 수 있다는 것을 드러낸 말이다. 그리고 "왕의 자녀의 생명"이란 말도 압살롬이 죽지 않고 계속해서 도전했다면 왕의 자녀들의 생명도 위태로웠을 것이란 뜻이다. 그리고 "처첩과 비빈들의 생명"이란 말은 '모든 왕비의 목숨과 후궁들의 목숨'을 뜻하는 말인데 압살롬이 득세했더라면 이들의 생명도 위험할 뻔 했다는 뜻이다.

왕이 계속해서 압살롬이 죽은 것 때문에 울고 있다면 많은 귀중한 생명들을 구원한 부하들의 얼굴을 부끄럽게 만드는 것이니 이제는 더 이상 슬퍼하지 말고 부하들을 위로하라고 요압은 다윗을 권면하기에 이른다.

삼하 19:6. 이는 왕께서 미워하는 자는 사랑하시며 사랑하는 자는 미워하시고 오늘 지휘관들과 부하들을 멸시하심을 나타내심이라 오늘 내가 깨달으니 만일 압살롬이 살고 오늘 우리가 다 죽었다면 왕이 마땅히 여기실 뻔하였나이다.

이렇게 계속해서 압살롬의 죽음 때문에 다윗 왕이 우시는 것은 '왕께서 미워하는 자(압살롬)는 사랑하시며 사랑하는 자(지휘관들과 부하들)는 미워하시고 오늘 지휘관들과 부하들을 멸시하심을 나타내시는 일"이라고 말한다. 다시 말해 왕이 일을 거꾸로 하는 것이며 또 왕이 지휘관들과 모든 부하들을 멸시하시는 행위라고 말한다. 오늘 요압이 깨닫기로는 "만일 압살롬이 살고 오늘 우리가 다 죽었다면 왕이 마땅히 여기실 뻔하였나이다'라고 심하게 말하면서 권고한다. 즉, '오늘 우리가 패전하고 압살롬이 승리했더라면 왕이 마땅히 여기실 뻔했습니다'라고 아주 심하게 이야기 한다. 이런 권고를 받은 다윗은 참으로 부끄러운 처지가 되었다.

삼하 19:7. 이제 곧 일어나 나가 왕의 부하들의 마음을 위로하여 말씀하옵소서 내가 여호와를 두고 맹세하옵나니 왕이 만일 나가지 아니하시면 오늘 밤에 한 사람도 왕과 함께 머물지 아니할지라 그리하면 그 화가 왕이 젊었을 때부터 지금까지 당하신 모든 화보다 더욱 심하리이다 하니.

요압의 권면은 더욱 강해지고 있다. 첫째 단계는 이제 곧 일어나 왕의 부하들의 마음을 위로하는 말씀을 해달라는 주문이었다. 그리고 두 번째 단계는 여호와를 두고 맹세한다고 하면서 다시 말해 확실한 맹세를 한다고 하면서 왕이 만일 나가서 부하들을 위로하지 아니하시면 "오늘 밤에 한 사람도 왕과 함께 머물지 아니할 것이라"고 강압한다. 그렇게 되면 다윗 왕이 당하는 화가 왕이 젊었을 때부터 지금까지 당하신 모든 화보다 더욱 심할 것이라고 말한다. 참으로 비켜 가기 힘든 강압적인 권면이다. 요압의 이런 권면은 다윗이 압살롬 때문에 슬퍼하는 그 슬픔을 훨씬 능가하는 권면이었다. 슬픔도 지나치면 안 되고 또 세상적인 기쁨도 지나쳐서는 안 된다.

삼하 19:8. 왕이 일어나 성문에 앉으매 어떤 사람이 모든 백성에게 말하되 왕이 문에 앉아 계신다 하니 모든 백성이 왕 앞으로 나아오니라 이스라엘은 이미 각기 장막으로 도망하였더라.

왕은 요압의 강력한 권면을 받고 성문에 앉았다. 여기 "성문에 앉았다"는 말은 왕이 이제 사사로운 감정을 버리고 공무에 복귀했다는 것을 뜻한다. 성문은 재판이나 공무를 집행하는 곳이다(룻 4:1; 삼상 9:18; 왕하 7:3).

왕이 성문에 앉은 것을 보고 어떤 사람이 모든 백성에게 "왕이 문에 앉아 계신다"고 말하니 "모든 백성이 왕 앞으로 나아왔다". 이제 왕이 공무에 복귀한 것을 알고 모든 백성이 기쁨으로 왕 앞으로 나아온 것이다.

요압이 다윗 왕을 권면하고 다윗이 성문에 나와 앉는 중에 "이스라엘은 이미 각기 장막으로 도망하였다". 압살롬이 지휘하던 이스라엘 군(압살롬의 반역에 참가했던 군인들)은 전쟁을 포기하고 다 각기 자기들의 장막으로 도망하고 만 것이다(18:17).

2. 다윗이 예루살렘으로 귀환하다   19:9-43

이 부분(9-43절)은 왕의 귀환을 논의한 일(9-15절), 왕을 맞은 사람들이 누구인가(16-39절)를 말하고, 이스라엘과 유다가 갈등한 일(40-43절)이 진술된다.

ㄱ. 왕의 귀환을 논의하다   19:9-15

이스라엘 모든 지파는 이제 왕의 예루살렘 환도를 논의하고(9-10절), 다윗 왕은 대제사장들을 보내어 유다 지파로 하여금 왕의 예루살렘 환도에 앞장서게 만든다.

삼하 19:9-10. 이스라엘 모든 지파 백성들이 변론하여 이르되 왕이 우리를 원수의 손에서 구원하여 내셨고 또 우리를 블레셋 사람들의 손에서 구원하셨으나 이제 압살롬을 피하여 그 땅에서 나가셨고 우리가 기름을 부어 우리를 다스리게 한 압살롬은 싸움에서 죽었거늘 이제 너희가 어찌하여 왕을 도로 모셔 올 일에 잠잠하고 있느냐 하니라.

9절 초두의 "이스라엘 모든 지파 백성들"이란 '유다 지파 사람들이 제외된 모든 지파 백성들'을 지칭한다. 유다 지파는 11절에서 따로 진술된다. 이스라엘 모든 지파 백성들은 다윗 왕을 하루 빨리 모셔오지 않느냐고 변론했다. 여기 "변론했다"(דין)는 말은 '다투었다'(be at strife) 혹은 '쟁론했다'는 뜻이다(창 15:14; 욥 36:31; 시 110:6; 전 6:10). 그들이 왕을 모셔오는 문제를 두고 서로 쟁론한 이유는 첫째, 다윗 왕이 "우리를 원수의 손에서 구원하여 내셨다"는 것, 그리고 둘째, "우리를 블레셋 사람들의 손에서 구원하여 내셨다"는 점, 그리고 셋째, '다윗 왕은 압살롬을 피하여 그 땅(예루살렘)에서 나가셨고 우리가 기름을 부어 우리를 다스리게 한 압살롬은 싸움에서 죽었는데' 무엇 더 기다릴 것 있느냐 하고 쟁론을 했다. 여기 "우리가 기름을 부어 우리를 다스리게 한 압살롬"이란 말은 이곳에서 처음 등장한다. 아마도 압살롬을 열렬히 지지하는 사람들에 의해 기름 부음을 받았던 것으로 보인다.

이스라엘 모든 지파 사람들은 위에 열거된 서너 가지 이유를 말하면서 "이제 너희가 어찌하여 왕을 도로 모셔 올 일에 잠잠하고 있는 것이냐고 쟁론했다". 하루라도 빠르면 빠를수록 좋지 않으냐고 서로를 책망한 것이다. 그들은 다윗 왕이 압살롬의 난을 맞이하여 밀려 나가게 한 것이 자기들의 잘못으로 알고 서로 하루 빨리 모셔 와야 하는 것이 아니냐고 변론했다. 그들은 서로 다른 의견을 가지고 있는 사람들을 책망하면서 아무튼 다윗 왕을 하루 빨리 복권시키는 쪽을 택했다.

삼하 19:11-12. 다윗 왕이 사독과 아비아달 두 제사장에게 소식을 전하여 이르되 너희는 유다 장로들에게 말하여 이르기를 왕의 말씀이 온 이스라엘이 왕을 왕궁으로 도로 모셔오자 하는 말이 왕께 들렸거늘 너희는 어찌하여 왕을 궁으로 모시는 일에 나중이 되느냐 너희는 내 형제요 내 골육이거늘 너희는 어찌하여 왕을 도로 모셔 오는 일에 나중이 되리요 하셨다 하고.

그때 다윗 왕이 두 제사장 사독과 아비아달을 유다 장로들에게 보내며 왕의 뜻을 전하였다. '당신들(두 제사장들)은 그들(유다 장로들)에게 이렇게 전하시오'. '온 이스라엘 지파가 왕을 궁으로 다시 모시자고 야단인데 어째서 당신들(유다 장로들)은 꼼짝하지 않소? 당신들(유다 장로들)은 나와 똑같은 지파이며 살과 피를 함께 나눈 나의 형제들이 아닙니까?.'

유다 장로들이 이렇게 꼼짝하지 않고 있는 이유는 아마도 압살롬이 유다의 성읍인 헤브론에서 반역을 일으켰기 때문인지도 모른다. 헤브론의 분위기가 아직도 다윗을 거부하는 분위기이기 때문일지도 모른다. 그래서 다윗은 두 제사장을 유다 장로들에게 보내어 웬일로 유다 장로들이 왕의 환도 문제에 관하여 말도 하지 않고 지체하고 있느냐고 하면서 적극적으로 왕의 환도 문제에 관하여 적극성을 주문한 것이다.

삼하 19:13. 너희는 또 아마사에게 이르기를 너는 내 골육이 아니냐 네가 요압을 이어서 항상 내 앞에서 지휘관이 되지 아니하면 하나님이 내게 벌 위에 벌을 내리시기를 바라노라 하셨다 하라 하여.

다윗 왕은 "당신들(사독과 아비아달)은 또 '아마사'(다윗의 조카였으며 압살롬의 군장이었다. 17:25 주해 참조)에게 이르시오 '너(아마사)는 내 조카이니 내 골육이 아니냐. 네가 한 때 압살롬의 군장 노릇을 했지만 이제 압살롬이 죽었으니 요압을 이어서 항상 내 앞에서 내 군대의 총사령관 역할을 해주기를 바란다'고 전해주시오'라고 했다. 다윗은 자기의 조카 아마사에게 아주 강력하게 총사령관 역할을 하라고 권한다. "항상 내 앞에서 내 군대의 총사령관이 되지 아니하면 하나님이 내게 벌 위에 벌을 내리시기를 바라노라"는 언어 형식은 '항상 내 앞에서 지휘관이 되라'는 말을 강력하게 표현하는 히브리 어투이다(삼상 3:17 주해 참조). 이 말은 압살롬을 따라갔던 조카를 용서하는 의미도 강하게 품고 있다. 다윗이 자기의 조카 아마사를 이토록 강하게 권한 이유는 유다 장로들이 다윗 왕의 환도에 적극적으로 나서지 못한 이유도 된 것으로 보는 것이다. 다윗은 자기의 조카를 품음으로써 유다지파가 다윗의 환도에 적극적으로 나서게 한 것이고 또 전국을 하나로 묶는데 큰 역할을 한 것이다. 하나님께서는 우리의 원수 노릇을 한 사람들을 제거해주시거나 아니면 우리로 하여금 포용하게 하신다. 하나님께서는 압살롬을 죽여주셨고 아마사에 대해서는 포용하도록 해주셨다.

삼하 19:14. 모든 유다 사람들의 마음을 하나 같이 기울게 하매 그들이 왕께 전갈을 보내어 이르되 당신께서는 모든 부하들과 더불어 돌아오소서 한지라.

다윗은 사독과 아비아달 두 제사장을 통하여 유다 장로들의 마음을 돌려놓았고 (11-12절) 또 자기의 조카 아마사의 마음을 돌려놓아(13절), 모든 유다 사람들의 마음을 하나같이 자기 쪽으로 기울게 했다. 그들은 왕에게 사람을 보내서 '왕은 모든 신하들을 데리고 우리에게 돌아오십시오'라고 하는데 이르렀다. 다윗의 포용은 성공한 것이었다.

삼하 19:15. 왕이 돌아와 요단에 이르매 유다 족속이 왕을 맞아 요단을 건너가게 하려고 길갈로 오니라.

다윗 왕이 유다 지파로부터 예루살렘 환도 요청을 받고 예루살렘을 향해 돌아오는 길에 요단 강 가에 이르렀는데, 유다 사람들이 왕을 맞이하여 요단강을 건너게 하려고 길갈에 와 있었다. "길갈"이란 여리고와 요단 강 사이에 위치해 있는, 여호수아의 가나안 진군의 기지였다(수 4:19; 5:9).

ㄴ. 왕을 맞은 사람들이 누구인가   19:16-39

다윗 왕이 요단을 건너 예루살렘으로 가려할 때 왕을 맞으러 나온 사람들은 첫째, 시므이(16-23절), 둘째, 므비보셋(24-30절), 셋째 바실래(31-39절)였다.

16-23절. 시므이가 다윗 왕을 찾아와 사죄를 요청하다.

삼하 19:16. 바후림에 있는 베냐민 사람 게라의 아들 시므이가 급히 유다 사람과 함께 다윗 왕을 맞으러 내려올 때에.

바후림(예루살렘 부근에 있는, 요단 서쪽의 지명)에 살던 시므이(베냐민 사람 게라의 아들)는 낙향하던 다윗에게 돌을 던졌다가(16:5; 왕상 2:8) 상황이 바뀌어지자 오늘 본문처럼 다윗을 환영하러 나왔다. 그는 혼자 나온 것이 아니라 유다 사람들과 함께 다윗 왕을 맞으러 내려왔다. 그는 놀라운 기회주의자였다. 이런 기회주의자들은 세상에 꽤 많다.

삼하 19:17. 베냐민 사람 천 명이 그와 함께 하고 사울 집안의 종 시바도 그의 아들 열다섯과 종 스무 명과 더불어 그와 함께 하여 요단강을 밟고 건너 왕 앞으로 나아오니라.

시므이가 다윗 왕을 맞으러 내려올 때에 베냐민 사람 1,000명이 함께 왔고 또 사울 집안의 종 시바도 그의 아들 15명, 종 20명과 동행하여 요단강을 밟고 건너 왕 앞으로 나아왔다. 여기 시므이가 베냐민 사람 1,000명을 데리고 온 일은 시므이의 위세를 보여주는 것이었으며 또 다윗으로 하여금 시므이를 용서하지 않을 수 없게 만든 것이었다.

또 시바가 그의 아들 15명과 종 20명을 동행하고 다윗을 맞으러 나온 것은 다윗이 예루살렘을 떠날 때 므비보셋을 무고하여 그의 재산을 빼앗은 일을 최대한 유리하게 하기 위해 다윗의 환심을 얻어둘 필요가 있었던 것으로 보인다. 그리고 그들이 "요단강의 다윗 왕 앞으로 돌진해 나왔다"(rushed down to the Jordan before the king)는 말은 그만큼 그들이 다윗 왕을 환영했다는 것을 보인 것이다. 재산을 빼앗기지 않기 위해 그들의 처신을 보인 것이다.

삼하 19:18. 왕의 가족을 건너가게 하며 왕이 좋게 여기는 대로 쓰게 하려 하여 나룻배로 건너가니 왕이 요단을 건너가게 할 때에 게라의 아들 시므이가 왕 앞에 엎드려.

본 절의 히브리어에는 누가 주어인지 나타나지 않고 있어 문제이다. 다시 말해 "왕의 가족을 건너가게 하며 왕이 좋게 여기는 대로 쓰게 하려 하여"라는 어구의 주어가 무엇인지 나타나 있지 않다. 그런고로 어떤 번역판들은 "그들"이란 말(16-17절)을 주어로 보고 해석하기도 한다(NIV, RSV, ESV, 표준 새번역 등). 그러나 문맥을 살필 때 "시므이"가 주어일 것으로 보아야 할 것 같다. 즉, '시므이가 왕의 가족이 강을 건너는 일을 돕고, 또 왕을 기쁘시게 하려고, 나룻배로 건너갔다. 왕이 요단강을 건너려고 할 때에, 게라의 아들 시므이가 왕 앞에 엎드려서 사죄를 구했다'는 내용으로 보는 것이 바른 것 같다.

본 구절은 시므이의 약삭빠른 행위를 보여주고 있다. 즉, 시므이는 다윗 왕에게 최선을 다하고 있음을 보여주고 있다. 그는 다윗이 낙향할 때에 돌을 던지고 저주를 퍼부은 것을 생각하면서 사죄하는 일에 최선을 다했다. 아무튼 시므이의 이런 약삭빠른 행위는 결과적으로 다윗의 관용을 얻어내는데 크게 작용했다.

삼하 19:19. 왕께 아뢰되 내 주여 원하건대 내게 죄를 돌리지 마옵소서 내 주 왕께서 예루살렘에서 나오시던 날에 종의 패역한 일을 기억하지 마시오며 왕의 마음에 두지 마옵소서.

본 절은 시므이가 왕 앞에 엎드려(앞 절) 세 겹으로 죄를 용서해달라는 말을 하고 있다. 첫째, "내 주여 원하건대 내게 죄를 돌리지 마옵소서"라고 애원한다. 둘째, "내 주 왕께서 예루살렘에서 나오시던 날에 종의 패역한 일을 기억하지 마시라"고 애원한다. 셋째, 자기의 잘 못을 "왕의 마음에 두지 마옵소서"라고 애원한다. 그러나 시므이의 사죄는 진심의 사죄는 아닌 것으로 보인다. 그는 간사한 사람이고 또 다윗이 예루살렘으로 환도하는 이 시점을 정확하게 맞추어 나와서 엎드려 애원하는 것을 보면 자기가 살고자 하여 나온 것이지 진심으로 사죄하는 것은 아닌 것 같다. 세상에는 오늘도 이렇게 겉껍데기로 움직이는 사람들이 많다.

삼하 19:20. 왕의 종 내가 범죄한 줄 아옵기에 오늘 요셉의 온 족속 중 내가

먼저 내려와서 내 주 왕을 영접하나이다 하니.

시므이는 "왕의 종 내가 범죄한 줄 아옵기에"라는 말은 '자기가 범죄한 줄을 알고 있다'는 말이다. 여기 범죄한 줄은 알고 있다는 말은 살 깊이 안다는 말이 아니라 그저 중생하지 않은 사람도 알고 있는 정도로 알고 있다는 말뿐이다. 오늘 참 신자가 아니라도 자기가 잘 못되어 있다고 아는 사람은 많이 있다.

그리고 시므이는 "요셉의 온 족속 중 내가 먼저 내려와서 내 주 왕을 영접하고 있다"고 말한다. "요셉의 온 족속 중"이란 말은 다윗이 속해 있는 유다 지파를 제외한 나머지 이스라엘 모든 지파를 일컫는 말이다. 요셉의 아들 에브라임은 이스라엘에서 가장 강력했고 또 대명사로 불렸다(삿 1:22, 35; 시 78:67; 호 4:17). 그처럼 요셉 또한 이스라엘의 대명사로 불린 것이다. 시므이는 그의 범죄 사실을 알고 뉘우치고 있으며, 그런고로 이스라엘 백성 중에 제일 먼저 와서 왕을 뵙고 있다는 뜻이다. 시므이는 자신을 이스라엘 전체와 차별화할 줄 아는 민첩한 사람이었다. 그는 머리가 좋은 사람인 것은 맞지만 진심으로 회개하는 사람은 아니었다.

삼하 19:21. 스루야의 아들 아비새가 대답하여 이르되 시므이가 여호와의 기름 부으신 자를 저주하였으니 그로 말미암아 죽어야 마땅하지 아니하니이까 하니라.

본 절의 "스루야의 아들 아비새"는 일찍이 다윗이 피난 중에 있을 때에도 의분을 품고 그를 죽이려 했다(16:9). 지금도 아비새는 그 때의 일을 생생히 기억하고 다시금 시므이를 죽여야 한다고 주장한 것이다. 시므이는 대답하기를 "여호와의 기름 부으신 자를 저주하였으니 그로 말미암아 죽어야 마땅하지 아니하니이까"라고 주장한다. 당연한 주장이었다(출 22:28). 사실 시므이가 기름 부음을 받은 다윗 왕을 저주했으니 죽어야 했다. 그러나 다윗 왕은 이 시점에서 시므이를 죽이는 것은 합당하지 않은 것으로 보았다. 다윗은 지금 환도하고 있고 또 시므이가 동행한 사람이 1,000명이나 되었으니 지금 죽이는 것은 바람직스럽지 않은 것으로 보았다. 그래서 다윗은 훗날 처형하기로 작정하고(왕상 2:8,9) 지금은 그냥 징계를 연장하는 것으로 지나갔다. 오늘도 개인에게나 국가에게나 영원히 씻을 수 없는 죄를 범한 자가 사면 일을 당해서 사면을 받을 수는 있을 수 있으나 그것이

죄의 영원한 사면이 못되는 것을 알아야 할 것이다.

삼하 19:22. 다윗이 이르되 스루야의 아들들아 내가 너희와 무슨 상관이 있기에 너희가 오늘 나의 원수가 되느냐 오늘 어찌하여 이스라엘 가운데에서 사람을 죽이겠느냐 내가 오늘 이스라엘의 왕이 된 것을 내가 알지 못하리요 하고.

그러나 다윗은 스루야의 후손 아비새가 시므이를 반드시 죽여야 마땅하다고 강하게 주장하는 말(앞 절)을 듣고 '이것은 내가 할 일이지 스루야의 후손들이 무슨 상관이 있다고 오늘 이 일에 끼어들어서 내 뜻을 막으려 하오? 나는 이제야 비로소 이스라엘의 왕이 된 것 같소. 이런 날에 이스라엘 사람을 하나인들 죽여서야 되겠소?'라고 받아쳤다.

"내가 너희와 무슨 상관이 있기에"란 말에 대해서는 16:10주해를 참조하라. 이 말씀은 '당신들이 나와 무슨 상관이 있다고 내가 하는 일에 끼어듭니까?'란 뜻이다. 그리고 "오늘 나의 원수가 되느냐?"는 말은 '오늘 내 뜻을 그렇게 심하게 막으려 합니까. 내가 하는 대로 그냥 두시오'라는 말이다.

그리고 "내가 오늘 이스라엘의 왕이 된 것을 내가 알지 못하리요"란 말은 '내가 그동안 고생하다가 요즈음에야 왕이 된 기분이오'란 뜻이다. 표준 새 번역은 이 문장을 '내가 오늘에서야, 온 이스라엘의 왕이 된 것 같은데'라고 번역했다. 이런 날에 사람을 죽여서야 되겠는가고 반문하는 말이다. 오늘 우리는 어떤 개인에 대해 책망을 하고 혹은 징계를 해야 하는 입장이라도 전체적인 분위기를 생각하여 그 일을 뒤로 미루기도 해야 하는 아량을 가져야 할 것이다.

삼하 19:23. 왕이 시므이에게 이르되 네가 죽지 아니하리라 하고 그에게 맹세하니라.

다윗 왕은 아비새의 좁은 마음을 가라앉히고(앞 절), 시므이에게 "네가 죽지 아니하리라"고 생명을 보장해준다. 다윗은 시므이의 생명을 보존하는 일에 "맹세"를 하면서까지 보존하겠다고 한다. 그래서 다윗은 그의 당대에 시므이를 죽이지 않았다. 그러나 다윗은 그의 임종 시에 솔로몬에게 시므이를 처벌하도록 명령해서(왕상 2:8,9) 결국 훗날 솔로몬은 부친의 명령을 순종하여 시므이를 처형했다(왕상 2:46).

그렇다면 다윗이 맹세를 지켰는가 아니면 지키지 않았는가를 두고 견해가 갈린다. 1) 지키지 않았다는 견해(Keil). 다윗은 인간적인 감정을 극복하지 못하고 죽였으니 맹세를 지키지 못한 것이라고 한다. 2) 다윗이 아들 솔로몬에게 훗날 시므이를 처벌하라고 부탁한 것은 자신의 맹세와 모순되지 아니한다는 견해 (Lange). 즉, 시므이에 대한 다윗의 사죄 맹세는 자신이 왕 역할을 하는 때만 관계가 있는 것이지 자기 뒤의 왕 시대에까지 보장한 것은 아니라는 주장이다. 따라서 다윗은 솔로몬 치세 때의 번영과 안녕을 위하여 시므이를 처벌하도록 조처한 것은 잘 한 일이라고 할 수 있다는 논리이다. 이 둘째 견해가 바른 견해일 것으로 보인다. 시므이는 솔로몬 시대에도 역시 나라에 암적인 존재였다. 따라서 그를 처벌한 것은 잘한 일이었다(왕상 2:46). 다윗은 그의 생애동안 맹세를 지킨 것으로 볼 수 있다.

24-30절. 므비보셋이 다윗을 찾아오다.

삼하 19:24. 사울의 손자 므비보셋이 내려와 왕을 맞으니 그는 왕이 떠난 날부터 평안히 돌아오는 날까지 그의 발을 맵시 내지 아니하며 그의 수염을 깎지 아니하며 옷을 빨지 아니하였더라.

그 때에 사울의 손자 므비보셋도 왕을 맞으러 예루살렘에서 내려왔다. 그는 왕이 예루살렘에서 몸을 피한 날부터 평안하게 다시 돌아오는 날까지 발도 씻지 않았고, 수염도 깎지 않았고, 옷도 빨아 입지 않았다.

본문의 "내려와"라는 말은 예루살렘이 요단강 수위보다 높기 때문에 쓴 표현이다. "왕이 떠난 날부터 평안히 돌아오는 날까지"의 기간은 꽤 긴 기간이었을 것으로 보이는데, 므비보셋이 "발도 씻지 않았고, 수염도 깎지 않았고, 옷도 빨아 입지 않았다"는 말은 왕이 압살롬의 난을 피하여 예루살렘을 떠나게 된 것을 애도하며 다윗 왕의 환난에 동참한 것을 보여준다(겔 24:17). 므비보셋은 압살롬의 치세(治世) 아래서 다윗만을 존경하고 사랑한다는 뜻으로 이렇게 추한 모습을 하고 살았다. 하나님께서는 이런 자를 알아주시나 세상 사람들은 숨어서 애도하는 사람들을 별것 아닌 것으로 여긴다. 우리는 하나님께서 알아주시는 것으로 만족해야 할 것이다.

삼하 19:25. 예루살렘에서 와서 왕을 맞을 때에 왕이 그에게 물어 이르되 므비보셋이여 네가 어찌하여 나와 함께 가지 아니하였더냐 하니.

므비보셋이 예루살렘에서 내려와서 왕을 맞을 때에 다윗 왕이 그에게 묻는다. "므비보셋이여 네가 어찌하여 나와 함께 가지 아니하였더냐". 다윗 왕은 자기 상에서 함께 식사를 하던 므비보셋이 함께 피난하지 않았던 것을 몹시 섭섭하게 생각해서, 책망조로 왜 함께 떠나지 않았느냐고 물은 것이다. 다윗이 이렇게 묻게 된 데는 시바의 므비보셋에 대한 농간 때문이었다(16:3-4).

삼하 19:26-27a. 대답하되 내 주 왕이여 왕의 종인 나는 다리를 절므로 내 나귀에 안장을 지워 그 위에 타고 왕과 함께 가려 하였더니 내 종이 나를 속이고 종인 나를 내 주 왕께 모함하였나이다.

다윗이 므비보셋에게 "네가 어찌하여 나와 함께 가지 아니하였더냐"(앞 절)고 물으니 므비보셋이 '나는 다리를 절기 때문에 내 종 시바에게 나귀에 안장을 지워 달라고 명령해서'(K&D, Smith, Fay) 왕과 함께 가려고 했는데 "내 종이 나를 속여서" 못 갔다고 대답했다. 여기 "속여서"(ynIM;rI)란 말은 '고의적으로 속이다', '무엇을 빼앗기 위해 고의적으로 속이다'는 뜻이다(창 29:25; 수 9:22; 삼상 19:17; 28:12; 잠 26:19). 따라서 므비보셋이 이 단어를 사용하여 시바를 정죄하는 것을 보면 므비보셋이 시바에게 명령하여 다윗에게 드릴 음식을 마련케 했는데(16:1) 시바는 준비를 다 한 다음 다리를 저는 므비보셋을 빼놓고, 나귀에 안장을 지워 모든 음식을 싣고 자기 혼자 다윗을 맞이하여 므비보셋을 모함한 것이다(16:3-4). 세상에는 이처럼 자기 눈에 보이지 않는 사람을 모함하는 사람들이 많이 있다. 반드시 들통 날 것인데도 우선 자기의 유익을 위하여 다른 이들을 모함한다. "모함하였다"(lGEr'y_)란 말은 '물어뜯다', '비방하다'란 뜻이다. 이 단어는 자기의 유익을 위하여 상대방을 고의적으로 중상하고 모략하는 행위를 뜻한다. 사단의 대표적인 속성이고 악인들의 가장 큰 특징이다(계 12:10). 시바는 므비보셋이 눈에 보이지 않는다고 하여 아주 노골적으로 사단과 같이 모략중상했다.

삼하 19:27b. 내 주 왕께서는 하나님의 사자와 같으시니 왕의 처분대로 하옵소서.

므비보셋은 다윗 왕께서 하나님의 천사(14:17)와 같으시니 왕께서 잘 헤아릴 것 같아서 아주 왕께 맡긴다. 오늘 우리는 우리의 모든 억울한 일들을 하나님께 맡겨 멋지게 해결을 받으며 살아야 할 것이다.

삼하 19:28. 내 아버지의 온 집이 내 주 왕 앞에서는 다만 죽을 사람이 되지 아니하였나이까 그러나 종을 왕의 상에서 음식 먹는 자 가운데에 두셨사오니 내게 아직 무슨 공의가 있어서 다시 왕께 부르짖을 수 있사오리이까 하니라.

사울 왕가는 다윗 앞에서 죽을 죄인들이 되었는데 다만 므비보셋만이 다윗이 베푼 은총으로 왕의 상에서 음식을 먹는 영광을 주셨으니 므비보셋에게는 무슨 면목(염치)이 있어서 다시 왕께 부르짖어 시바가 저지른 문제를 해결해 달라고 말할 수 없다는 것이다. 온전히 왕의 처분대로 처리해 주소서 하는 입장이라는 것이다. 벼룩에게도 낯짝이라는 것이 있는데 므비보셋은 자기에는 염치가 없어서 다윗 왕한테 이렇게 혹은 저렇게 해주십사고 말할 수 없다는 것이다.

삼하 19:29. 왕이 그에게 이르되 네가 어찌하여 또 네 일을 말하느냐 내가 이르노니 너는 시바와 밭을 나누라 하니.

다윗이 므비보셋이 앞 절에 말한 것을 듣고 "네가 어찌하여 또 네 일을 말하느냐"고 대꾸한다. 다시 말해 다윗이 므비보셋에게 베푼 은혜에 대해 므비보셋이또 말할 필요가 없다는 뜻이다.

다윗은 "내가 이르노니 너는 시바와 밭을 나누라"고 말한다. 사실 다윗은 므비보셋이 말하는 것을 들어보니 시바가 므비보셋을 모함한 것이 분명하여 재산을 므비보셋에게 다시 전체를 돌려주어야 했지만(9:7-11) 그렇게 되면 다윗이 이미 므비보셋의 재산을 시바에게 다 주었는데 모두를 므비보셋에게 돌려주면 왕의 체면이 말이 되지 않으니 절반씩 나누라고 한 것이었다. 왕이 이렇게 결정한 것은 1) 왕의 권위 때문이었다(Lange). 만약에 재산을 모두 므비보셋에게 돌려주면 다윗이 이미 16:4에서 내린 결정이 경솔한 것으로 드러날 것이므로 그의 권위에 손상이 갈 것이다. 그런고로 재산 모두를 돌려주는 것은 권위문제가 따르기 때문에 하지 않았을 것이다. 2) 그 동안 피난 생활 중에 시바의 도움을 받았기 때문이었다. 3) 다윗의 통치 원리 때문에 모든 재산을 돌려주지 못했을 것이다. 모두 돌려주면 다윗의 통치 원리를 국민들이 이상하게 생각했을 것이다. 그래서 반씩 나누라고 한 것이다. 다윗은 이쪽저쪽을 다 생각하지 않을 수 없었다.

삼하 19:30. 므비보셋이 왕께 아뢰되 내 주 왕께서 평안히 왕궁에 돌아오시게 되었으니 그로 그 전부를 차지하게 하옵소서 하니라.

므비보셋은 시바와 밭을 나누라는 다윗 왕의 말을 들은(앞 절) 다음 왕께 아뢰기를 "내 주 왕께서 평안히 왕궁에 돌아오시게 되었으니 시바로 하여금 그 밭 전부를 차지하게 하옵소서"라고 말한다. 므비보셋의 이 말은 재산문제에 있어 아주 결백함을 보여주고 있다. 조금도 더 가지려는 욕심도 없었고 또 반을 강탈당했다고 하는 원망도 없었다.

므비보셋이 이렇게 말하게 된 데는 왕께서 평안히 왕궁에 돌아오시게 되었기 때문이라는 것이다. 그는 이 말로써 왕 한분으로 만족한다는 뜻을 보여준 것이다. 왕의 식탁에서 함께 식사하는 것으로 만족한다는 뜻이다. 이는 오늘 우리가 하나님 한분으로 만족한다는 것과 같은 이야기이다(롬 10:12; 고후 6:10; 계 2:9). 형제간에 재산문제로 다투는 형제자매들은 오직 하나님 한분으로 만족한다는 고백이 없다면 진정으로 믿는 자는 아닐 것이다. 하나님 한분이면 많은 재산보다 나은 것 아닌가.

31-39절. 바르실래가 왕을 맞이하다.

삼하 19:31. 길르앗 사람 바르실래가 왕이 요단을 건너가게 하려고 로글림에서 내려와 함께 요단에 이르니.

다윗이 마하나임에서 망명 생활을 할 때 왕과 그와 함께 있던 사람들에게 음식을 제공해 주었던 길르앗 사람 바실래(17:27-29)가 왕을 도와 강을 건너게 하려고 로글림에서 내려왔다. 본 절 주해를 위해서는 17:27-29 주해 참조하라. 바실래는 길르앗 사람이었고 고령이었으며 또 거부였다. 바르실래는 마하나임에 서 다윗 왕과 동행자들에게 음식을 제공해주었을 뿐 아니라 압살롬이 죽은 다음 요단강을 건너 예루살렘으로 가는 다윗을 환송 나온 것이었고 또 요단강을 함께 건넌 의인이었다.

"로글림"(Rogelim)은 '천 바래는 곳'이란 뜻을 가지고 있다. 길르앗의 성읍으로 바실래의 고향이다(17:27; 19:31). 길르앗 라못의 서쪽 45㎞ 지점에 있는 베르시냐(Bersiniya)와 동일시된다. 이렇게 도처에는 숨은 의인들이 있다. 이들은 하나님께서 심어놓으신 사람들이다.

삼하 19:32. 바르실래는 매우 늙어 나이가 팔십 세라 그는 큰 부자이므로 왕이 마하나임에 머물 때에 그가 왕을 공궤하였더라.

본 절은 앞 절에 기록한 바르실래에 대해 설명하는 구절이다. 바르실래는 매우 늙은 사람이었고 또 큰 부자였다. 그래서 왕이 마하나임에 머물 때에 왕을 공궤했다. 바르실래는 마음에 여유가 있는 사람이었다. 아무리 큰 부자라 할지라도 남을 공궤하지 않는 사람도 참으로 많다. 그러나 그는 마음도 여유가 있었고 생활도 여유가 있었다. 우리가 마음의 여유를 가지고 사람들에게 공궤하다가 보면 하나님께서 주시는 여유를 가지게 된다.

삼하 19:33. 왕이 바르실래에게 이르되 너는 나와 함께 건너가자 예루살렘에서 내가 너를 공궤하리라.

다윗 왕은 환송 나온 바르실래에게 "어르신께서는 나와 함께 예루살렘으로 건너갑시다. 예루살렘에서 내가 어르신을 공궤하겠습니다"라고 했다. 다윗은 마하나임에서 생활할 때 바르실래의 공궤 받은 것을 잊을 수 없어 예루살렘에 가면 자신이 바르실래를 공궤하겠다고 나선 것이었다. 본문의 "공궤하다"(IK')는 말은 '제공하다'란 뜻으로 주로 물질적으로 제공한다는 뜻으로 쓰인다.

삼하 19:34. 바르실래가 왕께 아뢰되 내 생명의 날이 얼마나 있사옵겠기에 어찌 왕과 함께 예루살렘으로 올라가리이까.

바르실래는 다윗의 초청을 받고(앞 절) 왕에게 사양한다. '제가 얼마나 더 오래 살겠다고, 임금님과 함께 예루살렘으로 올라가겠습니까?' 사람이 고령이 되면 어디로 움직이는 것을 꺼려한다. 살던 데서 사는 것을 더 원한다. 살던 데가 익숙해졌으며 또 옮기면 새로운 환경이 되니 익숙하려면 시간이 많이 걸린다.

삼하 19:35. 내 나이가 이제 팔십 세라 어떻게 좋고 흉한 것을 분간할 수 있사오며 음식의 맛을 알 수 있사오리이까 이 종이 어떻게 다시 노래하는 남자나 여인의 소리를 알아들을 수 있사오리이까 어찌하여 종이 내 주 왕께 아직도 누를 끼치리이까.

바르실래는 다윗에게 '제 나이가 지금 여든입니다. 제가 이 나이에 좋은 것과 나쁜 것을 어떻게 가릴 줄 알겠습니까? 이 종이 무엇을 먹고 무엇을 마신들, 그 맛을 알기나 하겠습니까? 노래하는 남녀가 아름다운 노래를 부른들, 제가 이 나이에 잘 알아듣기나 하겠습니까? 그러니 이 종이 높으신 임금님께 부담이 될 것입니다'라고 말하면서 사양한다. 사람이 늙으면 대부분의 감각이 무디어져서 잘 분변할 수가 없으니 사양한다는 것이다.

삼하 19:36. 당신의 종은 왕을 모시고 요단을 건너려는 것뿐이거늘 왕께서 어찌하여 이 같은 상으로 내게 갚으려 하시나이까.

바르실래는 다윗 왕에게 자기가 이곳까지 온 단순한 목적을 말한다. 즉, "당신의 종은 왕을 모시고 요단을 건너려는 것뿐이었다"고 말한다. 그런데 왕께서 예루살렘까지 가자고 하니 이같이 큰 상을 기대하지 않았다고 말한다. 나이가 늙어지면 사람이 소박해진다. 다시 말해 단순하게 된다는 말이다. 우리는 일찍부터 우리의 생각이 소박하고 단순해져야 할 것이다. 단순해져야 한다는 말은 오직 주의 영광만을 드러내는 삶이어야 한다는 뜻이다.

삼하 19:37a. 청하건대 당신의 종을 돌려보내옵소서 내가 내 고향 부모의 묘 곁에서 죽으려 하나이다.

바르실래는 다윗 왕께 "당신의 종을 돌려보내주소서"라고 청한다. 이 말은 '내가 돌아가겠다'고 말하는 것보다 더 정중한 표현이다. 바르실래가 이처럼 소박한 소원을 말하는 이유는 노인들의 간절한 소원인 "내가 내 고향 부모의 묘 곁에서 죽기를 원하기 때문이었다". 오늘날 사람들은 사람이 살기 좋은 곳을 택하여 살다가 아무데서나 묻히기를 바라지만 히브리인들은 특히 열조의 묘를 중요시해서 조상의 묘 곁에서 죽기를 소망했다(창 49:29-31; 50:25). 그런고로 바르실래도 여생을 고향에서 살다가 조상의 묘에 묻히기를 소원했다.

삼하 19:37b. 그러나 왕의 종 김함이 여기 있사오니 청하건대 그가 내 주 왕과 함께 건너가게 하시옵고 왕의 처분대로 그에게 베푸소서 하니라.

바르실래는 다윗의 초청을 거절하고 이런 말을 덧붙인다. '그 대신에 이 종의 아들 김함이 여기에 있으니, 임금님께서 바라시는 대로 그에게 잘 대하여 주시기를 바랍니다'라고 말한다. "김함"(Chimham)이란 말은 '저들과 같음'이란 뜻을 가지고 있다. 김함은 바르실래의 아들로 추측된다(왕상 2:7, K.&D., Lange). 바르실래는 다윗 왕의 간절한 초청을 거절했으나 그의 아들 김함을 소개하여 함께 예루살렘으로 가게 했다(왕상 2:7).

삼하 19:38. 왕이 대답하되 김함이 나와 함께 건너가리니 나는 네가 좋아하는 대로 그에게 베풀겠고 또 네가 내게 구하는 것은 다 너를 위하여 시행하리라 하니라.

바르실래가 다윗 왕에게 내 아들 김함을 예루살렘으로 데리고 가서서 그에게
베풀어 주시오라고 말하니(앞 절) 다윗 왕이 이렇게 약속한다. '물론, 내가 김함을
데리고 가겠소. 그리고 노인께서 보시기에 만족하도록, 내가 그에게 잘 대하여
주겠고, 또 나에게 특별히 부탁하는 것은 무엇이든지, 내가 다 이루어 드리겠소'라
고 약속한다.

다윗은 자기가 살아있는 중 김함을 후하게 대접했고, 그가 죽을 때 솔로몬에게
김함을 잘 대접하도록 유언까지 했다(왕상 2:7). 그렇게 유언한 이유는 자기가
마하나임에서 망명생활을 할 때 김함의 아버지 바르실래가 자기를 잘 대접했다는
이유 때문이었다.

**삼하 19:39. 백성이 다 요단을 건너매 왕도 건너가서 왕이 바르실래에게 입을
맞추고 그에게 복을 비니 그가 자기 곳으로 돌아가니라.**

드디어 온 백성이 요단강을 건넜고, 왕도 건너갔다. 왕이 바르실래에게 작별
인사를 하고, 복을 빌어 주니, 바르실래가 자기의 고향 로글림으로 돌아갔다.

본 절의 두 사람의 작별인사는 읽는 이로 하여금 석별의 정을 느끼게 한다.
바르실래가 좀 더 젊었더라면 예루살렘으로 가서 잘 대접을 받으며 이스라엘을
위해서 큰일을 할 수 있었을 것인데, 늙었기에 헤어진다는 것을 연상하게 되니
모든 이들의 가슴에 뭉클함을 가지게 한다.

ㄷ. 이스라엘과 유다가 갈등하다   19:40-43

다윗 왕을 예루살렘으로 모셔오는 일을 두고 유다지파와 그 외 11지파 사이에
서로 갈등이 연출 되는 장면이 나타난다. 사실 다윗 왕의 환도에 대하여 먼저
나선 것은 이스라엘 사람들 측이었다(9-10절). 그러나 실제로 다윗의 환도를 추진
한 것은 유다 사람들에 의해서였다(11-15절). 그리하여 뒤늦게 이 사실을 알게
된 이스라엘 사람들이 독자적으로 왕의 환궁을 추진한 유다 사람들에 대하여
갈등이 생겼다(42-43절).

삼하 19:40. 왕이 길갈로 건너오고 김함도 함께 건너오니 온 유다 백성과 이스라엘

백성의 절반이나 왕과 함께 건너니라.

다윗 왕이 김함을 데리고 요단 서편의 길갈로 건너왔는데, 온 유다 백성과 이스라엘 백성의 절반이나 왕을 따라서 요단강을 건너 길갈로 건너갔다. 다윗의 예루살렘 귀환은 처음에 이스라엘 11지파에서 시작했는데(9절), 그 후에 유다 지파가 적극적으로 추진하게 되었다. 이는 다윗의 권면에 의해 추진된 것이었다 (11-15절). 그러나 요단강을 건널 때는 유다 지파가 앞섰으므로(15절) 시비가 된 것이다. 강을 건널 때의 숫자를 보면 유다 지파는 전원이 참여했고 이스라엘은 절반 정도가 동참했다.

삼하 19:41. 온 이스라엘 사람이 왕께 나아와 왕께 아뢰되 우리 형제 유다 사람들이 어찌 왕을 도둑하여 왕과 왕의 집안과 왕을 따르는 모든 사람을 인도하여 요단을 건너가게 하였나이까 하매.

그런데 갑자기 온 이스라엘 사람이 왕에게 몰려와서 항의했다. '어찌하여 우리의 형제인 유다 사람들이 우리와 한 마디 의논도 없이, 임금님을 몰래 빼돌려 임금님과 그의 가족과 그의 모든 신하를 모시고 건너가게 되다니 이럴 수가 있는 것입니까 하고 불평했다'.

다윗 왕을 서로 잘 섬기려는 것은 좋은 일이지만 너무 지나치게 경쟁하는 것은 좋지 않은 일이었다. 그리고 상대 지파를 향하여 "형제"라고 말은 하지만 "왕을 도둑질했다"는 표현은 이미 형제의 마음이 없어진 것이라고 보인다.

삼하 19:42. 모든 유다 사람이 이스라엘 사람에게 대답하되 왕은 우리의 종친인 까닭이라 너희가 어찌 이 일에 대하여 분 내느냐 우리가 왕의 것을 조금이라도 얻어먹었느냐 왕께서 우리에게 선물로 주신 것이 있느냐.

이스라엘 사람들의 지나친 불평을 듣고 있던(앞 절) 모든 유다 사람이 이스라엘 사람들에게 대답하기를 '왕은 우리의 종친인 까닭이라 너희가 어찌 이 일에 대하여 분 내느냐 우리가 왕의 것을 조금이라도 얻어먹었느냐 왕께서 우리에게 선물로 주신 것이 있느냐'고 항의한다.

　　유다 지파 사람들은 이스라엘의 모든 지파 사람들에게 자기들이 먼저 나서는 이유를 설명한다. 다윗 왕은 우리의 종친인 까닭이라는 것이다. 즉, 다윗 왕은 유다 지파라는 뜻이다. 그러면서 유다 지파 사람들은 자기들이 왕으로부터 왕의 물건을 먹은 것도 아니고 또 왕께서 유다 지파에게 무슨 선물을 주신 일도 없다고 결백을 주장한다.

삼하 19:43. 이스라엘 사람이 유다 사람에게 대답하여 이르되 우리는 왕에 대하여 열 몫을 가졌으니 다윗에게 대하여 너희보다 더욱 관계가 있거늘 너희가 어찌 우리를 멸시하여 우리 왕을 모셔 오는 일에 먼저 우리와 의논하지 아니하였느냐 하나 유다 사람의 말이 이스라엘 사람의 말보다 더 강경하였더라.
　　본 절은 앞 절의 유다 지파 사람들의 강경 발언을 들은 이스라엘 사람들의 강경 발언이다. 이스라엘 사람은 앞 절의 유다 지파 사람들의 강경 발언을 듣고(앞 절) 유다 사람에게 이렇게 대꾸하였다. '비록 왕이 너희 지파 사람이긴 하지만 우리는 열 지파나 된다. 그래서 우리는 임금님께 요구할 권리가 너희보다 열 갑절이나 더 있다. 그런데 어찌하여 너희는 우리를 무시하였느냐? 높으신 임금님을 마하나임에서 우리가 다시 모셔와야 되겠다고 맨 먼저 말한 사람이 바로 우리가 아니었느냐?'고 대꾸했다. 그래도 유다 사람의 말이 이스라엘 사람의 말보다 더 강경하였다.
　　본 절의 "우리는 왕에 대하여 열 몫을 가졌다"는 이스라엘 사람들의 말을 두고 견해가 갈린다. 이스라엘 모든 지파들이 유다 지파를 합하여 모두 12지파인데 이스라엘 사람들이 말하기를 '우리는 10지파나 된다'고 강경발언을 했는데 유다 지파를 합하면 11지파가 되니 한 지파가 빠져 있는 것을 두고 학자들의 해석에 견해가 갈린다. 1) 레위지파가 빠졌다는 견해(K.&D., The Interpreter's Bible). 2) 시므온 지파가 빠졌다는 견해(RP Smith). 3) 베냐민 지파가 빠졌다는 견해(Theodoret, Lange, Thenius). 아마도 이 세 번째 견해가 옳을 것으로 보인다. 이유는 베냐민 지파 사람 시므이가 1,000을 이끌고 이미 다윗 왕을 영접하러 나왔기에(16-20절) 유다 지파와 한 묶음으로 보아 이스라엘 10지파 사람들이

뺐을 것으로 본다.

본 절의 "유다 사람의 말이 이스라엘 사람의 말보다 더 강경하였다"는 말은 유다 지파 사람들의 말이 더 감정적이어서 더 세게 들렸다는 말이다. 오늘도 목소리가 큰 사람이 이긴다는 말이 있다. 그러나 하나님은 목소리가 큰 사람의 편이 아니라 하나님의 뜻에 누가 더 가까우냐를 보신다. 세상을 잘못 살고 있는 사람들이 얼마나 많은지 모른다.

제 20 장

3. 나라가 평정을 되찾다   20:1-26

베냐민 사람 비그리의 아들 세바가 반란을 일으킨 중에, 다윗은 예루살렘 궁으로 돌아온 일(1-3절), 요압이 아마사를 죽인 일(4-13절), 세바의 반란이 평정된 일 등이 진술된다(14-26절).

ㄱ. 세바의 반란과 다윗의 귀환   20:1-3

다윗의 예루살렘 환도 중 베냐민 사람 비그리가 반란을 일으키니 이스라엘 사람들은 그를 쫓아간다. 그러나 유다 백성은 다윗 왕을 그대로 모시고 예루살렘 궁으로 돌아온다.

삼하 20:1. 마침 거기에 불량배 하나가 있으니 그의 이름은 세바인데 베냐민 사람 비그리의 아들이었더라 그가 나팔을 불며 이르되 우리는 다윗과 나눌 분깃이 없으며 이새의 아들에게서 받을 유산이 우리에게 없도다 이스라엘아 각각 장막으로 돌아가라 하매.

거기, 즉 길갈에 불량배 한 사람이 그 곳에 있었는데, 그의 이름은 세바였다(세바는 그 지지자가 많은 것을 감안하면 베냐민 지파 안에서 상당한 지위와 영향력을 가지고 있었던 인물인 듯하다). 그는 비그리의 아들로서, 베냐민 사람이었다. 그는 나팔을 불면서, 이렇게 외쳤다. '우리가 다윗에게서 얻을 몫은 아무 것도 없다. 우리가 이새의 아들에게서 물려받을 유산은 아무 것도 없다. 그런고로 이스라엘 사람들아 모두들 자기의 집으로 돌아가라!'고 외쳤다.

본 절의 "거기에"(שָׁם)란 말은 '길갈에'란 말로 보아야 할 것이다(Lange). 다윗 왕을 환도시키는 문제를 두고 유다 지파와 이스라엘 10지파 간의 갈등 관계(19:40-43)로 유다 지파가 너무 지나치게 그들의 특권을 주장하므로 정국이

혼란한 틈을 타서 분량배가 일어나 난리를 일으킨 것이다. 본 절의 "불량
배"(אִישׁ בְּלִיַּעַל)란 말은 '무익한 사람'(a worthless man), '무가치한 사람',
'파괴적인 사람'이란 뜻이다. 이 말을 공동번역에서는 '건달'로 번역했고, 현대인
의 성경에서는 '못된 녀석'으로 번역했으며, 표준 새 번역에서는 '분량배'로
번역했다.

"비그리"[84](Bichri)는 베냐민의 둘째 아들인 베겔의 후손(창 46:21)을 가리키
는 것 같다(RP Smith).

세바가 "나팔을 불어" 난리를 일으킨 것을 보면 그 "나팔 소리"는 세바가
다윗에게 반기를 든다는 전투 신호용 나팔이었다(삿 3:27). "우리는 다윗과 나눌
분깃이 없으며"란 구절과 "이새의 아들에게서 받을 유산이 우리에게 없도다"란
말은 동의절이다. "다윗"과 "이새의 아들"과 동의어이고 또 "분깃"이란 말과
"유산"이란 말도 동의어이다. 따라서 구절들도 동의절이다.

"이스라엘아 각각 장막으로 돌아가라"는 말은 '이스라엘아 각각 자기 집으로
돌아가라'는 뜻이다. 이제는 다윗을 왕으로 인정할 수 없으며 다윗의 통치를
거부한다는 뜻이다(왕상 12:16). 여기서 우리는 먼저 짚고 넘어가야 하는 진리가
있음을 알아야 한다. 그것은 반정부 세력은 하나같이 하나님의 벌을 받아 망했다는
사실이다. 압살롬이 망했고 또 세바도 훗날 패배했다. 하나님께서 세우신 제도를
허무는 자마다 그 최후가 비참하게 되었다. 하나님께서 세우신 부부제도를 허물고
이혼하는 사람, 하나님께서 세우신 교회를 허무는 여우들도 모두 망했고, 하나님께
서 세우신 정부를 반역하는 사람들은 모두 망했다.

**삼하 20:2. 이에 온 이스라엘 사람들이 다윗 따르기를 그치고 올라가 비그리의
아들 세바를 따르나 유다 사람들은 그들의 왕과 합하여 요단에서 예루살렘까지
따르니라.**

---

84) "비그리": Bichri. '젊은'이란 뜻을 가지고 있다. 이스라엘과 유다 사이에 논쟁이 있는
틈을 타서 압살롬의 뒤를 이어 일어난 반역자 세바의 아비이다. 베냐민 사람 베겔의 종족이
속한 인물인 듯하다.

문장 초두의 "이에"란 말은 '그래서'란 뜻이다. 세바가 난을 일으켰기 때문에 온 이스라엘 사람들은 다윗 따르기를 그치고 에브라임 산지로 올라가 비그리의 아들 세바를 따랐다. 그러나 유다 사람들은 그들의 왕 다윗과 합하여 요단강으로부터 예루살렘까지 다윗 왕을 따랐다.

"합하여...따르니라"(דָּבַק)는 말은 '연합하다' 혹은 '들어붙다'란 뜻이다(창 2:24; 신 28:60; 욥 19:20; 29:10). 유다 사람들은 이스라엘 사람들이 떠나든지 말든지 왕을 떠나지 않고 붙어서 길갈로부터 예루살렘까지 갔다.

삼하 20:3. 다윗이 예루살렘 본궁에 이르러 전에 머물러 왕궁을 지키게 한 후궁 열 명을 잡아 별실에 가두고 먹을 것만 주고 그들에게 관계하지 아니하니 그들이 죽는 날까지 갇혀서 생과부로 지내니라.

다윗은 예루살렘의 왕궁으로 돌아오자 왕궁을 지키라고 남겨 둔 후궁 열 명을 붙잡아서 별실에 가두고 왕이 일용품만 그들에게 주고, 더 이상 그들과 함께 잠자리를 함께 하지 않았으므로, 그들은 죽을 때까지 갇혀서 생과부[85]로 지냈다.

본문의 "후궁 열 명"은 예루살렘 왕궁을 지키라고 명령받은 후궁들로서 (15:16), 다윗의 아들 압살롬이 백주에 사람들이 보는 앞에서 강간했던 후궁들이었다(16:21-22). 다윗 왕은 수치스럽게 된 여인에 관한 하나님의 율법 조항(신 24:1-4)을 따라 이와 같은 조치를 취했던 것이다. 다윗이 이 후궁들을 성 밖으로 쫓아낼 수도 있었으나 이 여인들이 이렇게 된 것은 다윗의 죄의 결과였기에 다윗은 하는 수 없이 왕궁 별실에 가두고 최소한의 일용품을 주고 잠자리를 함께 하지 않았다. 죄는 항상 사람의 앞날을 비참하게 만든다.

ㄷ. 아마사가 죽다 20:4-13

다윗은 자신이 약속한 대로 압살롬의 총사령관이었던 아마사를 요압 대신

---

85) "생과부": 남편이 살아있는데도 멀리 떨어져 있거나 소박을 맞아 혼자 있는 여자.

군대장관으로 등용했고, 요압은 아마사를 살해한다.

삼하 20:4. 왕이 아마사에게 이르되 너는 나를 위하여 삼일 내로 유다 사람을 큰 소리로 불러 모으고 너도 여기 있으라 하니라.

다윗 왕은 유다 백성들에게 약속한대로(19:13-14) 요압을 대신하여 아마사를 군대의 장관으로 임명하고 아마사에게 세바의 반란을 진압하기 위해 유다 백성들을 모집하라고 명령한다.

본 절은 다윗이 아마사에게 두 가지를 명령한다. 첫째, "너는 나를 위하여 삼일 내로 유다 사람을 큰 소리로 불러 모아 나에게 데려 오라"는 것이었다. 삼일 내로 유다 사람을 불러 모으라는 것은 세바의 반란을 평정하기 위함이었고 또 3일내로 불러 모으라는 것은 반란 평정이 급하기 때문이었다. 둘째, "그대도 여기 있으라" 하는 것이었다. 즉, '그대도 함께 오라'는 명령이었다.

삼하 20:5. 아마사가 유다 사람을 모으러 가더니 왕이 정한 기일에 지체된지라.

아마사가 유다 사람을 모으러 갔는데 왕이 정한 기한에 모병을 하지 못했다. 이렇게 늦은 이유는 1) 아마사의 무능력(Payne, HP Smith). 아마사가 무능했던 것은 마하나임 전투에서 압살롬의 대군을 이끌고도 요압의 소수 정예병력에 의해 격파 당했던 것을 보면 알 수 있다(17:25; 18:6-8). 2) 유다 백성이 그를 불신임한 것(K.&D., Lange) 등이 원인이었을 것이다. 유다 사람들이 아마사를 불신임할만한 이유는 압살롬의 지도자였다는 이유로 유다 백성들로부터 불신임이 있었던 것으로 보인다. 그런고로 유다 백성들은 아마사의 모병에 응하지 않고 비협조적이었을 것이다. 다윗은 유다 사람들의 비협조 사실을 직감하고 아마사를 군대의 총사령관으로 임명한 것을 실패한 것으로 인식하고 아비새에게 반란군 진압을 명령함으로써 사태를 일단 수습했다(6절). 다윗의 이러한 일련의 조치는 측근들에게 깊은 상처를 입혔다. 결국 과격하고 정치 욕이 강했던 요압(18:14)은 그의 질투심과 원한으로 반역자였던 아마사를 살해하고 말았다(10절).

삼하 20:6. 다윗이 이에 아비새에게 이르되 이제 비그리의 아들 세바가 압살롬보다

우리를 더 해하리니 너는 네 주의 부하들을 데리고 그의 뒤를 쫓아가라 그가
견고한 성읍에 들어가 우리들을 피할까 염려하노라 하매.

　　그래서 다윗은 아비새 장군에게 명령하였다. '이제 비그리의 아들 세바가
압살롬보다도 우리에게 더 위험하오. 그러므로 장군은 나의 부하들을 데리고
그를 뒤쫓아 가시오. 혹시라도 그가 잘 요새화된 성읍들을 발견하여 그리로 피하면
우리가 찾지 못할지도 모르는 일이니까요'라고 했다.

삼하 20:7. 요압을 따르는 자들과 그렛 사람들과 블렛 사람들과 모든 용사들이
다 아비새를 따라 비그리의 아들 세바를 뒤쫓으려고 예루살렘에서 나와.

　　왕의 명령이 있어서(앞 절) 요압의 부하들과 그렛 사람과 블렛 사람(두 부류의
군대는 다윗의 호위병들이다)과 모든 용사들(왕의 중추부대로 가드에서 따라온
600명 군인들을 지칭한다)이 비그리의 아들 세바를 뒤쫓아 가려고 아비새를 따라
예루살렘 밖으로 나갔다. 왕은 아비새에게 명령했으나 요압도 자신을 따르는
정예부대(18:15)와 함께 나선 것으로 보인다. 다윗 왕은 세바의 반란이 심각한
것을 인식하고 여러 정예부대를 보냈다.

삼하 20:8. 기브온 큰 바위 곁에 이르매 아마사가 맞으러 오니 그 때에 요압이
군복을 입고 띠를 띠고 칼집에 꽂은 칼을 허리에 맸는데 그가 나아갈 때에 칼이
빠져 떨어졌더라.

　　아비새 장군이 인도하는 정예부대가 예루살렘에서 나와(앞 절) 기브온86)(에브
라임 산지에 위치하고 있음)에 있는 큰 바위에 이르렀을87) 때 아마사와 마주치게
되었다. 그때 아비새를 따라온 요압이 군복을 입고 칼을 차고 있었는데 아마사에게
다가서면서 아마사를 죽이려고 몰래 자기의 칼집을 풀어 놓아(Wycliffe, RP

---

　　86) "기브온": 팔레스틴 중부의 산악지에 있던 히위 사람의 도성이었는데(수 9:3,17), 베냐민
지파의 성읍이 되었다(수 18:25). 예루살렘의 서북쪽 9㎞ 지점에 있는 오늘날의 '에 집'(ej-Jib,
학자에 따라서는 '엘 집, el-Jib'으로도 표기한다)과 동일시된다.
　　87) 아비새가 에브라임 산지의 기브온 큰 바위에 이른 이유는 세바가 난을 일으키고 이곳에
주둔해 있었기 때문이었다.

Smith). 아마사에게 다가가서 칼이 땅에 떨어지도록 했다. 이유는 아마사가 요압의 칼이 떨어지는 것을 보고 안심하게 하려는 것이었다.

"아마사가 맞으러 왔다"는 말은 세바의 반란을 진압하기 위해 왕궁에서 떠난 아비새의 군대와 아마사가 유다 지파에서 모집한 군대를 이끌고 아비새와 합류했음을 뜻한다. 필경 아마사는 3일 기한이 지나서야 군대를 모집했을 것이며(4-5절) 다윗의 허락을 받아 아비새와 합류했을 것이다.

삼하 20:9. 요압이 아마사에게 이르되 내 형은 평안하냐 하며 오른손으로 아마사의 수염을 잡고 그와 입을 맞추려는 체하매.

요압은 아마사에게 '형님, 평안하시오?' 하고 말하면서, 오른손으로 아마사의 턱수염을 붙잡고 입을 맞추려 했다.

요압이 아마사를 만나자 "내 형은 평안하냐"고 인사를 했는데 요압과 아마사는 실제로 사촌 형제였다(17:25). 실제로는 요압이 아마사를 죽이려 하면서 반가운 듯 인사를 하고 입을 맞추려 한 몸짓(gesture)은 인간사에 아주 흔한 일이다. "요압이...오른손으로 아마사의 턱수염을 잡고" 입을 맞추려 한 것은 아마사의 턱수염 때문에 입 맞추는데 방해가 되므로 턱수염을 잡고 그 턱수염을 오른쪽으로 제치고 입을 맞추려 한 것이다. 그리고 요압은 자기의 왼손으로 칼을 잡고 아마사를 죽였다.

삼하 20:10a. 아마사가 요압의 손에 있는 칼은 주의하지 아니한지라 요압이 칼로 그의 배를 찌르매 그의 창자가 땅에 쏟아지니 그를 다시 치지 아니하여도 죽으니라.

아마사가 요압의 손에 있는 칼을 주의하지 못한 이유는 요압이 아마사를 만나기 조금 전 의도적으로 칼을 땅에 떨어뜨렸기 때문이다(8절). 그래서 아마사는 요압에게 칼이 없었을 것이라고 생각해서 요압의 손에 있는 다른 칼을 주의하지 못했다. 이 칼은 요압의 몸속 어디에 숨겨 놓았던 단검(短劍)이었을 것이다. 요압은 그 칼로 아마사의 배를 찌르니 아마사의 배에서부터 창자가 땅에 쏟아졌다. 그래서 요압은 아마사를 다시 치지 않아도 죽었다. 요압은 이번의 살인으로 벌써 세 번째로 살인한 것이다(3:27; 18:14). 이번의 아마사(압살롬의 총사령관) 살해 건은 얼핏 보기에는 하나님을 대신한 심판이었다고 볼 수도 있으나 그러나 그 살해 동기가 아마사에 대한 개인적인 분노 때문이라는 것이 확실하니 그의 신앙이 의심되는 점이다. 개인적은 분노를 느끼는 자는 누구든지 그것을 하나님께 맡겨서 해결 받았어야 했다(롬 12:19). 다윗은 요압의 난폭한 행동을 그냥 두지 않고 솔로몬에게 유언하여(왕상 2:5-6), 요압이 아도니아의 모의에 가담한 일 때문에 결국 죽이고 만다(왕상 2:28-35). 우리들 누구든지 난폭한 성품을 그냥 두면 훗날 큰 심판을 받게 되는 것을 알고 미리부터 성령 충만을 구하여 온유하고 겸손한 성품으로 변하여 복에 이르러야 할 것이다.

삼하 20:10b. 요압과 그의 동생 아비새가 비그리의 아들 세바를 뒤쫓을 새.

요압은 아마사를 죽인 후 그의 동생 아비새와 함께 비그리의 아들 세바를 제거하려고 뒤쫓았다. 이는 요압은 스스로 군대의 지휘자로 자처한 것이었다.

삼하 20:11. 요압의 청년 중 하나가 아마사 곁에 서서 이르되 요압을 좋아하는 자가 누구이며 요압을 따라 다윗을 위하는 자는 누구냐 하니.

그러자 요압의 정예부대원 중 한 사람이 아마사의 시체 곁에 서서 외쳤다: '요압을 지지하는 사람과 요압을 따라 다윗 쪽에 선 사람은 요압 장군을 따르시오'.

아마사가 모병한 군대는 아마사가 죽자 어찌할 바를 몰랐기에 요압의 정예부대원 한 사람이 아마사가 모집한 군대를 회유한 것이다. "요압을 따라 다윗을 위하는 자"란 말은 '요압을 따르는 것이 곧 다윗의 뜻을 따르는 것'이란 뜻이다.

삼하 20:12. 아마사가 길 가운데 피 속에 놓여 있는지라 그 청년이 모든 백성이 서 있는 것을 보고 아마사를 큰길에서부터 밭으로 옮겼으나 거기에 이르는 자도 다 멈추어 서는 것을 보고 옷을 그 위에 덮으니라.

아마사의 시체가 큰 길 한가운데 피투성이가 되어 있었으므로 지나가는 모든 군인들이 멈칫거리고 모여 있는 것을 요압의 부하들이 보고 아마사의 시체를 큰 길에서 들판으로 옮겨 놓았다. 그런데도 그의 곁으로 지나는 군인마다 멈추어 서는 것을 보고 요압의 부하들이 아마사의 시체를 자신의 옷을 벗어 그 시체를 덮어 놓았다. 앞을 가로 막는 물건을 치워주는 것이 좋다는 것을 보여준다.

삼하 20:13. 아마사를 큰길에서 옮겨가매 사람들이 다 요압을 따라 비그리의 아들 세바를 뒤쫓아가니라.

아마사의 시체가 세바를 정벌하러 가는 군인들의 눈에 띄지 않도록 길옆으로 옮겨놓고 또 옷으로 덮어 놓자 "군인들이 다 요압을 따라 비그리의 아들 세바를 뒤쫓아갔다"는 것이다. 앞길에 장애가 없어야 전진할 수 있다는 것이다.

다윗은 아비새에게 아마사 토벌을 명했으나(6절) 본 절부터는 아비새의 형 요압이 앞장서서 나간다. 아마도 아비새는 자기의 형을 앞세우고 뒤따라갔을 것이다.

ㄹ. 세바의 난을 평정하다   20:14-26

세바는 아벨성으로 피하고 요압군은 그 성을 포위한다. 그러나 요압 군이 세바를 잡지 못하고 그 성의 한 지혜로운 여인이 그를 죽인다. 여인이 가끔 이런 일을 하는 것은 하나님께서 여인을 쓰신다는 것을 보여주신 것이다. 세바의 반역은 성공하지 못한다. 기름부음을 받은 다윗을 해할 위인은 세상에 없다는 것을 보여준 것이다. 요압은 세바의 난을 평정하고 예루살렘으로 돌아온다.

삼하 20:14. 세바가 이스라엘 모든 지파 가운데 두루 다녀서 아벨과 벧마아가와 베림 온 땅에 이르니 그 무리도 다 모여 그를 따르더라.

히브리 원문에는 본 절 초두에 "요압"이란 말이 없다. 그런고로 어떤 번역판들은 "요압"을 주어로 세우고 글을 이어갔고(LSG, LND, 한글 개역판), 또 다른 번역들과 주석가들은 "세바"를 주어로 알고 풀어나간다(NIV, RSV, NRSV, NLT, ESV, 한글 개역 개정판, 표준 새 번역, 공동번역, 현대인의 성경, Kark Budde, 박윤선, 이상근). 문맥을 살필 때 '세바'라고 말해야 옳을 것이다.

세바는 이스라엘 모든 지파 가운데 두루 다니면서 아벨과 벧마아가에 이른다.

요압의 재빠른 추격을 받은 세바는 자신의 군대를 규합할 시간적 여유가 없었을 것이며 그래서 이스라엘의 최북단까지 쫓겨 간 것으로 보인다.

여기 "아벨"(Abel)은 '강가의 초원' 혹은 '목장'이란 뜻을 가지고 있다. 이는 북부 팔레스틴의 지혜로 유명했던 성읍이다(삼하 20:18). 본 절과 다음 절에서는 '벧마아가의 아벨'이라고 불렸다. 이는 아벨벧마아가와 동일지이다.

그리고 "벧마아가"(Bethmaacah)는 팔레스틴 북방의 성읍 아벨의 설명적 형용구이다(삼하 20:14,15). 아벨벧마아가(왕상 15:20)와 동일지이다. 요단강 상류의 단의 서쪽 6㎞ 지점에 있는 아빌 엘 가므하(Abil dl-Qamh)와 동일시된다.

그런데 본 절에서는 "베림"(בֵּרִים)이란 말이 문제가 된다. 이 "베림"이란 말은 본 절 외에 성경 어느 곳에도 나타나지 않는 지명이다. 따라서 학자들은 "베림"(בֵּרִים)을 필사자의 오기로 보고(the Vulgate, LXX) 이 단어를 뜻으로 취하여 다음과 같은 주장을 내놓는다. 즉, 이 단어는 지명이 아니라 1) "모든 좋은 사람"(Ewald, Boettcher). 2) "무장하고 있는 모든 사람"(Thenius, Winer). 3) "뽑힌 모든 사람"(Clericus)을 지칭하는 단어라고 추정한다. 이들 학자들의 견해를 따르면 요압과 그의 군사들이 온 이스라엘을 통과하여 아벨 벧마아가에 이르는 동안 그 지역의 젊은 모든 사람들이 요압을 지지하여 쫓았다는 말이 될 것이다(그랜드 종합주석).

삼하 20:15. 이에 그들이 벧마아가 아벨로 가서 세바를 에우고 그 성읍을 향한 지역 언덕 위에 토성을 쌓고 요압과 함께 한 모든 백성이 성벽을 쳐서 헐고자 하더니.

요압을 지지하여 따르는 군인들은 벧마아가의 아벨로 가서 그 도시 안에 있는 세바를 포위했다. 그리고 그들은 세바를 잡아 죽이려고 성읍을 공격하기 위한 공격용 외호(外濠)를 쌓으니 이 공격용 외호가 그 도시의 바깥 성벽 높이만큼 솟아올랐다. 요압을 따르는 모든 군인이 성벽을 무너뜨리려고 부수기 시작했다.

여기 공격용 외호(siege ramp)는 벧마아가의 아벨을 부수기 위해 그 성읍을 공격하기 위한 둔덕을 이름이다. 고대에 성을 공략하는 방법 중의 대표적인 것은

성 주변에 성 높이만큼 토성(土城)을 쌓아놓고 성을 공격하는 것인데, 이는 성내의
방어력을 무력하게 사용하는 전술이었다. 요압 역시 이 방법을 사용했다(사 29:3;
37:33; 렘 6:6).

혹자는 "성벽을 쳐서 헐고자 했다"는 구절을 해석할 때 "쳐서"라는 말이
'홈을 파다'라는 뜻이 있다고 하여 요압의 군사들은 성벽의 땅을 파 헤침으로써
성을 무너뜨리려고 했다고 해석한다(Josephus, Ewald, RP Smith). 일고(一考)를
요하는 해석이다.

**삼하 20:16. 그 성읍에서 지혜로운 여인 한 사람이 외쳐 이르되 들을지어다 들을지
어다 청하건대 너희는 요압에게 이르기를 이리로 가까이 오라 내가 네게 말하려
하노라 한다 하라.**

요압을 지지하는 사람들이 성을 둘러싸서 세바를 잡으려 성을 허물기 시작할
때, 그 성읍에서 지혜로운 여걸 한 사람이 외친다. 즉, '내 말을 들어보세요, 내
말을 들어보세요. 청하건대 당신들은 요압 장군에게 이르기를 이리로 가까이
와 보시라고 말을 전해주시오. 내가 요압에게 말할 게 있다고 전해주시오'.

**삼하 20:17. 요압이 그 여인에게 가까이 가니 여인이 이르되 당신이 요압이니이까
하니 대답하되 그러하다 하니라 여인이 그에게 이르되 여종의 말을 들으소서
하니 대답하되 내가 들으리라 하니라.**

여인의 요청에 따라 요압이 그 여인에게 가까이 가니 여인이 말하기를 '당신이
요압입니까'고 물으니 요압이 대답하되 "그렇소이다" 했다. 그 여인이 요압에게
이르기를 '이 여종의 말을 들어보소서' 한다. 요압이 여인의 들어보라는 말을
듣고 '내가 들을 테니 말해보시오'라고 한다.

**삼하 20:18. 여인이 말하여 이르되 옛 사람들이 흔히 말하기를 아벨에게 가서
물을 것이라 하고 그 일을 끝내었나이다.**

그 여인이 말하여 이르기를 '옛날 속담에도 물어 볼 것이 있으면, 아벨 지역에

가서 물어 보라 하였고, 또 아벨 지역에 가서 무슨 일이든지 해결하지 않았소'.
즉, 본 절은 아벨에 지혜로운 자들이 많아 해결 못할 것이 없기 때문에 그 사실이
예로부터 격언화 된 것이다. 따라서 이 여인의 주장은 요압이 아벨의 성을 공격하는
대신 지혜로 유명한 자기들과 말하면 해결하지 못할 것이 없을 것이란 뜻이다.
우리는 하나님께 지혜를 구하여 세상 사람들에게 봉사하면서 살아야 할 것이다.

**삼하 20:19. 나는 이스라엘의 화평하고 충성된 자 중 하나이거늘 당신이 이스라엘
가운데 어머니 같은 성을 멸하고자 하시는도다 어찌하여 당신이 여호와의 기업을
삼키고자 하시나이까 하니.**

이 여인은 '이 성에서 살고 있는 모든 주민들은 지혜가 있어서 이스라엘의
화평하고 충성된 자 중 하나이거늘 당신이 어머니 같은 성을 멸하고자 하시는
군요. 어찌하여 당신이 이 성을 헐어서 여호와의 기업 하나를 없애려고 합니까'
라 한다.

본문 초두의 "나"라는 말은 단순히 지혜로운 여인 하나를 지칭하는 말이
아니고 성 주민 전체를 뜻하는 말이다. 아벨 성 주민 전체는 이스라엘의 화평하고
충성된 자 중 하나라는 것이다. 본문의 "어머니 같은 성"이란 말은 '이스라엘에서
중요한 성, 필요한 성, 가치 있는 성'이란 뜻이다(Lange). 이 말은 아벨이 이스라엘
의 골치 아픈 문제들을 풀어주는 귀한 성읍이라는 것을 드러내는 말이다.

**삼하 20:20. 요압이 대답하여 이르되 결단코 그렇지 아니하다 결단코 그렇지
아니하다 삼키거나 멸하거나 하려 함이 아니니.**

요압이 대답하여 말하기를 '나는 절대로 그러는 것이 아니오. 정말로 그렇지가
않소. 나는 삼키거나 멸망시키려는 것이 아니오'. "결단코 그렇지 아니하다"는
말을 두 번 반복하여 극히 강한 부정을 나타낸다.

**삼하 20:21. 그 일이 그러한 것이 아니니라 에브라임 산지 사람 비그리의 아들
그의 이름을 세바라 하는 자가 손을 들어 왕 다윗을 대적하였나니 너희가 그만**

내주면 내가 이 성벽에서 떠나가리라 하나라 여인이 요압에게 이르되 그의 머리를
성벽에서 당신에게 내어던지리이다 하고.

요압은 본 절에서도 역시 요압 군이 이 성을 망하게 하려는 것이 아니라고
강하게 부정하고 자기들이 하려는 것이 무엇임을 설명한다. 즉, '당신들이 세바만
내주면 우리 군대가 이 성벽에서 떠나갈 것이라'고 대답한다. 요압의 말을 들은
여인은 요압에게 이렇게 대답한다. 즉, '세바의 머리를 잘라 성벽에서 당신의
군대에게 내어 던지겠습니다' 한다.

삼하 20:22. 이에 여인이 그의 지혜를 가지고 모든 백성에게 나아가매 그들이
비그리의 아들 세바의 머리를 베어 요압에게 던진지라 이에 요압이 나팔을 불매
무리가 흩어져 성읍에서 물러나 각기 장막으로 돌아가고 요압은 예루살렘으로
돌아와 왕에게 나아가니라.

본 절 초두의 "이에"(then)란 말은 '그런 다음에'란 뜻이다. 그 여인이 온
주민에게 돌아가서, 슬기로운 말로 설득시키니, 그들이 비그리의 아들 세바의
머리를 잘라서, 성 밖에 있는 요압에게 던져 주었다. 성 밖에 있는 요압이 세바의
베어진 머리통을 받아보고, 곧 나팔을 부니, 모든 군인이 그 성읍에서 떠나 저마다
자기 집으로 돌아가고, 요압은 정예부대와 함께 왕이 있는 예루살렘으로 돌아갔다.
하나님께서는 이런 엉뚱한 반역자를 제거하여 주신다.

삼하 20:23. 요압은 이스라엘 온 군대의 지휘관이 되고 여호야다의 아들 브나야는
그렛 사람과 블렛 사람의 지휘관이 되고.

본 절부터 26절까지는 다윗의 각료 이름을 보여준다. 이 각료 이름은 다윗
정권의 초기의 그것(8:16-18)과 별 큰 차이가 없다. 이것은 약간만 실수만 있으면
마구 갈아치우는 현대 정부와는 큰 차이가 있다. 오늘날은 어떤 경우 큰 잘못이
없어도 각료를 임명한지 오래 되었다는 이유로 마구 갈아치운다.

오늘 본 절에 다윗의 각료의 이름이 새롭게 나오는 것은 다윗이 각료들을
세운 후 압살롬의 내란이 있었고 또 세바의 반란이 있었기에 다윗은 그것들을

진압한 후 각료들을 재편성했다는 뜻으로 내 놓은 각료 이름이다.

"요압은 이스라엘 온 군대의 지휘관이 되고 여호야다의 아들 브나야는 그렛 사람과 블렛 사람의 지휘관이 되었다"는 것이다. 여기 요압은 특히 여러 실수를 범했으나 여전히 다윗 다음의 2인자 자리를 지켰는데 그것은 그가 압살롬과 세바의 반란을 평정한 큰 공을 세웠기 때문이었을 것이다.

삼하 20:24. 아도람은 감역관이 되고 아힐룻의 아들 여호사밧은 사관이 되고.

"아도람은 감역관이 되고 아힐룻의 아들 여호사밧은 사관이 되었다". 여기 "아도람"(Adoniram)은 다윗, 솔로몬, 르호보암 왕조의 군신의 한 사람인데, 그는 간역관(노동상)이었다. 압다의 아들이다(삼하 20:24; 왕상 4:6). 솔로몬 때 성전 건축 공사에 있어서 레바논에 동원된 역군의 총감독이 되었다(왕상 5:14). 이스라 엘의 10지파가 반기를 들었을 때, 르호보암 왕은 반역자들을 진압하기 위해 파송되 었으나, 오히려 그들의 돌에 맞아 죽었다(왕상 12:18; 대하 10:18). 왕상 12:18, 대하 10:18에는 단축형인 아도람(하도람)으로 기록되어 있다.

"감역관"(forced labor)은 강제 노동자 등의 감독(20:24; 왕상 4:6)을 지칭한다. 원어(마스)는 공공사업 위해 강제적으로 노역에 종사케 한 사람들을 가리키는 히브리어 집합명사로서, 본 절에서 '감역관', 왕상 4:6에서도 '감역관'으로 번역되 어 있다(20:24; 왕상 4:6; 5:13,14; 12:18; 대하 10:18). 강제노동은 다윗시대에 시작된 것이고(20:24), 솔로몬 시대에 있어서는 그 토목공사를 위해 대대적으로 징집되었다(왕상 9:15). "사관"은 '역사 기록관'이란 뜻이다. 본문의 "아힐룻"은 다윗과 솔로몬 두 왕조에 걸쳐 사관이었던 여호사밧의 부친이다(8:16; 20:24; 왕상 4:3; 대상 18:15).

삼하 20:25. 스와는 서기관이 되고 사독과 아비아달은 제사장이 되고.

여기 "스와"는 대상 18:16에는 '사위사'로 기록되어 있다. 다윗의 중신 중 한 사람으로서 서기관이 되어 공문서의 전부를 관장했다(삼하 20:25). '사위사'란 이름은 아람어인데, 외국과의 무역 때문에 외국인을 고용할 필요가 생기는 것은 있을 수 있는 일이다. 왕상 4:3에는 솔로몬의 서기관 엘리호렙과 아히야는 이 사위사와 동일인시 되는 시사의 아들로 되어 있다. 사무엘하에 있는 다윗의 조신 (朝臣)의 두 일람표 중 8:17에는 '스라야', 20:25에는 '스와'로 되어 있다. 이것은 필기자가 '사위사'를 오기한 것으로 보인다. "사독과 아비아달"의 제사장에 대해서 는 8:17; 15:24의 주해를 참조하라.

요압이 군대장관이 되었고, 브나야가 그렛 사람과 블렛 사람의 지휘관, 사독과 아비아달이 제사장, 여호사밧이 사관이 되었다. 이런 요직은 그대로 유임되고 있다. 오랜 세월이 지나도록 각료직을 유지하고 있는 것은 그 만큼 정권의 안정을 말하는 것이다.

삼하 20:26. 야일 사람 이라는 다윗의 대신이 되니라.

"야일 사람"이란 말은 '유다 산지의 성읍 사람'이란 뜻이다(수 15:48; 21:14). 그리고 "이라"는 '성의 파수군'이란 뜻이다. 8:18과 대조하여 보면 왕의 대신으로 새롭게 발탁된 사람이다(Lange). 8:18에 의하면 그 동안 왕의 대신의 역할은 다윗 왕의 아들들이 감당해 왔었는데(RP Smith), 그러나 압살롬의 난 이후에는 대신의 자리에 등용될만한 자격 있는 아들이 없었기 때문에 이 직책에 새롭게 '이라'가 등용된 것으로 본다(The Interpreter's Bible).

"대신"이란 왕의 '보좌역' 혹은 '왕의 고문'이란 뜻이다. 즉, 백성들의 여론을 수렴하여 왕에게 충성스럽게 보고(報告) 하는 신하이다(8:18). 왕의 보좌역은 충성스러운 사람이 아니면 감당하지 못한 직책이다. '이라'는 아주 충성스러운 사람이었다.

제 21 장

IV. 다윗의 통치기간에 있었던 여러 가지 일들 21-24장

21-24장에는 다윗의 통치기간에 있었던 여러 가지 일들을 진술한다. 먼저 3년의 기근이 있었음을 말하고(21장), 다음으로 다윗의 승전가 한 편이 기록되어 있고(22장), 다윗의 여러 용사들이 누구였는가를 보여주고 있으며(23장), 마지막으로 다윗이 시험에 들어 실시한 인구 조사를 한 일이 기록되어 있다(24장).

A. 3년간의 기근 21:1-22(대상 20:4-8)

다윗 통치시대에 3년 연속 기근이 있었는데(1-6절), 그 원인이 기브온 사람들을 죽인 죄 때문에 일어난 것이었으므로 사울 자손 일곱 사람을 내어주어 해결한다(7-14절). 그리고 다윗 통치 초기에 있었던 블레셋과의 전투에서 빛났던 용사들을 여기 소개한다(15-22절). 삼상 21:15-22은 대상 20:4-8과 병행된다.

1. 3년간의 기근 21:1-6

다윗 통치기간에 3년간의 기근이 있어 다윗이 여호와께 간구하니 그 원인이 기브온 사람들을 죽인 것이 원인임을 깨닫고 기브온 사람들의 원대로 사울의 자손 7인을 내주어 해결한다.

삼하 21:1. 다윗의 시대에 해를 거듭하여 삼 년 기근이 있으므로 다윗이 여호와 앞에 간구하매 여호와께서 이르시되 이는 사울과 피를 흘린 그의 집으로 말미암음이니 그가 기브온 사람을 죽였음이니라 하시니라.

"다윗의 시대에 해를 거듭하여 삼 년 기근이 있었던" 시대가 어느 시대였는지 성경 다른 곳에 기록이 없으므로 정확히 알 수가 없다. 혹자는 압살롬의 반란 이전으로 보기도 한다(Ewald, K.&D.).

다윗이 "여호와 앞에 간구했다"고 말한다. 3년 기근이 있을 때 다윗이 여호와께 간구한 것은 잘 한 일이지만 3년 기근이 지나서야 깨달은 것은 아마도 다윗 자신이 지은 죄가 아님으로 늦게 알아차린 것 같다. 자기가 죄를 지은 일로 기근이 왔다면 1년 안에라도 깨달았을 것이다. 그러나 다윗 이전의 왕 사울 때에 죄를 지은 것이니 다윗이 늦게 깨달은 것 같다.

다윗이 여호와께 간구하니 여호와께서 알려주신다. 즉, "이는 사울과 피를 흘린 그의 집으로 말미암음이니 그가 기브온 사람을 죽였기" 때문이라고 하신다. 3년 기근이 이스라엘에게 찾아온 것은 사울 왕이 기브온 사람을 죽인 일 때문이라는 것이다. 여호수아가 가나안을 침공했을 때 기브온 사람들이 이스라엘과 화친하였기에 여호수아가 그들을 멸하지 않기로 맹세했는데(수 9:15, 18-20) 사울 왕이 기브온 사람들을 죽였기에 이런 기근이 찾아온 것은 확실하다(왕상 8:37; 사 51:19). 사울 왕이 기브온 사람들을 죽인 사건이 성경에 기록되지 않았으니 어느 사건인지 알 수는 없으나 사울 왕이 제사장도 함부로 죽이는 왕이었으니(삼상 22장) 기브온 사람을 죽인 일이 확실히 있었을 것이다.

우리는 우리 가정에서나 나라에서 무슨 일이 있을 때 반드시 그 원인이 있을 것을 알고 여호와께 간구하여 그 원인을 알아 해결하면서 살아야 할 것이다.

삼하 21:2. 기브온 사람은 이스라엘 족속이 아니요 그들은 아모리 사람 중에서 남은 자라 이스라엘 족속들이 전에 그들에게 맹세하였거늘 사울이 이스라엘과 유다 족속을 위하여 열심이 있으므로 그들을 죽이고자 하였더라 이에 왕이 기브온 사람을 불러 그들에게 물으니라.

다윗은 기브온 사람을 불러다가 물어 보았다(이 문장은 한글 성경에서는 제일 마지막에 있는 글이다). 기브온 사람은 본래 이스라엘 족속이 아니라 아모리 사람[88] 가운데서 살아남은 사람들이며, 이미 이스라엘 백성이 그들을 살려 주겠다

---

88) 아모리 족속이나 가나안 족속은 일곱 족속 중의 한 족속들이지만 이 두 족속은 7족의 대표 역할을 하는 때가 종종 있다. 그래서 기브온 사람을 아모리 족속이라 하기도 한다. 이유는 아모리가 가나안 7족의 대명사였기 때문이다.

고 맹세하였는데도(수 9:15,18-20) 사울은 이스라엘과 유다 백성을 민족적인 차원
에서 편파적으로 사랑한 나머지 할 수 있는 대로 그들을 다 죽이려고 하였다.
사울 왕은 여호와께 맹세한 것 같은 것은 아랑곳하지 않는 왕이었기에 큰 범죄를
저지를 수 있었다.

**삼하 21:3. 다윗이 그들에게 묻되 내가 너희를 위하여 어떻게 하랴 내가 어떻게
속죄하여야 너희가 여호와의 기업을 위하여 복을 빌겠느냐 하니.**
　　다윗은 기브온 사람들을 불러놓고 다윗 이전의 사울과 이스라엘이 기브온
사람들을 죽여 기브온 사람들을 억울하게 한 일을 어떻게 처리하면 좋겠느냐고
물었다. 다시 말해 다윗 자신이 어떻게 하여야 기브온 사람들의 억울함을 풀어주어
기브온 사람들의 응어리진 것(원한)을 풀어서 기브온 사람들이 여호와의 기업인
이스라엘을 위하여 복을 빌어 이스라엘에 다시 비가 와서 이 3년의 기근을 해결할
수 있겠느냐고 물은 것이다.

**삼하 21:4. 기브온 사람이 그에게 대답하되 사울과 그의 집과 우리 사이의 문제는
은금에 있지 아니하오며 이스라엘 가운데에서 사람을 죽이는 문제도 우리에게
있지 아니 하니이다 하니라 왕이 이르되 너희가 말하는 대로 시행하리라.**
　　기브온 사람들이 다윗에게 대답하기를 사울과 그의 집과 기브온 사람들 사이의
문제는 은이나 금을 받아서 해결될 문제가 아니라고 말한다. 사울이 기브온 사람들
의 생명을 죽였으니 사울 집안사람들의 생명을 죽여야 된다는 것이었다. 율법에도
고의로 살인한 자는 생명의 속전을 받지 말고 반드시 죽이라는 조항이 있다(민
35:31). 그래서 사울 후손들의 생명들을 죽여야 한다는 것이었다. 그리고 "사울과
이스라엘 가운데에서 사람을 죽이는 문제도 우리에게 있지 아니하니이다"고 말한
다. 즉, '사울의 후손 이스라엘 사람들 가운데에서 사람을 죽여야 하는 것은 사실인
데 그 문제는 기브온 사람들이 마음대로 할 수 있는 문제가 아니라고 말한다.
그런고로 사울 집안의 후손들을 죽이는 문제는 자기들이 어떻게 할 수 없으니
다윗 왕의 소관이라는 것을 밝힌다. 그런고로 다윗 왕은 사울 자손을 내주는

수밖에 없게 되었다(7-14절).

삼하 21:5-6. 그들이 왕께 아뢰되 우리를 학살하였고 또 우리를 멸하여 이스라엘 영토 내에 머물지 못하게 하려고 모해한 사람의 자손 일곱 사람을 우리에게 내 주소서 여호와께서 택하신 사울의 고을 기브아에서 우리가 그들을 여호와 앞에서 목매어 달겠나이다 하니 왕이 이르되 내가 내주리라 하니라.

기브온 사람들이 다윗 왕께 아뢰기를 우리 기브온 사람들을 학살해서 우리를 아주 멸종시키려 했던 사울 자손 일곱 남자들을 우리에게 내 주시면 여호와께서 택하신(삼상 10:1) 사람 사울 왕의 고을 기브아(삼상 10:26)에서 목매어 죽이겠다고 말한다. "우리가 그들을 여호와 앞에서 목매어 달겠나이다"라는 말은 여러 사람이 지켜보는 앞에서 목매 죽이는 것을 뜻한다.

기브온 사람들이 다윗 왕 앞에서 사울의 족속 중에서 일곱 사람을 내 달라고 했을 때 다윗은 "왕이 이르되 내가 내주리라"고 약속한다(7-14절).

2. 사울 자손을 내어주다 21:7-14

다윗은 기브온 사람들에게 약속한 대로 사울의 두 아들과 다섯 명의 외손자들을 내어 주었다. 그리고 그들을 받은 기브온 사람들은 기브아의 산위에서 목매어 죽였다.

삼하 21:7. 그러나 다윗과 사울의 아들 요나단 사이에 서로 여호와를 두고 맹세한 것이 있으므로 왕이 사울의 손자 요나단의 아들 므비보셋은 아끼고

본 절은 다윗 왕이 기브온 사람들에게 사울의 자손 일곱 남자를 내어 주는 중에 "사울의 손자 요나단의 아들 므비보셋은 아꼈다"는 것을 말한다. 이유는 "다윗과 사울의 아들 요나단 사이에 서로 여호와를 두고 맹세한 것이 있기" 때문이었다. 다윗이 사울의 아들 요나단과 언약을 세운 것은 다윗이 사울을 피해 다닐 때 요나단이 여인보다 더 큰 사랑을 다윗에게 주었기에 다윗과 요나단은 여호와를 두고 서로 맹세한 바가 있었다(삼상 18:3; 20:16,42; 23:18).

삼하 21:8. 왕이 이에 아야의 딸 리스바에게서 난 자 곧 사울의 두 아들 알모니와 므비보셋과 사울의 딸 메랍에게서 난 자 곧 므홀랏 사람 바르실래의 아들 아드리엘의 다섯 아들을 붙잡아.

다윗 왕은 아야의 딸 리스바에게서 난 자 곧 사울의 두 아들 알모니와 므비보셋을 내 주었다. 여기 "아야"는 사울의 첩 리스바의 부친이다(3:7; 21:8,10,11). 그리고 "리스바"(Rizpah)는 '뜨거운 돌'이라는 뜻을 가지고 있다. 이는 아야의 딸이며, 사울의 첩이다. 그리고 "알모니"(Armoni)는 리스바가 사울에게 낳은 아들이다. 그리고 또 "므비보셋"(Mephibosheth)은 아야의 딸 리스바에게서 난 사울의 아들이다.

다윗 왕은 이상 2명을 기브온 사람들에게 내어 주었고, 이제는 사울의 딸 메랍에게서 난 자 곧 "므홀랏 사람 바실래의 아들 아드리엘의 다섯 아들을 붙잡아" 내 주었다. 여기 "므홀랏 사람"(Meholathite)은 아벨 므홀라의 출신자를 가리킨다 (21:8; 삼상 18:19). 그리고 "바르실래"는 므홀랏 사람인데, 그의 아들 아드리엘은 사울의 맏딸 메랍을 아내로 취했으니 곧 메랍의 시아버지이다(21:8). 그리고 "아드리엘"(Adriel)은 '하나님은 나의 도우심이다'라는 뜻을 가지고 있다. 이는 므홀랏 사람으로, 바르실래의 아들. 사울 왕은 일찍이 다윗에게 주기로 약속한 딸 '메랍'을 이 아드리엘에게 주었다(삼상 18:19). 그의 다섯 아들은 다윗의 명령을 따라 기브온 사람에게 주어져 일찍이 사울 왕이 기브온 사람을 죽인 죄 값으로 나무에 달아 죽인바 되었다(삼하 21:8-9).

"이때에 기브온 사람들을 통하여 사울의 자손 일곱 사람을 목매어 죽이도록 섭리하신 하나님의 벌이 잔인한 듯이 생각되지만 그런 것이 아니다. 우리가 이런 벌을 보고 생각해야 될 것은 그 징벌의 원인이 되는 죄악의 잔인성이다. 그것은 기브온 사람에 대한 사울의 극악한 살육행위였다. 이때에 기브온 사람들의 행위는 하나님의 공의를 만족시키기 위한 정당한 처사였다"(박윤선).

삼하 21:9. 그들을 기브온 사람의 손에 넘기니 기브온 사람이 그들을 산 위에서 여호와 앞에 목매어 달매 그들 일곱 사람이 동시에 죽으니 죽은 때는 곡식 베는

첫날 곧 보리를 베기 시작하는 때더라.

다윗은 사울 족속의 일곱 사람(사울의 아들 두 명, 손자 5명)을 기브온 사람들의 손에 넘겨주니 기브온 사람들이 그들을 산(사울의 고향 기브아 근처의 산) 위에서 여호와 앞에(모든 사람이 보는 앞에서) 목매어 달았을 때 그들 일곱 사람이 동시에 죽었는데 그들이 죽은 때는 바로 보리를 베기 시작하는 때였다. "보리를 베기 시작하는 때"라고 밝힌 것은 그 때가 바로 유월절 때였고(신 16:9) 또 이 사건이 역사적인 사건이라는 것을 보여주기 위함이었다.

삼하 21:10. 아야의 딸 리스바가 굵은 베를 가져다가 자기를 위하여 바위 위에 펴고 곡식 베기 시작할 때부터 하늘에서 비가 시체에 쏟아지기까지 그 시체에 낮에는 공중의 새가 앉지 못하게 하고 밤에는 들짐승이 범하지 못하게 한지라.

여기 "아야의 딸 리스바"(사울의 첩)가 행한 일이 기록되었다. 사울의 첩 리스바는 "굵은 베를 가져다가 자기를 위하여 바위 위에 펴" 두었다. 사울의 첩 리스바는 아들 둘과 손자 다섯 명의 죽음을 너무 슬퍼하여 "굵은 베를 가져다가" 바위 위에 펴 두었다. "굵은 베"는 슬픔을 상징하는, 아주 거친 옷이다(창 37:34; 대상 21:16; 단 9:3). 삼하 3:31 주해 참조. 이 굵은 베를 가져다가 바위 위에 펴 둔 것은 "자기를 위하여"(for herself) 그렇게 한 것이었다. 다시 말해 '자기가 그 위에 앉기 위함'이었다. 나무에 매달은 일곱 구의 시체를 오랜 동안("곡식 베기 시작할 때부터 하늘에서 비가 시체에 쏟아지기까지") 밤과 낮으로 지키기 위함이었다. 즉, "낮에는 공중의 새가 앉지 못하게 하고 밤에는 들짐승이 범하지 못하게 하기" 위함이었다. 보통은 사람이 죄를 짓고 나무에 달려 죽으면 그 시체를 당일에 내려 장사하도록 규정되어 있지만(신 21:22,23) 그러나 이번의 경우는 하나님의 진노가 풀릴 때까지 나무에 매달려 있어야 했다. 그러니 사울의 첩 리스바는 오랜 동안 그 바위에 앉아서 낮에는 새, 밤에는 들짐승이 달려들지 못하게 쫓고 있어야 했다.

본 절의 "곡식 베기 시작할 때부터 하늘에서 비가 시체에 쏟아지기까지"란 말은 글자대로라면 6개월간이다(이들이 죽은 것이 4월 경이니 다음 우기인

10월까지는 6개월 간이다). 그러나 6개월 동안 그 시체를 지킨 것은 아닐 것이다. 이유는 하나님께서 진노를 푸시면 즉시 오래지 않아 비를 주셨을 것이니 말이다.

삼하 21:11. 이에 아야의 딸 사울의 첩 리스바가 행한 일이 다윗에게 알려지매.
　아야의 딸 사울의 첩 리스바가 행한 눈물겨운 일이 다윗에게 알려져 적지 아니 감동을 주어 다윗은 다음 절들(12-14절)과 같은 일을 행하기에 이르렀다.

삼하 21:12. 다윗이 가서 사울의 뼈와 그의 아들 요나단의 뼈를 길르앗 야베스 사람에게서 가져가니 이는 전에 블레셋 사람들이 사울을 길보아에서 죽여 블레셋 사람들이 벳산 거리에 매단 것을 그들이 가만히 가져온 것이라.
　다윗이 길르앗(요단강 동편)의 야베스로 가서 사울의 뼈와 그의 아들 요나단의 뼈를 그 주민에게서 찾아왔다. 거기서 찾아오게 된 이유는 블레셋 사람이 길보아 산에서 사울과 요나단을 죽여 블레셋 사람이 사울과 요나단의 시신을 벳산의 광장에 매달아 두었는데, 야베스 주민이 거기에 가서 몰래 그 시체를 취하여 화장하고, 뼈를 야베스의 에셀나무 아래 묻어 두었기 때문이다(삼상 31:8-13). 이제 다윗은 그 뼈를 거두어 온 것이다.

삼하 21:13. 다윗이 그 곳에서 사울의 뼈와 그의 아들 요나단의 뼈를 가지고 올라오매 사람들이 그 달려 죽은 자들의 뼈를 거두어다가.
　다윗이 이렇게 길르앗 야베스에서 사울의 뼈와 그의 아들 요나단의 뼈를 가지고 올라오니, 사람들이 나무에 매달아 죽인 일곱 사람들의 뼈도 모아서 함께 그들의 고향 땅에 장사하기에 이르렀다(다음 절). 본 절에 "그 달려 죽은 자들의 뼈를 거두어다가" 장사한 것을 보면 아마도 그들이 달려 죽은 후 장사될 때의 기간이 길었던 것으로 보인다.

삼하 21:14. 사울과 그의 아들 요나단의 뼈와 함께 베냐민 땅 셀라에서 그의

아버지 기스의 묘에 장사하되 모두 왕의 명령을 따라 행하니라 그 후에야 하나님이 그 땅을 위한 기도를 들으시니라.

사울의 뼈와 그의 아들 요나단의 뼈와 함께 베냐민 지파의 땅인 셀라89)에 있는 사울의 아버지 기스의 무덤에 장사하였다. 사람들이 다윗이 지시한 모든 명령을 따라서 그대로 한 뒤에야, 하나님이, 그 땅을 돌보아 주시기를 비는 그들의 기도를 들어주셨다. 그러니까 아무리 기근이 심해서 이스라엘 사람들이 주님 앞에 기도했어도 주님은 응답하시지 않으셨다(1절). 죄는 우리의 기도를 막는다.

3. 블레셋전의 용사들 21:15-22

본서의 저자는 이 부분(15-22절)에서 지난 날 블레셋과의 전투에서 혁혁한 전공을 세운 아비새, 십브개, 엘하난, 요나단 등의 용사들을 소개한다.

삼하 21:15. 블레셋 사람이 다시 이스라엘을 치거늘 다윗이 그의 부하들과 함께 내려가서 블레셋 사람과 싸우더니 다윗이 피곤하매.

블레셋과 이스라엘 사이에 다시 전쟁이 일어나서, 다윗이 군대를 거느리고 내려가서, 블레셋 사람과 싸웠다. 여기 "다시"라는 말은 시간적으로 연속한다는 말이 아니라 사건적으로 연속한다는 것을 보여주는 '다시'('moreover')라는 뜻이다. 다윗의 블레셋과 전쟁은 다윗의 통치 초기에 끝난 일이다. 이는 그 때의 일로 전쟁의 용사들을 소개하기 위해 기록하려는 것이다. 블레셋 사람과 싸우는 전투에서 다윗이 몹시 지쳐 있었다. 이 전쟁 때 다윗은 너무 피곤하여 곤란을 당한 것이다.

삼하 21:16. 거인족의 아들 중에 무게가 삼백 세겔 되는 놋 창을 들고 새 칼을 찬 이스비브놉이 다윗을 죽이려 하므로.

거인족의 자손인 이스비브놉90)이라는 사람이 무게가 삼백 세겔이나 되는

---

89) "셀라": Zela. '절름발이'라는 뜻을 가지고 있다. 베냐민의 성읍인데(수 18:28) 사울과 요나단의 유골이 여기 장사되었다(삼하 21:14). 셀사(삼상 10:2)와 동일지이다. 예루살렘의 서북 쪽 3㎞ 지점의 길벳 살라(Khirbet Salah)와 동일시된다.

청동 창을 들고, 허리에는 새 칼을 차고, 다윗을 죽이려고 접근하여 덤벼들었다. 이스비브놉이 아무리 장대해도 하나님께서 기름 부으신 자를 감당할 수는 없는 일이었다. 하나님께서는 기름 부으신 자와 함께 하신다.

삼하 21:17. 스루야의 아들 아비새가 다윗을 도와 그 블레셋 사람을 쳐 죽이니 그 때에 다윗의 추종자들이 그에게 맹세하여 이르되 왕은 다시 우리와 함께 전장에 나가지 마옵소서 이스라엘의 등불이 꺼지지 말게 하옵소서 하니라.

그러나 스루야[91]의 아들 아비새(둘째 아들)가 그 블레셋 사람을 쳐 죽이고 다윗을 살려 내었다. 이렇게 되자 다윗의 부하들은 '이제 왕은 두 번 다시 출전하지 마십시오. 우리는 이스라엘의 등불이신 왕을 잃고 싶지 않습니다' 하였다. 여기 "아비새"에 대해 2:18주해, 10:10; 18:2; 20:6 등 참조하라.

삼하 21:18. 그 후에 다시 블레셋 사람과 곱에서 전쟁할 때에 후사 사람 십브개는 거인족의 아들 중의 삽을 쳐 죽였고,

그 뒤에 다시 곱에서 블레셋 사람과 전쟁이 일어났는데 그 때에 후사 사람 십브개가 거인족의 자손인 삽을 쳐 죽였다. 여기 "곱"(Gob)은 '물구유'라는 뜻을 가지고 있다. 블레셋 사람의 성읍인데, 다윗 시대에 블레셋 사람과의 싸움이 두 번 있었다(삼하 21:18,19). 위치는 불명하다. 병행 기사인 역대상 20:4에는 '게셀'로 되어 있기도 하고 혹은 "갓"(Gath)으로 이해하기도 한다. "후사"(chushah)란 뜻은 '급속'이란 뜻을 가지고 있다. 유다의 아들 홀의 자손, 에셀의 아들(대상 4:4)이다. 다윗의 용사로 이 성읍의 출신자는 '후사 사람'으로 불리고 있다. 삼하 21:18; 23:27; 대상 11:29; 20:4. 베들레헴의 남서에 있는 후-산(Husan)과 동일시

---

90) "이스비브놉" Ishbibenob. '놉에서 산다'는 뜻을 가지고 있다. 블레셋 거인의 자손이다. 장대한 자(라파)의 아들 중에 무게 300세겔이나 되는 큰 놋창을 들고 새 칼을 찬 자인데, 지친 다윗을 죽이려다 오히려 아비새에게 죽임을 당하였다(삼하 21:16,17).

91) "스루야": 요압·아비새·아사헬의 모친이다(삼상 26:6; 삼하 2:13,18; 왕상 1:7; 대상 2:16). 사무엘하 17:25에 의하면, 나하스의 딸이므로 다윗의 누이이다(대상 2:16비교).

된다. "십브개" Sibbecai)는 '매이다'라는 뜻을 가지고 있다. 후사 사람이며 다윗의 용사 중 한 사람이다. 그는 다윗이 블레셋 사람과 곱에서 전쟁할 때 장대한 자의 아들(거인의 자손) 삽을 쳐 죽인 것으로 유명하다(삼하 21:18; 대상 11:29). 다윗의 상비군 12반열 중 제 8장관(군단장)으로서 2만 4천의 군사를 거느리고 8월에 근무했다(대상 27:11). 사무엘하 23:27에는 '므분내'로 되어 있다. "삽"(Saph)은 블레셋의 장대(長大)한 자(거인)의 아들이다. 곱 전쟁에서 후사 사람 십브개에게 피살되었다(삼하 21:18). 역대상 20:4에는 "십배"로 되어 있다.

삼하 21:19. 또 다시 블레셋 사람과 곱에서 전쟁할 때에 베들레헴 사람 야레오르김의 아들 엘하난은 가드 골리앗의 아우 라흐미를 죽였는데 그자의 창 자루는 베틀 채 같았더라.

또 곱에서 블레셋 사람과 전쟁이 일어났을 때에는, 베들레헴 사람 야레오르김의 아들 엘하난이 가드 사람 골리앗의 아우 라흐미를 죽였는데, 그 사람의 창 자루는 베틀 앞다리같이 굵었다.

여기 "야레오르김"(Jaateoregim)은 다윗의 용사, 베들레헴 사람 엘하난의 부친이다(삼하 21:19). 그리고 "엘하난"(Elhanan)은 야일의 아들이다. 그가 이스라엘이 블레셋 사람과 전쟁할 때 가드 사람 골리앗의 아우 라흐미를 죽였다. 그의 창 자루는 베틀 채 같았다고 한다(대상 20:5; 삼하 21:19). 그리고 "라흐미"(Lahmi)는 '먹을 것이 많다'는 뜻을 가지고 있다. 가드 사람 골리앗의 아우로, 블레셋사람과 전쟁할 때 야일의 아들 엘하난에게 죽임을 당했다(대상 20:5). 라흐미가 쓰던 창 자루는 베틀 채와 같았다.

히브리 원문에는 본 절에 있는 "라흐미"란 이름이 없다. 따라서 히브리 원문의 이 부분을 직역하면 "엘하난이 골리앗을 죽였다"는 말이 된다. 그런데 이 같은 말("엘하난이 골리앗을 죽였다"는 말)은 다윗이 골리앗을 죽였다는 삼상 17:50의 기록과 모순된다. 한편 대상 20:5에는 "엘하난이 골리앗의 아우 라흐미를 죽였다"라고 기록되어 있다. 따라서 대부분의 학자들은 역대기의 내용이 정확하고 히브리 원문의 본절을 필사자의 오기(誤記)로 여긴다(Clericus, Micaelis, Movers,

Pisctor, Thenius, K.&D. 등).92) 카일(Keil)은 "따라서 우리는 역대기의 독법을 옳은 것으로 받아드려 우리의 본문(삼하 21:19)도 이에 따라야 한다"고 주장한다. 그런고로 흠정역은 본 절에 "아우 아흐마"를 보충했고, 한글 개역개정판도 흠정역 (KJV)을 따르고 있다.

삼하 21:20-21. 또 가드에서 전쟁할 때에 그 곳에 키가 큰 자 하나는 손가락 과 발가락이 각기 여섯 개씩 모두 스물 네 개가 있는데 그도 거인족의 소생이라 그가 이스라엘 사람을 능욕하므로 다윗의 형 삼마의 아들 요나단 이 그를 죽이니라.

가드에서 또 다른 전쟁이 있었는데 적군(敵軍) 가운데 양쪽 손가락과 발가락 을 각각 여섯 개씩 가진 거인(巨人) 하나가 있었는데 그가 이스라엘을 모욕하므로 다윗의 형 시므아의 아들인 요나단이 그를 죽였다.

본문의 "시므아"(Shimeah)는 다윗의 형이며 이새의 셋째 아들이다(13:3; 대상 2:13; 20:7). 사무엘상 16:9, 17:13, 사무엘하 21:21, 역대상 2:13에는 '삼마'로 되어 있다. 시므아의 아들 요나단은 가드 전쟁에서 이스라엘을 능욕한 장대한 자의 소생을 죽였다. '삼마'란 이름은 아마도 블레셋 사람에 대한 승리를 기념하여 개명한 것으로 보인다. 그리고 "요나단"은 다윗의 형 삼마의 아들이다. 그는 가드의 거인 골리앗의 아들, 즉 이스라엘을 능욕한 자를 죽였다.

삼하 21:22. 이 네 사람 가드의 거인족의 소생이 다윗의 손과 그의 부하들의 손에 다 넘어졌더라.

---

92) 그런데 소수의 사람들은 반대의 의견을 제시한다(Bertheau, Boettcher). 반대의 의견을 제시하는 의견을 들어보면 역사상 골리앗이 둘이 있었는데 하나는 다윗에게 죽었고 또 하나는 엘하난에게 죽었다고 추측한다. 그러나 이 견해는 신빙성이 없다. 왜냐하면 만약에 둘이 있었다고 하더라도 동일하게 거인이며 동일하게 큰 창을 가지고 다녔을 가능성은 거의 없기 때문이다. 그런데 또 다른 견해를 말하는 사람들이 있다. 엘하난을 다윗과 동일 인물로 보는 견해이다. 즉, 엘하난이 다윗의 본명이라는 것이다. 그러나 이런 견해는 받아드리기 어렵다. 왜냐하면 다윗과 엘하난이 적장(敵將)을 죽인 장소가 각각 '엘라 골짜기'(삼상 17:2)와 곱(18절)으로서 서로 차이가 있고 다르기 때문이다(디럭스 바이블 성경사전).

본 절은 15-21절의 결론이다. 이 네 사람, 즉 가드의 거인족의 소생들이 다윗의 손과 그의 부하들(아비새, 십브개, 엘하난, 요나단 등의 용사들)의 손에 다 죽었다는 것을 보여준다. 아무리 거인족이라 하더라도 하나님께서 함께 하시는 다윗의 부하들에게는 전혀 문제가 될 것이 없었다는 것을 보여준다. 오늘도 그 어떤 굉장한 세력이라도 하나님 앞에서는 별것 아닌 것으로 여겨야 한다.

제 22 장

B. 하나님께 감사와 찬미를 드리다   22:1-23:7

이 부분(22:1-23:7)은 다윗이 사울과 모든 대적으로부터 구원 받아 왕위에 오른 때 자신을 그렇게 되게 하신 하나님께 영광과 감사를 돌리는 시 18편과 거의 문자적으로 같다. 저작의 시기는 삼하 7-8장의 시기로 본다. 이 부분의 내용은 하나님의 구원의 역사를 노래하고(1-3절), 기도에 응답하신 하나님을 찬양하며(4-20절), 하나님의 상급에 대해 찬양하고(21-29절), 자신을 승리하게 하신 하나님을 찬양하며(30-46절), 영원토록 하나님을 찬양하고(47-51절), 메시아 왕국을 대망한다(23:1-7)는 내용이다.

   1. 하나님의 구원의 역사를 노래하다   22:1-3

다윗은 이 부분(22:1-23:7)의 감사시의 서론으로 하나님이 구원의 역사를 찬미한다.

삼하 22:1. 여호와께서 다윗을 모든 원수의 손과 사울의 손에서 구원하신 그 날에 다윗이 이 노래의 말씀으로 여호와께 아뢰어.

본 절은 여호와께서 다윗을 위해서 하신 일과 다윗이 여호와께 한 일 두 가지를 진술한다. 여호와께서 다윗을 위해서 하신 일은 모든 원수의 손과 사울의 손에서 구원하신 일이고 다윗이 한 일은 2절 이하와 같은 말씀을 지어 여호와께 바친 것을 말씀한다. 그런데 다윗이 2절 이하와 같은 말씀을 여호와께 드린 시기는 여호와께서 다윗을 모든 원수의 손과 사울의 손에서 구원하신 그 날이라고 말한다. 역사적으로 보면 본서 7-8장의 시기로 본다. 1절의 "여호와께서 다윗을 모든 원수의 손과 사울의 손에서 구원하신 그날"은 본서 7:1의 "여호와께서 주위의 모든 원수를 무찌르사 왕으로 궁에 평안히 살게 하신 때"와 동일하다. 다윗은 모든 환난을 넘어선 때에 그렇게 되게 하신 그 모든 영광을 하나님께 돌리고 있다.

삼하 22:2. 이르되 여호와는 나의 반석이시요 나의 요새시요 나를 위하여 나를 건지시는 자시요.

다윗은 본 절에서 여호와를 자기의 반석[93](my rock-안전한 피난처), 요새(적의 공격을 막아주시는 분), 자신을 건지시는 자(적의 공격을 막아주시는 분)라고 찬양한다.

삼하 22:3. 내가 피할 나의 반석의 하나님이시요 나의 방패시요 나의 구원의 뿔이시요 나의 높은 망대시요 그에게 피할 나의 피난처이시요 나의 구원자시라 나를 폭력에서 구원하셨도다.

본 절도 여호와께서 다윗에게 해주신 7곱 가지 역할을 말하고 있다. 여호와는 다윗이 피할 반석의 하나님, 다윗의 방패(적의 공격 무기를 막아주시는 분), 다윗의 구원의 뿔(다윗을 구원해 주시는 힘), 다윗의 높은 망대(항상 보호해주시는 분), 그에게 피할 다윗의 피난처(적으로부터 보호해주시는 안식처), 다윗의 구원자(모든 위험으로부터 건지시는 분), 다윗을 폭력에서 구원하신 분(적의 폭력으로부터 건지시는 분)으로 찬양한다.

 2. 기도에 응답하신 하나님을 찬양하다 22:4-20

다윗은 수도 없이 여러 차례 큰 환난을 맞이해서 여호와께 아뢰어 그 여러 환난으로부터 초자연적 방법으로 응답하신 하나님께 감사한다.

삼하 22:4. 내가 찬송 받으실 여호와께 아뢰리니 내 원수들에게서 구원을 받으리로다.

---

93) "반석": Rock. 바위는 부피가 큰 돌, 반석은 넓고 편편하게 된 아주 든든한 돌을 말하는데, 구 신약의 역어에 있어서 히브리어의 경우 '셀라'가 60회, '추르'가 75회, 헬라어에 있어서는 '페트라'(petra)가 씌어져 있다. 팔레스틴에는 산지가 많아 성경 중 바위나 반석에 관련된 기사가 많이 보인다.

본 절은 다윗이 한 일과 여호와께서 하신 일이 진술된다. 다윗이 한 일은 여호와께 아뢴 일이고 여호와께서 하신 일은 다윗의 원수들에게서 구원해 주시는 일이었다. 여호와께서는 우리가 아뢰기만 하면 우리를 어렵게 하는 원수들에게서 구원해 주시는 것이다. 우리는 아뢰는 삶을 살아야 한다.

삼하 22:5. 사망의 물결이 나를 에우고 불의의 창수가 나를 두렵게 하였으며.

본 절의 "사망의 물결"과 "불의의 창수"는 동의어로 '다윗의 원수 사울'을 지칭한다. "사망의 물결"이란 '다윗을 죽음에 이르도록 만드는 물결'을 뜻하고, "불의의 창수"는 '다윗을 죽음에 이르도록 만드는 불의(不義)의 큰 물'을 뜻한다. 이런 동의어법을 히브리식 '동의적 평행법'(Synonymous parallelism)이라고 칭한다. 본 절에는 또 하나의 동의적 평행법이 나온다. 즉 "에우며"라는 말과 "둘렀으며"라는 말이다. 이 두 단어는 사울이 모두 다윗을 죽이려고 달려들었다는 것을 뜻한다(삼상 19:1; 23:15; 26:20; 27:1).

삼하 22:6. 스올의 줄이 나를 두르고 사망의 올무가 내게 이르렀도다.

본 절의 "스올94)(무덤, 사망)의 줄"은 '다윗 자신을 죽음에 이르도록 이끌어가는 줄들'을 뜻하고 또 "사망의 올무"란 '다윗을 사망으로 이끌어가는 올무들'을 지칭한다. 사울은 다윗을 죽음에 이르도록 계속해서 압박했고 계속해서 올무들을 사용했다. 그리고 본 절에는 또 하나의 동의어가 있다. 즉 "두르고"와 "내게 이르렀도다"라는 말이다. 이 두 단어는 모두 '사울이 다윗을 위협했다'는 뜻이다. 이런 위협적인 존재가 다윗 옆에 있었지만 다윗은 항상 기도하면서 잘 지냈다(다음 절).

삼하 22:7. 내가 환난 중에서 여호와께 아뢰며 나의 하나님께 아뢰었더니 그가 그의 성전에서 내 소리를 들으심이여 나의 부르짖음이 그의 귀에 들렀도다.

---

94) "스올"이란 단순히 '무덤'이나 '죽음'을 지칭하는 말이다.

다윗은 환난, 즉 스올과 사망을 앞에 놓고 "여호와께 아뢰며 나의 하나님께 아뢰었더나" 여호와께서 그의 성전에서 "내 소리를 들으심이여 나의 부르짖음이 그의 귀에 들린" 것을 깨닫게 되었다. 그래서 그는 감사를 넘치게 하는 것이다. 다윗은 기도하고 또 기도하여 들으심을 입었다.

삼하 22:8. 이에 땅이 진동하고 떨며 하늘의 기초가 요동하고 흔들렸으니 그의 진노로 말미암음이로다.

본 절 초두의 "이에"(Then)란 말은 '다윗이 기도하여 여호와께서 하늘 성전에서 들으셨을 때'를 지칭한다. 다윗이 기도하여 여호와께서 하늘 성전에서 들으셨을 때 "땅이 진동하고 떨며 하늘의 기초가 요동하고 흔들렸다"는 것이다. 여기 "땅"과 "하늘의 기초"는 동의어로 쓰였고 또 "진동하고 떨며"라는 말과 "요동하고 흔들렸다"는 말도 동의어로 사용되었다. 이 모든 표현들은 모두 여호와께서 이적적으로 역사하셨다는 표현이다. 이렇게 큰 이적이 발생한 이유는 "그(여호와)의 진노로 말미암았다"는 것이다. 하나님께서 진노하셨기 때문에 땅에는 큰 이적이 발생했다는 것이다.

삼하 22:9. 그의 코에서 연기가 오르고 입에서 불이 나와 사름이여 그 불에 숯이 피었도다.

다윗의 기도가 하늘 성전에 들려졌을 때 땅만 진동하는 것(앞 절)이 아니라 또 본 절에서는 하나님의 코에서 연기가 피어오르고 입에서 불이 나와 살라서 그 불에 숯이 피는 일이 발생했다는 것이다. 하나님께서 진노하시니 세상에 그 진노를 막을 사람이 없다. 기도하는 사람 앞에서는 아무도 바로 저항하지 못하는 것이다.

삼하 22:10. 그가 또 하늘을 드리우고 강림하시니 그의 발아래는 어두캄캄하였도다.

본 절은 여호와께서 진노하신 때의 모습을 보여주고 있다. 즉, 주께서 하늘을 가르고 내려오실 때에, 그 발아래에는 짙은 구름이 깔려 있다는 표현이다.

본 절의 "하늘을 드리우고"라는 말과 "강림하시나"라는 말은 동의어로 사용되었다. 여기 "드리우고"란 말은 '기울이다' 혹은 '숙이다'는 뜻으로(삿 9:3; 16:30; 시 40:1; 102:11; 잠 4:27) 마치 하늘이 땅에 허리를 굽히고 접근하는 듯한 모양을 묘사하는 말이다. 이는 시시각각으로 다가오는 심판의 임박성을 묘사하는 말이다.

그리고 본 절의 "그의 발아래는 어두컴컴하였도다"는 말은 빽빽한 비구름으로 땅위에 깔리는 짙은 흑암의 무시무시함을 묘사하는 말이다. 이와 같은 흑암의 상태는 하나님의 진노의 상태를 보여준다. 결국 이러한 흑암과 더불어 땅위에 강림하는 하나님의 임재는 악인들에게는 무서운 심판을 의미하게 된다. 악인들은 하나님의 격렬한 진노와 심판의 무시무시한 징조만을 볼 수밖에 없다.

삼하 22:11. 그룹을 타고 날으심이여 바람 날개 위에 나타나셨도다.

본 절의 "그가 그룹을 타고 날으심이여"라는 말과 "바람 날개 위에 나타나셨다"는 말씀도 동의절(同意節)이다. 즉, 여호와께서 그룹을 거느리시고 강림하시고 바람 날개를 타고 나타나신다는 뜻이다. "그룹"이란 여호와 앞에서 수종드는 천사로 성경에서는 에덴동산에서 생명나무를 지키는 자로 처음 나타난다(창 3:22,24). 여호와께서 다윗이 당하는 어려움을 보시고 아주 신속하게 나타나셔서 도우신다는 뜻이다.

삼하 22:12. 그가 흑암 곧 모인 물과 공중의 빽빽한 구름으로 둘린 장막을 삼으심이여.

본문은 여호와께서 어둠으로 그 주위를 둘러서 휘장을 삼으시고, 빗방울 머금은 먹구름과 짙은 구름을 둘러서 휘장을 삼으신다는 것을 뜻한다. 다시 말해 여호와께서 악인을 치러 강림하실 때 어두운 구름을 입고 오신다는 뜻이다. 여호와께서 악인을 치실 때 자연현상(폭우와 폭풍)이 땅을 치는 것 같은 무서운 위세로 치신다는 것이다.

삼하 22:13. 그 앞에 있는 광채로 말미암아 숯불이 피었도다.

주 앞에 있는 광채로부터 이글거리는 숯불이 피어났다는 뜻이다. 본문의 "광채"(חֹגַהּ)는 '불꽃' 혹은 '섬광'을 의미하는 말로 빽빽한 구름 사이에서 번쩍이는 번개를 뜻한다(K.&D., Smith). 그리고 "숯불이 피었다"는 말은 그 번개에서 불꽃이 튀어 나왔다는 뜻이다. 이는 하나님의 진노를 생생하게 묘사한다. 하나님의 진노로 대적들이 망하지 않는 사람들은 없다.

그런데 시 18:12은 본문과 병행구로 "그 앞에 광채로 말미암아 빽빽한 구름이 지나며 우박과 숯불이 내리도다"(Out of the brightness before him hailstones and coals of fire broke through his clouds-ESV)라고 기록되어 있다. 시편 18:12의 뜻은 '주 앞에 있는 광채 즉 번개가 구름 속을 가로지르면서 우박과 숯불이 내린다'는 뜻이다. 아마도 번개가 구름을 갈랐을 때 구름이 우박으로 변했을 것이라는 뜻일 것이다(Calvin). 출 9:24에 보면 불덩이가 우박에 섞여 내린 사실이 기록되어 있다.

삼하 22:14. 여호와께서 하늘에서 우렛소리를 내시며 지존하신 자가 음성을 내심이여.

본 절의 "여호와께서 하늘에서 우렛소리를 내시며"라는 절과 "지존하신 자가 음성을 내심이여"라는 절은 동의절이다. 이 두 절을 보면 "여호와께서"와 "지존하신 자"가 동의어이고, "우렛소리를 내시며"와 "음성을 내심이여"라는 말이 동의어이다. 이렇게 동의어를 사용하는 이유는 그 의미를 더욱 분명히 하기 위함이고 또 강조하기 위함이다. 여호와께서는 다윗의 원수들을 심판하실 때 우렛소리, 즉 음성을 내서서 심판하신다. 하나님께서는 자연을 통하여 원수들을 심판하신다.

삼하 22:15. 화살을 날려 그들을 흩으시며 번개로 무찌르셨도다.

본 절은 두 개의 동의절로 이루어져 있다. 즉, "화살을 날려 그들을 흩으시며"라는 절과 "번개로 무찌르셨도다"라는 절은 동의절이다. "화살"이란 단어와 "번개"라는 단어는 동의어이고, "흩으시며"라는 단어와 "무찌르셨도다"라는 단어도 동의어이다. 다윗은 번개가 번쩍번쩍 빛나는 것을 두고 화살이 움직이는 것 같은 느낌을 받아 화살이라고 묘사한 것 같다. 다윗은 여호와께서 다윗의 원수들을 천둥번개로 흩으시고 무찌르신 것을 경험하고 이 시를 쓴 것으로 보인다.

삼하 22:16. 이럴 때에 여호와의 꾸지람과 콧김으로 말미암아 물 밑이 드러나고 세상의 기초가 나타났도다.

본문 초두의 "이럴 때에"란 말은 '그 때에'(then)란 뜻으로 앞 절의 '번개가 칠 때에'란 뜻이다. 본 절에서 다윗은 '번개가 칠 때에 주께서 꾸짖으셔서 바다의 밑바닥이 훤히 드러나고, 주께서 진노하셔서 콧김을 내뿜으실 때에 땅의 기초도 훤히 드러났다'는 것을 말한다. 다윗은 하나님의 진노와 심판하시는 역사로 말미암아 아주 무서운 대적들의 위협에서 자유롭게 되었다는 내용을 시적으로 묘사한 것이다. 본 절에서 "물"은 다윗을 핍박한 대적을 상징하는 말이다. 다윗은 하나님의 진노가 임하여 대적의 세력이 완전히 파멸되고 그 모든 환난에서 벗어나게 된 것을 시적으로 묘사한 것이다.

삼하 22:17. 그가 위에서 손을 내미사 나를 붙드심이여 많은 물에서 나를 건져내셨도다.

다윗은 여호와께서 위에서 손을 내미셔서 다윗 자신을 붙드셨고 "많은 물", 즉 '많은 대적'으로부터 다윗을 건져내셨다고 말한다. 우리의 힘이 약할 때 여호와께서 위에서부터 손을 내미셔서 붙들어 주신다는 것은 얼마나 감사한지 모를 일이다.

삼하 22:18. 나를 강한 원수와 미워하는 자에게서 건지셨음이여 그들은 나보다 강했기 때문이로다.

다윗은 여호와께서 나를 강한 대적과 나를 미워하는 원수에게서 구하셨으니 그들은 나보다 강한 자들이었기 때문이라고 말한다. 즉, 여호와께서 다윗을 강한 원수들에게 구원해 주신 이유는 그 원수들이 다윗보다 강한 원수들이었기 때문이라는 것이다. 여기 다윗 보다 강한 원수는 사울이었다. 우리는 세상에 살 때에 세상에 있는 사탄의 종들이 나보다 강한 것을 의식하고 온전히 주님을 의지해야 할 것이다.

삼하 22:19. 그들이 나의 재앙의 날에 내게 이르렀으나 여호와께서 나의 의지가 되셨도다.

다윗은 세상의 강한 원수와 미워하는 자(앞 절)가 다윗의 재앙의 날95)(사울이 다윗을 쫓아다닐 때)에 다윗에게 이르렀으나 자신의 약함을 알고 여호와를 의지하는 마음이 있어 여호와를 의지했더니 여호와께서 다윗의 의지가 되어 주신 사실을 생각하면서 감사한다. 우리는 많은 사람이 우리를 쫓아다녀도 여호와께서 우리의 의지가 되시니 무슨 큰 문제가 되랴.

삼하 22:20. 나를 또 넓은 곳으로 인도하시고 나를 기뻐하시므로 구원하셨도다.

여호와께서 나(다윗)를 넓은 곳(안전한 곳)으로 인도하시고, 나를 기쁘게 여겨 구원해 주셨다. 여기 "넓은 곳"이란 적의 어떤 공격도 받지 않을 안전한 곳을 말한다. 여호와께서는 다윗을 안전지대로 옮겨주셨고 다윗을 튼튼한 왕으로 만들어주셨으며 나라가 부강해져서 안전지대가 되게 하셨다. 여호와께서 다윗을 기뻐하셔서 마주하는 전쟁마다 승리하게 해주셨다(8:6).

3. 하나님의 상급에 대해 찬양하다 22:21-29

다윗은 여호와께서 자신의 공의를 보상하신 것을 찬양한다. 여기 공의란 자신이 하나님을 떠나지 않은 것(22절), 하나님의 법도를 떠나지 않은 것(23절), 죄악을 피한 것(24절) 등을 말한다. 다윗은 다른 사람들과 비교해서 좀 의롭게 살았더니 여호와께서 보상하셨다고 말한다.

삼하 22:21. 여호와께서 내 공의를 따라 상주시며 내 손의 깨끗함을 따라

---

95) 사울이 다윗을 쫓아다닐 때를 지칭할 것이다(삼상 23:13-15; 24:1-3; 26:1-4).

갚으셨으니.

본 절은 두 개의 동의절로 이루어져 있다. "여호와께서 내 공의를 따라 상주셨다"는 말과 "내 손의 깨끗함을 따라 갚으셨으니"라는 말은 동의절(同意節)이다. 따라서 "내 공의"란 단어와 "내 손의 깨끗함"이란 단어도 동의어이다. 좀 더 구체적으로 말하면 "공의"(公義)란 '깨끗하게 살아가는 것' 혹은 '큰 흠 없이 살아가는 것'을 말한다. 다윗은 다음 절(22절) 이하에 자신이 공의롭게(깨끗하게) 행동해 왔다고 말한다. 하나님은 다윗이 깨끗하게 사는 일 때문에 상을 주셨다고 말한다. 우리는 세상을 깨끗하게 살아야 한다.

삼하 22:22. 이는 내가 여호와의 도를 지키고 악을 행함으로 내 하나님을 떠나지 아니하였으며.

본 절 초두에는 "이는"('כִּי)이라는 이유 접속사가 있어 본 절 이하는 앞 절에서 주장하고 있는바 "여호와께서 내 의를 따라 상 주산" 이유를 여러 가지로 설명하고 있다. 본 절에서 여호와께서 왜 다윗에게 상을 주셨는지 그 이유를 하나 밝힌다. 자신이 여호와의 도(道)를 지켰기 때문이라고 한다. "도"(道, ways)란 '하나님의 말씀' 혹은 '여호와께서 인류에게 주신 율법'이란 뜻이다. 다윗은 이 시편을 쓰는 순간까지 여호와의 말씀을 지키면서 살아왔는데 소극적으로 말하면 "악하게 하나님을 떠나지 아니했다"는 것으로 묘사한다. 여호와의 말씀을 지키면 하나님을 떠나지 않게 되는 것이고, 또 하나님을 떠나지 않는 삶이란 여호와의 말씀을 지키는 것이다.

삼하 22:23. 그의 모든 법도를 내 앞에 두고 그의 규례를 버리지 아니하였음이로다.

본 절은 다윗이 자신이 여호와로부터 상 받을 수 있는 이유를 또 하나 밝힌다. 즉, 주의 모든 법도를 자기 앞에 두고 지켰으며, 주의 모든 법규를 자기가 버리지 아니하였기 때문이라고 말한다. 다윗이 모든 법도를 자기 앞에 두고 지킬 수 있었던 것은 여호와의 율법을 주야로 묵상한고로 가능했다(시 1:1-2). 다윗은 이렇게 주의 모든 법도를 자기 앞에 두고 지키면서 주의 법도를 버리지 않았기에 하나님께서 보상해주신 것을 찬양한다.

삼하 22:24. 내가 또 그의 앞에 완전하여 스스로 지켜 죄악을 피하였나니.

　다윗은 본 절에서 자신이 여호와 앞에서 흠 없이(blameless) 살고 자신을 지켜 죄를 짓지 않았기 때문에 상을 받았다고 고백한다. 본 절의 "완전하여"라는 말은 절대적인 완전을 말하는 것이 아니라 악인과 비교하여 나은 삶을 살았다 뜻이다. 다시 말해 여호와께서 나무라실 데 없이(공동번역) 살았다는 뜻이다.

삼하 22:25. 그러므로 여호와께서 내 공의대로, 그의 눈앞에서 내 깨끗한 대로 내게 갚으셨도다.

　본 절은 21절의 재설이고, 또 두 동의절로 이루어져 있다. 즉, "여호와께서 내 공의대로"란 말과 "그의 눈앞에서 내 깨끗한 대로 내게 갚으셨도다"란 말은 동의절이다. 여기 "공의"란 말은 "깨끗함"이란 뜻이다. 옳게 사는 것은 깨끗하게 사는 것이다. 다윗이 절대적인 뜻에서가 아니라 상대적인 뜻에서 옳게 살았고 또 깨끗하게 살았기에 여호와께서 그에게 보상하셨다. 오늘 우리는 하나님의 도를 떠나지 말고 죄를 짓는 삶을 살지 않아야 할 것이다.

삼하 22:26. 자비한 자에게는 주의 자비하심을 나타내시며 완전한 자에게는 주의 완전하심을 보이시며.

　사람들에게 조금만 자비를 베풀어도 여호와께서는 자비를 베푼 우리들에게 큰 자비를 베풀어주신다. 마 5:7에서 예수님은 "긍휼히 여기는 자는 복이 있나니 그들이 긍휼히 여김을 받을 것이라"고 하신다(약 2:13 참조). 그리고 흠 없이 행하는 자에게 여호와께서는 흠 없는 자처럼 위해 주신다고 하신다. 사람은 조금만 행했는데 여호와께서는 크게 갚아주신다.

삼하 22:27. 깨끗한 자에게는 주의 깨끗하심을 보이시며 사악한 자에게는 주의 거스르심을 보이시리이다.

본 절에서 다윗은 "깨끗한 자에게는 주의 깨끗하심을 보이신다"고 말한다. 여기 "깨끗한 자"란 말은 '자기를 깨끗하게 하는 자'를 의미한다(요일 3:3). 자기를 깨끗하게 하는 일은 하나님 말씀을 읽고 묵상함으로 가능하고(시 119:9) 또 죄를 자복함으로 가능하다(요일 1:9). "깨끗한 자에게는 주의 깨끗하심을 보이신다"는 말씀은 "마음이 청결한 자는 복이 있나니 저희가 하나님을 볼 것이라"는 말씀과 같다(마 5:8).

그리고 "사악한 자에게는 주의 거스르심을 보이실 것이라"는 말씀은 '마음이 구부러지고 행동을 굽게 하는 사람(욥 9:20; 잠 28:18)에게는 여호와께서 진노하심으로 보상하신다'는 뜻이다. 여호와께서는 마음과 행동이 구부러진 자에게 반드시 진노하심을 알아야 할 것이다.

삼하 22:28. 주께서 곤고한 백성은 구원하시고 교만한 자를 살피사 낮추시리이다.

여호와께서는 겸손한 사람을 반드시 구원하시고, 마음이 높은 사람, 즉 교만한 자세로 남을 압제하는 자를 여호와께서 아서서 낮추신다는 것이다. 우리는 우리 자신을 매일 쳐서 낮은 마음을 가지고 살아야 할 것이다.

삼하 22:29. 여호와여 주는 나의 등불이시니 여호와께서 나의 어둠을 밝히시리이다.

다윗은 여호와께서 자신의 등불(생명과 소망과 번영)이신 것을 알고 있기 때문에 자신의 어둠(위기와 멸망)을 밝히시고 계신 것을 경험하여 찬양하고 있다. 다윗은 여호와께서 자신의 심령과 생활에 항상 밝음을 주셔서 번영케 하심을 알고 감사가 넘친다. 오늘도 여호와는 이 암흑천지에서 우리의 인도자가 되셔서 우리에게 밝은 현재와 미래를 주신다.

4. 자신을 승리하게 하신 하나님을 찬양하다 22:30-46

다윗은 항상 자신을 승리하게 하시는 하나님을 찬양한다. 자신을 항상 승리하게 하시는 하나님이 계시다는 것은 놀라운 복이 아닐 수 없다. 다윗은 모든 민족 중에서 항상 여호와께서 자신으로 하여금 승리하게 하시니 감사와 찬양이 넘쳤다. **삼하 22:30. 내가 주를 의뢰하고 적진으로 달리며 내 하나님을 의지하고 성벽을 뛰어넘나이다.**

"내가 주를 의뢰하고 적진으로 달리며"라는 절과 "내 하나님을 의지하고 성벽을 뛰어넘나이다"라는 절은 동의절이다. 여기 "적진"이란 말과 "성벽"이란 말도 동의어로 쓰였다. 그리고 "달리며"와 "뛰어넘나이다"라는 말도 동의어이다. 다윗은 같은 말을 반복하여 의미를 강화하고 있으며 또 의미를 분명히 드러내고 있다. 다윗은 과거의 경험을 기억하고 적군으로 돌진하며 큰 장애물인 성벽을 미래에도 뛰어넘을 것이라고 말하고 있다. 그는 이런 일을 함에 있어 "하나님을 의뢰하고" 했다고 말한다. 우리가 하나님을 의뢰할 때 적진 속으로 뛰어들고 또 큰 장애물도 얼마든지 뛰어 넘을 수 있는 것이다. 그는 과거에 어린 시절에 골리앗을 향해 돌진한 엄청난 경험도 있었고(삼상 17:48-49), 아말렉 진을 돌격한 일도 있었으며(삼상 30:17), 여부스 인을 격파하고 예루살렘을 탈취하여 이스라엘의 수도로 정한 사실도 있었다(5:6-7). 그는 강한 적진도 또 아무리 큰 장애물도 문제가 되지 않았다. 이는 여호와를 의지하여 하는 일이니 문제가 되지 않은 것이었다.

삼하 22:31. 하나님의 도는 완전하고 여호와의 말씀은 진실하니 그는 자기에게 피하는 모든 자에게 방패시로다.

다윗은 하나님의 도(말씀)는 완전무결하고 또 진실하여 거짓이 없다고 말한다. 그러므로 참으로 그 말씀을 심령에 넣고 하나님을 의지하는 자는 그 말씀의 약속대로 하나님의 보호를 받는다(박윤선). 다윗은 하나님의 말씀을 항상 읽고 주야로 묵상하는 중(시 1:1-2) 하나님을 의뢰하여 하나님의 보호를 받은 경험이 많았다. 많은 사람들이 하나님을 의지하지 못하는 이유는 그 말씀을 읽고 묵상하지 않아서 그렇다. 말씀을 붙잡는 것이 곧 하나님을 붙잡는 것임을 알아야 하고 말씀을 의뢰하는 것이 하나님을 의뢰하는 것임을 알아야 한다. 그러므로 매일(항상) 읽고 묵상해야 한다. 그래서 그 말씀이 우리의 심령 깊은 곳에 들어가야 한다. 그 말씀이 우리의 심령 깊은 곳에 들어가면 여호와를 의지하게 된다.

삼하 22:32. 여호와 외에 누가 하나님이며 우리 하나님 외에 누가 반석이냐.
히브리어 원문 초두에 보면 "왜냐하면"이란 이유접속사가 나타나 본 절이 앞 절의 이유임을 알리고 있다. 즉, "여호와가 자기에게 피하는 모든 자에게 방패"(앞 절)가 되시는 이유를 말하고 있다. 여호와가 자기에게 피하는 모든 자에게 모든 화살을 막아주시는 방패가 되시는 이유는 여호와만 하나님이 되시고 또 우리 하나님만이 반석(바위)이 되시기 때문이다. 신 32:4; 사 44:8 참조

삼하 22:33. 하나님은 나의 견고한 요새시며 나를 안전한 곳으로 인도하시며.
본 절의 "하나님은 나의 견고한 요새시며"란 절과 "나를 안전한 곳으로 인도하시며"라는 절은 동의절이다. 다윗은 하나님께서 자신의 튼튼한 요새(적군의 공격을 당하지 않도록 방위 시설을 갖춘 곳)로서 하나님께서는 자신이 걷는 길을 안전하게 하여 주신다는 것이다. 병행구인 시 18:32은 "이 하나님이 힘으로 내게 띠 띠우시며 내 길을 완전하게 하시며"라고 표현하고 있다. 하나님은 다윗의 힘과 능력이 되시며 그의 길을 완전하게 해 주신다는 것이다. 오늘 우리는 하나님께서 우리의 튼튼한 요새인줄 알고 안전한 길로 인도하시는 줄 알아야 할 것이다.

삼하 22:34. 나의 발로 암사슴 발 같게 하시며 나를 나의 높은 곳에 세우시며.
다윗은 본 절에서 여호와께서 자기의 "발로 암사슴 발 같게 하셨다"고 말한다. 자기의 발로 암사슴 발 같게 하셨다는 말은 여호와께서 자기를 아주 민첩하게 만드셨다는 뜻이다. "암사슴"은 민첩성의 상징이다(K.&D., Hengstemberg). 다윗은 자기가 빠르게 뛰었다고 말하지 않고 여호와께서 자기를 아주 빠르게 뛰게 하셨다고 말한다. 여기서 말하는 다윗의 빠름은 적군이 도망할 때 크게 공헌을 했을 것이다. 우리는 무슨 일을 할 때마다 여호와께서 주시는 빠름을 가지고 임해야 할 것이다. 느리면 이기지 못한다.
그리고 다윗은 "나를 나의 높은 곳에 세우셨다"고 말한다. 여기 "높은 곳"은

적군을 정복한 높은 고지의 장소적인 개념이 아니라, 다윗이 하나님의 도움으로 전쟁에서 승리하여 얻게 되었던 '높이 들림'을 의미한다(신 32:13, K.&D., Hengstemberg, Lange). 우리가 여호와를 의뢰할 때는 언제든지 '높이 들림'(승리)을 주신다.

삼하 22:35. 내 손을 가르쳐 싸우게 하시니 내 팔이 놋 활을 당기도다.

다윗은 하나님께서 자기에게 전투 훈련을 시키시니, 자기의 팔이 놋쇠로 된 강한 활을 당길 수 있게 되었다고 감사한다. 놋쇠로 된 강한 활은 보통 사람으로서는 쏠 수 없는 금속 무기로서 힘이 센 사람만이 사용할 수 있는 활이었다. 이 무기를 감당할 수 있다는 것은 전쟁의 대승을 보장하는 것이었다고 한다. 다윗이 본 절에서 말하는 것은 하나님께서 자기와 동행하셔서 이방을 물리쳤음을 말한다.

삼하 22:36. 주께서 또 주의 구원의 방패를 내게 주시며 주의 온유함이 나를 크게 하셨나이다.

다윗은 본 절에서 여호와께서 나에게 구원의 방패를 주시고, 또 나를 온유하게 하셔서 아주 위대하게 만들어 주셨다고 찬양한다. 다윗은 본 절에서 여호와께서 적으로부터 완전히 구원하여 주셨고, 또 다윗에게 온유한 심령을 주셔서(마 5:5) 여호와만 의지하는 사람 되게 하사 위대한 인물이 되게 하셨다고 감사한다. 우리는 하나님의 온유함을 구하여 하나님 보시기에 위대하게 되어야 할 것이다.

삼하 22:37. 내 걸음을 넓게 하셨고 내 발이 미끄러지지 아니하게 하셨나이다.

다윗은 여호와께서 자기 앞에 광장을 주셔서 자신의 발이 미끄러지지 않게 해주셨다고 말한다. 본 절은 하나님께서 다윗에게 자유롭게 활동할 수 있도록 모든 방해물을 제거하셨다는 것이고(K.&D.), 따라서 여호와께서는 다윗으로 하여금 실족치 않고 자유스럽게 살 수 있게 해주셨다는 뜻이다.

삼하 22:38. 내가 내 원수를 뒤쫓아 멸하였사오며 그들을 무찌르기 전에는 돌이키

지 아니하였나이다.

다윗은 자신이 원수를 뒤쫓아 멸하였고 그들을 완전히 무찌르기 전에는 고만두지 않았다고 말한다. 다윗은 자신이 끝까지 승리할 수 있도록 하나님께서 힘을 주셔서 무찔렀다는 것을 드러낸다(삼상 30:8-17; 삼하 8:1-13; 삼하 10:6-8).

삼하 22:39. 내가 그들을 무찔러 전멸시켰더니 그들이 내 발 아래에 엎드러지고 능히 일어나지 못하였나이다.

다윗은 하나님께서 힘을 주셔서 원수들을 무찔러 전멸시켰더니 원수들이 다윗 앞에 엎드러지고 능히 일어나지 못하여 조공을 바치는 입장이 되었다고 말한다.

삼하 22:40. 이는 주께서 내게 전쟁하게 하려고 능력으로 내게 띠 띠우사 일어나 나를 치는 자를 내게 굴복하게 하셨사오며.

다윗이 앞 절처럼 원수들을 무찔러 전멸시킬 수 있었던 것은 다윗의 힘으로 된 것이 아니라 여호와께서 전쟁을 위해 자신을 힘으로 무장시키시고, 자기를 대항하는 대적들을 자기의 발 앞에 굴복하게 하셨기 때문이라고 말한다. 실로 오늘도 우리의 한 생애는 영적 전쟁의 연속이다. 우리는 범사에 하나님으로부터 힘을 얻어 승리하면서 살아야 할 것이다.

삼하 22:41. 주께서 또 내 원수들이 등을 내게로 향하게 하시고 내게 나를 미워하는 자를 끊어 버리게 하셨음이니이다.

다윗은 여호와께서 자신의 원수들로 하여금 그들의 등을 자신에게 보이면서 도망하게 하셔서 자신으로 하여금 자신을 미워하는 자를 끊어버리게 하셨다고 말한다.

삼하 22:42. 그들이 도움을 구해도 구원할 자가 없었고 여호와께 부르짖어도 대답하지 아니하셨나이다.

다윗은 그의 원수들이 도움을 요청하기 위해 사람 세계에 외쳐보아도 그들을 구해 줄자가 없었으며 또 그들이 자기들의 신들에게 구해보아도 대답이 없었으며 그들이 드디어는 여호와께 부르짖어보아도 그가 대답하지 않으셨다고 말한다. 그들이 여호와께 부르짖은 것은 여호와를 믿는 믿음이 있어 부르짖은 것은 아니었고 다윗이 여호와께 구하여 구원받는 것을 보고 흉내 낸 것이었다. 다윗은 원수들의 처량한 모습을 잘 묘사하고 있다. 다윗은 원수들이 자기를 향하여 대든 것이 불행했다는 것을 말한다.

삼하 22:43. 내가 그들을 땅의 티끌 같이 부스러뜨리고 거리의 진흙 같이 밟아 헤쳤나이다.

다윗은 아무 도움이 없는 원수들(앞 절)을 땅의 티끌 같이 부스러뜨리고 거리의 진흙 같이 밟아 헤쳤다고 말한다. 여호와의 도움이 없는 원수들을 부스러뜨리고 헤치기는 비교적 쉬운 일이다. 아무 도움이 없는 원수들을 완전 정복하는 것은 시간문제이다. 병행구 시 18:42 참조

삼하 22:44. 주께서 또 나를 내 백성의 다툼에서 건지시고 나를 보전하사 모든 민족의 으뜸으로 삼으셨으니 내가 알지 못하는 백성이 나를 섬기리이다.

다윗은 여호와께서 나를 반역하던 내 백성에게서 나를 구하여 주셨고, 나를 지켜 주셨으며 뭇 민족의 으뜸으로 삼으셨으니, 내가 모르는 백성들까지 나에게 조공을 바쳤다고 말한다. 다윗이 "주께서 또 나를 내 백성의 다툼에서 건지셨다"고 말한 것은 다윗이 통일 국가의 왕이 되기 이전까지 사울의 아들 이스보셋과의 대치 상황을 의미한다(Smith). 즉, 다윗은 유다의 왕이 된 이후 7년 동안 북쪽 이스라엘과 대치하였으며 그 동안에 양진영의 전쟁과 아브넬의 피살 등 중요한 고비를 넘겼다(2:12-29; 3:37).

"내가 알지 못하는 백성이 나를 섬기리이다"는 말은 다윗이 이스라엘을 통일한 후 이방 국가들을 정복한 사실을 언급한다. 즉, 통일 왕국의 왕위에 오른 다윗은 그 때까지 이스라엘을 괴롭혀 왔던 주변 국가들을 모조리 정복하고 그 나라들로

하여금 조공을 바치게 했다. 다윗은 결국 가나안 일대의 실권자로 떠올랐다 (8:6,10,12,14; 10:19). 이방 민족들은 다윗을 섬기기 시작하여 다윗이 이 시를 쓰는 순간까지도 다윗에게 조공을 바치고 있다. 이유는 "섬기리이다"란 말이 미완료시제이기 때문이다. 이는 다윗이 훗날 예수 그리스도의 예표 역할을 하고 있음을 알 수 있다(사 55:4; 빌 2:9-11).

삼하 22:45. 이방인들이 내게 굴복함이여 그들이 내 소문을 귀로 듣고 곧 내게 순복하리로다.

다윗은 이방 사람들이 자기에게 와서 굽실거리고, 자기에 대한 소문을 듣자마자 모두가 자기에게 복종하고 조공을 바쳤다고 말한다. 다윗이 이방에 쳐들어가지도 않았는데 그저 다윗에 대해 소문만 듣고서도 다윗 앞에 와서 순복하여 다윗에게 조공을 받쳤다는 것이다. 이는 놀라운 일이 아닐 수 없는 일로 신약 시대가 이르러 이방인들이 그리스도 앞에 돌아온 사실의 그림자가 되는 것이다(Rawlinson).

삼하 22:46. 이방인들이 쇠약하여 그들의 견고한 곳에서 떨며 나오리로다.

이방인들이 다윗의 소문만 듣고도 마음들이 쇠약해져서 자기들의 견고한 요새(전쟁 준비가 되어 있는 요새)에서 떨면서 나오고 있다는 이야기이다. 이런 현상은 이적이 아닐 수 없다. 하나님은 이방인들로 하여금 다윗을 두려워하게 하신 것이다.

5. 다윗은 영원토록 하나님을 찬양하다 22:47-51

다윗은 여호와께서 자신을 위해서 행하신 바를 말하면서 영원토록 주님께 감사와 찬미를 드리며 끝을 맺는다.

삼하 22:47. 여호와의 사심을 두고 나의 반석을 찬송하며 내 구원의 반석이신 하나님을 높일지로다.

다윗은 "여호와께서 살아계시다"고 찬송한다. 다윗은 그에게 모든 것을 가능하게 하신 분은 살아계신 분이라고 찬양하고 있다. 다윗은 자신의 경험을 통하여 하나님은 살아계시다는 진리를 생생하게 깨닫고 '여호와는 살아계시다' 고 확신있게 찬송하고 있다(딤전 6:16). 그리고 다윗은 "나의 반석을 찬송한다" 고 말한다. 여기 "반석"(צוּר)이란 말은 '거대한 바위'를 지칭하는 말로 하나님의 불변성과 견고성을 상징하는 말이다. 이 "반석"이란 말을 최초로 하나님께 비유한 것은 모세가 하나님을 "이스라엘의 반석"이라고 사용한 데서 찾을 수 있다(신 32:2). 하나님을 반석이라고 부른 것은 바람에 의해 쉽게 흩어지는 사막 지대의 모래 산과는 대조적으로 항상 제 자리에 우뚝 서 있는 산의 불변성과 견고성을 의미하며 또한 여행자들에게 은신처를 제공하여 주는 은혜로움을 나타낸다. 바위는 심히 웅대하고 움직이지 않는 힘을 상징하는 것이다(신 32:15,31; 사 30:29).

다윗은 "내 구원의 반석이신 하나님을 높여야 한다"고 말한다. 즉, 하나님은 다윗의 바위이시고 또 구원의 바위시다. 다윗은 이제 자신이 의지할 수 있는 바위, 그리고 자신을 구원해 주신 바위를 영원토록 찬미해야 하는 것으로 말한다.

삼하 22:48. 이 하나님이 나를 위하여 보복하시고 민족들이 내게 복종하게 하시며.

다윗이 지금까지 말해온(살아계신, 또 다윗을 구원해주신) 그 하나님께서 다윗을 위하여 보복해주셨고 또 모든 민족들을 다윗 아래 굴복하게 해주셨다고 찬송한다. 그런 하나님을 찬송하지 않을 수는 없었다.

삼하 22:49. 나를 원수들에게서 이끌어 내시며 나를 대적하는 자 위에 나를 높이시고 나를 강포한 자에게서 건지시는도다.

본 절은 항상 살아계셔서 역사하시는 하나님, 그리고 다윗의 반석이신 하나님께서 하시는 일 세 가지를 말한다. 첫째, 다윗은 여호와께서 "나를 원수들에게서 이끌어 내셨음을" 알고 찬양한다. 여호와께서는 오늘도 우리를 원수들에게서 이끌어 내주시니 찬양해야 한다. 그리고 둘째, "나를 대적하는 자 위에 나를 높이셨음"을 알고 하나님을 찬양한다. 대적하는 원수들 머리 위에 다윗을 높이셨으니 다윗은 하나님을 찬양하지 않을 수 없었다. 셋째, "나를 강포한 자에게서 건지셨음"을 알고 하나님을 찬양한다. 다윗은 사울을 포함한 모든 강포한 자들에게서 건지셨음을 받고 하나님을 찬양한다. 오늘도 우리는 우리 주위의 강포한 사람들에게서부터 하나님께서 구원해 주시니 어찌 감사를 게을리 할 수 있을까.

삼하 22:50. 이러므로 여호와여 내가 모든 민족 중에서 주께 감사하며 주의 이름을 찬양하리이다.

"이러므로", 즉 '하나님의 놀라운 구원과 우리에게 베푸시는 영광으로 말미암아' 하나님을 찬양하며 또 모든 민족 중에서 하나님을 찬양한다는 내용이다. 다윗은 하나님으로부터 큰 은혜를 입고 모든 민족 앞에서 하나님께 예배하며 또 하나님을 찬양한다고 말하고 있다.

삼하 22:51. 여호와께서 그의 왕에게 큰 구원을 주시며 기름 부음 받은 자에게 인자를 베푸심이여 영원하도록 다윗과 그 후손에게로다.

여호와께서 자기가 손수 세우신 왕에게 큰 구원을 주시고 자기가 기름 부어 세운 자에게 한결같은 인자를 베푸시니 다윗 자신과 내 후손에게 영원히 축복을 베푸실 것이라고 말한다. 여기 본문에 "영원한 왕위"는 다윗의 육적인 자손에게가 아니라 영적 자손, 즉 그리스도로 말미암은 메시야 왕국에서 실현될 예언이다. 다윗은 자신에게 뿐 아니라 그 후손에게까지 영원히 하나님의 은혜가 임할 것을 내다보고 찬양한다. 세상 나라는 영원토록 서지 못하고 오직 그리스도의 나라만이 영원히 서 있을 것이다.

제 23 장

6. 다윗이 메시아 왕국을 대망하다   23:1-7

다윗은 앞 장에서 통일 왕국 초기에 자신이 입은 하나님의 은혜에 대하여 감사하며 찬송했는데, 이제 본 장에 들어와서는(23:1-7) 다윗의 통치 후기 곧 그의 임종을 앞둔 때에 다윗 자신이 성령에 감동되어(1-2절), 장차 의로운 왕이 나타나 생명력 넘치는 새로운 세계를 건설할 것이라고 예언하며(3-5절), 그리고 어두움의 모든 세력을 제거할 것이라고 예언한다(6-7절).

삼하 23:1. 이는 다윗의 마지막 말이라 이새의 아들 다윗이 말함이여 높이 세워진 자, 야곱의 하나님께로부터 기름 부음 받은 자, 이스라엘의 노래 잘하는 자가 말하노라.

문장 초두의 "이는"(these)이란 말은 본 장 1-7절까지를 지칭하는 말이다. 다시 말해 다윗의 마지막 말들을 앞당겨 하는 말이다.

1-7절까지는 "다윗의 마지막 말이라"는 것이다. 여기 "마지막 말"이란 '다윗이 죽음을 앞두고 한 말'이란 뜻이다. 앞장(22장)의 말은 다윗이 주변의 모든 국가들을 정복한 직후 그의 이스라엘 통치 초기에 한 말들인데 비해 본장의 말씀(1-7절)은 다윗이 임종을 앞두고 한 말이라고 할 수 있다. 그러니까 앞장의 시와 본장의 시의 저작 시기도 다르다.

"이새의 아들 다윗"[96]이란 호칭은 자기의 보잘 것 없음과 비천함을 드러내는 호칭이다. 그는 자신이 하나님께서 사용하는 사람이었지만 인간적으로 보아서는 참으로 하나도 내세울 것이 없는 자로 알았다.

---

96) "이새의 아들 다윗"이란 호칭은 다른 사람들에 의해서 사용되었을 때는 아주 비아냥거리는 호칭, 다윗이 아무 것도 아니라는 뜻으로 사용되었다. 사울 왕이 다윗을 부를 때 이 호칭을 사용했고(삼상 20:30), 나발이 다윗을 비난할 때 사용했으며(삼상 25:10), 세바가 다윗을 대항하여 난을 일으킬 때(20:1) 이 호칭을 사용했다(디럭스 바이블 성경사전).

"말함이여"(ם&ۥ)라는 말은 선지자가 자기의 메시지를 말하기 전에 '여호와의 말이니라'고 말할 때에 사용한 단어이다. 따라서 다윗의 말은 하나의 서정시가 아니라 성령의 감동을 받은 다윗이 하나님의 메시지를 시적 형식으로 전달한 것임을 알 수 있다(K.&D., RP Smith).

"높이 세워진 자"란 말은 다윗은 본래 양치는 목자였으나 하나님의 부름을 받아 하나님의 백성 이스라엘을 다스리는 왕으로 기름부음을 받아 높아진 자가 되었다는 뜻이다.

"기름 부음 받은 자"란 이스라엘의 하나님에게 의해 이스라엘의 왕으로 기름 부음을 받았다는 뜻이다(5:3 주해 참조). 다윗은 기름부음을 받았기에 높이 세워진 자가 된 것도 사실이다.

"이스라엘의 노래 잘하는 자"란 다윗은 노래를 즐겨 부르는 자였고 또 연주를 잘 하는 음악인이었다(삼상 16:16,23). 다윗은 구약의 시편 150편 중 73편이 다윗의 시편이었다.

삼하 23:2. 여호와의 영이 나를 통하여 말씀하심이여 그의 말씀이 내 혀에 있도다.

여호와의 영, 즉 성령님께서 다윗을 통하여(딤후 3:16) 말씀하신다는 뜻이다. 그의 생이 얼마 남지 않은 때에도 성령님께서는 다윗을 통하여 세상 사람들에게 말씀하신다는 것이다. 성령님이 하시는 말씀이 "다윗의 혀에 있다"는 것이다. 세상의 시인들이 시감(詩感)이 떠올라서 시를 쓰는 것과는 달리 다윗은 성령님의 감동을 받아 세상에게 메시지를 주기 위해서 시를 쓴 것이다.

삼하 23:3. 이스라엘의 하나님이 말씀하시며 이스라엘의 반석이 내게 이르시기를 사람을 공의로 다스리는자, 하나님을 경외함으로 다스리는 자여.

"이스라엘의 하나님이 말씀하시며"라는 구절과 "이스라엘의 반석이 내게 이르신다"는 구절은 동의절이다. 따라서 "하나님"과 "반석"(22:47 주해 참조)은 동의어이다. 다시 말해 하나님은 반석이라는 뜻이다. 이 말은 하나님은 요지부동하신 반석과 같으시다는 뜻이다. 요지부동하신 반석과 같으신 하나님이 다윗에게

이르신다는 뜻이다. 요지부동하신 반석과 같으신 하나님이 누구에게 말씀하시느
냐는 것이다. 요지부동하신 반석과 같으신 하나님이 "사람을 공의로 다스리는
다윗에게" 말씀하신다는 것이며 또 "하나님을 경외함으로 다스리는 다윗에게"
말씀하신다는 것이다. "공의로 다스린다"는 말씀은 '의롭게 다스린다'는 뜻이고,
"경외함으로 다스린다"는 말씀은 '하나님을 두려워함으로 다스린다'는 뜻이다.
이 두 가지의 뜻은 일차적으로 다윗에게 적용되는 말씀으로 다윗은 신정국의
이상적인 왕이라는 뜻이고, 이런 점에서 다윗은 그리스도의 그림자였다. 그러나
궁극적으로 여기 묘사된 두 가지 뜻은 이상적인 신정국가의 왕으로서의 '그리스도'
를 지칭한다. 실로 그리스도는 모든 인류를 공의로 판단하실 뿐 아니라 하나님을
경외한 참된 의미에서의 이상적인 왕이시다(시 2:1; 겔 34:23,24; 사 11:3-5).

**삼하 23:4. 그는 돋는 해의 아침 빛 같고 구름 없는 아침 같고 비 내린 후의
광선으로 땅에서 움이 돋는 새 풀 같으니라 하시도다.**

문장 초두의 "그"(He)는 다윗을 지칭한다. 본 절의 네 가지 진술(돋는 해의
아침 빛, 구름 없는 아침, 비 내린 후의 광선, 땅에서 움이 돋는 새 풀)은 모두
다윗이 신선하고 싱싱하다는 것을 묘사하는 말들이다. 다윗이 왕이 되어 사방의
열국을 정복하며 대제국을 이룩한 승승장구하는 모습을 묘사하는 표현들이다.
하나님께서 다윗에게 은혜 주시고 또 함께 하시니 다윗이 잘 된 것을 잘 묘사하고
있다. 우리 역시 하나님께서 은혜 주시고 함께 하시면 싱싱하게 살아갈 수 있는
것이다.

**삼하 23:5. 내 집이 하나님 앞에 이 같지 아니하냐 하나님이 나와 더불어 영원한
언약을 세우사 만사에 구비하고 견고하게 하셨으니 나의 모든 구원과 나의 모든
소원을 어찌 이루지 아니하시랴.**

진실로 나(다윗)의 가문과 자손이 하나님 앞에서 신선하고 싱싱하지 아니한가?
하나님이 나(다윗)로 더불어 영원한 언약(3-4절)을 세우시고, 만사에 아쉬움 없이
잘 갖추어 주시고, 견고하게 하셨으니, 어찌 나의 구원을 이루지 않으시며, 어찌

나의 모든 소원을 이룩하지 않으실 것인가? 반드시 모든 구원과 모든 소원을 이루실 것이 확실하다는 내용이다.

삼하 23:6. 그러나 사악한 자는 다 내버려질 가시나무 같으니 이는 손으로 잡을 수 없음이로다.

3-5절과는 달리 "사악한 자"(בְלִיַּעַל), 즉 '간특한 자', '간악한 자', '무익한 자'(23:6; 나 1:11; 고후 6:15)는 다 내버려져야 하는 가시 같은 사람들이다. 그들은 손으로 잡을 수 없는 자들이다. 이유는 가시나무란 사람이 거두어 불태워야 할 자들이기 때문이다.

삼하 23:7. 그것들을 만지는 자는 철과 창 자루를 가져야 하리니 그것들이 당장에 불살리리로다 하니라.

본 절은 앞 절에 이어 사악한 자들의 운명이 어떻게 진행되어야 하는 지를 보여준다. 즉, 악인들은 쇠꼬챙이나 창자루가 없이는 만질 수도 없는 가시나무 같아서 불에 살라 태울 수밖에 없는 자들이다.

C. 다윗의 용사들은 누구인가   23:8-39

앞 단락(1-7절)에서는 다윗이 하나님의 신에 감동되어 장차 실현될 메시야 왕국에 대해 노래한 사실을 밝혀놓았는데, 이제 본 문(8-39절)에 들어와서는 하나님께서 다윗과 함께 하셔서 나라를 살리셨고 또 구원하셨다는 것을 드러내시기 위해 많은 용사들이 있었음을 진술한다. 이 부분(8-39절)은 먼저 다윗의 첫 삼인(8-12절)을 기록하고 있다. 이들은 자기 생명을 돌아보지 않고 충성하여 큰 업적을 세운 자들이었다. 그리고 첫 삼인 다음으로 활약상이 컸던 둘째 삼인(13-23절)에 대해 언급하고 있으며, 다음으로는 다윗 군대의 핵심 요원들이었던 30인의 용사들을 소개하고 있다(24-39절). 이들은 항상 다윗 주변에 있으면서 다윗을 호위하고 보좌하던 자들이었다. 충성한 자들이 많았던 것은 하나님께서 다윗과 함께 하셨다는 것을 드러낸다.

1. 다윗의 첫 3인의 용사는 누구인가 23:8-12

이 부분(8-12절)은 다윗 왕국 건설에 크게 공을 세운 첫 3인의 용사에 대하여 소개하고 있다. 이 본문은 요셉밧세벳(8절), 엘르아살(9,10절), 삼마(11,12절)의 활약상에 대하여 소개하고 있다. 이들 3인이 큰 업적을 세울 수 있었던 것은 하나님으로부터 힘을 공급받았기 때문이라고 저자는 말한다. 오늘 우리가 잘 되는 일도 사실은 하나님께서 함께 하시기 때문이다.

삼하 23:8. 다윗의 용사들의 이름은 이러하니라 다그몬 사람 요셉밧세벳이라고도 하고 에센 사람 아디노라고도 하는 자는 군지휘관의 두목이라 그가 단번에 팔백 명을 쳐 죽였더라.

"다윗의 용사들의 이름은 이러하니라"는 말은 '다윗의 용사들의 이름은 다음과 같다'는 뜻이다. 다음 3인 중 첫째는 두목인 다그몬 사람 요셉밧세벳이라고도 하고 에센 사람 아디노라고 하는 별명을 가진 사람으로서 그는 팔백 명과 싸워서 그들을 한꺼번에 쳐 죽인 사람이라는 것이다.

"다그몬 사람"(Tahchemonite)[97])이란 다윗의 삼용사의 두목 요셉밧세벳이 소속했던 종족이다. 대상 11:11의 병행 기사에는 '학몬 사람'[98])으로 되어 있다.

"요셉밧세벳"(Joshebbasshebeth)은 '밧세벳에 거주하는 자'라는 뜻을 가지고 있다. 다윗의 3용사 중 그 이름이 맨 처음에 나온다. 에센 사람 아디노라고도 하는 그는 다그몬(학몬) 사람인데, 다윗의 군장(軍長) 두목으로 한 때 800인을 쳐 죽였다. 이런 엄청난 장수가 있었기에 다윗이 나라를 세울 수가 있었다.

"에센"은 아디노의 출신지이다. "아디노"(Adino)는 에센 사람인데, 다윗의 용사 요셉밧세벳과 동일인이며 별명이다(23:8).

---

97) 삽디엘의 아들이었던 "야소브암"이 본 절에서는 "요셉밧세벳"으로 잘못 기록되었으며, 고향도 '다그몬 사람'이 아니라 '학몬 사람'이 옳은 기록이다(대상 11:11; 27:2,3). 이 "야소브암"은 시글락에서 다윗의 휘하에 편입되었으며(대상 12:6) 2만 4천명으로 이루어진 다윗의 정규군, 즉 12개부대가 일 년 동안 날마다 돌아가며 복무해야 하는 정월 첫 반의 반장이었고(대상 27:1,2) 800명을 향해 창을 휘두를 정도의 장사이기도 했다(대상 11:11).

98) "학몬 사람": 다윗의 용사 '야소브암의 출신 부족. 그러나 그는 23:8에서는 '다그몬 사람'으로 불리고 있는데, 이는 성경 필사자의 실수로 그와 같이 기록된 것으로 보인다.

본 절 이하에서부터 다윗 왕국에서 크게 활약한 용사들을 소개하고 있는데 특히 다윗이 이스라엘의 왕으로 즉위하는 데 있어서 크게 활약한 자들이다. 이 부분(8-39절)의 내용은 대상 11:10-47의 내용과 병행되고 있는데 그곳에서는 이 부분(8-39절)보다 16인이 더 소개되고 있다. 이 차이는 용사들이 사망하기도 하고 또는 새로운 전입도 있어서 누락되었거나 첨가되었기 때문일 것이다 (RP Smith).

삼하 23:9. 그 다음은 아호아 사람 도대의 아들 엘르아살이니 다윗과 함께 한 세 용사 중의 한 사람이라 블레셋 사람들이 싸우려고 거기에 모이매 이스라엘 사람들이 물러간지라 세 용사가 싸움을 돋우고.

3인 중에서 두 번째로 유명한 사람은 아호아 사람 도대의 아들 엘르아살이라고 한다. "아호아 사람"(Ahohite)이란 베냐민 사람 벨라의 아들 아호아(대상 8:4)에게서 나온 사람들(23:9,28; 대상 11:12,29; 27:4)이란 뜻이다. 다윗의 삼 용사 도대의 아들 엘르아살(23:9) 등은 '아호아 사람'으로 불리고 있다.

"도대"(Dodai)는 '하나님의 사랑을 받은 자'라는 뜻을 가지고 있다. 이는 아호아 사람이며 다윗 왕의 세 용사 중의 한 사람인 엘르아살의 아비이다(23:9; 대상 11:12). 엘르아살은 2월반의 반장(군단장: 2만 4천 명의 지휘관)으로서 다윗 왕을 섬긴 사람이다(대상 27:4).

본 서 저자는 엘르아살('하나님의 도우심'이란 뜻)에 대해 말하면서 "블레셋 사람들이 싸우려고 거기에 모이매 이스라엘 사람들이 물러갔다"는 말을 한다. 여기 "거기에"란 말이 어디인지 본문에는 쓰여 있지 않고 대상 11:13의 병행 구에는 "바스담밈"으로 되어 있고, 그것은 "에베스담밈"으로 보며(삼상 17:1, K.&D.), 이것이 "피의 경계"라는 뜻이므로 블레셋과의 격전지로 보는 것이다(K.&D., 이상근). 블레셋 사람들 앞에서 이스라엘의 모두가 물러갔으나 "세 용가가 싸움을 돋우었다"는 것이다. 여기 "싸움을 돋우었다"(חָרַף)는 말은 '조롱하다', '능욕하다'는 뜻으로 세 용사가 블레셋 군대의 비위를 건드려 싸움을 유도해 냈다는 뜻이다(삿 8:15; 삼상 17:10; 왕하 19:22; 시 74:10;

119:42; 잠 27:11). 참으로 쉽지 않은 일이었다. 하나님께서 함께 하시지 않고는 불가능한 일이다.

삼하 23:10. 그가 나가서 손이 피곤하여 그의 손이 칼에 붙기까지 블레셋 사람을 치니라 그 날에 여호와께서 크게 이기게 하셨으므로 백성들은 돌아와 그의 뒤를 따라가며 노략할 뿐이었더라.

그 때에 엘르아살이 혼자 블레셋 군과 맞붙어서 블레셋 군인을 쳐 죽였다. 나중에는 손이 너무 피곤해서 그의 손이 칼자루에 붙어버렸다. 주께서 그 날 그에게 큰 승리를 안겨 주셨으므로 도망했던 이스라엘 군인이 다시 돌아와서 그의 뒤를 쫓아가면서 죽은 블레셋 군대의 몸을 터는 일(전리품 탈취)에만 열중하였다.

그런데 학자들 중에는 엘르아살이 자기의 손에다가 어찌나 힘을 많이 주고 적군을 쳤든지 손에 쥐가 나기까지 쳤다고 해석했으나(Lange, 이상근) 사실 손에 쥐가 나면 칼을 쥘 수 없는 것으로 보아야 할 것이다. 그런고로 손이 너무 피곤하여 그의 손이 칼자루에 붙어버린 것으로 해석해야 옳을 것이다.

그리고 본 절 해석에 블레셋인들이 도전하여 왔을 때 이스라엘 군은 도망했는데 세 용사가 나가 분전한 결과 블레셋 군이 도망했다고 해석했으나(이상근) 본 절의 경우 세 용사가 나가 분전한 것이 아니라 엘르아살 혼자 싸운 것으로 보아야 할 것이다.

한편 본 절에 보면 엘르아살이 혼자 나가서 손이 피곤하여 그의 손이 칼에 붙기까지 블레셋 사람을 쳤는데 그 날에 여호와께서 크게 이기게 하셨다고 진술한다. 사람이 한 일과 여호와께서 하신 일이 기록되어 있다. 여호와께서는 사람을 통하여 일을 하신다는 것을 보여주고 있다. 여호와께서 크게 이기게 하셨으므로 백성들은 돌아와 그의 뒤를 따라가며 노략만 했다는 것이다. 오늘 우리가 하나님께서 역사하시는 것을 믿으면서도 우리가 해야 할 일이 있는 것을 알아야 할 것이다.

삼하 23:11-12. 그 다음은 하랄 사람 아게의 아들 삼마라 블레셋 사람들이 사기가

올라 거기 녹두나무가 가득한 한쪽 밭에 모이매 백성들은 블레셋 사람들 앞에서
도망하되 그는 그 밭 가운데 서서 막아 블레셋 사람들을 친지라 여호와께서 큰
구원을 이루시니라.

본 절의 "그 다음"이란 말은 '세 용사 중의 셋째'를 지칭하는 말이다. 본
절의 세 용사 중의 셋째는 "하랄 사람 아게의 아들 삼마"이다. "하랄 사
람"(Hararite)이란 말은 '산지의 사람'이란 뜻이다. 다윗의 3용사 중의 하나인
아게의 아들 삼마에게 붙여진 형용사(23:11,33; 대상 11:34,35)이다. 그는 유다나
에브라임 산지에 있던 '하랄'(山)로 불리는 마을의 출신자였던 것으로 보인다.
"아게"(Agee)란 '도망감'이란 뜻으로, 다윗의 세 용사 중 한 사람인 삼마의 부친이
다(23:11). "삼마"란 '잃음'이란 뜻을 가지고 있다. 삼마는 30인 용사의 명단에도
나온다(33절).

본문의 "블레셋 사람들이 사기가 올랐다"(פְלִשְׁתִּים לַחַיָּה)는 말은 '블레셋
사람들이 떼를 지어 있었다'는 뜻이다. 우리 개역개정판 번역 "블레셋 사람들이
사기가 올라"라는 번역은 오역(誤譯)인 듯 보인다. 그리고 혹자들은 이 "라하
야"("לַחַיָּה")라는 단어가 "레히"[99]라는 지명이라고 주장하나(Thenius, Ewald,
Lange, Josephus) 13절에서 이 단어는 "떼를 지어"라고 번역되고 있어 본 절에서
도 "떼를 지어"(KJV, RSV, ESV, NASB, 표준 새 번역, 공동번역, K.&D., RP
Smith)로 번역해야 옳을 것이다. 블레셋 사람들은 떼를 지어 이스라엘 사람들의
녹두밭(대상 11:13에서는 "보리"로 되어 있다)에 진을 치고 이스라엘 사람들을
향해 전투에 임했다. 이는 아마도 이스라엘 사람들의 농작물에 해를 끼치기 위함이
었을 것이다(K.&D., RP Smith, Lange).

이스라엘 "백성들은 블레셋 사람들 앞에서 도망했는데" 삼마는 "그 밭 가운데
서서 막아 블레셋 사람들을 쳤다". 다시 말해 부하들은 다 도망했는데 지휘관인
삼마는 도망하지 않고 그 녹두밭 중앙에서 버티면서 블레셋 군인들을 친 것이다.
여호와께서는 삼마를 통하여 "큰 구원을 이루셨다". 여호와께서는 사람을 통하여

---

99) 원래 "레히"는 삼손이 나귀 턱뼈로 블레셋을 무찌른 이름 있는 곳이다(삿 15:9,14,17,19).

일하시니 우리는 기도하고 힘을 얻어 하나님의 쓰임을 받아야 한다.

2. 다윗의 둘째 3인의 용사는 누구였는가 23:13-23

앞 달락(8-12절)에서는 다윗의 첫 삼인에 대해서 진술했는데, 그에 이은
본문(13-23절)은 그들 다음으로 크게 활약했던 둘째 번 삼인 용사에 대해서
언급한다. 이 삼인은 아비새(18,19절), 브나야(20,22절), 그리고 익명의 한 용사
한 사람이 있었다. 이들 삼인은 다윗에게 아주 충성한 사람들이었다. 위험도
마다하지 않고 블레셋 군대가 주둔하고 있던 베들레헴 성문 곁 우물물을 길어오
기도 했다(13-17절).

**삼하 23:13. 또 삼십 두목 중 세 사람이 곡식 벨 때에 아둘람 굴에 내려가 다윗에게
나아갔는데 때에 블레셋 사람의 한 무리가 르바임 골짜기에 진 쳤더라.**

본문의 "삼십 두목 중 세 사람"이란 앞선(8-12절) 세 용사가 아니라 또 다른
세 두목을 칭하는 말이다(RP Smith, Lange). 여기 세 사람은 삼십 용사들(24-39절)
의 으뜸들을 말하는 것이며, 그 삼인은 아비새(18-19절), 브나야(20-23절), 그리고
무명의 용사를 뜻하는 말이다. 이 삼인의 능력은 앞선 첫째 삼인 보다는 약간
떨어지는 사람들이었다.

이들 세 사람이 "곡식 벨 때에 아둘람 굴에 내려가 다윗에게 나아갔다"는
것이다. 여기 "곡식 벨 때"란 말은 '맥추절 때'를 지칭하는 말이다. 이때에
다윗은 아둘람 굴에 있었다. "아둘람"[100](Adullam)은 유다의 남부, 베들레헴
서남쪽 약 20km 지점에 위치해 있고 다윗이 한 때 은신처로 사용한 곳이었다(삼
상 22:1-2; 대상 11:15).

이들 세 사람이 다윗에게 나아갔을 때 "블레셋 사람의 한 무리가 르바임
골짜기에 진치고 있었다". 여기 "르바임 골짜기"(Valley of Rephaim)는 '거인의

---

100) "아둘람": 유다 남부에 있던 가나안 사람의 성읍이다(창 38:1,12). 일찍이 유다는 이
땅의 아둘람 사람과 우호 관계를 가지고 있었다(창 38:1,12,20). 여호수아가 점령해서(수 12:15),
유다지파의 분깃으로 되었는데(수 15:35), 그 주민은 혼성(混成)해 있었나(창 38:1-20 비교). 다윗
의 유랑시대에는, 이 성읍은 '유다 땅'의 권외(圈外)에 있어, 그는 종종 이곳의 요해에 몸을
숨겼다(23:13; 삼상 22:1; 대상 11:15,→5:17,23:14; 삼상 22:4과 비교해 볼 것).

평야'라는 뜻을 가지고 있다. 예루살렘 서남쪽에 있는 고원을 뜻한다. 유대와 베냐민의 경계를 묘사하는데 쓰이고 있다(수 15:8; 18:16). 이곳은 비옥하여 농작물의 수확이 풍성하다(사 17:5). 블레셋 사람은 다윗의 위세를 누르기 위하여 벧세메스에서 산악지로 통하는 길을 올라가 이 르바임 골짜기까지 출격하여 왔다(5:18,22; 23:13; 대상 11:15; 14:9). 다윗은 이를 격퇴하여 그들을 연안지대의 그들의 영역 내에 봉쇄해 버리고 말았다. 르바임 평야는 지금의 엘 부케아(el-Buqei'a, 이스라엘 이름 'Emeq Refaim)인데, 예루살렘 서남쪽에서 베들레헴 쪽으로 약 5㎞ 연장되어 있다. 이 때 이스라엘이 블레셋과의 전투는 5:17-25에 진술되고 있는 전쟁으로 보이며(K.&D.), 그들 블레셋 사람들은 유다 남방 벧세메스에서 산길을 거쳐 르바임 골짜기에 집결한 것으로 보인다(5:18,22; 대상 11:15).

삼하 23:14. 그 때에 다윗은 산성에 있고 그 때에 블레셋 사람의 요새는 베들레헴에 있는지라.

본 절에 두 번이나 등장하는 "그 때에"란 말은 앞 절에서 보여준 '곡식 벨 때 세 사람이 아둘람 굴에 내려가 다윗에게 나아갔을 때'를 뜻하는 말이다. 세 사람이 다윗에게 나아갔을 때 "다윗은 산성에 있었고 그 때에 블레셋 사람의 요새는 베들레헴에 있었다"는 것이다. 다시 말해 다윗은 아둘람 굴 근방에 있는 산성에 있으면서 군대를 지휘했고 블레셋 사람들의 요새, 즉 군부대는 베들레헴에 있었다는 이야기이다. 사무엘상 31장에 의하면 아마도 블레셋 사람들은 길보아 전투 때 베들레헴을 탈취했을 것이다. 본 절은 양측 군대가 대치하고 있는 심각함을 보여준다.

삼하 23:15. 다윗이 소원하여 이르되 베들레헴 성문 곁 우물물을 누가 내게 마시게 할까 하매.

다윗이 베들레헴 성문 곁 우물물을 마시고 싶은 소원을 말한 이유는 아마도 서너 가지 이유가 있었을 것이다. 첫째, 베들레헴 성문 곁 우물물(베들레헴으로부터 약 1km 지점에 있었다)이 시원하며 맛이 좋았기 때문이었다. 그에 비하면 다윗이 현재 거하고 있는 아둘람 굴의 물은 물맛이 나빠 더욱 베들레헴 성문 곁 우물물을 마시기를 소원했을 것이다(Lange, Caird). 둘째, 다윗은 베들레헴 사람(삼상 16:1)으로 성장기에 이 우물물을 마시며 자랐기 때문이었을 것이다. 사람은 누구든지 유년 시절에 먹고 마시던 것을 사모하게 마련이다. 다윗의 아버지 이새의 집이 이 우물 근처에 있었다고 한다(RP Smith). 셋째, 현재 블레셋 사람들의 군부대가 베들레헴에 있었고 또 다윗의 부하들이 베들레헴에까지 왕복 하려면 중간에 블레셋 사람의 한 무리가 르바임 골짜기에 진을 치고 있어 그 블레셋 사람들의 진을 뚫고 물을 길러 왕복하기는 너무 힘이 들어 그 샘물이 그리웠을 것이다. 물을 구하기 힘 든 환경은 물을 더욱 그리워하게 했다. 그래서 다윗은 "소원하여 이르되 베들레헴 성문 곁 우물물을 누가 내게 마시게 할까"라고 말했다. 사실은 이런 말을 하지 않고 자제하고 있었어야 했는데 그의 간절한 소원을 말하고 만 것이다. 지도자로서 절제하지 못한 것도 하나의 약점이 아닐 수 없다. 지도자가 이런 말을 하면 자연적으로 부하들이 부담을 느끼지 않을 수 없었을 것이다.

삼하 23:16. 세 용사가 블레셋 사람의 진영을 돌파하고 지나가서 베들레헴 성문 곁 우물물을 길어 가지고 다윗에게로 왔으나 다윗이 마시기를 기뻐하지 아니하고 그 물을 여호와께 부어드리며.

다윗이 베들레헴 성문 곁 우물물을 마시고 싶다고 소원을 말했으니(앞 절) 세 용사(아비새, 브나야, 또 한 사람)는 가만히 앉아 있을 수가 없었다. 그래서 "세 용사가 블레셋 사람의 진영을 돌파하고(왕복 40km이다) 지나가서 베들레헴 성문 곁 우물물을 길어 가지고 다윗에게로 온" 것이다. 지도자 한 사람이 그냥 아둘람 굴의 물을 마셨으면 되었을 것인데, 옛날에 마시던 맛 좋은 물맛을 좀 맛보겠다고 이야기 했다가 세 용사는 죽을 고비를 넘겼고 또 죽을 고생을 한 것이다.

그러나 다윗은 양심이 살아 있는 지도자였다. 그래서 "다윗이 마시기를 기뻐하지 아니하고 그 물을 여호와께 부어드렸다". 다윗은 그 물을 마시지 않은 것이 아니라 마시지 못했다. 부하들이 이 피나는 고생을 하고 떠온 물을 어떻게 마실 수가 있겠는가. 다윗은 그 물을 여호와께 부어드렸다. 여호와께 드려야 한다고 강하게 심령에 압박이 와서 여호와께 부어드린 것이다. 다윗에게는 그 물은 물이 아니었다. 피로 여겨졌다. 그래서 피의 전제처럼 여호와께 바쳤다(레 17:11). 이런 양심은 오늘도 우리 모두에게 절실히 필요하다.

삼하 23:17. 이르되 여호와여 내가 나를 위하여 결단코 이런 일을 하지 아니하리이다 이는 목숨을 걸고 갔던 사람들의 피가 아니니이까 하고 마시기를 즐겨하지 아니하니라 세 용사가 이런 일을 행하였더라.

다윗은 물을 마시지 않았을 뿐 아니라 앞으로 다시는 자신을 위하여 부하들을 고생시키지 않겠다고 말한다. 즉, "결단코 이런 일을 하지 아니하리이다 이는 목숨을 걸고 갔던 사람들의 피가 아니니이까"라고 말하고는 "마시기를 즐겨하지 아니 하겠다"고 말한다. 감히 그런 일을 즐겨하는 일을 하지 않겠다고 각오한다. 우리에게 필요한 일은 각오하고 지켜야 할 것이다.

삼하 23:18. 또 스루야의 아들 요압의 아우 아비새이니 그는 그 세 사람의 우두머리라 그가 그의 창을 들어 삼백 명을 죽이고 세 사람 중에 이름을 얻었으니.

앞의 13-17절은 삼십 두목 중 삼인의 용사가 다윗을 위하여 베들레헴 성문 곁 우물물을 길어온 무용담을 말했으나, 이제 본 절부터 23절까지는 그들 각자에 대하여 자세히 진술한다. 그러나 이 세 사람 중에 이름이 밝혀지지 않은 한 사람을 제외하고 아비새와 브나야에 대해서만 자세히 진술한다.

"아비새"는 스루야의 아들 요압의 아우라고 지적한다. 그리고 아비새는 그 세 사람의 우두머리라고 한다. 그리고 본 서 저자는 아비새는 "그의 창을 들어 삼백 명을 죽이고 세 사람 중에 이름을 얻었다"고 밝힌다. 아비새는 첫째 번으로 유명한 3용사인 야소브암처럼 창을 가지고 적군 300명을 죽이고 둘째로 유명한 세 사람 중에 이름을 얻었다고 말한다(대상 11:11).

삼하 23:19. 그는 세 사람 중에 가장 존귀한 자가 아니냐 그가 그들의 우두머리가 되었으나 그러나 첫 세 사람에게는 미치지 못하였더라.

아비새는 둘째 세 사람 중에 가장 존귀한 사람이 되었다. 다시 말해 둘째 삼인 중에는 우두머리가 되었으나 그러나 첫 삼인(아소브암, 엘르아살, 삼마 8-12절)에게는 미치지 못했다.

여기 순번이 정해지는 이유는 이들의 영적인 힘의 영향력에 의한다. 오늘 신약 교회에서는 주님 앞에 얼마나 간절히 기도했느냐에 달려 있음과 같다. 박윤선 박사는 자주자주 주의 종이나 성도가 얼마만큼 되느냐 하는 것은 전적으로 기도의 문제라고 하셨다. 사람은 그저 기도한 만큼 된다고 하셨다. 더도 아니고 덜도 아니라고 강조하셨다.

삼하 23:20-21. 또 갑스엘 용사의 손자 여호야다의 아들 브나야이니 그는 용맹스런 일을 행한 자라 일찍이 모압 아리엘의 아들 둘을 죽였고 또 눈이 올 때에 구덩이에 내려가서 사자 한 마리를 쳐 죽였으며 또 장대한 애굽 사람을 죽였는데 그의 손에 창이 있어도 그가 막대기를 가지고 내려가 그 애굽 사람의 손에서 창을 빼앗아 그 창으로 그를 죽였더라.

20절과 21절은 브나야가 누구인지를 말하고 또 그가 행한 일을 나열한다. 브나야는 "갑스엘 용사의 손자 여호야다의 아들"이라고 한다. 브나야는 "갑스엘의 용사"였다. 갑스엘이란 단어는 사람의 이름이 아니라 지역 이름이다. 즉, 갑스엘(Kabzeel)은 '하나님은 모으심'이란 뜻을 가지고 있는데 유다의 남부 에돔 경계에 접근한 성읍이다(수 15:21). 다윗의 용사 브나야의 출신지이다(3:20; 대상 11:22). 여갑스엘(느 11:25)과 동일지이다. 그러니까 브나야는 갑스엘 지역의 어느 사람의 손자였다. 그리고 브나야는 "여호야다의 아들"이었다. "여호야다"(Jehoiada)는 '여호와께서 아심'이란 뜻을 가지고 있다. 다윗의 통치 말기부터 솔로몬 시대에 그렛 사람과 블렛 사람을 관할했고, 시위대장관도 했으며, 군대장관도 했던 브나야의 부친이다(8:18; 23:22,23; 왕상 4:4). 갑스엘 출신의 용사였다(23:20; 대상 11:22). 그는 아론 계통의 제사장이었다(대상 12:27; 27:5). 다윗이 사울로 인해 시글락에 숨어 있을 때 3,700명의 용사를 거느리고 귀순한 아론의 집 족장이기도 했다(대상 12:27).

"브나야"(Benaiah)는 '여호와께서 세워 주심'이란 뜻을 가지고 있다. 유다의 갑스엘(수 15:21) 출신이다. 대제사장 여호야다의 아들이며(23:20; 대상 27:5) 다윗의 시위대장관으로서 세 용사 중의 한 사람이다(23:20,21; 대상 11:22,23). 그는 그렛 사람과 블렛 사람을 관할하고(8:18), 다윗 군단 제 3반(3월)의 장관(長官)으로서 2만 4천 명을 지휘했다(대상 27:5,6). 그는 압살롬과 아도니야의 반역 때에도 충실하게 다윗을 좇았다(15:18,20,23; 왕상 1:10). 또 왕명에 따라 솔로몬을 인도하여 기혼으로 내려가서 왕위 계승을 하게 하였다(왕상 1:38). 그는 솔로몬 왕을 보호하여 아도니야(왕하 2:25), 요압(왕상 2:29-34), 시므이(왕상 2:46)를 죽여 요압을 대신하여 군대장관이 되었다(왕상 2:35).

브나야는 한 마디로 "용맹스런(위대한) 일을 행한 자"였다. 그는 "일찍이 모압 아리엘의 아들 둘을 죽였다". 여기 "모압 아리엘(Ariel)의 아들 둘"(שְׁנֵי אֲרִאֵל מוֹאָב)이란 말은 '모압의 사자 같은 두 사람'이라고 번역되어야 한다(KJV, 박윤선). 따라서 '일찍이 브나야는 모압의 사자 같은 두 사람'을 죽였다(23:20; 대상 11:22). 브나야가 이런 장사들을 죽인 것은 하나님의 능력으로 행한 것이다. 또 "눈이 올 때에 구덩이에 내려가서 사자 한 마리를 쳐 죽였다". 다시 말해 '사자를 잡기 위해 파두었던 구덩이에 내려가서 사자 한 마리를 죽인 장사'였다. 눈이 올 때 사자가 먹을 것이 없어서 인가(人家) 가까이 와서 구덩이에 빠진 사자와 싸우는 것은 참으로 힘든 일이었는데, 브나야가 하나님으로부터 힘을 얻어 그 구덩이에 내려가서 쳐 죽인 것이다.

브나야는 "또 장대한 애굽 사람을 죽였는데 그의 손에 창이 있어도 그가 막대기를 가지고 내려가 그 애굽 사람의 손에서 창을 빼앗아 그 창으로 그를 죽였다"(21절)는 것이다. 브나야는 막대기 하나를 가지고 내려가 장대한 애굽 사람(키가 2.27m, 대상 11:23)의 손에서 창을 빼앗아 그 창으로 그를 죽였으니 브나야가 대단한 용사였음이 분명하다. 이는 브나야가 하나님으로부터 힘을 얻어 죽인 것을 보여준다.

삼하 23:22-23. 여호야다의 아들 브나야가 이런 일을 행하였으므로 세 용사 중에 이름을 얻고 삼십 명보다 존귀하나 그러나 세 사람에게는 미치지 못하였더라 다윗이 그를 세워 시위대 대장을 삼았더라.

"여호야다의 아들 브나야가 이런 일(20-21절)을 행하였으므로 세 용사 중에 이름을 얻었다". 브나야가 "삼십 명보다 존귀하나 그러나 첫 번의 세 사람에게는 미치지 못하였다". 즉, 삼십 명보다 존귀한 자리에 올랐으나 그러나 첫 번의 세 사람에게는 미치지 못했다는 것이다. 브나야가 용기와 괴력의 사나이였기 때문에 다윗은 그를 세워 시위대 대장(군대 장관)을 삼았다. 사람이 어떤 자리에 오르느냐 하는 것은 하나님께 얼마나 힘을 얻어 활동하느냐에 달렸다.

3. 다윗의 30인의 용사들 23:24-39

앞의 두 단락은 다윗에게 충성을 다했던 첫 번째, 두 번째 3인의 용사들의 활약상이 진술되었다(8-23절). 이제 이 부분(24-39절)에서는 다윗 군대의 핵심 요원이었던 30인 용사들을 진술한다. 이 30인 용사들의 숫자가 들쭉날쭉한 이유는 때로는 유고자(有故者)가 있기도 하고 또 혹은 첨가되기도 했기 때문이었다. 이 부분(24-39절)의 숫자는 역대기에 기록된 숫자보다는 적다(대상 11:26-47). 역대기의 숫자가 많은 이유는 뒤에 이들 대열에 합류한 자가 많았기 때문이었다.

한 가지 특기할 일은 이들 30인 용사들은 이스라엘 모든 지파에서 선발되었으며, 심지어는 여호와 종교에로 개종한 이방인까지도 포함되었다. 그러나 이들은 하나같이 다윗에게 충성을 다했다.

삼하 23:24. 요압의 아우 아사헬은 삼십 명 중의 하나요 또 베들레헴 도도의 아들 엘하난과.

삼십인 특별부대에 들어 있는 다른 용사들로서는 다음과 같은 사람들이 있다. 요압의 아우 아사헬과 베들레헴 사람 도도의 아들 엘하난이 있다. "아사헬"(Ashahel)은 '하나님이 만드심'이라는 뜻이다. 아사헬은 다윗의 누이 스루야의 아들 삼형제 중 막내아들이다. 다윗의 30 용사 중 한 사람이며, 군중(軍中)의 큰 용사로서, 그의 발이 들 노루 같이 빠른 것으로 유명했다(2:18; 23:24; 대상

2:16; 11:26). 기브온에서 사울의 아들 이스보셋 왕의 군대장관 아브넬이 패주하는
것을 추격하다가 오히려 그의 창 뒤끝으로 배가 찔려 피살되었다(2:12-23). 요압은
자기 동생을 죽인 아브넬을 복수했다(3:27). 그는 다윗이 전 이스라엘의 왕이
되기 전에 죽었지만, 다윗이 12개로 군부대를 편성할 때 4월 네 째 장관에 임명되어
2만 4천 명을 지휘했다.

"엘하난"(Elhanan)은 '하나님이 자비롭게 여기심'이란 뜻을 가지고 있다. 베
들레헴 출신 도도의 아들인데, 다윗의 37용사 중 하나이다(23:24; 대상 11:26).

삼하 23:25. 하롯 사람 삼훗과 하롯 사람 엘리가와.

"하롯"(Harod)은 '떨다'라는 뜻을 가지고 있다. 이는 이스르엘 평원에 있는
성읍을 지칭한다(삿 7:1). "삼훗"(Shamhuth)이란 이름은 원문에는 "삼마"(hM;v')
로 기록되어 있으나 병행 구절인 대상 11:27에 "삼훗"으로 기록되었기에 그와
일치시키기 위해 본 절에서 "삼훗"으로 표현한 듯하다. 조심할 것은 본 장 11,33절
에 나타나는 "삼마"와는 다른 인물임에 유의해야 한다.

"엘리가"는 본 절에서는 나타나나 역대상에는 그의 이름이 빠져 있다. 아마도
'엘리가'가 삼훗과 함께 하롯 사람임으로 생략되었을 것이다(Lange, RP Smith).

삼하 23:26. 발디 사람 헬레스와 드고아 사람 익게스의 아들 이라와.

본 절에서 말하는 두 용사는 "발디 사람 헬레스와 드고아 사람 익게스의
아들 이라"이다. "발디"(palti)란 말은 '해방'이라는 뜻을 가지고 있다. "발디 사람"
이란 유다남부의 성읍(수 15:27, 느 11:26, 벧벨렛)의 출신자라는 뜻이다(23:26).
"헬레스"(Helez)는 '힘'이라는 뜻을 가지고 있다. 헬레스는 에브라임 자손 블론
사람인데, 다윗의 큰 용사 중 한 사람이었다. 그는 7월을 담당한 일곱째 군대장관이
다(23:26; 대상 11:27; 27:10). 본 절에는 '발디 사람', 대상 11:27에는 '블론
사람'으로 되어 있으나, 대상 27:10에 '발론 사람'으로 되어 있는 것으로 보아
'블론 사람'이 맞는 듯하다.

"드고아"는 베들레헴 남동쪽의 요새화된 성읍이며 유대 광야에 있다(대상

2:24; 암 1:1). 드고아는 예언자 아모스의 고향이었다(암 1:2). 그리고 "이라"(Ira)는 '성 파숫군'을 뜻하고 6월 장관이었다(대상 27:9). 주의할 것은 본 절의 "이라"는 다윗의 대신이었던 야일 사람 '이라'와는 다른 인물이다.

삼하 23:27. 아나돗 사람 아비에셀과 후사 사람 므분내와.

"아나돗 사람"(Anathothite)이란 예루살렘 북북동의 성읍 아나돗의 주민(23:27; 대상 11:28; 12:3; 27:12; 렘 29:27)이라는 뜻이다. "아비에셀"(Abiezer)은 '아버지(하나님)는 도움이심'이란 뜻이다. 아비에셀은 아나돗 사람으로서 다윗의 37용사 중의 한 사람이다. 다윗이 상비군 28만 8천 명을 12개 사단으로 나누어 매월 근무케 했을 때 9월 사단장이었다(23:27; 대상 11:28; 27:12).

"후사 사람"(Hushathite)이란 유다의 성읍 '후사의 출신자'(21:18; 23:27; 대상 11:29; 20:4; 27:11)라는 뜻이다. 이 성읍은 베들레헴 남서의 성읍 후산(Husan)으로 추정된다. "므분내"(Mebunnai)는 '하나님이 지으셨다'는 뜻이다. 그는 후사 사람이며 다윗의 30용사 중 한 사람이다(23:27). 이 므분내는 12:18이나 대상 11:29에 의하면 "십브개'라는 이름으로 나온다. 따라서 본 절에서 말하는 므분내라는 이름은 "십브개"의 오기로 보인다(K.&D., RP Smith). 본서 저자가 용사의 이름을 기록할 때마다 이름만 기록하지 않고 용사의 출신지나 가문을 꼭 기록하는 것은 기록의 신빙성을 위함인 것으로 보인다. 결코 지역주의나 인맥을 조장하려는 의도는 없다.

삼하 23:28. 아호아 사람 살몬과 느도바 사람 마하래와.

"아호아 사람"(Ahohite)이란 베냐민 사람 벨라의 아들 '아호아'(대상 8:4)에게서 나온 사람들'(23:9,28; 대상 11:12,29; 27:4)이란 뜻이다. 다윗의 세 용사 도대의 아들 엘르아살(23:9) 등은 '아호아 사람'으로 불리고 있다. "살몬"(Zalmon)이란 사람의 이름은 "엘르아살"과 함께 베냐민 지파 아호아 출신으로 보며(9절), 그의 이름이 대상 11:29에는 "일래"로 기록되어 있다. 이 두 기록 중 어느 것이 정확한지는 알 수가 없다.

"느도바 사람"(Netophathite)이란 유다의 성읍 '느도바(스 2:22; 느 7:26)의 출신자'(23:28, 29 of Netopha, 왕하 25:23; 대상 2:54; 9:16; (11:30,30 of Netophah); 27:13, 15; 느 12:28; 렘 40:8)라는 뜻이다. "마하래"(Maharai)는 '급하고 맹렬함'이란 뜻이다. 이는 세라 족속 느도바 사람인데, 다윗 왕의 37용사 중 한 용사이다. 왕을 섬기는 제 10반열의 장관이며, 그에게 2,400명이 속해 있었다(23:28; 대상 11:30; 27:13).

삼하 23:29. 느도바 사람 바아나의 아들 헬렙과 베냐민 자손에 속한 기브아 사람 리배의 아들 잇대와.

"느도바 사람"(Netophathite)이란 말에 대해서는 앞 절의 주해를 참조하라. "바아나"는 헬렙의 아버지이다. "헬렙"(Heleb)은 느도바 사람 바아나의 아들인데, 다윗의 37 용사 중의한 사람이다. 이 헬렙은 대상 11:30에는 "헬랫"이라 하였고 대상 27:15에는 "헬대"라 하였다.

"베냐민 자손"(Benjaminite)이란 말은 '베냐민 지파에 소속된 사람들'을 가리키는 형용어(16:11; 19:16; 20:1; 삿 3:15; 19:16; 삼상 9:1b; 4:21a; 22:7; 왕상 2:8; 대상 27:12; 에 2:5)이다. 그리고 "기브아 사람"(Of Gibeah)이란 베냐민의 성읍 '기브아 출신자'를 가리킨다. "리배"(Ribai)는 베냐민 지파 사람인데, 기브아 출신이다. "잇대"(Ittai)는 베냐민 자손에 속한 기브아 사람 리배의 아들이다. 그는 다윗의 용사 중 한 사람이다(23:29). 역대상 11:31에는 '이대'로 되어 있다.

삼하 23:30. 비라돈 사람 브나야와 가아스 시냇가에 사는 힛대와.

"비라돈 사람"(Pirathonite, Of Pirathon)이란 말은 '에브라임의 성읍 비라돈의 출신자'라는 뜻이며 압돈의 아버지 힐렐에 대해(삿 12:13,15), 그리고 다윗의 용사 브나야에 대해(23:30; 대상 11:31; 27:14) 말할 때 각각 씌어져 있다. "브나야"는 비라돈 사람이며 다윗의 30용사 중의 한 사람이다(23:30; 대상 11:31). 다윗군단 11반(11월) 장관(長官)이었다(대상 27:14). 본 절의 "브나야"는 여호야다의 아들 브나야(20절)와는 다른 사람이다.

"가아스"(Gaash)는 '지진'이라는 뜻을 가지고 있다. 에브라임 산지에 있던 산인데, 여호수아가 장사된 딤낫 세라는 이 가아스 산 북쪽에 있다(수 24:30; 삿 2:9). 그러나 정확한 위치는 불명하다. 또 다윗의 용사 힛대는 가아스 시냇가 출신이라고 했는데(삼하 23:30; 대상 11:32) 아마 가아스 산에서 서쪽으로 흐르는 강의 계곡일 것이다. 그리고 "힛대"(Hiddai)는 '위엄(威嚴)'이라는 뜻을 가지고 있다. 다윗의 30용사 중 한 사람으로 가아스 시냇가에 살았다(23:30). 대상 11:32에는 '후래'로 되어 있는데, 히브리 문자를 잘못 읽은 것이 아닌가 한다.

삼하 23:31. 아르바 사람 아비알본과 바르훔 사람 아스마웻과.

"아르바 사람"(Arbathite)이란 말은 유다와 베냐민의 경계에 있던 성읍 '벧알바의 주민'(23:31; 대상 11:32)을 지칭하는 말이다. 다윗의 30용사중의 한 사람이었던 아비알본(23:31)과 아비엘(대상 11:32)은 아르바 사람이었다. "아비알본" Abialbon)은 '힘의 아버지'라는 뜻이 있다. 이는 아르바 사람으로서 다윗의 37용사중의 한 사람이다(23:31). 이것은 헬라역에 준하여 "아비엘"로 수정해야 할 것이다. 대상 11:32에는 "아비엘"로 되어 있다.

"바르훔 사람"(Of the Barhumite, KJV), (Of Bahurim, ESV)이란 말은 '감람산 가까이에 있던 바후림 출신자'를 지칭하는 말이다. "아스마웻"(Azmaveth)은 '죽음에 강한'이란 뜻을 가지고 있다. 바르훔 사람인데, 다윗의 37용사 중 하나이다(23:31).

삼하 23:32. 사알본 사람 엘리아바와 야셴의 아들 요나단과.

"사알본"(Shaalbon)은 다윗의 용사 중 한 사람인 엘리아바의 출신 성읍이다 (23:32; 대상11:33). 사알빔(삿 1:35)과 동일지이다. "엘리아바"(Eliaba)는 '하나님이 감추는 자'라는 뜻을 가지고 있다. 사알본 사람인데, 다윗의 37용사 중한 사람이다(23:32)

"야셴"(Jashen)은 '수면'이라는 뜻을 가지고 있다. 야셴의 아들은 다윗의 용사 명단 중(23:32)에 '사알본 사람 엘리아바' 다음에 나온다. 병행문(대상 11:34)은

'기선 사람 하센의 아들'로 되어 있다. "요나단"은 하랄 사람 사게의 아들이며 다윗 군단의 용사의 한 사람이다(대상 11:34). 23:32,33의 본문은 역대상 11:34의 병행구에는 "하랄 사람 사게의 아들 요나단"으로 되어 있다.

삼하 23:33. 하랄 사람 삼마와 아랄 사람 사랄의 아들 아히암과.

"하랄 사람"(Hararite)이란 말은 '산지의 사람'이란 뜻이 있다. 다윗의 3용사 중의 하나인 아게의 아들 삼마에게 붙여진 형용사(23:11,33; 대상 11:34,35)이다. 그는 유다나 에브라임 산지에 있던 '하랄(山)로 불리는 마을의 출신자였던 것으로 보인다. "삼마"는 하랄 사람 아게의 아들이다. 다윗의 세 용사 중 한 사람이다. 블레셋 사람이 떼를 지어 녹두 나무가 가득한 밭에 모였을 때, 백성들은 무서워 도망갔지만 삼마는 끝까지 진지를 지킴으로써 대세를 만회한 역경의 용사이다 (23:11,32,33). 역대상 11:34에 요나단의 부친 사게와 동일 인물이라고도 한다.

"아랄 사람"(Ararite)이란 말은 다윗의 용사 30인 중의 사랄의 아들 아히암에 게 붙여진 형용사이다(23:33b). 이 아랄은 하랄과 동일인이다. "사랄"(Sharar)은 '견고함'이란 뜻을 가지고 있다. 이는 하랄 사람으로서 다윗의 용사 아히암의 부친이다(삼하 23:33). 역대상 11:35에는 "사갈"로 되어 있다. "아히암"(Ahiam) 은 '아버지 형제'란 뜻을 가지고 있다. 아랄 사람 사랄의 아들이며, 다윗의 37용사 중 한사람이다(23:33; 대상 11:35).

삼하 23:34. 마아가 사람의 손자 아하스배의 아들 엘리벨렛과 길로 사람 아히도벨의 아들 엘리암과.

"마아가 사람"(Maacathite)이란 '마아가의 자손 또는 수리아(시리아)의 마아 가 지방의 주민'을 칭하는 말이다. 그 국토의 묘사에 '마아가 족속의 경계'(신 3:14; 수 12:5, 마아가 사람)라는 표현을 쓰고, 또한 국토자체를 가리켜 '마아가 사람의 지경'(수 13:11)이라는 표현을 쓰고 있다. 이스라엘 사람은 이 땅을 점령하 지 못하고, 그들을 종속적 지위에 두었다(수 13:13, 마아갓). 이 주민의 개인도 인용되어 있다(23:34 '마아가 사람' of Maacah, 왕하 25:23=렘 40:8, 대상 4:19).

"아하스배"(Ahasbai)는 마아가 사람의 손자 엘리벨렛의 아버지이다. "엘리벨 렛"(Eliphelet)은 마아가 사람의 손자 아하스배의 아들인데, 다윗의 37용사 중의 하나이다(23:34). 역대상 11:35에서는 '엘리발'이라고 표기 되어 있다.

"길로 사람"(Gilonite)이란 '유다 산지의 촌락인 길로 출신자'를 가리킨다 (15:12). "아히도벨"(Ahithophel)은 '어리석음의 형제'라는 뜻을 가지고 있다. 서남 유다의 길로 사람인데, 다윗의 모사(謀士)이다. 반역 음모에 그의 지혜가 필요했든지, 압살롬은 그를 길로에서 초청했다. 압살롬이 부왕 다윗을 반역하여 예루살렘에 입성했을 때, 모든 백성의 심리를 다윗으로부터 압살롬에게 전환시키 는 술책으로 다윗의 후궁들을 백주에 옥상에서, 더구나 백성들이 보는 중에 동침하 라는 모략을 압살롬이 받아들여 천인공노할 범행을 저지르게 했다(15:12; 16:20-23). 아히도벨은 압살롬에게 다윗 모살작전 계획을 말했다(17:1-14). 이 전술은 다윗에게는 위험천만한 묘책이었다. 만일 그대로 된다면 인간편으로는 성공했을 것이다. 그러나 압살롬은 이 계획을 택하지 않고 실패할 후새의 인해전술 을 택했다(17:14). 아히도벨은 자기의 계책이 받아들여지지 않은 것을 통분히 여긴 나머지 귀향하여 스스로 목매어 죽었다(17:23). 그의 모략은 틀림이 없어 높이 평가된 듯하다(16:23). "엘리암"(Eliam)은 우리아의 아내 밧세바의 아버지였 다(11:3; 23:34; 대상 3:5).

삼하 23:35. 갈멜 사람 헤스래와 아랍 사람 바아래와.

"갈멜 사람"(Carmelitess)이란 유다의 산지(山地)에 있던 갈멜(수 15:55)의 주민 및 그 출신자를 가리킨다(2:2; 3:3; 23:35; 대상 3:1; 11:37). "헤스래" (Hezrai)는 갈멜 출신이고 다윗의 용사 중의 1인(23:34)이다. 병행기사인 대상 11:37에서는 '헤스로'로 되어 있다.

"아랍 사람"(Arbite)이란 유다 남부의 성읍 아랍의 출신자를 뜻하는 말이다. 다윗의 용사 중의 하나인 바아래의 고향(23:35)이다. 병행기사 대상 11:37에서는 '에스배의 아들 나아래'로 되어 있다. "바아래"(Paarai)는 '크게 열림'이라는 뜻을 가지고 있다. 다윗의 37(통상 30)용사 중의 한 사람이다(23:35). 아랍 사람이다.

역대상 11:37에는 "에스배의 아들 나아래"로 표기되어 있다.

삼하 23:36. 소바 사람 나단의 아들 이갈과 갓 사람 바니와.

"소바"(Zoba)는 '주거'(住居)라는 뜻을 가지고 있다. 아람 사람의 소국(小國) 중 하나인데 시편 60편의 제목에 '아람소바'로 불리고 있는 국토이다. 아람 사람은 강대한 통일 국가를 만들지 않고 제각기 분립적(分立的) 소국가를 세웠다. 그중 아람소바가 가장 유력하였으며, 그 지배 영역은 안티 레바논과 수로 아라비아 사막 사이였다. 소바 왕은 사울과 교전한 적으로서 처음으로 성경에 나온다(삼상 14:47). 다윗은 소바왕 하닷에셀을 쳐서 조공을 바치게 하였다(8:3-12; 대상 18:3-9). 소바와 이스라엘 관계는 대체적으로 적대적이었다(10:6,8; 대상 19:6; 왕상 11:23). 다윗의 용사 중 한 사람인 이갈의 출신지이다(23:36). "나단"(Nathan)은 다윗 왕의 한 용사로서 소바 사람이다(23:36; 대상 11:38). "이갈"(Igal)은 다윗의 용사의 한 사람으로 소바 사람 나단의 아들이다(23:36). 역대상 11:38에는 나단의 아우 요엘이라 되어 있다. 그렇지만 이 두 곳의 관계를 결정지을 수는 없다. 요엘과 이갈이 동일 인물인지, 조카와 삼촌 관계인지도 모른다.

"갓 사람"(Gadites)은 족장 야곱의 제 7남 갓에게서 난 자손(민 1:14; 신 27:13; 겔 48:27,28,34)을 칭한다. 동복형제인 아셀 지파와의 관계는 아주 가깝고, 거의는 갓의 이름을 앞세우고 있는데, 그 반대도 있다(민 1:13,14). 광야에서의 제 1 회 인구조사에서는, 군인으로 될 수 있는 장정이 45,650인이었고, 제 2 회 때에는 40,500인이었다(민 1:24-25; 26:15-18). 가나안 정착 때, 갓 지파는 요단 동쪽에 분깃을 얻었다(민 32:21-32). 남(南)은 르우벤, 북은 므낫세 반지파의 분깃과 인접하고, 목축에 적합한 토지로서(민 32:1-4), 도피성 길르앗 라몬이 그 영지내(領地內)에 있었다. 사울 시대에 이스라엘인은 블레셋의 공격을 피하여, 갓 지역에 피한 듯하다(삼상 13:7). 다윗의 30용사 기타 중에는 갓 사람이 포함되어 있다(23:36; 대상 12:8-14). "바니"(Bani)는 '후예'란 뜻을 가지고 있다. 이는 갓 사람이며 다윗의 30용사 중의 한 사람이다(23:36).

삼하 23:37. 암몬 사람 셀렉과 스루야의 아들 요압의 무기를 잡은 자 브에롯 사람 나하래와.

"암몬 사람"(Ammonites)은 요단 강 동쪽 지역, 얍복 강 상류의 대 만곡(大灣曲), 갓 지파와 아라비아 사막 사이 땅과 그 민족을 지칭한다. 랍바(오늘날의 암만, Amman)가 그 도성이었다. "셀렉"(Zelek)은 '갈라진 곳'이라는 뜻이 있다. 이는 암몬 사람이다. 다윗의 37용사 중의 한 사람이다. 이들 용사들은 이스라엘 각지에서 소집되어 다윗 왕국 건설에 초석이 되어 구원과 번영의 성업을 완성했다. "스루야"(Zeruiah)는 요압, 아비새, 아사헬의 모친이다(2:13,18; 삼상 26:6; 왕상 1:7; 대상 2:16). 사무엘하 17:25에 의하면, 나하스의 딸이므로 다윗의 누이이다(대상 2:16 비교). "요압"(Joab)은 다윗의 이복 자매 스루야의 아들이다. 따라서 다윗은 스루야의 외삼촌 뻘이 된다(8:16; 대상 2:16). "브에롯 사람"(Be-erothites)은 베냐민의 성읍 브에롯의 출신자라는 뜻이다. "나하래"(Naharai)는 '주께서 택하신 것'이라는 뜻을 가지고 있다. 브에롯 출신으로서 다윗의 37용사중의 하나이며, 요압의 병기를 잡았던 사람이다(23:37; 대상 11:39).

삼하 23:38. 이델 사람 이라와 이델 사람 가렙과.

"이델 사람"(Ithrite)이란 기럇여아림의 가족(대상 2:53)을 칭하는 말이다. 다윗의 용사 중의 두 사람 "이라"와 "가렙"은 이 가족 출신이었다(23:38; 대상 11:40). "이라"(Ira)는 이델 사람이며 다윗의 용사의 한 사람이다(23:38; 대상 11:40). "가렙"(Gareb)은 '문둥이'이라는 뜻을 가지고 있다. 다윗의 37 용사 중의 한 사람인데, 기럇여아림 족속의 이델인이다(23:38; 대상 2:53,11:40).

삼하 23:39. 헷 사람 우리아라 이상 총수가 삼십칠 명이었더라.

"헷 사람"(Hittites)이란 가나안의 선주민의 일반적 명칭으로서 기록되고(창 27:46; 28:1, 가나안 사람; 겔 16:3-45) 팔레스틴 남부에도 살고 있었다(창 23:3; 25:10; 49:32). "우리아"(Uriah)는 헷 사람으로 다윗의 30용사 중의 1인(23:39; 대상 11:41)이다. 다윗은 우리아의 아내 밧세바와의 불의한 관계를 감추기 위해,

장군 요압에게 명하여 우리아를 격전의 최전선으로 보내어 전사케 했다(11:1-27; 12:9,10,15; 왕상 15:5).

"이상 총수가 삼십칠 명이었다"는 말은 첫째 그룹인 3용사(8-12절), 둘째 그룹인 3용사(13-23절), 셋째 그룹인 31용사(24-38절)를 합한 숫자를 말한다(RP Smith). 이 37명의 명단에 요압이 빠져 있는 것은 그가 전군(全軍)의 군대 장관이 었기 때문에 빠져 있는 것이라고 보아야 할 것이다(Lange, The Interpreter's Bible).

제 24 장

D. 다윗의 인구 조사 및 그의 제사 24:1-25

여호와께서는 아직도 다윗의 마음에 자리 잡고 있는 인간의 힘을 의지하려는 생각을 파쇄하고 온전히 여호와의 힘을 의지하게 만드시려고 진짜 다윗의 마음 속에 그런 불신앙이 있는지를 시험하신다. 그래서 다윗으로 하여금 인구 조사를 하게 하신다(1-9절). 다음으로 다윗으로 하여금 인구 조사를 한 일을 회개하게 하시고(10-17절), 다윗으로 하여금 제단을 쌓아(18-25절) 용서를 받게 하신다. 본 장의 내용의 병행 구는 대상 21-22장이다.

  1. 다윗이 인구를 조사하다 24:1-9

여호와께서는 다윗의 마음속에 사람의 숫자를 의지하는 마음이 있는지를 시험하시려고 다윗을 감동시키셔서 인구 조사를 하게 하신다. 다윗은 요압에게 명령하여 이스라엘과 유다의 인구를 조사해 오라고 보챈다. 요압은 아홉 달 20일을 걸려 인구 조사를 해서 왕께 보고한다.

삼하 24:1. 여호와께서 다시 이스라엘을 향하여 진노하사 그들을 치시려고 다윗을 격동시키사 가서 이스라엘과 유다의 인구를 조사하라 하신지라 (Again the anger of the Lord was kindled against Israel, and he incited David against them, saying, "Go, number Israel and Judah"-ESV).

문장 초두의 "다시"(יֹסֶף)라는 말은 21:1-14과 연결되는 말이다(Lange, RP Smith, Caird, 이상근). 즉, 21:1-14에 의하면 기브온 족의 원한 때문에 3년간 계속해서 이스라엘에 기근이 있었는데 "다시" 이스라엘에게 재앙을 내리신다는 것이다. 이번의 이스라엘에게 내리실 재앙은 과거에 이스라엘이 지은 죄[101]가 아니라 앞으로 다윗이 인구조사를 하면(Lange) 재앙을 내리시겠다는 것이었다.

인구 조사는 하나님 보시기에 엄청나게 큰 죄이다. 하나님을 전적으로 의지하지 않고 세상의 방대한 군대의 힘을 믿겠다는 것이니 큰 죄에 속하는 것이다.

여호와께서는 앞으로 다윗이 여호와를 전적으로 의지하지 않고 군대의 수를 의지하는 불신앙을 보이는 경우 "이스라엘을 향하여 진노하사 그들을 치시려고 다윗을 격동시키사 가서 이스라엘과 유다의 인구를 조사하라"고 하신다. 여기 "다윗을 격동시키셨다"는 말은 '다윗을 흥분시키셨다'는 의미이다. 병행구인 대상 21:1에는 "사탄이 일어나 이스라엘을 대적하고 다윗을 충동하여 이스라엘을 계수하게 했다"고 진술한다.

삼하 24:2. 이에 왕이 그 곁에 있는 군사령관 요압에게 이르되 너는 이스라엘 모든 지파 가운데로 다니며 이제 단에서부터 브엘세바까지 인구를 조사하여 백성의 수를 내게 보고하라 하니.

그래서 다윗 왕은 자기와 함께 있는 군사령관 요압에게 명령하여 "장군은 이스라엘 모든 지파 가운데로 다니며 이제 단에서부터 브엘세바까지 인구수를 조사하여 백성 전체의 숫자를 나에게 알려 주시오"라고 했다. 여기서 "단"은 이스라엘 땅의 최북단의 지역이고, "브엘세바"는 이스라엘의 최남단의 지역을 뜻하므로 "단에서부터 브엘세바까지"라는 말은 이스라엘 전체를 표현하는 말이다(삼상 3:20). 이렇게 인구를 조사하게 한 이유는 다윗이 군사의 수를 믿고 안심하려는 것이었다. 그가 통치 말기를 당하여(Hengstemberg) 이제는 자기의 힘이 약해져서 사람의 많음을 의지해 보려는 생각이 든 것이다. 오늘 우리는 언제든지 여호와를 전적으로 의지해야 할 것이다.

삼하 24:3. 요압이 왕께 아뢰되 이 백성이 얼마든지 왕의 하나님 여호와께서 백 배나 더하게 하사 내 주 왕의 눈으로 보게 하시기를 원하나이다 그런데 내

---

101) 혹자들은 과거에 이스라엘이 지은 어떤 숨은 죄라고 주장하기도 하고(Kimchi), 또 어떤 이들은 이스라엘이 압살롬과 세바의 반란에 동참한 죄라고 주장하나(K.&D., 호크마 주석, 그랜드 종합주석) 다윗이 인구 조사를 한 죄(Lange)라고 보는 것이 옳을 것이다.

주 왕은 어찌하여 이런 일을 기뻐하시나이까 하되.

요압은 다윗의 재촉을 받고 말하기를 "이 백성이 얼마든지 왕의 하나님 여호와께서 백배나 더하게 하사 내 주 왕의 눈으로 보게 하시기를 원하나이다"라고 다윗을 깨우쳐주었다. 우리가 범죄하려고 할 때 하나님은 언제든지 우리에게 깨우침을 주신다. 이것도 역시 하나님의 긍휼의 일환이다.

요압은 다윗에게 "그런데 내 주 왕은 어찌하여 이런 일을 기뻐하시나이까"라고 말한다. 다시 말해 '그런데도 내 주 왕께서는 어찌하여 인구 조사를 하는 일을 기뻐하십니까'라고 말한다. 다윗의 이때의 인구 조사는 나라를 방위하려는 목적이었다(Hengsternberg, K.&D., Lange, Schmid). 사실 나라의 안보는 전적으로 하나님께 의존해야 했다.

삼하 24:4. 왕의 명령이 요압과 군대 사령관들을 재촉한지라 요압과 사령관들이 이스라엘 인구를 조사하려고 왕 앞에서 물러나.

다윗이 급하게 인구 조사를 하라는 명령을 내려 요압과 사령관들은 머뭇거릴 여유가 없었다. 그들은 이스라엘의 인구를 조사하려고 왕 앞에서 물러나 이스라엘 전국을 돌았다.

삼하 24:5. 요단을 건너 갓 골짜기 가운데 성읍 아로엘 오른쪽 곧 야셀 맞은쪽에 이르러 장막을 치고.

본 절부터 8절까지는 요압과 군사령관들이 다윗의 명령대로 인구 조사를 하려고 이스라엘을 두루 돌아다닌 것을 설명한다. 요압과 군사령관들은 일단 요단을 건너 갓 골짜기 가운데 성읍 아로엘 오른편쪽 곧 야셀 맞은쪽에 이르러 장막을 쳤다. 여기 "갓"(Gad)은 '행운'이라는 뜻을 가지고 있다. 다윗의 인구조사에 포함된 지역의 하나이다(24:5). "아로엘"(Aroer)은 아르논 강 중류의 북안에 있던 모압의 성읍이었다. 사해의 동쪽 20km, 디본의 동남쪽 5km, 아라일('Ara'ir)과 동일시된다. 모압을 남북으로 종관(縱貫)하는 '왕의 길'은 이 성읍 서쪽으로 통하고 있었다. 시혼이 다스린 아모리 왕국의 남쪽 경계이다(신 2:36; 3:12; 4:18;

삿 11:26). 이스라엘이 점령하고(수 12:2) 갓 지파가 재건하였다(민 32:34). 후에는
르우벤 지파의 소유로 되었다(수 13:9,16; 대상 5:8). 다윗의 인구 조사는 이
성읍에서부터 시작되었다(24:5).

"야셀"(Jazer)은 '도움'이라는 뜻을 가지고 있다. 헤스본의 북쪽에 있던
아모리 사람의 성읍인데, 이스라엘 백성이 점령하고(민 21:32) 갓 지파에 주어지
고(민 32:1,3,35; 수 13:25) 레위 사람의 성으로 되었다(수 21:39; 대상 6:81;
26:31). 야셀과 그 밖의 견고한 성읍들이 건설되었다(수 13:25; 민 32:34,35).
요압은 요단강을 건너가 요단 동편의 인구를 먼저 조사하기 위해 아로엘과
야셀 중간에 조사 본부를 두고, 많은 인원이 이곳에 장막을 치고 거하면서
조사했다(K.&D., Lange).

**삼하 24:6. 길르앗에 이르고 닷딤홋시 땅에 이르고 또 다냐안에 이르러서는 시돈으
로 돌아.**

요압의 인구 조사는 아로엘과 야셀 중간에 조사 본부를 두고(앞 절), 북상하여
요단 동편 땅을 북상하면서 조사한 것이다. 본 절의 "길르앗"은 얍복강과 야르묵강
사이의 고원지대를 뜻한다. "닷딤홋시"(Tahtim-hodsh)는 '달 아래'라는 뜻으로
갈릴리 바다 동편의 성읍으로 추정된다. "다냐안"(Dan-jaan)은 히브리어로는 '단
야안'인데 '단'(Dan)으로 되어 있는 성경도 있다. 혹자는 "단과 이욘에 이르고"라
고 읽어야 한다고 주장한다(왕상 15:24 참조). 팔레스틴에 있는 땅으로 다윗의
군대장관 요압이 왕명을 받고 인구 조사차 방문한 적이 있다. 길르앗과 시돈사이에
있는 것으로 알려지고 있다. "시돈"(Zidon)은 두로와 베이루트의 대략 중간이며,
두로의 북쪽 36km에 있는 베니게의 성읍인데, 지중해로 돌출한 구릉 위에 있다.
고대의 항구는 해안에 병행하고 있는 바위산으로 형성되어 있었는데, 어떤 부분은
17세기에 파괴되고 돌과 흙으로 메워졌다. 성읍의 산 쪽에는 방벽이 있고, 남쪽이
가장 높고, 거기는 성채가 서 있다. 요압은 시돈까지 북상하여 이곳에서 요단강
서편지역으로 남하(南下)한 것이다.

삼하 24:7. 두로 견고한 성에 이르고 히위 사람과 가나안 사람의 모든 성읍에 이르고 유다 남쪽으로 나와 브엘세바에 이르니라.

"두로"(Tyre)는 '바위'라는 뜻을 가지고 있다. 두로는 베니게에 있던 가장 유명한 고대 성읍으로 지중해의 동안에 위치하며, 이스라엘 땅에서 멀지 않은(수 19:29) 시돈의 남쪽 32㎞ 지점에 있다. 본문의 "히위 사람과 가나안 사람"은 가나안 7족들을 의미하며(5:6 주해 참조), 이스라엘에 정복되어 이 때 북방지역인 납달리, 스불론, 잇사갈 지역에 살고 있었다. 시돈까지 올라간 요압의 인구 조사본부는 거기서 되돌아 남하하여 두로와 갈릴리 지방의 히위인과 가나안인들의 성읍을 거쳐 요단강 서편 지역들을 따라 남하하여 유다의 최남단인 "브엘세바"에 이르렀다.

삼하 24:8. 그들 무리가 국내를 두루 돌아 아홉 달 스무 날 만에 예루살렘에 이르러.

요압과 함께 한 조사 팀은 국내를 두루 돌아 9개월 20일 만에 예루살렘에 이르렀다. 대상 21:6의 병행 구에는 "요압이 왕의 명령을 마땅치 않게 여겨 레위와 베냐민 사람은 계수하지 아니하였다"고 말한다.

삼하 24:9. 요압이 백성의 수를 왕께 보고 하니 곧 이스라엘에서 칼을 빼는 담대한 자가 팔십만 명이요 유다 사람이 오십만 명이었더라.

요압은 전국(레위 지역과 베냐민 지역을 빼고)을 다 돌고 나서 다윗 왕에게 이스라엘에서 칼을 빼는 자가 80만 명으로, 유다 자손이 50만 명으로 보고 했다. 합해서 130만 명이니 여자와 아이들까지 합하면 대략 500만 명의 인구였을 것이다.

2. 하나님의 징계와 다윗의 회개 24:10-17

다윗이 인구 조사를 마친 후 그는 마음에 자책하고 죄를 자복하며 회개했을 때 여호와께서는 선지자 갓을 통하여 세 가지 징계 중에 하나를 택하라 하셔서 다윗은 여호와의 손에 빠지기 위하여 사흘간의 전염병을 택하여 이스라엘에 그 전염병에 걸린 자가 7만 명에 이르렀다.

삼하 24:10. 다윗이 백성을 조사한 후에 그의 마음에 자책하고 다윗이 여호와께 아뢰되 내가 이 일을 행함으로 큰 죄를 범하였나이다 여호와여 이제 간구하옵나 니 종의 죄를 사하여 주옵소서 내가 심히 미련하게 행하였나이다 하니라.

다윗은 인구 조사를 명령하고 요압으로부터 인구 조사 결과를 받은 후 먼저 그의 마음에 자책이 일어났다. 여기 "자책했다"는 말은 '그의 마음을 때렸다', 혹은 '그의 마음을 쳤다'는 의미이다. 그의 마음을 친 것은 여호와였다. '너는 전적으로 하나님을 의지하지 않고 백성의 많음을 의지하기 위해 인구 조사를 했구나' 하는 자신의 양심의 소리를 통하여 울려오는 여호와의 소리 때문에 견딜 수 없었다.

"다윗은 여호와께 아뢰되 내가 이 일을 행함으로 큰 죄를 범하였나이다"라고 여호와께 아뢰게 되었다. 여기 "이 일"이란 '인구 조사를 한 일'을 뜻한다. 다윗은 "이제 간구하옵나니 종의 죄를 사하여 주옵소서 내가 심히 미련하게 행하였나이 다"라고 아뢰었다. "죄를 사하여 주옵소서"란 말은 '죄를 치워주옵소서', '죄를 용서하옵소서'라는 말이다. 다윗이 자신이 지은 죄를 깨닫고 용서하여 달라는 기도를 드리기까지는 대략 10개월이 걸렸다(8절). 10개월 동안은 하나님을 온전히 믿지 못하고 나라의 국민이 이만하면 능히 외적을 물리칠 수 있다고 자만했다. 10개월 동안은 하나님을 바로 믿지 못하고 살았다. 그러나 하나님은 다윗을 사랑하 사 다윗으로 하여금 죄를 깨닫게 하시고 회개에 이르도록 역사하셨다. 오늘 우리가 전적으로 여호와를 의지하지 않는 것이 죄인 줄 알고 하나하나 스스로 깨뜨려 나아가야 할 것이다. 우리가 여호와를 의지한다고 하면서도 세상의 물질을 더 의지하고, 사람을 더 의지하며, 세상의 약(medicine)을 더 의지하면서 살지는 않는지 살펴서 그 죄를 치워 주십사고 통회 자복해야 할 것이다.

삼하 24:11. 다윗이 아침에 일어날 때에 여호와의 말씀이 다윗의 선견자 된 선지자 갓에게 임하여 이르시되.

다윗이 "아침에 일어날 때에 여호와의 말씀이 다윗의 선견자 된 선지자 갓에게 암하산' 이유가 무엇인가? 아마도 그 밤 다윗은 밤을 새워 죄 사함을 위해 간구했기 때문이었을 것이다(K.&D., Lange). 하나님을 전적으로 의지하지 않고 백성의 숫자가 많음을 뿌듯하게 생각한 것은 큰 죄악이었다. 마음에 하나님을 뒤로 밀쳐놓은 것은 작은 죄가 아니었다. 그런 죄에 대해 먼저 벌을 받지 않으면 안 되니 하나님께서는 선지자 갓을 보내셔서 다윗으로 하여금 세 가지 벌 중에 하나를 택하게 하셨다(12-13절).

여기 "선견자"(Seer)란 말은 '미리 보는 자'라는 뜻이다. 이에 비해 "선지자"(prophet, 삼상 9:9)란 말은 '미리 말하는 자'라는 뜻이다. 오늘 우리는 우리 각자를 위한 선견자가 있고 선지자가 있다. 그들은 우리를 사랑하여 우리의 죄나 문제를 미리 보아 주는 자이고 미리 말해 주는 자이다. 우리의 선견자나 선지자는 성경에 기록되어 있다.

"갓"(Gad)은 '행운'이라는 뜻을 가지고 있다. 그는 '선견자'(대상 29:29), '다윗의 선견자'(대상 21:9), '왕의 선견자'(대하 29:25), 또는 '선지자'(24:11; 삼상 22:5)란 칭호를 받고 있다. 하나님께서 다윗 왕의 이스라엘 인구조사를 책망하실 때 하나님은 그를 다윗에게 보내어 ① 3년 기근 ② 석 달 동안 대적에게 쫓기는 피난 생활 ③ 삼일 동안의 온역, 이 세 가지 재앙 중에서 택일하게 하셨다(24:13; 대상 21:13). 또 그 후에 다시 그를 다윗 왕에게 보내어 여부스 사람 오르난의 타작마당에 여호와를 위하여 단을 쌓고 번제와 화목제를 드리라고 하셨다(대상 21:9-25). 대상 29:29에 그는 다윗 왕의 시종 행적도 기록했다. 후대에 그는 선지자 나단과 더불어 예배 음악에 대하여 왕의 규정의 어떤 것을 계획한 것으로 보인다(대하 29:25).

삼하 24:12. 가서 다윗에게 말하기를 여호와께서 이와 같이 말씀하시기를 내가 네게 세 가지를 보이노니 너를 위하여 너는 그 중에서 하나를 택하라 내가 그것을 네게 행하리라 하셨다 하라 하시니.

갓이 하나님의 보내심을 받고 다윗에게 말하기를 "내가 네게 세 가지를 보이노니 너를 위하여 너는 그 중에서 하나를 택하라. 내가 그것을 네게 행하리라"고

하신다. 하나님께서 벌을 내리실 때에 이렇게 세 가지 중에서 하나를 택하라고 하신 것은 이 사건에서 밖에는 없는 것 같다.

삼하 24:13. 갓이 다윗에게 이르러 아뢰어 이르되 왕의 땅에 칠 년 기근이 있을 것이니이까 혹은 왕이 왕의 원수에게 쫓겨 석 달 동안 그들 앞에서 도망하실 것이니이까 혹은 왕의 땅에 사흘 동안 전염병이 있을 것이니이까 왕은 생각하여 보고 나를 보내신 이에게 무엇을 대답하게 하소서 하는지라.

갓이 다윗에게 보냄을 받고 첫째, 왕의 땅에 7년 기근을 내리실까, 둘째, 왕이 원수에게 쫓겨 석 달 동안 그들에게 쫓겨 다닐 것인가, 셋째, 왕의 땅에 사흘 동안 전염병이 돌게 하실 것인가를 택하라고 하신다. 갓은 다윗 왕에게 심사숙고 하여 자신을 보내신 하나님에게 회답하라고 한다(삼상 14:38; 23:22; 24:11; 25:17 등). 여기 첫째 번 벌은 대상 21:12의 병행 구에는 "3년 기근"으로 되어 있다. 그런고로 본문의 것도 3년 기근으로 보는 것이 더 좋은 것 같다. 그렇게 보는 것이 다른 부분과 연관 지어볼 때 더 합당한 듯하다. 즉, 3년 기근, 3개월 쫓김, 3일간의 전염병 등(RP Smith).

삼하 24:14. 다윗이 갓에게 이르되 내가 고통 중에 있도다 청하건대 여호와께서는 긍휼이 크시니 우리가 여호와의 손에 빠지고 내가 사람의 손에 빠지지 아니하기를 원하노라 하는지라.

다윗은 갓이 말하는 바 하나님의 세 가지 징벌 중에 하나를 택하라는 말에 (12-13절), 다윗이 갓에게 이르기를 "내가 고통 중에 있다"고 말한다. 세 가지 중에 하나를 택하라는 말은 참으로 어려워서 택하기가 힘이 든다는 뜻이다. 모두 다 나라를 망치는 일이라는 것이다. 다윗은 고통 끝에 결국은 하나를 택한다. 그는 여호와께서 긍휼이 크시니 여호와의 손(전염병)에 빠지고 사람의 손(3개월간 원수에게 쫓기는 벌)에 빠지지 않기를 원한다고 답한 것이다. 이 세 가지의 벌은 모두 무거운 벌인 것은 사실이지만 3일이란 기간은 짧은 기간이고 또 병에 걸리는 것은 여호와의 손에 빠지는 것이니 다윗은 전염병을 택한 것이다. 원수에게 쫓기는 징벌은 다윗이 이미 압살롬에게 받아본 쓰디쓴 옛 경험이었다.

삼하 24:15. 이에 여호와께서 그 아침부터 정하신 때까지 전염병을 이스라엘에게 내리시니 단에서부터 브엘세바까지 백성의 죽은 자가 칠만 명이라.

본 절은 두 가지를 말씀한다. 하나는 여호와께서 정해놓으신 때까지 전염병을 내리셨다는 것과 또 하나는 이스라엘 전체에서 죽은 자가 7만 명에 이르렀다는 것을 전한다.

그런데 "그 아침부터 정하신 때까지"가 언제냐는 것이다. "그 아침"이란 '갓 선지자가 다윗 왕을 방문한 그 날 아침을 가리키고' "정하신 때"(עֵת מוֹעֵד)란 하나님께서 재앙을 맞이하는 다윗의 신앙적 태도를 보시고 그 재앙의 시간을 단축하신 그 마지막 때'를 의미한다(Lange). 다시 말해 "정하신 때"란 만 3일을 의미하는 것이 아니라 다음 절(16절)을 감안할 때 '시간을 단축하여 그 재앙을 단축한 시간'을 뜻한다고 볼 수 있다. 하나님은 긍휼이 크셔서 다윗의 신앙을 보시고 3일보다 좀 짧은 시간의 재앙을 내리셨다. "단에서부터 브엘세바까지"란 말은 이스라엘 전체를 뜻하는 말이다(2절; 삿 20:1; 삼상 3:20).

삼하 24:16. 천사가 예루살렘을 향하여 그의 손을 들어 멸하려 하더니 여호와께서 이 재앙 내리심을 뉘우치사 백성을 멸하는 천사에게 이르시되 족하다 이제는 네 손을 거두라 하시니 여호와의 사자가 여부스 사람 아라우나의 타작마당 곁에 있는지라.

천사는 다윗이 정한 3일을 채워(13절) 전염병으로 이스라엘을 치기 위해 "천사가 예루살렘을 향하여 그의 손을 들어 멸하려" 했다. 대상 21:16의 병행구에는 "여호와의 천사가 천지 사이에 섰고 칼을 빼어 손에 들고 예루살렘 하늘을 향하여 편지라"고 기록되어 있다. 그 천사는 하나님의 심판을 대행하는 천사였다(출 12:23).

천사가 예루살렘을 멸하려는 몸짓을 보시고 여호와께서는 "이 재앙 내리심을 뉘우치사 백성을 멸하는 천사에게 이르시되 족하다. 이제는 네 손을 거두라"고

하신다. 여기 "뉘우치셨다"는 말은 의인법(擬人法)이다. 의인법이란 하나님께서 예정하신 것은 불변하시지만 사람의 눈으로 보기에는 하나님께서 재앙 내리심을 변경하셨다는 뜻이다(창 6:6; 출 32:14; 렘 18:8,10).

예루살렘을 멸하려던 천사는 하나님의 명령을 듣고 즉시 중지하고 "여부스 사람(예루살렘 원주민) 아라우나의 타작마당(예루살렘 동북 편 언덕) 곁에" 섰다. "아라우나의 타작마당"은 얼마 후 솔로몬 성전의 터가 되었다(대하 3:1). 역대상에는 아라우나의 이름이 계속해서 '오르난'으로 표기 되어 있다(대상 21:15, 18, 20, 21, 22, 23).

삼하 24:17. 다윗이 백성을 치는 천사를 보고 곧 여호와께 아뢰어 이르되 나는 범죄하였고 악을 행하였거니와 이 양 무리는 무엇을 행하였나이까 청하건대 주의 손으로 나와 내 아버지의 집을 치소서 하니라.

다윗은 예루살렘을 치려는 천사를 보고 곧 여호와께 아뢰기를 '보십시오 제가 범죄했고 악을 행하였거니와 이 양 무리(예루살렘 주민들)가 무슨 죄를 범했습니까. 간절히 부탁합니다. 저 자신과 제 집안을 쳐 주십시오'라고 했다. 참으로 양심 있는 애원이었고 백성을 사랑하는 애원이었다. 본 절의 "제가 범죄하였고" 또 "악을 행하였습니다'라고 말한 것은 동의어로 다윗 자신이 범죄한 것이지 일반 백성들이 죄를 지은 것은 아니라는 것을 분명히 표명한 어투이고 강의법이다. 우리는 항상 내 자신이 문제임을 주님께 자백해야 할 것이다.

3. 다윗이 하나님께 제단을 쌓다 24:18-25

이 날 갓이 다윗에게 아라우나의 타작마당으로 올라가서 여호와께 제단을 쌓으라는 말을 듣고 다윗은 아라우나의 타작마당을 사서 제단을 쌓고 번제와 화목제를 드린다.

삼하 24:18. 이 날에 갓이 다윗에게 이르러 그에게 아뢰되 올라가서 여부스 사람 아라우나의 타작마당에서 여호와를 위하여 제단을 쌓으소서 하매.

"이 날에'란 말은 '천사가 예루살렘 주민을 치려던 것을 중지한 날에'(16절)란 뜻이다. 다윗의 선지자 갓은 잠시도 머뭇거리지 않고 이날에 다윗에게 이르러 여부스 사람 아라우나의 타작마당으로 올라가서 여호와를 위하여 제단을 쌓으라고 말했다. 그 이유는 하나님께서 다윗의 기도를 들어 주시기 위함이었다. 선지자 갓은 자기 혼자 생각으로 다윗에게 찾아와서 말한 것이 아니라 하나님의 지시에 의하여 다윗에게 나아가 제사를 드리라고 말한 것이다.

그런데 선지자 갓은 왜 다윗에게 "여부스 사람 아라우나의 타작마당에서" 제사를 드리라고 했는가. 이유는 그곳이 바로 천사의 심판 활동이 중단된 장소였기 때문이고, 또 이스라엘을 향하신 하나님의 자비와 긍휼이 나타난 곳이었기 때문이다. 하나님의 자비와 긍휼이 나타난 곳에 제단을 쌓으라고 하는 것은 아주 기쁜 일이었다. 여기 제단을 쌓으라고 한 것은 제단을 쌓고 그 위에 제물을 드리라는 것이었다. 후에 바로 이곳에는 솔로몬의 성전이 세워져 백성들의 시은소(施恩所)가 되었다.

삼하 24:19. 다윗이 여호와께서 명령하신바 갓의 말대로 올라가니라.

다윗은 순종의 사람이었다. 여호와께서 선지자 갓을 통하여 명령하신대로 제사드려야 할 장소로 올라갔다.

삼하 24:20. 아라우나가 바라보다가 왕과 그의 부하들이 자기를 향하여 건너옴을 보고 나가서 왕 앞에서 얼굴을 땅에 대고 절하며,

다윗이 갓의 말대로 아라우나의 타작마당을 향하여 올라올 때 아라우나(이 때 아라우나는 타작하고 있었다. 대상 21:20-21)가 바라보다가 왕과 왕의 부하들이 자기를 향하여 올라오는 것을 보고 나가서 즉시 왕 앞에서 얼굴을 땅에 대고 겸손히 절을 했다. 아라우나가 다윗 왕 앞에서 겸손히 절을 한 이유는 다윗이 왕이었기 때문이었고 또 다윗 군대가 예루살렘을 점령할 때 여부스인이 점령되는 중에 남은 자였기 때문이었다.

삼하 24:21. 이르되 어찌하여 내 주 왕께서 종에게 임하시나이까 하니 다윗이

이르되 네게서 타작마당을 사서 여호와께 제단을 쌓아 백성에게 내리는 재앙을
그치게 하려 함이라 하는지라.

다윗이 아라우나의 타작마당으로 올라오고 있는 것을 본 아라우나는 다윗에
게 겸손히 엎드려 절을 한 다음(앞 절) 여쭙기를 "어찌하여 내 주 왕께서 종에게
임하시나이까"라고 했다. 아라우나의 질문을 받은 다윗은 "네게서 타작마당을
사서 여호와께 제단을 쌓아 백성에게 내리는 재앙을 그치게 하려 함이라"고
대답한다.

**삼하 24:22. 아라우나가 다윗에게 아뢰되 원하건대 내 주 왕은 좋게 여기시는
대로 취하여 드리소서 번제에 대하여는 소가 있고 땔 나무에 대하여는 마당질
하는 도구와 소의 멍에가 있나이다.**

왕의 요구를 들은(앞 절) 아라우나는 다윗에게 좋게 여기시는 대로 취하셔서
하나님께 드리라고 말한다. 아라우나의 넓은 마음이 보인다. 타작마당은 거저
바칠 것이며 번제를 위해서는 소가 있고 땔 나무를 위해서는 마당질 하는 도구와
소의 멍에가 모두 나무로 된 것이니 다 취하여 사용하시라고 말한다.

**삼하 24:23. 왕이여 아라우나가 이것을 다 왕께 드리나이다 하고 또 왕께 아뢰되
왕의 하나님 여호와께서 왕을 기쁘게 받으시기를 원하나이다.**

본 절은 아라우나가 다윗을 향하여 "왕이여"라고 부르면서 두 가지를 말한다.
하나는 "이것을 다 왕께 드리나이다"라고 말한다. 또 하나는 "왕의 하나님 여호
와께서 왕을 기쁘게 받으시기를 원하나이다"라고 말한다. 아라우나의 이 말은 왕의
하나님께서 왕의 제물뿐 아니라 왕 자신까지도 아주 기쁘게 받으시기를 바란다는
것이었다. 아라우나의 이 말을 볼 때 아라우나가 여호와의 종교로 개종한 것으로
보인다.

**삼하 24:24. 왕이 아라우나에게 이르되 그렇지 아니하다 내가 값을 주고 네게서
사리라 값없이는 내 하나님 여호와께 번제를 드리지 아니하리라 하고 다윗이**

은 오십 세겔로 타작마당과 소를 사고.

아라우나가 다윗에게 모든 것을 거저 제공하겠다고 말했을 때(앞 절) 다윗은 "그렇지 아니하다 내가 값을 주고 네게서 사리라 값없이는 내 하나님 여호와께 번제를 드리지 아니하리라"고 말한다. 다윗은 모든 필요한 것을 사서 제사를 드리겠고 "값없이는" 즉 '아라우나의 것을 그냥 받아서 드리는 일을 하지 아니하리라'고 말한다. 다윗은 남의 것을 드리는 것을 원하지 않고 자기의 것으로 만들어 가지고 하나님께 드리겠다고 한다. 희생이 있는 제사라야 한다는 뜻이다. 우리는 내 것을 드리는 희생자가 되어야 한다. 생활비 전부를 드리는 마음으로 드려야 한다.

"다윗은 은(銀) 오십 세겔로 타작마당과 소를 사서 제물로 바쳤다." 그런데 본 절과 병행구 대상 21:25에는 "그 터 값으로 금 600세겔"이라고 되어 있다. 은 50세겔: 금 600세겔의 차이는 너무 큰 차이였다. 이 차이를 어떻게 해결할 것인가. 1) "금과 은"이 바뀐 것으로 그 50세겔은 은 600세겔이었던 것으로 보아야 한다는 견해(Bochart, 이상근). 다시 말해 대략 금화가 은화의 12배의 가치에 해당된다는 사실에 근거하여(즉 50 x 12= 600세겔), 여기서의 "은"을 단지 '돈'이란 뜻을 지닌, 실상의 '금'으로 고쳐 해석한다. 그러나 이 견해는 원문을 임의로 고쳐 해석하는 약점이 있다. 2) 역대기의 '금 600세겔'이라는 기록이 맞다는 견해(K.&D.). 이유는 아브라함도 가족의 묘지를 살 때 은 400세겔을 지불했는데 다윗이 은 50세겔을 지불했다는 것은 너무 적기 때문이라는 것이다. 3) "타작마당"은 좁은 것이니 그 값이 적고(은 50세겔), "성전 기지"는 넓은 땅이니만큼 그 값이 많다(금 600세겔)(RP Smith, 박윤선). 셋째 견해가 맞는 것으로 보아야 할 것이다.

삼하 24:25. 그 곳에서 여호와를 위하여 제단을 쌓고 번제와 화목제를 드렸더니 이에 여호와께서 그 땅을 위한 기도를 들으시매 이스라엘에게 내리는 재앙이 그쳤더라.

본 절은 세 가지를 말한다. 첫째는 다윗이 아라우나의 타작마당에서 여호와께

"제단을 쌓고 번제와 화목제를 드렸다는 것"을 말한다. 제단을 쌓은 것은 제물을 드리기 위해 단을 쌓은 것을 뜻한다. 그리고 "번제"란 제물을 태워서 드리는 제사로 속죄와 헌신을 뜻한다(레 1장). 다윗이 번제를 드렸으니 모든 죄가 속해진 것을 뜻하며 또 동시에 번제는 헌신을 뜻한다. 그리고 "화목제"란 감사의 제사로 하나님께서 죄를 용서하셨고 또 헌신을 받으셨으니 감사하다는 뜻으로 드리는 제사이다. 화목제는 항상 번제와 같이 드린다(레 3장).

둘째는 다윗이 제단을 쌓은 다음 "여호와께서 그 땅을 위한 기도를 들으셨다"는 것을 말한다. 다윗이 죄를 속하는 제사를 드리고 헌신 제사를 드렸고 감사를 뜻하는 화목제를 드렸으니 여호와께서 그 땅을 위한 다윗의 기도를 들으셨다(10절의 기도). 우리는 오늘도 항상 번제와 화목제를 드려야 한다. 다시 말해 우리를 헌신하는 뜻으로 번제를 드려야 하고 또 하나님께 지대한 감사를 드리는 예배를 드려야 할 것이다.

셋째로는 "이스라엘에게 내리는 재앙이 그쳤다"는 것을 말한다. 다윗이 나라를 구하기 위해 기도를 드렸는데(10절) 하나님께서 번제와 화목제를 받으신 다음 이스라엘을 향하신 재앙을 그치셨다는 것은 오늘도 중요한 의미를 갖는다. 우리는 먼저 죄를 제거하기 위해 회개를 해야 하며 또 감사를 넘치게 드려 모든 재앙으로부터 건짐을 받아야 할 것이다. 우리가 오늘도 하나님과 평화로운 관계를 맺어 기쁨 중에 살아야 할 것이다.

-사무엘하 주해 끝-

사무엘상,하 주해

2017년 2월 21일 초판 1쇄 인쇄
2017년 3월 3일 초판 1쇄 발행
지은이 | 김수흥
발행인 | 박순자
펴낸곳 | 도서출판 언약
주 소 | 수원시 영통구 중부대로 271번길 27-9, 102동 1303호
전 화 | 070-7518-9725
E-mail | kidoeuisaram@naver.com
등록번호 | 제374-2014-000006호

　정가 30,000원

* 파본은 교환해 드립니다.
* 이 출판물은 저작권법에 의해 보호를 받는 저작물이므로 무단 복제할 수 없습니다.
* 독자의 의견을 기다립니다.

ISBN : 979-11-952332-0-5 (04230)(세트)
ISBN : 979-11-952332-9-8 (04230)